中国新媒体年鉴 2019

中国记协新媒体专业委员会 编

时代文艺出版社

图书在版编目（CIP）数据

中国新媒体年鉴. 2019 / 中国记协新媒体专业委员会编. —长春：时代文艺出版社，2020.11

ISBN 978-7-5387-6525-0

Ⅰ. ①中… Ⅱ. ①中… Ⅲ. ①传播媒介－发展－中国－2019－年鉴 Ⅳ. ①G219.2-54

中国版本图书馆CIP数据核字（2020）第201614号

出品人　陈　琛
产品总监　邓淑杰
责任编辑　杨　迪
装帧设计　孙　利
排版制作　隋淑凤

中国新媒体年鉴 2019

中国记协新媒体专业委员会　编

出版发行 / 时代文艺出版社
地址 / 长春市福祉大路5788号　龙腾国际大厦A座15层　邮编 / 130118
总编办 / 0431-81629751　发行部 / 0431-81629755　北京开发部 / 010-63108163
官方微博 / weibo.com / tlapress　天猫旗舰店 / sdwycbsgf.tmall.com
印刷 / 三河市天润建兴印务有限公司
开本 / 880mm × 1230mm　1 / 16　字数 / 1068千字　印张 / 58.5
版次 / 2020年11月第1版　印次 / 2020年11月第1次印刷　定价 / 299.00元

图书如有印装错误　请寄回印厂调换

中国新媒体年鉴 2019

编　委　会

序　　言

助力媒体融合拓新局　见证融媒发展添新章

中国记协[①]新媒体专业委员会

2019年是我国媒体融合作为国家战略加以推进和落实的第六个年头，也是媒体融合向纵深发展的重要一年。这一年，以习近平同志为核心的党中央围绕推动媒体融合发展、建设全媒体提出了新要求，指明了新方向，提供了新遵循。习近平总书记关于全程、全息、全员、全效“四全媒体”的重要论述，深刻揭示了媒体融合发展的本质内涵，要求我们因势而谋、应势而动、顺势而为，坚定不移推动媒体深度融合发展。

2019年也是中国记协新媒体专业委员会（以下简称“专委会”）成立后的第一个整年，是筑牢基础、开拓新局、面向未来的重要一年。成立专委会并积极有效开展工作，是中国记协按照党中央部署要求进一步深化改革的重要抓手和重大项目，专委会团结引导新媒体及其从业人员深入学习习近平新时代中国特色社会主义思想和党的十九大精神，积极贯彻落实习近平总书记1月25日关于全媒体时代和媒体融合发展的重要讲话精

① 中国记协全称为中华全国新闻工作者协会。

神，落实主管部门部署和要求，将组织业务培训、举办论坛研讨、发布年度报告、建立传播力影响力评价体系这“四项任务”细化为六大重点项目，对准目标，狠抓落实，履职尽责，有效发挥了政治引领、培训交流、自律维权和服务联络等职能与作用。

理论学习形成新成果。围绕贯彻落实习近平总书记关于全媒体时代和媒体融合发展的重要讲话精神，专委会主任委员、副主任委员和顾问带头，委员积极参与，多次组织专题学习和讨论，并通过学习实践小组、专题讲座、主题采访、调研文章等多种形式激发大家对讲话精神的深刻体会与理解，形成专委会工作系列汇编《委员学习》这一新成果。

奖项评选树立新标杆。在2018年第一次成功评选中国新闻奖媒体融合奖项的基础上，2019年的媒体融合奖项评选以多出精品、多出人才为目标，通过对奖项设置、评选标准、评选程序等重点环节的完善和优化，在320余件参评作品中遴选出媒体融合奖项获奖作品50件（含1件特别奖作品）、国际传播奖项媒体融合作品7件。其中，人民日报客户端的“中国一分钟”系列微视频、新华社客户端的《父亲·我们·时代》、央视新闻客户端的《鼓岭！鼓岭！》、芒果TV客户端《我的青春在丝路》等一系列政治站位高、创作手法精、传播效果佳的新媒体作品脱颖而出，为新媒体作品创新方法手段服务中心大局树立了新标杆。

业务培训拓展新形式。围绕习近平总书记对新闻工作者提出的增强“四力”的要求，专委会2019年的业务培训工作一方面通过融合精品创作专题培训班、新媒体内容负责人培训班、新媒体编辑记者增强“四力”培训班，继续突出新媒体内容建设和队伍建设的重点与特色；另一方面，也通过增加创作分享、趋势解读、现场教学等教学形式提升培训效果，增加理论测试、问卷调查等互动教学环节检验培训效果，促进教学相长。

论坛研讨打造新品牌。中国新媒体大会是专委会的重点项目，也是新时代“记者之家”建设的品牌活动。2019年中国新媒体大会首次来到长沙，由中国记协与湖南省委宣传部共同举办。本届大会同时也是中国记协主办历年来规模最大的一次论坛活动。在11月29日至30日的两天时间里，1000多位嘉宾和代表，围绕“有容乃大 深融致远”的主题，通过开幕式暨主论坛、分论坛、研讨交流、培训参观和成果发布等活动，努力实现对新媒体内容和人才队伍建设的政治引领和专业引导。

年鉴报告见证新成果。2019年，专委会首次以年度研究报告的形式探讨和分析我国媒体融合发展事业的新动向、新经验、新案例、新思考和新成果。《中国新媒体研究报告2019》（以下简称《报告》）以集纳媒体融合学术研究成果为主，为新闻宣传管理部门提供针对性强的智库报告，为主流媒体提供应用范围广的建设规律策略，为人才队伍提供实用性高的创作方法技巧。《中国新媒体年鉴 2018》（以下简称《年鉴》）则全景记录新媒体行业实践成果，为我国新媒体事业从发展到壮大留下一部可考证、可借鉴、可传承的编年史料。此外，建立“新媒体传播力影响力评价体系”（下称“评价体系”）是专委会在2019年的一项创新性、探索性工作。经过一段时间努力，已经进入内部测试阶段。

专委会2019年工作的回顾和总结，实际上这也是《年鉴》内容的重要组成部分。今天呈现在读者面前的这本《中国新媒体年鉴 2019》，在总结去年《年鉴》首次编撰经验的基础上，重点关注主流媒体融合发展变革的经验与实效，着力聚焦5G和智媒时代新兴媒体的变革与迭代，向读者呈现了又一部全面客观记录新媒体行业基本情况和发展态势的大型资料性年刊。

《中国新媒体年鉴 2019》由十大内容板块组成，分别是：一、年度重点关注；二、中国记协新媒体专业委员会主要活动；三、中国新媒体大会记事；四、中国新闻奖媒体融合奖项（含国际传播奖项）作品解析；五、中国记协新媒体专业委员会委员单位年度工作综述；六、区域进展；七、人才教育；八、发展综述；九、年度盘点；十、附录。

在2019年年鉴的编撰过程中，内容素材收集了近400万字，比上一年年鉴素材收集多出了100万字。在编辑思路上，2019年年鉴跟上一年年鉴相比，呈现出三大变化。

一、重点更加突出，案例大幅增加。重点收录新媒体发展重大事件和专委会重点工作等常态内容，如中国新媒体大会、专委会或委员单位工作综述、中国新闻奖媒体融合奖作品解析，特别增加了中央和地方媒体庆祝中华人民共和国成立70周年融合报道十大创新案例，以及中国新媒体公益十大优秀案例。全书几百个案例不仅向读者生动具体地展示了2019年我国新媒体内容建设取得的丰硕成果，同时增强了年鉴的可借鉴性和可参考性。

二、框架更加合理，资料收集全面。既有中央领导同志有关新媒体的重要讲话摘要、专委会委员单位工作的翔实记录，也有知名高校关于新媒体人才培养的简要回顾与总结，还有媒体融合与传播等四个国家重点实验室介绍、全国新媒体行业大事盘点、近5年有关新媒体的制度文件和新媒体相关书籍要目梳理等，既方便读者检索查询，又兼顾了年鉴作为新媒体行业大型工具参考书的功能定位。

三、呈现手段创新，融媒特色鲜明。针对2019年年鉴作品案例数量大幅增加的特点，二维码和作品超链接等融媒技术被广泛应用于案例展示。读者不仅可以从文字了解案例概要，还可以直接通过手机扫描、点击阅听音视频等新技术形式感受新闻现场魅力，延伸了解案例背景。这些创新手段使得年鉴的阅听空间得以拓展，信息呈现形式得以丰富，凸显了与时俱进的融媒时代特色。

年鉴编撰工作既是总结也是展望，既是盘点也是鞭策。2020年，无论是专委会工作的整体布局，还是研究报告的具体任务，都要继续按照中央新要求、新部署，针对行业发展的新情况、新问题，结合委员单位的新探索、新成果，进一步优化设计，完善机制，提升效果，打造品牌，为党和人民交上一份满意的答卷！

《中国新媒体年鉴 2019》的编撰工作凝聚了宣传主管部门、专委会及委员单位、地方记协、年鉴项目组等众多人士的心血和智慧。在此，专委会一并表示诚挚的感谢！

感谢大家对中国记协及新媒体专业委员会的关注和支持！

祝新媒体内容建设精益求精再攀高，人才队伍培养百尺竿头更向前！

目　录

中国新闻奖媒体融合奖项（含国际传播奖项）作品解析 / 103

中国记协新媒体专业委员会委员单位工作综述 / 215

年度重点关注

习近平主持中共中央政治局第十二次集体学习并发表重要讲话

中共中央政治局1月25日上午就全媒体时代和媒体融合发展举行第十二次集体学习。中共中央总书记习近平在主持学习时强调，推动媒体融合发展、建设全媒体成为我们面临的一项紧迫课题。要运用信息革命成果，推动媒体融合向纵深发展，做大做强主流舆论，巩固全党全国人民团结奋斗的共同思想基础，为实现"两个一百年"奋斗目标、实现中华民族伟大复兴的中国梦提供强大精神力量和舆论支持。

这次中央政治局集体学习把"课堂"设在了媒体融合发展的第一线，采取调研、讲解、讨论相结合的形式进行。

25日上午，在习近平带领下，中共中央政治局同志来到人民日报社新媒体大厦。他们首先在人民日报数字传播公司现场察看和了解电子阅报栏建设和推广应用情况。得知这样的数字化终端集成了浏览新闻、开展思想政治学习、提供图书期刊借阅等功能，已成为重要融合传播平台，习近平表示肯定，强调电子阅报栏是媒体传播的一种重要创新。要不断总结经验，在理念思路、体制机制、方式方法上继续探索，在向基层拓展、向楼宇延伸、向群众靠近上继续下功夫，为人民群众提供更多更好的文化和信息服务，让人民日报离人民更近，做到人民日报为人民。

采编发流程再造和融媒体中心建设是媒体融合发展的重要一环。习近平等来到人民日报"中央厨房"，结合视频短片了解打通"报、网、端、微、屏"各种资源、实现全媒体传播情况。习近平同"麻辣财经"、"一本政经"、"侠客岛"、"学习大国"等工作室采编人员亲切交谈。习近平指出，党报、党刊、党台、党网等主流媒体必须紧跟时代，大胆运用新技术、新机制、新模式，加快融合发展步伐，实现宣传效果的最大化和最优化。

在移动报道指挥平台前，习近平同正在河北省承德市滦平县平坊满族乡于营村采访的记者和扶贫驻村第一书记连线交流，了解该村脱贫攻坚工作进展情况。习近平强调，脱贫攻坚是一项历史性工程，是中国共产党对人民作出的庄严承诺。我们党最讲认真，言必行、行必果，说到做到。他希望广大新闻工作者发扬优良作风，扑下身子、沉下心来，扎根基层，把基层特别是脱贫攻坚一线作为学习历练的平台和难得机会，增加见识、增进感情、增长才干，实实在在为当地百姓解决实际问题，为贫困乡村带来新变化。习近平还通过视频向全国所有扶贫驻村第一书记和广大基层干部、向亿万乡亲们表示亲切问候和良好祝福。

随后，习近平等在人民日报新媒体中心听取了人民日报微博、微信公众号、客户端建设情况汇报，观看了新媒体产品展示。习近平强调，党报党刊要加强传播手段建设和创新，发展网站、微博、微信、电子阅报栏、手机报、网络电视等各类新媒体，积极发展各种互动式、服务式、体验式新闻信息服务，实现新闻传播的全方位覆盖、全天候延伸、多领域拓展，推动党的声音直接进入各类用户终端，努力占领新的舆论场。

参观结束后，习近平等来到人民网全媒体播控中心，人民网总裁叶蓁蓁就媒体融合发展作了讲解，大家进行了讨论。

习近平发表了重要讲话。他强调，全媒体不断发展，出现了全程媒体、全息媒体、全员媒体、全效媒体，信息无处不在、无所不及、无人不用，导致舆论生态、媒体格局、传播方式发生深刻变化，新闻舆论工作面临新的挑战。我们要因势而谋、应势而动、顺势而为，加快推动媒体融合发展，使主流媒体具有强大传播力、引导力、影响力、公信力，形成网上网下同心圆，使全体人民在理想信念、价值理念、道德观念上紧紧团结在一起，让正能量更强劲、主旋律更高昂。

习近平指出，推动媒体融合发展，要坚持一体化发展方向，通过流程优化、平台再造，实现各种媒介资源、生产要素有效整合，实现信息内容、技术应用、平台终端、管理手段共融互通，催化融合质变，放大一体效能，打造一批具有强大影响力、竞争力的新型主流媒体。要坚持移动优先策略，让主流媒体借助移动传播，牢牢占据舆论引导、思想引领、文化传承、服务人民的传播制高点。要探索将人工智能运用在新闻采集、生产、分发、接收、反馈中，全面提高舆论引导能力。要统筹处理好传统媒体和新兴媒体、中央媒体和地方媒体、主流媒体和商业平台、大众化媒体和专业性媒体的关系，形成资源集约、结构合理、差异发展、协同高效的全媒体传播体系。要依法加强新兴媒体管理，使我们的网络空间更加清朗。

习近平强调，要抓紧做好顶层设计，打造新型传播平台，建成新型主流媒体，扩大主流价值影响力版图，让党的声音传得更开、传得更广、传得更深入。要旗帜鲜明坚持正确的政治方向、舆论导向、价值取向，通过理念、内容、形式、方法、手段等创新，使正面宣传质量和水平有一个明显提高。主流媒体要及时提供更多真实客观、观点鲜明的信息内容，掌握舆论场主动权和主导权。要从维护国家政治安全、文化安全、意识形态安全的高度，加强网络内容建设，使全媒体传播在法治轨道上运行。要全面提升技术治网能力和水平，规范数据资源利用，防范大数据等新技术带来的风险。

习近平指出，各级党委和政府要从政策、资金、人才等方面加大对媒体融合发展的支持力度。各级宣传管理部门要改革创新管理机制，配套落实政策措施，推动媒体融合朝着正确方向发展。各级领导干部要增强同媒体打交道的能力，不断提高治国理政能力和水平。

习近平强调，人民日报是党中央的机关报。一张报纸，上连党心，下接民心。要把人民日报办得更好，扩大地域覆盖面、扩大人群覆盖面、扩大内容覆盖面，充分发挥在舆论上的导向作用、旗帜作用、引领作用。（来源：新华社）

习近平总书记2019年1月25日在十九届中央政治局第十二次集体学习时的讲话

加快推动媒体融合发展　构建全媒体传播格局

习近平

今天，中央政治局进行第十二次集体学习，内容是全媒体时代和媒体融合发展。我们参观了人民日报数字传播公司、“中央厨房”、新媒体中心等。总的感到，这几年媒体融合发展成效很大。

去年6月15日，在人民日报创刊70周年之际，我发去了贺信，要求人民日报忠实履行党的新闻舆论工作职责使命，不断提升传播力、引导力、影响力、公信力，其中就要求构建全媒体传播格局。现在，人民日报社已经有十多种载体，是影响力最广泛的时期了，从中可以看到科技发展的力量，也可以看出主流媒体回应时代挑战的努力。

在去年的全国宣传思想工作会议上，我强调要完成新形势下宣传思想工作举旗帜、聚民心、育新人、兴文化、展形象的使命任务，必须科学认识网络传播规律，提高用网治网水平，使互联网这个最大变量变成事业发展的最大增量。我还多次强调，各级领导干部特别是高级干部要主动适应信息化要求、强化互联网思维，善于学习和运用互联网。

伴随着信息社会不断发展，新兴媒体影响越来越大。我国网民达到8.02亿，其中手机网民占比98.3%。新闻客户端和各类社交媒体成为很多干部群众特别是年轻人的第一信息源，而且每个人都可能成为信息源。有人说，以前是“人找信息”，现在是“信息找人”。所以，推动媒体融合发展、建设全媒体就成为我们面临的一项紧迫课题。

我们推动媒体融合发展，是要做大做强主流舆论，巩固全党全国人民团结奋斗的共同思想基础，为实现“两个一百年”奋斗目标、实现中华民族伟大复兴的中国梦提供强大精神力量和舆论支持。

一、深刻认识全媒体时代的挑战和机遇

大家读历史都知道，《吕氏春秋》里讲："尧有欲谏之鼓，舜有诽谤之木。""谏鼓"、"谤木"就是为了收集舆论。陈胜、吴广起义时让人在帛上用朱砂写了"陈胜王"三个字塞到鱼肚子里，还让人学狐狸叫"大楚兴，陈胜王"，一来二去人们就相信了。这说明古人就很懂得发挥舆论的作用。

我多次说过，没有网络安全就没有国家安全；过不了互联网这一关，就过不了长期执政这一关。全媒体不断发展，出现了全程媒体、全息媒体、全员媒体、全效媒体，信息无处不在、无所不及、无人不用，导致舆论生态、媒体格局、传播方式发生深刻变化，新闻舆论工作面临新的挑战。

宣传思想工作要把握大势，做到因势而谋、应势而动、顺势而为。我们要加快推动媒体融合发展，使主流媒体具有强大传播力、引导力、影响力、公信力，形成网上网下同心圆，使全体人民在理想信念、价值理念、道德观念上紧紧团结在一起，让正能量更强劲、主旋律更高昂。

二、全面把握媒体融合发展的趋势和规律

党的十八大以来，我们坚持导向为魂、移动为先、内容为王、创新为要，在体制机制、政策措施、流程管理、人才技术等方面加快融合步伐，建立融合传播矩阵，打造融合产品，取得了积极成效。我们要立足形势发展，坚定不移推动媒体深度融合。

传统媒体和新兴媒体不是取代关系，而是迭代关系；不是谁主谁次，而是此长彼长；不是谁强谁弱，而是优势互补。从目前情况看，我国媒体融合发展整体优势还没有充分发挥出来。要坚持一体化发展方向，加快从相加阶段迈向相融阶段，通过流程优化、平台再造，实现各种媒介资源、生产要素有效整合，实现信息内容、技术应用、平台终端、管理手段共融互通，催化融合质变，放大一体效能，打造一批具有强大影响力、竞争力的新型主流媒体。

我多次说过，人在哪儿，宣传思想工作的重点就在哪儿，网络空间已经成为人们生产生活的新空间，那就也应该成为我们党凝聚共识的新空间。移动互联网已经成为信息传播主渠道。随着5G、大数据、云计算、物联网、人工智能等技术不断发展，移动媒体将进入加速发展新阶段。要坚持移动优先策略，建设好自己的移动传播平台，管好用好商业化、社会化的互联网平台，让主流媒体借助移动传播，牢牢占据舆论引导、思想引领、文化传承、服务人民的传播制高点。

从全球范围看，媒体智能化进入快速发展阶段。我们要增强紧迫感和使命感，推动关键核心技术自主创新不断实现突破，探索将人工智能运用在新闻采集、生产、分发、接收、反馈中，用主流价值导向驾驭"算法"，全面提高舆论引导能力。

推动媒体融合发展，要统筹处理好传统媒体和新兴媒体、中央媒体和地方媒体、主流媒体和商业平台、大众化媒体和专业性媒体的关系，不能搞“一刀切”、“一个样”。要形成资源集约、结构合理、差异发展、协同高效的全媒体传播体系。

没有规矩不成方圆。无论什么形式的媒体，无论网上还是网下，无论大屏还是小屏，都没有法外之地、舆论飞地。主管部门要履行好监管责任，依法加强新兴媒体管理，使我们的网络空间更加清朗。

三、推动媒体融合向纵深发展

信息化为我们带来了难得的机遇。我们要运用信息革命成果，加快构建融为一体、合而为一的全媒体传播格局。

我多次说过，正能量是总要求，管得住是硬道理，现在还要加一条，用得好是真本事。媒体融合发展不仅仅是新闻单位的事，要把我们掌握的社会思想文化公共资源、社会治理大数据、政策制定权的制度优势转化为巩固壮大主流思想舆论的综合优势。要抓紧做好顶层设计，打造新型传播平台，建成新型主流媒体，扩大主流价值影响力版图，让党的声音传得更开、传得更广、传得更深入。

网络是一把双刃剑，一张图、一段视频经由全媒体几个小时就能形成爆发式传播，对舆论场造成很大影响。这种影响力，用好了造福国家和人民，用不好就可能带来难以预见的危害。要旗帜鲜明坚持正确的政治方向、舆论导向、价值取向。在信息生产领域，也要进行供给侧结构性改革，通过理念、内容、形式、方法、手段等创新，使正面宣传质量和水平有一个明显提高。

准确、权威的信息不及时传播，虚假、歪曲的信息就会搞乱人心；积极、正确的思想舆论不发展壮大，消极、错误的言论观点就会肆虐泛滥。这方面，主流媒体守土有责，更要守土尽责，及时提供更多真实客观、观点鲜明的信息内容，牢牢掌握舆论场主动权和主导权。主流媒体要敢于引导、善于疏导，原则问题要旗帜鲜明、立场坚定，一点都不能含糊。

要使全媒体传播在法治轨道上运行，对传统媒体和新兴媒体实行一个标准、一体管理。主流媒体要准确及时发布新闻消息，为其他合规的媒体提供新闻信息来源。要全面提升技术治网能力和水平，规范数据资源利用，防范大数据等新技术带来的风险。

我们要把握国际传播领域移动化、社交化、可视化的趋势，在构建对外传播话语体系上下功夫，在乐于接受和易于理解上下功夫，让更多国外受众听得懂、听得进、听得明白，不断提升对外传播效果。

现在，国际上理性客观看待中国的人越来越多，为中国点赞的人也越来越多。我们走的是正路、行的是大道，这是主流媒体的历史机遇，必须增强底气、鼓起士气，坚持不懈讲好中国故事，形成同我国综合国力相适应的国际话语权。

总之，媒体融合发展是一篇大文章。面对全球一张网，需要全国一盘棋。各级党委和政府要从政策、资金、人才等方面加大对媒体融合发展的支持力度。各级宣传管理部门要改革创新管理机制，配套落实政策措施，推动媒体融合朝着正确方向发展。各级领导干部要增强同媒体打交道的能力，不断提高治国理政能力和水平。

同志们！人民日报是党中央的机关报。一张报纸，上连党心，下接民心。要把人民日报办得更好，扩大地域覆盖面、扩大人群覆盖面、扩大内容覆盖面，充分发挥在舆论上的导向作用、旗帜作用、引领作用。（来源：《求是》）

"学习强国"学习平台上线仪式在京举行 王沪宁出席仪式并宣布平台启动

"学习强国"学习平台上线仪式1月1日在京举行，中共中央政治局常委、中央书记处书记王沪宁出席仪式并宣布平台正式上线。

中共中央政治局委员、中宣部部长黄坤明出席上线仪式并讲话。他指出，建设"学习强国"学习平台，是贯彻落实习近平总书记关于加强学习、建设学习大国重要指示精神、推动全党大学习的有力抓手，是新形势下强化理论武装和思想教育的创新探索，是推动习近平新时代中国特色社会主义思想学习宣传贯彻不断深入的重要举措。建好用好学习平台，必须突出思想性、新闻性、综合性、服务性。要坚持鲜明主题、突出重点，全面呈现习近平总书记关于改革发展稳定、内政外交国防、治党治国治军的重要思想，打造学习宣传习近平新时代中国特色社会主义思想全面、丰富的信息库。要坚持立足全党、面向全社会，围绕党中央关于理论武装的工作部署，着眼于提高广大干部群众思想觉悟、文明素质、科学素养，丰富学习内容和资源，创新学习方式和组织形式，为建设马克思主义学习型政党、推动建设学习大国作出贡献。要坚持开门办、大家办，发挥各方面积极性，齐心协力打造内容权威、特色鲜明、技术先进、广受欢迎的思想文化聚合平台。

"学习强国"学习平台由PC端、手机客户端两大终端组成。平台PC端有"学习新思想""学习文化""环球视野"等17个板块180多个一级栏目，手机客户端有"学习""视频学习"两大板块38个频道，聚合了大量可免费阅读的期刊、古籍、公开课、歌曲、戏曲、电影、图书等资料。PC端用户可登陆网址www.xuexi.cn或通过搜索引擎搜索浏览，手机用户可通过各手机应用商店免费下载使用。（来源：新华社）

黄坤明在媒体深度融合工作推进会上强调
积极适应全媒体时代发展大势　加快推进媒体深度融合

2月25日，媒体深度融合工作推进会在京召开。中共中央政治局委员、中宣部部长黄坤明出席会议并讲话，强调要深入学习贯彻习近平总书记关于推动媒体融合发展、做大做强主流舆论的重要论述，积极适应全媒体时代发展大势，坚持正能量是总要求、管得住是硬道理、用得好是真本事，推进媒体融合向纵深发展，牢牢掌握新闻舆论工作的战略主动，不断巩固全党全国人民团结奋斗的共同思想基础。

黄坤明指出，媒体融合是一场不容回避的自我革命，要紧紧抓住发展机遇，积极回应时代挑战，坚持守正创新，锐意攻坚克难，加快从相加阶段迈向相融阶段。要坚持传统媒体和新兴媒体一体化发展方向，推进信息生产供给侧结构性改革，强化技术创新的引领驱动，大力培养全媒记者、全媒编辑、全媒管理人才，打造具有强大影响力和竞争力的新型主流媒体。

黄坤明强调，要聚焦聚力重点任务，加快中央媒体融合发展步伐，切实抓好县级融媒体中心建设，建好用好“学习强国”平台，着力构建从中央到省市县的全媒体传播矩阵。要充分发挥各方面积极性，加大政策支持保障力度，共同写好媒体融合发展这篇大文章。

各省区市和新疆生产建设兵团党委宣传部长，中央有关部门、中央宣传文化单位负责同志等参加会议。（来源：新华社）

（编辑　卢嘉琦）

中国记协新媒体专业委员会主要活动

◎ 1月26日，中国记协新媒体专业委员会向副主任委员、顾问发出通知，定于2月1日在中国新闻大厦召开习近平总书记“1·25”重要讲话精神学习交流会，研究商讨贯彻讲话精神具体措施。中国记协党组书记、新媒体专业委员主任委员胡孝汉同志在学习交流会上提出了新媒体专业委员会贯彻落实“1·25”重要讲话精神的八项具体安排：一是主任办公会及副主任委员带头开展专题学习，二是邀请权威专家举办专题讲座，三是委员结合实际撰写阐释文章和体会，四是贯彻到中国新闻奖媒体融合奖项评选工作中，五是贯彻到2019中国新媒体大会举办工作中，六是体现到2019中国新媒体研究报告中，七是体现到中国新媒体年鉴中，八是体现到“新媒体传播力影响力评价体系”建设中。

◎ 1月31日，中国记协党组书记、新媒体专业委员主任委员胡孝汉带领中国记协党组成员、新媒体专业委员会秘书处工作人员，传达学习习近平总书记1月25日在中央政治局第十二次集体学习时的重要讲话精神，并围绕“媒体融合发展”主题，赴新华社新媒体中心、新华网媒体创意工场参观调研。胡孝汉作了《把“1·25”重要讲话精神落实到记协各项工作之中》的学习讲话，中国记协党组成员吴兢以《团结引领新媒体，让主旋律更加高昂》为题谈了学习认识，新媒体专业委员会秘书长陶韬以《落实融合发展要求，提高服务引领水平》为题谈了学习体会。

◎ 3月26日至30日，中国记协新媒体专业委员会在京举办新媒体内容建设负责人培训班，全国各地97家新闻单位的100多名新媒体内容建设负责人参加。培训紧紧围绕习近平总书记1月25日在中共中央政治局第十二次集体学习时的重要讲话精神和增强“四力”要求，创新培训形式、突出培训效果。学员们普遍反映，培训考、学、观、论相结合，强化了“四力”认识，打牢了理论基础，提升了融媒本领。

◎ 4月17日，四川省记协新媒体专业委员会在成都成立。成立大会上审议了《四川省记协新媒体专业委员会规则》（审议稿）。会议推选产生了省记协新媒体专业委员会主任委员、副主任委员及秘书长等。

◎ 5月7日，中国记协新媒体专业委员会举办学习贯彻习近平总书记1月25日关于全媒体时代和媒体融合发展的重要讲话精神专题交流研讨。中国记协主席张研农、中国记协党组书记胡孝汉，中国记协九届常务理事、各省（市区）记协和各专业记协负责同志，新媒体专业委员会部分委员共100多人参加。11位委员代表现场专题发言、10多位委员提交书面发言。国家广播电视总局网络司副司长董年初作了《媒体融合要进一步强化互联网思维》学习发言，中国传媒大学电视学院党委书记曾祥敏作了《引领媒体融合改革向纵深推进》学习发言，中央广播电视总台央视发展研究中心主任汪文斌作了《把握全媒时代大趋势唱响媒体融合新乐章》学习发言。人民日报新媒体中心主任丁伟提交了《把握发展方向明确融合路径坚持内容根本》学习体会，新华社新媒体中心主任陈凯星提交了《深入践行“四力”要求推进媒体深度融合发展》学习体会。大家围绕学习贯彻落实总书记关于全媒体时代和媒体融合发展的重要讲话精神、做好新媒体专委会工作，交流心得体会，分享实践经验，探索方法路径。

◎ 7月22日至25日，由中国记协新媒体专业委员会组织，长江云、红网、华龙网、封面新闻等新媒体单位以及电商企业在甘肃省文县开展了定点扶贫系列直播报道活动。本次直播活动促成了多家企业与文县签约，扩大了文县土特产花椒、香菇、木耳、羊肚菌等的销路，拓宽了老百姓增收的路子，也提升了当地贫困户加快发展、脱贫致富的信心。

10月27日至29日，为全力推动甘肃文县精准脱贫，中国记协新媒体专业委员会组织中央广播电视总台、新华网、中国江苏网、东南网、北京时间、东方网、新蓝网、南方新闻网等新媒体，对文县进行了为期3天的扶贫采访活动，用镜头记录文县发展优势产业，开拓特色旅游业，助推脱贫攻坚的进展与成效。

◎ 9月23日，庆祝中华人民共和国成立70周年活动新闻中心设立的融媒体体验室正式对外开放，这是国家大型活动新闻中心首次开设融媒体体验室，该体验室由中国记协新媒体专业委员会牵头组织有关中央新闻单位策划运营。体验室提供了内容丰富、形式多样、创意十足的融媒体产品，向中外记者朋友生动展示中华人民共和国成立70周年辉煌成就，立体呈现中国新闻事业推进媒体深度融合最新成果。开放当天，有60个国家和地区的媒体记者和记者组织负责人共900多人次前来现场体验。中外记者朋友以“媒”会友，体验行业科技最新成果，交流行业发展前沿资讯，分享媒体融合前瞻思考，寻求媒体发展合作机遇。开设体验室有关消息全网转载传播达200多万条，为国庆营造热烈友好氛围。

◎ 10月30日，浙江省记协和省新媒体专业委员会组织中央和省、市、县级新媒体记者，走进湖州市德清县洛舍镇东衡村，践行“四力”体验丰收乐章。

◎ 11月，中国记协新媒体专业委员会编辑印发了专委会工作系列汇编《委员学习》（内部资料），全书共计11.5万字，收录新媒体专业委员会委员学习“1・25”重要讲话精神的25篇心得体会文章，切实把“1・25”重要讲话精神落实到新媒体专业委员会的各项工作之中。

◎ 11月6日，江苏省举行庆祝第20个记者节暨省记协新媒体专业委员会成立大会，省委常委、宣传部部长王燕文和中国记协党组成员、书记处书记吴兢共同为其揭牌，标志着江苏省记协新媒体专业委员会正式成立。

◎ 11月21日，山东省记协新媒体工作委员会成立大会在济南召开。该新媒体工作委员会是山东省记协下设的专门工作机构。新媒体工作委员会旨在为山东省新媒体事业提供更好的交流经验、分享智慧和开拓发展的平台，将在政治引领、交流培训、自律维权、服务联络等方面充分发挥职能作用。

◎ 11月28日，由中国记协新媒体专业委员会、湖南省记协主办，中国记协新闻培训中心、湖南日报社承办的“增强‘四力’推动融合发展”专题培训班在长沙举行。中国记协新媒体专业委员会委员、人民日报媒体技术股份有限公司副总经理陈玉林，中国记协新媒体专业委员会副主任委员、新华社新媒体中心主任陈凯星，中央电视台技术管理中心工程管理部主任梅剑平，中国青年报社总编辑毛浩，中国教育电视台总编辑胡正荣，广西日报传媒集团柳州记者站站长谌贻照等6位专家、记者为学员授课。专家们从增强“四力”出发，透过新媒体内容、技术、平台、渠道等视角，围绕新媒体优质产品生产、新媒体行业发展趋势、媒体深度融合等主题进行了分享与交流。

◎ 11月28日，中国记协新媒体专业委员会2019年度工作会议在长沙举行，学习贯彻中央领导同志重要讲话精神，总结2019年年度重要工作，安排部署2020年工作。中国记协党组书记、新媒体专业委员会主任委员胡孝汉主持会议。会议增选中国记协书记处书记吴兢为新媒体专业委员会副主任委员，免去潘岗同志新媒体专业委员会副主任委员职务。

◎ 11月29日至30日，由中国记协和湖南省委宣传部共同主办的2019中国新媒体大会在湖南长沙举行。本次大会以“有容乃大　深融致远”为主题，聚焦5G时代的新媒体变革，交流内容建设和融合发展经验，研讨中国新媒体社会责任。2019中国新媒体大会设开幕式暨主论坛、“融合发展中的内容创新创优”分论坛、“5G时代的新媒体变革暨马栏山视频峰会”分论坛、“县级融媒体中心建设与发展”专题研讨、“看见马栏山分享盛典”、“中国新媒体社会责任”研讨会等议程。由中国记协新媒体专业委员会组织编写的《中国新媒体研究报告2019》《中国新媒体年鉴 2018》在大会上正式发布，并正式提出将推出新媒体出版领域的“紫皮书”系列，与出版界专家、新媒体专家、专委会委员共同探索、推进制定新媒体业界“紫皮书”出版标准，力争推动形成服务新媒体业界的“紫皮书”系列出版品牌。

◎ 2019年下半年，中国记协新媒体队伍建设调研组就加强新时代新媒体队伍建设进行了调研。调研组采取发函书面征集材料、问卷调查、座谈交流、实地走访等方式，共收集到17家新闻媒体的书面材料，400份一线记者的问卷与12家中央和地方新闻媒体的新媒体编辑记者代表座谈交流记录，实地走访了18家新闻媒体，最终形成新媒体队伍建设调研工作报告。调研发现，新闻媒体在加强新媒体队伍建设、加快人才转型升级上，亟待补齐五大短板：思想认识不够深入，组织架构不够科学，人才结构不够平衡，专业能力不够适用，激励机制不够健全。调研报告对这些问题提出了具有针对性的解决建议：加强培育培养，助推新媒体队伍成长成才；创新体制机制，激发新媒体团队提质增效；搭建平台舞台，力促新媒体人才创新创造。

（编辑　王雪）

中国新媒体大会记事

大会成果

一｜突出政治引领聚焦内容建设形成品牌效应

——2019中国新媒体大会成功举办

2019年11月29日至30日，经中宣部批准，中国记协和湖南省委宣传部在长沙共同主办2019中国新媒体大会。本届大会由中央网信办、国家广电总局、湖南省人民政府指导。指导单位、主办单位负责同志到会致辞表示，深入学习习近平总书记重要论述指示，认真贯彻中央决策部署，突出内容建设、队伍建设，更好地团结引领各级各类新媒体工作者，推动媒体融合发展，提高新媒体传播力、引导力、影响力、公信力。来自宣传管理部门、新闻机构、记协组织、新闻院校与研究机构及湖南新媒体业界的950多位嘉宾和代表，围绕“有容乃大　深融致远”的主题深入研讨交流。大会分为领导致辞、主论坛、分论坛、专题研讨等主要环节，穿插举办了业务培训、精品展示、成果发布、案例征集、应用体验、公开倡议等系列活动。

（一）发挥导向作用办出特色影响

中央政治局委员、中宣部部长黄坤明要求中国记协新媒体专业委员会要通过组织业务培训、举办研讨论坛、发布年度报告等举措，积极探索工作载体手段，将服务管理更好向新媒体领域延伸。中宣部副部长、国务院新闻办公室主任徐麟同志指导大会筹备、审定会议方案，中宣部新闻局对大会的组织、宣传和重点项目等指导帮助、审核把关，提出了立足自身定位、发挥导向作用、办出特色影响等具体要求，多个业务处室的负责人全程参加会议。

湖南省委书记杜家毫、国家广播电视总局副局长高建民、中国记协党组书记胡孝汉、中宣部新闻局局长张小国、中央网信办传播局局长黄其正等出席开幕式并致辞。大家认为，本次大会以“有容乃大　深融致远”为主题，体现了5G时代新媒体变革的最新趋势，顺应了构建全媒体传播格局的发展大势。推进媒体融合发展，就要以内容建设为首要，打造新型传播平台，建成新型主流媒体，扩大主流价值影响力版图；就要以深度融合为方向，建设全媒体传播体系，让正能量更强劲、主旋律更高扬。杜家毫同志在致辞中表示，2019中国新媒体大会是新媒体行业的重要盛会，是新媒体领域的国家级品牌活动，是湖南推进文化强省建设和新媒体事业发展的“金字招牌”，必须讲政治，从大局出发，全力提升办会质量和水平。高建民同志在致辞中提出，广播电视融合发展正处在关键阶段，要牢牢把握正确的政治方向，进一步完善体制机制，始终坚持创新驱动，切实加强统筹协调，推动媒体融合从相加阶段向相融阶段迈进，更好地满足人民群众美好生活的新期待，更好地服务党和国家工作大局。胡孝汉同志对办好中国新媒体大会提出四点建议：紧扣内容建设，履行新媒体职责使命；紧扣队伍建设，促进新媒体增强“四力”；紧扣标杆建设，加强新媒体引领示范；紧扣平台建设，完善新媒体服务机制。张小国同志提出，办好、用好新媒体，要开门搞生产，积极学习借鉴商业平台的好经验好做法，相信“高手在民间”；要开门建平台，有了自主可控、传播力强的平台，才能聚集海量用户、积累数据资源、提升造血机能、筑牢安全根基；要开门强技术，以技术创新引领媒体变革，促进技术和内容相互驱动、深度融合。湖南省委宣传部部长张宏森、中国记协书记处书记吴兢主持大会开幕式暨主论坛。

（二）总结发展趋势献计媒体融合

与会嘉宾围绕贯彻落实习近平总书记关于全媒体时代和媒体融合发展的指示要求，顺应全程媒体、全息媒体、全员媒体、全效媒体传播大势，研讨媒体融合大计，总结融合发展趋势，探讨内容建设规律。人民日报社副总编辑张首映提出：原样复制纸媒内容效果差，生搬硬套网言网语行不通，主流媒体必须开展一场内容生产领域的供给侧结构性改革，创新理念、内容、形式、方法、手段，实现分众化、差异化传播。新华社副社长刘思扬提出：用户是媒体传播链条的重要节点，场景是推动媒体融合发展的重要变量，而万物皆媒时代，重视用户思维成为推动媒体跨界融合的关键。中央广播电视总台编务会议成员、央视副台长、亚广联副主席孙玉胜提出：对视频来说，短有短的活性和热度，长有长的黏性和品质，短和长都是相对的。关键是看视频的叙事方式和逻辑是否被大众所接受。中宣部宣传舆情研究中心主任、“学习强国”学习平台总编辑刘汉俊提出：要有门户思维但不要有门户之见，要安全屏障但不能搞平台壁垒，互融才能共荣。融不进是等死，融不好会搞死，不想融是找死，不会融迟早要死。浙江省记协新媒体专业委员会主任陈建华作为省级新媒体专业委员会代表发言。

（三）聚焦热点话题分享真知灼见

2019中国新媒体大会在29日下午举办了“融合发展中的内容创新创优”分论坛、“5G时代的新媒体变革”分论坛、“县级融媒体中心建设与发展”专题研讨等三场活动。

“融合发展中的内容创新创优”分论坛聚焦内容建设。第二十九届中国新闻奖特别奖、一等奖获得者，如人民日报客户端的《中国一分钟》，新华社客户端的《父亲·我们·时代》，央视新闻客户端的《鼓岭！鼓岭！》，时刻新闻客户端的《改革开放40年·长沙有多“长”》，津云客户端的《臊子书记》，浙江新闻客户端的《直击泰国普吉游船倾覆事故现场救援》，芒果TV客户端的《我的青春在丝路》等获奖团队代表，介绍了各自作品的采编经过和创作经验，分享了获奖作品背后的故事和心得体会。新媒体专业委员会委员和顾问曾祥敏、李俊、汪文斌等，介绍了媒体融合奖项整体情况，从新媒体如何增强“脚力、眼力、脑力、笔力”等方面，对作品进行了深入浅出的点评。各地新媒体工作者300多人参加论坛。

“5G时代的新媒体变革”分论坛以5G时代为背景，结合媒体融合向纵深发展，对传播新格局、发展新方向等进行立体解读。新华社新媒体中心主任陈凯星等新媒体专业委员会委员，以及腾讯视频副总裁王娟、爱奇艺创始人龚宇、芒果TV总裁蔡怀军、阿里文娱优酷总编辑张丽娜、映客创始人奉佑生等嘉宾围绕“5G时代的传播新格局”“5G时代平台发展新方向”“5G时代国内IP开发培育新趋势”三大主题进行深入研讨。来自新闻宣传主管部门、广电播出机构、新闻单位、互联网企业等传媒全产业链的500多位代表参会。

“县级融媒体中心建设与发展”专题研讨活动旨在通过沟通交流、互相借鉴，共同探讨县级融媒体建设生态圈，助力县级融媒体中心建设可持续发展，更好实现引导群众、服务群众的目标。会上，来自中国人民大学、复旦大学、中国传媒大学、暨南大学、湖南师范大学的学界专家，围绕县级融媒体中心建设的热点亮点和难点，以及现状与经验、问题与对策等方面进行研讨评析；北京、吉林、福建、江西、湖南、广东等地的县级融媒体中心负责人介绍了推进县级融媒体中心建设的实践成果、典型经验。300多位各界代表参加活动。

（四）立足自身定位搭建合作平台

除主论坛和三场分论坛外，2019中国新媒体大会还开展了四场相关活动。一是大会前一天举办新媒体增强“四力”专题培训班。6位具有丰富实践经验的专委会委员代表、中国新闻奖获奖者代表，为来自全国各地的新媒体学员400多人授课。二是召开新媒体专业委员会年度工作会议，向全体委员报告专委会2019年度工作情况，通报年度重点项目落实情况，安排部署2020年度工作。三是“看见马栏山”视频产业分享活动，“学习强国”平台的全国红色视频制作中心、广电5G国家高新视频交互式应用重点实验室项目、国家高新视频节目制作中心等一批重点项目和长沙马栏山视频创业园区签署长期合作协议。四是“中国新媒体社会责任”研讨会，倡导全国新媒体和新媒体工作者坚持正确导向，忠实履行新使命；强化行业自律，展示自身新形象；注重内容建设，积极创造新传播；聚焦群众需求，强化媒体新服务；深化融合发展，顺应时代新趋势；搭建共享平台，推动社会新发展。

论坛中穿插有6场发布活动：一是发布《中国新媒体研究报告2019》；二是发布《中国新媒体年鉴 2018》，三是发布全国视频文创产业发展指标体系，四是发布国庆70周年融合精品十大创新案例，五是发布《中国新媒体社会责任倡议》，六是发布2019中国新媒体公益优秀案例。另外，“新媒体传播力影响力评价体系”在会上征求意见，开展内部测试。

本届新媒体大会得到业界广泛关注。热烈的会场气氛、丰富的活动内容，为新闻媒体宣传报道提供了素材。新华社播发消息通稿，人民日报刊登消息和综述，中央电视台《新闻联播》播出消息，报道了2019中国新媒体大会的情况。各级各类媒体采取专题、直播、访谈、短视频等形式跟进报道。据初步统计，截至2019年12月4日，380多家各级新闻网站、1200多个新媒体平台转发了相关报道。百度查询“2019中国新媒体大会”词条，搜索结果超过578万条。

二｜中国新媒体社会责任倡议

全国新媒体和广大新媒体工作者们：

信息社会迅猛发展，新兴媒体快速成长。新媒体在联系服务群众、通达社情民意方面，在推动国家治理体系和治理能力现代化方面，发挥着越来越重要的作用。为引导广大新媒体及新媒体工作者坚持把社会效益放在首位，唱响主旋律，弘扬正能量，更好履行社会责任，促进新媒体健康发展，我们倡议：

1．坚持正确导向，忠实履行新使命

坚持正确的政治方向、舆论导向、价值取向，忠实履行职责使命。弘扬中国精神，凝聚中国力量，以强烈的社会责任感营造风清气正的传播环境。

2．强化行业自律，展示自身新形象

守正创新，诚实守信，遵纪守法，强化行业自律，接受各方监督，履行社会责任，传播“正能量”，自觉反“三俗”，讲品位，讲格调。

3．注重内容建设，积极创造新传播

树立精品意识，强化内容生产，丰富表达方式，提升传播效果。讲述好故事、传播好声音、展示好形象，以内容建设赢得发展新优势。

4. 聚焦群众需求，强化媒体新服务

坚持以人民为中心，打通并用好同群众信息交流的新渠道。倾听民意、汇聚民智，及时回应社会关切，不断丰富服务功能，更好引导群众、服务群众。

5. 深化融合发展，顺应时代新趋势

以先进技术为支撑，推动媒体融合发展，适应移动化、社交化、视频化趋势，聚焦受众新需求，积极打造全程媒体、全息媒体、全员媒体、全效媒体，为用户提供多样化个性化新闻服务。

6. 搭建共享平台，推动社会新发展

携手推进共同发展，集思广益，聚沙成塔，实现资源共享、信息互通、优势互补，构建共享机制、搭建合作平台，为助推经济社会高质量发展汇聚更多力量。

中国记协新媒体专业委员会

2019年11月30日

领导致辞

一 | 提高网络治理能力 推动媒体融合发展

湖南省委书记、省人大常委会主任 杜家毫

媒体是一个古老而全新的行业，媒体变革历来是推动社会进步、文明演进的重要力量。伴随现代信息和互联网技术的深入发展，媒体传播发生了从“铅与火”到“光与电”再到“微与云”的跨越，新兴媒体正在越来越深刻地改变舆论生态、影响社会生活、驱动产业转型、促进经济发展。目前我国网民规模已达8.54亿，湖南网民规模达4000多万，其中手机网民占到了99%以上。这种情况下，新闻客户端和各类社交媒体已成为干部群众特别是年轻人的首要信息来源和传播渠道。

信息革命方兴未艾，传播技术日新月异。提高网络治理能力、推动媒体融合发展，使互联网这个最大变量变成事业发展的最大增量，已经成为我们这个时代面临的一项紧迫课题。近年来，湖南省认真落实习近平总书记重要讲话指示精神，制定出台《关于鼓励移动互联网产业发展的意见》《推动传统媒体和新兴媒体融合发展的实施方案》等文件，积极推进媒体融合，在新媒体阵地建设、内容创新、县级融媒体中心建设等方面取得了积极成效。新湖南、芒果TV、红网融合发展加速推进，地域覆盖面、人群覆盖面、内容覆盖面不断扩大；互联网岳麓峰会影响力日益提升，“冬有乌镇，春有岳麓”成为业界佳话；马栏山视频文创产业园成功升级为国家级园区，“北有中关村，南有马栏山”广为流传；长沙获评世界“媒体艺术之都”。去年全省移动互联网企业及基础电信企业实现营业收入1527亿元，数字经济总量达8970亿元。可以说，移动互联网和新媒体越来越成为湖南高质量发展的重要驱动力。

2019年新媒体大会以“有容乃大 深融致远”为主题，体现了5G时代新媒体变革的最新趋势，顺应了构建全媒体传播格局的发展大势。湖南将以此为新的起点，坚持导向为魂，加强内容建设，壮大主流舆论，让党的声音和主流价值观传得更开、更广、更深入，牢牢占据舆论制高点；坚持创新引领，依托马栏山视频文创园建设优质视频内容供应基地，引导更多新媒体企业、人才、资金向文创园区集聚，以物理集群催生化学反应、激发内生动力；坚持开放合作，通过流程优化、平台再造，有效整合各种媒介资源、生产要素，实现各类媒体共融互通；坚持融合发展，突出移动优先，建好主流新媒体集团，抓好县级融媒体中心建设，实现应融尽融、能融尽融，加快打造在国内具有一定影响力的新媒体高地。我们愿与国际国内新媒体行业的各位专家、“大咖”和领军人物携手努力，共同推动构建全媒体格局，不断提升主流舆论传播力、引导力、影响力、公信力。

二 | 重拾“开门办报”这一看家本领

中宣部新闻局局长　张小国

当前，随着信息技术迅猛发展，舆论生态、媒体格局、传播方式正在发生深刻变革，互联网新应用新业态不断涌现，极大丰富了媒体的内涵。“什么是新媒体”，成为一个众说纷纭的话题。我认为，新媒体之新，主要体现在传播载体、呈现形态、表现方式、应用场景等方面，更多运用先进技术，更加重视精准传播，更好实现传播效果。在全媒体时代，如何办好新媒体、用好新媒体，是大家都在思考和探索的一个课题。我们认为，当前急需重新拾起“开门办报”这一看家本领、传家法宝。毛泽东主席早在1948年就提出，我们的报纸也要靠大家来办，靠全体人民群众来办，靠全党来办，而不能只靠少数人关起门来办。习近平总书记强调，办报要走群众路线，不能坐在办公室里想点子，靠简报、会议材料编稿子。现在，我们更有必要、更有条件弘扬这一传统，开门办报、办台、办网。

第一，开门搞生产。现在，网上的信息过剩、过载，但优质信息稀缺。我们主流媒体要始终保持内容定力，专注内容质量，充分发挥专业生产、品牌声誉等优势，担起推出准确权威、正能量充沛的优质内容之重任。同时要看到，仅仅依靠媒体自己的力量来生产，无论数量还是种类，都不能充分满足人们对信息的海量需求。要积极学习借鉴商业传播平台的好经验、好做法，在内容聚合上下功夫、做文章，调动一切积极因素，整合一切可用资源，大力解放和发展新闻生产力。要相信“高手在民间”，建好全媒体时代的“通联部”“群工部”，让亿万网民特别是正能量“网红”“草根作者”都成为我们的“写手”“拍客”。去年以来，我们在全国大力建设县级融媒体中心，目前已建成1800多家，吸引集聚广大基层群众提供大批带露珠、冒热气的鲜活信息，在国庆70周年等重大主题宣传以及热点引导、舆论监督中发挥了独特的作用，有的报道还获得了2019年的中国新闻奖。

第二，开门建平台。平台是信息生产传播的基本依托，有了自主可控、传播力强的平台，才能聚集海量用户、积累数据资源、提升造血机能、筑牢安全根基。这几年，人民日报社推出“人民号”、新华社推出“现场云”、中央广播电视总台推出“央视频”，还有不少地方媒体也在发力，如湖南广电推出“芒果TV”，这都是打造自有平台的有益探索。这样的平台也要打开门来建。我们有体制优势、党政资源，应当坚持共建共享理念，打通上下左右，把文化资源、数据资源、政策资源注入其中，支撑“媒体+政务”“媒体+服务”等模式，建成层次多样、功能丰富的综合性平台。2019年元旦上线的“学习强国”平台，就是这样一个聚集各方资源的大平台，累计下载量、注册量、用户日活跃度与日俱增，认证的学习组织达到390万个，每天浏览量近5亿人次，传播力影响力不断扩大。开门建平台，主流媒体还要在合法合规的前提下，加强与商业化、社会化传播平台的合作，实现优势互补、共同发展。

第三，开门强技术。要保持对新技术的高度敏感，紧盯5G、大数据、云计算、物联网、人工智能、区块链等前沿技术，将其大胆运用到新闻采集、生产、分发、接收、反馈中，同时用主流价值驾驭和改进“算法”。研发新技术专业性极强、投入也非常高，关起门来搞是行不通的。我们必须放宽视野、敞开胸襟，主动联手科研机构、科技企业、商业平台，共同推动关键核心技术不断实现突破，加快抢占全媒体时代的技术高地。不久前，在科技部的大力支持下，人民日报社、新华社、中央广播电视总台分别设立媒体融合国家重点实验室，聚集和培养优秀科研人才，主攻信息生产、传播、呈现等技术基础研究，相信这将有力推动媒体融合技术创新与应用，更好地为媒体深度融合发展提供贴心贴身的服务。

网络不是舆论飞地，更不是法外之地。无论传播技术怎么发展，无论媒体格局如何变化，无论新媒体形态如何演变，坚持党管媒体的要求不能变，把握正确舆论导向的原则不能偏，唱响主旋律、弘扬正能量的声音不能弱。

新媒体已然成为融合传播矩阵中的新锐和重兵，我们要将其作为建设强大影响力竞争力的新型主流媒体的一个主攻方向，放手拼搏、创新发展、加速壮大，书写全媒体时代属于我们的精彩！

三 | 推动媒体融合发展取得新突破

国家广播电视总局副局长　高建民

当前，正值全国上下深入学习贯彻党的十九届四中全会精神之际，2019中国新媒体大会以“有容乃大　深融致远”为主题，聚焦新时代媒体变革和融合发展，对贯彻落实中央决策部署，加快推进传统媒体和新兴媒体深度融合、一体发展，具有重大意义。近年来，新兴媒体用户规模增长迅速，网络视频用户达到7.3亿，短视频用户达到6.5亿，网络直播用户达到4亿，网络空间已经成为人们生产生活的新空间。以习近平总书记为核心的党中央深刻把握时代发展大势和媒体发展规律，作出推动媒体融合发展的重大决策，要求打造具有强大影响力竞争力的新型主流媒体，建立全媒体传播体系，强化主流舆论，巩固全体人民团结奋斗的思想基础。

全国广播电视系统坚决贯彻习近平总书记关于宣传思想工作的重要论述和党中央决策部署，大力推动广播电视和新兴媒体深度融合，取得了积极进展。在这方面，湖南走在全国前列，特别是湖南广播电视机构主动作为，打造芒果TV网络平台，全面覆盖互联网、移动互联网、IPTV、OTT等新媒体传播渠道，新用户快速增长；同时，积极创作生产精品内容，实现传统媒体与新媒体一体化传播。马栏山视频文创产业园建设迅速推进，已引入数百家文创企业落户，初步形成产业发展规模优势。

广播电视融合发展正处在关键阶段，迫切需要抢抓机遇、集中资源、攻坚克难，加快取得新突破。

要牢牢把握正确的政治方向，自觉承担举旗帜、聚民心、育新人、兴文化、展形象的使命任务，主动抢占主流舆论制高点，扩大主流价值影响力，让党的声音传得更开、传得更广、传得更深入，让正能量更强劲、主旋律更高昂。

要进一步完善体制机制，全力推动各种媒介资源、生产要素有效整合，实现信息内容、技术应用、平台终端、管理手段、人才队伍共享融通，建立起协同高效、适应竞争、推动发展的组织架构和运行机制。

要始终坚持创新驱动，充分利用大数据、云计算、人工智能、5G、区块链等现代信息技术，作为推动媒体融合发展的强大引擎，以技术创新引领媒体变革，努力实现精品化制作、可视化表达、互动化传播、超高清呈现。

要切实加强统筹协调，强化互联网思维和一体化发展理念，加紧建立“一体化资源配置、多媒体内容汇聚、多渠道内容分发、多终端精准服务”的融合传播体系，推动媒体融合从相加阶段向相融阶段迈进，更好地满足人民群众对美好生活的新期待，更好地服务党和国家工作大局。

四 | 顺应全媒大势　共商融合大计

中国记协党组书记、新媒体专业委员会主任委员　胡孝汉

中国记协举办新媒体大会，就是要认真贯彻落实习近平总书记关于全媒体时代和媒体融合发展的重要指示要求，顺应全程媒体、全息媒体、全员媒体、全效媒体传播大势，研讨媒体融合发展大计，更好地团结引领各级各类新媒体工作者，助推媒体融合发展，提高新媒体传播力、引导力、影响力、公信力。

为办好一年一度的中国新媒体大会，我提四点建议：

一是紧扣内容建设，履行新媒体职责使命。全媒体时代，深入推进媒体融合，形式创新、手段创新都很重要，但最根本的还是内容创新，做好内容应当成为新媒体的主责和要务。本次大会将发布的研究报告显示，当前新媒体内容建设面临结构性矛盾：内容海量、信息过剩与权威信息稀缺、优质内容不足并存，推进新闻信息生产领域供给侧结构性改革，已经成为媒体深度融合需要下大功夫突破的重大课题。中国新媒体大会就是要促进新媒体内容建设，引领媒体以权威信息营造主流舆论，以内容优势赢得发展优势；引导新媒体工作者练好看家本领，多出融合精品，让新闻报道更快、更活、更新、更优，更加深入人心。

二是紧扣队伍建设，促进新媒体增强“四力”。不断增强“脚力、眼力、脑力、笔力”，是新形势下宣传思想队伍建设的总要求，对新媒体工作者有着特殊重要的意义。中国记协新媒体专业委员会成立以来，以增强“四力”为主线，组织新媒体开展系列培训、参与主题采访、参加颁奖报告会和“好记者讲好故事”等品牌活动，多方面展示新媒体工作者风采，多形式推动新媒体提升队伍素质。如中央新媒体团队、地方新媒体团队以及商业平台共同开展的“强四力助攻坚”系列采访活动，就掀起了一浪接一浪的新媒体公益热潮。实践证明，新媒体编辑记者要到基层一线增强“四力”，必须强化引领意识，在把握“时度效”上下功夫；必须强化服务意识，在努力“讲故事”上下功夫；必须强化创新意识，在做好“微宣传”上下功夫；必须强化精品意识，在创制“代表作”上下功夫。

三是紧扣标杆建设，加强新媒体引领示范。融合发展是新闻媒体回应时代挑战的自我革命，也是运用信息革命成果的迭代升级。各媒体坚持移动优先、一体化发展方向，努力推进深度融合，积极把新技术运用到新闻信息采集、生产、传播、反馈各环节，在创作融合产品、创新传播方式方面取得了丰硕成果。中国新闻奖专门设立媒体融合奖，着力打造新媒体融合发展成果的标杆，已有《点赞十九大，中国强起来》《中国一分钟》《朦子书记》等一批精品佳作获奖。中国新闻奖作为新闻作品的标杆，已评选29届；长江韬奋奖作为新闻工作者的标杆，已评选16届。在6000多篇中国新闻奖获奖作品中，新媒体作品仅有百余篇，可谓新生事物；在近300名长江韬奋奖获奖者中，新媒体工作者仅有两位，堪称凤毛麟角。希望有更多的新媒体工作者、更多的新媒体融合成果获得中国新闻界的最高奖。我们要进一步发挥新闻评奖标杆的示范引领作用，更好地适应媒体形态和传播业态的新变化，完善规则，提高质量，激励各级新闻媒体坚持正能量总要求，牢记管得住硬道理，练就用得好真本事，涌现更多富有传播力、引导力、影响力、公信力的精品佳作，在媒体融合上展现新气象、取得新成果。

四是紧扣平台建设，完善新媒体服务机制。记协组织是党和政府联系新闻界的桥梁和纽带。中国记协成立新媒体专业委员会，以促进和推动新媒体新闻信息传播事业为宗旨，强化政治引领，推动行业自律，加强联络服务，通过开展培训教育，组织研讨交流、采访调研、出版新媒体研究报告和新媒体年鉴、办好中国新媒体大会等各种形式，打造媒体融合工作新平台。我们将回应业界呼声，顺应发展需要，打造广泛联系的新平台，展现媒体融合发展成就，引导新兴媒体发展方向，为推进媒体深度融合鼓劲加油，为新媒体业界提供精准有效服务。我们将秉持开放理念，铺路搭桥，推动传统媒体和新兴媒体、中央媒体和地方媒体、主流媒体和商业平台、大众化媒体和专业性媒体密切合作，共同构建正能量更强劲、主旋律更高昂的全媒体传播格局。

全党全国正在兴起学习贯彻党的十九届四中全会精神的热潮，致力于坚持和完善中国特色社会主义制度、推进国家治理体系和治理能力现代化。中国记协与包括新媒体在内的新闻界同行将把学习贯彻十九届四中全会精神当作头等政治任务，学习好、宣传好、贯彻好全会精神，为国家治理体系和治理能力现代化营造良好舆论氛围、提供有力精神支撑；推动完善和坚持正确导向的舆论引导工作机制，更深刻地认识新闻舆论工作，更努力地做好新闻舆论工作，更广泛地凝聚人民力量；广泛联系各界朋友，精心服务媒体同行，增强群团组织活力，提升引领服务能力，把新媒体工作者更紧密地团结在党的周围，更好地谱写新时代党的新闻事业的新篇章。

主题演讲

一 | 构建国际一流新媒体

人民日报社副总编辑 张首映

2019年是中华人民共和国成立70周年，70年来全国各族人民同心同德、艰苦奋斗，取得了令世界刮目相看的伟大成就，为中国媒体发展创造了强大动力，为我们加快构建融为一体、合而为一的全媒体传播格局，打造具有强大传播力、引导力、影响力、公信力的国际一流新型主流媒体提供了前提。

党的十九届四中全会提出，要建立以内容建设为根本、先进技术为支撑、创新管理为保障的全媒体传播体系。2019年1月25日，习近平总书记率中央政治局同志来到人民日报社，走进媒体融合发展第一线，就全媒体时代和媒体融合发展举行集体学习。

在习近平总书记亲自谋划、亲自部署、亲自推动下，我国媒体融合发展工作取得历史性发展，发生历史性变化。人民日报是媒体融合发展的实践者，也是受益者。目前，人民日报社已经形成涵盖报、刊、网、端、微、屏等10多种载体，综合覆盖受众超过9亿人次的新型媒体集团。就在前几天，人民日报新浪微博粉丝数突破1亿，成为人民日报新媒体矩阵“亿人俱乐部”中新的一员。

当前，国际传播呈现移动化、社交化、可视化趋势，打造国际一流媒体，特别要旗帜鲜明坚持正确的政治方向、舆论导向、价值取向，加快构建国际一流新媒体。

构建国际一流新媒体，要有传播力。要拥有顶尖人才队伍，掌握前沿传媒科技，持续生产融合“爆款”“精品”，主导新闻传播，管理方式现代化，综合实力强大，具备让用户“必看必转”的强大传播力。

构建国际一流新媒体，要有引导力。要凝聚海量稳固“粉丝群”，构建移动传播“生态圈”，影响主流受众，具备让用户时刻“对标对表”的有效引导力。

构建国际一流新媒体，要有影响力。要做到设置议题掷地有声，回应议题铿锵有力，深度统筹国内国际两个舆论场，影响国际舆论，具备让用户形成“刷屏效应”的巨大影响力。

构建国际一流新媒体，要有公信力。要建立良好媒体品牌形象，得到国际权威机构和国际主流媒体同行认可，具备让用户充分信任的权威公信力。

走强媒之路，构建国际一流新媒体，对于建立国际舆论传播新格局具有重要意义。当前，中国媒体融合处于国际领先地位，“做大”已见成效，“做强”仍需奋起直追。构建国际一流新媒体，主流媒体应当何为?

以价值导向为坐标原点。媒体融合发展，任何时候都不能忘记为什么出发，不能为了流量丢了导向，为了绩效降了格调。主流媒体要当好网上的“定盘星”，用深度对抗浅薄，用正音消解杂音，特别是众声喧哗中要有思想的“坐标系”，发挥领航定向、增信释疑作用，形成最大公约数，画出最大同心圆，让正能量更强劲、主旋律更高昂。

以移动平台为主要赛道。当前我国网民规模达8.54亿，网民使用手机上网的比例达99.1%。人在哪儿，宣传思想工作的重点就在哪儿。移动互联网已经成为信息传播主渠道，主流媒体要找准用好商业化、社会化移动传播平台，建好管好自有移动传播平台，把变量变成增量，把增量变成存量。只有让主流声音在自有平台和商业平台形成合力，在国内舆论场和国际舆论场形成呼应，才能牢牢占据传播制高点，最大限度放大主流价值。

以精品内容为制胜法宝。融合发展必须坚持内容为王，以内容优势赢得发展优势。从纸上到网上，从大屏到小屏，从纯文字到全媒体，内容生产传播的逻辑和规律大不相同。原样复制纸媒内容效果差，生搬硬套网言网语行不通，主流媒体必须开展一场内容生产领域的供给侧结构性改革，创新理念、内容、形式、方法、手段，实现分众化、差异化传播。特别要沉下心揣摩海内外用户特点，紧跟发展趋势，总结“爆款”规律，依靠源源不断、耳目一新、回味无穷的优质内容吸引人、影响人、留住人。

以前沿技术为探路明灯。当前，主流媒体要适应从“人找信息”到“信息找人”的转变，让主流价值导向驾驭“算法”，实现优质内容的精准传播、靶向传播。未来，主流媒体要继续拥抱新技术、掌握新技术、研发新技术，利用技术寻求媒体融合的临界点、突破点、转折点，不断推进媒体融合向纵深发展。

二 | 巩固内容创新优势　建设新型主流媒体

新华社副社长　刘思扬

2019年以来，我们和相关机构合作，采集处理卫星遥感大数据，同时融合地面、无人机拍摄画面，打造了“60万米高空看中国”系列短视频，多层次、多角度捕捉中国各个省份的自然景观、人文特点和发展变化，透视中华民人共和国成立70年来的伟大成就，引发广泛关注。在2019年国庆报道中，我们独家推出“60万米高空瞰阅兵”系列融媒体报道，以太空视角、最高机位呈现阅兵盛况，引发强烈反响。这是新华社推进系统化创新的一个成果，也是媒体融合向纵深发展的缩影。当前主流媒体要通过深度融合更好担负起“举旗帜、聚民心、育新人、兴文化、展形象”的使命任务，根本在于巩固壮大内容优势，并推动转化为传播优势、发展优势。实践中，我们有几点体会：

巩固主流媒体内容优势，做壮大主流舆论的“领头雁”。习近平总书记指出，推动媒体融合发展，就是要做大做强主流舆论，巩固全党全国人民团结奋斗的共同思想基础。主流媒体更好地肩负使命任务、壮大主流舆论，就要不断在巩固内容创新优势上下功夫。

一是巩固党的创新理论传播“主力军”作用。近年来，我们创新叙事语态、呈现形态和报道样态，打造《第1视点》《习近平讲述的故事》《习近平的足迹》等系列品牌栏目，今年以来共推出浏览量过亿产品70余个。我们还将Vlog（视频网络日志）、数据新闻、H5等新形态应用到报道中，取得良好传播效果。

二是巩固正能量传播的“压舱石”作用。我们以壮大主流思想舆论为己任，完善优质内容生产体系，强化融合产品生产常态化、机制化、规模化态势，不断扩充主流价值影响力版图。比如在“不忘初心、牢记使命”主题教育开展前夕，独家发掘典型人物张富清的先进事迹，形成正面舆论强势。

三是巩固权威发布的“定音鼓”作用。及时提供更多真实客观、观点鲜明的信息内容，牢牢掌握舆论场主动权和主导权，是主流媒体义不容辞的职责。无论是国内外重大问题，还是当前社会热点问题，我们都及时发声、正确发声，有力有效引导了舆论。

四是巩固对外传播的“扩音器”作用。近年来，我们实施精准对外传播策略，通过在海外社交媒体上开设账号、打造多语种国别专线，推出《新华社记者说》等品牌栏目，国际传播能力建设实现突破性进展，有效增强了国际话语权和影响力。

把握媒体发展必然趋势，做技术风口上的先行者。媒体融合发展是一场以技术创新为引领的媒体变革。在2019年1月25日中央政治局集体学习时，习近平总书记指出，全媒体不断发展，出现了全程媒体、全息媒体、全员媒体、全效媒体。这个重大论断，是对媒体变革最新趋势的精辟概括，也是媒体融合发展面临的必然趋势。近年来，我们积极探索将人工智能和网络信息前沿技术运用于报道实践，一些方面取得阶段性进展和突破：

一是探索5G情境下的软硬件应用。2019年全国两会，我们进行了国内首次5G手机全流程直播。在世界园艺博览会报道中，首次使用5G背包进行移动直播。在国庆报道中，用全球首台5G+8K超高清转播车实现8K全链条实时直播。下一步，我们将继续拓展智能化硬件的应用场景，并持续在VR（虚拟现实）、AR（增强现实）等沉浸式新闻上探索创新，努力在场景适配、应用匹配上赢得先机、引领发展。

二是深入推进媒体智能化探索。近年来，我们的“媒体大脑”、AI合成主播等多项应用不断升级，人工智能运用在新闻采集、生产、分发、接收、反馈等各环节不断深化，人机协同、智慧协同日趋紧密，大大提升了生产传播效率和水平。未来，我们将继续在推动关键核心技术自主创新上下功夫，加快推进智能化编辑部建设，努力成为媒体行业技术应用领军者。

三是增强数据资源整合处理能力。5G环境下，谁掌握了数据，谁将掌握主动。在新技术推动下，新闻生产方式正从单纯的采编人员采集素材、编写新闻，向人机协同的数据汇聚、智能标引、算法挖掘、机器生成的新方式逐渐拓展。新华社正在加快建设大数据中心，分阶段、有步骤实现数据资源整合处理，努力实现从“信息总汇”向“数据总汇”拓展。

探索跨界融合新模式，做内容生态的“破圈者”。习近平总书记强调，要把掌握的社会思想文化公共资源、社会治理大数据、政策制定权的制度优势转化为巩固壮大主流思想舆论的综合优势。这要求我们在推进媒体纵向融合的同时，要更注重横向连接，协同多方力量共创内容创新新模式。

2019年国庆前夕，我们与知乎合作设置“你好中国 · 问答70年”议题，网友回答总字数达到187万字，总曝光量达6430万人次，这是充分聚合PGC（专业生产内容）、UGC（用户生产内容）资源，以广告语态、大众语态进行议题设置的一次成功探索。我们认识到，用户是媒体传播链条的重要节点，场景是推动媒体融合发展的重要变量，而万物皆媒时代，重视用户思维成为推动媒体跨界融合的关键。

未来，我们将进一步在创意策划、内容生产、分发推广、反馈互动等多个环节，建立起与地方媒体、商业平台、专业性媒体的合作关系，更多丰富传播场景、重构用户关系，打造更多用户喜闻乐见的新闻信息产品。同时，持续探索将新闻产品与各类智能终端广泛适配，智能分发针对不同场景的融媒体产品，加快拓展以个人和家庭为中心的新型新闻信息服务模式。

三 | 把新媒体新平台建设好运用好

中央广播电视总台编务会议成员、央视副台长、亚广联副主席　孙玉胜

在新媒体时代，手机的智能化、高清晰拍照和录像功能使媒体格局迅速进入视频化、移动化、社交化时代。其中，视频是传播的最高形态，过去是，未来也不会改变。

娱乐是视频媒体的原始属性，因为娱乐是大众的本能需求。电影及其衍生的电视剧本身就是娱乐。美国的大型媒体集团没有不生产电影、电视剧和动画片的，抖音和快手的崛起主要也是因为其娱乐性。

尽管如此，媒体的影响力和话语权并不来自娱乐，而是新闻。这也是国际一流媒体集团不仅都生产娱乐节目，而且都有新闻频道或网络新闻媒体的重要原因。

视频虽然是传播的最高形态，但并不是“无视频不传播”。

当前，视频泛滥已成为趋势，有些机构和创作者发布的视频毫无价值。视频新闻的魅力主要是来自现场。有吸引力的视频，是有场景、有人物、有故事、有真实感的。好的视频是具象的、感性的，而不是一些万能的空画面加上解说——这正是电视实现品质传播要淘汰的。

习总书记要求，“要把中央广播电视总台建成国际一流新型主流媒体”，“要把新媒体新平台建设好运用好”。总台提出：台网并重，先网后台，移动优先。具体是5G+4K／8K+AI。5G是传输，4K／8K是内容，AI是助手。具体而言，就是建立中台，也就是5G新媒体平台。我们正按账号逻辑和聚合的方式打造一个有品质的视频社交媒体——央视频。这些账号来自台内各部门和社会机构与创作者。

目前央视频已经上线10天，口碑良好。其特点是主打短视频，兼顾长视频。我们将用央视频进一步改变传播的语态，用平实而生动鲜活的表达方式传播主流价值观。

对视频来说，短有短的活性和热度，长有长的黏性和品质，短和长都是相对的。关键是看视频的叙事方式和逻辑是否被大众所接受。这也是我们与一些商业化短视频平台的差异。去年国庆大阅兵的公共信号制作效果就是对品质的最好注解。在大阅兵直播中，我们用电影的语言来转播，确保直播品质和效果。当时我们谁也没料到，后来的直播真的进了影院。由此知识百科中增加了一个新词条——直播电影。

这一切起源于技术，因为4K的画质已经完全达到了电影标准，这就使融合话题又有了新内涵。原来我们只是想向下与小屏融合，没想到还可能向上与电影融合。技术可以改变一切，融合也许还有下半场，而且刚刚开始，一切皆有可能。

四｜“学习强国”九句话

“学习强国”平台总编辑　刘汉俊

“学习强国”是什么、做什么？

（一）做一个学思想、用思想的平台

“学习强国”是“科学理论的学习阵地”，是以学习宣传习近平新时代中国特色社会主义思想为主要内容和核心内容的互联网平台，内容涵盖习近平总书记改革发展稳定、内政外交国

防、治党治国治军等方面的思想；涵盖中央精神、决策、部署和党的理论、路线方针政策。用科学的理论武装全党、教育人民，是“学习强国”的初心和使命、定位和职责。

（二）做一个有知识的平台

“学习强国”构建了具有中国特色、时代特征、平台特点，以理论性、专业性、应用性知识为主体，涉及政治、经济、历史、文化、社会、生态、科技、法律、健康、军事、管理、技能、国际等方面内容的知识体系。

（三）打造强国云教室

“学习强国”建立了由公有云和专有云相结合的“强国云”，为万物互联、智能泛在、人机共融、海量数据和超算能力提供支持。我们的基本判断是，在5G条件下被赋能的智能终端学习将会出现以下趋势，一是引发学习的革命。在工业环境中发展起来的、以读写为主导的批量流水线式传统学习模式，将转向数字化的后工业环境中的兴趣化、差异化、个性化的学习方式；二是形成新的学习生态。5G条件下的学习空间更加广阔、学习场景更加多元，学习信息更加丰富、学习内容更加优化，学习资源更加均衡、学习主体更加突出；三是实现学习行为数据化。人工智能、区块链技术、算法技术、知识建模、知识图谱、个性画像、精准推送将被运用，学习的行为、内容、过程、效果将被量化，学习的定位、定性、定量、定期、定制将会实现。这是强国云教室的基本思路。

（四）塑造互联网学习思维

“互联网学习思维”的核心是数据化，用计算机模拟多层神经元网络，解决图像、文本等各种问题的算法集合的深度学习，开拓了机器和人亲密接触的无限空间，未来一定会出现人脑与电脑的对接，将人脑信号读取转换成电脑信息和程序，人通过意念来操作和控制外物，是一个可能的愿景。“一切数据化”这是“学习强国”要建立的互联网思维。

（五）建成融平台

“学习强国”起步就是融媒体，开门就是大平台，它有四大特点，即融、动、快、全。这里只说第一大特点：“融”。“学习强国”不是单一的互联网站，不是单一依托电信网传输数据，不是单一通过广播电视网采集内容，而是互联网、电信网、广电网三网融合的终端，我们可以通过“学习强国”看电视、听广播、读图文、打电话、通视频、上互联网、开视频会议，可以通过手机客户端按钮直接进入PC端，实现了物理上的互联互通、无缝对接，业务上的相互交叉、相互渗透、彼此兼容，形态上的技术融合、业务融合、行业融合、终端融合、网络融合，目前我们正在建设车联网、乡村大喇叭网、物流网等，随着物联网的加盟，“四网融合”、分级平台、多端一体、边缘计算等，将使“学习强国”实现跨部门、跨行业、跨领域、跨地区、跨界别的终端再造。未来世界，终端决定一切。互联网创造生产力，融平台改变生产关系。媒体改革进入深水区，发展进入关键期，供给侧改革迫在眉睫，不是触了网、办了号、扫了码就是融媒体、新媒体、全媒体，标签不等于准入，作品完成不是唯一、技术实现不是唯一、渠道拓展不是唯一、市场营销不是唯一，这些都重要，但最重要的是融。要有门户思维但不要有门户之见，要安全屏障但不能搞平台壁垒，互融才能共荣。模仿没有出路，趋同等于互拼，各具特色才能百花齐放。

（六）构筑高可靠的安全屏障

天下网络，安全第一。全球范围内的网络攻击、数据安全问题、个人信息隐私问题、网络犯罪问题、深度伪造技术问题等，都对“学习强国”造成安全压力，高筑城墙不等于高枕无忧，有时候道高一尺、魔高一丈，我们甚至不知道魔藏在哪里、高在何处。确保“学习强国”的安全万无一失，我们任重而道远。

（七）与主流媒体共生共荣

一是放大主流声音、形成主流舆论，这是“学习强国”承担的任务。二是尊重主流媒体版权、展示优质产品价值，“学习强国”标注内容来源，签订版权协议。三是发挥平台创新优势、形成平台自有特色，“学习强国”对信息内容进行有序融合、有机聚合、有效整合、有效激活，进行深度加工、高度提炼、广度推送，形成了聚合优势、呈现优势、传播优势、受众优势。四是开发平台综合功能、推动建设学习矩阵，“学习强国”不只是一个新闻网站，而是一个具备了聚合功能、融通功能、交互功能、保障功能的融平台。不与新闻网站争先，不与商业网站争钱，不与门户网站争多，不与社交网站争泛，不与专业网站争专，但新闻网站的时效性、商业网站的开放性、门户网站的综合性、社交网站的互动性、专业网站的分众性，“学习强国”都要借鉴。“我建房，你入驻”“我搭台，你唱戏”“你的精彩就是我的精彩，我的覆盖面提升你的影响力”，这是“学习强国”秉持的理念。

（八）坚持内容为王

天下媒体，内容为王，内容始终是信息传播的主题、主角、主体。“学习强国”不只是信息转发者，不只是技术集成者，不只是渠道融合者，不只是市场营销者，它是烹调师，做大餐、做特色餐、做个性餐，接受定制服务、个性服务、点播服务，是为第三方提供付费服务的窗口，希望总有一款适合你，只想在信息饕餮、知识盛宴和媒体狂欢中做一道好菜。坚持公益本色，坚守高贵品质，信用比费用值钱，品格比价格重要，奉献比回报珍贵。

（九）坚持全党办、大家办

“学习强国”来自群众、为了人民、依靠大家。一是建立学习组织，继续丰富和发展“纵向到底、横向到边”的学习组织架构。二是注重学习效果，形成人人想学、人人可学、人人比学，学有所依、学有所成、学有所得的可持续学习态势。三是聚合学习资源，建立覆盖到县级党委宣传部门的供稿系统、重要新闻专稿系统、新闻网站抓稿系统、社会用户海投系统；建设覆盖全国的二级三级学习分平台体系；设立中央国家机关和新闻单位参建的“强国号”矩阵，接受社会各界的学习资源馈赠。四是优化服务功能，使“学习强国”成为人民群众爱用、好用、常用的学习帮手。五是鼓励全民参与，建立众筹众创、共建共享的模式，使“学习强国”走进人们的学习工作，走进人们的休闲时光，走进人们的衣食住行，成为人们离不开的掌中宝。我们坚信，一个勤于学习、善于学习的民族是不会被打败的，一定能实现复兴的梦想。

五 | 以新媒体发展推动传统媒体破局

湖南广播电视台党委书记、台长　吕焕斌

湖南广播电视台直面传统电视的拐点，全力发展新媒体，从单一的湖南卫视到“湖南卫视+芒果TV”双平台，再到构建马栏山媒体大生态，这是一个漫长而艰辛的发展历程。

（一）双平台战略：直面拐点　赢得市场先机

2015年是传统电视媒体迎来危机和转机的拐点之年，这一年，湖南广播电视台出台《建设新型主流媒体若干意见》，开始打造传统广电的“诺亚方舟”，举全台之力办芒果TV新媒体平台，按照习总书记的要求，坚持传统媒体和新兴媒体融合发展，以我为主，打造自主可控、传播力强的新型传播平台，形成了湖南卫视、芒果TV“一体两翼、双核驱动”的双平台格局。湖南卫视的收入、品牌、影响力持续多年保持省级卫视“领头雁”位置。可以说，在真正的拐点到来之前，湖南广电已经完成了全媒体的布局、蜕变和转型，也收获了“1+1＞2”的阶段性成果。

我们的影响力更大。新媒体的发展先机，带来了湖南广电台网融合创作的空前繁荣，进一步壮大了主流舆论。6年来，我们先后获得了23个中国新闻奖，其中一等奖5个，推出了《绝对忠诚》《为了人民》《我的青春在丝路》等一系列作品；电影《十八洞村》、电视剧《那座城这家人》双双获得“五个一工程”奖，形成了在全国独树一帜的“芒果大片现象”。

我们的用户规模更大。芒果TV日活量突破7900万，年均增速达43%。同样作为头部卫视的湖南卫视加上芒果TV，双平台用户不降反增。

我们的创新能力更强。近两年，湖南卫视先后推出《中餐厅》《声入人心》《声临其境》《舞蹈风暴》等30多档创新节目，其中收视和口碑双优项目超七成，是上新率和上新成功率最高的省级卫视。与此同时，芒果TV以互联网视频行业10%的投入收获了50%的综艺爆款，被媒体形容为“视频行业一股热辣而奔腾的力量”。现在，湖南卫视和芒果TV一共有55个内容制作工作室，形成了完备的创新矩阵，创造了独特的“马栏山爆款方法论”。

我们的经营体量更大。湖南卫视单频道创收纪录曾经破百亿元，而2019年，芒果超媒预计创收将突破百亿元。我们从单一的电视广告创收转变为“电视广告+互联网广告+会员+IPTV+OTT”的经营模式，收入结构更多元、抗风险能力更强、发展空间更大。

我们的人才结构更优化。通过6年融合发展，以电视湘军为核心的马栏山人才队伍已经开始迭代为具有全媒体基因的芒果系战队，这支队伍拥有5000多名一线内容制作人员、2000多名技术工程师，实现了湖南广电人的集体进化。

习近平总书记强调：“推动传统媒体和新兴媒体融合发展，要遵循新闻传播规律和新兴媒体发展规律，强化互联网思维，坚持传统媒体和新兴媒体优势互补、一体发展，着力打造一批形态多样、手段先进、具有竞争力的新型主流媒体。”6年来，湖南广电用实践证明，传统媒体出路只有一个，那就是发展新媒体，直接参与新媒体竞争。

（二）拐点即风口：临界点的竞争驱动

“稳中有变、变中有忧”是2019年经济关键词之一，受经济环境影响以及新媒体的市场蚕食，截至2019年前三季度，中国传统媒体广告收入同比降幅达到11.4%，电视广告收入已连续5年负增长。可以说，2019年传统媒体的生存压力已接近临界点。在我看来，无论是国际趋势还是国内行业变局，新的拐点正在形成，而拐点即风口，这样的临界点必将驱动新一轮媒体融合的创新。湖南广电会继续以同样的姿态拥抱变革、坚持创新、抢占先机，完成新的拐点破局。

一是以新技术破局。新技术可以颠覆一个企业，也可以成就一个企业，关键在于我们能不能真正抓住每一次新技术的风口。湖南广电的下一个技术风口是5G。4G时代，视频行业实现了从线性分发到点播分发、从PC端到移动端的巨大变革，短视频的兴起，彻底改变了用户的观看习惯。5G对于传统广电是机遇，对于新媒体同样是机遇，关键在于谁能率先发现风口、引领潮流。目前，我们正在积极布局5G，现在大家所在的会场楼顶，我们已经竖起了5G基站，到年底我们将在马栏山建成一个光点5G局域试验网，同时，芒果TV也建起了5G实验室，正在探索5G

时代的内容创作和商业变现等。我相信，随着5G等新技术的发展，将为大文娱尤其是视听产业插上想象的翅膀，广电将有更宽广的发展空间。

二是以内容创新破局。对于视频平台来说，毫无疑问，互联网下半场的竞争是内容的竞争。而芒果生态的基因就是内容基因，作为一个内陆省份的媒体，没有资金和技术优势，湖南卫视能够成为中国省级卫视领头羊，靠的就是湖南文化强省战略的引领和不断超越的内容创新。“不创新，毋宁死”的“爱痴”精神是成就湖南广电媒体融合战略的秘籍。在未来，我们将继续以湖南卫视、芒果TV的内容创新为核心驱动力，以全国独树一帜的“创新飚计划”机制为保障，保持每年50%以上的节目上新率以及数量可观的优质头部内容规模，抢占互联网下半场的竞争风口。

三是以马栏山生态破局。湖南省委省政府站在文化强省战略发展高度提出“北有中关村，南有马栏山”，这个马栏山已经远远超出一个地理概念，它是以湖南广电为中心，辐射周边30平方公里，旨在引领全球视频风向的文化创意洼地。作为马栏山建设的领军团队，湖南广电正在全力推进芒果马栏山广场、节目生产基地七彩盒子的建设，在前期的功能设计上，配套超过20个演播厅，让湖南广电再火20年。今天即将签约的马栏山学院定位于培养应用型专业文创、科创人才，这些年轻人将成为未来马栏山的新生代和中坚力量。我们拥有达晨创投、芒果基金、马栏山文创投资基金，管理基金规模超过300亿元，为创业团队提供资本支撑，促进产业孵化，形成更紧密的血缘关系，助力马栏山诞生更多的“独角兽”。

湖南广电正将芒果生态的战略意义上升到马栏山生态战略，依托马栏山视频文创园，打造一个集视频技术研发、内容生产、制作传播、运营服务、交易推广、资本孵化和人才培养等于一体的全要素、全周期、全链条“视频产业生态圈”，让长沙这座世界媒体艺术之都更加名副其实，为它增光添彩。

六 | 深融致远：继续跑好新媒体“马拉松”

中国记协常务理事、浙江省新媒体专委会主任委员　陈建华

新媒体发展仍处在一场马拉松赛中，更大的挑战在过程、在未来。如何继续跑好新媒体“马拉松”？

一是移动优先，发力一端。当前，手机已成为新闻信息传播的最主要工具。报刊、广电乃至网站的新闻信息，无不进入手机传播，媒体融合的主要方向和出口，就在移动互联网，就在手机。手机客户端应该作为媒体深度融合、实现一体化发展的重中之重，尤其是县级融媒体中心，更要认准“发力一端”。

二是内容为王，主流引领。要坚持新闻为本，“新闻立网”“新闻立端”。在重大事件、热点新闻中不缺位、不失声，切实防止和避免“真相还在穿衣服，谣言已在满街跑”。中国的新媒体，其实质是新时代的主流媒体，必须承担主流引领的责任，从新闻报道到产品设计，不能人云亦云、跟风炒作，甚至滑入低俗、庸俗。

三是服务是金，深耕本地。互联网特性之一，在于一个点可以做到无限大、一个“端”也可以做到无限大。我们要打造的新型主流媒体，应尽可能在一个区域范围内提供“一站式服务”，做到一机在手、应有尽有。在深耕本地方面，区域新媒体背靠政府、面向市民，可以说是独具优势。

四是技术引领，适用就好。新媒体必须重视新技术新应用，既要高瞻远瞩，也应从实际出发，做到跟进、适用。当前尤其要注意克服“大屏情结”，不要层层建设动辄上千万元投入的模式化、显摆式的“大屏”，不要舍本逐末。比如县级融媒体中心应用系统，目前全国已有62个县市区引进了浙江安吉新闻集团自主开发的平台，价格才几十万元，但因是贴身打造，所以特别适用。

五是人才为本，创新激励。安吉的例子说明人才的重要、机制的重要。目前新媒体人才队伍建设喜忧参半，或者说是忧大于喜。新华社记者徐勇英年早逝，引发同行全网同悲，背后的字眼要读懂，那就是“关爱”二字。媒体和新媒体要留人留心，必须体现关爱。除了倡导坚守新闻理想，关键还在于改革体制机制、创新激励，真正营造“让创新活力竞相迸发、让创富源泉充分涌流”的良好环境，做到事业留人、感情留人，以适当的待遇留人。

对于这场马拉松，记协是呐喊者、助力者、服务者。中国记协新媒体专委会的成立，搭建了一个促进新媒体交流、推动新媒体发展的大平台。可以预见，随着新媒体成为新闻舆论的主阵地、新媒体工作者成为新闻战线的主力军，各级记协的工作重心必将加速转移到面向新媒体、服务新媒体上来，记协正在建设的新时代“记者之家”，也必将成为团结凝聚新媒体工作者的“新媒体之家”。

专题研讨

一 | “5G时代的新媒体变革”分论坛

（一）中国新媒体大会“5G时代新媒体变革”论坛举行

11月29日下午，2019中国新媒体大会“5G时代的新媒体变革”分论坛在湖南国际会展中心举行。湖南省委常委、宣传部部长张宏森出席论坛并致辞。

本次分论坛以5G为背景，结合媒体融合发展进行集中探讨，对传播新格局、发展新方向等进行立体解读，围绕“5G时代的传播新格局”“5G时代平台发展新方向”“5G时代国内IP开发培育新趋势”三大主题进行深入研讨。来自新闻宣传主管部门、广电播出机构、新闻单位、互联网企业等传媒全产业链的50余家机构、行业嘉宾参会。

5G时代的来临，为实现视听媒体向“多媒体形态、多信息服务、多网络传播、多终端展现”的全业务服务模式演进提供了巨大动能。传统媒体和目前的新媒体将迎来怎样的发展？对媒体从业者又提出了什么样的要求？从文字时代到读图时代到短视频时代，接下来又将是什么时代？论坛上，重量级嘉宾真知灼见的分享，形成了本场分论坛的政策新解读、内容主价值、行业新风向，现场亮点纷呈，精彩不断。5G时代，在融合发展、智慧发展的浪潮中，期待媒体行业与产业上下游伙伴携手，共同探讨技术赋能内容的更多可能性，继续推动5G时代媒体行业变革新发展。

本次分论坛由中华全国新闻工作者协会、中国网络社会组织联合会指导，中共湖南省委网信办、湖南省广播电视局主办，湖南广播电视台及芒果TV承办。

（二）论坛嘉宾发言摘要

国家广播电视总局媒体融合发展司司长杨杰：在习近平新时代中国特色社会主义思想指导下，不忘初心，牢记使命，一起融入信息技术发展洪流，凝心聚力，锐意进取，争当主流声音的传播者，媒体融合转型的引导者，清朗空间的创造者，共同创造网络视频新局面。

湖南省委宣传部副部长　省广播电视局党组书记、局长张严：5G带来的不仅是速度的变化，而且包括深度、高度、广度、力度在内的全面变化，5G的到来将给传媒业发展带来重大机遇与挑战。5G、8K、AI、DT（数据处理技术）、区块链等新兴网络技术与传播学相互促进，使传媒业的形态将更加丰富、用户迅速扩大、市场大大增加、边界急剧扩张，我们即将迎来一个全移动、万物互联、充满想象的智慧社会。我们将顺应技术和产业发展大势，引导互联网企业加强技术创新，不断提升网络基础支撑能力、技术创新驱动能力、产业融合引领能力，不断催生新模式、新业态、新产业，促进传媒产业创新发展高质量发展。

国家广播电视发展研究中心主任祝燕南：5G时代，在融合发展、智慧发展的浪潮中，我们应当更加有效发挥广播电视和网络视听的优势，打造互动体验、多元智能、内容丰富的智慧生态链和服务新体系，加快形成布局合理、特色鲜明、形态多样、功能完备、体系开放的中国智慧广电发展新格局，更加充分满足人民对美好生活的新期待。

中国广播电视网络有限公司总经理梁晓涛：5G的规模化商用、AI产业化落地和多样性算力革命的到来，为媒体产业带来了新的动力，最直观的表现是内容信息能够以超高清的方式进行传播，为受众带来沉浸式体验。今后VR、AR、MR（混合现实）等新节目形态不是奢侈品，高清电视直播加VR视频直播、点播也都是小意思，而5G带来的不仅是电视播出形态的变化，还有需面对的组织架构重构、产品重构等。

湖南广播影视集团有限公司党委副书记　湖南电广传媒股份有限公司党委书记、董事长陈刚：在5G时代，湖南广电心存让有线插上无线的翅膀、让智慧广电催生新物种、让芒果踏上数字经济新赛道三大愿景。在媒体融合战役中，湖南广电打造湖南卫视、芒果TV“双核驱动”，赢得领先身位。接下来，湖南广电将围绕技术和内容打造新的“双核驱动”，打造“天上一片云、地上一张网、手上一张卡、通证建生态”的数据链路，发力“5G+内容生产”“5G+会员经营”“5G+公共服务”三大产品板块，构建以“IP共享、资源共融、产业共建”为核心的数字共生体系。

爱奇艺创始人兼CEO龚宇：5G技术因其在大带宽、低延迟、多连接等方面的突出优势，将对多产业产生巨大且持续的影响。比如文娱领域，5G技术不仅将极大缩短内容播放和下载速度、大幅提升VR／AR终端体验，也将进一步消除用户对视频带宽和存储占用上的消费心理障碍。5G时代，小视频、短视频和长视频等多种视频形式都将成为轻应用。

映客直播创始人兼CEO奉佑生：5G高速度、低延时的技术创新将引领万物皆媒介、一切皆平台的变革，不同终端的内容呈现形式也会不同。只要手机在手，人人都是内容的制造者和传播的参与者，5G时代信息传播更多维。作为音视频产业中台，也需抢抓机遇进行创新及变革。

腾讯视频副总裁王娟：每次通信技术升级都会带来媒体产业新机遇。随着5G时代的到来，内容消费将变得更沉浸、更重视用户互动、影游边界更模糊，媒体产业也将迎来新终端的迅速普及，更为真实、更具交互性的内容将成为新热点，而“云计算+AI”将实现对内容生产创作的赋能，互动广告等新模式更将解锁新商业化空间。

二 | “推进县级融媒体中心建设发展”研讨会

（一）中国新媒体大会：探索县级融媒体中心建设与发展

11月29日下午，2019中国新媒体大会主体活动之一“县级融媒体中心建设与发展专题研讨”在长沙举行，活动由主题演讲和经验分享两项议程组成，旨在通过沟通交流、互相借鉴，共同探讨县级融媒体建设生态圈，助力县级融媒体中心建设可持续发展。

会上，湖南师范大学新闻与传播学院院长尹韵公、中国人民大学新闻学院教授宋建武、复旦大学新闻学院党委书记及执行院长张涛甫、中国传媒大学电视学院教授顾洁、暨南大学新闻与传播学院副院长张晋升等5位学界专家，围绕县级融媒体中心建设的热点、亮点和难点作主题演讲，从思想认识、实际操作等诸多方面对县级融媒体的建设现状、经验、问题与对策进行分享。

尹韵公院长在会上为县级融媒体中心的未来建设提出了几条思路，他表示要进一步强化县级融媒体中心建设，把平台建设放在突出位置，中央应该对省里、省里应对县里加大经费扶持力度，进一步理顺体制机制，出台吸引人才、留住人才的政策。在“经验分享”环节，来自北京、吉林、福建、江西、湖南、广东等地的7位县级宣传部门和融媒体中心的负责人，介绍了推进县级融媒体中心建设过程中的实践成果，分享了相关建设经验。

（二）研讨会嘉宾发言摘要

北京市海淀区融媒体中心副主任卫东：海淀区融媒体中心把重构新生态作为深化媒体融合的“牛鼻子”，以技术创新搭建自主可控的新媒体平台，以机制创新重构生态良好的主流舆论阵地，深化全员融合、移动优先两个战略，积极抢占信息传播的制高点。以网络海淀云新媒体平台作为基础，贯通融媒体中心、政务服务中心、新时代文明实践中心，把区融媒体中心打造成新闻+政务+服务综合体。实施能力提升工程、绩效提升工程、装备提升工程、服务提升工程，推进采编团队转型。牵头组织区域资源互融深融，形成五个机制，努力将区融媒体中心建设成为提升区域治理能力的重要手段，传播主流舆论的重要平台，联系服务群众的重要途径。

吉林省磐石市委常委、宣传部部长张峰：磐石市整合市电台电视台、官方微信微博、新闻网站等传统媒体和新媒体，构建“两微一端、两台一网”的融媒体格局。在市融媒体中心基础上成立了指挥调度中心和采编中心，再造新闻产品生产流程，形成从即时加工到精细加工再到深度加工的链条，真正实现“一次采集、多种生成、全媒传播”。同时，磐石市将新时代文明实践中心与融媒体中心整合在一起运行，同场地办公，人员步调同频共振。制定《磐石市融媒体指挥调度中心与新时代文明实践中心平台管理办法（试行）》《磐石市融媒体中心与新时代文明实践中心融合工作制度》，从制度上推进“两个中心”实现资源共享。利用移动端屏、指挥调度中心大屏两“屏”，实现“两个中心”平台相融。

福建省尤溪县融媒体中心主任、广播电视台台长张敏：作为福建省第一个落地建成的县级融媒体中心，其中枢核心为县广播电视台，合并了尤溪新闻网，并相继开通了微信、微博等新媒体平台。在抓内容质量的同时，尤溪县融媒体中心不断创新运营模式，拓展传媒业态，运用“融媒体+产业”运营模式，提高多元化经营的贡献率，增强融媒体中心自我“造血”功能。在“新闻立台、影视兴台、人才强台、产业活台”发展思路下，尤溪县融媒体中心从“技术创新、机制创活、内容创优、产业创效”出发，在全省乃至全国开辟了一条县级媒体融合改革发展的新路子，开创了独特的“尤溪模式”。

江西省共青城市融媒体中心总编辑王飞：经过3年的探索，共青城市融媒体中心结合传统媒体与新兴媒体融合的具体运用，做到了机构融合、平台融合、人员融合、生产融合。在加强“脚力、眼力、脑力、笔力”建设中，提高了新闻舆论传播力、引导力、影响力和公信力。在融媒体建设探索中，中心再造新流程，实行新薪酬，打通新路径，探索新模式。在流程上，打造“中央厨房”，所有稿件都在平台上运转，所有制作生产同步进行。培育全媒体人才，通过专题培训、实战演练、业务研讨、观摩交流等方式，重点引导现有人员向全媒记者、全媒编辑、全媒管理人才转型。充分利用新华社技术，广泛使用MAGIC智慧媒体大脑，让新闻生产能力和产品质量都得到提升。共青城市融媒体中心抓住“本土”“信息”“服务”“互动”等关键词，重点打造信息资讯、生活服务和互动平台，以实用化的生活服务增强用户黏度和用户活跃度。

湖南省长沙市雨花区委常委、宣传部部长余宏卿：领导重视是做好融媒体中心建设的前提和基础。融媒体中心涉及财力、物力、部门的支持配合、体制机制、政治效益、社会效益、新闻效益，是一把手工程，一把手不重视根本无法推动。多方合作是做好融媒体中心建设的核心和关键。特别是服务群众的功能实现，包括政务服务转移到客户端办理、问政系统的线下办理等，比如问政系统的线下办理，部门不给力就办不成，线上也回复不了，就会导致群众不信任，那一点儿效果都没有。媒介素养是做好融媒体中心建设的底线和保障。人才强媒体才能兴，增强从业人员的责任担当和业务素养，心中才有底。

广东省广州市从化区委宣传部常务副部长、区融媒体中心主任冼栩龙：充分发挥融媒体优势，注重“融”字当头，积极和新时代文明实践“同频共振”，通过“三个深度参与”：深度参与决策参谋，积极优化新时代文明实践顶层设计；深度参与活动组织，创新构建新时代文明实践活动平台；深度参与宣传推广，助力营造新时代文明实践浓厚氛围，为全区新时代文明实践注入新力量、新方法、新体验，有效推动新时代文明实践活动暖人心聚民心。

湖南郴州市永兴县委常委、宣传部部长周露：永兴县坚持全面融合理念，实现资源统筹协调；坚持移动优先理念，建设自主可控平台；坚持内容为王理念，倾情讲好永兴故事；坚持服务群众理念，不断丰富“新闻+”内涵；坚持改革创新理念，实现可持续发展。在此基础上，因县制宜，依托新湖南云省级技术平台，大胆先行先试，主动推进融合，逐步完成了机构、人员、资源整合和市场化探索，走出了具有永兴特色的融媒体中心建设路径。

三 | 新媒体社会责任研讨会

（一）研讨会信息要闻

11月30日，由中国记协新媒体专业委员会主办，湖南红网新媒体集团承办的“新媒体社会责任”研讨会在湖南长沙举办。

全媒体时代，新媒体在联系服务群众、通达社情民意方面，在推动国家治理体系和治理能力现代化方面，作用日益明显。2019中国新媒体大会特设“新媒体社会责任”研讨会，旨在引导新媒体和新媒体工作者坚持把社会效益放在首位，唱响主旋律，弘扬正能量，更好履行社会责任，促进新媒体健康发展。

研讨会上，中国记协书记处书记冯海青代表中国记协新媒体专业委员会发出《中国新媒体社会责任倡议》（又称“马栏山倡议”），倡议全国新媒体和新媒体工作者坚持正确导向，忠实履行新使命；强化行业自律，展示自身新形象；注重内容建设，积极创造新传播；聚焦群众需求，强化媒体新服务；深化融合发展，顺应时代新趋势；搭建共享平台，推动社会新发展。

中国记协新媒体专业委员会在研讨会上启动“新媒体扶贫联合公益行动”，探索新媒体携手扶贫新模式，为精准扶贫、精准脱贫提供更多信息服务、智力支撑、舆论支持，助力2020年全面打赢脱贫攻坚战。人民网总编辑罗华等参加启动仪式。

中国记协新媒体专业委员会秘书长陶韬，新华网运营部主任姚笛，央视网副总经理罗琴，湖南出版集团党委委员、湖南红网新媒体集团党委书记、董事长舒斌，澎湃新闻编委李云芳，字节跳动副总裁张羽，北京快手科技有限公司副总裁余敬中等围绕“新时代新媒体的社会责任”主题，从创新精品内容、网上群众工作、推动社会治理、创新公益模式、促进新媒体行业健康发展等方面进行深入研讨。

研讨会上，中国记协新媒体专业委员会还发布了“2019中国新媒体公益十大优秀案例”“2019中国新媒体公益优秀案例提名”，树立新媒体公益标杆，引领更多新媒体积极参与公益事业、主动履行社会责任。

（二）研讨会嘉宾发言

1. 恪守初心，践行主流媒体社会责任

新华网运营部主任　姚笛

近年来，新华网以习近平新时代中国特色社会主义思想为指导，深入学习贯彻党的十九大精神，全力做好各项重大报道和主题宣传。以网上宣传为主线，牢牢把握正确的政治方向和舆论导向，全力做好各项重大报道和主题宣传，积极引导社会热点，使得传播力、引导力、影响力、公信力全面提升。

第一，用心做好习近平总书记重要活动、重要讲话宣传，抢占网络终端空间。把习近平总书记重要活动、重要讲话网上宣传作为重中之重，集中优势资源，打造舆论强势，唱响时代最强音，深入挖掘习近平新时代中国特色社会主义思想的丰富内涵、精神实质、核心要义，加大原创内容生产，创新题材，全年持续推出有高度、有深度、有新意的解读性报道和融媒体产品，平均转载384家，最高转载达1490家。

第二，精心组织重大主题报道，充分发挥龙头作用。以庆祝中华人民共和国成立70周年、改革开放40周年报道为重点，围绕全国两会、上海合作组织峰会、中非合作论坛、中国国际进口博览会、博鳌亚洲论坛、世界互联网大会、长江经济带等重大主题报道，推出大型融媒体专题近百个，组织直播、访谈1300多场，制作融媒体产品近200个，全媒呈现。多端传播立体覆盖，充分发挥了中央重点新闻网站的主信源、主渠道、主窗口的龙头作用。

其中“我们祖国”系列网络产品在全渠道推广，累计访问量达到38亿。全国两会专题总访

问量达到了3.2亿，全年重大主题系列短视频总访量超过8亿。

第三，积极引导网络舆论，努力发挥一锤定音作用。围绕习近平新时代中国特色社会主义思想宣传解读，推动党的创新理论入脑入心落地生根。围绕中美经贸摩擦问题，连续播发80篇原创评论，最高单篇访问量超过千万，形成了强大的正面舆论声势。围绕如何看待当前热点难点问题，发布文章近1400篇，起到了凝聚共识、提振信心的积极作用。

围绕长春疫苗事件第一时间发出评论，新华网评《人命关天的事，千万别心存侥幸》在网民中引发强烈反响。针对个别艺人低俗歌词发表评论，形成舆论头雁效应，单篇阅读访问量高达2805万，有效压缩了负能量的传播空间。

第四，全面提升媒体自律能力，弘扬社会正能量。主要做法有以下三点：

第一点即坚决抵制虚假信息。新华网坚持网上信息管控，坚决遏制各类网络谣言、虚假信息、涉黄涉被侵犯未成年人权利、网上侵权等不良信息网上传播。通过严肃宣传纪律、严格报告流程、加强教育培训、强化检察监督等措施，杜绝此类信息传播。同时还承办了中国互联网联合辟谣平台。

第二点即有效防范负面信息传播。一是加强人工巡查，严防负面有害信息，专门组织质监人队伍对全网各端口出口报告进行人工监察巡查，覆盖标题、全文格式、配图等所有要素，确保及时发现和清理负面文化信息。二是完善社交互动环节、后台巡查拦截措施，加强负面有害信息的实时拦截清理。三是加强技术监测，确保全网一旦发现敏感舆情事件，第一时间进行汇报。

第三点即不断完善内容安全制度建设，建立并不断完善内容安全制度体系。结合移动化、视频化的趋势，修订了新华网关于落实新闻采编工作岗位责任的实施细则等11项规章制度，为采编业务安全有序、规范化、制度化运行提供保障。

成立近十年来，我们始终坚持青春、阳光、正能量且富有爱心的价值理念。今天视频网站已成为年轻人了解世界的一扇窗口，我们希望通过努力，为视频网站构建一个光明的未来。

2. 新媒体精品内容创新与社会责任担当

央视网副总经理　罗琴

央视网作为主流新媒体，一直坚持守正创新，不断实践和探索融合创新发展之路，也取得了一定的效果。“中国互联网企业100强”评选的六个维度指标中，有两项指标是创新和社会责任，而央视网有幸在2019年“中国互联网企业百强榜”中排名第22位。这些都是对我们在内容创新和履行社会责任方面的肯定。

“歌唱祖国·一首歌一座城”的主题是“采撷城市记忆，合奏时代之声”，是由国家广电总局、中央广电总台联合主办，央视网、央广网、国际在线、IPTV总分平台共同实施的庆祝中华人民共和国成立70周年大型全媒体活动。在全国216个城市中选取最具典型特质的歌曲，以音乐故事的形式，唤起时代记忆，弘扬爱国情怀。“歌唱祖国·一首歌一座城”之所以取得很好的传播效果，引发了广泛参与和热议，正是因为它形式和内容的“向下”沉，切实沉到了基层、沉到了群众中去。

向下，才会有更强烈的情感共鸣。“歌唱祖国·一首歌一座城”选取老百姓耳熟能详、传唱不衰的歌曲为切入点，挖掘歌曲背后的故事，在传唱中体验一次文化寻根之旅，展现一座城市的精神秉性，聚焦“一段情感记忆、一个时代精神”。用一首歌曲，一段旋律，就串联起了中华人民共和国成立70周年以来在文化传承、脱贫致富、科技进步等方面取得的辉煌成就，引发了广大群众的强烈共鸣。

向下，就会有更卓越的传播效果。我们坚持台网并重、先网后台，打通大屏与小屏，联合中央和各地方媒体，并通过“学习强国”平台《每日一曲》栏目进一步扩大节目展播范围。同时，我们举办的线下互动更是激发了广大群众的参与热情。央视网、央广网、国际在线、IPTV联合举办的“音乐大篷车”，陆续走过北京、成都等多个城市，邀请线下参与者以移动KTV或广场放歌形式，演唱录制歌曲，沿途收集最真诚的“歌唱祖国”祝福，点燃了各地的爱国热忱，掀起了全民参与的热潮。

如果说“歌唱祖国·一首歌一座城”的成功在于“向下”，那“中国YOUNG计划”的成功便是“向上”，正如“中国YOUNG计划”的活动口号：越向上越有光。

向上，代表着正能量。我国网民以青少年群体为主。抓住青年，就是抓住主流；面向青年，就是面向未来。央视网此次发起“中国YOUNG计划”大型全媒体行动的目的，就是寻找正能量的“新时代青年样本”。我们用时政微视频纪念“五四”百年，为当代新青年“打YOUNG”；我们用Vlog记录不同圈层、职业的青年日志，记录青年奋斗历程；我们用演讲节目让有志青年发声；我们用微电影讲述青年传承故事；我们用主题曲《向上的光》致敬青春、致敬祖国。“中国YOUNG计划”就是这样，以多样态的媒体表达，搭建了倡导青年向上的正能量平台。

向上，意味着追求卓越。央视网是以视频为特色的新媒体，在短视频的高原上打造高峰，是央视网的高质量发展目标之一，也是“中国YOUNG计划”的创作追求。启动至今，“中国YOUNG计划”共推出原创视频产品66条，涉及演讲、Vlog、纪录片、微电影、MV等多种青年人喜闻乐见的形式，全网播放量超1.4亿。活动推出6个月以来，发起相关微博话题12个，累计阅读量超25亿，讨论量600万。其中，#中国YOUNG计划#、#青春中国#、#原来我的强迫症都是国家惯的#、#我的闪光青春#等5个微博话题阅读量过亿，多次登录热搜，彰显了精品内容吸引力。

同时，我们正在建设“人工智能编辑部”，为主流媒体平台赋能。央视网联合央广网、国际在线落实总台“5G+4K／8K+AI”战略布局，建设“人工智能编辑部”，对总台独有的时政报道资源和优质视频资源进行智能化创新开发。央视网已建成具备日均100亿次计算能力的大数据平台，我们将用AI技术，唤醒总台海量的视频素材资源。“人工智能编辑部”致力打造成为中国主流媒体中最大规模的视听内容AI处理加工平台、独具总台“智造”特色的产品创新基地、面向行业输出各种视频AI工具包技术产品服务的赋能平台。我们联合中国人工智能产业发展联盟正在组建“媒体+人工智能”深度融合委员会，致力于对“未来AI媒体入口”进行系统化研究，积极引领“媒体+AI”行业健康发展。

向下有沃土，向上有阳光。总之，我们将继续向下扎根、向上生长，切实履行好主流新媒体的社会责任，共同构建更加清朗的网络空间。

3．新媒体　新使命　新公益

湖南出版集团党委委员　湖南红网新媒体集团党委书记、董事长 舒斌

作为诞生与成长在湖南这片红色热土之上的新时代党网，在各级领导的殷切关怀下，红网始终坚持政治家办网的方针，紧紧围绕中心、服务大局，从建立全国媒体第一个网上群众工作部到为全省122个县市区构建起六位一体的现代传播矩阵，从单一网站始航到用户数突破5575万、跻身全国地方重点新闻网站第一方阵的融合平台发展，始终坚持以最亲民的表达、最多元的方式、最深厚的情感，讲述湖南好故事，传播中国好声音。在践行新媒体社会责任方面，走出了一条具有湖南特色的地方网媒发展之路。

第一，坚持责任为先，忠实履行时代新使命

随着5G时代的到来，新媒体逐渐成为社会舆论的独立源头。红网深知，影响越大、责任越大，始终坚持强化社会责任担当，壮大主流舆论强势。在平台建设方面，率先构建了“网报端微视屏”六位一体、省市县三级树型党媒新型传播矩阵，成为服务湖南各级党政的全媒体传播主平台、省市县三级矩阵联动传播云平台。在舆论话题引导方面，重点打造了以“观潮的螃蟹”“政经八百”为主平台的第三方微信公众号，紧紧围绕省委省政府中心工作，坚持原创，创造性地开展宣传解读，有针对性地开展舆论引导，影响力日益凸显，成为党委政府中心工作的第三方诠释平台，新媒体时代舆情危机管理和舆论引导的重要阵地。内容除在公众号上发布，还同步在红网、时刻新闻以及百家号、企鹅号、头条号、新浪看点等新媒体客户端进行推荐，形成了强大的社会影响，“观潮君”“八百君”已成为舆论场的“网红”ID。重点推出“红评”“红观”等评论专栏。“学习故事”“朗读者·红色家书”等理论学习专栏，用音频、视频、动漫、文字相结合的形式，生动讲述党史故事、红色故事，所有文章均被“学习强国”全国平台推荐，掀起了理论学习热潮。

第二，坚持价值引领，积极创造融媒新传播

网络空间存在“尖叫效应”，虽然博取眼球的内容容易引起围观，但做有意义的“爆款”，以“有意思”的方式生产“有意义”的内容，以“有态度”的方式传播“有热度”的信息，才应是每一位新媒体工作者的追求。

①有温度的民生视角，推动社会责任下沉和细化

民有所呼，我有所应。红网一直坚持视角向下，积极深入基层、深入群众，陆续策划推出了一批有温度、接地气、冒热气的精品力作。如今年6月，推出的“湖南最后的慢火车”系列报道，以图、文、视频等形式，全景呈现和记录我省最后四趟绿皮慢火车的扶贫之旅与时代使命，彰显了人民铁路为人民、服务人民的使命担当，也深刻照见了一个国家的温度与温情。全网总点击超2.5亿，在网上产生了巨大的影响。再如《凌晨三点的长沙》系列报道，生动呈现了那些默默坚守岗位、为梦想努力拼搏的平凡人物故事；《我是暑假工》《立交桥下的百态人生》等系列报道，将镜头对准那些奋斗在一线的兼职大学生和普通劳动者……这些聚焦社会民生、彰显人文关怀的新闻作品，引发了众多网友共鸣，为建设性开展舆论监督、推动相关问题解决提供了坚实基础。

②与时俱进的表达方式，让正能量故事乐分享易传播

移动互联网进入下半场，互联网“原住民”全面入场，主流媒体既要有“内容定力”，也需要有“内容魅力”。2018年以来，红网全面推进“红视频”战略，相继推出了一系列短视频精品力作。其中，作为献礼中华人民共和国成立70周年的融媒体微纪录片《赤子的礼物》，以十年为一阶段，梳理出中华人民共和国成立70年以来七件重要的历史事件，以亲历者的视角，还原那个年代激情澎湃的精神气度与价值风貌；以最具代表性的“珍贵”物件，凝缩一代人对祖国最诚挚的礼赞。七件时光礼物、七段全民记忆，结合“赤子的礼物”全网征集、“闪耀中国”H5接力等融媒互动活动，在全国范围内掀起了“定格祖国高光时刻，重回激情燃烧岁月”的爱国热潮。人民日报客户端、人民网、央视网、新华网等各大媒体纷纷转载推荐，全网点击量逾5000万，评论跟帖超10万。同时，《你好40年》《年夜饭》《70年有声日记》等系列视听作品，综合运用微视频、动漫、动图、手绘、快闪等新技术新手段，极大提升了传播效果，让越来越多的湖南故事、红色故事，被看见、被分享、被认同、被传播，让越来越多的网友能够亲身参与到社会责任的共享共创中来，推动媒体内容生产向视频化、移动化、跨界化、场景化迭代演进。

第三，坚持矢志为民，努力强化媒体新服务

十多年来，红网三大网络问政平台及其122个县市区分站平台，从地方探索到全国样本，集聚了全省70%以上的网民诉求表达，累计超过28万条留言得到回应或解决。仅2018年，各级党政

主要负责人对红网网民留言的批示就达9000余人次。

要引导群众，必先服务群众。新媒体时代需要问政于民、问需于民、问计于民。基于此，红网主要有三点体会：

一是要建立责任到人的沟通机制，按照“属地管理、分级认领”、“谁认领、谁负责”的原则，由专人与各市州进行互动沟通，力争让网民留言办理纳入党委政府的履职工作机制，“红头文件”与“认领率”实现全覆盖；二是要提升信息研判和留言办理能力，通过建立全覆盖的网络舆情信息监测体系、打造高灵敏的舆情研判队伍、建立完善的专项舆情直报机制，确保重大、紧急的舆情能及时、精准到达各级主要党政领导及有关部门；三是要不断推进融媒问政，积极推动智能化智库化平台升级，上线《呼之即来》等视频化栏目，不断提高群众的满意率，努力打造融媒问政的新局面。

第四，坚持科技赋能，精准助力公益新发展

新时代背景下，公益需要与时俱进、不断焕新。红网充分利用新技术，探索网络扶贫的新模式，打造了融媒体+精准扶贫的典型样本。

①网络直播+精准扶贫，打造青年助力扶贫的融媒案例

2018年，红网和映客联合推出了“青春扶贫录”青年助力网络扶贫活动，遴选出的107名青春主播“种子选手”，以广大青年最喜爱的网络直播形式传授扶贫技能、销售扶贫产品、推介美丽景点、讲述扶贫故事，打造出湖南乡村振兴和脱贫攻坚工作中一个又一个“网红”青年，生动展示了湖南青年积极奔赴扶贫攻坚主战场的创新作为。该活动让青春的智慧与扶贫的热情同框，让青春的身影与贫困地区同框，把轰轰烈烈脱贫攻坚的战场搬到了小小的手机屏上，用新媒体的力量全面助力精准脱贫。

②融媒推广+精准扶贫，探索双线电商的扶贫模式

2018年，红网依托红网时刻LED联播网，通过网站、时刻、户外大屏、室内小屏等“六位一体”的传播矩阵以及分站体系优势，推出“红网精准扶贫品推公益行动”，投入5000多万媒介资源，通过新闻、专题、广告、H5等多元方式，在6个月时间内，对全省42个贫困县的旅游景点和特色产品分批进行免费包装和广告宣传，带动了县域经济发展，受到广泛好评。2019年，在中国记协的统筹指导下，红网、时刻新闻积极投身“宝贝出山”助农扶贫直播，这是践行“直播+助农+电商+线下”的又一次精彩的创新尝试。

在当今价值多元的时代，新媒体平台已经不仅仅是一个信息传播渠道，而是连接各方优势资源、带动产业融合发展，推动社会公益创新的综合平台。站在新的历史起点上，红网将不改初心，继续心怀感恩，深耕湖南，反哺这片红色热土，也期待与在座各位新老朋友一起，携手共创中国新媒体社会新公益的美好明天！最后，衷心祝愿2019中国新媒体大会取得圆满成功！谢谢大家！

4. 积极履行社会责任 主旋律报道也需“爆款化”

澎湃新闻编委 李云芳

澎湃新闻于2014年7月正式上线，前身是创办于2003年的东方早报，是第一个直接切入移动客户端的新闻转型产品，第一个定位于互联网原创新闻生产的新媒体。澎湃新闻专注时政与思想，坚持原创，深耕内容；坚持创新，做大平台。目前涵盖了要闻、时事、财经、思想、视频、生活、澎湃号、湃客共8个板块，日均原创稿件400篇左右，已成为互联网原创新闻领域最重要、最大的供应商之一。澎湃新闻正围绕主流化、平台化、全球化、生态化的战略，积极打造全国性互联网新型主流媒体平台级产品，努力成为全媒体内容产品供应商、全场域内容传播大平台、全链条内容生态服务商。

①主动承担社会责任为抗击港独受害者筹款

2019年11月19日澎湃新闻为在香港受害的李伯、罗伯进行互联网筹款，筹了200多万。

11月19日一早，澎湃新闻开始联系上海市慈善基金会，这家基金会非常乐意和积极，迅速指派人员和澎湃新闻对接。在双方努力下，这次互联网筹款项目在当天下午2：31就在联劝网上线，距离联系上海市慈善基金会才过了五六个小时。

为了配合筹款行动，澎湃新闻充分借助和发挥了自己的新媒体平台优势：募捐的链接同步发在澎湃新闻《公益湃》栏目里，并且每次发稿子都加上募捐链接；动员设计师制作宣传海报、宣传视频等，在澎湃新闻客户端的显著位置，以及微信、微博、抖音等平台发布造势。此外，还专门制作了相关格式的海报内容给筹款平台联劝网，供其在自己平台首页呈现。

澎湃新闻滚动发稿报道筹款的最新进展，筹款达到30万、50万、100万……这些进一步激起了网友的捐款热情。与此同时，澎湃新闻在微博上发起的#救李伯撑罗伯#话题引起了大量网友关注，阅读量超800多万人次。发起筹款当天晚上11点多，就已经筹够了200多万，仅仅用了8个小时。

上海市慈善基金会和联劝网也很有奉献精神，表态该项目慈善募捐信息平台联劝网不收取任何运营管理费，公募支持方上海市慈善基金会也不收取任何公募管理费。

这是澎湃新闻主动自己社会责任的一次集中体现。经过几年的发展，澎湃新闻打造了一个功能多元的平台，也积累了相当的渠道资源和影响力，所以才能在关键时刻承担这些工作。

②坚守传播正能量理念落实在日常工作要求

唱响主旋律、传播正能量方面，澎湃新闻一直在做许多工作。比如专门设立了《暖闻》《公益湃》等栏目，专门发布、汇集正能量的暖新闻。在考核方面，我们每个月设立了专门的正能量新闻奖，每个月都要评一定数量的优秀作品出来，给予实实在在的物质奖励，从而起到指挥棒的效果。另外，定期举办论坛活动，来将正能量人群聚集在一起，共同讨论如何更好地前行。如每年举行一次公益主题的年会，又如和全国妇联、中央网信办一起合作举办女性正能量圆桌派，会邀请各行各业、做出了突出事迹的优秀女性，来一次巾帼毕聚的讨论。

③全媒体思维讲故事主旋律报道出爆款

澎湃新闻一直希望，不要为了宣传而宣传，为了完成任务而去做，而是努力求精、求出彩、求爆款。比如澎湃新闻制作的获得去年中国新闻奖融媒界面项目一等奖的H5产品《长幅互动连环画｜天渠：遵义老村支书黄大发36年引水修渠记》。

为了这个典型报道，当时澎湃新闻成立了一个报道项目组，由一名副总编牵头，整合了政治新闻部、视频新闻部、视觉设计部、交互体验部等多个部门。由于制作时间紧张，前方的采访、拍摄与后方的绘制同时进行，除了一线的记者提供的影像素材外，我们的设计师搜集了很多黄大发的照片，每天看，不停地看，熟记于脑中，这样有助于进行人物多角度的描绘，包括情绪与肢体语言的表现，所以才能给人物除皱磨皮、重现青年的样貌。

最终出来的作品，用17页的H5还原了老支书黄大发从20多岁的毛头小伙到60岁的花甲老人，青春耗尽，“拿命去换”，终于带领村民修通了万米水渠脱贫致富的故事。作品以水为主线，用下拉式长幅连环画、渐进式动画、360度全景照片、图集、音频、视频、交互式体验等多种报道形式，全景地展现了黄大发带领老一代修渠脱贫、带动新一代致富的故事。

配合这个作品，澎湃新闻还刊发8000字特稿《遵义老支书黄大发36年“拿命修渠”，激励年轻村民返乡创业》和5分钟视频《创业记：遵义年轻村民续写“天渠精神”》，通过细腻的笔调、更丰富的细节、明晰的架构、有历史感的描述、有当地民族风的视频画面，再次还原了黄大发不忘初心跨越36年引水修渠的历程，以及当地的年轻一代村民喝着“大发渠”的水，在“大发精神”的感召下，不畏挫折，勇于创业，回乡建设新农村的传承之路。

5．信息公益的特点与创新

字节跳动副总裁　张羽

营造风清气正的网络环境、充分利用平台助力解决社会问题，是我们每一个从业者的责任，今天我来分享一下字节跳动在平台责任及公益传播方面的实践与创新。

①立足信息技术优势解决社会问题

我们曾经制作了一部公益短片叫《早一分钟多一份可能》，是根据头条寻人的真实故事改编而成的，短片11月份刚在北京国际公益广告大会上获奖。

头条寻人是今日头条2016年面向全国发起的公益项目：借助精准的地理推送技术帮助各类失散家庭寻找走失者。这些走失者中，有未成年的孩子，也有耄耋的老人。

60秒，53.1亿次，10000人——这是头条寻人项目成立以来，关键的一组数字。60秒，是找回一位走失者最短的时间；53.1亿次，是寻人信息在今日头条APP上展示的次数；10000人，是截至2019年7月，头条寻人成功找回的走失者总数。

在互联网时代之前，我们无法想象用秒来度量一次成功的寻人信息传递。其实我们就是移动互联网时代的电线杆，只是突破了电线杆的物理限制，传播量级从几百、几千张海报扩展到几亿、几十亿次的曝光。

字节跳动一直在做信息分发的工作，我们相信，信息分发效率的提高能够创造社会价值。所以我们做公益，也是坚持信息公益的理念，立足信息技术优势，围绕更高效的信息分发来进行，进而提高公益效率。

②运用平台资源为公益赋能

同时，字节跳动作为一家平台型科技公司，我们也在一直积极探索、整合资源，充分调动用户的积极性，参与公益传播，参与社会创新。今天，字节跳动的产品已经遍布全球150个国家和地区，短视频产品抖音已经是一款活跃用户数达到3.2亿的互联网产品。充分运用平台资源为公益赋能，也是“信息公益”的一个特点。

在网络扶贫方面，利用平台强大的信息分发能力和流量资源，可以让扶贫的方式更加多元。2018年，我们启动的“山里DOU是好风光”文旅扶贫项目，旨在帮助国家级贫困县打造特色文旅资源品牌，提升当地文旅品牌影响力，带动多产融合发展。抖音的同事做过统计，抖音最热门的一百个县域景点中，约三成位于贫困县。中国幅员辽阔，许多地方风光秀美却鲜为人知。

截至2019年9月，这一项目为各地贫困县美景提供超50亿次曝光。很多贫困地区，像四川稻城、贵州荔波、河南栾川、山西永和，都在抖音走红，给当地的旅游业发展带来很大提升。山西永和去年国庆期间景区游客量同比增长近2倍，永和全域旅游收入提升近4倍。

除了“山里DOU是好风光”外，我们还发起了“山货上头条”计划、“三农合伙人”计划、“扶贫达人”计划等多个扶贫项目，都是基于“信息公益”的理念，充分利用平台资源，授人以渔，取得了良好效果。

字节跳动作为一家平台型科技公司，肩负了互联网平台的时代责任。庞大的用户基数决定了我们可以、也应该去追求高效率、大规模、可持续的公益。同时我们也在一直积极探索、整合资源，充分调动用户的积极性，参与公益传播，参与社会创新。相信信息和公益的结合，会创造出更多社会价值！

6．用一束光照亮孩子们的未来

爱奇艺副总编辑　王亮

爱奇艺作为一家主流网络视频平台，以“做一家以科技创新为驱动的伟大娱乐公司”为愿景，成立近十年来，始终坚持“青春、阳光、正能量且富有爱心”的价值理念。今天，视频网站已经成为年轻人了解世界的一扇窗口，我们希望构建一个健康多元的影视娱乐环境，持续弘扬社会主义核心价值观，不断传播充满时代感和正能量的优质文艺作品，助力人民对美好生活的向往和追求。

2018年爱奇艺登陆美国纳斯达克，同年我们发布了“爱奇艺社会责任”品牌。爱奇艺的第一个字母“i”，这是爱奇艺社会责任品牌的中心，代表“我”，也代表“爱”。我们希望社会责任能够从我做起，以星星之火，点燃奉献社会的青春热情，迸发出为爱奉献的激情和感染力。我们也希望在满足青少年影视文化需求的同时，爱奇艺能够引导下一代树立健康正确的人生观、价值观、世界观，帮助青少年成长成才。

首先，我想给大家分享一个小朋友的故事。他叫杨宏凯，云南省怒江州泸水市六库镇中心完小五年级的学生，今年12岁。他的父母常年在外打工，从小跟爷爷奶奶生活。小宏凯的性格比较顽劣、调皮。给人的第一印象，就是精力充沛，有用不完的力气，可以说是老师眼中的“问题学生”。

2019年9月4日是爱奇艺“光影助力成长计划”社会责任项目的首场露天放映的日子，地点就在杨宏凯所在的六库镇中心完小，放映的影片是《建国大业》。大家都没有想到，那天的杨宏凯就像换了个人似的，两个多小时，他坐在小板凳上，看得最认真。后来，他在电影的观后感里写道：“我的心里一直有一个英雄梦。我的爷爷是退伍军人，我要像爷爷一样去当兵打仗，保卫国家。”小宏凯说，看完电影之后才明白：一个真正的英雄应该是什么样子。只有好好学习，变得强大，保护大家，才是超级英雄。

2019年11月，当我们再次来到怒江，杨宏凯拉着我的手骄傲地说，他现在当上了学校的升旗手。每一次升旗，他看到五星红旗被自己升到旗杆的顶端，就觉得离自己的梦想又近了一步。一个精力充沛、经常惹祸的男孩，是润物无声的影视教育，让他浑身使不完的劲儿找到了一个出口、一个正确的方向。

爱奇艺社会责任，文化同行，点燃心中梦想。2019年，在教育部基础教育司的支持下，爱奇艺社会责任联合中国教育发展基金会筹划发起“光影助力成长计划”。由流动电影公益放映、电影教室捐赠、影视教育用品捐赠、专题片制作和影片展播四部分组成。从2019年秋季到2020年夏季，我们计划用一学年的时间，对怒江州全部201所中小学实现流动电影公益放映全覆盖，保证怒江州7万多名在校中小学生每学年能够观看两次优质影片。现在，捐赠的会员卡和电影教室已经全部到位，流动电影每天都正在不同的学校放映，可以说怒江州的孩子不仅看到了电影，我们还给孩子们留下了一支带不走的放映队。

爱奇艺社会责任，科技同行，看到广阔世界。2018年12月爱奇艺携手中国青基会共同启动创新型公益项目“希望盒子”，向“三区三州”等国家深度贫困地区的小学生捐赠爱奇艺“奇遇VR一体机”及相关教育物资，同时为其提供定制化、沉浸式教育科普内容，包括安全知识、推荐学生观看的优秀影片等，并持续对内容进行优化和更新。我们希望通过最新的科技，360度虚拟现实的沉浸式学习体验，拓宽孩子们的学习方式，以科技助力教育扶贫。有个小女孩，是四川凉山州昭觉县福和希望小学五年级的学生，通过VR眼镜，她第一次看到了活灵活现的恐龙，逼真的恐龙仿佛就在她的眼前，她又兴奋又害怕，连声惊叫：“恐龙过来了。”当我们的志愿者跟她说：“如果怕就摘掉眼镜吧”，她又连连摇头。

为爱同行，我们希望充分发挥平台影响力，汇聚社会温暖，将爱持续传递。爱奇艺的热门综艺节目与公益结合，传播青春、阳光、正能量的内容，积极影响青年受众。比如在广受关注的《青春有你》中，我们积极传播“越努力越优秀”的青春价值观，训练生带动广大粉丝投身公益。《中国新说唱》落地“新说唱夹机占”线下挑战公益活动，筹集善款为贫困地区的小学捐赠并建设了艺术教室。《我是唱作人》调动线上、线下宣传资源，联合中国扶贫基金会共同发起“善行100”全国大学生体验式公益活动。

爱奇艺社会责任，青春有你，为爱同行。在持续创新推动线上娱乐产业发展的同时，我们将依托丰富的内容资源和先进的科技实力，承担并践行社会责任。用爱照亮孩子们的未来。

今后，爱奇艺希望能够持续以文化、科技、媒介的力量鼓励更多贫困地区的少年儿童勇敢追梦，助力他们成长成才！

7．公益表达与媒体融合的短视频路径

北京快手科技有限公司副总裁　余敬中

截至2019年10月，快手日活用户已经超过2.5亿，是国内最大的UGC平台。从乡村到城市，很多人因为快手改变了自己的命运。

四川大凉山昭觉县的悬崖村，村民进出村必须攀爬800多米的钢梯，以前是藤梯。2016年10月，四川移动在这里架了基站，有了4G信号，这里年轻的村民开始玩快手，把他们日常生活的场景发在快手上，并用短视频和直播的方式卖土特产，有了收入。现在的悬崖村成了快手村。2018年底，悬崖村全部脱贫。

贵州黔东南大山深处的一个农民，爱好拳击，教一双儿女练习拳击，拍短视频发在快手上。男孩8岁，叫小汤圆。这些视频引发了拳王邹市明的关注。邹市明邀请兄妹俩到上海参加拳击赛，改变了两兄妹的命运。

这是沈阳一个派出所民警用快手进行普法宣传；这是江苏连云港幼儿园老师山羊哥教孩子自创的舞蹈；这是北京“90后”创意蛋糕师“甜品小妹”，有500万粉丝，她的主要收入来源不是来自打赏，不是在快手上卖蛋糕，而是来自线下培训班业务。

前段时间，窦文涛在节目中说到了快手。短视频时代，西北地区消失多年的秦腔、花儿等民间艺术又重新兴起，线下观众依旧寥寥无几，但表演目的不是线下，而是拍短视频发快手，进行线上传播。2018年，快手非遗记录者252万人，他们通过快手传播非遗文化，还能获得收益。

2018年10月到2019年9月，1900万人在快手上获得收入，其中，超过500万人来自2017年口径的国家级贫困县。让普通人通过快手拓展眼界，增进交流，促进成长，还获得收益，不仅看到了更大的世界，也被更大的世界看到，由此改变自己的命运。

这背后的根源在于快手普惠、去中心化的算法。任何一个人，哪怕是一个粉丝都没有的完全的素人，他在快手上发的任何一个短视频，快手都会给予最低300个基础曝光量；优质内容流量上会有个爬坡机制，每爬一次坡，曝光量就会放大一个台阶；同时，快手将“基尼系数”机制引入算法体系，爆款内容爆到一定程度就会减少曝光，以此规避流量分配的两极分化效应。快手相对普惠的算法，促使更多的普通用户发视频，通过刺激生产带动消费，成为包容性、分享性非常高的短视频社区。

将企业社会责任内在地融入产品、算法和运营中，这是快手的独特所在。跟其他公司一样的是，快手也有自己的CSR（企业社会责任）部门，还专门成立了扶贫办公室。过去一年，我们推出了“幸福乡村带头人”计划、“农产品电商扶贫福苗”计划、“点亮百县”计划，与很多部委、地方政府开展了形式多样的合作，服务经济社会的发展。

快手扶贫主要三个方面，一是短视频、直播电商扶贫；二是文旅推广扶贫；三是教育扶贫，快手有大量的种植业、养殖业的高手，他们通过开设免费或付费的视频和直播课程，带动更多的人学习、应用。

从服务媒体融合的角度说，快手提出了“快UP融媒计划”，通过培训支持、内容合作、流量扶持和商业化赋能等多种方式，全方位服务主流媒体的融合发展。2019年10月，每天通过快手媒体号看新闻的人，就是快手媒体号的日活规模已经超过三千万。8月24日，《新闻联播》入驻快手，8月25日即在快手首次大小屏同步直播。国庆70周年阅兵，快手是转播央视直播的唯一短视频平台。我们创新了多链路直播技术，1路CCTV1大屏公共信号，6路个性化信号，通过侧边栏方式，用户想看哪路自己进行切换和选择，没有导播的概念，这是移动互联网时代的新探索。

随着5G的到来，未来一定会出现小屏反哺大屏，短视频反哺长视频的局面。此外，短视频、直播与各行各业的深度结合，还会带来更大的产业融合新空间。短视频、直播的上半场才刚刚开始，下半场还远没到来，这是我们的基本判断。

四 | “融合发展中的内容创新创优”分论坛

分论坛信息要闻

11月29日下午，2019中国新媒体大会“融合发展中的内容创新创优”分论坛在湖南国际会展中心举行。论坛上，荣获第二十九届中国新闻奖媒体融合奖特等奖和一等奖的作品主创人员做了案例分享，并接受了业内专家点评。论坛同时揭晓了“庆祝中华人民共和国成立70周年融合报道创新案例”评选结果。

本次论坛由中国记协新媒体专业委员会、湖南省记协主办，湖南日报社、新湖南客户端、湖南红网新媒体集团承办。

出席本次论坛的领导和专家有中国记协党组书记、新媒体专业委员会主任委员胡孝汉，湖南省委常委、宣传部部长张宏森，湖南省委宣传部常务副部长、省新闻出版局局长蒋祖烜，解放军新闻传播中心政委、中国记协副主席孙继炼，中国记协书记处原书记潘岗，中国记协书记处书记、新媒体专业委员会副主任委员吴兢，国家广播电视总局网络视听节目管理司一级巡视员董年初，中国记协书记处书记、新媒体专业委员会委员冯海青，中国记协新媒体专业委员会顾问、中央广播电视总台央视发展研究中心主任汪文斌，中国记协新媒体专业委员会副主任委员、中国传媒大学电视学院党委书记曾祥敏，中国教育电视台总编辑胡正荣，中国记协新媒体专业委员会委员、中国搜索信息科技股份有限公司党委书记李俊。

中国记协新媒体专业委员会副主任委员、中国传媒大学电视学院党委书记曾祥敏介绍了第二十九届中国新闻奖媒体融合奖项评奖和作品整体情况。荣获第二十九届中国新闻奖媒体融合奖特等奖、一等奖的作品主创者代表，从各自的作品出发，围绕创意互动、融合创新等方面分享了创作经验和心得体会。

中国搜索信息科技股份有限公司党委书记李俊，中国教育电视台总编辑胡正荣，中央广播电视总台央视发展研究中心主任汪文斌，分别对《幸福照相馆》《“中国一分钟”系列微视频》《鼓岭！鼓岭！》《臊子书记》《H5 | 改革开放40年 · 长沙有多“长”》等11件获奖作品进行了精彩点评。

在庆祝中华人民共和国成立70周年的报道中，涌现出一大批有新意、有创意的融合报道作品，应用新技术、开拓新形式、展现新气象，引发强烈共鸣，点燃爱国热情，体现新型主流媒体强大传播力、影响力。为进一步总结融合报道经验、创新推进内容建设，根据中央新闻单位和省级记协，中国记协新媒体专业委员会共征集到200余件作品案例，最终经过专家评委细致严格的评审，分别产生中央媒体、地方媒体十大创新案例。

获评“庆祝中华人民共和国成立70周年融合报道中央媒体十大创新案例”的有：人民日报社的“家国梦”系列融媒体产品、“我爱你中国”全媒体报道；新华社的“60万米高空看中国”系列融媒体报道、“中国为什么能”系列短视频第一季；中央广播电视总台的H5产品央视新闻多视角《全景看盛典》；光明日报社的“中华人民共和国成立70周年，知识分子与祖国同奋进”主题作品；中国青年报社的《头条里的青春中国》；经济日报社的“数说70年”数据新闻可视化系列短视频产品；中国日报社的“70秒 · 看见中国”系列短视频；中国新闻社的全球华文新媒体国庆24小时联播。

获评“庆祝中华人民共和国成立70周年融合报道地方媒体十大创新案例”的有：湖南日报社的《七十韶华》；重庆华龙网集团股份有限公司的《2019对话1949：时代变了初心未变》；新华报业传媒集团的“国旗漫卷，初心永恒——新华报业‘我们的五星红旗’庆祝中华人民共和国成立70周年大型全媒体特别报道”；解放日报的“70年 · 找到你：小平亲吻过的小孩，复旦草坪上跳舞的学生……现在都怎样了”；浙江日报的“同走新闻路”全媒体特别报道；北京日报社的“光影记忆”系列短视频微纪录片；浙江广电集团的《浙江路70号》；北京广播电视台的《风云七十年——外交官眼中的世界》；云南日报的原创手绘H5《祖国不会忘记　云南永远铭记》；吉林日报的系列H5《三代人 · 七十年》。

红网时刻新闻客户端的《H5｜改革开放40年 · 长沙有多“长”》是第二十九届中国新闻奖媒体融合奖一等奖获奖作品，在论坛上作为案例之一分享。

案例展示

一 | 庆祝中华人民共和国成立70周年融合报道十大创新案例

（一）中央媒体

H5 | 全景看盛典

作品信息

刊播单位：央视新闻客户端

主创人员：集体

作品简介

《全景看盛典》H5将中央广播电视总台直播庆祝中华人民共和国成立70年庆典活动的88个机位中7路特殊视角机位的信号图贴地视角、空中视角、5G+4K机位视角等引入H5直播页面，网友在收看电视直播的同时，能够在H5产品中选择个人喜欢的视角，切换出专属的庆典直播，带给用户多角度、近距离、长时间地看阅兵、看庆典的体验。

手机端展示

扫描二维码，观看本作品新媒体展示。

60万米高空看中国

作品信息

刊播单位：新华社

主创人员：集体

作品简介

通过挖掘运用遥感卫星技术最新成果，新华社推出“60万米高空看中国”系列报道，播发包括预告篇、省份篇、阅兵篇等33个篇章，立体化、全方位展示全国各地沧海桑田的变迁，开创卫星新闻全新报道样式，让海内外观众从前所未有的角度领略大美中国，被中宣部有关刊物评价为“堪称守正创新，运用新技术壮大主流舆论声音的标杆之作”。

手机端展示

扫描二维码，观看本作品新媒体展示。

“家国梦”系列融媒体产品

作品信息

刊播单位：人民日报社中央厨房“碰碰词儿”融媒体工作室

主创人员：集体

作品简介

“家国梦”系列融媒体产品紧扣时代主题，将新闻性与知识性、趣味性巧妙相融，内容丰富多样，涵盖了手机游戏、报纸图片报道、绘本读物、H5产品等多种形态。产品上线后，成为广大网民自发传播、互动分享的爆款产品。一经推出后，社会反响热烈，在潜移默化中做好舆论引领，扩大主流价值影响力版图，拓展爱国主义教育新阵地。

手机端展示

扫描二维码，观看本作品新媒体展示。

“他们才是我们该追的星”

作品信息

刊播单位：光明日报社

主创人员：集体

作品简介

为落实习近平总书记致光明日报创刊70周年贺信中“把广大知识分子紧紧团结在党中央周围”的指示精神，连续制作推出《一起走过70年》《我的前辈们》等系列视频，聚焦“中华人民共和国成立70周年，知识分子与祖国同奋进”这一主题，邀请不同领域、不同年龄段的50余位知识分子，以当前流行的短视频传播形式，讲述与祖国共奋进的感人故事。

手机端展示

扫描二维码，观看本作品新媒体展示。

中国为什么能

作品信息

刊播单位：新华社

主创人员：集体

作品简介

“中国为什么能”（*How China Can*）系列融媒体报道运用数据新闻短视频的融合创新形态，从衣食住行的小切口出发，以一种独特的形式全景展现了中国人民共享发展成果的中国奇迹，也用客观翔实的数据和震撼生动的画面向世界回答了“中国特色社会主义为什么好”的问题，重在传达70年中国发展成就背后的制度优势和道路优势。

手机端展示

扫描二维码，观看本作品新媒体展示。

头条里的青春中国

作品信息

刊播单位：中国青年报 · 中青在线

主创人员：集体

作品简介

微电影《头条里的青春中国》遴选《中国青年报》和《中国青年》杂志的若干头条故事，以梁军、邓稼先、袁隆平、张海迪、张瑞敏、王中美、杨祥国等头条人物为依托。影片用7分钟，讲述7个故事，将中华人民共和国成立70年来，不同时期不同领域青年的感人故事重现于观众眼前，诠释了一代代中国青年为祖国不懈奋斗的精神与力量。

手机端展示

扫描二维码，观看本作品新媒体展示。

“数说70年”系列视频

作品信息

刊播单位：经济日报社

主创人员：集体

作品简介

“数说70年”系列视频作品用新媒体形态将“成就数据化、数据视觉化、视觉艺术化”，以简洁、直观、好看、有趣的方式展现70年来辉煌发展成果。本系列视频重点选取了与老百姓生活最贴近、感受变化最明显的消费、饮食、大国工程、数字经济、生态、外贸等六个领域介绍发展成绩，为庆祝中华人民共和国成立70周年宣传报道增添了靓丽一笔。

手机端展示

扫描二维码，观看本作品新媒体展示。

70秒·看见中国

作品信息

刊播单位：中国日报社

主创人员：集体

作品简介

“70秒·看见中国”系列短视频深度挖掘中华人民共和国成立70周年来各个省（区、市）取得的成就，从宏观到微观，展现祖国的大好河山和壮丽时代。利用70秒，让更多人看见祖国的瑰丽山河，看见祖国的发展成就和人民的幸福生活。同时，分别制作推出了双语、英语和竖屏三个版本，为不同观看人群提供良好的观看体验。

手机端展示

扫描二维码，观看本作品新媒体展示。

我爱你中国

作品信息

刊播单位：人民日报社新媒体中心

主创人员：集体

作品简介

“我爱你中国”全媒体策划综合运用网友尤其是青少年喜爱的音乐快闪、主题MV、互动H5、网络征集等产品、活动形式，通过线上线下结合、多种渠道融通、发布一系列网络“爆款”产品的传播方式，激发广大网友的爱国热情，引起强烈反响。截至国庆假期结束，产品的网友观看互动量超过10亿，成为庆祝中华人民共和国成立70周年新媒体报道中的网络“爆款”。

手机端展示

扫描二维码，观看本作品新媒体展示。

全球华文新媒体国庆24小时联播

作品信息

刊播单位：中国新闻社·中国新闻网

主创人员：集体

作品简介

中新网发挥中新社通信社特点和与海外华媒长期合作的独特优势，推出“全球华文新媒体国庆24小时联播”大型融合报道项目，与来自五大洲各国家的108家海外华文新媒体开展图文、视频、移动直播内容互荐，特色栏目嵌套，社交平台互动等方式合作，形成合作传播平台矩阵，向全球受众全景式展现中国各地各民族群众和海外华侨华人共庆中国华诞的盛况。

手机端展示

扫描二维码，观看本作品新媒体展示。

（二）地方媒体

H5丨2019对话1949：时代变了初心未变

作品信息

刊播单位：华龙网·新重庆客户端

主创人员：集体

作品简介

华龙网·新重庆客户端策划推出的H5产品《2019对话1949：时代变了初心未变》，创新使用“双屏互动”等新媒体技术，从70年这一特殊时间节点切入，产品以H5+短视频的表现方式，主打“平行世界”这一核心概念，通过现代人与革命志士“隔空对话”，创造三个沉浸式场景，供网友互动观看，取得了较好的社会传播效果。

手机端展示

扫描二维码，观看本作品新媒体展示。

国旗漫卷，初心永恒

作品信息

刊播单位：新华日报报业传媒集团

主创人员：集体

作品简介

新华报业传媒集团以“国旗漫卷，初心永恒”为主题，以“我们的五星红旗”为核心内容，从集团报、网、端三大主要媒体中抽调骨干力量，采访与五星红旗相关的动人故事，制作出文字、视频、H5、影像志、海报等多形态作品，呈现了中华人民共和国70年砥砺前行的历史足迹。

手机端展示

扫描二维码，观看本作品新媒体展示。

找 到 你

作品信息

刊播单位：解放日报社

主创人员：集体

作品简介

《解放日报》以“寻人启事”的方式，将70年报纸资料库中遴选出反映不同时代故事的13幅老照片陆续刊出，呼吁全社会一起寻找照片里的普通人。在收集线上和线下读者反馈的同时，发动报社青年记者寻找照片中的场景，梳理从拍摄瞬间至今几十年里人物或者领域发生的变化，结合多媒体方式，同时呈现H5、视频、音频、照片，折射时代变迁，反映城市发展建设。

手机端展示

扫描二维码，观看本作品新媒体展示。

七 十 韶 华

作品信息

刊播单位：湖南日报社、新湖南客户端、华声在线新闻网站

主创人员：集体

作品简介

《七十韶华》聚焦中华人民共和国主要缔造者毛泽东的故乡韶山，用中华人民共和国三代领导人的同期声视频营构叙事时代背景，从长安街上的伟人声音到韶山冲里的百姓故事，从改革开放的宏大浪潮到小山村里的张张笑脸，从泱泱大国的铿锵步伐到主席故里的文化自信，把小人物的生平故事置于意境恢宏的时代洪流中，勾画出中华人民共和国成立70年来波澜壮阔的历史长卷，展现中华人民共和国和她的人民从站起来、富起来到强起来的伟大历史成就。

手机端展示

扫描二维码，观看本作品新媒体展示。

同走新闻路

作品信息

刊播单位：浙江日报社

主创人员：集体

作品简介

《浙江日报》推出的“同走新闻路”报道，由老记者、一线骨干记者、高校新闻院系学生组成的三代新闻人，以浙报刊登过的、产生重大社会影响的名篇佳作为源头，重返新闻现场深入采访。他们将融媒体理念贯穿始终，每组报道均包括视频等多媒体产品，实现全程、全息、全员、全效的全媒体传播，追溯历史，记录当下，展望未来。

手机端展示

扫描二维码，观看本作品新媒体展示。

光 影 记 忆

作品信息

刊播单位：北京日报社

主创人员：集体

作品简介

为反映和讴歌中国共产党领导中国人民在革命、建设和改革开放的历史进程中创造的伟大成就，以及新时代各行各业展现出的新成就、新气象，北京日报社依托自身图片资源库，充分挖掘珍贵历史照片背后的故事，以传统媒体的资源优势，融合新媒体的创意制作和传播方式，为共和国成立70周年献上基于北京视角的国家记忆。

手机端展示

扫描二维码，观看本作品新媒体展示。

浙江路70号

作品信息

刊播单位：浙江广电集团新蓝网–中国蓝新闻客户端

主创人员：集体

作品简介

手绘H5产品《浙江路70号》采用鸟瞰式全景法构筑了人物群像的长卷图画。H5囊括了政治、经济、文化、娱乐，甚至衣食住行等各方面的时代元素和变迁轨迹，辅以音频和画面，从微小的细节中映射出整个时代的样貌，勾勒出一幅极具震撼力与感染力的“浙江70年”恢宏画卷，真实刻画出70年间浙江城市面貌和70年人民生活翻天覆地的变化。

手机端展示

扫描二维码，观看本作品新媒体展示。

风云70年——外交官眼中的世界

作品信息

刊播单位：北京人民广播电台交通广播

主创人员：集体

作品简介

北京人民广播电台交通广播策划的系列访谈《风云70年——外交官眼中的世界》采访了14位曾经担任中国驻外大使的北京市民，将30个小时、将近40万字的采访素材浓缩成为14期访谈节目，通过个人视角重现历史，把访谈人的职业生涯同重大国际事件结合在一起，让听众在收听过程中产生强烈的共鸣和代入感。

手机端展示

扫描二维码，观看本作品新媒体展示。

H5｜祖国不会忘记　云南永远铭记

作品信息

刊播单位：云南日报报业集团

主创人员：集体

作品简介

《祖国不会忘记　云南永远铭记》产品以H5页面为载体，通过原创手绘的形式，回顾了云南不同历史时期涌现出的最有代表性的英雄人物，展现了一大批英雄模范和英雄群体的先进事迹和崇高精神，号召社会大众像英雄模范那样坚守和奋斗，在平凡岗位上做好本职工作，共同谱写新时代人民共和国的壮丽凯歌。

手机端展示

扫描二维码，观看本作品新媒体展示。

H5 | 三代人 · 七十年

作品信息

刊播单位：吉林日报社

主创人员：集体

作品简介

“三代人 · 七十年”系列H5作品以小切口反映大主题，选取不同行业中的三代人，通过讲述平凡人的奋斗故事，折射出中华人民共和国成立70年来翻天覆地的变化。H5结合文字、图片、视频、油画等多种新媒体技术手段，既体现了新闻作品在融媒体时代的品质化追求，实现了直抵人心的传播效果，又充分体现出传统主流媒体在转型发展过程中的创新意识和开拓精神。

手机端展示

扫描二维码，观看本作品新媒体展示。

二 | 2019中国新媒体公益十大优秀案例展示

亿万网友共同“寻找英雄”

作品信息

刊播单位：人民日报社新媒体中心

主创人员：集体

作品简介

人民日报社新媒体中心以清明为节点，牵头举办“寻找英雄”媒体行动。3月29日推出图文稿《当年，他们为我们牺牲；今天，请为他们做一件事》，详细公布24位烈士的印章等遗物照片，号召广大网友共同“寻找英雄”。4月3日推出互动H5《今天，请你一起为英雄做一件事》，以老照片三维化制作的震撼短视频为先导，饱含情感地追思“最可爱的人”，有力弘扬了缅怀英雄崇尚英雄的良好风尚。

手机端展示

扫描二维码，观看本作品新媒体展示。

等 着 我

作品信息

刊播单位：中央广播电视总台

主创人员：集体

作品简介

《等着我》融媒体寻人平台作为中央广播电视总台践行社会责任与推进融合发展有机结合的探索创新成果，自2014年上线运行以来，将贴近性、接地气、有网感作为目标，注重传播情感表达，现今成为我国最大的公益寻人和安全服务融媒体平台以及总台“电视+”和“互联网+”的标志性创新融平台产品。持续守护社会良知，推动时代进步。

手机端展示

扫描二维码，观看本作品新媒体展示。

“贵州黎平新红军桥”全媒体报道

作品信息

刊播单位：中国青年报社

主创人员：集体

作品简介

中国青年报社利用全媒体手段在多个平台对贵州黎平新红军桥的落成进行融合传播。回顾3年间，中国青年报社动员社会力量，为红军长征途中重要会议发生地的老百姓修一座公路桥的故事；另一方面，结合“记者再走长征路”，传播80多年前发生的黎平老百姓支持红军长征的故事。

手机端展示

扫描二维码，观看本作品新媒体展示。

11岁男孩“增肥救父”融媒体报道

作品信息

刊播单位：中国新闻社

主创人员：集体

作品简介

2019年7月10日，中国新闻社播发视频报道《11岁男孩“增肥救父”：3个多月增肥36斤，救父有望》，讲述了河南省辉县市11岁男孩路子宽“增肥救父”的感人事迹，辅之以文字、图片、社交媒体等融合报道，引发巨大社会反响，成功筹集目标款项并帮助其父亲完成骨髓移植手术。本次融媒体报道传播了中华民族传统的慈孝文化，提高了主流媒体的社会影响力和公信力。

手机端展示

扫描二维码，观看本作品新媒体展示。

溜 索 村

作品信息

刊播单位：新京报社

主创人员：集体

作品简介

4月18日，《新京报》报道了贵州威宁县海拉镇花果村大石头组“溜索村”内12个小学生艰难求学的故事。本次报道结合文字、视频、图片故事等多媒体形式，引发社会各界关注。贵州省委组成工作组，劝说大石头组29户未搬迁户于4月28日全部搬迁至威宁县五里岗易地搬迁安置点，并安排19个中小学生就近入学，解决了孩子们上学难的问题。

手机端展示

扫描二维码，观看本作品新媒体展示。

“为衡宝战役牺牲烈士寻亲”大型网络公益活动

作品信息

刊播单位：湖南红网新媒体集团

主创人员：集体

作品简介

为铭记历史、缅怀英烈、网聚力量，红网新媒体集团策划组织的“为衡宝战役牺牲烈士寻亲”网络公益活动，创新传播形式，联动全国网友，打造公益资讯，在传播与反馈中逐步形成精准扩散、扁平参与的全新网络公益模式，促成众多无名英烈们找到“回家的路”。活动在全国引发广泛关注，彰显了新闻媒体“不忘初心、牢记使命”的社会责任与担当。

手机端展示

扫描二维码，观看本作品新媒体展示。

津云新媒体系列“新闻扶贫”活动

作品信息

刊播单位：天津津云新媒体集团

主创人员：集体

作品简介

7月26到28日，天津举办第七届融媒体粉丝狂欢节，海河传媒中心调动19位当家主播设计、编排预热短视频，并结合图文、音视、漫画、VR等全息呈现激发媒体融合的爆发力，展现出新闻扶贫活动“连点成面”的传播力量。在新闻扶贫专区里，商户与企业建立了长期供销关系，还收到劳务输出、人才培训等多个大礼包，成功助力甘肃陇南的老乡实现脱贫，为甘肃陇南铺就一条长久、坚实的脱贫致富路。

手机端展示

扫描二维码，观看本作品新媒体展示。

“小平安”的回家路

作品信息

刊播单位：云南日报报业集团

主创人员：集体

作品简介

“小平安”是一只栖息在云南境内的国家一级重点保护动物、极度濒危物种——西黑冠长臂猿。为了避免它受到人为伤害，帮助其回归适宜的栖息地，融媒体采访组进行了前后方联动、机制创新的新媒体报道，引起了有关部门的高度重视，使“小平安”顺利回归大自然。本次救助报道是一次云报集团媒体融合的生动实践，也是一次党报媒体热心公益的责任担当。

手机端展示

扫描二维码，观看本作品新媒体展示。

H5 | 致奋斗在脱贫战场上的你

作品信息

刊播单位：新华社

主创人员：集体

作品简介

新华社推出情感分享式H5《致奋斗在脱贫战场上的你》，以9张制作精美、饱含情感的祝福卡片为传播点，号召网民向奋斗在脱贫攻坚一线的“战士”送去祝福。后续报道《这是一份绕地球5000多圈的祝福！》利用数据可视化的形式深度剖析1050万份祝福卡背后的新闻故事，并放出颇具泪点的一线扶贫干部采访视频，掀起了向奋斗在脱贫一线的“战士”送祝福的高潮。

手机端展示

扫描二维码，观看本作品新媒体展示。

“垃圾分类”进行时

作品信息

刊播单位：文汇报

主创人员：集体

作品简介

文汇新媒体全面聚焦“垃圾分类”新时尚，推出全新专题《“垃圾分类”进行时》系列短视频和互动H5作品，在新媒体平台发布相关报道100余篇。运用短视频+图文+互动H5的创新手段和互联网传播平台，系列化、立体化地详解上海如何破解垃圾分类难题，包括各种新技术、新知识、新经验、新举措，引领广大市民一起投身其中，共同打响垃圾分类这场攻坚战。

手机端展示

扫描二维码，观看本作品新媒体展示。

三 | 2019新媒体公益十大提名案例

“百姓代言人”连通党服务群众“最后一公里”

作品信息

刊播单位：河北省邢台市内丘县融媒体中心

主创人员：集体

作品简介

内丘县融媒体中心充分运用融媒体新技术，在移动互联网搭建“党心连民心”平台，通过招募选拔380名“百姓代言人”，把信息传递和搜集的触角延伸到县域内的每个村庄和社区。传递党的声音，回应百姓关切，实现引导和服务群众“零距离”，有效提升了基层媒体传播力。

手机端展示

扫描二维码，观看本作品新媒体展示。

“7元爱心午餐温暖留守儿童”公益活动

作品信息

刊播单位：黑龙江日报社

主创人员：集体

作品简介

《生活报》、龙头新闻APP联合共青团黑龙江省委员会、黑龙江省希望工程捐助中心、黑龙江省青少年发展基金会共同发起“7元爱心午餐温暖留守儿童”公益活动，利用新媒体多种传播工具和手段，在爱心人士、公益志愿者、爱心团队共同助力下，捐赠数目超过50万元，数百留守儿童实现愿望，龙江温暖聚爱而来，正能量携爱汇聚，呵护留守儿童。

手机端展示

扫描二维码，观看本作品新媒体展示。

贵州省“黔珍十二品”网络公益扶贫项目

作品信息

刊播单位：多彩贵州网有限责任公司

主创人员：集体

作品简介

多彩贵州网有限责任公司与投身网络扶贫相关工作的主流媒体一同开展“黔珍十二品”暨网络扶贫公益广告刊播项目。走进贵州省14个深度贫困县和20个极贫乡镇中选择相应产品，并利用图文、视频、H5等刊播素材对贫困地区农特产品进行宣传推广，将媒体宣传与精准扶贫进行紧密结合，取得了很好的效果。

手机端展示

扫描二维码，观看本作品新媒体展示。

大象希望音乐课堂

作品信息

刊播单位：河南大象融媒体集团

主创人员：集体

作品简介

“大象希望音乐课堂”项目以捐献音乐器材、捐建音乐课堂、招募音乐志愿者进行音乐支教为主要公益服务内容，大象融媒旗下的映象网、大象网等新媒体以及双微矩阵对“大象希望音乐课堂”的相关活动进行了多频次的全媒体宣传报道，取得了良好的宣传效果和传播效果。本项目旨在弘扬社会主义核心价值观、践行媒体社会责任、助力农村脱贫攻坚、促进社会和谐发展。

手机端展示

扫描二维码，观看本作品新媒体展示。

保护长江江豚公益项目

作品信息

刊播单位：南京广播电视集团网络传媒中心

主创人员：集体

作品简介

长江江豚是中国特有动物，仅分布在长江中下游流域干流和鄱阳湖、洞庭湖等地区，而南京是全国唯一在大城市中心江段有野生江豚栖息的城市。2019年1月以来，南京广播电视集团网络传媒中心专题策划组织报道长江大保护、长江江豚保护相关工作，通过新媒体传播、大型公益类线下活动等方式，增强长江大保护的关注度并提升影响力，传播正能量，获得了广泛好评。

手机端展示

扫描二维码，观看本作品新媒体展示。

阿基米德传媒“自然的馈赠”精准扶贫行动

作品信息

刊播单位：阿基米德传媒

主创人员：集体

作品简介

阿基米德传媒与上海广播电视台东方广播中心共同携手云南、河北等省级广播电视台联合多家企业组织正式启动了“自然的馈赠”大型精准扶贫行动，以融媒体形式寻求扶贫机制创新，帮助贫困地区农产品“走出来”。在做好全面深度宣传的同时帮助扶贫产品打通产业链条，深度参与到“精准扶贫”国家战略当中，体现媒体社会责任与价值。

手机端展示

扫描二维码，观看本作品新媒体展示。

不忘初心十五载 风雨无阻高考路

作品信息

刊播单位：黑龙江广播电视台

主创人员：集体

作品简介

2019年高考当日，黑龙江交通广播联合黑龙江卫视频道、都市频道以及7个新媒端口推出6小时融媒直播《不忘初心十五载 风雨无阻高考路》，通过搭建爱心互助平台，提供全方位服务信息，实现了多点互动，全方位、多角度呈现了爱心送考情况。同时，观众、听众通过各种互动方式为疑难支着儿、为善举点赞，引发强烈的社会反响，是黑龙江交通广播融媒体直播的一次全新尝试。

手机端展示

扫描二维码，观看本作品新媒体展示。

“天山优品　梅好伽师”百家公益助农活动

作品信息

刊播单位：新疆报业传媒集团新媒体中心

主创人员：张国军　马帛宇　刘霞

作品简介

为了帮助对口扶贫地喀什地区伽师县，新疆报业新媒体中心利用旗下“天山优品”公益平台，结合集团所在的新疆喀什地区伽师县“访惠聚”驻村工作队共同开展精准扶贫全媒体公益助农活动，旨在宣传伽师县名优特色农产品，打造新疆名优品牌，助力伽师县梅产业和伽师瓜产业，实现伽师县农民脱贫增收，同时，展现各民族之间交流、交往、交融，传播新疆正能量。

手机端展示

扫描二维码，观看本作品新媒体展示。

用爱心和大数据助力“宝贝回家”

作品信息

刊播单位：贵州广播电视台

主创人员：集体

作品简介

2019年9月8日，贵州广播电视台公共频道《百姓关注》栏目推出“心与心相联 中秋共团圆”——2019“大数据+公益”“宝贝回家”寻亲公益活动。采用全媒体报道的形式，制作了倒计时海报、短视频等在抖音、微信、微博等平台为活动造势。在活动当天，出动40人的团队进行直播和全媒体报道，引发广泛社会反响。最终，现场共计9人通过活动找到了亲人。

手机端展示

扫描二维码，观看本作品新媒体展示。

荔直播 · 我为你而来

作品信息

刊播单位：江苏广播电视总台

主创人员：集体

作品简介

江苏广电总台2019年正式启动的助力脱贫攻坚公益网络融媒体产品——“荔直播 · 我为你而来”，聚焦低收入人口、经济薄弱村、重点片区，帮助各色扶贫农产品项目扩大知名度、助力优质特产销售、推动实现小农户和大市场的有效对接。以实际的扶贫成果做到了做强脱贫攻坚正面宣传、做优脱贫攻坚内容供给、做实广电公共服务，充分彰显了江苏主流媒体的责任与担当。

手机端展示

扫描二维码，观看本作品新媒体展示。

（编辑　马睿姗）

中国新闻奖媒体融合奖项
（含国际传播奖项）作品解析

第二十九届中国新闻奖媒体融合奖项（含国际传播奖项）获奖作品

特别奖

短视频新闻

“中国一分钟”系列微视频

一等奖

短视频新闻

鼓岭！鼓岭！

臊子书记

移动直播

直击7·5泰国普吉游船倾覆事故现场　救援仍在进行

新媒体创意互动

幸福照相馆

父亲·我们·时代

新媒体报道界面

H5｜改革开放40年·长沙有多“长”

新媒体品牌栏目

麻辣财经

讲习所

融合创新

ofo迷途

海拔四千米之上

我的青春在丝路（国际传播）

二等奖

短视频新闻

光明的故事

上桥！今天和“溜索”说再见

重磅！北京同仁堂蜂蜜：过期品送入原料库还涉嫌更改生产日期

生死时速！患者心脏骤停，桂林女医生跟着病床边跑边做心肺复苏

即将通车的港珠澳大桥什么样？司徒带你看（国际传播）

笑脸（国际传播）

西城洋大爷（国际传播）

移动直播

益阳南洞庭下塞湖“拆围”收官战

新媒体创意互动

“点赞上合”大型线上互动活动

苗寨“十八”变

新媒体报道界面

震撼！一张长图带你领略港珠澳大桥

走进新时代　共植希望树

新媒体品牌栏目

新京报快评

小央视频

融合创新

百天千万扶贫行动

时光博物馆

“媒体大脑”想陪你聊聊“两高”这五年

东方风来

三等奖

短视频新闻

爱中国爱非洲，18国大咖点赞中非合作（We are One：When China Meets Africa）

秦岭最美小慢车穿越陕甘川三省，日输送中小学生近500人次，车上急需新书

致老兵，我们的二十四分之一

震撼180秒！孤岛夫妻一世告白：我守着你，你守着国

福建首例空中转运救援重症婴儿

微纪录丨家是最小国　国是千万家——记时隔47年的两场追悼会

The Hidden Beauty of China（贵州——中国的隐世之美）（国际传播）

移动直播

通天河畔千年古村落的另类狂欢

受暴雨影响陕西汉中略阳五龙洞成孤岛　直升机急运物资

新媒体创意互动

超级H5丨快来！搭乘“海南号”时空穿梭机重返1988！

他的日记为啥被国家博物馆收藏

特别策划丨点击“浙”字跳起来看浙江40年不凡之路

新媒体报道界面

我们合家团圆　他们为国守边　元宵节为生命界碑点赞

H5丨我看到了幸福的模样！西藏家庭私藏照首发

跨越40年，2019的车开过来了

新媒体品牌栏目

外媒说

凌晨四点的南京

你好，明天

时事要闻（维吾尔语）

看见中国（国际传播）

融合创新

寿光大水三问

40秒40年

大型互动手绘长卷丨情·淮：淮河庄台40年简史

致敬历史·世界第一大港成长记

重庆坠江公交车初步核实15人失联　车辆位置基本确定丨嗨！七点出发

改革开放四十年系列产品

“中国给我的惊喜，还将继续”来国博，听“洋记者”讲故事（国际传播）

“中国一分钟”系列微视频

作品信息

作品类型：特别奖 · 短视频新闻

刊播单位：人民日报客户端、微博、微信

报送单位：中国记协新媒体专业委员会

主创人员：集体

作品时长：系列微视频平均时长2分15秒

发布日期：2018年3月5日—2018年12月14日

作品简介

为庆祝改革开放40周年，2018年全国两会期间，人民日报社新媒体中心推出3集国家形象系列宣传片“中国一分钟”。此后，延续“中国一分钟”的势能，结合各重要节点，相继推出“中国一分钟 · 地方篇”和各主题篇，系列架构起中国改革开放40年成就的整体风貌，为解读中国发展提供了全新视角。

手机端展示

扫描二维码，观看本作品新媒体展示。

鼓岭！鼓岭！

作品信息

作品类型：一等奖·短视频新闻

刊播单位：央视新闻客户端

报送单位：中国记协新媒体专业委员会

主创人员：杨继红　张鸥　王爽　丁然　寇琳阳

作品时长：5分52秒

首发日期：2018年4月2日

作品简介

《鼓岭！鼓岭！》是中央电视台新媒体精心推出的“习近平的故事”系列微视频之一，使用沙画+电视资料画面+现场回访的方式来呈现叙事，讲述了一段时任福州市委书记习近平亲自促成的一段中外民间交往佳话。在充分还原事实的基础上晓之以情、以情叙事是本片的特色，微视频一经推出就好评如潮。

手机端展示

扫描二维码，观看本作品新媒体展示。

臊子书记

作品信息

作品类型：一等奖 · 短视频新闻

刊播单位：津云客户端

报送单位：中国记协新媒体专业委员会

主创人员：刘雁军　齐竞竹　闫征　潘德军　苗超　戴涛

作品时长：6分58秒

首发日期：2018年10月17日8时30分

作品简介

2018年10月17日，第5个国家扶贫日之际，津云新媒体重磅推出短视频作品《臊子书记》。该短视频讲述天津大学“80后”青年教师宋鹏，为了帮助甘肃省陇南市宕昌县沙湾镇大寨村早日脱贫，积极挖掘地方特色，以沙湾臊子为切口，利用“互联网+扶贫”带领村民打造全链条式电商产业，因地制宜走出一条“带不走的幸福路”。

手机端展示

扫描二维码，观看本作品新媒体展示。

直击7·5泰国普吉游船倾覆事故现场　救援仍在进行

作品信息

作品类型：一等奖·移动直播

刊播单位：浙江新闻客户端

报送单位：中国记协新媒体专业委员会

主创人员：周莎莎　周旭辉　彭鹏　翁杰　钱璐斌　徐文迪　柳蓬

作品时长：2小时23分57秒

首发日期：2018年7月7日18时45分

作品简介

北京时间7月5日18时45分许，两艘载有中国游客的游船在泰国普吉岛附近海域突遇特大暴风雨，发生倾覆事故。记者第一时间赶赴现场发起移动直播，连续发布了《直击7·5泰国普吉游船倾覆事故现场　救援仍在进行》等两场滚动直播及《浙视频独家跟拍泰国总理巴育慰问遇难者家属》等十余条视频、图片新闻报道。直播过程中与网友实时互动，积极引导舆论，以无法替代的现场感和真实感，最大限度地满足受众第一时间了解该突发事件最新动向的需求。

手机端展示

扫描二维码，观看本作品新媒体展示。

幸福照相馆

作品信息

作品类型：一等奖·新媒体创意互动

刊播单位：央视财经客户端、央视财经微博、央视财经微信公众号

报送单位：中国记协新媒体专业委员会

主创人员：集体

首发日期：2018年2月13日

作品简介

2018年春节，恰逢改革开放40周年的时代节点，央视财经频道基于腾讯天天P图首创的“多人脸融合”技术，以“致敬改革开放40周年”为主题，推出多媒体融合创意互动项目《幸福照相馆》H5。只要上传家人的单人照片，一键式简单操作，就可以随时随地生成一张不同年代的完美全家福，实现心中的团圆梦，同时见证40年中国家庭生活的巨大变迁。

手机端展示

扫描二维码，观看本作品新媒体展示。

父亲·我们·时代

作品信息

作品类型：一等奖·新媒体创意互动

刊播单位：新华社客户端

报送单位：中国记协新媒体专业委员会

主创人员：集体

作品时长：6分30秒

首发日期：2018年11月16日18时

作品简介

庆祝改革开放40周年大会前夕，新华社全媒报道平台打通线上线下，推出重磅微视频《父亲·我们·时代》，邀请第一代改革者的子女讲述父辈故事。6分30秒讲述觉醒、敢闯、巨变、初心四个篇章，相互印证，又彼此勾连，“聊父亲”的同时，勾勒出改革开放40年的奋斗图卷。该片在多个场景细节上体现了技术创新。

手机端展示

扫描二维码，观看本作品新媒体展示。

H5｜改革开放40年·长沙有多“长”

作品信息

作品类型：一等奖·新媒体报道界面

刊播单位：时刻新闻客户端

报送单位：中国记协新媒体专业委员会

主创人员：贺弘联　周珞　谭忠欣　李蕙蕙　王娉娉　黎娜　罗紫嫣　李美燕

首发日期：2018年12月12日11时49分

作品简介

改革开放40周年之际，红网推出新媒体H5《改革开放40年·长沙有多“长”》，以手绘长卷+动画+视频+拼图的融媒体表达形式，新颖灵动展示了长沙历史之“长”、城市之“长”、经济之“长”、交通之“长”、速度之“长”、活力之“长”、智能之“长”、创新之“长”、信息之“长”、艺术之“长”、幸福之“长”，全面呈现40年改革开放之路、长沙崛起之道。

手机端展示

扫描二维码，观看本作品新媒体展示。

麻 辣 财 经

作品信息

作品类型：一等奖 · 新媒体品牌栏目

刊播单位：全国党媒平台、人民日报客户端等

报送单位：中国记协新媒体专业委员会

主创人员：集体

创办日期：2016年10月24日

作品简介

“麻辣财经”是贯彻落实习近平总书记“2 · 19”重要讲话精神，人民日报创办的首批融媒体工作室之一。自2016年10月24日创立以来，“麻辣财经”已发布新闻报道、评论、视频、H5等作品500多篇，其中2018年发稿178篇，有40多篇被报纸采用刊登，真正实现了新媒体与报纸间的融合。此外，还积极尝试了多媒体传播，视频节目《从8亿人吃不饱到14亿人吃不完》的人民网页面、微博、微信点击量达135万。

手机端展示

扫描二维码，观看本作品新媒体展示。

讲 习 所

作品信息

作品类型：一等奖 · 新媒体品牌栏目

刊播单位：新华社客户端、新华网客户端、手机新华网

报送单位：中国记协新媒体专业委员会

主创人员：集体

创办日期：2015年12月30日

作品简介

“讲习所”是新华网融媒体核心报道栏目。上线至今三年多来，主创团队深入研究习近平新时代中国特色社会主义思想，积极探索移动端传播规律，持续推出系列原创融合报道，以“时效快、内容深、创意新”抢占全网头部位置，成为领导人报道网上主力军、主渠道、主阵地。2018年共推出原创作品260个，单篇稿件最高转载量达1491家，10部微视频传播量过亿。

手机端展示

扫描二维码，观看本作品新媒体展示。

ofo迷途

作品信息

作品类型：一等奖 · 融合创新

刊播单位：每日经济新闻客户端

报送单位：中国记协新媒体专业委员会

主创人员：集体

首发日期：2018年12月6日21时

作品简介

2018年下半年，ofo资金链危机暴露在公众面前。每日经济新闻策划了这一组报道，调动了11个城市的记者进行实地走访。最终出炉的《ofo迷途》H5产品，集动画、视频、可视化数据图以及文字深度报道于一体，通过数据图的方式，ofo的诉讼、消费者投诉以及欠款情况一目了然；动画、视频及交互设计，让作品在内容丰富性和互动体验上远远超过单纯的图文稿件。

手机端展示

扫描二维码，观看本作品新媒体展示。

海拔四千米之上

作品信息

作品类型：一等奖 · 融合创新

刊播单位：澎湃新闻

报送单位：中国记协新媒体专业委员会

主创人员：集体

作品时长：10到15分钟

首发日期：2018年11月19日10时46分

作品简介

2018年7月中旬至10月中下旬，澎湃新闻陆续派出直播、视频、文字三类记者，在澜沧江源园区多地进行了采访、拍摄工作，最终呈现出《海拔四千米之上｜极致体验 · 三江源国家公园》重磅实景互动H5这一产品。该产品包含了4段精美视频、9个360全景视频、9个小环境展示视频，让人身临其境地感受三江源国家公园的每一个角落和细节。此外，还剪辑制作了四部微纪录片，生产出三篇深度文字报道和四场大型直播。这一系列作品提示了人与自然在寻求和谐共生的过程中产生的一系列矛盾、感动、思考和希冀。

手机端展示

扫描二维码，观看本作品新媒体展示。

我的青春在丝路

作品信息

作品类型：一等奖·融合创新（国际传播）

刊播单位：芒果TV客户端、湖南卫视

报送单位：中国记协新媒体专业委员会

主创人员：罗迎春　傅卓　谢伦丁　李鹏　杨旺文　曹旭芳　潘璐　唐凯

作品时长：16分钟左右

发布日期：2018年8月21日至23日

作品简介

该节目由湖南卫视和芒果TV共同出资制作，先网后台播出。这是一部关于“一带一路”建设的新闻大片，每集讲述一位中国青年参与“一带一路”建设的励志故事，2018年3月和8月共播出了两季19集，每集时长约15分钟。19个摄制组奔赴亚非拉19个国家，总行程近200万公里。正因为深入特殊环境捕捉了大量鲜活故事和精彩细节，使得该节目故事性强、叙事生动。用拍影视剧的技术配置拍新闻，又使得该片画面精美，赏心悦目。

手机端展示

扫描二维码，观看本作品新媒体展示。

光明的故事

作品信息

作品类型：二等奖 · 短视频新闻

刊播单位：光明日报客户端、光明日报微博微信

报送单位：中国记协新媒体专业委员会

主创人员：集体

作品时长：5分5秒

首发日期：2018年3月4日13时57分

作品简介

2018年两会期间，光明日报重磅推出“光明的故事”系列微视频，重点讲述了习近平总书记关心知识分子的感人故事。为更好实现分众化传播，依据不同平台的传播特点，主创团队制作了不同版本的标题和推送内容。在光明日报客户端首发时，微视频标题为《光明的故事》；在社交媒体推送时，又改为《从总书记让座到重获光明，他第一眼最想看到的是……》。通过这种“定制标题”的方式，微视频在各平台得到了广泛传播。

手机端展示

扫描二维码，观看本作品新媒体展示。

上桥！今天和“溜索”说再见

作品信息

作品类型：二等奖 · 短视频新闻

刊播单位：四川观察客户端

报送单位：中国记协新媒体专业委员会

主创人员：王军　严继勋　凌珂　李婧

作品时长：3分30秒

首发日期：2018年9月1日11时15分

作品简介

2018年9月1日，位于四川凉山州金阳县对坪镇的溜索改桥工程全面建成，意味着四川民族地区正式结束溜索时代。四川广播电视台四川观察APP策划推出了“‘别了，溜索’四川民族地区结束溜索时代”大型融媒体报道。其中精心制作了短视频《上桥！今天和“溜索”说再见》，通过微电影的形式，讲述了对坪镇一个在金沙江畔生活的乡村教师邹金萍最后一次走“老路”过江的故事，展现了“溜索改桥”工程带给老百姓实实在在的改变和福祉。

手机端展示

扫描二维码，观看本作品新媒体展示。

重磅！北京同仁堂蜂蜜：过期品送入原料库还涉嫌更改生产日期

作品信息

作品类型：二等奖 · 短视频新闻

刊播单位："南京零距离"腾讯企鹅号、"南京零距离"微博

报送单位：中国记协新媒体专业委员会

主创人员：范瑞　汪正卫　向燚

作品时长：1分37秒

首发日期：2018年12月15日

作品简介

2018年12月中旬，江苏城市频道《零距离》栏目记者经过调查发现，位于盐城滨海的北京同仁堂蜂业委托生产商，将大量过期蜂蜜回收进原料库，有重新包装上市销售的嫌疑。同时还证实，该企业之前也存在更改生产日期等不法行为。《零距离》于12月15日晚播出独家调查《同仁堂蜂蜜改"年龄"谁玷污了三百年老品牌？》，将该代工企业被执法部门认定的违法行为公之于众，相关短视频作品《重磅！北京同仁堂蜂蜜：过期品送入原料库还涉嫌更改生产日期》在"南京零距离"腾讯企鹅号、微博等平台上推出，引发社会高度关注。

手机端展示

扫描二维码，观看本作品新媒体展示。

生死时速！患者心脏骤停，桂林女医生跟着病床边跑边做心肺复苏

作品信息

作品类型：二等奖·短视频新闻

刊播单位：桂林日报社新媒体运营中心“第一时间”APP

报送单位：中国记协新媒体专业委员会

主创人员：阳翔　李富宁　罗宁飞

作品时长：1分34秒

首发日期：2018年1月26日18时18分

作品简介

2018年1月19日，广西壮族自治区南溪山医院有重症冠心病患者在前往手术室的途中心脏骤停，医生张红雨跟着病床一路小跑，一路为患者做心肺复苏，患者最终转危为安，十多天后康复出院。作者精心剪辑，将新闻事件最惊心动魄的画面集中制作成1分34秒的视频，运用同期声和节奏强烈的配乐，再现救援现场惊心动魄、争分夺秒的情绪，直接、真实地将白衣天使救死扶伤的忘我精神展现得淋漓尽致。

手机端展示

扫描二维码，观看本作品新媒体展示。

即将通车的港珠澳大桥什么样？司徒带你看

作品信息

作品类型：二等奖 · 短视频新闻（国际传播）

刊播单位：人民日报全国党媒信息公共平台客户端

报送单位：中国记协新媒体专业委员会

主创人员：张建波　吴桐　司徒建国（Stuart Thomas Wiggin）
李丛　王不为

作品时长：4分24秒

首发日期：2018年10月22日12时35分

作品简介

2018年10月，港珠澳大桥通车在即，国内外都很关注。在此背景下，拍摄团队提前设置议题，制作英文原创短视频，带国外网友第一时间走近港珠澳大桥。拍摄团队将实拍和脱口秀相结合，从外国人的视角出发做短视频，提升产品辨识度。大桥长55公里，比全程马拉松还长。经过讨论和策划，团队最终确定英国主持人出镜挑战跑大桥的方案，中间穿插对大桥的介绍。拍摄团队在大桥的多个标志性地点取景，用接地气、幽默的方式切入主题。成片配中英文双语字幕，方便国内外网友了解港珠澳大桥的相关情况。

手机端展示

扫描二维码，观看本作品新媒体展示。

笑　　脸

作品信息

作品类型：二等奖·短视频新闻（国际传播）

刊播单位：国际在线波斯文网

报送单位：中国记协新媒体专业委员会

主创人员：刘婷　蔺思淼　蔡军

作品时长：2分45秒

首发日期：2018年12月18日15时25分

作品简介

《笑脸》是中央广播电视总台国广波斯语部为纪念改革开放四十周年策划的一个新媒体视频报道，意在展现中国改革开放的巨大成就，促进中国与伊朗、中国与世界各国人民的民间友好往来。本作品以伊朗留学生马吉德亲历实感的故事，讲述了热情好客、品性良善的中国人民，多彩的中华文化，飞速发展的中国城市与乡村带给他的震撼。通过一张张中国人民真挚的笑脸以及主人公的真情阐释，展示了一个热情友好、合作包容的中国，同时从侧面体现了中国改革开放给人民带来的幸福生活。

手机端展示

扫描二维码，观看本作品新媒体展示。

西城洋大爷

作品信息

作品类型：二等奖 · 短视频新闻（国际传播）

刊播单位：中国新闻网APP

报送单位：中国记协新媒体专业委员会

主创人员：王玉平　张昂　闫格　李硕行

作品时长：5分45秒

首发日期：2018年6月5日8时55分

作品简介

《西城洋大爷》讲述了在中国生活20余年的美国人高天瑞的故事。高天瑞在2017年成为“西城大妈”志愿者队伍中的一员，负责为游客指路，疏导景区人流，还义务为邻居卖老北京酸奶，意外成了网红。该片拍摄和制作表现手法细腻，在平凡朴实中娓娓道来，融合了老北京地方特色和历史文化背景，展现出主人公对中国文化的喜爱。该片在多个端口和平台展示推送，网友反响热烈，获得不俗的点击量和良好的传播效果。

手机端展示

扫描二维码，观看本作品新媒体展示。

益阳南洞庭下塞湖“拆围”收官战

作品信息

作品类型：二等奖·移动直播

刊播单位：新湖南客户端

报送单位：中国记协新媒体专业委员会

主创人员：徐蓉　方兴　邢玲　傅聪　秦慧英　曾璇

作品时长：67分钟

首发日期：2018年6月15日10时48分

作品简介

南洞庭下塞湖矮围严重危害洞庭湖生态安全，2018年6月3日至15日，南洞庭下塞湖18692.6米矮围全部被推平。拆围期间，新湖南融媒体记者三赴现场，掌握了大量新闻素材。6月15日上午，记者使用视频、图片、文字等方式，直播了益阳南洞庭下塞湖拆围收官战现场。在现场，记者采访了政府相关部门负责人、推土机司机、当地渔民、环保志愿者等人，全方位展示了矮围形成背景、危害及拆除过程。

手机端展示

扫描二维码，观看本作品新媒体展示。

“点赞上合”大型线上互动活动

作品信息

作品类型：二等奖 · 新媒体创意互动

刊播单位：中俄头条

报送单位：中国记协新媒体专业委员会

主创人员：集体

首发日期：2018年5月17日18时

作品简介

为迎接2018年6月上旬召开的上海合作组织成员国元首理事会第十八次会议，全力做好峰会的前期预热宣传报道工作，2018年5月17日，“点赞上合”大型线上互动活动在“中俄头条”双语移动客户端正式推出。活动以“上海精神”的核心内涵——“互利、平等、共同发展”为内容，设计了动作简单易学的点赞手语，并配以原创主题音乐，邀请和号召上合组织各国的政界人士、文体明星和广大普通百姓录制点赞微视频，参与跨国线上互动。

手机端展示

扫描二维码，观看本作品新媒体展示。

苗寨“十八”变

作品信息

作品类型：二等奖 · 新媒体创意互动

刊播单位：新湖南客户端

报送单位：中国记协新媒体专业委员会

主创人员：颜斌　李勇　王为薇　周红泉　李健　龚文　叶艳娜　周林熙

作品时长：9分钟

首发日期：2018年11月3日8时34分

作品简介

十八洞村是习近平总书记精准扶贫思想的首倡地。2018年11月3日，新湖南客户端推出大型融媒体创意互动产品《苗寨“十八”变》。“十八变”借用了“女大十八变”的巨变之意，“十八”暗指十八洞村。它以5位村民5年不一样的“拔穷根”故事为切入点，以当地极富特色的苗歌为主线，融合当地特色方言、音视频、全景航拍H5，在多个新闻场景中加入互动设计，讲述十八洞村5年来的幸福巨变，让人耳目一新。

手机端展示

扫描二维码，观看本作品新媒体展示。

震撼！一张长图带你领略港珠澳大桥

作品信息

作品类型：二等奖·新媒体报道界面

刊播单位：央视新闻客户端、微信

报送单位：中国记协新媒体专业委员会

主创人员：杨继红　李浙　王元　李婷婷　郑弘　关美璐

首发日期：2018年10月23日

作品简介

《震撼！一张长图带你领略港珠澳大桥》是由新闻中心新媒体新闻部策划创意，并根据港珠澳大桥前方报道团队提供的信息数据，经过图形化处理，完全自主制作的可视化产品，主要源于创意、内容、图形制作三位一体的创造力。产品采用“实景长图”作为展现大桥的表现手段，图中的信息均由前方记者和新媒体团队提供，很多为独家信息，图解团队将枯燥的数据和新闻背后的复杂逻辑转化为了直观易懂的图形。

手机端展示

扫描二维码，观看本作品新媒体展示。

走进新时代　共植希望树

作品信息

作品类型：二等奖 · 新媒体报道界面

刊播单位：“扬眼”客户端

报送单位：中国记协新媒体专业委员会

主创人员：集体

首发日期：2018年3月2日0时

作品简介

2018全国两会恰逢换届，会期长，内容丰富。扬子晚报融媒体报道界面“走进新时代　共植希望树”抓住移动传播特质，突破专题列表的常规模式，运用养成类手游的产品逻辑，以高度的可视化和互动体验为内核，全面创新两会报道界面。

手机端展示

扫描二维码，观看本作品新媒体展示。

新京报快评

作品信息

作品类型：二等奖 · 新媒体品牌栏目

刊播单位：新京报评论微信公众号

报送单位：中国记协新媒体专业委员会

主创人员：集体

创办日期：2016年4月1日

作品简介

新京报快评的定位是天下功夫唯“快”不破，用快评更好地引导舆论。2018年新京报评论公众号真正实现了“人无我有，人有我优，人优我先”，同题操作通常都是第一个发声。新闻评论选题侧重于重大事件或热门话题，话题涵盖面广泛。此外，还注重评论的深度与厚度。新京报快评文章2018年收获了北京新闻奖一等奖、中国人大新闻奖等奖项。

手机端展示

扫描二维码，观看本作品新媒体展示。

小 央 视 频

作品信息

作品类型：二等奖 · 新媒体品牌栏目

刊播单位：央视网

报送单位：中国记协新媒体专业委员会

主创人员：集体

创办日期：2017年8月18日

作品简介

“小央视频”作为央视网原创视频栏目，于2017年8月上线，以短视频、长节目和移动直播为主要产品形态。经过一年多的发展，目前已经形成了《习式妙语》《比划》《现场》《前线》等十余条有影响力的内容产品线，涵盖时政、军事、直播、解读性报道等多个领域。2018年，小央视频全年累计发布视频2510条（含抖音、微视、快手等小视频），全网播放量约34亿；累计直播72场，观看量约1.12亿，并接连获得一系列业内荣誉。

手机端展示

扫描二维码，观看本作品新媒体展示。

百天千万扶贫行动

作品信息

作品类型：二等奖 · 融合创新

刊播单位：长江云

报送单位：中国记协新媒体专业委员会

主创人员：集体

首发日期：2018年9月1日

作品简介

2018年9月至2019年1月，为助力湖北打赢脱贫攻坚战，由湖北广播电视台、湖北省农业农村厅、湖北省扶贫办联合主办，长江云和垄上传媒承办了“百天千万扶贫行动”，以长江云平台县级融媒体中心为执行依托，以京东、淘宝、有赞等电商为销售平台，以“主题宣传+新闻故事+扶贫代言+互动直播+大型活动+电商销售”的新模式助力湖北脱贫攻坚。

手机端展示

扫描二维码，观看本作品新媒体展示。

时光博物馆

作品信息

作品类型：二等奖 · 融合创新

刊播单位：人民日报客户端、人民日报微博、人民日报微信

报送单位：中国记协新媒体专业委员会

主创人员：集体

发布日期：2018年10月26日至12月20日

作品简介

“时光博物馆”系列报道将线上主题报道与线下创意体验相结合，视角聚焦于每一个国人的生活与成长、拼搏与奋斗之上。通过5大场馆、9大互动创意体验的形式，具象化呈现了改革开放给人民生活带来的最深切的变化，深度诠释“改革红利，与我有关”“中国有我，时光有我”的主题。通过主题采访、评论文章、短视频、H5、直播等形式，进行了全方位、全媒体报道。

手机端展示

扫描二维码，观看本作品新媒体展示。

“媒体大脑”想陪你聊聊“两高”这五年

作品信息

作品类型：二等奖 · 融合创新

刊播单位：新华社客户端

报送单位：中国记协新媒体专业委员会

主创人员：高洁　李放

作品时长：1分53秒

首发日期：2018年3月10日1时53分

作品简介

“媒体大脑”是新华社自主研发的国内第一个媒体人工智能平台。在2018年全国两会报道中，新华社结合人大会议重大议程，利用人工智能技术自动生成《“媒体大脑”想陪你聊聊“两高”这五年》数据可视化新闻，15秒即可生成一条视频，解读深度、生产效率和呈现效果极具特色。这是媒体首次在全国两会报道中全面使用智能采集、语音合成、人脸识别、版权监测、用户画像等技术功能，标志着新华社人工智能技术应用水平迈上新台阶。

手机端展示

扫描二维码，观看本作品新媒体展示。

东方风来

作品信息

作品类型：二等奖 · 融合创新

刊播单位：新华社客户端

报送单位：兰州大学新闻与传播学院

主创人员：集体

作品时长：3分28秒

首发日期：2018年9月1日

作品简介

首届中国国际进口博览会开幕前夕，新华社播发重磅融媒体报道《东方风来》，对进博会进行预热。《东方风来》运用了最新的CG特效合成技术，以一片四叶草为线索串起全片，带领人们飞跃千山万水，感受世界商品涌入中国的奇幻经历。以习主席讲话“中国开放的大门不会关闭，只会越开越大”为结尾，准确点题，突显了开放、共享的理念，传递了中国愿与各国共同推动开放型世界经济发展的美好愿望。

手机端展示

扫描二维码，观看本作品新媒体展示。

爱中国爱非洲，18国大咖点赞中非合作
(We are One：When China Meets Africa)

作品信息

作品类型：三等奖·短视频新闻

刊播单位：China Matters的脸书（Facebook）、优兔频道（Youtube），中国外文局融媒体中心的腾讯视频、今日头条、哔哩哔哩等账号

报送单位：中国记协新媒体专业委员会

主创人员：陈实　王新玲　钟磊　程瑶　花轩　郭乐天

作品时长：5分54秒

首发日期：2018年8月31日

作品简介

《爱中国爱非洲：18国大咖点赞中非合作》对标“中非合作论坛北京峰会”这一2018年重大外宣主题而策划制作，由61个产品组成。参评短视频为最核心的主视频，共采访了28位来自非洲各国政府部门、媒体界和文化界的代表人物，采访重点围绕受访者如何看本国的中非合作项目、中国文化在当地的认知度、对推动未来交流合作的建议。该视频于2018年8月31日在融媒体中心，中国外文局旗下品牌的脸书、优兔账号，及国内各大新媒体平台推出。

手机端展示

扫描二维码，观看本作品新媒体展示。

秦岭最美小慢车穿越陕甘川三省，日输送中小学生近500人次，车上急需新书

作品信息

作品类型：三等奖 · 短视频新闻

刊播单位：@1018陕广新闻新浪微博

报送单位：中国记协新媒体专业委员会

主创人员：魏诠　马佳　刘云鹏　孙飞　赵泽元　左田昊

作品时长：3分57秒

首发日期：2018年5月24日9时57分

作品简介

《秦岭最美小慢车穿越陕甘川三省，日输送中小学生近500人次，车上急需新书》是记者与主人公同住同行拍摄的，记录了家住秦岭贫困山区的中学生蹇星洋搭乘6063/4次扶贫专列，在列车组工作人员的关怀和帮助下求学的故事。全篇近7个小时的素材，最终凝聚成3分57秒的短视频，真实展示了贫困学子求学之路的艰辛和6063/4次列车组的坚守和奉献。

手机端展示

扫描二维码，观看本作品新媒体展示。

致老兵，我们的二十四分之一

作品信息

作品类型：三等奖 · 短视频新闻

刊播单位：中国军网

报送单位：中国记协新媒体专业委员会

主创人员：集体

作品时长：3分钟

首发日期：2018年3月29日16时

作品简介

2018年全国两会审议通过设立退役军人事务部，引起全社会广泛关注。针对这一新闻事件，作者团队从不同岗位、不同身份、不同年龄段选取了从陆军、海军、空军、火箭军及武警部队退役的五名老兵，拍摄和采访讲述他们的故事。不同职业的退役军人的工作状态使观众了解了身边的1／24是什么样的群体。及时推出的短视频有效呼应了社会上对退役军人的关注，浓厚了全社会对军人尊崇的氛围。

手机端展示

扫描二维码，观看本作品新媒体展示。

震撼180秒！孤岛夫妻一世告白：我守着你，你守着国

作品信息

作品类型：三等奖 · 短视频新闻

刊播单位：现代快报网

报送单位：中国记协新媒体专业委员会

主创人员：郑春平　朱俊骏　周晓翔　姜彬彬　王光强　顾炜

作品时长：3分钟

首发日期：2018年8月20日08时15分

作品简介

守护开山岛长达32年的王继才去世后，现代快报立即派出全媒体记者，到连云港开山岛采访。记者们跟王仕花和守岛的民兵一起生活了四天三夜，拍摄了大量珍贵画面。通过王仕花的回忆和同期讲述，并辅以资料画面，再现了这对英雄夫妻长达32年的守岛故事。制作团队精心打磨每一帧画面，从长达16个小时的素材中，剪辑出了180秒，向王继才夫妇致敬。

手机端展示

扫描二维码，观看本作品新媒体展示。

福建首例空中转运救援重症婴儿

作品信息

作品类型：三等奖 · 短视频新闻

刊播单位：新福建客户端、抖音短视频APP、新浪微博APP

报送单位：中国记协新媒体专业委员会

主创人员：杨珊珊　倪斌　吕琳　方婷

作品时长：33秒

首发日期：2018年11月30日18时

作品简介

《福建首例空中转运救援重症婴儿》讲述了直升机转运救援重症婴儿的故事。记者在接到消息后，立即赶赴现场采访、拍摄，并将现场视频立即传回编辑部。编辑即时进行处理，以更适合新媒体传播的编辑手段剪辑成33秒短视频，发布在新福建客户端、抖音短视频APP、新浪微博、今日头条等平台。33秒的短视频发布之后，在新福建客户端、抖音短视频APP等四个平台的播放总量达到63万余次，获得近5万网友的点赞好评。

手机端展示

扫描二维码，观看本作品新媒体展示。

微纪录丨家是最小国　国是千万家——记时隔47年的两场追悼会

作品信息

作品类型：三等奖 · 短视频新闻

刊播单位：新重庆客户端

报送单位：中国记协新媒体专业委员会

主创人员：周晓雪　易华　张译文　陈乔第　佘振芳　林楠

作品时长：5分35秒

首发日期：2018年12月17日

作品简介

《家是最小国　国是千万家——记时隔47年的两场追悼会》生动展现了一个党员基层干部之家的良好家风传承。2018年8月21日，忠县扶贫干部杨骅倒在了工作岗位上。记者讲述了杨骅父亲杨志刚生命中两场追悼会，杨志刚的父亲和儿子都是为公牺牲，角度独特意义深刻。在表现手法上，经过特效处理、“三维投射”的沉浸体验，让杨家三代为民服务的公仆形象更可触可及。

手机端展示

扫描二维码，观看本作品新媒体展示。

The Hidden Beauty of China（贵州——中国的隐世之美）

作品信息

作品类型：三等奖 · 短视频新闻（国际传播）

刊播单位：GREAT BIG STORY及CNN主要网站、国内各大网站

报送单位：中国记协新媒体专业委员会

主创人员：耿欣　王鑫　李思远

作品时长：2到3分钟

发布日期：2018年6月27日至8月31日

作品简介

在国际生态文明贵阳国际论坛2018年年会前夕，为做好国际传播，贵州广播电视台成立了项目组，按照西方观众更加容易接受的“探奇”和“人与自然和谐共生”的角度，在国际传播平台上讲述中国的生态文明理念和贵州的实践。该系列报道共制作了5条短视频，讲述了贵州侗族大歌取材于自然、贵州绥阳双河洞生态保护、贵州的黑叶猴种群保护、贵州辣椒可持续发展的产业运营、贵州苗绣文化背后的自然和人的关系等五个故事，展现了生态文明理念植根于中国传统文化，尤其是近年来更加深入人心，获得了人民的普遍认同和支持，多渠道发布后获得了全球受众的高度关注。

手机端展示

扫描二维码，观看本作品新媒体展示。

通天河畔　千年古村落的另类狂欢

作品信息

作品类型：三等奖 · 移动直播

刊播单位：三江源APP

报送单位：中国记协新媒体专业委员会

主创人员：张云飞　何启振　赵文莉　李国庆　刘羿楠　王梦镯　吉太才让

作品时长：2小时27分29秒

首发日期：2018年4月7日11时9分

作品简介

这一作品选取少数民族节日腊粑节，以记者现场探秘的方式展开直播。直播中，主持人与嘉宾除了介绍腊粑节这一民间农耕民俗活动相关讯息，还细致地讲述了落卓木齐地理位置、民俗、文化、建筑、服饰等方面内容，记录三江源通天河畔典型“古藏村”风貌、人居民俗文化。题材新颖，内容丰富，以独家原创的内容凸显直播的新闻性。

手机端展示

扫描二维码，观看本作品新媒体展示。

受暴雨影响陕西汉中略阳五龙洞成孤岛　直升机急运物资

作品信息

作品类型：三等奖·移动直播

刊播单位：央视新闻+

报送单位：中国记协新媒体专业委员会

主创人员：戚晓钟　史凯强　殷旭　陈雯婷

作品时长：14分57秒

首发日期：2018年7月17日10时20分

作品简介

2018年7月14日至15日，陕西汉中略阳县遭遇了特大暴雨袭击，五龙洞镇成为“孤岛”。略阳县政府、汉中市政府租用直升机为五龙洞运送急需物资。记者深入一线，第一时间采用移动视频直播的方式，让外界同步获知政府调用直升机急运物资救灾的实况。这一作品成为该起新闻事件中独家也是最快的新闻报道作品，给灾区抗洪救灾的干部和群众以极大的鼓舞。

手机端展示

扫描二维码，观看本作品新媒体展示。

超级H5丨快来！搭乘“海南号”时空穿梭机重返1988！

作品信息

作品类型：三等奖·新媒体创意互动

刊播单位：海南日报客户端

报送单位：中国记协新媒体专业委员会

主创人员：陈成智　符绩国

首发日期：2018年4月13日

作品简介

这一作品是为纪念海南建省办经济特区30周年而制作，以动画、图片、视频、文字解说等多种互动触发形式，带用户重温激情燃烧的岁月。该H5作品将一图到底的长图作为主呈现方式，选取海南建省办经济特区30年以来18个具有代表性意义的历史事件作为素材，用资料视频、老照片等形式呈现，展示了30年来海南改革发展轨迹以及取得的成绩。

手机端展示

扫描二维码，观看本作品新媒体展示。

他的日记为啥被国家博物馆收藏

作品信息

作品类型：三等奖 · 新媒体创意互动

刊播单位：湖北日报客户端

报送单位：中国记协新媒体专业委员会

主创人员：黎海滨　刘胜　娄雅玲　刘依　谈牧　刘申

首发日期：2018年6月1日9时8分

作品简介

《他的日记为啥被国家博物馆收藏》重点聚焦脱贫攻坚这一重大战役中的普通人、普通事，讲述了湖北省经信委驻村工作队长李江陵的驻村工作日记被国家博物馆收藏一事，把多角度的全媒体采访内容制作成了创意互动H5作品。作品以一本日记为主要画面，随着日记本的翻动，读者可看到主人公现场工作照片，可听到主人公原声话语，内容厚重、主题重大、设计精心、生动可感。

手机端展示

扫描二维码，观看本作品新媒体展示。

特别策划丨点击“浙”字跳起来看浙江40年不凡之路

作品信息

作品类型：三等奖 · 新媒体创意互动

刊播单位：浙江新闻客户端

报送单位：中国记协新媒体专业委员会

主创人员：张妍婷　毛玫菁　潘培　管哲晖　黄昕

首发日期：2018年12月17日

作品简介

《点击“浙”字跳起来看浙江40年不凡之路》是庆祝改革开放40周年新媒体报道中一款独特的产品，设计新颖、极其简洁、主题鲜明。通过提示用户进行“点击”“长按”等交互操作，让一个“浙”字穿越改革开放40年的40个关键词，并全程配以动画特效和场景音效，给用户带来沉浸式体验，令用户身临其境、在轻松愉悦的互动阅读体验中重温了历史。

手机端展示

扫描二维码，观看本作品新媒体展示。

我们合家团圆　他们为国守边　元宵节为生命界碑点赞

作品信息

作品类型：三等奖 · 新媒体报道界面

刊播单位：兵团日报微信公众号

报送单位：中国记协新媒体专业委员会

主创人员：陈兰　刘芳　张宇帆

首发日期：2018年3月2日20时10分

作品简介

在新疆万里边防线，兵团民兵被称为“有生命的界碑”，在每个与家人团聚的节日，坚守岗位，为祖国守边防。为做好元宵节这一传统节日宣传报道，彰显兵团守边人的无私奉献精神，主创人员策划了该H5作品，通过微场景的展示，运用图片、文字、视频等多种形式，展现了马军武、魏德友、兵团西部民兵第一哨所的兄弟哨等人的守边故事，生动写实，感人至深。

手机端展示

扫描二维码，观看本作品新媒体展示。

H5｜我看到了幸福的模样！西藏家庭私藏照首发

作品信息

作品类型：三等奖 · 新媒体报道界面

刊播单位：西藏日报微信公众号

报送单位：中国记协新媒体专业委员会

主创人员：周玉平　张琪　安付花　赵江丰　拉巴卓玛　甘英吉卓玛　范云梦

首发日期：2018年5月15日

作品简介

5月15日是国际家庭日。该作品通过H5这一新媒体交互表达方式，综合运用了图文和音频等表现形式，通过透视四世同堂家庭这一社会细胞来展示新旧西藏的对比，以百姓身边的真实故事反映改革开放以来西藏经济社会发展的巨大成就和翻天覆地的变化，以小切口、小场面反映了大社会、大主题。

手机端展示

扫描二维码，观看本作品新媒体展示。

跨越40年，2019的车开过来了

作品信息

作品类型：三等奖·新媒体报道界面

刊播单位：闪电新闻客户端

报送单位：中国记协新媒体专业委员会

主创人员：梁丽娟　刘畅　殷爽爽　李昊

首发日期：2018年12月29日

作品简介

为庆祝改革开放40周年，山东广播电视台创新融媒报道手段，策划推出《跨越40年，2019的车开过来了》互动H5作品。作品以手绘街景为底衬进行场景化搭建，以交通出行方式的变化为主线，以动漫形式轻松漫游，走过个人与祖国共奋进的时光旅程，见证过去40年中国取得的历史性成就和社会巨变。

手机端展示

扫描二维码，观看本作品新媒体展示。

外 媒 说

作品信息

作品类型：三等奖 · 新媒体品牌栏目

刊播单位："中国日报双语微信""中国日报"微信公众号

报送单位：中国记协新媒体专业委员会

主创人员：柯荣谊　庹燕南　左卓　高启辉　李雪晴　王瑜　胡雨濛

创办日期：2017年7月1日

作品简介

《外媒说》是国内首个中英双语外媒时评微信栏目。该栏目以"全球视野、中国立场、舆论热点"为定位，以各领域热点为题材，聚焦领导人出访、中美贸易摩擦、中国主场外交等全年重大涉华新闻事件，用图文、音频、短视频等多媒体形态，解读外媒报道，及时传播中国声音。栏目全年共刊发稿件132篇，稿件总阅读量和互动量达到近1亿人次，成为我国主流媒体在新媒体传播领域的一面旗帜。

手机端展示

扫描二维码，观看本作品新媒体展示。

凌晨四点的南京

作品信息

作品类型：三等奖 · 新媒体品牌栏目

刊播单位：紫金山新闻客户端

报送单位：中国记协新媒体专业委员会

主创人员：集体

创办日期：2017年10月13日

作品简介

该栏目践行总书记“四力”要求，从“凌晨四点”这个特殊的时间节点切入，聚焦各条战线的普通劳动者，挖掘他们身上平实而温暖的工作细节和职业态度，反映劳动者敬业、进取、奉献的精神状态，展示城市内在的生机和活力。栏目在紫金山新闻客户端、微博、微信、今日头条、人民号、百家号、澎湃等10多个平台同步分发，全网总阅读量超过1亿。

手机端展示

扫描二维码，观看本作品新媒体展示。

你好，明天

作品信息

作品类型：三等奖 · 新媒体品牌栏目

刊播单位：新浪微博　人民微博　腾讯微博

报送单位：中国记协新媒体专业委员会

主创人员：徐丹　李志伟　时雪　刁潍　何鼎鼎　张璁　盛玉雷　桂从路

创办日期：2012年7月23日

作品简介

《你好，明天》是人民日报微博自2012年起开设的原创时评专栏，已坚持近7年，每天一篇，从未间断，成为人民日报微博的标志性栏目。每晚零点前后，栏目都会评析当下最受瞩目的热点新闻事件，并以独特的视角和深刻的观点，用140字放大主流声音、引导网络舆论。7年间，专栏共发布原创评论2400余篇，单条评论微博最高转发超过331万次，后期设立的#你好，明天#微博话题阅读量累计83.1亿。

手机端展示

扫描二维码，观看本作品新媒体展示。

时事要闻（维吾尔语）

作品信息

作品类型：三等奖 · 新媒体品牌栏目

刊播单位：中国维吾尔语广播CNR（uycnr.com）微信公众号

报送单位：中国记协新媒体专业委员会

主创人员：集体

创办日期：2015年3月1日

作品简介

《时事要闻》（维吾尔语）栏目是中央广播电视总台央广民族节目中心推出的以时事要闻、热点新闻为主的重点栏目，其宗旨是把党和政府的方针政策准确传播给维吾尔族受众，成为中央媒体中维护国家统一、反对“三股势力”的民族语言宣传旗帜。栏目通过高价值的新闻内容及高质量的维吾尔语翻译，有效地占领了民族宣传的新媒体阵地。该栏目自2015年正式上线后，每天准时发布以当日时事要闻为主的4条至8条新闻。2018年，栏目共发稿2千余条，总阅读量达2000万左右，已成为新疆地区同语种媒体和自媒体最重要的内容源之一。

手机端展示

扫描二维码，观看本作品新媒体展示。

看见中国

作品信息

作品类型：三等奖 · 新媒体品牌栏目（国际传播）

刊播单位：人民网9个外文频道、“看见中国”脸书账号、人民日报英文客户端

报送单位：中国记协新媒体专业委员会

主创人员：集体

创办日期：2017年4月16日

作品简介

“看见中国”（We Are China）多语种短视频栏目，于2017年4月创立，旨在适应移动化、社交化、可视化的新媒体发展趋势，为各大国际传播平台，特别是人民网运营的脸书和推特（Twitter）账号，量身打造优质的原创短视频内容。栏目视频由人民网一支通晓国际问题、熟悉国际传播规律的多语种全媒体采编团队独立摄制，力求贴近海外受众，通过“不无聊、不说教、有故事、有温度”的视频叙事方式，向世界展现真实、立体、全面的中国。栏目采用中央厨房式的策采编发流程，人民网9个外文语种打通融合，一次采集、多语种生成、多平台推广。

手机端展示

扫描二维码，观看本作品新媒体展示。

寿光大水三问

作品信息

作品类型：三等奖 · 融合创新

刊播单位：农民日报官方微博、微信

报送单位：中国记协新媒体专业委员会

主创人员：李竟涵

作品时长：2分7秒

首发日期：2018年8月27日

作品简介

2018年8月，山东寿光遭遇自1974年以来最大的洪峰。本次重大突发事件报道中，农民日报传统纸媒和新媒体平台有效联动。第一阶段，在微博及时发布寿光洪水灾害的真实状况和社会各界积极救灾的情况，保证突发事件报道“快”与“准”；第二阶段，将农民作为视频主角，制作短小精悍的视频新闻和图文并茂的微信，突破了报纸只有一则消息的版面限制；第三阶段，报纸推出整版深度报道《寿光大水三问》，深度解读水灾原因、影响、经验教训等，融媒体扩散传播，扩大了影响力。

手机端展示

扫描二维码，观看本作品新媒体展示。

40秒40年

作品信息

作品类型：三等奖 · 融合创新

刊播单位：中国青年报客户端

报送单位：中国记协新媒体专业委员会

主创人员：李柯勇　董时　闵捷　孙晔　高旭　于冰　梁艳

作品时长：3分51秒

首发日期：2018年12月12日10时

作品简介

为致敬改革开放四十周年，以创意短视频记录改革开放为生活带来的变化为主线，制作团队选取了五个主题，采用9：16的竖幅视频拍摄方式，分屏与全屏切换表达剧情，倾情打造了《40秒40年——玩具篇》《40秒40年——通信篇》《40秒40年——服装篇》《40秒40年——跟唱篇》《40秒40年——支付篇》系列短视频，以小切口反映新时代，将改革开放成就挖掘得更深入，体现得更丰满。

手机端展示

扫描二维码，观看本作品新媒体展示。

大型互动手绘长卷丨情·淮：淮河庄台40年简史

作品信息

作品类型：三等奖·融合创新

刊播单位：中安新闻客户端

报送单位：中国记协新媒体专业委员会

主创人员：章理中　顾继月　陈欣然　张晓丹　刘玉才　李浩　王冰燕

作品时长：2分30秒

首发日期：2018年12月27日16时53分

作品简介

移动端融媒产品《情·淮｜淮河庄台40年简史》，以手绘长卷的形式献礼改革开放40周年。作品以二胡特有的韵律作为转场和章节起始，以50张黑白、彩色的手绘版画展现人物故事，以原创航拍和纪实影像资料为支撑，配以技术特效，展现了改革开放40周年4个阶段的4段故事，将江淮女儿曾经的颠沛流离与如今的安居乐业进行了今昔对比。

手机端展示

扫描二维码，观看本作品新媒体展示。

致敬历史 · 世界第一大港成长记

作品信息

作品类型：三等奖 · 融合创新

刊播单位：甬派客户端

报送单位：暨南大学新闻与传播学院

主创人员：梅子满　吴益丹　成良田　张璟璟　包凌雁　王岚

发布日期：2018年12月12日至26日

作品简介

《致敬历史 · 世界第一大港成长记》这组报道以供给侧需求为原点，从一件衬衫、一滴原油、一块牛肉、一台柴油发电机、一辆汽车等五个与百姓生活密切相关的物品切入，记录了宁波舟山港40年来的成长史，并从中管窥中国与世界深度交融、共同成长的发展轨迹。报道创新新媒体表达手段，挖掘、运用丰富的数据制作专题动画，通过“MG动画+动漫+视频+H5”立体式故事化呈现，实现了重大主题的可视化表达。

手机端展示

扫描二维码，观看本作品新媒体展示。

重庆坠江公交车初步核实15人失联　车辆位置基本确定丨嗨！七点出发

作品信息

作品类型：三等奖·融合创新

刊播单位："央广新闻"微信公众号

报送单位：中国记协新媒体专业委员会

主创人员：集体

作品时长：6分59秒

首发日期：2018年10月30日7时

作品简介

《重庆坠江公交车初步核实15人失联　车辆位置基本确定丨嗨！七点出发》发布后阅读量迅速达到10万+。《嗨！七点出发》栏目融合了音视频、图文等多维元素，内容涵盖新闻资讯、每日一习话、图片、新知、话题等多种样态。自2018年6月1日起推出以来，截至12月31日，在半年的时间里各平台总阅读量已突破6000万。

手机端展示

扫描二维码，观看本作品新媒体展示。

改革开放四十年系列产品

作品信息

作品类型：三等奖·融合创新

刊播单位：光明日报微信、微博、客户端

报送单位：中国记协新媒体专业委员会

主创人员：集体

发布日期：2018年11月至12月

作品简介

2018年适逢改革开放四十周年，光明日报从用户需求出发，策划了内容丰富，形式多样的系列新媒体作品，有快速反应、体现深度的新媒体作品《庆祝改革开放40周年大会举行！习近平讲话金句，一图速览！》，有极具怀旧感的《这40年》系列H5互动小游戏，有覆盖从“50后”到“00后”代表人物的采访系列短视频作品《40年·听Ta说》。三个系列的作品采用项目合作方式完成。

手机端展示

扫描二维码，观看本作品新媒体展示。

“中国给我的惊喜，还将继续”来国博，听“洋记者”讲故事

作品信息

作品类型：三等奖·融合创新（国际传播）

刊播单位：Twitter、Facebook、YouTube、新华社新闻客户端、新华社微信公众号

报送单位：中国记协新媒体专业委员会

主创人员：海伦·本特利　倪瀚琳　薛艳雯　李光正　郭沛然

作品时长：5分20秒

首发日期：2018年11月27日

作品简介

为生动诠释改革开放对中国乃至世界产生的深远影响，主创团队提前几个月筹备，脚本几易其稿，最终确定以脱口秀（Talk Show）的形式，以“洋记者”海伦的讲述，借嘴说话，并适时配合海伦讲述时提到的每一次在中国基层采访时的工作照片，以达到更好的国际传播效果。海伦的讲述满怀深情，清晰流畅，完美诠释了她对中国改革开放的赞美和肯定。

手机端展示

扫描二维码，观看本作品新媒体展示。

第二十九届中国新闻奖媒体融合奖项专家评点

一｜稳中求变深度探索

——第29届中国新闻奖媒体融合奖项评析兼论内容融合创新

曾祥敏

2019年是我国媒体融合发展的第六年，也是中国新闻奖设立媒体融合奖项的第二年。在“全程媒体、全息媒体、全员媒体、全效媒体”的发展背景下，评委们从110件进入终评的作品中评选出50件具有代表性、标志性、创新性的精品力作。这其中，特别奖作品1件，一等奖作品10件，二等奖作品15件，三等奖作品24件。在50件获奖作品中，有13件短视频新闻，4件移动直播、8件新媒体品牌栏目、6件新媒体报道界面、7件新媒体创意互动、12件融合创新。

媒体融合奖评选进行到第二届，各方对内容融合的认识越来越深入，奖项评选在服务国家战略，引导行业发展，树立精品标杆，探索创新方向等方面继续深入发挥导向引领作用。总体来看，不同于首届媒体融合奖，本届媒体融合奖作品在技术创新上渐趋稳定，短视频、H5、移动直播、VR、AR等许多技术和玩法都已经出现，融合、可视、交互、移动、垂直、场景等产品体验持续扩展，而在主题凝练，价值提升、内容深度开掘与创意交互体验上有了进一步的探索。许多作品在深入基层、扎实采访和报道的基础上，融入新技术新手段，不仅体现了主流媒体记者在“脚力、眼力、脑力、笔力”上的锤炼，也诠释了“四力”在融合创新上的具体体现。

（一）主题立意的多向度操作

作为中国新闻界最高奖，也作为主流媒体融合发展的最新成果展示，第29届媒体融合奖入选作品充分反映了主流媒体2018年利用新媒体手段围绕中心、服务大局的报道工作。此次获奖作品积极宣传党的主张，深入反映群众呼声，紧密围绕2018年新闻舆论工作重点，覆盖党和国家领导人重要活动、改革开放40年、全国两会、脱贫攻坚、港珠澳大桥重大工程、生态保护、一带一路、舆论监督等重大主题，精心策划，找准角度，深入挖掘故事，拓展背景，创新技术和表现形态。尤其值得一提的是，作品关注重大主题同时，在脱贫攻坚工程、乡村振兴战略、突发灾害事件等方面聚焦关注平凡人物，呈现出主题立意的多向度结合。总体而言，反映在以下几个方面。

1. 时政主题“浅”做，民生话题“巧”做

新媒体时代是以用户为中心，内容高度匹配用户价值的时代；新媒体时代也是圈层凝固、个性消费的时代；但新媒体时代更应是主流价值彰显，舆论引导与公益服务的时代。媒体融合奖在鼓励主流媒体把新技术、新理念、新手段服务于国家发展、社会进步和人民生活水平提升、倡导正向价值引导，纠正不良发展上责无旁贷。尤其是要把高、大、上的政治主题做得上达天下接地、入脑入心，这是近年来融合创新的重要命题。

（1）重大时政主题“浅”做

“浅”做意指重大时政报道中凝练主题出发点，切中动态高潮点，找准人物故事点，寻求情感共鸣点，从而让报道适应移动传播，这是近年来时政主题报道创新的方法之一。首先，重大题材契合碎片化、可视化、移动化的趋势，化大为小，化整为零，但又保持完整统一的气质。央视系列短视频《习近平的故事》、光明日报《光明的故事》无不如此。其中短视频新闻一等奖作品《鼓岭！鼓岭！》（“习近平的故事”系列之一）讲述了一段时任福州市委书记习近平亲自促成的一段中美民间交往的故事，真实细腻地表现了习近平同志细致入微的人文关怀以及美国老人加德纳发自肺腑的异乡“乡愁”。

“浅”做也指把重大主题化为日常化、生活化的事物，进入寻常百姓家。新媒体创意互动一等奖作品《父亲·我们·时代》聚焦改革开放40年，以油画《父亲》的画框聚焦40年改革开放的节点，以父辈的眼神为魂魄，“穿越”40年改革奋斗者的历程，以“父子（女）”的同框鼓舞新一代开启新征程。其中的短视频作品以37年前的油画《父亲》开篇，把画框这一元素贯穿全片，从父辈的眼神穿越，回望40年来一幕幕“点睛”时刻，契合短视频的极致手法和一以贯之的元素运用规律。首尾“父亲”形象呼应，显示出人民注视“父亲”，父亲也在注视着人民，见证春苗破土、春风化雨，目送中国人迈向新的历程。在中心人物选择上，邀请第一代改革者严宏昌、胡福明、马胜利、姜维等的子女讲述父辈故事，在“聊父亲”的同时，勾勒出改革开放40年的奋斗图卷。结尾处，“老羚羊舍命为小羚羊打开一条生命通道”的故事点出共产党人的改革初心和历史担当。

“浅”做还指以可视化的方式直观呈现复杂信息，化繁为简，满足指尖移动交互。比如，新媒体报道界面二等奖作品《震撼！一张长图带你领略港珠澳大桥》，以记者现场报道信息为基础，以“实景长图”为可视化手段，高效直观呈现长达55公里的港珠澳大桥的全貌与细节，长图深藏独家信息，将枯燥的数据和新闻背后的复杂逻辑转化为直观易懂的图形。

（2）民生话题“巧”做

获奖作品把与老百姓息息相关的民生问题与时代背景相勾连，把平凡人的不平凡事讲得精彩。

“巧”做指把小人物做出大情怀，将平凡人的闪光点与社会大主题和时代大背景相连接，以对小人物的关照折射国家和社会的发展。短视频新闻一等奖《臊子书记》讲述天津大学青年教师宋鹏到甘肃沙湾镇大寨村创新扶贫的故事，他积极挖掘当地特色，以沙湾臊子为抓手，利用“互联网+扶贫”带领村民打造全链条式电商产业，因地制宜走出一条“带不走的幸福路”，以点带面呈现出精准扶贫的大主题，折射出扶贫干部在全面打赢脱贫攻坚战道路上不懈奋斗的大情怀。

“巧”做也指把小人物做得大出彩，充分发挥融合创新手段，生动呈现普通人物闪光的故事和细节。短视频新闻二等奖作品《上桥！今天和“溜索”说再见》，契合凉山最后一座溜索改桥项目贯通、民族地区正式结束溜索时代的大背景，以对坪镇一位在金沙江畔生活的乡村教师邹金萍自述的方式，讲述她最后一次走“老路”过江的故事，并穿插其前后的细节对比。人物的设计呈现真实，场景聚焦，表现自然。

2. 突发报道“深”做，舆论监督“实”做

此次媒体融合作品在围绕党和国家的重大事件、活动上精心策划、创新报道同时，也关注新闻突发事件，快速及时传播信息，揭示真相，并加强舆论监督报道，抨击时弊。

（1）突发报道“深”做

本届获奖的一些新闻突发性报道，力求“深”做，在信息挖掘、深度拓展、整体真实上下功夫，从而避免了碎片化语境下支离破碎信息泛滥的问题，对于澄清谬误、引领主流舆论方向起到了导向作用。

尤其是相对于上届评选，移动直播类的参选作品在新闻快反意识上有了较大提升。移动直播一等奖作品《直击7·5泰国普吉游船倾覆事故现场　救援仍在进行》针对与我国尤其是浙江有密切利害关系的重大突发事件，迅速整合团队和技术力量，通过图文、视频等多样态的直播形式，及时、全面、高效传播信息。

（2）舆论监督“实”做

本届媒体融合奖积极鼓励舆论监督报道，倡导监督报道利用新媒体手段抓“实”真问题，做“实”证据链，揭恶扬善，推动社会良性发展。

在短视频新闻二等奖《重磅！北京同仁堂蜂蜜：过期品送入原料库还涉嫌更改生产日期》中，记者深入调查江苏盐城滨海的北京同仁堂蜂业委托生产商将大量过期蜂蜜回收进原料库的事实，以充分证据揭露了某些企业蒙混过关及知名企业的管理漏洞，为知名品牌的健康发展敲响警钟，并建设性地推动问题得到解决。

（二）央级媒体引领，地方迎头追赶

此次媒体融合奖，央级媒体发力标杆性创新。本届媒体融合奖一大亮点是，在央级媒体的引领下，省地市级媒体迎头赶上，呈现出多头并进的趋势，这一定程度反映出媒体融合区域下沉与整体推进的效果，不仅体现了融合发展5年来的成效，也反映出媒体融合奖的引领示范作用。

1. 央级媒体标杆性创新

此次媒体融合奖，中央级媒体尤其是人民日报、新华社、中央广播电视总台继续领跑媒体融合发展，在主题价值、理念视野、报道规模、技术引领以及产品规范等方面都能树立标杆，成为刷屏与爆款之作。

理念指引。获奖作品在生产创新理念上能够指引业界发展，特别奖作品——人民日报的系列微视频“中国一分钟”以一分钟包罗万象，承载中国，把宏大叙事微缩在时间刻度中。所谓“一沙一世界，一花一天国，君掌盛无边，刹那含永劫”，一分钟承载无限，系列微视频极具辩证思维和新媒体传播理念，非常巧妙地把新媒体的“小”与“大”、瞬间与永恒、碎片与整体、大数据背景与细节呈现对立统一地表现出来。该系列微视频线上阅读播放量超过24亿，线下覆盖用户数超过2.5亿；人民日报微信公众号所有推文均为“10万+”；微博话题阅读量超9.4亿，参与讨论达46.9万，占据微博热搜榜首位，成为2018年的爆款之作，也带动了许多地方媒体的效仿。

技术引领。技术赋能是融合创新发展的基础。本届获奖作品在技术延展的同时，也出现了智能技术的发展。融合创新二等奖作品《“媒体大脑”想陪你聊聊“两高”这五年》是依托于国内第一个媒体智能平台“媒体大脑”生产出的视频。在2018年全国两会报道中，新华社结合人大会议重大议程，全面使用智能采集、语音合成、人脸识别、版权监测、用户画像等技术功能形成数据可视化新闻。视频开创了国内人工智能生产视频的先河，引领了智能生产、智能分发的智能媒体发展趋势，具有极强的示范意义和引领作用，在国内外都具有较强的影响力。

创意引领。创意是利用新媒体技术对已有元素的重新组合，创意成为新媒体产品创新的主要增长点，原创是融合奖着力鼓励的方向。新媒体创意互动一等奖作品《幸福照相馆》，以“团圆”为主题，以“多人脸融合”技术为基础，以“全家福”照片为互动形式，致敬改革开放40年。用户上传自己和家人的单人照片，一键式操作，就可以打破时空束缚，生成一张不同年代的全家福，把四十年的家庭变迁融于改革开放的时代大潮中，把改革开放融于简洁的创意中，把创意融于高效的交互中。

2. 地方媒体迎头赶上

从一等奖和整体获奖数量上看，此次媒体融合奖都能反映出地方媒体在中央媒体的融合改革引领下、在区域融媒体中心建设推动下的迎头赶超。需要指出的是，地方获奖作品不仅体

现出其在技术与形态上的融合创新，更在选题把握和主题凝练上做到了“上天入地”。所谓题材是本地的，主题是中国的，即如何具有国家和社会发展的视野，既围绕党的方针政策和中心工作，又能切合本土视角，深耕本地资源，做出有时代特色和本土特点的作品。从这个角度而言，媒体融合产品与传统新闻产品别无二致。

首先，地方主流媒体是社会守望者，它要随时监测海上不测风云，传播信息，为本土本乡服务。比如，《受暴雨影响陕西汉中略阳五龙洞成孤岛 直升机急运物资》是陕西广播电视台用手机端进行的突发灾害性报道，服务本地民生。短视频新闻二等奖《生死时速！患者心脏骤停，桂林女医生跟着病床边跑边做心肺复苏》等都无不如此。

其次，地方主流媒体也需关照国计民生，以国家政策切入本地行动。融合创新二等奖《百天千万扶贫行动》关注湖北省全省脱贫攻坚大局，以湖北长江云平台县级融媒体中心为执行依托实现全媒体助力脱贫。此外，移动直播二等奖《益阳南洞庭下塞湖“拆围”收官战》等都秉承了本地题材和国家战略这一理念。

（三）稳中求变的融合创新

与首届媒体融合奖相比，总体上，本届媒体融合奖在技术和形态创新上并没有特别惊艳之作，技术的开发和使用稳中求变，融合创新更多在内容表达和技术延展上下功夫。融合、可视、垂直、沉浸、社交、场景等产品体验继续深入探索、媒体融合类六大奖项产品边界不断清晰。

1. 短视频与H5分庭抗礼

适应于移动端传播视频化、视频碎片化、碎片移动化的风口，短视频新闻仍然是主流媒体融合创新的主要产品，也是媒体融合奖参评作品的主力军。单从短视频新闻这一类而言，此次入围终评的作品就达到了31件，这还不包括融合创新类的短视频作品。相较于第一届，本次短视频新闻的规则略做修订，从“短视频新闻作品不超过10分钟”修订为“短视频新闻作品不超过8分钟”，更适应移动端的短小精悍。

本次参评作品中基于技术创新的方法与手段并没有太多新的突破，而是对已有技术的不断深挖，在技术适配于内容、适配于人需上下功夫。在众多的产品中，移动端H5技术的深入开发仍然是融合创新的主力军，这也是媒体适应“全息媒体”的发展而继续进行的探索。其中《海拔四千米之上》在H5的产品中融入了360全景图片、视频（普通拍摄+航拍+延时拍摄）、定点VR视频、漫游VR视频、互动热点等方式，移动端封面采用了随机打开可变技术，最终实现了多种技术和表现形式的融合。

2. 全媒体线上线下共振

此次媒体融合奖作品也呈现出线上互动和线下互动的全方位结合，体现出互联网产品的全程全效。融合创新二等奖作品《时光博物馆》系列报道结合线上主题报道与线下创意体验，把伟大时代聚焦于每一个国人的生活与成长、拼搏与奋斗之上，通过北京、上海、深圳等5大实体场馆、9大互动创意体验的形式，把时代发展中一个个衣食住行的细小变化与个人记忆串起来，将改革开放给人民生活带来的最深切的变化进行具象化呈现，诠释了“改革红利，与我有关”、“中国有我，时光有我”的主题。

3. 融到深处，回归内容

在本届融合精品中，许多创新作品不仅注重新技术的使用，还关注了内容的深度挖掘和技术对内容表现和传播的适配性。所谓“融到深处，回归内容”，内容是根本，媒体融合是一个过程，而最终的目的是让优质内容面向移动端，面向不断分化的用户，从而产生更大影响力。因此，在内容深度、满足人的需求和表现上下功夫是融合创新的本质所在。比如，融合创新一等奖《ofo迷途》针对2018年共享单车在我国迅速发展三年来，行业进入深度调整期这一背景，深度调查领军企业ofo资金链断裂的问题，报道调动了11个城市的记者，包括北京、上海、广州、深圳、重庆、杭州、成都、武汉、南京、西安、济南，基本涵盖了共享单车竞争的主要城市。在扎实的实地采访和数据收集的基础上，制作成多媒体产品，“新闻内核够硬，传播手段够软”，不仅深入揭示共享单车企业的运营状况，也向投资机构和供应链企业提示了风险，为共享经济行业和创业公司的发展提供镜鉴。

（四）参评作品的问题探析

媒体融合深入发展，第二届媒体融合奖也在改革中探索，参评作品也能折射出融合创新发展中的一些问题，值得我们分析思索。

1. 央级媒体发展不平衡

此次媒体融合奖，央级媒体获奖作品基本集中于人民日报、新华社、中央广播电视总台和光明日报等几大媒体，在22件获奖作品中，这几家媒体占了18件，而其他央级媒体鲜有作品获奖。这也解释了获奖作品总数不变，地方媒体获奖数量超过央级媒体获奖数量这一现象。这个结果，一方面是因为地方媒体异军突起，但同时也部分反映出其他央级媒体融合创新的乏力。

在创新改革中，央级媒体承担着创新示范与引领的角色，在主流价值引导和技术、形态创新的结合上，央级媒体改革的引领角色需要强化。从这一点上而言，奖项评选理应起到激励和督促的作用、

2. 创新与创优

媒体融合奖强调创新，创新未必完美，但好的创新应是追求完美的过程。创新与创优是相辅相成，创新不仅仅是技术或形式上单一要素的突破，而应该是和内容结合的整体考量。创优也蕴含着创新的元素，是在创新基础上的综合提升，从这一点而言，许多参评作品还有很大提

升空间。在作品生产中，很多作品只停留于挖掘技术和形式上的创新，作品缺乏叙事的完整度和深度，对作品内在价值尤其是新闻价值的挖掘乏善可陈，从而缺乏创新基础上的创优。

比如，参评作品短视频新闻《惊险！大厦玻璃幕墙被台风吹落 记者报道时又遇玻璃从天而降》虽然抓住了受台风“山竹”影响，深圳一栋大厦玻璃外墙被狂风吹落的瞬间，也获得了很高的点击量，但是视频本身在新闻价值的挖掘和意义提升上差强人意，没有透过现象进一步挖掘出其本质。短视频《生死时速！患者心脏骤停，桂林女医生跟着病床边跑边做心肺复苏》虽体现了媒体生产和资源整合的开放趋势，但短视频本身也是停留在对现象的描述，而缺乏背景和意义的关联，其推文文字虽在视频基础上做了补充，但作为独立的短视频缺乏更深层的信息。这些作品虽然适应于互联网情感化、情绪化、碎片化的传播效应，能够短时间内获得刷屏，但来得快去得也快，很难产生真正的意义和影响力，因此，融合创新中，我们仍然要思考作品“有意思和有意义”的结合。此外，还有的参评作品尤其是短视频新闻作品，就是简单的宣传模式和空洞的口号，缺乏创意设计和生动的故事及细节，本身与新闻无缘，也与创优无缘。

3. 新闻性的加强

尽管有了第一届即第28届中国新闻奖媒体融合类短视频新闻一等奖《柳州融水突围记》的引导，第二届媒体融合奖作品在新闻性上仍显不足，尤其是参评的短视频新闻仍然以策划性、主题性报道为主，凸显突发性、现场性、即时性的短、实、新的作品仍然不多。进入终评的新闻性作品本身为数不多，而在短视频新闻13件获奖作品中，新闻性作品仅为2件，更有一些参评作品仅仅是专题片的简写版，甚至是形象片或宣传片的气质，这与评奖规则中的“新闻性强、即时性强”“时效性强、新闻价值大、现场感强”等要求都相去甚远。我们进一步分析，从融合产品折射出了生产和传播机制的问题，主流媒体融合改革更要从增量进入到存量，让主力军进入主战场，媒体融合作品真正能够担当起突发性、现场新闻的发布，这也是媒体融合之应有大义。

4. 加强原创

在媒体融合发展中，边界被打破，要素在重组，纪实与创意相融合，抓取与设计相渗透，许多新闻作品也融入了策划和创意的手法，由此带来了创新，但因此也带来了创意的模仿与复制。从这一点而言，获奖作品更应强调原创，那些完全拷贝、模仿之作则与奖项无缘。在两届融合奖作品中，都有类似的、完全模仿他人之作，甚至不乏有影响力的作品，但完全拷贝国内外作品的创意，这样的做法不值得提倡。

5. 提升建议

把第28届和第29届媒体融合奖获奖作品结合起来考量，坚持“先进技术为支撑，内容建设为根本”，笔者认为，我们应该在这几方面的思维上加强。

（1）融合思维

有人说，互联网是“母媒介”，是一切媒介的媒介，把过去的媒介形式都融合在其中。在融媒体作品中，我们看到了过去的连环画、漫画、版画、沙画等形式的创新运用，如《天渠：遵义老支书黄大发36年引水修渠记》[①]《H5｜改革开放40年·长沙有多“长”》《震撼！一张长图带你领略港珠澳大桥》等；我们看到了动画、无人机航拍、信息与数据可视化、虚拟现实（VR）、增强现实（AR）、混合现实（MR）等技术叠加与融合的创新，如《公仆之路》[②]《无人机航拍换个姿势看报告》[③]《全息交互看报告》[④]；也看到了文字、图片、视频、音频等各种媒介形式的融合创新，如《ofo迷途》《海拔四千米之上》等。从内容本身而言，媒介边界、技术边界、类型边界，形态边界都在突破、融合、重构。因此，创作者的融合思维是形成创新创优的重要思维形式。反观一些参评作品，过于简单化，单纯套用某种技术，把传统的文字或视频简单进行转换，缺乏整体的设计与创意，缺乏化学效应的融合，只得躯壳而无实质。

（2）碎片思维（整体思维）

适应移动端碎片化的消费方式，创作者一方面要具备碎片化的思维，使产品高度凝练、迅速切入主题和高潮，短小精悍，以一当十。以短视频为例，产品很难娓娓道来，更忌讳平铺直叙，但有的参评作品无异于传统的专题片和宣传片，主题模糊，节奏缓慢，特点分散，形态老套。

不仅如此，另一方面而言，碎片化不等于零碎、片段甚至是缺损。碎片和整体是相反相成，辩证统一。创作者需具有整体思维和历史思维，横纵对比，厘清性质，体现出整体真实。

第一，碎片化更需要创作者对事件的整体深入理解，从而高度凝练出精髓，直击主题，引出亮点，比如《公仆之路》。

第二，碎片化不是支离破碎，而是更细微的整体和系统，作品犹如小楼成一统，需体现出事件的完整性、角度的多元化、背景的深度以及价值的提升。比如，《柳州融水突围记》《网红店假排队调查》[⑤]《重磅！北京同仁堂蜂蜜：过期品送入原料库还涉嫌更改生产日期》，所谓一寸短一寸险，这无疑是对创作者更大的考验。而要成为中国新闻奖作品，要成为引领的精品标杆，理当如此。从现有的一些参评作品而言，要么只关注技术和形态的创新，要么呈现某个事件的片段，而忽略了事件的整体性、作品系统性和背景的延展性，这就和互联网上缺乏整体意义的碎片化信息无异。

---

① 第28届中国新闻奖媒体融合类新媒体报道界面一等奖。

② 第28届中国新闻奖媒体融合类短视频新闻一等奖。

③ 第28届中国新闻奖媒体融合类参评作品。

④ 新华网于2019年全国两会期间推出的产品。

⑤ 第28届中国新闻奖媒体融合类短视频新闻二等奖。

（3）极致思维

在新媒体语境下，产品如何在短时间内给用户留下深刻印象，极致的叙事和表现手法就成为一种解决方案，即把一种元素或手法用到极致，突出放大，一以贯之，从而形成对主题的强势解读和诠释。比如《父亲 · 我们 · 时代》的画框、《公仆之路》的一镜到底、《中国一分钟》的“一分钟”的排比叙事等等，无不是在最快的时间内给主题以强势的突出和放大。

（4）社交思维

社交思维蕴含着用户思维和互动思维，以用户为中心，让信息成为聚集用户黏性的载体，把报道发布变为媒体与用户连接的起点，而不是传统上的传播终结。在产品中贯穿社交思维，考虑产品被分享、转发、评论的价值，把用户作为传播的一个个节点和放大器，从而获得广泛影响力，这也是获奖作品能成为爆款和刷屏之作的要诀，比如《军装照“H5”》[①]《央广主播的朋友圈》[②]《幸福照相馆》等。

在这一点上，纵观两届媒体融合奖的精品，好的产品往往处理好这两组关系。第一，互动与内容的关系。作品不是为了互动而互动，互动是为叙事服务、为讲故事服务，互动是为用户的场景营造服务，而不是增加用户理解信息的负担，比如《天渠：遵义老支书黄大发36年引水修渠记》。而反观一些产品，只有互动的躯壳而无内在的意义，互动无法带来信息量和体验的愉悦，是无效互动。第二，信息丰富和简洁易得的关系。作品叙事高度简洁，界面友好，既有信息量和体验的丰富性又有易得性，无论是功能设计还是页面设计都有高度的指向和主线叙事，方便用户获取信息和体验，而不是被繁杂的信息所干扰，比如《海拔四千米之上》《ofo迷途》等等。

总体而言，第29届中国新闻奖媒体融合奖作品是主流媒体融合创新集中展示的窗口，反映了主流媒体在内容、渠道、技术、平台、体制、机制的融合改革成果，对于引领媒体融合发展中的创新与创优具有一定的指导意义。本届获奖作品所呈现出的稳中求变的态势和内容深度挖掘，反映出媒体融合向深度突破的现实。媒体融合不是目的而是途径和手段，其最终目的是为打造新型主流媒体，建设全媒体现代传播体系，为加强社会主义文化建设，壮大主流思想舆论，凝心聚力而服务。从这个角度而言，中国新闻奖媒体融合奖的评选也应当不断创新，完善规则，凝聚精品力作，为引导推动媒体融合质变而努力。

（作者系中国传媒大学电视学院党委书记、教授、博士生导师，中国记协新媒体专业委员会副主任委员）

---

① 第28届中国新闻奖媒体融合类创意互动一等奖。

② 第28届中国新闻奖媒体融合类融合创新一等奖。

二｜在万变的时代坚守不变

李俊

三个月前，我们在北京万寿路的一个小院里关了一个礼拜，评选中国新闻奖。胡孝汉书记说，中国新闻奖的评选要对历史负责，经得起时间的检验。这让每一位评委倍感责任重大。

三个月过去了，心态大不一样。那时，我们每天用挑剔、批判的眼光审视作品；而今天，我们用赏花的眼光在看、在欣赏、在感悟，不仅“赏花”，还赏满园花草背后，付出了辛勤汗水的种花人。倍感荣幸，也满心欢喜。

这一件件作品能不能对得起历史和时代？要交给时间去评说，今天我只谈谈个人的尺度。时代在变，媒体在变，当我们面对移动化、视频化、智能化、社交化一轮又一轮巨变的时候，在万变的时代找到不变、坚守不变，才能经得起时间的检验。

从这个尺度看，今天讨论的四件作品“各美其美”。

（一）《幸福照相馆》面对万变，人心不变

这件作品用“换脸技术”，为春节留下一张张同屏异地的“全家福”。“全家福”的仪式感背后，不变的是对万家灯火、家园人圆的渴望。

三年前，换脸技术还是个新东西，但是到今天，不但照片能换脸，连视频都能换脸，人工智能的深度换脸技术甚至能实现多人脸融合。“换脸技术”不是《幸福照相馆》的获奖理由，打动评委和网友的，是一张张全家福传递的温暖人心的感受。

熟悉中国新闻奖的人可能知道，获得过无数大奖的新华社短视频作品《红色气质》里面有一组全家福。县委书记焦裕禄心中装着全体人民，唯独没有他自己，导演合成了一张焦裕禄走入画面，与家人合影的全家福，“魂飞万里盼归来”，让观众泪飞如雨。今天我们看到的《幸福照相馆》，正是巧妙地运用了AI技术，把改革开放40年对人民幸福、团圆的追求看得见、摸得着、活生生地呈现出来。这，才是它获奖的理由。

（二）《父亲·我们·时代》面对万变，讲好故事的初心不变

讲故事的方式变了，但是讲好故事的追求和核心技术没有变。改革开放40年，波澜壮阔，从哪儿讲起？我们去年请了奥斯卡奖获得者、纪录片导演柯文思介绍讲好中国故事的经验。他说，与其向世界讲中国高铁的故事，不如讲讲高铁驾驶员的故事，更能打动人心。

《父亲·我们·时代》选择了著名油画《父亲》作为切入点，透过父亲迷茫中带着渴望的眼神，穿越40年风雷激荡的改革开放岁月，讲述面向未来的故事。给我印象最深的是蛇口的故事——“有一种羚羊被猎人追到悬崖边时，会迅速分成一老一少两群，老羊先跳出去，让小羊

踩着自己的肩膀跳到对岸。我们共产党人能不能像这样，为下一代人打开一条生存的通道？”这是当年蛇口建设总指挥袁庚讲述的故事。这个故事也为习近平总书记的讲话写下了注脚——“虽然我们已经走过了千山万水，但仍然需要不断地跋山涉水”。改革开放40年，不就是共产党人带领着亿万中国人为我们的下一代、再下一代打开生的通道的历史担当吗？理论是灰色的，而故事之树常青。媒体融合时代如何用新的技术、互动和叙事方式讲好中国故事，是新闻工作者不变的课题。

（三）《ofo迷途》面对万变，对新闻的追求不变

这是我们熟悉的新闻调查类报道。中国新闻奖是新闻类奖项评选，如果不用媒体融合手段记录新闻，那我们留给后代的历史，将是荒芜和空白的。这篇《ofo迷途》，用三维特稿或者多维特稿的方式来做新闻调查，揭示了共享单车的产业和资本谜局。互联网时代的深度报道怎么做？美国2012年有一组报道，叫《雪崩》，综合运用短视频新闻、航拍、数据可视化等丰富多彩的表现方式，报道了一次登山活动。这类集成式报道为我们在媒体融合时代发挥新闻调查的优势，提高新闻性、表现力提供了借鉴。

（四）《海拔四千米之上》面对万变，到现场去的坚持不变

看到这篇作品的时候，我想起了新华社的老社长郭超人。他当年写下不朽名篇《红旗插上珠穆朗玛峰》时，曾登抵海拔6600米的高度。他在登山日记中描述，当时的写作状态是用一只手把眼皮扒开，另一只手坚持写。通信强大的感染力背后，那种身体力行的人格震撼，和排除万难抵达现场的职业追求，激励了一代又一代新闻工作者。“文传驯水，情系珠峰，半纪风云留彩笔；社峙环球，论标喉舌，一生心血献新华。”老一辈新闻工作者令人感佩。而我们今天采用这样的方式，也到了4000米之上记录新闻、记录历史，这本身就是用行动践行“四力”，向我们的优良传统致敬。所不同的是作者选用了VR来进行报道，我印象中这也是VR第一次获得中国新闻奖短视频新闻的奖项，而VR最适合表现这种恢宏的、震撼的、大场景的新闻现场。

新闻记录历史，历史也铭记新闻。一部部融媒体获奖作品，是媒体融合向纵深推进的纪念碑。技术可以改变一切，但一切不能都被技术改变。人心的坚守、讲好故事的执着、新闻理想的坚持、到现场去的坚定，是我们身处万变时代中不动如山的初心。

（作者系中国搜索信息科技股份有限公司党委书记、董事长、总裁，中国记协常务理事）

三｜媒体创优的法宝：内容、技术和品牌

胡正荣

经历了中国新闻奖媒体融合奖精品分享这场创意的盛宴，跟在座的各位交流一下我的感受。

第一，内容建设要重视。主流媒体真正发挥传播力、影响力、引导力和公信力才能够在媒体竞争和社会发展中立于不败之地。从获奖作品及其影响力看，主流媒体的最大优质资源正是内容。主流媒体不能只看到互联网上如火如荼的短视频，便纷纷放弃了自己的传统优势，即做深内容、做长内容、做专业内容和专业地做内容。主流媒体有很多内容是新媒体不能比的，如硬核的内容、独家的内容，有很多是通过我们精心策划创意的内容，它就能取代和超越所谓的UGC和PUGC（专业用户自创内容）。主流媒体的专业性是不可取代的。在某种意义上来讲，聚焦优质内容是所有主流媒体人的一种回归。主流媒体的最大优势是做精、做强、做大、做专自己的内容。红网的发言很好，提出匠心，把自己的优质内容做足做好。党的十九届四中全会通过的《中共中央关于坚持和完善中国特色社会主义制度，推进国家治理体系和治理能力现代化若干重大问题的决定》中提到的"建立以内容建设为根本、先进技术为支撑、创新管理为保障的全媒体传播体系"，主流媒体就应该将内容建设作为根本。

第二，技术手段要用够。正如上面文件提到的，内容建设是根本，先进技术作支撑。现在主流媒体用到的技术手段大多是直播、短视频、H5等等。习近平总书记提出的全媒体包括"四全"，即全程媒体、全息媒体、全员媒体和全效媒体。说实话，对UGC和自媒体来说，大规模高水平应用最新的ICT（信息传播技术）还有待时日，而主流媒体则应该利用自身规模优势，大力布局全新的数字化、网络化和智能化技术。其中，最为重要的一个是5G技术，它一定很快成为未来传播的使能技术。一是它能够带来物联网，即万物皆联，这样的话，各种连接的节点都可能成为介质，成为载体，成为媒体。二是它能够带来超高清、中长视频、大规模直播以及沉浸式全息视听影像的放量增长，使用户的消费体验前所未有的提升，更使得各行各业能够在任何场景捕捉用户，提供服务。如获奖作品《海拔四千米之上｜极致体验·三江源国家公园》，在5G时代就应该是互动式、体验式的新闻作品，有互动、有服务、有强体验，人们可以沉浸进入三江源。三是它一定能够带来一个新的时代，即平台化时代的到来。主流媒体需要抓住机会，加速自有平台的建设，将优质内容资源与自有平台聚合，打造智慧媒体平台。还有一个技术是人工智能。习总书记要求将人工智能运用在新闻采集、生产、分发、接收、反馈中，全面提高舆论引导能力。人工智能技术能够深入渗透并赋能媒体工作的全流程。现在我们已经可以感受到人工智能初级阶段应用带来的传播的精准化和消费的场景化，我们正在应用人工智能中级阶段赋能的媒体生产的智能化，因此，出现了不少的MGC（机器生产内容），如新闻稿和一

些音视频。其实现在更加需要布局人工智能高级阶段的应用，即媒体创意创作的智能化。

第三，品牌价值要用好。今年的获奖作品，中央主流媒体还是占很大一部分，因为央媒的公信力和地方主流媒体的公信力是长期积淀的，有如醇香的老酒。有一个现象值得跟我们关注。2019年11月，美国迪士尼布局上线了一个自有APP——迪士尼+，下个月AT&T华纳集团也要上线一个自有APP，苹果也要上线新的苹果电视+，为什么它们这些媒体要重新回来布局自己的平台，因为它们知道只有好的内容，好的IP是不够的，因此，要将自有的和第三方的优质内容，优质IP转化到自有平台上。IP要延伸，平台要转化。我们看到现在西方发达国家主流媒体在融合过程中，都在纷纷建立自己的自主平台，延展自身的品牌价值。只有融合在一个品牌下的优质内容加优质平台才是可持续性的。在越来越拥有自己核心竞争力的时代，对于我们国内的主流媒体来说，像新华社的“讲习所”，人民日报“麻辣财经”，你说它仅仅是一个优质内容？它如果离开了新华网、人民网等重要平台，很难形成品牌价值，所以要积累自己未来的优质可持续竞争力，还在于优质内容与优质平台融合，形成品牌。品牌优势最重要的是要靠我们主流媒体的公信力、内容的优质性和技术的前瞻性。

期待我们主流媒体在媒体融合和创优中共同成长。

（作者系中国教育电视台总编辑）

四 短视频可以做出大文章——第29届中国新闻奖短视频新闻作品评析

汪文斌

在最短的时间内获得更多更优质的信息，是当今社会信息消费乃至个人发展、生存竞争的迫切需求。正因为如此，短视频应运而生。商业平台如抖音、快手发展极为迅猛。而传统媒体长期以来往往习惯于做长篇说长话，以为做长的才有本事，做短的就不专业，短视频成了主流媒体的短板、弱项。因此，中国新闻奖设立媒体融合奖项，专设了短视频奖项，就是要推动主流媒体扭转这种观念和习惯，推动使短视频真正成为媒体融合的突破口，让短视频也能获大奖，其引导作用意义重大。

那么什么是好的或者优秀的新闻短视频呢？好的标准是什么？央视发展研究中心对网上访问量大、流量大、影响力大的爆款作品进行了分析，发现这些爆款产品往往具备一些共同特征：篇幅“短”，太长的视频已经不能抓住用户的注意力；信息“密”，以微体量蕴含大内涵；选题“亲”，要接地气；切口“小”，以小的切口做大的文章；标题“诱”，能让人眼前一亮；表达“潮”，要贴近时代，读懂年轻人；手法“新”，用更多元的形态和更炫酷的呈现形式。下面，我要点评的这三个获奖的短视频作品都集中体现了这些共同特征。

首先我们来看由人民日报报送的短视频作品《“中国一分钟”系列微视频》。作为今年短视频新闻评选中唯一的特等奖，《“中国一分钟”系列微视频》在很多方面都体现了优秀短视频的诸多特征，特别是“短”和“密”。

篇幅“短”。今年短视频新闻作品的长度已经由10分钟以内压至8分钟以内，但评委们仍然觉得还可以短些短些再短些。正如标题所言，这个系列成为“短”的最佳代表，它将恢宏叙事与一分钟的时间刻度有机结合，内容层次丰富，给人无限的想象空间。

信息“密”。该系列从一分钟的小切口进入，记录中国在这一时间刻度内所发生的变化：一分钟，33个新生儿诞生，一分钟20个新的家庭组建，一分钟26人走上工作岗位，一分钟35217名旅客出行……使用一串数字将祖国的发展和成就进行了浓缩式的精确表达，一分钟内，我们看到了20个数据引据化表达，看似短小，信息量却极大。

“中国一分钟”用一分钟的短小篇幅让有意义的内容变得有意思，以精妙的构思成就了宣传报道的全新范式和样态，在全国掀起了“一分钟”的热潮，规模和影响都极其巨大，成为2018年媒体融合最具标杆性和现象级的作品。正因为其短和小，最后却达到了长和大的效果，这种反差成就了非常震撼的效果。

如果说“中国一分钟”体现了优秀短视频“短”的特征，那么《鼓岭！鼓岭！》就极好地彰显了优秀短视频在内容选材方面的特点。

选题“亲”。它讲述了一段时任福州市委书记习近平亲自促成的一段中外民间交往佳话。从“乡愁”这个看似普通的角度切入，讲述了这背后并不寻常的故事。用沙画、采访和资料画面还原历史，推动叙事，历史与现实、福州与加州衔接精彩巧妙，围绕加纳德老人发自肺腑的异乡“乡愁”，深情讲述了这一中美两国之间真实而动人的民间故事。

切口“小”。把国际交流的大主题融入感人的个人故事中，真实地呈现出中美两国人民之间的友谊以及习总书记重情重义的形象，温馨质朴，具有很强的共情能力。作为一部时政类短视频，要在有限的篇幅里发挥感染力，讲好相对抽象宏大的政治传播主题，就需要选取具有代表性的事实，以小的切口辐射大的主题，以微体量蕴含大内涵。

《鼓岭！鼓岭！》不仅为我们讲述了一个跨越时空的传奇，更成为2018年令人难忘的一条用心用情、感人至深的时政短视频佳作。

第三个要点评的作品是由津云客户端出品的《臊子书记》。短视频新闻不是简单地把长视频新闻进行剪裁，某种程度上，正因其短而更需要好的故事和好的表达。《臊子书记》这个作品就充分体现了优秀短视频在形式方面的特征。

标题“诱”。《臊子书记》这个标题一方面引发受众好奇，让大家产生了为什么叫“臊子”书记的疑问，引人入胜；又很好地概括了这条短视频新闻的主要内容。这条短视频正是讲述了扶贫干部宋鹏，发现大寨村家家都有的沙湾臊子背后隐藏的商机，开动脑筋利用“互联网+

扶贫”带领村民打造全链条式电商产业，因地制宜走出一条“带不走的幸福路”。

表达“潮”。《臊子书记》以第一人称的叙事方式，用悬念推动故事进展，语言表达生动诙谐，极富网感，“家家都有，谁买呢”这样的网络式灵魂拷问令人印象深刻，有效拉近了作品与观众的距离，类似弹幕的字幕细节、网红BGM（背景音乐）等形式穿插其中，用贴合社交媒体传播环境的表达讲述了一个扶贫故事，片尾运用3D技术制作的营盘山上不断生长的花椒树，用“隐喻”手法表现出大寨村美好的明天，也成为整个作品的点睛之笔。

《臊子书记》用极其富有网感的形式讲述了一个扶贫故事，让人既对美味的臊子垂涎三尺，更对宋鹏的扶贫精神心生敬佩，成为扶贫攻坚中的精彩时刻。

以上三部作品确属短视频中的精品，当之无愧获得大奖。纵观这两年我参加的媒体融合奖的评选，总体感觉和其他评委一样，新闻性偏弱。新闻讲究时效性，一定是对刚刚发生、正在发生的事件的报道，视频新闻的魅力来自于现场感，一定要有现场、有人物、有故事。为此中国记协广泛征求意见，建议在明年的评选中将短视频新闻和短视频专题分为两类进行评选，将短视频新闻的长度进一步压缩，引导推动短视频新闻的发展。期待明年有更多优秀的短视频新闻涌现。

（作者系中央广播电视总台视听新媒体中心主任，中国记协新媒体专委会顾问）

第二十九届中国新闻奖媒体融合奖项精品回顾

一 | 《父亲·我们·时代》：探寻主题产品的融合之道

新华社全媒编辑中心　徐壮志

在本届中国新闻奖评选中，新华社纪念改革开放40周年的创意互动产品《父亲·我们·时代》获得一等奖。

这是新华社针对重大主题报道的一次创新探索。我们从通常集中力量做一个短片的习惯中跳出来，做了一个“短片+线上线下互动”的产品，其中，主打微视频播放超过2.1亿次，H5线上互动“与时代同框”参与达510万人次，参与在北京、上海、深圳三地线下活动的实际拍摄人数超过1.8万人次。我们还围绕主打微视频所涉及的故事，依托新华社著名微纪录片栏目《国家相册》，制作了5集“国家相册”节目，拓展主题片影响，播放量也过了亿。

这是新华社近年融合创新的一个新作，对我们来说，有许多示范性的意义。

（一）提高重大主题互动融合的感染力，使它有温度

在产品中，我们用了一个“父亲”的暖心概念，用一个年轻一代的视角，打通不同年龄段受众间的代沟。改革开放40年，时间跨度大，巨变幅度更大，“60后”“70后”和“90后”“00后”之间的代沟既深且宽，如何让不同年龄段的人都能在产品中找到关注点？我们从改革开放时著名的油画《父亲》出发，把关注点放在了“父亲”上，从下一代的角度来看待和讲述改革开放故事。这样，既可以从年轻一代的立场来观照和讲述，与年轻一代形成思想共振，又以“父亲”这一具有亲近感的概念，拉近不同时代间的感情距离。在整体上又通过两代人，展示了改革开放40年所发生的历史巨变。从效果来看，许多人在评论中回忆自己的父辈，在线上线下活动中，有些人都是一家一家地参加。

（二）走出浅层互动融合，使它有深度

纪念报道，通常容易落入一个俗套：忆苦思甜。展现过去的落后与今天的进步繁荣，得出关于优越性的共同结论。

这本身没有问题，问题在于这类的报道太多了。所以我们在这个产品的创作中，首先就确立一个目标：不停留在忆苦思甜的思维层面，我们要找一个有深度的内核，找到能唤起人们共同回忆、引发人们共同思考的时代特点。经过漫长的学习和反复讨论，最后，我们终于跳出忆苦思甜的窠臼，那就是那种不安于现状敢于突破的激情，这和激情在一代代人身上延伸，从父亲到我们，这就是我们这个改革时代的共性。所以，我们的何平总编辑亲自给产品定题：父亲 · 我们 · 时代。

（三）突破产品、互动各自的套路，使它们有机融合

这个产品中，难点是打通主题视频与互动活动。改革开放40周年是大事，无论是主题短视频还是互动产品，都非常多。但我们要让最重磅的主题短视频本身成为一个互动产品的一部分，这个难度很大。在融合中，我们没有简单地把视频嵌入互动，而是尝试让视频和产品深度融合。大家可以看出，我们在视频中有一个非常重要的标志，就是这个相框。而我们的线上线下互动活动，正是依托这个相框开展的。这样，这个互动活动和短视频才真正实现了融合，它们拥有共同的核心意像而又各具功能。在短视频中，相框里是父辈的历史照片。在互动中，相框和它们是一体的。

（四）利用好融合技术，使它具有更强传播力

回到我们刚才说的相框。在这个产品中，我们一个重要的创新就是这个相框。这个相框来自视频中那幅油画《父亲》。这是改革开放初期，画家罗中立最著名的获奖油画。我们认为，他代表了改革开放前中国人的困苦和渴望。在视频创意过程中，我们把这个框作为一个主要意象设计了出来。大家可以看到，在片中，相框不断出现，框中，是过去；框外，是今天。我们还给同样的人，用几十年前同样的姿态拍照，展示鲜明的时代变化。一个框，使两个不同的时代，融合在了同一个画面里，使得视频的表达力、冲击力和信息量一下子提高了。而在线上线下互动中，我们也突出了不同时代的“穿越”因素，使改革开放前后的巨变同框出现在受众身边。此外，我们在片中用了一个很长的特效镜头，用一个迅速生长的城市展示深圳发展的奇迹，受到了许多好评。我们的线上线下互动也动用了腾讯团队的参与，使用了他们最新的图片技术。

二 | 《直击7·5泰国普吉游船倾覆事故现场 救援仍在进行》创作回顾

浙江日报全媒体视频影像部主任助理、直播室主任 周莎莎

2018年7月5日17时45分许，两艘载有中国游客的游船在泰国普吉岛附近海域突遇特大暴风雨发生倾覆事故，事发船只上的127名中国游客中，有37人是浙江省海宁海派家具有限公司员工及家属，5人为阿里巴巴集团员工及家属，一时间这则消息成为全国乃至世界关注的新闻热点。

在复杂开放的新媒体舆论环境下，各种消息充斥网络：中国游客购买低价团、遇难家属要求天价赔偿等等，主流媒体在重大突发事件面前更需要做到先人一步、先声夺人，关键时刻不失语、重大问题不缺位，在第一时间发出权威声音。2017年的1月1日，浙江日报报业集团的浙视频上线，我们有一个口号叫作“新闻视频化、视频专业化，能直播的就一定要直播”。作为浙报集团融媒体报道的中坚力量，在事故发生后，浙视频直播团队立即请命赴泰国采访，组建3人小组赶赴泰国。

同行的还有浙江日报经济新闻部的一位记者，我们一行4人登上了于7月7日一早杭州前往普吉的航班，在飞机起飞前我存了大量的资料在手机里，以便这几个小时可以更多地了解当地的情况。飞行途中见坐在斜前方的一位男士脸色凝重，想必也是和这次事故有关系。我换到他边上的位置试图和他聊聊，经过一番沟通得知，他一位朋友的女儿在这次事故中遇难了，老两口前一天就赶到了普吉，怕两位老人承受不了，还有很多事务要处理，他特地赶去帮忙。得知我们是浙江本地的媒体，他对我打开了话匣子。遇难者是海宁海派智能家居的一位高管，在家里是独生女，还没有结婚，这次公派旅游不想却发生这样的事情。他还向我展示了遇难者最后一条朋友圈——大海、游艇，开心地对着镜头摆着pose，不料灿烂的笑容永远定格在了这张照片里。出于对遇难者的尊重，我并没有让他把这张照片发给我，而是询问他此行有什么诉求。他说，目前大多数遇难者家属都有一个共同的诉求，就是让遗体能够回家。原本我以为只是一个转运的过程，便答应他帮助联系大使馆，看看能不能解决这个问题。我们互相留了联系方式，以便日后的沟通。

后来经过了解才得知，大批量的遗体转运几乎不可能，涉及航空、海关检验检疫、出入境等多个部门，当地政府建议在普吉火化后再回国内，传统的国人很多都难以接受，这是他们能为亲人做的最后一件事。我们继续帮助联系当地政府和大使馆，几经沟通，有几位遇难者的遗体最后运回了国内，完成了家人最后的念想。

说实话，上飞机的那一刻我心里是忐忑的，到了泰国会面对怎样的情况？语言和交通问题怎么解决？飞机上的5个小时我无法和外界取得联系，该如何立即获得最新进展？……好在飞机上的这位家属给我的信息让我为落地就要开始的直播做好了准备。

去泰国之前，我们通过同事在泰国开民宿的朋友约好了接机车辆，所以飞机一落地，我们就直接赶赴事故临时救援中心“查龙码头”开始了第一场长达5小时的直播。赶巧，我们直播开始后10分钟左右，在救援中心就召开了一场新闻发布会，我作为浙江媒体代表，第一个用中文提问了关于夜间搜救以及遇难家属陆续抵达后的安置问题，表明了我们的立场，为浙江遇难者家属争取更多当地政府关注的同时，给泰方施加压力。

移动直播的特点是时间长，信息量大，双向传播，发布会后信息出现短暂空白，但直播还在继续。由于航班原因，我们抵达的当天泰方搜救军舰已经出发了，好在军舰上有先前抵达的浙报集团钱江晚报记者钱伟斌，简单沟通后，我尝试与他视频连线。他是一名资深文字记者，本应该上岸后写稿发稿的他，通过直播连线把搜救军舰上的有效信息直接传递给了受众，颠覆了他以往的采访方式。

结束救援中心的采访，我们搭乘了一名志愿者的车，从查龙码头赶往大部分遇难者集中安置的瓦其拉医院。普吉府当地的医疗条件并不发达，医疗资源也不多，医院位于40分钟车程以外的普吉市中心。由于这中间的画面和信息都十分有限，设备的电源也难以支撑长时间直播，后方导播决定这一段路上的时间轮播播放我们稍早前画面剪辑成的视频新闻，同时在直播页面中持续滚动更新图文内容，让受众可以继续停留在直播页面，关注直播。路上的40分钟对于前方记者来说是第二次获取最新信息的“窗口期”，后方源源不断整合全网最新消息，提供给我们，我们则通过志愿者了解泰方救援力量的投入以及医院方面的情况。到达医院后，在志愿者的帮助下我们采访到了只会说泰语的官方发言人，办理了入院采访的证件。但是在到达医院二楼的家属休息区后，看见家属的情绪十分不稳定，我们决定不正面采访家属，摄像在休息区外围，我则进入到家属休息区了解情况再出来陈述给网友。

在泰国期间，我一直与这位飞机上认识的朋友保持联系，因为有一些地方不允许媒体进入，而家属的出入则更自由一些。7月9日下午，泰国总理巴育要在查龙码头召开发布会，根据前期通知，在发布会结束后会有媒体大巴带记者跟随巴育车队一起前往瓦其拉医院看望伤者及遇难者家属。可政府方临时变卦，结束发布会后原本安排好的车辆取消，当地打车非常不方便，基本都是预约制。面对即将错失的现场画面，我们通过志愿者联系上了一家中国企业的车辆带我们前往，并在巴育抵达前赶到了医院。慰问伤者，媒体不允许进入，我赶紧联系飞机上的那位朋友，他用手机帮忙拍摄下了病房内的视频；慰问家属，国外媒体同样不能进入，在家属休息区外等候多时的我们当时正在做直播，巴育进入休息室的时候趁现场混乱我也跟着“混”了进去，成为唯一的外国媒体。当时，我们的摄像被关在了门外，但是话筒在我手里，只要外面有信号我的声音就能继续传出去，没有画面怎么办？我立马用手机新建了一路信号，导播将我的直播画面与摄像手里话筒收到的声音合为一路，补上了这段直播。由于休息室里信号不好，直播断断续续，我当时想这么珍贵的画面不能损失，又立马迅速拿出包里的备用手机，拍下现场画面，并尝试与巴育进行对话，他当场回复了我两个问题。左手直播手机，右手拍摄手机，麦克风插在我的口袋里，我就是这样略显“狼狈”地完成了这次独家采访。

不得不说中国的企业真的很厉害，在结束巴育的采访准备回酒店剪片子的路上，我们看见了一辆车，上面的广告印着“朝阳轮胎”，这不正是我们浙江的企业嘛！我们向他招手示意搭车，上车后两位在泰国工作的中国小哥又给了我们不少有价值的信息。

每天5小时以上的长时间的直播，我们三天一共做了3场，总时长18小时，直播片段在央视大屏播出，同时被人民日报微博转载，阅读量高达三千万，评论上万条。无现场不直播，无互动假直播。直播的同时，我们实时收集各平台网络的留言和提问，回应受众关注的问题，适时调整报道方向，形成了良好的互动效果，实现双向传播。

在整个事件的追踪报道过程中，前方的新闻现场较多且位置分散，在前方团队只有一套直播设备的情况下，浙视频并没有拘泥于视频直播这一单一报道形式，而是根据新闻现场地理位置、持续时长、网络状况等因素提前判断，合理选择短视频、图文等发布方式，进行形式多样的滚动直播。

在此次事件报道中，前方采访团队先后发回文字报道26篇，图片报道19组，短视频17条，6小时图文（视频）滚动稿3条。

此次海外突发新闻报道浙报集团除了利用常规文字、专题等报道形式外，最抢眼的要数视频产品的分发渠道和推广力度。目前，浙视频直播在推广过程中，实现了自有平台和第三方平台两条“腿”走路。一方面优化自有渠道，通过浙江在线新闻网站、浙江新闻客户端、天目新闻客户端、浙江日报旗下官方微博进行分发，掌握主动权；一方面借船出海将直播和短视频内容同步分发到人民日报、央视新闻、今日头条等二十余家视频平台；在新浪微博建立直播话题；实时拆分成若干短视频二次传播；浙报集团海外账号同步推送；在本次报道中，浙视频前方记者通过4G直播设备与山东广播电视台齐鲁频道《新闻联播》进行现场直播连线，取得了不错的效果。

2018年8月，习近平总书记在全国宣传思想工作会议上强调，要不断增强脚力、眼力、脑力、笔力，努力打造一支政治过硬、本领高强、求实创新、能打胜仗的宣传思想工作队伍。我想对于直播记者来说，在路上的每一天、在直播的每一刻都是践行“四力”最生动的实践：

我们用“脚力”丈量新闻现场，用“眼力”去观察、发现事实真相，用“脑力”去思考如何改变过去传统媒体总结式报道，用平民化视角与网友进行交流对话式传播。心中有乾坤，笔下有担当。经常有人在问，移动直播还能走多久，不管下一个风口在哪儿，视频记者用自己特殊的“笔力”——摄像机与话筒，置身新闻事件的第一现场，提取有思想、有温度的新闻素材，用心满足受众多元化的新闻需求。

三丨创新匠心，“新”心相映

——《H5丨改革开放40年·长沙有多“长”》究竟有多“长”

湖南红网新媒体集团党委副书记、总编辑　贺弘联

在第29届中国新闻奖评选中，红网的新媒体作品《H5丨改革开放40年·长沙有多“长”》荣获一等奖，这是对红网深耕内容精品建设最高的褒奖与肯定，也是红网时刻多年来对网络新闻从内容到形式进行执着不懈的探索与创新的最好回报。今天我就给大家说说《改革开放40年·长沙有多“长”》作品究竟有多“长”。

（一）沉淀之“长”

近些年，红网人深入践行习近平总书记关于新闻舆论工作的一系列重要指示精神，把构筑强大主流舆论的看家本领，具体具化在内容生产“红、鲜、甜”的三字选题方向上，落小落细在“数据化表达、场景化呈现、抖音化思维”的三化转型目标上，努力把“有意义”的宏大叙事讲得“有意思”，努力把重大主题讲得“更清新”。作品的获奖正是对红网推动内容创新、技术引领的褒奖与鞭策。

（二）发现之“长”

长沙市委宣传部举行了庆祝改革开放40周年“百城”调研活动宣传报道策划会，这是人们常说的自上而下的“规定动作”，但我们的记者却没有这样的“束缚”，发现了一座“金矿”，挖掘新闻亮点，放开手脚进行解读，勾勒出一幅长沙市改革开放40年致敬改革开放的史诗级画卷。

（三）策划之“长”

内容为王，策划为上。对新闻媒体来说，内容创新、形式创新、手段创新都重要，但内容创新是根本的。几次专题策划会，一番头脑风暴后，表现形式从最初的手绘长卷变成了运用手绘长卷+动画+视频+拼图，从可读到可视、从静态到动态、从一维到多维的升级。

（四）融合之“长”

这是一次“中央厨房”跨部门协同作业的融媒体生产实践。该作品采用手绘、动画、视频、拼图等多元表达形式，涉及多个部门多个岗位的协同作业，红网通过采编、技术、运营等多方合力，实现从生产链到传播链一条龙式全链条融合探索。制作团队做到了让美工、技术人

员深入理解作品生产的要义，让文本表达更加贴近技术实践的程度，从而真正实现了重大主题宣传在高度、广度、深度、温度、效度上的同频共振，无疑是媒体融合的用心之作。

（五）创新之“长”

《H5丨改革开放40年·长沙有多“长”》说到底就是这样一件长满创新细胞的融媒体宣传作品。

表达创新。以手绘长卷+动画+视频+拼图的融媒体表达形式，新颖灵动地展示了长沙城市之“长”、幸福之“长”等11个“长”，全面呈现40年改革开放之路、长沙崛起之道。

思维创新。将拼图的小游戏植入到作品中，带给了用户更全面立体、更灵动有趣、更震撼精彩的互动体验。改变了时政新闻严肃的面孔，这是一种创新，引导重大主题报道从“以传者为主体”转向“以受众为主导”。

（六）技术之“长”

《H5丨改革开放40年·长沙有多“长”》主题重大、立意高远，以设问的方式激发点击欲望，以浓缩的标志性成就回溯发展剪影，将文字、音乐、图片、短视频、H5、AR、720全景、航拍等进行“跨界”融合组装，在极简的文本表述和新颖的场景呈现中，实现了“飞入寻常百姓家”“键入用户掌心里”的霸屏效应，为主旋律作品的入眼入耳入心适配了极具创意的传播落点。

（七）匠心之“长”

每一副手绘设计，其实都隐藏了设计团队匠心。

比如“历史之长”，长沙有3000年的历史风云变幻，是首批历史文化名城，在这个“长”字的设计上，巧妙地融入了岳麓书院的标志、马王堆汉墓、三国孙吴简牍、铜官窑的陶瓷等视觉元素，凸显长沙历史文化底蕴。

同时，用竹简、毛笔、文字等元素组成一个循环的小动画，笔墨飞扬，让历史变得更加灵动鲜活起来。

比如“城市之长”，我们选取了长沙代表建筑火车站、国金中心、梅溪湖艺中心等标志性地点，将它们奇妙地糅合进一个“长”字，也见证了一座城市生长的力量和时代的美好变迁。

（八）互动之“长”

将“以人民为中心的工作导向”落实到新闻实践中。

考虑到用户体验，设计团队选择了拼图的游戏模式，总共设置了11块小“碎片”，用户收集每一帧“长”字画面的“碎片”，实际上就是收集长沙改革开放40年来的点滴成绩，最后拼图汇聚成一个主题“我爱长沙”，出现一个长沙的城市宣传短视频。这样的趣味互动，能够带给受众游戏通关般的快感，最后获得“彩蛋”。

（九）传播之“长”

好的作品从来都离不开信息流动的宣传推介，这个作品走红的背后，也是红网运维团队的协同结果。这是一个“酒香也怕巷子深”的时代，为了使作品动起来、活起来，红网团队除了在制作上充分协作，更是在红网“网上网下、地上地下”全媒体矩阵的推广宣传上下了功夫，从而带动作品接力传播冒热气、热议互动有朝气，很好满足了各层次尤其是年轻读者的阅读需求，也更接地气，容易吸引用户主动参与进来，跟随我们的作品一起感受长沙的古韵、大气、活力和开放，体验长沙独有的幸福感。

《H5丨改革开放40年 · 长沙有多“长”》赢得了400多万网友的热烈互动，实现了传播效果的最大化。

（十）人才之“长”

在急剧变化的时代，做记者变得很容易，但做好记者却变得更难。新闻工作者要让自己的感官高速运转，熟练运用新技术、新工具，要有融媒体的综合能力。

在媒体融合创新人才培养方面，红网一直在致力打造集采、写、摄、录、编、网络技能运用及现代设备操作等多种能力、集“十八般武艺”于一身的全媒体人才。

四 | 《幸福照相馆》：最大的爆款是触达人心的温暖力量

中央广播电视总台财经节目中心、财经频道新媒体直播组副组长 张晓丽

2018年的3月16号，我还挺着大肚子，怀着二宝。刚刚忙完315晚会，紧接着就要开《幸福照相馆》的总结大会，因为这个项目是我负责的，所以，一早我就匆匆赶往会场。在出租车经过天安门的时候，手机响了，电话是医院打来的，医生说我的检查结果出了，凶险性胎盘前置，随时有大出血的可能，必须马上住院。纠结了一下，掉头去了医院。没过几天，我家二宝就出生了！可以说，《幸福照相馆》是和我家二宝一起长大的，从创意想法到与用户见面，这

个过程就和怀孕生孩子一样，有困难、有感动，更多的是幸福！

（一）《幸福照相馆》的创意来源于一个广告

先说说为什么会做这个项目吧！那是2017年初冬的一个下午，我们和互联网公司的小伙伴进行了一场“头脑风暴”，希望能在春节期间推出一个好玩的活动。在看了一堆的小视频后，我深深地被一个相机的广告打动了！

这个广告讲述了一个家庭团圆的故事。全家福里父亲把手轻轻地放在旁边的空凳子，盼着远在他乡的儿子回家。儿子本来没有回老家的计划，看到了这张缺憾的、唯独少了他的照片，义无反顾地踏上了回老家的路，最后这一家人终于拍摄了一张真正的全家福。在这个故事里，最感动我的就是空一个位子的全家福。

对于中国人来说，一张温馨的全家福，不仅能定格家庭的美好记忆，也见证着时代的发展变迁。很多家庭会举家前往照相馆，换上大方得体的衣服，按照长幼位置坐好，由摄影师掌镜，拍一张全家福照片。这张全家福承载记忆、定格时间、凝聚亲情，表达家庭成员对家庭和谐的向往和对家庭圆满的纪念。

但是随着社会的进步，交通越来越便利、物质生活越来越好，我们过年的选择也越来越多，这让相聚在一起变成了一种奢侈品，让拍摄一张全家福变得极其珍贵！我们想，可不可以利用最新的科技去完成全家福的心愿呢？所以我们就做了这个《幸福照相馆》。

“幸福照相馆”的创意本身，让拍全家福这件看似简单的事情富有更多意义——无论是时光倒流的追忆，还是为因种种原因无法在这个春节拍摄全家福的人们完成愿望，都能够触及人们最为真实的亲情记忆。“幸福照相馆”不仅能为每一个小家实现团圆的梦想，还能通过改革开放40年来具有时代特征的场景，将小家的幸福瞬间与国家的发展记忆巧妙结合，“家是最小国，国是最大家”，家与国在团圆的美好憧憬中融为一体。

（二）首创多人脸融合技术助力精准内容的表现

创意有了，实现起来，却非常困难。单人的人脸识别相对比较容易，但是多人就不仅仅是一个简单的加法问题。

首先是内容。一幅幅全家福体现了改革开放40年所带来的巨大变化。从服装的颜色、款式到背景的设置都必须真实还原历史原貌。作为主流媒体推出的新媒体产品，必须保证原始素材的准确性。为此，我们到中国照相馆，从40年来一批极具各年代特征的全家福的老照片中，寻找每个时代不同的特点。时间花得最多的就是在挑选照片的服装和背景。而为了达到最佳效果，制作团队专门进棚拍摄。以10年为一个时代，重新搭棚拍摄了4个年代的底版，作为素材主题运用于其中。此次模板共推出50套样式。

还有就是技术。很多人好奇，如何在一张照片中同时呈现多张面孔，还能看起来毫无违和感？这就需要突破两大难点。一方面，用户直接上传最近的照片，需要突破时空限制，瞬间“穿越”回各个年代。想要还原二十年、三十年前的容貌，例如给爷爷奶奶、爸爸妈妈补上一张当年的全家福，就需要大量的算法；另一方面，由于用户上传的个人照都是在不同环境下拍摄的，光线也不一样，需要让大家回到同一时空，避免违和失真。

我们不断地和技术团队进行磨合，不仅使用了人脸融合技术，还运用了肤色修正的一套办法！技术人员去分析用户脸上的光照，然后设计光线的综合算法，包括亮度的调节和色温的融合，将它们都调整到统一的维度之后再应用上去。高科技多管齐下，最终让大家的这场“穿越”之旅效果真实又充满惊喜。为了更好地实现用户体验，一批以“80后”“90后”为主的技术人员一次次地推衍和改进细节。距离除夕还有7天的时候，150多人的团队还在为产品最后的上线做准备。

（三）多平台资源合作打造有温度的融媒体产品

终于，《幸福照相馆》上线了，交互的方式很简单，只需通过在线上传个人照，便可以定制独具个性的全家福。央视财经新媒体在“两微一端”首发这个产品，并联动全国138家主要媒体、全国铁路系统385家新媒体、共青团中央以及78家知名企业联合转载参与活动，形成了全国性、立体化推广策略，是全国范围内首次出现多媒体、多平台共同参与和推广同一活动。

我们还特别在腾讯社交广告推出了春节限时定制款朋友圈翻转式卡片广告，也通过别具一格的创新方式助推《幸福照相馆》。

此外，裂变传播也逐步扩大了用户群。当用户在朋友圈或者其他群聊里进行分享和转发时，就形成了以每个用户为节点、朋友之间相互叠套的多级传播网络，他们彼此相互渗透，让越来越多的人加入到传播的队伍中，从而将传播模式由传统的点对面传播发展为以人际点对点为基础的网状精准传播，将传播化被动为主动。

我们还和众多媒体、企业合作，推出《幸福照相馆》的联名款。利用他们的平台进行发布和推广。这里就是我们和肯德基、中国移动等品牌的合作。

2018年春节《幸福照相馆》上线，用户触达173个国家和地区，PV（浏览次数）超过1670万，UV（访客数）超过1012万，帮助超过五百万个家庭实现了制作全家福的梦想。

回顾创作和传播过程，我们深切地感受到，媒体融合发展是一项复杂的系统工程，也是一场划时代的变革与创新。传统媒体优势集中在公信力、权威性和专业度，网络媒体的优势则在于信息传播的覆盖面、触达率和互动性。在推进媒体融合实践中，我们要用优质内容、先进的创新，多平台资源无缝嫁接，创意的温度、技术的精度叠加融合的广度，“三度合一”打造融合发展的价值增量。

我想，温暖就是我们这个活动最根本的主题。互联网技术让想象变成可能。而把国家和小家的统一和融合就是最高立意。

五 | “麻辣财经”：财经报道如何变得“麻辣”

人民日报媒体技术公司副总经理、麻辣财经工作室　李丽辉

谢谢大家给我这样一个机会，能跟在座的各位领导、老师和同事们，一起分享人民日报关于媒体融合的一些成果和经验。

“麻辣财经”成立于2016年10月，是人民日报首批创立的媒体融合工作室之一。“麻辣财经”工作室的主创团队，是“五朵金花”——5位来自人民日报经济社会部的女记者。“五朵金花”都是高级记者和主任记者，担任采访室和编辑室主编、副主编。这样一个高手云集的团队，做出的报道更有料，形成的合力和优势更加明显。

在这里，我先介绍一下人民日报的融媒体工作室。它的主要机制，是人民日报采编人员自由组合建立团队，在完成本职工作的同时，来从事新媒体的内容创作。每个工作室就像当年的小岗村一样，“村村点火，户户冒烟”，充分发挥编辑记者的积极主动性，做大融媒体的增量内容。

所以，我们“麻辣财经”的主创成员，全部是高级记者和主任记者，担任采访室和编辑室的主编，活跃在新闻一线。这个团队本身既承担着给人民日报版面的报道任务，也承担着媒体融合发展的任务，为新媒体平台提供报道内容。

成立三年来，“麻辣财经”已发布新闻报道、评论、视频、H5等作品600多篇，其中1／3的稿件落地人民日报版面，真正实现了新媒体与报纸之间的融合。很多稿件被网络媒体广泛转载，点击率达到“100万+”。多篇稿件在全网推送并向海外传播，在社会上形成了较强影响力。2019年11月，“麻辣财经”作为人民日报新媒体品牌栏目，荣获中国新闻奖一等奖。

（一）做新闻“轻骑兵”，快速出击、灵活精准

“麻辣财经”的报道方向，以财经新闻为主。财经领域的报道相对比较专业，但又与百姓切身利益密切相关。“麻辣财经”就是想把财经新闻做成百姓的“家常菜”，让大家看得“有滋有味”，实现与报纸的联动、融合、互补。

“麻辣财经”没开过像样的策划会，大都是通过“群聊”把选题搞定的。大家平时给大报写稿，主要是“单兵”作战，内容基本上是自己跑的口、编的版。但实际上，有些新闻热点的发生并不是按部委划分的，有时候涉及好几个部门，有时候哪个部门的也不是。

融媒体工作室就像新闻“轻骑兵”，具有快速、灵活、精准的特点。作为工作室成员，集思广益、协同作战的时候更多。协同作战的优势在于：一是热点大家都盯着，选题范围更广；二是提供意见和建议，让作者的思路更开阔；三是最后大家再定调把关，力求有锋芒、无纰漏。

从报道内容上，“麻辣财经”的选题大致可以分为几类：

第一类是政策解读。主要是对党中央国务院重要会议、重大方针政策的深度解读。解读的目的，就是准确体现国家政策，把社会误读、曲解的部分扭过来。

2017年4月，中央决定设立雄安新区的消息出来后，去雄安“炒房”引发热议，一时间成为人们的关注点。看到这一现象，“麻辣财经”很着急，当时正值放假也没办法细商量，就赶写了一篇《雄安是千年大计，决不能让炒房者逞快！》，阐明立场。这篇文章在“麻辣财经”发出来后，得到中宣部肯定并在全网推送，起到了引导舆论、以正视听的效果。

类似这样的解读，还有解读中央经济工作会议的《房子是用来住的，平地起惊雷！》，解读中央完善产权保护制度的《住房70年产权到期，会免费续吗？》等报道，网站转发超过上百家，点击率超百万，社会影响广泛。

中美贸易摩擦升级后，“麻辣财经”撰写了多篇报道，为中国经济鼓劲打气，反驳美方的不实观点。其中《中国经济行稳致远，靠的是什么？》《缩小贸易逆差，美“关税大棒”无效》两篇被全网推送，起到了很好的舆论引导效果。

第二类是正本清源。主要是针对社会上一些事件观点，进行澄清和回应，以正视听。

对一些诋毁中国的不实言论，“麻辣财经”敢于“亮剑”。2019年5月，“麻辣财经”推出《芬太尼是啥，为何美国人吃掉了80%？》，通过客观分析揭露真相，指出美国存在的社会弊端。这篇文章引起了社会强烈反响，并被新浪、搜狐、网易等几十家商业网站和主流媒体平台广泛转载。其中，在人民日报客户端单一平台点击量就超过80万。

第三类是针砭时弊。这部分报道是最能体现“麻辣味”的，也是我们对问题进行专业分析，出主意想办法最多的。比如，高利贷、裸条贷问题，“麻辣财经”写了很多篇报道，都在社会上产生了广泛影响，有些报道还对部门改进工作提供了决策参考。

写问题性报道，“麻辣财经”把握这样一个原则：说问题不是展示黑暗面，而是为了解决问题。报道的重点不是渲染问题本身，而是放在如何完善制度、堵漏洞上。既要有真知灼见，又要有真情实意。

（二）积极主动提升站位，正面交锋敢于“碰硬”

在报道形式上，“麻辣财经”大胆创新，推出了“种粮微调查”“农民工就业微调查”等系列报道，内容更加接地气，受到了读者的广泛欢迎，“麻辣财经”影响力进一步提升。

2019年人民日报改版后，报纸内容更加生动与精深，与新媒体报道更加融合。比如，今年春节过后，经社部按照社领导要求，采写了《新春日子美　收获在身边》报道，其中的3个“镜头”，就来自“麻辣财经”的3篇报道。报道在人民日报刊发后，受到社领导的肯定。

“麻辣财经”积极主动提升站位，力争在重大报道中发挥更大作用。9月16日至21日，“麻辣财经”工作室连续推出6篇国庆70周年特稿，围绕“中国发展几十年，为何没出现过经济危机？”“中国的城市，为啥没有贫民窟？”等外界热议而又让公众感到不解的话题，用宏阔视野审视，用发展成就解读，用扎实论述剖析，用融媒语言讲述，在社会上引起广泛反响。

2019年1月25日，中共中央政治局在人民日报社举行第十二次集体学习，“麻辣财经”向习近平总书记汇报了视频与文字互动、报纸版面与新媒体互融的情况，受到了习近平总书记的肯定。

如今，“麻辣财经”的报道团队，已经从最初的“五朵金花”扩展到经社部全员参战，报道内容已经从文字向视频扩展。众人拾柴火焰高，全力出击和全员参战，换来的是全效传播。

“麻辣财经”与人民网合作，推出了“麻辣财经”视频节目，“麻辣财经”负责选题和内容策划，“麻辣姐”作为主持人和嘉宾出镜，并邀请知名专家就财经领域热点话题进行访谈。很多选题来自人民日报刊登的报道，制作成视频实现“一鱼多吃”；同时一些“麻辣财经”视频的内容，又通过二维码落在报纸上，配合文字报道延伸宣传，很好地体现了深度融合理念。

2019年以来，经济社会部全力出击，“麻辣财经”报道全面开花。两会期间，“麻辣财经”共发稿17篇，其中有8篇两会报道实现了与人民日报版面的融合。同时，“麻辣财经”还与人民网联手推出了“麻辣财经”视频访谈节目，其中10期两会特别节目，通过114余家党媒平台及商业媒体进行传播，总访问量达到1.4亿。

（三）政治题材忠诚，经济题材坦诚，群众题材热诚

“麻辣财经”是一个常态化的新闻生产团队，我们对自己的定位是：政治题材忠诚，经济题材坦诚，群众题材热诚。

“麻辣财经”的报道，绝大多数不是单纯的消息，也不是通常意义上的评论，而是“分析性报道+观点”的模式，有些报道偏重新闻分析，有些偏重于评论。但不管怎样，“麻辣财经”的奋斗目标，就是要直击新闻热点，坚持守正创新，用好专家资源，实现一锤定音。

当舆论发酵引起恐慌的时候，“麻辣财经”坚持实事求是，用权威报道说话；当一些自媒体用奇谈怪论捕风捉影的时候，“麻辣财经”会用数据和事实直接“拍”死它；当市场乱象危害社会的时候，“麻辣财经”会抓住关键点，不留情面，直指要害。

“怼”回去，这也是“麻辣”二字的精髓所在。那么应该怎么“怼”？关于“怼”的技巧和注意事项，“麻辣财经”也有总结：在报道和论证过程中，不能居高临下、各说各话、阴

阳怪气，而是要找准死穴，集中火力强攻；以缜密的逻辑、准确的数据严守；站在客观的立场上，实事求是、以理服人。

六 | 《ofo迷途》：创新新闻传达形式

每日经济新闻视觉总监　余进

2018年底，ofo危机逐步显露，零散的报道占领舆论场，实际运营和债务仍然存在盲区。我们在思考怎么采用最直观的形式呈现给用户的时候，首先想到的是融媒体形式。在构思的过程中发现了几个问题，首先，ofo是明星企业，这个企业没有上市，公开披露信息十分有限和混杂，并非我们长期做上市公司报道记者的擅长领域，没有类似成熟案例及操作经验供参考。我们的整个创造基本是从零开始，而且是原创，涉及多个工种合作，包括记者、编辑、产品设计师、视觉设计师、技术人员等很多部门的人员。在协调沟通上、工作的时候就面临着很多问题，这也是我们媒体在转型过程中普遍面临的问题，我们依然迎难而上，马上成立了一个超过20人的临时报道组。

我们认为非常重要的一点还是任何新闻都需要到现场去。由于全国布局的优势，我们记者现场走访了十多个城市，包括北京、上海、深圳、杭州、成都、西安、济南，都是我们派工作人员到现场实地采访，拿到了高峰时期主要商圈的一手情况，探寻了ofo的办公地点，拍摄了现场的图片和视频。

我们整个产品的创作人员一共有21人。我们也是从传统媒体转型而来，跟以前的方式不同，我们的基本分工是，整合编辑1人，产品设计师1人，视觉设计师2人，视频拍摄2人。这样的分工可能与我们的实体操作相关，我们的操作主要包括文字、视频、图片的现场搜集：一定要找到ofo的办公室，一定要采访到员工，一定要拿到监管数据，因为当时已经出现了大家退押金退不了的情况。整合编辑负责后台的包装和内容的打造。产品统筹、产品设计师主要是设计在移动端的模型，视觉设计师主要负责地面设计和整个海报的视觉呈现，技术开发是保证整个产品的编程，继而实现整个交付逻辑。最后我们探讨了融媒体怎么融的问题。之前我们已经在短视频、可视化和交互报道上做了一些尝试，短视频已经是报道标配，数据新闻策划已经成为重要手段，利用商业数据挖掘进行可视化的解读呈现是必要的配套形式。

首先最常规的还是文字报道，文字依然是大家目前接受的主要方式，我们以大家最熟悉的微信对话方式，呈现了文字报道；其次是在第二个页面下面，可以看到三篇关于该城市的深度报告；第三个是点击进去以后的详细报道形式。我们在十多个城市拍摄了上千张的图片，有街道投放的情况，办公室的切断，ofo在回收的时候处理和废弃的情况，和其他共享单位进行对比的一些情况等。

我们在2015年展开了新闻可视化的制作研究，到目前为止已经制作了上千个可视化报道。投资人所在的城市、ofo在各个城市的运营情况、员工的数量、客户等均进行了可视化包装。从这些展示的图示中，ofo投诉在1月飙升到1324%，这样可以看到ofo的实际运营，而通过文字不能知道它到底处于什么样的情况。视频是目前媒体信息传播最真实的传播方式。所有的城市都在后期设置了数十个短视频，各个城市的用户肯定对自己的城市情况最感兴趣，可以选择性地观看；而数据也可以进行交互，可以筛选具体信息。比如我是成都人，我可以看成都的实际情况，如果有兴趣，还可以看其他城市，这就做到了千人千面。前半部分基本上讲的是制作部分，制作完以后，我们讲的是多元化发布渠道，《ofo迷途》这一产品通过每日新闻的微博、微信、每经APP等进行了发布，每经的微博有4000多万粉丝，这是在微博上产生的影响，当时也是达到了200多万的阅读。

七｜“讲习所”：关于核心报道的探索和实践

新华网新闻中心编辑　金佳绪

“讲习所”是《学习进行时》融媒体专栏原创品牌栏目，创办于2015年，是新华网举全网之力打造的核心报道的主要渠道和载体。成立以来，“讲习所”始终深入贯彻习近平新时代中国特色社会主义思想和习近平总书记关于新闻舆论工作的重要讲话精神，立足互联网特色，坚持“平台聚合、立体解读、全媒融合”的报道理念，以及“重、特、热”的报道模式，推出一系列原创性、创新性融媒体报道产品，栏目传播力、影响力不断增强。2019年，“讲习所”共推出原创作品310个，稿件平均转载量超过400家，单篇稿件最高转载量超过3000家，并有多部微视频传播量过亿。

第一，紧跟热点，抢占先机，实现热点全覆盖。“讲习所”始终坚持常态化的生产、研究、策划机制，紧跟习近平总书记重要活动，保持全天候响应，运用文章、“金句”、微信、微博、图解、H5等各种形式，第一时间为网民带来权威、精准的快热解读，保证核心报道在网上常有常新。

例如，在习近平主席2019年新年贺词报道中，“讲习所”在电视转播结束1分钟内便推出全网首篇报道《2019出征号！习主席这些话激荡人心》，第一时间抢占各大主要媒体首页重要位置。随即又推出包括H5、音频、深度解读文章在内的全媒体“学习”套餐，精心选择发稿窗口、打好报道时间差，同时也满足了不同层次、不同喜好读者的阅读需求，掀起持续的网上传播热潮。

我们认识到，做好学习宣传习近平新时代中国特色社会主义思想这项长期工作，必须坚持常态化的思维意识，建立常态化的机制流程，只有久久为功，持续用力，才能在保持热度的基础上，不断拓展深度、开辟广度，从而让核心报道在网上天天见、天天新、天天深。

第二，抓住重点，系统解读，提升报道思想性。在习近平总书记地方考察、出访，以及全国两会、中华人民共和国成立70周年、“不忘初心、牢记使命”主题教育等重大题材报道中，“讲习所”主动设置议题，准确归纳、提炼总书记重要讲话精神，深入挖掘、系统梳理总书记重要思想的发展脉络和内在联系，推出“十九大后首次”“习近平两会新语”“习近平的2019”等50多组系列深度报道，让网友系统全面地掌握习近平新时代中国特色社会主义思想的理论脉络，提升理论修养。

例如，庆祝改革开放40周年前夕，“讲习所”推出系列融媒体报道《习近平改革六字诀》，从“诺”“道”“策”“喻”“力”“功”六个方面，对改革开放40年特别是党的十八大以来的壮伟进程全面回顾梳理。“诺”讲决心与勇气，“道”阐述立场与原则，“策”聚焦方法与策略，“喻”突出语言特点，“力”诠释力度、广度、深度，“功”传递“久久为功”的态度和必然成功的信心。六篇稿件从不同角度和侧面，多维勾勒了六年来习近平总书记推动改革开放的顶层设计和强力部署，深入阐释习近平总书记关于深化改革开放的重要思想、重大布局、重要举措，成为庆祝改革开放40周年报道的重磅产品。

我们认识到，报道的思想性离不开策划的系统性。只有进行系统化的设计、系统化的梳理和系统化的阐释，才能不断拓展深度，把报道做特做优。

第三，突出特点，深入加工，拓展报道影响力。“讲习所”探索出“小切口再包装、碎片化再加工”的报道方式，快抓、巧抓新闻点，选取典型细节，浓缩呈现重大主题，同时通过巧妙轻简的设计，增强用户参与和情感共鸣。

例如，在习近平总书记参观庆祝改革开放40周年大型展览后推出的《曾让习近平驻足观看的三件展品》，抓住新华社侧记稿中披露的“习近平凝神观看、驻足良久”等生动细节，派出摄影记者到展厅拍摄相关展板，挖掘背后的故事，体现总书记的所思所想。文章推出后迅速被多个微信公众号“大V”转发，全渠道阅读量达千万量级。

我们认识到，讲事实才能说服人，讲形象才能打动人，讲情感才能感染人，讲道理才能影响人，而这些都要通过细节来突出和表达。网络传播时代，谁把握好细节、谁讲好了细节，谁就抓住了受众。

第四，创意引领，技术驱动，打造精品力作。“讲习所”深入研究受众分布与特点，立足“新角度、新创意、新技术”，坚持“创意为先、表达为要、内容为王”的指导思想，已经打造40多部既抓眼球又有内涵的重磅微视频，其中不乏传播量过亿的“爆款”，受到受众一致好评。

例如，围绕2019年元宵节，“讲习所”推出微视频《纸短情长》，以习近平总书记向不同群体和个人写的9封信为主要线索，综合运用MOCO（运动控制系统）无缝拍摄、反转比例微缩拍摄等先进技术手段，通过深入回访、暖心讲述、唯美呈现，生动反映总书记深厚的人民情怀，全渠道阅读量达1.1亿。此外，“讲习所”还深入探索微视频产品栏目化、品牌化，推出“讲习所开讲了”系列微视频，紧扣《习近平谈治国理政》一、二卷中相关重要内容，充分运用新华媒体创意工场MR智能演播厅、新华睿思大数据分析平台，以人景互动、情景交融的形式，创新式解读习近平总书记重要论述重要思想。

我们认识到，无论技术手段如何发展，总书记的重要思想才是内容之本，只有将总书记的重要思想吃透、用活，才能生产出直抵人心的精品力作。

当前，持久深入地宣传学习贯彻习近平新时代中国特色社会主义思想是全党全国的首要政治任务。“讲习所”将继续加大创新力度，提升融合水平，提高原创能力，立足互联网特色，打造更多符合主流媒体气质和主流媒体水准的主流产品，全面增强“四力”，让核心报道入脑入心，上接天线、下接地气，努力让党的创新理论“飞入寻常百姓家”，使习近平新时代中国特色社会主义思想的宣传成为网上最强音。

八 | 从《鼓岭！鼓岭！》浅谈时政类微视频创作

中央广播电视总台央视视听新媒体中心策划　丁然

因为众所周知的总台机构改革，在创作《鼓岭！鼓岭！》这部微视频时，我们团队还隶属于中央电视台新闻中心的新媒体新闻部。这个微视频工作室的创办缘起于上一届中国新闻奖一等奖《初心》。今年《鼓岭！鼓岭！》继续获得肯定，是整个团队每个人的努力。

《鼓岭！鼓岭！》在这一届新闻奖的评选中得奖，从创作者的角度来看，我们认为可能有以下几个原因。

（一）呼应了时代当下的热点

《鼓岭！鼓岭！》讲述的是习近平总书记在福建工作期间，邀请加德纳夫人来到中国，实现了她已故丈夫加德纳回到鼓岭的遗愿。2012年2月15日，时任中国国家副主席的习近平在美国访问时说：“我相信，像这样感人至深的故事，在中美两国人民中间还有很多很多。我们应该进一步加强中美两国人民的交流，厚植中美互利合作最坚实的民意基础。”中美贸易冲突的大背景下，对于中美两国民间持续友好交流的渴望，正是《鼓岭！鼓岭！》所想要传达的。

（二）展现了总书记的领袖智慧

1992年，习近平在福州任市委书记。“1992年春天，我当时在中国福建省的福州市工作，从报纸上看到一篇文章，叫《啊！鼓岭》。讲述的是一对美国夫妇，对中国一个叫鼓岭的地方，充满了眷念和向往。”他敏锐地发现了这个故事深远的意义。1992年8月21日，习近平在福州温泉大饭店会见了加德纳老太太，并对她的来访表示热烈的欢迎。总书记对于福州历史发展、民间交流的重视，得以将一个中美民间友好的普通故事续写成一段具有传奇色彩和历史意义的佳话，充分体现了他深远的政治智慧。

（三）本微视频的制作亮点

赴鼓岭一线拍摄，回访当事人。

《鼓岭！鼓岭！》在开场和结尾，都采用了沙画的方式贯穿加德纳小时候到加德纳太太来到中国的故事始终。沙画不仅弥补了相应画面素材的缺失，而且最大限度柔化了叙事的语态，从一开始便确立了影片的基调，怀旧与追溯，温情与深情，表抒情。在短短5分多钟的影片里，沙画这种本不新颖的方式在新媒体微视频中焕发出了新的内涵，是不同于传统媒体的，是新媒体化的。

《鼓岭！鼓岭！》最大限度地挖掘了素材。除了上述说到的沙画外，台里的媒资库、福州台提供的资料画面，以及从当事记者拿到的珍贵图片资料，既完整又独家。从制作角度来讲，是扎实的。

最后，我想想讲讲时政类微视频的创作。我们一直在思考如何做年轻人喜欢看的时政类微视频。我觉得应该有一个大前提，要站在年轻人的角度去看，不是媒体从业者觉得受众应该有义务看，而是要放低姿态，要有用户思维。手机在每个人自己手里，他们会看什么？

第一，审美的年轻化。从剪辑方式到字幕细节，都是审美。

第二，形式创新。多元的表现方式（沙画、定格动画、VR、互动视频、波普、拼贴、竖版、Vlog……）

第三，内容的创新是难的，但讲述内容的方式却自有它的规律。那就是少讲道理，多讲故事。要学会如何讲故事，讲什么故事，明白为什么这样讲。

最后的最后，宽泛一些，不光是时政，如何做包括年轻人在内，人人都喜欢的微视频产品？

这就要回到这次分享开始时说到的总台机构改革。我现在离开新闻中心，进入了总台新成立的视听新媒体中心。我们前一段刚刚上线的APP叫央视频，本着打造有品质的视频社交媒体，我认为大家可以在央视频找到这个问题的答案。

九 | 极致的作品背后是“极致的汗水”

——《海拔四千米之上》采拍、制作幕后

澎湃新闻编委　李云芳

每次点开《海拔四千米之上》这个产品时，就想起曾经为了采拍、制作这个产品饱受的那些“艰难”和“折磨”。

三江源国家公园试点是中国首个国家公园体制试点，为见证和记录国家公园体制在三江源的探索落地过程，澎湃新闻策划了《海拔四千米之上》这一专题。

专题从2018年2月份就开始酝酿、筹划，澎湃新闻整合组成了约40人的前后方报道团队。

参与一线采访的记者要么是从海拔2米多的上海，要么是从海拔40多米的北京，被派遣到海拔4000米之上的三江源国家公园，还携带着无人机、照相机、360相机、三脚架等各种设备，在青藏高原上历时3个多月，累计跋涉约万里。

三江源国家公园地域广大，交通不便，且高原上气候、地形恶劣，一线采访人员先后碰到了高原反应、紫外线灼伤、耳朵失聪等各种困难。

参与这次采访的一个海归记者唐筱岚说，最开始想到可以去高原“浪”了真的很兴奋，但是到了地方才发现，事情并不简单。她去了两次，进了两次医院。7月第一次去是因为高反比较严重，加上每天工作时间长，就进了医院的吸氧室。8月第二次去的时候适应了，没有高反了，还能熟练地在高原爬山，甚至在医院测血氧饱和量还击败了其他所有同事。为啥去测血氧饱和量了呢？因为这次是耳朵被紫外线烫起了泡。

澎湃新闻的直播记者张成杰在昆仑山中段最东端的最高峰玉珠峰北坡直播时，因高原山间风力强劲，气温偏低，在寒风中口播的女主播一直受冻。接受采访的当地藏族阿姨都用围巾包裹着脸部，还一直让直播记者把脸围起来，阿姨说：“快把脸挡上呀，都吹坏了。”我们直播记者说：“我们在直播，不能挡。”

在去采访扎苏煤矿和达哈煤矿“矿疤”修复情况时，正逢降雨频繁的季节——9月份，通天河的支流冬布里曲涨水，冲垮了必经之路上的桥梁。为了完成拍摄，记者先开车抵达河边，推了一辆摩托车过河，然后骑上摩托车抵达目的地完成了拍摄。期间，一线记者还在地上发现了大型动物的脚印，一度十分紧张。

为了采访三江源国家公园内“人兽冲突”的相关内容，记者决定去最典型的一个地方——青海玉树州治多县索加乡。从县城开车到乡里大概需要4—6个小时，早上就出发，但中午后就和后方失去了联系。后方编辑部十分紧张，每隔半小时就拨打一次电话，但一直无法接通，后来还动用了多方力量来寻找，但一整夜都没有联系上。

当时后方非常紧张，开始各种最坏的担心：那地方在可可西里隔壁，马上就想到了电影里的流沙；另外，本身就是去采访熊类袭击人类的，会不会半路记者就遇到熊袭击了；会不会车抛锚在半路，没吃的没喝的，困坐原地等待救援了……一想到这就又赶紧加大打电话的频度。

直到次日早上，前方记者回电了，说离开县城后不久就没了信号，中途发现一户牧民家被熊袭击过好几次，人还险些丧命，是采访主题的绝佳典型，因此当晚就在这户牧民家旁边住下了。

视频记者张新燕说，在高原地区，一切在平原地带顺理成章的事情都变得很复杂。只有镇里手机才有信号，想采访个村里的人是经常找不到的；汽车开出县城就是大草原，真正体会了什么叫地广人稀，去一个采访对象家里，单程开车6小时，有时候还需要步行很长时间，记者互相打劲：“你们看到前面那块石头了吗？到那个地方，我们休息5分钟！”有的记者说，在现场采访的时候，还在手机里设置了“脱离苦海倒计时”。

一位老记者直言，这是“职业生涯最艰苦的采访，没有之一”。正是这样在第一线跑出来的新闻素材，为制作极致的产品打下了坚实的基础。

再谈一下策划方面。一开始，项目团队就筹划打造一个新媒体产品。考虑到国家公园是大美之地，且能够有机会抵达现场的人始终是少数，因此决定做一个体验感比较强的产品，这显然是VR视频的长处。最终产品的基本结构，就是精美的引子视频+多层嵌合的漫游VR视频。

这个H5产品项目代码的开发全是由澎湃新闻的产品工程师季国亮制作。他说，产品里视频短片和VR视频之间要彼此切换，引子视频切入到VR视频，VR视频里再插入弹窗视频。两者结合在一起同时使用，就会产生非常多的衔接问题。“有些小问题看着很简单，但一解决就是一整天，伤了不少脑细胞。”

此外，产品需要适配PC端和移动客户端两类平台，PC端的版本需要适配不同的浏览器，客户端的版本则需要适配各种不同品牌、不同型号、不同尺寸的手机。视觉内容的画面高清精美，但移动端网络速度条件有限制，因此对所有的内容又分别进行了优化，便于移动用户能够快速加载，提升在移动设备上的体验。

这个工作量非常大，工程师季国亮一直在办公室加班。项目开发最后冲刺时刻正好是10月24日，还是程序员节，他突然说要带家人去医院，到晚上九点时候，突然发来一句“刚刚，喜得千金一枚”。大家很惊讶，他妻子怀孕、临产的事，竟然一直没有告诉同事，而且他在妻子临产前还一直在办公室狂加班。获得中国新闻奖后，季国亮说，希望能把奖杯送给在产品冲刺期间出生的女儿……

正是主创团队付出了这样“极致的汗水”，才得以向读者呈现了一个可供极致体验的作品，读者既能身临其境地感受到中国首个国家公园试点地的原真之美，也能从纵深阅读中理解试点工作的筚路蓝缕。

十 |《臊子书记》：以梦为马不负韶华

——津云新媒体勇攀媒体融合新高峰

津云新媒体集团 闫征

在第二十九届中国新闻奖评选中，津云创作的《臊子书记》荣获一等奖。这份荣誉不仅属于创作团队，更得益于近年来天津市推进媒体融合的宝贵实践。2018年天津成立海河传媒中心，来自报纸、广播、电视、网站，携带不同新闻基因的媒体人走到了一起，用同一个“中央厨房”生产，开同一场编播例会。主力军进入主战场，平面媒体有思想深刻长处，广电媒体有视频制作技巧，新媒体有互联网思维创新理念，融各家之长、汇众人之力、合网络思维、建设全媒体，释放出更大的新闻生产力。下面就《臊子书记》这个作品的创作谈三点感受：

（一）努力领会“四力”精髓，讲好基层扶贫故事

如何讲好扶贫干部的故事？我的第一次采访选择走进扶贫干部宋鹏的家。还没进门，就听到双胞胎的哭声，我是过来人，知道两岁多的孩子最不好带，两个就更难了。尴尬间宋鹏的妻子似乎有无尽酸楚……那一刻，我仿佛看到无数扶贫干部离家时的抉择。

行程1600公里，负重百余斤设备，用飞机+汽车+徒步的方式，终于到了大寨村。炎热的7月，这里依然能感受到重重的湿气。宋鹏说：寒冬更难熬，是总书记的书给了他温暖。翻开《摆脱贫困》，上面密密麻麻写满笔记。无意中我看到他写的扶贫日志，满满三本200多篇，每篇都有故事。那一刻，我找到了好故事的切入口。

拍摄那几天是雨季，随时有发生泥石流的危险。我们把摄像器材用绳子绑在身上，徒步两个多小时爬山。正因为上山才知道，这唯一一条进山的路是宋鹏带村民种花椒树一步一步走出来的。我们衣服湿透、又冷又饿，村民不停地说：“让你们这些娃受苦了。”一下山大娘就端出热气腾腾的臊子面，吃着面我落泪了，突然明白了宋鹏为什么“豁出一条命，也要挖断穷根”。那一刻，我体悟到以百姓心为心的情感温度。

随着采访的深入，我们越来越敬佩宋鹏，下决心用那些不易察觉但又如此动人的细节，用新媒体的新鲜手法，把这个有想法、有活力、有担当的青年人真实地展现出来。节目播出后，网友们为又萌又燃的宋鹏点赞，也为我们创作出新出彩点赞。那一刻，我感到，增强“四力”不仅是制作精品力作的必要前提，而且是锤炼记者优良作风的重要手段，更是新闻人做人做事、成长成才的核心精髓。

（二）用好用活融合技术，走好融合传播新路

用互联网思维策划、适应受众接受习惯创制，需要借融合之力做足长尾。作品出来，只是传播的开始，后面还必须有产品宣传营销、网上良性互动……不但要做得好，而且要卖得好。我们新媒体工作者在舆论场，应该接时代新气象，做受众欢迎的新媒体精品，用有意思的表达做有意义的传播，将党的好政策传得更远、唱得更响。

片子推出后，我们邀请海河传媒中心的主播们和津云融媒体工作室依托一年一度的天津融媒体粉丝狂欢节开展了“新闻扶贫”活动。策划了“美女狂吃臊子为啥”的网络直播，录制了小视频推介“沙湾臊子”……图文、音视、漫画、VR等全息媒体手段齐发力，用“十八般武艺”把陇南产品推向全国。3天时间，现场卖出了24万元产品，还协调天津有关单位签订了不少于150万元的长期合同。现在我的手机里多了一个“我们在一起”的微信群，陇南老乡们说：“这么多好玩的方式，把咱的扶贫产品带出了大山，大伙儿脱贫致富奔小康的劲头更足了。”理念创新，敢于尝试，让我们不但能讲好故事，更能凝聚人心、聚合正能，为贫困地区脱贫干一件摸得着、看得见的实事。这是融合发展一道走的力量，也是党心人心一条心的力量。

（三）小切口大主题，用心用情用功记录新时代

在新的时代背景与传播环境中，津云新媒体在“小切口、正能量、大情怀”方面创新实践，以平凡人的不凡故事为切入点，展现脱贫攻坚路上的奋斗情怀。这部短视频在创作方面也有以下几个亮点：

一是情节流畅。如何用短视频讲好扶贫故事？特别是一个长达三年的扶贫故事，显然短短几分钟是不能满足的。这部短视频在初次剪辑后长达10分钟，我们在经历数次激烈的讨论后，最后决定还是采用最常用的“连续蒙太奇”编辑手法，但要砍掉拖沓的情节，强化放大在不同时间段内宋鹏的扶贫心路和帮扶群众的感受，在正序的叙事逻辑中向网友展现最精华的内容。经过反复权衡和多次剪辑后，短视频整体长度降至6分58秒。一部好的短视频，需要在开篇就要吸引目光，才会让人产生看下去的欲望。于是，我们特意选择了一些诙谐的场景画面。如：穿着皮鞋去调研踩了一脚泥；说话文绉绉老人听不懂；村里小狗不友好地冲他叫……网友们在会心一笑之余，也会想到这位从象牙塔走出来的扶贫干部当初开展工作的不易，这也正是所有扶贫干部的真实写照。从发现臊子或许可以成为帮助村民脱贫的农产品，到带着村民前往各大城市调研，再到鼓励并教给大家利用互联网推广产品，短视频在轻松幽默中将宋鹏的工作经历展现出来。虽然是在单一线性时空下进行的画面组接，但时间与空间的协调配合，让生活以一种基于原生态但又高于原生态的方式体现得有层次感、新鲜感和新奇感，使人浏览起来丝毫不觉得乏味。短视频的后期到了“燃点”，村民对宋鹏的依依不舍将短视频整体推向高潮，扶贫的最终目的是要激起受扶群众的“志”、提高受扶群众的“智”，铺出“一条带不走的幸福路”

让短视频的立意升华到最高点，也让所有网友不禁向扶贫干部点赞致敬。

二是包装得体。现如今，MG动画和3D建模已被广泛地运用到短视频中，因为它既符合当前传播环境的转型特点，又能够对于抽象性的事物进行生动形象的描述。这部短视频讲述的是宋鹏三年的扶贫故事，很多场景不可能再还原，运用受访者叙述的方式又显得枯燥乏味，因此，巧妙地运用一些MG动画是最好的表达方式。于是，网友们看到了视频一开篇，记录宋鹏刚进村时经过的桥，后期制作时将桥包装成动画，与实景结合，过渡得非常完美。在宋鹏决定带村民们外出考察的片段中，MG动画也发挥了巨大的作用，天津、北京、西安、兰州，几帧动画就能“游走四方”。而大寨村成立第一家集体企业、成立沙湾电商扶贫服务中心等，则通过3D建模的形式直观呈现，立体感强，搭配有节奏感的音乐更使画面入脑入心。在结尾处，通过3D建模让花椒树在营盘山上长出来，一幅希望的景象让短视频更加生动而富有灵气。此外，在短视频左下方设计的日记本，会显示重要的时间节点；根据故事情节需要，会适当地出现MG弹幕，增加画面的趣味性等等，这些都为短视频在传播效果上增色不少。

三是影响广泛。行百里者半九十，一部好的作品，完成创作仅仅是工作的50%，更重要的是在推广环节。10月17日，第五个国家扶贫日，短视频《臊子书记》在北方网、津云客户端、津云双微、“天津发布”微博等平台显要位置推出后，新华网、人民网、央视网、“共青团中央”、千龙网、东方网等30多家中央机构、中央新闻网站、省级网站和新浪、搜狐、今日头条等商业网站进行转载，全网各平台传播曝光度累计过亿人次。短视频刊发后，网友在为“臊子书记”宋鹏点赞的同时，也纷纷晒出自己身边为基层百姓干实事、有担当、善作为的奋斗典型，为坚守在脱贫攻坚战线以及各条战线的榜样点赞！宋鹏的扶贫故事通过短视频《臊子书记》的宣传，鼓励着更多有志青年以各种方式投身到全国扶贫攻坚工作中，继续努力为脱贫事业做贡献。

幸逢新的时代，这么大的变化，这么大的变迁，新媒体在这场伟大的实践中更应该做好“人心”这篇文章，让触碰心灵的好故事直抵人心，让崇德向善的正能量温润人心，让初心不改的主旋律赢得人心。只要做好移动传播时代的价值传播，做实融合传播时代的创新传播，做强贴近人心、贴近市场的有效传播，我们一定会在融合传播的考场取得好成绩，也一定能在舆论引导的战场打一场漂亮的胜仗！

十一 | 融通“有意义”和“有意思”

——“中国一分钟”系列微视频创作谈

人民日报社新媒体中心 张意轩

2018年1月“中国一分钟”项目立项，12月做完当年的最后一个“一分钟”微视频——《奋斗中国一分钟》，正好一年。

我初步梳理了一下，做“一分钟”系列微视频，光我自己就建了50多个工作群。我们有位同事，做“一分钟”项目期间，天天熬夜加班，到凌晨两三点是常态，哪天夜里一点结束战斗回去都睡不踏实，她父母心疼地对她说：“你要不转行吧。”当然了，她并没有转行，现在仍拼搏在新闻工作的第一线。

我们为什么这么拼？用“一分钟”微视频的话说：因为中国日新月异的成就，来自每一分钟；中国人与日俱增的获得感，体现在每一分钟。对新闻人而言，不忘初心、牢记使命，就展现在我们拼搏的每一分钟。

“中国一分钟”的创意从何而来？现在回想起来，很简单，就是一次头脑风暴。

人民日报社新媒体中心设有创意PK会机制。每个组拿自己的创意，做成PPT，上会演示评议，最后谁的创意有“哇哈嗯效应”，谁就胜出。

什么是“哇哈嗯效应”？“哇”就是网友看了会“哇”一声，即震撼惊喜效应；“哈”就是大家看了会“哈哈”一笑，即幽默风趣效应；“嗯”就是用户看了非常认同，即共鸣感应效应。

当时大家觉得运用直观的数字、快速的剪辑，把改革开放40年这样的宏大叙事，尤其是党的十八大以来的历史性成就与变革、中国人民意气风发的精神风貌，浓缩到一分钟里展现，会给用户一种熟悉的陌生感，有陌生感就会产生传播效果的增值。

所以制作以“一分钟”为核心的可视化产品这个创意一亮相，大家就觉得“有戏！”，一致通过后，就组建项目团队开始着手推进了。

当然，好创意不容易，落地生效更难。

从创意到产品，中间隔着无数个焦虑的熬夜，还有无数根散落的头发，你们懂得。

我们自嘲，“中国一分钟”系列短视频，就是画面、音乐、文字“一勺烩”，看起来简单做起来难。

因为我们对画面的要求是，每一次暂停后都经得起逐帧推敲，美只是基础，抓人才是关键。所以每个2分钟成片背后是1000多分钟的素材；对音乐则讲究完美匹配，既要渲染氛围、调动情绪，还要每篇都有自己的特色，确认配乐的过程也是耗时耗力，反复对比；对文字则是有洁癖，既要精准，还得要优美，有温暖人心、鼓舞人心的力量，每篇文案至少修改10遍以上。

之所以这么精益求精，是因为我们相信：只有跟自己过不去，才能让产品过得去。流量从不辜负用心者。

从结果来看，传播效果确实没有辜负我们。

据不完全统计，“中国一分钟”系列微视频线上阅读播放量超过24亿，线下覆盖用户数超过2.5亿，人民日报微信公众号所有推文均为10万+，微博话题阅读量超9.4亿，占据微博热搜榜首位。

各大门户网站、新媒体平台、短视频平台均在首页首屏等重要位置转载，20多家地方省级党报党刊进行报道，10多家卫视在本省新闻联播等播放。

在线下，视频在各地户外大屏、机场、火车、地铁、公交车等屏幕播放，覆盖全国主要大中城市甚至乡村。

国际传播也取得了良好效果，视频被翻译成多国语言版本，除在海外社交账号发布外，还被欧盟记者网等多家海外媒体在首页等位置转载。

数字之外，我更想分享一个故事。有一天，我一个同事的父亲对她说：“最近被你做的‘一分钟’视频包围了，在家刷手机能看到，打开电视新闻上有，在小区里乘坐电梯时能看到，到停车场取车能看见，开车时街边的广告大屏上也能看到，不开车去坐地铁，在地铁站也能看见，出差去机场，发现还能看到。”他逢人便说这是他女儿做的，话语中充满了自豪。

可以说，“中国一分钟”系列短视频是2018年的标杆性爆款融媒体产品，实现了从中央到地方、从省级到乡镇、从线上到线下、从新媒体到传统媒体的传播全覆盖。

回顾“中国一分钟”系列微视频的创作过程，重要的一点是这个系列微视频努力融通了“有意义”和“有意思”。具体而言，分享三个心得：

（一）化大为小，实现从传递信息到传递价值的跃升

如何让宏大叙事通过广大网友喜闻乐见的形式“飞入寻常百姓家”？这是我们一直在探索的。怎么做到？“中国一分钟”的成功正在于它找到了其中一条路径：跳出“大成就”“大历史”的宏观视角，选择从“一分钟”这个小切口进入，聚焦每个人都切身可感的“小视角”，用直观的数字和精美的画面，展现人们日益增加的获得感，展示每个普通人为过上美好生活而不断努力拼搏的过程。这个灵活转换让网友进入视频所设定的情感单元，情绪被调动起来，在视频内容的引导下逐步形成观点认同、价值共识。

正如人民日报评论所说：“人们从一分钟的足迹里，听到了历史的隆隆巨响，也听到了中国拔节生长的声音。”

（二）化远为近，用“共情”触发情感共鸣

这个系列微视频在内容上深挖属于每个行业的发展成就、每个地区的风土人情，结合各篇主题特色着墨点睛，唤醒各地网友的乡愁记忆，激活网友对祖国繁荣富强的至真情感和深深自豪。

在形式上，通过具体而微的画面、直观可感的数据，凿穿主旋律说教式内容与受众之间的“隔离墙”，找到受众内心的“燃点”。

每一集都尽力避免公式化镜头，用真实的画面、代入真实的感情，用精心、富有逻辑巧思的剪辑，让用户觉得好看好玩好动人。

网友们评价说：“带着骄傲的感觉看中国一分钟”“我们伟大祖国山美水美人更美，我们要为建设更强大、更美好的国家努力奋斗”……这些评价也说明“中国一分钟”系列微视频实现了个人情感和家国情怀的有机统一。

（三）化一为多，新媒体传播要有IP意识

在新媒体时代，传播也要树立起品牌感，要有IP意识，让爆款产品告别“一锤子买卖”，让好的创意、好的策划发挥出最大效果。

“中国一分钟”系列微视频各篇，既充分保证展示各自特色，又在整体风格、视觉标识等方面保持统一标准，系统建构起“一分钟”的品牌效应，如“中国一分钟·地方篇”“中国军人一分钟”“开放中国一分钟”“创新中国一分钟”“奋斗中国一分钟”，等等，都取得非常好的传播效果。就像一位网友所说：“一分钟，我像追剧一栏追完了，看得激动，看得自豪。”

2019年，我们以《中国24小时》上下集推出为起点，推出展示不同地域、不同领域“24小时”的微视频，打造“中国24小时”系列IP，也收到了良好传播效果。

事实证明，积极探索IP化运营，有助于实现好创意的传播声量增值，是一条值得探索的融媒体产品生产和传播的新思路。

“中国一分钟”项目暂时告一段落了，但媒体融合创新永远都在路上，我们共同奋力攀登，山顶相会。

关于第二十九届中国新闻奖媒体融合奖项报送工作的通知

一、参评范围

参评范围为经国家正式批准的报社（报业集团）、通信社、广播电台、电视台和新闻网站，原创并在其移动端发布，于上一年度应用数字技术、移动互联网技术进行融合传播的新闻作品。其中，新闻网站指新闻单位和新闻宣传主管部门主办的具有登载新闻业务资质的网站。

二、评选项目及标准

媒体融合奖项设6个评选项目，分为短视频新闻、移动直播、新媒体创意互动、新媒体品牌栏目、新媒体报道界面和融合创新。每个项目的具体要求及评选标准见《评选办法》。

三、报送数额

各单位按照《中国新闻奖媒体融合奖项报送数额表》（附件1）推荐、报送符合评选标准的作品。如超额报送，初评办公室将按该单位申报的《中国新闻奖媒体融合奖项报送作品目录》（附件2），撤下排序靠后的作品。

每个报送单位可在上述6个评选项目中，报送1件参评国际传播奖项作品，如确有较多符合评选标准的国际传播好作品，可按新增不超过1件报送。

每个社会单位、个人可自荐（他荐）不超过1件作品参评。参评作品须获得省部级或中央主要新闻单位社（台）级二等奖及以上新闻奖且须有2名新闻专业副高以上职称的人士实名推荐。初评办公室收到自荐（他荐）作品后，将按照《评选办法》相关规定进行审核，并同组织报送作品一起提交初评。

初评委员会从参评作品中评选出100件作品报送定评，其中参评媒体融合奖项作品90件，参评国际传播奖项作品10件。

为调动更多新闻单位积极性，报送定评的全部作品中（不含国际传播奖项作品），每个报送单位的作品不超过5件。

四、参评材料报送要求

参评材料报送总体要求（包括评选要求、公示要求、核查要求等）见《评选办法》。

（一）中国新闻奖媒体融合奖项报送作品目录》（附件2）

由报送单位填报。如同一项目有2件（含）以上参评作品，按投票得票多少为序。

（二）《中国新闻奖媒体融合奖项参评作品推荐表》（附件3）

仅限参评短视频新闻、移动直播、新媒体创意互动、新媒体报道界面、融合创新作品奖项填写。

1．“发布账号（APP）”栏须填报规范名称。

2．“社会效果”栏填写作品发布后的社会影响，转载、引用、互动、点击率等情况以及应用新技术情况。

3．“推荐理由”栏填写报送单位撰写的评语，并由报送单位主要负责同志签名确认。未明确填报的，不予受理。

4．参评“移动直播”奖项，须在此表后附1份1000字以内的直播简介。包括直播意义、直播流程和规模、直播点设定和社会影响等内容。

5．参评“新媒体报道界面”奖项，须提供参评作品全屏截图打印件。

6．提交参评作品二维码打印件（必须提供长期有效的二维码）。

7．提交音视频类参评作品文字稿。

8．提交参评材料电子版。

（三）《中国新闻奖媒体融合奖项参评作品推荐表》（新媒体品牌栏目）（附件4）

仅限参评新媒体品牌栏目奖项填写。

填报要求同附件3。

（四）《中国新闻奖媒体融合奖项新媒体品牌栏目代表作基本情况》（附件5）

选取2018年上、下半年代表作各1篇。如代表作为音视频类作品，须附代表作文字稿（代表作不得再参加本届中国新闻奖其他项目评选）。

五、报送材料和截止日期

（一）纸质材料

组织报送申报文字材料，请务必于4月26日（星期五）前以快递方式寄达初评办公室。逾期寄达的，不予受理。

快递地址：北京市东城区珠市口东大街7号中国记协新媒体专业委员会初评办公室

邮编：100062

收件人：王大璐

电话：010-61002908　13601387624

（二）电子材料每件作品申报材料电子版都压缩成一个文件包，以“报送单位名称+参评作品名称”命名（如“人民日报社+两会进行时”），邮件主题命名为“报送单位+媒体融合奖项参评作品”（如“人民日报社+媒体融合奖项参评作品”），并于4月26日（星期五）24时前以邮件形式发至中国记协新媒体专业委员会初评办公室。逾期发送的，不予受理。

邮箱：xmtzwh@vip.163.com

六、初评评委条件和初评委员会的产生

（一）初评委员会负责媒体融合奖项初评。初评评委人数35名左右，由中国记协聘任。

（二）评委聘任条件：坚持新闻的党性原则；组织纪律性强；品行端正，作风务实，办事公道；熟悉新闻业务。

评委实行回避制。各单位申报的评委本人或其直系亲属如有作品参评本届中国新闻奖媒体融合奖项的，应当回避。

评委与初评办公室签订保密协议，并承担对有关评选信息的保密责任。

（三）评委由三部分人员组成：

1．中宣部新闻局、国家互联网信息办公室网络新闻信息传播局负责人各1位；人民日报社、新华社、中央广播电视总台新媒体相关工作负责人各1位；中国记协书记处书记和新媒体常务理事（10人左右）。

2．新闻单位（不含人民日报社、新华社、中央广播电视总台）从事新媒体工作的负责人和一线编辑、记者代表（18人左右）。

3．新媒体专家学者（7人左右）。评委候选人由中国记协评奖办公室、新媒体专业委员会确定。

七、如有未尽事项，由当届评委会主任会议研究决定。

八、中国记协享有中国新闻奖媒体融合奖项参评作品的使用权。

九、本办法解释权归中国记协新媒体专业委员会。

第二十九届中国新闻奖媒体融合奖项初评评选细则

第二十九届中国新闻奖媒体融合奖项初评委员会
2019年5月15日审议通过

根据《中国新闻奖评选办法》和《关于第二十九届中国新闻奖媒体融合奖项报送工作的通知》，结合本届评选会实际，制定本评选细则，经过本届初评委员会通过后施行。

一、评选原则

1．坚持公平、公正、公开原则。

2．坚持评选标准。

3．坚持评选程序，在认真全面审看（听）所有参评材料、充分讨论评议的基础上，以无记名投票方式评选。

4．在同等条件下，统筹兼顾中央媒体与地方媒体、发达地区与欠发达地区的参评作品，关注践行“四力”的优秀作品。

二、总体要求

1．实到评委超过全体评委人数4／5，方可召开评选会。

2．评选会由评委会主任或主任委托的副主任主持。

3．评委中途离会不能参加投票的，按实到评委投票，离会评委不能委托其他评委代为投票。

4．按设定数额投票，可少投，不能多投。如有多投的，多投选票计为废票。每轮投票结束，在规定得票范围内，按得票数从高到低依次取齐规定数额的参评作品。

5．评委在评选会讨论时，除评选会主持人要求解释清楚的问题外，不得宣传、介绍、点评本推荐（报送）单位推荐（报送）的参评作品。如有违反，主持人要制止并给予批评。

6．从所在单位（地区）没有参评作品的评委中产生6名监票人，负责监督评委投票和工作人员计票。

三、报送数额

本届中国新闻奖媒体融合奖项共设50个奖。其中一等奖10个，二等奖15个左右，三等奖25个左右。初评评委会按设奖数额的200%比例，即100件左右报送定评，另报送国际传播奖项作品10件。

各项目报送作品数量，在小组完成对全部作品的审看、评议后，由本届评委会主任会议根据各项目参评作品质量等情况统筹研究确定。

为调动更多新闻单位的积极性，推荐参加定评的全部作品中，每个报送单位的作品不超过5件。

四、评选程序

（一）审议参评作品资格

1．根据《评选办法》规定，初评办公室要承担对初评参评作品的审核责任，按照“评选范围”“评选标准”“报送要求”等认真审核参评作品，并将符合条件的参评作品提交初评委员会进行评选。

2．初评委员会听取并审议初评办公室关于参评作品和相关申报材料的审核处理情况等，确认参评作品资格。

（二）小组推荐程序

评委分4个小组审看（听）、评议各项目参评作品，向全体评委会推荐各项目候选建议作品。

第1组负责推荐短视频新闻、新媒体品牌栏目的候选建议作品；第2组负责推荐移动直播、新媒体创意互动的候选建议作品；第3组负责推荐新媒体报道界面、国际传播的候选建议作品；第4组负责推荐融合创新的候选建议作品。

各小组指定2位所在单位没有参评作品的评委担任监票人，负责监督小组评委投票和工作人员计票。

各小组在充分讨论、评议的基础上，以无记名投票方式按规定数额推荐出候选建议作品。

1．淘汰各项目1／3参评作品

短视频新闻淘汰22件，移动直播淘汰9件，新媒体创意互动淘汰13件，新媒体品牌栏目淘汰7件，新媒体报道界面淘汰11件，融合创新淘汰27件，国际传播淘汰8件。

淘汰作品按简单多数筛选，如最后1个名额出现2件并列作品，则2件作品都不淘汰；如最后1个名额出现并列作品超过2件，则对这些并列作品进行最多两轮票决，得赞成票多的作品淘汰。

2．召开评委会主任会议

统筹协调各小组作品筛选情况，确定需要统筹协调的原则和要求，确定各项目报送作品和推荐候选作品名额。

3．推荐候选建议作品

各小组根据评委会主任会讨论情况，推荐候选建议作品。

如某项参评作品数额达不到候选建议作品数，可不受该比例限制，按照评选标准评出不超过候选建议作品数额的作品。评不出的，可以空缺。

候选建议作品须达到小组实到评委1／2赞成票。

如达到规定票数的作品多于该项目候选建议作品数，按得票顺序从高向低依次取齐。如最后1个名额出现并列作品（达到规定票数且票数相同，下同），则对这些并列作品再进行票决，得票多者入选。如票决后达到规定票数的作品仍出现并列，则全部入选。

如达到规定票数的作品少于该项目候选建议作品数，则按缺额数加“1”的数量（“1”是指补齐缺额数后，排在其后的首位落选作品，下同），从该项目落选作品中按得票顺序从高向低依次取齐后（如“缺额数加1”出现并列作品，则全部进入票决，下同），对选取的作品再票决，达到规定票数者入选。如此轮票决后，达到规定票数的作品数仍少于该项目设定的候选建议作品数额，空缺数额不补。

各项目候选建议作品名单按投票轮次和得票数从高到低排序。出现并列的，按照作品质量讨论确定排序。

4．确定候选作品

召开评委会主任会议，确定候选作品或处理原则。

（三）评委会全体会议评选程序

1．全体评委听取各小组报告本小组推荐候选作品情况，并进行充分讨论、评议。

2．以无记名投票方式按规定数额推荐报送定评的作品。

报送定评的作品须达到全体实到评委1／2赞成票。

如达到规定票数的作品多于该项目报送名额，按得票顺序从高向低依次取齐。如最后1个名额出现并列作品（达到规定票数且票数相同，下同），则对这些并列作品再进行票决，得票多者入选。如票决后达到规定票数的作品仍出现并列，则全部入选。

如达到规定票数的作品少于该项目报送作品数，则按缺额数加“1”的数量（“1”是指补齐缺额数后，排在其后的首位落选作品，下同），从该项目落选作品中按得票顺序从高向低依次取齐后（如“缺额数加1”出现并列作品，则全部进入票决，下同），对选取的作品再票决，达到规定票数者入选。如此轮票决后，达到规定票数的作品数仍少于该项目设定的候选建议作品数额，空缺数额不补。

3．各项目报送作品名单按投票轮次和得票数从高到低排序，出现并列的，按照作品质量讨论确定排序。

五、评选后续工作和处罚办法

1．初评办公室在中国记协网完整公示报送定评的作品名单及相关作品的全部申报材料，接受网上评议，公示时间不少于5个工作日。不参加公示或作品相关材料无法公示的作品，取消报送。

2．初评办公室对公示期间收到的举报进行认真核查，如作品和《推荐表》等申报材料有抄袭、失实、虚报、篡改等违规问题，一经查实，即撤销该作品入选资格，对相关推荐单位予以警告、通报批评等。

六、评选纪律

初评评委及初评办公室工作人员要严格执行《评选办法》和本《评选细则》，对评选会上的讨论、投票情况要注意保密，如发现评委有钱（物）票交易行为，就委托相关主管单位纪检监察部门介入调查。一经查实，即取消其评委资格并通报所在单位，今后不再聘其参与中国记协主办的各项评选活动。对违纪违规的工作人员给予相应处罚。

七、本《评选细则》经第二十九届中国新闻奖媒体融合奖项初评评委会通过后施行。

未尽事宜委托初评评委会主任、副主任讨论决定，重大事项由全体评委讨论决定。

（编辑　宋子贤）

中国记协新媒体专业委员会委员单位工作综述

人民日报社

一｜人民日报社新媒体工作综述

2019年，人民日报社新媒体中心认真学习贯彻习近平新时代中国特色社会主义思想，落实总书记重要讲话精神和对人民日报社工作有关指示，坚持守正创新，推进深度融合，实现跨越发展，阵地建设取得新突破、传播创新达到新高度、机制改革迈出新步伐，各平台汇聚用户总量达4.9亿，助推人民日报整体传播力、引导力、影响力、公信力显著提升。

（一）加强政治建设，强化理论武装，助推习近平新时代中国特色社会主义思想深入人心、融入实践

2019年，人民日报社新媒体中心不断增强“四个意识”、坚定“四个自信”、坚决做到“两个维护”，通过图文、微视频、直播、H5等形式，及时、准确地报道解读总书记的重要讲话和活动，生动、深入地宣传习近平新时代中国特色社会主义思想。

集中力量、优化策划、突出创意，运用新形式、探索新语态、开拓新表达，不断提升总书记报道质量。2019年3月24日，人民日报刊发总书记“微镜头”稿件《“欢迎你到中国去”》，人民日报新媒体挖掘稿件精华，以《习近平：我将无我，不负人民》为标题发布，被众多媒体网站转载推送，仅在人民日报两微两端总阅读量就超过2000万，总书记所引述的“我将无我，不负人民”成为网络强音。5月，习近平总书记出席亚洲文明对话大会并发表重要讲话，我们连续推出《这，就是中国主张！》《今天，习近平提到这些亚洲文明成果》《文明绝无高低优劣之分！习近平最新演讲，这些话振聋发聩》等解读文章，剪辑制作《认为自己的文明高人一等是愚蠢的！习近平这10大金句掷地有声》《习近平：如果长期自我封闭，必将走向衰落》等短视频报道，总阅读播放量超过1940万。中华人民共和国成立70周年庆祝大会期间，我们第一时间提炼总书记重要讲话，推出的原创九图海报《这9句话，刷屏了！》获得网友的一致好评。第

二届上海进博会开幕式结束后，连续推出《速看！6个数字读懂习近平最新演讲》《继续扩大开放，习近平今天宣布新举措》等报道，多层次多维度解读总书记讲话精神。人民日报英文客户端结合海外传播特点，面向海外受众，传播总书记治国理政新思想，推出英文图文报道《习近平：一心为民初心不变》总点击量超过120万。图文报道《新疆库尔班大叔后人：团结互助是对党最好的感恩》总点击量超过90万。

适应可视化传播趋势，策划制作主题微电影、微纪录片，在真挚平和的故事中，生动传播总书记思想，展示总书记的为民情怀。2019年两会期间，推出微视频《我们都是追梦人》，讲述一群普通人“我们都在努力奔跑，我们都是追梦人”的故事，激励网友致敬奋斗、追逐梦想，全网播放量超过5000万次。上海进博会期间，围绕总书记重要讲话，策划制作微视频《开放的大门只会越开越大》《共享未来》《大江奔腾》，赢得网友纷纷点赞，视频仅在人民日报新媒体平台总播放量就超过2000万。发挥抖音等社交短视频平台年轻化、社交化传播特点，剪辑短视频报道，展现总书记亲民爱民形象。传统节日七夕节，人民日报抖音账号剪辑推送习近平牵手彭丽媛的暖心短视频，真挚情感“暖哭”网友，点赞达2389万、留言跟帖超过10万条。

创新运用沉浸式、互动式传播方式，让总书记报道更加深入人心。2019年春节期间，策划推出互动H5《总书记给我拜年啦》，将总书记金句转化为喜庆祥和的传统春联，引得网友点赞体验，页面浏览量达850万。两会期间，推出交互页卡新媒体产品《习近平关心的那些“小事儿”》，创新采用“行进式报道”，生动展现总书记心系民生的领袖情怀，总浏览互动量超过1500万。国庆期间，策划推出“我爱你中国”主题活动，在北京地铁二号线推出“我爱你中国”地铁专列，并综合运用快闪、主题MV、互动H5、网络征集等线上线下传播形式，清新自然传播总书记重要思想，相关产品互动量超10亿，话题累计阅读量超150亿。

（二）坚持内容品质，加强内容建设，不断提升传播力引导力影响力公信力

2019年，人民日报社新媒体中心在完成日常报道的基础上，围绕迎接中华人民共和国成立70周年这条主线，优化编辑流程、强化主题策划、提升生产能力，推出了一批在移动互联网上刷屏的“爆款”产品。

认真开展重大主题宣传，以优质内容和创新传播，抢占舆论制高点。2019年全国两会期间，连续推出13篇原创稿件，系统解读政府工作报告，阐释惠民措施，《前所未有！一图了解政府工作报告今年减税降费清单》被上千家媒体、自媒体账号等转载。清明节期间，以第六批在韩中国志愿军烈士遗骸回国为契机，发起“寻找英雄”媒体行动，为24位志愿军烈士寻找亲属，连续推出专题报道、图文报道、移动直播、微视频、互动H5等，弘扬崇尚英雄的良好风尚，获得社会各界和媒体同行积极响应，成功为6位英烈找到亲属。互动H5《今天，请你一起为英雄做一件事》，互动量超2400万。国庆期间，策划推出主题活动“我爱你中国”，以共情

式、沉浸式、互动式融合传播，引领思想舆论，汇聚爱国热情，制作的主题MV《我爱你中国》由56个民族群众共同唱出炎黄子孙对祖国的真挚告白，凝聚激发网友爱国之情，全网播放量超过2.5亿。推出互动H5《56个民族服装任你选！快秀出你的爱国Style》让网友体验民族文化，抒发爱国情感，页面浏览量近2亿，用户主动生成的“爱国民族照”超过7.38亿张。持续深入做好“不忘初心、牢记使命”主题教育宣传报道，据不完全统计，截至11月30日，人民日报新媒体各平台共刊发相关报道近千篇，稿件产品和主持话题的累计阅读量超过60亿。人民日报法人微博主持的微博话题#不忘初心#总阅读量达到29.9亿，总讨论量578.4万。

注重创新创意，加强技术应用，引领互联网传播潮流。2019年全国两会期间，我们率先尝试运用5G+VR进行全景直播，给用户带来身临其境的观看体验，3场直播总播放量达600多万。着眼移动互联网“无视频不传播”的发展趋势，加强视频制作力量，制作了一批有新意、有创意、传播好、影响大的视频产品。两会期间，推出的微视频《中国24小时》以时间为刻度，全景展示精彩纷呈、奋进向上的中国，全网累计播放量超1.5亿次，被翻译成多语种对海外传播。建党98周年之际，策划推出微纪录片《今天，为中国共产党打个广告》讲述普通党员不忘初心、牢记使命，无私无悔为人民服务的感人故事，实现网络刷屏，赢得各界赞誉，仅在人民日报平台的播放量超过3000万，被500多家网站、客户端和微博微信账号转发，在以青少年为主的哔哩哔哩网站（B站）发布后，播放量超139万，网友弹幕超3.9万条。9月30日，结合中华人民共和国成立70周年，策划推出主题动画片《追梦者》讲述优秀共产党员逐梦故事和震撼事迹，超过200家网站、客户端、微博转载，全网阅读和播放量达2000万，尤其是B站，网友弹幕总数超过1.6万，获得广泛好评。国庆期间，人民日报抖音账号剪辑发布的阅兵官兵训练视频《这个必须赞，太厉害！武警部队排头兵蒙眼踢正步》平台播放量达4.16亿、点赞超3630万、跟帖留言超10万条，创造了抖音平台短视频传播记录。一年来，着眼移动互联网年轻化、个性化、互动化传播特点，运用歌曲、动漫、条漫、H5等年轻态产品样式，先后推出《点击！你将随机和一位陌生人视频通话》《盘他！看看一根线能盘出啥？》《快看！这里有你在不同时代的美丽模样》《绿色改变中国！50万米高空看32年变迁》《孙悟空的三个锦囊》等产品，均获得良好传播效果。

积极做好海外传播，以高质量原创报道和创意新媒体产品，向海外用户展示立体、真实、全面的中国。策划制作4集系列微视频《外国人看脱贫》运用微电影、Vlog的表达手法，通过外国人视角，听脱贫者讲述脱贫故事，展现中国脱贫攻坚成就，总浏览量超过500万、互动量达40万。国庆期间，推出国际传播重磅产品《中国道路》从医疗、法治、民营企业家、人民幸福感等4个方面，讲述中华人民共和国成立70年来的发展与进步，以小故事切入，融合大时代背景，向外展现一个奋进的中国，总浏览量达60万、互动量超2.5万。成功举办“我与中国”（@China）全球短视频大赛，用普通人的镜头，记录70年来中国的发展进步，向世界展示一个充满活力与感染力的中国，来自全球五大洲、60多个国家和地区的超过43万件作品参加大赛。

（三）坚定政治立场，加强导向管理，旗帜鲜明守好意识形态阵地，有理有力有节开展舆论斗争

2019年，是国内外风险挑战明显增多的一年。人民日报社新媒体中心面对复杂局面，牢牢把握正确的政治方向、舆论导向、价值取向，严格政治纪律和政治规矩，旗帜鲜明守好意识形态阵地，有理有力有节开展舆论斗争。

增强政治敏锐性和鉴别力，精心把握时度效，加强热点问题舆论引导，着力强信心、聚民心、暖人心、筑同心。针对中美贸易摩擦，我们策划制作的海报《这，就是中国态度！》以“谈，可以！打，奉陪！欺，妄想！”9个大字，铿锵有力地亮明了中国态度，海报在各门户网站、新闻客户端上大量转载，被众多网友社交平台圈转发刷屏，还被多家外媒引用报道。

在香港修例风波中，我们发挥新媒体传播优势，加强对港舆论引导。据不完全统计，2019年8月中旬至年底，人民日报新媒体各平台共发布相关稿件3000余篇，总阅读量超过110亿。海报《只有他的“镜头”对准暴徒》《这个家里少不了你》《“我支持香港警察”》《反暴力爱香港》，系列粤语改编剧《溏心风暴2019》、动漫《孙悟空三打黑衣怪》《中国人唱给美国的魔性RAP》等成为刷屏爆款，评论《搞“颜色革命”，别做梦了》《谁真心希望香港好，谁希望香港乱下去，请擦亮眼睛！》等新媒体产品广泛传播。《人民锐评》专栏声名鹊起。积极设置议题，凝聚网络共识，人民日报微博账号主持的微博话题“守护香港”阅读量已经超过156亿，是微博平台涉港报道阅读量最高的话题。

（四）坚持移动优先，创新思维理念，加快新媒体传播体系能力建设

强化体制机制创新，布局智慧媒体。新媒体中心牵头组建人民日报智慧媒体研究院，搭建融合发展新平台，探索通过产学研合作方式，联合国内顶尖互联网企业以及知名高校，整合互联网上的各类优质资源，共同建设高水平新媒体创新智库、技术和投资协同创新平台，为媒体创新发展、融合发展，提供强大智力支撑。11月举办首届智慧媒体年会，邀请业界、学界专家，围绕新媒体发展策略、新媒体产品与技术研发、新媒体人才挖掘与培养、新媒体内容与产业资源整合等议题，进行深入探讨。

加快核心技术攻关，研发主流媒体算法。9月19日上线的人民日报客户端7.0版，搭载自主研发的主流媒体算法和个性化推荐系统，着眼用户需求，用主流价值导向驾驭“算法”，实现优质内容、主流内容、热点内容与用户兴趣相结合的信息服务能力，全面提高舆论引导能力和服务用户能力。人民日报客户端、人民日报英文客户端在算法助力下升级迭代，整合特色内容、丰富内容形式，优化频道设置，扩充内容形态，从用户反馈来看，效果得到初步认可。

加大聚合平台建设力度，根据移动互联网传播趋势，我们建设了主流短视频PUGC聚合平台。9月正式上线“人民日报+”短视频客户端，搭建自主可控短视频平台，突出视频、直播、人民问政三大功能，聚合专业生产内容，稳妥用好用户生产内容，力求打通民生问题反馈、跟进、解决的新渠道。

同时，继续加强“人民号”建设，积极与各地政府机构、党政机关的协调沟通，推进政务号集体入驻“人民号”，制定系列考核激励措施，鼓励入驻号生产更多优质原创内容。截至2019年年底，累计申请入驻账号超过23万，经严格审核，实际入驻账号超2万家（其中主流媒体、党政机构等重点账号2000余家），日均发布各类资讯近万条。

此外，努力推进客户端地方频道建设，充分调动人民日报国内分社能动性，提升地方频道的活跃度和吸引力，推进人民日报客户端用户覆盖向三四线城市下沉。

深度融合，实现了跨越发展。截至2020年12月31日，人民日报“两微三端”（法人微博、微信公众号、人民日报客户端、英文客户端、人民日报+客户端）及抖音、快手账号覆盖用户总数突破4.9亿。其中，人民日报客户端用户自主下载量突破2.58亿；人民日报法人微博在新浪微博平台的粉丝数突破1亿，成为新浪微博首个粉丝数过亿的媒体微博账号，连续7年保持中国媒体第一微博的影响力；人民日报微信公众号用户订阅量超2950万，传播指标及综合影响力在微信公众号中稳居第一；人民日报抖音账号上线1年多，关注数超5200万，在媒体类抖音账号中高居第一；人民日报英文客户端用户自主下载量和活跃度稳步攀升，海外用户占比达71.2%，居国内主流媒体英文客户端第一阵营。

二丨人民日报社新媒体工作案例

全媒体策划：“我爱你中国”

为庆祝中华人民共和国成立70周年，人民日报社新媒体中心2019年推出“我爱你中国”全媒体策划，综合运用网友尤其是青少年喜爱的音乐快闪、主题MV、互动H5、网络征集等产品、活动形式，线上线下结合，多种渠道融通，发布一系列网络“爆款”产品，激发、凝聚起广大网友的爱国热情，引起强烈反响。

9月26日，推出主题MV《我爱你中国》，MV由56个民族的普通群众共同演唱，88岁高龄的曲作者郑秋枫参与演出。MV在全国20多个地点以电影级品质实景拍摄，历时3个月，前后超过千人次参与拍摄，真实壮美，动人心弦，唱出了亿万网友最真挚的告白。MV发布当天，推出MV配套互动H5《56个民族服装任你选！快秀出你的爱国Style》，帮助网友“换装”，生成脸上贴有小国旗的个性化“民族照”或“头像照”，既体验各民族的服饰文化，更表达出共同的爱国情感，形成网络传播热潮。

9月29日，“我爱你中国”地铁专列在北京地铁二号线运营，车厢内主要元素为习近平总书记曾经提到的15位爱国典型、英模人物的形象和他们关于爱国的精彩话语。同时，还在地铁车厢内策划音乐快闪，在网上网下同步唱响“我爱你中国”，引起网友强烈反响。“我爱你中国”地铁专列在北京地铁二号线运营时长达一个月，运营期间吸引众多网友前去“打卡”。

与此同时，为了增强活动的参与性和互动性，人民日报新媒体与微博等社交媒体平台和抖音、快手等短视频平台联合推出“我爱你中国”网络征集，吸引网友以留言、歌曲、短视频等不同形式，表达自己对祖国的爱，获得积极响应。不少网友纷纷上传歌曲、短视频，成为国庆期间社交平台上的一大传播亮点。

“我爱你中国”全媒体策划打通了线上线下多个渠道，融合了MV、互动H5、音乐快闪、线上线下活动等多种新媒体形式，产生了强烈的社会反响。主题MV《我爱你中国》被500多家新闻网站和新闻客户端、微博、微信公号转载，在全国众多电视频道和线下大屏播出，全网播放量超过2.5亿。民族服装H5的页面浏览量（PV）近2亿，用户主动生成的“爱国民族照”超过7.58亿张。#我穿民族服装的样子#成为新浪微博网友自发形成的“热搜”话题。抖音平台“我爱你中国”主题征集到300余万条视频，总播放量超过84.3亿次。微博平台“我爱你中国”主题发帖量超过1000万，总阅读量超过67.7亿。活动开展一周后，“我爱你中国”全媒体策划网友互动量超10亿，网络征集主题阅读量超240亿，网友纷纷表达自己的爱国之情。

联结宏大主题与个体生活，注重互动化、年轻态，让爱国主义宣传出新出彩，“我爱你中国”成功化为广大网友心底自然流淌出来的心声。

（人民日报社）

新 华 社

一 | 新华社新媒体工作综述

新华社新媒体中心成立于2012年，是主流媒体中创建最早的专业从事新媒体建设的机构。2019年，新媒体中心坚持以政治建设为统领，以建设智能化编辑部为主线，加强创意创新，主动适应移动化、视频化、智能化、社交化传播特点，坚持思想性、新闻性、真实性、可读性相统一，紧紧追踪人工智能技术革新、硬件创新和新闻应用场景变迁，将创新创意封装成一系列开风气、有影响的现象级新媒体产品，走出一条具有通讯社特色的融合发展之路，形成了“一系列（系列新媒体产品）、一创新平台（智能化编辑部）、三线（新媒体专线、短视频专线、县级融媒体专线）、三端（新华社客户端、新华社英文客户端、中央纪委国家监委网站客户端）、三微（“新华社”法人微信公众号、“新华社微悦读”微信小程序、“新华社中国网事”微博）、三项目（现场云、卫星新闻实验室、新青年）、一系统（海外舆情数据分析系统）”的业务结构。新华社客户端下载量达3.5亿，“新华社”微信公众号粉丝量突破2500万，融合创新产品《“媒体大脑”想陪你聊聊“两高”这五年》获得第29届中国新闻奖二等奖，各项工作取得突破性进展，不断推动媒体融合向纵深发展。

（一）重大主题报道创新出彩

以创新方式解读习近平新时代中国特色社会主义思想，推出一系列现象级创意创新融媒体产品。

创意时政MV已成创新品牌。推出系列MV作品，累计浏览量超过7亿。在澳门回归祖国20周年之际，推出原创MV《七子新歌》国语版和粤语版。#七子新歌#话题获单日微博热搜第一。

7月1日，推出情感分享式H5《致奋斗在脱贫战场上的你》，以9张制作精美、饱含情感的祝福卡片为线索，号召全体网民向奋斗在脱贫攻坚一线的“战士”们送去祝福。报道推出48小时后，又播发延伸报道《这是一份绕地球5000多圈的祝福！》，利用可视化的形式深度剖析1050万份祝福大数据，并配发一线扶贫干部采访视频，在网上引起强烈反响，形成高潮迭起的现象级传播效应，48小时内1100万人发送祝福卡片，浏览量1.7亿，微博话题浏览量6000万，创造时政类H5产品传播新纪录。

在世界环境日当天，策划推出首部新闻微电影《草木之声》，通过四个感人至深的片段讲述人与自然相互交融、和谐共生的中国绿色发展故事，通过小切口展现中国人与植物密不可分的深刻主题，生动阐释总书记“绿色是生命的底色”重要论述。微电影发布后迅速刷屏，央视新闻、光明网等央媒转发，腾讯、百度、今日头条等网站、新媒体平台首页展示。浙江卫视、湖南卫视等在黄金时段播出，引发强烈共鸣，无数读者、观众为之落泪，传播总覆盖人群4.02亿人次。《草木之声》还被翻译为英文、法文、俄文、西文、葡文、阿文、日文7种语言版本对外播发，海外传播浏览量达480万，互动量超16万人次。

在国庆当日，制作短视频《习近平向党旗、国旗、军旗行注目礼》，展示总书记领袖形象和风采。推出全景式阅兵长卷《长长长长长长长……但一点也不舍得看完！》，将阅兵中地面和空中方队全景还原，新华社微信公众号浏览量420万，“在看”量7.3万，全网浏览量1.15亿，在当日微信同类报道中数据最高。

（二）建成世界首个智能化编辑部

2019年12月，新媒体中心建成并运行世界首个智能化编辑部。它引入人工智能技术对新闻生产传播进行全流程再造，重塑媒体组织架构、机制流程、业务模式，大幅提高新闻生产效率，引领新闻业态的重大变革。

将智能软件系统和智能硬件设备创新应用到新闻采集、生产、分发、接收、反馈全环节中，通过一次采集，N次加工，多元分发，让新闻生产提速、提量、提质、提效，打通了在线新闻生产的“最后一公里”。

初步形成系统化的技术创新体系，主要包括智能技术体系、智能产品体系、智能硬件体系、数据支撑体系和机制制度体系等5大支撑体系。在技术创新体系中有6个智能生产系统，初步得到实践检验，正在加速应用迭代，包括“媒体大脑”、现场云、AI合成主播、时政动漫平台、“鹰眼”新闻线索超早期系统等。

立足于“技术+创意”理念，生产AI合成主播视频、短视频、地图新闻、数据新闻、卫星新闻、VR、AR、MR等30余个品类的创新产品。

此外，成功对全国政协十三届二次会议第三场记者会进行首次5G手机全链条直播报道，由5G手机拍摄，借助5G网络实时传输，5G手机即时呈现。在国庆报道中，配备全球首台5G+8K超高清转播车实现首次8K全链条实战直播报道，多路直播信号同步落地，实现5G+8K采集，5G传输，8K呈现。

在智能系统助力下，编辑记者生产效率可提升3～5倍。

（三）新媒体专线迈向“新媒体产品总汇”

新媒体专线兼容多种创新形式，与全社各业务部门协作，生产文、图、短视频、动漫、沙画、3D、H5、地图新闻、卫星新闻、数据新闻等全媒体样式产品，动态兼容AI、AR、VR、MR等移动互联网最新探索，日均发稿超200条，正在迈向“新媒体产品总汇”，实现通讯社核心职能向新媒体领域全覆盖。

结合全国两会等重大主题，推出融合报道《“萌”婶代表记——全国人大代表赵会杰和小庙子村的新故事》，集文字、图片、VR动画短片于一体，讲述了一位“最平凡”人大代表的基层履职故事，生动阐释习近平在内蒙古代表团审议时提出的“保持加强生态文明建设的战略定力”等重要部署，总浏览量突破2亿。《微视频丨文明的力量》《北京世园会成“网红打卡地”，哪些场馆人气最旺？》《美国实施霸陵，唯有从容应对》等新媒体产品影响广泛，取得良好传播效果。

（四）新华社客户端建设迈上新台阶，活跃度显著提升

新华社客户端是一款首创的门户客户端，是我国移动互联网信息服务门户、新闻客户端旗舰和全国政务服务重要平台。下载量超过3.5亿，活跃度显著提升，浏览量同比增长21.3%。全年发稿90万余条，组织“现场新闻”1001场，时政新闻首发率稳定在80%。

（五）新华社英文客户端实现跨越式发展

新华社英文客户端加强内外并重、内外互动，打造集成中国英文资讯的第一信源，下载量超100万，海外用户超80%，受到海内外受众广泛关注和好评，在主流媒体中稳居第一阵营。

继续做大做强“习近平时间”专题，打造对外讲好中国共产党领导人故事的第一平台。策划推出“习近平说”双语金句海报和全新栏目“每日一词”，双语制作主题视频、动漫、评论产品，为海内外受众提供轻量化的融合报道。

（六）“新华社”法人微信公众号在主流媒体时事类公众号中继续位居前列

“新华社”微信公众号重大时政新闻实现首发并被各媒体公众号跟推，重要节日、纪念日和二十四节气原创融合报道形成品牌引领。在互动交流和用户拓展等方面取得突破，粉丝量超2560万，活跃度大幅提升，阅读量百万级和数百万级稿件数量大幅增加，《早知天下事》《夜

读》等重点栏目流量提升数倍。

“新华社微悦读”微信小程序作为新闻类小程序的定义者，用户数量保持在600万左右，结合全国两会等重大主题报道，推出“新华答题”等互动产品，让受众以“强社交”形式接收新闻。

（七）打造现场云、卫星新闻实验室、新青年三大创新项目平台，不断扩大报道覆盖面和影响力

现场云已建成全国最大的新闻直播平台和短视频协作生产平台。入驻媒体和党政机构达3600多家，每天发起直播报道600多场，可同时在用户自有客户端和新华社客户端展示。策划一系列主题联播报道，协同全国媒体开展“春天在这里”“和你在一起”“你很了不起”等主题性报道，将社会热点和民生关切连接到移动终端，既客观直观，又丰富立体，有效调动了媒体机构和党政机关参与的积极性。

卫星新闻实验室依托媒体融合生产技术与系统国家重点实验室，将卫星技术与新闻报道结合，从创意、视觉、数据等方面将二者深度融合，打造“天地人”一体的创新新闻报道模式。结合中华人民共和国成立70周年，推出“60万米高空看中国”系列融媒体报道，传播量达40亿。

新青年是新华社打造的全球化青年演说品牌，也是国内唯一一档专注青年的短视频节目，成为国内严肃青年内容品牌的领跑者。2019年，新青年实现全年不间断周播，#新青年#微博话题总浏览量达10亿，全网浏览量突破60亿。主办“新青年2019夏季演讲”和“新青年2019冬季演讲”，孵化推出“中国青年论坛”“领读者读书大会”等新活动品牌。“中国青年媒体矩阵”扩容至900个主体，包含国内高校官方账号500个，学生组织账号400个。“新青年”微信、微博、抖音等用户规模进一步扩大，累计增加粉丝400余万。

（八）建设海外舆情数据分析系统，有力地服务中央外宣工作

海外舆情数据分析系统以中美大国竞争为主线，围绕中美经贸摩擦、香港止暴制乱、新疆反恐、两岸关系、“一带一路”、人民币汇率等热点实时监测、重点抓取海外主流媒体和推特、脸谱等海外社交媒体与我国密切相关的政治、经济、社会、外交等重要信息，每期抓取信息总量超过3亿条次，借助大数据系统工具，分析模型精准，分析视角独到。利用“词云图”“声浪图”“图说”“一图读懂”等形式，实现可视化呈现。2019年，推出52期海外舆情报告，有效服务中央决策和外宣参考。

二丨新华社新媒体工作案例

推出系列时政MV，创新时政报道新媒体样态

新华社新媒体中心加强创意创新，跨界融合，倾力打造操作轻灵、资源雄厚的系列原创时政MV，创新重大时政报道新媒体样态。2019年推出《七子新歌》等系列MV作品，全网浏览量超过7亿，成为引领主流媒体融合发展的创新品牌。

在澳门回归祖国20周年之际，推出原创MV《七子新歌》国语版和粤语版，从年轻人的视角，以音乐传递情感，展现澳门发展成就和澳门同胞的家国情怀，全网总浏览量超3.3亿。12月20日，青年歌手胡夏和新华社记者路滨琪共同演唱的《七子新歌》青春版首发。同时澳门中华文化推广大使、青年歌唱家李玉刚受邀演唱该作品，通过独特的男女声反串，用细腻的歌声，演绎浓郁的中华情，以旋律为纸，以歌词为笔，从多种视角展现澳门回归20年来的发展成就和澳门同胞的家国情怀，表达中华儿女对澳门回归祖国怀抱的喜悦之情。

《七子新歌》MV在新华社“两微一端”终端平台率先发布，学习强国等近千家媒体转载。英文版MV在新华社英文客户端首发，新华社海媒平台Twitter、Facebook转发，并在APUS浏览器获得首页推荐和热门新闻第一的位置。《七子新歌》MV在新浪微博引起热烈讨论，#七子新歌#登陆单日热搜榜第一名，在微博平台总浏览量1.06亿。网友留言说，20年前，一句“你可知Macau不是我真姓”打湿了国人的双眼，打湿了青春的容颜；20年后，一句“唱一曲七子长歌，这一缕乡音依旧”温暖了国人的心，温暖了澳门20年的成长印记。

（新华社新媒体中心）

中央广播电视总台

一 | 中央广播电视总台新媒体工作综述

（一）中央广播电视总台新闻新媒体中心

2019年7月10日，中央广播电视总台新闻新媒体中心正式成立，以原央视、央广、国广的新闻新媒体业务为基础进行重新整合，负责全台新闻新媒体旗舰平台建设及新闻类微博、微信等媒体账号的运营，负责新闻新媒体专线产品的组织、策划、生产、推广等工作。

1. 以大气稳当精准为原则，创新做好重大时政的新媒体报道，深入宣传习近平新时代中国特色社会主义思想

新闻新媒体中心增强“四个意识”，坚定“四个自信”，做到“两个维护”，落实总台“头条工程”，创新做好新媒体“首页首屏首条”建设，突出宣传习近平总书记人民领袖、大国领袖的思想、风范、情怀，做到习近平总书记重要思想和领袖风采“天天见、天天新、天天深”。

2019年，新闻新媒体中心围绕习近平总书记等中央领导同志的重大时政活动，在新媒体平台及时推送、准确播发、深入解读。不断完善央视新闻客户端等平台的重大时政发稿流程，按照抢发快讯、迅速推送、递进式更新的方式，向全球首发重大时政新闻。强化“三审三校”发稿规范，确保精准。围绕重大时政活动，在新媒体平台及时推送、准确播发、深入解读，以一图、海报等方式摘录金句，及时进行碎片化传播和通俗化解读。《国庆闻习语，奋斗再出发》系列特稿以及《习近平为什么说“三尺讲台系国运”？》《中秋佳节，习近平这些“家常话”格外暖心》《农民丰收节，且听田间习语话农桑》等作品，均获全网推送，在各大网站置顶。

2. 充分应用5G+4K+AI，创新国庆70周年新媒体报道，创下节目时长、网络观看、全网阅读等多项纪录

总台新闻新媒体全平台于9月29日6：00至10月2日4：00，开启《日出东方》70小时不间断

大直播。特别节目以庆祝大会、联欢活动、国家勋章颁授仪式、敬献花篮仪式四场重大活动直播为主干，延伸场内场外报道，全方位立体式展现国庆盛典。

70路直播信号实时回传，庞大信息源确保内容优势。在此次70小时不间断直播报道中，“央视新闻”派出了70路记者在前方进行现场报道，利用现场机位、4G背包、卫星车信号、手机直播、4K航拍，实时景观信号等多种采集形式，并采用5G+4K技术实现多路超高清信号回传，采用业内最为先进的IP化传输技术，在转播史上第一次将阅兵现场全部70路讯道信号海量回传，实现新媒体“1+7”多角度全景式直播报道。首次运用新闻云系统和AI智能技术，打造海量云剪辑，400余条V观视频全网刷屏。

创新利用高新技术设备呈现工作过程，社会反响强烈。新媒体微纪录片《揭秘阅兵“第100个方队”》创新利用高新技术设备呈现工作过程，记录了总台直播6大系统、88个机位、361支麦克风、新媒体AI技术应用等诸多方面的工作，全网推送阅读量超1000万人次。

多平台分发，实现传播效果最大化。本次直播以版权为依托，在中国移动咪咕、微博、快手等新媒体平台分发。《H5｜央视新闻国庆70小时不间断直播》等H5产品在海外实现了对G7、东南亚等国家和地区的有效覆盖，海外访问量达8000万人次，创国内直播境外关注新纪录。

3. 以多种新媒体手段，全方位报道澳门回归20周年，讲好澳门故事，展现“一国两制”生动实践

推出包括时政特稿、系列微视频、系列主题直播和H5游戏等多种形式的融媒体产品，各平台共发布相关稿件410余条，总阅读量超过11亿。其中，微博“澳门回归20年”总阅读量近9亿人次，讨论量超过55万。

时政报道第一落点，独家视频特稿全网首发。习近平总书记在澳门的系列重要活动和讲话，新闻新媒体后方编辑部与前方密切配合，抢占新闻第一落点，实现连续两天时政快讯首推首发“七连”。同时，推出时政微视频时政Vlog、时政新闻眼、时政V观、直播等多种形式的报道，从多个维度深入阐释习近平总书记心系国家、情系人民，坚定不移推进祖国和平统一进程，擘画新时代“一国两制”事业的宏伟蓝图。

4. 大小屏呼应，创新《新闻联播》新媒体传播

创新推出现象级产品《主播说联播》。从7月29日起，推出《主播说联播》新媒体短视频栏目，从《新闻联播》中播发的新闻切入，结合当天重大事件和热点新闻，用年轻人喜爱的网络流行语言传递主流声音，在微博、微信、抖音等网络平台推送，每期视频在央视新闻微博的播放量超过千万。

5. 做强做优总台评论，在新媒体舆论场敢于举旗亮剑

2019年《国际锐评》按照“缘事而发、寓理于事、目光四射、倚马可待”的工作要求，围绕习近平主席重要出访以及重要讲话，中美经贸舆论斗争，新疆、香港、中国经济等重大国内

外热点，主动设置议题，敢于善于发声，取得显著国内外传播效果。截至12月12日，《国际锐评》2019年共发布评论近350篇，被FOX、纽约时报、CNBC、彭博社、BBC等西方媒体广泛转载报道，成为西方判断中国立场的“观察哨”。其中80篇被《新闻联播》采用，积极影响国内外舆论，占据舆论制高点。在新媒体平台推出《热评》，由社会热点、痛点、难点、敏感点入手，第一时间表明立场态度，截至2019年12月12日，已经发布评论超过200篇。热评话题微博阅读量已达12.9亿人次，在央视新闻新媒体各平台总阅读量超过14亿人次，在舆论场上发挥出评论“轻骑兵”的影响力。

6. 坚持创新，实现新闻客户端改版升级

央视新闻客户端“换新装”。10月9日，全新改版的央视新闻客户端正式上线，在各大手机应用商店陆续发布。新版本正式启用了央视新闻新版Logo，更新Slogan为“我用心你放心”。新版UI界面设计围绕简洁化、无边界的理念展开，增添了视频轮播、智能搜索等功能，推荐更新下载，通过功能的整合，让各个功能板块更鲜明，交互更人性化。改版后，央视新闻客户端的新增用户数接近400万，用户总数达到1.05亿。

中国之声微博微信影响力保持广播界第一。中国之声在策划发布日常微信、微博之外，还针对重要报道制作了多款新媒体产品。《共和国声音日历》用视频、音频、图文的形式每天制作一期，并在微博同步发布。

（二）中央广播电视总台视听新媒体中心

央视频5G新媒体平台（以下简称“央视频”）作为总台倾力打造的综合性视听新媒体旗舰平台，是贯彻落实习近平总书记和中央领导同志重要指示批示精神，建设好运用好新媒体新平台的具体实践；是总台实施“先网后台、台网并重、移动优先”重大战略，“5G+4K／8K+AI”先进技术为引领，主动作为积极抢占移动传播制高点，奋力打造具有强大引领力、传播力、影响力的国际一流新型主流媒体的重要举措。2019年11月20日，央视频成功上线，标志着总台媒体融合发展迈出关键性步伐。

1. 全方位发力，央视频亮点频现

在技术架构上，央视频把中国电信、中国联通、中国移动三大运营商与华为公司作为战略伙伴，把腾讯公司作为技术合作商，在技术上保证了首个国家级5G新媒体平台的高起点与先进性。央视频始终遵循“安全播出、自主可控、众筹聚合、做大做强”的原则，采用先进的“大中台+小前台”设计，使总台成为第一家建设中台的主流媒体。

在产品体系上，央视频致力于建设“一号一端”平台，即由服务于消费者的“央视频”客户端和服务于创作者的“央视频号”构成。将总台既有的视频优势与用户喜爱的社交方式相结合，致力于成为有品质的视频社交媒体。

在内容品类上，央视频聚焦泛文体、泛资讯、泛知识，形成了30个一级品类、253个二级品类及32万个个性化标签。

在产品形态上，央视频以短视频为主，兼顾长视频，具备独特的以短带长、直点播关联功能，应用最新视音编解码技术，带给用户超高清4K投屏体验、VR视频体验，以及未来的全景声体验。

在内容生产上，央视频聚焦泛文体、泛资讯、泛知识三大品类，以账号体系为内容聚合逻辑，连接撬动总台长期积累沉淀的优质资源和各类社会头部创作力量，唤醒并释放总台在短视频方面的原创活力和内容价值，与政务号、媒体号、机构号、县级号、达人号、自媒体号等形成优质内容矩阵；开发G拍功能，汇聚全网创作者UGC内容，共同搭建总台新媒体内容森林的生态系统。

在算法推荐上，央视频采取算法推荐和人工推荐相结合，以“千人千面”的形式向用户推荐符合主流价值的优质内容。特别是，央视频在传统的播放量、浏览量、点赞量等流量型指标为主的算法基础上，增加了“价值传播因子”“动态平衡网络”“社会网络评价体系”等和正能量引导相关的评价指标，创新打造体现主流价值观的“总台算法”。利用实时计算实现“边看边推荐、边看边分享”的用户使用场景，改变传统的线性被动收看模式，为用户搭建沉浸式服务体验。

在体制机制上，中央广播电视总台内设视听新媒体中心，同时组建央视频融媒体发展有限公司。由视听新媒体中心负责央视频的建设与运营、内容的策划生产与统筹聚合等。央视频融媒体发展有限公司为央视频提供市场化的运营、技术、推广、商务合作等服务，与视听新媒体中心形成“一体两翼”的组合格局，事企结合共同建设好运用好央视频5G新媒体平台。

2. 发挥优势，整合资源，央视频实现跨越式发展

2019年年底，央视频下载量已超过1436万次，账号总数近4000个，第三方平台粉丝数突破500万，完成了从0到1的跨越式突破。

账号森林体系初具规模。央视频依托总台强大的视频生产体系和优势资源，唤醒并释放总台在新媒体短视频方面的创作动能，不断推动内容生产供给侧结构性改革。通过广泛对接总台各中心、频道频率、栏目，深挖名主持人、名记者、名评论员及特色资源开办垂类账号，打造属于总台自己的主流“网红”队伍。截至12月31日，台内共开设账号1135个。截至12月31日，开通台外账号共计2830个，实现海量优质内容汇聚。

内外融合迅速扩大知名度。先后推出《新闻联播》“央视频”口播报尾、由总台20名主持人拍摄制作的“在央视频等你”系列宣传片；在华为应用市场、小米应用商店、腾讯系头部客户端、今日头条等进行宣推海报开屏画面和闪屏联投展示。各类渠道曝光量累计超20亿次，短视频国家队品牌知名度迅速攀升。

第三方平台运营大力提升影响力。9月26日，央视频在第三方平台上线并顺利实现首次发声“终于等到我”，联合近400个第三方平台官方账号制作发布央视频互动海报，#在央视频C位出道#等微博话题阅读量超8000万次。央视频上线后，重点推送台内主持人IP内容，《央视频出道董卿爆了康辉一个“料”》抖音观看量近2000万；《央视boys在等你！》宣传短视频抖音播放量近550万。

二丨中央广播电视总台新媒体工作案例

《主播说联播》

从2019年7月29日开始，总台新闻新媒体平台推出《主播说联播》短视频栏目，每期视频时长在1分钟左右，从《新闻联播》中播发的新闻切入，结合当天重大事件和热点新闻，用年轻人喜爱的通俗语言传递主流声音，在微博、微信、抖音等社交媒体平台广受好评。

1. 紧跟当天热点延伸联播话题

《主播说联播》栏目结合当天备受关注、极具延展性的新闻话题，选题经过主创人员反复酝酿讨论，通过内容的梳理和勾连，用主播个性化的语言表达，从而达到传播效果最大化。

2. 亦庄亦谐的个性化语言嬉笑怒骂的年轻化表达

《主播说联播》在表达上则追求更加个性化和年轻化，尽量贴近年轻受众，力求引发网友共鸣。点赞英雄时饱含深情，弘扬正气时光明磊落，讽刺偏见时幽默风趣，痛斥黑手时一针见血。

3. 该接地气绝不端架子“国脸反差萌”受网友热捧

《主播说联播》让网友看到《新闻联播》之外的主播表达，该高大上就绝不会低姿态，该接地气也绝不端架子。权威媒体与网络上的鲜活语言结合在一起，被观众称作“国脸”的《新闻联播》主播突然变成了幽默的“段子手”，这种“反差萌”让节目的传播更加接地气，也更容易被观众接受。

截至2019年11月25日，微博话题“主播说联播”阅读量达26.3亿人次，讨论量88.9万，多期节目登上了微博热搜榜。

4K直播电影《此时此刻——共庆新中国70华诞》开历史先河

2019年国庆，央视频开创性地推出4K超高清直播电影《此时此刻——共庆新中国70华诞》，创造了“直播电影”这一电影家族新种类，成为落实总台融合发展实践的重大创新举措。10月1日上午，北京、上海、广州、深圳、拉萨、乌鲁木齐、延安、宁德等十余个城市的70家影院通过卫星传输接入4K超高清信号，同步直播《此时此刻——共庆新中国70华诞》，这也是我国历史上首次将4K超高清直播信号引入院线。央视频4K超高清直播电影的出现，把电视的时效性与影院的高品质精彩结合，让广大受众既能实时观看电视直播带来的实况画面，又能享受院线影厅独特的视听震撼，在中国影视发展史上具有划时代意义。同时，满足了广大人民群众共同的精神文化需求，让大家共同分享中华人民共和国成立70周年这一重大历史时刻的荣耀与自豪。

随后，央视频迅速推出粤语版、六种外语版、五种少数民族语言版直播电影。国庆期间，央视频携手总台港澳台节目中心推出《此时此刻——国庆70周年盛典》4K直播电影粤语版，影片在香港、澳门和广东的80余家影院播映，引发强烈反响。与民族语言节目中心联合制作完成蒙、藏、维、哈、朝等5种少数民族语言版本4K直播电影，成为总台贯彻落实习近平总书记在全国民族团结进步表彰大会上的重要讲话精神的具体举措。之后，与总台影视翻译制作中心、CGTN联合制作完成《大阅兵 · 2019》英、俄、法、西、阿、葡等6种外语版，并在希腊、日本、尼泊尔等多个国家上映，成为总台对外传播的大IP。11月15日，4K直播电影《此时此刻 · 2019大阅兵》普通话版正式登陆全国院线。多语种国庆大阅兵4K直播电影的成功上映受到了来自中央领导同志和总台党组的肯定与嘉奖。在第二届海南岛国际电影节上，4K超高清直播电影获组委会特别奖。

（中央广播电视总台新闻新媒体中心、视听新媒体中心）

《求是》杂志社

一 | 《求是》杂志社新媒体工作综述

2019年，《求是》杂志社在新媒体事业发展中，坚持稳中求进、守正创新，强化互联网思维和一体化发展理念，推动理论内容、技术应用、平台终端、人才队伍共享融通，努力推进刊网融为一体、合而为一，努力把宣传资源向网络聚集，刊网融合迈出关键步伐，融媒体宣传呈现全新气象。截至2019年底，《求是》杂志已形成1个网站、4个微博账号、7个微信公众号、4个短视频平台账号、2份移动手机报、多个主流平台订阅号的新媒体思想理论传播矩阵，核心覆盖用户数超过5000万。伴随着《求是》杂志全新改版，求是网多项工作取得新进展，社会关注度不断提升，网上理论宣传工作打开新局面，重点理论网站优势和特色逐步显现。在《求是》杂志编委会的直接领导下，求是网抓住《求是》杂志全新改版带来的历史机遇，在刊网融合发展进程中贯彻“思想建党、理论强党”理念，坚持内容为王，充分发挥党中央机关刊内容资源优势，努力实现党的创新理论全媒化传播，在互联网上构筑起“求是”品牌。

2019年，求是网（www.qstheory.cn）编发推送各类理论文章4.5万余篇；编制理论专题、网文网评、导读、综述、图解、H5应用等新媒体产品约2300个；建立起200余人的专家学者队伍；视频团队重磅发力，全年制作视频255条，累计播放量达到5400万次。此外，移动媒体产品关注度突飞猛进，微博@求是、@理论旗帜、@是点官博共计粉丝数608万；求是网微信、求是手机报、求是微视频、学而时习、五当山、求是漫评共计粉丝数133.7万；中国移动求是手机报以及今日头条、一点资讯、搜狐客户端、网易客户端、凤凰客户端等商媒客户端渠道影响力稳步提升。相较于2018年，求是网网站页面日均访问量增长150%；微博日均阅读量增长120%，单篇阅读量平均增长170%；微信日均阅读量增长110%，单篇阅读量平均增长160%；融媒体产品平均转载量增长180%，“求是”品牌在网上的关注度、传播量实现新的跃升。

2019年，求是网获得中华全国新闻工作者协会颁发的第二十九届中国新闻奖网络访谈二等奖和新闻漫画三等奖；获得中央网信办颁发的“2019年网上重大主题宣传和重大议题设置特别奖”以及第四届“五个一百”网络正能量精品评选网络正能量榜样、网络正能量文字作品、网络正能量动漫音视频作品与网络正能量专题活动；获得司法部、中央网信办、全国普法办第十五届全国法治动漫微电影作品征集活动三等奖。这些成绩的取得，彰显了党中央机关刊在努力建设具有强大传播力、引导力、影响力和公信力的新型主流媒体探索之路上迈出了坚实的一步。

回顾一年工作，《求是》杂志社在深度融合中突出理论宣传内容优势，在重大主题宣传报道中主要有以下亮点。

（一）高扬党的理论旗帜，做好习近平新时代中国特色社会主义思想的全媒化宣传阐释

刊发好、阐释好、宣传好、传播好习近平总书记重要文章是改版后《求是》杂志的第一职责，解读好、传播好《求是》杂志发表的总书记重要文章同样是融媒体传播的第一职责。我们下大力气做好总书记重要文章的融媒体、全息化传播，组织精兵强将、安排专人专班专职负责，体现专业性，把握时度效，真正吃透精神，力求讲深讲透，让党的创新理论“飞入寻常百姓家”。

在内容生产上，力求做到既全面系统又深入透彻，既讲清楚习近平新时代中国特色社会主义思想的时代背景、重大意义、科学体系、精髓要义、实践要求，又说明白这一思想的中国特色、时代特色和实践特色，揭示这一思想贯穿的马克思主义立场、观点和方法，推动干部群众更加全面准确、深入有效的学习；在表达方式上，做好分众化传播，既有针对高端受众的文章全文、阐释文章等重磅产品，又有针对普通受众的金句、短文、音频、视频、图表、H5等轻量化产品，向不同层次党员干部立体全面地展现这一思想的丰富内涵和鲜明品格，逐步形成了以学“习”为主题的新媒体传播矩阵，取得了良好的传播效果。2019年全年《求是》杂志发表习近平总书记重要文章24篇，配合刊发本刊编辑部阐释解读文章24篇。在此基础上，求是网制作编发了大量融媒体产品，如理论微视频《文明使者习近平》《总书记眼里的好干部怎么造就？》《长江，总书记萦绕于心、谋划于胸》，专家访谈《辩证唯物主义是中国共产党人的世界观和方法论》，网文《什么主题，让中央政治局集体学习了五次？》《“共抓大保护，不搞大开发”怎么看、怎么办？》《65年前，这件大事举国瞩目！》，网评《人类政治制度史上的伟大创造》《自我革命破解历史周期率》《学深悟透用好马克思主义看家本领》等。其中，理论综述《加强党的政治建设，习近平总书记这么说》得到全网头条推荐展示，被800余家媒体转载。以学“习”为主要内容的微信公众号“学而时习”和微博话题#总书记说得对#得到网民积极关注，总阅读量突破1个亿。体现“求是”品牌的大型理论融媒体专题“理上网来 · 理论新境界”

自2019年1月上线以来，发挥平台聚合优势，将改版以来的总书记重要文章以及本刊编辑部解读文章分类展示，并集纳中央媒体相关主题的优秀理论文章和融媒体产品，全年精选收纳各类文章5000余篇，该专题在各大主流媒体和商业媒体首页要闻区长期置顶推荐，全网总浏览量超过5000万次，成为广大网民理论学习的重要专栏。

（二）围绕重大主题、重大议题，实现网上网下优势有机融合

《求是》杂志全新改版以来，围绕中华人民共和国成立70周年、中美经贸摩擦等一系列重大主题、重大议题，组织刊发了大量具有权威性、理论性、战斗性的高质量文章。我们充分运用好这些权威优质理论资源，运用互联网表达方式进行转化，根据时间节点、形势任务等进行有计划、有节奏的网络传播，使融媒体传播更好体现深刻性、大众化，更好把握时度效。

围绕庆祝中华人民共和国成立70周年重大主题宣传，《求是》杂志创新宣传形式，将历史逻辑、理论逻辑、实践逻辑相结合，用鲜明的主线、深刻的道理、生动的故事、鲜活的语言，讲述70年中华民族从站起来、富起来到强起来的历史进程、辉煌成就及其背后的深刻原因，刊发了社论《为了新中国》以及《领航新中国奋进新时代》《思想之光指引中国实现伟大飞跃》《人民是主人》《从三个历史节点看中国经济发展奇迹》《生态文明的中国道路》《走向人类命运共同体》等署名巨力的系列文章。为使主题宣传更直观鲜活、更直抵人心，我们制作上线大量融媒体产品，将系列巨力署名文章形象化、可视化，推出多个集思想性、知识性、抒情性于一体的理论微视频，在3到5分钟的时间里展现不同领域70年沧桑巨变，并以此为牵引推出200多部微视频产品，总播放量超过5400万次。按照中宣部部署要求，深入开展“壮丽70年 · 奋斗新时代”大型主题采访，推出《用心用情用功抒写壮丽70年》《又见大庆》《一座城一代人一段传奇》等270多篇专题文章，近70篇原创网评作品，20多个音视频产品，200多个微博、微信等原创移动产品。其中，《张庄，幸福路上的村庄》被200多家媒体转载，成为主题采访中的融媒体精品。

围绕中美贸易摩擦舆论斗争，探索“先网后刊”的双向传播方式，连续刊发署名“金沙滩”的10篇系列网文《中美经贸摩擦的这些问题你真的清楚吗？》，传播量均达到200篇以上，在网上逐渐形成舆论引导优势和网民关注焦点。在对“金沙滩”系列网文进行精编再整理再深化的基础上，《求是》杂志整装推出署名“青原”的文章《认清本质洞明大势斗争到底——中美经贸摩擦需要澄清的若干问题》，聚焦中美经贸摩擦以来海内外关切的10方面问题，进行全面、透彻、理性、客观的剖析。文章被人民日报、新华社、中央广播电视总台、光明日报、经济日报、解放军报等中央主要媒体，以及北京日报、浙江日报、解放日报等各省级党报进行了全文转载，引发路透社、国会山报、美国之音等海外媒体的转载报道。据不完全统计，仅在求是网移动端和入驻的相关媒体号上累计阅读量就超过2000万，网民转发讨论量达72.3万条，起到

了正本清源、理性认识的重要作用和很好的传播效应。

为及时回应干部群众广泛关注的形势任务相关热点难点问题，我社与中央网信办在求是网联合推出“中国稳健前行”系列理论文章，邀请陈先达、逄锦聚、侯惠勤等思想理论界大家撰写重磅网文，深入探析我国政治、经济、文化等方面的发展成就，剖析中国特色社会主义制度的显著优势，引发舆论积极反响。该主题网上媒体报道量15.3万篇，网民转发讨论量268.5万条，文章被中央主流媒体、地方媒体、商业媒体广泛转载，其中《破解政府和市场关系的世界性难题》《锻造中华民族伟大复兴的中流砥柱》《中国特色社会主义理论体系的思想力量》《中国经济的自主发展之路》等文章转载量均在500家媒体以上。

围绕全国“两会”宣传，聚焦习近平总书记两会期间重要讲话和中国特色社会主义民主政治制度等主题，发挥理论优势、集中理论资源、突出理论阐释，结合《求是》杂志刊发的《新时代坚持和完善人民代表大会制度的根本遵循》《新时代人民政协工作的行动指南》等重要文章，编发45篇原创综述，如《读懂人民代表大会，习近平总书记这些阐述很重要》、网评《为什么说人民代表大会制度是好制度？》、漫评《为什么说人民政协是具有中国特色的制度安排？》等，一半以上被超过150家的主流媒体和商业媒体转载，其中《外商投资法保障经济高质量发展》转载数达到300余次。制作“求是微是点”系列理论微视频《保持加强生态文明建设的战略定力》《让乡村振兴战略真正落地生根》和“小Q看两会”系列微动漫《小Q看两会：从两封信说起》《小Q看两会：人民代表大会制度》等共计20余部，总播放量超过500万。求是微博开设#学而时习##秒懂两会#和#求是看两会#3个话题，总阅读量近6600万。

（三）创新体制机制，树立一体化融合理念

在探索党中央机关刊如何实现刊网融合、扩大主流媒体在互联网时代影响力的过程中，我们不断强化一体化发展理念，在“一”字上做文章。编委会领导全员带头参与管理新媒体，根据我社刊网融合的实际情况，对求是网内设机构、人员、职能分工等进行全面调整，下决心破除传统媒体和新媒体策采编发等环节相互隔绝的藩篱。《求是》各编辑部与求是网编辑部合而为一，主力军派上主战场。《求是》刊物内容与求是网内容一体策划、融合发展，努力形成“你就是我，我就是你”的融合发展新局面。

在推动刊网融合形成新理念、构建新机制的实践过程中，我社还在选人用人和考核评价体系上进行了有益探索。一方面加强纸媒编辑的新媒体业务培训，培养互联网思维，既要完成好纸媒编辑工作，也要积极策划创作融媒体产品，并纳入工作绩效考核，成绩突出的给予相应表彰奖励，以此推动纸媒编辑人员向全媒型人才转型。另一方面，加强新媒体编辑管理和考核，既鼓励发挥新媒体编辑的创新创意积极性，又强化与纸媒编辑工作的融合对接，提升党中央机关刊政治站位和理论素养，让其充分融入党中央机关刊事业发展中，共同传播好党的创新理论。

二 |《求是》杂志社新媒体工作案例

发挥平台聚合效应集中展示融合成效

——“理上网来·理论新境界”融媒体专题案例分析

2019年《求是》杂志全新改版。在中央网信办网络新闻信息传播局（网络理论传播局）指导下，求是网特别推出“理上网来·理论新境界”专题，成为习近平总书记重要文章在网上展示的一个重要窗口，有效扩大了习近平总书记重要文章的全网覆盖面和传播影响力，推动学习宣传贯彻往深里走、往心里走、往实里走，让习近平新时代中国特色社会主义思想始终成为引领我们前进的思想旗帜、精神旗帜。“理上网来·理论新境界”融媒体专题的亮点主要有三个部分：

（一）适应传播规律，打造全媒化专题

专题全力打造适合全媒化时代的全终端专题，共计分为PC端与移动端两个版本，凸显定制化设计，在全网首页要闻区位置常态化突出展示。在内容上，精选适合网络传播的优质理论作品；在技术上，体现全媒体特色，专题头部使用鱼眼设计实现平行延展的视觉效果，专题主内容使用HTML5、Canvas等技术实现动态互动的呈现效果。

（二）打造全网准确权威的理论学习平台

改版后的《求是》杂志，每期刊发习近平总书记重要文章，同时配发本刊编辑部解读文章。这为学习宣传贯彻习近平新时代中国特色社会主义思想提供了有力抓手，各主流媒体根据习近平总书记重要文章的内容制作了不少具有传播力和影响力的新媒体作品，涵盖文字、图解、视频、H5等多种形态，在全媒化的传播格局中为全党进一步解读好、阐释好习近平新时代中国特色社会主义思想提供了优质的理论资源。在遵循网络传播规律的背景下，由求是网牵头将这些优质的理论资源分主题、分形态、分时段地集纳与展示，为全党更好地学习习近平新时代中国特色社会主义思想提供一个权威专业的理论内容聚合平台，是一次打造网上理论传播品牌、推动网上理论传播的有益探索。

（三）精选原创精品，聚焦系统化集纳

专题以原创精品内容为重点，进行系统广泛集纳，主要有三大内容来源：一是每期《求是》杂志刊发的习近平总书记重要文章，全年集纳24篇，分别涉及辩证唯物主义、高素质干部

队伍、生态文明建设、依法治国、国家监察体制改革、新发展理念、中国特色社会主义、党的建设、乡村振兴战略、“不忘初心、牢记使命”主题教育、文化自信、文明交流互鉴、人民代表大会制度等24个主题，这是专题最重要的核心内容，在视觉排版上突出展示；二是《求是》杂志配发的本刊编辑部解读文章，全年配发24篇，作为学习总书记重要文章的重要辅导，在视觉排版上跟进展示；三是人民日报、新华社、中央广播电视总台等各大权威媒体及所属新媒体原创的优秀融媒体作品，涵盖文字、视频、图片、音频、H5等多种形式。除此之外，由求是网负责以《求是》杂志每期刊发的习近平总书记重要文章为基础，调动《求是》杂志全体青年理论编辑积极性，创新方式方法，用好网言网语，全年不间断制作各类新媒体解读产品，包括H5、金句、图解、音视频等，保证专题高质量新媒体产品的内容供给，成为深入准确权威解读传播习近平新时代中国特色社会主义思想的优质原创理论资源库。

这个体现“求是”品牌的大型理论融媒体专题自2019年1月上线以来，发挥平台聚合优势，将改版以来的习近平总书记重要文章和本刊编辑部解读文章分类展示，并集纳中央媒体相关主题的优秀理论文章和融媒体产品，权威性、系统性、可读性日益凸显，全年精选收纳各类文章5000余篇，专题长期在各大主流媒体和商业媒体首页要闻区置顶推荐，全网浏览量超过5000万。2019年底，获得中央网信办颁发的“2019年网上重大主题宣传和重大议题设置特别奖”，专题已成为广大网民进行理论学习的首选渠道。

（《求是》杂志社）

光明日报社

一 | 光明日报社新媒体工作综述

2019年是中华人民共和国成立70周年，也是光明日报创刊70周年。2019年6月16日，习近平总书记致信祝贺光明日报创刊70周年。总书记希望光明日报“坚守思想文化大报的定位”“构建全媒体传播格局”“传递党中央对广大知识分子的殷切期待和热情关怀，把广大知识分子紧紧团结在党中央周围”。总书记的重要指示，透彻洞察光明日报的历史传统、深刻指出光明日报的发展方向，赋予了光明日报新的历史使命与新的时代角色。

一年来，紧紧围绕“思想文化大报”定位，深入落实“构建全媒体传播格局”要求，充分发挥“团结、联系、引导、服务知识界”功能，光明日报的融合转型从各个角度对标总书记的贺信重要指示精神，将报纸的历史优势延伸到移动端、以新媒体的生产方式牵引报纸改革，同时重点提出了“抓党建重业务”“同频共振”“走心工程”等发展理念，以全新的生产方式牵引改革，形成思想文化大报的全媒体表达。

（一）做好平台构建，加大技术研发、内容建设和运营推广

建设新型主流媒体直接体现在平台的革新上。近年来，扁平化传播越来越受到分众化的挑战，平台特色与内容特色越来越一体化，充分适配“思想文化大报”定位和服务知识界功能的移动端平台，成为光明日报所必需。

光明日报客户端在过去一年里，全力推进平台建设，在内容和定位上面向“科教文卫”，突出理论特色，重视差异化发展。充分发挥各编辑部专业采编优势、信息资源优势、媒体品牌优势，强化用户意识，优化使用体验，提供个性信息，实现精准推送，最大限度地吸引用户。引进懂技术、懂媒体、懂管理的新媒体技术应用型人才，建立新媒体技术应用型人才队伍。对内能够沟通策、采、编、发、评全流程，通过栏目设置与专业部门对接，将光明日报的优质内

容生产能力，转化为移动端口的内容优势；对外能够把前沿技术适配、应用、整合到新闻生产中，围绕时事新闻和思想文化领域的热门话题，策划多种选题，形成具有光明特色的内容品牌。

同时，光明日报全媒体还充分利用微信、微博、抖音、学习强国、今日头条等第三方平台，不断加大以习近平新时代中国特色社会主义思想为指引的宣传力度，牢固占领意识形态主阵地。官方微信公众号连续推出“70年70城”“新动力人群说”“光明夜读”“诗话”“光明时评”等多个特色栏目，日均阅读量增长50%，“10万+”数量显著增长，议题设置能力不断提升；官方微博开设了#大屏木#、#光明生物圈#、#光明时评#、#光明追思#、#午间一瞥#、#晚安光明日报#等常态话题，粉丝数量年增长100多万，日均阅读量增加一倍以上，相关内容进入热门搜索的频次越来越高，影响力得到进一步拓展；抖音号日常及时发布时政、外交、国际等热点新闻，并在国庆70周年之际重点推出“祖国的高光时刻”系列作品，全年粉丝增长超700万，观看量增长2.7亿。通过将传统内容从纸上延伸到屏上，全方位做好平台运营，展现光明日报的平台优势。

（二）凸显思想文化特色，继续在团结、联系、引导、服务知识界上下功夫

思想文化是光明日报报网端微共同的灵魂，涵养文化自信是光明日报内容生产的价值指向，这些都具体地体现在网端微常态活动和常设栏目上，其中很多活动和栏目已经具有了文化风标的意义。

一是在两微一端开设“光明追思”栏目，与报社突出贡献知识分子联络办公室深入合作，让更多知识分子的故事在互联网上实现全媒体传播。按规定，院士专家逝世后，要在光明日报上刊发讣告，但讣告内容在报纸上受到规格和字数限制，而读者又非常希望了解这些院士专家一生的成就和事迹。“光明追思”栏目的开设便满足了这一需求。2019年全年，光明日报全媒体平台共发布150多篇光明追思报道，成为网上最具权威的信息源。2019年1月16日，“中国氢弹之父”于敏先生去世，光明日报两微一端第一时间发布信息，微信阅读量迅速突破10万+，微博阅读量超过1亿。

二是跟踪报道成长于新业态、掌握新技术的新型知识分子，推出《新动力人群shuo》栏目。“新动力人群”是光明日报率先使用的概念，2019年，推出安徽科学岛、腾讯多媒体实验室、科大讯飞教育扶贫、阿里巴巴城市大脑、大疆应用级无人机、头条寻人等多个技术业态背后主力推进人群的相关报道，各平台阅读量超2000万。在知识分子群体中产生了巨大反响，激发了海内外广大知识分子的国家认同感和奋斗豪情。

三是加强知识分子典型宣传，把典型宣传融入日常新闻生产当中。2019年“七一”期间，光明日报采访收集了一批奋斗在脱贫攻坚战场上的知识分子群体故事，通过精心制作，运用图

文、视频、九宫图等形式，推出《不忘初心，这些知识分子把最好的青春献给大地》《年轻知识分子黄文秀，为什么这么选择？》《脱贫路上，知识分子这样担当》等一系列新媒体产品，进一步彰显了扶贫路上知识分子的担当作为。

四是持续推出中国非遗年度人物评选等活动。在文旅部的指导下，光明网连续多年举办评选活动，让非遗传承人从幕后走向网端，让非遗从小众走向大众，推动塑造了互联网时代的非遗概念；光明网与国家图书馆联合推出“文脉颂中华·e页千年”专题，通过对古籍善本立体化展示诠释，让互联网一代直观感受具象化的中国文化，从一个侧面凸显了光明日报在主流媒体中独特的功能。

另外，光明日报官方微博还推出了“智库你来问”专栏，调动光明智库直接间接联系的数千学者智慧，与互联网读者互动；光明日报微信公众号推出“诗话”“艺苑”“史事”等栏目，一方面“转译”报纸头部内容，一方面适配微信生态独立创作，锐化了光明日报全媒体的辨识度，细化了与各领域专家的联系；光明网持续推进“核心价值观百场讲坛”活动，邀请专家学者和核心价值观践行典范，对社会主义核心价值观进行科学、生动、富有感染力的解读。以现场宣讲、网络直播互动、媒体二次报道等方式进行广泛传播。

（三）探索更多有深度、有温度、有创意的全媒体作品

2019年两会报道，是光明日报全媒体总编室成立之后的第一次大型报道实战演练。为讲好总书记的故事，继续强化“光明”品牌，光明日报推出重点融媒体视频产品《光明的故事（第二季）》，共包含《致敬》《牵挂》《追光》《追梦》《“总书记，我又能看书啦”》5期微视频。作品紧扣“光明”主题，深情讲述总书记牵挂的人和牵挂的事，传递总书记对知识分子的殷切期望和真情关怀，被“学习强国”等平台在重要位置推送转发，全网触达量超11.12亿。

在中华人民共和国成立70周年这一重要节点，光明日报打造了一系列极具创新性的短视频作品，包括《一起走过70年》《我的前辈们》《见证》等。内容聚焦老一辈知识分子，听他们畅谈中华人民共和国成立以来各领域取得的巨大成就，抒发所思所感。其中，《我的前辈们》一共推出三集，均以对话的形式展开，搭建摄影棚，创新拍摄形式，将时间的线索聚集在有限的空间里，增强画面感。节目邀请了文化学者蒙曼、茅盾文学奖得主徐则臣、新一代航天人李飞，从文学、历史、科技的角度对话文化大家王蒙、哲学家张世英、航天科学家孙家栋等学界泰斗，以一代代知识分子的奋斗史引出壮阔的共和国史，以中国学人的薪火相传表达中华民族的生生不息。

除了视频作品，光明日报、光明网还通过直播等方式推进全媒体报道。连续三年推出的“高校招生光明大直播”活动，带动多个部门，将光明日报在教育领域确立的优势拓展到网络空间，让高校招生信息“零距离”地呈现在考生和家长面前。2019年的大直播覆盖全国200多所

高校，近30个省份，总时长近25000分钟，观看总量达1.85亿。

此外，光明日报、光明网还联合北京市委宣传部推出了“70年我与新中国同行”政务新媒体作品，以小见大折射国家发展历程；联合腾讯在教师节推出《我为老师唱首歌》K歌大赛，发动全民致敬恩师；联合北京市政府新闻办、北京世园局共同制作“一花一园一城”系列国家园艺宣传片，并在世园会开幕式中国馆元首见面环节播放，淋漓尽致地展现光明日报传统优势资源，多角度、全方位打造多元化全媒体产品，形成现象级传播。

（四）技术赋能，让新技术成为融合推动力和发展增长点

技术革新是媒体发展变革的重要驱动力。在大数据、人工智能等技术发展给全媒体带来新机遇的背景下，2019年光明日报一方面全力推进大数据建设，加速5G时代技术合作，与高校共建“智媒体技术研发基地”“数据新闻工作室”，完善有声报纸；另一方面，通过内部整合和外包服务，建立包括技术、设计、数据、调查、推广在内的全媒体生产支撑系统，下大力气解决技术和运营推广短板。

在光明日报新版客户端的建设中，采用云计算技术，搭建先进、安全的内容采集、制作、编辑、分发、互动的技术平台，面向移动全媒体，继续打造以紧密围绕团结服务知识分子为方向的内容发布平台；同时充分利用5G、4K、人工智能、大数据、区块链、物联网等技术创新成果，面向知识界，在原有客户端的基础上逐步建设新的内容聚合平台和发布系统，做大做强光明日报知识分子“朋友圈”，构建全媒体发展格局，向多渠道、多终端、分众化和专业化方向拓展。

2019年两会期间，光明日报、光明网在技术研发方面，进一步增强了人工智能机器人“光明小明”的功能和服务，推出了虚拟主播“小明”，能够实现在输入文字的情况下，自动生成播报形象，匹配滚动字幕，动态替换虚拟演播室背景，最终输出视频，完成新闻播报的全流程服务。同时上线的“钢铁侠三代——光明网多信道移动直播云台”，更是升级选配视频采集设备，在确保视频画面稳定流畅的基础上，让前方将采集到的视频内容进行碎片化加工、包装、传输，一次成型、多渠道播出。

对于光明日报全媒体而言，2019年是迈步创新的一年，更是具有开拓性成果的一年。目前，光明日报新版客户端已经上线，各平台和内容生产都在加快更新迭代，面向知识界内容数据聚合分发平台“光明号”正在规划推动。接下来，光明日报还将继续精准深入地落实总书记关于“坚守思想文化大报的定位”“构建全媒体传播格局”的重要指示精神，继续为“主力军上主战场”做好做实软硬件支撑，加速打造适应移动互联时代发展要求的中央新型主流媒体。

二 | 光明日报社新媒体工作案例

《光明的故事（第二季）》系列视频

2019年两会期间，《光明的故事（第二季）》上线，共推出《致敬》《牵挂》《追光》《追梦》4期微视频，并于5月18日加推《光明的故事》特别篇《“总书记，我又能看书啦”》。第二季视频作品依然紧扣“光明”主题，以总书记的重要批示、总书记的感召为故事推进线索，传递总书记对知识分子的殷切期待和热情关怀。

其中，《致敬》以中华人民共和国70华诞为背景，将纪念主题融入两会全媒体产品创作的整体序列。挖掘出一大批知识界专家资源，邀请到王小谟、历以宁、许渊冲、吴良镛、邬沧萍等9位国宝级泰斗，听他们讲述各自领域70年的沧桑巨变以及与共和国同命运共奋斗的感人历程。最后以每位泰斗不同方式表达“70年，我陪你”的主题句为结尾，凸显致敬科技人文大家、科技人文大家致敬祖国的主题。

《牵挂》以习近平总书记的重要指示批示精神为纽带，讲述了“时代楷模”王继才守岛卫国32年，此生戍海终无悔的感人故事。多种视觉元素叠加制作，再现总书记关怀与牵挂英雄的暖心故事。《追光》以总书记“让座”以及对知识分子的深切关怀为结构线，讲述了眼科医生姚玉峰为老院士黄旭华做眼科手术后，继续为更多科学家群体重获光明做出努力的故事。《追梦》则以专业演员朗诵方志敏名篇《可爱的中国》为主线，用“小切口”撬动大主题，选用十八大以来中国日新月异发展的画面，用新时代的镜头，表达方志敏对未来中国的美好畅想。

《“总书记，我又能看书啦”》讲述了农民将军甘祖昌夫人龚全珍在总书记的关怀下，经过眼科专家姚玉峰手术，视力重新得到恢复的故事。光明日报全媒体总编室年轻的报道团队走进手术室，用文字和镜头记录“老阿姨”的真心、真情。用“老阿姨”读信的记录方式，传递出总书记心系人民的领袖情怀以及老一辈知识分子无私奉献的爱国精神，让主旋律牢牢占据互联网主战场。

系列作品一经发布，即被“学习强国”等平台在重要位置推送或转发，全国两会期间全网浏览量超过1.12亿。《“总书记，我又能看书啦”》在新媒体端推出十小时内，数十家网站和移动端APP在首页或首屏转发，视频全网触达用户超过10亿，再次擦亮“光明品牌”。

（光明日报社）

经济日报社

一 | 经济日报社新媒体工作综述

2019年，经济日报媒体融合继续向纵深发展，新媒体各平台“好声音”不断，“高光时刻”众多：以经济日报新闻客户端为主体、社交媒体为两翼、第三方平台为补充的新媒体矩阵进一步发展壮大，新媒体用户总量超过6000万，日均传播覆盖面破1亿人次；经济日报在全国党报融合传播力指数排名中位居第二，各新媒体平台排名均位居前列；新媒体平台全面从“编辑型”向“运营型”转变，通过创新体制机制，激发推动持续创新的内驱动力；品牌资源合作、发展成果孵化等业务进一步开拓，平台运营模式更趋多元，依托新媒体平台的营收快速增长……2019年经济日报坚持深度融合，坚持大胆创新，报社整体传播力、引导力、影响力、公信力得到大幅提升。

（一）抓住短视频风口，扩大阵地传播力影响力

从2012年底法人微博上线，到2013年5月2日微信公众号发出第一条内容，再到2015年新闻客户端正式亮相……2019年，经济日报发力短视频，在视频内容制作上精耕细作，力求构建新的信息传播格局。我们在抖音、快手等短视频平台开通运营账号，截至2019年底，已聚集短视频用户约2000万，总计点赞量已超过6亿，并出现了大量单条播放量过亿次、点赞量过百万次的爆款产品。在抢占平台的同时，我们还努力提升视频原创生产制作能力，尝试经济报道的可视化呈现。特别是围绕中国经济发展成就、庆祝中华人民共和国成立70周年等重大主题，生产制作了一系列原创短视频，尝试以短视频、可视化方式呈现经济报道。我们制作生产的“数说70年”数据可视化系列短视频、“中国一定行”主题短片等视频产品，被数百家网站转发，取得了良好传播效果。经济日报短视频平台已位列“头部账号”方阵，报社一级和部门二级账号相配合的短视频矩阵初步形成。

2019年，经济日报以新闻客户端为主体、社交媒体为两翼、第三方平台为补充的新媒体矩

阵整体进一步发展壮大。截至2019年底，经济日报新媒体用户总量超过6000万人次，日均传播覆盖面突破1亿人次。据人民网全国党报融合传播指数报告显示，2019年，在全国377家党报融合传播力排名中，经济日报位居第二。经济日报新闻客户端、法人微博账号日均传播覆盖面均破千万人次，微信公众号进入“新榜中国微信500强”榜单前50名。我们还开发建设了专注于图片、视频等视觉产品发布为主的“中经视觉”网站和客户端、网站移动视频直播平台“中经云端”等。目前，经济日报已基本形成“报刊集群＋新媒体矩阵”的新的战略布局。

（二）坚持内容为王，立足专业特色再造核心竞争力

经济日报坚持将“新闻立报、特色立报、融合立报、服务立报”的办报理念延伸到全媒体领域，充分发挥中央党报主流、权威、公信力的优势，充分发挥经济大报专业性强、特色鲜明的优势，始终把内容建设作为融合发展最重要的工作，让高质量、专业性的经济报道产品成为最核心的竞争力。2019年，我们的原创稿件、有影响力的重点产品数量都有明显增加。

1．强化“四个意识”，做到“两个维护”，精心组织习近平总书记的新闻报道，打造习近平经济思想宣传高地。经济日报新闻客户端常年开设“治国理政进行时”专栏，及时刊发习近平总书记重要活动和讲话；专门开设微信公众号“经济日报e学习”，对总书记的活动进行深度报道、集纳报道；在微博、短视频等平台开设专栏、专题、话题，通过图解、H5、短视频、创意手绘等多种形式，加大对总书记活动的报道力度。《习近平主席发出邀请：欢迎大家来中国看看》《“总书记跟农民想到一块了！”》《今天上午的重要仪式上，这些画面让人感动！》等重要报道都取得了很好的传播效果。总书记新闻报道已成为我们各新媒体平台的重要流量来源。

2．履行党报的职责和使命，不断提高报道质量水平，浓墨重彩做好重大主题宣传。在中华人民共和国成立70周年、十九届四中全会、全国两会、博鳌亚洲论坛、第二届进博会等重大报道中，我们通过开设专题和直播、制作原创图解H5、创意视频等多种方式形式加大报道力度，创新报道形式，推出一系列精品佳作。如在庆祝中华人民共和国成立70周年报道中，我们发挥专业优势，将“成就数据化、数据可视化”，策划推出“数说70年”数据可视化系列产品，被数百家网站转发。我们突出经济特色，围绕经济形势分析、经济政策解读、经济数据发布以及脱贫攻坚、“六稳”等经济话题，策划推出一系列接地气、有特色的经济报道融媒体产品，取得了良好传播效果。围绕中美经贸摩擦、香港修例风波，我们按照统一部署，积极开展舆论斗争，策划推出了一系列有深度、有针对性和战斗性的重点产品，有效配合了有关工作部署。有网友给我们留言：“这些报道真提气！加油，我的国！”

3．坚持守正创新，发挥专业优势，孵化经济特色“拳头产品”。作为党中央、国务院指导全国经济工作的重要舆论阵地，全国经济类报刊中权威性、公信力最强的报纸，经济专业报道是我们的优势。我们将这个优势从报纸延伸到新媒体，结合网络传播特点，加强对经济领域重点话题

的策划报道，努力让优势更优、强项更强。我们围绕5G、科创板、房价、物价、经济形势分析、经济数据解读等重大经济主题、舆论热点话题，推出一系列深度、重磅融媒体产品，单篇阅读量“百万级”“千万级”产品时有出现。我们紧贴读者经济生活，推出《过去的半年，你的钱都花哪儿了？“购物车”里有答案》《夜猫子high起来！一批“不夜城”来袭……》等重点产品，让网友“high”不停，被学习强国、人民日报新媒体、中国政府网等大量媒体广泛转载。我们推出的“漫话经济”系列原创手绘产品，对当下经济热点进行通俗化解读，收获了大量忠实粉丝。

我们生产制作的优秀内容产品，除了在经济日报新媒体平台发布外，还被大量媒体转载。监测数据显示，经济日报每月向其他媒体平台提供的10万+优质内容达数百篇，已成为重要的“内容提供商”，以多种形式发挥着主流媒体的积极作用。

（三）创新体制机制，激发推动持续创新的内驱动力

随着新媒体阵地的不断扩大、新媒体业务的不断拓展，我们在日常工作中再造与重构采编流程、创新运营机制，让理念和机制创新成为推动平台持续创新的内驱动力。

2019年，我们对新媒体运营机制进行了优化调整，重点推动各新媒体平台由“编辑型”向“运营型”转变，将平台内容运营与技术研发、市场推广、用户经营等工作深度融合，着力提升各新媒体平台的独立运营能力和发展能力。试行“主编负责制”和“目标考核制”，特别是在平台主编选择上，打破行政级别限制，大胆启用有能力的年轻人。此次改革调整有效激发了个团队的积极性、主动性和创造性，更好地适应了各新媒体平台的发展需要和趋势，推动了各平台快速发展。

为了进一步提高原创精品内容的生产能力，我们在报社主体平台和账号之外，打破传统部门隶属关系，推行“工作室”机制试点，鼓励报社各方面人才以兴趣为纽带，组建虚拟团队。我们结合各部门对口采访领域，组建了“外企头条”“生财有道”“产业观察”“股市说事”“经点科学”“中经指数”等一批内容生产工作室，并在各新媒体平台开设相应专题和账号，培养、孵化相关领域专业报道团队和拳头产品。目前，这些工作室已逐步成长为优秀融媒体内容的生产主力，相关产品也逐步形成了品牌影响。

在重视前端平台建设的同时，我们还着力打造内部支撑体系，努力实现融合发展背景下生产环节与发布传播环节的重新匹配。我们以全媒体中心为枢纽，构建了覆盖全集团的稿件流转中心和指挥调度系统；以效果分析评估系统和全媒体策划机制为链条，重建了新的采编播发流程；以报网端为重点，拓展了多平台的前端发布和展示矩阵，基本形成了媒体融合理念下的生产闭环和内部生态。目前，一个“以经济日报全媒体中心为枢纽，包括前端传播平台、后端支撑系统和辅助生产系统的一体化平台体系”基本建成，初步形成了适应全媒体传播的技术平台生态体系，为推进媒体深度融合打下了坚实基础。

（四）坚持开放合作，以更大视野推动融合发展

“在新媒体领域，未知大于已知”。在建设发展自有平台的同时，我们以开放的态度积极尝试新业务、探索新领域，寻求外部优质资源，积极培育新的业务增长点，推动融合发展产生实际效果。

在平台阵地拓展方面，加强与有关研究机构、头部互联网企业、地方媒体单位等的合作，借势发力，深挖自身潜力、尝试走向市场。我们加强与第三方平台的合作，借助其平台渠道优势扩大自身影响力。我们通过与研究机构的合作不断提高对外服务输出能力。我们的中国经济趋势研究院打造的多元化指数产品，已具备为地方政府、行业组织、企业以及社会团体提供定制化信息产品服务的能力。

在技术探索方面，我们紧跟技术发展加强平台研发建设。在重要产品的制作过程中，加强与视频技术公司的合作，联合开发新产品，探索融媒语境下重大主题宣传新模式。我们紧盯“大智物云”（大数据、智能化、云计算、物联网）等新技术新应用新成果，坚持自主研发和开放合作，将技术创新成果转化成为信息传播、舆论引导的具体手段，为新媒体平台未来发展提供必要的技术支撑。同时，将4K超高清、5G网络传输、机器人写稿、AI合成主播等先进传播手段应用到新闻生产过程中，结合不同新闻载体的报道特征，打造特色鲜明的“拳头产品”，努力抢占融合传播制高点。

（五）坚持人才队伍一体化，建设融合发展基础力量

融合发展，最终要靠人才、靠队伍。经济日报坚持在融合发展的实践中培养人才、发现人才、用好人才，重点在激发队伍活力、给人才提供平台空间及推动队伍整体转型方面下功夫。

我们通过“工作室”机制，引导一批有干劲、有热情、有能力的干部人才先行一步，在实践中探索、了解、掌握新媒体规律，在“玩转新媒体”的同时起到以点带面的作用，助力融合发展向纵深推进。通过重大主题采访促使记者在实战中成长，在全国两会、中华人民共和国成立70周年等采访任务中，要求承担采访任务的记者必须进行全媒体供稿，报社由此涌现了一批会写稿、能拍摄、懂网络的全媒体记者。

经济日报着力给人才提供舞台、创造条件，努力营造培养人、用好人的机制环境。一方面，通过项目制等方式，建立产品和项目团队，给予产品和项目负责人空间和平台，充分发挥负责人的“领军”作用，并将其能力向外辐射，这样既激发了个人潜力，也带动了团队和报社的整体活力。另一方面，大胆使用年轻人，发挥其“网络原住民”的天然优势。经济日报在新媒体平台账号的运营中，大胆使用年轻人，让其牵头带领团队独立运营，给予其充分的空间和自主权。同时，另行配备独立的资深“审稿人”，对平台运营和导向管理实行“双轨”并行管理。既保证了平台的创新与活力，又确保政治方向和舆论导向的正确。

新时代新形势新任务，“行而不辍，未来可期”。经济日报将继续在习近平新时代中国特色社会主义思想指引下，坚持正确政治方向和舆论导向，继续创新理念和机制，深入推进媒体融合发展，扎实做好新媒体建设运营，让正能量更强劲、主旋律更高昂。

二｜经济日报社新媒体工作案例

“数说70年”数据新闻可视化系列短视频

“数说70年”数据新闻可视化系列短视频以反映发展成就最直观的数据为内容主体，重点选取了与人民生活最贴近、感受变化最明显的消费、饮食、大国工程、数字经济、生态、外贸等六个领域介绍70年来丰硕成果。

作品有效使用数据近100套约1000组，整理梳理数据超10000点，生动展现70年来辉煌成就。“成就数据化，数据可视化”在本项目系列产品中得到了充分展现，数据与图像结合，使得数字“活”起来，其不仅是报社融媒体产品表现形式上的创新，也让大众从数据的变化中实实在在地感受到中华人民共和和国70年发展的伟大成绩。

系列产品主体投放平台为移动终端。为全面展现新中华人民共和和国成立70年发展的辉煌成果，最大化产品传播效果，我们注重强化选题策划、优化切入视角、精炼文本语言、细化设计方案、丰富产品配套等。在前期的脚本制定和数据确定上我们付出大量时间，以确保在数据内容准确无误的基础上，使得后续视频制作工作高效进行。我们坚持数据收集必须确保权威，必须确保客观，必须确保全面；数据审核坚持务必数据一致，务必维度一致；数据呈现保证数据与单位、与图像匹配无误。此外，对脚本、配音、配乐、图像等其他素材的运用同样坚持严格挑选、审慎使用的原则。

另外，本系列短视频的数据由单调转向丰富，数据与图像紧密结合并互为补充，不仅有助于提升信息传达的精准度，更消弭了数字在视觉上的单调乏味。数据由静态转向动态，在展现出分项数据的同时，更直观地凸显出数据对比情况及数据发展趋势，让用户在短时间内接收到大量信息，以“上帝视角”对发展全局一目了然。

该系列产品不仅在经济日报社各新媒体平台取得了良好的传播效果，还获得网信办全网转发推荐，新浪新闻首页固定位置刊播，上观新闻、腾讯新闻、西瓜视频等几十家网站转载，形成了全网传播力、影响力。初步统计，系列产品在经济日报微信平台的阅读量均为10万+，全网传播覆盖面约上亿人次。

（经济日报社）

中国日报社

一 | 中国日报社新媒体工作综述

中国日报认真学习贯彻习近平总书记在中央政治局第十二次集体学习时重要讲话精神，大力推进媒体深度融合，解放和发展融合传播生产力。截至2019年12月底，中国日报社交平台账号总粉丝量突破2亿，品牌影响力进一步提升。

（一）不断加强“核心报道”，深入阐释习近平新时代中国特色社会主义思想

中国日报着力打造对外传播习近平新时代中国特色社会主义思想的重要平台，把“核心报道”成效作为增强“四个意识”、做到“两个维护”的首要检验指标。2019年全平台发布“核心报道”稿件2.7万余篇，传播量5.5亿次，比上年分别增长58%和10%。一是在做好微博、微信“学习有方”栏目，脸谱、推特“总书记名言金句”栏目的基础上，增加“核心报道”移动直播，确立“直播+视频+海报+双语”的立体传播格局，全面覆盖总书记重要讲话、重要活动和主场外交。二是创新报道角度，推出“外国小哥”《重温嘱托看变化》系列短视频，取得显著传播效果。

（二）生动“讲好中国故事”，重大主题报道成效显著亮点纷呈

结合2019年大事多喜事多的年度特征，以庆祝中华人民共和国成立70周年为主线，加强报道策划、创新报道手段，完成全国两会、北京世园会、亚洲文明对话大会、庆祝中华人民共和国成立70周年、武汉军运会、十九届四中全会、第二届中国进口博览会、澳门回归20周年等重大主题报道，积极参与香港修例风波、中美经贸摩擦、涉疆涉藏等舆论斗争。《70秒 · 看见中国》短视频在我报自有平台传播总量1亿余次，2000多家媒体转发，并入选中国记协“庆祝中华

人民共和国成立70周年融合报道十大创新案例”。《见证》系列微纪录片，传播量超8000万，被160余家海外主流媒体转载转引超过900篇次。视频栏目“70年70城”，展现各地风貌，总阅读量9000余万，总互动量460万。

（三）海媒账号快速平稳成长，在全球媒体账号中的头部地位日渐巩固

在中国媒体海外社交媒体账号普遍受到打压的大背景下，中国日报海外社交媒体实现逆势增长。截至2019年底，中国日报脸谱账号矩阵总粉丝数突破9000万，报道总传播量47亿次，同比增长9.3%。其中主账号8413万，较年初增长32%，位居全球媒体主账号第二位；科技和文旅账号总粉丝数近600万。推特账号粉丝数420多万，较年初增长32%。2019年，中国日报海外平台持续加强内容建设，一是加强可视化传播，视觉化产品占比提高到70%，推出视频直播410场、传播量达1亿次；二是优化品牌栏目，“总书记名言金句”“点对点”“学中文懂中国”“这才是中国”等品牌栏目传播效果进一步提高。

（四）微信新闻属性更加凸显，时政报道传播效果显著

2019年底，中国日报双语微信账号粉丝数达412万，同比增长31%；传播量1.8亿次，同比增长88%；10万+稿件有460篇，同比增长187篇；账号名列新榜500强教育类榜单第一位。一是新闻属性不断凸显，时政报道传播力显著提高。多篇时政新闻稿件进入年度排行榜10强，涵盖全年热点。其中，《华姐“呵呵”的英文翻译火了，外交部的神翻译还有很多……》传播量67万次。围绕涉港报道推出多篇10万+好稿。推出涉中美经贸摩擦相关稿件33篇，篇均传播量达17.4万次。二是高质量双语分析类稿件深受读者喜爱。创办于2017年的栏目“外媒说”，获得第29届中国新闻奖融媒体品牌栏目三等奖。三是加强探索创新，推出知识付费产品“China Daily热词训练营”，开通“中国日报双语君”电台，推出双语新闻小程序。

（五）微博发力短视频，强化“话题”运营，账号影响力进一步提升

中国日报微博账号粉丝数达到4730万，比2018年增加700万，总传播量超110亿次。秒拍播放量31.5亿次，实现了翻倍增长，互动总量达2900万次，同比增长150%。一是丰富主旋律报道，九宫格《今天，中国共产党98岁生日，转发祝福》阅读量1.07亿次。二是加大短视频策划和生产，原创短视频1835条，观看量达30亿次。其中《香港阿Sir主播式喊话示威者》播放量3800万次。三是强化“话题”运营，吸引圈外流量。紧跟热点设置话题，“阿Sir唐僧式劝示威者”阅读量5.4亿次。加强品牌栏目运营，核心报道“学习有方”、移动直播“CD在现场”、观点栏目“国报微评”等阅读量都超1亿次。四是加强与网友互动，策划推出系列线上活动，“我与建

国合张影”等引发网友热情参与。

（六）英文微信强化推陈出新，继续领跑同类账号

2019年底，中国日报英文微信账号粉丝数215万，同比增加75%，在国内英文微信账号中位列第一。10万+稿件数量从2018年的1篇增至2019年的12篇。其中，《中美主播辩论英文精华+视频来了！》阅读量达29万次。账号头条报道平均阅读量为3万+，较2018年增长200%。一是进行内容改版，加大运营力度。围绕热点，加大推送频次，提高原创文章可读性，同时，突出栏目色，加强设计包装，进一步提高视觉效果。二是积极与各部门开展联动、合作，做好重大活动报纸专刊专版的新媒体包装和二次传播。三是推陈出新，扩展合作渠道。与腾讯新闻等合作推出《观天下》系列海外新闻视频等报道，有力扩大节目影响力。

（七）中文微信围绕热点深度挖掘，影响力不断提升

中国日报中文微信账号粉丝数达118万，同比增强100%；阅读总量4620万，同比增长120%；10万+稿件从2018年的1篇增至2019年的16篇；阅读量达2.5万+的好稿为419篇，而2018年仅为100篇。同时，相关报道被其他媒体转引数量大幅提高，有71篇稿件被人民日报等中央主要媒体转载，而2018年仅为13篇。一是扎根深度原创，推出多篇爆款文章。其中，《剑桥博士发震撼长文：为何中国政府肯下血本在西方国家绝不做的“亏本买卖”上》阅读量53万次，并被多家中央主要媒体和200多家自媒体转载。二是坚持正确政治方向，勇于发声。中国日报中文微信账号以“钟卫平”为集体笔名，重磅推出“起底祸港黑手”系列报道，被150家微信公众号转载。三是勇于创新，加快推出动态数据可视化视频的步伐。《大阅兵后再看这组外媒数据，忍不住又红了眼眶！》被118家主流微信公众号转载。四是主动担当，做好“学习强国”中国日报主账号日常运营，扩大中文原创内容覆盖面。

（八）短视频业务不断拓展，推出一批传播效果好、业内知名度高的作品

2019年，新媒体平台短视频业务增长显著，共发稿12375条，日均34条，同比增长270%；视频播放量144亿次，同比增长255%。移动直播业务稳中有进，全年直播超过630场次，同比增长36%。一是短视频栏目推陈出新。《小彭Vlog》总播放量破亿，成为时政Vlog的头部作品之一，并获得2019年人大新闻奖二等奖。二是突破传统宣传报道的定势思维，精心推出《70秒看见中国》系列短视频，总传播量1亿次，被微博热搜置顶，并入选中国记协“中华人民共和国成立70周年融合报道十大创新案例”。三是移动直播业务发展迅速，初步形成重要时政新闻、党政权威发布、重大国际新闻现场和自主策划类四大业务板块。四是渠道运营成长迅速，推动优

兔号、B站号、企鹅号、头条号的运营。五是配合全社重要活动宣传报道，保障做好“新时代大讲堂”全球直播等。

（九）图图是道条漫业务异军突起，抖音快手账号迅速崛起

图图是道粉丝数由2018年的7.9万增长到2019的19万，同比增长120%。账号头条报道平均阅读量达2万，打开率18%，远高于微信全平台不到3%的平均打开率。2019年原创条漫50篇，多条成为爆款。其中，《我不是不开心，是抑郁……》阅读量110万次。《我叫建国》系列图文音并茂，展现70年来普通人与共和国共同成长的故事。利用微信平台，中国日报与人民日报是第一批通过长漫形式进行主旋律报道的中央主要媒体。

2019年以来，抖音、快手崛起为重要的新兴短视频平台。适应形势发展，中国日报加强抖音账号运营，逐步摸索到账号定位、选题策略、运营方式，与头条号合并计算的粉丝数从年初的30万增长到1192万，在全国媒体账号排名第14，纸媒账号排名第2，仅次于人民日报。全年已发布视频1479条，传播总量89.6亿次。《王毅：请收回你们的黑手！香港事务是中国内政》播放量达1.4亿次，创造了我报账号传播记录。上半年新建快手账号，从零起步，目前粉丝数达到104万，在央媒账号中排名第10，在纸媒账号中排名第2。

二｜中国日报社新媒体工作案例

小彭的两会Vlog：我们一定要追星吗？

该视频是中国日报新媒体中心在2019年全国两会期间推出的《小姐姐的两会初体验Vlog》系列短视频的其中一集。该系列报道以初次参加全国两会报道的年轻记者小彭作为第一视角，以当下最受海内外年轻受众欢迎的Vlog形式拍摄。

该集作品以新人记者小彭日常化和个性化的视角，最初从“追星”角度选定采访对象，在寻找采访对象的过程中自然而然地介绍了会场及驻地情况，展现出记者角度的“两会”日常活动范围，并采访到影视界、体育界、医学界等政协委员，回应了观众对两会热点议题的关注，虽然最后被“明星委员”委婉拒绝了采访，但却从不期而遇的其他代表和委员身上采访到了宝贵的观点和意见，从侧面对目前年轻人存在的追求“流量明星”现象做出了反思。

该视频创新性地使用“时政主题+Vlog”的形式，采用小切入点和“网言网语”的文案策划，来报道重大题材，从而增强现场感与代入感。视频以轻松明快的节奏，展现出接地气又有

网感的“记者小姐姐”，并且采用符合年轻人审美的剪辑包装，力图展现全国两会的不同侧面。极具网生内容特点的台词与巧妙设置的环节在一定程度上颠覆了过往有关全国两会报道的严肃叙事，与此同时，这些交流场景本质上又在全国两会现场，因此迅速地拉近了时政报道与受众间的距离。

该集视频自3月7日播发，在中国日报各新媒体平台传播量超1000万次，海外传播量超200万次，共收到超10万次的互动评论。该系列视频多次被人民日报、新华社等多家媒体转载报道。同时，该系列报道创新性地使用了“时政新闻+Vlog”的报道形式，在业界及学界受到广泛讨论，学术网站中国知网中关于“两会Vlog”“中国日报Vlog”“小姐姐的两会初体验Vlog”等相关文章达458篇。

作品二维码：

（中国日报社）

科技日报社

一 | 科技日报社新媒体工作综述

2019年科技日报社以策划、组织、宣传重大活动为契机，进一步发挥新媒体的阵地广阔、立体传送和交流参与等优势，大幅度扩大科技新闻宣传的覆盖面、时效性、互动性，为提升科技新闻舆论的传播力和影响力做出重要贡献。

2019年科技日报社主要运营2个APP。第一个是创新中国APP，旨在时刻跟进全球科技动态。创新中国APP依托科技日报社强大的科技信息采编网络，实时发布国内外最新科技新闻资讯和最有深度的热点报道，提供前沿技术、政策解读、专家问答、舆情监测等专业化科技服务。通过资讯聚合、文献聚合、行业聚合、智库聚合等智能聚合方式，发布原创、权威、多样化的科技新闻大餐，汇聚重大时政新闻、追踪全球最新科技进展、报道重大科技事件和科技人物、权威科普科学知识，并努力实现以下传播功效：一是传播多样化——客户端聚合AI、图文资讯、视频、H5、VR、直播等多种信息手段打造“看得见、听得着、感受得到”的优质新闻产品；二是智能分发——精准定位、兼顾用户兴趣、智能推荐、个性化制定、精准传播；三是专业服务——可实现在线找专家、找成果、找政策、找技术。

第二个是科普汇APP，旨在打造一款一站式全民科普服务平台。科普汇APP定位于优质权威的科普传播平台和精准的科普服务平台，利用海量的科普资讯、个性化定制化的内容、丰富权威的专家资源、独家的科普微视频、实时便捷的网络直播等特色内容和服务满足不同用户的需求，让科学真正服务于用户日常生活，让科普成为一种时尚生活方式。科普汇APP设置健康、专栏、校园、辟谣、产业、创客、教育等丰富的栏目，还拥有超过千条原创专业科普微视频内容。此外，科普汇APP还取得了科普APP内容发布系统、科普APP全文检索系统、科普APP数据采集系统三项软件著作权。

2019年科技日报社主要运营第三方新媒体端口7个，总粉丝数410.7万，其中主力端口为科技日报微信公众号、科技日报微博、科技日报抖音号。微信公众号现有粉丝数23.4万，2019年累计阅读总量6035.8万次；新浪微博现有粉丝数42.6万，2019年累计阅读总量1.1亿次；抖音号现有粉丝数135.8万，2019年累计播放总量超6亿次。2019年科技日报头条号入选“今日头条”评出的“2019科学领域十大头条号”，并因报社的新媒体传播影响，科技日报被腾讯新闻“打开眼界”致敬，被北京市科协、北京市网信办、首都互联网协会授予“智止流言探求真知——反击谣言先锋奖”称号。

二 | 科技日报社新媒体工作案例

《70年浓缩成24小时》短视频

中华人民共和国成立70年来，中国科技呈现出赶超世界强国的气魄。我们纵向梳理中国科技事业的辉煌成就，从70年间的百余项重大科技进展中撷取36个科技成就代表浓缩在24小时内，以短视频形式回顾中国科技的高光时刻。视频中出现两个时间概念，分别是代表24小时的钟表和代表科技事件发生的年代轴。五星红旗与朝阳一同升起，当指针再次指向这一刻，时光的纵横交错中我们走过了波澜壮阔的70年，中国科技事业实现了历史性跨越，成为全球创新版图中的重要一极。该策划在全平台的总点击量达110.1万，其中微信阅读量2.2万，微博阅读播放量76万，百家号阅读量26万，抖音播放量5.9万。

作品二维码：

《70年浓缩成24小时》

（科技日报社）

人民政协报社

一 | 人民政协报社新媒体工作综述

目前，人民政协报社已经形成“报、网、端、微、屏”五位一体的全媒体格局，全平台日均发稿量在1500篇左右，阅读量多次创造10万+，有效提升了“四力”，初步建立了统战政协领域新型主流媒体品牌。

（一）从顶层设计入手，建立融合发展机制

2019年全国两会期间，报社建立了融合报道机制，由各部门联合推出大型融媒体报道选题《大国重器》，实现了策、采、编、发一体化和“报网端微屏”全平台同步落地，在社会上引发强烈反响，该专题策划引起央视关注，《焦点访谈》栏目专门采访了报社领导。2019年是报社媒体融合加速发展的一年，而《大国重器》的推出则是报社融合发展机制建立后结出的第一个硕果。

融为一体、合而为一是融合发展的关键。如何做到？从顶层设计入手，相当于牵住了“牛鼻子”。2019年两会后，报社党组在总结经验的基础上，提出筹备成立融合发展中心。中心旨在整合全社资源，重塑策采编发流程，推动融合发展真正做到融为一体、合而为一。结合传统媒体多年发展的实际，中心采用“不建机构建机制”的核心模式，在保持报社现有人员服务原部门工作不变的前提下，将大部分人员结合工作特点纳入新设立的策划、内容、设计、运营、推广等专项小组，以每周一次的策划会为龙头，统筹整个融合发展的全流程。这一机制的建立是在我们积累多年的两会报道成功经验的基础上结合新媒体特点所打造的，因为有基础，所以运行起来非常顺利，2019年我们以全国政协“创新驱动发展”专题协商会和纪念中华人民共和国成立70周年、纪念人民政协成立70周年两项重大报道为重点，对这一机制进行了成功测试。在此基础上，我们又利用这种机制围绕澳门回归20周年进行了策划布置，从传统媒体的特刊到微信公

众号、微博、大屏的推送一揽子统筹考虑，运行非常顺利，为推动报社融合发展继续走深走实奠定了基础。

（二）立足核心优势资源，多平台齐发力，放大政协声量

我们在人民政协网设置了新媒体部，安排专人维护人民政协报微信公众号，陆续推出了有事漫商量、天下政协、掌千秋、尚医曰、无止镜等微信公众号，初步形成了“商靓”家族（新媒体矩阵），重要稿件、图片、视频等根据特色定位，有序在网站和微信公众号呈现，并且发挥协同作用，有效提升了传播影响力。2019年全年推出了多个新媒体爆款产品，如《亲爱的委员，该交作业啦！》《这个下午，香港是一片“最美中国红”》、H5政协知识游戏《点开！你就是下一个“政协学霸”！》、动漫短视频《3分钟带你读懂政协》等，点击量纷纷达到10万+，一些爆款产品全网播放量超千万。

我们充分利用报社33个驻地记者站分布在全国各地的优势，推出“天下政协”微信公众号，及时推送各地政协的好经验好做法，在各级政协系统及委员中产生良好的反响；政协文史资料工作是周恩来同志提出并坚持至今的一项独具特色的工作，多年来，积累了丰富的“亲历、亲见、亲闻”的第一手文史素材，人民政协报《春秋》周刊以此为依托，在业内享有盛名。利用这一基础，我们重点打造了“掌千秋”微信公众号，多篇文章一经推出，便成爆款，订阅量和阅读数逐日攀升；立足熟悉医疗卫生界委员的优势，结合当下人民群众对健康话题的关注，推出“尚医曰”公众号，不仅关注医疗健康领域的热点话题，还重在对一些关于健康问题的流言约请专家进行批驳，突出权威性、指导性，推出短短数月，便有了一批忠实的“粉丝”。

我们加强了传播手段的建设和创新，尤其是在新媒体的建设上，聚力网站、微博、微信、政协号APP、学习强国等各类新媒体平台，加强沉浸式、互动式、服务式、体验式新闻报道，如与报社采编队伍联合制作推出了《第二时间》《正商量》《大家鸡汤》《尚医》等多个新媒体专栏，已经有了一定的影响力。

我们还充分发挥大数据的优势，推出代表“政协声量”的榜单——“商靓榜”和“政能量榜”，两个榜单分别针对全国各省及地市政协的微信公众号综合影响力及每周最受欢迎的政协新闻报道进行排名，每周各推出一期，因其数据采集的专业性及评选规则的公正性，很受各级政协欢迎，也成为报社融合发展的新动能。

（三）建设服务型自媒体平台，打造核心竞争力

2019年，人民政协报面向人民政协组织和各级政协委员这一最大的核心资源，开发了“假如我是委员”这款小程序。这一平台的定位是：公众有序政治参与的网络议政平台，青少年思

政教育的网上实践基地，政协组织、政府部门、人民团体等践行网上群众路线的有效载体。旨在让青少年通过一个有效的平台或渠道体验中国民主政治、有序政治参与，能够增进他们对国家治理体系的直观感受和认同。

自2019年9月1日上线以来，“假如我是委员”小程序吸引了众多社会公众注册成为虚拟委员，很多真实的政协委员、政协组织和学校也入驻进来。他们在这款应用小程序内直接交流、协商，既让虚拟委员能够体验其他社交软件无法得到的获得感、成就感，也能让政协组织和委员，政府部门和新闻媒体多了一条直接了解社情民意、收集提案或新闻线索、推动民生问题解决的渠道。截至2019年12月底，小程序上线至今已经有12万+用户注册了虚拟委员，共计提交3300多件虚拟提案，14万多条评论点赞。

我们还倾力打造了兼具资讯传播、音视频发布、数据查询、舆情监测、账号入驻及互动交流的中央级新闻资讯聚合移动平台——政协号，2019年9月11日正式上线。平台主要面向全国政协统战系统提供移动端内容生产和分发服务，旨在充分发挥人民政协报作为中央主要新闻单位的宣传平台优势，聚合各地方政协统战新闻资源，丰富传播渠道和方式，共同构建良好政协统战舆论生态系统。

截至2019年底，该平台累计下载用户达7.5万多人次，入驻政协单位有68家。政协号后台采用大数据智能稿件推荐系统，通过6次数据清洗，结合聚类分类的数据算法，每天分类入库热门稿件有8千多条，大大节约了后台稿件编辑时间和新闻更新速度。通过大数据新闻抓取系统，我们还打通了与网站、微信公众号数据互通，实现了稿件一平台发布、多平台实时分发的功能。

我们还借船出海，与各大自媒体平台合作，提升品牌影响力。2019年，我们入驻了学习强国，还与今日头条、百家号、快手、抖音、一点资讯、新浪看点等流量平台开展合作，阅读量爆炸式增长。仅《全国两会来了，3分钟带你读懂政协！》动漫短视频在全网点击量就超过300万；青岛海上阅兵短视频在快手点击量达800万；我们制作的数个委员为“两个70周年”打CALL在快手、抖音点击量均在50万以上。

二 | 人民政协报新媒体工作案例

有事漫商量公众号：有趣、有用、有品、有情

2019年初人民政协报、人民政协网正式开通“有事漫商量”微信公众号，着力打造移动端原创宣传品牌，用新形式新方法报道全国政协重点工作。

公众号坚持“有趣、有用、有品、有情”的栏目定位，兼具政协特色与趣味性，让严肃的

变有趣、让高深的接地气，目前主要围绕全国政协双周协商座谈会、专题议政性常委会议、专题协商会等重要会议议题及社会热点话题，以“幽默文字+诙谐漫画”的形式进行解读，不仅引发广大网友关注，也在政协统战领域获得好评。

公众号下设“冒个泡”“说正事”“还没完”“扯闲篇”等4个版块。具体文案操作流程为：围绕全国政协重要协商议政活动议题或热点话题，搜集整理资料，分析议题现状、问题及对策，撰写新闻稿，再将稿件转化成符合公众号定位的漫画文案，稿件推送后，我们会邀请网友提出相关意见建议，并将相关留言整理后反馈给会议主办单位。

自成立之日起至2019年底，共推送原创稿件近70篇，总阅读量近80万，篇均阅读量过万。2019年3月中旬，公众号正式开通留言功能后，收到大量网友留言，取得较好社会反响。

微信公众号

（人民政协报社）

工人日报社

一 | 工人日报社新媒体工作综述

媒体融合迅速发展，越来越多受众的阅读选择、阅读习惯正在改变。单一的内容生产已经不能满足媒介市场的需要。在新的历史机遇下，如何推动内容、渠道、平台、经营、管理等方面的深度融合，形成优质融媒品牌，对处于转型期的传统媒体来说至关重要。

2019年，工人日报社在尊重新闻传播规律的基础上，立足“三工”特色，紧跟新闻事实、热点事件，探索用Vlog、漫画、短视频、直播、H5、可视化图表等多种新手法，以重点报道、重点栏目为抓手，推出了一批兼具新闻性、重要性与贴近性、趣味性的融媒报道作品。

此外，我们以活动策划为切入口，制作了一批新的、符合市场规律的产品，促进多渠道融合与多平台推广，努力打造优质的融媒品牌，提高了新时代下工人日报的传播力和影响力。

（一）重视老传统：让“鱼”活起来

真实是新闻的生命。2019年，工人日报媒体融合工作尊重新闻传播规律，立足“三工”特色，强调“抓活鱼”，重视事件新闻，创作出了一批兼具重要性、显著性、贴近性等要素的好新闻。

2019年3月21日，江苏盐城响水陈家港化工园区发生爆炸，随后，工人日报记者深入爆炸现场，拍摄了爆炸后的现场画面，并通过工人日报客户端、抖音、微博、微信等平台及时发布，给网友带来了最新资讯和第一手的现场画面。

报道还将镜头对准受到爆炸影响的普通民众、救援队伍、劳模志愿者和工会工作者，在灾难报道中体现出人文关怀和“三工”特色。此外，记者采用航拍镜头，给网友全面、直观的视觉体验。在抖音平台，该系列报道推出了3段短视频，点击量超过200万。

2019年12月14日，四川宜宾珙县川煤集团杉木树煤矿发生透水事故，历经86小时紧急救援后，有13名被困人员生还并成功升井。19日上午9时，两名获救矿工在就诊的矿山医院接受《工人日报》记者采访。

在工人日报客户端、抖音、微博、微信等平台，工人日报发布了《杉木树煤矿获救矿工：靠吃煤泥吃皮带求生》《杉木树煤矿获救矿工讲述：被困井下时究竟经历了什么？》等短视频新闻，点击量迅速超过百万。

新闻策划也源于新闻事实。2019年春运期间，工人日报各平台刊发“【新春走基层·岗位过年】一家三口为何提前过年？”短视频新闻，镜头聚焦铁路职工岳鹏翔与妻子马婧值因工作原因不能回家过年，而回到老家陪孩子提前过年的新闻事实。

视频播发后，引起全国铁路职工的强烈共鸣和广大网民的点赞和留言。很多人被车站离别时孩子大哭的镜头感动。

（二）做大好品牌：让重点栏目“亮”起来

2019年，围绕重点事件、重要栏目，工人日报集中优势资源，打造了一批精品栏目。

工人日报e网评从2019年5月9日上线，坚持每周推送，已推出超过100篇稿件。e网评在工人日报客户端首发，然后全网推送，是报社融媒改革的重点项目，意在探索融媒改革下的内容创新及工作流程再造。

聚焦在社交媒体上热议的、与公众关系密切的新闻事件及现象，e网评推出了《跨界一定很风光？不是无知，就是自恋》《踩踏奖杯一幕为何如此刺眼》等多篇具有“网感”的评论。从社会热点出发，寻找小切口和独特视角，注重信息的梳理，快速回应舆论关切，e网评获得了与网友情绪上的共鸣。其中，《网友为何追着保时捷女车主发飙一事不放》在头条号有60多万阅读量，《防性侵儿童，除了严惩，我们还能做什么？》是中央媒体中发声速度排前列的。

在流程上，参与e网评的记者编辑往往与时间赛跑，拼脑力、拼体力，确保从选题到写、编、审、检校、制作、推送等各环节都做到争分夺秒，在网络上获得时间优势，先声夺人。

2019年工人日报打造的另一个品牌栏目是“三工视频·新360行”系列视频。栏目继承了工人日报多年以来密切“关注360行和边缘、边远地带的劳动者”的成功做法，特点为新时代、新职业、新发现；小人物、小视角、小故事；影像新、内容新、风格新，目标是用短视频讲好中国工人故事。截至目前，“三工视频·新360行”已推出23期，《新360行之收纳设计师：月入数万，22天整理3万件衣服》《最“拉仇恨”的工作，吃着零食就能把钱赚了》《新360行之外卖代运营员：外卖的幕后推手，月入两万不是梦》等视频图文兼备、画风清新、制作精美，备受用户关注。

围绕重大事件，工人日报做了一系列策划，以栏目的形式进行报道。2019年10月，工人日报融媒体中心推出了“庆祝新中国70华诞”专题报道，创作稿件近200篇、视频30余个、直播3

场。其中，在抖音发布的“武汉杨泗港快速通道青菱段跨铁路斜拉桥成功转体”的短视频，播放量达到1.6亿。《大片来了！受阅官兵集结完毕》《等安检、领餐包……记者带你直击凌晨的阅兵式现场！》《1949～2019，今日中国，如你所愿！为中国点赞》等融媒体作品，为国庆报道添姿添彩。

2019年，工人日报《壮丽70年·奋斗新时代——共和国发展成就巡礼》在工人日报客户端开设了专栏，多位记者深入基层一线采写刊播了70余件融合报道作品，涉及科技、交通、就业、快递等多个行业，在报网端微立体报道，形成了较强的声势。

（三）探索新手法：让报道“嗨”起来

2019年，工人日报在媒体融合上做了诸多尝试，运用了不同的报道手法，将手中的新闻素材做成了一道道好看又好吃的“菜品”，让报道“嗨”起来，让用户“乐”起来。在阅读报道的时候，用户既获知了新闻信息，又获得了愉快的体验。

2019年11月5日至10日，第二届中国国际进口博览会在上海举办。工人日报上会记者策划完成“进博会直播间：一起来逛‘吃货天堂’”直播。通过手机移动直播的形式，记者对进博会最具人气的食品农产品展区进行了现场直播，全面、迅速、准确地采集并传播了如西班牙大厨现切价值1.2万元的西班牙火腿等关键新闻现场画面。直播内容丰富，背景信息全面，段落衔接紧凑流畅，可看性强，让观众一饱眼福。直播在工人日报客户端上点击量过万，点赞数超8000，是2019年在工人日报各端上关注度最高的移动直播内容。

2019年10月底，“军运耀江城——第七届军人运动会客户端”专题通过短视频新闻、Vlog、图集、文字报道等多种形式对第七届世界军人运动会进行了全方位的报道。专题封面图设计精美，信息量大，通过单图封面、三联图封面、视频焦点图等形式，形成了界面错落有致、易于阅读的效果。该专题共发稿46篇，其中图文文章32条，短视频作品12条，图集作品2条。

2019年7月21日，工人日报融媒体中心制作推出《候赛蕾小姐睇广东高质量》视频，用漫画的形式，以候赛蕾这一虚拟人物作为切入点，通过人物自述这种第一人称的叙事方式，描绘了广东在高质量发展中取得的成果。视频运用了新的剪辑手法，节奏明快，使用粤语配音也使视频的地方特色更加鲜明，观看起来趣味十足。

（四）开辟新“战场”：让粉丝聚起来

2019年8月26日，工人日报联合贵州记者站举办“首届贵州航天杯Vlog大赛”活动。9月23日，与湖南记者站联合举办“湖南百万职工同声唱”活动，并在客户端开设了新闻报道、视频直播、投票选优的专题页面，参与人数达16304人次。同时段还举办了“贵州省行业道德标兵”评选活动和“铁建杯贵阳市首届职工”Vlog大赛，参与人数踊跃，分别达到了15590人次和11417人次。据统计，在9月23日到10月1日举办活动期间，工人日报客户端下载量累计增加128954人次。

2019年9月18日起，工人日报社“最班组”活动启动，并在全国范围内征集“最班组”视频。截至10月25日，大赛作品截稿日，共收到超600件短视频作品，参赛班组来自全国31个省市，覆盖能源、交通、航空、装备制造等各行各业。

内容由用户创作、活动有用户参与，在工人日报客户端推出的“最班组”投票活动页面，两周时间内，投票人次超过5300万，用户参与热情空前高涨。大赛期间，报端刊发了8篇大赛追踪报道、40篇“最班组”短视频拍摄手记，对30个入围作品进行了选登，以及特稿1篇、社评1篇，相关报道、手记等在客户端及其他新媒体渠道上同步推送。在今日头条，“我为班组来打CALL”微头条上线后连续3天占据媒体频道头条位置；在抖音，“我为班组来打CALL”话题，获得了64.9万播放量。

2019年12月至2020年1月，适逢岁末年初，工人日报社融媒体中心联合今日头条举办了以“奋斗点亮2020”为话题的新年寄语活动，在今日头条客户端和工人日报客户端开设话题专栏“奋斗点亮2020”，吸引了广大网友和优质作者以图文、视频的方式参与活动。由工人日报头条号作为发起人的“奋斗点亮2020”话题阅读量超过800万。

二｜工人日报社新媒体工作案例

播放量“1亿+”短视频

9月15日，工人日报抖音发布了一条“武汉杨泗港快速通道青菱段跨铁路斜拉桥成功转体”的短视频，播放量达到1.6亿，点赞量突破500万，评论量超过10万。短视频发布当天，工人日报抖音号涨粉近20万。

一条看似普通的短视频，如何造就“1亿＋”，吸粉数十万？

中宣部《新闻阅评》称：“原因之一，在于报道内容‘高新奇’创了世界纪录。位于武汉的杨泗港快速通道青菱段跨铁路斜拉桥长248米、重1.8万吨。9月11日，依靠新技术，逆时针转体77度，完成与前一天旋转了105度的另一部件的成功吻合。这一‘华丽转身’的桥梁，创造了目前世界上同类型桥梁跨度最大、桥面最宽纪录。超级工程罕见的建设过程，当然‘自带光环’‘自带流量’。”

其实这是一条来自工人日报融媒体邮箱的记者稿件。原视频长2分30秒，由于是航拍，也没有现场声音，不太符合网友的收看习惯。编辑截取了视频中正面且能够完整展示大桥动态的画面，最后衔接上转体到位的航拍镜头，快进的效果再加上抖音平台自带的热门音乐，给用户带来了强烈的视觉冲击。

这条视频很好地契合了工人日报的定位。在世界级工程中，本就融合了成千上万建设者的辛苦付出和劳动智慧，通过视频方式对这些劳动成果进行展示，既吸引了关心工程的用户，更吸引建设者本身。

这条视频的发布时间恰如其时。编辑在处理视频时，将其纳入#我爱你，中国#这一话题，在临近庆祝中华人民共和国成立70周年的时间节点发布，既与经济建设巨大成就的宣传结合起来了，又与人民群众高涨的爱国主义热情形成了良性互动。

（工人日报社）

中国青年报社

一 | 中国青年报社新媒体工作综述

2019年，是“五四”运动100周年，是中华人民共和国成立70周年，也是全面建成小康社会的关键之年，同样也是中国青年报社创立70周年，是中国青年网建网20周年，更是新的中国青年报社融合改革的关键之年。全国两会报道以及“五四”百年报道、中华人民共和国成立70周年报道均受到中宣部、共青团中央领导的多次肯定和表扬。

（一）坚持真融真合，推进一体化融合改革

中国青年报“融媒小厨”探索出一条国内媒体融合转型的新模式——以低成本高效益的特点，成为国内众多媒体的参考样本。2019年中国青年报社按照中央宣传主管部门的要求，在团中央书记处具体领导下，坚定不移地推进融合转型改革再出发，转战下半场加速跑，全面升级“融媒小厨”，守正创新催化融合质变，放大一体化效能。

在2019年全国两会报道工作中，中国青年报 · 中青在线与中国青年网紧密协作深度融合，第一次实现共青团系统报、网、端等全媒体资源完全统一调配、优化整合、集中发力，推出了“青年大学习 · 两会时刻”“两会青年说”等一系列立足青年视角、聚焦青年话题、符合青年话语体系和接受特点的融媒产品，两会报道各端累计传播量迅速跃升达14.1亿。两会报道得到中央政治局委员、中央书记处书记、中宣部部长黄坤明，中宣部副部长、国新办主任徐麟的高度好评。

中宣部调研组2019年4月专门来报社调研，再次明确肯定了中青报“融媒小厨”的方向和成效，再次明确肯定了依托中国青年报社的媒体融合是“真融合”。

纪念“五四”运动100周年报道及组织策划的活动，原中国青年报社及下属的中青在线网站、团中央网络影视中心及下属的中国青年网，两支队伍完全融合在一起，共同创制的融媒作

品总传播量达40多个亿。

根据团中央书记处的要求部署，2019年6月，中国青年网正式并入中国青年报社。2019年6月20日，报社党委常委会讨论通过《关于将中国青年网纳入中国青年报社全媒体一体化协调机制的实施意见》，要求按照“统一领导、优势互补、聚焦增效”的原则，团中央网络影视中心、中国青年网旗下所有媒体的内容生产、分发传播，纳入中国青年报社“融媒小厨——全媒体协调机制”，与中国青年报主报及子报子刊、中青在线、两微一端等平台一起，实行统一管理。在中国青年报社党委统一领导下，报社所有平台的内容生产和分发传播工作，由报社编委会总负责、总指挥、总协调、总把关。原团中央网络影视中心党委常委，进入报社编委会，参加全媒体协调机制社领导轮值。

新的中国青年报社有五大板块：内容生产、党政管理、投资运营、团务和技术。五大板块设置按照“分工不分家，分岗不分编，分算不分考，分量不分质”等原则和融合一体化的目标在2019年底前完成，其中新总编室的改革、中国青年网和中青在线的初步改版工作已经完成。专业采编部门转战新媒体主战场，不再主要承担报纸的编辑出版工作，由新总编室承担报纸出版工作。中国青年网成为中国青年报的新闻主网，中青在线同步转型，成为新闻文化视频网站。

全媒体生产从“部门主导、三端融合”转向了“专业主导、三端融合”。正在全面升级后的“融媒小厨”，在内容生产、分发传播、整合运营基础上，提升舆情智库建设、智能化建设、绩效管理建设、新机制体制建设等四大建设工程。

尊重现代传媒文化产业发展规律，尊重互联网市场运营规律，中青报举起两把锤子“自我革命”，倒逼自身深层次体制机制改革。加速“一体化”融合改革，更彻底地实现“你就是我，我就是你”的自我革命，不断扩大中青报品牌覆盖面和影响力，真正把内容优势转化为发展优势。

截至2019年年底，中国青年报社全媒体平台用户达到1.2亿多。截至2019年10月中旬，中国青年网日均UV950万，移动端日均UV890万，Alexa全球排名161位，中文网站排名保持在55位以内，最高达到28位。比2018年年底全球排名585位，国内排名76位分别增长424位和21位，位居中央重点新闻网站第4位。所有平台图文和短视频作品数量超10万个，产生百万级UV的原创报道与日俱增，原创力指数稳步提升。截至2019年10月中旬，中国青年网旗下产品及第三方平台用户、粉丝数超7900万，用户百万级以上产品、账号达到11个。“中青看点”用户达4010万、日活300万，持续领跑主流网站新闻客户端；“中国青年网”微博粉丝量近1200万，有效承担起新闻大号职能；“中青网教育”微信粉丝量近200万，连续5个月进入“新榜 · 中国微信”500强；“青蜂侠”在多个平台粉丝量逾200万，成为时效新闻重要集散地；“中国共青团网”抖音账号粉丝450万等等。

据《2019全国党报融合传播指数报告》，中国青年报两微在全国排名均位居第二，中国青年报微博用户达1300万，微信公众号用户过1000万，在中央媒体中居前列。

“中国青年报”抖音账号粉丝量从2019年3月的8万多，增长到2020年年初的1000万，众多视频登上抖音热搜榜，一些视频的单条播放量破亿。

（二）以中华人民共和国成立70周年报道为主线，全力激发广大青年爱国热情、社会责任和奋斗信心

在中宣部、中央网信办、共青团中央的指导下，中国青年报社领导高度重视，举全社之力做好中华人民共和国成立70周年的新闻宣传报道工作，全年一以贯之。正式融合后的中国青年报、中国青年网以新媒体为主战场，依托“融媒小厨”，用报纸（包括专版或特刊）、电子海报、微电影、短视频、H5、融媒体专题、大型调查、系列活动等多种形式，立体化、全景式呈现庆典盛况，彰显浩荡国威军威和人民群众的自信豪迈，激发青年的爱国热情和奋斗信心。

贯彻落实中宣部、中央网信办和团中央的部署要求，精心组织策划了“壮丽70年·奋斗新时代”“爱国情·奋斗者”“记者再走长征路”“壮丽70年·奋斗新青年”“壮丽70载·我们都是追梦人”等系列报道、系列评论，讲好中国故事，突出宣传展示党的十八大以来党和国家事业取得的全方位、开创性历史成就以及发生的深层次、根本性历史变革。报社先后派出100多位记者参与报道，圆满完成各项任务，多次受到上级部门的表扬肯定。

除完成规定动作外，中国青年报社主动创新，精心策划制作了《中国有故事》系列微纪录片、微电影《头条里的青春中国》《一九四九》（包括特稿和视频）、《我和我的祖国》青春版MV、“70秒70年·巨变中国”等众多独家融媒产品，组织开展了中华人民共和国成立70周年青年调查、“礼赞新中国奋斗新时代”主题宣传教育、“档案君：新中国70年，镇馆之宝70件”等系列精彩活动。中国青年报连续在一版刊发重磅评论员文章《树在历史高处的丰碑》《做新时代的理性爱国者》，为国庆70周年营造良好舆论氛围。

其中，由共青团中央出品、中国青年报社承制的微电影《头条里的青春中国》，上线后持续刷屏移动端，获得中央网信办全网推荐，学习强国APP首屏呈现。截至10月11日，总浏览量已突破8.2亿次，得到1200余家平台及媒体的关注和报道，相关微博话题总阅读量达7.1亿。特稿和视频报道《一九四九》，抢救式采访了最后一位在世的第一届政协会议代表，让那段历史得以激活。冰点周刊的一位用户留言：“堪称1949年北京时间开始前那一刻的清明上河图。”在冰点周刊头条号阅读量444万，点赞7.5万，成为国庆当天爆款文章。该文在中央政法委微信公众号阅读量10万+，被中央网信办全网推荐。

据初步统计，仅8月1日至10月8日，中国青年报刊发自采文字稿件159篇，刊发记者拍摄的新闻图片及相关资料图片110幅，编发专版38块。中国青年报客户端、中国青年网、中青在线分别上线了“爱国情奋斗者”“青春中国”“中国向上走”等多个网络专题，制作了《中国有故

事》系列微纪录片和《头条里的青春中国》微电影等融媒精品，相关报道总传播量超30亿。

（三）精心组织策划纪念“五四”运动100周年活动及全媒体报道

中国青年报、中国青年网和中青在线组成项目组，精心组织“新青年耀青春”纪念“五四”运动100周年文艺晚会，并发起组织“‘五四’青年文化万里巡展”“我宣誓你接力”等一系列线上线下预热活动，创制了一系列融媒精品，全媒体立体唱响爱国奋斗的青春之歌。

“东风”“五四”青年文化万里巡展活动从2019年4月8日起，由一队神秘的大卡车载着百年的“时光宝盒”，从北京出发，途经上海、武汉、长沙、郑州、青岛，5月5日至6日回到北京在中央团校巡展，历时一个月，行程万余里，开启两代“90后”的对话，共议家国情怀与责任，有数万人直接参与了体验。5月24日，“五四”百年青春对话体验馆在中央团校揭幕，“新青年耀青春”“五四”百年青年文化万里巡展的互动内容永久落户这里。中央团校教授吴庆称赞：“这种形式非常好，像时光隧道的穿越，还有与先辈对话的形式，让青年非常感兴趣。理想信念的传递，不仅限制于简单的传递，还是要用更多创新的方式。”

据统计，截至5月9日，中国青年报社、中国青年网各端共发布原创作品1000多个，传播总量突破40亿人次，创历史新高。活动引起中央各大媒体，北京、上海、湖北、湖南、河南、山东主要媒体及各商业网站、社交平台的关注和报道。其中，“我宣誓你接力”活动及话题互动在中宣部新闻通气会上被中宣部副部长徐麟点名表扬；“五四”百年文艺晚会情景剧《等待》获得共青团中央第一书记的高度评价。

本报创制的相关重大融媒作品还有：

长篇评论《以青春之我成就青春中国——写在“五四”运动100周年之际》清晰梳理了“五四”运动史实，论述了这场运动对中国的深远影响，有助于帮助当代青年加深对“五四”运动历史意义和时代价值的认识，坚定跟党走的信念。共青团中央等大量共青团组织、高校微信公众号转发推荐此文，不少用户表示推荐给高三学生。

万字融媒特稿《一百年前这一天》，还原了“五四”运动当日的大量细节，讲述了李大钊、邓中夏、罗家伦等“五四”人物的故事，阐释了社会主义最终取得胜利的原因，具有很强感染力和思想性。一位读者评价：“客观、公正、大方，真正的理论自信，我们把客观事实摆出来给你看。”

5月4日当天，由团中央出品、中国青年报社承制的微电影《青春与祖国同在》上线。影片特邀团旗设计者、《“五四”运动》油画作者、与“五四”运动同龄的艺术家周令钊先生出演，并邀请青年明星李易峰主演。影片采用“穿越”方式，与观众一道重温100年以来的岁月。学习强国、新华社、人民日报微信公众号等1000家平台进行转发和报道，在视频平台播放量共5800万，总点击量超4个亿。

（四）践行“四力”创制融媒精品，持续提升中国青年报全媒体平台和内容的传播力、引导力、影响力、公信力

报社积极邀请正能量明星参与制作主流价值观产品。倡导“青年爱阅读阅读有价值”的音视频节目“榜样阅读”，邀请张继科、武大靖、朱一龙、张一山等青年文体偶像，阅读中国经典文学作品，微博话题阅读量30亿次，中宣部在布置国庆70周年报道时，特意鼓励中青报充分发挥《榜样阅读》节目的作用，大大增强了我们打造“文化IP”的信心。

推出《红军桥日记》等一系列“沉浸式”新闻产品，获得中国记协新媒体专业委员会组组织评选的“2019中国新媒体公益十大优秀案例”。在生产机制和产品形态上不断创新，让观看者沉浸入节目当中。

深入实施短视频辉煌工程金凤计划，以“青蜂侠”为龙头，积极生产优质短视频“爆款”，构建多平台、移动化、可视化的内容生态体系，打造具有核心竞争力的独特短视频矩阵平台。2019年，“青蜂侠”“青小小”“三甲医生说”等平台共制作短视频18000多条，累计播放量超321亿次。

二｜中国青年报社新媒体工作案例

“时光宝盒”融媒项目

2019年是“五四”运动100周年。中国青年报社策划了“时光宝盒”——“新青年耀青春”“五四”百年青年文化万里巡展公益活动。“时光宝盒”融媒项目线下互动以网红大篷车的形式，改装两个集装箱，箱体装配了19个互动短视频。第一个集装箱是一列“时光列车”，参观者坐在其中，通过车窗外闪过的百年光影，穿过历史隧道，来到1919年的“五四现场”。第二个集装箱是一个100年前的候车大厅，电话亭里布置多部老式电话机，参观者拿起话筒就可通过显示屏，和鲁迅、李大钊、邓中夏等“五四”先驱“对话”。“时光宝盒”融媒项目自4月8日启动，在全国7个城市巡展，至5月6日在中央团校巡展结束。巡展7站，数万人参观体验。5月24日，“时光宝盒”融媒内容永久落户中央团校“‘五四’百年青春对话体验馆”。

展览期间车体外装显示大屏，同步开展“五四”宣誓、快闪、“五四”换装照、“我的‘五四’头版”等互动活动，收集当代青年对“五四”运动的印象、寄语、誓词等。网上开展“我宣誓，你接力”互动，广泛邀请明星、名人、大学生、军人开展上传宣誓视频进行微博互动。共收获1000多条高校宣誓视频，近百位青年文艺工作者在微博上提交了宣誓视频，参与本

次活动的微博账号超过了260万个。

时光宝盒融媒项目创制沉浸式体验视频、微博话题、换装照H5体验、“我的‘五四’头版”、系列视频短片、宣誓视频、歌曲联唱快闪等一大批融媒精品，产生了广泛影响，受到上级单位和公众、用户的好评点赞。中国青年报社全媒体平台累计刊播各类融媒稿件200余篇，学习强国客户端、团中央两微持续关注，新华社、人民日报、光明日报、中央人民广播电台、中国日报等中央媒体以及巡展城市地方媒体等30余家媒体持续报道。有参观者在现场留言说，感受了时光列车中的百年历史，接听了同为“90”后前辈的电话，拿到了“我的“五四”头版”纪念老报纸，这次巡展活动十分新颖，富有青春气息和爱国深情。

“时光宝盒”融媒项目大量应用互动新技术、新传播手段。报社将两个集装箱改装为融合声光电、能与观众互动的“时光宝盒”；报社与腾讯天天P图深度合作“五四”换装照H5和“我的‘五四’头版”等。

“时光宝盒”融媒项目“新青年耀青春”微博话题自巡展开始上线，与“五四”晚会融为一体，创造了多个记录。截至5月9日19时，#新青年耀青春#阅读量24.2亿人次，讨论1317.8万条，分别在4月29日和5月2日两次在微博平台热搜置顶。与此关联的“我宣誓你接力”微博话题收获了11.7亿人次的阅读量，网友讨论达779.5万条。

融媒作品导读：时光宝盒是一个精心策划、富有创意、社会效果显著、充分体现网上网下互动的融媒精品项目（作品1整体介绍）。线下互动中最有创意的100年前的“五四”场景再造，拿起话筒就能与“五四”先驱进行“对话”（见作品3和作品1部分镜头），还能开展快闪（作品1和作品5）、宣誓（作品1）、换装（作品4）等互动活动。线上微博互动影响大，辽宁舰等均参与了宣誓接力活动（见作品2）。

作品二维码：

“时光宝盒”巡行七站　万人致敬百年奋斗青春（视频和文字报道）

“我宣誓你接力”活动混剪视频来了

在时光宝盒里，参观者拿起电话，穿越百年，与百年前的“五四”先驱李大钊对话

“五四”换装照H5

快闪《珞珈山上响起“我的祖国”赞歌，强国一代最美校园快闪震撼发布！》

（中国青年报社）

中国妇女报社

一｜中国妇女报社新媒体工作综述

2019年，中国妇女报以建设新型主流媒体为方向，以提升全媒体传播能力为抓手，以筹建全国妇联新型旗舰网站——中国妇女网为契机，全力推进媒体深度融合发展。中国妇女报新媒体平台频传捷报：视频《回家的行囊》《刷脸的春运》入选中宣部、中国记协“新春走基层”活动优秀作品；在全国妇联、中央网信办联合举办的“争做巾帼好网民”主题活动中，《数说新成就系列短片》《Women的盛会》入选“百个优秀女性网络文化作品”；网络专题《温暖而坚定的护佑——改革开放40年来维护妇女儿童权益立法进程》获得第29届中国人大新闻奖；《82岁女飞行员再次冲上云霄》等多部作品获得第二届首都女记者短视频大赛优秀作品奖。

（一）自主传播平台全面建成　融合发展取得实质进展

2019年1月3日，中国妇女报官方客户端正式上线。这是中国妇女报走向媒体深度融合，全面进军移动领域，迈出适应媒体变革趋势的重要一步。中国妇女报官方客户端作为新闻与知识服务交互平台，依托大数据中心，智能分析用户的使用偏好、阅读兴趣、地理位置等生成个性化资讯推荐。通过构建“内容+运营+终端”的新媒体产业链，为妇联系统和广大用户特别是女性用户，提供移动化智能化、全方位全时段信息服务。在内容上，客户端致力于提供有高度、有锐度、有温度的新闻。读者不仅能阅读到中国妇女报电子版的全部精彩内容，更能及时、准确地了解到国内外正在发生的与女性相关的重大事件。“女界”栏目综合妇女界正在发生的大事，“权益”栏目关注妇女儿童权益，“家庭”栏目集合了大量有关家庭教育、家庭文明、家庭服务的信息内容……十大栏目的简约划分，让客户端界面一目了然。阅读图文资讯的同时，读者还可以在客户端上观看直播和视频，获得更加丰富的体验。

中国妇女报以建设中国妇女网为媒体融合的重要契机，实现信息内容、技术应用、平台终端、人才队伍、管理手段共融互通，催化融合质变，使传统媒体与新兴媒体迭代发展、次长彼长、优势互补。2019年11月6日，致力于成为最有影响、最懂女性的妇字号新型网媒——全国妇联旗舰网站中国妇女网（www.cnwomen.com.cn）全新上线。中国妇女网以政务、新闻、服务功能合一为主要特色，以全面提升妇联组织网上引领、服务、联系能力为重要职能，以妇女儿童家庭大数据中心、妇联系统新媒体“中央厨房”为运营基础，是“网上妇联”的主阵地、主平台、主入口。5G时代的中国妇女网具有4大亮点：一是“视频化”，直播、短视频、融合叙事新闻成为主流产品；二是“智能化”，植入24小时在线的“网上妇联”智慧服务窗口；三是“移动化”，网站与移动客户端一体运营、一体呈现；四是“生态化”，打造集服务链、用户链、价值链、情感链于一体的“数字妇联”网络生态。

中国妇女报进一步完善报社全媒体指挥调度平台，使“中央厨房”机制下采集端、分发端、产品端的一体化运转更加流畅，选题策划、线索推送、稿件分发、舆情应对、全员调度的实时联动更加有序有力。贯彻“一次采集，多样化成稿、全平台发布”的报道思路，采访从“只写稿子”的单兵作战变为“文字、摄影、摄像齐上阵”的集团作战，编辑从“只发报纸”的纸媒思维变为“文稿、视频、图片、图表、H5、VR、AR等多产品融合发布”的互联网思维，形成平台化、矩阵式的融合影响力。

中国妇女报加快谋划布局，抢占发展先机，增强话题设置能力，推动主流舆论和正面声音占领移动传播阵地，在技术、渠道、内容、载体等方面，积极开展与互联网头部公司的合作。2019年，中国妇女报官方微博粉丝数量，从年初121万，爆发式增长至年底800多万，策划和报道的多个热点性别议题更是突破亿级流量。官方微博、微信原创能力进一步提高，微博主持的女性正能量话题#我为中国女性点赞#，阅读量超2000万。将第三方短视频平台作为发力点，加速数字化转型、加强现代传播能力建设，与抖音联合发起的话题#我不止一面，以“正能量、暖新闻”为总基调的内容吸引了大批网友关注并引发了强烈共情，播放量达145亿次。本报策划拍摄的中国第二批女飞行员苗晓红82岁高龄驾机重返蓝天的短视频新闻，被人民日报、人民网、中国军网等数百家媒体转载，成为“网红”产品。

（二）创新重大主题宣传形式　深耕细作妇联特色

中国妇女报以中华人民共和国成立70周年重大主题宣传为主线，引领广大妇女坚定听党话跟党走，践行“女报姓党”的行动自觉；贯彻落实中国妇女十二大精神，充分发挥机关报引领、服务、联系职能；围绕庆祝全国妇联建会70周年，用心用力用情激扬巾帼之志，凝聚巾帼之力，唱响巾帼之歌。

以“壮丽70年·奋斗新时代”为主题，推出“共和国精神地标”全媒体报道，派出各路记者奔赴全国各地，重访那些记录着共和国70年砥砺征程的精神地标。从人民英雄纪念碑到甘肃酒泉卫星发射中心、从红旗渠到青藏铁路、从武汉长江大桥到江南造船厂、从中国女排精神到千鹤妇女精神、从塞罕坝精神到极地精神……通过采写文字、采集照片、拍摄视频，倾心打造新时代的融媒体作品，让共和国的历史在穿越时光后，得到立体化呈现、绽放出耀眼光芒。“共和国精神地标”全媒体产品注重传播内容和用户在体验和情感方面的贴近性，避免主题宣传中一味说教和宏大叙事造成的疏离感，在报、网、微、端全媒体推出后广受好评，被人民网、新华网、中新网、澎湃新闻等众多媒体转载，形成良好的话题塑造和舆论引导。

在庆祝中华人民共和国成立70周年主题宣传中，官方微博开设#我为中国女性点赞#话题，阅读超2000万；#70年70个“她第一”#话题，阅读近500万；#共和国精神地标#话题，阅读超100万。集纳图片、视频、文字、投票、直播等多形式，全方位、多角度、立体化，创新推出有爆点、聚民心、接地气的《首次！国庆阅兵徒步方队将有两名女将军亮相》《巾帼荣耀！45位受邀参加国庆活动的全国三八红旗手代表这样说！》等产品。微信公众号全网首推被授予国家勋章和国家荣誉称号的11位女性，结合平台传播特点，主打“女”字牌，精心绘制出内容丰富、形式活泼的融合报道大餐《共和国的女儿》。

共和国70年时代变迁，也体现在内容传播方式和媒体融合发展的变迁上。中国妇女报以互动化的创新形式，让读者网友参与到国民盛事之中。“七一”前夕，由全国妇联主办，中国妇女报、人民网承办的“时代新人说——我和祖国共成长”家国情怀故事汇活动启动，从长征集结地江西于都出发，先后在江西、湖南、福建、贵州、四川、宁夏、陕西等长征沿线部分省区，通过邀请红军后代、最美家庭、优秀女性、基层干部群众等，现场讲述各个历史时期广大家庭爱国爱党爱家的感人故事，让家国情怀红飘带飞扬长征路。经人民网、中国妇女报全媒体平台、网易、快手等进行网络直播，5000余万人次在线观看。

2019年，中国妇女报为庆祝全国妇联建会70周年，围绕妇联组织开展的“巾帼心向党礼赞新中国”主题活动，启动“寻访妇联初心”大型融媒体行进式报道。4月3日，在西柏坡中央妇委会旧址广场举行的“初心不忘七十载　巾帼建功新时代”大型网络直播活动，吸引近百万人次收看。

中国妇女报通过大数据等先进技术的应用，为推出全息化、可视化、沉浸式、交互式的新闻产品进行了有价值的尝试，丰富了传播形态、传播样式，打开了内容供给侧改革的序幕。围绕“三八”国际妇女节推出的专题片《新中国妇女节影像》《70年女性经典银幕形象》，中国妇女报及女性之声相关平台点击量超百万人次。“三八”节期间，在网微端授权发布《胡润白手起家女富豪榜》，与天猫联合发布《女性消费报告》，与抖音、字节跳动平台责任研究中心联合发布《听妳说——女性表达方式研究报告》。开创了《大数据背后的女性》研究项目，以数据为基准，服务女性。5月6日，与山东省妇联联合主办、邹城市人民政府承办2019孟子故里（邹城）母亲文化节系列主题活动之一的“新时代新家风新征程”高端论坛；5月10日，与人民日报全国党媒平台、新世相共同打造的“假如母爱有形状”公共雕塑在北京展出。

（三）进一步提升舆论引领能力　牢牢占领网络舆论高地

2019年，针对社会热点问题和突发事件，特别是有违男女平等基本国策、侵害妇女儿童权益的错误言论和行为，中国妇女报运用两微一端移动平台，快速反应、主动介入，及时批驳错误言论，有效占领新媒体舆论阵地。

两会期间，中国妇女报官方微博编发《全国人大代表张宝艳：拐卖妇女儿童犯罪起刑点应调至“十年以上至死刑”》，随即人民日报等媒体转发，阅读超1000万，成为当日新浪微博热搜第一，相关话题讨论阅读超过3.7亿。

4月，“童模妞妞被踹视频”在网上流传，引发网友愤怒。中国妇女报官方微博对案件涉及的相关法律问题进行了采访报道，《童模不能成为赚钱工具，律师建议立法禁止》一文成为全网第一个对该事件涉及未成年人保护相关问题的报道，被人民网、检察日报、法制日报等多家媒体转发，阅读量1105万，全网超5000万。此后，当地出台相关规定治理童模，案例入选最高检未成年人保护十大典型案（事）例。

11月25日是“消除对妇女的暴力行为国际日”，重庆美妆博主宇芽在微博上控诉前男友“@沱沱的风魔教”对其实施五次家暴的惨痛经历，并公布了前男友在电梯内对她施暴的视频。随后，社会公众对家暴的关注达到了一个前所未有的热度和高度，在网络上掀起一阵反家暴的舆论风暴。本报官方微博主持了#对家暴行为说不#的话题，阅读2.4亿，讨论量8.1万。原创微评《告诉更多人！对家暴行为说不》阅读2135万，《遭遇家暴，勇敢拿起法律武器！不要苛责受害者》阅读1082万。这些微博文章充分体现了中国妇女报勇于站在风口浪尖，敢于发声“亮剑”的斗争精神。

二 | 中国妇女报社新媒体工作案列

《创纪录！82岁女飞行员再次冲上云霄》短视频冲上热搜

2019年5月27日，中国妇女报得知信息：新中国第二批女飞行员、82岁的苗晓红，时隔30年后将再次挑战自我，飞上蓝天，以此鼓励更多的年轻女性加入到飞行员的队伍中来，并将此作为向中华人民共和国成立70周年、空军成立70周年的献礼。

一位退休女飞行员以八十多岁高龄挑战再飞，又恰逢重大历史节点，这在新中国历史上是绝无仅有的。中国妇女报判断这是一个新闻热点，立即制定策划方案。

5月28日上午，中国妇女报记者赶到北京平谷石佛寺机场，分头展开工作，摄像记者用摄像机记录下了苗晓红从准备起飞、冲上云霄、在空中飞行40分钟、高歌《我爱祖国的蓝天》，到顺利降落的全过程；摄影记者进行拍照，文字记者对苗晓红本人、她的爱人和战友们进行了深入采访，并在现场编发快讯，在中国妇女报微博进行了第一时间的报道。

采访结束后，制作了原创短视频现场新闻《创纪录！82岁女飞行员再次冲上云霄》，并撰写深度报道，在全网推送和传播。该作品通过融媒体记者们的通力配合，打通壁垒，既保持了新闻的快速性，又兼顾了深度性，是媒体融合的典范。尤其是短视频，镜头语言丰富生动，结构完整，极具现场感和感染力。

中国妇女报成为全网第一家公开报道这位82岁女飞行员重返云霄的媒体，该短视频新闻在中国妇女报微信公众号上的阅读量达到8.6万；同步发表在中国妇女报微博、网站、客户端、抖音号等全媒体平台，阅读量快速突破百万，#82岁女飞行员再上蓝天#的话题冲上微博热搜。网友们亲切地称苗晓红为“硬核奶奶”，纷纷点赞“奶奶真酷！”“不老女神，巾帼传奇，中国骄傲！”她突破自我，勇敢无畏的形象深入人心，极大鼓舞了网友尤其是广大年轻女性。

该短视频新闻被新闻联播、人民日报、人民网、中国青年报、中国军网等数百家媒体转载报道。并被人民日报、第一财经等数十家媒体海外Twitter账号转发，苗晓红“火”到了国外，成了国际传播的典型案例。更多媒体对苗晓红进行跟进报道，全网阅读量超过千万。苗晓红被邀请参加全国妇联成立70周年座谈会，接受央视《面对面》等多家电视节目专访。

作品二维码：

《创纪录！82岁女飞行员再次冲上云霄》

（中国妇女报社）

农民日报社

一 | 农民日报社新媒体工作综述

2019年是农民日报全面推动采编、经营转型发展，加速媒体融合前进步伐，奋力构建全媒体发展格局的关键之年。报社坚决贯彻落实习近平总书记关于推进媒体融合发展、加快建设新型主流媒体的重要指示精神，着眼于在互联网空间为实施乡村振兴战略营造良好舆论氛围，认真谋划部署媒体融合发展，大力推进新型“三农”主流媒体建设，报社上下统一认识和行动，守牢纸媒大后方，积极进军主战场，在融合转型方面迈进了一大步，取得了一定的成绩。

（一）体制机制全面创新

为推动体制机制创新，建立融合转型发展领导机制，报社研究出台了《关于大力推进媒体深度融合发展的决定》。完成适应新媒体工作的机构改革和职能调整，人员方面，以竞聘上岗方式面向全社干部职工公开招募融媒体运营团队，研究社会招聘方案，强化人才力量。机构上将原中国农网、新媒体中心调整为新媒体中心和技术部。结束实施近40年的采编一体制度，全面改为采编分开，原传统采编部门全面调整为全媒体采访部门。以促进媒体融合为考评导向探索完善考核制度，重点探索符合报社实际的产品评价、效果评估、薪酬分配等机制，建立并逐步完善新媒体作品考核制度，制定新媒体好作品、爆款、客户端考核等整套办法，并根据发展变化，不断迭代完善。探索更加灵活的用人制度，畅通全媒体人才在传统媒体和新媒体间的流通渠道，努力争取薪酬增量，把待遇留人落到实处。

（二）项目建设加快推进

报社投资2500多万元实施融媒体中心一期工程建设，目前，基本完成新闻指挥调度中心建设项目，建设新闻调度指挥中心和全媒体编辑中心，适应白班夜班各系统业务值班及新闻调度统一指挥的需求。即将完成报社机房升级改造项目，更新移动采编设备，顺应媒体融合发展的硬件需求。完成融媒体中心办公区域改造项目，构建更加高效流畅的办公动线，适应高频策划、集中办公、全时工作的特点。技术支撑方面，报社加快了媒体融合技术支持体系建设步伐，制定《媒体融合技术支持体系建设方案》《推动媒体融合发展技术保障方案》，强化技术引领，将技术成果运用到新闻信息的采集、生产、传播、反馈的各个环节，建设以用户为中心的自有融媒体传播平台。

（三）平台布局基本完成

内容平台方面，完成网站由“中国农业新闻网”向“中国农网”的改版升级，打造“三农”资讯一站式服务平台。完成“农民日报客户端”向“三农号”的升级，功能由资讯向“资讯+政务+服务”调整，由农民日报内容出口向“三农”领域专业的内容生态平台转变。按照习近平总书记“用户在哪里，党媒的内容就去哪里”的要求，初步构建起“差异发展，形态多样，顺畅推广”的第三方平台账号体系，用户群覆盖专业受众、农民群众、社会大众，平台形态涵盖文、图和多形态视频，多个平台用户量呈快速增长态势。如今日头条荣获2019年最受欢迎“三农”类头条号，平台粉丝半年翻番，截至2019年12月25日，达到94.1万，在中央党报以报名开设的头条号中，粉丝量排名上升至第五位。

工作平台方面，在报社本部和全部驻省记者站，实现全媒体采编系统全覆盖，报社编辑记者投入新媒体产品生产的积极性不断增强，为采编流程再造和“中央厨房”项目的使用奠定了基础。初步完成“大国三农”视听资源共享平台的搭建，正在进行内测工作，计划对全国涉农媒体免费开放。引进“媒体大脑”短视频智能生产平台，降低编辑记者生产视频产品的门槛，缓解人力短缺压力，提高产品生产效率。

（四）业务工作流程优化

为适应媒体融合发展需要，报社全面启动采编分离改革，成立并完善以要闻编辑部、专刊编辑部、新媒体中心、内参部为代表的四大内容编辑平台，原来采编一体的周刊部门全面调整为专业采访部门，主要精力集中在为四大内容编辑平台供稿方面。这一改革结束了报社实施近40年的采编一体制，推动绩效奖励从“重版面”向“重稿件”倾斜，进一步解放了新闻生产力。将报纸与新媒体在采编指挥调度、重大选题策划、采访力量和稿件资源等方面有机统一，增强了指挥调度能力、一线采写能力、新闻产品创新能力。通过机构和人员调整，推进新闻业务流程再造，实行全平台采编分离，强化新闻产品策划意识和融合产品生产能力，实现一次采集、全平台同步传播的采编工作机制。进行新媒体采编流程再造，编前会召开时间由下午调整至上午，适应协调全媒体的变化，初步探索出依托新闻线索安排采访报道的工作流程。

（五）内容创新力度加大

今年以来，瞄准全国两会、农民丰收节、中华人民共和国成立70周年、脱贫攻坚、生猪生产等重大节日、重大活动、重大主题、热点事件加大内容创新力度，取得了良好的效果。截至2019年12月25日，10万+产品超过260个，其中，100万+产品38个，1000万+产品6个，过亿产品2个。"我带农民上两会"系列短视频、"跟着总书记下团组"H5测试共5次获得中宣部新闻阅评表扬；"我的丰收我的节"话题浏览量超过2亿次并获得中宣部专题新闻阅评；国庆阅兵游行主题短视频单条观看量近4500万次，李克强总理考察猪肉批发市场的短视频单条观看量超过1.28亿次，长推文产品单条最高阅读量达到750万+，微头条产品单条最高阅读量达到2000万+，10万+产品生产能力达到每一天半即可产出一条。产品形态已涵盖微头条微博、长文图、竖屏短时频、横屏短视频、动画短视频、纪录片、H5、小游戏、推图、数据新闻、话题、文图直播、视频直播等10多类。《三农大家谈》《言者》《寻》等符合"三农"专业定位的品牌短视频产品，顺次推出，业内口碑良好。

此外，报社编辑记者投入新媒体产品生产的积极性不断增强，获报社月度新媒体好作品的作品中，超过50%的为新媒体中心外编辑记者创作。全国农村人居环境微信公众号粉丝量超过8万，成为全国人居环境战线最具影响力的公众号。《寿光大水三问》获得中国新闻奖融媒体奖项，成为报社历史上第一个中国新闻奖融媒体奖项。

（六）人才培训机制完善

报社以打造懂"三农"、懂新闻、懂技术、懂用户的全媒体人才队伍为目标，内部激励更多优秀编辑记者进军新媒体，对外通过社会招聘吸纳优秀人才加入。加强对全媒体采编人员系统化、立体化、高频次的培训力度，全面提升编辑记者新媒体产品生产能力，加快推进全员转型。开展报社媒体融合系列讲座，邀请国资小新、字节跳动、光明网等专家对全报社进行媒体融合培训。数十次派员参加国家网信办、中国记协、人民日报等主管部门、行业部门、业界领军单位等举办的培训班。重视系统学习培训，分别派员参加清华大学新媒体培训班、复旦大学新媒体培训班、清华大学EMBA媒体奖学金班等，鼓励新媒体部门骨干力量利用周末时间提升新媒体业务、管理能力。在服务目标客户方面，综合运用文字／视频报道、图文／视频直播、电子会议手册等进行全面服务。

二 | 农民日报社新媒体工作案例

中国农民丰收节报道

2019年中国农民丰收节宣传报道，农民日报在扎实做好报纸宣传报道的同时，着力在新媒体上发力，围绕本届丰收节主题，开设“我的丰收我的节”话题讨论，打造了全网流量过亿次的现象级新媒体作品，引导了社会舆论，营造了良好氛围。

（一）综合运用全媒体平台，推出多形态产品

综合运用报纸、新媒体、网站多种平台，实现了多端的融合。

报纸端通过专栏、专版、评论员文章、侧记等文图方式推出报道；24日专版主打图片植入短视频，手机AR扫描图片，即可观看短视频，打通了报纸与新媒体的通道。

新媒体端推出了H5测试游戏《测测我的水果性格》，制作了动画短时频《农民丰收节怎么过，快来看攻略》，发布了抖音系列短视频，设计了丰收节倒计时系列推图等，创新和丰富了新媒体的产品形态。

网站端提前推出大专题，持续预热，集中报道，并在丰收节当日重点视频直播了五场各地的丰收节活动。

（二）探索新媒体运营手段，提升社会关注度

为进一步吸引流量，扩大影响力，探索出多种新媒体运营手段。

一是立足自有平台，扩大与第三方平台的协作。

在做好农民日报新闻客户端“三农号”、网站“中国农网”的基础上，通过共同策划、联合出品等多种方式，与人民日报客户端三农频道、腾讯新闻三农频道、今日头条、抖音等平台合作，提升产品传播效果。

二是用好“大V”“网红”的影响力，引发更多关注度、参与度。

邀请了袁隆平、刘震云、朱之文等三农方面的“大V”，通过视频等方式向农民朋友致以丰收节的问候；在今日头条、抖音、火山上，引导20多位百万粉丝以上的“网红”参与主题创作和话题互动；联合人民视频推出陈凯歌、刘媛媛、陈都灵等明星祝福的视频合集，有效提升了传播力。

三是开设子话题，吸引各类群体参与。

推出了“村书记话丰收”系列短视频，邀请华西村、小岗村、裴寨村等明星村庄的党组织书记谈丰收，在村一级人群中，特别是当地带来了良好的传播效果。

（三）突出农民主体地位，展现大众参与景象

在“我的丰收我的节”互动话题中，通过文图短视频的形式，有的网友展现了自家地里的丰收景象，有的网友展现了到农村休闲旅游的情景，有的网友推销了自家的农产品，还有的网友记录了各地丰收节活动举办的现场盛况。

“我的丰收我的节”网络互动话题，抖音播放量达到1.3亿次，今日头条阅读量1118万次、讨论量3.4万次，火山播放量1201万次，起到了“大众参与、大众展示、大众观看”的效果。

作品二维码：

中国农网中国农民丰收节专题

《测测我的水果性格》H5小游戏

（农民日报社）

中国新闻社

一 | 中国新闻社新媒体工作综述

2019年，中国新闻社强化技术引领，完善硬软件支撑，改革融合采编指挥机制，优化采编业务考核体系，深度推进媒体融合发展，载体多样的全媒体传播矩阵不断壮大，覆盖用户数已突破2亿。

（一）全方位宣传解读党和国家的方针政策高质量完成重大主题报道

2019年，中国新闻社加强“近观中国”专栏建设，紧紧围绕总书记重要活动、重要会议和重要讲话等，组织推出了一批话语方式更加多元、选题选材更加新颖的融媒体产品，拓宽报道覆盖面、提升风格辨识度。日常报道层面，推进完善跨平台协调机制，加强统一策划、统一部署和多平台呈现，着力提升报道实效。以中新网两端，中新社、中新网两微账号为主要平台，统筹各方资源，精心策划，结合重要节点、重要会议活动，积极开展综述、图解、音频、视频、直播、动漫等多种融媒体报道方式，中国新闻网全年刊发总书记的主题报道6830余篇，中新英文网刊发英文报道1780余篇。

2019年，中国新闻社各新媒体平台以庆祝中华人民共和国成立70周年为主线，精心组织重大主题报道。中国新闻网在PC端和APP端同步推出大型融媒体专题“壮丽70年 · 奋斗新时代——中华人民共和国成立70周年”，集纳刊发全社图文稿件3500余篇，图片1300余张，视频1000余条，融媒体产品100余件，专题总阅读量突破5亿，中国新闻网官方微博开设#新中国七十年#、#新中国高光时刻#、#遇见美好时光#、#我和祖国表白#等话题标签，总阅读量逾15.5亿。海外社交平台脸谱、推特账号创设“#新中国70年#／70YearsOn”标签，累计推送中英文内容1400余篇，总浏览量460万。此外，还重点完成了全国两会、“一带一路”国际合作高峰论坛、进博会、世园会、世界军人运动会、澳门回归20周年等一系列重大主题报道，全年在各新媒体平台搭建融媒体专题近百个，形成重大主题宣传的全媒体矩阵式传播。

2019年，中国新闻社各新媒体平台及时传递权威政策信息，抓住群众的关切点，积极运用图文、视频、图解、动漫、H5等全媒体方式宣传科学理论，阐释方针政策，并通过网站、客户端、两微等多个渠道展示推送。2019年，中国新闻网开设解读新闻事件的图解专栏《图个明白》，刊发《一图看懂如何深化改革全面提高义务教育质量？》《新版人民币新在哪？咋防伪？》《一图读懂澳门特别行政区行政长官选举》《一图看懂：四部门整治食品安全问题联合行动》等政策解读类可视化产品100余件。

2019年，中国新闻社生产各类型视频内容超过15000条，同比增长19.8%，短视频新闻《西城洋大爷》获得第二十九届中国新闻奖国际传播项目二等奖。视频网络专栏《中国新视野》，立足中国内容、世界视野、国际表达，运用丰富的视听元素，全年创作节目25期，如《中国垃圾分类进行时》《中国乡村里的文明风》《绿水青山的变奏》《远望7号大洋之旅》等，视角独特，制作精良，在由国家广播电视总局指导、中国网络视听节目服务协会主办的“2019年度优秀网络视听作品推选活动”中，荣获“年度优秀网络视听专题节目”。视频专栏《中国风》，聚焦中国非物质文化遗产传承人和文化名家，传递中华文化独有的人文精神与东方智慧，产品配以中英文字幕，便于在境内外推广传播。全年推出《木雕大师黄小明：精工复制乾隆宝座》《袁熙坤：画百余国际名人获誉“大使”》《“面人郎”传人郎志丽：手艺需无保留传承》等节目20余期。

（二）加快推动媒体融合发展全媒体传播格局逐渐形成

2019年，中国新闻社积极探索具有通讯社特色的融合发展之路，根据自身的定位和特色，科学规划，循序渐进，在保证对外供稿、供版等传统业务提质增效的基础上，加快新媒体业务的发展，形成了以中国新闻网为龙头，网站、客户端、社交媒体账号为主体的全媒体传播矩阵，用户覆盖超2亿。

2019年，社融媒体值班中心正式启用，由各采编业务部门的值班、签稿人员合署办公，加强对重大突发事件、主题报道、战役性报道等统筹协调、综合指挥、一体策划。设立总值班人制度，由社党委常委根据值班安排，主持每日视频编前会，研究部署日常采编事项。以此为基础，逐步探索跨部门、跨媒介、跨平台的融合采编机制。

为适应融合发展的需要，提高融合报道意识，中国新闻社对业务考核制度进行调整完善，在传统文、图通稿考核的基础上，把新媒体业务纳入硬性考核，设定了网络稿、视频、微博、微信等指令性任务，形成了增强采编队伍媒体融合意识和能力的“硬约束”，成为推动融合报道的“指挥棒”。

随着媒体融合意识的不断提高，中国新闻社着力探索推进融合报道模式，一体化策划、多平台协作、融媒体采编团队协同报道已成常态。2019年，围绕各项重大主题宣传报道，加强统筹协调，注重团队配合，不同采访端口及时共享报道资源，合理调配文图视采集力量。实现“一次采集+多元传播”，以网站、客户端、社交媒体为落地平台，策划推出全媒体形态稿件，收到较好效果。

2019年，中国新闻社按照“一体化发展、移动端优先”战略，统筹好自建平台与借船出海的关系，载体多样的全媒体传播矩阵进一步壮大。在移动客户端方面，中新网客户端在2019年完成上百项功能优化和改造，在各大主流应用商店的装机用户较比2018年增长135%；财经资讯平台中新经纬客户端以“权威、前瞻、专业、亲和”为特色宗旨，累计下载量增长200%；侨宝客户端旨在向华侨华人提供多项服务和社交功能的新媒体平台，累计下载量较比2018年增长10%。在两微平台，开设了30余个微博法人账号、40余个微信公众账号。中国新闻网法人微博、中国新闻周刊法人微博均是拥有数千万粉丝的重量级“大V”，中新网官方微博总粉丝数较比2018年增长39.5%；中国新闻周刊官方微博粉丝数增长10%；中国新闻社官方微博总粉丝数增长266%；影响力在中央媒体中名列前茅。各类微信公众号兼顾综合性及垂直细分，以优质原创新闻内容见长，中国新闻社、中国新闻网，中国新闻周刊，国是直通车、中新经纬等微信公众号粉丝数平均增长30%。截至2019年底，全社新媒体用户突破2亿。

（三）强化技术引领，完善硬软件支撑

2019年，中国新闻社以融媒体新技术、新应用为先导，着力加强支撑媒体融合的指挥平台、办公场所、硬件设备、技术系统的建设。2019年9月，社融媒体值班平台投入使用，实现了多业务平台协同办公，综合业务态势的大屏展示。正在规划建设的中新社融媒体采编平台，从人员、系统、数据等多个维度对现有平台进行整合，有效连接策、采、编、发、馈等全业务流程，为适应全社融媒体业务发展需要奠定坚实基础。积极开发中的全球华语视频资讯共享平台，实现了视频采编流程的架构和功能再造，实现高速转码、便利上传下载、在线编辑、素材管理、声音转文字等，发稿效率大大提升。并实现对视频内容的编目、媒体资产管理、数据统计、客户运营、资源内容展示，目前视频资料库功能盘活存量视频14万条余条，时长约6000小时，大幅提升视频内容的再利用效率。

（四）引导海外华文媒体融合转型发展

为更好地服务华媒，中国新闻社发挥自身技术优势，通过客户端自助定制系统，为海外华媒提供全面的技术服务解决方案。2019年，华侨华人与“一带一路”建设信息平台全新升级，将持续完善信息发布、互动交流等功能，突出信息的及时性和服务的贴近性，为华侨华人参与“一带一路”建设、共享商机打造权威的资讯、互动、服务平台。

2019年，中国新闻社与中国传媒大学新闻学院联合对400多家海外华文新媒体业务进行测评，以科学的统计方法和平台公开数据为依据，对海外华文媒体在新媒体领域传播影响力进行了专业分析，每季度发布“世界华文传媒新媒体影响力榜单”，为海外华媒调整发展方向、传播模式提供参考依据。2019年10月，在第十届世界华文传媒论坛上，中国新闻社与中国传媒大学新闻学院联合对外发布《世界华文媒体融合发展报告》，报告从华文媒体融合发展的必然趋势、发展阶段、格局特征、地域特性、平台特性、难点及策略等方面展开梳理，综合大数据手段、问卷调研以及统计学研究方法，对当下世界华文媒体融合发展情况进行深度分析，提出解决之道。

二丨中国新闻社新媒体工作案例

“近观中国”专栏

中国新闻社集全社之力打造重点栏目“近观中国”，全媒体布局，多样式呈现，不断创新关于习近平总书记报道。2019年期间，“近观中国”栏目刊发60余期，选题内容既有全球关注的大国举动，又不乏耐人寻味的政经细节，产品形式涵盖评论、海报、图解等多种样态，成为中新社媒体融合的“样板间”。

“不日新者必日退”，过不了互联网这一关，就难立于媒体之林。如何创新，以何创新？为打造好“近观中国”栏目这一品牌，中新社秉持中新风格，以全球视野、媒体担当、专业素养，不断加大报道力度、加强融合深度，走出属于自己的媒体融合之道：

一是跨部门的协作机制。“近观中国”栏目由中新社社长、总编辑牵头，旗下近十个平台参与。每个产品均由“近观中国”栏目工作专班集体策划，议定选题、角度、结构，文稿、设计等大多经过十数次精心打磨，字斟句酌、反复推敲，集众之长，力保精品。

二是全媒体的产品业态。在文字电讯稿件基础上，“近观中国”制作大量融媒体产品，包括概念海报、创意图解、动漫视频等，用网友乐于接受的方式讲述中国故事。例如，在《习近平欧洲行的“中国姿态”》产品中，制作“我将无我，不负人民”的创意语录板，直观呈现习近平爱民为民的领袖形象。

三是中新风格的创新表达。“近观中国”栏目创新对外话语表达，坚持以“平实、平衡、平稳”的报道基调，“平易近人、平实感人、平和待人”的写作风格，“平中见真、朴中见性、精准节制”的遣词造句，杜绝居高临下、溢美拔高，积极探索中国领袖国际形象的塑造，营造出易被海外受众认知、理解和接受的语感文气。《习近平待客的“那杯茶”》匠心独运，用一杯“和”文化浓郁的待客茶，似轻实重，柔中有坚，文字温润灵秀，刻画出中国领袖“茶叙外交”的深厚文化底蕴。

四是全平台的分发呈现。“近观中国”产品在PC端、客户端、微博、微信、境外社交媒体等平台推送，实现了全媒体呈现，特别在海外舆论场成为具有辨识度的品牌产品。如，2019年10月1日，中华人民共和国70华诞，“近观中国”推出的《站在今日之中国，读懂习近平定位的“世界之中国”》，以行云流水的文字驾驭恢宏厚重的重大主题，获得数十家海外华文报纸、网站、新媒体平台刊载转发，广泛覆盖港澳、美加、澳大利亚、东南亚以及南美、欧洲等国家和地区。中国新闻社旗下社交平台账号阅读数近100万次，网友纷纷留言并在圈群传播。

（中国新闻社）

人 民 网

一 | 人民网新媒体工作综述

2019年，人民网制定并公布《人民网深度融合发展三年规划（纲要）》，优化调整机构设置，扎实开展“不忘初心、牢记使命”主题教育，结合庆祝中华人民共和国成立70周年、十九届四中全会等重大主题报道，在党的建设、内容建设、事业发展、科研创新等方面取得长足进展。

（一）发挥党建引领作用

1．开展主题教育强化思想建设。2019年，人民网围绕“不忘初心、牢记使命”主题教育，强化思想建设，先后举办主题教育动员会、主题教育座谈会暨庆祝建党98周年主题党日活动，通过主题鲜明、形式多样的党群活动，强化党员意识、提升党性修养。

2．规范组织建设强化引领作用。2019年，人民网召开党员代表大会，选举产生新一届党委委员、纪委委员，充分发挥党委在公司三重一大事项上的领导核心作用。完善党支部设置，推动党支部建设标准化、规范化，加强公司党建与业务的结合，充分发挥基层党组织战斗堡垒作用。

3．狠抓党风廉政完善制度建设。公司深入开展党风廉政教育，落实党委主体责任和纪委监督责任，不断加强党政和纪检制度建设，制定下发《人民网工作人员廉洁自律承诺书》，开展规范化巡察工作。

（二）内容建设持续创新

1．高质量做好习近平总书记报道。人民网以总书记报道为核心，不断拓展报道深度，用高质量、高频次的稿件引领网络舆论。创新表达方式，推出习近平“我将无我”系列、“伟大斗争”系列等权威解读，以及《习近平6月出访Vlog》《总书记微镜头系列图解》等融媒体报道，提升新媒体报道的思想“含金量”。上线首款学习类音频小程序“学习FM”，集纳“习近平讲话原声”“习近平新时代中国特色社会主义思想学习纲要”等多个栏目，“学习大国”微信公众号粉丝数持续增长，与持续更新的“习近平系列重要讲话数据库”“学习路上”“学习金句”“学习有声”共同组成了人民网学习产品平台阵线。2019年6月，人民网承办的“不忘初心、牢记使命”主题教育官网、官微正式上线，先后推出系列原创图解、主题教育微视频作品征集活动、话语征集活动、系列访谈活动、移动端小程序等系列融媒体产品，网上反响热烈。

2．浓墨重彩做好重大主题报道。在中华人民共和国成立70周年、十九届四中全会、澳门回归20周年、全国两会等重大主题宣传工作中，不断寻求报道形式和传播手段的突破创新，推出一系列思想深刻、让人耳目一新的新闻报道，充分发挥舆论的导向作用、旗帜作用和引领作用。

在中华人民共和国成立70周年报道中，人民网精心策划大型全媒体系列报道“70年70问”，深度剖析历史性成就和变革背后的“中国基因”与“中国密码”。系列报道视频播放量达2.3亿次，微博话题阅读量达2.2亿，为主流媒体重大主题宣传报道提供了重要启示。“祖国在我心中”界碑描红主题活动，深情讲述边防官兵心系祖国、情注边防的强军故事，相关短视频浏览量达11.3亿。8位副国级领导接受人民网邀请独家发布庆祝中华人民共和国成立70周年视频寄语，成为全网70周年报道中，领导规格最高、各民主党派参与最全的报道。融媒体直播节目《2019国庆盛典时刻》总时长约7小时，全网阅读量4000万。

在全国两会报道中，人民网多维发力，打造“全媒传播”新矩阵。“AR看两会”让人民日报“动”起来，以更加鲜活的方式传播主流价值。人民网与人民日报麻辣财经工作室合作推出“麻辣财经两会特别版”，打通“报、网、端、微、屏”各种资源。受国家民委指定，《政府工作报告》等重要文件的七种少数民族文字版本由人民网少数民族文网站独家向全网发布，是七个语种的政府工作报告首次在互联网上全文集中刊发。

3．用评论强声提升舆论引导力。2019年，人民网以新闻立网、用评论强声，抨击时弊，澄清谣言谬误，彰显主流媒体的内容竞争力和舆论引导力。“人民网评”“人民网三评”“人民财评”“人民娱评”“快人快语”协同发力，网评矩阵凸显规模效应。“总书记回信”“三个万岁”等系列网评，被各大网站头条和各终端推荐。“总书记回信”充分展现总书记的人民情怀和对地方发展的重视；“三个万岁”聚焦总书记在庆祝中华人民共和国成立70周年大会上的讲话，昂扬中国最强音。三论“联想断供华为”、五议“当前香港局势”、六批“恐美崇美”，主动出击、精准传播，掌握舆论主导权。七一“五心”、八一“向前向前”系列评论，快速反应、感染力强。“人民视评”将评论视频化，使用虚拟可视化技术，成为向“四全媒体”迈进的生动体现。推出深度调查栏目《人民直击》，直面社会问题，探讨解决路径，引发舆论热潮。相继刊发上海迪士尼强制翻包、民宿乱象、量子速读骗局、校园贷乱象等系列报道，均获涉事企业（单位）及相关监管部门回应，凸显力度与声势。

4．央地联动打造大型报道新常态。人民网与人民日报社地方部联合主办的“2019行走黄河——人民日报大型融媒体报道”，在微博、微信、抖音、快手等人民网各类社交媒体平台账号上不断推送，总阅读量过亿。人民网组织策划的“向祖国表白”城市联合公益灯光秀活动，在全国26省份48个城市84个地标建筑上持续点亮“人民红”，向祖国表白，国庆宣传以直观的形式深入人心，为广大人民群众提供抒发爱国情感的舞台和窗口。这是一次网上网下联动的成功尝试，也是人民网创新重大主题宣传模式的有益探索。总网与地方联动开展的“农民丰收节”大型直播、“一撇一捺看发展”等重大报道都显示出人民网央地联动的优势。

5．海外传播能力持续提升。人民网9个外文语种外宣栏目推陈出新、外专评论精准引导、传播网络稳步拓展。各外文语种日均发布百余篇原创报道，全年制作近200条原创多语种视频，被外媒转载稿件超过12万条次，与国外报刊合作专版90个，与国外电视台合作制播节目102期。本土化建设稳步推进，海外合作媒体升至93家，海外社交媒体账号矩阵粉丝总数超过1.2亿。

针对国际社会关注的热点议题，人民网第一时间编译《人民日报》、人民网重磅评论，组织外文原创评论。相继推出“手绘插图看中国”“遇见”“针眼”等多档融媒体栏目，带动外宣工作提质增效，有效传播中国声音。特色外宣栏目“看见中国”优化升级，策划推出“城·事”中国城市系列、“绿水青山脱贫致富奔小康”扶贫系列两组报道；制作“外国记者讲一带一路故事”系列短视频，生动展现“一带一路”倡议为参与国在多个方面带来的丰硕成果与积极影响。该栏目获2019年度中国新闻奖。

6．精耕细作提高智库服务水平。人民网研究院在做好网内支撑的基础上，承担了《如何借助新技术新应用创新做好闻舆论工作》等多项中宣部、中央网信办等主管部门委托的课题。人民网申报的中宣部马克思主义理论与建设工程重大项目《新技术条件下的媒体融合发展研究》获批立项。出版的《中国移动互联网蓝皮书》和发布的《2018中国媒体融合传播指数报告》《2019全国党报融合传播指数报告》受到业界广泛关注，为相关主管部门提供了有力的政策咨询和决策参考。

扩展人民网奖学金项目，15所人民网奖学金院系推荐的56名学生获得“人民网奖学金”；115篇论文获得“优秀论文奖”；21篇技术课题论文获得“优秀技术课题奖”。作为国内第一家在高校设立奖学金的网络媒体，人民网通过奖励优秀学生、优秀论文、优秀技术课题，培育出一批优秀的传媒人才和研究成果，推动学界和业界的共赢发展。

2019年，人民网倾力打造优秀作品，取得累累硕果，4件作品分获第二十九届中国新闻奖一二三等奖；还有多件作品分别获第二十九届中国人大新闻奖一二等奖、第二十三届全国政协好新闻网络访谈一等奖、2019年“新春走基层”优秀作品、2019年度优秀网络视听作品推选活动扶持项目年度优秀网络纪录片奖、首都女记者践行“四力”好新闻交流研讨活动代表作品、优秀作品、民族题材好新闻优秀专题专栏、第三十一届中国经济新闻奖等多个奖项。

（三）事业发展稳步攀升

1．全面拓展内容新型业务。内容风控业务使人民网实现对网络舆论的“嵌入式引导”，逐步实现动漫、视频、音乐、阅读、图文等全领域覆盖，并成为国内首家面向社会发放《互联网内容风控师（初级）证书》的机构。内容运营业务形成了包括多语种网站建设，微博、微信、客户端建设与运维等在内的14类产品服务模式，“人民运营”品牌初具影响力。内容聚合分发业务模式基本成型，通过人机协作打造“热点新闻聚合产品”与“热点专题聚合产品”，为互联网应用软件和流量平台提供定制化内容聚合分发服务。社会创作力量服务平台“人民智作”平台上线，将自媒体创作者、MCN（多渠道网络服务）机构等社会化力量纳入媒体融合体系。

2．升级优化三大移动产品。2019年9月，人民网《地方领导留言板》升级更名为《领导留言板》，开放部委领导留言板功能，创新群众工作机制，多项数据再创新高。2019年，网民留言总量近50万件，各级领导干部回应落实近40万件。在各地省委省政府全面开展网民留言办理工作的基础上，近1500家职能单位直接入驻《领导留言板》开展工作。“人民党建云”完成了PC端改版建设工作，党建大数据实现31个省份数据实时抓取、分析，深化平台综合服务能力。以“人民党建云”为引领，中国共产党新闻网还上线了“党务书库”“学习FM”等小程序，打造移动端党建产品集群。“人民视频”完成拍客运营系统、媒体资源管理系统、数据统计系统的架构搭建，联动全国200多家媒体和直播平台，综合利用5G、VR／AR、无人机等技术，为全国两会及国庆重要节点提供重大直播保障。重点打造的《人民现场》政务短视频品牌先后入驻外交部、商务部、国新办、国台办、公安部等部委新闻发布会现场，快速传递有深度、高质量、利传播的政务资讯。

3．做深做强垂直类业务。人民健康加强人民优选平台、人民好医生APP、人民好保险平台等平台建设。人民体育通过“资本化”“共建融合发展子平台”“IP孵化+赋能培育+收益权管理”三条业务路径，构建资产、项目、资源变现等平台，搭建人民路跑+、人民电竞、人民冰雪、人民围棋等垂直运动领域平台。人民视讯的“人民教育”项目，聚焦K12教育，以大语文内容为切入点打造知识付费模式产品，构筑产业互通共享的教育平台，实现资源全国共享互通。人民智云创建新型《人民日报》手机报业务。政企视频彩铃平台初步建成。

4．科研创新体系化推进。12月7日，由人民日报社主管、依托人民网建设的“传播内容认知国家重点实验室”正式挂牌成立。这是人民网引领媒体行业科技创新的重大探索。实验室将以人工智能研究为核心，围绕主流价值观精准传播理论科学与计算、内容智能审核和风控评级、基于内容传播领域的国家网络空间治理等3个重点方向，开展传播内容认知的应用基础研究，推动我国媒体融合研究和应用水平的跨越式发展，为媒体深度融合提供技术支撑、理论依据、发展指引和决策参考。

人民网与中科院自动化所开展合作，围绕“人工智能+内容安全”，深耕行业需求，研发内容风控产品，着力提升内容风控技术手段。人民在线推出人民版权、人民云链、人民云媒、人民云视等产品。人民科技搭建完成“智慧聚发平台”业务框架，规划并建成全媒体内容池与数据运营体系。2019年，公司研发项目总数、新项目研发数量较往年均有显著增长，为内容科技战略筑牢科技底盘。

2019年，在习近平总书记“1．25”重要讲话精神的指引下，在人民日报社编委会的坚强领导下，人民网取得了舆论引导、事业发展的同进步，社会效益和经济效益的双丰收。公司2019年度实现营业收入21.50亿元，同比增长26.95%；实现归属于上市公司股东的净利润3.37亿元，同比增长57.48%，营业收入及归属于上市公司股东的净利润均创下人民网上市以来新高。在资本市场得到了投资者的广泛关注和高度认可。2019年末人民网股票价格较上年年末上涨176%，公司市值较上年年末增长139亿元。2020年，人民网将以党建为统领，进一步细化落实《人民网深度融合发展三年规划（纲要）》，强化内容主业，创新内容科技，实现市值和利润稳定增长，不断提升全媒体建设能力，为推进国家治理体系和治理能力现代化做出新贡献。

二 | 人民网新媒体工作案例

大型全媒体系列报道“70年70问”

为庆祝中华人民共和国成立70周年，人民网将大型全媒体系列报道“70年70问”列为2019年度重点工作之一。经过深入全面的调研和策划，以及扎实用心的采访和写作，“70年70问”系列报道于2019年9月2日发出首篇，持续至11月25日，70篇稿件连同短视频全部刊发。这些报道通过分析和研究政治、经济、文化、社会、生态等领域的现象和问题，回顾总结新中国70年的历史性成就，展现中国特色社会主义制度和国家治理体系的显著优势和丰富实践成果，全方位、多角度、立体化地剖析了历史性成就和变革背后的“中国基因”与“中国密码”。

统筹全局，精心打磨。人民网举全网之力，统筹指挥、扎实采访，对每篇报道都进行精心打磨。为确保系列报道的问题设置既专业又准确，人民网专门成立5个选题策划工作组，围绕政治、经济、文化、社会、生态等五大主题，分别邀请专家学者，举行多场闭门会议，深入讨论、反复商榷。

构思巧妙，解读深刻。“70年70问”系列报道立意高、构思巧，在大视角下讲小故事，从小事件中见大时代。记者认真钻研，深入浅出，兼顾专业性和可读性，让政论展现“通俗”的一面。《什么是“找领导办事”的正确打开方式？》呈现了中国共产党和中国政府依法执政、依法行政，在法治框架内公正解决群众难题的治理体制。《“一带一路”为什么能持续圈粉？》体现了中国“一带一路”为促进全球共同发展繁荣、推动构建人类命运共同体发挥的重要作用。在党的十九届四中全会召开前夕，反映基层治理实践的《中国的“小巷总理”为什么管用？》被刊发在《人民日报》头版，积极呼应了推进国家治理体系和治理能力现代化的议题。

践行“四力”，锻炼队伍。人民网抽调逾300名编辑记者组成70个报道小组，深入全国各地、各行各业的一线进行采访调研。《为什么中国有“马背上的法庭”？》稿件记者为了选取最客观最生动的案例，深入边远地区，采访马背上的法庭工作现场；《为什么中国高铁能领跑世界？》稿件记者从北京一路采访到天津、青岛、日照、枣庄、济南，挖掘没有报道过的精彩故事，讲述中国高铁发展历程。

矩阵传播，打造品牌。“70年70问”系列报道矩阵式传播“触达率”跃升，各平台渠道广泛覆盖，有力拓展人民网品牌影响力。系列报道在人民网PC端、手机端、人民网法人微博、官方微信、官方抖音快手账号、人民视频、人民日报客户端、学习强国客户端等多个平台广泛推送，并在今日头条、百家号、腾讯新闻、爱奇艺、UC大鱼号、华为手机负一屏、腾讯企鹅号等渠道传播，加上一些媒体平台自发转载，形成了广泛传播态势。人民网9个外文语种编译稿件在海外社交媒体平台发布，对外讲好中国故事。这些平台的不间断呈现，促进了传播的全方位覆盖、全天候延伸、多领域拓展，有力提升了“70年70问”话题热度。每篇文章的短视频经人民视频播出后，迅速被腾讯视频、微博秒拍、抖音和快手等多个视频平台转载推介。“70年70问”话题于9月17日登上微博热搜榜第一位。系列报道视频播放量达2.3亿次，微博话题阅读量达2.2亿。

互动热烈，赢得好评。“70年70问”系列报道反响热烈，受到业界和广大网友的积极关注，众多部委、机构和被采访对象对报道给予高度肯定。《希望工程“大眼睛”为什么能够牵动亿万人心？》发布在希望工程30周年纪念日当天，受到中国青基会高度评价，并被全国青基会系统在各平台转发。《为什么中国高铁能领跑世界？》稿件发布后，中国铁路设计集团宣传部部长邹俊戈写下这段话：“我们自己都往往说不透问题、成绩有哪些。你们经过采访，写出这么完整深刻的东西，真的是眼力很强、抓要害很准。”网友们纷纷留言，饱含肯定与期待。

“70年70问”大型全媒体系列报道，既体现了传统报道的思想深度，又呈现了融合报道的生动形式，在互联网上庆祝中华人民共和国成立70周年的众多报道中独树一帜，全面提升了“中国之治”的国内外关注度。2020年4月，应网友的要求，“70年70问”系列报道结集出版，全彩印刷的三卷本《70问解码“中国之治”》与读者见面。

（人民网）

新 华 网

一 | 新华网新媒体工作综述

2019年，新华网以习近平新时代中国特色社会主义思想为指导，紧紧围绕庆祝中华人民共和国成立70周年这条主线，增强网上舆论引导能力，加强国际传播能力建设，加快深度融合创新步伐，各项工作呈现蓬勃发展的良好态势，在构筑新时代网上宣传高地和重镇征程上迈出了新的步伐。Alexa国际综合排名稳居前40位，连续五年保持全球百强网站并占据中央重点新闻网站首位。在中国互联网协会、工信部信息中心联合发布的“中国互联网企业100强”榜单中排名27位，连续四年进入前30强。

（一）充分发挥网上宣传主力军、主阵地重要作用

一是核心报道出新出彩。坚持把习近平总书记报道作为全网报道工作的重中之重，推出原创产品1000余件。完成“学习进行时”专栏改版升级，功能性、实用性、资料性显著提升，270件作品平均转载量超过400家，80%相关报道被全网置顶，广泛占据各大网站终端头部空间，形成“刷屏”之势。打造短视频栏目“讲习所开讲了”，推出56个系列315篇评论，深入宣传阐释习近平总书记重要讲话精神的丰富内涵、精神实质和核心要义。

二是重大主题报道亮点纷呈。将中华人民共和国成立70周年网上宣传贯穿全年，圆满完成庆祝大会、阅兵式等直播，“我见证·不能忘却的记忆”系列音视频产品全景展现辉煌成就，“中国经济的韧性”系列报道有力提振发展信心，“我为祖国”系列互动产品总访问量达38亿，“逐影寻声70画”系列网评累计转载超6000家，在网络空间唱响了礼赞新中国、奋进新时代的昂扬旋律。全国两会报道中，16场部长通道独家直播彰显了权威地位，“读懂两会”系列网评有效设置议题，《一路前行》《全息交互看报告》等短视频持续产生“刷屏”之效。围绕“一带一路”国际合作高峰论坛、北京世界园艺博览会、亚洲文明对话大会推出的系列短视频

产品总传播量达3.6亿。

三是舆论引导能力显著提升。围绕国内国际热点问题主动出击，全年推出750余篇网评报道，有理有利有节地开展舆论引导和舆论斗争。聚焦中美经贸摩擦推出评论报道近百篇，“请美方学成语”系列漫评、“不吐不快·如何看待中美经贸摩擦”系列网评、“七问戳穿美方霸凌主义真面目”系列图解等从不同角度出发，深刻揭示问题本质，鲜明阐述我方立场，有力抨击美方卑劣错误言行。围绕香港止暴制乱旗帜鲜明及时发声，先后推出《看清香港暴乱分子的本质》《这才是香港人民的心声》《这就是爱国爱港的青年力量》等系列网评文章、《香港不是美国遏制中国的棋子》等多语种评论报道、《阿Sir，我撑你！》等原创繁体中文海报，正本清源、扶正祛邪，发出爱国爱港的正义强音。

四是国际传播能力持续增强。推动外宣产品规模化生产，打造“Xi’s Time”（习近平时间）外文重点栏目，围绕重大主题报道推出大型多语种融媒体专题150个、多语种融媒体产品230个。加大海外运营推广力度，海外访问提升至全网流量10%。推进多语种新华网客户端改版，英、西、法、俄文版全新上线。深化与海外主流媒体网站合作，系列重点融媒体产品在100多家海外主流媒体网站落地。

（二）不断加快移动化、视频化转型步伐

一是移动化转型取得突破。新华网客户端成功引入社会资本，内容架构和产品体系日益丰富，推出“睿思一刻”等特色栏目，上线“尚医微课”等付费产品。微信公众号“10万+”稿件超过800篇，全新推出“大学来了”“一字一画”等品牌栏目，形成契合中央重点新闻网站定位、符合社交媒体传播规律的独特内容样态。法人微博围绕重大主题和社会热点巧妙设置议题，频繁占据热搜话题榜前列。微博、微信、今日头条、抖音等平台粉丝总量突破1.1亿。

二是视频化战略成效显著。以媒体创意工场为引领支撑，视频产品创意孵化水平、规模生产能力、产品制作水准全面提升，日均原创视频48条，发布视频超过16万条，传播过亿的11条。在视频形态上实现多个首创，如将混合现实、“数字演员”、互动视频等运用于主题宣传和重大报道。多元化视听产品体系进一步完善，“国家相册”“直播联合国”等重点栏目品牌效应凸显，“追梦中国人”“有话”等原创视频栏目不断涌现，“早六晚五”“诗词剧场”等7档音频栏目播放量超过2.5亿。

三是智能化水平持续提升。推进超级编辑部4.0二期建设，推出图文审核纠错、新华云海策划、图稿人脸识别等应用系统，迭代升级新华云视频服务平台，有效支撑全媒体运作、全终端覆盖、全方位服务。与业内领先企业联合成立“5G富媒体实验室”，提前布局“5G+AI”前沿科技带来的新场景。

（三）着力强化平台化、赋能型综合服务

一是聚合分发平台规模扩充。“新华号”“工作室”等创新机制不断释放生产活力，面向媒体、政府等各类机构提供基础服务，入驻用户规模持续扩大，视频化、垂直化、知识化内容体系日益丰富。

二是新型智库建设成果丰硕。围绕新华社国家高端智库舆情研究中心职能定位，探索大数据驱动研究范式，创新富媒体形态智库产品，线上线下相结合开展智库活动，“思客”媒体型智库平台的作用与影响力持续彰显。

三是技术赋能体系不断壮大。面向媒体等垂直行业需求，发布“蓝星球”智能视频评测系统，启动新华网版权链推进计划，推出新华睿思·汽车大数据分析平台和数据可视化大屏产品。承建应急管理部主办的中国应急信息网，为电子政务发展提供有效支撑。

四是文化服务功能持续提升。“时间的光辉之瓷生物乐园”北京首展顺利实施，作为全国首个以瓷文化为主题的全息沉浸式展览，以前沿科技和现代艺术弘扬中国文化。打造“新华悦读”平台，推出“悦读推广人”“诗人留声机”“地铁上的读书人”等专栏专题，助力“全民阅读”国家战略。建设“流动的地球”科学科普平台，以线上线下相结合的方式面向青少年群体加强科普教育。

二丨新华网新媒体工作案例

融媒体核心报道栏目“讲习所”

“讲习所”是“学习进行时”融媒体专栏原创品牌栏目，创办于2015年，是新华网原创核心报道的主要渠道和载体。2019年，“讲习所”共推出原创作品310个，稿件平均转载量超过400家，单篇稿件最高转载量超过3000家，并有多部微视频传播量过亿。

一是紧跟热点，抢占先机，实现热点全覆盖。“讲习所”始终坚持常态化的生产、研究、策划机制，紧跟习近平总书记重要活动，保持全天候响应，运用文章、“金句”、微信、微博、图解、H5等各种形式，第一时间为网民带来权威、精准的快热解读，保证核心报道在网上常有常新。在习近平主席2019年新年贺词报道中，“讲习所”在电视转播结束1分钟内便推出全网首篇报道《2019出征号！习主席这些话激荡人心》，第一时间抢占各大主要媒体首页重要位置。随即又推出包括H5、音频、深度解读文章在内的全媒体“学习”套餐，精心选择发稿窗口、打好报道时间差，同时也满足了不同层次、不同喜好读者的阅读需求，掀起持续的网上传

播热潮。

二是抓住重点，系统解读，提升报道思想性。在习近平总书记地方考察、出访以及全国两会、中华人民共和国成立70周年、“不忘初心、牢记使命”主题教育等重大题材报道中，“讲习所”主动设置议题，准确归纳、提炼总书记重要讲话精神，深入挖掘、系统梳理总书记重要思想的发展脉络和内在联系，推出“十九大后首次”“习近平两会新语”“习近平的2019”等50多组系列深度报道，让网友系统全面地掌握习近平新时代中国特色社会主义思想的理论脉络，提升理论修养。2019年，“讲习所”深入探索微视频产品栏目化、品牌化，推出“讲习所开讲了”系列微视频，紧扣《习近平谈治国理政》一、二卷中相关重要内容，充分运用新华媒体创意工场MR智能演播厅、新华睿思大数据分析平台，以人景互动、情景交融的形式，创新式解读习近平总书记重要论述重要思想。

三是创意引领，技术驱动，打造精品力作。“讲习所”深入研究受众分布与特点，立足“新角度、新创意、新技术”，坚持“创意为先、表达为要、内容为王”的指导思想，已经打造40多部既抓眼球又有内涵的重磅微视频，其中不乏传播量过亿的“爆款”，受到受众一致好评。围绕2019年元宵节，“讲习所”推出微视频《纸短情长》，以习近平总书记向不同群体和个人写的9封信为主要线索，综合运用MOCO无缝拍摄、反转比例微缩拍摄等先进技术手段，通过深入回访、暖心讲述、唯美呈现，生动反映总书记深厚的人民情怀，全渠道阅读量达1.1亿。

（新华网）

央　视　网

一｜央视网新媒体工作综述

2019年，央视网积极顺应新媒体传播阵地的变化和中央广播电视总台“三网”融合发展的形势，以“新主流智平台全媒体”为发展理念，立足时政品牌栏目和视频特色，聚焦主题主线宣传报道，着力打造精品节目，推动智能化转型升级，建设海外社交平台，不断提升央视网的传播竞争力与影响力。

截至2019年11月底，央视网多终端全球覆盖用户超过16亿人次，较2018年同期增长16%。其中，PC端月度独立访问用户达1.8亿，日均覆盖人数在中央重点新闻网站中排名首位；IPTV总平台累计受理用户达1.4亿户，较2018年同期增长33%，内容覆盖全国27个省市区；互联网电视业务覆盖用户超过2.5亿户，累计激活用户1.27亿户，较2018年同期增长20%；CCTV手机电视累计独立用户数超2亿，月度视频播放量超过26亿次。两微平台（微博、微信）官方账号累计粉丝数及订阅用户超过5000万；海外社交平台官方账号的累计粉丝数及订阅用户突破8300万人。

（一）以领袖报道为核心，深入推进“首页首屏首条”工程，巩固壮大主流思想舆论

1. 时政品牌组合升级，精心做好领袖报道

围绕已形成的时政评论、时政微视频、时政特稿三大品牌，强化第二落点，升级建设《央视快评》《物印初心》《联播+》《绘心绘语》等时政产品，构建起具有央视网特色、立体化传播的“头条”矩阵，确保总书记报道和重要精神解读“天天见、天天新、天天深”。截至2019年12月15日，共有332条报道获全网置顶通发，排名稳居中央重点新闻网站首位。《央视快评》紧紧围绕习近平总书记重要活动和重要讲话精神快速进行阐释解读，累计发布《央视快评》140篇，其中115篇被中央网信办通发。《物印初心》系列紧扣“初心”主题，从多种物件切入，以

讲故事方式展现习近平总书记心系民生、心系群众的领袖情怀，其中9篇特稿均全网置顶推送，总阅读量达4.8亿次。

2. 融合传播出新出彩，用心做好重大主题报道

中华人民共和国成立70周年，联合央广网、国际在线，共同推出“庆祝中华人民共和国成立70周年”置顶号外，并于十月一日直播期间，首次尝试在号外直接开启直播窗口，实现了开门即视的畅快体验。国庆庆典活动报道多终端直点播累计收视次数15.81亿，直播收视次数7.14亿，秒并发用户数1106万，创历史纪录。

2019年两会，以“我们都是奋斗者”为主题，以习近平总书记“下团组”重要活动为核心，全方位报道两会、解读两会，内容总浏览量达16.23亿次，直播总收视9.3亿次。时政微视频《人民代表习近平履职记》，通过精致逼真的三维技术展现人民领袖爱人民的赤子之心，获中央网信办推送全网置顶达23个小时，创两会期间置顶时长纪录，全网播放量超过1.23亿次。

庆祝澳门回归祖国20周年，立足时政品牌栏目和视频特色，聚合“三网”资源与力量，应用短视频、VR、H5等形式，推出创新融合报道产品，聚焦阐释习近平总书记系列重要讲话精神，全景展示澳门回归祖国20年来巨大发展变化。融合产品《大湾区十二时辰》，以十二时辰为横切面，平行展现澳门、香港、广东生活场景与百姓故事，全网视频播放量超过2400万次，微博同名话题#大湾区十二时辰#阅读量达359万。#叫我一声“澳门”#微博主话题开展互动，聚力展现三网优质原创产品，营造热烈喜庆氛围，话题总阅读量超2.7亿。

第二届“一带一路”国际合作高峰论坛，高度聚焦总书记系列活动报道及重要讲话精神解读，围绕“共建‘一带一路’开创美好未来”论坛主题，精心策划推出形式多样的新媒体产品，充分展现论坛盛况及取得的丰硕成果。截至2019年4月27日，累计发布相关报道超过1400篇（条），总浏览量近1.1亿次。共有111篇（条）报道获中央网信办推荐全网通发。

亚洲文明对话大会，围绕“亚洲文明交流互鉴与命运共同体”主题，聚焦习近平重要讲话和活动，深入解读讲话精神和重要论述，并开设置顶号外，推出网络专题，全面做好大会开幕式、平行分论坛和亚洲文化嘉年华活动等大会议程报道，全景展现亚洲文明对话大会盛况。截至2019年5月22日，围绕亚洲文明大会发布报道800条，相关内容在央视网多终端（PC端、央视影音客户端、IPTV、手机电视、互联网电视）总浏览量超1.77亿次。推出【央视快评】《在交流互鉴中实现人类文明的发展壮大》、图解《续写亚洲文明新辉煌习近平提出这些期待与主张》一系列时政报道产品，深入解读习近平讲话精神和重要论述。

涉港相关报道中，利用平台优势，积极针对相关消息有针对性、引导性的开展涉港传播，有力引导香港舆论、有效影响国际舆论。微视频《邪不压正！阿Sir，14亿同胞撑你！》播放量超过4551万次、独家视频《香港英籍总警司：示威者“人肉”警察家人不能容忍》播放量超过7375万次。开展海外社交平台定向传播，Facebook平台上定向推送内容覆盖到260万香港用户，覆盖

率60%，原创视频《口罩给不了“你们”未来！》在CCTV系列账号上发布总浏览量近千万。

（二）以视频为依托，打造独具特色的内容产品矩阵，引领新媒体领域创新传播

1. 打造具备领先优势的短视频产品

除已经有规模化生产能力的时政微视频外，以“小央视频”为统一品牌，孵化了《现场》《比划》等十几条初具规模与影响力的产品线，在此基础上，升级建设“央视网视频”品牌体系，2019年共发布微视频9802条，总播放量84.84亿次。“小央视频”荣获第二十九届中国新闻奖二等奖“新媒体品牌栏目”奖。

2. 应用4K、VR、AR等新技术创新重大主题宣传内容表达

通过三维全景建模、VR和多媒体互动手段打造的“伟大历程辉煌成就——庆祝中华人民共和国成立70周年大型成就展”网上展馆运用全景观展技术，采取多媒体互动叠加图文、音视频等形式，360度全景展示展览现场，以1600张照片、230个视频以及220段解说词生动再现展览全貌。广大网友可以通过网上展馆详细了解展览内容，获得沉浸式、漫游式的观展体验，身临其境感受新中国成立70年来伟大历程和辉煌成就，总点击量超1亿。

VR全景、AR增强现实、AI人工智能等新技术应用也贯穿于两会全程报道，VR视频、虚拟主持人、Vlog、VR图集等多样态创新表达，让网友沉浸式体验两会现场，全景式感受新时代中国的发展变化。《全景沉浸看报告》首次使用“VR+AR”技术，生动具象地可视化展现政府工作报告要点。系列报道《“通”民心“道”信心》《VRVlog丨一分钟速览全国政协新闻发布会现场》，聚焦“部长（代表、委员）通道”、记者会，为网友提供第一视角实景互动体验。VR、AR等系列产品，全网浏览量及视频播放量近2000万。

3. 打造线上线下联动的全媒体活动

联合共青团中央及各媒体伙伴发起大型融媒体活动《中国YOUNG计划》，从“五四”起步，横贯全年各大节点，集合微视频、MV、Vlog、TED演讲、快闪等9种表现形式，鼓励青年在庆祝中华人民共和国成立70周年的重要节点晒出自己的青春故事，集中展现“中国新青年，奋斗有力量”。共推出原创视频产品66条，全网播放量超1.4亿；微博话题阅读量超过6.7亿。

《歌唱祖国 · 一首歌一座城》大型音乐文化全媒体活动，以“歌”与“城”结合的创新形式，线上线下有机结合，大屏小屏同频共振，激发全民参与，生动展现新中国70年奋斗历程和辉煌成就。活动通过线上推选共收到各地选送歌曲300首，从中选出70首具有地方特色、情感记忆的城市代表性歌曲在线上展播，同时在北京、成都、西安、郑州等地完成线下大篷车巡游演唱录制活动，近500家新媒体大号对“音乐大篷车”进行相关报道，报道覆盖近7亿人次。2019年9月26日，活动MV《歌唱祖国》正式上线，完美展现多地共唱、万人同唱的画面。10月26日

晚，《歌唱祖国 · 一首歌一座城》歌唱盛典在中央广播电视总台央视综艺频道播出，IPTV平台直播覆盖用户数超1.6亿，抖音总播放量突破32.2亿，微博话题阅读量突破1.5亿。

4. 打造具有央视网特色的垂直产品

2019年网络春晚通过“大屏小屏共享+线上线下联动”，让“小年日”成为老百姓“把爱带回家”、充满温暖与温度的幸福日，展示老百姓的获得感，彰显总台国家媒体的责任担当，体现改革开放40年的成果，并为中华人民共和国成立70周年献礼。多终端及站外各合作渠道的直点播收视用户1.1亿，视频收视次数1.55亿。

此外，“秧纪录——智能大屏院线”获得第二十五届中国纪录片学术盛典年度网络平台奖；熊猫频道全年总浏览量达111亿次。

5. 台网共同打造具有竞争优势的“IP”衍生产品

《等着我》融平台是中央广播电视总台“电视+”和“互联网+”的标志性创新融平台产品，涵盖官网、央视影音媒体号、公益寻人平台、公益互助平台、志愿者服务平台、双屏互动平台、《等着我》两微平台等形态，创新一体化工作机制，打造融平台、创新融产品、构建融媒体矩阵，有效提升了央视公益品牌的传播力、影响力和公信力。《等着我》融平台获中国记协新媒体专业委员会评选的“2019中国新媒体公益十大优秀案例”奖。

（三）建设“人工智能编辑部”，推动央视网全面智能化转型升级

围绕媒体生产全流程，建设了由智能创意策划、智能内容采集、智能加工生产、智能审核风控、智能运营评价五个工作岛组成的“智能生产工作域”，努力开发应用于各个生产环节的系列AI工具产品。在智能创意策划方面，初步建成国内最全面最智能的领袖素材数据库，知识图谱功能已用于时政特稿策划创作。在智能审核方面，“小央智控”智能审核云矩阵产品是国内主流媒体中首个具有自主研发完备知识图谱和主流算法模块的人工智能审核平台。

积极布局智能创新产品矩阵，推出“课本里的新中国”“课本里的春节”“课本里的诗词”“AI帮你找”“经典咏流传”“读诗成曲”“智能春联”等产品。

“人工智能编辑部”已具备主流媒体中最强的数据和算法基础，大数据平台每天采集15－20亿条用户数据，具备每天处理100亿条数据的能力，是目前主流媒体中数据量最大和处理能力最强的数据平台之一。

（四）加强国际传播能力建设，抢占国际网络舆论阵地，国际影响力进一步提升

1. 海外社交平台建设有突破

央视网国际传播已形成以Facebook、Youtube、Instagram、TikTok、Quora、Twitter、VK、

Naver、Dailymotion、谷歌Tenor等10个海外社交平台为核心，同时集纳网页端、客户端以及海外新媒体推广渠道等多语种（中、英、西、法、阿、俄、韩、西里尔文8种语言）、多终端、多平台于一体的传播矩阵。2019年，央视网海外社交平台总发稿量超过13万条，总浏览量超过159亿，视频观看量超38.3亿，各平台总粉丝量超过8300万；其中脸谱平台CCTV全球页账号粉丝数已突破6000万，继续位居国际主流媒体前列。据脸谱平台数据显示，2019年1月以来，CCTV全球页英语账号视频观看量稳居国内第一位，全球媒体第三位；CCTV中文账号互动率在全球十大主流媒体账号中位居第二位。

2. 重大报道实现海外联合传播

重大报道积极拓展海外合作渠道，与社交平台、海外数字营销公司、公关公司等机构合作，有效提升了内容浏览量和品牌影响力，在多个区域实现了联合传播方面的突破。《中国习近平（Xi Jinping）》《高访时间》（Xi Visit）等外宣品牌专栏浏览量3.1亿。2019年春节报道总浏览量超8.2亿次，首次联合法国视频分享网站Dailymotion进行春晚直播联合传播，与谷歌合作首次实现春晚直播对优兔平台台湾用户全覆盖。

3. 熊猫频道国际影响力逐步提升

截至2019年12月，熊猫频道全球活跃用户超过3700万，较年初净增1252万人，全平台发稿超过3.8万条，总浏览量超111亿次。据Facebook平台显示，2019年以来，熊猫频道Facebook英文账号贴文互动率一直保持全球主流媒体前三名，超越BBC、CNN、华盛顿邮报等海外主流媒体互动率2019年，熊猫频道累计开展超过20场移动直播，举办各种线上线下活动近30场；成功举办中法文化周活动，全平台总浏览量超4100万。

二 | 央视网新媒体工作案例

“物印初心”系列时政融媒体特稿

在全党开展“不忘初心、牢记使命”主题教育时，中央广播电视总台央视网于7月3日至21日推出“物印初心”系列时政融媒体特稿，围绕习近平总书记执政履历，紧扣“初心”主题，以9种物件为切入口，以讲故事的方式生动展现习近平心系民生、心系群众的领袖情怀。该系列特稿一经发布便受到极大社会关注，9篇稿件全部被各大网站和新媒体置顶推荐，全网阅读量近5亿，总点赞量数百万，互动留言数超过90万条，成为时政题材新媒体“现象级”产品，和小切口撬动大主题的典范，同时受到各级领导表彰与认可。

“物印初心”系列特稿选取了9件具有代表性的有关总书记初心的事物，包括《红船印初心》《一篮杨梅里的初心》《初心为民　习近平与一辆二八自行车的故事》《从一件普通农具读懂习近平的为民初心》《一碗擂茶映初心》《高山榕树望初心》《苗叶青青印初心》《四副春联见初心》《一张合影记初心》。皆以“物”为突破口、切入点，深入挖掘“物”背后的故事与内涵，串联起总书记的执政足迹，多维度勾勒习近平总书记“初心”寓意。如《红船映初心》一文讲述共产党人信仰故事，《一碗擂茶映初心》引出总书记的扶贫情结，《从一件普通农具读懂习近平的为民初心》关注总书记的民本情怀……9个物件、9桩故事，从大处着眼、小处入手，以情动人，多层次、多角度展现总书记执政理念和执政实践，又紧扣“不忘初心、牢记使命”主题教育活动，是一次“小切口”反映“大主题”的成功尝试。

“物印初心”系列特稿创新报道语态和表达方式，以细腻的叙事手法，深入挖掘故事现场，以大量的细节生动讲述习近平总书记在不同时期、不同地区、不同场景有关“初心”的故事。如《初心为民　习近平与一辆二八自行车的故事》，从时任正定县委书记的习近平骑着一辆“二八”式自行车，跑遍正定每个村落的故事讲起，讲述了习近平无论主政一方，还是作为国家领导人谋划全局，始终脚踏实地、求真务实、问计于民的初心。《从一件普通农具读懂习近平的为民初心》，讲到总书记用奖励给他的三轮摩托换了一辆手扶拖拉机，为全村人耕地、拉庄稼，让人们深切感受到了总书记“以民为本”的初心。系列特稿细节充实、现场感强，接地气，鲜活生动感人，真实记录习近平总书记所到之处的现实场景和干部群众心声，充分展现总书记与人民同呼吸、共命运、心连心的初心。

“物印初心”系列采用“立体海报+文章+专题”的多媒体形式展现，统一设计包装，在视觉效果上清新脱俗。立体海报从字体到图像，风格统一、清新活泼，让主题报道变得更生动、新颖、时尚，并有效兼顾了竖屏体验，更适合在移动端传播；将“老物件”利用三维手段进行巧妙处理，真实感极强，达到了令人过目不忘的效果。在新媒体端特别加入了新潮的开机动画，轻巧新颖。此外，系列稿件还通过央视网专题页面集中展示，每篇稿件附有二维码宣推广告海报，方便读者传播、互动。这些创意设计既丰富了阅读体验，又适应了互联网传播规律，用匠心把主题报道做成热点、亮点、新鲜点。“物印初心”系列特稿中鲜活的细节、真挚的情感，使得观者更易产生情感共鸣，更富人文情怀，迅速赢得亿万网友的点赞。

（央视网）

中 国 网

一 | 中国网新媒体工作综述

2019年是中华人民共和国成立70周年，是全面建成小康社会，实现第一个百年奋斗目标的关键之年。主动宣介习近平新时代中国特色社会主义思想，主动讲好中国共产党治国理政的故事、中国人民奋斗圆梦的故事、中国坚持和平发展合作共赢的故事，让世界更好了解中国，是习近平总书记对外宣工作的要求与期待。中国网提高政治站位，深耕外宣主业，推进融合发展，稳中求进、守正创新，奋力开创对外传播工作新局面。

（一）打造多形态、多语种融媒体产品，全力推进习近平新时代中国特色社会主义思想对外传播

中国网将对外传播习近平新时代中国特色社会主义思想作为全网工作的“一号工程”，集中调配力量、统筹各方资源、精心组织实施，推出“习近平新时代中国特色社会主义思想全球传播和国际实践研究工程”大型融媒体专题，开设“中国习观”“思想库”“学习讲堂”等栏目，涵盖《中国智慧》《中国精神》等7个系列微视频产品，第一时间报道习近平总书记重要活动重要讲话，全方位展示习近平新时代中国特色社会主义思想的核心要义。

围绕习近平总书记重要讲话重要活动，中国网深入梳理、巧设议题。其中，“中国习观”栏目着力在“润物无声”“深入浅出”上下功夫，推出《学习词典》《学习绘本》《中国有数》等子专栏，紧扣时间节点、营造浓厚氛围，以短视频、动漫、图解、数读等丰富的产品形态，推进政治话语的通俗化、市井化传播，带领网民从不同维度学习理解习近平新时代中国特色社会主义思想。

中国网所属中、英、法、德、俄、西、阿、日、韩等9种文版每日以多语种形式突出报道习近平总书记重要活动重要讲话，并在海外社交媒体平台开设“习近平新时代中国特色社会主义

思想”（“Xi Thought”）账号，制作文字、图片和视频等多形态贴文，以碎片化传播方式，提升主题报道感染力说服力。该账号在Facebook平台粉丝数近50万，日均点赞和评论总数近千次。部分视频受到联合国环境规划署、世界卫生组织等国际组织的高度评价，并在其官网推广。

中国网还开设特色专栏，开展习近平总书记重要讲话解读工作和领袖风范宣传。一是推出“中国声音世界回响”多语种评论专题，集纳海外网评员稿件，多视角阐释习近平新时代中国特色社会主义思想的国际影响。二是推出“传习录”“学习有理”专栏，分别从时事评论、理论阐释维度，常态化解读习近平新时代中国特色社会主义思想。三是推出“青年传习社”系列活动，线上线下相结合，走进北京科技大学等高校，举办现场分享会，受到学子欢迎。

（二）紧扣重大主题，精耕内容建设，对外传播产品亮点纷呈

中国网高站位、广视野、大格局，紧扣重大主题报道，把握对外传播新特点新规律，创新对外传播理念方法，通过多语种呈现、多渠道推送、多介质传播，实现对外传播事业新发展新突破。

围绕庆祝中华人民共和国成立70周年、十九届四中全会、第二届中国国际进口博览会、澳门回归20周年等重大主题，中国网精心组织安排，开设专栏专题，强化正面舆论引导，弘扬主旋律，放大正能量，振奋精气神；围绕坚决打赢脱贫攻坚战、唱响中国经济光明论等重要议题，中国网精选报道角度，突出外宣特色，深入阐释中国方案、中国理念的世界意义，讲好中国故事，传播好中国声音；围绕中美经贸摩擦、香港修例风波等话题，中国网坚持国家站位，秉持国际视野，发布多形态稿件，直面问题、主动发声，以正面强音引导舆论走向，有力对冲负面论调和不实传言。

中国网精耕内容建设，着力构建融通中外的对外话语体系，推动亲切共情的跨文化传播。2019年，品牌微视频评论栏目“中国3分钟”共制作发布了53期，选题覆盖全年热点，海外社交平台帖文阅读量超过6.4亿，视频播放量3670万，互动量370万。其中，《中华人民共和国成立70周年：中国人中国梦》《他们宣扬冲突我们选择对话》等15期节目的单期帖文阅读量超过2000万；《“暴”风肆虐香港到底怎么了？》《G20大阪峰会：坚持多边合作，反对保护主义》2期节目的单期帖文阅读量超过3000万，成为现象级产品。

中国网还加快对外传播产品内容研发，形成了以“中国3分钟”阐释中国立场，以“Hi中国人”讲述中国故事，以“中国范儿”展示中华文化魅力，以“中国关键词”推介中国特色话语体系，以“创变中国”栏目展现中国社会新气象，以“彭瑞话中国”“阿拉伯人‘心’体验”“老外开讲”等多语种栏目促进中外文明互鉴的微视频产品矩阵。相关产品定位鲜明、表达直观、呈现精美，受到海外网民青睐。

此外，中国网还承办国务院新闻办指导、中国外文局主办的“2019讲好中国故事”创意传播大赛，策划推出了14个省份和城市分站赛，收集优秀作品近4000件，营造了全民参与讲好中国故事的热潮；举办中国扶贫国际论坛，公布首届“全球减贫案例征集活动”获奖案例，衍生制作《减贫·寻道》系列动画短片，推广减贫经验，分享减贫智慧，有效提升对外传播感召力。

（三）优化呈现方式，创新传播语态，融会贯通讲好中国故事

中国网坚持“中国故事、国际表达”，注重以微观阐释代替宏大叙事，力求通过海外读者乐于接受的方式、易于理解的语言，传播中华优秀文化，宣介中国发展变化，面向世界展现真实、立体、全面的中国。其中，移动端交互产品《AI唱报告给你听》由H5、竖版视频、图文稿件三种形态稿件组成，涵盖网民互动答题、AI生成歌曲等新鲜元素，呈现“以流行歌曲唱报告”的效果，被评论为“音乐好听、内容实在，容易记、好领会”，获第29届中国人大新闻奖网络作品（新媒体）一等奖；微视频《老外们的中国年》从外国人视角展示博大精深的中华文化，获中宣部“新春走基层”优秀作品奖；7集双语动画《70年，中国在路上》、6集微视频《70年三代人与新中国同梦》等，从不同角度展现新中国成立70年来各行业的飞速发展；图解专栏《中国有数》共推出98期产品，以数据为证，直观展示中国道路自信，被中共中央宣传部评为“庆祝中华人民共和国成立70周年重大宣传文化工作”优秀作品；公益微视频《心迹》聚焦扶贫一线的人物故事，从个体视角展现脱贫攻坚伟大壮举；微视频《“第一书记”黄文秀：把青春献给扶贫》生动呈现黄文秀同志用生命坚守初心使命的优秀青年共产党员光辉形象，充分诠释社会各界对黄文秀同志的无尽思念，引发广泛舆论共鸣。

中国网完善“大网评”格局，创新网评产品表现形态，做到“上接天线、下接地气”，议程设置能力明显提升，舆论引导能力显著加强。其中，《70@中国道路Q&A》系列理论微视频采用动漫叙事与专家点评相结合的方式，详解坚定中国道路的实践依据，累计播放量2.8亿；《我在中国等你》系列交互产品围绕庆祝中华人民共和国成立70周年重大主题，融合AR、AI、H5、短视频等新技术新媒体手段，引导广大网民参与线上、线下互动和分享，累计参与互动量近1000万。

此外，中国网坚持自有平台建设与外部平台账号运营协同发展，开发适应新兴平台的内容产品。截至2019年底，中国网在今日头条、百度百家、快手、抖音等外部平台开设账号，粉丝数累计超过4300万。中国网还结合重大主题、重要议题报道工作，对国新办新闻发布会、各部委新闻发布会等直播内容进行精深加工，探索形成以网络直播业务为核心，短视频、图文、动图等多种报道形式齐发力，今日头条、抖音、快手等平台账号齐上阵的“直播+”内容生产模式，推动了新闻产品多元呈现，满足了用户个性化需求，实现了主流舆论的全渠道覆盖和精准化传播，不断巩固壮大主流思想舆论。

（四）践行移动优先，探索跨界融合，渠道建设多点开花

中国网勇担当、守正道、创新局，积极顺应新媒体传播移动化、社交化趋势，主动开展内容生产的供给侧结构性改革，以丰富多样的新闻信息服务为网络外宣注入动力，对外传播触角不断延展，话语表达空间持续扩大。

中国网在Facebook、Twitter、YouTube、Instagram、LinkedIn、VK等6大主流境外社交平台，使用英、法、俄、阿、日、西、德、韩等8个语种，开设10个账号，截至2019年底，账号总粉丝数达8000万，覆盖全球65个国家和地区，中国网账号被LinkedIn评为“2019年度最in内容营销奖”。中国网在海外社交平台推出的“解释中国”栏目已成为时政评论“轻骑兵”，通过卡片贴文、微视频等形式，高频次、持续性回应海外涉华舆论热点，郑重阐明我方立场，引发强烈反响。中国网还在海外社交平台推出了手绘漫画《给爷爷的一封信》、定格动画《泥巴小电影：上学路》等一系列可视化产品，以闪亮鲜活的方式展现中国社会生活变迁，生动阐释中国特色社会主义制度的显著优势，获得广泛赞誉。

中国网持续推进国际媒体合作，原创产品海外传播渠道日渐多元。2019年，中国网与道琼斯、今日俄罗斯和塔斯社开展版权合作，为其提供经济、时政、文化类独家稿件3万余篇；与包括墨西哥话语力网、欧洲时报网等21家外国媒体建立合作关系，“借嘴说话、借筒传声、借台唱戏”，实现对外传播新闻产品直接落地。

此外，中国网不断优化移动端产品布局，22个客户端产品分别在App Store、Google Play等主流应用商店上线。其中，中国网多语种客户端下载用户超过200万，覆盖190多个国家和地区；中阿双语“礼拜助手”APP，集服务功能与新闻资讯于一体，提供礼拜时间提醒服务，并设置“朝觐事务”“中国清真寺”和“穆斯林故事”等版块，对外介绍中国宗教政策，促进中外穆斯林友好交流，用户数量达60万。

另外，中国网探索跨界融合，开拓网络外宣新阵地。所属“议库”APP为各级政协组织和政协委员提供“网络议政”的全套解决方案，涵盖提案征集、民意征询、调查调研等功能，助推协商民主的广泛多层制度化发展，“议库”APP下载量已达12万，注册政协委员2500余人，委员提案数据超过21万条，为讲好中国多党合作故事提供了生动丰富的素材。

（五）打通业务壁垒，技术赋能驱动，媒体融合向纵深发展

中国网重实效、强执行、抓落实，领导班子带头深入研究，优先解决影响新媒体业务发展的瓶颈和困难，力求建设资源集约、结构合理、差异发展、协同高效的全媒体传播体系。一是向体制机制创新要动能。中国网持续深化“多端并重、移动优先”战略，在历次重大宣传报道中，统一决策部署，优化业务布局，加强部门联动，融合传播优势充分释放，推动正能量更充沛、主旋律更昂扬。二是向人才队伍建设要动力。中国网全力搭建多层次立体化培训体系，邀

请专家学者开展讲座活动，组织采编人员参加各类中短期业务培训，鼓励一线采编人员学习新知识、实践新技术、掌握新应用，为开展新媒体传播工作做好人才储备。三是向技术创新要发展。中国网把强化技术引领作为驱动新闻业务高质量发展的重要抓手，对标新趋势新业态，加大研发投入，推进生产端流程再造，争取在全媒体格局的激烈演变中占据先机。

中国网于2019年正式组建中国网战略研究院，这是中国网推动媒体融合向纵深发展的重要举措，研究院以“共建共研共享”为宗旨，立足行业发展和自身需求，为内容生产变革赋能，为中国网中长期发展提供智力支持和决策参考。研究院成立后，中国网技术研发步伐明显加快，目前已推出“AI内容辅助生产平台”。该平台涵盖“数据可视化智能辅助生产平台”“图解类产品辅助生产平台”“智能辅助生产工具平台”等模块，内容承载逻辑分明，视觉形态层次丰富，使用体验方便快捷。记者编辑只需进行简单操作便可制作生成简明易懂、炫酷有趣的可视化新闻产品，直观呈现新闻稿件核心内容。该平台已在中国网新闻采编业务中的广泛应用，推出了《数动扶贫》等轻量化产品，极大提升中国网内容生产能力和水平，为推动媒体融合赋能发力。

二 | 中国网新媒体工作案例

“中国3分钟”栏目特别策划《“暴”风肆虐，香港到底怎么了？》

中国网新闻时事英文短视频评论节目“中国3分钟”于2015年5月正式推出，经过4年的深耕已成长为一档具有较强国际影响力的品牌栏目，多期节目成为引导国际舆论的现象级产品。以国际视野阐述中国立场，借全球热点发出中国声音，屡次在重大对外宣传工作中担当“澄清谬误、明辨是非，联接中外、沟通世界”的重任。

2019年，香港修例风波受到国际舆论普遍关注。“中国3分钟”推出特别策划《“暴”风肆虐，香港到底怎么了？》第一时间阐明事件真相，摆明中国立场，回应国际舆论关切。该期节目由中国网总编辑王晓辉出镜主持，讲解香港修例风波起因经过，揭批境外势力妄图挑战中国底线的丑恶行径，阐释坚持和完善“一国两制”是香港走出困境的良方。节目内容深入浅出、层层递进，通过易于海外受众接受的语言方式，辅以繁体字字幕和英文字幕，及时地将真实、准确、理性的中国声音传递到国际社会，促进海外受众客观看待香港社会问题，准确了解“一国两制”制度。

节目制作精良、话语表达清晰明了，节目视频素材丰富且直击要害。在主持人谈到“港媒和国外媒体也大肆散布谣言”时，视频采用左右分屏形式举证——左侧显示《洛杉矶时报》

的一篇故意歪曲事实的图片报道，内容是一名警察用枪瞄准示威者；右侧呈现该举枪现场的视频，其实是落单的警察被近百人围住并殴打，不得已向暴徒举枪予以警告。通过简明的字幕、直观的对比还原真相，使事实不辩自明，令受众信服。为海外受众了解香港修例风波提供渠道，是中国网深入推进国际舆论引导的具体实践。

节目在中国网海外社交平台账号发布后，取得突出的传播效果，海外舆论反响热烈，贴文累计阅读量超过3222.7万，并有24.5万名海外网民参与互动，相关留言的规模和质量都反映了节目的影响力。

中国网还加大了对节目境内外的推广力度。在北京地铁4号线、14号线和16号线上循环播放，并在新浪微博、腾讯视频、爱奇艺、今日头条、喜马拉雅FM、蜻蜓FM等多家音视频媒体平台上同步播出，24小时内播放量超过813.4万。同时，通过美通社、英国普罗派乐卫视等海外媒体落地播出，被128家外国媒体转载，覆盖海外受众5563万人，让中国声音得到广泛传播。

作品二维码：

《中国3分钟："暴"风肆虐，香港到底怎么了？》

（中国网）

国际在线

一 | 国际在线新媒体工作综述

2019年，国际在线坚持以习近平新时代中国特色社会主义思想和习近平外交思想为指引，守正创新，宣传工作中突出“外”字特色，聚力打造头条工程，创优做好重大报道，持续擦亮国际在线媒体品牌，合作传播迈上新台阶，国际传播开辟新局面。

（一）头条工程持续全面展示习主席大国领袖风范

围绕2019年习近平总书记7次出访、5次主场外交活动及国内考察、重要讲话，国际在线44种语言全媒体平台全力做好头条工程报道，充分展示习主席大国领袖风范。配合习主席出访，推出《平“语”近人——习近平喜欢的典故》（意大利语、俄语、日语、尼泊尔语、印地语、希腊语、葡萄牙语版）在对象国主流媒体上线开播，为国外民众领略习主席的思想和魅力打开了一扇直观窗户。系列时政报道产品《春风习习》以讲故事的方式，以细节呈现，生动传达习近平外交思想的深刻内涵；该产品还衍生出子品牌——“春风习习微系列”，形成“组合拳”，在多语种海外社交平台制造“中国头条”话题热度。老挝语网站把《梁家河》《习近平在正定》等书籍的内容制作成广播剧的形式的播出，受到老挝受众的热烈欢迎和老挝国家电台官员的高度认可。总台评论产品《国际锐评》由国际在线首发，发挥轻骑兵作用，围绕习主席重要活动，发出《共建开放型世界经济中国不断注入新动力》《金砖成色几何？事实讲述合作与发展的故事》等多篇中英文评论，深入解读习近平治国理政新思想新理念。国际在线中文网以习主席新年讲话中提出的“追梦人”概念为主题，推出《动漫音乐短视频丨2019我们都是追梦人！》，总阅览量达5000多万。

为配合习主席6月访俄暨中俄建交70年，国际在线俄文网推出“乐动中俄”全媒体跨国创意活动，点阅互动量突破10亿，征集各类创意献礼作品超过1800万条。10月，习主席访问尼泊尔期间，《平“语”近人——习近平喜欢的典故》尼泊尔语版在尼国家电视台和当地各主流网站推出，引发热烈反响，尼泊尔总理对节目给予高度评价。

（二）70周年报道贯穿全年　塑造新时代中国形象

国际在线聚焦中华人民共和国成立70周年报道主题，在全年不同时间节点连续推出自主策划报道。预热阶段，圆满完成多场重大活动宣传，扎实做好“不忘初心、牢记使命”主题教育宣传报道和“壮丽70年·奋斗新时代”系列采访调研活动；分阶段推出《辉煌七十载老外在中国》《与中国同行》《海外人士眼中的新中国七十年》《七十年的中国与世界》等大量传得开、叫得响、在海外受众中广受热议的媒体产品。国庆期间，44种语言以融媒体形式直播庆祝大会、阅兵式和群众游行、联欢活动。

国际在线发起并与央视网、央广网联合打造“课本里的新中国”H5互动产品，多平台整体阅读量超过13亿，创造了国际在线融媒体产品传播量的新纪录；策划摄制了20集系列短视频产品“辉煌七十载　老外在中国”，以独特角度展现70年来新中国走过的伟大历程和取得的卓越成就。

（三）重大宣传报道成功　精彩亮点频出

围绕重大主题、重点活动、重要节点，国际在线着力发挥外语资源和海外传播优势，千方百计传播中国声音。

全国两会报道，国际在线紧扣会议议程，结合海外受众关注点，策划《外籍记者跑两会》等特别报道，多维度讲好人大故事、政协故事、中国民主政治制度故事。

为配合第二届“一带一路”国际合作高峰论坛的举行，国际在线推出“评论、高端访谈、短视频、在线互动”等组合产品，深入生动阐释“一带一路”倡议的重要意义；组织了“一路有你”摄影作品征集活动，收到47个国家和地区的网友发来的11500余幅（组）摄影作品，在境内外社交平台累计覆盖量达2300多万。

北京世园会主题报道，国际在线联合北京世园局共同策划推出《一花一世界》百集系列微视频，节目大力宣传世界各国人民对绿色发展理念的共同愿望。来自82个国家的驻华使领馆官员、北京世园会参展国代表、外国留学生等参与了拍摄。

亚洲文明对话大会主题报道，国际在线使用23种亚洲语言开展多彩报道，多语种视频《亚洲文明交流互鉴——南亚印记》等多角度反映亚洲文明交流互鉴的生动历史和美好愿景，国际在线中文网推出的短视频《亚洲文明总动员》阅览量达2000多万。

第七届军人运动会主题报道，国际在线推出“军运会深观察”“军运会现场速递”“探军运Vlog”等报道，展现参赛运动员奋发拼搏的精神风貌、中国军队和平之师的形象。

对第二届中国国际进口博览会，国际在线言论评论、网红传播、外籍视角、合作传播等多措并举，全面宣介进博会的成果和意义，展现我国进一步扩大对外开放的积极姿态和自信形象，国际在线中文网推出的短视频《【大猫动漫】进博展品总动员2》阅览量达2000多万。

为反击美国在经贸问题上对中国的无端指责和挑衅，《国际锐评》栏目紧密跟踪最新动态，举旗亮剑，敢于斗争，发出近百篇评论文章，通过自有多语种平台及合作媒体，广泛传播，主动有力引导了国际舆论。

涉港报道中，国际在线通过海外社交媒体发布MV《我们的香港》等系列原创稿件，传递止暴制乱、恢复秩序的决心。

庆祝澳门回归祖国20周年主题报道，国际在线策划推出多个有“外”字特色的融媒体产品，取得很好的传播效果。微视频《老外在中国 · 澳门故事》（上下集），通过讲述两位外国人在澳门学习、工作、生活的故事，借“外眼外嘴”，展现澳门回归祖国以来当地的发展、开放与包容；原创歌曲《好一朵美丽的金莲花》，以澳门的发展为创作素材，由来自美国、英国、荷兰和伊朗的外国网红用中文唱Rap的形式，为澳门的经济发展、美丽风光、饮食文化献上赞美与祝福。该产品在国际在线新闻微博的阅读量达3200多万，评论达1万条。由国际在线、央视网、央广网共同打造的#叫我一声“澳门”#微博话题，阅览量达2.7亿。

（四）高质量发展改版工作　完成节目质量提升

国际在线多语种高质量节目改版工作在国庆前按时保质完成。改版工作着力推进精准传播，强化优质内容；创新节目形态，突出融合传播；加强平台优化，提升有效供给；拓展发声渠道，扩大合作传播。对多语种全平台节目进行了系统升级，对影响力渐弱的传统平台进行了瘦身优化，集中力量投入新媒体国际传播平台，聚力打造了一批融媒体新节目。其中，中俄头条VK粉丝数在中国媒体VK账号中位列第一，中俄头条APP客户端下载量突破610万。环球资讯依托《第一资讯》《新闻盘点》等品牌，加强对“头条工程”的国际视角解读，大幅度增加国际报道内容占比。着力打造的“国际3分钟”品牌栏目，创新国际新闻解释性报道形式，以可视化的方式，对纷繁复杂的国际问题进行接地气的解读。目前已形成一定的品牌效应。

（五）融媒体报道精品迭出　影响广泛

2019年国际在线结合重大主题主线宣传，创新日常报道表现形式，探索声音的可视化表达、视觉听觉的互融互动互推，推出一批高质量融媒体报道和产品。

春运期间，发布多语种视频动画《洋年货来过中国年》。国庆前，推出H5互动产品《课本里的新中国》、融媒体互动活动《新中国印象榜》、系列纪录片《生于1949》、多语种微视频《这里是中国！》等，其中，H5互动产品《课本里的新中国》多平台整体阅读量超过13亿；

“老外在中国”系列短视频微博话题阅读量突破1.2亿，讨论量达6.9万；《这里是中国！》全球总阅读量4188万。第二届“一带一路”国际合作高峰论坛开幕前，推出摄影作品征集展示活动“一路有你”、条漫与动画产品《大学毕业后，我到非洲看星星》。亚洲文明对话大会期间，推出系列图片报道《双图话》、双语视频《亚洲邻居看“西游”》、脸书视频直播《和而不同》等。第二届进博会期间，国际在线“相约上海进博会”新浪微博话题阅读量达3.1亿，同时推出MV《海纳百商》、声音纪录片《听见进博会》等。涉台报道，面向台湾青年受众着力打造“两岸新发现”媒体项目、评论类系列短视频《海峡“良”岸》，多次获国台办肯定。涉疆报道，组织开展“丝路名人中国行”“丝路梦开始的地方——2019走进新疆”“土耳其媒体‘请进来’”等大型中外媒体联合采访报道活动。涉人权报道，举办了“中国纪实·2019”中外媒体联合采访报道活动，截至2019年11月底，“人权纪实Real Time China”脸书专页粉丝总数达330万。

（六）多语种“网红传播”别开生面　效果喜人

2019年，国际在线创新开展“多语种网红工作室”国际传播，先行在泰米尔文网、希伯来文网、老挝文网、日文网、英文网等网站进行试点，深入践行“充满活力和想象力的传播方式”。具体操作上，以移动直播、短视频等丰富多彩的方式，在脸书、推特、优兔等境外社交平台重点深耕，打造在对象国有较强人气的网红和社会活动家，以生动鲜活亲切的母语表达，加快推进软性传播、好感传播，在对象国发展、培养了一大批忠实粉丝，大大提升了海外影响力，成为国际传播新的重要平台。

2019年，泰米尔文网“牙膏工作室”社交媒体直播近百场，总覆盖人数过亿；希伯来文网“小溪工作室”共发布视频原创视频70余个，总覆盖量逾千万，总观看量近600万。

（七）国际合作传播面广质高　更上层楼

2019年，国际在线累计与全世界70多个国家的近200家媒体开展形式多样的合作传播，同多个G7、G20以及地区重点国家主要媒体开展内容常态化合作，积极推送“头条工程”“国际锐评”“网红报道”、影视纪录片、专稿文章等原创融媒体产品。

豪萨文网系列微视频《巾帼志愿者在行动》在尼日利亚豪萨语频道DadinKowa黄金时段播出，收视率达到5.9%，在该国65个电视频道同时段节目中收视排名第一，超过同时段尼日利亚国家电视台和BBC节目。

此外，国际在线重点合作媒体还包括俄罗斯政府机关报《俄罗斯报》官网、意大利《日报》、德国DRF电视台、法国BFM商务台、葡萄牙里斯本彩虹调频台、日本最大媒体公司吉本兴业、韩国《中央日报》、泰国主流电视台TNN24，土耳其NTV、印度《每日钟声报》、尼日利亚《领导者报》、巴西里约头条中波台等。同时，与海外百家华文媒体建立合作机制，多平台、多角度报道相关重大活动，在中美贸易摩擦、涉港主题、涉台话题等报道中让华人积极发声，有效影响海外舆论。

二｜国际在线新媒体工作案例

《辉煌七十载·老外在中国》系列短视频

国际在线有力依托中央广播电视总台优质资源，与各语言部通力合作，联合打造《辉煌七十载·老外在中国》系列短视频。

系列短视频共20集，通过讲述20位在华学习、工作、生活的外国人的故事——利用小故事，展现大时代，借“外眼外嘴”充分展现中华人民共和国成立70周年以来新时代中国的发展、开放与包容，将更多外国人在中国的声音传递出去，为我国在世界上的话语权添加分量。视频发布端口涵盖国际在线网站、移动国际在线、ChinaNews客户端、微博、微信及头条号、企鹅号等十余个第三方平台；同时，在央视网、央广网进行重点推荐。

截至2019年12月底，“老外在中国”微博话题阅读量已突破1.2亿，讨论量达6.9万；第三方平台累计阅读量突破1000万。其中，《我把中国讲给巴拿马听》《快板唱响中国情》《胡同里的美国志愿者》阅读量均突破40万；《我家这70年》等5个短视频播放量均超过40万。

作品二维码：

《老外在中国》专题

（国际在线）

中国日报网

一 | 中国日报网新媒体工作综述

2019年，中国日报网坚持守正创新，积极推进媒体融合发展，加快移动化、社交化、可视化发展，打通传统互联网、移动互联网、社交媒体边界和海内外传播渠道，实现全平台共享互通，网微端矩阵发力，充分利用各种新技术、新手段，推出视频、直播、交互产品、可视化新闻、数据新闻等系列新媒体产品，为全球广大网民受众提供优质、全面、生动、智能的新闻服务，讲好中国故事，展现真实、立体、客观的中国，取得较好的传播效果。

（一）做好核心报道，全方位宣介解读习近平新时代中国特色社会主义思想

随着中国日益走向世界舞台中央，中国国家元首和领导人一举一动都备受国际瞩目。因此，对外讲好中国国家元首故事，展现好大国领袖形象是我们工作的重中之重。2019年以来，中国日报网加强策划，提升议题设置能力，创新形式手段，在全平台首要位置推出“学习时代”融媒旗舰专栏，重点打造“英语学习”“学习时间”等双语融媒体专题、专栏和短视频品牌。以“学习时代”专栏为龙头和抓手，针对总书记的系列重要讲话、重要活动开展宣介和解读阐释，展现以习近平总书记为核心的党中央带领中国人民为实现中华民族伟大复兴的中国梦不懈努力与取得的辉煌成就，积极宣介以元首外交引领的中国特色外交、理念和实践，着力打造对外传播习近平新时代中国特色社会主义思想的重要网络平台。并不断创新报道内容形式手段，内容从“量”到“质”实现新突破，得到海内外网民的高度关注和喜爱。

“学习时代”专栏两会期间推出的融媒体专题《习近平的两会足迹》，充分利用H5、互动图表等可视化产品，系统梳理和生动呈现总书记两会期间的重要活动和讲话精神，获评第二十九届中国人大新闻奖一等奖。“重温嘱托看变化”系列双语视频报道，深入习近平总书记考察调研过的部分城市、农村、社区等，用海外网友乐于接受的方式，生动反映当地贯彻落实

习近平总书记重要指示精神、开拓创新出实绩的积极举措和当地发生的喜人变化，累计传播量超过2000万次。国庆当天，英文报道《习近平在庆祝中华人民共和国成立70周年大会上的讲话要点》被雅虎、泰国《民族报》、哈萨克国际通讯社、斯里兰卡《镜报》、阿塞拜疆国家通讯社等160多家境外主流媒体网站用英文、阿文转发和编译发布超过200篇次。2019年5月，在“学习强国”学习平台开设“每日一词”专栏，对习近平总书记的重要讲话、论述以双语热词形式进行呈现，广受欢迎和好评，全年互动点赞量超过680万次。

（二）做好重大主题报道，讲好新时代的中国故事，出新出彩出精品，赢得海内外广泛关注和认同

2019年中国日报网紧紧抓住中华人民共和国成立70周年这一贯穿全年的主线，聚焦全国两会、第二届“一带一路”国际高峰论坛、第二届中国国际进口博览会、党的十九届四中全会等重大主题，推出大型融媒专题，策划系列精品稿件和内容产品，在乐于接受和易于理解上下功夫，全媒呈现、多端传播、立体覆盖，向全球用户讲述中国故事、讲清中国道理、展示中国形象，取得了突出的国内外传播效果，网站的新闻作品也多次荣获中国新闻奖、全国人大新闻奖、全国政协好新闻等重要新闻奖项。

在中华人民共和国成立70周年主题报道中，推出微纪录片《见证》，讲述海内外人士等新中国不同发展阶段亲历者的故事，以小见大，见证70年发展变迁，视频传播量超过8000万，被美国美联社等160余家海外主流媒体转载转引超过900篇次；《我来到了中国》纪录片中，我网外籍记者作为出镜体验者，深入贵州、江苏、海南、山东和北京5地，以5大发展理念为线索，走进乡野田间、走进创意工业园区，深度体验各地传统文化，感受各地开放新局面，全球传播量超过6000万。此外，2019年两会期间推出的《全球关注·中国解答》视频访谈节目，专访多位海内外权威专家对外商投资、脱贫攻坚、环境保护等热门话题进行解读回应，受到海外媒体和用户的高度关注，海外传播总量超过2000万，相关稿件被12个国家的160多家主流媒体报道近900次。

（三）坚持移动优先策略，加快社交化、可视化发展步伐，内容创新能力不断增强

1．坚持移动优先策略，实现采编资源、传播渠道全面整合，前后方通力协作，着力建设好中国日报的移动头版——中国日报客户端，不断提升内容建设、新闻推送、形式创新、技术应用、产品运营等方面的工作水平，完善用户体验，得到海外网友用户、国际媒体业界的一致好评。在全国两会、主场外交、元首高访、国内外重大突发事件报道中加强推送，抢占全球英文首发和第一落点，确保“第一时间”向海外传递中国声音。2019年，中国日报客户端全球累计

下载3200万，在苹果商店免费新闻客户端排行最高达到第7位，是中国主流媒体外文客户端在苹果商店的最高排名。伦敦时间2019年5月8日，中国日报客户端凭借在新闻报道、技术创新和用户体验上的优异表现，在英国报业年度大奖评选中，力压英国《独立报》等100多家海外知名媒体，获得2019年度最佳客户端“高度推荐”奖（相当于第二名）。

2．加快视频化发展，以新闻资讯和纪录片为重点，打造了“Watch This”、《话说中国节》等深受海内外青年用户欢迎的视频节目、栏目，并不断拓展视频直播、动画等内容制作力度，以内容丰富、形态多样、充满感染力的视频作品打动人、争取人心，2019年制作发布视频超过2000条，开展直播107场，全球传播量超过40亿次，互动量1.5亿次。在春节和亚洲文明对话大会报道中，与海外短视频平台合作开展的春节文化和亚洲美食文化挑战活动，得到全球网民关注和参与，海外参与和阅读总量超过3亿次，互动量超过300万。策划推出的《人民币穿越70年》《小花旦看世界》等系列动画短片，海外播放量达到3000万。立足对外特色，制作《多国驻华大使祝贺中华人民共和国成立70周年》《70国青年共祝新中国70岁生日快乐》等“外”字原创视频多角度展现了国际社会对中国发展的肯定和祝福，传播量超过1500万次。

3．开设垂直、特色社交媒体账号，服务专业人士的资讯需求。积极拓展国内外各大社交平台影响力，发挥连接中外，沟通世界的优势，开设运营“投资中国”“创新中国”等海媒垂直账号矩阵，粉丝超过1300万，相关平台和账号报道得到印度总理莫迪等国际政要人士的关注和点赞。中国日报网领英账号粉丝84万，位列全国媒体第一。进驻Tiktok等新兴海外社交平台，粉丝覆盖美国、越南、马来西亚、泰国和印尼等10余个国家和地区，在全国媒体号中排名前列。在国内的微博、微信、抖音、今日头条等平台上开设运营账号矩阵，以优质正能量内容和形态丰富的产品聚集人气，账号矩阵粉丝超过1600万。

（四）打造网评品牌，构建独特影响力

1．打造“中国日报网评”“老外谈”等原创评论品牌，突出理论性、及时性、国际性，围绕中外网民关注的热点和焦点问题，主动发声。邀请海外政要、国际组织负责人、知名专家学者等意见领袖撰写署名评论文章，通过高质量评论观点内容，激浊扬清、有效引导舆论，逐步建立起中国日报网评的独特价值和影响力。

2．打造特色专栏，讲好中国“暖”故事。重点建设“中国那些事儿”融媒专栏，聚焦各类正能量和暖人心的故事，通过一个个鲜活的故事和人物，挖掘中国文化、中国价值，向国内外受众展示华人形象。与此同时，栏目制作组采访了大量海外智库、专家学者、在华外国人、海外网民等各界知华友华人士，以综述、评论、短视频等多形态进行发布，并通过线上线下互动交流，起到思想交流、观点碰撞、加深了解的作用。专栏共推出原创作品400多篇／件，累计阅读超过8000万次，被国内各大媒体网站转载超过1万次，并深受海外华人群体的关注和喜爱，海

外华文媒体主动报道和转载专栏原创稿件近100篇次。

（五）拓展合作传播的广度与深度，海外可见度、抵达率和覆盖面不断提升

1．中国日报网不断加强与海外各国媒体和网站的联系，加强与境外主流媒体和网站的策划和供稿合作，陆续与近30个国家和地区的60多家主流媒体、网站，通过互设专区、供稿专线、内容互换等在内的多形式合作，让我们的优质内容直达海外主流人群，让更多海外受众了解真实立体全面的中国。

2．打造中外互联网权威合作平台，为推动全球互联网治理体系变革献策献力。2019年，在中央网信办指导下，中国日报网承办第三届“中俄网络媒体论坛”。作为两国互联网业界交流合作的权威平台，论坛期间两国网信管理有关部门的领导探讨了在中俄两国建交70年的历史新起点上，网络媒体如何落实两国元首重要共识，助力新时代中俄关系发展。同时，来自两国媒体和互联网企业的代表就进一步深化合作展开探讨和交流，实现了交流思想、汇智聚力、扩大共识的良好效果。

二｜中国日报网新媒体工作案例

《全球关注 · 中国解答》系列视频访谈

2019年是中华人民共和国成立70周年，在此大背景下，今年的全国两会备受国际瞩目。为做好全国两会报道，有效引导海外主流舆论，中国日报网联合报社多个部门，主动设置议题，发挥特色，充分融合和调动线上线下力量，联合全球25个国家的主流媒体，策划推出《全球关注 · 中国解答》系列视频访谈，取得较好海外传播效果。

开展全球调研，准确定位海外关注重点。两会前夕，中国日报网全面整合海外媒体资源，联合英国《每日电讯报》、西班牙埃菲社等全球25家主流媒体和网站，共同开展“你最关注的中国话题”调查活动，面向亚欧非美等20多个国家和地区的5亿读者受众，发掘和搜集最受他们关注的两会话题，请读者积极参与调查。与此同时，由这些媒体的记者或总编辑出镜录制视频，介绍他们最关注的中国话题，并让这些视频成为中国日报推出的《全球关注 · 中国解答》系列视频中的镜头，增强这些海外媒体的关注度和参与度。调查活动在各家每天联合推出后，共有20多个国家地区的5000多名海外网友参与调查。调查显示，中国外交政策、经济增速、环保成为最受海外网友关注的三大话题。具体来说，有18.86%的网友关注中国的外交政策和外交事务，其次为中国经济增长（13.64%），再次为环保（13.29%）。其他受关注的话题依次为：

就业市场（12.04%），旅游签证政策（9.49%）、扶贫减贫（8.54%）和外商投资（8.48%）。

全媒体联动，权威回应海外关切。带着20多个国家地区网友和20多家海外主流媒体的问题和关切，中国日报报网端微联动，组织了一系列高端访谈，围绕经济增速、外交、环保、扶贫、外商投资等海外最受关注的两会话题，采访国际货币基金组织前副总裁朱民、外交部前副部长何亚非以及美国环保协会、国合会等机构的权威人士，从我国在环保、外商投资、扶贫、外交等相关领域完善立法、强化执行，在经济增长领域加快向高质量发展转型等海外最关注的角度切入，在两会期间推出6期《全球关注，中国解答》融媒体系列产品，包括视频、H5、图文稿件、海外社交媒体话题互动等，并利用大数据分析等手段，让视频报道更有针对性、更精准对标海外关切重点、“痛点”，作出权威回应，同时报纸中国版、国际版围绕话题采访两会代表、委员，推出系列深度报道，以点带面，深入浅出，与网络和新媒体产品优势互补，形成全媒体报道矩阵，并在全球数百家主流媒体和网站再次落地推荐，立体、精准、及时地回应好海外关切，为两会召开积极营造良好的国际舆论氛围。

结合大会议程，融媒产品备受海外关注。全国两会期间，《全球关注，中国解答》系列围绕习近平总书记在内蒙古代表团谈生态保护、政府工作报告中国经济增速目标、外商投资法草案审议、中国外交政策等两会热点，结合海外网友和媒体关注，采访海内外权威专家，推出预热视频和《生态文明建设引领中国走向绿色发展新时代》《中国经济2019年走向如何？财经大咖有话说》《外商投资法坚定外商在华投资信心》《中国外交：致力于推动构建人类命运共同体》等六期融媒体产品，深受海外读者用户欢迎，海外传播量超过2000万次。海外主流媒体对该系列产品也给予了重点关注和报道，华尔街日报网站、泰国民族报网站、越南新闻网、哈萨克斯坦实业报、柬埔寨和平岛报等160余家欧美亚非国家地区主流媒体及网站、官方社交媒体账号通过英文、蒙古文、高棉文等多个语种，转发、转引了预热报道和前五期视频报道，海外转引达到900多篇次，覆盖13个国家的上亿受众。

（中国日报网）

中国经济网

一 | 中国经济网新媒体工作综述

2019年，中国经济网坚持正确的政治方向、舆论导向、价值取向，在体现党的主张、反映人民群众心声上，在持续巩固壮大主流舆论、唱响新时代中国经济光明论上，在打造具有自身特色的新型主流媒体上作出了新的努力，取得了新进步。

（一）强化舆论引导力唱响中国经济光明论

1. 守正创新做好国内经济宣传报道提高舆论引导水平

2019年，网站的宣传工作以中华人民共和国成立70周年主题宣传为主线，围绕党和国家重要活动、重大会议、重大主题组织报道，通过组织创作大量有深度、接地气、传播效果良好的融媒体产品，积极建构党和人民需要的网上舆论生态，有效引导广大网民理性看待经济形势，形成对中国经济发展的稳定预期。

（1）发挥专业优势圆满完成多个主题宣传报道任务

中国经济网积极参与到中宣部、中央网信办庆祝中华人民共和国成立70周年重大主题报道中，投身“壮丽70年·奋斗新时代”“再走长征路”、中华人民共和国成立70周年系列活动等各项主题采访，采写了一批“沾泥土”“带露珠”“冒热气”的报道，在记录祖国70年来伟大变迁的同时，也锤炼了采编人员的“四力”。网站发挥财经特色，策划推出“70年衣食住行巨大变迁”系列特稿，反响较好。网站各平台发布与庆祝新中国成立70年有关的原创融合报道点击量超过20亿。

中国经济网承办了中央网信办组织的三大经济类主题宣传活动。其中，“新时代民营经济和高质量发展”主题宣传活动贯彻落实习近平总书记在民营企业座谈会上的重要讲话精神，组织专家和媒体记者10天奔赴7省11市，深入企业采访，以融媒体、多样化报道方式宣传民营经济发展成就，澄清模糊和错误认知，正确引导舆论，增强民营企业发展信心。“共舞长江经济带——看长江之变”网络主题宣传活动落实习近平总书记关于长江经济带发展重要讲话精神，组织网络媒体采访报道，全景展示三年来长江经济带沿岸城市“变美、变新、变富、变强”的实况，微博话题总阅读量2057万人次。“新时代东北振兴”网络主题宣传活动，围绕贯彻落实习近平总书记在深入推进东北振兴座谈会上的重要讲话精神，组织中央及地方近60家网络媒体赴东北三省集中采访，宣传展示新中国成立70年来东北地区发生的巨大变化以及东北振兴发展新成就、新面貌，为新时代东北全面振兴凝聚磅礴的精神力量。微博话题总阅读量694.6万人次。

（2）汇聚网评力量，积极构建良好的网上舆论生态

依托“评新而论 · 大国经彩”“中经天天评”“经点热评”和“网言众议”等聚焦经济民生热点、集纳网民独到见解的精品网评栏目，完成60余项网评任务，累计有近160篇原创网评作品获中央网信办全网推送，“大国经彩”栏目图解和图文述评等核心产品全网推送率在60%以上。2019年两会期间采写的一篇网评作品荣获第29届中国人大新闻奖网络作品评论三等奖。用好专家学者、资深网评员等“外脑”，打造权威性高、专业性强、影响力大的经济网评“国家队”，稳定和扩大优质网评内容的生产供给。仅“评新而论 · 大国经彩”栏目，汇集的网评作者已超百人。

（3）落实“稳金融”要求聚焦金融高质量发展

11月，中国经济网主办了“2019中国金融服务与创新论坛”，论坛上发布了“金融消费者素养提升计划倡议书”，倡导社会各界共同行动，引导消费者学习金融知识和金融法律法规、进行理性消费投资、防范非法金融活动，营造风清气正的金融互联网生态，争做金融好网民。这是网站作为“财经专业媒体”在专业影响力建设方面取得的又一突破，对以主力军身份开展金融领域舆论引导工作具有重要的意义。

中国经济网开设的“金融深1度”访谈节目，2019年继续组织业内专家、学者针对金融领域重点话题进行网上视频对话、权威发声，为维护金融安全、防控金融风险营造良好的舆论环境。在第二十九届中国新闻奖评选中，“金融深1度”荣获网络访谈类三等奖。

（4）关注经济民生回应群众关切传递社会正能量

在日常报道中，中国经济网紧紧抓住人民最关心最直接最现实的利益问题，针对人民群众关心的热点领域和热点话题及时采写稿件、举办活动，回应群众关切，追溯问题源头，积极寻找解决问题的途径。

脱贫攻坚报道关注人民如何“富”。中国经济网脱贫攻坚研究中心成立以来，行业影响力不断扩大，推出的“贫困村创业致富带头人”系列视频和报告文学，在典型报道中求新求变，做到人有我精。网站记者深入偏远山区，顶着日晒雨淋，不怕山高沟深，锻炼了脚力，拓展了眼力，训练了脑力，丰润了笔力，敬业态度受到国务院扶贫办、中央网信办好评。

食品安全系列活动助人民放心“食”。2019年6月，中国经济网执行承办了2019年食品安全宣传周主场活动，并承办了包括第十一届中国食品安全论坛、第六届中国国际食品安全与创新技术展览会、第二届校园食品安全论坛等在内的多个中央层面重要活动，相关新闻报道4526篇，微博转发5253条，微信公众号文章4105篇。11月，“不忘初心、牢记使命”主题教育专项整治食品安全问题联合行动工作组在京举办“慧眼观后厨共治促食安”校园食品安全主题活动，中国经济网作为唯一承办单位，全面执行了活动的策划、协调、实施，先后派出40多人在北京、上海、深圳、成都、西安等地紧张工作，与地方监管部门执法人员密切协同，顺利发回视频直播的巡查现场报道，圆满完成了任务。12月，第10次食品安全媒体训练营在海口举办，中经网展现了强大的新媒体传播力，有效扩大了网站的影响力。

医药类科普视频及论坛帮助人民安心“医”。中国经济网在两会期间举办“中经医药两会沙龙”，邀请十余位代表委员共议医保目录调整，回应社会关切；下半年举办“构建科技创新与合理用药的新型体系”论坛，举行“第二届安全用药企业家责任论坛暨中药质量安全与发展对话”，组织30位企业代表做出庄严承诺，促进公众安全用药。

汽车行业深度原创报道护航百姓“行”。中国经济网汽车频道以消费者利益为出发点，本着“做理性深度的汽车报道”原则，坚持行业原创报道，在业内赢得了较好的口碑，部分作品获得较大的社会影响力。汽车频道原创作品《六问“特斯拉自燃”：亟待完善的电动车安全链》获第31届中国经济新闻奖监督报道一等奖。

2. 国际朋友圈扩大合作传播影响力显著

2019年，中国经济网原创视频节目继续在韩国媒体落地播出，在韩子公司围绕中韩双方共同关注的热点话题举办了多场大型交流活动，如“韩企中国行”“第二届进博会首尔研讨会”“中韩老年医学研讨会”等，促进了双方交流与合作。

中国经济网与巴基斯坦国际合作传播有力推进。全年有近400篇稿件被当地主流媒体转载。除此之外，中国经济网原创内容在巴基斯坦国家电视台、快捷传媒落地电视节目和报纸专栏，在巴朋友圈进一步扩大。在中国经济网承办的第五届中巴经济走廊媒体论坛举办当天，美国主管南亚事务的代理助理国务卿威尔斯发表攻击和抹黑中巴经济走廊的言论，我方快速反应，组织人员第一时间翻译、整理、发布我驻巴大使在论坛上的发言，逐条批驳威尔斯谬论，产生一系列连锁反应，巴各大主流媒体竞相转载。

（二）培育市场竞争力做大平台做强产品精细服务高效管理

1. 重点依托“中经云端”中国经济移动云平台技术革新加快全员移动化转型

自上线以来，“中经云端”平台在技术上不断革新升级，目前已拥有4个软件著作权证书。平台直播系统具备8机位云导播功能，搭配网站自主研发的全媒体工具箱，正以其高度的便携性和可操作性快速运用到各类大大小小的新闻直播报道中，成为融媒体报道利器。在11月网站承办的“慧眼观后厨”活动中，中经云端首次采用5G链路技术进行融合直播，汇聚5城市7机位的采访视频直播和9个学校的监控视频直播，在活动现场大屏进行交互式接力，受到活动主办方肯定。截至12月初，“中经云端”平台已完成各类直播工作500多场，最高单场访问量达到150多万，2019年下半年以来平均每月都有5场以上直播达到10万以上的观看人数，重大主题报道中，轻直播报道手段无一缺位。中经云端平台的全景新闻功能也进一步在平台化、智能化、融媒化、定制化四个方向上迭代更新，正从不起眼的行业创新小兵逐渐成长为具有强大竞争力和影响力的产品。

2. 做强网站移动端在各平台影响力短视频有突破

在长时间的移动化实践中，中国经济网慢慢摸索出自己的经验，网站移动端在各大社交平台均有良好表现，粉丝数稳定增长，传播力、影响力显著提升。截至12月31日，网站移动端全网粉丝数为2355万，相比去年增长175.8%。中国经济网手机站1～12月阅读总量超62亿，对比2018年增长13.6%；官方微博阅读量达31亿，用户增长率42%。官方微信影响力自2019年4月起稳居财富榜第一，5月又夺得新榜500强总榜单冠军并长期保持。

自2019年两会开始，网站短视频业务开始发力，中国经济网官方抖音号3月进入“媒体抖音号月榜TOP50”前列，截至12月31日，抖音号累计获赞3.2亿，粉丝数超过1000万。其中，播放量超千万的作品占比20.8%，超百万作品占比77.1%，点赞10万+作品占比32%。

3. 高质量、精细化服务合作伙伴和用户

以“中经云端”为平台，中国经济网为客户服务的水平和质量迈上了一个新台阶。7月29日，中经云端专家咨询委员会成立暨新产品推介会在北京成功举办，一些行业专家加盟中经云端咨询委员会，并对当前我国园区的发展状况及相关政策、未来发展方向等进行了探讨。“中经云端”地方合作伙伴数量不断增加，陕西数据信息中心已在西安曲江新区落地，四川、福建、海南、河南、江苏等省都在积极接洽运作中。平台服务过的客户和参与过平台建设的单位，都在积极参与到平台的使用中，固定用户增加。

2019年北京世园会闭幕前夕，中国经济网联合北京世界园艺博览会事务协调局共同上线了“全景看世园”线上漫游导览系统，利用软件生成技术，集成了内部近80个展园、100余个全景点位、200余个引导性漫游点位的线上漫游导览专题图集，打造了“永不落幕的世园会”，方便网民线上观览。后续还推出了印有世园会全景图片和二维码的扑克牌、明信片等世园会主题文创产品。

4. 强化队伍建设完善制度和技术保障

先后组织22次包括采编岗位制度、新闻采访与写作、全媒体工具箱使用、短视频拍摄等在内的新媒体业务培训，提高采编人员技能；修订和完善《原创类稿件撰写、发布及审核流程规范》，制定《中国经济网信息安全管理体系文件》（包含近20部具体管理规定），完成网站的

等保测评工作，全力保障技术安全。

二 | 中国经济网新媒体工作案例

短视频《贫困村创业致富带头人风采录》

2019年10月17日全国“扶贫日”，中国经济网推出系列短视频《贫困村创业致富带头人风采录》。10集短片围绕“贫困村创业致富带头人”这一主题，系列展示脱贫攻坚战中的一群人、一种精神、一道风景，受到贫困地区党政领导、扶贫干部，以及返乡创业人士的高度关注，多地扶贫系统组织观看、研讨、推广。

贫困村创业致富带头人培育是全国精准扶贫的重点工程，2019年全国贫困地区已有30多万这类新型农业主体。他们是脱贫攻坚战一线的“生力军”，是激活农村经济的“催化剂”，是加快乡村发展的“推进器”，是拉动贫困群众致富的“火车头”。在决战决胜脱贫攻坚中，创业致富带头人有着良好的示范效应，尤其在贫困地区产业扶贫和就业扶贫中发挥着不可替代的作用。

新媒体如何报道好脱贫攻坚这一重大主题，既避免过于严肃影响传播效果，也避免流于媚俗降低主题品位？首先，形式上选择用短视频。因为，相比于常见的文字和图片报道，短视频更直观，包含的信息也更丰富；相对于长视频，短视频阅读更方便，更适合移动化、碎片化的阅读场景。其次，内容上突出“微视角”，防止“大”而“空”，用小故事体现大情怀，用真情叙事突显大主题。基于上述内容与形式的梳理定位，《贫困村创业致富带头人风采录》创作团队在全国遴选出特色鲜明的10个典型，有耄耋老人百余次深入贫困山区扶贫不倦，有企业人士返乡创业成为脱贫致富领头雁，有残疾青年自强不息带动邻里乡亲奔小康。

在3分多钟的短片中，一个个生动感人的镜头，“润物无声”地传递着一个个扶贫人物的情怀，有效提升了产品的传播力和影响力。这组系列短片，被全国百余家新闻网站、客户端、微博、微信转发，荣获国务院扶贫办授予的2019年度“全国脱贫攻坚好新闻奖”。

作品二维码：

《贫困村创业致富带头人风采录》

（中国经济网）

中国青年网

一 | 中国青年网新媒体工作综述

2019年，中国青年网紧紧围绕中国青年报社党委提出的“努力打造思想的视觉锤、品牌的产业锤”战略部署，始终坚持“灵魂姓党、基因属团、宗旨为青”定位属性，深入推进报网融合改革，稳步开展全网经营合作，网站各项工作平稳有序，传播力、引导力、影响力和公信力呈现新气象，为做大做强“中青号”，发出响亮青年声音，建设一流新型青年主流媒体奠定了坚实基础。全年共获得国资委、中央网信办等表彰、感谢30余次，荣获中宣部授予的“2018年度先进单位”称号和“好信息”奖，荣获中宣部颁发的第三届社会主义核心价值观主题微电影征集展示活动优秀组织单位，荣获中央网信办年度“决战脱贫攻坚决胜全面小康”精品项目奖，荣获中国社会福利基金会颁发的“公益事业推动者”称号。“青蜂侠”共斩获中国网络视听协会评定的重大主题宣传团队、西瓜视频“金秒奖”最佳新闻纪实奖等7个奖项，持续登上每周影响力榜单。此外，在2019年12月31日公布的搜狗号2019年年度榜单中，中国青年网在综合媒体榜中名列第三位，仅次于新华网客户端、环球网。

（一）唱响网络主旋律，发出时代最强音

1．聚焦主责主业，壮大主流舆论阵地。2019年，围绕习近平新时代中国特色社会主义思想、党和国家发展进程中的伟大变革以及青年成长发展中对美好生活的向往等议题，共策划撰写独家原创5万余篇，日均263篇，《亚洲文明对话大会：不断书写人类命运共同体新篇章》等270余篇被全网转载。聚焦共青团主责主业刊发《团中央：90个检视问题背后的决心与勇气》《把根扎在基层——访2018年度“两红两优”获奖代表》等独家原创1200余篇，极大引发青年网友的强烈反响。

2．聚合融媒资源，增强正面宣传引导。2019年两会，推出“‘词’读报告”系列图表，

受到中宣部及中央网信办双重表扬，并被中央网信办安排全网转发；制作《白岩松：如果无法保障孩子阅读的习惯，这才叫输在起跑线上》等“青蜂侠”短视频308条，播放总量达1.15亿；策划《奋进新时代新青年唱响两会RAP》H5等融媒产品近百篇，全网各平台刊发共同署名作品2100余篇；发布提案报道《全国青联：建议明确禁止未成年人担任网络主播》，入选中央网信办“网络传播”发布的两会热度榜，成为最热提案议案榜TOP1。围绕中华人民共和国成立70周年，组织策划全国大学生新媒体影像作品征集活动，2500余名大学生报名参与，征集作品2000余件。推出“70秒70年·巨变中国”系列微视频5期，其中《“70秒70年·巨变中国”交通篇｜汽笛交响曲》《“70秒70年·巨变中国”桥梁建设篇｜澎湃的数字》被全网转载。微博话题#新中国七十周年#阅读量9266万。围绕青年话题，推出《大学生异地恋调查：超7成接受异地恋多数认为分手是结局》等17篇热点调查报道，其中有7篇稿件登上热搜榜。《大二男生校园里种杂交水稻历时5个月终变早餐》登上当日微博热搜第2名，引发青年网友热议。此外，近40篇校园稿件登上各类“新闻热搜榜”，10篇稿件位列“热搜榜”第1名。

（二）打好舆论攻坚战，抢占舆论制高点

1．强化思想引领，做强网上舆论主阵地。2019年，围绕习近平总书记发表新年贺词、在庆祝中华人民共和国成立70周年大会上的重要讲话等，面向青年，策划推出多篇评论解读文章。《绘好“工笔画”，“一带一路”让世界共享“中国红利”》《进博东风吹动世界经济一池春水》等多篇文章被全网转发。聚合报网端微，创新解读形式，共同打造集可视化、互动式、趣味性与感染力于一体的网评融媒产品，积极构建“大网评”格局。春节前夕，联合地方铁路局，推出短视频《回家路上的笑脸》《沙画｜温暖春运回家路》等，并被全网推送。两会期间，围绕总书记六下团组，策划推出《2019两会学习证，你领到了吗？》融媒体H5作品，设置即时互动，让青年网民感受到了非常强的带入感和参与感，总访问量当天便达到10万+，趣味中显深刻。

2．提升海外传播，打好舆论斗争保卫战。围绕中美经贸摩擦，发布《以诚信和共识扩大利益交集》等稿件，引导广大青年正确认识当前形势及中美关系。制作推出原创系列视频《世界网民说》，收集世界网民声音，共制作视频57期，收集来自23个不同国家网友留言共603条，该系列视频播放量达293.4万次，转评赞累计15032人次。在涉香港修例风波的舆论外宣工作中，刊发《中青微评｜确保香港繁荣稳定是全体中华儿女的共同期待》等6篇稿件，揭露少数暴乱分子极端行为，引导网民认清当前香港形势；中国青年网Facebook账号共发布相关内容2655条，阅读量达到171.9万人次，转评赞累计73644人次，其中独立制作的原创视频共计261条。《“港独”头目酒店密会幕后黑手》《当初支持暴徒的他们，现在开始后悔了》《非法集会暴徒多地攻击市民，香港止暴制乱势在必行！》等视频被全网转载，获得了良好反响。

（三）弘扬主流价值观，激发青春正能量

1．弘扬励志故事，引领青春奋斗新风尚。中国青年网持续开展“青春励志故事”网络文化活动，充分运用图文、音视频、动漫、动画等新媒体手段，大力弘扬不同时代杰出青少年典型的先进事迹和崇高精神，为青少年网友树立正面榜样形象，引导和激励广大青少年树立正确的人生观、价值观和世界观。2019年，“中国梦”践行者青春励志故事累计推出156期。大力弘扬习近平总书记点赞的时代楷模和基层典型，报道了张富清、黄文秀、杜国富等被总书记点赞的共产党员；聚焦快递小哥等总书记惦念的劳动者群体；采访收到总书记回信的青年代表；在两会期间，讲述了鄂温克族基层教师梅花、农村电商代表梁倩娟等人大代表同总书记亲切交谈的故事，抓好基层党员、先进模范、公众人物、青少年群体等重点人群，扬新风正气、推崇时代“网红”，获得网民的广泛欢迎与好评。

2．创新文化活动，构筑网络文明新生态。中国青年网成功举办“贯彻十九大·文脉颂中华”全国青少年VR短视频大赛颁奖典礼以及2019“文脉颂中华·非物质文化遗产新媒体传播”主题活动；高质量完成《中国青年网“文脉颂中华”原创报道作品集》（纸质版）的制作，很好地展示了中国青年网自“文脉颂中华”项目开展以来策划的各类优秀作品，获得了来自中央网信办网络新闻信息和传播局领导的高度认可和一致好评。组织开展第四届“五个一百”网络正能量精品评选活动，由中央网信办指导，中国互联网发展基金会、中国网络社会组织联合会主办，中国青年网承办第四届“百项网络正能量专题活动”，圆满完成了相关评选工作，申报了3167个专题活动，有效投票总量为129168票，投票页面访问量约6669927次，覆盖1730个申报单位，引发青年热议，社会反响热烈。

（四）加速视频精品化，提升网站影响力

1．锻造视频爆款，提高终端产品到达率。深入实施短视频辉煌工程金凤计划，以“青蜂侠”为龙头，积极生产优质短视频“爆款”，构建多平台、移动化、可视化的内容生态体系，打造具有核心竞争力的独特短视频矩阵平台。2019年，“青蜂侠”“青小小”“三甲医生说”等平台共制作短视频18000多条，累计播放量超321亿次，推出《听说可能有人没救到，奋战近14小时的志愿者坐地大哭》《兵哥哥与中国女排大型互夸现场》等270余个千万级点击量的爆款，《高校国旗护卫队同学只身冒雨收国旗，视频看哭网友！》《暖心！消防员趴引擎盖上吃泡面担心给车主弄脏车走时反复擦车》等2400余条百万级点击量的精品，已成为人民网、新华网、央视网等中央重点新闻网站官微的重要转载来源。同时，中国共青团网抖音号异军突起，粉丝量超过451.7万，播放总量突破25亿次，千万级播放量视频达到44条，百万级点赞视频达到22条，点赞累计达到1.1亿次，并多次获得抖音每日正能量榜单第1名和官方账号推荐，在团属媒体及政务类中位居前列。

2．激发品牌潜能，增加融媒精品产出量。持续打造《中国人的故事》《档案君》等品牌项目和《中青网评》《青春励志》等知名栏目。围绕“英雄18岁”“呼叫1964”等系列，策划“中国人的故事”品牌产品46期，多篇阅读量超10万，#中国人的故事#微博话题阅读量达14.2亿。继续推进“档案君”“新中国70年镇馆之宝70件”文物和档案故事网上征集活动，共收到全国200余家组织机构专业作品500余部、网友投稿近5万部。相关话题微博阅读量达3281.2万，视频播放量突破7亿。围绕政府工作报告、快递小哥等内容，着力打造“中青微评”新品牌，刊发《中青微评｜造福台湾同胞共创民族复兴美好未来》等7篇微评文章。聚焦习近平总书记点赞的时代楷模和基层典型，累计推出青春励志故事156期。“不一Young的新中国”短视频项目，全年共计推出优质短视频作品8期，均被全网转载，总播放量超过2000万。

二｜中国青年网新媒体工作案例

“青蜂侠”短视频栏目

2019年，“青蜂侠”共制作发布短视频1.1万余条，获得平台方289亿播放量支持，日活5000万+，矩阵内粉丝接近1000万，日均转发万余次、留言跟帖10万次、点赞20万次，作品时常被央视新闻、新华社、人民日报等机构自媒体转载。在内容建设上，突出比较优势，形成“青蜂侠”调性。2019年，“青蜂侠”内容生态在正能量、重大主题宣传、时政热点、突发热点等方面的报道占比达7成。在产品打造上，由“青蜂侠”延伸出多个新的栏目，具体包括：复盘热点事件的《时间线》、强调震撼现场的《第一现场》、对话新闻当事人的《能见度》、具有国际化风格的《青视野》、还有萌趣好玩的《青柠》。在品牌发展上，2019年，“青蜂侠”继续保持在全平台头部IP的位置，稳居腾讯资讯榜前三，经常问鼎西瓜视频周榜，获得好看视频的评论红人榜，被爱奇艺列入“喜雨计划”，是搜狐千里眼、一点资讯、凤凰大风号的战略合作对象，也是优酷资讯、UC视频、秒拍视频、新浪看点等平台的优质内容合作伙伴。

（中国青年网）

中国西藏网

一 | 中国西藏网新媒体工作综述

2019年，中国西藏网将加快推进媒体深度融合作为刊网重点任务，始终坚持一体化发展方向，一手抓信息调研，一手抓平台建设，运用新技术、新机制、新模式，不断推进信息内容、技术应用、平台终端、管理手段的共融互通，运用“两刊一网多平台”，积极向境内外宣传真实西藏、传递西藏声音。不断强化内容生产能力，集中涉藏优势资源，初步形成了多载体、多层次的涉藏传播格局。

平台方面，“中国西藏融媒体平台”建设有序推进，整合策、采、编、发、评全流程，统筹杂志、信息、网、端、微多终端，努力实现流程优化和平台再造；“掌读西藏”涉藏电子图书阅读平台启动建设；

品牌方面，已形成“手绘西藏”《扎西一家》图解系列、“雪域漫评”网评系列，多语种短视频《德吉带你进藏家》《30秒学藏语》、音频《藏语播报》等口碑节目；积极开展文化学术类活动的品牌塑造，定期举办涉藏舆情座谈会、新媒体时代涉藏传播系列调研等；

产品方面，为庆祝中华人民共和国成立70周年，策划推出“忆初心我们的70年”“砥砺奋进70年”系列融媒体产品，配合西藏民主改革60周年重大主题，推出“西藏民主改革60周年数字展馆”，策划“重走十八军进藏路”系列红色网络作品等。

（一）明确目标，构建融合体制机制

网站领导班子从顶层设计出发，坚持涉藏专业定位，明确提出了中国西藏网“新型中央涉藏全媒平台”的融合发展新定位，充分调动刊网各方面资源，逐步建立适应媒体融合发展的机制和制度体系。在刊网管理上，打破以部门和文版为核心的工作机制，尝试组建系列融媒体项目工作室，鼓励编辑记者自由组合“内部创业”，推动刊网编辑记者主动参与媒体融合发展；

生产流程方面，在业务流程优化的基础上，坚持一体策划、策划先行，建立常态化融媒体策划机制；考核机制方面，明确向移动化、视频化、多媒体方向倾斜，催化了漫评、手绘、动图海报、记者走基层Vlog等大批创新作品；组织机构设置方面，逐步组建新媒体发展部、推广联络部、信息处，以更好地适应全媒平台的发展目标；同时，不断加强与涉藏智库联系，充分借用外脑促进智力资源的深度融合。

（二）移动优先，打造优质核心产品

媒体融合发展的关键是产品。在产品打造上，中国西藏网围绕“两微一端”，通过建设核心产品项目，强化移动端传播能力，打造适应互联网传播新格局的新媒体产品和平台。充分运用图解、H5、手绘、动画、音视频、直播、无人机等新技术，不断扩大新媒体产品的生产比重，一批适合在移动端阅读、分享的媒体产品，让涉藏正面宣传愈发生动，收到明显效果。系列网评产品手绘图解《扎西一家》、“雪域漫评”已经成为有口碑的品牌栏目；《茜茜说两会：立法即将出台这是一个厉害的“定海神针”》等多个产品在第三方平台播放量超过50万人次，并获中央网信办全网推送；音频节目《藏语播报》在第三方平台上线后收效良好，成为藏族群众获得信息的又一重要渠道；系列短视频《30秒学藏语》《听，见雪域》等形式新颖，赢得年轻网民的喜爱。入驻抖音后，我们调动网内网外资源，积极打造“走基层Vlog”等一批网友喜闻乐见的短视频产品，充分发挥短视频的优势特点，做好正能量价值引领。

（三）渠道推广，借力平台广泛传播

目前，中国西藏网已形成中、藏、英、德、法五个语种，10余个微博微信账号组成的新媒体矩阵，有50余万粉丝关注。此外还在今日头条、喜马拉雅FM、一点资讯、大鱼号、企鹅号、优酷号、网易号、趣头条等社交媒体开设了官方账号。通过这些平台，每天推送约3000篇左右经过审定的稿件。2019年9月，中国西藏网手机APP客户端正式上线，全天候24小时以五种文字向海内外推送权威涉藏深度报道、全面生动的新闻资讯，传播悠久璀璨的雪域文化。5G时代来临后，中国西藏网加大视频内容策划，借助抖音平台，将涉藏优秀短视频内容不断输出。在国际传播领域，则以英、德、法Facebook、Twitter账号为切入点，不断提升中国西藏网的国际传播能力。网站在刊、网、端、微、海外社交媒体、国际合作传播等领域形成了拉网式传播矩阵，覆盖用户总数超过1亿。

（四）信息调研，发掘媒体多元价值

融合发展背景下，为更好地为涉藏传播和舆论引导工作服务，以探究涉藏传播新生态、探索涉藏资源合作新模式为目标，中国西藏网连续三年举办了新媒体时代涉藏传播系列调研和涉藏舆情座谈会。其中，调研活动以实地调研、电子问卷、访谈等方式，对西藏和涉藏工作重点省的农牧民、公职人员、知识分子、僧人等为代表的广大藏族民众，展开有关新媒体时代阅读方式、使用短视频平台等情况的数据搜集和分析调查；研讨会则围绕涉藏舆论新趋势、新特点及应对方式，与兄弟单位及关注涉藏话题的研究机构与媒体展开深入合作，通过开办系列研讨会、提交年度报告、出版论文集等方式，服务涉藏相关问题决策。在融合趋势下，不断发挥媒体优势，促进多元合作和智力资源的深度融合，以智库化办新媒体，充分激活优质内容的创新能力，提升涉藏新闻宣传和舆情信息工作的质量和水平。

（五）抓住机遇，积极适应对外宣传融合化趋势

2019年，中国西藏网因应融合传播的发展变局，启动实施“中国西藏网提升海外传播力建设项目”，在对外传播社交化、视频化等方面持续发力，收效显著。我们以海外社交平台为载体，持续输出具有鲜明涉藏外宣特色的融媒体产品。目前中国西藏网英、法、德语Facebook主页分别积累3.6万、2.2万、1.3万忠实用户，成为脸书平台涉藏话题正面传播第一大号。其中，印度、尼泊尔、德国、法国、澳大利亚等涉藏重点国家关注者比例较高，印度用户数达1.2万。产品传播力方面也收获颇丰，独家视频《2020年班禅大师藏历新年祝辞》发布当天阅读量即达81.5万、互动8100次，《德吉带你进藏家》单集阅读量突破50万+，《香格里拉热巴舞》单集阅读量103.6万。3月20日“国际幸福日”发布的12秒短视频，以25张不同年龄段藏族人物面部特写，呈现“幸福”的不同答案，收获103万阅读量、1.3万次互动。藏历新年相关贴文阅读总量超过151万。中国西藏网以China Tibet形象在海外社交平台建立传播矩阵、借船出海树立传播品牌，用新媒体手段讲好西藏故事，不断提升涉藏外宣传播力和国际话语权，为网站涉藏外宣工作打开新局面。

二 | 中国西藏网新媒体工作案例

西藏民主改革60周年数字展馆

为庆祝中华人民共和国成立70周年、西藏民主改革60周年，中国西藏网特别推出“西藏民主改革60周年数字展馆”，以线上虚拟展厅的方式，呈现西藏在中国共产党领导下取得的伟大成就。

“数字展馆”由“废奴丰碑”“摄影家眼中的西藏”“实境西藏”“优秀作品”四个部分组成，运用VR技术，集合数千幅全景图片、高清组图、音乐、视频、中英藏多语种文字，让读者通过PC端和手机端，仿佛亲临展览现场，或置身青藏高原，身临其境地感受西藏的壮美风光和昨日今夕的发展变化，获得最大化的视觉体验。“数字展馆”是网站运用融媒体技术创新报道“西藏民主改革60周年”的又一新尝试。

十一世班禅额尔德尼·确吉杰布在参观“数字展馆”时，对这种创新形式赞赏有加，他询问工作人员，展览资料“数据库是否能长期保存”，并笑称“害怕高原缺氧不敢去西藏的人，就可以通过这个线上展馆欣赏西藏的美景”。

（中国西藏网）

央 广 网

一 | 央广网新媒体工作综述

2019年，央广网在做好庆祝中华人民共和国成立70周年主题报道的过程中，通过持续打造和升级了《习声回响》《每日一习话》《声漫》等品牌栏目，进一步地强化了央广网品牌形象；通过加优化产品结构，结合新元素运用新形态，极大丰富了全年重大主题报道的内容矩阵；以全面高质量发展改版为契机，基于央广“声音”资源的优势，稳步推进了“云听”5G新媒体平台建设，焕发了央广网新的活力。截至2019年12月底，央广网全年度共计编发了报道稿件达50万余篇，其中原创报道达16万余篇。央广网PC端全年共计推出大型报道专题81个。央广网日均达PV达105万，日均UV达54万。

（一）工作亮点

完善头条工程，将宣传习近平总书记重要讲话、重要活动、重要思想的《习声回响》《声漫》《每日一习话》三个栏目打造为系列品牌专栏。央广网头条工程多角度、多形式地宣传解析了习近平新时代中国特色社会主义思想，深化了“新媒体首页首屏首条”传播，央广网PC端、WAP端、客户端“头条”“头图”突出呈现推送习近平总书记重点报道和产品，依托“头条工程”“一键触发”等机制，在重大时政新闻报道中，与央视网、国际在线三网联动深耕总台头条工程，统一上线总台报道专区，“两微一端”同步落实总台“一键触发”报道产品推送，构建总台重大主题宣传全媒体矩阵，形成重大主题宣传立体化传播格局。截至12月底，央广网共推出34件《习声回响》新媒体产品、33期《声漫》、365期《每日一习话》，其中有31期产品被网信办安排全网转发，8期产品微信阅读10万+。

央广网依托总台丰富的独家时政报道资源，以习近平在各个重要场合重要讲话音频为基础制作的《习声回响》，形成了包含图解、H5、微视频、数据库、小程序等全媒体产品矩阵。

2019年共生产包含有25期微视频、2期H5、5期音频特色产品、1个特别版三级页。其中《习声回响｜温暖聆听 · 祝福》《习声回响｜不忘先烈遗志携手砥砺前行》《习声回响｜坚守初心、勇担使命，凝心聚力再出发》《习声回响 · 如数家珍：这样的青年英杰数不胜数》等共计15期产品被网信办安排全网转发。

《声漫》产品将所有产品集合呈现制作“CNR声漫”集合页，融跨平台、跨屏幕、多样态于一体，方便用户更为直观便捷地浏览各期产品。其中，有《声漫｜脱贫攻坚是我心里最牵挂的一件大事》《声漫｜习近平：我们要建设海洋强国，我一直有这么一个信念》等6期产品被网信办安排全网转发。

《每日一习话》专栏对习近平总书记引用过的典故进行精心梳理，将习近平总书记重要讲话、论述与传统文化相结合，解读习近平总书记在讲话中所使用的典籍典故。9月21日起，连续17天推出《每日一习话 · 礼赞70年》系列，从“办好中国的事情，关键在党”“人民是共和国的坚实根基”等角度开展习近平新时代中国特色社会主义思想的宣传解读工作。产品推出后被中宣部“学习强国”在首屏焦点图呈现，超过117.5万“学习强国”用户点赞，被120余家网站转载，全网阅读量超500万。

以原创内容为根本，突出主题主线融合传播模式，在全年重大主题报道中打造优质融媒体产品。2019年，央广网着力做好全国两会、北京世界园艺博览会，第二届“一带一路”国际合作高峰论坛、百年“五四”庆祝大会、“不忘初心、牢记使命”主题教育、西藏民主改革60周年，中华人民共和国成立70周年等重大主题报道，强化主题主线融合传播模式，以原创内容为根本，在2019重大主题报道中打造独家优质融媒产品。

2019年两会期间，央广网充分发挥中央广播电视总台“5G+4K+AI+VR”新技术传播两会优势，加强融合传播，成功尝试AI、定格动画等新形式报道手段，融媒产品全面开花。央广网推出创意视频《全国两会 · 刷新2019》用模拟电脑“右键-点击”的操作体验、用同一场景内物体的瞬间变化巧妙的展现了十个民生热点。创意视频《给你一张神奇的纸，解锁政府工作报告红包！》以定格动画的形式表达重大主题，在趣味视觉体验中深入了解2019年政府工作报告。央广网持续推出《央小广AI两会语音速报》，继续围绕“央小广AI”的品牌，改变传统媒体“我播你听”的受众被动接受模式，“你想了解什么，我就给你播报什么”的互动模式将受众放在了传播的中心位置，有效地提升了受众的主动性和参与度。同时推出的《两会微数描》创意视频系列单期微博阅读量突破1500万。

在2019年的“一带一路”国际合作高峰论坛期间，央广网相继推出了特色丰富的新媒体产品。融合动画、文字、图片等形式的图解《关于“一带一路”你想知道的都在这张图里啦》，总结“一带一路”建设过去五年来取得成就以及本届论坛亮点期待。推出《数描中国》动漫短视频策划——《自豪！中国“主场外交”有多燃！》，梳理了新中国成立70年来，我国外交事业尤其是新时代中国特色大国外交的壮阔征程。推出《大使话丝路》系列视频访谈节目，以图文、短视频形式，讲述“一带一路”沿线国家和地区人民友好往来的动人故事。推出了《共建绿色“一带一路”中国的这一做法为何频频获赞？》《两届“一带一路”高峰论坛主旨演讲习近平主席都提到了这四个关键词》《成果丰硕！6大关键数据解码一带一路论坛新蓝图》等新媒体解读稿件，通过数据新闻、图解新闻配合专家解读的形式，生动、直观展现本届论坛所取得的一系列成果。

在庆祝中华人民共和国成立70周年报道中，央广网通过新闻专栏、短视频、互动话题、创意动画等多种形式打造融媒产品矩阵。推出的新闻栏目《极境守护者》，记者深入基层一线，通过采访和记录在祖国大地“极干、极荒、极险、极孤独”等极致环境中的工作者，生动展现这一群奋斗的中国人守护祖国大地、追求理想、忠诚职业、坚持操守、甘于奉献的宝贵精神。创意数据短视频《数描中国》系列，用新中国成立以来我国在政治经济文化社会领域的发展数据配合创意手绘视频，共推出《数描中国｜自豪！中国“主场外交”有多燃！》等十期产品，献礼新中国成立70年。微博阅读量近9000万，各平台总计阅读量突破1亿。

围绕庆祝中华人民共和国成立70周年主题宣传，央广网策划推出《我用我的方式爱你》融合报道。该主题报道在传播方式上融合了图文视频，在传播手段上聚合了PC端、移动端、线下大屏，在传播平台上覆盖了微博、微信、快手、抖音等多个社交媒体平台，通过线上线下多屏多终端联动传播，多平台多账号互动征集。融合报道在国庆前夕启动，在央广网全平台推出视频作品《我用我的方式爱你》，并先后在北京西站、11所高校、多家企业等地同步播出。通过视频作品传达爱岗敬业的理想信念，形成线上线下联动效应，让旅客、学生、企事业单位一线工作者都参与并感受到庆祝中华人民共和国成立70周年的热烈气氛。截至报道结束，各平台累计传播量近2.5亿，征集到网友短视频作品达3万多条。

通过技术创新引领高质量发展，推进新媒体音频平台“云听”建设，为受众提供全新的内容服务和视听体验。中央广播电视总台高品质声音聚合分发平台“云听”2019年10月上线试运行。“云听”依托总台优势资源，聚焦泛文艺、泛知识、泛娱乐三大品类，为各类终端用户提供优质的声音产品和服务。

作为中央广播电视总台旗下综合性声音制作和集成分发平台，“云听”依托总台资源、技术和渠道优势，构建起以有声阅读、知识付费、头部IP三大方向为主打的内容体系，开设VIP、听书、儿童、综艺、文化、财经等18大分类、100余个二级分类。

央广网秉承“移动优先”战略，坚持“立足本地、服务本地”的理念，2019年全面启动了33个地方频道移动转型，今年12月移动端全部实现“焕新升级”。新版客户端更加突出个性化，在适配移动阅读的同时结合本地受众的新闻阅读需求，打造出本地专属的特色栏目；客户端为地方添加了服务、活动等定制化功能版块，同时集纳天气及音频收听功能，升级为兼具新闻、服务等多重属性的移动端平台。

1．结合热点，策划推出原创H5产品。2019年，“云听”顺应移动互联网传播规律，结合全年营销热点，深度包装总台独家声音产品，通过H5产品生动、趣味的呈现形式，将总台优质独家声音进行有效传播。全年策划推出《新年好运上上签》《歌手们的私人歌单》《口袋里经济学》《“听”诗过端午》《夏日的清凉之音》《最短的情书，是你的名字》《吹熄读书灯，一身都是月》《好听在云听》等9个H5产品，不断为用户提供优质的文化艺术产品，丰富用户精神文化生活，达到提升平台品牌曝光度和影响力的传播效果。

2．策划推出原创歌曲《追梦吧！青年》，号召广大青年朋友传播和传递爱国主义精神。纪念“五四”运动一百周年之际，“云听”策划推出原创歌曲《追梦吧！青年》，表达了新时代青年奋斗者生逢其时和重任在肩的历史使命，肩负起国家和民族的希望的决心。歌曲朗朗上口，利于传唱，搭配MV和H5产品进行多渠道网络宣传推广，传递着爱国主义精神不断延续，广大青年不忘时代使命的精神内涵。

3．在农历新年之际推出“喊出新年好福利”活动。2019农历新年之际，“云听”推出“喊出新年好福利”活动。此次活动联合录了天猫精灵官方微博、文艺之声《快乐早点到》栏目口播进行预热宣传，并于中国广播客户端启动页、官方社交媒体账号等新媒体平台进行重点宣传推广，有效联动传统广播与新媒体两微一端进行推广，促进中国广播两微一端用户存续。

（二）工作经验

1．将主线报道与全年重大主题宣传报道有机结合起来，次第预热不断升温，通过升级和丰富头条工程品牌栏目的形式和内容，将庆祝中华人民共和国成立70周年宣传报道推向高潮。作为国家媒体，央广网将习近平新时代中国特色社会主义思想和习近平总书记领袖形象宣传报道作为一切工作的核心，将重大主题宣传报道作为全年工作的重心。

在紧紧围绕庆祝中华人民共和国成立70周年这条主线报道的同时，央广网全程深度地参与完成了党和国家领导人重要国事活动报道、重大政治事件报道、重大经济建设报道、重大国际会议报道、重要传统节日报道等各类重大宣传活动和任务。将每一场报道活动都成为主线报道的一个“预热环节”，集中力量，强化和升级《习声回响》《每日一习话》《声漫》等央广网“头条工程”品牌栏目建设，逐步升温直至庆祝中华人民共和国成立70周年的宣传报道高潮。

在报道过程中，央广网不断强化“基本功”，反复打磨、调整包括策划、制作、播出、宣传等各个环节流程的细节，要让央广网各平台得以发挥“全效”，让所有采编工作人员团队得以发挥“全力”，在全年工作发出“央广”的声音。

2．结合高质量发展工作部署要求，基于“5G+4K／8K+AI”等新技术，全新改版上线“云听”平台，努力为受众提供全新的媒体服务。2019年，央广网以中央广播电视总台“全面高质量发展改版”的工作部署为契机，将移动客户端“中国广播”改版为“云听”。“云听”是继“央视频”上线之后总台推出的基于移动端发力的声音新媒体平台，是落实习近平总书记对总台“守正创新，把新媒体新平台建设好运用好”重要批示精神的又一个重要战略举措，按照“台网并重、先网后台、移动优先”原则，适应广播听众向声音用户转变的趋势，稳妥推进广播频率改版升级。

“云听”基于总台“5G+4K／8K+AI”等新技术，着重将人工智能、5G网络等运用到平台的开发建设中，为总台广播频率改版及传统广播向移动音频转型提供技术和平台支持。“云听”除对总台央广、国广的优质音频资源进行收录、分发以外，还打通总台5G智能新媒体中台，对总台央视视频内容进行音频化再生产，深入开发总台播音员、主持人、资深编辑、记者、制作人以及总台独家版权资源。

3．发挥融合报道优势，形成“一键触发”机制，与总台及各家重点新闻网站同步完成重大主题报道的内容投送。为做到快速反应、快速响应、快速报道，央广网与中央广播电视总台中国之声深度融合，与中国之声时政采访部建立24小时联动机制，对习近平总书记在国内外的重要活动、重要讲话第一时间刊发上网，并通过全媒体平台推送。每日将中国之声《新闻和报纸摘要》栏目稿件全文发布上网，并对每一条稿件进行精编单发，并在双首页、客户端等头部位置重点推送习近平总书记相关报道。

2018年总台成立以来，央广网精心组织时政报道，精细策划延展报道，高标准推进融合传播，与央视网、国际在线三网联动深耕总台头条工程，统一上线总台报道专区，“两微一端”同步落实总台“一键触发”报道产品推送，构建出了重大主题宣传的全媒体矩阵，形成了重大主题宣传的立体化传播格局。

二｜央广网新媒体工作案例

《每日一习话·礼赞70年》

时政头条新媒体专栏《每日一习话》特别推出“礼赞70年”特别版。央广网策划制作推出的大型时政头条新媒体专栏《每日一习话》，通过精心梳理习近平总书记引用过的典故和发表过的重要论述，将学习宣传习近平新时代中国特色社会主义思想、培育树立社会主义核心价值观、弘扬中华优秀传统文化融入到对古语、经典、金句的解读中，致力于提供权威、高质量、有底蕴的内容。专栏坚持移动优先、突出价值引领，在央广网、央广新闻客户端、央广网官方微博账号、官方微信公众号、头条号、学习强国号等平台进行矩阵化传播，取得了良好的传播效果。《每日一习话》栏目创办两年以来，已推出730余期图文、音视频产品，在今日头条单平台展现量超过1亿人次，新浪微博话题阅读量超过3600万，并被百度、腾讯等各大门户网站和重点新闻网站转载推送，全平台累计触达用户超5亿人次。

其中，《每日一习话》在2019年国庆70年期间推出的特别版《礼赞70年》和2020年全国两会期间推出的两会特别版，探索出了以习近平总书记重要论述、金句原声，结合专家深度解读的新产品形态。产品推出后即被中宣部“学习强国”平台在首屏焦点图等显著位置专题推荐，被中央网信办指令全网转发，效果出众，为该专栏的创新发展积累了有益经验。

在以上两次创新尝试取得成功的基础上，央广网在《每日一习话》开栏两周年之际对专栏改版升级，以习近平总书记重要论述、金句原声，结合专家深度解读，推出视频版产品。改版后，产品内容更加深厚，形式更加直观，更符合新媒体传播趋势，有助于将总台央广声音优势和央广网新媒体特色结合作用发挥到最大，在推动习近平新时代中国特色社会主义思想传播“润物无声”和“入脑入心”上下功夫、见功力、出实效。

作品二维码：

【每日一习话·礼赞70年】鞋子合不合脚　自己穿了才知道

【每日一习话·礼赞70年】未来之中国必将以更加开放的姿态拥抱世界

【每日一习话·礼赞70年】中国永远不称霸　永远不搞扩张

（央广网）

中国军网

一｜中国军网新媒体工作综述

2019年，中国军网网上宣传亮点纷呈，融合发展持续推进，全面建设取得成效。在中央网信办第四届“五个一百”网络正能量精品评选活动中，中国军网共获10个奖项，不断汇聚起强军兴军的好声音、主旋律、正能量。

（一）大力宣传习近平新时代中国特色社会主义思想和习近平强军思想，在突出主责主业中彰显姓党为军本色

一是主题宣传亮点纷呈。中国军网推出《不忘初心牢记使命》《庆祝中华人民共和国成立70周年》《领航强军新时代》《全面深化改革这五年》《壮丽七十年奋斗新时代》《说说改革获得感》《聚焦党的十九届四中全会》等重大网络专题，及时转发中央网信办推送的优质作品，集中制作推出一批高质量原创产品，全视角、深层次报道和解读习近平新时代中国特色社会主义思想和习近平强军思想，旗帜鲜明、重点突出，形式多样、活泼亲切，取得很好的网上宣传效果。

2019年，中国军网继续建强做大“学习强军”专栏，以生动鲜活的表达方式、喜闻乐见的表现形式和互动融合的传播样式全面展现人民军队强军兴军新风貌。一年来，专栏新刊发各类产品2600余件。2018年12月26日，中国军网顺利入驻“学习强国”号，精选该平台上发布的涉及习主席的网宣产品，在中国军网首页首屏等重要位置重点转发，推动部队官兵和广大网友学习贯彻习近平新时代中国特色社会主义思想和习近平强军思想的热潮，着力打造具有军媒特色的学习家园和精神高地。

二是重大任务出新出彩。为隆重热烈、浓墨重彩做好国庆阅兵宣传报道工作，中国军网开设《庆祝中华人民共和国成立70周年·阅兵》大型网络专题，发布原创网宣精品300余件，包括

专题、微博话题、图文、视频、图解、漫画、电台、H5、VR／AR、Vlog等多种形式。其中点击量过亿短视频2个，点击量“千万+”短视频29个，10个产品被中央网信办全网推送，视频总播放量超过15亿，产生了良好的宣传效果。推出《我是排头兵》《将军领队话阅兵》、H5《解放军报国庆70周年阅兵专号》、空中梯队“开讲啦”和“阅兵面孔”等产品。其中《我是排头兵》系列播出之后，多次被腾讯、今日头条等网络媒体置顶推送，《十年，“辣妈”重返民兵方队｜我是排头兵①》点击量破7000万，部分画面被人民日报、央视新闻截取转发。

为做好中华人民共和国成立70周年报道，大力弘扬伟大的长征精神，2019年9月，中国军网重磅推出《百岁红军的嘱托》大型融媒体系列报道，以全新的视角探寻聚焦老红军的精神世界。截至2019年12月，中国军网先后派出6批24人次，辗转江西、河北、山西、陕西、江苏、浙江、安徽、福建、贵州、云南、四川、重庆、天津等13个省市，采访了28位平均年龄在百岁左右的老红军。报道突出“嘱托”这个核心，意在广泛播撒红色种子，引导广大网友“不忘初心、牢记使命”。此项报道活动开展以来，取得了良好的宣传效果，相关作品被各大媒体转载，多件产品被中央网信办全网推送，全网累计点击量5600多万。推出“边关军人眼中的界碑”主题宣传报道活动。2019年8月，走访中哈一号界碑，推出图文稿、视频、Vlog等多形态产品，产品《探访中哈1号界碑：马背上的艰难一日》点击量突破1000万次，《西北之北｜探访中哈1号界碑》荣获第二届首都女记者短视频大赛最佳选题奖。同时，组织记者参加“壮丽70年·奋斗新时代”“再走长征路”等大型主题采访活动，发布《特稿｜天涯哨兵，你们的坚守，祖国不会忘记》《超美大片！中建岛的色彩之美，你难以想象》《他送八个儿子上战场，一个都没回来……》等多篇优质原创网文。在强军网上推出《强军讲堂》95集微课程，充分展示国家和军队建设取得的辉煌成就。

第七届世界军人运动会期间，中国军网推出网络专题《共享友谊同筑和平——第七届世界军人运动会》和微博话题#全景武汉军运会#，立体报道呈现军运会的盛况。开幕式述评稿《军人荣耀，今夜绽放》被中央网信办全网推送；闭幕式侧记《这是拼搏的舞台，更是和平的庆典》广受好评；外文稿《轮椅射手庞佐上校：因运动而重生的意大利伤残军人》登上微博热搜；短视频《卢嫔嫔，风一样的女子！摄像机都追不上！》点击量达2000多万；并创造了3个全网唯一：H5作品《军运回眸，中国队133个夺冠瞬间》为全网唯一囊括中国队所有冠军的作品，《VR看军运》系列为全网唯一的VR专栏，《军眼看军运》系列报道为全网唯一主打短视频产品的专栏。

在古田会议召开90周年、古田全军政治工作会议召开5周年报道中，中国军网制作推出《回望古田，这五年重整行装再出发》大型专题，推出视频《人民军队的两次出发》，制作古田会议召开90周年主题H5、图解、视频等相关产品，并约请相关专家就古田会议的时代光芒等主题撰写网评文章，传播效果显著，生动展现我军新时代政治建军取得的成效。

三是媒体融合深入推进。中国军网恪守习主席视察解放军报社时提出的坚持军报姓党、坚持强军为本、坚持创新为要的重要指示，强化技术赋能，激活“互联网基因”，以“平台+技术+内容”的多点驱动提升融合传播力。在全国两会期间，中国军网在推出《瞄准新图景奋进新征程》大型网络专题和#精神抖擞看两会#、#军微观两会#两个微博话题，重点打造“牢记习主席嘱托”“两会强军策”“两会新角度”“军中大咖组‘团’评两会”等特色栏目基础上，重磅推出创意访谈节目“一秒见代表”系列短视频，提问切口小、落点实，于“快问快答”中，倾听代表心声，回应公众关切。在中国军网首发后，系列短视频还通过AR技术登上《解放军报》版面，纸报图文稿与中国军网新媒体报道实现跨媒介互动，“扫一扫”短视频跃然纸上，分秒之间纸报读者变身新媒体网友，成功实现主流思想舆论传播从“读报”向“读屏”的转场。

（二）实时关注回应网络热点，在不断创新传播方式中提升网宣作品吸引力和网站影响力

2019年，中国军网结合重要纪念日和节庆日、涉军重要热点话题、重大典型宣传等深入挖掘新闻“硬核”，制作推出一批有观点、有深度、有影响力的作品。

一是爆款产品不断刷屏。结合重要纪念日和节庆日，实时关注涉军网络热点，不断创新传播方式。2019年是人民海军与人民空军成立70周年。中国军网推出的宣传片《舰证》，纵向呈现人民海军70年筚路蓝缕、向海图强的历程，中央电视台中文国际频道《今日关注》重点推荐并播放，“舰证”成为网络热词。推出的《人民海军70年｜这八套海军服你真不一定都见过！》《@人民空军，这有一份生日礼物，请查收！》《人民空军成立70周年｜最酷不过飞行服！》等产品深受网友喜爱。2019年建军节，中国军网推出微视频《感谢人民》，被中央网信办全网推送，“爱我人民爱我军”的声音在网络空间回响。在#我和军队的不解之缘#微博话题下推出“我和‘八一’合个影”活动，阅读量超700万，#我和军队的不解之缘#话题更是登上微博热搜榜榜首。

二是典型宣传更接地气。在时代楷模张富清典型报道中，中国军网连续三天推出微信专栏，内容包括长篇人物通信、视频、照片漫画等多种形式，多角度报道张富清英勇的作战经历、无私的公仆岁月、朴素的晚年生活，讲述了这位深藏功名的老英雄令人肃然起敬的人生经历。6篇原创网文均被收录至人民出版社出版的《坚守初心好榜样：张富清》一书中。

在扫雷英雄杜富国宣传报道中，中国军网以专栏形式推出三组有深度、有温度的报道。长篇人物通信《一瞬间，一辈子——记扫雷英雄杜富国》，引起众多网友点赞、留言：“为之动容！为之震撼！中国军人的忠诚与血性！”同时，推出一系列短视频报道，让杜富国的战友讲述他们的扫雷经历，中国军网记者还穿上防爆服，走上扫雷场，亲身体验扫雷，通过多种形式带网友体验排雷兵的日常，唤起大家内心对英雄更深的敬意。

二 | 中国军网新媒体工作案例

视频专题《盛大阅兵式　我是排头兵》

2019年10月1日，国庆70周年阅兵举世瞩目。中国军网以受阅方队基准兵为切入点，采制48期短视频《我是排头兵》。小切口映照大主题，通过个人阅兵故事，展现新时代中国军队的强军风采。中国军网记者最早进驻阅兵村，最晚撤出，经过长达50天的驻村采访，在烈日下和风雨中抢拍了一批珍贵画面，挖掘了一个个鲜为人知的受阅故事。

采访中，排头兵出镜讲述阅兵故事，记者更像是视窗外的聆听者；拍摄上，创造性使用抽帧、升格、剪影等技法，勾勒受阅将士的高大和坚毅；制作时，不过度渲染，无刻意拔高，“不留痕”制作，呈现真实、热血的阅兵训练场景，挖掘阅兵故事蕴含的家国情怀。

“庆祝中华人民共和国成立70周年阅兵式上，受阅官兵谁将第一个走过天安门？各方队的排头兵是谁？所有受阅队员步幅都保持75厘米是如何做到的？……”这是2019年9月27日的《解放军报》给“我是排头兵”打的官宣广告。在《解放军报》阅兵专号上，使用手机扫描二维码，就能观看《我是排头兵》的视频。

武警部队方队在阅兵联合指挥部组织的预演中多次被评为优胜方队，基准兵齐晓光又是曾经备受瞩目的“国旗卫士”，其“蒙眼踢正步”的训练方法堪称一绝。中国军网精心制作、反复打磨的《武警部队方队来了！“国旗卫士”蒙眼踢正步》一经发布，迅速成为全网解读加工的信息源，被人民日报、新华社、央视新闻等上百家媒体转载使用，数百家网络新媒体截取改编视频内容，腾讯、今日头条等网络媒体首屏置顶推送，作品在抖音单平台播放量达3000万，成为《我是排头兵》系列短视频代表作品。

微访谈《我是排头兵》采访对象涉及面广，话题生动，直抵人心，值得回味。首期视频《十年，“辣妈”重返民兵方队》播放量超过7000万。《我是排头兵》系列短视频总播放量超过15亿，创造了中国军网创办20年来单次任务传播量的最高纪录。

作品二维码：

《盛大阅兵式　我是排头兵》

（中国军网）

中国新闻网

一 | 中国新闻网新媒体工作综述

2019年，中国新闻网深入推进媒体融合，新闻产品形态更加丰富，短视频新闻《西城洋大爷》获得第二十九届中国新闻奖国际传播项目二等奖；“两会声音”系列策划获得第二十九届中国人大新闻奖网络作品三等奖；网络专题“边疆党旗红”“纪念西藏民主改革60周年”获得国家民委2019年度民族题材优秀专题专栏奖；网站的传播力、引导力、影响力、公信力均有提升。

（一）高质量完成重大主题报道　稳妥引导舆论热点

围绕习近平总书记重要活动、重要讲话，以“近观中国”网络新媒体专栏为重点，中国新闻网统筹各方资源，精心策划，组织推出了一批话语方式更加多元、选题选材更加新颖的融媒体产品，通过图文、视频、音频、直播、图解、动漫等全媒体形态开展报道。中国新闻网全年刊发关于习近平总书记主题报道6800余篇，两微平台推送稿件200余条，制作《习近平两会金句》《关于亚洲文明习近平这样说》等创意产品20余件。

以庆祝中华人民共和国成立70周年为主线，中国新闻网精心组织重大主题报道，推出大型融媒体专题“壮丽70年·奋斗新时代——中华人民共和国成立70周年”，策划“生于1949”“70秒看新中国”“新中国高光时刻”“70年人物志”“侨与70年”等特色栏目。策划产品突出内容差异化、形式多样化，通过鲜活的人物故事，从不同侧面回顾70年国家发展宏伟进程，凸显个人命运与国家发展的同频共振，印证国家伟大的进步。记者深入挖掘典型人物、故事，精心制作融媒体产品，全年推出主题报道4000余篇，专题总阅读量突破5亿，中国新闻网官方微博开设#新中国七十年#、#新中国高光时刻#、#遇见美好时光#、#我和祖国表白#等话题标签，总阅读量逾15.5亿。2019年，中国新闻网还重点完成了全国两会、“一带一路”高峰论坛、亚洲文明对话大会、博鳌亚洲论坛年会、进博会、世园会、军运会、澳门回归20周年等一系列重大主题报道，充分展示中国民众的幸福生活，塑造更丰富和立体的国家形象，全年制作网络专题近百个，通过各新媒体平台，形成重大主题宣传的多端传播、立体覆盖。

中国新闻网紧密围绕重要议题，直面网民热点关切，及时发布权威声音，稳妥引导舆论热点，新闻内容的权威性、公信力受到广泛认可。

针对香港修例风波，中国新闻网持续对外传递权威消息、揭露激进暴行、加强发声力度。各平台全年刊发相关报道4000余篇次，生产短视频、海报、漫画等新媒体产品300余件。视频稿件《香港“一人茶餐厅”女老板：撑警我200%不后悔》引起极大社会反响，微博阅读量超5亿次。独家直播香港警队代表登长城，制作《烧！烧！烧！你们烧的是香港的未来》等创意产品，因适于社交平台传播分享，效果突出。

围绕中美经贸摩擦问题，中国新闻网坚持以我为主，推出有理、有力、有节的系列解读分析，并有针对性地推出“聚焦中国经济”专题，全方位展示2019年中国经济工作成果，展现“六稳”成效与经济发展逻辑，及时传递、解读中央各类政策，深入报道各地经济社会发展的好案例、好故事，并对各类唱空中国经济的论调予以驳击，深入浅出、通俗易懂地将宏观经济发展逻辑讲清楚、说明白，有助提振信心，稳定预期，形成强大的正面舆论声势场。

针对社会热点话题，中国新闻网把握导向、深度调查、及时回应、正面引导。如呼和浩特城管正月初七撕春联引争议，网站推出《呼和浩特城管与一副春联“博弈”的背后》等系列稿件，在新媒体端阅读量超千万次；针对艺人涉学术不端事件，网站推出特别策划《一群真实的博士和博士后想对你说……》，有效地引导了网络舆论。在第六个南京大屠杀死难者国家公祭日重要时间节点，推出8篇原创访谈录、2场直播，相关文图音视频稿件在境内外社交平台取得较高关注，再次向国际社会展示南京大屠杀的真相。针对不良社会现象、社会问题勇于揭露曝光，采制《郑州“黑救护车”被曝光后私下接活运费翻一番》《河北邯郸一企业“假破产”或致12亿国有资产流失》等稿件，直击事件症结，推动社会步入良性轨道。

2019年，中国新闻网认真组织好以“网聚正能量　追梦新时代”为主题的第四届“百幅”网络正能量图片评选活动，大力弘扬社会主义核心价值观，活动受到广大网民关注与支持，专题总阅读数突破千万，在网络空间形成传播点赞正能量的热潮。

（二）深入推动媒体融合　全媒体传播格局逐渐形成

2019年，中国新闻网深入推动媒体融合发展，以融媒体新技术、新应用为先导，加强技术设施建设，优化原创内容生产呈现流程，深化移动端内容供给，继续加强“两微一端”平台建设，持续技术优化升级，改善用户体验，载体多样的全媒体传播矩阵不断壮大。

2019年，中国新闻社融媒体值班平台投入使用，集指挥调度、生产发布、演播展示等多功能于一体，中国新闻网实现了与母媒体中新社业务平台协同办公。线上新媒体编辑云平台正在持续完善中，该系统整合重构了现有的新媒体内容生产系统、涵盖网稿采编、视频采编、移动直播等业务流程，新增线索报题、大屏展示、两微平台对接等业务流程，为融媒体稿件生产效率的提升、采编业务的融合奠定了坚实基础。

2019年，中国新闻网坚持一体化策划、多平台协作，融媒体协同报道已成常态。网站与母媒体各采编部门加强统筹协调，注重团队配合，不同采访端口及时共享报道资源，合理调配采集力量，融媒体报道的产量、质量全面加强。2019年国庆节，中国新闻网推出“全球华文新媒体国庆24小时联播”，该融合报道项目充分发挥移动视频直播的优势，结合图文、视频、创意产品等多种产品形态，既突出融合特点，又达到创新要求。该项目被中国记协评为“庆祝中华人民共和国成立70周年融合报道十大创新案例”。

中国新闻网全媒体形态产品的产量、质量全面提升。遵循移动互联网发展规律，针对网民的阅读及分享需求，全年制作图解、海报、H5、动漫、短视频、移动直播等特色产品400余件。日常话题类漫画产品栏目《画剧社》更新30余篇，多个原创话题进入微博热搜榜，话题阅读数上亿；手绘动漫栏目《绘见》不断推出重磅作品，《绘见70年·新中国变化》《绘见70年·新中国记忆》在全平台播放量近500万，深受年轻网民喜爱。全年推出“传承”系列文化主题移动直播《传承｜湘绣：一面前世一面今生》《传承｜72道工序做剪刀，它为什么这么耐用？》等共16场，展示丰富的非物质文化遗产，传达中国传统文化基因、精神特质。围绕“大美中国”主题，中国新闻网策划推出“江山如此多娇”系列直播，选取16个中国知名自然景点，通过“航拍画面+主播视角”的方式浸入式展现中国美丽风光，《观万里长江水云阔》《峨眉山顶观云海》《三千奇峰张家界》等直播平均观看量200万。中国新闻网加强策划制作服务信息类创意产品，着力提升为公众提供信息服务的能力。全年制作解读党和国家方针政策创意产品40余件，如《划重点！一文看懂粤港澳大湾区规划纲要》《一图看懂如何深化改革全面提高义务教育质量？》《公积金调整期到来！7月你的工资条会发生变化吗？》等解读类图解，形式简洁，方便网友了解。移动直播《帮你省钱！手把手教你填个税专项附加扣除信息表》聚焦个人所得税专项附加扣除政策，请专业税务人员解答相关疑问，微博观看量236万，互动效果突出。

中国新闻网顺应视频化的发展趋势，着力故事化、可视化表达。全年制作各类视频产品15000余条，视频专栏《中国新视野》运用丰富的视听元素，聚焦中国在新时代发生的深刻变化，推出《中国乡村里的文明风》《绿水青山的变奏》等专题片，展现独具中国特色的社会风貌，该专栏荣获“年度优秀网络视听专题节目”。视频专栏“微视界”推出“看见中国”“创想人生”“行里乾坤”等系列微专题片，通过聚焦一个个普通个体，展现中国的发展变革。在由中国外文局、中国传媒大学等机构主办“第三只眼看中国国际短视频大赛”中，表现法国女画家在北京发掘艺术灵感的微纪录片《拾忆北京》荣获优秀作品奖。

中国新闻网积极投身融合发展实践，已建成涵盖网站、客户端、境内外社交媒体账号的全媒体传播矩阵。中国新闻网移动客户端在2019年完成展示、互动、订阅、搜索等上百项功能优化和改造，新增装机用户较2018年增长135%；中国新闻网官方微博平台粉丝数较2018年增长39.5%，全年主持标签话题阅读量过亿的超过100个；官方微信粉丝较2018年增长48.6%；抖音、快手、今日头条等平台入驻账号粉丝较2018年增长300%；海外社交平台粉丝增长94%。新媒体传播矩阵用户数超过1.5亿。

（三）加强与海外华文媒体合作　丰富对外传播渠道

中国新闻网坚持国家站位，致力于讲好中国故事，加强国际传播能力建设，聚焦以海外华侨华人、港澳台同胞为主的“海外中国”群体，密切与海外侨团和华文媒体合作，形成差异化新媒体国际传播路线。

2019年，中国新闻网与海外华文媒体持续展开新形式深度合作，在网站、客户端建设方面给予华媒技术支持，助推海外华文媒体实现移动化转型。网站持续加强为海外华文媒体提供新闻信息服务，积极创新合作融合报道方式。国庆70周年的报道中，中国新闻网联合40多个国家和地区的108家海外华文媒体，联合开展“全球华文新媒体国庆24小时联播”，通过内容互荐、栏目嵌套、社交平台互动等合作方式，形成对外合作传播矩阵，覆盖广大海外华侨华人受众，是国际传播的一次成功案例。

在海外社交平台上，中国新闻网策划推出特色栏目。#ChinaBites（#中国味道）栏目，通过原创视频形式向海外受众介绍中国特色小吃，#AmazingChina（#魅力中国）专栏从中国文化、中国旅游、中国成就等方面展现新中国70年来的发展和变化，#高手在民间（#AmazingFeat）、#身边英雄（#URHero）等栏目各具特色，增加了海外受众的参与感。

中国新闻网加强内容策划，积极推动中国文化走出去。视频专栏《中国风》，聚焦中国非物质文化遗产传承人和文化名家，传递中华文化独有的人文精神与东方智慧，产品配以中英文字幕，便于在境内外推广传播。全年推出《木雕大师黄小明：精工复制乾隆宝座》《袁熙坤：画百余国际名人获誉“大使”》《“面人郎”传人郎志丽：手艺需无保留传承》等20余期节目。在海外社交媒体平台，开设#文化中国（#ChinaCulture）、#魅力中国（#AmazingChina）等文化主题标签，推送文化类相关内容近3000篇，浏览量超过1000万。

二 | 中国新闻网新媒体工作案例

全球华文新媒体国庆24小时联播

庆祝中华人民共和国成立70周年是2019年主题宣传报道工作的重中之重，为做好报道，中国新闻网发挥中新社通信社特点和与海外华媒长期合作的独特优势，精心策划，在庆祝中华人民共和国成立70周年大会当日（10月1日），策划推出大型融媒体直播报道“全球华文新媒体24小时联播”。与40余个国家和地区的108家海外华文新媒体，通过内容互荐、社交栏目嵌套互动等多种方式合作，向全球受众全景式展现中国各地各民族群众欢度国庆的盛况。

“全球华文新媒体24小时联播”分为壮美山河、我爱你中国、晨光序曲、欢庆盛典、祝福中国、烟花璀璨六个篇章，将传统的广电节目策划与网络新媒体的直播、图文、视频、创意产品相结合。直播镜头从西藏布达拉宫到新疆大巴扎，从内蒙古到云南民族村，从韩国仁川中华街到纽约帝国大厦，生动展现了中国各族民众以及全球华侨华人共庆新中国华诞的热烈氛围。直播展示了韩国仁川中华街华侨华人及当地留学生的汉服秀，美国纽约唐人街欢庆中国国庆和帝国大厦为中国国庆亮灯等画面。还通过现场连线与航拍画面，展现了母亲河——黄河与长江奔流而去，追溯中华文明的源远流长，回顾新中国的奋斗历程。此外，还拍摄了国庆当天香港同胞在太平山顶欢度国庆的场景，播放香港各界代表祝福视频，表达了香港市民希望早日止暴制乱、恢复秩序的心声。

“全球华文新媒体国庆24小时联播”在中国新闻网PC端、移动客户端、官方微博、第三方商业平台、海外社交平台等多个端口同步推出。总观看量逾1200万次，官方微博标签阅读数突破4440万次，在推特、脸书等海外社交媒体平台浏览人数近30万次，互动数达12万。

（中国新闻网）

中青在线

一 | 中青在线新媒体工作综述

2019年，中青在线深入贯彻落实党的十九大和十九届二中、三中、四中全会精神，全国宣传思想工作会议精神和全国网信工作会议精神，自觉承担起举旗帜、聚民心、育新人、兴文化、展形象的使命任务，牢牢坚持意识形态责任制，在青年思想政治引领的道路上持续探索，初步走出了一条以文化IP为引领的融媒精品之路。

（一）坚持正确政治方向，重内涵、重策划、重创新，做好重大主题宣传报道

2019年是中华人民共和国成立70周年，也是“五四”运动一百周年，中青在线2019年伊始，就将这两件大事的创新表达列为本年度重点工作，创新传播手段、传播方式、互动形态，推出了系列爆款作品。

一是中华人民共和国成立70周年报道，推出微电影《头条里的青春中国》。影片依托《中国青年报》和《中国青年》杂志历年来的若干头条，选取了邓稼先、袁隆平、张海迪、张瑞敏、王中美、杨祥国等8位人物为祖国奋斗的感人故事，设置一名记者作为主线人物，串起社会主义建设时期、改革开放时期和新时代，与头条人物产生互动。通过主要人物的传奇故事，全方位体现国家从站起来、富起来到强起来的伟大变迁，展现出新中国成立70年以来中国人民不懈奋斗的光辉历程。作品总阅读量达到8.4亿次。

片中拍摄场景的时间跨度长达70年，含近20个年代场景，为实现与历史情况吻合，仅摄影棚内置景就多达十余个，包括氢弹科研室及发射指挥室、70年代的医院病房及手术室等。此外，本片运用了专业电影级的拍摄与制作模式，使用了电影拍摄器材与影棚，包括2台ARRI电影级机器、3种院线级电影镜头、8米摇臂电控遥控头、斯坦尼康、电动稳定器等设备，以及

QTAKE现场数字图像处理等。人员方面，特别聘请了颇具电影拍摄制作经验的摄影师、美术、灯光师等，保证电影级品质。

二是为纪念“五四”运动100周年，推出微电影《青春与祖国同在》。微电影特邀团旗设计者、《五四运动》油画作者、百岁老人周令钊出演，青年演员李易峰担纲，采用“穿越”的方式，梳理百年历史，通过一幕幕经典历史场景，展现出一代代青年发扬“爱国、进步、民主、科学”“五四”精神的奋斗历程。作品得到超1000家平台的关注和报道，阅读量超4个亿。

本片运用专业电影级的拍摄与制作模式，如通过QTAKE现场数字图像处理合成场景。在服装、道具以及演员造型等方面，注重细节，最大限度还原历史场景，使人物完美置身于历史现场之中。本片配乐大气磅礴，紧扣影片节奏，由大型乐团现场录制完成，亦为本片增色不少。

三是在“五四”运动一百周年前夕，推出“新青年耀青春”纪念“五四”运动100周年文艺晚会。这台晚会由中国青年报社与湖南卫视联合主办，中青在线是主力承办。晚会运用时空展示、青年演讲、跨界表演等新颖方式弘扬青春正能量。晚会中的跨时空情景演绎呈现了百年中新青年热血奋斗与爱国励志的故事，“青年说”特色环节则是各行各业的优秀青年代表们讲述热血青春和奋斗之路。据央视索福瑞统计，这台晚会在全国网收视双域省级第一，全国网份额2.3%，全国城域份额2.88%，份额高出第二名一倍以上。微博热度方面，累计阅读突破21亿，讨论量突破1155万。

四是2019年全国两会期间推出谈话节目《两会青年说》。由中青在线牵头，与中国青年报、中国青年网联合打造了11期“两会青年说”视频节目，微博阅读量达6.1亿。节目邀请代表委员、名人明星和基层青年汇聚一堂，围绕国家发展和青年关切，共话两会热点。《有没有那么一刻“我和我的祖国”拨动你心弦》这期节目，单期点击量过亿，让青年关注两会成为一种“时尚”。在此基础上，中青在线牵头打造了融媒视频谈话节目《中国青年说》。在经济高质量发展、“五四”百年、香港局势问题等方面发出了青年之声，亮出了青年态度。通过一年多的时间，已摸索出圆桌漫谈、TED演讲、实地探访等多种形式。

（二）常态化做好青年思想政治引领工作，敏感问题不失声，敢亮剑

作为中央主要新闻网站和团属媒体，中青在线将青年思想政治引领落实到日常工作中，努力深入解读习近平新时代中国特色社会主义思想。在中美经贸摩擦、香港修例风波等敏感问题上，敢于亮剑发声。

一是引导青年加深了解习近平新时代中国特色社会主义思想。2019年，中青在线与团中央宣传部联合打造“青年大学习”网上主题团课，基本保持每周推出一期，每期聚焦一个主题，紧扣总书记讲话精神，致力于打造新鲜的权威解读内容。产品采用视频嵌套H5形式，主持人一边讲解，一边提出问题，用户做出不同的回答后，主持人也会给出不同的回应，增强了互动

性，适于移动端传播，让团员青年可随时随地展开学习。2019年，“青年大学习”网上主题团课推出55期，总点击量超过17.1亿，参与人次累计达7亿，单期作品点击量最高超过8000万。不少青年完成学习后在微信朋友圈晒成绩；团课、主持人及题目等话题多次登上微博热搜；在B站、腾讯视频等主流网站的弹幕中，“青年大学习”也常常出现，网友们互相提醒完成学习；在抖音、快手等平台，一些青年自发cosplay节目主持人讲团课。

二是引导青年理性辨析中美经贸摩擦。在中美经贸摩擦中，网上出现了“崇美”“恐美”“媚美”错误言论。中青在线接受中宣部的委托，策划了《强国学堂》视频，以专家慕课形式，邀请张维为、沈逸、金灿荣、王鸿刚、金一南等专家和高校青年学生面对面交流，专家围绕年轻人该如何看待中美经贸摩擦、中国和平崛起的世界意义、百年未有之大变局下的中美关系、中美经贸摩擦中的美国焦虑、新时代中美战略博弈等方向，向高校青年学生讲清楚中美关系的内在逻辑和演变趋势，解开了青年的困惑，润物细无声地起到了青年思想政治引领作用。系列节目的浏览量超过2500万，获得中央网信办全网推荐，登上学习强国APP首屏，被人民日报、新华社、央视新闻等众多新媒体大号广泛转载。有学者评价，“不讲大道理，这是这个访谈聊天的成功之处。”

（三）整合资源，打造文化IP，推出受青年喜爱的优质融媒产品

中青在线深入研究移动端用户习惯，调动多种资源，开拓渠道，面向青年，打造了一批“青春正能量”的文化IP。

一是推出《中国有故事》系列微纪录片。该节目定位为“历史影像+故事讲述+青春穿越”，广泛挖掘历史影像，打造“穿越”类Vlog——穿着20世纪60年代的工装“95后”主持人，出现在成昆铁路建设工地，或是出现在国家领导人接见王进喜的现场，并用智能手机为“铁人”拍照。2019年，节目共上线14集，全网点击量1.4亿次，其中7集获得中央网信办全网推荐。网友评价该节目真正做到了“历史故事，青春讲述”。

二是打造青年阅读分享类音视频节目《榜样阅读》。节目倡导“青年爱阅读阅读有价值”。节目每期设置一个与青少年成长相关的主题，邀请正能量偶像，品读经典文学作品。该节目在微博话题阅读量接近39亿次，音频节目总播放量超过200亿分钟。节目被中宣部纳入青少年价值观引领工作计划，并获得微博“2018十大公益传播项目”奖、中国金指尖“2019最佳社会公益案例”奖。

三是报道新时代追梦人的视频节目《中国好青年》。节目秉承“以青春之我，成就青春中国”的理念，传递青春正能量。主创团队坚信真实的动人力量，跋山涉水，记录即使身处困境仍坚持梦想的年轻人。节目上线以来得到了业内及社会的一致好评，先后获得中国新闻奖、海峡两岸青年短视频大赛优质奖、“五个一百”网络正能量精品、优秀网络视听推选活动“年度

优秀短视频”等荣誉。

四是推出《守忆》微纪录片。《守忆》微纪录片为2019年全新上线的品牌栏目，节目将视角投射在中国非物质文化遗产传承人身上，他们或因为自身热爱或因为家族传承，毅然挑起非遗传承的大旗，将中华民族灿烂的文化与自身的理想相结合，奋斗在与遗忘“对抗”的路上。节目让观众们既可以感受到时代交替之下，新青年的崛起，又可以探究新青年对于传统文化的观念，与当今社会的“匠心精神”不谋而合。

五是推出青春公益扶贫纪实节目《乡间的行者》。青年观察员走进贵州雷山、西藏林芝等8个国家级贫困县（地区），深入基层感受当地脱贫攻坚取得的成就。视频呈现之外，节目运用“扶贫+电商”模式，青年观察员推荐当地特色产品在电商平台售卖，所获得的利润全部返还地方用于支持扶贫事业。

（四）夯实平台建设，加强对垂直人群服务

一是加强中国青年报客户端建设。2019年，通过在苹果、华为、小米、OPPO、百度等十几个主流应用市场的推广、优化，中国青年报APP累计下载量已从94万增长到412.9万。

二是丰富社交媒体矩阵建设。2019年，在“青年观察家”微信公众号的基础上，中青在线注册“中国青年说”微信公众号，并承接了中央网信办社会局“网界青年”微信、微博运营工作。目前，“青年观察家”粉丝已突破350万，“中国青年说”粉丝已突破150万。

三是升级打造青创头条客户端。2019年，青创头条APP顺利完成了产品二期设计及开发工作。推出创业公司影响力排行榜，利用大数据采集+智能分析，技术评估、量化创业公司在互联网中传播力、影响力，为用户提供更高效、更准确的服务。目前，青创头条APP累计用户超过10万，积累了宝贵的垂直领域数据。

（五）创新传播形式，对外讲好中国故事

一是全新打造推出《中国吸引力》系列节目。节目以网络轻综艺的形式，通过外国青年人实地探访中国名人名胜、考察中国社会治理等方式，将中国特色社会治理方案与中国文化魅力相结合，讲好中国故事，体现“四个自信”。节目最高单期视频播放量超3000万，新浪微博话题总阅读量达1411.5万次。全网推荐率超9成，多期节目获学习强国首屏推荐，受到广大青年网友好评。

二是承制亚洲文明对话大会主题微视频《亚洲正青春》。视频以“命运共同体”为主题，将亚洲各国青年蓬勃朝气与亚洲文明古老辉煌完美融合，展现出亚洲瑰丽多姿的文明画卷，传达出亚洲各国青年共同奋斗、开创亚洲新未来的理念。本片在亚洲文明对话大会“亚洲文明传承与发扬的青年责任”平行分论坛现场播放，赢得与会中外青年好评，并在境外平台上传播，

阅读量超过6千万次。

（六）努力提升整体运营能力。2019年中青在线的整体运营情况可概括为“稳中求进、谋中求变”，呈现出诸多亮点

一是在整合营销拓展方面。先后举办“五四”“正青春”服装大赛、“遇见国风”话题传播、希望工程三十年媒体推广等活动，各类项目既有传统存量活动营销，又有新媒体融合营销尝试。

二是在流量变现效果方面。继续与各主流平台保持常态化紧密合作，确保重要新闻报道推广成效，通过优化在苹果、华为、小米等主流应用市场的推广，累计拉动中国青年报APP下载量增长到412.9万，日活用户增长105.6%，主导开发中青视觉库、中青电商频道等，全年实现为中国青年报客户端导流2.3亿次。

按照团中央和中国青年报社改革要求，中青在线始终坚持以“服务青年成长、推动社会进步”为己任，聚焦主责主业，创制正能量优质新媒体产品，将沿着以文化IP为引领的融媒精品之路继续前行。

二 | 中青在线新媒体工作案例

用7个故事，点亮70年发展历程

——微电影《头条里的青春中国》诞生记

为庆祝中华人民共和国成立70周年，由共青团中央出品，中青在线承制的文化产品《头条里的青春中国》微电影，主人公均来自《中国青年报》和《中国青年》杂志历年来的头条报道。编辑部精心筛选，最终敲定以梁军、邓稼先、袁隆平、张海迪、张瑞敏、王中美、杨祥国等“头条人物”为线索，展现新中国成立70年来中国人民不懈奋斗的光辉历程。

片中涉及场景的时间跨度长达70年，涵盖新中国成立以来9个领域的重要人物、近20个年代场景。影片采用经典瞬间的叙事手法，还原了一幕幕历史瞬间，给观众以代入感。

在微电影筹备制作过程中，总导演全程跟进把控，精益求精，对片子的细节精雕细琢，从前期选题到拍摄、后期制作，把控关键环节，一个也不放过。“产品最核心的创作思路是‘老人新故事’。”导演史剑说，在中华人民共和国成立70周年之际，用作品回顾历史、展现70年来不同时期青年的奋斗精神，既是对国庆的献礼，也希望通过这些故事激励更多新时代青年不忘初心、砥砺奋斗。微电影制作过程中，很多人都身兼数职。“花费了比较多的时间看报纸、搜集资料，从中选择人物。”执行导演司格说，为了确保人物故事细节的丰富和真实，“脚本打磨了三四个月，前后修改了30多次。”

即便拍摄时间紧张，拍摄中团队依然严格要求，丝毫不允许马虎。有个场景，要拍摄袁隆平在稻田里拉小提琴的画面。道具和美术的相关负责人拿到脚本，都以为可以后期合成。和导演沟通才发现，剧中涉及的很多场景，都要实拍。董子健扮演的袁隆平的戏从下午持续到晚上，当天一早，摄制团队就从河北涿州拉来水稻，再在拍摄地开辟出一块地方，种出一片水稻。实际上，不止现场种水稻，搭建临时工作室、临时建房子模拟地震场景……这样的操作在《头条里的青春中国》微电影中还有很多。史剑介绍，为实现与历史情况吻合，摄影棚内置景达十余个。拍摄之前，摄制组寻找并制作了大量年代服装和道具。

“抢时间，真的是争分夺秒。”时间紧，要求高。因为各种因素的限制，所有的拍摄都必须在同一处摄影棚内完成，这给拍摄工作提出了很高的要求。从场景设计到搭建再到场景道具陈设，这样巨大的工作量是一般实景拍摄所无法相比的。但让主创团队欣慰的是，最终作品到达了预期效果。

据统计，微电影《头条里的青春中国》上线后，截至2019年9月30日21时，总点击量约7.5亿次，有近1200家平台及媒体号进行了关注和报道。

（中青在线）

人民日报媒体技术股份有限公司

一 | 人民日报媒体技术股份有限公司新媒体工作综述

2019年，人民日报媒体技术公司为从省市到区县的各级媒体单位提供了有针对性的业务咨询与流程规划服务，输出成熟的模式与技术，为构建立体多样、融合发展的现代传播体系贡献着力量。

（一）全国党媒信息公共平台促进媒体行业深度融合

1. 全国党媒平台运营情况

全国党媒信息公共平台（以下简称“全国党媒平台”）是在人民日报“中央厨房”建设取得阶段性成果和经验的基础上，规划建设的新一代平台体系。

2019年，全国党媒平台全面发力，积极探索业务创新模式，致力于为入驻党媒赋能。截至2019年底，平台吸引了来自全国31个省（自治区、直辖市）的近350家机构单位入驻，联通了上百家党网、党端；内容池聚合推送稿件4000万余篇次，总覆盖用户数过亿；在今日头条、一点资讯、趣头条、搜狐新闻、UC浏览器等9个商业平台上线“党媒推荐”频道和媒体号。截至2019年底，“党媒推荐”频道日均访问量近300万，拓宽党媒信息传播渠道，增强党媒舆论影响力。

（1）内容共享：联通党端，增强地方党媒内容供给

媒体融合，内容建设仍是关键。全国党媒平台通过联合中央媒体和地方党媒分享内容，共同打造拥有海量信息的“内容池”，联通地方党媒优质内容，推动媒体行业互惠共赢。

一方面，“内容池”依托“中央厨房”“运营分析与推荐系统”的强大数据处理能力与智能分发技术，向各入驻合作单位的APP、网站等端口进行智能分发和个性化推荐，提供优质内容源。另一方面，全国党媒平台积极与今日头条、一点资讯等影响力较大的互联网平台建立合作，推送地方党媒优质内容，扩大影响力。

截至2019年底，全国党媒平台内容池已与入驻单位后台融媒内容池打通，为联通党网、党端、互联网平台输送党媒生产原创优质内容。全国党媒平台还通过渠道大数据反馈，编发“区域新闻热榜”，入驻的党媒单位可随时知晓自己新闻产品的受欢迎程度。

（2）技术驱动：赋能党端，“零基础”变身“十八般武艺”

全国党媒平台技术平台的建设，旨在贯彻落实党中央要求，运用信息革命成果，打造成为聚合全行业资源并面向全行业提供服务的公共平台。

全国党媒平台的内容编发入口——全国党媒“融合号”通过面向各类媒体、党政机关、企事业单位及融媒体工作室开放入驻，进行内容聚合与智能分发。“融合号”平台具备新闻客户端快速生成能力，使合作伙伴能够以较低成本快速建成新闻客户端，接入全国党媒平台，获得持续、稳定的优质内容支持，在最大限度上降低整体运营成本。

技术平台还可为合作伙伴提供H5制作工具、VR／AR、无人机、人工智能等全方位技术支撑，并且具备快速同步升级能力，大幅降低驾驭新技术的门槛，让“零基础”也能变身成为“十八般武艺”。

（3）人才培训：孵化团队，壮大地方融媒力量

推动媒体深度融合发展的核心要素是人才。全国党媒平台设有子项目“中央厨房”融媒体学院，以打造融合领域顶级的教育服务专业机构为目标，通过开展多种形式的培训活动，加强融媒人才队伍建设。截至2019年底，在北京、重庆、苏州、青岛等地建立教育示范基地并举办了媒体融合、新媒体运营、县级融媒体中心建设等多场培训，培训学员近1200余人次。

2. 全国党媒平台对外合作与创新

全国党媒平台以开放的姿态，突破媒体集团的界限，联动各单位形成合力，制作、推广现象级爆款融媒体产品，组织入驻单位发起线上线下大型联动活动。除了加强媒体行业内部交流，党媒平台还探索“媒体+”路径，与其他行业、领域互通互融、协同发力。

2019年1月，人民日报全国党媒信息公共平台联动百余家全国党媒，以“2019，我们都是追梦人”为主题，发起“奋斗者追梦计划”征集活动。全国党媒平台及入驻的200余家各地党媒，通过官网、微博、微信、客户端发布征集令，并对作品进行集中展播，展现奋斗者的新风貌。

中华人民共和国成立70周年之际，人民日报全国党媒平台联合湖南广播电视台、全国70家主流广播媒体、腾讯新闻共同推出“我家住在解放路”大型联动活动。活动联动70城107家媒体，全国累计触达1893.4万受众，形成了以中心城市+一线城市为核心的传播声量覆盖网；线下推出湖南当地快闪合唱《我和我的祖国》，并出版同名图书；国庆期间上线腾讯手游“打卡我家解放路”，手游上线7天超100万人次参与，打卡日均在1万人次。

（二）用技术赋能内容创新打造精品融媒工作室

1. 融媒体工作室激发创作活力

2016年10月，人民日报“中央厨房”正式启动了“融媒体工作室”计划，旨在盘活人民日报社和社属子报刊的资源，进一步提升报纸和新媒体的报道质量。截至2019年底，已经成立了“麻辣财经”“一本政经”“金台点兵”等47个专业化、垂直化的品牌工作室。这项机制鼓励编辑记者跨部门、跨媒体、跨地域、跨体制，按兴趣自由组合，按项目组织生产。仅在2019年全国“两会”期间，融媒体工作室就制作推出118款产品，总浏览量达5亿人次。

2. 数字与可视化实验室创新内容表达

人民日报媒体技术公司的数据新闻与可视化实验室深度参与对人民日报“中央厨房”及其融媒体工作室、全国党媒信息公共平台的支持工作，并自制融媒体产品。2019年，该部门参与策划、生产、制作的产品百余件，包括短视频、H5、海报、游戏等。这些融媒体产品体现了融合创新的特点。

（三）输出技术与方案支撑地方媒体融合建设

人民日报媒体技术公司成立以来，积累了中央、省级、地市、区县各级党媒以及多个垂直行业融媒体中心和全媒体新闻平台建设的经典案例，覆盖报业、广电、新媒体等多种形态，具有先进的融合理念和融合技术，在推进媒体融合建设方面具备领先优势。

2019年，人民日报媒体技术公司继续积极将融媒体建设的思路与模式分享至各级各类媒体，提供有针对性的解决方案，充分探索新技术在新闻采集、生产、发布与传播方面的应用场景。

1. 省（市）级融媒体云平台建设思路

2019年1月，国家广播电视总局发布了《县级融媒体中心省级技术平台规范要求》，为省级技术平台的设计、建设、运维提出了方向指引。其中提到“省级技术平台应覆盖全省，与省域内县级融媒体中心实现互联互通、信息共享、协同互动”，这也是人民日报媒体技术公司承接省级融媒体平台建设的参照标准和总体要求。

省（市）级融媒体云平台建设的核心在于用平台化的思维重构媒体生态，主要包括内容、渠道、服务、技术这四个层面，统筹区域内不同层级的融媒体平台，实现资源盘活、流程再造、发展赋能，推动全省（市）的媒体融合向纵深发展。

内容路径。一是在内容生产侧创新模式，采用PUGC和PGC两种内容生产模式，将区域内的政府机构、专家、意见领袖等组织或个人作为专业性的UGC创作用户，与PGC形成互补。如冀云·融媒体平台、广州市（区）融媒体云平台，内容发布者不仅仅是各级主流媒体机构，还有专家学者、媒体从业者、网红、大众等。二是在平台上创新跨机构、跨层级的内容共享联动体系，让省、市、县区级媒体各施所长、优势互补、形成合力，提高总体生产效能，产出高品质内容产品。

渠道路径。省（市）在推进云平台建设时可将区域内所有端口通过平台纵向打通，建立总、分端的模式，互为联动、互为出口。以冀云·融媒体平台为例，平台是一个覆盖全省的、开放式的全媒体指挥中心，可以统筹全省县级融媒体中心。此外，以省级平台为载体，还可以对接中央媒体及商业互联网平台，扩大传播力与影响力。例如，“新甘肃云”打通省、市、县三级媒体渠道，新闻内容可在各级平台集中发布和推送，重要新闻将推送至第三方新媒体平台，以多元渠道传播优质内容。

服务路径。融媒体中心可与省（市）的政务服务、民生服务、社区服务等对接，构建信息枢纽，盘活社会资源。如冀云·融媒体平台通过强大的云平台和大数据计算能力，助力省、市、县三级媒体触达乡镇，打造全新的“新闻+政务+服务”的综合服务平台。

技术路径。通过搭建省（市）级融媒体云平台，构建起媒体融合技术体系，为县级融媒体中心技术赋能，从而降低县区融媒体中心的建设成本。如将各类文本编辑、H5、直播、短视频制作、视频快编等内容生产工具集成到平台，为内容创作提供支撑；探索将智能审核、智能生产、虚拟主播、热点追踪等技术运用在新闻采集、生产、分发、接收、反馈中，全面提高新闻生产效率与舆论引导能力。

2. 县级融媒体中心与新时代文明实践中心建设思路

人民日报媒体技术公司创新性地提出“统筹规划双中心建设”理念，对融媒体中心、新时代文明实践中心双中心联动建设提出了切实可行的建设思路和方案。

2018—2019年，人民日报媒体技术公司陆续承接了浙江长兴融媒体中心建设项目，北京延庆、顺义、大兴融媒体中心建设项目和天津滨海新区融媒体中心项目等，打造了多个县级融媒体中心样板工程。延庆融媒体中心作为全国首家“广电+报业”模式的融媒体中心入选《电视指南》杂志、《传媒内参》评选的2019“指尖融媒榜”最具影响力县级融媒中心。

2019年，公司完成了滦平县融媒体中心、新时代文明实践中心“双中心”技术平台的建设，通过“双中心”业务联动、资源整合、渠道共享，切实探索出一条符合县级政府治理工作和群众服务的新道路。

二丨人民日报媒体技术股份有限公司新媒体工作案例

“家国梦”手游

为了在全社会尤其是广大青少年中大力弘扬家国情怀，在人民日报媒体技术公司的推动、支持下，人民日报“碰碰词儿”工作室和腾讯联合推出庆祝中华人民共和国成立70周年公益手机游戏“家国梦”。这款放置类模拟家园建设游戏于2019年9月24日上线，上线第二天就登顶手机应用商店免费游戏排行榜并持续一周，“家国梦”百度词条峰值达34000+。该系列融媒体产品全网曝光量达11亿次，获评“庆祝中华人民共和国成立70周年融合报道十大创新案例（中央媒体）”。

在游戏中，用户可选择省份，在游戏场景中完成各类城乡建设项目，在“政策中心”熟悉国家相关政策。同时，用户还能点亮由300多张展现祖国灿烂文化的手绘图组成的纪念卡册，共同为中华人民共和国成立70周年点赞喝彩。此外，人民日报出版社还从游戏中精选近200张手绘图，推出《神奇中国少年行 · 家国梦》绘本。绘本采用青少年喜闻乐见的表达方式，结合趣味知识，展现祖国自然风光、科技成就等，在传播正能量的同时，让这些“家国之光”可触可感、有声有色。

（人民日报媒体技术股份有限公司）

新华社新闻信息中心

一｜新华社新闻信息中心新媒体工作综述

在我国社会治理体系中，基层是社会的单元细胞，是感知社会需求最敏感的触角，更是我们党的执政之基，力量之源。习近平总书记“8·21”讲话后，新华社新闻信息中心迅速响应，按照蔡名照社长提出的“节约、先进、实用”的原则，全面参与到地方区县融媒体中心建设当中。通过近两年的实践探索，已经建立起县级融媒体中心建设运维工作体系，着力加强内容提供与打造、新传播技术运用与赋能、传播平台与渠道联动和系统业务培训四大能力，打造服务县级融媒体中心建设运维的新华品牌。

（一）助力县级融媒体中心优质内容提供与打造

2019年9月10日，新华社专门针对区县融媒体中心的供稿线路——“县级融媒体专线”正式上线。这是新华社服务县级融媒体中心建设的一项重要举措。县级融媒体专线以优质内容为基础，以全媒传播为特色，以先进技术为支撑，是新华社供稿服务体系的新成员，是新华社服务广大用户的新平台。

新华社县级融媒体专线上线以来，推出大量权威的新闻信息融合产品，特别是总书记的新闻报道和宣传习近平新时代中国特色社会主义思想的融合报道产品，助力区县融媒体中心内容建设，增强县级新闻原创产品的生产与传播能力，把县级融媒体中心建成主流舆论阵地、综合服务平台和区域信息枢纽，更好引导群众、服务群众，巩固拓展基层舆论阵地，厚植党的执政基础，推进县城治理能力现代化。在中共十九届四中全会期间，各地县级融媒体中心运用独具特色的融媒体数据平台，第一时间播发新华社等央媒的权威报道，宣传新时代中国特色社会主义思想，对党的先进理论进行解读，进一步奠定县级融媒体中心基层宣传舆论阵地的重要地位。

在专线的推广落地工作中，新华社始终坚持社会效益优先，服务用户优先的宗旨，截至2019年底，全国范围内，已向超过70%的县级融媒体中心提供内容供给服务。与此同时，新华社积极收集用户意见反馈和建议，多次对新华社县级融媒体专线的栏目设置、技术传输、交互服务等方面进行调研调整，专线上线以来，越来越受到用户的肯定和依赖。

（二）助力先进传播技术运用与赋能

用什么样的技术来确保全媒体传播体系完整、高效，是县级融媒体中心建设的基础性工程。新华社县级融媒体专线服务是创新性立体化服务模式，除了内容提供，还针对区县技术支撑不足的情况，提供新华社现场云和媒体大脑等多种技术服务。

新华社现场云移动直播平台是目前中国最大的现场新闻聚合平台，实现了各地新闻的全国、全球传播，有3400多家国内机构入驻，帮助大量的基层传统媒体一站式迈入移动互联直播时代。2019年，现场云融媒版也投入试用，提供更多的直播工具和服务方式，收到新老用户的广泛认可。

媒体大脑是新华社于2017年发布上线的我国第一个媒体人工智能平台，2019年11月26日，“媒体大脑3.0融媒中心智能化解决方案”也已推出成为新华社助力基层媒体业务拓展和融合的重要服务手段。

2019年11月初，科技部印发通知，批准建设媒体融合与传播等4个国家重点实验室，其中，新华社承担了“媒体融合生产技术与系统”国家重点实验室的组建。

在实际工作中，新华社不断为县级融媒体中心提供技术工具服务，与县级融媒体中心用户共同分享新华社媒体融合技术研发实践的成果。厦门海沧融媒体中心的两名编辑在新华社现场辅导培训两天后，使用媒体大脑剪出一条新闻短视频，当天阅读量突破10万+，用户表示非常满意，也体验到了新华社服务的实用性。

在西藏山南市，新华社承建了乃东区融媒体中心。针对西藏县级宣传部门和媒体机构生产的优质产品少，缺少互联网元素和新媒体特征，报道方式、表现手法和技术手段相对陈旧的现实，在乃东区县级融媒体中心建设规划设计的过程中，新华社采取引入用智能化的技术来解决媒体人在新闻生产过程中的痛点。其中，包括由新华社和阿里巴巴共同推出突发识别机器人、安全核查机器人、文字识别机器人、内容搬运机器人、多渠道发布机器人、热点机器人、智能会话机器人等30款媒体机器人。此外，乃东区的融媒体中心建设中，新华社充分整合社内和社会资源，专门设计有半月谈党建答题器、智能交互式医疗机器人、“不忘初心、牢记使命”主题墙、科大讯飞智慧教育、智慧医疗、5G技术试验点等展示区，通过互动答题、拍照打卡、现场体验等形式，让广大党员群众在参与和互动中，感知新技术新运用所带来的变化。

2019年5月，新华社在安徽六安召开“现场云”中华人民共和国成立70周年协作报道暨全国县级融媒体中心培训班，邀请县级融媒体中心通过新华社现场云平台，与新华社一起开展关于中华人民共和国成立70周年的联动报道，将所有用户联成一体，形成有效互动和有效传播。

（三）助力传播渠道的互联互通

在与县级融媒体中心用户沟通交流的过程中，希望加强联动策划报道，打通地方信息采集上传通道已成为目前县融专线用户最迫切的需求。随着县级融媒体中心在全国范围内的建设运营，已成为在基层引导服务群众的“生力军”。几乎所有受访的县融专线用户及试用户不约而同提出，希望能借助新华社县融专线打通由下至上的发稿通道，不仅仅是单向发布稿件，还可将县级融媒体中心作为新华社新闻线索的源头，畅通稿件向上传送渠道。

针对用户的迫切需求，新华社开通现场云直播平台的内容汇聚和播发，基层用户可以通过新华社县级融媒体专线现场云平台将本地的好声音、好现象传播出去。如2020年8月29日播发的来自武警某部交通第二支队的《武警奋力抢修大熊猫基地损毁路段》的视频稿件通过专线传播，受到了众多用户的关注和好评。

在现场云平台聚合县域优质原创视频的基础上，新华社还探索以县级融媒体专线为试点，和各级媒体一起，探索实现从县到市、再到省一级的三级媒体优质内容资源聚合，共同打造中国最大的原创新闻“产品超市”，与县级融媒体平台、“新华社版权监测统计系统”互联互通，明晰版权路径，打造全媒体、一体化的“版权超市”，充分聚合县域优质原创视频资源，利用新华社新媒体端口等国家级平台以及外宣平台，通过新华社县级融媒体专线等供稿线路，将县域内的声音向全国乃至全世界传播。

结合全面建成小康社会、脱贫攻坚等重大新闻报道主体，新华社已策划了多个与县级融媒体中心用户互联互通的新闻产品栏目，邀请用户参与拍摄投稿，并将成品栏目在新华社自有平台，抖音、快手等互联网商业平台制作推广，将新华社国家通信社和县级融媒体中心宣传全面建设小康社会基层舆论主阵地的作用相结合，共同讲好基层百姓关注的民生社会故事。

（四）助力采编人员培训学习

县级融媒体中心建成后，如何增强原创融媒体产品的生产能力与传播能力，培养县域采编人员的新媒体理念、互联网思维，是县级融媒体中心最关注的问题。新华社作为国家通信社，一直致力于加强融媒体人才的交流和融媒体人才队伍的培养和培训，根据各市县不同情况，提供新媒体技术、国际传播、本地运营、策采编发等一整套完善的培训体系，有效提升县级融媒体中心移动化采编发生产流程及新闻采编人员综合能力，为县级融媒体中心长效运营增添内生动力。

2019年5月，新华社在安徽六安组织“现场云”中华人民共和国成立70周年协作报道暨全国县级融媒体中心培训班，邀请来自全国各地媒体代表100余人参加研讨和实战演练，充分发挥国家通信社的优势，抓住融媒体中心持续运维这个关键，适时开展创新合作研讨会，围绕行业发展趋势、基层单位痛点和新华社优势研究媒体融合发展路径，提出具体可行的实施方案，包括系统化创新、采编流程优化、新媒体考核、媒体经营与管理等，为地方媒体转型发展出谋划策。除了理论学习和平行论坛讨论以外，此次培训还组织了新华社现场云实操拍摄，并请新华社经验丰富的融媒体产品策划制作老师针对县级融媒体中心拍摄生产的新闻产品进行现场分析点评，取得了良好的培训效果。

2019年5月29日至6月3日，新华社与西藏自治区党委宣传部联合举办的县级融媒体平台建设专题培训班及建设标准宣贯会。培训期间，专家老师围绕云平台搭建、县级融媒体中心平台建设、建设标准规范、融媒体产品创作等内容进行专题授课。

在大规模线下培训的同时，新华社也多次邀请社内外专家学者到贵州、山东、湖南、宁夏、河北、甘肃、海南等地开展实地专题培训，累计培训各地宣传部门、县级融媒体中心及宣传思想文化系统各单位工作人员数千人次。同时，为提高针对县级融媒体中心用户培训的针对性和有效性，新华社建立了集纳社会专家学者和社内专业人才的专家库，也分专题、分层级制定了课程安排。针对用户的需求，在现有的新华社现场云嵌入式培训中增设县融中心采编人员专场，满足县融中心用户强烈的现场实操培训需求。

二 | 新华社新闻信息中心新媒体工作案例

海南县级融媒体中心建设

2019年以来新华社助力海南县级融媒体中心建设，使其成为我党重要的执政手段和基层治理的主阵地。目前新华社参与了海南15个市县融媒体中心建设，其余4个市县为新华社新闻供稿用户，实现了党的先进思想在海南省县区全面落地。

新华社结合海南开放新高地、热带旅游资源等特色，在参与建设海南县市级融媒体中心过程中，通过智能化新闻生产、大数据科学分析、新华社权威新闻报道及移动客户端的功能开发、栏目规划等，都较好地凸显地方特色。不仅将本地的好故事、好声音传播得更远，更实现了基层意识形态舆论主阵地得到巩固和加强。

海南省五指山市是海南岛升起第一面五星红旗的地方，拥有深厚“红色基因”。作为新华社承建的海南首个县级融媒体中心，首创建成融合发展、融合运营的县级融媒体中心与新时代文明实践中心“两大基层中心”，以红色基因筑牢基层意识形态主阵地。文昌市是中国唯一滨海发射场所在地，也是我国著名的“华侨之乡”。文昌市融媒体中心紧扣“航天”“侨乡”地方特色，依托“云上文昌”客户端开设的“文昌故事”栏目，展示自20世纪50年代以来文昌侨胞支援家乡建设的学校、书院、街道、民宅的保存情况。在保亭县融媒体中心建设过程中，重点挖掘和聚焦保亭县少数民族文化特色，突出黎锦、苗绣等黎族苗族文化元素，使具有民族特色的保亭黎苗文化旅游及保亭的生态景点、美食特产、民俗风情等优质文旅资源得到较好的对外传播。

在海南各市县融媒体中心建设过程中，新华社围绕“新闻+政务+服务”，将县级融媒体中心和新时代文明实践中心两大基层中心打通，进一步推动基层现代化治理体系建设，打造集“主流舆论阵地、综合服务平台、社区信息枢纽”于一体的新型传播平台，以实现更好地引导群众、服务群众。

（新华社新闻信息中心）

中国行业报协会

一｜中国行业报协会新媒体工作综述

2019年，200多家全国性行业类媒体实现了传统媒体和新媒体共同发力，报、网、端、微、视、号全覆盖，初步形成了全程媒体、全息媒体、全员媒体、全效媒体新闻舆论工作新业态，呈现了立体化、全方位、即时性传播新模式，10万+、百万级千万级甚至上亿级浏览量成为常态，使行业媒体传播力、影响力、引导力、公信力得到了进一步加强。

中国行业报协会已有34年的办会历史，直接会员单位116家，协调服务单位200多家，覆盖内政外交、军事法制、经济文化、社会民生等行业，读者受众达2亿人，在政治引领、业务引领和管理、协调、服务方面做出了突出成绩，行业媒体成为全国新闻战线一支不可或缺的重要方面军。近年来，协会把创新引领列入重要议事日程，通过调研、推广、扶持和交流等形式，推动了行业媒体步入新媒体统筹发展快车道。“中央厨房”“中央编辑部”等一批重量级新媒体机构不断涌现，发挥了良好的示范作用。

（一）几点做法

1. 以新媒体为中心，策划先行，不断拓展重大报道舆论宣传成效

2019年是中华人民共和国成立70周年，党中央部署“加强生态文明建设、防范化解金融系统性风险和脱贫攻坚”三大攻坚战实施的重要一年，实现全国整体脱贫攻城拔寨的关键之年。2019年大事集中、要事不断，每一项重大活动，协会重点督促各报社充分发挥新媒体优势，拓展融合视角，坚持策划在先，实现报、网、端、微、视、号共同促进、共同发力，形成合力，使每一项重大活动宣传声情并茂、出彩出新，有效地扩大了舆论宣传效果。

人民铁道报、人民公安报、经济参考报、中国自然资源报、国际商报、中国民航报、中国石化报、中国石油报、中国矿业报、中国邮政报、中国教育报刊社、中国水利报、中国移民管

理报、中国改革报等行业媒体，均成立了新媒体编辑中心，从资金、设备、人才、技术等方面予以重点倾斜，在各项重大报道中发挥了主力军作用，“十八般武艺”各显神通，爆款产品不断涌现，中宣部、中国记协领导充分肯定了行业报新媒体宣传报道取得的成绩，通过简报等形式进行表扬。

2. 深入调研，探索经验，推动行业媒体融合发展

2019年，中国行业报协会多次组织班子成员和部分行业报社领导、中层干部以及采编人员，深入多家报社进行走访调研，总结新媒体发展经验，探索发展新路径，及时学习推广先进典型和好的做法。先后到人民铁道报、中国教育报刊社、国际商报、中国民航报、中国石化报、中国石油报、中国知识产权报、中国水利报、中国气象报、人民公安报等报社进行实地调研，同时组织协会班子成员，部分中层干部、编采骨干到人民日报“中央厨房”、央视5G高清试用运营中心、腾讯北京业务部等单位进行参观交流学习。各行业报社在人力、资金、技术方面大力向新媒体倾斜，形成了传统媒体与新兴媒体融合发展、共同发力的新面貌，立体化、全方位、多渠道地报道重大和重要活动，多次受到中央领导和中宣部、中国记协领导的肯定和赞扬。

3. 成功举办第四届“中国产经媒体融合发展高峰论坛”

为了总结和探讨新媒体发展新经验新趋势，中国行业报协会在其他新媒体平台的协助下，已连续四届举办了“中国产经媒体融合发展高峰论坛”，去年第四届高峰论坛吸引了700多人参会，受到了业界的高度重视，越来越多的媒体加入其中。

4. 发挥行业媒体核心期刊《报林》杂志优势，探讨交流新媒体发展经验和规律

由协会等主办的《报林》杂志去年重新扩充了办刊宗旨，即为促进媒体融合发展，创新媒体发展方式，搭建新闻理论研讨平台，加强新闻业务交流和创新，提供引导和舆论支撑。克服人手少、缺资金等具体困难，力求在创新上办出特色，通过广泛征稿，去年共发表有关新媒体发展理论方面内容论文文章60余篇，有效地指导了行业报新媒体工作，受到了业界的好评。

5. 加强央媒网平台建设，提升新媒体业务指导水平

央媒网作为中国行业报协会业务指导的线上平台，除了在政治把关、动态更新方面进一步加强外，在指导行业报新媒体平台建设和发展趋势方面做了有效引导，征集并上传了大量专题文章，及时将各报社在重大主题宣传中如何发挥新媒体优势，扩大线上传播力方面的好做法好经验及时推广，发挥了创新引领的作用。一些权威新闻业务杂志看到协会网站内容很好，主动约稿，如《传媒》杂志、《中国记者》杂志等先后就融媒体发展等主题向网站约稿或专访，进一步扩大了协会工作的传播力和影响力。

（二）几点体会

1．构建新媒体传播格局，必须全面打通报道渠道，使现有报、网、端、视、号的端口融于一体，形成合力，共同发力。

2．媒体创新必须坚持“内容为王”原则，无论传播手段怎么变化，必须旗帜鲜明地坚持正确的政治方向，舆论导向、价值取向，发挥“四力”优势，鼓励原创，将鲜活的基层新闻、一线新闻通过新媒体平台奉献给广大受众，使传统媒体和新媒体相得益彰。

3．新媒体产品应以真情打动读者，温情争取受众。新媒体产品不是摘、抄、转的简单“机器”，而是要把报道视角扩展到日常生活的角角落落，镜头对准一线，笔头留给群众，精心推出一批有高度、有深度、有温度的新媒体爆款产品。

二｜中国行业报协会新媒体工作案例

人民公安报社《代表委员看公安》系列短视频报道

2019年的春天，一款公安短视频产品在全国两会舆论场上有点儿“火”。10期系列短视频产品推出后专辑播放量破2.1亿次，短短十几天就成为网络爆款，创下行业类媒体新媒体播报最好成绩，《中国新闻出版广电报》、中国记协微信公众号、中国记协网、中国记协简报纷纷对这款短视频产品的成功经验进行了推介。这款超燃的短视频产品就是人民公安报社“中央厨房”生产的《代表委员看公安》系列短视频报道。

这款短视频产品是如何打造的？产品背后是基于怎样的行业类媒体融合理念，又有怎样的行业类媒体融合探索实践？

（一）“爆款”短视频产品背后的理念先行

近年来，人民公安报社认真贯彻落实习近平总书记关于媒体融合发展的系列重要论述精神，在公安部党委领导下，主动作为，以建设公安特色的新型传播平台和新型主流媒体为目标，牢固树立传统媒体和新媒体一体化发展理念，学习借鉴人民日报等中央主流媒体的成功经验，加强顶层设计，推进移动优先战略，强调可视化表达，深入推动媒体向纵深发展，努力壮大公安新闻主流舆论。

作为公安新闻宣传主阵地，报社改变了“以纸媒为中心”的固有观念，以全国两会等重大报道为推进媒体融合发展的有力抓手，实行重大报道项目负责制，制定一体化融媒体宣传报道方案，实现全社媒体一盘棋联动；探索运行“中央厨房”体制机制，实现采编流程优化、全媒体平台再造，各种媒介资源、生产要素有效整合，催化融合质变。报道内容则由“先报后网”转化为第一时间给移动客户端、微博、微信、网站等提供新闻内容，再将报道加工成适合报纸的深度内容，通过移动化、场景化、可视化宣传强化移动传播，让公安好声音牢牢占据新媒体舆论场。

（二）“爆款”短视频产品背后的体制机制创新

10期《代表委员看公安》系列融媒体报道是人民公安报社组织的2019年全国两会预热报道的重要组成部分。这些短视频报道是报社组织32个记者站采访上传70余个视频访谈素材，由报社融媒体中心剪辑包装而成。

2019年全国两会，报社成立全国两会融媒体报道中心，“中央厨房”实体化运行。中心主要负责统筹领导全国两会报道工作，承担指挥协调、任务督办、选题策划、产品制作输出、报道反馈总结等职责。融媒体中心实行席位制，下设总指挥、平台指挥、联络员、纸媒监审、新媒体监审、采访监审、文字编辑、评论员、图片编辑、美术编辑、视频编辑、微博专员、微信专员、舆情专员、技术专员等15个席位。报社全媒体生产系统开设“两会专线”，所有采访素材和稿件均上传专线，融媒体报道中心对素材和稿件使用、产品制作提出意见，相关席位人员编辑、制作成融媒体产品，完成三审、三校、签发。中心坚持“一日五会商”，确保前方信息随收随编、随审随发。

融媒体中心通过融合指挥部和生产线，实现媒体融合生产和全平台的分发。这一全新的内容生产模式改变了传统媒体原有的单向的线性生产方式，实现“策、采、编、发”的全链条再造。

（三）“爆款”短视频产品背后的内容融合与矩阵联动

人民公安报社提前谋划《代表委员看公安》系列融媒体报道，制定了详细的采访安排方案，部署各地记者站集中走访了100余位非公安系统全国两会代表委员。报社融媒体中心将记者站的文字、图片、视频素材加工合成为适合不同媒体发送的全媒体产品，实现了一次采集、多元生成、全媒体播发。中国警察网推送图文报道，报社微博、微信推送图文和视频报道，抖音号、企鹅号、快手号等视频平台推送短视频报道。

作为公安新媒体矩阵的发动引擎，人民公安报社中国警察网在公安部新闻宣传局指导下，与全国公安新媒体矩阵联动推送《代表委员看公安》系列融媒体报道，实现融合宣传大格局。中宣部“学习强国”平台首页首屏关注推荐系列报道，人民日报党媒信息平台推送了系列融媒体报道的平安中国篇和出入境管理篇。人民网、央视网、央广网、光明网、法制网、搜狐、新浪等中央主要新闻媒体网站和重点商业网站积极转发。

（四）“爆款”短视频背后的全媒型采编队伍建设

报社将全国两会报道作为扎实开展增强“四力”教育实践的重要载体，对参加全国两会报道的编辑记者提出明确要求，不断增强“四力”，勤跑、多看、深思、深耕，在全国两会舆论场上发好公安声音、讲好警察故事。

前方记者形成文字记者、摄影记者、视频记者组成的融媒体报道团队，变身为全媒体新闻信息采集员，可将采集到的现场视音频信息生成不同形式的新闻报道。后方融媒体报道中心文字编辑、美术编辑、视频编辑等融合办公，各席位人员均需具备全媒体策划思维能力。

全国两会报道不仅锻炼了报社全媒体采编队伍的融合宣传能力，增强了“四力”，也激活了新媒体创造力。这支全媒体采编队伍不仅创造了短视频专辑播放量2.1亿的传奇，更是通过融合创新，在微博推出了“我们都是追梦人”话题接力活动，引发全国公安机关31省区市300余个公安新媒体账号参与话题互动。

（中国行业报协会）

《国际新闻界》杂志社

一 | 《国际新闻界》杂志社新媒体工作综述

在技术作为主要驱动力的推进以及相应的社会环境作为加速技术发展与应用的社会土壤下，新媒体本身发展出诸多新形态，通过与社会交织也呈现出许多新现象，这两者均成为学术界进行研究的主要对象。整体来看，《国际新闻界》2019年新媒体研究的文章在主题上既有诸多深化既有议题比如新闻业与媒介技术关系的研究，也增加了一定程度上更具创新性的理论探索，如中国语境下的健康研究、传播研究的空间维度，同时注重在现代性延长线上的中国社会中具体个案的技术接受研究，呈现出具体主题交织而包容，整体方向重视理论与现实基础又聚焦时代前沿的特色。

（一）研究主题：技术逻辑导向下的媒介生态

新媒体技术的迅速迭代，引起的是整个社会范围内个体生活、社会组织合作以及国家间互动行为的调适，因此，对新媒体的研究其实更要有“平常心”，即在宏观社会背景下对不同层次的与技术有关的现象进行深入观察，注重在整个生态系统的联系中理解媒介技术。

因此，《国际新闻界》有关新媒体的研究并没有盲目求新，甚至不少关注相对的“边缘群体”如何与媒体技术接合的研究。比如冯强、马志浩针对山东中部一个农村的普通居民如何在物质层面、符号层面以及具体的空间场景中，习得对手机的使用，实现与手机的三重接合（articulation）。以及吴世文、杨国斌通过研究网民书写的初次接触网络的回忆性日记，具体分析互联网在普通人生命史中的意义，以及由此折射的中国社会中新媒体技术的含义与变化。也有研究者以山西一个农村家庭作为研究单位，深入描述了家庭中青年子女和中年父母之间存在的数字鸿沟，展示了农村家庭中微信“反哺”行为的动因、进行过程、障碍以及相关的负面现象。

宏观层面来看，随着互联网越来越成为人们日常生活中的一种基础设施，新媒体越来越普及，如何规制新媒体可能出现的负面效果，也是无法回避的问题。对于普通用户来说，大数据环境下个人隐私的被滥用越来越成为隐忧，不少研究通过实证方式讨论普通用户在使用社交媒体时如何感知隐私的风险，进而讨论究竟如何应对隐私泄露的风险。也因此，在宏观层面，彭兰提出目前互联网文化中出现的连接与反连接倾向，指出互联网生态发展的新趋势。

对于新闻业来说，一些在灰色地带的操作，比如关于“甘柴劣火”洗稿的争论，促使着学界与业界共同思考，如何营造贯彻“合理使用”制度的法律环境，以实现个人权利与社会利益的平衡。毕竟，按照李良荣、郭雅静的说法，目前传媒生态中呈现党媒、民媒与自媒体三足鼎立的新格局，如何促进三者的有序竞合、实现中国网媒的未来愿景，将是一个不断出现新媒体、解决新问题，类似于“摸着石头过河”的长期过程。

（二）研究对象：深化既有话题、探索前沿性问题

关于新闻业如何与新媒体技术互动的研究依然是学界月业界共同的聚焦点。从具体新闻业务来说，许向东讨论了可视化数据新闻的叙事模式，分析总结实际新闻操作中的规律作为借鉴。王侠对一个新闻客户端的工作人员进行了访谈，研究液态社会环境下新闻生产过程中的延续与断裂，引导我们更准备地了解，新旧的复杂关系。也有研究者从外部非组织化的新闻生产过程来入手，探讨了公民新闻在叙事、传播以及生产方面的特点，称之为“零度叙事”，并进而与传统新闻业区分。

在直接的新媒体研究方面，从研究对象上来看，微博、微信依然是各种研究视角的聚集点。其中微信的研究数量呈上升趋势，微博研究数量则相对较少。现实生活中我们也能感受到技术的迭代以及平台本身的建设效果、政策规制等因素的影响下，相比微博，微信的影响力与覆盖力在不断强化。需要注意的是，尽管新媒体能为我们提供反思旧理论以及更新观念的机会，但这并不意味着我们要执着于最新最快的现象甚至落入表层现象的陷阱，更根本的价值在于对媒介现象提出有价值的问题。比如有研究者分析了百度百科中有关广东PX项目的词条如何被修改，揭示出其背后情感表达的压抑化、地区差异导致的情感弱化以及青年群体内部的分化，实际上展示了其中微妙的权力关系。

类似的，关于一些比较新的传播现象的研究，依然有其背后的理论追求。比如对于传播空间维度的一期专题。现实生活中基于地理位置产生收集数据已经屡见不鲜，李耘耕从列斐伏尔谈起，回顾了从第三空间理论、情境主义国际的“漂移”实践以及德塞都的都市漫步这一理论谱系，构建了一种新媒介语境下的空间媒介观，认为现代城市空间是现实空间与媒介技术互嵌的存在。许同文则选择一个具体的案例，对一个广州高校校园内的“校园跑”项目中学生如何使用定位媒介又如何悄悄破坏定位机制的过程做了详尽的描述，在这一过程中，身体、技术与空间同时在场，身体与技术又通过互嵌而产生了“复合空间”，技术则是这一过程实现的可能性。由此，人与非人的因素通过媒介技术相互勾连，形成了一张特殊的数据实践。类似的研究还有，张昱辰从全球与地方的空间尺度入手，研究了城市轨道交通在上海的传播，提出交通不

仅仅是工具性的运输手段，更是建构性的移动技术，深刻影响着人们的生活方式。

当我们的日常生活世界越来越多地被媒介技术渗透、改变时，如何对这些看似琐碎但又有趣的生活细节或活动，进行理论化的抽象与追问是我们真正要积累有关新媒体研究的成果所不得不重视的问题。这既要求对生活现象的敏锐，也要求对理论资源的积累。

（三）理论视角：随着研究对象的变化进行调整

在如火如荼发展的新热点面前，学者们也意识到随着研究对象的变化，我们该如何调整既有的理论视角，从而更接近于我们要探究的原理，帮助我们解决需要面对的问题。这主要包括对新理论资源和视角的借用，比如戴宇辰结合目前国际上比较热门的媒介化研究、行动者网络理论展开了对二者的理论谱系梳理，为我们澄清了一个重要的理论工具。袁艳借对保罗·亚当斯著作的评论，阐释了地理学与媒介学的潜在交集以及创新的可能性，吴世文、杨国斌所谓的网民自传，其实是继续在互联网的用户层面深挖，有利于从微观层面为描绘互联网的变迁提供丰富的材料。

在一些更具体的研究中，研究者不局限于新媒体在符号层面的特征，而注重从其物质层面进行考察，实际上也与目前国际上的物质转向相呼应，比如季凌霄对声音的空间性、人们对声音的感知进行的考察，体现了声音之间的位置安排与权力关系。杨雅与喻国明对用户使用过程中多窗口工作这种现象学特征的考察，黄顺铭等人考察了洛带公园如何被生成为一道独特的物质景观，如何作为人们具身实践的舞台而发挥作用，如何影响人们对历史变迁的感知。

随着目前整体新媒体研究持续深入，考虑到以往传播研究多偏向于符号层面，从物质性的角度切入实际上可以被视为对新媒体研究完整图景的一种补充，当然其具体效果仍有待相关研究的持续推进。

（四）成果传播：内外结合，促进业界学界交流

值得一提的是，《国际新闻界》新媒体研究的文章在2019年共有43篇，对关系社会现实与理论研究的社会现象紧密关注。并且《国际新闻界》编辑部也努力进行着自身的数字化建设，在网络平台处理所有稿件，将部分文章在《国际新闻界》官方微信公众号上发布。目前官方微信公众号粉丝数将近十万，每期内容的点击量平均水平大概在3000左右。这些发布的文章杂志编辑部一方面与中国知网合作，一方面也在自身的官方网站上提供一部分过刊的下载链接。便于学界检索和参考最新的研究成果，促进学界研究者同仁之间的交流。根据中国人文社会科学综合评价研究院对新闻学与传播学、图书馆、情报与文献学两个学科学术期刊CSSCI（中文社会科学引文索引）来源期刊目录（2019—2020）中已开设微信公众号的28个期刊相关数据进行了统计，《国际新闻界》综合指数排到第一。

（《国际新闻界》杂志社）

《现代传播》杂志社

《现代传播》杂志社新媒体工作综述

《现代传播—中国传媒大学学报》创刊于1979年，由教育部主管、中国传媒大学主办，系国家社科基金资助期刊、教育部“名刊工程”入选期刊、全国高校社科名刊、中文社会科学引文索引（CSSCI）来源期刊、全国中文核心期刊、中国人文社会科学核心期刊、RCCSE中文权威学术期刊（A+级）。

2019年，《现代传播—中国传媒大学学报》在宣传阐释习近平新时代中国特色社会主义思想和党的十九大精神、马克思主义理论、思想政治理论课等方面，在及时反映传媒领域的前沿科研成果和业界的创新性成就、推进全国高校新闻传播与戏剧影视学科进步、培育传媒领域高层次学术人才成长、在社会文化效益的着力发挥和释放等方面，发挥了重要作用，彰显了作为国家社会科学基金资助学术期刊的引领效应，为发展我国哲学社会科学事业做出了力所能及的贡献。同时，《现代传播—中国传媒大学学报》长期重视新媒体端的内容发布与传播推广，长期重视对新媒体领域最新研究成果的呈现，并取得了一定的成效。

（一）四十而立，《现代传播》再获殊荣

2019年，《现代传播》迎来创刊40周年，9月6日在中国传媒大学召开了简朴而隆重的纪念座谈会。回顾40年来《现代传播》一路开拓，锐意创新，已经成长为反映我国新闻传播学术前沿和传媒艺术潮流趋势的重要期刊平台，并培育滋养了一批批传媒精英和学界名家。尤其近年来，《现代传播》坚守“学术性、思想性、时代性”的一贯标准，持续为传媒行业、高校师生和广大读者奉献权威观点、前沿思想和新鲜个案，为中国传媒发展与学术进步做出了重要的贡献。

2019年，《现代传播》连获殊荣。8月，《现代传播》入选“庆祝中华人民共和国成立70周

年精品期刊”。

10月，《现代传播》在第七届北京市人文社科学报评优活动中再次荣获“北京市高校人文社科名刊”称号，学报责任编辑潘可武获得“北京市人文社科学报优秀编辑”称号。

11月，《现代传播—中国传媒大学学报》在第六届全国高校社科期刊评优活动中再次荣获“全国高校社科名刊”称号。由全国高校文科学报研究会评选出的“全国高校社科名刊”是全国高校人文社科学报和期刊领域的最高荣誉之一，此前《现代传播》曾于2006年、2010年、2014年连续三次获得该殊荣。

2019年末，《现代传播—中国传媒大学学报》在2019年全国哲学社会科学工作办公室公布的年度考核“合格”中脱颖而出，入选国家社科基金“优秀”期刊名单。在全部21家优秀期刊名单中还有《中国社会科学》《经济研究》《历史研究》《文史哲》《文艺研究》等国内外大刊名刊；其中，高校学报仅入围4家，《现代传播》也是唯一一本新闻传播学类学术期刊。

（二）多措并举，《现代传播》数字化传播出效果

《现代传播》编辑部依托数字化技术发展，贴近网络时代读者的阅读需求，积极提高数字化、网络化办刊水平。《现代传播》数字化传播工作下手早、平台多，效果好，早在2015年时就获得入围期刊数字影响力100强。

1. 持续深入推动数字出版工作

2015年3月起开通的“现代传播”微信公众号运行良好。微信公众号及时将《现代传播》最新刊发的论文篇目和重点论文推送给读者。2019年《现代传播》微信公众号大幅改版，增加了发文频率（约为周均发文4次／篇），改进了版式设计，增强了编读互动，提升了传播覆盖。《现代传播》后台粉丝增长迅速，截至2019年末已有超过4万关注量；文章篇均阅读量达2000—3000次左右。其综合影响力和传播力，在全国人文社科类学术期刊位居前列。

除微信公众号的打造外，《现代传播》还与国家哲学社会科学学术期刊数据库、“中国科技论文在线”、中国知网、万方数据合作同步推出刊物的电子版。《现代传播》的数字化工作拉近了编读距离，进一步拓宽了刊物与广大读者交流互动、信息共享的平台，也为刊物和作品的传播提供了新渠道。

2. 主编高校系列专业网刊《传播学报》

《现代传播》作为中国高校人文社科学报界的新闻传播类旗舰期刊，主编了中国高校人文社科学报界与中国知网合办的高校系列专业网刊之一的《传播学报》，汇集全国高校人文社科学报全年各期刊发的新闻传播学优秀成果，每两个月汇编为1期。编辑成果和编辑水平获得了学报界同仁和中国知网的高度评价，显示了《现代传播》在中国高校人文社科学报界和传媒学术期刊界的引领地位。

3. 持续严厉打击网络欺诈行为

多年来，《现代传播》深受诈骗之害，尤其借助网络、新媒体平台的诈骗越发兴盛，如在网络端发布虚假编辑部电话、虚假征稿、虚假网站、虚假邮箱、虚假账号等，编辑部对此现象深恶痛绝。2017年，《现代传播》多次在微信公众账号发布“现代传播严正声明”，针对以上诈骗行为表明态度，申明立场，同时中国传媒大学官方微信公众账号给予转发，在社会和专业领域产生很大反响，也获得同行刊物的积极呼应，同行刊物先后通过公众账号和其他媒体形式表明对期刊诈骗的态度。

（三）动态关注全球和我国新媒体发展生态

《现代传播》长期性、日常性开设聚焦于新媒体领域研究的“新媒体研究”栏目。该栏目的前身是创建于2001年的“网络时代”栏目，2007年该栏目更名为“新媒体研究”。2019年该栏目发文36篇，每期均日常性设立该栏目。此外，《现代传播》其他栏目发文也更多关注了新媒体时代、融媒体格局下的传媒与艺术新变。

2019年《现代传播》动态关注了如新媒体与人类生态、新媒体与全球命运、新媒体与国家战略、新媒体与区域发展、新媒体与艺术迭新、新媒体与美学变革、新媒体与海外传播、新媒体与日常生活、新媒体与青年亚文化、新媒体与产业消费、新媒体与网络舆情、新媒体与影像行为、新媒体与知识分享、新媒体与城市传播、新媒体与文化工业、新媒体与数字人文、新媒体与价值表达、新媒体与组织传播、新媒体下的产品更迭、新媒体下的新闻生态、新媒体下的新闻众筹、新媒体下的情感表达、新媒体下的大学生群体、新媒体下的农民群体、新媒体下的中产阶层群体、新媒体下的权利与限制、新媒体下的人机关系、新媒体下的地方媒体、新媒体下的后真相时代、新媒体下的社会心理、新媒体下的社会资本、新媒体下的记者身份、新媒体下的媒介内容评估、新媒体下的智能媒体发展、新媒体下的数据技术发展、新媒体下的传输技术发展、海外新媒体发展情况等议题，所发文章收获了较好的专业认可和社会影响。

（《现代传播》杂志社）

《新闻大学》杂志社

《新闻大学》杂志社新媒体工作综述

（一）期刊概况

《新闻大学》期刊于1981年5月在上海创刊。由教育部主管，复旦大学主办，复旦大学新闻学院主编的新闻学术刊物。自1999年起，对投稿稿件实行专家匿名评审制度。创办初期为季刊，2012年起改版为双月刊。改版后，期刊版式、引文注释等都作了更新和规范。2019年正式改为月刊，年底启用网上投稿系统。截至2019年该刊共出版164期。

该刊始终秉持“新闻传播融合、理论实践结合、科研教育并重”的办刊宗旨，以“大学之道，在明明德，在亲民，在止于至善”作为办刊理念。主要读者对象为新闻院校的师生、新闻学研究者、有志于理论探索的新闻从业人员和广大新闻爱好者。

《新闻大学》期刊是全国新闻核心期刊，人大复印资料的核心来源期刊；中国人文社会科学论文与引文数据库首批来源期刊；中文社会科学引文索引来源期刊；北大中文核心期刊；RCCSE中国核心学术期刊（A类）。

2019年《新闻大学》工作概括大致如下。

第一，期刊由双月刊改版月刊。在学校、学院和上海市委宣传部的大力支持下，《新闻大学》于2019年1月，正式启动改版工作，由原来的双月刊改为月刊，工作节奏加快，论文刊发时间大大缩短。月刊模式的启动，虽然增加了工作量，但是在全国的新闻传播学界和业界均产生积极影响，吸引了更多优秀作者的目光和更多质量更高的稿件。全年出版12期，共刊发论文101篇，总字数约160余万字。

第二，媒介融合时代下的编辑流程再造。在日常的编辑流程管理中，坚持“三审三校”制度，对刊登稿件进行政治上把关，把握正确政治导向。为保证“三审三校”制度落到实处，

《新闻大学》编委会和编辑部有针对性地制订了符合《新闻大学》期刊工作需要的编辑流程。流程着眼于两个方面——为保证期刊内容政治导向正确、论文内容质量过硬，严格执行“三审三校”制度，各个环节均由符合要求、有编辑审读资格的人员担任；为保证期刊专业学术水准，严格执行同行专家匿名评审制度。两个环节紧密融合在一起，共同保证了“三审三校”制度的实施和学术水平的提升。

值得一提的是，以上编辑流程的改造，是与《新闻大学》的网上投稿系统的上线同步进行的。网上投稿系统的投入使用，改变了过去邮箱投稿中存在的不少弊端，使得整个编辑流程更加“可视化”“透明化”“规范化”。此外，我们还上线了“新闻大学”公众号，将每一期的重要论文，通过公众号二次传播，进一步扩大了期刊影响，同时也进一步拉近了与学术界的距离，密切了与核心作者的关系。

第三，刊发了大量有重要学术价值并产生重要影响的论文。这一年中，继续坚持正确办刊方向，加强选题策划力度，着眼学术界重要研究议题，继续办好新闻理论、传播学、新闻业务、新闻史、广播电视、媒介经营管理、新媒体研究、新闻教育等栏目，在继承和保持复旦大学新闻学院史论结合传统的同时，关注新闻传播领域研究新动向、新理论、新方法，特别是具有跨学科视野的创新性研究。2019年，办刊水平在原有基础上有了新的发展。

2019年，《新闻大学》共出版12期，全年刊发论文107篇，大约160余万字。根据中国知网数据，（2019）复合影响因子：2.181。

（二）期刊新媒体研究发表概况

《新闻大学》一直以来紧扣新媒体发展的时代脉搏，高度重视新媒体研究发表工作，推动学界、业界在新媒体领域的学术交流和学科发展。期刊自2010年起开设新媒体研究栏目，2015年起强化编辑力量充实优化内容，目前新媒体栏目已经实现常态化发展，围绕新媒体传播的学术前沿，积极组织专题稿件，刊登名家新秀精品力作，在新媒体学术领域颇具影响。

2019《新闻大学》的新媒体栏目共发表新媒体研究论文10篇，除了新媒体栏目外，期刊的其他栏目也涉及新媒体研究的交叉内容，综合起来期刊所发表的新媒体研究主题论文40余篇。这些论文呈现出如下三个鲜明的特点：

第一，选题前沿、内容丰富，关乎社会发展重要议题。论文主题涉及算法推荐与人工智能、算法实践的多义与转义、县级融媒体发展、微信用户信息分享行为、新闻客户端研究、区块链与新闻生产、移动媒体新闻消费时间、人工智能创作信息加工、数字化发展中的新闻媒体与消费者价值共创、大数据与舆情治理、大数据时代的隐私侵权、智能手机使用心理与行为、社交媒体时代的个人影像实践、网络社交自我的不确定性与可能性、移动音频媒体、网剧市场竞争与多元化、社会型构与媒介技术、农村留守儿童亲子沟通与关系维护等多个领域、多种话题的深入研究，体现出对当前新媒体研究领域前沿话题的高度关注与积极推动。同时，这些论题又有非常强的现实针对性，对于个体生活、社会运行和国家发展，都有一定的参考价值。

第二，论文作者体现多元化态势，学术名家与青年新锐兼顾。其中，既包括新媒体研究领域的资深专家学者（如喻国明、郝晓鸣等），也包括近几年对新媒体发展多有关注以往致力于其他研究领域的知名学者（如张国良、单波等），还包括诸多的年轻学者、甚至是研究生，期刊也围绕新媒体研究建立了一批学术研究活跃的作者库和专家审稿库，并积极扶持年轻学者，有意识地向青年学者倾斜，为学术新人成长提供帮助。

第三，注重经验研究，方法科学扎实。《新闻大学》所刊登的新媒体研究论文提倡立足中国本土的经验研究，鼓励研究者扎根中国田野，运用质化、量化或数据挖掘的多元方法收集经验材料，探讨中国新媒体发展中的“真问题”。本年度刊发的论文大多是采用上述研究方法取得的成果，有很强的说服力和可信度，对于新媒体既有相关议题的理论研究有较好拓展。

第四，注重跨学科对话，促进不同学科的交叉研究与不同视野的交融。2019年度，刊发的论文中，有的涵盖新闻传播学、哲学、法学、社会学、计算机科学等不同学科的学人，使新媒体研究的知识领域得以大大拓展。

2019年《新闻大学》刊登的新媒体研究论文在学术界、同行和社会上产生较大影响，多篇论文被重要学术期刊转载。例如，《新闻时空的转型与“转译”——基于“上观新闻”的移动新闻客户端研究》《资本、政治、主体：多元视角下的县级媒体融合实践——以A县融媒体中心建设为样本的案例研究》《从“一体化”宣传到“混合型”网络传播——以中国共青团政治传播活动变迁为中心的讨论》等被人大复印资料《新闻传播》全文转载，《中国新闻网站的网络传播结构及其影响力研究》被《新华文摘》网络版转载。学术对谈《“算法推荐与人工智能”的发展与挑战》被下载4260余次，被引用8次；《无感伤害：大数据时代隐私侵权的新特点》被下载2400次，被引用21次；《感知价值对移动短视频依恋的影响研究——基于网络归属感和网络隐私关注的中介效应视角》被下载3000余次，引用5次。以上情况说明，《新闻大学》新媒体栏目正获得越来越多的关注，产生越来越大的影响。

（《新闻大学》杂志社）

《新闻与写作》杂志社

一 | 《新闻与写作》杂志社新媒体工作综述

《新闻与写作》是北京日报报业集团主办的新闻传播类专业期刊，是全国新闻核心期刊、全国中文核心期刊、CSSCI（扩展版）来源期刊。近年来《新闻与写作》遵循学术规范，理论性进一步加强，转引率和影响力均有提升，在日前发布的《中国学术期刊年度影响因子年报》中影响力指数名列第一梯队。

《新闻与写作》一直以来紧扣新媒体发展脉搏，高度重视与新媒体相关的研究成果发表，着眼于学界、业界共同关注的热点、难点和焦点问题，重点关注在推进媒体融合发展中，媒体的传播手段创新、建设的探索及思考，以期做到理论与实践相结合，推动学界、业界在新媒体领域的学术交流与学科发展。

2019年，《新闻与写作》封面专题栏目紧盯传媒业界的发展前沿及学界最新成果，关注新媒体发展中相应的热门与焦点现象，以期通过分析、研讨对新媒体的未来发展给出相应建议。如2期封面选题《门户网站何去何从》结合门户网站创立20年的发展节点，通过对门户网站发展的梳理总结了互联网的传播规律，剖析了国内门户网站发展转型的主要方向，为新媒体创新提供了模式借鉴。12期封面选题年终盘点《2019，传媒融合发展的“动”与“变”》对2019年传媒融合发展进行了总结：从融合的基础性建设领域看，2019年全国县级融媒中心基本建立，完成了从中央到地方的媒体融合战略的全局性布局；从融合的技术应用领域看，人工智能技术、短视频及互联网无线通信技术的高速发展，为2019年中国传媒改革创新注入了新的动能和活力。

在“理论前沿”“专栏”板块中，我们以理论性视角来分析新媒体发展中的新现象，并探索背后的发展规律，刊载具有理论深度、前沿意识和现实价值的学术成果。2019年重点关注了技术与传媒、短视频传播、智能传播、媒介融合等新媒体选题，这些理论成果既在学术领域产生了一定的影响力，也给全国的媒体同仁提供了可参考的理论指导。其中，《5G时代传媒发展的机遇和要义》等文章被《新华文摘》全文转载。

“案例方法”“写作讲坛”栏目刊发了多篇反映国内外新媒体方面的新实践、新经验、新做法、新理念的文章，以一家做法对其他媒体有借鉴价值、富启发意义形成价值，辅之以专家学者从理论层次的点评指导，使该栏目成为各媒体相互学习交流沟通借鉴的价值平台。

除纸质刊物关注新媒体选题外，《新闻与写作》编辑部自身的新媒体建设主要依托于微信公众号。编辑部自2014年6月开始运营微信公众号，以打造传媒人的学习平台为目标，影响力不断扩大。截至2019年12月31日，“新闻与写作”微信公众号用户规模突破29万人，年度净增8.4万人，实现粉丝数量持续稳定增长。

2019年，“新闻与写作”（ID：bj_xwyxz）微信公众号本着创造价值、服务粉丝的理念，持续加大知识干货及垂直领域的内容推送，对每天刊发的内容认真筛选、精心制作，共计发布文章347篇，其中原创内容162篇，阅读量过万的文章107篇，《人民日报的这篇通信为啥好（附案例分析）》阅读量达4.9万次，《新版<标点符号正确用法>（变化很大！）》阅读量达5.7万次，《干货｜抖音号运营全攻略》阅读量达8.2万次，粉丝互动频繁，阅读量屡创新高。与此同时，编辑部充分利用微信粉丝基数大、黏性高的优势，全面开启微信订阅服务，将微信粉丝转化为刊物读者，实现用户导流，为刊物发行提供了新的机遇。

二｜《新闻与写作》新媒体工作案例

2019年第6期封面专题：《短视频的大时代》

2019年被称为“5G元年”，为短视频的发展打开了一个新的世界。内容创作者不断涌现，播放场景也进一步多样化，短视频正在成为互联网流量的新入口。在内容消费升级的热潮之下，短视频市场正面临一场集内容创作、用户触达、商业变现的生态级竞速赛。

短视频历经了2016年的蓄势、2017年的爆发、2018年的增长后，逐渐进入到一个更加精细化、专业化的时期，随着5G技术的发展，短视频还会有何种表现？是大放异彩，还是“烟花易冷”？内容的载体在变，产品在变，用户的审美在变，短视频的创作有哪些变与不变？短视频成为一种社会文化现象之后，如何面对其所带来的伦理与规制风险？如何去芜存菁，提升内容，传递视频产业的正能量？……这些问题都是急需关注的话题，也是短视频走入大时代必须跨越的门槛。

本专题特邀学界专家周勇、王晓红、姬德强及业内专家，围绕短视频发展进行探讨研究，以平台理论理解短视频驱动的媒体融合，从文化演变、大众传播等角度剖析了短视频的特点，通过大量案例，对短视频的表现进行了挖掘与分析，并对短视频从分享到共创的机制演进及知识传播机制进行了阐释，共同反思短视频发展中存在的问题，思考应对之法，旨在探讨如何赋能短视频生态。

（《新闻与写作》杂志社）

《青年记者》杂志社

一 | 《青年记者》杂志社新媒体工作综述

《青年记者》杂志目前开展新媒体领域工作的主要平台为“青年记者”微信公众号。“青年记者”公众号目前拥有粉丝5万余人，发布文章被德外5号、腾讯全媒派、央广广告、阿基米德传媒等众多公众号和知名APP（如蓝鲸财经、虎嗅等）的转载，目前在新闻传播领域有着较大的影响力。

“青年记者”公众号基于《青年记者》杂志的内容，并不断根据新媒体受众的信息接收习惯进行调整、创新。2019年全年，每个工作日推出2—3篇高质量文章，在同类公众号中，更新频率高、稿件质量优质。通过一系列的原创稿件、策划稿件的推出，“青年记者”公众号朝着成为连接业界和学界桥梁这一方向不断努力着。

（一）依托杂志母体内容，扩大重点约稿影响力

因应新媒体时代的发展趋势，《青年记者》杂志开通“青年记者”公众号，并进行了相关认证，为杂志重点内容和策划搭建了新媒体平台，有助于杂志优质内容在社交媒体时代拥有更加广阔的分发渠道。如南京大学新闻传播学院副教授、央视《焦点访谈》前主编庄永志关于非虚构新闻写作方面的讨论，在公众号平台推出后，产生了良好的传播效果，不少新闻传播领域的学子、学者在微信朋友圈或者微信群转发相关讨论，有力地提升了文章的传播力和影响力；又如《齐鲁晚报·齐鲁壹点：找回“失联”的用户》一文针对齐鲁晚报·齐鲁壹点在新媒体时代连接受众的一系列做法进行个案剖析，给处于转型中的主流媒体提供了一些思考借鉴；再如《女记者转型的奋斗与机遇》邀请身处媒体中的女记者们，讨论她们在媒体转型融合大潮中的优势和面临的困惑，公众号作为杂志的延伸，将话题的热度延伸到了社交媒体上，文章在公众号推出后，引起了媒体中不少女记者、女编辑对自身职业话题的讨论。

“语文诊所”是首都师范大学中文系教授、《现代汉语规范字典》《现代汉语成语规范词典》《现代汉语规范词典》副主编赵丕杰在《青年记者》杂志开设的固定栏目，针对报纸、网站上常出现的误用、滥用成语的现象进行指正、评析。这一实用性极强的栏目在2019年被搬到了“青年记者”公众号上，让更广的受众可以看得到，对于传播语文应用知识、提升媒体人编校的文字水平具有一定帮助。

（二）完善公众号的定位，提供服务性内容

除了做优质内容的传播者外，“青年记者”公众号还有一个重要的身份便是“服务者”。在提供服务型内容方面，2019年，“青年记者”公众号做出了一些有益的尝试。

一方面，依托大众报业集团新闻研究所提供的业界资讯，“青年记者”公众号于每周一推出“一周传媒资讯”栏目。用最简练的语言传播媒体最新的动态、媒体中的大事件。这一栏目方便关注媒体资讯的受众用最短的时间迅速回顾过去一周媒体业界、学界发生的重大事件，内容涉及一些战略合作、创刊收购、新技术上线、媒体重大改革等，也为一些媒体研究学者提供了资料积累。

另一方面，“青年记者”公众号第一时间推出《青年记者》杂志的目录，在杂志进入市场之前，便将目录快速及时地呈现给了作者和受众。目录的及时推出有助于受众迅速了解杂志的最新选题，亦有助于投稿作者查阅自己投稿的稿件。

上述两个栏目的开通，为作者和受众提供了便利的服务，有助于杂志和公众号影响力的提升。

（三）精选杂志上有潜力的青年学者的稿件，在公众号上推出

关注专家、大咖的同时，也关注有潜力的青年学者，这符合《青年记者》杂志的定位，亦为“青年记者”公众号所推崇。因此，公众号不仅推出杂志的重点约稿稿件，也适当推出一些青年学者的稿件，为传播青年学者的学术思想、进行学术争鸣提供平台和机会。如邀请中国科普研究所助理研究员王大鹏开设专栏，讨论科普传播相关的话题；约请清华大学新闻与传播学院助理教授、博士生导师虞鑫、清华大学新闻与传播学院博士研究生崔乃文讨论新闻聚合平台Reddit的经验与探索；约请华中科技大学新闻与信息传播学院讲师王昀、华中科技大学新闻与信息传播学院硕士研究生杨寒情探讨社交媒体语境中虚假新闻的治理问题……这些面向青年学者开辟的专栏和约稿，亦通过“青年记者”公众号进行传播，对于提升杂志的影响力、为杂志聚拢有潜力的青年学者提供了一定的帮助。

（四）在重要节日、重大纪念日推出相关策划

11月8日，是第20个记者节，“青年记者”公众号与“今参考”公众号联合策划推出了《号外｜<青年记者>的第20个记者节：眼中有光，胸中有火，脚下有泥，手中有笔》这一文章。文章分为眼中有光、胸中有火、脚下有泥、手中有笔四个部分，系统梳理了《青年记者》杂志自2000年起在每个记者节推出的策划，并将策划中的精彩内容分类放在四个部分中，致敬媒体人，献礼记者节。这一策划在媒体圈中产生了广泛的影响，一些参与过《青年记者》杂志记者节策划的记者、编辑纷纷点亮在看，还有的留言评论。在媒体转型融合的大潮中，一些媒体人离职出走，但仍有媒体人在坚守着新闻理想，在记者节这样的特殊节日，需要我们传递更多的正能量，为记者、为媒体加油鼓劲。

（五）创新公众号标题，尝试融入新媒体话语体系

“题好一半文。”在新媒体时代，同样是一条金科玉律。在手机屏幕有限的空间里，如果给公众号起一个好题目，是很多公众号运营人员在实践中不断思考和摸索的话题。2019年，“青年记者”公众号结合自身作为新闻传播学术期刊公众号的特点，在公众号标题制作方面进行了一些探索，尝试融入新媒体话语体系。

“青年记者”公众号文章标题制作采用的主要方法是在标题中加入约稿作者的名字，使文章标题成为文章的预告。学术期刊的文章论述严谨、语言平实，文章标题进行语言创新的难度比较大，因此，尝试采用加入知名学者名字的操作方法，如《喻国明等：智媒时代媒介的重新定义》《郑保卫：重温30年前三篇新闻工作重要讲话》《庄永志：非虚构写作之道》。另外，公众号还根据读者阅读习惯改写文章标题，使读者在点开文章前就可以意识到文章内容的精彩性和重要程度，如曹林在2019年1月上旬刊发表专栏文章《新闻学子择业：沙拉、酱汤和自转、公转》，文章题目比较抽象，在公众号首屏有限的展现空间里或许无法迅速吸引读者，公众号根据文章内容调整文章标题为《曹林谈新闻学子择业：应注重内容生产》，在标题里点名了作者身份的同时，也点明了文章的核心内容，有助于吸引读者阅读。

二｜《青年记者》新媒体工作案例

“媒体献礼新中国70华诞”专题

配合《青年记者》杂志推出70周年报道策划，共同打造“青年记者”品牌影响力。《青年记者》杂志于2019年10月下旬刊推出“媒体献礼新中国70华诞”专题，专题包括《重大主题报

道的战略与策略——人民日报社、新华社和中央广播电视总台庆祝中华人民共和国成立70周年报道分析》《特刊与礼服——<人民日报><光明日报><科技日报>国庆特刊解析》《一次“鼓舞大众、团结大众、服务大众”的生动实践——大众报业集团“中华人民共和国成立70周年”报道回顾》《小切口反映大主题，小故事反映大变化——以南方日报“广东日记”全媒体报道为例》《一份特区旗报的担当情怀——深圳特区报新中国70华诞大型报道策划的大格局意识》《深度报道、创意策划、互动活动——封面新闻三大产品线献礼新中国70华诞》《全民动员：媒体参与国家治理的经验和根基》，聚焦中央级媒体和有特色的地方媒体对新中国70华诞的报道，并将报道实践结合国家治理的相关探索进行讨论，提高了研究的高度。

11月4日起，“青年记者”公众号陆续推出专题相关文章，依托杂志的优质资源，传播约稿稿件，在新媒体平台上掀起了又一轮的纪念与研讨潮流。纸质杂志与微信平台一起，针对媒体70周年报道进行了回顾和梳理，对于提升“青年记者”的品牌影响力试一次有益的尝试。

（《青年记者》杂志社）

《传媒》杂志社

《传媒》杂志社新媒体工作综述

《传媒》杂志是由国家新闻出版署主管、中国新闻出版研究院主办的国家级权威行业期刊，北大中文核心期刊、CSSCI（扩展版）来源期刊，创刊于1999年，原名《报刊管理》，2001年更名为《传媒》。经原国家新闻出版广电总局批准，2014年1月，由月刊改为半月刊，每年24期。多年来，《传媒》杂志紧跟上级部署，紧跟国内传媒形势，以“服务传媒、引领传媒”为办刊宗旨，发布权威政策信息，指导行业走向，反映业内动态，促进经验交流。目前，《传媒》杂志覆盖面包括报刊、广播电视、网络新媒体、传媒院校及各新闻研究机构等各个领域，品牌影响力日益增强。

（一）杂志社新媒体工作内容

《传媒》杂志主要栏目有特别策划、人物访谈、传媒评论、报刊观察、广电聚焦、新兴传媒、海外传媒、媒体实战、媒体融合、传媒广角、传媒教育、理论探索。2019年，本刊重视新媒体平台的内容发布与传播推广，注重对主流媒体融合发展的最新成果的呈现，并取得了一定的成效。

专题策划：2019年，《传媒》杂志策划了7期关于新媒体方面的专题，其中既有关于主流媒体融合发展的专题，如《努力实现由融媒体向智媒体的飞跃》《澎湃五周年与传媒生态》《新闻客户端的发展困境与新策略》，也有关于新媒体会议方面的专题，如《一场融媒体报道的“比武大赛”——2019全国两会报道专题》《5G与新媒体的机遇与挑战——第二届中国新媒体发展年会专题》，还有关注商业新媒体平台的专题报道，如《短视频的爆发、规制和引领》《5G开启媒体融合新时代》。这些专题使受众了解了新媒体行业的发展，对主流媒体的发展具有一定指导和借鉴意义。

设置专栏：《传媒》杂志设有新兴媒体、媒体融合专栏，每期刊登新媒体稿件6篇，全年共刊登140篇左右，其中既有关注主流媒体融合发展的稿件，也有关注抖音、快手、微信等商业新媒体平台的稿件，还有关注传媒行业发展的调研报告。稿件在纸质版刊发后，全部重新制作标题在微信公众号上二次传播。

新媒体平台：2019年，传媒微信公众号重新改版，设置投稿、订刊，往期杂志专栏，增加了发文频率，增强了读者互动，提升了传播覆盖面，截至2019年12月，传媒微信公众号粉丝达到3万，均阅读量在1500—2000次。《传媒》还与中国知网、万方数据、超星合作推出刊物的电子版，与人民网传播频道、学习强国平台实现专题内容实时推送，专题内容也受到同行业新媒体平台大量转载，提升了《传媒》杂志的影响力。

（二）杂志社主要活动

第十四届中国传媒年会：2019年9月11日至12日，第十四届中国传媒年会在重庆市铜梁区召开。300多位来自全国各主流媒体、新媒体机构负责人、高校及媒体研究机构的知名专家学者共聚一堂，共同探讨全媒体报道、县级融媒体建设等媒体融合发展中的相关话题。开幕式后，分别是主题报告、主题论坛、分论坛和媒体强“四力”走基层采访活动。

第二届中国新媒体发展年会：2019年9月18日，第二届中国新媒体发展年会在山东济南举行。年会由中华全国新闻工作者协会新媒体专业委员会等单位指导，中国新闻出版研究院传媒杂志社、山东文化产业博览交易会执委会和中共济南市委宣传部联合主办，济南日报报业集团、济南广播电视台、贝壳视频联合承办。年会以搭建新媒体交流平台，引领新媒体传播正能量为宗旨，以“5G时代新媒体的机遇与挑战”为主题，引领新媒体坚持正确舆论导向，推动媒体融合的纵深发展。国内外新媒体专家学者、主流新媒体行业领袖、新兴媒体先锋人物、融媒体平台与政务新媒体典型单位共聚一堂，就党媒新媒体与新兴商业媒体“相融与借鉴”、新闻客户端建设、短视频发展、新媒体营销等内容分享成果、交流互鉴。

2019中国融媒体发展论坛：2019年12月12日至13日，由中国新闻出版研究院、中国新闻技术工作者联合会、中国报业协会全媒体发展研究中心指导，中国新闻出版研究院传媒杂志社、中共昆明市委宣传部主办的2019中国融媒体发展论坛在云南昆明举行，来自全国近百家传媒研究机构、主流媒体、信息技术企业的专家学者、媒体精英和一线记者共聚春城，纵论5G技术发展趋势，分享智媒体发展经验。

（《传媒》杂志社）

中国新闻出版传媒集团

一 | 中国新闻出版传媒集团新媒体工作综述

2019年10月17日，中国新闻出版广电报学习强国号正式上线，标志着中国新闻出版传媒集团的新媒体传播渠道的再次扩容，也标志着中国新闻出版广电报新媒体群服务行业的能力再次增强。

2019年中国新闻出版传媒集团新媒体建设与融合报道工作按照习近平总书记的讲话精神，以做好宣传“中华人民共和国成立70周年”为工作主线，结合行业需求，按照新媒体发展和运营的规律，从目前建立的包括中国新闻出版广电网、由15个微信公众号组成的微信矩阵，以及“中国新闻出版广电报”官方微博、学习强国号、今日头条号等构成的新媒体传播格局出发，努力推进已有各项工作的不断创新和效果提升，并且不断尝试开拓新的领域和模式，在内容建设、渠道拓展、制度完善等方面都有了新的扎实收获。

（一）凝心聚力，百花齐放，唱响中华人民共和国成立70周年赞歌

1. 共襄盛举，讲好“中华人民共和国成立70周年”行业发展故事

自2019年1月初，“中国新闻出版广电报”微信公众号便开始陆续发布本报“中华人民共和国成立70周年”相关稿件，并策划制作了“壮丽70年　奋斗新时代”全国百家出版单位负责人真情祝福短视频专题。自9月16日至10月1日，该短视频专题在微信平台连续推出28期，邀请全国81家出版单位的负责人出镜，回顾新中国成立以来，出版事业的发展历程与辉煌成就。在国庆节当天，作为该系列的收官之作，中国出版协会理事长柳斌杰代表全行业献上祝福，把宣传气氛推向高潮。该短视频专题的内容在“中国新闻出版广电报”微信公众号及新华社APP进行推送，并在新华社APP读书频道制作成专题，取得了较为突出的传播效果，两个平台的总浏览量达到420余万人次。

自2019年6月起，中国新闻出版传媒集团微信矩阵成员都陆续在各自的细分领域中，自主策划了庆祝中华人民共和国成立70周年的相关报道。如“版话儿”携手中国新闻出版广电报出版周刊推出的“致敬70年·镇社之书背后的出版人”系列报道；“发行观察”与主管部门一起重点策划了“献礼70周年”系列报道；“中国农家书屋”聚焦全国各地以庆祝新中国成立70年为主线的农家书屋活动等等。

2. 全面发力，营造“喜迎中华人民共和国成立70周年”浓厚氛围

中国新闻出版广电网除转发《中国新闻出版广电报》和其他权威媒体关于中华人民共和国成立70周年的稿件外，2019年4月起，在首页首屏显要位置设置“壮丽70年　奋斗新时代”专栏，共发布本报原创稿件25篇，集中展示共和国70年新闻出版广电事业的发展历程。8月起，中国新闻出版广电网策划“壮丽70年　奋斗新时代——全国新闻出版广电业庆祝中华人民共和国成立70周年”大型网络专题。专题设置“新闻中心”“留影·成长印记”“奋斗·成长故事”“成就·镇社之书”“媒体报道”等栏目，用132篇图文、视频稿件，记录、汇集了新中国新闻出版广电业70年发展变迁的难忘历程。

除此之外，“中国新闻出版广电报”微博、今日头条号等多个新媒体平台，均根据各自传播特点发布“中华人民共和国成立70周年”相关内容，形成了资源共享又各有特色的新媒体报道高潮。

（二）守正创新，精准服务，助力行业健康发展

作为中宣部直属的行业媒体，如何讲好中国故事，如何为行业健康有序发展做好服务，一直是中国新闻出版传媒集团媒体融合和新媒体建设的努力和前进方向。

1. 勇于尝试，探索行之有效的融合办法

在严格把关内容的同时，集团新媒体各平台在2019年多次尝试短视频等更新更潮更容易让受众接受的报道方式。除重点推出的“壮丽70年　奋斗新时代”全国百家出版单位负责人真情祝福短视频专题外，还策划了一批内容丰富活泼，更接地气、贴民心的优秀短视频内容。

以往媒体对行业展会报道，多以图文为主，形式单一，各家媒体报道的内容也大致相同。2019年北京图书订货会期间，“中国新闻出版广电报”微信公众号在完成常规报道的基础上做了创新。每年订货会的举办时间都是在新年之初，我们就抓住这个时间优势，策划了34家出版社负责人的图书推荐和新年祝福视频，用以书会友，新朋老友相聚北京的情感基调，把订货会本来冗长繁杂的展会报道，变得有情怀、有人情。2019年全国图书交易博览会期间，微信公众号“版话儿”利用短视频形式进行Vlog同步观展，让报道的视角从记者变为普通读者，用真实、轻松、现场感强的好画面赢得了读者一致好评。

2019年，“中国农家书屋”微信公众号连续推出《农家书屋主题采访活动｜甘肃，我们

来了！》《“深入生活·扎根人民”活动走进农家书屋发源地甘肃》《农家书屋主题采访活动｜“书屋改变了我们村”》等多期Vlog视频。在2019“农民喜爱的百种图书”发布活动举行前夕又推出10秒短视频，邀请包括中国出版协会理事长柳斌杰，全国政协委员、中国版权协会理事长阎晓宏，全国政协委员、中国音像与数字出版协会孙寿山，全国政协委员、中国期刊协会会长吴尚之等多名嘉宾出镜，为首次举办的该活动站台加油，在业内引起较大反响。

2. 靶向定位，着眼全局做行业发展的风向标

相较于其他综合媒体，作为行业媒体，中国新闻出版传媒集团一直在融合过程中探索适合行业媒体的融合报道模式与格局。在集团微信矩阵建立之初，集团领导就进行了精心的战略部署，在行业的每个细分领域内都开设了对应的公众号，专门服务于相关领域读者和用户。根据内容和业务需要，这些新媒体号和平台既可以平时单独运作发布符合自己特色的内容，又可以在需要时由集团指挥共同推送相同的内容，形成宣传合力。

微信公众号“中国新闻出版广电报”定位为行业主管部门与全行业信息沟通的重要纽带和桥梁，是指导行业工作的重要传播渠道。集团明确要求重要信息先网后报的发稿原则：在确保内容准确无误前提下，凡是重要的、与行业发展密切相关的国家和行业主管部门发布的重要信息，第一时间在新媒体平台上发布，体现行业媒体的权威性和时效性。这些做法都为公众号内容赢得了业内读者的广泛关注。如《关于重大选题备案，国家新闻出版署发出通知》（阅读量7.1万）《定了！全国新闻单位采编人员岗位培训考试须于11月30日前完成》（阅读量5.8万）等。也正因如此，“中国新闻出版广电报”微信公众号的用户黏度更强，增长速度更快，2019年在微信公众号打开率整体持续走低的情况下，用户数量较2018年同期增长了30.9%。

微信公众号“印业独家”专注于打造印刷领域权威专业报道的平台，为了拉近与读者的距离，2019年他们尝试将领导活动和展会情况用图片“表情包”形式应用于行业展会现场，运用对话框等表现手段，转变表达语态，增强了新闻报道的代入感和互动性。

依托与各级版权管理部门、行业协会、从业者的密切联系，微信公众号“版人版语”通常能在第一时间掌握版权新闻事件的最新、最权威消息，由此树立了新媒体的公信力，表现之一就是版人版语微信公众号发布的通知类信息发布时间早、点击量和转发量都很高。如2019年11月发布的《公示｜第十一届全国大学生版权征文活动获奖名单》和《公示｜第三批全国“扫黄打非”进基层示范点（100个）》等阅读量分别达到上万和七千多，成为该领域的权威新媒体。

在十九届四中全会闭幕后，微信公众号“广电家”及时制作了“学习贯彻四中全会精神”系列内容，以山东、吉林、浙江等地广电机构为例，总结各地广电机构在学习贯彻四中全会精神方面的亮点和做法，深入分析广电媒体如何更好学习、报道重大会议等活动，为行业中心工作服务。

作为前沿学术阵地，微信公众号“中国出版”在配合《中国出版》杂志内容宣传的同时，每期固定选题，紧跟学界与业界的前沿讨论，增加内容互动，将内容学术性、专业性与灵活性

相结合，增强推送内容学术理论价值和对行业的指导价值。推送内容取得了良好的传播效果，在杂志品牌建设方面做出有益探索。

3. 线上线下结合，更好服务行业管理与发展

除了与纸媒的联动，在推进全民阅读推广工作的各项活动中，中国新闻出版传媒集团也专门开设了“全民阅读媒体联盟”微信公众号对全民阅读品牌活动“书香中国万里行”“红沙发”系列访谈、“微笑彩虹”——关爱特殊儿童公益活动、“全民阅读大讲堂”“《山高水阔书香远》《书香万里》新书出版座谈会”等进行了充分报道。这些活动报道带动联盟成员单位，深入报道全国优秀阅读人物、事例，发掘书香社会建设先进经验，从不同层面呈现全民阅读发展盛况。系列活动与新媒体传播有效结合，使系列活动的影响力和品牌效应得到迅速提升。

此外，对“两会”、全国书博会、北京国际图书博览会、国际书展主宾国等行业和相关领域重大展会活动，集团已经形成了比较成熟的融合报道机制，从会前的报道方案到会中的协调指挥，上会记者与报纸编辑部以及集团微信矩阵各相关公众号，分工合作，密切配合，现场新闻、重要资讯先网后报及时图文并茂地制作推送，深度内容纸媒进一步呈现。随着内容的时效性和独家性不断加强，微信内容被其他公众号转载的频率也日益提高，充分体现了集团行业媒体的权威性和时效性得到了进一步加强。随着集团新媒体建设的不断推进，集团新媒体影响力不断提升，越来越多的中宣部相关司局开始把重要工作的通知和相关政策法规第一时间交给我们的新媒体独家发布，中国出版协会等行业组织与集团新媒体合作也更加深入，从重要信息第一时间独家发布到行业活动宣传报道的密切配合。

（三）转变思路，为深入推动媒体融合保驾护航

观念引领行动，认识推动实践。经过近几年的媒体融合实践，集团一方面在思想上不断利用各种机会和途径提高全体人员，特别是采编人员的媒体融合意识；另一方面也根据集团自身实际情况制定了相关办法和制度，确保融合工作走得更深更远。

在思想建设方面，2019年2月25日，由中国新闻出版传媒集团全体中层干部和采编人员参加的集团党委中心组媒体融合学习讨论会在集团内部召开。这一专题会议已成为集团近年来每年必做的一项重要活动。集团负责新媒体业务管理的华讯传媒汇报了学习习近平总书记讲话体会以及促进集团媒体融合工作的思考和建议，并对集团微信矩阵2018年数据统计和分析。集团各业务部门交流对新媒体工作的经验并提出问题，集团领导班子全体参加并做出指导。

制度建设方面，配合落实“不忘初心、牢记使命”主题教育活动中提出的意见和建议，在已有新媒体开合奖励制度基础上，补充制定了《关于为微信公众号提供图片和视频的奖励办法》，使融合报道制度方面更加完善。为继续强化新媒体内容的时效性和原创性，提高记者给新媒体供稿的积极性，集团对已有的奖励办法还做了修改，加大了对记者的奖励力度。矩阵各公众号

原创意识大大增强，据统计2019年集团矩阵各公众号的原创稿件数量比去年提高了59.6%，这也改变了以往微信公众号大多照搬报纸见报稿件的习惯，一大批时效性强，现场感强，内容更加丰富的行业重要资讯和报道通过微信公众号平台及时传播，扩大了矩阵各公众号的品牌和影响力。

在新媒体管理方面，自2018年启动的集团微信矩阵每月综合点评工作，加强了对统计数据的收集、对比和分析，在今年重新制作了更加清晰规范的数据情况收集表格，矩阵各公众号的及时反馈更加积极，数据分析也更加科学有据。为提高矩阵微信制作效果，集团还给微信矩阵各公众号购买了新编辑软件。同时集团还加大网络安全运行维护工作力度，新成立的网络运维部完成了相关系统平台的网络安全加固和相关人员培训，并按照中宣部、公安部等部门的要求，完成了针对现有系统的信息安全工作自查，为集团的各内容采集制作发布平台的安全运行提供了更好的保障。

二 | 中国新闻出版传媒集团新媒体工作案例

“壮丽70年　奋斗新时代”全国百家出版单位负责人真情祝福短视频专题

为了更加生动形象地展现新中国70年出版业取得的辉煌成就和出版人对新中国70华诞的深情祝福，微信公众号“中国新闻出版广电报”策划、制作了“壮丽70年奋斗新时代”全国百家出版单位负责人真情祝福的视频专题。该专题在微信和新华社APP两个平台的总浏览量，达到4，265，454人次。2019年8月起，该公众号在全国范围内甄选近百家出版社负责人进行视频采访和约稿，编辑制作成视频短片后，从9月16日开始，每天2期推送，持续到9月30日，10月1日当天，发布原国家新闻出版总署署长、中国出版协会会长柳斌杰代表全国出版人庆祝祖国70华诞的祝福视频，并以快闪的形式，把已发布的近百家出版社视频进行梳理和回顾。该系列短视频专题报道，用新媒体的平台、生动的短视频报道形式，与读者分享了70出版行业的发展故事和喜人成就，展现了新时代出版人的蓬勃朝气和崭新面貌。

作品二维码：

《百家出版单位共贺中华人民共和国成立70周年》

（中国新闻出版传媒集团）

北京日报报业集团

一丨北京日报报业集团新媒体工作综述

2019年，北京日报社全力推动报社60多年来最重大的生产关系变革，以打通和融合为关键，对日报、晚报采编部门进行全面整合，成立北京日报社总编辑办公会，按照全天候融媒体生产流程划分出23个内容生产部门、13个内容发布部门、5个运行保障部门，构建起“横向集约、纵向扁平、前端统合、后端分立、融合生产、分态传播”的新型组织架构体系。在2个多月的时间内完成部门整合、干部选任、岗位调整等各项工作，实现了无缝衔接、平稳过渡。着力构建与融媒体改革发展相适应的、覆盖全媒体的多维度立体化绩效考评体系。在深入调研、反复测算、多次研讨的基础上，出台《京报集团融媒体绩效考评方案（试行）》，于2020年1月启动融媒体绩效考评体系试运行，进一步破除体制机制壁垒，推动全员深度转型。

融媒体编辑中心成立后，新媒体发布端口一体化运营顺利开展，内部所有业务部门深度融合，客户端、长安街知事、微博微信、视频直播、京报网联合策划、编采内容逐步常态化，最大程度集约了人力资源，提高了工作效率。全天候融媒体采编流程确立后，中心厨房建成并投入使用，生产端和新媒体发布端的沟通、互动、策划、协同越来越顺畅、高效，故宫亮灯、国庆报道等一批前后方密切协同、快速反应的首发作品广为传播。日晚报采编体系整合后，编辑记者策划主动性、发稿热情、稿件数量和质量明显提升，集团融媒体报道实力大幅增强。北晚新视觉公司转型为京报移动传媒公司后，全面融入集团融媒体矩阵，逐步发挥集团融媒体支持平台的作用，与北京枭龙科技有限公司共同发起设立了北京融媒视界科技有限公司，借助AR眼镜开发和多场景应用，加快推动全员全媒体转型，强化多领域内容视频和图文复合传播，集团首次进入到融媒科技新领域。

以北京日报客户端为龙头，以长安街知事、艺绽为重点，以北京日报、北京晚报微博微信，识政、长安观察、都视频、京直播、光影记忆等新媒体品牌和头条号、百家号等平台号为支撑，初步构建起“全链条生产、全平台发布、全媒体呈现”的立体化传播格局，党报移动传播矩阵全网用户超过8000万，全年矩阵阅读量超过150亿，其中视频直播超过40亿。客户端总下载量突破1100万，月均发稿量从5000多篇提升到10000多篇，各频道、各栏目建设持续加强，北京号2.0版也全新上线，经过多次改版升级，用户体验不断提升，在全国省级党报客户端中处于排头兵地位；长安街知事品牌全网用户达2200万，位居全国时政类新媒体前列；日晚报微博粉丝突破2000万，出现多个“亿级”传播案例；都视频“70秒看北京”系列短视频全网播放量达1.6亿；京直播国庆期间2场原创直播收看超过4600万次；《光影记忆》全网推送66集，播放量超5000万，被2019中国新媒体大会评为“十大创新案例”。

二 | 北京日报报业集团新媒体工作案例

《光影记忆》微纪录片

北京日报社依托自身图片资源库，充分挖掘珍贵历史照片背后的故事，以传统媒体的资源优势，融合新媒体的创意制作和传播方式，制作《光影记忆》短视频节目，成为主流媒体进军网络主阵地的一次重要尝试，也是优质内容与强大的传播渠道共同联手重塑网络内容生态的创新之举。

北京日报社创立于1952年，留下了大量的历史照片，成为珍贵的时代记录。报社投入大笔专项资金，把这些胶片资料做了高清数字化处理，为之后的深度发掘利用打下了很好的基础。老照片是党媒独有资源，也是互联网稀缺资源；而网络短视频是目前互联网中最受欢迎的传播方式，如果把它们相互结合，用短视频的方式把照片背后的故事挖掘出来，在互联网上传播出去，这不正是一条创新融媒体之路吗？就这样，《光影记忆》的最初创意诞生了。

从2018年12月开始，《光影记忆》从创意变为北京日报客户端的一个主打新媒体产品，它以3～5分钟的短视频，秉承小瞬间见证大时代的定位，以最珍贵老照片重现重要历史事件、重要新闻事件中的经典瞬间，并邀请新闻事件当事人或记录这一事件的记者讲述讲述图片背后的故事，展现新中国的光辉历程。

《光影记忆》2018年底上线，2019年推出“中华人民共和国成立70周年特别见证”系列，节目讲述了天安门开放、恢复高考、北平谍战、建设人民大会堂等重大历史事件中引人入胜的故事。在国庆前夕，《光影记忆》突破以前每周一期的频率，大规模、高频率、成系列推送，在一个多月的时间里，集中播出了“大阅兵揭秘系列”和“天安门揭秘系列”等为国庆节专门打造的节目，为大家讲述天安门的红舞台、红灯笼、标语、国徽、毛主席画像背后鲜为人知的故事。

一年多来，《光影记忆》已经播出近百集，单集最高播放量390多万，累计6000多万，尤其是主打的“中华人民共和国成立70周年特别见证”系列视频，以正能量和珍贵史料吸引了大量观众，项目组还成立了来自各个不同研究领域的专家团队，确保历史素材的准确性，全力保障视频的精准呈现。《参加开国大典的老兵》《开国第一宴》《毛主席指挥的最后一役，威震南海》等反响强烈，每条光点赞就过万，读者评论留言互动积极踊跃。

（北京日报报业集团）

北京新媒体（集团）有限公司

一 | 北京新媒体（集团）有限公司新媒体工作综述

北京新媒体（集团）有限公司是在北京市委宣传部领导下、经中央文改领导小组、北京市文改领导小组批准，剥离北京广播电视台新媒体业务板块，与北京市文化投资发展集团有限公司共同出资组建而成。集团是北京广播电视台台属一级企业，组建集团是北京市委宣传部积极探索和推动媒体融合发展的重要举措。集团于2016年4月12日挂牌成立，在北京网络广播电视台基础上全面升级为“北京时间”网站。以传播正能量、传播主流声音为己任，打造“大美担当，创新图强”的首都新型主流新媒体形象。

（一）北京时间网站

北京时间PC主站经过三年发展，目前正在形成以承载北京广播电视台精品互联网化内容为核心，精编+推荐和垂类频道多品类内容呈现的全资讯平台，站内拥有包括图文、视频、直播、专题在内的多种新媒体内容形式，在承担北京广播电视台官网职能以及市委宣传部、市委组织部等融媒体宣传工作的基础上，为广大用户提供优质的内容资讯服务。此外，北京时间PC主站具有完整的广告系统，能够随时应对不同的商业化需求。

（二）北京时间移动端

北京时间移动端从2016年4月11日1.0版本上线开始，至今迭代60多个版本，目前累计下载突破800万，北京时间日活达65万以上。自上线以来，北京时间APP形成了以北京广播电视台优质转化短视频为核心内容，以视频、直播、图文为主要内容形式，兼有30多个垂直频道的移动互联网资讯产品。同时北京时间APP还包含评论、分享、话题互动、积分体系等级成长体系、时间商城在内的多种用户互动场景，并于近期上线政务服务等符合用户刚需的多项功能，用户黏性不断增强。

（三）北京时间公众号

北京时间在微博、微信及其他自媒体平台上均开设了新媒体公众号，共计78个。截至目前，北京电视台法人微博粉丝数675万；北京电视台微信订阅号、服务号共拥有粉丝数57万。此外，北京时间旗下的短视频账号“时间视频”凭借着快、深、广、暖、融的发展特点，迅速在泛资讯短视频领域脱颖而出，成为行业翘楚。目前“时间视频”已在微博、头条、企鹅、百家、快手、抖音等主流平台上入驻和运营，其微博MCN账号粉丝量已逾550万，所运营的内容单周播放量超亿次，全网总粉丝超过1500万，全网播放量每周可达2亿，已稳坐泛资讯类短视频行业第一阵营。

2018“温暖的力量”暖视频征集活动，曾摘得“2018网络公益年度优秀传播项目”；2019年，时间工作室积极开展“暖视频”相关报道和运营活动，推出“美好时间”主题的暖视频征集，并邀请数十家媒体共同参与。共征集作品总数量逾1.6万条，阅读观看量近55亿。”此次活动弘扬暖视频、正能量主题，受到上级领导、媒体同行、广大网友的点赞。目前，2020年暖视频征集活动也已正式启动。

（四）北京IPTV

北京IPTV各项业务持续快速发展。2019年北京新媒体（集团）有限公司积极推进北京IPTV市场发展，通过不断提高平台影响力，提升用户体验、增加内容的数量、质量，让产品更贴合用户需求。截至2019年底，北京IPTV用户数达200万。

二 | 北京新媒体（集团）有限公司新媒体工作案例

《70年70人——我与共和国共成长》系列短视频

为庆祝中华人民共和国成立70周年，人民政协成立70周年，北京新媒体（集团）有限公司（北京时间）策划推出了《70年70人——我与共和国共成长》系列短视频。70位来自医疗、教育、科技、经济、文化等领域的市政协委员，将以建设者、亲历者和见证者的视角，讲述他们同祖国和时代一起成长与进步的故事。该系列以70位各行各业各领域的人物为切入点，既有关于医疗、教育、科技、文化等领域的点滴变化反映新中国成立70年来辉煌成就的，也有把握时代脉搏、关注人生冷暖的主题，内容涵盖国庆70周年群众游行、脱贫攻坚、乡村振兴、垃圾分类、城市复兴，也有关于社会重大变革的阅读方式阅读资源的变化、新农人的科技+农业、粤港澳大湾区的建设、传统曲艺的新发展、高铁等交通方式的变迁……点点滴滴的变化反映着社会各方面的发展变化，也让观众在潜移默化中感知这个时代的生机与活力。

《70年70人》采用嘉宾口述历史及跟拍的方式，辅助珍贵的历史影像资料，展现时代的变迁与发展。通过他们在时代进程中“参与、创造、见证、受益”的经历和感悟，辅以珍贵的影像资料，回望新中国成立70年来的壮阔历程，用70段动情讲述、70个生动故事，为中华人民共和国成立70周年、人民政协成立70周年献上最美好的祝福、最真挚的情意。

视频自9月28日起在“北京政协”微信公众号、网站及客户端、北京时间APP、北京电视台“两微一端”、北京IPTV数字电视、学习强国、时间视频首播，并于腾讯视频、爱奇艺、优酷、今日头条等平台同步播出。累计播放量达2.3亿次，单集最高播放量1400多万次，多条视频点击量破千万，共计收到网友评论3,190 741条。多平台多维度贯彻媒体融合发展，打通了电视手机互联网等多媒介，传播力度更大，传播范围更广。并在2020年北京两会展播期间得到了市政协主席吉林、宣传部部长杜飞进高度评价，并作为媒体融合宣传报道的主要工作成绩写入市政协常委会工作报告，2020年5月荣获第二十九届北京新闻奖融合创新一等奖。

北京新媒体（集团）有限公司

天津津云新媒体集团

一 | 天津津云新媒体集团新媒体工作综述

2019年，津云新媒体在市委、市委宣传部的指导下，海河传媒中心的领导下，聚焦中心工作，树品牌，出爆款，坚持践行一体化发展方向，驱动原创内容和核心技术双引擎，融合成效显现。

（一）匠心打磨力作　主题报道精彩纷呈

作为天津移动新媒体的总平台、总集成，津云新媒体不断创新内容生产与表现形式，努力提升报道速度与温度，以工匠精神打磨报道作品，围绕重点主题，通过专题专栏、深度报道、微视频、动新闻、H5等生动活泼、贴近读者的形式，进行浓墨重彩的宣传报道。

4月16日，以“新时代的中国：活力天津走向世界”为主题的外交部天津全球推介活动成功举行。津云通过VR、H5、微视频、动漫、读图、摄影作品等多种形式，全景呈现了活动盛况，展现了天津城市魅力。其中，创新采用“动读图”的方式，策划推出作品《来，看天津一只春游的小喜鹊》，以一只春游小喜鹊的视角出发，一路飞一路瞧，逐步揭开天津智能创新、开拓进取的城市真面貌，从多角度多方面地探寻天津的高质量发展之路。作品利用2.5D和现实、动画穿插的效果，将人物对话和故事相串联，融入每一个画面细节之中，同时配以特定位置动画效果的设置，内容层次丰富自然，把天津想对世界展示的“宏大场面”和“严肃主题”，巧妙地通过网络化表达“精巧唯美”“接地气”地铺陈开来，让读者在视觉上有新鲜感、代入感、互动感，润物细无声地宣传和推介天津。作品一经推出，即被人民日报、新华网、中国网等众多媒体转载，外交部外事管理司微信公众平台“外事管理”也对该作品进行了重点推送，阅读总量超千万。获得众多网友好评的同时，也得到外交部领导的点赞，称此作品“有创新有故事”。

为迎庆中华人民共和国成立70周年，津云新媒体聚焦70年来70位英雄模范，派出多路记者历时3个月寻访英模曾经工作战斗过的地方，推出“壮丽70年　永远的‘爱豆’”系列报道，覆盖新中国成立后各个时期、领域的英雄模范人物，全景式呈现新中国英模群体的光辉业绩和持久影响力，记录感人事迹，传递精神财富，呼唤不忘初心、接续奋斗实现中华民族伟大复兴的中国梦。首篇文章《最亲密的战友、永远的榜样……“我”眼中的雷锋》，采访雷锋生前战友乔安山，深情回忆当年与雷锋工作学习的经历，深深触及读者内心；《25年了，人们仍在想他念他学他爱他》采访孔繁森好友陈孝忠，讲述孔繁森生活和工作中的点点滴滴，感情真挚；《朱德唯一孙女：爷爷把所有积蓄都交了党费》，通过朱德元帅唯一孙女、一位普通急诊科大夫朱新华的娓娓道来，反映了老一代革命家、开国元勋朱德崇高的精神境界，朴素亲切，打动人心。系列报道以开阔的历史的视野，报道了新中国建设改革发展历程中宝贵的精神财富，从细微处挖掘故事，特别是其中蕴含的共通的情感力量，让不同年龄段的读者都能够产生共鸣。十一当天，特别推出的视频作品《我和我的祖国　永远的‘爱豆’》，更是邀请到数十名英模和他们的亲友接续演唱歌曲《我和我的祖国》，真情充溢，原汁原味，具有很强的感染力，在朋友圈刷屏，引发强烈反响。

（二）探索融合方向　微视精品成绩喜人

2019年，津云新媒体推荐参评第二十九届中国新闻奖的短视频作品《臊子书记》获得短视频新闻一等奖，这是在中国新闻奖增设媒体融合奖项后，由地方新媒体首次摘得桂冠。全媒体时代，加快媒体融合步伐，才能打造引领时代的优秀作品。《臊子书记》的诞生，正是天津全力推动媒体融合发展结出的一颗硕果。以高度的政治责任感和历史使命感为动力，以互联网思维创新理念，学习平面媒体的思想深刻长处，借鉴广电媒体的视频制作技巧，在“先天基因”中注入“核心内功”，将大屏的传统优势有效转化成小屏的崭新动能，释放出巨大的视频生产力。

从相加迈向相融，是媒体融合发展的方向，也是提升创新能力、做大做强主流媒体的关键。2019年8月，津云新媒体推出的向“时代楷模”致敬的MV作品《向梦想出发》正是其与央视《时代楷模发布厅》栏目组深度融合的产品，也是地方新媒体与央级传统媒体在媒体融合方面的创新探索和成功尝试，充分证明只有资源共享、信息共通、团结协作、开放包容，才能将媒体融合推向深入。

为了让主旋律题材作品拥有更广阔的受众面，津云新媒体抓住年轻受众的审美期待，以用户思维指导创作，巧妙运用流行音乐的表达形式，抒发家国情怀，传递民族观念，让人物的厚重事迹与作品的年轻表达紧密结合、相得益彰，每一句唱词、每一个音符、每一个画面都让人热血澎湃、记忆深刻。从融合创新到爆款传播，该作品完美地诠释了媒体融合的内涵，也突显了主流媒体在传播主旋律、弘扬正能量方面的价值引领作用。该MV作品在中央广播电视总台综合、军事、纪录等频道持续播出长达4个多月。特别是在9月1日《2019开学第一课》节目前播放后，在全国广大中小学生中引起强烈反响。此外，该MV作品还在全国近30家省级卫视频道播放。在学习强国总平台、人民日报客户端、人民日报微博、新华社客户端、央视新闻客户端、共青团中央微博等央级媒体平台以及全国多省市的主流新媒体广泛传播。在加拿大、葡萄牙、爱尔兰等10多个国家和地区的华文媒体播出，在海外华人中引发热议。在网易云音乐、QQ音乐、全民K歌和唱吧等音乐平台中，歌曲被广泛传播，广大青年自发参与练唱、留言，向时代楷模致敬。

此外，尝试以第一视角拍摄模式真实还原援疆干部席世明生前扶贫片段，推出的沉浸式微视频《沙漠之子》以天津援非医疗队队员自述为主线，讲述中国医疗队帮助加蓬人民医治病痛故事的日记式微视频《一本记录生命的日志》等津云微视作品，都做亮了“小切口、大主题，有价值、有情怀”的新媒体特色。

（三）紧跟5G时代打造新型传播平台

当前，天津正在深入推进媒体融合，坚持移动优先策略，坚持一体化发展方向，努力打造新型传播平台，建成新型主流媒体，扩大主流价值影响力版图，让党的声音传得更开、传得更广、传得更深入。特别是5G时代来临，短视频更是成为舆论宣传、传播正能量的主阵地、主战场，在这样的背景下，津云新媒体历经半年的紧张研发，于2019年9月正式推出“津抖云”短视频平台，探索适应全媒体时代内容传播规律的短视频生产、传播模式，为“主力军”进入“主阵地”搭建平台，进一步推动传统媒体与新兴媒体融合发展，深度挖掘PGC、UGC资源，培养网红人设、IP为主旋律发声，营造良性互动的媒体生态环境。

“津抖云”短视频平台定位为独立的手机APP产品，面向全国网民聚合优质原创短视频内容，着力打造以短视频为主要内容表现形式的网民互动社区和开放式交互平台。在为网民提供易用的短视频录制、编辑、发布工具的基础上，兼容主流商业平台通行的特效手段，最大限度降低网民的学习操作门槛。内容呈现方面，充分利用有限的手机屏幕资源，展示竖屏短视频信息流，同时通过大数据算法和人工智能技术对用户进行习惯采集、精准画像，按照用户的浏览偏好进行个性化的内容推荐。平台分别设置“媒体用户”“机构用户”“个人用户”等身份等级，引入积分机制激励用户创造内容，形成原创短视频的开放式互动社区。按照用户兴趣、所关注内容的类别和所发布短视频的属性，将同类用户进行关联，构成“群组”“朋友圈”“生态链”。用户间通过关注、点赞、评论、回复等方式进行互动，构成互相激励，互为促进的开放式互动社区。

“津抖云”上线的同时，还启动了“耕云计划”，邀请有创意的短视频创作者进驻，通过现金奖励的方式培育一批种子用户，培育对象分为“政务号”、“媒体号”和“耕云号”三种。此外，“津抖云”还将引入MCN模式，孵化符合平台调性的网红级原生人设、IP。以高质量的人才库、作品库、资源库为基础适时推出“认证创作人”孵化计划。通过平台化、工业化的运作机制为短视频内容创作者提供包括运营、推广、包装、营销等在内的“一揽子”经纪服务，在帮助内容创作者实现稳定收益的同时，使其能够专心于内容创作本身，保障优质内容的持续稳定输出。

（四）服务区级融媒　建设全市“一朵云”

本着全市媒体融合“一朵云”建设思想，津云新媒体自主开发“媒体融合技术平台”，服务于天津“市、区”两级融媒体建设，助力媒体融合工作。

技术实力共享。全面打通“市、区”两级媒体融合平台的各项技术端口。在技术平台上，采用津云统一的融媒体业务管理平台；在存储空间上，利用津云“中央厨房”自建IDC机房提供高质量运算和处理能力；在数据传输上，采用专线通信方式。标准化云服务，弥合了市级与区级媒体的技术平台落差，减少技术壁垒，同时提升了安全保障能力。

津云新媒体为各区级融媒体中心提供的技术平台包括：“四大产品+两条通路”——即“中央厨房”指挥决策平台、业务管理平台、融媒记者客户端、新闻客户端四大产品；数据专线和直播专线两条通路。通过提供全媒体内容发布系统、稿库、数据库，使区级融媒体集统一指挥、采编发布、高效协同、网络安全与舆情监测等多种业务应用于一体，有效提升了区级媒体融合的进程。

内容数据共享。通过云平台，津云“中央厨房”将全市新闻和数据资源提供给各区融媒体中心使用。同时，区级融媒体中心可以将区级内容上传到市级平台，为市级媒体提供素材和新闻，实现信息双向互通，资源共享，也为各区优质内容提供了立体传播支撑。

服务资源共享。作为天津融媒体的总端口，津云客户端聚集了多种政务和公共服务功能，为区级融媒体中心提供服务与数据资源。例如，天津市网络问政平台“政民零距离”，其大数据搜集和分析功能可以针对每个网格化区域开展民情分析，将数据提供给各区融媒体中心，能有效辅助区委、区政府开展舆情研判和社会治理工作，协助各区扎根本地，通过“新闻+政务+服务”的模式，增强本地用户黏性，充分发挥连接基层群众“最后一公里”作用。

在运营服务上，津云新媒体为区级融媒体中心提供涵盖建设咨询、内容和技术培训、工作室建设、联合策划活动等一系列服务，从互联网思维、内容产品再到人才培训等各个环节给予支持，共同构建良好的融合生态，形成融媒体集群效应。

（五）技术驱动创新推动智能采编发展

作为技术驱动型的新兴媒体，津云新媒体在创新、研发方面具有得天独厚的优势，通过推进媒体融合发展，依托津云“中央厨房”统一技术支撑体系，将关键核心技术的自主创新能力和对新技术的应用转化能力作为新媒体的主要竞争力。截至2019年底，津云已拥有软件著作权和技术专利64项，技术产品服务全国74家媒体用户。同时，天津市区级融媒体中心也依托津云“中央厨房”的云存储和大数据分析能力建设了以云服务为架构的融媒体中心，实现媒体协同，快速抢占舆论引导的主阵地。

为推进大数据、云计算、人工智能等新技术在“全程”“全息”“全员”“全效”等方面的应用，津云新媒体以5G商用为契机，不断打造更高质量、更低延迟的视频直播服务，并逐步引入VR直播功能，打造多种直播形态并行的全息化视频流媒体。同时，加紧AI辅助技术的应用研发，探索AI辅助审核，不断提高内容审核的工作效率。借助新技术解放新闻生产力，不断提高稿件创作效率，提高媒体产能，推动新闻的智能采集和处理在内容生产领域取得实效。

此外，发展自主可控媒体底层框架是保障网络安全、信息安全的基础。津云新媒体运用当前最先进的开发模型进行软件底层架构研发，已实现数据库连接池、数据持久层、MVC架构层、通信总线、序列中心等核心底层架构，从根本上保障了津云“中央厨房”系统整体的安全可靠性。

二 | 天津津云新媒体集团新媒体工作案例

“新闻+扶贫”助力脱贫攻坚之战

2019年是脱贫攻坚的关键之年。7月下旬，津云新媒体携手中国记协以第七届天津融媒体粉丝狂欢节为契机在会场设立“新闻扶贫”专区，3天时间内农产品销售所得超过24万元，不仅专区内的农特产品全部脱销，现场销售还与电商订购相结合，为陇南商户日后进一步拓宽销路奠定了基础。此外，为形成全社会广泛参与的格局，中国记协、津云新媒体、陇南电商发展局分别与天津市甘肃商会、天津市餐饮行业协会在消费扶贫、劳务引进、职业教育、项目对接等方面签署了战略合作协议，充分发挥行业、媒体、社会多方面的作用，实现行业扶贫、新闻扶贫、社会扶贫联动，形成全社会广泛参与的格局，把八方支援的“合力”转化为万众一心的“动力”，为甘肃陇南铺就一条长久、坚实的脱贫致富路。

营造良好的舆论环境，讲好扶贫故事，以此凝聚人心，树立扶贫信心，是主流媒体的初心与使命。2018年，津云新媒体记者跟踪报道远赴甘肃陇南的天津扶贫干部宋鹏，策划推出的短视频作品《臊子书记》让全国人民对陇南印象深刻。在2018年第六届天津融媒体粉丝狂欢节上，臊子等一系列陇南农产品被天津市民抢购，产品供不应求。2019年，津云新媒体又把陇南市多个县的131种“网红”农特产品引入天津，尽主流媒体最大力量把优质产品推荐给天津市民，彰显了主流媒体通过宣传助力扶贫的责任担当以及凝心聚力的重要作用。

脱贫攻坚作为新时代赋予的历史使命，主流媒体记者更要践行“四力”、锤炼本领，才能为精准扶贫提供信息服务、智力支撑和舆论支持。从2019年6月初活动策划筹备开始，50多天时间里，津云新媒体记者与甘肃陇南商户紧密对接，使商户从最初“路途太远，货卖不出去咋办”的担心，到最后抢争着报名，踏实地踏上了来津的列车。与此同时，活动期间津云新媒体还派出了20多位记者进行采访报道，推出形式各异的新媒体报道共计百余篇，全网总点击量突破4300万，其中“主播吆喝系列”和“陇南商户有话说系列”等微视作品，广受网友好评。

在天津加速推进媒体融合的大背景下，此次“新闻扶贫”活动成为检阅融合成效的大考场。天津海河传媒中心20多位“自带流量”的当红主持人使出浑身解数对陇南特产农产品进行推介，引来粉丝争相购买；津云新媒体旗下众多融媒体工作室也“各显神通”，图文、音视、漫画、VR等形式的全息呈现让广大网民感受到媒体融合的爆发劲头；报纸、广电、网站、移动端等的矩阵传播，中央媒体、省级媒体、商业平台等的强强联手，更充分展现出新闻扶贫活动“连点成面”的传播力量。

（天津津云新媒体集团）

长城新媒体集团

一｜长城新媒体集团新媒体工作综述

2019年以来，长城新媒体集团积极展现主阵地主力军新作为，媒体融合发展取得明显成效，助力提升社会治理现代化水平。

（一）积极抢占网上舆论主阵地

集团坚定不移把握正确舆论导向，始终坚持从源头严格把关，把讲政治、讲导向贯穿到新闻宣传报道的策划、创作、刊播全过程、覆盖到各终端和各采编人员，进一步严格阵地管理，持续推动意识形态工作责任制贯穿到宣传思想工作全过程，让主旋律牢牢占领网上舆论阵地。

一是推动习近平新时代中国特色社会主义思想深入人心。集团“学习强国”河北学习平台、“冀云”客户端、“长城24小时”客户端、长城网及时准确推送，确保习近平总书记重要活动、重要稿件始终占据首页首屏头条。更新维护好“爱学习”等系列专栏，以人民群众喜闻乐见的形式，宣传习近平新时代中国特色社会主义思想和党的十九大精神。共推出原创稿件1000余篇，包括《【图解】这些话深入人心！听！习近平总书记调研雄安“金句”》等解读类作品，以及《习近平总书记在京津冀协同发展座谈会上的重要讲话在河北省各界引起强烈反响》等原创反响类报道。策划推出的“循总书记足迹看河北变化”大型采访活动，沿着总书记视察河北的脚步，深入采访总书记最牵挂的事、最关心的人，记录广大干部群众牢记嘱托、撸起袖子加油干的昂扬风貌。“学习强国”河北学习平台不断加强与总平台沟通对接，加大优质稿件推荐力度，通过总平台宣传展示我省学习贯彻习近平新时代中国特色社会主义思想和中央重大决策部署的思路、举措、成效。推出“知之深爱之切”“燕赵新作为”等专题专栏和《革命老区平山县热议政府工作报告》等多个千万级爆款精品，多篇作品受到中宣部《阅评快报》肯定和省委主要领导批示。

二是创新重大主题报道，提升主流舆论传播力。以中华人民共和国成立70周年为主线，深入开展推进京津冀协同发展、高标准规划建设雄安新区、筹办北京冬奥会、坚决打赢脱贫攻坚战、推动高质量发展等重大主题宣传报道，不断在观念和手段结合上、内容和形式融合上进行深度创新，推出融媒体精品力作，切实担负起河北网上舆论主力军的光荣使命。集团开展的“壮丽70年·奋斗新时代”大型主题采访活动，通过视频、图文、评论、航拍等形式推出《太行山上的河北答卷》《数读河北》《同心筑梦》《河北精彩》等系列原创报道，在全省产生较大社会影响。2019年以来，集团围绕河北省委、省政府中心工作共发布原创新闻作品32114篇（个），被中央主要新闻网站（客户端）转发2237篇（次），共打造传播力过千万的爆款产品（话题）12个，获河北省委、省政府主要领导批示或表扬23次，获中宣部点名表扬8次，其中，《“00后”重走赶考路》被中宣部《新闻阅评》专题专刊表扬。

三是“两会”等重大会议报道出新出彩。重点培育打造移动直播品牌“长城全直播”，在全国“两会”、省“两会”等重要时间节点、大型会议活动，以及突发事件、社会热点报道中抢占媒体传播新高地，系列主题直播活动引发强烈反响和广泛好评。同时，创新新媒体技术产品，助力新闻生产提速、提量、提质、提效，集团自主设计研发的“长城直播眼镜”“钢铁侠”融媒体全平台移动直播设备以及虚拟主播“冀小蓝”，亮相2019年全国“两会”，受到海内外多家媒体关注。

（二）高标准建设“学习强国”河北学习平台

集团把“学习强国”河北学习平台的建设和运维当作一项重要政治任务，调配最精干力量，集中最优资源，认真研究、精密部署、强力推进。“学习强国”河北学习平台于3月2日实现PC端、APP端同步上线，得到了中宣部总平台负责同志充分肯定。中共中央政治局委员、中宣部部长黄坤明在河北调研期间，对河北学习平台给予充分肯定。7月上旬，河北省委书记、省人大常委会主任王东峰和河北省委常委、宣传部部长焦彦龙分别对平台作出了重要批示，为平台发展指明方向。平台上线以来，各项工作取得明显成效。2019年，河北学习平台刊稿量达1万余篇，被总平台采用1600余篇，月浏览量达到9813万人次，浏览量在全国分平台中排名第三。

（三）高质量推进冀云·融媒体平台建设

自河北省委宣传部确定把冀云·融媒体平台交给集团承建后，集团党委高度重视，把冀云·融媒体平台建设作为集团“头号工程”，高起点谋划、高标准要求、高质量推进，冀云·融媒体平台于10月9日正式上线运行，标志着河北省媒体融合发展又迈上了一个新台阶，将助力河北省打造全国媒体融合发展的区域高地。目前，冀云·融媒体平台整体运行安全稳定，省级平台主体功能和部分智能化能力已完成，具备了支撑全省200家以上融媒体中心和机关企事业单位接入的能力，完成冀云客户总端8次迭代升级，开通民生服务功能23项，在平台建设和技术准备层面，已可实现全省所有市、县融媒体中心入驻和冀云分端开发。已完成124个市、县客户端开发，已有1家省级媒体、4家市级媒体、76家县级融媒体中心入驻冀云·融媒体平台，逐步构建全省新闻宣传“一张网”“一盘棋”。

（四）高水平完成首届河北省冰雪运动会开幕式及“百县百校万人同日上冰雪”活动

为贯彻落实河北省“力争2022年全省参与冰雪运动人数达到3000万”的目标，我集团积极践行主流媒体责任担当，充分发挥新媒体技术优势和平台优势，倾集团之力做好冰雪运动的宣传推广和河北省首届冰雪运动会开幕式筹备工作。通过承接开幕式的策划执行和展示项目等活动，广泛普及冰雪知识，推动新媒体与冰雪运动深度融合，有效促进河北省冰雪运动跨越式发展。

一是冰雪运动会开幕式精彩纷呈。按照“节俭、绿色、环保”的总要求，我集团认真筹办河北省首届冰雪运动会开幕式，着力将开幕式办成一次全民参与、全民乐享、精彩无限的冰雪盛会，活动获河北省委、省政府和国家体育总局主要领导的充分肯定。

二是“百县百校万人同日上冰雪”活动影响广泛。由我集团承办的“百县百校万人同日上冰雪”活动，通过线下集中上真冰雪、线上百屏同步直播的形式，带动全省27万人同日参与到冰雪运动中来，活动实况登上央视《新闻联播》，并被新华社、人民日报等多家央媒报道，得到河北省委副书记赵一德的充分肯定，他指出，长城新媒体很有情怀，队伍很强、技术很新、创意也很多，对全局工作给了有力、鼎力的支持。

（五）努力打造“全省党政机关和领导干部走网上群众路线总平台”

集团立足“问政河北”平台定位，全面提升政务服务水平。进一步完善“网上受理—交办—督办—答复”流程，完全实现PC端与手机端跨平台办理。以定期公示“民生热点、问政实录、问政简报”、公布各地各部门办理“问政河北”平台工作情况为抓手，以《网民问政》视频访谈及相关监督报道为落脚点，采用组合拳模式打造出网络问政的长城新媒体模式，以实际行动架起党委政府与人民群众之间的“连心桥”，解决好群众的操心事、烦心事、揪心事。

2019年，“问政河北”新增入驻单位1206家（全省共有2190家单位入驻），基本覆盖全省主要省直机关和县（市区）部门，受到各级党委政府的高度重视，影响力和权威性明显提升；共收到网友诉求9000余条，有效网友诉求答复率为91.63%。集团网络问政工作获河北省委副书记赵一德等省领导批示表扬。

（六）积极优化产业发展布局

一是立足优势产业，深耕垂直领域。围绕“优势传统领域深耕做大、新媒体经营项目大胆探索、产业引导资金项目重点突破”的思路，积极在报纸发行、广告及印刷业务等传统优势领域深耕做细，确保营收基本盘稳定增长，同时加快推进新媒体业务，深耕区域市场和行业市场，在政务信息服务、地方网站运维、技术产品研发、舆情监测服务等领域提升创新能力、拓展市场空间。

二是创新活动方式，打造集团品牌影响力。成功举办河北省全民国家安全教育专栏上线暨河北省国家安全教育实验学校授牌仪式，获河北省委副书记赵一德批示表扬。成功举办2019第七届中国国际（河北）茶文化博览交易会，展览规模、参展品牌、展会档次等均大大超过往届。成功举办“‘直播美好燕赵’河北首届电商新主播选拔大赛”，依托网红主播，进行了60余场带货直播，销售各类农产品、扶贫产品35万余斤。策划实施“最是河北助农季”活动，通过电商销售、网红直播等销售方式，12天时间销售芹菜51吨，有效帮助当地农民解决了农产品滞销难题。

（七）全面深化集团体制机制改革

一是完善集团组织架构。为最大限度发挥冀云·融媒体平台优势，集团重点实施去层级化、去行政化，持续优化资源配置，内设机构调整方案2019年11月份已获河北省委宣传部批复，为集团各项工作高效运转“赋能”。

二是优化人事管理体制机制。在人事制度上，集团围绕“打造新型传播平台，建成新型主流媒体”的目标，积极探索一条干部能上能下、人员能进能出、薪酬能高能低的适合集团自身发展的体制机制创新路子。同时，加大人才引进力度，年内组织了3次人才招聘，充实采编、技术人才72人，为集团快速发展提供有力支撑。

三是完善绩效考核管理体系。集团以目标和业绩为导向、以个人贡献率为核心，以正向激励为目的，坚持“多劳多得、少劳少得、不劳不得、优劳优酬”的分配原则，全部实行以目标管理和贡献率为导向的绩效考核制度，充分激发干事创业活力。

四是优化完善采编管理制度。制定完善三级审核、主题策划、宣传工作监督管理等十余项采编制度，进一步完善和提升集团宣传管理制度体系的科学性、针对性，有效推进集团新闻宣传标准化、规范化管理。

（八）持续深入推动全面从严治党向纵深发展

集团按照“围绕中心抓党建，抓好党建促发展”的工作思路，坚持守土有责、守土负责、守土尽责，扎实推进党风廉政和反腐败斗争各项工作深入开展，打造风清气正的干事氛围。

一是有效运用巡视整改成果，持续推进党风廉政建设。集团党委在从严治党、加强干部队伍作风建设等方面，制定、修订文件39个，有力推动了整改工作制度化、常态化、长效化。此外，制定集团党委《全面从严治党主体责任清单》《党风廉政建设和反腐败工作要点》等，层层传导压力，压紧压实主体责任。

二是抓实主题教育，切实提升基层党建工作水平。自2019年6月5日“不忘初心、牢记使命”主题教育开展以来，集团领导班子牢牢把握“守初心、担使命，找差距、抓落实”总要求，把学习教育、调查研究、检视问题、整改落实贯穿全过程。对照检视出的5个方面12项整改任务，坚持即知即改、立行立改，全力抓好整改落实，有效确保了主题教育取得扎实成效。

二丨长城新媒体集团新媒体工作案例

“学习强国”河北学习平台

“学习强国”河北学习平台2019年3月2日实现PC端、APP端同步上线，成为全国为数不多的两端同时上线的省份，得到了中宣部总平台主要负责同志的充分肯定。中共中央政治局委员、中宣部部长黄坤明在河北调研期间，对河北学习平台给予高度评价。2019年，河北学习平台多项工作位居全国前列，全年发稿1万余篇，被总平台采用1600余篇，在全国名列前茅；用户下载总数达到551万，居全国第四；月浏览量达到9813万人次，居全国第三。

（长城新媒体集团）

山西日报社

一 | 山西日报社新媒体工作综述

2019年，山西日报坚持推动媒体融合向纵深发展，全面深化改革，做大做强主流舆论，让正能量更强劲、主旋律更高昂。

（一）工作亮点特色

1. 以内容生产为根本，融媒传播不断创新

2019年，国内省内大事多、要事多，山西日报整合山西日报新媒体部、山西新闻网传媒发展有限公司、山西云媒体发展有限公司的采编、平面设计、视频采制等力量，报网端微合力发声，在省“两会”、全国“两会”、外交部“蓝厅”山西推介、“改革创新、奋发有为”大讨论、“不忘初心、牢记使命”主题教育等十余项重大主题宣传活动中，共制作图解298个，动漫36个，快闪12个，H5作品24个，手绘17个，短视频141个。其中，大讨论图解推出16小时阅读量就突破10万+，省委组织部等党政机关将图解高清图作为党员干部学习资料；外交部山西全球推介活动中，山西日报新浪微博开设主话题并申请为主持人，5日内阅读总量突破1亿人次；国新办山西专场发布会，山西日报开设70年点赞山西微博话题，阅读量达到6591.5万人次，参与讨论11.4万人次。

山西日报客户端《好好学习》专题至2014年12月开设以来，刊发了习近平新时代中国特色社会主义思想原著、文献及权威媒体解读、评论共2000余篇，在2019年全国网信办主任会议上，受到了中央网信办的通报表扬。

2019年，第二十九届山西新闻奖评选中，山西日报融媒体产品《H5｜新山西拼一把》获得媒体融合奖项创意互动类别一等奖，《#外交部山西全球推介活动##70年点赞山西#系列话题》获得创意互动类别二等奖，《70年之旅，奋进山西》获得网络新闻奖项界面设计类别一等奖，

《好好学习》专栏获得网络新闻奖项专栏类别一等奖。

2. 以先进技术为支撑，融合发展步伐坚定

山西日报媒体融合始终紧盯前沿技术，山西日报融媒体平台项目荣获中国报业协会2019年度“媒体融合、信息化和网络安全项目”奖。2019年4月26日，山西日报客户端完成4.0改版升级，年底升级为4.1.1版，新增了推荐、山西号、小晋等模块，界面更简洁，技术更先进、功能更强大。截至2019年底，山西日报客户端下载量173万人次。

山西日报媒体融合坚持用新技术推进内容创新，新闻内容借助凡闻大数据平台，可以实时监控全网热点新闻，一键发布到网站和客户端；使用科大讯飞的智能语音朗读，让新闻不光可看，也可听；推荐频道根据用户画像精准推送内容；小晋支持AR功能，扫描特定元素后可通过3D展示；编辑器使用时下流行的H5融媒体套件，用图文、图标、交互式动画的方式制作新闻作品。

目前正在打造山西日报虚拟主播形象，可在最短时间内制作生成播报新闻；短视频平台可以制作海报新闻、数据图表新闻、直播流拆条新闻，并能识别新闻人物、智能添加字幕。

3. 以管理创新为保障，融合机制运行顺畅

山西日报融媒体平台实现与山西省级“中央厨房”（山西媒体智慧云平台）的无缝对接和常态化运行，再造策采编审发流程，建立了网端稿件库，通过融媒体工作室机制等，实现了省内新闻资源的共享互用；增加了新媒体专职校对，完善落实三审三校制度，健全了与省级“中央厨房”的稿件互换机制和常态化运行机制；依托凡闻大数据，实现了新闻的实时监测和及时更新。

目前，山西日报客户端与山西新闻网已具备了与山西日报纸媒一体生产运作、合力传播的工作基础和技术条件。首批与省级“中央厨房”共建的迎泽369、图新鲜、看现场、漫动作、山西话等8个融媒工作室，联合制作推出了30余件融媒产品，受到省委宣传部领导的表扬。

4. 以双效提升为目标，融合发展成效渐显

山西日报新媒体始终“坚持把社会效益放在首位，实现社会效益和经济效益相统一”的双效提升目标。2019年度，山西日报综合网络覆盖人群超过2000万人次，细分山西日报新媒体用户市场，聚焦政务、服务、金融、文旅四大行业，针对性开展经营，实现营业收入351万元。主要工作：

一是加强政务信息服务。依托山西日报党政资源，建设山西日报客户端政务平台，打造权威政务发布平台，为山西各市县提供综合信息发布渠道。山西日报客户端政务平台可自动定位用户位置，并显示所在市、县信息。运城、阳泉、晋城、晋中、朔州五市，灵石县、沁水县、静乐县、高平县、阳城县、新绛县、稷山县、垣曲县、交城县、石楼县、夏县、中阳县、盐湖区、云州区、潞城区12县3区先后成功入驻山西日报客户端，并取得良好宣传效果。

二是提升金融服务能力。2019年以来，山西日报新媒体重点服务了中行等驻晋央企，进出

口银行等国家政策性银行，农行、招商、平安产险、民生银行、晋金所等金融企业，京东、汾酒、黄河京都大酒店、北美、水善汇等服务业企业，拓展了百度、长治县城乡统筹振兴试验区等广告客户，报网端微联动宣传取得一定成效。

三是服务地产增收明显。2019年，山西日报新媒体根据市场发展形势，开始涉足地产广告，先后与保利、碧桂园、融创、绿地、恒大建立合作，开辟宣传专栏、开展专场活动，地产广告收益成为山西日报新媒体的最大增量。

四是全民朗读党报双丰收。2019年9月17日，山西日报新媒体承办“邮政杯”全民朗读《山西日报》活动，零门槛开放报名渠道，在全省范围内掀起了一场全民共读党报的热潮，面向广大读者用户群体，搭建起一个党报与读者用户、邮政渠道的互动平台，有效扩大了党报与读者的交流互动，打造了全新的党报发行特色品牌，进一步扩大了山西日报的传播力和影响力，取得社会效益和经济效益双丰收。据统计，6个月内通过线下启动、视频直播、线上参与等方式和渠道，万余名读者参与活动，影响覆盖人群百万人次。

（二）工作经验

1. 不断开拓新的内容生产平台，实现创新突破

山西日报新媒体始终坚持“导向为纲”，坚持“党管媒体”、党管舆论不动摇；始终坚持“内容为王”，以内容优势赢得发展优势，谋划打造一批适合移动端传播的品牌栏目，在互联网上讲好山西故事、传播山西声音；始终坚持“效果为核”，积极拓展渠道，扩大覆盖范围，真正用互联网思维打造新产品，提升影响力。2019年，山西日报在原来“两微一端一网站”基础上，开通了山西日报抖音号、快手号，全媒体传播矩阵更广泛。

2. 借助平台化发展，构建基于互联网的商业模式

互联网时代由于用户向互联网平台迁移，结束了传统媒体对信息来源的垄断，推动了新媒体的发展。2019年，山西日报新媒体顺应互联网时代发展趋势，不断与时俱进、开疆拓土、做大品牌，搭建新平台，给主流媒体注入强大生机。

探索平台化发展，构建基于互联网的商业模式，作为传统媒体的新媒体平台，基于山西日报多年积累的丰富的内容资源和社会信任资源整合，建设和完善更为专业化、规模化、现代化的内容数据库，同时搭建精准的用户数据库，把数据库转化为可以带来更大经济价值的信息产品和内容服务，在商业上成为一个精准营销平台，将商品精准推荐给目标用户，并探索突破单一的广告模式，实现面向互联网+的转变。

3. 以融媒体中心为依托，推动媒体融合纵深发展

2019年，山西日报以融媒体中心为依托，强化顶层设计，加强科学统筹和系统规划，将内容生产力持续释放，坚持内容为王，坚持技术为上，坚持创新为要，始终将内容建设放在第一

位，不断提升视频、动漫、图解、VR、直播等内容生产能力与水平，用内容优势来赢得发展优势，持续提升权威媒体的话语权与影响力。

二 | 山西日报社新媒体工作案例

山西日报新媒体“二青会”报道

第二届全国青年运动会（以下简称“二青会”）是新中国成立以来，山西第一次举办的全国大型综合性运动会。在“二青会”火炬传递及赛事期间，山西日报新媒体有机整合山西日报纸媒、山西新闻网、山西日报客户端等报、网、端、微等传播平台，提高内容生产能力和水平，努力形成传播合力，不能提升山西日报传播力、引导力、影响力、公信力。

（一）聚合报道力量　拓宽传播渠道

体育报道历来是一场激烈的竞争、是检验各新闻媒体单位实力的一次比拼。为了更好地做好“二青会”报道，山西日报聚合新媒体部、山西新闻网的报道力量，集中优势兵力，形成一支有20多人组成，角色完整、分工明确的采编队伍。其中，前线共有文字记者8人、摄影记者4人、摄像记者5人、主持人1人；后方共有编辑4人、美工2人、动画师1人、前端工程师1人。

从3月底“二青会”圣火采集仪式开始，山西日报客户端与山西新闻网推出专题，对“二青会”进展情况进行不间断报道。“二青会”开幕前夕，山西日报客户端上线“二青会”频道、形成主阵地，山西新闻网完善细化专题。山西日报微信、微博、抖音、百家号，山西新闻网微信、微博、抖音等平台根据自身特点，选择相应产品进行推送。

“二青会”开幕期间，山西日报客户端“二青会”频道资讯报道、深度报道、专家评论、短视频、图片类报道和融媒体产品等六大版块，共刊发稿件388条。山西日报微信刊发稿件264条。8月18日，山西日报在微博平台开设主话题#聊二青盛会为山西打Call#，并成功申请了话题主持人，在此基础上，8月19日山西日报微博平台叠加子话题#聊二青盛会为山西打Call##一首好听的歌曲#，及时发布了相关微博，并积极引导全省媒体及广大网友参与话题讨论，截至8月19日上午11时42分，主话题阅读量已达到97.4万，相关讨论882条。

（二）报道形态多样　视频化趋势加强

山西日报新媒体报道团队，充分利用新型传播技术手段，推出了一系列融媒体产品，引起了广大粉丝和体育爱好者的关注。报道团队原创各类新闻产品240多条，其中新媒体产品79个（短视频60条、海报7张、图解4个、动漫5个、H5产品3个）。此次报道，视频产品数量占了原创产品总量的1／4，并进行了详细的分类：《青春志》时长3分钟左右，主持人出镜，以有趣的独特视角切入，带给人不一样的二青会。《青运60秒》时长2分钟以内，以报道比赛，或者讲述故事为主，形式为音乐+字幕。《体外话》时长1分钟左右，主要是观众司空见惯却又不明就里的体育冷知识。另外，还有抖音短视频，开闭幕期间制作了16条，总阅读量近千万人次。

作品二维码：

（山西日报社）

山西广播电视台

一 | 山西广播电视台新媒体工作综述

2019年，山西广播电视台在摸索中不断推进媒体融合发展，不断取得新成效。

（一）新媒体发展总体情况

开办音视频网站2个，其中山西网络广播电视台日均页面浏览总量41万，日均用户访问总量100万；天启视听网日均页面浏览总量15万。

开办移动客户端3个，其中黄河Plus客户端日均活跃用户近万；智慧传媒客户端，已开通VIP账号381个，安装终端509台；新闻客户端正在内测阶段。

截至2020年3月底，全台官方微信认证账号31个，微信用户约1000万，其中订阅数最多的账号是“山西新闻联播”公众号，订阅数342万。

微博认证账号20个，用户总数约400万，其中订阅数最多的账号是山西卫视微博账号，订阅数226万；抖音和快手注册账号76个，用户总数约1400万，其中订阅数最多的抖音账号是黄河电视台抖音号，订阅数397万；订阅数最多的快手账号是新闻中心快手账号，订阅数84万；其他平台注册账号31个，总订阅数约1650万，其中订阅数最多的是都市110头条号，订阅数308万。

一是“两微”建设。全台节目生产部门100%开设了微信公众号，微博账号覆盖率2／3。全台认证官方微信（含栏目）31个，微信用户超过1000万，年阅读总数超2亿次，清博指数统计结果显示传播指数名列省内主流媒体第一，在全国处于较好水平。“山西新闻联播”“人说山西好风光”两个微信号用户规模均在百万以上，其中“山西新闻联播”微信公众号跻身年度全国五百强（清博指数、新榜），位列省级卫视新闻节目微信传播指数第一名，山西卫视微信平台在权威榜单“融媒体影响力排行榜之中国各省卫视20强”中位列前10。

在微博平台，全台有部门认证账号20个，用户数400万，另外还有个人认证微博账号20余个，用户规模近百万。

全台1／3的部门开设了头条号和抖音账号。百家号、企鹅号、一点资讯、趣头条等聚合平台也是重要的传播渠道。头条号五个大号（山西广播电视台、山西新闻联播、都市110、山西广电文娱、黄河电视台）日均视频播放总量500万以上；总粉丝规模近1000万。黄河电视台抖音号获得全国十大省级媒体号，在近两年全国媒体抖音号影响力排行榜中位居19名。

二是移动端建设。山西新闻客户端，以发挥时政新闻资源优势，为精准用户提供最具价值的时政参考为定位，通过新载体、新手段传达政令、引导舆论，成为省委省政府在移动互联网领域的喉舌、用户获取山西时政信息的主要渠道和重要窗口。已经实现《山西新闻联播》电视端和手机端同步直播及手机端回看点播，重要时政新闻电视端播出后即快速完成图文化制作并确保当晚在客户端首发、台官方微信公众号二次发布、次日“山西新闻联播”微信公众号再次发布（内测阶段）。

黄河Plus客户端，整合民生新闻和文旅节目资源，强化资讯服务功能，将民生服务和文化精髓从电视拓展至移动互联网，打造以文化和民生综合服务为主的移动端产品，以移动优先原则打通编排、再造生产流程，大屏小屏、线上线下一体化发展，实现“你就是我、我就是你”，培育我台深度融合、整体转型的新引擎。上线三个月来，日均活跃用户已近10万。

三是第三方平台应用拓展。我台整合媒体资源，在二次深度加工的基础上，分别在央视新闻移动网、今日头条、百度百家、一点资讯、凤凰新闻、新浪看点、天天快报、腾讯视频、腾讯新闻、蜻蜓广播、荔枝广播等第三方平台开通了官方内容通道，在国内主流新闻集成平台有了自己的传播空间，有效覆盖用户千万级以上。

四是省级“中央厨房”建设。我台作为控股方积极推进省级“中央厨房”建设。省级“中央厨房”已经实现全面运行，并已实现与省台、省报的数据连通和业务对接。正在探索打造优质终端产品、规划支撑全省县级融媒体中心建设，以省市县媒体资源为基础，培育传媒产业新动能。

五是二级平台建设。融媒体指挥调度中心（二级平台）已经验收完工。二级平台依托省级“中央厨房”（一级平台）资源，实现节目业务的统一指挥调度管理、统一的媒体资源库应用、融合媒体的节目分发等功能。

六是600平方米清制播中心建设。600平方米新闻高清制播中心建成并已通过验收。可实现采、编、播、存、管全流程一体化，能够有效满足山西广播电视台新闻中心媒资存储和高清化网络制播、融合生产、外延办公等业务发展等需求。

（二）新媒体发展措施保障

一是建好媒体融合技术系统。按照“融为一体、合而为一”的思路，借助省级技术平台的存储、工具等应用，将广电制播系统网络化智能化改造和媒资系统数字化改造，与网端微的平台建设、技术应用一体设计、整体推进，为形成“一次采集、多元生成、多端传播、可控可管”的全媒体技术体系打下基础。

二是做好媒体融合顶层设计。整合全台时政新闻资源，成立新闻融媒体中心，既实现传统新闻板块力量的充实，又为新闻客户端运行提供持续支持；整合全台民生新闻和公共服务、文化旅游、综艺娱乐等资源，成立视听融媒体中心，共同为黄河+客户端生产内容。全台建立统一的内容策划、采访调度、产品推送、素材共享的协作机制，全天候打通频道频率、客户端、微信微博等内容编排，协调统筹传统广播电视播出和新媒体终端在策划、协调、调度、采制、编审、推送等各个环节的一体化运行。

三是加强融媒机构与队伍建设。学习借鉴中央媒体先进经验，汇聚全台人才，成立专业化、垂直化融媒体工作室，带动全台节目生产力量，组织主力军进入主战场，既为传统广电媒体生产“长视频”，也为新媒体提供“微产品”，设立专业岗位，从融媒体记者编辑、融媒体摄像、融媒图文视频设计制作、融媒策划运、技术管理运维等方面招聘专业人才三十名，实现一支队伍、多个平台、多样产品。以“黄河Plus”为平台，首批优选40个工作室入驻客户端并予以内容资源、人员设备、资金等方面的扶持，不断提升全台融合理念。

四是建立适应融合要求的评价激励制度。综合考虑传统媒体发稿、新媒体转载、首发、评论量、话题度等指标，建立全新的内容和绩效评价体系，激发全员内容生产创造力。严格落实内容安全审查责任，完善台、网、端、微的协调审查机制与统一管理机制，实现宣传管理一套体系一个标准。制定颁布了一系列新媒体管理制度。目前已研究制定《山西广播电视台推动传统媒体和新兴媒体融合发展战略规划》《山西广播电视台传统媒体与新兴媒体融合发展实施方案》两个指导性文件，出台《山西广播电视台新媒体采制平台发布管理制度》《进一步加强融媒体新闻宣传管理规定》等多项制度。同时加大对制度执行落实的督促跟进，有力保证了制度的有效执行落实。鼓励新闻记者转型全媒体记者薪酬设置方面，增加了新媒体平台发稿绩效，通过点赞量，转发量等数据排名进行额外奖励。

五是打造融合传播平台终端矩阵。将做好新闻客户端与黄河+客户端作为工作着力点，强力推进，重点突破。进一步规范提升全台50余个公众号中有影响力的微博微信。调整管理体制，升级改版山西网络广播电视台，把网络台真正打造成全台的内容集成平台和互联网门户。最终形成频道频率与网端微一体互融的全媒体传播矩阵。

（三）新媒体工作主要创新点

一是内容生产全媒体改造。以新闻类节目为主建立统一指挥调度、整合采编资源、实现多终端分发的一体化采编平台，做到一次采集、多种生成、多元传播。其他传统媒体节目增强多媒体表现能力，完善新媒体渠道的审编播发流程，把现有节目的品牌优势、内容优势和资源优势延伸到新兴媒体，提高节目在网络空间的影响力和舆论引导力。

二是渠道平台深度融合。整合台内媒体渠道资源，打造广电媒体、网络电视台、IPTV、两微一端等多种传播形态组成的全媒体矩阵。

三是信息资源整合。实现新闻服务、生活服务、商业服务、娱乐服务信息的有机整合，完善内容和用户数据库，为更加准确和个性化的信息推送服务和二次加工提供基础。

四是融合品牌建设。布局传媒品牌集群，把网络电视台升级打造为新闻门户网站，开发移动客户端，与频道频率两微应用形成联动。依托省级平台技术支撑和融媒体中心，优化采编播流程，深入布局和建设传媒品牌集群，做精做大网络台，客户端形成示范效应，频道频率两微矩阵影响力逐步扩大。

五是持续对接省级平台。突出核心应用技术自主能力，依托省级平台资源，实现台内融合生产、调度指挥为目标，实现新闻生产统一指挥调度、互联网舆情实时监控、内容采编发一体化生产。提升网络化制播能力，打通广电数据在云端存储、计算、发布的通道。

六是底层融合技术创新。优化了新型底层技术支撑平台，实现服务系统虚拟化、云桌面虚拟化建设；全台媒资共享服务体系创新采用了“内网+外网、传统+新媒”融合共享方式，实现电脑工作站与手机端同步审稿，全面实现无纸化智能审稿流程。

（四）典型案例及新业态应用

2019年二青会召开期间，融媒体报道集中发力，总阅读量接近亿次大关。百家号、一点资讯、趣头条、央视新闻+、抖音、今日头条、快手、西瓜视频等新媒体传播形态发布，为二青会助力，总阅读量近2000万。

2019年山西沁源林火扑救全媒体报道是突发事件中主流媒体引导网络舆情的成功实践。火势迅猛、舆情汹涌，主流媒体必须在移动互联网上主动发声，以权威公信、立体传播的方式快速占领舆论制高点。策划推出的“大炮灭火”的系列图文刷爆移动端和朋友圈，多平台累计全网触达用户3846万人次。找准了网络传播的引爆点，有效引导了舆情走向，坚定了社会各界对灭火救灾的信心、疏导了民众对扑火队员安危的关切。在复杂的舆情环境中有力扩大了主流价值影响力版图，使互联网这个最大变量成为科技战胜火情、保护人民安全的最大增量

“黄河Plus”客户端在2020年初抗击疫情“山西在行动，融媒大直播”阶段，累计直播376场，国务院联防联控机制新闻发布会直播场数26场，观看人数突破6000万人次。在战疫大考中进行了一次媒体融合的大练兵，在实践中探索媒体深度融合的新路径。

全国第二届青年运动会赛事共享系统基于全台私有云平台技术体系进行赛事信号收录、赛事资源共享、赛事媒资系统的部署，提升了赛事后期工作的效率和质量；全台媒资库在2020年初

疫情期间推出“二池”“一核”共享服务体系，多渠道创新实现“内网+外网、传统+新媒”融合共享方式，对全台疫情期间融媒制作提供了重要保障。

二｜山西广播电视台新媒体工作案例

外交部山西推介会融媒体传播

2019年2月25日，外交部举办主题为“新时代的中国：山西新转型共享新未来”的山西全球推介活动，山西广播电视台全程参与推介会的策划、执行和宣传推广，调动全台传统媒体资源以及新媒体矩阵，发挥各自优势，形成了以主流媒体为主、新媒体两翼带动、社交媒体全面开花的立体传播格局。

（一）重大主题报道的创新

山西广播电视台以独家视频发布和创新的传播方式在众多媒体报道中独树一帜，成为2019年度山西省地域内首个影响力、传播力、美誉度兼备的案例。

1. 融合主题策划

整体宣推思路定为“关键节点第一时间发声，独家视频资源唯一出口，多种手段裂变传播”，并将整场推介活动宣传报道主题定为“世界你好，我叫山西”，通过主题策划、预排稿件，独家视频推送、小程序专题、图片短视频直播、图片引流、线上播出等手段，实现爆款效应。据新浪舆情监测，与“全球推介山西”相关的全网信息7天内共有36236条，其中微博21577条；微信2379条；客户端、新闻、网站、政务累计发布5096条，相关内容报道覆盖全国大部分地区，山西为主要发声阵地，北京、广东、江苏、山东等省市地区媒体平台均有报道，国外多个地区和国家也进行相关报道。

2. 微信全网首发，打造年度爆款

在25日当天，山西卫视25日独家首发的稿件【全球独家首发！山西八分钟，惊艳全世界！】阅读量高达82.8万+，5200人点赞，超1500人留言评论。【刚刚！外交部山西全球推介会的菜单“火”了！看看哪些家乡菜上榜！】阅读量10万+。

3. 微博互动为营，全网转发助力

在微博方面，共发布50条相关内容，总阅读达659万，微博设置双话题#世界你好，我叫山西#、#外交部向全世界推介山西#总阅读量3766万，总讨论量4545。其中《“山西8分钟”主题宣传片震撼发布，惊艳全世界》置顶互动微博总阅读613万。

4. 原创主题小程序，热点动态全搜罗

原创设计《世界你好，我叫山西》同名小程序，将页面分区划为文章、图片、短视频、直播等区域，做到了资讯实时更新，图文短视频多角度报道，同步直播消息一手。在推广方面，通过文章链接、文章内部、海报二维码等多重入口，在粉丝社群内部形成了井喷式转发。

5. 线上线下周边同步联动

在活动结束后，冷餐会中的山西布艺黎候虎、山西祁县东玉玻璃器皿、山西平遥唐都推光漆器等活动周边衍生文创产品上架到“山西广电粉丝馆”微商城预售，对活动进行二次传播的同时带动了文创产品的销售。

（二）融合传播效果显著

通过移动端首发内容的全网传播数据多维度汇总分析，《冷餐会山西菜单》原创首发微信图文阅读量百万级，#世界你好，我叫山西#独家微博话题访问量千万级，《山西八分钟，惊艳全世界》全网首发传播量上亿，实现了四个相融：

1. 主流价值和清新表达相融

“世界你好，我叫山西”这一主题设置，创新了表达语系，既不同于常规通稿的板正又不同于标题党的浅薄，而是以情感唤起展示山西形象、讲述山西故事，与用户产生了强烈的情感交互。

2. 电视的极致手法和移动首发优势相融

运用精美画面、精细剪辑、电视广告片的极致手段，制作出了《山西八分钟惊艳全世界》原创视频，并以独家、唯一出口实现了在移动端首发，快速形成了高品质视频的热传。

3. 视频资源挖掘和热点平台应用的相融

长视频被拆分成16条短视频，3小时内播放量500万+；推介会主题片《新时代的山西：山西新转型共享新未来》爆红网络，3小时内达到211万播放量。中英主题片、暖场片在腾讯视频总播放量323.6万，抖音话题128万。

4. 台前主持人和后台小编相融

主持人参加内容策划生产发布全过程，以多重身份实践“全员媒体”，为参加推介会的3个主持人专门设计了卡通形象，以主持人的第一视角挖掘信息资源，以动态、互动、现场感、亲近感形成传播特色，以观众、用户、网友最熟悉的面孔拉近距离，将严肃、神秘的外交部展厅以山西老乡的视角变得亲切、熟知、可触可感，形成了网络传播的带入场景，引发了微信朋友圈广泛传播。

（山西广播电视台）

内蒙古日报社

一 | 内蒙古日报社新媒体工作综述

2014年以来，内蒙古日报社顺应媒体融合发展大势，在内蒙古自治区党委宣传部的有力指导下，按照“创建示范，以点带面，整体推进，分步实施”的原则，推动媒体融合不断向纵深发展，取得平台建设和传播能力均衡发展的好成绩。

《内蒙古日报》创刊于1948年1月，经过71年的发展，至2019年底，内蒙古日报社已经从传统单一的纸质媒介，逐步发展形成了《内蒙古日报》（蒙汉文版）、《北方新报》《内蒙古生活周报》《内蒙古少年报》《索伦嘎报》等报纸媒体；《新闻论坛》《索伦嘎》等期刊媒体；中国蒙古语新闻网、内蒙古新闻网、正北方网、索伦嘎网等7个网站；内蒙古手机报以及官方微博、微信、客户端，具有蒙古语、汉语、俄语、斯拉夫蒙古语4种语言文字构成的融媒体矩阵。初步构建了以蒙古文党媒为核心的蒙古文全媒体传播体系、以汉文党媒为核心的汉文全媒体传播体系、以“索伦嘎”为核心的外宣全媒体传播体系。

（一）媒体深度融合转型多管齐下

一是做好顶层设计。制定了《内蒙古日报社媒体融合发展方案》《内蒙古日报社关于进一步加强媒体融合工作的意见》《内蒙古日报社关于进一步加强媒体融合工作实施细则》。“一方案一意见一细则”是内蒙古日报社媒体融合发展的总规划。

二是深化机构改革。成立了考核评价部、音视图新闻中心、内蒙古大草原网传媒有限责任公司、新牧歌传媒有限责任公司，“一部门一中心两公司”是内蒙古日报社媒体融合发展的组织形式和机构保障。

三是有力推进媒体融合项目建设。完成“中央厨房”二期项目建设，构建起包括热点和线索发现系统、新媒体内容发布管理系统、传播效果评估系统、采编联动平台等13个系统组成的

“中央厨房”平台，“草原云”融媒体平台项目进入实质性实施阶段，39个试点旗县区全部完成融媒体中心挂牌任务，牵头组建的内蒙古自媒体联盟开始运作。

四是完善制度建设。制定出台了《内蒙古日报社融媒体传播效果分析制度》《内蒙古日报社新媒体运营评价制度》《内蒙古日报社蒙汉文报融媒体考核办法》《内蒙古日报社媒体融合发展奖励办法》等16项新闻业务管理制度，建立了全媒体考核、评价、奖励三大体系。

（二）媒体融合发展成果丰硕

一是融合新闻影响力明显提升。4个公众号列入全区十强，内蒙古日报官方微信在《2019年党报微信公众号传播力TOP20》位列第14位，内蒙古日报官方微博在《全国党报各渠道传播力TOP20》位列第19位，阅读量稳中有增，影响力逐渐扩大。

二是打造了媒体品牌和工作室。打造了《北国风光》《学习论理》《论道》《草原曙光》《牧野》《内蒙古·故事》和“大青山”“呼陆客”“索伦嘎”“经济涮锅”等新媒体品牌，建立了大青山工作室、呼陆客工作室、石榴记工作室、猫爪工作室、蛙声视频工作室，推出了一系列高质量、有特色的新媒体产品。

三是实现了“6个连接”。借力连接，即连接人民日报社等中央媒体；横向连接，即推进内蒙古蒙文报网联盟工作，成立内蒙古党报联盟；跨界连接，即连接广电媒体（机顶盒测试成功）；移动连接，即连接内蒙古移动、联通、电信等通信部门（内蒙古手机报）；语种连接，即连接国内八省区使用蒙古语人群；国际连接，即连接蒙古国等国家，形成了具有内蒙古特色的融合传播网络。

四是国际传播能力不断增强。依托索伦嘎新闻中心驻蒙古国办事处，借力境内外主流媒体，扩大战略协作，与蒙古国《商报》合作创办了索伦嘎报纸，上线了索伦嘎报纸PC版和APP，与蒙古国网络联盟、布里亚特共和国《真理报》、布里亚特共和国传媒集团、中国日报内蒙古英文网等建立全面合作关系，实现了宣传报道在境外落地。以“索伦嘎媒体日”和“索伦嘎媒体论坛”等系列活动作为中蒙媒体务实交流的平台，向对象国受众提供精准信息服务的同时，有效传播中国观点及主张。

内蒙古日报社汉文系列有《内蒙古日报》（汉文版）、内蒙古新闻网、“两微一端”，以及3家报媒等。

（一）汉文网端并举传播力强

2019年以来，汉文党报融媒体多次采取融合报道的方式，将社属各媒体的采编指挥调度、选题策划、采访力量、稿件资源融为一体，进行战役性、持续性、立体式宣传。

一是打出重大节庆报道组合拳。在自治区两会、全国两会、第三届中蒙博览会、首届内蒙古国际马文化博览会等报道过程中，传播效果突出。

2019年，内蒙古自治区成立70周年。内蒙古日报社新媒体各工作室，从9月23日起，推出系列新媒体产品。其中新媒体产品《我在亮丽内蒙古向祖国告白》全网传播量达到117万次。

二是专题报道注重新闻与互动的结合。在重大主题和热点事件报道中，在报端和网端的官方微博上开设话题，引导网民参与。2019年全年，《内蒙古日报》、内蒙古新闻网官方微博紧跟宣传主流，设置话题30余个，全年100万+以上博文38条，受到了网友的关注。

三是充分利用新媒介提升传播效果。2019年，内蒙古新闻网在做好常规报道的同时，针对不同选题制作推了H5、图解、九图、精编等多种形式的新媒介产品，并按照报社和网站的统一安排，积极参与融媒体直播任务。一批新媒体产品收到了良好的传播效果。

四是全国两会联动传播效果好。内蒙古日报社各媒体按照中宣部以及内蒙古自治区党委宣传部的总体要求，提前策划详细的报道方案和发稿计划，充分发挥媒体转型优势，全方位、多角度、多层次报道了2019年全国两会，先后5次受到中宣部表扬。其中一次是对内蒙古日报社、西藏日报社、新疆报业传媒集团、广西日报传媒集团、宁夏日报报业集团联袂打造的五个自治区“联闪”《我和我的祖国》进行了表扬。这一产品表达了五个自治区各族人民同心共筑中国梦的爱国情怀，吸引力、感染力、传播力、影响力都很强。

（二）汉文系列报媒融合发展再上新台阶

内蒙古日报社汉文报社属主要媒体有《北方新报》《内蒙古旅游报》和内蒙古新牧歌传媒。2019年，这些报媒的新媒体发展都取得了好成绩。

1. 北方新报融媒体产品制作能力更进一步

2019年，北方新报社新媒体中心强化责任意识。全年“网端微号”平台实现“零事故”运行。

由正北方网策划并主持的#70年70城##发现最美呼和浩特#话题于9月22日推出即登上热搜榜第一名，成为正北方网首款点击破亿的网络产品。

2019年，正北方网蝉联全国百强网站；正北方客户端用户数突破2万人，正北方网微博粉丝数量52.4万、北方新报微博粉丝数量217万；北方新报官方微信粉丝数量8万人，阅读量均稳中有增，影响力排名一直稳居全区媒体类前五名。

2. 内蒙古旅游融媒体提升文旅传播能力

内蒙古旅游融媒体2019年在原有4个自有平台和7个第三方平台的基础上，新开通了文旅头条，在日常报道中把所有平台串联起来，充分发挥各平台优势，快速、准确，多角度、多形式进行报道，真正实现新闻一次采集、多次生成、多元发布融合目标。

内蒙古旅游报微信公众号在2019年度全区重大网络主题宣传中表现突出，被内蒙古自治区网信办评为“内蒙古自治区重大网络主题宣传突出贡献奖”；在全国旅游微信排行榜中名列前3名。内蒙古旅游报微博在内蒙古新媒体影响力排行榜——报刊媒体微博排行榜中，始终排名前4。

3. 内蒙古新牧歌传媒：北疆大学生融媒体全新升级

内蒙古新牧歌传媒有内蒙古手机报和北疆融媒体两大平台。2019年，重点在北疆大学生融媒体平台建设、内容优化、质量提升上下了功夫。

通过上党报、入党网、进党端、开设优质平台账号等举措对北疆大学生融媒体进行全新升级。加强内容策划，力争办好办“活”北疆大学生平台，筑牢大学生宣传阵地，增强传播力，扩大影响力。

内蒙古日报社蒙文报系有《内蒙古日报》（蒙文版）、中国内蒙古新闻网、索伦嘎新闻中心系列媒体、《内蒙古生活周报》《内蒙古少年报》等。

（一）蒙文报微信公众号传播力越来越强

2019年，《内蒙古日报》（蒙文版）蒙古文微信组始终紧紧围绕中央及自治区党委政府的中心工作，始终坚持正确的舆论导向，不断创新工作方法，丰富报道内容形式，提升主流媒体公众平台的宣传效果和号召力，很好地完成了对内对外宣传工作任务，在内蒙古新媒体影响力排行榜单中全年保持在前30名，在蒙古文新媒体影响力排行榜单中全年排前3位。

一是出色完成重要报道宣传任务。用新媒体的宣传方式传达党的政策方针。2019年微信平台共发布各类新闻3400余条，除了日常各类新闻采编报道外，还及时有效地报道了国家及自治区时政新闻、领导人重要活动，以及中央和自治区的方针政策。

二是创新宣传方式方法，凸显融媒体产品活力。2019年全国两会期间，内蒙古日报蒙古文新媒体团队将美术、音乐、诗歌、漫画、动画、长图、图解、手绘等技术融合在新闻报道上，在“融”字上做新做足，推出了一系列符合受众需求的融媒体产品。值得一提的是，内蒙古日报蒙文抖音号在全国两会期间制作发布有关两会的抖音21期，总浏览量197万次，总点赞量6.5万个，抖音粉丝在短短几天内猛增8000人。这一系列创新创作，使得蒙古文融媒体报道达到了近四年的巅峰状态。

（二）中国蒙古语新闻网引导力与日俱增

2019年，中国蒙古语新闻网全面加强了网站内容更新工作，网站全年共上传稿件字数为348万、稿件数为7382条，设计制作了27个网络专题。

（三）索伦嘎新闻中心：外宣能力再上台阶

2019年，索伦嘎新闻中心利用自己的报纸、杂志、网站、客户端、微博、脸谱等媒介多渠道、多平台，以文字、图片、图表、视频形式进行融媒体报道取得良好的传播效果。

一是利用新媒介大力报道全国两会。索伦嘎新闻中心深度延伸报纸、杂志传播链条，网端注重短、精、悍。索伦嘎新闻网及客户端刊发210篇文章；索伦嘎俄文网转载70篇文章；索伦嘎脸书转发10篇报道；索伦嘎新浪微博、腾讯微博转载220篇报道。

二是承办中蒙活动，加强外宣传播能力。索伦嘎新闻中心承办了“见证70年”中蒙媒体联合采访活动（第一批次）。在4月12日至18日，中蒙两国近30名记者深入内蒙古自治区部分盟市和陕西省延安等地，采访见证新中国成立70来各地各族人民年砥砺奋进、艰苦奋斗的精神风貌。

三是编辑出版了《中蒙新闻论坛论资料汇编》。在第十届中蒙新闻论坛召开前，受内蒙古自治区党委宣传部委托，负责搜集、整理历届中蒙新闻论坛论文，编辑出版了“中蒙新闻论坛论资料汇编”一书。

四是赴蒙古国采访，推出系列融媒体产品。在第二届中国马文化节暨首届内蒙古国际马文化博览会期间，赴蒙古国采访制作6个系列产品，即《骏马》《索亚朗》《快马解说员》《歌者》《驯马手》等。

五是密切与蒙古国的关系，提升对外宣传能力。索伦嘎新闻中心宣传报道了“一带一路·光明行”蒙古国行动乌兰巴托之行；在中蒙建交70周年之际，与蒙古国国家公共电视台策划拍摄40分钟的《爱无国界》专题片；委托驻蒙古国办事处，制作刊播了高端人物访谈10期视频，“见证70载”为主题，专访蒙古国高层领导和相关人士，为庆祝中蒙建交70周年营造舆论氛围。

六是加强与蒙古国媒体合作。与蒙古国两家媒体签订协议。在第十届中蒙新闻论坛期间，与蒙古国今日报社、蒙古国新闻电视台签订合作协议，拓宽了合作新渠道；与蒙古国国家公共电视台合作拍摄《爱无国界》专题片。

二 | 内蒙古日报社新媒体工作案例

《热泪盈眶！这首歌，在5个自治区燃情唱响》

2019年初，全国上下掀起歌唱《我和我的祖国》热潮。2月初，内蒙古日报社主创团队策划了五个自治区共同录制《我和我的祖国》快闪视频的方案，并决定在全国两会期间推出。随后，由内蒙古日报社牵头，联系西藏、新疆、宁夏、广西四个自治区日报社，收集当地《我和我的祖国》快闪视频素材。全国两会召开期间，采编人员在北京拍摄了内蒙古人大代表和住内蒙古全国政协委员的歌唱画面，并完成最终剪辑。

该快闪视频在网端、客户端、微信公众号同步刊发，并在《内蒙古日报》落地，形成融合报道。全国两会期间得到中宣部4次表扬，中央网信办要求全网转发。经人民网、新华网、学习强国等转发，在网上掀起转载和评论热潮，全网点击量超过2200万，成为现象级爆款产品，取得了良好的宣传效果。

该作品紧紧围绕习近平总书记关于民族工作的重要讲话精神，主题鲜明、形式新颖，用饱含深情的歌声和快闪的形式表现了各民族像石榴籽那样紧紧抱在一起，表达了各族儿女浓厚的爱国情怀。

作品在策划创意和内容表达等方面追求创新，通过五个自治区党媒横向联合，将快闪与全国两会相结合，打造了全国两会党媒联盟的样本。

作品二维码：

（内蒙古日报社）

辽宁日报社

一 | 辽宁日报社新媒体工作综述

2019年，辽宁报刊传媒集团（辽宁日报社）认真贯彻落实总书记重要讲话精神和辽宁省委决策部署，将推动媒体融合向纵深发展作为提升主流媒体传播力、影响力、引导力、公信力的重大工程，以“打造东北地区最权威最强大新闻信息源”为主要目标，以“移动化、可视化、互动化”为基本要求，以“深化改革、优化平台、创新机制”为重要抓手，打造新型传播平台，建成新型主流媒体，扩大主流价值影响力版图，让党的声音传得更开、传得更广、传得更深入。

（一）深化改革，在集团层面优化整合资源要素

辽宁报刊传媒集团目前拥有9报15刊4网站4客户端及近百个新媒体平台，日均生产原创新闻产品近千条，用户总量超过2000万，是辽沈地区最大的新闻信息源。用好用足集团各类资源要素，做到新闻共享、人才聚合、平台互通，激发内生动力，形成发展合力，是推动媒体融合向纵深发展的基础和关键。在辽宁日报全员融媒体改革取得阶段性成果基础上，推进集团层面媒体融合发展，使改革更全面、更深入、更有效。

一是整合编采力量，优化机构设置。深度整合辽宁日报、北国网、辽沈晚报等编采力量，优化整合集团所属各报刊及新媒体资源，根据报道领域和新闻类别，设置时政新闻中心、经济新闻中心、地方新闻中心、文体新闻中心、理论评论新闻中心等业务部门，在集团编委会统一领导下开展新闻生产工作，为客户端、报纸、杂志及其他媒体平台提供原创新闻信息。

二是做强传播平台，有力引导舆论。实施集团全媒体资源供给侧改革，对集团所有媒体进行全面普查分析，集中力量做强优质媒体，整合同类媒体，淘汰影响力和竞争力低下的落后媒体。坚持正确的政治方向、舆论导向、价值取向，坚定不移做强《北国》新闻客户端，毫不动摇办好《辽宁日报》和《共产党员》，大胆运用新技术、新机制、新模式，加快融合发展，实

现宣传效果的最大化和最优化，巩固集团全省舆论引导主阵地地位。

三是强化移动优先，实现化学融合。在集团全媒体指挥系统（中央厨房）统一调度下，一支队伍负责所有原创新闻信息生产，同时向各类新媒体平台和报纸供稿。实行频道负责制，新闻业务中心分别在《北国》新闻客户端开设专门频道，中心主任享有所在频道的策划权、组织采编权、发稿权和稿酬分配权。所有新闻产品第一时间在《北国》新闻客户端发布，《辽宁日报》融媒体编辑部从客户端选稿，并根据报纸特性和自身需求进行二次加工。客户端强调传播快捷、内容丰富、表达生动，报纸注重策划、深度和精品。

四是提升内容品质，激发创新创造。加强新媒体和传统媒体传播手段建设和创新，积极开展各种互动式、服务式、体验式新闻信息服务，实现新闻传播的全方位覆盖、全天候延伸、多领域拓展。启动融媒体工作室孵化项目，调动广大编采人员的积极性和创造性，生产更多优质融媒体产品，培育打造在全媒体舆论场叫得响的名栏目、名记者。

（二）做强平台，建设具有强大影响力的新闻客户端

客户端是媒体融合发展的终端产品，是推动全员融媒体改革的支点和枢纽。辽宁日报举全集团之力建设《北国》新闻客户端，定位为“党端”，是全省传播党的精神、传递省委声音的第一媒体，力争通过两年努力将《北国》新闻客户端建成辽宁乃至东北最权威最有影响力的新媒体平台，在全国拥有相当知名度和美誉度，并通过《北国》新闻客户端搭建“四大平台”。

一是新闻信息生产发布平台。辽宁报刊传媒集团所有媒体的优质新闻产品，第一时间在《北国》新闻客户端发布。业务中心在客户端均有专属频道，集团其他媒体根据新闻属性和服务对象，也可开设频道或专栏。发挥“党端”优势，做好省委、省政府中心工作报道，特别是通过图解、音视频、H5等新媒体手段，准确、及时做好省委、省政府主要领导活动报道，让全省党员领导干部和广大群众和第一时间了解、学习、领会。

二是党务政务信息聚合平台。依托“中央厨房”强大的新闻生产和舆情分析功能，为全省各级党政部门和其他单位提供新闻生产和发布“一体化”解决方案，建成全省最强大最权威的党务政务聚合平台，主要功能包括宣传报道、新闻发布、业务培训、舆情分析、活动承接、新媒体代运营等。

三是优质媒体聚合平台。吸纳党政部门和重点企事业单位入驻，与今日头条、抖音、企鹅号、一点资讯等聚合客户端合作，采取入驻或相互推介的方式，借力发力、扩大影响，同时吸引社会各界精英人士和优质自媒体人入驻，鼓励集团优秀编辑记者以个人名义入驻，赋能用户价值增长。

四是民生服务平台。在新闻性生产的同时突出用户性和服务性，通过与职能部门合作，为用户提供持续增加的办事、查询、消费等线上政务服务和生活服务，满足用户日常办事和消费需求，实现掌上看新闻、指尖办实事，增强用户黏性。

（三）围绕中心，赋能六大融媒体产品体系

辽宁日报新媒体运用新技术、新机制、新模式，生产互动式、服务式、体验式新闻信息，形成并巩固了H5互动展示、无人机航拍、视频等六大融媒体产品体系；着力做好“学习强国”辽宁学习平台建设工作，在全省推广“学习强国”辽宁学习平台手机客户端的下载和使用，力争在此项工作中走在全国前列；发掘“融媒体指挥中心”即中央厨房功能，加强对H5、动新闻、VR、直播、无人机拍摄等新媒体技术的应用，生产更多具有强大传播力的融媒体产品。

全国两会期间，辽宁日报“两微一端”播发新闻报道411篇，是历年两会报道最多的一次。报道推陈出新，新闻样态不断丰富：制作系列图解新闻，如：《全国两会日历丨习近平等出席全国政协十三届二次会议开幕会》《政府工作报告辽宁的落点与亮点》等。视频报道更新鲜、更活泼，如《两会进行时》《手拍两会》等。系列H5产品持续增强体验性，如《H5｜习近平总书记两会金句，句句说到老百姓心坎里》《H5｜总书记，辽宁1.2万名驻村干部向您报告》等，互动性强，拉近了两会与百姓的距离，其中《H5｜总书记，辽宁1.2万名驻村干部向您报告》获得中宣部阅评表扬。

弘扬雷锋精神，在第56个学雷锋活动日，新媒体推出系列全媒体产品。图解《这五次重要指示专门对咱辽宁说》、H5《雷锋地图》《雷锋在辽宁大数据重磅发布》《用你的手为雷锋敬献鲜花、擦亮墓碑》等产品，点燃了网友了解雷锋、向慕雷锋、学习雷锋的热情，富有代入感、互动感和亲近感，实现了主流价值观的深度传播。

作为向中华人民共和国成立70周年献礼的重磅新媒体作品，辽宁日报新媒体首次推出交互式H5《辽宁跨越·数描》和沉浸式H5《辽宁跨越·蝶变》，运用多种可视化手段让数据与文字“跳”出来、“动”起来，画面惊艳、文字灵动、数字跳跃、风格大气。产品通过辽宁日报“两微一端”发布后获得网友的纷纷转发和点赞，全网阅读量在1小时内就突破万人次，网友留言近千条，其以独特的呈现形式、视觉传达和互动技术成为爆款产品。

为推动兴起学习宣传贯彻十九届四中全会精神热潮，新媒体主动策划、创新形式，推出3款主旋律内容H5产品，通过新媒体手段让全会精神入脑入心。求快：《H5｜学习贯彻党的十九届四中全会精神，辽宁行动快、掀热潮》第一时间汇总省委、省政府，省直各部门以及全省14市贯彻落实全会精神的安排部署、责任分工、目标任务，展现辽宁行动、体现辽宁速度、凸显落地力度。求实：《H5｜收藏级！这本“学习口袋书”，辽宁党员干部群众必备》突出服务性、实用性、功能性，特别汇编了中央级媒体以及辽宁日报已经刊发的重要评论、理论文章等，并制作成“学习口袋书”供大家时时学、处处学、天天学，成为党员干部从辽宁实际出发学习贯彻全会精神的理论依据和有力抓手。求新：《H5｜@所有人，这份来自基层干部群众的群聊记录火了！》以微信朋友圈“群聊”的方式，将全省各地基层党员干部“拉”到一个群里，“听”他们学习全会精神后的新感受、新期待、新使命，创新重大主题反响报道新模式。

为弘扬传统文化，推出“我们的节日”图解系列报道，以二十四节气、传统节日为重点，以可视化手段彰显中国传统节日的历史风貌、文化内涵和时代价值。通过精心设计让广大读者体验节日习俗、展现中国精神、增进文化自信，焕发爱党爱国爱社会主义的巨大热情，受到广大读者的欢迎。

辽宁日报新媒体还制作完成原创系列报道《辽宁好人·一周图鉴》、视频《播绿者老侯》《H5｜2019辽宁高考作文题发布，你还记得当年的题目吗？》《快闪｜1分钟了解辽宁扫黑除恶阶段性成果》《H5｜王者or青铜？垃圾分类，测一测你的段位有多高》等，这些全媒体产品活泼生动、互动性强，均收到了很好的社会反响。

（四）完善枢纽，启动“中央厨房”二期工程建设

辽宁报刊传媒集团全媒体指挥中心（中央厨房）一期工程建设于2018年10月竣工并投入使用，建筑面积近1400平方米，集成引入大量新技术，构建全新的采编管理体系，对媒体融合起到重要支撑作用。根据集团推动媒体融合向纵深发展的需要，目前的“中央厨房”在容量、端口、功能等方面需要完善和拓展，急需启动二期建设。主要目标是整合集团内部资源，统一规划，分步实施，集生产、发布、经营、考核于一体的智能化、数据化、移动化综合性管理平台，打通底层，数据共享，实现多平台、多终端一体化管理。

二｜辽宁日报社新媒体工作案例

融媒体项目《雷锋地图》

2019年3月5日至8月8日，辽宁日报精心策划融媒体项目《雷锋地图》，陆续推出六辑长卷特刊及系列新媒体产品。其中，长卷特刊共六大专题40块专版，分别为“开篇”“足迹”“遗存”“人物”“种子”“影响”，同时推出了移动地图、短视频、H5、长图解以及文创设计等近20款融媒体产品。

《雷锋地图》为全国首次利用互联网大数据手段对一个地区的雷锋文化资源进行整体扫描，同时通过可视化手段生动再现雷锋主要工作和生活经历并深入阐释雷锋精神的深刻内涵，为新时代宣传弘扬雷锋精神做出了创新探索。项目推出后，被人民日报、新华社、人民网、求是网、央广网、中国文明网等100余家重要媒体以各种形式转载报道，产生全国影响力。

（辽宁日报社）

吉林日报社

一｜吉林日报社新媒体工作综述

2019年，吉林日报社加强传统媒体与新媒体的深度融合。彩练新闻编辑部牢牢把握正确舆论导向，不断改进和创新新闻报道方式，一方面保证及时准确整合发布国内外尤其是省内外重大新闻等常规报道，另一方面集中精力做好重大主题报道，并在原创和本地化方面进行了积极的探索和尝试。全媒体中心在吉林日报社“两微一端”的内容建设，原创新媒体产品的制作、运营、推广、平台搭建等方面持续发力，对扩大吉林日报立体化、多渠道、多业态的移动互联网传播进行多维度探索。

（一）传统媒体与新媒体融合发展

1. 加强采编沟通，抢抓独家原创新闻

2019年，吉林日报媒体融合更加深入，彩练新闻编辑部与日报记者间的配合也更加默契、娴熟，为吉报媒体融合发展打下了坚实基础。“长马”期间，彩练新闻编辑部与前方记者一道实时报道“长马”赛场的最新新闻和其中一些精彩瞬间、感人故事，收效颇丰。同时，吉林省内一些重大事件，彩练新闻编辑部都会第一时间与记者联系，力争第一时间发布独家原创新闻。在彩练新闻编辑部和吉林日报政法部的一致配合下，吉林省内一些重大人事任免消息彩练新闻几乎都是首发，阅读量和转发量都较为可观。《2019年度吉林省职称评聘改革工作安排部署意见》下发，吉林日报工业部第一时间与彩练新闻编辑部沟通，提前策划制作了长图“看图丨关系你晋级！吉林省职称评聘出台新规定”。会议开始后不久，这一《意见》解读文章便出炉，彩练新闻全省首发，仅客户端便收获了近5万的阅读量，吉林省内各家媒体全网转发，彩练影响力大大增加。

2. 加强事前策划，做好重大主题报道

为了全方位、多角度充分展现吉林省70年来发展成就，彩练新闻编辑部2019年初就开始

了紧张有序的宣传报道工作，在维护好“壮丽70年　奋进新时代”等专题的同时，组织策划了多项主题报道：推出系列专题稿件“歌声飘过70年”，用70首大家耳熟能详的富有年代感的歌曲带着读者穿越70年光阴去感受祖国一路走来的踏实足印，去体会中国人民生活翻天覆地的变化。与吉林省女摄影家协会共同推出《她视觉——吉林省女摄影家流年碎影70年》专栏，从1200多名女摄影家协会会员中，精选出70名优秀会员的70组歌颂伟大祖国的照片陆续发表。报网联动，系列专题稿件“看我吉林70年”让吉林日报70周年专版在网上“动起来”。“十一”当天，彩练新闻编辑部与前线记者联动，制作了“吉林元素闪耀国庆70周年盛典”专题。阅兵仪式结束后，又及时综合推出了《太骄傲！大阅兵中的这些“吉林元素”，你一定要知道》，头条推荐阅读量高达200多万。

空军成立70周年航空开放活动前，彩练编辑部策划制作了《蓝天逐梦看吉林》系列报道，从不同角度介绍了吉林省航空产业发展和成绩，展现了吉林省航空产业的实力。活动当天，通过央媒直播、微博等网络渠道搜寻航空展的精彩瞬间，结合记者传来的素材，快速加工成图文、短视频、动图、H5等发布。《超燃！空军飞行表演，精彩的瞬间“动”着看！》《12秒！激情回看空军飞行表演精彩瞬间》等10余篇原创稿件被广泛转发传播。

3. 创新融合手段，讲好新闻故事

2019年9月23日至29日，吉林日报连续推出7篇“三代人·七十年”系列H5作品，一经省内全网推送，在吉林人的朋友圈形成“刷屏”效应。这组作品以小切口反映大主题，选取不同行业中的三代人，通过讲述平凡人的奋斗故事，折射出新中国成立70年来的翻天覆地变化。

新媒体技术手段的充分运用，文字、图片、视频、油画、素描、音乐等多种元素的巧妙组合，令这组H5作品直观生动、丰富精彩，既体现了新闻作品在融媒体时代的品质化追求，实现了直抵人心的传播效果，又充分体现出传统主流媒体在转型发展过程中的创新意识和开拓精神。这组作品获得了“庆祝中华人民共和国成立70周年融合报道十大创新案例（地方媒体）”称号，这是东三省媒体唯一获此荣誉的作品。

4. 多样化报道形式，探索整合原创之路

2019年，彩练编辑部注意形式创新，推出了诸多制作好、传播好的新媒体产品。《二十四节气》系列长图、《十一假期我们去哪儿》系列长图、《大东北清雪图鉴》、四季创意长图《“美装”秀！吉林省各地“春装”发布！“五一”你想穿哪套？》《22°的夏天》《这个秋天给你点颜色看看》等等，都让读者耳目一新。此外，为配合热点，还制作了《地震来了怎么办》、《儿童节小时候的游戏》、《庆祝中华人民共和国成立70周年阅兵仪式30个精彩瞬间》、《70周年70个祝福》、《记者节新编辑部的故事》（四格漫画）、《长春十二时辰》等一系列具有服务性和趣味性的新媒体产品，刷屏朋友圈。

尤其值得一提的是吉林省委常委班子主题教育读书班活动的新媒体报道。记者传回稿件

后，编辑及时拆解原文，精简程序性报道，梳理关键节点，突出主要内容，并根据内容需要，分别采用图文、动图、快闪、长图、H5等多种形式，制作了《“开班”两天，吉林省委常委班子集体学习，学了啥？咋学的？——围绕纲要学、原原本本学、集中精力学》《7天“集训”，总书记的嘱托正在吉林落地落实》等8篇新媒体产品，以通俗易懂的语言、喜闻乐见的形式，真实再现了吉林省委常委班子这七天中马不停蹄，认真读原著、学原文、悟原理，坚持全面学、贯通学、深入学，引领广大党员干部认清使命职责，勇担时代重任，有力有序有效推进主题教育深入扎实开展，将总书记的殷殷嘱托在吉林大地落地落实的真实场景。

5. 开设特色栏目，提高产品服务性能

彩练新闻在气象信息方面做足了功夫，加入四格漫画、实时民生信息等，逐渐形成“品牌效应”。如《最具“年味”的天气预报，给您拜年了！过年老天爷给个“啥脸儿”？》《啥？啥？啥？这个彩练小哥竟然要在长春卖“南方雪”！》，形式独特新颖，在省内气象信息报道可谓“标杆之作”。遇突发天气情况，编辑部都是力争第一时间发布，同时通过长图、视频等形式加强科普内容，让稿件内容丰富多彩。如2019年报道台风利奇马的一系列稿件，从台风到来至台风离去，全程跟踪式报道，《“罗莎”接棒“利奇马”继续“洒水”，东北地区开启暴雨周》《台风“利奇马”霸气走位，对吉林省影响提前！这些事要牢记……》《“马儿”已去“罗莎”接力！吉林降雨“无缝连接”，这份安全攻略请收下》都收到了较好的传播效果。

《一周“最”新闻》只用3分钟就能了解一周的新闻热点，省时、省力！《3分钟速读》内容为全国、省内的大政方针和民生时事。医保帮问栏目，专门为读者解答医保方面的相关问题。《麦说新语》的定位和口号是“解一词，说一梗，小麦老师带你做最会弄词的明白人”，以朋友圈的形式展现热词，深受年轻读者朋友的喜爱。

（二）拓展新媒体渠道创新产品体系

1. 创新新媒体产品的表达方式，积极参与重大主题宣传

在2019年吉林省“两会”期间，全媒体中心创作的《“码”上看报告》MG动画、长图作品，开创我省政府工作报告解读新形式。在扫黑除恶专项斗争中，通过制作情景剧、互动H5等形式，宣传扫黑除恶成果，并在全网推广。同省政法委合作，先后策划并制作了《吉林省扫黑除恶“五个一批”行动成绩单》《吉林省扫黑除恶阶段性成果展》等H5作品，这两件作品全平台推广，已获得超过150万的点击量。结合《庆祝中华人民共和国成立70周年系列述评》报道，推出了系列原创长图及《人民空军成立70周年》系列长图等，以图解新闻的形式，实现了重大主题报道报纸端和手机端互动融合的常态化。围绕国庆当天首都庆祝活动，在10月1日先后推出了短视频、H5、长图等形式的新媒体产品。

2. 在短视频拍摄制作、视频直播、短视频发布平台建设上进行突破

2019年，全媒体中心视频直播团队，承担报社内部与外部活动拍摄任务；承接对外合作相关项目拍摄；独立寻找新闻线索，进行短视频内容创作。在吉林日报彩练新闻开设短视频频道，形成以全媒体中心视频直播团队的原创短视频为基本内容的持续性发布，效果良好，全年完成短视频400多条。

以视频直播为主的直播方式，覆盖重大活动报道，截至2019年11月中旬，完成直播40次，绝大部分均为视频直播。吉林大学2019届本科生毕业典礼，吉林日报彩练新闻成为唯一在现场视频直播的媒体。在视频直播现场，体现出技术优势。2019年长春马拉松，完成了第一次5G直播。

连续推出精品策划，形成品牌栏目，生产出在本地有影响力的新闻内容。比如2019年初开始的“寒冬中的劳动者系列策划报道”、《回家的路｜2000多公里列车行程，无论多远，也要回家》，以短视频的方式，讲好吉林故事，呈现新颖，内容上容易引发用户的阅读兴趣。制作和发布了“追梦吉林人”系列短视频，传递正能量；“彩练新闻城市映像”展示长春城市良好形象，在下半年再次推出“瞰见吉林”，大量采用了航拍等表现形式；首次采用脱口秀和情景剧的形式，诙谐幽默的解读热点新闻的“特胖时刻”，其中不再局限于时政内容，创新采用视频访谈形式，关注社会热点。

3. 搭建覆盖全网的吉报分发平台矩阵，持续提升吉林日报影响力

2019年，全媒体中心全面升级吉林日报头条号、人民号、百家号、大鱼号、企鹅号，并上线了吉林日报搜狐号、网易号、澎湃号、凤凰号等分发平台，由此实现了吉报优质新闻产品在国内9大主流分发平台全面同步传播的格局，多平台日均综合发稿量将近500篇。截至2019年底，总发稿量6.9万条；总阅读量1.51亿人次。

吉林手机报，在国内手机报产品市场严重低迷的大背景下，不断优化产品形式和用户结构，保证订阅粉丝量，截止到2019年底，手机报移动和联通用户总订户保持在8W+，365天无间断出刊。

“吉林日报”头条号在2019年4月、5月、6月均进入城市影响力月榜，分别排名第三位、第二位和第二位。据“今日头条”给出的全国数据，“吉林日报”是唯一连续上榜前三的省级党报。

媒体矩阵的搭建，在重大活动、重点选题的宣传报道中发挥了巨大的传播作用。截止到2019年底，全媒体中心负责运营的媒体平台总粉丝数80余万，总发稿量约6.9万条，总阅读量超过1.5亿次，为推广吉林日报、彩练新闻的媒体品牌发挥着重要作用。

4. 技术手段优化升级，彩练新闻客户端改版

彩练新闻APP一直在不断更新，不断完善UI界面，从视觉和功能上向主流新闻移动端靠近。目前彩练新闻APP三次界面UI优化，彩练新闻显示样式多样化，将多图、大图、短视频等内容整合并在推荐频道推荐显示，电子报加载速度提升50%，新闻列表加载速度提升2-3秒，频道精简为14个频道102个栏目，新闻列表字体优化为宋体，消息推送功能优化。技术团队开发

的三个信息平台，彩练新闻平台、“彩练号”公众平台、地方头条信息平台将共同打造吉林日报新媒体的平台矩阵，满足多方用户需求，建立吉林日报报业集团移动互联网“内容+平台+终端”的新媒体传播体系。

彩练号公众平台经过一期、二期、三期的不断完善，已具备用户三要素智能识别、信息加密保护、多级权限分配、操作留痕、与微信公众号紧密对接等多种实用技术，符合互联网公众平台发展规律。

目前，彩练新闻已经与“中央厨房”实现稿件互通，可按报社的融媒体采编流程进行日常工作；与凡闻大数据实现对接，大数据内容一键推送至彩练新闻平台；在彩练新闻客户端开设人民日报党媒频道，与全国党媒信息平台实现信息互通；与微信公众号实现对接，彩练新闻平台可将更多优质新闻输送到吉林日报微信公众号和学习吉林微信公众号。

二｜吉林日报社新媒体工作案例

《沉默的路人甲》

——吉林日报扫黑除恶宣传片

吉林日报融媒体2019年3月起积极把扫黑除恶专项斗争督导宣传报道工作作为重要任务，严密组织，精细策划，推出专栏、情景短剧、H5、长图、小视频等新媒体产品。《沉默的路人甲》就是在这一时期比较有代表性的新媒体作品。

一个普通人，在有形或无形的暴力阴影中无奈地保持着沉默。直到被路人乙、路人丙、丁们从黑污的雪泥上扶起，看到横行者挥舞的拳头颓然落下时，融化春雪的阳光照进他几十年不起微澜的心。原来，他的畏惧，来自于他多年的沉默……

该片立意在于要引导公众，面对黑恶势力时，不能漠视旁观，要勇敢面对，要全民动员，要弘扬正气。影片的结尾，播放全省各地扫黑除恶举报电话，更大程度地传递扫黑除恶专项斗争的相关信息。该作品一经推出，综合播放数超过350万。

作品二维码：

《沉默的路人甲》

（吉林日报社）

中国吉林网

一｜中国吉林网新媒体工作综述

2019年，中国吉林网高举习近平新时代中国特色社会主义思想伟大旗帜，紧扣主题主线，主动担当作为，始终保持了同党和国家工作大局的同频共振，同新时代吉林振兴发展的同向同行，展现了新时代的新气象新担当新作为，圆满完成各项工作任务。

（一）积极做好正面宣传，彰显新型主流媒体作用与价值

1. 提高站位，服务大局，突出做好全国重大主题宣传报道

2019年，中国吉林网围绕庆祝中华人民共和国成立70周年主线，把做好全国重大主题宣传报道重要的突破口锁定在吉林高度、全国触角、动人故事、独家视角和吉网全媒体“原创产品”上，以“中华人民共和国成立70周年”为重要节点，推出“壮丽70年，蹲点看变化”系列、“共和国国门界碑千里吉林行”系列、“寻访老兵足迹弘扬红色精神”系列等重磅策划，在网民中引发强烈反响。

积极投入中央各项重大会议活动、重要纪念日的宣传报道，开设并持续做好“壮丽70年·奋斗新时代”和“爱国情奋斗者”专栏报道，持续做好“我和我的祖国”互动宣传活动，对习近平总书记重要讲话、全国两会、第二届“一带一路”国际合作高峰论坛、亚洲文明对话大会、北京世园会等重大活动进行了重点报道；对民族复兴·英雄烈士谱、新春走基层、北京世园会、“追梦火焰蓝”、第二届数字中国建设峰会、世界互联网大会、庆祝新中国成立阅兵式、70周年大会、国际进口博览会、十九届四中全会等全国性重大事件进行报道；同时对习近平总书记新年贺词、《告台湾同胞书》发表40周年、西藏民主改革60周年、“五四”运动100周年等重要时间节点宣传活动进行了突出报道。

2. 忠于职守，超前谋划，全力以赴为全省中心工作冲锋陷阵

中国吉林网认真贯彻上级部署和要求，充分发挥新媒体宣传报道的优势，对重点内容精心设计、细致打磨，重点进行了吉林省两会报道、扫黑除恶专项督察工作报道、“不忘初心、牢记使命”主题教育报道、“东北亚博览会”专题报道、“牢记殷殷嘱托”主题报道、“奋进正当时”主题报道，在体现出网络报道专业精准的同时，也展现出新媒体报道的生动灵活，提升了传播力以及影响力，稳定和提振了社会信心，营造了良好的舆论氛围。还对“抓环境、抓项目、抓落实”“吉浙合作”“全民共建绿美吉林”、吉林省网络安全宣传周、“决战脱贫攻坚·决胜全面小康”中央网络媒体走进吉林、“寻找最美第一书记”、新时代东北振兴网络主题采访活动、“壮阔70年奋飞新时代”、中国农民丰收节等主题内容进行了积极宣传报道。

在省委宣传部的主办和直接领导下，中国吉林网承办的首届“锦绣吉林”微视频大赛，在广大网友中激发起了强烈的爱祖国、爱家乡的创作热情和热潮，使社会各界和广大群众更加深入地了解吉林、支持吉林，进一步凝聚改革发展共识。

3. 重视创新，勇于探索，获得主管部门和社会各界的高度评价

2019年，中国吉林网终坚持突出新媒体与传统媒体相比“介质新、平台新、创意新、角度新、技术新、文本新”的“六新”特点，力争做到同题作文有亮点，自选动作见功夫，持续强化在“融媒产品持续创新”和“全网广域放量传播”方面的独特优势，发挥了新型主流媒体应有的作用，获得了主管部门和社会各界的高度评价认可。中国吉林网在第二十八届吉林新闻奖上大获丰收，共有23件作品获奖，其中一等奖8件，二等奖6件，三等奖9件，获奖总数在省内主流媒体中名列前茅。

（二）强化舆情监测与舆论引导，集聚吉林振兴发展正能量

1. 充分发挥舆情大数据平台优势，服务各级党委政府网上舆情应对

2019年中国吉林网将“吉林省网络舆情三级响应协作平台”升级为“吉林省互联网信息安全管理平台”。升级后的平台新增了联动指挥系统、态势感知系统等，大大提高了舆情预警和响应的效率，同时新增了宣传成果展示、行业分析等可视化报告业务。全年共配合各级党委政府完成了春晚长春分会场、全国两会、中华人民共和国成立70周年、扫黑除恶回头看等重要敏感节点的舆情应急响应，累计制作报告5608篇，日均报告超过23篇。

2. 积极开展网络评论与网络辟谣，强化网上舆论引导

2019年中国吉林网“长白时评”频道，紧扣时代主题，跟进热点，对党和国家重大决策、会议、主题活动及时跟评，针对敌对势力的造谣抹黑、社会热点以及突发事件，积极做好系列评论，及时发出主流声音，鲜明亮出党网的态度，获得了由中央网信办秘书局颁发的优秀网评栏目（频道、阵地）奖。“吉网辟谣”栏目，针对网上涉吉的谣言第一时间发布实情，同时在

抖音、今日头条、微博等多个互动平台上进行推广和传播，及时发出权威声音，还网络以晴朗空间，获得了各界广泛关注。中国吉林网的“吉网调查”栏目，深入报道，充分发挥了媒体监督作用，得到了一致好评。

（三）坚持媒体融合及移动优先战略，提高传播力及影响力

1. “吉林云媒”融媒体“中央厨房”系统全面建设完成

2019年“吉林云媒”中央厨房指挥中心建设完成，标志着“吉林云媒”中央厨房建设全面完成。“吉林云媒”以大数据、云计算技术为核心，汇集目前媒体融合最先进的六大技术平台，建成“中央厨房、一键分发”式的全信息全媒介采集、编辑、组合、分发体系。“吉林云媒”实现各类媒体文字图片、音频、视频等流媒体信号的一站式集纳，中央厨房的统一加工，一键分发至各种媒介、各种形态的发布终端。实现了新闻资讯的再整合、再编辑、再发布，运用多媒体传播手段扩大传播力、影响力。中国吉林网、吉刻APP、中国彩虹网，PGC客户端，均可通过中央厨房移动端采编发系统实现随时随地全流程处理和发布稿件，极大提升了新闻生产发布速度。

2. 重视多媒介传播，传播效果大幅提升

2019年中国吉林网坚定不移的实施移动优先和媒体融合战略，在产品创新方面初见成效，传播力得到了进一步提升。2019年中国吉林网充分发挥我省新闻门户网站作用，全平台共推送各类稿件200411篇，精编原创新闻内容8000余篇，近600万字。吉刻APP实现“中央厨房”式的现代传播效能，发稿101590篇，安装量达217100＋。双微集群微实现了在区域、行业上的全景式覆盖，微信订阅粉丝数183322、新浪微博粉丝1022235。全面完成与百度、新浪、腾讯、搜狐、网易、今日头条、UC、凤凰、一点资讯等国内主流全网PGC平台（专业机构内容生产商）入驻合作，开通了中国吉林网头条号、网易号、企鹅号等相应的专属账号。2019年PGC全网发布集群用户总量超过500万＋。特别是抖音账号，粉丝数已经突破200万，成为东北媒体成为抖音东北媒体号第一名，进入全国媒体抖音账号前十名。也成为中国吉林网首个实现百万粉丝量级的头部短视频平台，为中国吉林网内容影响力的打造做出了突出贡献。

3. 注重运用新技术，实现对新媒体产品的形态创新

中国吉林网在新闻制作中，高度重视对新闻产品传播手段、形态创新的探索，H5、直播、无人机720度航拍、VR全景视频、动漫等新媒体技术手段被常态化运用在重大会议节点、活动及主题报道中。在2019年第十二届中国-东北亚博览会上，中国吉林网成为独家入驻5G馆参展的省内媒体，以“AI”“4K”“直播”“虚拟演播”等新概念为重要支撑，将“5G新时代，美好新未来”的主题贯穿始终，充分展现了“5G+未来传播”的报道特点。设置了虚拟演播厅，打造了“首席主播时间”“越明5G直播时刻”两个精品栏目。推出了5G直播，更是配合上5G+4K全

媒体转播车与5G视频采编背包，全面展示了“四全媒体”时代下中国吉林网全媒体记者的“单兵作战武器”。中国吉林网还结合AI技术，重磅推出了AI虚拟主播“吉小新”，形象逼真，口型和表情传精准，为广大观众带来中、英、日、俄等多语种的实时精彩播报。AI虚拟主播的推出，引起了广泛关注和热烈反响，中央网信办网站对此创新形式进行了关注和报道。

二 | 中国吉林网新媒体工作案例

“5G新时代，美好新未来”重大创新性报道

2019年8月，第十二届中国-东北亚博览会在长春召开，本届博览会上，中国吉林网成为独家入驻5G新时代馆参展的吉林省内媒体。中国吉林网充分发挥主流媒体的优势，精心策划，运筹帷幄，全力创新，以“未来”“5G”“AI”“4K”“直播”“虚拟演播”为重要支撑，将“5G新时代，美好新未来”的主题融会贯通、贯穿始终，切实打造了“四全媒体”推进高质量融合。5G+融媒体技术的积极应用和尝试，在省内重点新闻网站和新媒体报道中做出了全新引领和示范，也为全省媒体融合发展的全面推进，提供了“吉网样本”。

中国吉林网PC端开设了“5G新时代，美好新未来——聚焦第十二届中国—东北亚博览会”融媒体专题，专题内容丰富，设计深具科技感，阅读体验较好。吉刻APP专题以突出此次展会5G应用为主，专题分为专题头图、专题导语、吉网聚焦、重磅消息、专题主稿、AI虚拟主播时间、现场直击、首席主播时间、小吉探营、全媒视觉、首席观察、越明5G直播、展会服务、大学生在线播报、酷炫图集、预热报道等16个栏目。

“首席主播时间”，录制地点选择在中国吉林网设在东北亚博览会现场的虚拟演播厅，真人和虚拟背景的完美结合，配上4K直播，不仅画面精美，互动效果也相当好，每次现场录制过程中，都会吸引到大批观众驻足。

“越明5G直播时刻”，直播过程中，不仅在东北亚博览会参会报道的各大媒体中首个推出了5G直播，更是配合上5G+4K全媒体转播车与5G视频采编背包，全面展示了“四全媒体”时代下中国吉林网全媒体记者的“单兵作战武器”。

虚拟主播“吉小新”，形象逼真，口型和表情传精准，在展会现场，为广大观众带来中、英、日、俄等多语种的实时精彩播报。中国吉林网AI虚拟主播的推出，引起了广泛关注和热烈反响，中央网信办网站还特别进行了关注和报道。

“5G风云对话”，东北亚博览会期间，中国吉林网记者与华为、科大讯飞、中国移动、微软、红旗等一批高科技参展商高层进行了系列特别对话，力求通过合作，将正在到来的5G时代

中国乃至每一个人的生活即将发生的巨大变化，生动展在现网民面前！

本次东北亚博览会系列报道中，中国吉林网PC端、吉刻APP端、双微端以及PGC渠道，调度科学有序、宣传重点突出、推送精准明确，集中力量的同时又各有侧重地推进了系列精品图文报道、视频报道、新媒体报道，最大限度地通过各种传播介质，讲好了5G科技新篇章、吉林发展好故事。

根据统计，5天的会期中，中国吉林网推出AI虚拟主播播报5期、首席主播时间3期、越明5G直播时刻5期、首席观察稿件7期、大学生在线播报6期；中国吉林网官方微信发布稿件18篇，官方微博发布稿件36篇；微博话题阅读量近600万。PGC渠道发布稿件275条，总阅读量近300万。

中国吉林网PC端推送主站及地方站原创重点稿件120篇，转载国内、省内重点稿件65篇，总阅读量超过50万。吉刻APP对上述稿件中132篇进行了重点推送，阅读量达60多万。

（中国吉林网）

黑龙江广播电视台

一｜黑龙江广播电视台新媒体工作综述

（一）聚焦理念创新，明晰融媒转型新方向

2019年，黑龙江广播电视台打好融媒改革战，明晰传统媒体转型发展新方向。年初，黑龙江广播电视台在全台范围开展了融媒体调查问卷活动，共有5800人次参与问卷调查，提出建设性意见4万余条。经过37次修改完善，黑龙江广播电视台机构改革三定方案及十余个子方案出台；2019年2月，在黑龙江省委宣传部指导下，黑龙江省委深化改革委员会审议通过改革方案；4月11日至5月14日，黑龙江广播电视台组织开展了11场主题为“融变万千、化茧成蝶”的融媒发展论坛，黑龙江省直相关部门领导、全国知名专家学者以及271位传媒一线工作者奉献了智慧。共收到有效网络建议2万条；7月16日，在全台职工代表大会上，240多名代表全票通过了改革方案。2019年7月23日，黑龙江广播电视台召开动员大会，融媒改革全面启动。这次改革是黑龙江广播电视台进行的最为彻底、全面的一次广电体制机制改革，是一次颠覆再造、立体全面、影响深远的改革。

（二）聚焦组织创新，打造融媒传播新矩阵

2019年，黑龙江广播电视台打破过去长期存在的“壁垒”“孤岛”和“围墙”，构建中心矩阵，再造媒体平台，所有中心矩阵都设置了融媒部门。借鉴各省新闻+政务+服务的融媒布局，呼应黑龙江省县级融媒体中心建设，集合全台优质民生、新闻、问政资源，组建统筹全台媒体融合工作的中枢机构。以“主力军进入主阵地”为改革路径，形成以“全媒体新闻中心”为主体、以“融媒体中心”为牵引的布局。将原来传统广电平台的几档品牌民生新闻节目，如《党风政风热线》《直通998》《访谈》《沟通》《帮办》等省内极具影响力的5个IP节目和工

作室划入融媒体中心，植根这个统一的平台上，释放新闻力量、品牌张力和市场活力，实现一举多赢。

（三）聚焦机制创新，构建内容生产新格局

2019年，黑龙江广播电视台构建以卫视为核心、以地面频道为支撑的电视传媒新矩阵。撤销电视传媒中心建制，去频道化，整合包括原6个电视频道和纪录片部在内的全台视频内容生产资源，在“卫视矩阵”设立6个内容生产事业部。以“主力军进入主阵地”为改革路径，形成以“全媒体新闻中心”为主体、以“融媒体中心”为牵引，将原来传统广电平台的几档品牌民生新闻节目聚合在融媒体中心这个新媒体平台上，形成多元平台分发的融媒节目集群。聚合移动广播电视台、网络广播电视台，打造融媒体“中央厨房”；在卫视、音频产品等各中心、部门设置融媒机构，有效提升了融媒产品制播能力；创建融媒体创新中心，推进短视频生产、网红孵化、垂类项目创意研发等融媒业务。在技术发展中心内设融媒工程部，将媒资系统植入到了技术平台上，变成新的市场增长点；在全媒体新闻中心成立重点报道部和智库，深化舆论宣传的正面表达；聚焦媒体品牌影响力提升，将原战略数据部改造升级为品牌战略部；建立创新研发体系，在台一级设立融创中心的同时，又在卫视、音频等部门分别设立创新研发部，为内容生产主体开辟适合融媒发展的新赛道。

（四）聚焦产品创新，构筑资源整合新平台

2019年7月16日，黑龙江广播电视台融媒创新中心正式成立，成为全国媒体行业创新媒体发展的“第一人”，较《总局关于创建广播电视媒体融合发展创新中心有关事宜的通知》（广电发〔2019〕81号）提前2个月，与国家倡导的媒体发展不谋而合。媒体融合发展成为黑龙江广播电视台新媒体发展的主攻方向。融创中心是作为黑龙江广播电视台面向媒体融合领域，打造新IP、构建新产业、发展新技术、赋能新匠人，鼓励创新、鼓励竞争、鼓励合作的融合矩阵平台。该中心重点在台级优质IP资源的全网孵化、开展龙广电与其他媒体业态的跨领域合作、与优质内容创作媒体集团合作，打造属地化集群项目等方面拓展好发力。融创中心作为事业体制主体，实行企业化管理，拥有一个用于市场化的公司——广视新媒体公司。在人员方面，融创中心打破“论资排辈”，面向全台“80后”能者居之“不拘一格”，经过双向竞聘层层选拔，14名首席运营官及产品经理脱颖而出，搭建起组织架构。随着业务的开展，适应互联网发展需求，2019年9月、12月，通过两次面向社会招聘专业技术人才，为中心的蓬勃发展注入了新鲜血液，中心现有在职员工78人，平均年龄仅为30岁。

（五）聚焦品牌创新，实现受众规模新提升

2019年黑龙江广播电视台全网粉丝规模突破4100万，其中，微信粉丝近千万，微博粉丝836万。黑龙江卫视官方微信公众号粉丝326万，为黑龙江官博粉丝第一位；新闻夜航公众号粉丝达200万，在全国2200万个公众号中排名第9位，在所有省级地方媒体中综合排名第一；政务头部大号“龙视新闻联播”粉丝规模近60万，成为黑龙江省政务信息发布第一平台。新闻广播正式启用“新闻广播小程序”搭建融媒体聚合平台，实现广播节目的可视化直播，通过“在线问政”、“虚拟坐席”“部门满意率投票”提高了受众黏度及服务能力。尝试进军短视频制作和直播。打造多个IP垂直服务领域微信大号。全省“两会”期间，对《政府工作报告》的解读微推《破天荒，办事不求人写入政府报告》，阅读量突破10万+，2000多网友留言评论；新媒推文《省委书记张庆伟：我一定要到你那里去看看！》总阅读量超过50万；全国两会期间，新媒作品《5G连线：书记省长千里听民意！》微信公众号单条阅读量达到11万+，全网阅读量100万+。全年10万+微文突破千篇，平均每月百篇左右；通过无限龙江APP和借助央视新闻移动网等平台，开展上百场大型直播活动，哈洽会特别直播《三十而立璀璨绽放》《伊春第二届旅发大会》《庆祝中华人民共和国成立70周年——黑龙江省直机关“我和我的祖国”大合唱》《第二届中国·黑龙江国际大米节——现场品评品鉴活动》等上百场直播报道总收看量均在百万以上；庆祝中华人民共和国成立70周年，推出“我和国旗合个影”融媒互动产品、“我和我的祖国”快闪活动、“我在全国数第一”、“我的名字叫国庆”等“我”系列融媒活动，给受众带来全新的交互体验。融媒产品“更龙江”客户端累计发片数170部、全网粉丝量600万+、全网播放量2.7亿，其中，为献礼中华人民共和国成立70周年制作的“70年龙江儿女英雄传”除在黑龙江卫视播出，还成功登陆“学习强国”等国家新媒体平台。自主孵化的微博账号“东北萌兽动画”以风趣幽默的卡通动画方式在抖音展示龙江黑土文化，得到广大网友认可，粉丝量达56万；启动台内ＩＰ主持人账号孵化，首批卢汉、叶文、袁哲、张晓雪、伟佳等15名优秀主持人入驻，完成从地方大屏端向全网小屏端发散，扩大了龙江媒体影响力。

二 | 黑龙江广播电视台新媒体工作案例

“庆祝中华人民共和国成立70周年主题系列新闻发布会”新媒推广活动

在庆祝中华人民共和国成立70周年宣传活动中，黑龙江省委宣传部结合“壮丽70年，奋斗新时代”主题宣传，创造性地推出庆祝中华人民共和国成立70周年主题系列新闻发布会活动，全方位、多角度展示黑龙江省作为全国大粮仓、能源大后方、装备制造业基地，为新中国发展

作出的巨大贡献，尤其是改革开放以来特别是党的十八大以来发生的巨大变化。90天时间内21场新闻发布会，创造了黑龙江省建立新闻发布制度以来，参与地市和部门最多、发布场次最密集、媒体和公众关注度最高的多项纪录。

以发布会为平台，黑龙江广播电视台精心打造了系列访谈节目《“壮丽70年·奋斗新时代”地市委书记和市长访谈录》，十三地市市委书记和市长走进电视台，用自己的亲身经历，反映黑龙江省各地市不断冲破思想束缚，不断强化改革创新意识，破解制约机制，探索转型发展的方法路径的不懈努力。“一把手”出手，效果不同凡响，“访谈录”网上总阅读量近200万，其中，短视频《阿里巴巴马云都看好的绥化，未来可期》最高点击量超过32万次。黑龙江广播电视台“抖音”号发布作品45个，总点击量超过180万次。

（黑龙江广播电视台）

上海广播电视台

一｜上海广播电视台新媒体工作综述

2019年，SMG响应中宣部和国家广电总局争做全国广电行业改革发展排头兵先行者的号召，全面启动新一轮的战略改革。此轮改革的目标就是要推进东方卫视转型升级、频道资源优化和内容供给侧改革，集中优势资源做大做强东方卫视，优化地面频道结构布局，聚焦媒体融合转型发展。

在各级领导和市委宣传部的指导下，SMG积极探索融合媒体变革之路。一方面强化新媒体内容产品生产，借力第三方新兴媒体渠道，扩大主流媒体内容在新兴媒体的影响力；另一方面强调打造与SMG在中国文化传媒行业地位和实力相称的自有新兴媒体渠道，加快构建立体多样、融合发展的现代传播体系，巩固宣传思想文化阵地、壮大主流思想舆论。

随着媒体融合走向深入，SMG下属各类新媒体产品蓬勃发展，截至2019年底，共有企业认证微博账号116个，官方微信公众号209个，其他第三方平台账号共计262个，移动客户端14个，官方网站58个，境外账号14个。在此基础上，重点形成“1+3”新媒体格局，即一个新媒体平台BesTV、三个重点新媒体产品：看看新闻Knews、阿基米德APP和第一财经新媒体矩阵。同时组建了专门以互联网综艺娱乐内容为主业的互联网节目中心。

（一）坚持移动为先，着力推进看看新闻Knews短视频战略

“看看新闻Knews”致力成为“互联网视频新闻领先品牌”。经过3年的全力实践，看看新闻Knews的影响力已经迈入一个新台阶。截至2019年底，APP累计用户数已达到1025万，日活用户峰值超过50万，全网传播量日均触达1亿人次，峰值接近2亿，已成为国内重要新闻资讯平台最权威的视频内容来源之一。根据中央网信办发布的数据和榜单显示，“看看新闻Knews”是除央视之外，全国广电媒体中排名首位的新闻新媒体品牌。

随着5G时代的加速到来，短视频已成为融合传播的主战场和激战区。2019年SMG继续深化推进移动优先战略，着力创新、探索、提升时政新闻短视频传播的质量和影响力，推出大量现象级的爆款产品。如围绕庆祝中华人民共和国成立70周年，看看新闻Knews精心策划推出历时40天的“家国70载”大型全媒体新闻行动，全网总浏览量突破2300万，微博话题的总阅读数突破1.1亿；倾力承办上海市“锦绣中华 · 大美山川”微视频大赛活动，共收到来自社会各界的参赛作品529件，在央视新闻+、学习强国、上海发布等全媒体各渠道展映作品逾700条（次），全网总浏览量已超过1081万；《进博一年间，“上海答卷”等你点赞！》短视频主题鲜明、大气精美，获得中央网信办全网推送，截至11月10日全网总浏览量达6000万。

（二）放大一体效能，推进话匣子和阿基米德融合发展

“阿基米德”主打互联网音频社区。2014年10月上线，经过4年多的积累，已经成为国内广播人节目制作和听众互动的第一平台，细分市场排名进入前五，下载用户达4000万，用户年发帖量超1亿条。全国100多家广播电视台签约入驻的电台频率达1000多家。

2019年，阿基米德深挖平台优势，做精、做深媒体深度融合。开发智能拆条和热电台技术，实现了对广播节目的自动打点、拆分，重构广播内容的样态，有效提升内容价值和传播效率的同时，也让广播内容有了进入物联网的钥匙，音频拆条团队荣获上海市长宁区“科技之星”团队。阿基米德还结合平台用户的行为数据，借助人工智能解析，将最适合用户的短音频内容通过推荐等形式，第一时间将广播内容以多端分发立体触达用户。阿基米德微信小程序在短短一年多时间内已累计拥有超过150多万的用户流量，通过搜索功能使阿基米德APP全平台的广播内容可直接触达10亿微信用户。用户可通过小程序收听直播节目，实时互动，并能回听，通过微信站内推送服务，能第一时间获得节目直播预告。阿基米德小程序通过向微信提供全国广播的内容输出，完成了广播在微信平台的闭环传播，改变了其单一的传播形态。

“话匣子FM”作为SMG上海广播新闻面向移动互联网的产品，在2018年8月正式推出，目前在上海网信办影响力传播力平台的排名在10名左右，尤其对于重大事件的报道如2019上海两会，话匣子FM在上海媒体原创稿件的原创量、传播力和影响力综合评价已位列上海媒体前五位。在2019年进博会的宣传中，话匣子出品的H5、短视频等新媒体产品，受到总局表扬。

2019年以来，SMG进一步强化对话匣子和阿基米德这两块核心产品的联合打造，放大一体效能、努力扩大主流价值影响力版图，计划构建一个专门的新闻音频应用“阿基米德新闻”。话匣子凭借其优质的新闻内容，主动融入以阿基米德FM为核心的上海广播融媒体战略发展平台。阿基米德充分发挥自己的技术实力，为话匣子提供更高效的支持。目前，话匣子向阿基米德新闻社区及首页新闻版面发稿机制初步建立，后续将着力打通技术壁垒，进一步提升效率。话匣子和阿基米德的融合发展，将为各区县融媒体中心提供内容为突破口，实现最后一公里的

闭环目标，同时打造垂直领域的优质新闻资讯内容、关键词电台。

（三）加速深度融合，全力打造与上海城市相匹配的财经全媒体

2019年第一财经继续全力聚焦专业财经内容，聚焦移动互联网，加快跨区域和国际化布局。2019年，第一财经新媒体收入在公司总收入中占比过半。

“第一财经”新媒体矩阵，包括以第一财经APP为旗舰的“端、网、号”新媒体传播体系。第一财经APP作为一财移动互联网的核心产品，不断通过强化原创内容的权威性和专业性来提升产品影响力。艾瑞数据显示，2019年第一财经APP平均月活平均月活262万，在中国财经资讯类APP中名列前茅（第四），在原创财经资讯APP中位列第一，用户月度总有效使用时间也在所有财经资讯类APP中位列第一。

2019年第一财经启动《第一财经日报》和《第一财经周刊》两个纸质平台的最大改版，加紧探索互联网时代财经媒体的新型发展之路。电视团队转型取得突破性进展，已实现60%—70%电视产能向移动端转移。视频经营空间得到多元拓展，10月，“有看投”APP累计营收突破一亿元大关，累计下载用户约70万，成功跻身“亿级产品俱乐部”。

Yicai Global（一财全球）在推特、脸书、Youtube等国际主流社交平台上的用户超过270万，是彭博新闻社、道琼斯、日经新闻等西方主流财经媒体的一级供应商，许多知名公司都将一财全球列为发布重要消息的中国首选英文媒体，一财全球正在成为全球市场的重要信源。此外，DT财经先后获得“中国数据新闻大赛一等奖”、“2018中国应用新闻传播十大创新案例”等多项荣誉，并给政府、学术组织和知名商业机构提供专业的咨询服务。

第一财经新一线城市研究所连续4年发布的《城市商业魅力排行榜》，全网整体传播量连续多年维持在亿级水平。这份榜单运用商业与互联网大数据长期跟踪中国337个地级及以上城市，其数据结果能够准确真实地刻画城市发展情况，是市场上为数不多的高质量中国城市分级系统，已在地方政府决策及互联网、地产、零售、咨询等行业得到广泛应用。

（四）立足BesTV平台，打造全终端全渠道运营商

BesTV作为互联网视频平台，是战略转型的重中之重，是我们内容产品在互联网上进行传递和增值的重要渠道。截至2019年上半年，BesTV融合渠道平台服务5124万IPTV业务用户，3426万OTT业务用户。高、标清频道付费电视用户覆盖全国31个省、市、自治区2亿数字电视用户；其中，高清频道已落地全国29个省、市、自治区；付费电视有效用户达6000万；互动点播合作平台达到40个，用户达1650万。至2019年6月底，拥有自有及集成的高清付费频道共计18套，成为全国最大的有线数字高清付费频道集成运营平台。东方购物会员总数突破1250万。

2019年10月，东方明珠通过资本运作实现对东方有线网络有限公司控股，进一步推进在渠

道领域的深度布局，逐步转型为集有线电视、宽带互联网、电信专网、移动互联网、5G移动互联网于一体的全终端全渠道运营商。

同时，BesTV不断提升融合媒体平台建设，强化OPG云在AI、大数据、计算等方面的能力，支撑融合媒体平台的升级，持续强化平台的聚集、运营及产品化能力。目前，OPG云建设已处于广电行业领先地位。

（五）创新技术应用，主打“智慧广电”战略

在2018年成立SMG科创智能媒体实验室的基础上，2019年6月，国家广电总局在SMG设立“智慧媒体制播应用国家广播电视总局重点实验室”，推动广播电视制播应用与人工智能深度融合发展。

借助这一重点实验室平台，SMG主打“智慧广电”战略，正在联合国内外一流的科研单位、高校、行业领先企业等技术合作伙伴资源，构建智能媒体核心技术研发平台、产业技术创新平台，打造智能内容采集、制作、管理、分发4大应用场景，开发适应媒体业务场景和需求的新技术产品，以期借人工智能的技术发展进步驱动媒体产业的巨大提升与变革。

同时，借助技术优势，SMG通过东方明珠上市公司，在更为广泛的层面创新探索“智慧广电”与智慧城市、社区大脑相结合的垂直应用服务。目前，布局的智慧城市物联网业务已在上海多个区县展开，在普陀更是打造了上海首个区级“城市大脑”，涉及45类应用场景，范围达55.5平方公里，服务人口128万。通过突破传统功能局限，将数字经济、数字生活与数字媒体紧密结合起来，拓展智慧家庭服务业务和智慧城市服务业务，在新技术的驱动下，实现业务、用户、技术、管理四个方面的统一，努力实现现有业务板块的全面升级以及新业务板块的综合拓展。

（六）开辟4K频道，布局超高清产业

随着5G时代的加速来临，超高清产业正成为推动文化传媒经济社会创新发展的新着力点。为贯彻国家超高清视频产业发展行动计划，落实《上海市超高清视频产业发展行动计划（2019—2022）》，SMG计划依托自身内容和技术优势，在4K内容生产上全面发力，于2020年开通1个4K超高清公益综合频道，集纪录片、综艺、体育、影视剧等多种节目内容于一体，每天首播4小时以上。

在此基础上，SMG将依托东方明珠上市公司，积极推出“五个一”工程抢先布局超高清产业，通过打造一个超高清数字付费频道、一个超高清内容集成播出分发平台、一个产业投资基金、一个5G+8K实验室和一座东方智媒城，不断拓展下一代视听娱乐发展新领域。同时联合其他8个4K试点地区，特别是与同处长三角的江苏、浙江、安徽等地积极沟通，组建4K内容生产和

版权共享联盟。

（七）打造“视频购物”平台，实现全域营销

为实现从电视购物向视频购物的转型，上市公司东方明珠旗下东方购物频道于2019年3月启动“巨人计划”项目，12月21日项目第一阶段正式上线。该项目由阿里云、东方明珠研究院与东方购物共同着力构建，真正打造中国领先的视频购物平台。

2019年初，随着多家国内外电商巨头加码“直播带货”视频，“视频+电商”模式吸引了行业内的高度关注，而这一模式与东方购物正在积极构筑的“视频购物”平台不谋而合。为实现商业模式、业务运营、系统支持三大环节同步进化，赋能未来5至10年的业务发展，“巨人计划”项目蓄势待发，以期实现中国的“视频+电商”模式，撕开视频购物的新蓝海。对成立15年的东方购物而言，这势必是一场持久的“浩瀚战役”。东方购物的这“一小步”，是视频购物行业的“一大步”。随着“巨人计划”项目第一阶段的成功上线，东方购物将实现从“烟囱式”到“小前台、大中台”的运营方式升级，并提升连接能力，实现全域营销；同时，优化搜索质量，打造“淘宝搜索”般的体验。

二｜上海广播电视台新媒体工作案例

“小通带你分”移动直播

《上海市生活垃圾管理条例》2019年7月1日正式实施，话匣子FM在2019年3月、7月推出2季共30期“小通带你分”广播—网络视频同步移动直播。深入上海数十个居民小区，通过突击探访，反映生活垃圾分类推行的真实现状。“小通带你分”在话匣子FM客户端视频直播，上海新闻广播同步音频直播，这一移动式视音频直播在上海广播节目中尚属首次。

“小通带你分”通过多平台分发、联动，传播更多群众的声音，贴近居民、贴近群众的新媒体传播实践，收到了广电总局和中宣部的专题表扬，更为上海“垃圾分类”工作的开展营造良好的社会氛围。

（上海广播电视台）

东 方 网

一 | 东方网新媒体工作综述

2019年，东方网全面推进改革创新，努力建设“以科技创新为引领的新闻+政务+服务的新型主流媒体集团”，各项工作都取得新的成绩。截至12月31日，东方网Alexa全球综合排名第236位，位居地方新闻网站前列。2019年中国互联网企业100强榜中，东方网位列第91位，是自2013年发布百强榜单以来，连续7年入榜的24家企业之一，也是百强企业中唯一一家地方新闻网站。

（一）坚持导向，有效提升传播力、影响力、竞争力

1. 聚焦主题主线，加强原创报道

2019年，东方网紧紧围绕学习宣传贯彻习近平新时代中国特色社会主义思想这个首要任务，紧紧围绕庆祝中华人民共和国成立70周年这条主线，紧紧围绕三项新的重大任务，主动设置议题，策划主题活动，加强原创报道。

在庆祝中华人民共和国成立70周年报道中，完成规定动作的同时，聚焦百姓事、家国情、中国梦，开设一系列策划专题，举办70年70个瞬间图片展，推出《国宝发现者》《侨与中国梦》《那年国庆》《我在北京》等系列原创栏目，录制发布蔡徐坤、迪丽热巴等娱乐明星祝福短视频221条，累计访问量突破5亿人次，转载、评论、点赞等交互量超过5000万人次。

在第二届进博会报道中，策划组织《主宾国一席谈》系列报道，以“中国的进博会，世贸的新机遇”为主题，通过“主宾国代表专访+国别学者评述”的方式，独家专访意大利等9个主宾国驻沪总领事等进博会贸易团代表，并对应组织9位国别研究学者撰写评述专稿。稿件被中央网信办全网转发。

2. 坚持移动优先，创新表达方式

一年来，东方网充分运用5G技术、短视频、微传播等手段，制作适合移动互联网传播的个

性化、可视化、互动化内容，不断增强报道的吸引力和感染力。

5G直播投入实战。在第二届进博会报道中，东方网推出了“5G赋能更好的进博”多点互动直播。记者兵分6路，通过5G网络视频直播进博会。此外，东方网进行了“酷品首秀”5G+4K直播，相关视频信号同步推送至虹桥火车站地铁站电子大屏播放，联动了进博会场内外。

短视频报道常态化。在庆祝上海解放70周年报道中，东方网推出“重走解放路·战上海”系列短视频，通过专家串讲上海战役时极具代表10个标志性地点，带网友回到那段峥嵘岁月。10集视频，被“学习强国”学习平台全部采用。

H5互动产品增强吸引力。2019年上海人代会期间，东方网推出原创小游戏《跳一跳，垃圾分类全知道》，通过闯关游戏，将垃圾分类知识点融入其中。推出当天，就有数万网友参与互动。

3. 强化多方联动，拓展传播渠道

一年来，东方网深度参与上海市区两级融媒体平台建设。目前，市级平台以及16个区级融媒体中心均已上线。东方网抓住融媒体平台建设契机，强化与区级媒体内容合作。在中华人民共和国成立70周年报道中，东方网联合上海16个区级融媒体中心策划推出《上海创业70年》短视频H5系列报道，该系列报道得到了中央网信办的充分肯定。国庆当天，东方网还与上海12个区级融媒体共同转播庆祝大会、阅兵式和群众游行盛况。

2019年，东方网还联合江苏、浙江、安徽主流新媒体集团共同举办“重走解放路　奋进新时代”——庆祝中华人民共和国成立70周年长三角主流新媒体大型采访活动。

2019年以来，东方网多个原创内容品牌开设抖音号、今日头条号、企鹅号、网易号、百家号，在更多的新媒体平台上延伸了原创内容的传播力和影响力。目前官方运营微信公众账号32个，微博账号5个，其他各类第三方平台号62个，新媒体传播矩阵日益壮大。

东方网在北京的记者团队，参加了国新办、商务部、最高检、中联部、发改委、工信部、教育部、卫健委等部委的新闻发布会，得到了相关单位领导的高度认可，东方网的新闻触角不断延伸，品牌知名度进一步扩大。

4. 优化传播布局，深化媒体融合创新

东方网打造的基于上海本地新闻资讯服务为主的翱翔新闻APP和基于大数据智能算法的东方头条APP拥有一定的品牌知晓度。2019年以来，东方头条APP累计设备安装量突破5100万，日活用户超过350万。

面向5G时代、人工智能发展，东方网正在全力打造一款智媒体移动资讯分发平台——东方新闻APP。东方新闻APP作为融媒体转型工作的一个重点项目，充分利用“中央厨房”的技术积累，通过机器学习实现千人千面以及海量图片场景识别、标签化配图。东方新闻APP于12月26日上线试运行，初步实现200多个频道有效信源的审核过滤与智能分发，将进一步向基于知识图谱

的内容线索信息流“内容—场景—服务”的模式发展。

5. 讲好上海故事，拓展海外文化交流

东方网立足上海实际，讲好上海故事，做好涉沪外宣工作。2019年是中美建交40周年。东方网在上海举行了“跨越太平洋的交流与合作——上海纪念中美建交40周年寻迹之旅”，50余位中美嘉宾探访沪上锦江饭店、上海商城、浦江饭店等多处颇具历史意义的地标，重温中美建交40年的多个珍贵历史瞬间。东方网全程进行了跟踪报道。

东方网通过展会演出、文化贸易等方式开展国际传播。2019年是中华人民共和国成立70周年。东方网先后在巴拿马、德国、南非、巴西、卡塔尔举办了“70年70瞬间”图片展。东方网还参与主办了中美建交40周年图片展，并赴上海友城——美国休斯顿展出。图片展受到当地民众和华人华侨的热情欢迎和积极肯定，还得到了各方媒体的高度关注。

（二）强化合作，全面拓展政务业务

东方网与上海市人大、市纪委、市委政法委、市委网信办等众多单位开展各项合作，在系统运维、舆情服务、技术支持、新媒体平台运营等方面均提供了良好服务，得到了充分认可与肯定。

全国人代会期间，为全国人大上海团每位代表定制7个二维码并印制履职手册，共计集纳个性化媒体报道近2000篇，图片1300余张，代表个性化简报、议案建议等近300份，全面展示上海代表风采，受到全国人大高度肯定。上海“两会”前夕，东方网推出“上海政协通”APP，为委员履职提供服务管理平台。

东方网和上海市文明办共同组织各区举办“辉煌70年　文明新风尚”市民修身嘉年华主题活动。东方网还配合做好第七届上海文学艺术奖评选、“感动上海”人物评选等一系列线上线下大型活动，不断延伸政务网宣，拓展服务品牌。

2019年以来，东方网全力推进区级融媒体中心建设。在上海市委宣传部的精心指导和推进下，按照“统一标准体系、统一技术平台、统一安全防护、统一运维监管”的要求，建成上海16个区级融媒体中心，10个区级融媒体客户端、全市统一技术服务平台也同步上线运营。此后，市级平台不断迭代升级，并与多个外部端口、系统对接，同时完成三级等保复测。

继2018年成功打响进博会官网服务品牌后，2019年东方网继续以“1+13”工作模式，构建展会智慧服务云平台，组建规模庞大的项目团队，打造“进口博览会智慧服务云”项目。由于去年的出色服务，官方微信的运营工作也由东方网承担，彰显了东方网的政务服务实力。

2019年，经上海市委宣传部授权，由东方网承担“永不落幕的文创产品博览交易平台”——海上文创的整体建设与运营。该平台是上海365天长效常态的文创产品博览交易基地，不仅可以全面集中展现上海丰富的文创产品体系，打响“上海文化”品牌。

目前“海上文创”品牌已拓展到中华艺术宫、七宝老街、东方明珠、豫园、吴淞口国际邮轮码头等地。“海上文创”官方网站、微信小程序等也已同步上线。

（三）深耕基层，深化社区服务体系建设

2019年，东方网进一步推动东方社区信息苑改革转型发展。根据市委深改组的要求，发挥专业化、社会化优势，依托公共文化产品“中央厨房”建设，围绕互联网+、社会热点、传统文化、党建服务等主题，集成了4大板块20大类200余项的公共文化配送产品，涵盖文化服务、党建服务、公共服务等多种类型。同时，围绕公共文化精准供给体系建设，积极延伸服务网络，将三级街镇和四级村居的服务渠道全线打通。

在智慧旅游方面，与有合法资质的旅游机构合作，以讲座的形式普及旅游知识，年均开展惠民活动超过800场，还与多个外省市旅游主管部门开展合作，将优质旅游资源带给社区居民。在智慧购物方面，通过与外省市相关主管部门合作，促进乡村振兴、打响脱贫攻坚战，将优质的农副产品等引入上海大市场。在智慧文化方面，积极参与文化部公共数字文化工程地方资源建设。

（四）对标前沿，加强技术创新引领

2019年，东方网提出了建设以技术创新为引领的新型主流媒体集团的发展目标，全年不断加强技术在各个领域的创新应用。推出了“东方新闻APP”融媒体转型重点项目，并在人工智能、区块链、大数据等前沿技术领域拓展打造了一系列应用产品。

东方网将“东方新闻APP”产品作为融媒体转型工作的一个重点项目，4月中旬开始开发至5月28日第一版正式上线。该产品将东方网各类原创内容进行融合并使用基于数据挖掘的智能推送引擎向用户推送内容。项目充分利用了中央厨房的技术积累，通过机器学习实现千人千面以及海量图片场景识别、标签化配图。通过半年试运行后，2.0版本于2019年12月上线。

在人工智能媒体创新方面，东方网与上海交通大学联合建立的人工智能媒体创新实验室于5月28日正式挂牌。通过产学研合作，将在人工智能应用领域中选择与新闻媒体相关度高的自然语言和多媒体处理领域，专注于对智能写作等人工智能应用层的算法研究、数据训练以及人才培养。

大数据应用方面，东方网正研发上海文化企业大数据服务平台。该平台通过“文化+信用+互联网”模式创新，优化整合信用数据资源，利用大数据技术整合全市文化创意企业200多个信用数据纬度，建立一套完备的大数据解决方案，可为上海市文创产业管理部门制定扶持政策、企业评优、政策奖励、行政许可等提供辅助数据支撑。

积极推进“区块链+版权”应用项目。目前的版权管理工作中，存在确权时效不及时，侵权

追踪烦琐，取证流程麻烦等问题。东方网以推进原创内容确权、侵权内容取证为目标，基于区块链底层技术拓展新运用，结合区块链不可篡改的基础原理，使用最新区块链技术结合现有业务场景，加速区块链应用落地。

（五）加强管理，努力推进人才队伍建设

东方网坚持“党管干部、党管人才”原则，大力培养选拔年轻干部。2019年，一批“80后”“90后”员工走上了中层和基层管理岗位，优化了干部梯队结构，为东方网后续发展提供人员保障。

为进一步加强意识形态管控，东方网调整优化内容板块组织架构，12月组建了内容风控中心。中心整合东方网内容审核资源，归拢非原创内容审核业务，进一步提升内容风险管控能力和审核水平，有效落实内容管理指令，确保东方网内容产品的意识形态安全，为防控内容风险、提升内容整体影响力和市场价值，提供必要的体制机制保障。

围绕发展目标，东方网坚持按需施教、务求实效，分层次、分类别地开展内容丰富、形式灵活的培训。2019年，东方网培训人数达900余人次。积极选派干部员工参加外部培训。选派优秀青年干部参加市委组织部青年管理英才选拔培训班学习；选派内容板块干部员工参加中宣部、市委宣传部、市网信办主办的“四力”、外宣、内容管理等培训。

2019年以来，东方网不断调整考核方式，完善新闻人才评价体系，鼓励记者、编辑生产更多优质内容，为打造一支全媒型的新闻队伍提供保障。

二 | 东方网新媒体工作案例

“永不落幕的文创产品博览交易平台”暨“海上文创”项目

文创产品被誉为“带得走的文化”，是建立中国“文化自信”的重要组成部分，是助力长三角一体化战略发展的重要工作，是打响上海文化品牌的重要抓手。为进一步贯彻落实上海市委、市政府关于全力打响“四大品牌”的决定，提升上海城市文化软实力，推动上海文创产品开发工作，经市委宣传部授权，由东方网承担“永不落幕的文创产品博览交易平台”暨“海上文创”项目的整体运营和建设。

2019年7月31日，“永不落幕的文创产品博览交易平台”暨“海上文创”项目正式上线。该平台汇集上海文创产品，同时面向国内重点文化文物单位的文创精品，打造具有展示交易性质

的文创产品平台，是上海365天长效常态的文创产品博览交易基地，不仅可以全面集中展现上海丰富的文创产品体系，打响“上海文化”品牌，同时集聚上海文化文物单位丰富的版权资源，促进版权交易。

“海上文创”项目正在逐步推进线上线下销售平台建设。目前线下品牌已拓展到中华艺术宫、七宝老街、东方明珠、豫园、吴淞口国际邮轮码头等地。未来，线下品牌店将逐步延伸至大世界、武康大楼、迪士尼旅游度假区、佘山国家旅游度假区等游客、人流量相对密集的区域，在上海文化地标设立长期展柜，在旅游景点、重点商圈、交通枢纽等开设专卖店或代售点。线上销售以打造综合平台为目标，集展示、销售、IP授权、设计，招标等功能于一体，目前“海上文创”官方网站、微信小程序等已上线，未来，将进一步拓展电商平台，在天猫、淘宝、京东等设立电商专卖店；拓展媒体渠道，利用东方购物等媒体资源进行营销。

“海上文创”项目助力上海文化产业交易。项目搭建IP授权磋商平台，不断完善交易机制，帮助文化文物单位解决销售渠道较为单一，缺乏专业团队建设营销体系、授权工作不完善等瓶颈问题。项目还将与各大高校携手打造产学研基地，展示学生们的文创设计作品，促进设计成果转化为产品，为上海文化文博单位培养新一代文创人才。

项目着力打造“海上文创”知名品牌。集聚上海高品质文创产品资源，打造具有博览会属性以及时间空间延展性的上海文创产品生态圈，提升上海文创产品展示交易能级，增强上海文创产品展示交易集聚度，树立上海文创产品的标识度和品牌影响力，实现社会效益与经济效益双效统一。

“海上文创”项目定期举办国际设计赛事。2019年10月，上海红色文创产品设计大赛举办，向国内外创意设计机构及创意设计专业人员、从事文创商品开发、生产的专业机构、国内外设计院校师生、社会各界设计爱好者等公开征集红色文创类产品和“海上文创”品牌Logo，紧密依托上海红色文化资源，进一步传承红色文化，弘扬爱国精神；推动非物质文化遗产元素创造性转化、创新性发展，实现文化价值和实用价值的有机统一，提高上海文化创意产品的设计与开发水平。

（东方网）

新华报业传媒集团

一｜新华报业传媒集团新媒体工作综述

2019年，新华报业传媒集团全媒体内容生产再创佳绩，在第29届中国新闻奖评选中共有9件作品获奖，继第28届中国新闻奖取得好成绩后，获奖总数再创历史新高，位列全国省级媒体第一。融合经营逆势而上，全年实现利润突破3.6亿元，在上年同比增加47%的基础上，同比再增长76%，仅用一年时间实现集团三年行动计划的经营目标。深度融合中坚持纸媒与新媒体“此长彼长”、协同发展，2020年度新华日报发行再创历史新高，取得超过47万份的好成绩；乡村干部报全国发行量超过60万份。

（一）坚持守正创新，融媒内容生产精彩纷呈

突出主题主线，重大报道出新出彩。围绕中华人民共和国成立70周年这一主线，各项全媒体宣传策划贯穿全年、高潮迭起。“重走渡江路”“壮丽70年 · 奋斗新时代”“追寻共和国精神 · 江苏谱系”“我们的五星红旗”“祖国我想对你说”“微纪录片‘红色丰碑’”等系列大型全媒体报道出新出彩。其中，“我们的五星红旗”大型融媒体行动入选全国十大创新案例，中宣部《每日要情》刊文肯定，系列产品获全网推送。“辛仲平”文章《今看东方盛世还》获中宣部《新闻阅评》肯定。一年来，各媒体围绕深入宣传贯彻习近平新时代中国特色社会主义思想，设置各类专题专栏，中国江苏网制作发布50多期《习语常听》，掀起各地“听习语”热潮。在全国两会报道中，集团构建全媒体报道矩阵、会同四省全媒体联动、周刊矩阵解读两会等创新创意获中宣部8次表扬。围绕“不忘初心、牢记使命”主题教育，聚焦各地各行业工作实际，受到全省干部群众好评，“九个有没有”系列评论获中宣部《新闻阅评》肯定。

突出深度服务，江苏实践跃然纸上。围绕省委中心工作进行深度服务，主动策划实施“厅局长访谈”“县市区调研行”“对话国企掌门人”“对话高校书记校长”等系列全媒体报道，

受到省委和各方面肯定。在江苏发展大会服务中，加大融媒体报道策划力度，在报、网、端同步推出“聚力新江苏　奋进新时代——第二届江苏发展大会暨首届全球苏商大会”专栏，推出“江南百家姓”“苏商懂事汇”“访谈第一排”“童谣声里忆乡愁”等一系列融媒体产品，实现多渠道融合传播，放大了江苏影响。一年来，推出“为全国发展探路”“重温嘱托看变化”等系列全媒体报道，展现江苏高质量发展的新探索新实践。围绕“强富美高”五周年和省委十三届七次全会推出系列报道，受到省委领导表扬，“强富美高”八连张产生重大影响。

突出价值引领，思想魅力更加凸显。进一步优化全媒体内容结构，强化“苏言”“新华时论”等评论文章，新推“辛仲平”文章，打造江苏党政干部思想加油站。针对全省发生的安全事故，陆续组织大型系列评论，以辩证思维、理性声音加强舆论引导。新华日报《经济周刊》正式推出，与原有周刊共同构筑了“经济橙”“思想红”“文艺紫”“科技蓝”“人文青”周刊方阵，影响力不断扩大。在节日报道中进一步强调价值含量，春节报道讴歌奋斗精神，清明报道追思英雄伟绩，端午报道蕴含家国情怀，中秋报道引发人文思考，在提升报道思辨色彩同时弘扬正能量。“五一”报道围绕省委书记娄勤俭勉励南师大支教志愿者的批示，推出重磅组合报道，叙议结合、引人注目。乡村干部报推出“跟班采访乡村干部”活动，受到中组部有关领导肯定和好评。江苏法制报《一件“精准扶贫”大实事》获得第29届中国新闻奖，填补江苏专业报空白。

（二）聚力深度融合，“四全”媒体建设全面提速

紧跟传播技术走向，融合基础更坚实。全媒体指挥中心正式投入使用，形成内容生产“策、采、编、发、传、控、馈”完整闭环。交汇云正式上线，实现阿里云和本地化的混合部署，起到互为备份作用。与江苏移动携手打造江苏首个5G融媒体实验室，积极筹建“AI智能媒体实验室”，加快对人工智能、大数据等新技术调研，推动集团媒体融合发展站上5G新风口。与省产业技术研究院达成战略合作，围绕国家级融媒体产业孵化器开展合作。江苏经济报“VR新闻编辑系统”实现对外销售，形成从拍摄培训、设备销售、新闻编辑系统到新闻内容分发完整产业链条。

把牢正确价值取向，融合平台更强劲。“交汇点”新闻客户端紧扣服务大局定位，内容产品结构和质量明显向好，有关报道多次获中宣部表扬，完成4.0版本迭代，下载用户总数超过2000万，日活用户同比增长20%。扬子晚报“紫牛新闻”坚持主流价值，通过全媒体传播放大正能量，超千万级传播量的原创融媒体作品30余篇，“紫牛新闻”客户端上线运营3个月，用户突破300万，AI虚拟主播“阿牛”“阿紫”成为新亮点。中国江苏网创新报道方式，精心策划网评写作，原创报道被广泛转载，《紫金e评》被评为全国网评优秀栏目。积极筹办“新江苏”客户端，“马克思主义·青年说”系列活动高效传播，进一步扩大集团影响力。代运维的“学习强

国”江苏学习平台注册数跃居全国第二，全国平台用稿数、浏览量等指标均走在全国前列，策划推出《红色宣讲映初心》获中宣部表扬、推荐。

坚持传播效果导向，融合步伐更矫健。新修订全媒体考核办法，形成更加符合互联网传播规律的考核机制，突出移动产品在考核中的占比，用“一把尺子”破解新旧媒体考核“两张皮”问题。推出融媒体创新工作室机制，培育新华书房、昆虫记等一批特色工作室，“苏小+”动漫群像、“新时代·少年说”“E起学习”、抗击“利奇马”台风等融媒体创新产品接连不断。短视频直播生产能力大幅提升，《习近平点赞的古代人物》《百年苏商》等原创现象级爆款产品层出不穷，南京晨报获新华社现场云优质短视频创意奖。“北京西路瞭望”公众号强化独家内容发布，高端用户同比增长107%。集团全媒体平均每天阅读量达1.1亿次，全年新闻作品被全网推送达152篇，占全省比例近50%。

（三）推进跨界共生，党媒品牌价值不断拓展

重大活动策划出新。精心策划的新华高峰会、新年走大运、城门挂春联、交汇点公开课等高质量大型活动连绵不断，产业化纵深发展趋势明显。新生代企业家嘉年华、扬子江工商峰会、2019江苏品牌发展峰会、南京创新周、江岛国际半程马拉松赛、淮安中国国际食博会、乡村振兴百镇论坛等系列大型活动，放大了新华品牌价值能级。跨年诗会、大运河城市文旅消费论坛、全省文艺工作者座谈会以及《惊·梦》昆曲摄影展等活动，充分展现了集团参与文化建设的成果与担当。其中莫言参与的跨年诗会直接点击量达500万，综合阅读数超3000万人次。

多元拓展积蓄后劲。继续大力推进“传媒+”项目落地，与中石化合作的云媒商城运营良好。与南京溧水区开展战略合作并成立合资公司，在品牌资源转化、文旅融合发展等方面进行新探索。与南京玄武区正式签署东杨坊印务基地搬迁协议，新华报业数字出版云平台项目建设同步启动。完善地方分社顶层设计，推出《关于建立健全分社运营机制的意见》，加快推进地方分社建设，新挂牌连云港、盐城、淮安等一批分社，集团9家分社均运转顺利。新华传媒智库持续发力，营收、利润均超上年，舆情监测账户已超百家。

品牌价值更加突出。新华日报连续第五年入选“世界媒体500强”，新华日报、扬子晚报再次双双入选“亚洲品牌500强”。在“2018—2019中国传媒经营价值百强榜”中，新华日报位列“全国省级日报十强”第二名，扬子晚报获“全国晚报二十强”第一名，“交汇点”新闻客户端、“扬眼”客户端跻身新媒体客户端类三十强。“新华红”品牌初步形成，成为党建实境教育的前沿阵地、创新阵地和示范阵地。“学习强国”江苏学习平台在做优线上原创内容同时，不断加强线下活动策划，“学习打卡我来了”活动品牌获中宣部肯定。

二｜新华报业集团新媒体工作案例

《习语常听》系列融媒体产品

《习语常听》系列融媒体产品是“学习强国”江苏学习平台自正式上线以来策划的首个重磅常设性栏目，由“学习强国”江苏学习平台和中国江苏网联合策划推出，2019年共推出56期内容。产品创新探索习近平新时代中国特色社会主义思想的可视化表达、场景化表达、代入式传播、分享式学习，以现实场景、虚拟场景、艺术场景、动态场景的巧妙融合，给网友以立体化学习新思想的全新体验。

2019年3月两会期间，《习语常听》的特别版《两会听习语》系列H5产品，围绕8大关键词，聚焦习近平总书记重要讲话精彩片段，13天点击量超过1500万。

（新华报业传媒集团）

新民晚报社

新民晚报社新媒体工作综述

2019年，新民晚报全面深度融合、整体转型、迭代发展，推动媒体融合向纵深发展。

（一）基本情况

全年着力做好和落实习近平总书记的一系列重要讲话、特别是重要讲话精神的宣传报道工作，认真做好全面深化改革这五年、全国两会、中华人民共和国成立70周年、上海解放70周年、践行总书记嘱托一年间、第二届进口博览会等重点报道，做好上海两会、垃圾分类、社会治理创新等上海市委市府重点工作报道。

通过一年的努力，新民晚报在新媒体方面的传播力、引导力、影响力、公信力持续增强。全年新民晚报原创稿件数量超过4.1万篇，内容涵盖时政、经济、社会、文化、体育、副刊等各个领域，表现手法上包括文字、视频、H5、游戏、海报等各种新媒体传播形式。截至2019年年底，新民APP装机用户达到806万，日活32万；新民晚报官方微博粉丝数380万，官方微信矩阵粉丝突破100万。除了自有平台之外，新民晚报还在今日头条、腾讯、UC大鱼、新浪、网易、一点资讯、抖音、快手、趣头条、百度百家等10个外部平台有官方账号，累计粉丝数约260万。月均图文全渠道阅读数据超过1.3亿，月均图文生产量4000篇左右，月均视频全渠道播放量大约在500万次左右。

2019年底，新民晚报还在全国晚报中率先在“学习强国”平台开通账号运营，持续将优质正能量内容在全国学习平台上作充分展示。

（二）迭代创新

2019年，新民晚报在推动媒体融合向纵深发展方面主要做两方面的迭代创新工作：全新创设全媒体工作室、持续建设“上海时刻”视频平台。

2019年，新民晚报探索突破传统的以部室为生产单位的组织构架，转变为以中心为块的扁平化新闻生产架构，继而全新创设全媒体工作室，成为新民媒体融合发展的一支轻骑兵。2019年分两批共成立了新民眼工作室、金海岸工作室、深海区工作室、海上客工作室、三分·天下工作室、新民夜上海工作室、新演艺工作室、上海歆克勒工作室、帮侬忙工作室等9个全媒体工作室。9个工作室涵盖各个主要报道领域，既有聚焦重大时政、主要工作的硬核文章，也有接地气、服务百姓的深度调查，表现形式上除了文字之外，还引入了视频。

为了适应时代发展的需要，新民晚报在2018年即重新组建视频摄影部。该部门就是为了在媒体融合一日千里的态势下，迅速提升视频生产制作的能力，将新媒体部门原先势单力薄的视频组与报纸原本就底蕴雄厚的摄影美术部合并，整合为一。2018年10月底首届进博会召开前夕推出了“上海时刻”视频平台。经过先期预热，尤其是进博会的实操工作，2019年，“上海时刻”视频平台全方位出击，成为新民晚报媒体深度融合又一利器。

（三）亮点报道

2019年全国两会报道尤其注重在新媒体客户端的呈现。据不完全统计，新民晚报新媒体共刊发全国两会报道2018篇，制作专题页面2个，发布微博61条，微信73条，网络直播2场。共采制原创稿件528篇，其中图文报道521篇，短视频115个。全网点击量3000万。尤其是推出了“对话长安街｜记者聊两会”短视频专栏，创新举措得到上级部门和各方积极评价。

2019年是中华人民共和国成立70周年，上海解放70周年。注重讲好中国故事，讲好中国共产党故事，讲好新时代中国特色社会主义故事，突出家国情怀，激发爱国之情，取得了良好的社会效果。2019年5月25日，新民晚报全媒体产品《H5｜重温决定上海命运的16天》获全网推送，《运筹丹阳》《鏖战宝山》《激战浦东》《攻坚市区》《里应外合》《喜迎解放》6个短视频翔实记录上海解放之路，新式新颖，取得很好传播效果。

2019年8月9日强台风“利奇马”来袭，新民晚报完成新民历史上最长的18小时大直播，从奋战在防台防汛一线的视频摄影部等记者到全媒体指挥中心，全方位直击上海抗御“利奇马”。大直播在全渠道吸引了633.8万网友参与，各地网友在评论区刷屏，展现出超强的传播力和影响力。

《上海市生活垃圾管理条例》自2019年7月1日起正式实施，《互动H5｜上海垃圾分类通关攻略》，内容实用，制作精良。7月31日《条例》实施满月，新民晚报以全媒体方式推出，新民工作室“金海岸”、全媒体中心工作室“三分·天下”、短视频栏目“见所未见”、新民APP民生频道以及新民晚报官微等同步推出生动活泼、新鲜有趣的垃圾分类“三十六计”融媒体报道，让各个层次的受众都能通过不同的新媒体产品获得信息，得到全社会的普遍好评和关注，央视“新闻1+1”也在黄金时段报道了新民晚报的垃圾分类特刊，并邀请了特刊报道的民间垃圾分类“达人”走上央视演播厅现身说法“垃圾分类新时尚”。6月19日，新民晚报和拍客一起策划并摄制推出的短视频新闻《新民拍客｜上海力推垃圾分类垃圾桶销量意外暴增》推出后显现出了极强的“长尾效应”，于6月28日早晨先后被@人民日报官微博和@头条新闻转发，播放量在短短几小时内暴涨突破700万次，带动相关话题两度登上了微博热搜榜。

（四）搭平台、练内功

2019年，新民晚报在新媒体方面也注重搭建平台、苦练内功：一方面创建拍客平台，另一方面建设媒体资料库。

新民拍客平台于2019年6月12日正式上线。拍客平台包括“新民拍客视频审核和发布管理后台”和“特约拍客个人后台”两个后台系统。拍客项目上线后，引发社会关注，通过多渠道审核招募的各类拍客人数近百名，覆盖全市各区县，渗透至各行各业。截至2019年底，已有特约拍客30人，普通拍客86人，机构拍客26人，并在持续增长中。自2019年4月开始，拍客平台陆续发布作品。截至目前，“上海时刻”短视频平台已发表拍客作品120余条，全渠道累计播放量超过7000万次。

媒体资料库分为图片资源库和视频资源库。目前图片资源库主要用来满足日常新闻采编刊发使用的需要，已经集纳2005年以来图片，在库新闻图片30万张。经过报社技术团队的开发，目前新民图库已经上线，采用预设账号制度，已对新民晚报报社内部全员开通账号。新民短视频业务是近两年逐渐发展壮大起来的，2019年月产原创短视频数量已经达到250条以上。视频编辑暂时使用各自电脑、外接硬盘进行视频素材存储。视频媒资库管理系统于2019年正式上线，标志着新民晚报在短视频领域的探索进入到标准化、规范化新阶段，解决了视频生产三审流程过程中有可能存在的不规范、不清晰不足，以及传输不便捷，因借助第三方软件带来一定安全隐患等问题。迄2019年底，媒资库以私有云为核心的网络环境已搭建完成，已开始进行“云桌面”和新民媒资库后期视频库建设。

（新民晚报社）

江苏省广播电视总台

一 | 江苏省广播电视总台新媒体工作综述

2019年，江苏广电总台加快推进广播、电视、新媒体的系统性融合，在平台建设、渠道建设、内容建设和机制建设上持续突破，组织架构进一步优化，调度指挥协同运作更加完善，绩效考核作用持续发挥，移动优先的新闻策采编审发流程进一步优化，融合报道水平不断提高，形成了全媒体策划、全渠道传播、全终端呈现的新闻宣传态势，进一步提升了主流媒体的传播力、引导力、影响力、公信力，走在省级广电前列。

（一）强化平台支撑，“荔枝云”技术平台功能持续开发

为支撑媒体融合向纵深发展，总台持续升级荔枝云技术平台功能，2019年，总台基本完成了荔枝云技术平台的云化建设，云化的技术平台支撑了台内所有电视频道的高清化制播，支撑了以“移动优先”为特征的融媒体新闻采编、节目生产、多平台分发和内容运营，内容生产效率和技术质量大幅提高。同时，作为全省唯一的县级融媒体中心技术支撑平台，“荔枝云平台”助力县级融媒体中心建设，截至2019年底，总台完成了44家县级融媒体中心的技术平台建设任务，通过“荔枝云”平台，总台向各市县台提供丰富权威的融媒体精品内容，把全省市县广电媒体整合成一支力量，一个节奏、一个步调，统分结合，让权威声音直达基层一线，在重大主题报道和舆论宣传中发挥了重大作用，为提升主流媒体影响力、推进媒体深度融合提供了有力支撑。

（二）强化系统支持，体制机制持续创新

为推动“移动优先”落地落实，总台持续深化体制机制改革，积极推动流程再造，不断完善管理体系，围绕媒体融合和资源整合，2019年进行了新一轮的组织架构调整。一是深化融媒

体新闻中心体制机制改革，全面重组机构、重构流程，江苏城市频道《零距离》、江苏教育频道《江苏教育新闻》等栏目划入融媒体新闻中心管理和运营，推进电视新闻、广播新闻、新媒体新闻合而为一，构建了“你中有我，我中有你”的全新融合传播格局；二是成立互联网产品中心，负责网络视频业务、IPTV业务等，积极进军互联网领域；三是成立技术运维部，负责全台的技术支撑和保障；成立技术研发部，面向市场进行技术开发。组织架构的优化调整为总台媒体融合向纵深推进提供了坚实保障。

（三）强化品牌影响，新媒体矩阵做大做强

2019年，总台在巩固提升广播电视传播力影响力的同时，继续大力度拓展新兴传播渠道，打造了以荔枝、我苏两网两端为龙头，包括网站、客户端、手机电视、互联网电视等新媒体集群。

1. 荔枝网和“荔枝新闻”客户端

“荔枝新闻”客户端2013年在省级广电中率先推出，截至2019年底，下载用户突破2478万次，用户数量再升级，影响力再上新台阶。

平台建设方面，2019年“荔枝新闻”开设频道28个，上线专题305个，视频直播547场，图文直播264场。平台持续探索产品智能化方向，上线了荔枝智能写稿机器人，能够围绕新闻关键词、梳理知识图谱，自动生成以时间线展开的事件脉络简析，自动生成结构化新闻稿件，在此基础上结合智能推荐能力，实现在不耗费编辑人力的基础上、覆盖全国用户的个性化新闻推送，提升编辑效率。

内容生产方面，从2019年6月开始，荔枝新闻尝试全员视频化转型，重点发力原创短视频。“荔枝新闻”“荔枝视频”两大账号在立足本地新闻的同时，将报道触角拓展至全国。根据索福瑞统计数据，从6月份到7月份短短一个月的时间里，“荔枝视频”微博账号的短视频传播量一举跃升至全国省级电视台短视频账号TOP3，“荔枝系”在微博、短视频领域成为领军品牌。

2. 我苏网和“我苏”客户端

为了更好地展示江苏、宣传江苏，“我苏”客户端运营两年多来，始终紧扣省委省政府中心工作，精心组织、创新策划，在2019江苏省两会、江苏发展大会、“澳门江苏文化嘉年华”等江苏重大主题报道，以及江南文脉论坛、大运河博览会等江苏各地重大活动的新媒体宣传上，有力展示了闪亮的江苏形象。截至2019年底，“我苏”客户端下载量突破303万，其中，英国、美国、日本等40余国活跃用户占比近10%。“我苏”原创品牌以深耕江苏、对外宣传为主要特色，以“我苏特报”“我苏人物”“我苏视频”“印象江苏”及主打外宣品牌的全英文栏目“Jiangsu Story”等原创栏目为重点。2019年，全面联动江苏县级融媒体中心的“小苏号”全媒体矩阵扬帆起航。邀请江苏权威政务部门、十三市及县区主流媒体进驻，实现内容自主发布、

频道自主运营。

3. 荔直播

网络直播品牌"荔直播"2019年全年累计直播180多场，制作短视频近5000条，总点击量突破100亿，年度点击量较去年翻一番。其中，点击量超千万的近百条，单条最高点击近9000万。此外，总台各平台开设的微博、微信、客户端等各类新媒体平台和账号，累计用户数超1亿。

二 | 江苏省广播电视总台新媒体工作案例

"荔枝特报"和"我苏特报"

2019年，在江苏广电总台领导的直接部署及各方支持下，网传部重点打造拳头产品"荔枝特报"和"我苏特报"。特报组主动追踪热点资讯，勇于融入全国媒体竞争环境，利用内容上的独家原创优势，实现了传播效果的重大突破，爆款刷屏已成常态。

"荔枝特报"方面，自5月起，"荔枝特报"聚焦头部热点事件、重大主题全台联动、体现主流媒体责任、全国重要场合亮相并开阔全球视野，点击量屡创新高，省外知名度和美誉度不断攀升。截至12月底，稿件破千万53条，破百万172条，最高点击8750万，累计点击逾17亿；稿件覆盖地区包括江苏、上海、北京、四川、香港、澳门等全国多地和新西兰、俄罗斯、日本、法国、希腊等全球各国，稿件内容涵盖社会、民生、科技、教育、军事、文化等多个领域。

"我苏特报"方面，自7月中旬试运行以来，重点针对省内重大突发事件和社会热点、生产深度调查、舆论监督内容，发布稿件百余篇。共有千万+稿件5条；百万+稿件11条。其中，《嫌路程短就骂人？无锡的哥11分钟全程脏话连篇（视频）》微博话题参与人数达1.1亿；《"最美婚纱照"背后真相：拍摄者并非碰巧路过》短视频在腾讯视频单平台观看人次突破5500万次；稿件《遭生父后妈虐打的溧阳2岁男童昨晚离世了　愿天堂没有伤害》全网点击破千万。"我苏特报"为进一步提升江苏广电总台在媒体融合环境下的传播力、竞争力和主流影响力做出了有益的尝试。

（江苏省广播电视总台）

浙江日报报业集团

一 | 浙江日报报业集团新媒体工作综述

2019年以来，浙江日报报业集团在推动媒体深度融合上下功夫，以构造“四全”媒体为目标，以“内容品质化、媒体品牌化、传播智能化、服务智慧化”为发展路径，不断提升传播力、引导力、影响力、公信力，取得较好发展成绩。

（一）始终把优质内容生产作为融合发展的内生动力，突出首发效应，切实提升新媒体平台影响力

2019年以来，浙江日报以实施全新改版改革为抓手，进一步把质量立报的指导思想贯彻到办报全过程——在新媒体端，则把内容质量的要求提到更高，不能照搬照抄纸媒内容，也不是简单整合，而是积极顺应传播趋势的变化和主阵地主战场的转移，把新媒体端作为产品策划和内容生产的原点，强调新媒体端的首发效应，真正做到用内容来吸引用户。

1. 以“小”见大，用小屏呈现大主题。重大主题报道绝不仅仅是靠版面数量取胜，要想取得好的传播效果，离不开在新媒体端的策划呈现。浙江日报5月5日起推出大型融媒体特别报道“同走新闻路”，系列报道连续刊发15组，浙江在线、浙江新闻客户端等新媒体平台同步播发，网上网下形成强大传播合力。中宣部还刊发专题阅评文章予以表扬。反映本次活动部分开展情况的报告文学《一个摄影记者和一户人家的70年》还在《求是》杂志同步刊发，获中央领导同志批示肯定。在中国记协开展的“庆祝中华人民共和国成立70周年融合报道创新案例”评选活动中，“同走新闻路”报道也得到专家评委高度肯定，入选“十大创新案例”。这组报道将融媒体理念贯穿始终，策划之初就围绕全媒体采访、全网分发来设计方案，每组报道均包括视频等多媒体产品，力求实现全程、全息、全员、全效的全媒体传播。15篇主稿，在浙江新闻客户端上的总点击热度值达721万，每篇均在30万以上，远高于常规稿件；在外部平台有效曝光

量近百万，17条视频稿件全网总播放量约251.3万。

按照融媒体报道要求，浙报从各部门调集精英，组建起超过200人的“同走新闻路”项目团队。前方采访人员共70人，分成15个采访组，每组都配备两名视频影像记者。他们在采集和生产图文等常规新闻素材的同时，还制作出15个高质量的独立视频产品、1个微电影产品和1个“快剪”产品；后方共计130余人，包括选题策划、报网端编辑、视觉设计、运营分发等人员。后方会根据前方提供的新闻素材，按照报纸、网站、客户端、微信、微博、抖音等不同传播平台的特质，对素材进行个性化的二次加工，然后再推送至各个平台进行播发，从而确保优质内容以最优状态“面世”。通过这次大练兵，采编人员牢固树立起融媒体思维和创新意识，大大增强了融媒体实战本领。

2．顺势而变，不断创新传播手段。当前传播格局下，提高我们新媒体宣传的到达率、转发率、点赞率，需要积极顺应传播格局的变化，学会用用户喜欢的语言、表达方式来讲故事。

在“不忘初心、牢记使命”主题教育宣传报道中，各媒体一方面注重人物典型的挖掘，另一方面注重报道方式创新，浙报全媒体政治新闻部等部门在新媒体端推出的《浙江领导干部谈初心》系列视频，单个视频都不长，但金句不少，得到广泛传播，也得到省委宣传部和省委“不忘初心”主题教育办肯定。

在良渚申遗报道中，集团各媒体、部门通力协作，浙江日报推出打通版特别报道巧妙复原“实证中华五千年文明史的圣地”，在新媒体端则提前谋划、精心制作动画短片《第43届世界遗产大会正在举行　有个“新生”来报到》。选取良渚玉器上最具代表性的神人兽面像——良渚神徽作为良渚文化的代表形象，让它以一名“新生”的身份出现在世界文化遗产这个大班级里，通过漫画创作、配音等拟人化演绎，与其他4位世界古文明代表——来自古埃及的狮身人面像、两河流域的乌鲁克女神像、印度河流域的祭司以及史前欧洲的巨石阵，展开了一场别开生面的对话，从中诠释出良渚古城遗址实证中华五千年文明史的重大意义，成为刷屏级产品。

3．准中求快，及时引导社会热点。2019年以来发生的重大突发事件和社会热点问题，集团各媒体努力做到快速响应、及时报道、有效引导舆论。

在防御超强台风“利奇马”宣传报道中，浙报集团共派出近200人参与前方报道，深入灾区，及时发回第一手消息；后方团队200余人24小时值守，确保台风报道不断水、长流水，整体报道做到全媒体作战、全天候反应、全方位报道、全介质呈现，及时反映一线最新转移、救援信息，回应群众关切、有力引导舆论。各媒体共刊发稿件5700余篇，总点击量达到2.6亿。

改革先锋谢高华去世的消息，浙江新闻客户端全网首发，不完全统计，这条消息在全网曝光达1151万次，体现了独创性、首发性内容的核心竞争力；杭州建国路路面坍塌发生后，视频团队、杭州分社、钱江晚报等都在第一时间赶到现场，发起直播、滚动报道街道干部组织自救疏散群众等情景，及时传导正能量。

针对社会热点，党报的声音第一时间通过新媒体评论发出。10月下旬，英国发生集装箱藏尸案，英美主流媒体在没有充分事实根据的情况下，纷纷认定受害者是中国人，并掀起污名化中国浪潮。浙江日报迅速组织精干力量，在浙江新闻客户端上刊发评论《弄潮·深评丨集装箱里不仅有遗体，更有腐朽发臭的偏见》，抓住热点事件态度鲜明澄清谬误，抓住问题要害驳斥荒谬逻辑，被网易、腾讯等多家头部网站转载。

（二）重点打造三大移动客户端，推动集团媒体融合走向纵深

1．全力打造三大移动客户端，把更多主力军投入到主战场。浙江新闻客户端于6月16日上线6.0版，优化整体视觉设计和交互设计，为布局5G时代，将原有的直播板块一级入口替换成视频，同时涵盖视频、直播、音频等频道，加重多媒体内容在客户端的分量。随后的6.1版本升级，重点对“起航号”进行迭代、提升直播体验，新增直播预约提醒功能，自定义追踪专题稿件，提升用户互动性和其他一些功能的优化。“起航号”党政新媒体聚合平台不断壮大，截至2019年底共吸引80余家省级单位正式入驻，整体入驻量达750家。

举全集团之力打造的浙江在线天目新闻客户端于10月19日正式亮相，并在第六届世界互联网大会完成精彩首秀。作为浙江在线向移动端全面转型的产品、一个全国化视频化市场化的新闻客户端，天目新闻按照立足浙江面向长三角辐射全中国的目标，在进一步优化组织架构、人员配置、频道建设、服务功能设置和PGC、UGC内容生产机制的基础上，正在全省进行大规模的推广。天目新闻客户端开局良好，10月19日至11月5日，总发稿量为7908篇，日均发稿439篇，精彩呈现国内、长三角热点新闻，涉及长三角的新闻已经占比达到40%。在加强原创视频报道的同时，继续加大文字深度报道的分量，并注重以小切口反映大题材，产生了较强的影响力。

钱江晚报“小时新闻”客户端已完成全新改版，并对原有组织架构进行重新调整，建立以移动端为主导的指挥体系、组织架构、生产流程和考核体系。2019年9月17日，“小时新闻”客户端正式上线以来，客户端每周发稿在1600篇左右，月发稿量超过7000篇；每周客户端浏览量（PV）在3500万以上，评论数稳定10000多条，转发量突破60000次。入驻“小时新闻”客户端的“小时号”2019年累计发布稿件3297篇，总点击量达1.5亿。此外，晚报还尝试发挥垂直领域的内容优势，“小柏菜”“拍案惊奇”“神奇动物在中国”等为代表的系列垂直领域线上产品推出后均取得不错传播效果。

2．抓住短视频风口，大幅提升视频生产能力。2019年以来，浙报各媒体各部门扎实提高多形态内容的生产能力，尤其是视频内容生产能力得到大幅提升。像“利奇马”台风报道期间，积极运用“新华智云”新媒体技术，使我们的视频产量和质量明显提升，视频报道唱主角，成为最大亮点，仅在浙江新闻客户端就共推出541件视频报道、直播27场，总点击量6545万。台州分社制作的2分钟短视频《超燃！超强的台风，超硬气的台州人》，就是新技术运用的成果，产

品被中央网信办全网推送。

各媒体各部门也把视频内容生产作为融合发展的重要抓手。数据统计，2019年前三季度，浙江日报各全媒体部门、分社的融媒体产品生产能力不断提升，三季度浙报各全媒体部门、各分社的融媒体产品总数比一季度同比增长122%，从月均907条到月均2015条，而融媒体产品里面，近9成是视频报道。天目新闻客户端目前的稿件中，7成是当下最流行的竖视频报道；“小时新闻”客户端重点打造“小时视频”品牌，并组建5G视频实验室，截至当年底，小时视频全网播放量4.73亿，发片量182个，播放量千万+的视频共10条。

3．以大仗硬仗为契机，检验融合效果、展现融合成果。2019年全国两会报道中，集团各媒体围绕会议主题、议程、报告、热点以及浙江元素深入采访，佳作迭出，亮点纷呈，其中，施一公亮相委员通道的全媒体、全时段报道和浙吉合作1+1>2互动报道，浙报、浙江在线等与解放日报等协作开展的长三角一体化报道、浙江在线两会特别街采、钱江晚报“同心桥”栏目，多次受到中宣部点名表扬。浙视频共发布134条视频稿，43组图片稿、286张图片，访谈35场，受到省委书记车俊表扬。

除了在自有平台上发力，集团媒体还利用自身优势做好优质内容的分发，通过借船出海扩大传播效果。共产党员杂志社《反腐败导刊》杂志在抖音、今日头条开号，头条号单篇最高阅读量超250万，抖音号累计播放1.4亿次，单篇最高播放量超2900万，单篇最高点赞数近45万个。

（三）进一步优化体制机制，发挥考核导向作用，激发融合活力

2019年1月，浙江日报、浙江新闻客户端一体化体制进行了改革，采编适度分离，把全媒体采访部门的力量从值班更稿中解放出来，更多地投向内容生产环节，曾经由部门负责的频道和版面都交由编辑中心承担。在考核导向上也从数量型向质量型转变，对产品质量、传播效果提出了更多的要求，推动全员转型。

浙报集团进一步发挥考核的指挥棒作用，引导采编人员提升融媒体产品质量。按照建立“两级考核”和“分类考核”绩效管控体系的要求，对照新三年发展规划和年度工作目标，调整媒体影响力指标，并把它分为三个维度：用户数、月活跃用户数、客户端和两微采用社会公认的第三方评估平台指标体系。

1．优化指标设置，有增有减。增加了融媒体考核的关键指标，如月活指标、首发要求、20万+指标，等等。同时，适当淡化数量指标，并把过去相对繁杂的20多项考核指标化繁为简，突出重点。

2．对标中国新闻奖新媒体奖，对融媒体产品专项奖进行优化。2019年4月份起，设立融媒体专项奖励，每月拿出20万元，对点击量排名前100名的原创融媒体产品进行分段奖励，有效调动了采编人员的积极性和创造性。根据上半年原创融媒体产品专项奖励实行情况，自7月份起对

该奖项进行优化调整：提高入围产品参评标准，对稿件中的可视化长图和音视频的内容、呈现提出明确要求，同时对同一系列栏目限制入围次数，鼓励多次创新；对产品分三类进行奖励，并对每类产品提出较高且明确的质量要求，进一步突出内容精品化导向，并扶持媒体融合多形态内容生产能力，避免产品形态单一。考核指挥棒作用成效进一步凸显。下半年以来，浙江日报全媒体各部门、各分社在原创精品内容生产、媒体传播效果、内容呈现可视化等方面各项数据较上半年进一步提升。2019年下半年月均原创融媒体稿件数量、重点稿数量、客户端阅读量20万+的数量分别比2019年上半年提升46.8%、20%和107%。

3．加大对两个“首发”的考核力度。加大对稿件移动端首发的考核，没有优先在移动端发布的稿件，纸媒端原则上不落地，加大对重大事件同城首发的考核。

此外，我们更加重视渠道建设通过内容分发来放大影响力。尤其是注重把大量视频内容向外分发，扩大内容传播、打造品牌影响。2019年1月至11月份视频部共发稿6306条，其中天目新闻客户端近1000条，他们向主要商业平台分发、向中央主流媒体分发，使全网总播放量达43亿。其中千万+稿件93条，客户端20万+稿件288条，话题破亿的有4条。其他各媒体也加快入驻一些头部平台，比如，《反腐败导刊》入驻抖音不到一个月，吸粉超百万。浙商杂志“浙商公开课”“浙商五分钟”等音频产品入驻了百度小度、小米小爱、天猫精灵等智能音箱。浙江老年报启动新一轮改版，报纸版面全面优化，官微“乐活100分”调整定位，探索全新运营模式，通过组织“团舞比赛”等活动累计净增粉丝近10万，用户总量高峰时达到29.5万。

二｜浙江日报报业集团新媒体工作案例

天目新闻客户端

天目新闻客户端是浙报集团全面适应传播格局深刻变革、深入推进媒体融合而推出的新型移动化传播平台，2019年10月19日正式上线。天目新闻客户端（以下简称“天目新闻”）立足浙江，面向长三角、辐射全中国，秉持“全国化、视频化、市场化”的理念，全力打造以移动互联网为核心、融合各种新兴传媒形态的现代传播体系。

天目新闻是一款以短视频为特色的智媒体新闻客户端。天目新闻主推“推荐”“直播”“潮客”频道。“推荐”频道主要发布天目原创竖视频新闻，网罗长三角新鲜事。“直播”频道精选策划报题，采播团队奔赴各地，让网友足不出户，就能感受现场。“潮客”频道是网友上传视频、分享见闻的平台，日均收到网友上传视频作品超1000条。

天目新闻坚持“无视频不传播”理念，内容生产团队全员掌握视频化技能。为应对重大活动报道和突发新闻报道，天目新闻建立了快速发稿机制。记者带上手机就可冲锋陷阵，手机上安装数款视频剪辑软件，随时随地完成拍摄、剪辑、发布等采编流程，在实践中确立了“现场拍、立刻传”的理念，树立起“抢时效、比质量”的意识。采编团队全员熟练应用PR等专业视频剪辑软件，可对新闻素材进行较为复杂的视频化呈现，确保量高质优。据统计，天目新闻上线以来至2019年底，累计生产原创新闻6051篇，其中视频新闻占比达85%。

天目新闻致力于打造“天目速度”，通过精密协调组织，实现高效有序集体作战，打造快速播报。上线仅一个月，天目新闻先后经历了第六届世界互联网大会、第二届世界进口博览会、双11全球狂欢节、世界浙商大会等多场重大战役性报道的磨炼和考验，在实践中建立起一套重大报道快速响应机制。在世界互联网大会报道中，天目新闻派出了17名前方记者，全点位、全时段对大会进行全景式报道。在大会开幕式等重要环节，前方记者“接力式”拍摄、发稿，后方编辑“人盯人”式接稿、剪辑。往往前方发布会上话音刚落，短视频新闻一分钟后就呈现在天目新闻上。整个大会期间，共计发稿156条，多数稿件播发速度快人一步。“天目速度”赢得了同行和网友的交口称赞，有媒体同行甚至把天目新闻当成首要信息源，每天守候获取一手的信息。

作品二维码：

《乌镇十二时辰》

（浙江日报报业集团）

浙江广电集团新蓝网

一 | 浙江广电集团新蓝网新媒体工作综述

2019年，融合发展局面大开，舆论生态气象一新。新蓝网持续深入贯彻“六位一体”新型媒体集团建设的战略部署，坚定按照集团的“大抱负、大格局、大动作、大效益”要求，深化“不忘初心、牢记使命”主题教育和“四力”实践教育，全力推进“全员”做“全息”“全程”获“全效”，在做强网上正面舆论、推进媒体深度融合、转型智能化新媒体、布局探索新兴业态、提高综合管理能力等方面做出了新的成绩。10月，集团短视频主品牌“蓝媒视频”全新上线。截至2019年年底，“中国蓝新闻”客户端下载量近800万，“中国蓝TV”和“喜欢听”分别完成用户下载量6500万和170万，“蓝媒号”基本实现全省市县区全覆盖，“蓝媒号+”实现近200家政务号入驻。

（一）当好融合传播主力军

随着移动优先理念在广电人心中的逐渐树立，中国蓝新闻客户端作为集团网络宣传主平台的定位已成为共识，依托中国蓝融媒体中心常态化运营，网站坚持把好导向，做活形态，做强网上正能量。

一是主题宣传爆款频出。2019年大事要事多，网站围绕主题主线，开设了全国和省“两会”、“不忘初心、牢记使命”、最美奋斗者、良渚申遗、弘扬浙江精神、建立健全为民为民办事长效机制、世界互联网大会、学习贯彻四中全会精神等一系列专题专栏，声势大、力度强，尤其是围绕庆祝中华人民共和国成立70周年这一重大主题，更是精心谋划浓墨重彩——融媒产品惊艳亮相，在一系列产品中，集手绘、动画、音频、互动于一体的H5《浙江路70号》脱颖而出，引发关注；短视频匠心独具，记录新中国国旗诞生过程的短视频产品《国旗》，用优质影像向五星红旗设计者曾联松致敬；融媒活动创造历史，由新蓝网牵头的浙江广电事业70年系列庆祝活动“钱江奔涌”7天融媒互动直播，首次牵动集团和钱江沿岸多地媒体“台、网、报、端”齐上阵，做出气势和影响力，尤其是庆祝中华人民共和国成立70周年特别策划“光影博物馆”，采用广受当今年轻人喜爱的快闪店方式，成为国庆期间杭州湖滨路步行街上的“网红”打卡地。据统计，期间共有中外游客45万人次排队参观，创下主题展览参观人数之最。

二是蓝媒视频横空出世。5G时代加速到来，短视频站上全媒体时代的风口，成为激活媒体融合的“棋眼”。按照集团的短视频战略部署，网站精准发力，在“中国蓝新闻”客户端重磅推出“蓝媒视频”短视频频道，整合浙江广电集团各电视频道、广播频率优质视音频资源，聚合全省各市县蓝媒号、政务号、蜂之眼拍客联盟，将传统优势转化成崭新动能，让更新鲜、更好看、更暖心的资讯短视频，走入用户心中。2019年以来，网站不断推进短视频生产，在防御超强台风“利奇马”期间，网站推送量、首发数均创新高，客户端不间断推出融媒直播近50场，超72小时，制作推出形态多样的动画、短视频、H5等新媒体产品，其中原创短视频发布量就超300条。配合主题教育，还推出了竖视频的系列短视频产品《档案中的初心和使命》。在2019年8月发布的2019广电融合调研报告中，《壮丽70年　奋斗新时代——家乡话说家乡美》微视频征集活动还获得“最具影响力广电融媒作品”。

三是网络评论打出品牌。网站在PC端和“中国蓝新闻”客户端开设了网评频道和特色栏目《众言堂》，在发挥广电评论员的基础上，加快建设网络评论员智库，聚焦重大主题，权威解读，及时发声，截至2019年年底，已推出1000多篇网络评论，阅读点击量达4000多万。

四是公益行动彰显责任。全面小康，精准扶贫，媒体人在行动。2019年下半年，新蓝网记者代表浙江，与京以及沪、粤、苏、闽等东部沿海主流网媒记者一起，走进位于甘川陕三省交界、全国重点贫困地区的甘肃文县，在秦巴山地间记录并传播脱贫攻坚的奋斗故事，以及寄望于当地特色农产品上的致富心愿。新疆阿克苏，是浙江对口交流地区，为推进当地的融媒传播建设，网站派出“中国蓝新闻”客户端的产品主管，赴阿克苏就融媒体传播业务对当地同行进行交流培训。

（二）搭好深度融合多平台

依托集团中国蓝融媒体中心的枢纽指挥平台和“中国蓝云”的技术支撑平台，网站结合自身业务，整合全省广电资源，助力县级融媒体中心建设，承办“融合之道——省市县广电媒体融合发展”论坛，努力打造具有浙江广电特色的跨区域跨媒体、高质量高能级的资源融合平台。

一是“蓝媒号”年内基本实现全省市县区全覆盖。截至2019年年底，全省广电融媒联盟“蓝媒号”数量达90家，基本实现全覆盖，进一步深化内容的联动联营。

二是“蓝媒号+”政务号实现入驻188家，其中深度合作110家。以政务号为抓手，积极拓展政务资源，打开内容运营新空间。

三是县融APP建设卓有成效。截至2019年年底，已承担建设县区级新媒体平台23个，并在平台中创新开发嵌入文明实践中心、乡镇矩阵号、网上商城、社交等功能，不但助力县级融媒体中心建设，同时赋能地方政府提升社会治理能力。

（三）撑好网信安全保护伞

推进集团“一号工程”建设，确保平台安全、稳定、有效运行的基础上，探索技术创新、强化业务支撑。

一是保质保量完成平台保障。开展信息安全等级保护工作，完成技术系统容灾备份实施和业务平台兼容IPv6标准改造，修订《网络安全管理办法》《直播管理规定》《应急预案》，完成国庆70周年等安全保障工作，完善EFP外场直录播系统等制播设备。做好全国两会等重要活动直播保障，做好CCBN展会、浙江广电70周年成果展等技术支撑。

二是开拓进取创新应用。展开推荐算法应用实践，在浙江省委网信办指导下，部署落地了具备党媒特色的推荐算法——“新蓝算法”。就智能语音技术方面展开合作，在县融APP中开发完成“读新闻”功能，着手尝试语音搜索、语音导航等交互技术应用落地。就短视频生产、大数据视频应用等技术展开合作，提升采编视频生产效率。

二 | 浙江广电集团新蓝网新媒体工作案例

蓝　媒　号

2018年4月19日，随着“中国蓝新闻”客户端全新改版，浙江省广电融媒协作的新平台、主阵地“蓝媒号”正式上线。“中国蓝新闻—蓝媒号”是浙江广播电视集团发挥“主平台、主引擎、主窗口、主力军”作用，强化省市县三级联动，以“中国蓝云”为技术依托、“新蓝网-中国蓝新闻”客户端为主平台组建的全省广电融媒协作联盟。通过“全省广电共建一个APP”，实现策划共谋、宣传同步，服务共赢、开放进驻，利益共享、品牌共建，为进一步推进浙江省广电融合传播协作体系建设作出了积极贡献。

截至2019年，“蓝媒号”横向联动浙江省内政务平台，纵向建设省市县三级新媒体协作网络，已吸引省内90家市县区传媒机构（融媒体中心）以及超200家省级和市县级政务公众号加盟入驻，形成多方位、多通道的主流舆论矩阵平台。此外，“中国蓝新闻—蓝媒号”还获选了

2019年度全国广播电视媒体融合典型案例。

“蓝媒号”服务助推县级融媒体中心建设，打造“蓝媒头条”“蓝媒直播”“蓝媒视频”“蓝媒产品”“蓝媒行动”五大产品，通过“专业化、垂直化、区域化”的合作，统筹大屏小屏，联动线上线下，彰显主流媒体使命担当。“蓝媒头条”聚焦各地重大主题，抢抓“第一落点”，每天发布千余条地方新闻；“蓝媒直播”共建了“蓝媒号”融媒记者指挥系统和24小时融媒体全平台反应机制，网络直播日均达到2.2场，场均观看人数超过30万；“蓝媒产品”制作导向正、内容精、形式新、体验好、传播广的新媒体产品，强化联动策划、协同生产、分发传播，并使内容价值实现多轮传播，如集手绘、动画、音频、互动于一体的H5《浙江路70号》采用鸟瞰式全景法构筑了人物群像的长卷画，刻画出70年间浙江翻天覆地的变化，在2019中国新媒体大会中脱颖而出，获得“庆祝中华人民共和国成立70周年融合报道十大创新案例”；“蓝媒行动”拓展“内容+服务”，整合多端资源，打造融合传播的品牌效应，让内容资源转化为互利共赢的发展优势，如浙江省第十届网络文化活动季的重要活动之一的《70年 · 70秒》大型融媒行动，结合各市县区本地特色，为家乡拍摄70秒视频短片，各地用富有创意的视角捕捉时代变迁，彰显家国情怀；“蓝媒视频”整合浙江广电集团各电视频道、广播频率优质视音频资源，聚合全省各市县“蓝媒号”资源，并向社会拍客和专家达人开放，既有网感又有质感，助力广电媒体将传统的视音频优势转化为融合传播的新动能，如记录新中国国旗诞生过程的短视频产品《国旗》，用优质影像向五星红旗设计者曾联松致敬。

（浙江广电集团新蓝网）

中国江西网

一 | 中国江西网新媒体工作综述

2019年，是中国江西网与信息日报深度融合的关键一年。经过两年多的融合发展，成功实现了网站和报纸在品牌影响力和经营收入的双赢。这一年，网站影响力和传播力继续保持全国省级网站第一方阵，一年收获两枚中国新闻奖；中国江西网（大江传媒）产业经营继续保持高速成长的态势，总收入超过2.01亿元（含信息日报和融媒体），产业发展继续稳居全国省级网站第一方阵。2019年，中国江西网各项工作亮点突出、精彩纷呈，主要亮点工作如下：

（一）持续打造三大平台，传播江西好声音

中国江西网在以发掘推送“网络典型人物”“法媒银·失信被执行人曝光台”为抓手的两个全国经验和以“问政江西”为承载的“江西省‘五型’政府建设扩大社会参与加强社会监督平台”基础上持续发力，弘扬主旋律，传播江西好声音，受到各方的广泛好评。2019年，“法媒银·失信被执行人曝光台”专栏获评第29届中国新闻名专栏（中国新闻奖一等奖）；网络专题《井冈山精神守望者——毛秉华》获评第29届中国新闻奖网络专题三等奖，这是网站自创办以来，累计十年11获中国新闻奖。

2019年，中国江西网继续在发掘推送“网络典型人物”上推陈出新，一方面借助江西省“最美”系列向各行业各厅局延伸，一方面创新表达方式和载体，以“不忘初心、牢记使命”主题教育启动为契机，紧扣江西红土特色，聚焦答好“时代之问”，创新推出了原创专栏《初心连环画》，用连环画的形式聚焦赣鄱儿女的初心故事，激励担当使命，凝聚奋进力量。该专栏已经推出毛秉华、龚全珍、李泉新、袁隆平、梅汝璈、邱娥国等50期作品，分为时代楷模、最美奋斗者、脱贫攻坚群英谱、实干典型、道德模范、老兵本色、新时代赣鄱先锋等主题。该专栏形式新颖有内涵，内容丰富精炼，得到了中央“不忘初心、牢记使命”主题教育巡回督导

组和中共江西省委的高度认可和广大网友的一致好评。该栏目系列作品推出后被全网推送，中宣部“学习强国”平台悉数刊登，弘扬了主旋律，讲好了江西故事。

在连续第四年亮相江西两会之后，2019年3月12日，“法媒银·失信被执行人曝光台”成破解“执行难”利器亮相十三届全国人大二次会议中外记者会，继续叫响全国。2019年，中国江西网启动“法媒银”进基层向地市延伸大型系列公益活动，陆续走进萍乡等8个设区市，在全社会营造了浓厚的“褒扬诚信、惩戒失信”的社会氛围。“法媒银”平台建设经验作为全国典型案例入选由中宣部组织、全国宣传干部学院编辑的《宣传思想文化工作案例选编（2018）年》并入选《70年70事——新中国江西重大历史事件实录》出版，成为新中国江西70件重大历史事件之一。

为广泛宣传动员全省上下积极参与“五型”政府建设，敞开大门接受企业和群众监督，2019年1月9日，江西省“五型”政府建设领导小组办公室与江西日报社中国江西网联合，“问政江西”平台为依托，携手打造“五型”政府建设扩大社会参与加强社会监督平台，开启了“政府+媒体”全新探索模式。平台充分发挥媒体优势，利用网（中国江西网PC）、报（信息日报）、端（问政江西APP）、微（民生江西微博）、视（访谈等视频栏目）五位一体的报道平台，全方面展示全省政府系统落实“五型”政府建设的成绩、思路。

截至2019年12月31日，平台收到各类意见、建议13758条，转办、交办其中有效帖文8057条，得到回复6672条，回复率为82.8%，一大批群众诉求通过平台得到圆满解决。

2019年，中国江西网重大项目逐渐培育成熟，重点业务发展平稳，舆情监测和大数据项目、江西手机报项目、大江高科综合项目、财金品牌项目等四大重点项目建设平稳推进；“数据新闻实验室”、人力资源服务公司项目、呼叫中心业务项目、旅行社业务项目、泛娱乐业务项目等5个重点孵化项目进入实质性操作阶段；先后策划“聚焦映山红行动　助力赣鄱弯道超车”2019·江西资本市场高质量发展论坛、“第七届江西省杰出（优秀）青年企业家”评选等有影响力的系列活动。“奔跑吧，江西”城市定向挑战赛和网络媒体行形成江西报网融合的品牌。

向地市和行业拓展，是中国江西网产业发展的一大战略布局。以赣州、九江、萍乡为主力的地市分公司，结合区域特色，开展了富有成效的产业业务，抓住了当地经济发展的重点龙头，年创收总收入过千万。此外，房产、教育、金融、汽车、交通、医疗、旅游等频道深耕细作，在行业里取得了不俗的业绩，其中房产、教育、金融等几大频道在逆境中向市场要活力，年收入均超百万，并按每年20%的幅度增长，线下活动覆盖全行业，助力产业发展和品牌建设。

2019年，中国江西网（大江传媒）产业经营继续保持高速成长的态势，完成收入1.79亿元，同比增长10.74%；信息日报经营总收入1632.2万元，同比增长15.3%。产业发展继续稳居全国省级网站第一方阵。2019年11月，大江传媒入选由工业和信息化部网络安全产业发展中心

（工业和信息化部信息中心）、江西省互联网协会联合发布的“2019年江西省互联网企业20强”，位列第5名。同年，大江传媒以综合排名位居前十成绩被认定为“江西省2019年第二批高新技术企业”。并被列入“第一批江西省数字经济重点企业”。

（二）深化实施两大战略　融媒体矩阵平台日益壮大

中国江西网继续深化实施移动优先和视频优化战略，加大全媒体矩阵建设力度，网站融媒体矩阵平台日益壮大，融媒体矩阵粉丝（用户）突破5000万。网站在新媒体平台内容建设持续发力。“江西头条”移动云平台推出江西头条、地方头条和行业头条等38个APP，下载超460万，其中江西头条客户端已跻身江西主流新闻客户端前列；江西手机报彩信用户超1000万，全省第一；大江网微信公众号粉丝突破168万，跻身中国微信公众号500强，“文明江西”稳居全国文明办系统官微排行榜第一名；民生江西、信息日报微博组成的矩阵粉丝超1200万；中国江西网抖音号粉丝超百万，入榜全国网站／新媒体类抖音号影响力前十名，媒体抖音号影响力排名第57名；今日头条、百家号、网易、一点资讯、大鱼号、搜狐号等自媒体平台，拥有数350万粉丝量。同时，还承建了江西省人民政府发布、江西发布、江西宣传、江西党建微平台、赣鄱统战江西人社、江西放心消费315等政务新媒体平台，承建的各类微信公众号平台累计粉丝突破600万，成为全省最大的政务微信公众号运营团队。

信息日报与中国江西网融合发展后，网报“两微一端”新媒体产品整合发展，统一管理，信息日报客户端、信息日报微信、“江西政读”微信、信息日报微博、信息日报新直播、信息日报小程序、信息日报手机网、企鹅号、头条号等新媒体矩阵优势正在聚焦形成，去年总体用户超过1200万。

中国江西网顺应媒体革命潮流，启动全员视频工程，“视频优先”理念得到进一步深化。短视频、视频直播等正在成为网站各平台的头部内容产品。新春走基层活动中，在江西头条客户端策划了“江西号春节大联欢”活动，组织单位全体300多名员工，进行“人人手中有镜头、处处都是发稿点”行进式、体验式采访，发布图文和短视频稿件达4300余条。该策划得到江西省委宣传专题新闻阅评表扬，《网络传播》杂志微信公众号头条报道。同时注重视频活动策划，先后推出了《春节不打烊》《端午安康祖国吉祥》以及《我与国旗合影》等多个活动，重点直播包括《凉山英雄回家》等30余场，并推出《37℃》《红色物语》《扶贫第一书记的普法日记》等一批专栏。

（三）坚持守正创新　推出一批有影响的融合佳作

在重大主题报道中，运用“中央厨房”模式，中国江西网与信息日报坚持守正创新的理念，按照“报、网、端、微、视”五位一体、互为协同的融媒体报道策略，紧扣主题主线，突出移动优先、强化融合传播，推出了一批“叫得响、立得住、传得开”的现象级融媒体作品。

在全国两会报道中，推出了《“典”亮中国　跟着总书记读经典》等系列的融媒体作品，《读总理报告　品诗画中国》得到了中宣部通报表扬。融媒体作品《共和国号动车组来啦！请您乘坐！》模拟动车从红都瑞金开往首都北京，站点采用“国富民强”“政通人和”“藏富于民”等成语，展示2018年政府工作的答卷；用20个不同的动图组成一个动态的数字“70”，并展示2019年政府工作的重点，阅读人次超过880万，获中国人大新闻奖三等奖。在江西两会报道中，策划了在江西省政府报告上印上融媒体作品《“码”上看江西政府工作报告》二维码，以及联合全省政务新媒体发起“我向省长说句话”网上建言征集活动，受到省政府主要领导的两次批示和肯定，人大代表和政协委员纷纷予以点赞，社会反响强烈。

在抗洪报道中，在江西头条客户端上开启了《直击江西抗洪抢险一线》24小时直播，组织宜春、萍乡、赣州、新余、鹰潭等地市分站采编人员赶赴救援一线，用图文、短视频直播，直击江西各设区市抗洪抢险救援一线。该直播通过江西头条客户端矩阵38个客户端同步推送，有效扩大了宣传覆盖面，形成了凌厉的精准传播声势。该策划做法被人民网传媒频道列为典型做法进行推介。其中，推出的《致敬这道洪水冲不垮的“堤坝”——江西抗洪抢险纪实》被多位江西省委领导表扬，省委宣传部进行专题阅评表扬。

除获得中国新闻奖和多项江西新闻奖外，还获得一批国家级和省部级荣誉，彰显“政治家办网”的初心和使命。

二 | 中国江西网新媒体工作案例

探索“政府+媒体”的全新问政模式

为广泛宣传动员全省上下积极参与“五型”政府建设，敞开大门接受企业和群众监督，2019年1月9日，江西省“五型”政府建设领导小组办公室与江西日报社中国江西网联合，以“问政江西”平台为依托，携手打造“五型”政府建设扩大社会参与加强社会监督平台，开启了“政府+媒体”全新探索模式。

平台始终牢记总书记“要有效解决老百姓身边的急难事、麻烦事、烦心事，更好满足人民群众美好生活需要”嘱托，认真开展政府加媒体的有益探索，走出了一条政府治理的新路子。截至2019年12月31日，平台收到各类意见、建议13758条，转办、交办其中有效帖文8057条，得到回复6672条，回复率为82.8%，一大批群众诉求通过平台得到圆满解决。具体的做法是：

（一）一个全国率先的探索，开启“政府+媒体”全新模式

平台正是江西省各级政府机关和领导干部践行“以人民为中心”的生动实践，是江西各级政府机关和领导干部通过网络走群众路线的有益探索。平台克服了媒体自建问政平台没有政府的强制约束力、问政节目实现不了全天候、不打烊的交流等形式网络问政平台的局限性，发挥了问政江西直接面向社会公众、高效便捷的优势，又结合了政府部门自上而下跟踪督办、强化执行、推动落实的有力手段。政府和媒体通过加强工作联动，实现了无缝对接，建立了全天候、带有政府属性的群众网络工作平台，“政府+媒体”的全新合作，也是在全国率先开启新模式的有益探索。

（二）一套行之有效的运行机制，确保平台良性运作

在运行机制上，对于群众反映的问题和建议，一般性诉求，3日内办结；重大问题诉求，5日内办结或给出处理方案，力争事事有着落、件件有回音，真正做到“民有所呼，我有所应”。为保障平台有章可循、有据可依、有条可遵，省政府办公厅专门年出台文件，明确平台意见建议办理规范。省直各厅局及全省11个设区市、100个市县区成立专门机构和人员，对接平台帖文办理情况，确保群众诉求有专人落实。同时，江西省政府办公厅政务技术处与中国江西网结合实际，为各市、县（区）人民政府，省政府各部门量身定制了“帖文督办平台”。一套完整的“网友发帖→平台审核→帖文转办→政府督办→部门反馈→网友评议”工作机制确保平台健康运行。平台还就此开创了问政快报、问政周报、“五型”专刊等板块、栏目，建立“红黑榜”，对积极回应群众诉求、主动作为的部门予以表扬，反之，进行通报。实践证明，该机制确能充分发挥“政府+媒体”合作的优势，多数“五型”办积极作为，使网友满意度日益提升，“五型”政府建设逐渐深入人心。尤其值得一提的是，目前，平台已被纳入全省高质量考核评分体系，发挥了考核指挥棒的作用，为平台向纵深发展提供了有力抓手。

（三）一支专门的队伍，确保平台各项工作落到实处

中国江西网作为平台的具体承建方，把平台建设纳入网站中长期规划建设中。在人员上，抽调各部门精英骨干，组建了一支专业人才队伍，包含记者、编辑、视频、美工、技术等共计30人，专门保障平台长期顺利有序运行。在设备上，网站为该团队全新配备了一辆全媒体直播车、高清摄像机、照相机、高性能电脑等，以保证团队高效地完成平台各项工作。在制度建设上，出台了帖文转办流程、工作人员工作规范，并且在“问政江西”页面上公布了工作人员名单和举报电话，接受社会监督。

（四）一套全方位立体宣传组合拳，使“五型”深入人心

平台充分发挥媒体优势，利用网（中国江西网PC）、报（信息日报）、端（问政江西APP）、微（民生江西微博）、视（访谈等视频栏目）五位一体的报道平台，全方面展示全省政府系统落实五型“政府”的成绩、思路；在信息日报和江西头条客户端等各平台上开辟了聚焦‘假庸怕懒散’”专栏，通过深度报道模式，曝光一批群众诉求合理、地方政府或职能部门懒政、不作为、怕作为的案例；开展了助力“五型”政府建设、厅局长、市、县（区）长访谈栏目，截至目前，共完成各类“五型”政府建设直播访谈50余场，使五型政府建设深入人心，“五型政府”成为江西网络热词。

（中国江西网）

江西网络广播电视台

一 | 江西网络广播电视台新媒体工作综述

江西网络广播电视台是江西广播电视台的新媒体平台，以“搭建平台、整合资源、融合产业、共赢发展”为思路，集合了江西广播电视台旗下10个电视频道、9个广播频率等相关资源和网台原创新闻及短视频内容，不断深化推动广播电视媒体的融合发展，形成了一个聚合互联网、IPTV、云平台、移动客户端、微博、微信及头部媒体矩阵的融媒体平台，覆盖广播电视、电脑、手机等多种媒体形态，同时，建设“赣云学院”为理论研究及融媒体人才培育基地。作为江西的省直重点新闻网站，江西网络台是江西省互联网第一视听门户，是具备强大传播力、引导力、影响力、公信力的新型主流媒体。

2019年，江西网络广播电视台努力做好各项重大主题活动的网上宣传，在内容升级、平台建设、融合传播等方面都取得了显著成绩。

（一）内容方面

1．江西网络台贯彻“融合”理念，专注创新，充分依托“赣云”平台，策划推出了一批新产品、新栏目、新频道，在内容生产方面取得了长足进步。尤其在习总书记江西考察调研、李克强总理江西考察、庆祝中华人民共和国成立70周年、学习贯彻十九届四中全会精神、“不忘初心、牢记使命”主题教育、全国两会、江西省两会、2019世界VR产业大会等重大主题宣传方面成效显著，亮点频出。

在全国两会报道中，江西网络台携手江西广播电视台新闻频道和市县融媒体中心，共同推出融媒体报道专栏节目《赣云热搜》，首创“央媒+省市县”四级联动报道模式，得到了各级领导的充分肯定，并作为全国地方媒体重点融合案例，成为全国重大主题宣传中融合传播的“标配”；江西网络台推出的原创说唱融媒体产品《@总书记，江西向您报告》在网上形成“爆炸式”传播效果；江西网络台在江西首创推出定格动画微视频《2018这一年，江西做了很多事！1分钟定格动画告诉你》。

依托广电特色，江西网络台于2019年10月重点推出了原创短视频栏目“今视频”，并迅速成长为江西领先、全国知名的“短视频旗手”。目前，江西广播电视台正举全台之力，打造内容更全、影响力更大的“今视频”短视频平台。

2. 江西网络台注重线上线下结合，共同推动内容品牌建设。2019年，由江西网络台举办或承办的活动200多场。其中，“壮丽70年　奋斗新时代——网络名人再走长征路”活动、“礼赞新中国奋　进新时代——新时代文明实践在江西”微视频征集展播活动、“礼赞新中国　奋进新时代”全省广播电视台优秀节目展播活动等，均获得了各级领导的高度肯定和良好的社会反响；由江西网络台重点打造的双创节目《江西少年诗词大会（第三季）》共举办百人级选拔赛120余场，覆盖全省11个地市的700余所学校，参赛选手突破48万人，覆盖人群超300余万人，全媒体直播观看人次突破1000万，手机江西台APP网上答题点击达500万人次。

（二）平台建设方面

1. “赣云”已在全省建成47家融媒体平台

江西网络台全力加快推进“赣云”平台建设进程，加大“赣云”融媒体中心在市县区的覆盖建设力度，目前，赣云平台已完成全省47家市县区融媒体中心的承建工作。

在技术拓展方面，江西网络台引入了AI虚拟主播、MAGIC智能机器人、语音和人脸识别等30余款人工智能技术，完成了赣云新媒体发布平台、赣云私有云硬件支撑平台、赣云新媒体CDN全国分发网络、赣云舆情监控和大数据分析平台等八个技术项目，自主研发并迭代赣服通专区、VR频道、多渠道分发、赣云APP数据统计分析平台、APP一键登录等功能模块。

江西网络台以赣云融媒体中心为依托，大力推动媒体融合，在全国首创“央媒+省市县”四级联动报道全国两会的全新模式，搭建起了从中央直通地方的报道链路和传播体系，成为全国地方媒体重点融合案例，获得中宣部的表扬，该模式被央视《新闻联播》、国家广电智库、中国广播电视影视杂志、广电独家、阿基米德、泽传媒等业界知名媒体进行报道，业界纷纷关注和仿效。

目前，“赣云”平台接入政务服务、居民生活服务、视频购物等一百多项便民服务项目。凭借平台强大的视音频生产发布优势、可扩展可共享的平台架构优势、丰富的可运营的功能优势，“赣云”新媒体生产发布平台已成为江西最有优势的融媒体中心平台。

2. 加大了“手机江西台”APP的推广力度

2019年，“手机江西台”APP吸引了四大领域共60多个机构账号入驻、引入“赣服通”政务服务100余项，用户下载量达476万，是江西视听新媒体第一端。

“手机江西台”APP在主题宣传报道中“守正创新、融合求变”，策划推出了一批新产品、新栏目、新频道，亮点频出。例如，在“2019世界VR产业大会”上，推出“VR全景直播”，在江西省内媒体中属首创，《AI主播看VR》系列短视频被人民日报客户端、新华社现场云、央视新闻移动网、头条号、大鱼号、百家号、趣头条等央媒平台和商网平台转载，成为VR大会的亮点之一。

“手机江西台”在2019年陆续上线了一系列新功能，开通赣云入驻号体系，还上线江西首个VR频道，利用VR+5G+8K等技术，陆续开设了“VR游江西”“看VR大会”“VR看春晚”等VR专栏。为增加用户黏性，“手机江西台”引入迪士尼、索尼、派拉蒙、环球、福克斯、华纳以及国内优秀影片2000多部，提供免费观看服务。同时，利用江西网络台原创节目、活动和内嵌互动小程序等多种方式，全面推广APP。

3. 网络视听节目直播服务基本实现“天天有直播”

2019年，江西网络台依托赣云平台，通过手机江西台、新华云、头条号、百家号等平台，开展融媒体直播252场，基本实现“天天有直播”，推出了《赣云看两会》《江山多娇·我和我的家乡》《江西少年诗词大会（第三季）》等系列融媒体直播活动，同时与上海东方卫视等十二家长江流域省市电视台推出了《长江之恋》联合大直播；赣云联合中国联通利用5G+VR等新技术，打造全国首台5G+VR直播的春晚——2019江西卫视春晚；在2019年世界VR产业大会期间，在江西首次推出VR全景视频直播，并通过“虚拟主播”智能机器人，利用“实景画面+虚拟主播”的新颖形式，策划推出《AI主播看VR》系列报道。常态化直播成为江西网络台聚集人气、增强品牌影响力的助推器。

在台网融合方面，除了全国首台5G+VR春晚，在江西卫视《跨越时空的回信》的网络推广方面，江西网络台联动包括人民日报客户端、百度、一点资讯、新浪微博等在内的百家媒体，对该节目进行了推荐，打造了远超电视观众数量的网上播出平台；在都市频道“江山多娇”大型融媒体直播节目中，“赣云”融媒体提供全网视频直播支持，其中，仅首期节目《独树“1”帜大昌南》整期的直播点击量就达到1541.48万。协助江西广播电视台各频道频率完成融媒体直播的作，包括协助江西农村广播完成“第十一届中国中部投资贸易博览会”的现场网络直播、协助江西交通广播完成“全国交通广播走进江西”融媒体直播、协助新闻频道完成五一特别直播等。

4. 头部媒体号矩阵群多次获奖上榜

继法人微博、微信公账号运营矩阵运营后，江西网络台继续与各互联网平台深化合作。由江西网络台牵头，江西广播电视台与快手、百度等头部互联网公司签署战略合作协议，引入流量资源，为全台“主力军上主战场”的全面转型打好基石。

目前，江西网络台在新华社现场云、人民号、今日头条、快手等矩阵平台的粉丝总量近

3500万，网络新闻累计阅读量56.3亿，视频节目累计播放量102亿、短视频累计播放时长超362.4亿，稳居江西主流媒体第一。

2019年，“江西网络广播电视台”媒体矩阵群多次获奖、上榜：作为江西唯一获奖媒体，荣获“全国党媒优秀扶贫报道”奖；“2019全国党媒看两会”新闻热度TOP10；说唱短视频《@总书记，江西向您报告！》获评委推荐作品奖；“江西网络广播电视台”人民号被评为江西省媒体类账号影响力第一名；“江西网络广播电视台”百家号2018年、2019年连续两年荣获“年度影响力媒体”；“江西网络广播电视台”一点资讯号荣登2018最具影响力媒体榜第九，也是江西省内唯一上榜的广电媒体。

5. 江西IPTV用户数超500万

江西IPTV“赣TV”是江西网络广播电视台与三大运营商联合打造的交互式网络电视平台，已成为江西广播电视媒体融合发展创新中心在智能电视终端上主阵地。“赣TV”的大数据系统和国家广电总局规划院的大数据系统已成功对接。同时，业务不断拓展，引入华视网聚、腾讯等多家头部内容，IPTV高清点播内容已达15万小时。2019年，“赣TV”已经入驻江西电信、江西联通、江西移动三大平台，向超过500万江西家庭用户提供多种交互式网络电视节目内容。

二 | 江西网络广播电视台新媒体工作案例

“赣云”融媒体中心

为深入贯彻落实习近平总书记关于推动媒体融合发展的重要讲话精神，积极响应中宣部工作部署，江西网络广播电视台按照中宣部、国家广电总局融媒体中心建设标准，利用云计算、大数据技术打造“赣云”融媒体中心。目前，“赣云”融媒体中心已初步形成上连央媒和省宣，下接全省各市县，以赣云技术平台为核心引擎，以“手机江西台”新闻客户端、融媒体矩阵和近50家县级融媒体中心为传播节点，以“赣云学院”为理论研究及人才培育基地的新型媒体业态格局。

通过新华社“媒体大脑”的赋能，“赣云”融媒体中心汇聚AI虚拟主播、MAGIC智能机器人、语音和人脸识别等30余款人工智能技术，成为江西广播电视台10个电视频道、9个广播频率、以及全省47家市县（区）融媒体平台的技术驱动器。2019年，“赣云”与江西联通成立的媒体实验室，赋能江西卫视春晚，打造出全国第一台5G+VR春晚，在业界引发轰动；江西二套《江山多娇 · 我和我的家乡》大型融媒体直播，通过“赣云直播联盟”的推广，将江西的好山、好水、好产品传播到全国超100家主流媒体平台，场场直播播放量超千万；打通大小屏制作的“赣云热搜”“云端看两会”“两会网约车”“赣鄱执行利剑”等融媒体节目在全网反响强烈，并赢得网友热评；2019世界VR产业大会期间，江西首个VR频道全新亮相，“赣云VR”全景直播及AI虚拟主播的亮相引人瞩目，闪耀全球。

目前，“赣云”融媒体中心已建成汇聚“两微两端+全网矩阵号”为核心的产品矩阵，覆盖人民日报、新华社、央视频、今日头条、腾讯、百度、快手、抖音等全网20个头部媒体。“赣云”产品矩阵下载安装用户总数超3500万，音视频播放量超134亿人次，短视频全网点播总量位列全国省媒前三，覆盖稳居江西主流新媒体平台第一，形成“央媒+省、市、县”四级共振的传播格局，被国家广播电视总局评为最具影响力广电融媒云平台。

截至2019年底，“赣云”融媒体中心在全省承建的市、县级融媒体中心已达47家，“赣云”融媒体中心向各市、县提供入口独立、功能独立、运营独立，包括APP客户端、PC／H5网站、微信小程序在内的全媒体矩阵产品，降低了合作单位开发成本，提高了时效，消除了各市县怕失去自主性成为附属的顾虑，同时也让市、县融媒体中心生产的新媒体产品传得更开、传得更远，大大地提高了内容的影响力。在2019年底江西省融媒体中心发布的全省县级融媒体中心客户端排名中，“赣云”承建的平台各项指标数据表现优秀，在排名前15名中占据13位。

（江西网络广播电视台）

安徽新媒体集团

一 | 安徽新媒体集团新媒体工作综述

2019年，安徽新媒体集团严格落实意识形态工作责任制，紧紧围绕庆祝中华人民共和国成立70周年，精心组织网上正面宣传和舆论引导，扎实推进媒体融合发展，推出了一大批高质量的融媒体新闻作品，为建设现代化五大发展美好安徽提供了强大网上正能量。全年有2件作品获中国新闻奖，4件作品获全国“五个一百”网络正能量精品奖，中安在线“中安时评”栏目被中央网信办评为“全国优秀网评栏目”，“徽公益”专栏获“2019网络公益年度优秀传播项目”奖，另有81篇作品在国家有关部委、省直有关部门的评比中获奖。

（一）做强网上正面宣传，大力弘扬新时代主旋律

一是扎实做好习近平新时代中国特色社会主义思想网上宣传。树牢“四个意识”，坚定“四个自信”，做到“两个维护”，把做好习近平新时代中国特色社会主义思想网上宣传作为首要政治任务，精心做好中安在线“头条区”、中安新闻客户端首屏“头条”、安徽手机报“头条”报道，及时、准确、突出地做好习近平总书记重要活动、重要讲话网上宣传。精心做好习近平总书记视察安徽3周年、“三严三实”重要论述发表5周年、安徽高质量开展“不忘初心、牢记使命”主题教育网上宣传，推出一批制作精美、内容丰富的网络专题专栏和一系列原创融媒体产品，积极推进理论宣传通俗化、大众化。精心办好“安徽理论网”，充分利用网络直播、音视频访谈、图文报道形式开展理论宣传，推出《治国理政新思想》《新时代传习中心》等专题栏目，转载权威阐释文章，并做好“治国理政·闯出新路”论坛、“践行新思想·建设新安徽”论坛、“新思想·新青年”学习沙龙等活动网上宣传，受到省内外社科理论界的广泛关注。二是扎实做好庆祝中华人民共和国成立70周年及重大主题网上宣传。把庆祝中华人民共和国成立70周年网上宣传作为贯穿全年的重要任务，突出主题主线，精心策划采编，

做到浓墨重彩，形成强大声势。认真做好“壮丽70年　奋斗新时代”“新时代新作为新篇章”大型网络专题和“70年安徽礼赞”“70年安徽典范”“70年安徽之最”“70年安徽大事”“70年安徽影像”“品读红色经典”等网络栏目，开展“重走解放路　奋进新时代”长三角主流新媒体大型采访、“网聚美好安徽　见证五大发展”“庆祝中华人民共和国成立70周年红色经典诵读微视频展播”等活动，中安在线网站及“双微”、中安新闻客户端、安徽手机报以及集团运营的多家政务新媒体同步展开，形成合力，总计发稿10000余篇，累计阅读量超过2个亿。全年推出“全国两会”“省两会”“春游江淮请您来”“潮涌长三角澎湃新时代”“制造业高质量发展看安徽”“2019世界制造业大会”“扫黑除恶安徽在行动”“安徽网络安全宣传周”“安徽：坚决打赢脱贫攻坚战”“安徽创新馆开馆暨安徽科技创新成果转化交易会”“五大发展进行时”“诚信建设万里行”等网络专题60多个，全面聚焦省委省政府重大决策部署和现代化五大发展美好安徽建设实践，充分展示安徽经济社会发展成就，受到社会各界广泛好评。三是扎实做好重大典型网上宣传。通过开设“时代楷模”“榜样”“榜样的力量”“致敬最美奋斗者”“劳动美青春美”等专题，及时集纳主流新闻媒体的文字、视频、图片稿件，共推出各类先进典型400多个，特别是推出李夏、张劼、朱恒银、刘双燕等全国先进典型的原创融媒体报道，打破典型宣传“碎片化”，突出典型宣传系统性，不断增强典型宣传的“集群效应”，切实做到典型天天见，正能量无限量。

（二）增强“四力”守正创新，着力提高新闻宣传水平

为更好地承担举旗帜、聚民心、育新人、兴文化、展形象的使命任务，集团党委强化政治自觉，坚持守正创新，着力打造全媒体采编队伍，不断激发发展活力，努力提高新闻宣传工作水平。一是扎实推进增强“四力”教育实践。集团出台了增强“四力”教育实践工作实施方案，把深化“三项学习教育”、践行“走转改”，增强新闻工作者“脚力、眼力、脑力、笔力”作为长期坚持、狠抓不懈的基础性工作，落实于采编工作和教育实践各个环节，通过实行集团领导、采编部门负责人带队深入一线采访、开展“新春走基层”、组织新闻业务技能培训练兵、完善优秀稿件评审和采编业务绩效考核机制等举措，鼓励全体采编人员适应分众化、差异化传播形势，努力创作生产“爆款”融媒体作品和“现象级”新闻作品。今年8月，宣城遭台风利奇马侵袭，受灾情况严重，集团派驻记者主动请缨前往一线，及时进行图片、文字、短视频直播报道，对宣城灾后党群一心、积极抗洪抢险情况，进行全景式报道。其中，采访“竹峰镇”宁国环卫工人匿名捐款的报道，被人民日报、新华社、央视头条转载，点击率达千万。11月，面对持续秋旱，中心安排多路记者深入潜山、金寨、霍山等地，实地探访安徽旱情，对安徽各地展开的抗灾自救、保障群众饮水情况进行积极报道，共采写稿件21篇，制作短视频7个，呈现安徽各地上下一心、多措并举解决群众生活用水安全的做法，体现了主流媒体的责任

和担当。二是积极推进融媒体工作室建设。集团广大青年采编人员根据兴趣专长，自由组合，建立了“徽喜鹊”“徽镜映像”“宛新平”“徽视频”“社会回音壁”“沸点”“守艺”“地心力”“声玲其境”等10多个融媒体工作室，6个部门、近70名编辑记者参与其中，围绕庆祝中华人民共和国成立70周年，推出60多件原创融媒体产品，涵盖系列短视频、动漫、手绘长图、漫评、H5产品、夜读音频、系列红色故事等，被学习强国平台首页推荐，新华社、人民网等中央媒体以及省外多家媒体转载。为规范融媒体工作室健康发展，集团编委会制定了具体管理办法，明确融媒体工作室内容生产要坚持正确的政治方向、舆论导向、价值取向、新闻志向，注重表现形式、表达方式创新，并且明确扶持奖励的标准和条件。三是坚持移动优先战略。高度重视客户端、手机报、微博微信公众号等移动端平台发展，发挥集团“徽喜鹊”“徽镜映像”等工作室创新引领作用，注重微视频、动漫、H5、手绘、图说、VR、Vlog等形式的全面应用，努力推出适合移动传播的优秀融媒体产品。其中《平凡造就伟大！叶连平：留守儿童的“摆渡人”》《图说安徽工业70年》《礼赞新中国，安徽人这样表白》等一大批贴近年轻人喜好、符合手机端传播的融媒体产品，阅读量都超过10万+。微电影《黑洞》，被中央政法委、公安部等官方微博微信转发，总点击量超千万，获得第四届“平安中国”微电影一等奖，并在中央电视台12套节目播出。四是突出网络直播和视频传播。今年以来完成网络直播120余场，其中完成省政府新闻办组织的新闻发布会图文直播70场，完成“2019年世界制造业大会”图文直播，在线浏览量达百万余人次，完成省政协月度专题协商会的直播6场，超过1000万人次观看。圆满完成“安徽2019年新年音乐会”“安徽省道德模范与身边好人进校园”“安徽省劳动模范工匠大师进校园”等直播40场，网络在线观看人数累计超1000万。在庆祝新中国成立70年新闻宣传中，“徽视频工作室”推出系列纪录片《爷爷的军礼》系列，在主流媒体及第三方短视频平台播出后引起了强烈反响，单期点击率过500万。作品《敬礼老兵》获安徽省委网信办联合多部门举办的“礼赞70年网络正能量作品系列征集活动‘70年70变’”短视频一等奖。五是着力打造优质品牌栏目。中安在线“中安时评”栏目立足安徽、面向全国，重点打造“宛新平”“万钧客”“融媒漫评”品牌，扎实做好“地评线”网评工作，在凝聚网评队伍、培养网评人才、引导网上舆论、壮大主流舆论等方面发挥了积极有力的作用，被中央网信办评为“全国优秀网评栏目”并获得安徽新闻奖一等奖。该栏目全年总发稿量为5918篇，其中本网原创评论稿件4966篇。总发稿量较去年增加5%，原创稿发稿量增加59.32%，平均每日发布原创稿件18篇。尤其是65篇原创评论被中央网信办安排全网推送，与去年同期相比增加50%，体现了中安在线原创评论数量和质量“双提升”，社会影响力日益扩大。

（三）坚持一体化发展方向，深入推进媒体融合发展

集团始终坚持各媒体、各端口一体化发展方向，强化组织领导，统筹既有资源，从政策、

资金、人才等方面加大对媒体融合发展的支持力度，全力推进集团媒体融合向纵深发展。一是推进中安在线、中安新闻客户端改版。中安在线改版坚持党网定位、新闻立网原则，统筹“分栏瀑布流方式呈现”和“聚合列表方式呈现”的优点，进行新一轮改版。以瀑布流呈现方式为主，兼顾列表式呈现。新版将导航栏目分为今日要闻、安徽新闻、融媒报道、政务观察、思想评论、长三角、文明公益、魅力安徽、生活服务、地方频道等10大类。客户端改版则突出与网站一体化发展，在栏目设置、精品打造上与网站同步实施，秉持轻量化、简约型为设计理念，突出“新闻、集纳、服务”综合功能属性，打造融媒体工作室、优势频道、品牌栏目，构建新型党媒传播平台。根据计划安排，相关改版工作正稳步推进，近期将上线试运行。二是推进媒体融合技术支撑平台建设。加速打造技术领先、功能完备、内容丰富、具有安徽特色的“安徽云”媒体融合技术支撑平台，“一云一端一平台”三大子项目已经基本建成，正在加紧测试之中，预计明年全国两会前正式上线。根据工作部署，集团各部门正加紧“策采编发”业务流程一体化统筹，为集团5G条件下移动化、视频化传播体系建设提供有力保障。三是推进媒体融合机制创新。以“安徽云”平台为支撑，完善新闻内容策采编审发考核流程，出台《总编辑责任制度》《内容管理人员资格准入制度》《涉媒端口账号管理办法》《网络舆情应对处置机制》《融媒体工作室运行管理办法（试行）》《职称评聘管理办法》等制度，以融媒体指挥调度机制和矩阵化传播体系建设为重点，以“新闻＋政务＋服务”的云平台建设为契机，以新闻策采编发全流程再造为核心，以媒体内部考评奖惩机制创新为突破口，持续创新各类机制，推动媒体融合走向深入。

二 | 安徽新媒体集团新媒体工作案例

扫黑除恶主题微电影《黑洞》

2019年，由安徽新媒体集团制作推出的原创扫黑除恶主题微电影《黑洞》，在中央政法委举办的“全国第四届平安中国微电影微视频微动漫比赛”中获微电影作品奖。同年9月，该作品在中央电视台法制频道播放后，引发强烈反响。截至2019年底，《黑洞》全平台播放量达1200多万次。

《黑洞》讲述了一位女大学生因贪慕虚荣，向非法小额贷款公司借款，从而一步步陷入“套路贷”漩涡，并最终被公安机关解救的故事。这部微电影短小精悍、节奏明快，镜头语言丰富生动，故事性强，将真实案例以电影文学的形式呈现给观众，揭示了违法犯罪的险恶，具有很强的警示作用和教育意义。

作品二维码：

《黑洞》

（安徽新媒体集团）

安徽日报报业集团

一 | 安徽日报报业集团新媒体工作综述

2019年，安徽日报报业集团坚持党管媒体不动摇，坚持守正创新，坚持移动优先，坚持内外并举，融合发展持续提速增效。

（一）坚持守正创新，推进集团深度融合转型

1．注重凝聚思想共识。经过几年的融合发展，融合转型进入攻坚克难期，一系列困扰报业集团多年的老问题、敏感问题、存量改革问题突显。面对挑战，集团党委进一步统一思想认识，中层干部提升融合发展意识，广大员工学习融合技能知识，将媒体融合作为集团发展的首要任务，在融媒工作中纠正认识偏差，摆脱思维惯性，解决动力不足等问题，实事求是、立足实际、保持定力、凝聚动力，推动集团融合发展行稳致远。

2．注重明晰融合发展路径。在充分调研和论证基础上，按照“由点到面、由面到云”的发展路径，积极稳妥建立“报、网、微、端”全媒传播、“采、编、发、管”集中调度、“人、财、物、技”统筹保障的媒体融合发展格局。抓“点”，打造报网微端一体运作的党报新平台；扩“面”，构建采编发管集中调度的媒体新矩阵；建“云”，联通一键发布、全网传播的党媒新平台。

3．注重创新项目化推进方式。坚持项目化推进的工作方式，在融合工作中协调，在技术研发上保障，在体制机制上理顺，在信息发布上通报，全方位推动集团融媒工作。在各子项目建设上，由集团党委成员分别领衔组建项目小组，发挥小团队灵活高效的战斗力。目前，集团各媒体已组建融媒体工作室30多个，安徽日报“习习皖风”“东篱”、新安晚报“徽派”、安徽商报“橙周刊”等工作室报道范围涵盖时政报道、政策解读、视频创意、漫画美术、文化历史等多个领域。安徽党媒云+系列融合项目，采用项目化管理，发挥集团与子媒的各自优势，以

资源整合为纽带，实现集团、子媒、用户共建共享，打造专业化党媒舆论新阵地，做强主流传播。

（二）坚持移动优先，探索融合传播新机制

集团坚持移动优先，以融媒体工作室为抓手，积极推动媒体深度融合，在具体实践中不断适应新闻宣传规律、互联网传播规律，探索融合传播新机制，取得了可喜成绩，积累了宝贵经验。

1．融合报道策划创新亮点频出。围绕全国两会、安徽创新馆开馆、长三角地区主要领导座谈会、庆祝中华人民共和国成立70周年、国新办安徽专场新闻发布会等重大主题、重要活动，安徽日报加强报道策划，积极改进创新，推出动漫《120秒带你解码安徽优良的DNA》、VR《明天开馆！VR带你提前探安徽创新馆》、短视频《长三角，你的美无与伦比》、“60秒看安徽”系列微视频、H5《今天，世界从这里读懂安徽》等系列创意作品产品，亮点频出。新安晚报不断创新尝试融合报道，融合创新作品《安徽民生报告》、大皖客户端多场直播报道，新安晚报法人微博话题等屡创关注度新高，微博话题#建议恢复五一长假#创造了4.7亿的超高阅读量，热评超过5万，成为今年全国热点和爆款话题。安徽商报全面应用H5、图解、抖音、微视频等新技术手段，打造主流报道新手段，在全国两会、国庆阅兵等报道中，推出多款融媒产品，如官方微信推出的“领国旗过国庆”“换装庆国庆”等互动游戏，其中“领国旗过国庆”一天之内为官微增粉4.6万，创下了单日增粉记录。

2．融媒体工作室建设有声有色。根据省委宣传部统一部署，集团媒体申报组建融媒体工作室30多个，安徽日报“习习皖风”“东篱”、新安晚报“徽派”、安徽商报“橙周刊”等工作室，立足媒体特色，涵盖时政报道、政策解读、视频创意、漫画美术、文化历史等多个领域，坚持报纸端移动端同策划、同采写，有效扩大报道覆盖面、影响力。一年来，围绕国庆、世界制造业大会、合肥农交会等重大主题、重要活动和经济民生热点，融媒体工作室浓墨重彩推出了具较大影响力的作品。安徽日报“习习皖风”评论产品《确保主题教育取得实效系列谈》受到中宣部《新闻阅评》表扬；“东篱”的《快讯！习近平向2019世界制造业大会致贺信！》《谁养活了安徽？》等作品，点击率均过万，获普遍认可；“温心新闻影像”的《住院医师的48小时》，获全国医学论坛视频比赛第一、省卫健委健康视频比赛一等奖。新安晚报“徽派”工作室继续邀请省内外著名作家、艺术家、学者等参与“徽派访谈”直播，2019年12月已开播100期。安徽商报“橙周刊”融媒体工作室，推出独家产品“可视化电子报”，嵌入音频、视频，将文字、图片、音视频、互动集中在电子报上呈现。

3．融合报道运作机制逐渐成形，基本形成移动优先的发稿机制。安徽日报新闻发布坚持移动优先，重大会议、新闻发布、一线调研等各类现场均能边采边发，第一时间通过“两微一

端”传播。融媒体工作室建设积极探索团队合作新机制，人才优化组合，有效激发采编技术人员干事创业的热情和活力。基本形成相对固定的内容生产机制，研究制订科学合理的考核机制，制订出新媒体考核暂行办法，从质、量、效等多个维度，对融媒体作品开展综合考评。新安晚报、安徽商报以移动优先导向，改进创新工作机制，对人员、岗位、平台进行整合，放大传播优势，在重大选题上不断推出融合报道，收获了很高的阅读量。

（三）坚持内外并举，打造内外融通新格局

2019年，安徽日报报业集团坚持“内外并举、以外促内”的融合发展路径。在做好自身融合发展的同时，眼光向外，以新传播重建新型用户关系；统筹集团各媒体间的资源整合，实行内部专业化分工与协作，形成合力，以新协作重建新型媒体集团。

1．进一步加强数字化基础建设。媒体融合离不开数字化基础平台赋能。1年来，集团进一步加大在基础平台领域的新建、续建、升级迭代、打通共享等工作。2018年，集团实现报刊端、移动端、PC端，“三端俱全”的全媒发布。2019年，实现多端平台数据打通和架构体系归并，从“三端俱全”到“多端俱通”。目前，安徽日报客户端、安徽新闻网、安徽党媒云、安徽日报新闻大数据等平台间已实现数据打通和共享，一篇稿件可在各端共享发布，“一次生成、多元发布”大大提高采编工作效率。在做好内容平台建设的同时，网络安全建设“同步规划、同步建设、同步使用”三同步。2019年，集团已建成涵盖“边界安全、发布安全、数据安全、设备安全”的全方位综合安全防护体系，有力保障媒体融合工作安全、稳妥推进。

2．探索集团资源集约式、共享化管理模式。经过几年的融合项目建设，集团层信息网络、服务器集群、网络安全等基础设施建设初步完成。“超融合”“云计算”“分布式”等一系列新架构技术支持，为基础资源的集约式共享创造了条件。2019年，以安徽商报、安徽日报农村版的融合项目建设为试点，在服务器、网络安全、宽带、存储等基础资源配置上由集团协议提供。一是避免重复建设带来的资源浪费，二是为子报提供硬件资源输出的同时也提供技术管理输出，解决困扰子报发展的瓶颈问题，实现集团资源“集约共享、优化统筹、统分结合、专业专长”的管理机制。

3．探索集团一体化发展模式。以“安徽党媒云”平台建设模式为试点，探索集团一体化发展模式。“安徽党媒云”是集团创新探索的对外拓展项目，以内部资源整合为基础，统分结合，优化配置集团和子报的优势。以外部细分市场为目标，以用户重构链接为目的，以外促内，带动集团及各子媒推进媒体融合向纵深发展。自2019年初正式上线以来，入驻用户累计超600家，当年收益过千万，收到良好的社会效益和经济效益。2019年12月，该项目荣获中国报业媒体融合、信息化和网络安全项目“创新奖”。在项目开展的同时，带来了三大可喜收获，一是集团一体化资源整合迈出了新步伐，改变了长期一直以来报业集团内部“集而不团”的状

况；二是充分发掘各子媒在优势行业的沉淀资源，通过全新的全媒生态化合作，大大加强与老用户之间的互动，改变了日渐疏远的用户关系；三是通过一系列新媒体项目应用，推动子媒自身融合转型提速，呈现出“集团带子媒、个个争发展”的集团化全面融合转型的良好局面。

二 | 安徽日报报业集团新媒体工作案例

《江淮开天河》融合报道

2019年，安徽遭遇40年来最严重的干旱。在这一特殊时刻，引江济淮工程迎来控制性节点工程全面开工更受关注，这一凝聚千年梦想的国家重大战略性世纪工程凸显中国自信，更具独特的新闻价值。《江淮开天河》将安徽全省上下凝心聚力奋力谱写新时代新作为新篇章的雄心和恒心、智慧和汗水，通过“引江济淮开天河”这一具体实践得以窥斑见豹，是安徽日报运用新媒体融合技术报道国家重大工程的首创。

作品围绕主题创新策划了一个浓缩1800年前以来追梦历程的跌宕起伏的情景故事，用时尚传播形式和手段包装硬核新闻内容，将“视频新闻+创意卡通情景故事手绘长图”表现手法之长有机融合，在有限空间里，将国家重大工程建设讲“活”讲“透”，激发自信，引起共鸣。

《江淮开天河》微信全名：“喂~淮河、淮河，我是长江，我很快就到……”，由安徽日报经济、视觉、新媒体三大新闻中心的文字、摄影、摄像、绘画、动漫等专业人员组成项目组，充分发挥各专业特长，经过历时2个多月的策划、采编和制作、完善，最终打造推出精品。

安徽日报微信公众号首推后即广受关注，人民网、学习强国、新浪、腾讯、网易及安徽共青团等全国和地方知名新媒体纷纷转发。反响强烈，广受好评。

作品二维码：

（安徽日报报业集团）

东 南 网

东南网新媒体工作综述

2019年，东南网围绕主题、精心策划、稳步推进，努力做好新闻宣传报道工作，发挥好福建省网络舆论主阵地作用。

（一）坚持宣传舆论导向　完成重大主题报道

1. 掌握新闻舆论战场主动权，做好主题宣传报道

东南网着力做好习近平总书记关心福建发展、福建民生的宣传报道。2月1日，习近平总书记给厦门大学管理学院外籍教授潘维廉回信，东南网推出网络专题《习近平总书记回信赞赏“不见外”老潘所讲述的中国故事》微博话题总阅读量近100万；3月10日，习近平总书记参加福建代表团审议，东南网推出网络专题《习习春风暖八闽　总书记来到福建团》，H5《习习春风暖八闽，总书记来到福建代表团》得到网友大力转发，全平台关于习近平总书记参加福建代表团审议相关新闻浏览量近140万；8月4日，习近平总书记给寿宁县下党乡的乡亲们回信，东南网以图、文、视频等多形式、多角度报道福建全省各级党组织和广大党员干部以及八闽大地认真学习宣传贯彻习近平总书记回信重要精神的相关情况，全平台总浏览量超130万；10月25日，东南网推出网络专题《沿着总书记指引的方向奋进——习近平总书记考察福建5周年特别报道》，制作“向总书记报告我们的这五年”系列短视频节目《牢记使命重整行装再出发》等，H5专题《金秋的福建答卷》阅读量过万，全方位、立体式地向网友和读者们展现出了福建5年来的巨大变化。

紧紧围绕新中国成立70年这一重大主题，东南网推出包括网络专题《壮丽70年　奋斗新时代》、H5《载梦前行》、系列短视频在内等融媒体作品献礼祖国70华诞，并举办了“中华人民共和国成立70周年福建印记暨‘福建影响力’”系列活动”，邀请专家学者研讨，记者走访八

闽大地，共同梳理出新中国成立70年来福建最具代表性的70个精彩印记，在报、网、端、微、媒体号等平台同步展示，在省革命历史纪念馆举办了主题图片展，福建印记系列报道还以专题形式被“学习强国”采用、推荐，同名网络专题连续3天被今日头条推送至传媒频道顶部通栏，成为中华人民共和国成立70周年主题宣传中浓墨重彩的一笔。

东南网大力做好新福建的宣传报道。7月初，外交部福建全球推介会在北京举行，东南网首发微信文章《你好，世界，这里是福建》，在福建全省打响“#你好，世界，这里是××#”系列“第一枪”，此后福建省各地市、县区媒体公众号纷纷效仿，上下齐发力，陆续推出相关文章，在全省掀起了一股宣传热潮，全省该系列稿件共有20条突破10万+，创造了福建历史上同一新闻事件微信公众号文章最多的10万+纪录。此外，东南网视频、文章首次在外交部“外事管理”公众号上首发推送，点击率均突破10万+，推介活动在东南网全平台浏览量400多万。在国新办举办庆祝中华人民共和国成立70周年福建专场新闻发布会期间，东南网再次发力策划了一系列融媒体产品，2期短视频还被推荐至学习强国平台。

常规主题报道方面，东南网深挖新闻点，跟踪报道了全国两会、省两会、第二届数字中国建设峰会、省内台风暴雨等自然灾害、福建省第八批援藏工作队、福建援疆工作20年、中国记协精准扶贫采访推广活动等采访。在新闻表现手段应用上，根据新媒体视觉效果好、交互体验佳的特点，推出如《幸“福”报告》《数说新语之时光快进键》等优质H5作品。

2. 讲好百姓故事，发挥评论引领作用

东南网聚焦民生热点，推出《继艺》《寻找福建最美网红》《城市守夜人》等原创新专栏；抓好网络问政平台建设，承建的福建省互联网举报辟谣平台正式上线，《直通屏山》栏目推出的三明翡翠城多年公交难题、城市停车难、版权恶意诉讼等系列报道引起强烈社会反响；在热点事件报道上，漳州站和闽南网对角美母子三人失联案的报道被各大媒体转载，实现了千万级的阅读量。这些都充分体现了东南网作为主流媒体舆论监督作用。

东南网聚焦重大事件、热点话题，发挥网评员作用，创新漫画评论形式，定期推出核心网评文章，占领舆论制高点，《西岸时评》栏目发布的18篇原创评论被中央网信办全网推送，文章数量较往年大幅提升，为福建省网络媒体最多，有3篇被收录进《全国优秀网评选》。

东南网深耕“互联网+”网络公益，莆田“闽善行”志愿服务项目被评为2018年学雷锋志愿服务“四个100”先进典型评选最佳志愿服务项目，入选了全省学雷锋活动示范点。莆田站还联合当地政府部门组建首支“网络河长”志愿服务队。弘扬文明善行，传递社会正能量，东南网积极践行了主流媒体的社会责任。

3. 关注境外动态，讲好福建故事

东南网密切关注境外形势，准确把握对台、对港澳宣传重点，特别是在香港极端暴力事件中，做立场坚定的发声者，运用多种新媒体手段开展正面宣传，为“撑警、撑政府”营造良好

氛围，1篇微信原创文章阅读量24.3万次，Twitter曝光总次数多达21.38万次。

东南网继续推进海外布局，增设马来西亚站、阿根廷站（筹），筹建新闻客户端，举办的美东各界花车巡游庆春节系列活动、菲律宾春节系列活动入选中宣部2019年春节文化走出去项目，借助中餐厅展示屏、福建海外文化驿站等项目，策划举办中华禅文化海外行、诗乐会、书画展等文化交流活动，让中华文化“扎根”海外。

12月，东南网还圆满完成中宣部主办、福建省委宣传部承办的全国重要外宣工作会议会务执行任务，获得了上级的肯定。

（二）拓展网群创新精品　加强传播能力建设

1. 深耕党群共建，产品服务转型

福建是学习强国全国3个试点之外第一家开通分平台的省份，由东南网承建的学习强国福建分平台上线后，数据排名全国前列，得到福建省委讲师团的好评。

2019年以来，东南网承建党政网群、合作专栏制作的各类专题“人气爆棚”，文明风网的“网上祭英烈”专题留言达290万条；先后承建了“全福游 · 有全福”“福建党史方志网”等网站，“福建机关党建”“改革屏道”“第六届世界闽商大会”等微信公众号；策划团队抓住各厅局单位的宣传特殊节点，策划了“我和我的祖国”短视频挑战赛，世界地球日、全国土地日整体宣传，福建省爱国主义教育数字展馆实景竞答等活动，开发了“时代新人”“福动体育”小程序等政务类移动端产品，获得了主办单位的认可和表扬。

2. 视频创新创作，传播效果良好。

东南网抓住短视频新闻短平快传播特点，结合时政热点推出各主题宣传系列短视频作品，其中《向总书记报告福建这五年》总阅读量达347万次，《献礼70周年——吃穿住行》总阅读量达510多万次；深度挖掘福建本土正能量题材，与阿里巴巴合作推出《一漆一会》等爆款短视频作品，单条全网传播量2500万次，另有6条短视频传播量破千万。

3. 发挥精品项目优势，全面扩大品牌效应。

东南网不断加强网络行品牌建设，把省外网络媒体“请进来”，大力宣传新福建发展，自主策划举办了第八届全国网络媒体福建行，此外还承接了北京市委网信办、首都互联网协会、福建省委网信办主办的“红色故土行”，以及漳州市委网信办、厦门市思明区委宣传部主办的多场网络行采访活动；福建文创奖评选活动首次提出“城市IP”概念，走出福州到莆田、南平现场推介；2019海峡两岸新媒体创业大赛首次被列入省级对台重点交流项目，市场针对性更强，海峡特色更浓；成立东南网海峡新媒体研究院，与高校密切合作，为新媒体理论研究发展提供参考和依据；还在福建省委网信办指导下，成立福建自媒体联盟，东南网与来自全省各地共180余个自媒体代表共同发起《福建自媒体联盟自律公约》。

（三）网站品牌受公众认可　知名度美誉度不断扩大

1. 两微话题通达民意　受到网友热捧转发

2019年，东南网（海峡网、闽南网）在“两微”建设上重点发力，稿件数和阅读量增量明显，东南网（海峡网、闽南网）10万+微信爆文数量总数达24篇，多篇文章突破20万+、40万+，如，漳州角美母子失联案首条推文达120万+。微博及时根据各大热点设置话题，其中配合“清新福建·气候福地”发布会设置的微博话题阅读量高达3800万+，连续一周登上旅游话题榜首。此外，网站还开通了头条号、网易号、抖音号等媒体平台账号，内容分发能力再增强，引流效应进一步显现。

2. 分站发挥落地优势，做强党网地方影响力。

东南网各分站抓住时政民生热点，深度对接当地文明办，以音视频产品、网络行等项目为抓手，通过新闻报道、市区县党群合作、各领域信息服务，不断扩大党网在地方的影响力。厦门站抓住“习近平总书记回信厦大教授潘威廉”热点主动出击连线潘教授；泉州站深入开展移风易俗宣传报道；漳州站借“三抓三比、十项竞赛”加强县市区战略合作等等。

一县一网项目建设方面，继续为入驻的区县新闻网站提供人员培训、采编、美工、技术、视频等各方面服务，得到了入驻区县的一致好评。

3. 作品权威受认可，囊获各类表彰。

网络专题《镜头里的中国故事——海外侨胞和港澳同胞自拍展示中国风采微视频展播》入围第二十九届中国新闻奖国际传播类网络新闻作品初评。

《镜头里的中国故事——海外侨胞和港澳同胞自拍展示中国风采微视频展播》《家长向老师“报官名”，治理歪风不能靠网络暴力》《东南网纪念改革开放40年系列访谈：对台交流闽先行改革开放影像四十年（上）（下）》《我们是共产主义接班人》《福建人出发！直通2018福建省两会》《2008—2018“大三通”圆梦10年》《“数”的奇幻漂流》《@台湾同胞你有一份来自福建的大礼包！》等8件作品获2018年度福建新闻奖网络作品类、媒体融合类奖项。

中国互联网发展基金会、中国网络社会组织联合会主办的第四届“五个一百”网络正能量精品评选活动，《镜头里的中国故事——海外侨胞和港澳同胞自拍展示中国风采微视频展播》荣获“百项网络正能量专题活动”，《鼓岭故事　跨越山海续写团圆》荣获“百篇网络正能量文字作品”。

东南网《西岸时评》被中央网信办评为2019年度优秀网评栏目（频道、阵地）。

（东南网）

山东省互联网传媒集团

山东省互联网传媒集团新媒体工作综述

（一）媒体融合“改革提高”，海报新闻一年间“全国大端”初见端倪

2019年，集团坚定“做在全国有重要影响力和话语权的全国大端”定位，举全集团之力建设好“海报新闻”客户端，交上了一份合格的答卷。截至12月31日，海报新闻用户数已达2671万，日均活跃用户72万，稳居全国专业新闻机构APP前列，传播力位居全国第三。

2019年，集团坚持打响加强“海报原创”，深度融合整合我省主流媒体资源，基本与全国重点新闻网站签订了版权互换协议，建起了强大的内容“资源池”。“海报新闻”全年优质原创报道过万篇，日抓取稿件8500余篇，审核稿件6000余篇，发布稿件5000余篇，有310余篇10万+，96篇50万+，18篇100万+；以“今日头条”平台数据为参考，“海报新闻”每月生产新闻资讯达3.5万条，位居全国区域媒体第一。

（二）机构改革催生产出能力，筑牢舆论主阵地

2019年2月开始，集团进行了大刀阔斧的机构改革，按照移动优先的原则重塑采编流程，组建四大中心；组建学习强国山东平台编辑部，各项数据均居全国省级平台首位；组建山东省互联网违法和不良信息举报平台建设和“山东辟谣”微博运维团队，已发布重要原创辟谣报道约40篇，“山东辟谣”微博共发布1200多条，总阅读量220万次，为构建晴朗网络空间贡献智慧力量；承建沂蒙精神研究中心新媒体平台上线，建设新时代沂蒙精神学习研究传承枢纽。

（三）创意创新活力全开，融媒产品异彩纷呈

2019年，集团各内容部门围绕做好中华人民共和国成立70周年、大力弘扬沂蒙精神、“担

当作为狠抓落实”等重大主题报道，推出了异彩纷呈的融媒产品。

《行走黄河滩·我的迁建故事》大型融媒体报道以平凡视角展现“脱贫攻坚”宏大命题，内容丰富、饱含真情，获得省委宣传部《新闻阅评》2020年第1期肯定；《70秒看山东》系列短视频，深切激发广大网友对家乡的浓烈真情，获得中宣部新闻阅评和《内部通信》表扬；《沂蒙精神“世代相传”》系列报道生动展现山东人民大力传承和弘扬沂蒙精神，细腻生动、质朴感人，获得中央网信办《网络传播》杂志重点推荐；《我心永红——沂蒙精神访谈录》系列报道，蹲点采访“老支前”“红色讲解员”等，呈现沂蒙老区群众传承红色基因的生动实践。

（四）深化升级“互联网+”营销，收入突破4亿元

2019年，网媒集团坚定不移推进省内深耕，不断创新“互联网”营销思路，提升品牌溢出价值，提高营收能力。集团实现营业收入达4.02亿元，利润总额达6503万元，同比分别增长20%、8%。

（山东省互联网传媒集团）

齐 鲁 网

一 | 齐鲁网新媒体工作综述

2019年，齐鲁网、闪电新闻通过高效运转中央厨房、再造采编发流程、加快推进县级融媒体中心建设等一系列创新举措，建立起以新媒体生产和传播为核心的一体化运行机制，加快“主力军”挺进“主阵地”，打造国内一流的新闻品牌，不断推动媒体融合向纵深发展。

闪电新闻客户端自2017年1月份上线以来，装机量稳步上升，目前，用户已突破3000万。根据中央网信办、国家互联网信息办公室公布排名，上线一个月，闪电新闻客户端已位居山东资讯类APP传播力榜第一位。在业内权威的“TV地标（2017）”评比中，闪电新闻斩获“年度广电优秀APP”奖项。齐鲁网网站综合排名稳居地方新闻网站前十，全国地方广电系统网站第一位。2019年，齐鲁网、闪电新闻客户端发布信息164.1万条，点击量19156.2万条，评论量2013万次。

（一）围绕贯彻落实习近平总书记系列讲话精神和省委省政府中心工作，重点做好主题、主线报道

齐鲁网、闪电新闻重点做好主题主线报道，做好庆祝中华人民共和国成立70周年主题宣传，圆满完成山东省两会、全国两会、习近平总书记视察山东一周年、全省新旧动能转换观摩会、山东省创新驱动发展院士恳谈会、跨国公司领导人青岛峰会、山东国际友城合作发展大会、青年企业家创新发展国际峰会、“齐鲁时代楷模”“齐鲁最美人物”等重大宣传任务，全力以赴做好“壮丽70年　奋斗新时代”“动能转换看落实 · 大竞赛大比武”“爱国情 · 奋斗者”“不忘初心、牢记使命”等重点宣传报道。

2019年是中华人民共和国成立70周年，是全面建成小康社会的关键之年。齐鲁网、闪电新闻客户端推出庆祝中华人民共和国成立70周年大型成就展网上展馆，推出照片合成类互动H5作

品“迎国庆，一起让微信头像飘国旗”；聚合市县区台资源，策划发起“越夜越美丽”短视频征集、“我和我的祖国”中华人民共和国成立70周年短视频征集、“七十年正青春”短视频大赛、“传承红色基因”线上理论知识大赛等系列策划，实现立体式矩阵化传播，全网总推荐量破亿。

重构时政报道新生态，让“硬主题”实现“软着陆”。2019山东两会上的一大亮点是“‘码’上看报告”。省人大常委会、省政府、省高法、省检察院的工作报告，右上角首次印上二维码，这些作品均出自齐鲁网、闪电新闻客户端新媒体产品团队。以政府工作报告二维码为例，它由两个H5作品组成，包括《回顾2018极不平凡的一年》和《2019年山东省政府工作报告部分用语使用说明》，形式新颖活泼，让人眼前一亮，受到代表委员的热捧。此外，VR直播评论节目《拜托了两会》也在全国两会期间刷屏网络，节目采用全程VR+5G直播形式，突出“情景式播报、趣味式点评、交互式集成”原则，议题设置步步递进，环环相扣。截至2019年3月15日，微博话题阅读量达6679.6万，直播全网阅读量突破1.39亿，网友评论1500余条。

重点做好“这就是山东”宣传报道，10月29日起启动“这就是山东”系列宣传报道，在山东电视公共频道新闻节目开设专题专栏，在显要位置、重点篇幅播发“这就是山东”相关报道，《早安山东》《新闻午班车》《民生直通车》等平台突出现场感，各个时段节目保持报道不断线。齐鲁网和闪电新闻客户端首页、开机画面等重点推荐重点稿件，推出《这就是山东》专题，并在齐鲁网首页、闪电新闻客户端首页重点推荐，重要内容及时更新并进行全网推送，并策划推出了一批接地气、有温度、有创意、动人心的爆款作品，全方位、多角度、立体式宣传山东、推介山东，传播山东声音，展示山东魅力。

在公益宣传方面，齐鲁网发挥聚合资源优势，通过图文、短视频、评论等多种形式全方位、多角度做好报道“让思念发光帮烈士回家”报道，并于9月下旬举办公祭活动。截至目前，已接到线索13500余条，多家媒体联动，共核实找到19名烈士后人。其中，由齐鲁网对接联系寻找到16人。9月20日，公祭活动当天，齐鲁网、闪电新闻策划推出国内首个“帮长眠他乡的烈士回家”公益数据库可视化地图项目，成为刷屏产品。上线仅1天，地图调用次数2600余次。

（二）直播、短视频“双核驱动”，探索具有山东广电特色的融合之路

优质内容永远是媒体的立命之本。闪电新闻客户端以短视频和直播为突破点，全面推进短视频一体化运营机制，将“闪电新闻”客户端打造为全台新媒体内容发布及互动的总平台。不断强化信息内容的核心竞争力，以内容优势赢得发展优势。

2019年，齐鲁网、闪电新闻客户端全年直播超过5000场，具有每年8万条以上的短视频生产能力，全年流量达45亿+，单条点击量最高突破1.5亿人次。《山东一分钟》等短视频成全网爆款；闪电新闻抖音号仅2019年8月一个月内有10条短视频阅读量突破1000万+；孵化的全媒体产品

专栏“拾城记”团队制作的《南阳岛上的放鹰人》入选2019年度第二季度优秀国产纪录片。

在用户体验和功能优化上，2019年，闪电新闻客户端进行了8次升级。值得一提的是，闪电新闻还不断探索，上线“问记者”“问主播”“拍客”“摇一摇”“边看边聊”以及竖屏短视频、4K直播、投屏等20多项新功能，努力使技术更先进、体验更友好、界面更时尚。

（三）技术赋能，加快推进智慧广电建设，智能剪辑、AI主播等轮番“上新”

山东广电积极向智媒体转型，全力打造智库型媒体。山东广播电视台“闪电新闻”客户端创新短视频生产和表达，于2019年国庆节期间全新上线闪电视频智能剪辑机器人、闪电指数数据新闻机器人、闪电新闻AI主播等，赋能短视频生产，这也是山东广播电视台加快“主力军”进军“主阵地”，在庆祝中华人民共和国成立70周年融媒体报道中，通过大数据和人工智能技术赋能的一次果敢尝试。

目前，齐鲁网、闪电新闻专门开设了“AI闪电”专栏号，专栏粉丝数量突破6万，生产了300余短视频，全网阅读突破1030万，通过AI赋能，让报道更快速，呈现形态更多元、立体。目前，广泛应用于重大主题和新闻事件报道，通过更加直观的形式，生产了大量网友爱不释手、群众喜闻乐见的产品。2020年4月，闪电新闻“AI+广电”融媒体资讯平台入选《中国智能媒体发展报告（2019—2020）》。

在中华人民共和国成立70周年报道中，策划制作《86秒丨闪电指数：数数你的微信好友里，“建国”多还是“国庆”多？》《AI闪电丨山东艺人创作的56个面人“站”上了国庆招待会餐桌》《数据新闻同题PK，设计师VS机器人，你更PICK谁？》等短视频，引发业内外关注。在财经新闻制作方面，制作推出《AI闪电丨41秒数据视频告诉你谁是胡润百富榜上的“酷盖”》《AI闪电丨《财富》发布2019年最受赞赏的中国公司，5家鲁企上榜》等。数据新闻如《AI闪电丨过半职场人都是单身？60秒数读2019山东职场人生活现状》等。

（四）创新方式，全国首个大型融媒体问政平台引广泛关注

2019年3月，山东卫视、电视公共频道推出大型融媒体问政栏目《问政山东》，在齐鲁网、闪电新闻客户端开辟专区，打造“网络问政”平台，并通过18家网络平台同步播出，成为助推用户问题解决的重要渠道。直播及相关视频、图文稿件累计观看达5.7亿人次，PGC、UGC内容传播抢眼，节目内容在百度搜索结果达662万条、相关资讯24.2万多条。

（五）与时俱进，LightningTV推出“光芒计划”，全面开启IP合作

12月18日，“这就是山东”闪电MCN LightningTV成立暨山东广播电视台与抖音战略合作

签约仪式在济南举行，山东广播电视台重磅推出闪电MCN机构——LightningTV，吸引全省主要广电媒体机构及主持人、记者、专业领域达人等139个内容创作账号入驻。集合山东台内各频道、山东省区县优质栏目、主持人、正能量社会达人等账号，建立新的优质内容流量池，扩大账号规模，实现系统化矩阵化运营，取得了良好效果。

（六）创新形式，智媒引领，理论智库建设和评论引导斩获中国新闻奖

2019年，山东广播电视台倾力打造的融媒智库闪电智库上线，这是山东广电由融媒体向智媒体转型的重要产品。闪电智库发挥山东广电在数据舆情、传播渠道、专家资源、专业团队、公信力和决策影响力方面的优势，以政府公共形象和企业品牌传播为主要研究对象，在权威舆论引导、数据资源研究、融媒场景应用、视频创新表达等方面发挥传播优势，提供从智力支持到成果转化、融媒传播的一站式服务。已形成了“四梁八柱体系”，即闪电政务智库、闪电城市智库、闪电行业智库、闪电品牌智库和融媒传播、决策咨询、视频表达、品牌项目、创新产品、社群生态等八大产品模块。

在评论引导方面，2019年以来，齐鲁网按照上级部门要求，继续加强评论频道“地评线”专栏建设，组织、充实骨干力量重点策划相关选题，2019年共计编发报送相关网评产品500余件，其中50余件被全网推送转发。

（七）全国一张网，全省“一朵云”，矩阵传播效应凸显

齐鲁网、闪电新闻客户端一直致力于强化传播渠道建设和创新，进行全平台、全流程、多路径的媒体资源融合，全媒体矩阵协同推广。

根据山东省委宣传部的指示要求，2018年11月起，山东各市县级融媒体中心由山东广播电视台指导建设，在省平台技术支撑下，全省统一标准规范，通过后台打通、快速复制、一键部署，建成省市县（区）三级互联互通的融媒体技术平台。目前，全省137个县（市、区）中已有81个县区完成和基本完成融媒体平台建设工作，19家市县进行现场施工与平台部署。全省统一规划建设部署，将全省的县级融媒体中心的用户资源、数据资源、信号资源统一汇聚调度，提升各级媒体生产能力，更好地引导群众，服务群众。2019年8月11日，为应对台风“利奇马”，部分已建成的县级融媒体中心，记者直接参与进行协作直播，首次实现县级融媒体中心融合报道。

在日常生产中，依托山东广电闪电云县级融媒体中心省平台技术优势，为已入驻平台的600余个政务号、机构号、媒体号、专栏号提供云存储、媒体直播、在线剪辑、内容运营、全网推送等服务，月发稿8000多条。省平台以移动端平台建设为重点，以“影响力”为目标，以“流程再造”为抓手，立足本地特色资源，顺应群众多样化信息需求，探索“媒体+政务+服务”运

行模式，从新闻宣传向公共服务领域拓展，最终打造一个能够“覆盖全省、自主可控、互联互通”的全省统一的新型媒体技术和数据平台，实现“全省一盘棋，共享一朵云”。

为了更好匹配各县级融媒体中心的建设工作，满足县级融媒体中心对人才的迫切需求，山东广播电视台打造了“山东融媒培训”品牌，组织邀请广电总局专家、高校教授学者、县级融媒体中心建设典型代表负责人、媒体融合改革骨干力量组成专业讲师培训队伍，进行培训交流。

二｜齐鲁网新媒体工作案例

“这就是山东·赢业了”融媒直播报道

2019年12月1日，齐鲁网·闪电新闻客户端联动县级融媒体中心，策划发起“这就是山东·赢业了”融媒直播。

齐鲁网、闪电新闻组成了20多人的“这就是山东·赢业了”融媒直播报道团队，充分发挥电视、网络、移动端等全媒体矩阵力量，联动县级融媒体中心，形成大小屏互联互通、电视端与移动端跨屏传播、主流媒体与商业平台紧密呼应的宣传阵势，直击开业现场，解读营商政策，讲述山东故事，进一步提振山东发展信心。

（一）调动县级融媒体资源联动直播实现协同生产

直播依托山东广电闪电云技术优势，充分调动市、县（区）融媒体资源，滕州融媒、肥城融媒等记者编辑与齐鲁网·闪电新闻客户端记者、山东广播电视台驻站记者紧密配合，6路视频直播95分钟无缝衔接。此外，青州融媒、莒南融媒、长清融媒等多路记者，通过图文等形式实时报道，做好协同生产、内容下沉。

直播紧紧围绕主题，走进济南、青岛、枣庄、德州、滨州、泰安等地，既有刚刚投产运营的山东港口青岛港全自动化码头（二期），智慧港口助力青岛营商环境跑出提质增效“加速度”，也有95天完成项目签约、生产的“滕州速度”，还有30多家项目纷纷入驻、碰撞火花的济南文创“共享空间”等。直播从科技、重大工程、生活服务等多角度巧妙切入，展现山东改善营商环境以来的新变化、新成就。

（二）科技赋能+创新表达智能机器人“一键剪辑”

在做好融媒体直播的同时，齐鲁网、闪电新闻客户端还强化移动端短视频生产和传播，突出互动化、视觉化、个性化。在“这就是山东·赢业了”融媒直播中，创新生产和表达，探索使用闪电视频智能剪辑机器人直接读取直播流地址，实现边播边剪，快速拆条。生产《这就是山东·赢业了丨智慧港口助力青岛营商环境跑出提质增效“加速度”》等短视频，展现山东经济亮点。

（三）矩阵分发多平台置顶、重点推荐

除在齐鲁网、闪电新闻客户端播发外，山东广播电视台公共频道《新闻午班车》第一时间以《“这就是山东·赢业了”融媒体直播展现山东营商环境新变化》为题进行了重点播发。1日晚，公共频道《民生直通车》《好看时间》等节目也将进行融合播出。截至1日下午2点半，直播全网阅读量达到321.52万。

（齐鲁网）

河南日报报业集团

一 | 河南日报报业集团新媒体工作综述

2019年，河南日报报业集团以高度的政治站位、出彩的新闻作品、过硬的工作作风，充分发挥河南舆论主阵地、排头兵作用，履行举旗帜、聚民心、育新人、兴文化、展形象的使命任务，奋力推进新闻宣传工作高质量发展，为谱写中原更加出彩的绚丽篇章注入强大正能量。

（一）舆论引导与社会责任

1. 落实意识形态工作责任制，牢牢掌握工作主导权

报社通过完善意识形态工作制度体系，重新梳理了《河南日报报业集团总编辑制度》《河南日报报业集团公共信息巡查制度》等8个互联网管理的专项制度，修订完善重大选题备案、导向监督审查、导向管理、负面舆情责任追究、加强重大舆情应对处置等规章制度，规范标准，拉升标杆，压实责任，进一步规范采编流程，进一步明晰责任，并借助大河云的大数据分析监测功能，实现舆情分析的精准化和自动化，确保第一时间发现问题苗头，第一时间开展引导和管控，做到守土有责、守土负责、守土尽责，切实把意识形态工作抓在手中、落实落细。

2. 以高质量新闻报道提升党报“四力”。

河南日报报业集团各新媒体平台，围绕中心、服务大局，守正创新，主动提升议题设置能力，宣传报道高潮迭起、亮点纷呈，主旋律、正能量更加高昂，呈现“总、重、深、实”的特点。

一是牢牢把握习近平总书记的总要求。把最重要的版面、最突出的位置全部用在习近平新时代中国特色社会主义思想和总书记重大活动的宣传报道上，确保总书记的报道天天有、天天见、天天新。特别是总书记视察河南前后，河南日报和新媒体推出42个版面、100余篇报道，浓墨重彩地展现了大国领袖、大党领袖、人民领袖的气度、风范、魅力，其中“总书记和我们在

一起”图片专版、“牢记嘱托奋勇争先谱写新时代中原更加出彩的绚丽篇章”等特刊在社会上引起热烈反响，让总书记的重要指示精神在中原大地落地生根、开花结果，推动学习宣传不断往实里走、往深里走、往心里走。

二是扛起重大主题宣传的职责使命。围绕中华人民共和国成立70周年，河南日报新媒体部先后推出“壮丽70年·奋斗新时代”专栏、“我和我的祖国”征文活动、多个全彩国庆专版以及各类多媒体产品，全方位、多角度、全景式呈现庆祝大会、国庆阅兵和联欢活动的盛大场景，营造共庆祖国华诞氛围。

大河网围绕“不忘初心、牢记使命”主题教育、黄河生态保护和高质量发展战略、乡村振兴战略等，加强策划统筹运作，以“壮丽70年，奋斗新时代”为主轴，讲好“红”（红色故事）、“黄”（黄河故事）、“绿”（生态文明、乡村振兴）故事，谱写了新时代中原更加出彩的绚丽篇章。围绕习近平总书记参加河南代表团审议时明确就实施乡村振兴战略、做好“三农”工作提出的要求，大河网策划了“乡村振兴看河南”大型系列报道，采访了我省干群牢记总书记嘱托，助力美丽乡村建设的一批典型。围绕着习近平总书记考察调研河南的重要指示精神：“要讲好党的故事、革命的故事、根据地的故事、英雄和烈士的故事”，大河网策划了“‘守初心，奔小康’大别山为什么这样红”系列报道。

三是深深扎根出彩中原火热实践一线。报业集团以总编辑走基层和编辑记者一线蹲点调研为抓手，以问题为导向，采取行进式、调研式、延展式报道方式，试水项目制运作，陆续推出《走读大别山》《奔流吧，大运河！》《新时代正青春——河南大学生就业创业观察》《河南乡村振兴这一年》《生态三“原”色》等一批新闻性、可读性、思想性俱佳的深度报道。《“梦里张庄”话幸福》《春光的喜和忧》《解码“空中丝绸之路”建设的“河南路径”》《请君再看洛阳城》等报道，连天接地，聚焦组团突围、产业突破、创新驱动、精准为民等方面，从各个角度展现河南以新发展理念为引领着力推进高质量发展的孜孜探索和丰硕成果。

（二）媒体融合规模与效果

1. 融媒体核心产品和新市场开拓

河南日报报业集团以平台技术为支撑，创新报道形态和传播手段，在一体化、全媒体的理念下，努力构建以“两微一端”为主体的新媒体集群，打造立体多样、融合发展的现代传播体系。

一是在原创产品上下功夫。以“原创内容品牌化”为主要发力方向，打造特色栏目、擦亮“金字招牌”，积极探索主题宣传和评论理论的网络传播规律，推出了大量形态丰富的创意产品。如首款时政脱口秀节目《问“侯”两会》《微视频｜习习春风满中原》《总编有约》等，被中宣部点名表扬。河南日报客户端与豫视频、大河网、今日视觉共同合作的视频报道《习近平总书记在河南考察回访记》，阅读量突破30万，有效形成关注河南、聚焦河南的网络宣传声势。

二是在创新形式上下功夫。国庆期间，利用新媒体的优势，推出“国泰民安普天同庆”“同庆70年共吃一碗面”“我和我的祖国·时光卡片”等线上线下互动产品，总阅读量突破500万人次。推出的“喜迎70年网上绣红旗”产品，在网上形成了刷屏之势，点击率已突破100多万。大型全媒体系列报道《定格70年》，选取7个领域的人、事、物，以小见大，展现亿万中原儿女谱写中原更加出彩绚丽篇章的生动实践，为中华人民共和国成立70周年营造网上网下良好的舆论氛围。

三是在技术应用上下功夫。主动拥抱新技术，首次采用5G技术，尝试多地联动，推出长达8个小时的“探初心密码，讲使命担当”红色传承大直播，聚焦中原红色精神发源地，砥砺初心使命，引发强烈社会共鸣。

2019年，河南日报客户端累计下载量突破2300万；河南日报微信矩阵内的河南日报、清风中原、河南两学一做、河南组工、河南驻村、中原人才工作六大微信公众号全年阅读量10万+稿件数量达18篇，净增订阅量近7.5万，总订阅用户量突破100万；河南日报新浪微博主要话题总阅读量近6000万人次，总粉丝量达到614.5万，进入全国省级党报微博榜单前三名。“两微一端”综合影响力，稳居全国省级党报新媒体第一方阵。

2019年，报业集团的各媒体还在第三方平台发力，开办了200多个内容产品的分发平台，形成媒体传播矩阵。仅以大河网为例，目前维护的平台就有大河网、大河网客户端、大河网微博、大河网微信、眼遇客户端、大河网头条号、大河网百家号、大河网抖音号、大河网西瓜视频、大河网企鹅号、大河网快手号、大河网抖音号等等。据不完全统计，全集团每天原创新闻生产总量938篇，在本单位媒体平台上生产和发布的来自外部专业媒体机构（PGC）和非专业媒体机构（UGC）的新闻及事实内容日均总量3800多条。

2. 国际传播力情况

围绕中联部在河南举办的“中国共产党的故事——习近平新时代中国特色社会主义思想在河南的实践”专题宣介会，河南日报在一版开设“习近平新时代中国特色社会主义思想在河南的实践”专栏，每天以2—3个整版的规模，全方位展示宣介会内容，不仅有《在河南，感受乡村振兴的脉动——“中国共产党的故事”专题宣介会主题展侧记》《外国嘉宾关注乡村振兴图片展》等现场特写，还有对参会外宾的多篇专访，表达着国外政要在兰考的所见所闻所想所叹。推出的摄影专版提亮版面、强化效果，相关照片和版面被国外媒体网站转载。

3. 获奖情况

2019年，在第29届中国新闻奖评选中，大河网报送的网络专题《重温经典致敬新时代　“倒霉大叔”谈幸福生活：要一直唱下去，为时代立碑》获二等奖，河南日报选送的

《“咱家的麦子能做面包了！”》获得三等奖。

在第36届河南新闻奖评选中，河南日报推出的《河南有个“塞罕坝”》、系列述评《“出彩之路——庆祝改革开放40周年”大型系列述评》等28件新闻作品获得河南新闻奖，其中特别奖2件、一等奖13件、二等奖8件、三等奖5件；有12件作品获得河南新闻奖新闻论文奖。

在第36届河南新闻奖评选中，新媒体的表现也十分亮眼，大河网、手机报、大河客户端分别斩获11个、11个、17个奖项，其中大部分都是媒体融合类别的，比如一等奖网络专题《致未来的你》、H5互动游戏《我为祖国种棵树》、短视频《.从张庄“奔”康庄》等等。

二 | 河南日报报业集团新媒体工作案例

“七一”红色传承5G联动大直播

从兰考的焦裕禄精神到林州的红旗渠精神，从济源的愚公移山精神到大别山红色教育基地，它们既是河南的红色资源，又是全党的精神“钙源”。“七一”当天，河南日报报业集团派出河南日报、大河报、大河网、河南手机报4路采访团队，推出长达8个小时的“探初心密码，讲使命担当”——“七一”红色传承5G联动大直播，同步探访，“四手联弹”，奏响了媒体融合创新传播最强音。

河南日报新媒体部、开封记者站的直播镜头，连续探访6地，记录着兰考人民牢记嘱托，不忘使命，学习弘扬焦裕禄同志三股劲，真抓实干为中原更加出彩添砖加瓦的火热场面。河南手机报济源直播团队的镜头，聚焦愚公移山精神，聚焦出彩河南人，一个“干”字道出了愚公移山精神的“精髓”。大河网直播团队走进大别山深处，解析“大别山精神”。大河报豫直播则将镜头聚焦到红旗渠畔，与来自全国各地的人们一起重温不朽的红旗渠精神。

“七一”红色传承5G联动大直播从上午9时持续至下午5时，广大网民在河南日报客户端、河南日报官方微博、大河报豫直播、大河网、河南手机报等河南日报报业集团所属新媒体平台进行收看并参与其中。河南省委网信办作为指导单位，也在全省全网推送这一大型直播融媒报道。

（一）全媒体遇到5G，内容和技术完美结合

本次大直播，河南日报报业集团与中国移动河南公司全力合作，以5G网络为支撑，实现了直播交互和5G手机直播，4路直播信号同步传输联动，让用户实时感受到了河南的“红色风

貌”。

5G联动大直播涉及郑州、开封、安阳、信阳和济源五个地市，5G技术在大直播中的首次启用，保证了画面传输的稳定流畅，平稳运行，实现了直播活动全程高清、无间断。在林州红旗渠青年洞现场，直播流畅、色彩鲜艳、音画协和，延时很低，几无卡顿。

（二）单独推送亮点，增强传播效果

大直播兰考报道团在直播进行的同时，在河南日报“两微一端”等平台，先后推出《焦桐下的誓言！兰考县委班子重温入党誓词》《焦裕禄长子再讲“家风故事”：初心密码就在其中》《总书记曾来此调研，这里便民服务有“神器”》《七一在焦桐下朗诵追思，来看这家“国字号”学院的特色课》《“救命树”长成“致富树”》《“明星”讲解员董亚娜最难忘的焦裕禄故事》《七一，春光入党了》等短视频+图文报道，将直播亮点在各平台分发呈现。

（三）现场快抓“活鱼”，推出独家新闻

闫春光“七一”入党，无疑是本次大直播中的一大亮点。被总书记亲切关怀、如今脱贫致富的兰考县张庄村村民闫春光在“七一”当天宣誓成为预备党员，河南日报大直播团队快速反应、深入采访，直播了这一独家新闻，并在第一时间制作微视频《春光入党记》。

（四）强化互联互动，彰显直播特点

大直播中，大河网信阳直播团队与河南日报报业集团融媒体中心演播室多次连线互动，直播现场记者与观众互动9次，大量的穿插互动，让直播更加生动、接地气。7月2日，河南日报“焦点网谈”以两个整版的篇幅，集纳新媒体原创产品内容，把新媒体内容反哺倒灌到纸媒。党报纸媒与新媒体充分互动，对新媒体产品的二次推送，在其固有的读者队伍中引发强烈共振。

（河南日报报业集团）

河南大象融媒体技术有限公司

河南大象融媒体技术有限公司新媒体工作综述

河南广播电视台持续推进媒体融合走向纵深方向，在关键节点上抢先谋划和行动，用“有为”赢得“有位”。

（一）大象新闻客户端

大象新闻客户端是由河南广播电视台主办的省级新闻综合客户端平台，是河南广电主力军挺进互联网主战场的全新平台。客户端立足本土，辐射中部，面向全国，“脚踏实地做新闻”。大象新闻客户端以新闻为主打内容，涵盖广播、电视、图文、资讯、直播、深度、评论等各个领域。

2019年9月12日上线，下载总数7000万，留存用户1150万，日活11.5万。客户端以广电融媒云为技术支撑，整合河南广电现有的音视频资源，打通直播频道、IPTV、有线电视、县级融媒体中心四大平台，全力打造以海量视频、移动直播、智能推送、多屏呈现为主要特色的跨媒体跨屏幕移动传播平台。以“融合传播、转型发展、有用有效”理念为指导，始终坚持守正创新，移动优先，努力打造最具影响力的新型主流媒体。

（二）大象新闻客户端“云上河南”

县级融媒体中心省级技术支撑平台秉承“移动优先原则”云上系列APP，以新闻资讯业务为主，实现图文、视频点播、视频直播、音频直播、分享、点赞、关注等功能。云上APP以订阅号为核心，给各个县直单位、乡镇单位、学校等官方单位提供单位主页。并开启了个人“大V”号，引入高端人才，发布专业领域新闻内容。

小屏幕，大民生。经过不断的探索，真切地感受到媒体融合在基层迸发出的强劲活力。融媒体中心利用大小屏幕互动，在小屏手机端，云上APP不仅涵盖了音视频、图文、网络直播等信息发布的功能，还搭载了一些应用服务功能。医院挂号、违章查询、村村通等便民服务功能。省级技术支撑平台积极与省级层面的政务生活服务进行对接，满足县里云上APP部分政务生活服务，与河南政务服务APP打通了20多个接口，实现了“违章查询”“学位真实性查询”“学位证进度查询”“出入证办理进度”“身份证办理进度”等20多项服务，后续接口对接还在进行中。

牢牢将民生、民意作为重点之重。开通问政功能将更多的老百姓的声音，通过客户端问政功能进行收集，收到问政消息的单位给出官方的解答。将问政做成了传递民意，建言献策，成为普通民众参政议政的新型民主表现形式。

（三）河南省县级融媒体中心省级技术支撑平台

河南省县级融媒体中心省级技术支撑平台目前已完成一期基础平台搭建功能，一期主要是支撑全省各县具有共性的、轻量级服务、可降低每个县重复投资的系统：舆情分析系统、融媒指挥系统、党建系统、报纸数字出版采编签发系统、微信微博公众号管理系统、省级层面的政务生活服务对接、各县直播信号在线转码服务、各县APP的部署环境。二期正在建设中，规划实现人工智能、各县APP订制化开发、全省专线互联开通、全省媒资系统、收录拆条服务系统等。省级融媒体技术支撑平台把上述系统服务推送到各县级融媒体中心平台，实现“全省一平台”各县级融媒体中心的互联互通和传播效果的最大化。

在全省104个县级融媒体中心建设中，省级技术平台已完成75个县（市）的软硬件部署工作。

（河南大象融媒体技术有限公司）

郑州报业集团

郑州报业集团新媒体工作综述

郑州报业集团着力打造郑报融媒“中央厨房·新闻超市”，推进采编人员全介质、全流程的实质融合、深度融合，构建了融媒编委会管总、采编发部门主战、多渠道传播、大平台支撑、大数据考核的现代媒体传播架构和运营考核体系，提升了省会党报集团的传播力、引导力、影响力、公信力。

（一）郑州报业推进媒体深融的做法：全介质、全流程，实质融合、深度融合

1. 集团所属所有媒体全部“融为一体”“合而为一”

纸媒：郑州日报、郑州晚报、环球慈善杂志、小樱桃杂志、中原地铁报以及郑州晚报30余份社区报

网络：中原网、郑州日报网、郑州晚报网、手机中原网；

新媒体：百余个客户端、官微、官博；

郑州发布、郑州日报“郑州观察”客户端、郑州晚报“身边”客户端、中原网“豫头条”客户端、“郑州圈”微信公众号；

郑州日报官微、郑州晚报官微、中原网官微、中原地铁报官微，30余份社区报官微；

郑州日报官博、郑州晚报官博、中原网官博、中原地铁报官博，30余份社区报官博；

党报、都市报、网络所属的各子刊、子项目，各部门的所有微博、微信号。

移动视听产品：冬呱视频、郑直播、ZMG动新闻等直播新闻、互动新闻、个性新闻、可视化产品和媒介等。

2. 重塑采编发架构与流程

着力打造郑报融媒“中央厨房·新闻超市”品牌，将集团旗下的党报、都市报、网络、地铁报、社区报、手机报，“两微一端”新媒体矩阵和移动视听媒介全部打通，主要采访人员全部进入郑报融媒全媒体采访中心，所写稿件全部进入“新闻超市”，由各平台根据各自属性按需取稿。

3. 以郑报融媒“中央厨房·新闻超市”为平台，强化内容采集和技术支撑，实现整个采编发队伍的扁平化管理和采编发流程的智能化、高效化推进

推行“三个打破”：打破旗下原有各媒体之间的壁垒，打破在不在编、有没有职级的身份壁垒，打破档案管理、绩效考评、工资发放的体制机制壁垒。

实行“三个统一”：统一身份。除保留深度报道记者和名栏目外，将两报一网各采访部全部打通，记者全部进入郑报融媒采访中心，不再区分郑州日报记者、郑州晚报记者还是中原网记者，全部都是郑报融媒体记者。统一指挥。所有记者全部进入集团融媒集群指挥中心，统一指挥，统一调度。所有稿件全部进入融媒“新闻超市”。统一考核。集团成立大考核部，重新制定分值体系，按照稿件的重要性、稿件的质量和传播效果等考核打分。

（二）郑州报业媒体推进深融的成效

一是融出了“三个转变”。记者从单一型向全媒体全技能型转变。通过学、研、练等多种方式，引导现有人员从单一的文字、摄影记者到文字、图片、音频、视频、VR运用及制作的全技能记者转变。

工作重心从以报纸为主向做精报纸、做活新媒体转变，传播重心从以纸端为主向指端、移动端优先转变。整合打通前，集团旗下媒体原来各自都有数百采编人员。整合打通后，各媒体只保留编辑部二三十人的精英团队，负责从融媒体集群“新闻超市”里精选稿件、编发报纸，进一步做精报纸，尤其是做强党报，唱响主旋律、守好主阵地，优化更多的力量着力编辑推送新媒体。在持续做精做好传统纸媒、网络的同时，集中优势兵力做强“两微一端”新媒体矩阵和移动视听媒介。融媒中心所有记者采访，第一任务是先为新媒体供稿，确保新媒体优先，推动传播平台和传播渠道逐步向指端、移动端转移。

工作时序从以夜班为主向全天候转变。随着生产流程从以报纸为主向以新媒体为主转变，工作时序也实现了从以前的夜班到全天候传播转变，确保指端、移动端媒体24小时不间断运行和高效、及时的分发推送，实现新闻生产流程的再造和新闻生产时序的全天候延展。

二是融出了特色的传播平台。移动端是新闻资讯竞赛的主赛场。集团融合发力移动端，往人群密集处去，往用户体验里去，集中优势资源打造有自身特色的新媒体平台，强化吸引、留住用户的能力，掌握网络舆论主动权。

三是融出了通达的媒体矩阵。媒体矩阵，是在中央厨房的基础上，打造基于移动端的传播生态，从纸端转向指端，从单一的报纸到网络、广播、电视、两微一端新媒体、移动视听的全介质，使新闻传播渠道通达无死角，让主流舆论发出最大声。

郑州报业集团在旗下各媒体官方微博、官方微信和客户端等百余个“两微一端”新媒体的基础上，还催生了“郑州发布”“冬呱视频”“ZMG动新闻”和“郑直播”等新的传播形态，开创了含语音播报的“每天三分钟”“早点晚报”“三分钟读党报”“晚报FUN”“夜读”电台等独具特色、精准服务细分受众和粉丝的微信公众号，在垂直内容领域抢占市场、争夺用户，打造基于移动端的新闻传播矩阵。

四是融出了突破区域限制的传播力。经过融媒改革实践，集团新闻报道由过去单纯的报纸，到现在报纸、网络、“两微一端”新媒体在内的全媒体、多平台，通过文字、图片、H5、VR、音频、视频、直播等全方位立体呈现，形成及时快捷、立体全面的传播矩阵和传播效果，与新浪、网易、凤凰、今日头条等知名直播平台建立了良好的合作关系，实现“借船出海”，把本土化的内容传向全国乃至全世界，打破区域限制，提高传播力。

五是融出了业界的肯定与关注。在推进媒体融合和新媒体发展的进程中，郑州报业集团敢闯敢试、真融真试，实现了真正的全媒体融合，产生了较好的创新效应，受到中宣部、中记协、河南省委宣传部的高度关注和肯定，引发复旦大学、中国传媒大学、暨南大学等高校传媒研究机构的关注，人民日报社、新华社和北京、上海、广州、深圳、杭州、大连等地300多家媒体考察参观。

（郑州报业集团）

荆楚网（湖北日报网）

荆楚网（湖北日报网）新媒体工作综述

荆楚网始终坚持正确舆论导向，不断深化重点领域改革，内容生产、平台建设、品牌活动等工作稳步发展，在打造区域平台型主流媒体的征程中迈出坚实步伐。2019年，荆楚网共有4件作品获评湖北新闻奖、其中一等奖2件，9件作品获评湖北省2019年“网络宣传好作品”，11件作品被省委网信办评为“军运会主题评论优秀作品”，《壮丽70年·光影湖北》获评湖北省礼赞中华人民共和国成立70周年2019网络视听作品大赛最佳作品，第十九届华创会等重大活动报道获主管部门、主办方来信感谢。

（一）内容生产

1. 切实增强“四力”，打造内容精品

围绕中心工作精心做好网上重大主题宣传，着力做好移动直播、页面设计、创意互动等融合创新，围绕重要时间节点和重大活动推出系列新媒体产品：利用视频、图片、手绘、数据等形式，策划推出《壮丽70年·光影湖北、记忆湖北、星耀湖北、数读湖北》系列原创精品，获省委网信办全网推转；推出红色家书、时代楷模张富清、军运会《以最美致世界》、2019湖北赏花地图等大型专题，《武汉有多红？岳飞来看军运会》等10W+微信刷屏朋友圈。

2. 挖掘人物典型，做好典型人物报道

2019年6月初，荆楚网采访推出的“绝壁愚公陈显兵”报道受到广泛关注，相关稿件被“学习强国”平台、人民日报客户端等780余家媒体（平台）转载，报道综合浏览量近2000万。同年7月，“绝壁愚公”陈显兵入选7月“中国好人”，荆楚网推出的人物专题获评2019年度湖北新闻奖。此外，荆楚网运用视频、手绘、动画、图片等新媒体交互手段，聚焦报道“感动中国2018年度人物”马旭、火海救险牺牲湖北籍勇士汪耀峰等典型人物，网络反响效果良好。

3. 聚焦热点焦点，创新呈现形式

军运会期间，荆楚网派出记者参家湖北日报传媒集团报道团，在赛场一线采写了大批生动鲜活的新媒体报道。推出大型融媒专题《以最美致世界》，动漫互动答题H5《武汉有多红？岳飞来看军运会》，交互专题《“朋友”游泳健身了解一下，军运会武汉姑娘闪耀泳池》等新媒体产品。多篇原创微信稿件阅读量达10万+，其中《今晚，武汉惊艳了世界》阅读量27万，闭幕式微信稿件《今夜，荆楚璀璨世界》被中央网信办全网推送，阅读量过百万。

（二）平台建设

初步形成“五位一体”传播平台布局，网络内容传播能力进一步提升。

4月26日，在湖北省第二届“政能量峰会”上，荆楚网云底层技术平台、荆楚号、荆楚网客户端以及荆楚问政四大平台正式上线，初步形成了报（湖北手机报）、端、网、微、号“五位一体”的平台布局。

2019年，荆楚网微信粉丝净增45万，同比增长215%，官方微博粉丝268万；截至11月底，全省共有2390家单位实名入驻民生热线，省发改委、省交通厅等77家省直机关及区县政府入驻荆楚问政平台，共向省内各级党政机关转达网友问政留言4160条，回复率超过68.9%；东湖评论共发布原创评论2000余篇，向中央网信办地评线项目报送优秀原创作品300余篇；东湖社区用户量超过140万，日均独立访客超过50万；荆楚网云平台实现了PC、WAP、客户端一键发布功能，工作效率大大提升，荆楚号平台获省网信办下文全省推介入驻。

（三）品牌活动

2019年，荆楚网主办、承办了系列重大活动，有效助推荆楚网品牌影响力复兴。

成功举办湖北省第二届政能量峰会、第六届全国大学生评论大赛、“荆楚正青春 · 首届湖北十佳大学生社会实践团队”评选等影响力活动；策划实施“生态发展看荆楚”活动，邀请全国36家主流媒体走访湖北，拉动经营逾百万元；举办百家校媒荆楚行、高职榜样、千万粉丝走进鄂旅投等数十场连续性活动，实现了双效益俱佳。

2019年1月9日，由荆楚网策划、承办的“龙信杯”流淌的歌声 · 2019新春演唱会在湖北剧院举行，数十位湖北省著名歌唱家现场演绎由荆楚网网友票选出的40首经典歌曲。荆楚网以图文直播、视频直播等多种形式呈现演唱会现场，相关系列产品被网友热烈转发、评赞，微信稿件综合阅读量20万+。

（四）人才建设

加强人才队伍建设，完善人才激励机制，形成干事创业、你追我赶的业务氛围。

2019年，荆楚网在内部开展常态化业务交流培训，围绕新闻采写、图片拍摄、视频剪辑、H5策划等开展主题交流，让编辑记者迅速成长为采、写、编、评样样都行的多面手；实施“青年人才强企计划”，提供机会让编辑记者走出去，由管理层带队，骨干编辑分批去百度、澎湃新闻、浙江在线、华龙网、红网等商业平台、兄弟网站沟通交流、学习取经。

不断优化员工绩效考核、完善激励机制。注重向重要岗位、重要专业技术人员倾斜，激发工作积极性和创造性。通过“好稿奖”“季度英雄榜”“优秀新人奖”“创新项目奖”“特别贡献奖”等各种奖励，激励真正想干事、能干事、干成事的员工，一批政治素养高、业务能力强的青年员工、骨干人才在业务一线得到锻炼，获得感、幸福感持续提升。

荆楚网（湖北日报网）

湖北长江云新媒体集团

一｜湖北长江云新媒体集团新媒体工作综述

2014年，湖北广播电视台整合全台新媒体业务成立长江云新媒体集团，统筹全台及其所属媒体新媒体运营及对外合作，并唯一授权全台所有节目的新媒体版权运营权，由此湖北台媒体融合转型发展进入快车道。经过5年多的快速发展，长江云新媒体集团已经成为湖北省同时拥有互联网新闻信息服务许可证（一类新闻网站资质）、互联网接入服务业务许可证、信息网络传播视听节目许可证、高新技术企业“三证一高”的互联网企业。长江云新媒体集团作为自主科技创新平台，累计申报专利和著作权二十余项，是中国（湖北）广播电视媒体融合发展创新中心的核心成员单位。集团先后荣获由国家广电总局颁发的“2019全国广播电视媒体融合先导单位荣誉称号”“影响中国传媒”最具创新力媒体、湖北省新闻出版广电产业“双百工程”示范企业、“武汉市科技创新平台”“IDC中国数字化转型大奖——运营模式转型领军者”、TV地标“年度优秀融媒体机构”、全国广播电视媒体融合先导单位等表彰。

（一）媒体融合实践中的创新理念和业务转型

1. 建自助平台，推动区域性融合发展

媒体融合的核心在于重建用户连接，建立自身入口价值。2014年7月，湖北广播电视台以旗下长江云新媒体集团为建设主体，借助云计算、大数据等技术搭建媒体云平台。2016年，建设覆盖省市县三级的长江云移动政务融媒体平台。目前，长江云已经实现包括17个市州及所辖县（市）在内的120个以“云上”系列命名的官方客户端，平台汇聚“两微”账号3985个，其中微信账号1412个，微博账号2573个，汇聚新媒体产品8112个。

2019年长江云持续推进全省县融建设，推进长江云省级平台9大模块34项功能建设。自主研发上线“长江云·新时代文明实践平台”，打通宣传群众、教育群众、服务群众的“最后一公

里”。与湖北省政务服务平台“鄂汇办”进行双向打通，将652项政务民生服务接入全省120个云上系列移动政务客户端，助力各地县融中心建成“综合服务平台”。

长江云积极探索2.0平台型向3.0生态型演进，全省120个云上系列客户端承建单位共同组建成立长江云平台运营合作体，《运营合作体直播积分体系》试运行，发起600多场联动直播活动，融合省市县三级媒体力量，实现宣传效益最大化，全面提升云上单位运营水平和积极性。

2. 创新融合传播模式，讲好湖北故事

一是创新传播方式。用技术手段将长江云团队生产的8个标配频道直接嵌入全省120个云上系列客户端，确保中央声音直达基层。2020年初新冠肺炎疫情期间，长江云首创“无接触式”新闻发布会，5G直播湖北省新冠肺炎疫情防控新闻发布会70多场，分发渠道覆盖国家级媒体、省市县三级媒体和重量级商业媒体近200个端口，每场观看人数达到2000至5000万人次，全网累计点击量超22亿。

二是创新组织策划。长江云“云稿库”每天汇聚全省稿件2000多条，单日汇聚最高达3000多条。2019年两会报道全省联动，长江云联合全省云上系列生产了130多个原创新媒体产品，全网点击量7亿多人次，9次受到中宣部和国家广电总局表扬。今年疫情期间，长江云联动全国30个省市67家媒体机构近200个端口，组建战“疫”集结号全国媒体报道联盟，发出抗“疫”报道最强音。

三是创新表达形态。长江云新闻团队成立四年，5次获中国新闻奖。策划“百天千万扶贫行动”，联动贫困地区推出14场新闻+扶贫+电商的大型融合直播活动，总点击量1.2亿，直接销售农产品2100多万元，获得全国2018网络公益年度优秀传播项目奖、第二十九届中国新闻奖。

四是创新海外传播。长江云联合相关海外媒体建设运营长江云国际频道，在海外媒体和社交平台上发布湖北台优质音视频内容，我们尝试与美国、英国、法国、德国等国家和地区的受众建立立体化、互动式融合传播。2019年我们累计在YouTube发布节目视频3000多条、总时长3.3万多分钟。“外交部2018湖北全球推介会”实现全平台全网全覆盖式传播，总阅读量达5.84亿人次。

3. 加强融合联动，打造湖北IPTV平台

湖北IPTV集成播控平台与电信、移动、联通、长宽等运营商开展合作，为全省用户超过600万户提供电视大屏的直播、点播和各类交互服务业务。

湖北IPTV推出幸福新农村项目，积极探索实践“互联网+农业”，依托中国电信光网，以iTV电视为核心展示方式，辅以电脑门户网站、手机客户端，以及便捷开放的管理平台，打造集村级电视台、农村综合信息发布平台、农村网格化综治平台、农村党员远程教育平台、农村电子商务平台为一体的农村综合信息化服务平台。这一平台为各级政府和村委会提供面向千家万户的媒介和平台，村民足不出户就能掌握村务、知晓天下。平台在全省正式上线运行后运行稳

定、应用成熟，被政府、广电总局、中国电信等作为农村信息化建设的推广模板，建设和应用经验已经成为行业借鉴典范。“幸福新农村”项目截至目前已走进了9368个村，用户数779744户，服务了400多万农民覆盖用户数108万户，影响300万人，探索了一条社会主义新农村建设以及农村信息化惠民服务的新路子。

（二）媒体融合实践中的机制体制改革创新

第一，创新集团内部管理机制，激活内生发展驱动力。根据集团战略规划及市场发展，长江云创新事业部管理机制，进行不同的资源配给支持，在IPTV平台、长江云平台、长江云APP、政务舆情服务、版权营销、内容运营产品项目研发等方面全方面、精细化地开展业务，避免出现资源争抢或分配不均的现象，在此基础上，业务的开展可以有效地共享利用集团所有的平台资源、宣传资源、品牌资源，达到1+1>2的效果。同时，大力支持媒体融合垂直项目孵化，组建融媒工作室，给予启动资金、孵化期等政策支持。

第二，聚焦全台一体化融合发展，积极推进广播电视新媒体资源协同。一是垂直频道共建。与台内频道频率合办影视、健身、文化等垂直频道，累计发布文章11000多篇，总订阅人数突破24万人，总点击阅读量超2700万人次。二是打造长江号“大V”矩阵。依托长江号打造众多流量“大V”。已引入卫视、经视、教育等19个媒体类公众号，卢家故事、万有引力、长江少年等14个原创定制长江号。各类长江号共发布个性化原创稿件6054篇，总订阅数超40万人，阅读量突破1200万人次，形成省内具有影响力的媒体传播矩阵。

（三）在人才培养、人才引进等方面的创新经验

1. 建立创新灵活的内部人才管理机制

“赛马制”选拔人才，遵循人岗匹配的原则，从企业发展和岗位所需的角度出发，优化人力资源配置。“星级制”选优，将员工能力层次、价值产出等通过“星级制”薪酬进行区分，明确员工职业发展方向。动态化管理和“弹簧制”绩效管理，人员能上能下，能升能降，部门能增能减，保持与市场和产品快速变化的匹配，坚持以目标任务考核为准绳，周周公布、月月考核、年终总考核，强化结果导向。将绩效考评、薪酬待遇与任务目标紧密挂钩，让每位员工都投入到集团的发展事业中。

2. 探索人才管理市场化及互联网化

长江云新媒体集团长期坚持面向社会网罗各类人才，并与同行中优秀企业紧密交流，为新媒体集团的快速发展提供更全面有力的支撑。集团持续引进BAT、华为等优秀企业人才，实施学科带头人制、技术骨干年薪制，做好高精尖人才储备。

3. 多样化人才孵育为发展注入新动能

（1）建立台内人才的交流机制。充分盘活台内人力资源，根据岗位要求在台内公开选拔，吸纳台内资深媒体人才，给予他们全新的发展平台。

（2）注重复合型人才的培养。长江云新媒体集团积极从业务管理上主动出击，通过培训、招聘、考核等方式激活员工能量。同时，通过岗位设置、人员流动机制设置、事业部业务设置等方式，顺应外部市场调整企业内部环境，促使员工掌握更全面的知识与技能，从纵向与横向的角度，拓宽与深入提升个人能力。

（3）加强人才的培训交流。除要求员工自我提升以外，长江云积极与行业内的优秀企业、专业人士进行交流学习。如邀请如台（集团）纪录片部、斗鱼公司等，向集团员工分享新媒体时代下的内容玩法，邀请华为5G专家，到新媒体集团进行5G技术相关交流。

（四）媒体融合建设过程中取得的效益和成绩

1. 高层肯定，长江云首创“湖北模式”

长江云融合模式得到中宣部、国家广电总局、国家网信办、业内专家的认可。原中宣部部长刘奇葆同志认为长江云探索媒体与政务融合是条新路子，并安排长江云在2017年1月4日的中宣部年度工作会上，唯一代表省级广电做交流。2017年1月—2月，《人民日报》先后两次头版头条发表文章将长江云平台作为地方媒体推进媒体深度融合的典型案例，肯定媒体融合“湖北模式”。长江云分别在2017年中宣部年度工作会、中宣部2018年上海、长兴会议上作为典型发言交流经验，中国记协、国家广电总局分别在武汉和北京召开专题研讨会，总结推广长江云经验。

2. 聚焦县融，长江云成为国家标准的蓝本

2019年2月14日，中共中央政治局委员、中宣部部长黄坤明在湖北调研期间，对长江云的模式和成果进行了充分肯定，“全国要更多地借鉴长江云的经验，感谢湖北广播电视台的创新创造。”中宣部组织中央网信办、工信部、国家广电总局等多家部门，以长江云为蓝本，共同制定全国县级融媒体中心建设的省级平台建设标准，长江云受邀参与国家标准的制定和评审。国家广播电视总局科技司和全国广播电影电视标准化技术委员会在北京组织召开广播电视行业标准《县级融媒体中心建设规范》和《支撑县级融媒体中心省级平台规范要求》审查会。湖北广播电视台成为审查委员会唯一的副主任委员单位。

长江云服务全国县级融媒体中心建设，承担了北京市部分县区级融媒体中心建设任务，两次向北京市委宣传部的主要领导进行工作汇报，启动门头沟等区县融媒体中心建设工作。长江云担任了文化与旅游部团旗下的全国文化大数据平台——“中传云”项目的总设计和总监理，获得财政部评审专家的高度认可。

3. 同频共振，长江云融合传播成绩突显

坚持全媒体要素融合，全行业资源共享，长江云探索一体化策划、全平台共振、立体化传播，不断提高传播力、影响力。第27届中国新闻奖作品《不忘初心，砥柱中流》入围了“砥砺奋进五年”大型成就展。长江云“云稿库”每天汇聚全省媒体稿件素材达1000多条，重要事件单日汇聚超过3000条，各端口免费共享使用。2018年习近平总书记来到湖北实地考察调研，长江云推出共享专题《为了一江春水浩荡东行——习近平总书记湖北行》，以创新融合方式，120个云上系列客户端同步共享，实现全平台同频共振累计发布图文视频183篇，总点击量超过8370万。对有价值、有特色的报道实施平台推荐，2019年3月由保康县融媒体中心生产的《一堂跨越千里的微党课》，推出仅一小时阅读量达1469万次。

长江云平台成立编委会，全平台3000多名记者安装了“湖北新闻”移动采编系统，对重大宣传报道，统一调度，第一时间、第一现场、移动优先。2019年全国两会期间，长江云推出大型融合专题《两会学“习”日历》，在全省120个云上系列客户端同步共享，实现了全平台同频共振。同时，重磅推出《两会热“县”》融媒体产品，邀请近10位县委书记出镜，为家乡打CALL，产品推出一天，点赞量达到160万。

二｜湖北长江云新媒体集团新媒体工作案例

长江云移动政务融媒体平台

长江云移动政务融媒体平台（以下简称“长江云平台”）由省委省政府主管、省委宣传部主办、湖北广播电视台承办、湖北长江云新媒体集团承建运营。该平台因其技术的领先性、融合的突破性、机制的创新性在全国独树一帜，引起了广泛反响，成为湖北媒体融合标志性成果。受到中宣部、中央网信办、国家广电总局充分肯定，并荣获由国家广电总局颁发的“2019年度全国广播电视媒体融合典型案例”。

（一）长江云背景

2015年7月，湖北长江云新媒体集团联合国内顶尖互联网企业，利用云计算、大数据等技术启动建设全国首家省级新媒体云平台。

2016年2月，湖北省委常委会决定，以长江云新媒体云平台为基础，统筹全省政务信息数据资源，加快建设“覆盖全省、互联互通、功能完备、运行通畅”的长江云移动政务新媒体平

台。

2018年11月19日，中共湖北省委《关于加强和改进党的新闻舆论工作实施意见》（鄂发〔2018〕35号）明确指出要“研究制定长江云移动政务新媒体平台引领性发展计划”。“依托长江云平台扎实抓好县级融媒体中心建设。”

2019年4月，湖北省两办印发《湖北省县级融媒体中心建设实施方案》，明确长江云平台为湖北省县级融媒体中心建设的技术支撑平台，采用“1+N”（“1”是指长江云平台，“N”是指“县市区融媒体中心”）模式，推动县级融媒体中心集约化建设。

（二）长江云成果

“云上系列”客户端覆盖全省。发挥长江云平台快速复制功能，按照“一地一端”建设原则，已高效完成省市县三级120个“云上系列”移动政务客户端的建设交付，实现长江云省市县三级全覆盖。

打造依托长江云的融媒体生产平台、“云稿库”。依托后台打通功能，长江云创新升级“源、云、管、端”流程服务，依托移动采编体系和“云稿库”，打造成湖北省、市、县上百家媒体机构（含广电、报社、网站）编辑记者共用的融媒体生产平台。组建覆盖全省各级上千名记者的“云上联合报道团队”，以“统一指挥、统一信源、分级策划、统一标准”为基础，形成“多元采集、多样编辑、多种产品、多端分发”的省市县三级媒体融合新闻生产运作流程和常态化的信息协作联动机制

搭建移动网络问政平台。根据湖北省委要求，长江云积极践行习近平总书记通过网络走群众路线的重要指示精神，设置“问政”24小时移动互动窗口，群众可以通过手机“一键问政”。长江云后台与各地党委政府和公用事业单位联通，需由市州政府解决的诉求，能转办至对应的市州“云上”平台“问政”版块进行办理。网民对问政的“回复速度”“满意度”的指标进行评价，相关部门的排名实时公布。对市民关切的热点民生问题，提至首页“强力督办”，并融合打通“党风政风热线”广播栏目和“电视问政”栏目，形成全方位、全时段、全媒体、常态化的市民问政体系。

构建三级联动的长江云“政务大厅”。长江云打造移动端“政务大厅”逐步汇聚全省政务力量，将深化政府数据和社会数据关联分析、融合利用，打通信息孤岛，实现移动端信息共享，为提升政府公共服务治理能力提供平台支撑。目前，全省已有2220家各级政府部门分别入驻当地政务移动客户端，其中省直部门74家，第一时间发布党务政务信息，履行信息公开义务。

实现全平台一键部署、一键处置。长江云平台舆情智控，拥有自主监测、实时抓取、舆情分析、危机预警、事件追踪、舆情报告等核心功能，通过全省热点新闻监测数据、全省各个媒

体端口热词数据发现舆情。并通过全平台"一键部署"功能，对全平台所有"两微一端"产品进行"一键推送"和"一键删除"，实现实时信息管控。

推进多样化民生服务融合发展。通过对接全省各类民生服务资源，打通市政、水务、公积金等58类152项民生服务接口，将智慧城市建设和移动互联平台融为一体。同时，长江云还承建了"省食药安全政民互动平台""云上社科移动平台""省政法网上为民服务平台"等多个"智慧湖北"信息化建设项目，成为网民"口袋里的办事窗口"。

（湖北长江云新媒体集团）

红　网

一 | 湖南红网新媒体工作综述

红网以推进媒体融合发展为己任，推动“两中心一平台”行稳致远，以践行“四力”为动能，有效构筑起围绕中心、服务大局的强大主流思想舆论，成为全国地方新闻网站“办出特色、红出特色”的头部IP。一年来，内容驱动下的行业影响力、经营创收力齐头并进，视频化转型下的融合创新、表达创新来势喜人。在2019年“全国两会”报道中，受到中宣部4次表扬，作为中宣部首批调度的全国10家新媒体参与涉港舆论斗争，作为国内被邀请仅有的三家地方媒体参与中国海军成立70周年阅兵报道；在第29届中国新闻奖评选中，新媒体作品《H5丨改革开放40年·长沙有多“长”》、网络评论《热眼“螃”观丨为遭不实举报干部正名之后，哪些人该警醒》分别荣获一等奖和三等奖；在中央网信办组织的第四届“五个一百”网络正能量精品评选中，《凌晨三点的长沙》和《漫“谈”丝路丨看过往五年，湖南如何在“一带一路”显身手》2件作品分别入选网络正能量专题活动和网络正能量动漫音视频。“红网云”迭代升级为湖南县级融媒体中心省级技术平台，积极推动湖南县级融媒体中心建设，卓有成效。

（一）坚持守正为根本，着力实现内容融合创新

一是集中集团优势力量全力打造头部IP“观潮的螃蟹”。“观潮的螃蟹”自创办以来，影响力日益凸显，“北侠客，南螃蟹”的网民评价正在逐步成为现实。全年共刊发深度解读文章近600篇，文章除在公众号上发布，还同步在学习强国、人民日报、新华网、百家号、企鹅号、头条号、新浪看点、网易号、大鱼号、搜狐号等新媒体平台进行推荐，根据红网舆情中心监测系统数据显示，2019年“观潮的螃蟹”在全网被转载共13200余条，网上总点击超2亿次，其中人民日报客户端、今日头条、新华网、人民网、中国日报5家媒体转载次数居前。出品的《热眼“螃”观丨为遭不实举报干部正名之后，哪些人该警醒》获第29届中国新闻奖三等奖，公众号

受到上级主管部门和业界的重点关注，得到了省领导和部领导的充分肯定。

二是视频化呈现亮点突出。围绕中华人民共和国成立70周年、“两会”、“五四”运动100周年等重大活动，强化全面视频化、重点移动化。推出“小蟹拍两会”“小蟹观两会”“时小刻数读湖湘”“时小刻两会课堂”等多个系列视频作品，获中宣部表扬和各大平台推荐；新媒体作品《视频｜火遍中国的这张A4纸，背后有更多的感动》入选第二届“你好新时代——中国永远在这儿”融媒体作品大赛作品展播，在中央电视台和全国各大主流网站、客户端和各地卫视展播。匠心制作《湘·疆20年》《赤子的礼物》《在湖南爱上中国》等头部视频作品，《红色故事》《红色青春》等短视频作品着力讲好湖南红色故事，网上反响热烈，受到相关主管部门的高度肯定。《汉字寻根》《田里有槽》《“奥”游澳门》等小视频受网民热捧。承担中非经贸博览会全程记录和独家国际直播任务，这也是全国地方新闻网站首次承担国际重大活动新媒体全网视频直播事件。

三是理论评论创新令人耳目一新。策划推出的“学习故事”“朗读者·红色家书”“来时路七章”“党史故事”“歌声里”“爱国说”等理论学习专栏，用音频、视频、动漫、文字相结合的形式，生动讲述党史故事、红色故事，单篇稿件最高点击超200万。多篇稿件被中央网信办重点推荐，所有文章全部被学习强国全国平台推荐，掀起理论学习热潮，这也是红网着力打造理论评论精品力作、锤炼“四力”的生动体现，系列宣传策划得到宏森部长长篇批示表扬。

四是民生报道有温度、有效果。《湖南最后的慢火车》从铁路人的初心，谈到媒体人的初心，一经推出成为爆款，收割2.5亿的点击量。主创记者张兴莎带着“慢火车故事”，进入“好记者讲好故事”比赛全国三十强，创下湖南和红网历史上最好成绩，并赴中国记协、中国民航局、中国传媒大学、井冈山巡讲，成为湖南新闻界的一名网红记者。中国记协公众号推介开着摩托车讲扶贫好故事的红网记者张金东，引发媒体热评。《你笑起来真好看｜杨淑亭：带动乡亲们脱贫，是一件很开心的事》获中宣部领导高度评价。

五是运用新技术新手段，实现新闻作品的融合创新。红网对虚拟云演播、AI短视频、微视频、动漫、动图、H5、手绘、快闪、海报等新技术新手段充分运用，实现了新闻作品的融合创新，增强传播力和到达力，极大提升了传播效果。其中，《H5｜改革开放40年·长沙有多“长”》将文字、图片、短视频、H5、AR、720全景、航拍等“跨界”融合，巧妙呈现改革开放40年长沙之“长”，作品获第29届中国新闻奖一等奖。运用虚拟云演播技术、AI技术等打造的《小蟹观两会》《时小刻30秒数读湖湘》《时小刻两会课堂》成“两会”报道现象级作品。

（二）积极谋划布局，融合传播矩阵日趋完备

2019年红网面向各街道打造的“社区云”平台，为街道社区提供资讯、便民等各项服务，参与的街道超过40余家，红网分站体系由省、市、县三级逐步向乡镇／街道四级延伸。

2019年2月，红网部分入驻马栏山文创视频产业园，助推“红视频”战略转型。“学习强国”红视频制作部正在筹划中。

2019年3月8日，学习强国湖南平台正式挂牌。红网举全集团之力全力以赴做好学习强国湖南平台的运营，挂牌成立了学习强国湖南平台编委会和“学习强国”湖南平台运营中心。先后推出了《今天你学习了吗》《国庆小长假，学习黄金周》《“学习达人”邀你一起学习》三个劝学促学短视频，利用“千屏联播”推动“学习强国”下载学习，这一做法被全国平台高度肯定，中宣部黄坤明部长亲自审看宣传片并点赞。“学习强国”湖南学习平台已开设17个栏目，总用户量390万，在全国排名第11位，日活率在全国排名第8位。

红网作为县级融媒体中心技术平台之一，在我省县市区广泛开展合作。截至2019年底，平台已开发12个系统功能，为各地县级融媒体中心提供内容生产、全媒体发布、平台运营的全流程服务；84家县市区已合作红网云平台，其中确定与红网合作建设县级融媒体中心的县市区有39家；且在14个市州建成了多个不同属地、不同发达程度、不同功能需求的融媒体中心示范点，如：长沙望城、怀化溆浦、湘西永顺、邵阳武冈、湘潭湘潭县等。红网自主研发“新时代文明实践云”平台，已探索出新时代文明实践中心与融媒体中心“融合共建”的创新模式，为望城、衡南、渌口、湘潭县等地“两个中心”融合共建提供技术支撑和服务。

（三）注重人才培养，打造高素质的人才队伍

实施“红课堂”学习培训，定期请公司内部专业技术人才或行业顶尖人才授课，特别是针对全员视频化转型，有针对性地开展集中培训，有力地开拓了员工的视野，提升了业务水平。分站到总部的跟班学习和总站到分站的挂职锻炼进入常态化，制度化。实行采编人员职业技术阶梯竞聘，一大批优秀采编人员脱颖而出，享受特殊人才津贴，以此激励了采编人员深耕内容创作，打造内容精品。启动了竞聘上岗，做到了人才的优胜劣汰，提升了人才综合素质。此外，我们还与中南大学、湖南大学、湖南师范大学等合作，建立实习基地，推动“产、学、研”相结合，有力地推动了全媒体人才的培养。

二 | 红网新媒体工作案例

“永顺路径”：因地制宜融与服传统媒体又青春

2019年5月28日，依托红网省级技术平台，永顺县融媒体中心正式挂牌，也是湘西州第一家县级融媒体中心。

抓三个“融”：融思想、融机制、融资源。该中心实行县委宣传部牵头，永顺融媒体中心将永顺电视台、永顺新闻网、今日永顺APP、永顺时刻频道、今日永顺微信公众号、永顺县广播电台106.5、永顺新湖南频道等媒体平台进行整合，实行所有策采编、技术人员和采编发、办公器材等集中调配使用，实现了人才和资源的优化配置。

抓两个“牛鼻子”：移动优先+内容为王。让县级融媒体中心发挥实效，永顺坚持两个理念。一个是坚持移动优先，再就是坚持内容为王。

（一）媒体融合向纵深发展必须坚持移动优先

按照移动优先的原则，永顺融媒体中心与红网进行战略合作，依托省级技术平台的优势，以“媒体+政务+服务”的理念，打造一云多端跨界融合媒体平台——“今日永顺”客户端。作为永顺融媒体中心前端平台，聚合图文、广播和电视新闻，永顺电视台、永顺新闻网、永顺时刻频道等融媒体矩阵的优质内容都能共享到“今日永顺”。客户端的“扶贫路上”“平安永顺”“魅力永顺”三个特色视频栏目，从精准扶贫、平安创建、全域旅游三个维度展现永顺好形象。永顺县根据自身实际，以“服务群众”为核心定制功能模块，通过打造政民互动平台，反映永顺县人民群众的心声和诉求，用户可在平台进行问政互动。在公共服务方面，“今日永顺”突出“全域旅游+”产业链发展。

（二）内容为王是融媒体时代永不过时的铁律

永顺县融媒体中心坚持初心，在围绕地方党委政府中心工作扩大宣传的基础上，把镜头更多地对准群众关心的和需要的事情，并将传统媒体的积淀、深度和新媒体的多元、快速等优势有机结合，让注意力的良质激活用户。

2019年是决战决胜脱贫摘帽的关键一年，永顺县融媒体中心成立后，强势助攻，持续采写报道多篇脱贫攻坚主题系列稿件，制作刊发群众喜闻乐见的新媒体作品《H5丨跟着爱婶来看永顺盐业扶贫新气象》，以不同形式、从不同角度记录永顺脱贫新气象。其中，《县委书记“外脑支持”，他自主创业甩掉贫困帽子》《永顺“千年土家茶”发展样本：莓茶产业兴村抱团发展致富》被学习强国、人民日报、央视新闻、腾讯、网易、百度等主流媒体转载，组合报道总点击量超10万，融合报道把精准脱贫的“永顺模式”进行了大力推广。

（红网）

南方新闻网

一｜南方新闻网新媒体工作综述

2019年，南方新闻网大力推进党媒主流舆论阵地建设，发挥融媒体报道优势，线上活动与线下传播紧密结合，共推出点击量破亿级新媒体产品1个（组）、千万级产品5（组），全方位、多层次、多声部在海内外唱响主旋律，弘扬正能量，为广东实现“四个走在全国前列”、当好“两个重要窗口”提供强大精神力量和舆论支持。

2019年，南方新闻网积极推动习近平新时代中国特色社会主义思想在广东大地落地生根、结出丰硕成果。紧紧围绕实施习近平新时代中国特色社会主义思想传播工程，在网站首页首屏开设栏目重点宣传习近平总书记相关新闻报道，全年刊发习近平总书记参加、出席、出访等重大活动的相关稿件约7100篇。制作第二届“一带一路”国际合作高峰论坛、亚洲文明对话大会、习近平访问欧洲三国、“不忘初心、牢记使命”主题教育、学习贯彻十九届四中全会精神等共49个网络新闻专题。在习近平总书记参加广东代表团审议一周年之际，推出手工黏土定格动画作品《天天向上！广东这一年》，获广东省委宣传部、省委网信办全网推送，点击量突破1100万。

2019年，南方新闻网聚焦中华人民共和国成立70周年、党的十九届四中全会、全国两会、澳门回归20周年等重大主题主线，精心组织宣传报道，发挥自身优势，积极运用新技术探索新形式，用一系列新媒体爆款，唱响礼赞新中国、奋进新时代的主旋律。围绕全国两会推出中英双语融媒体专题《履职竞风采　逐梦新时代》，综合浏览量达3800多万，微视频《肖胜方代表的行李箱》获中宣部表扬，微视频《“法官妈妈”的纪念封》获广东省委宣传部阅评表扬。围绕中华人民共和国成立70周年开设《壮丽70年　奋斗新时代》大型专题，融媒体报道矩阵总点击量超过7800万；以“外国人看广东”的视角推出“中国音阶（China Do-Re-Mi）”外宣全媒体策划，作品通过多种外宣渠道覆盖美国、日本、法国、印度等境外1.2亿读者，全网点击浏览量超过5000万。围绕庆祝澳门回归20周年，推出《特别的回信》原创视频，获中央网信办全网推送，视频24小时内全网点击量破千万次。围绕广东改革开放成就，“大潮起珠江——广东改革开放40周年网上展馆”和“港珠澳大桥网上展览馆”，浏览量突破1亿，累计500万网友点赞，留言评论突破10万条。

2019年，南方新闻网突出打造网评精品，积极建设网评高地。围绕中华人民共和国成立70周年、首届粤港澳大湾区媒体峰会、中美经贸摩擦、香港局势等时政热点，加强正面宣传，有效引导社会舆论。共推出包括系列专题、网评、漫画、视频等形式在内的2000多篇作品，其中围绕首届粤港澳大湾区媒体峰会推出的《媒体峰会，抒写粤港澳大湾区精彩故事》原创网评被香港商报等境外媒体转载，《“朋友圈”越来越大尽显中国经济魅力》《讲好中国故事，贡献中国力量》等100多篇原创网评作品获中央网信办全网推送，原创网评《习近平总书记为何一再嘱托广东“走在前列”？》获2018年度广东新闻奖一等奖。积极开展网上舆论斗争，针对香港问题，及时亮剑发声，发表《绝不能受制于“政治恐吓”“政治要挟”》《乱港分子，一个都逃不了》等原创评论，强烈谴责乱港分子，疾声呼吁止暴制乱，共护香港安宁。全年共有15篇网评作品及9幅漫画被收录进由中央网信办主办主编的《地评线》网评集，被采用的篇数列地方网站之首。

2019年，南方新闻网创新理论传播形式，积极建好用好“学习强国”广东学习平台。充分发挥媒体融合优势建设好“学习强国”广东学习平台，不断加强平台制度化、规范化建设，严把平台政治关、导向关、质量关，大力加强供稿系统和组稿机制建设，丰富稿件来源，创新内容和形式，确保平台舆论导向积极平稳。平台共刊发稿件27000多条，共有2000多件作品被推荐到“学习强国”主平台，由网端联合在平台推出的H5“两会学习日记”，让广东省党员干部及时聆听总书记下团组的重要讲话，成为爆款产品，获中宣部表扬。平台举办的“乡村微视频”大赛，引起热烈反响，吸引近万人投稿参与，赢得上千万人关注。

2019年，南方新闻网积极创新对外传播形式，加强国际传播能力建设。以南方英文网国际形象传播工作室建设为抓手，大力拓展辐射全球的传播渠道，让广东声音更加丰富多元、广东形象更加立体生动、广东故事更加深入人心。成功举办2019“粤来粤有趣”两岸青年创意短片大赛，相关报道和参赛作品展播总点击量超过3000万。在南方报业传媒集团与新加坡报业控股华文媒体集团合作举办“中国（广东）——新加坡新闻文化交流周”活动期间，推出“新加坡人看广东”系列报道，观看量超过1200万；深度报道作品《新加坡人看广东，“粤”看“粤”倾心》由广东省委网信办推送省内重点网站，单稿点击超过500万，整个活动全媒体报道点击量超3000万。南方英文网配合中国动漫日本行推出新媒体有声海报及中英日三语网络推广文章，在南方网、南方+客户端及旗下微信、微博等多个平台发布，总计获得超过200万播放量，取得良好的社会反响。

2019年，南方新闻网积极推动媒体融合、转型升级，实现高质量发展。认真贯彻落实南方报业传媒集团“融合发展、全面转型”战略部署，加快发展新动能、培育新能力、增创新价值，大力推动媒体融合、转型升级，促进高质量发展，形成了以“数字政府”集约化平台、粤港澳大湾区大数据中心、智慧党建南方云、网上展馆建设、南方青春高考季为转型标杆的重点工作项目群，在服务政府治理体系现代化、推进粤港澳大湾区建设、创新智慧党建、网上展馆主题宣传、高校招生咨询、政务新媒体集约运营等方面取得了新突破，形成了媒体深度融合发展的新格局。

二｜南方新闻网新媒体工作案例

广东改革开放成就系列网上展馆

“广东改革开放成就系列网上展馆”是由广东省委宣传部、广东省委网信办指导，南方网负责建设的新形态网络主题宣传产品。系列展馆目前包括“广东改革开放40周年网上展馆”和“港珠澳大桥网上展览馆”。

“广东改革开放40周年网上展馆”以坐落在深圳的“广东改革开放40周年展览”为蓝本，采用全景VR、航拍、H5等技术，创新制作了五种浏览模式和六个主题分馆，全馆支持中英双语解说，致力让网友切身感受五星级的“视听盛宴”。在展馆中，网友不仅可以在360度全景虚拟现实、展品精选、图片展板、精选视频、语音播放等模式中根据个人喜好动态浏览，还能在粤港澳大湾区、港珠澳大桥、科技创新、生活变迁、影视作品、艺术作品等多个主题分馆，充分感受与游览实体展馆截然不同的全新体验。

“港珠澳大桥网上展览馆”作为“建在网上的港珠澳大桥”，汇聚三维CG、VR、H5、游戏、音视频等多媒体技术，通过3D虚拟导览员的解说引导，为网友构建身临其境但又富含妙趣的游览体验。网友可以从海上、桥上、空中、水中等多个全新视角观察参观港珠澳大桥，也可以从建设过程、技术含量、科普知识、建设者事迹等多个维度深入了解港珠澳大桥，多种途径感受和了解港珠澳大桥建设过程中“逢山开路、遇水架桥”的奋斗精神、勇创世界一流的民族志气和挑战工程极限的自主创新能力。

系列展馆在中华人民共和国成立70周年的重要时间节点推出，双展馆献礼中华人民共和国成立70周年，重温改革发展记忆，凝聚精神动能，展现时代担当，具有特别的意义。截至2019年11月底，系列展馆浏览量共计1.08亿，约800万网友留言点赞，成为国庆期间网民喜爱的“打卡”地点。

作品二维码：

广东改革开放40周年网上展馆

港珠澳大桥网上展览馆

（南方新闻网）

广西日报社

一｜广西日报社新媒体工作综述

2019年，广西日报社围绕中华人民共和国成立70周年这一主线，大力宣传贯彻党的十九大和十九届二中、三中、四中全会精神，大力宣传贯彻中央和自治区的重大决策部署，积极壮大主流舆论，新媒体平台用户数3678万，总浏览量达到84亿次，巩固了壮乡儿女建设壮美广西、共圆复兴梦想的共同思想基础。

（一）道正声远，做好“定音鼓”，拥抱新时代践行新思想

一是开专题。广西云客户端开设“在习近平新时代中国特色社会主义思想指引下”“牢记总书记嘱托”“治国理政进行时”等专题，推动新思想“飞入寻常百姓家”。广西云客户端还开设《热评》频道，展示理论发展成果，刊发原创稿件近2000篇。

二是出精品。策划推出重磅作品，《总书记题词照耀八桂，新思想春风吹拂壮乡》《初心满八桂，壮美在人间》好评如潮；《人间四月春风来，壮乡满目繁花开》等文章感情热烈；《在前进征程上加快建设壮美广西》等理论文章积极响应总书记国庆期间的重要讲话，《浩荡征程战鼓催，胸有蓝图干劲足》等重点文章掀起贯彻四中全会精神热潮。

三是创特色。为贯彻落实总书记关于红军长征湘江战役革命遗址遗存保护利用的重要批示精神，广西日报社旗下的广西新闻网组织创作动画院线电影《湘江1934·向死而生》，获新光奖“礼赞祖国动画特别奖”提名奖，在京首映引起巨大反响。广西日报社新媒体全程参与宣传报道，除了图文、视频直播之外，还推出了精美H5、长图、九宫图、动漫、720°全景VR等作品。

（二）守正出新，担当“扩声器”，礼赞七十年唱响壮乡美

广西日报社新媒体坚持团结稳定鼓劲、正面宣传为主，紧紧围绕庆祝中华人民共和国成立70周年这条主线，全方位、多角度、立体式做好年度重大主题宣传，唱响建设壮美广西的昂扬旋律。开设“壮丽70年，奋进新时代”“我和我的祖国”等专题专栏，刊发稿件800多篇。

重磅推出《壮丽七十年，幸福新广西——庆祝中华人民共和国成立70周年大型纪念特刊》，在国庆节当天图文并茂地展现庆祝国庆盛典的热烈场面，刊发《以英雄模范激荡新时代的爱国主义情怀》等重头理论文章。

策划推出了形态丰富、互动热烈、设计美传播广的国庆专题融媒产品，将人工智能新闻机器人纳入采编团队，专题、频道、话题、长图、九宫图、视频、H5、720°产品等积极引领舆论，营造浓厚氛围。携手内蒙古自治区、宁夏回族自治区、新疆维吾尔自治区、西藏自治区的党报推出大型快闪《爱我中华·幸福村寨》MV，派出15路直播员奔赴广西14个设区市直播各地升国旗仪式。据不完全统计，广西日报社新媒体平台中华人民共和国成立70周年宣传报道累计阅读数达4.15亿次。

第一批“不忘初心、牢记使命”主题教育期间，广西日报社新媒体率先发力、持续着力、全媒合力，大力报道“第一书记”黄文秀同志先进事迹。黄文秀生前拍下的最后时刻视频，由广西云客户端通过直播形式在全网首发；她遇难的不幸消息也是广西云客户端第一个发布；广西云客户端还建立了黄文秀悼念专题，为全国媒体中收集黄文秀事迹最全面、内容最翔实的专题。广西日报社新媒体平台密集刊发黄文秀先进事迹原创报道，打造多形态、多样式的融媒作品，不断推动正面宣传升温。据统计，刊发相关报道1000多篇，新媒体平台总阅读量达6000多万次，在全国引起强烈反响，成为近年来报社最成功的典型报道案例。

广西日报社新媒体还积极做好中央和自治区党委巡视、中央环保督察、打好“三大攻坚战”、扫黑除恶专项斗争等重大活动报道，持续性做好全国和全区两会、东博会、系列全区大会、广西党政代表团出访、西部陆海新通道、中国（广西）自贸实验区建设、纪念百色起义、壮族三月三等重大主题的报道，围绕中心、服务大局，把握时度效，积极开展正面舆论引导，营造良好舆论环境。

（三）聚合蝶变，激发“新动能”，立足全媒体做优广西云

广西日报社新媒体构建网上网下一体、内宣外宣联动的主流舆论格局，建立以内容建设为根本、先进技术为支撑、创新管理为保障的全媒体传播体系，打造广西最大的“全媒体航母”。平均每天刊发、推送原创新闻产品约2200条次，年刊发推送约80万条次。2019年新媒体平台总浏览量超84亿次，点击上亿次的融媒体作品有6款，点击千万次以上的达74款。广西云融媒体生态系统荣获2019中国报业技术年会“中国报业媒体融合、信息化和网络安全”一等奖。

做大做强做优广西云融媒体生态系统，推进中心圈、紧密圈、协同圈、共建圈“四圈深融”。自治区政府新闻办将广西云客户端列为广西新闻发布会唯一直播平台，广西云全年共完成141场新闻发布会直播及材料报送工作。广西云111个县市区分端全年共发稿约2.5万条，参与直播386场，其中《壮美广西·我们的节日》全网观看人数超过510万。

积极开展国际传播能力建设，面向东盟和“一带一路”沿线国家讲好中国故事、广西故事。全国两会期间，联手柬埔寨记者在金边直播间连线采访政协委员，联动22家海外报纸、网站刊载广西日报两会稿件100多篇，广西云·东盟（柬埔寨）国际传播联络站揭牌并投入使用。策划推出“走东盟万里，看丝路画卷”系列报道，讲述中国-东盟友好往来及我区积极参与“一带一路”建设的精彩故事。

（四）担当作为，锤炼“真本事”，践行“四为”增强“四力”

2019年是县级融媒体中心建设深入推进的关键之年，也是广西媒体融合工作向各地、各级、各部门纵深拓展的开局之年。广西日报社新媒体抓好8个中宣部重点联系的县级融媒体中心建设，指导建设36个县级融媒体中心和多个行业融媒体中心。对县级融媒体中心提供专题培训、蹲点培训和跟班学习，全年培训超60场，共1200人次受训。

广西日报社新媒体按照习总书记提出的“四全媒体”指导，积极创新媒体宣传的场景，推进南宁市三街两巷“广西云数字生活体验馆”的建设，让“广西云数字生活体验馆”成为广西日报-广西云设在市民中、设在闹市里的一个展示窗口，成为宣传主流价值观的一个线下场所。目前项目已经进入施工阶段。

同时，广西日报社新媒体结合“不忘初心、牢记使命”主题教育、践行“担当为要、实干为本、发展为重、奋斗为荣”理念、增强“四力”教育实践，组织了“寻红根，看变化，话发展——左右江革命老区行”“走东盟万里，看丝路画卷”“壮族三月三·八桂嘉年华”“凭祥东兴口岸水果通关调查报道”“壮美广西·幸福村寨”等重磅策划报道，派出多路记者下基层讲好广西故事，传播好广西声音，采写推出沾泥土、冒热气、带露珠的作品。

（五）固本培优，守住“生命线”，融媒精品层出不穷

在全国两会广西开放日，广西日报社新媒体发出《H5丨鹿心社为广西代言，向世界发出最强邀约！》，利用融媒体形式让程序报道活了起来、亮了起来，发布当日破万浏览量，得到自治区党委领导和与会代表的充分肯定。两会期间，广西日报法人微博连续多日排名全国报纸类微博排名前十。

在2019年“壮族三月三·八桂嘉年华”大型直播中，广西日报社新媒体与中国联通、华为通信公司携手，利用5G通信技术，将时下最先进、最快速的视频流传输及编码模式与视频的4K

画面、VR技术结合在一起，带网友“直通”主会场活动现场。该直播共计有298万人次观看，为广大网友提供了一种新的体验模式。

在中华人民共和国成立70周年大庆期间，广西日报法人微博#壮美南宁##中华人民共和国成立70周年壮美广西#双微博话题点击突破1.5亿，单篇过百万的微博有10多篇。原创系列视频《百里秀邕江之夜游邕江》吸引了人民日报、新华社等权威微博的转发，网友们纷纷为广西加油打call，获得700万+的阅读。

同样是为祖国母亲献礼，广西日报官方微信则用“红、蓝、白、绿、黄”锦秀（SHOW）广西，巧妙运用五种色彩描绘广西新成就。作品采用广西非物质文化遗产壮锦作为包装的载体，运用现代视觉提取壮锦元素中的艺术特征与民族情感，每幅画卷只用一个色调，高调凸显广西各行各业的巨大成就，展示各族人民多姿多彩的幸福生活。该作品的封面及开篇图都用手织壮锦切入画面，随着每卷的颜色不同，壮锦的颜色也随之变成与长卷吻合的完美颜色。长卷里的图是从几千张广西高清美图里选取，无缝对接拼接成行云流水般的画卷，既鲜艳夺目又大气磅礴，让人过目不忘。

在2019年每个重大节庆节点，广西日报社新媒体积极策划，联动全区111个县（市、区）党委宣传部或融媒体中心，通过联合大直播的模式，成功进行多场以“我和我的祖国之壮美广西·我们的节日”为主题的大型系列线上线下融媒互动报道。这些直播，不但创意制作了大量颂扬主旋律的融媒精品，品牌影响力获得广大网友高度认可，还将全区111个县级融媒体中心的融媒力量紧紧联系在一起，真正实现广西云客户端“共建一个端”“建起来还要用起来”的战略目标。

2019年是中国—东盟媒体交流年。第16届中国—东盟博览会期间，广西云客户端从媒体交流角度切入，特别策划了“东盟老记来了”专题，邀请东盟各国记者共同参与报道东博会，以技术创新、内容创新的方式讲好中国和东盟故事。在技术创新方面，首次将多项高精尖技术运用在广西融媒体报道中，如运用无幕布及色度键抠像技术在广西首创会场虚拟演播间；首次运用25款AI新闻机器人技术提升融媒采编生产能力和效率。在内容方式创新方面：首次邀请来自柬埔寨、菲律宾、老挝、文莱、印度尼西亚、马来西亚等国家的记者参与第16届中国—东盟博览会的逛展直播，并设置共同议题邀请他们进行观点碰撞，以老记的视角报道东博会，营造中国—东盟媒体交流年的友好氛围。东博会期间，有多家外媒转载、引用了该专题的新闻内容，为国际传播做出了贡献。该专题一经发出便收获多方好评，在全网播放量上百万，相关重点稿件也在柬单网、北欧时报等境外媒体落地，首次使用的无幕布及色度键抠像技术、AI主播播报等新技术，实现各类融媒产品在国际间的同步生产与传播，共传中国与东盟间的好声音。

二｜广西日报社新媒体工作案例

《直播丨百色大暴雨引发山洪，公路塌方车辆被冲走！通信员黄文秀发回现场视频后却不幸遇难……》

2019年6月17日至19日，广西云客户端滚动更新一条直播帖，《直播丨百色大暴雨引发山洪，公路塌方车辆被冲走！通信员黄文秀发回现场视频后却不幸遇难……》，引起了社会各界的高度关注。

（一）报道原因及过程

2019年6月16日晚，广西百色市凌云县遭受持续暴雨袭击。6月17日凌晨，乐业县新化镇百坭村驻村第一书记黄文秀在驾车返回乐业的途中遭遇山洪，被堵路上，她用手机拍摄了一段现场视频，发给广西云客户端百色站记者。

6月17日清晨，广西云客户端多位编辑及值班主任都收到了百色站记者发回的黄文秀拍摄的视频，在沟通中得知，百色凌云有路段受暴雨影响，发生了塌方，事情很严重。值班主任当机立断，立即进行滚动直播。随着前方记者传来的信息，广西云客户端不断更新事件进展：百色凌云县下甲镇各漏至伶站乡路段受暴雨影响，公路边坡多处塌方，导致交通中断，公路两端大量车辆滞留，过往车辆被冲走，多人失联，黄文秀同志也在其中。这个信息不禁让编辑十分担心，时刻关注着她的最新消息。但6月18日噩耗还是传来，黄文秀确认遇难……

本次图文、短视频综合移动直播对凌云山洪导致的灾情进行了及时、准确、完整发布，在此过程中，也伴随记录下了黄文秀同志从失联到不幸确认遇难的过程。

（二）直播流程及直播内容

直播方式为前后方联动，形式为图、文、短视频综合直播，内容由广西云客户端百色站记者从百色发回，广西云客户端后方编辑、责编、值班主任进行素材的收集、整理、整合、提炼及编辑审核发布。

直播内容主要是对凌云事发路段由暴雨引发的灾情的滚动报道。包括失联及搜救最新情况、塌方路段交通的最新情况、群众受灾情况、各级有关部门救援情况及黄文秀同志失联到不幸确认遇难的过程。

黄文秀同志不幸遇难后，广西以及全国各地的媒体都进行了大量报道，但广西云客户端的这条直播是当时从百色暴雨灾情开始，完整地记录了这一不幸事件发生始末的最早报道，是当时国内媒体中对这一重大突发事件最及时、最高效、最完整的报道。

作品二维码：

《直播丨百色大暴雨引发山洪，公路塌方车辆被冲走！
通信员黄文秀发回现场视频后却不幸遇难……》

（广西日报社）

广西广播电视台

一｜广西广播电视台新媒体工作综述

广西广播电视台目前开设有7套专业化广播频率，10个电视频道，拥有广西网络广播电视台、北部湾在线等2个国家一类新闻网站，以及“广西视听”移动客户端。媒体融合发展过程中，广西广播电视台推进“相加”到“相融”，建设有融媒体调度指挥中心、中国—东盟云融合媒体云平台，建成多语种全媒体采编审播发一体化系统、全媒体广播平台和全媒体导播系统三大融媒系列产品，初步形成“一次采集、多元生成、多端分发”的工作格局。2019年，广西广播电视台继续深度推进媒体融合发展，具体措施与成效包括：

（一）理顺媒体融合体制机制

广西广播电视台做好总体设计，明确融媒体中心与频率频道职能，理顺融媒体中心与频率频道协调合作机制，完成《广西广播电视台关于推进广播电视媒体与新兴媒体深度融合工作方案》，逐步构建适应于媒体深度融合的新型节目内容生产关系。通过完善覆盖全台内容生产的融媒体调度指挥中心建设，统一协调全台内容生产，打造集合广播、电视、网站、“广西视听”移动客户端、微博微信等六大平台传播矩阵。

（二）建设广西广播电视台融合媒体调度指挥中心

广西广播电视台融合媒体调度指挥中心项目建设内容包括广西广播电视台硬件私有云平台、信息安全防护系统、舆情分析、新闻线索汇聚、新闻生产调度指挥地图、视频素材远程回传、云非编、新闻生产流程监控模块等。所有功能模块均可在调度指挥大屏中自由选择展示，硬件私有云平台也可以承载台内其他的软件系统，可为融合新闻生产和各类电视业务提供服务。融媒体调度指挥中心的建成，将打破以往传统媒体与新兴媒体板块分割的运作方式，建立全新的融合“采、编、发”联动工作模式，实现电视业务的“一次性采集、集中性生产、多媒体呈现、多渠道发布”。

（三）打造广西网络广播电视台、“广西视听”移动客户端等新媒体平台的传播力和影响力

广西网络广播电视台、“广西视听”移动客户端加强与本台频率频道合作，加强重要节点及大事件报道运营能力，做好时政报道策划宣传，共享资源，形成大事件联合发声。同时结合重点内容和开展的活动设计网端发布形态及模式，网上网下、传统端与新媒体端同频共振。加强垂类内容运营，重点围绕教育、脱贫攻坚、航拍、健康等垂直方向，生产高质量网络原创内容。加强线上线下互动活动运营策划，打造广西特色标签。建立PGC+UGC生产队伍，不断拓展内容生产源，逐步建立地市县广播电视台、驻村第一书记、行业及个人的生产队伍，挖掘一批可持续输出内容的UGC，积极探索新媒体内容生产模式。加强与央视频、人民视频、抖音、今日头条等平台的合作。不断更新“广西视听”移动客户端产品功能，对产品界面、服务功能等进行迭代优化。

（四）建设完善“中国—东盟云”项目，构建新型国际化的采编发体系

广西广播电视台全力打造“中国—东盟云”项目，目前已建成全媒体广播、多语种全媒体采编系统、融媒体指挥调度中心等核心子系统，研发了多语种移动采访APP、全媒体导播系统等媒体融合产品，开发了适用于大型活动、应急事件报道的微视频多路直播系统和融合节目互动的微信矩阵应用系统。

中国—东盟云多语种全媒体采编系统及移动采访APP，支持中文、泰语、越南语、英语等语种，全面提升传统广播电视的一体化策划能力，实现“多国采集、多元传播、覆盖东盟、全天滚动”的战略目标。广西广播电视台驻东盟国家工作站、译制站采编人员可以在当地实现快速采访、编辑、入库、推送稿件。全媒体移动采访同时面向东盟国家记者，为其提供多语种融合服务，记者在当地采制一手资讯，实时分发至Facebook、推特等社交媒体，构建轻量化的东盟媒体融合平台。

“中国—东盟云”项目整合广播电视的内外宣资源，对内服务广西媒体，建设覆盖全区的广电融合新媒体平台，打造多媒体、立体化传播体系，推动传统媒体与新媒体融合发展。对外辐射东盟国家，根据东盟国家媒体发展现状，建立新型国际化的采编发体系，全面提升我国在东南亚的文化软实力，服务于“一带一路”建设。

（五）加强“北部湾在线”对东盟国家的外宣能力

“北部湾在线”是立足广西、面向东盟的多语种外宣新闻网站。网站近年来一直加强和拓展对东盟国家的传播能力建设，依托“中国—东盟云”跨境数据交换体系，贴合境外受众的阅读习惯，开设越语、泰语、缅语、柬语等语种的境外社交媒体账号，建立“社交媒体首发、全媒体跟进、融媒体传播”的传播格局，形成境内和境外多媒体联动的立体化外宣新模式，推动东盟新闻生产模式转型创新。

（六）提升节目内容互联网版权管理和运营能力

积极探索短视频生产，组建短视频制作团队，借助微博、微信、今日头条、企鹅号、网易号等多个平台进行运营推广，积极寻求与国内新媒体运营企业、专业MCN机构的深入合作，提升节目资源在互联网的再利用价值，实现全台优质节目内容的多渠道分发和商业变现。

二｜广西广播电视台新媒体工作案例

重大主题与航拍形式结合全民参与俯瞰壮美广西

2019年，广西网络广播电视台（后简称网台）主办开展了“壮丽七十年·飞阅新时代——庆祝中华人民共和国成立70周年原创航拍作品征集活动”。面向全国的机构及个人广泛征集原创航拍视频、图片作品，采用航拍的拍摄手法，从高空视角聚焦祖国壮丽山河与发展变化，记录人民的幸福生活，触摸时代脉搏。通过前期策划、设计和制作，活动专题页面7月中旬已在广西网络广播电视台网站和“广西视听”移动客户端上线。适逢中华人民共和国成立70周年之际，活动立意全民参与，通过自己的作品描绘对祖国发展的美好印记，很快就到全国全区范围社会各界机构和航拍摄影爱好者的广泛参与及支持，截止至8月31日，共收到全国各地投稿视频145部，图片1384张。由于航拍爱好者摄像、摄影水平普遍较高，作品精致、不可多得，有的甚至饱含了作者数年如一日的拍摄内容，全部作品均在广西网络广播电视台网站、“广西视听”移动客户端、广西IPTV、广西新闻频道、微信、微博、抖音、南宁地铁等数十个平台播出，瞬间引爆全网，点击量超过千万。集中展示全方位、多角度展现大美广西，展示中华人民共和国成立70周年壮丽诗篇。从天空的视角，让更多的人了解广西、爱上广西，礼赞中国。

基于数次航拍活动的人气和作品的积累，2019年12月30日，由网台开发搭建的“航拍广西”频道（http：//gxhorizon.gxtv.cn/）正式上线。

（广西广播电视台）

海南日报报业集团

一 | 海南日报报业集团新媒体工作综述

2019年，海南日报报业集团各项工作收获满满，“两微一端”影响力牢牢地占据了本省新媒体领头雁的位置。

（一）平台影响力持续攀升，连续收获重要排名及重要奖项

2019年1月，海南日报微信公众号跻身新榜公布的2018年度中国微信500强；本年度，连续跻身清博大数据每月公布的中国微信公众号月度1000强榜单；2019年7月，在人民网研究院公布的党报融合传播指数报告中，海南日报微信公众号位列全国380多家地市级以上党报微信公众号第八，在省级党报中排名第一，海南日报新浪官方微博粉丝量跻身前十名。截至2019年12月31日，海南日报客户端下载用户将超过70万人次，海南日报微信公众号关注人数超过82万人次，均比2018年各上涨约20万人，海南日报微信公众号10万＋阅读量文章接近50篇，比2018年有了大幅攀升。海南日报新浪官方微博用户保持平稳。

在第二十九届海南新闻奖评选中，海南日报新媒体报送的作品《超级H5丨快来，搭乘“海南号”时空穿梭机重返1988！》《海南，生日快乐！来自五十六个民族的祝福》双双获一等奖。第20个记者节前夕，《超级H5丨快来，搭乘“海南号”时空穿梭机重返1988！》获得第二十九届中国新闻奖新媒体创意互动类作品三等奖。这也是海南新媒体产品在中国新闻奖获奖“零的突破”。

（二）打造精品融媒体工作室，全年奉献多个爆款新媒体产品

在2018年着力打造“创意工坊”融媒体工作室基础上，2019年，新媒体部发力短视频制作，打造“镜工坊”融媒体工作室。一年来，依托这两大融媒体虚拟工作室，新媒体部打造了一系列爆款新媒体产品。

9月27日，海南日报新媒体“创意工坊”推出创意水果海报《假如水果会表白》，以一组水果向祖国母亲作独特的表白。龙眼的表白语“黄皮肤黑眼睛见证70年巨变”、杨桃的表白语“打开我的心就是五角星”……每一句含蓄隽永的表白语，都激发了网友思考、引发强烈情感共鸣。这组海报在海南朋友圈刷屏当天，人民日报微博以及国内多个媒体、高校、机构媒体纷纷转发，仅人民日报微博阅读量就超过380万人次，6000多人点赞。该作品全网阅读量超过600万人次。国庆报道之后，“镜工坊”又聚焦海南传统手艺人生存状态，推出系列短视频专栏“海南守艺人”，并与海南周刊实现报网端微联动发布，受到读者和用户的一致点赞。

此外，深读、码上读、海南周刊、自贸观察等多个海南日报知名版面和专栏，在海南日报“两微一端”实现了立体化、可视化呈现。

二｜海南日报报业集团新媒体工作案例

纪实微电影《老旗手》

2019年9月初，海南日报新媒体部人员了解到这样一件事：远在海南三亚的几位原天安门国旗班老兵，听说海南省文昌市厚禄村村民坚持在村里开展升国旗、大力弘扬爱国主义教育已经3年多，特别提出想到村里参加一次升旗。创作团队经过充分讨论后决定，以纪实微电影形式，把这段故事讲给更多读者和用户。

本片基于真实事件拍摄。片中的3位退伍老兵，都参加过1999年国庆50周年大阅兵，这次参与拍摄微电影恰逢中华人民共和国成立70周年。于他们而言，向国旗报到，是一种使命，更是一种爱国情怀的延续。9月28日这部纪实微电影在海南日报“两微一端”平台首发后，迅速在朋友圈和微信群形成刷屏之势，仅在海南日报“两微一端”就收获了超过45万阅读量。之后，“学习强国”学习平台“推荐”频道进行大屏推荐，海南本地南海网、南国都市报、海口日报等几乎所有新媒体平台竞相转发，海南部分中小学将其作为爱国主义教育片播放，文昌市要求影院及户外电子屏循环播放该片。据不完全统计，线上线下的总播放量超过600万次，成为海南国庆报道的现象级爆款产品。该作品获第三十届海南新闻奖一等奖。

作品二维码：

《老旗手》

（海南日报报业集团）

海南广播电视总台

一 | 海南广播电视总台新媒体工作综述

2019年，海南广播电视总台着力将海南广电建设成为美丽中国海南篇章的重要展示平台、具有国际传播影响力的环南海区域主流媒体和中外文化的重要交流平台。

（一）强化融媒体阵地建设取得显著成效

2019年以来，海南广播电视总台融媒体中心以内容和技术双驱动，充分发挥互联网思维，推动传统媒体和新媒体深化融合，并进行平台优化建设。不断推进广播电视、IPTV、蓝网（海南广播电视总台官网）、视听海南客户端、微信、微博、抖音、快手等平台升级改造，形成集台、网、微、端、屏于一体的融媒体信息发布矩阵，推动融媒功能高效聚合、全终端覆盖、全方位服务。

1. 融媒体中心工作积极推进

2019年上半年，总台采取融媒体中心合署办公机制，按照“一次采集、多种生成、多元传播”的方式开展工作，按照“新媒体优先发布、广播电视整点新闻栏目第一时间发布、主要新闻栏目跟进深度报道”的流程安排发稿。截至2019年12月底，我台采制推送的新媒体新闻稿件2000多条（篇）。此外，总台融媒体中心启动2019年四个季度融媒体产品评奖活动，共有72件融媒体产品从391件报名参评的融媒体作品中脱颖而出获得奖励。在总编室推动、协调下，海南网台完成我台首个真正意义上的融媒体直播《高考时间》，三天里，来自台内外10家媒体，在网台和视听海南直播页面发稿117篇、累计阅读量20.6万人次。融媒体中心修订完善了《融媒体中心新闻稿件计酬及融媒作品奖励办法（试行）》《海南广电融媒体中心管理办法（试行）》，加强融媒体中心机制建设。中心还申请了学习强国供稿账号，为我台在党政新媒体平台端的有效发声提供了更有利保障。截至12月31日，全台9个供稿账号共上传并刊登稿件275条。

2. 新媒体平台发展稳步推进

2019年，海南广电新媒体矩阵拥有微信公众号23个，205万用户；新浪微博16个，711万用户；头条、抖音号15个，509万用户；自主APP共3个，用户106万。矩阵短视频类平台15个，卓有成效地在短视频风口执念抢夺短视频移动端阵地。用户量迅速猛增，以压倒性的网络吸睛从图文类平台中迅速引流，一年来用户量爆增至矩阵微信公众号总用户的两倍以上。

《直播海南》栏目构建的以微信公众号、头条号为核心，联动微博、企鹅号、百家号、趣头条账号等新媒体矩阵，持续发力，成绩亮眼。其中，《直播海南》微信公众号，年发送推文2000多篇，收获阅读量9139.5万次，月点击量达700万+，10万+点击量推送已成常态，单月最高近20篇10万+推送。无论是爆文数量，还是整体的点击量，在海南媒体号中名列榜首。同时《直播海南》微信公众号已累计29个月闯入全国公众号500强名单。其中，2019年全年12个月均入围500强，排名保持在140名左右。4月，《直播海南》微信公众号冲入全国全类别公众号榜单排名前百，这一成绩在海南各新闻媒体账号中遥遥领先。《直播海南》今日头条号年增粉100万+。全年推送图文内容5283条，点击量达5243.1万，累计阅读1.2亿；全年推送视频新闻4547条，累计播放量达1.3亿、时长3.1亿分钟；全年产出133条10万+爆款新闻内容，其中3成内容点击量突破百万；全年发起的直播中，多场直播观看突破百万人次，最高一次点击量达420万，荣登当周今日头条直播榜单第一名，其他直播也多次登上头条号直播全国前10榜单。

海南网台（视听海南客户端），持续响应总台移动优先战略，利用技术优势，将5G技术、VR、AR、MR、MG动画制作等运用到网络传播中，推出的多场直播、短视频、VR新闻等都在省内首屈一指，多篇报道得到国家广电总局的点名表扬。一是打造直播品牌。截至2019年12月15日，全年共完成网络直播168场，其中超10万点击量的直播共计43场，平均每场在线观看量超5万人次，总体水平持续向好。其中，《博鳌时间第一缕阳光》《凉山救火英雄唐博英回家》等直播在线观看量屡破新高；《高考时间》则首次尝试融合台内各频道记者资源全方位多角度直击高考，掀起又一轮直播热潮，《海南国际旅游消费年5G+4K+VR直播秀》更是首创先河，开启海南网台慢直播先例。

二是推出海南首档网络演说类栏目《奋斗在海南——不负青春》。节目通过青年人讲自己的成长故事或抒发感人情愫，传递时代温度，亦可通过故事唤醒不同年代的跨时代共鸣，传递网络正能量的同时，引导风清气正的网上舆论环境，栏目影响力显著提升，获得受众广泛肯定与好评。其中十多档节目登录学习强国论坛。此外，还推出了独家网络评论和网络访谈节目。三是融媒体产品制作能力日趋成熟，多部作品获得省委网信办全网推送和国家广电总局表扬。海南网台全年制作融媒体产品82个，涉及H5、MG动画、手绘动画、一图读懂、短视频等，创历年之最。其中，18篇作品获得省委网信办全网推送，《两会Vlog：全国两会新闻中心首场记者会》《海南网台带你体验梅地亚两会新闻中心VR全景》《三分钟了解海南新能源汽车发展规划》等新媒体产品获得中宣部、国家广电总局点赞。四是《久久不见久久见》《万泉河水清又清》《请到天涯海角来》原创三首歌曲入选70座城市70首歌，被国内多个媒体全媒体宣推。五是海南本土首款移动端植入AI虚拟主播上线。六是抖音、快手运营渐有成效。目前网台在抖音和快手等平台注册账号，抖音号播发240个短视频，千万阅读量以上产品1个，百万以上阅读量产品3个，十万以上阅读量10个；快手平台播发163个视频，阅读量百万以上产品：4个，阅读量十万以上12个。

海直播APP，截至12月15日，全年共发起了971场直播，涉及交通、司法、食品药品安全监管、活动等多个领域，题材主要以执法直播为主。值得一提的是海直播率先推出的执法直播品牌《依凡在直播》已经初具影响力。从单场直播341万在线观看量，到全国媒体直播周榜、月榜冠军以及作为今日头条媒体直播优秀案例被推广，荣获今日头条感谢信和奖杯等。

海直播还联合抖音官方平台，重点开发打造海南省政务抖音板块。抖音海直播号已拥有百万粉丝量，全年共发布了466个视频，另外，不断优化升级海直播平台，同步进行海直播APP品牌推广。在平台内容打造、平台版面改版、技术升级方面做出了显著的成果。目前，吸纳了数十家优秀原创自媒体进驻，更有名人大咖、主持人记者也陆续入驻平台。

旅游网视APP，在2019年度中国广播电视融媒创新发展调研结果发布中荣获“中国广播电视融媒体创新发展最具品牌影响力网络媒体”。2019年点击总量达到了6000万，较之前翻了两番。很多节目在“旅游网视”的点击量也呈现出数倍的增长，一半的自制节目月点击量都在40万以上。其中《第一时尚》的2019年总点击量超过2000万，月点击量已经超过150万，是2018年同期的十多倍。《光荣的追寻2》每期节目播后的完整视频都会在学习强国平台、腾讯、爱奇艺、优酷、搜狐、PPTV等平台同步上线播出。《光荣的追寻》通过微博、微信、今日头条、抖音、网易新闻等平台发布稿件超过300篇，官方微博视频播放量近90万次，官微粉丝超过2万；此外，新一季的话题阅读量达到2.07亿，比第一季增加7300万。

新闻频道，官方微信公众号在全国省级频道微信影响力排行榜中名列前十，省内媒体微信影响力排行榜中位列前五，10万+阅读量已是常态。2019年，频道微信推送1467条，增粉12566人。新闻频道在今日头条等新媒体APP的主账号累计发稿超2000条，手机直播近20次。

三沙卫视，新媒体与央视新媒体密切合作，实现直播常态化。2019年新年伊始，三沙卫视拍摄日出三沙，入选央视新闻短视频《日出东方》作品，全网播放量达230多万次。《新春伊始，他们在祖国最南端蓝色国土燃起“快闪”》视频，全网累计播放量超过1500万次，引发强烈反响。

（二）融媒体产品成为时政新闻报道的主力，宣传效果突出

从全省全国两会、习近平总书记4.13讲话和中央12号文件发布一周年、博鳌亚洲论坛2019年年会，到庆祝中华人民共和国成立70周年，我台适时制作推出了300多个相关主题的融媒体产品，涉及移动网络直播、微电影、H5、Vlog、VR、海报、微视频、快闪等多个类型。其中，我台首次运用Vlog、短视频和VR新技术报道全国两会，获得国家广电总局通报表扬。创意微视频《办公桌上的海南这一年》，获新华社客户端、学习强国APP等转载并首页推荐，阅读量突破150万。融媒体直播节目《博鳌时间 · 第一缕阳光》，在全国首次运用了"8KVR+5G+4K"技术，直播当天在线观看人数达11万人次，系列短视频被省内外30多家媒体转载，累计转载点击量超过150万。

（三）涉外报道亮点频现

博鳌亚洲论坛年会期间，我台"脉动博鳌"融媒体报道，共推出20多个专栏专题和系列报道，播发新闻稿件700多条（期），新闻频道每天8个时段推出200分钟的《博鳌时间》特别直播，PC端、客户端发稿2600多条，获得总局《监管日报》专题点评。推出新媒体直播7场，生产融媒体产品50多个；H5产品《VR全景看博鳌一起为博鳌打Call》《寻找全球海南人，汇聚成光点亮海南》一上线便获得省委统战部及侨联等多部门全力推送；4篇特别策划《博鳌走过19年》借助先进的虚拟技术，再现论坛成立19年来给海南带来的巨大变化，被中央网信办向全国网络媒体推送转发。

二 | 海南广播电视总台新媒体工作综述

《一首歌一座城》大型全媒体活动

大型全媒体活动《歌唱祖国 · 一首歌一座城》以城市为创作主体，以歌曲为贯穿元素，将"城"与"歌"有机结合，突出一"城"一"歌"，集中凸显一座城市的民俗风情、人文情怀，全面生动展现70年来中国社会发展进步和当代中国人的精彩生活。

海口市、琼海市及三亚市音乐故事《久久不见久久见》《万泉河水清又清》《请到天涯海角来》，包括15分钟的音乐纪录片和5分钟的MV两个视频均已于2019年9月10日前完成。MV通过在海口骑楼老街、万绿园、琼海万泉河、三亚天涯海角等具有城市特色的地标性区域取景拍摄，点亮海南城市名片，展示海南奋进新时代、人民幸福美满的城市热度，最终成功入选70座

城市70首歌。

三部音乐纪录片制作完成后均在央视网《歌唱祖国·一首歌一座城》活动专区进行展播，并在“央视影音”首屏推荐。同时，三首歌曲MV已登陆全国IPTV《歌唱祖国·一首歌一座城》展播专区，全国2.6亿用户可以在IPTV开机首页“歌唱祖国·一首歌一座城”专区进行点播欣赏。海南日报、海口日报、南海网、海广网、腾讯网等多家省内外刷屏转载，并同步在海南网台官网（www.hnntv.cn）、视听海南客户端、微博及今日头条进行展播，综合阅读量破千万，传播效益广泛。

2019年10月4日及15日，《久久不见久久见》《请到天涯海角来》收录“学习强国”海南分平台，并登录“学习强国”首屏推荐页，点赞及转发量不断攀升，单条点击量突破15万，向大众展示“美好新海南”精神风貌。

（海南广播电视总台）

华 龙 网

一 | 华龙网新媒体工作综述

华龙网成立于2000年，是国务院新闻办公室批准组建的首批省级重点新闻网站，重庆市委市政府唯一官方新闻门户，由重庆市委宣传部、重庆市网信办主管，是重庆日报报业集团媒体融合发展的战略转型平台，拥有重庆重大新闻首发权。华龙网制定了以新闻发展为龙头，以技术驱动为核心，以大数据应用为基础，以“互联网+”产业为动力的战略方向，以内容+技术+运营的战略实施路径，通过一芯（华龙芯）、两云（安全云、内容云）、三平台（客户端矩阵、手机报矩阵、数字屏矩阵），抢抓大数据智能化创新发展机遇，深度融合、数据赋能。

2019年，华龙网坚持党管媒体、政治家办网，推动主力军上主战场，打造现代传播体系与大数据人工智能综合布局的新型媒体集团，具体情况如下：

（一）聚焦新闻主业，以内容建设为龙头，推进媒体深度融合

作为奋战在媒体融合发展第一线的党网，华龙网始终聚焦新闻主业，努力提升品质、丰富内容表达、拓展呈现形式，推出富有时代气息的精品力作。

1．主题宣传屡获佳绩，中国新闻奖破记录

2019年，华龙网牢牢把握正确的政治方向和舆论导向，做好各项重大报道和主题宣传，积极引导社会热点，围绕中心服务大局，精心组织策划新闻宣传，圆满完成习近平总书记视察重庆、全国全市两会、庆祝中华人民共和国成立70周年、党的十九届四中全会及智博会、“双晒”等重大主题报道任务，多次受到上级肯定。其中，全国两会报道累计阅读量超1亿人次，3件作品获中宣部阅评表扬；融媒体作品《2019对话1949：时代变了初心未变》高票入选中国记协《庆祝中华人民共和国成立70周年融合报道十大创新案例》（地方媒体）；短视频新闻《微纪录丨家是最小国国是千万家——记时隔47年的两场追悼会》获得重庆新闻界首个媒体融合奖

项类的中国新闻奖，这也是华龙网连续七年斩获中国新闻奖。此外，1件作品获得第四届“五个一百”网络正能量精品称号，华龙网两江评论被中央网信办评为2019年优秀网评栏目（频道、阵地）。

2. 深度发力推进转型，突出短视频传播力

随着5G时代来临，华龙网全面进入内容视频化转型，着重在内容建设、栏目创新、技术手段等方面提升短视频类新闻水平，进一步提高网络视听节目质量，加快视频+移动方式升级，推进新闻视频化、视频栏目化。推出《音小见大》《真探社》《笑傲江“胡”》《YAN值有理》多档视频节目，分别在中华人民共和国成立70周年、第二届智博会、网络安全周、双晒期间等重要时间节点推出27期作品。其中，双晒期间推出的《Rap<音小见大>丨刷刷刷刷刷了屏的双晒》以“双晒”活动切入，通过独具特色的MV形式和洗脑的旋律，唱出了“双晒”活动的影响力，作品被“学习强国”学习平台转载。

开设即时短视频新闻栏目《追光》，该栏目是立足于重庆本地的一档视频新闻栏目，跟踪全国、重庆社会新闻热点，在重点社会事件中不缺位，快速反应、及时出稿。在台湾“财经专家”说大陆人吃不起涪陵榨菜事件中，华龙网以《追光丨台湾专家称大陆人吃不起榨菜涪陵榨菜：考虑设立台湾办事处》《台湾专家称大陆人吃不起榨菜？涪陵榨菜不想说话并扔来一个“开盘红”》为题进行了独家报道，在国内引起强烈关注和热议，不少网友对“专家”调侃跟贴，百度搜索与文章相关的结果达692，000个，在头条号的评论达到5000多条。

3. 及时回应社会关切，确保舆论有序可控

2019年，华龙网聚焦热点，权威解读社会信息，及时回应社会关切，正确开展舆论监督，有效发挥舆论引领作用，积极稳妥把握突发事件报道，在“权健风波”“斯里兰卡发生系列爆炸”“格力实名举报奥克斯”“四川长宁县发生6级地震”“湖南教师失踪16年骸骨被埋操场案”等2019年的一系列突发事件、热点事件中率先发声、牢牢占据舆论前沿，多次为其他网络媒体的报道提供准确消息源，形成强大的正面声势。

6月，“芒果事件”刷屏网络，华龙网策划原创评论《一个芒果丢了我们不能丢得更多》抓住要害，深度剖析，用公众视角呼唤理性，倡导宽容和谐，逻辑性强，在网络上引发热议，仅在新重庆客户端评论数就达到450条，受到中央网信办传播局领导表扬，客观公正地对事件进行了舆论引导。

4. 百家网媒行聚焦重庆，打造品牌影响力

“画卷巴渝新风采——2019全国百家网络媒体记者重庆行”活动于5月17日圆满结束。在为期5天的采访时间里，来自全国各地百余名网媒记者分赴彭水、南川、璧山、渝中、重庆电信等区县和单位实地采访，采用文字、图片、航拍、视频、直播、VR、H5等多种形式，突出各自平台优势，聚焦重庆乡村振兴战略和新产业新业态，深度挖掘、立体报道，为重庆社会经济发展

鼓与呼。据统计，活动期间华龙网和参与媒体共发布原创稿件1000余篇，百度搜索“2019全国网络媒体重庆行”相关信息达1920000条。

2019年9月2日至9月7日开展“壮丽70周年 点赞山城之美——2019全国重点网络媒体记者重庆行”活动。据统计，来渝媒体发布原创稿件600余篇，稿件转载1400余条，其中华龙网原创深度稿件20余条。

（二）坚持技术驱动，以阵地建设为抓手，加快打造“互联网+”大数据产业集群

华龙网瞄准新技术新趋势进行重点布局、全局重塑，努力打造大数据信息资源平台、智能生产和传播平台、用户沉淀平台。

1. 聚力移动优先，技术赋能融媒体矩阵

在重庆市委宣传部、市委网信办指导下，华龙网联合重庆41个区县，打造了全国唯一省市县全覆盖的融媒体矩阵——重庆客户端集群。集群由42个客户端组成，形成一个独特的“1+41”结构。1为“龙头”、即华龙网-新重庆客户端，起主动力和主引擎作用；41为“龙身”、即全市41个区县客户端，是确保传播到达的渠道。42个前端各自独立、各有区域特色，技术系统则是统一平台、统一数据、统一服务标准。经过4年的发展和探索，重庆客户端集群下载量达到2000万，打造新型传播平台，推动主力军上主战场，在移动端抢占舆论高地。主营的重庆日报数字阅报屏也覆盖全重庆38+2个区县；阅报屏系统经过数次迭代开发，功能日趋完善，系统及内容具有高安全、高可靠性，平台可纳入其他数字媒体终端，对其内容进行管控，目前数字屏超过3000块，已成规模仅次于人民日报电子阅报栏的党报数字屏媒体，拓展了党网影响力。

2. 加强技术驱动，融合采编平台建设

华龙网研发“华龙芯”项目，项目以用户为中心，以科技为引领，统一战略目标、资源共享、敏捷高效的能力共享交换中心和统一指挥调度中心，建设致力于促进业务融合、能力融合、数据融合、运营融合及人才融合，打造出“内容+技术+运营”的融合生态。横向上从内容生产流程、应用服务需求、基础技术能力、网络安全等各方面进行梳理整合、贯通提升；纵向上汇聚集团信息数据资源，打造共享标准体系，建立统一指挥调度机制，优化传统媒体的采编发流程，融会贯通，实现了华龙网自建PC、客户端及第三方UGC平台微信、微博、抖音的“一端管理，多端输出”。

（三）严格安全责任，以队伍建设为基础，强化内容安全技术保障

华龙网时刻谨记使命和职责，认真落实安全刊播责任不懈怠，2019年做到了新闻零事故。

1. 保障内容技术全面安全，落实安全刊播责任

华龙网在内容安全方面注重新闻内容生产“采、编、发”每一道流程控制，严格实行“一稿两报”、一般稿件“三审”制、特殊稿件“六审”制，明确执行新闻内容“先审后发”，并按照最新要求，对编委会管理规范及系列内容管理制度作了统一修订；在技术保障方面，成立信息安全专项小组，负责应急处置工作，设置信息安全联络员，责任到人，提高应急响应力，加大处罚力度，做到不留“死角”；重大节点前做好安全应急演练，各技术平台进行安全检查，检查关键服务器日志，防止黑客攻击；召集技术、内容部门管理人员和一线员工召开内容安全会、重大项目动员会，启动“华龙网内容技术应急安全预案”，做到内容和技术安全双保障。

2. 深入基层培养全媒人才，稳步提高团队力量

华龙网通过“内训+外训”方式，强化采编人员政治学习和业务学习，制定一系列培训计划，让所有员工岗位技能和综合能力通过各类培训得到拓展和提升，向全媒记者、全媒编辑、全媒管理人才转型。扎实开展增强“四力”教育实践工作，华龙网编委以上领导带头深入基层一线“走转改”，外派记者将多数时间都扑在基层，及时采回热辣、鲜活的作品。通过“腾龙计划”“采编特训营”等方式，培养全媒记者、编辑、管理人才。

二 | 华龙网新媒体工作案例

《2019对话1949：时代变了初心未变》

中华人民共和国成立70周年之际，全党范围内开展“不忘初心、牢记使命”主题教育，华龙网推出作品《2019对话1949：时代变了初心未变》。该作品使用“双屏互动”等新媒体技术，从70年这一特殊时间节点切入，让不同时代的人物上演了一场“平行世界”的“隔空对话”，深刻阐释“时代变了，初心未变”的主题，呼应了共产党人的初心使命。

主题上，作品深刻阐释了“不忘初心、牢记使命”的内涵。虽然革命志士倒在了黎明前，但他们的精神被传承下来，不断感染和激励着一代又一代人，时代虽然变了，但初心未变。创意上，作品改变了以往重大主题报道单一输出的模式，创新性通过“平行世界”“隔空对话”的沉浸式体验，让当下的小学生、职场女性、即将就业的青年，分别与革命志士进行隔空对话，进而构建起三个不同的完整故事场景，让受众更乐于接受。技术上，作品互动性强，呈现上采用“单双机”互动方式，网友观看时可选择单人模式，也可邀请其他人双机同步体验，兼具社交属性。单机模式中，不同时代的两位主人公同时出现在同一移动终端的左右两屏画面；

双机模式中，两位主人公则可以在两个终端屏幕中互相穿越，分屏互动，交互性强。

作品推出后，在PC端、客户端、社交平台等迅速引起立体式传播，并引发众多网友强烈共鸣，很多网友主动转发，为不变的初心点赞；还有不少人被“单双机”互动这一新颖创意所吸引。在网友的一次次互动分享尝试中，产品逐渐实现裂变传播，作品全网总点击量超过2100万人次。同时，作品得到业界高度认可。2019年11月29日，在长沙举办的2019中国新媒体大会上，中国记协新媒体专委会发布了《庆祝中华人民共和国成立70周年融合报道十大创新案例》，该作品从全国各地推荐的近百件作品中脱颖而出，高票入选，排在地方媒体首位。

（华龙网）

重庆日报报业集团

一｜重庆日报报业集团新媒体工作综述

2019年，在重庆日报报业集团党委和都市报党委的坚强领导下，上游新闻提出了从三个方面创新主流媒体“移动化”的机制体制，以及在内容生产及用户连接上重构新方式：创新机制体制，加快做大做强上游新闻，全力打造“全程、全息、全员、全效”媒体；全面实施移动优先战略，全员向移动平台转型。

（一）加强政治建设，强化导向管理

重报都市报集团全体采编人员按要求积极参与“不忘初心、牢记使命”主题教育活动，明确各报、刊、网、端、微的审核把关的主体责任，各媒体、各平台严格执行三审三校和重大宣传的多层把关制度。

启动《关于创新优化都市报采编统筹管理机制的方案》，夯实编委会职责，调整完善分工；完善《新闻内容导向审读工作细则（修订）》，强化风险预警和处置能力；制定了《上游新闻及重庆晚报、重庆晨报、重庆商报采编绩效考核方案》《上游新闻绩效考核方案》，优化绩效考核机制，发挥考核“指挥棒”作用，推动上游新闻平台发展壮大。

（二）创新融合机制，加快阵地建设

启动《做大做强上游新闻改革实施方案》后，近400名都市报采编人员纳入上游新闻频道制管理，推进上游新闻“主流化、视频化、智能化、互动化”建设，全面优化用户体验，全力推进互动链接。

上游新闻2019年继续保持国内机构媒体新媒体“前十强”的地位，截至11月，上游新闻下载量2500万，日均活跃用户180万，日均访问量2200万，日均发稿量1600余条，已成为中国西部

影响力新闻品牌，国内优质新闻客户端，在全国有一定影响力的现象级移动传播平台。

1. 主流化建设有序推进

全面贯彻落实市委关于“提升内容到达率、阅读率、点赞率、转发率”“让正面的声音牢牢占据主战场”的要求。头条频道、重庆频道突出展示好习近平总书记的新闻报道，市委、市政府重要会议活动报道及其他重要主题宣传报道。目前上游新闻已在北京、上海、广州等城市设立了9个记者站，通过以站带区域的形式，覆盖全国，巩固和提升上游新闻在全国的传播力和影响力。

2. 视频化建设初见成效

全员视频化加快推进。截至2019年10月共开课8期16次课程，300多采编人员参加，已初步完成旗下全体采编人员的新闻视频拍摄及剪辑培训。

2019年上游新闻编辑部每周生产的视频产品比2018年翻了一番，全年发布原创视频新闻大约4500条。直播从2018年的全年44场，到2019年全年完成210场。“炫视频”上线以来，共发布视频2458条，总点击量超过3000万。上游视频的微博秒拍上传视频600多条，点击量5000多万。

3. 互动化建设取得突破

2019年，上游新闻三个新频道上线，主动出击强化平台互动化，引领本地主流舆论。

帮帮频道已联系市级部门和区县225个，联系专家、大咖、达人200多名，收录各行业、兴趣、社区群体共500多个，覆盖人群10多万人；炫视频作为UGC，策划多元活动引导用户向PGC发展；曝光台紧紧围绕市委、市政府的中心工作，推出《城市提升曝光台》等建设性舆论监督栏目。初步统计，超过80%以上的报道得到了及时、妥善地解决。

4. 智能化改造加快推进

上游新闻已经完成了8次APP版本发布，20余次系统优化发布，完善了上游新闻平台在知识问答和UGC领域的布局，塑造了轻社交的属性；首次完成上游新闻后台AI技术的集成；重构了上游新闻APP的推荐功能，再次提升APP的智能化水平。

技术部门已经启用了阿里云SCDN高防安全加速产品，保障平台在遭遇DDOS等大规模流量攻击下的正常运行。在公安部“全国互联网企业网络安全管理优秀团队及个人表彰会”上，上游新闻荣获“2019年网络安全管理优秀团队奖”。

5. 品牌建设工作提速

结合频道资源，充分利用采访文化大咖名人的机会，先后邀请徐峥、陈佩斯等20多位名人为上游新闻录制宣传ID，并制作成朋友圈海报加以推广，扩大了上游新闻的品牌影响力和知名度；承接“双晒”“我和我的祖国重庆青少年爱国主义教育”等系列活动，完成了90多场中大型地面推广活动，全方位品推活动形成上游新闻品牌的有效合力，数百万用户广泛参与，拉动下载数300万人次。上游新闻的发展，引发多方关注，2019年以来，共接待中宣部、中央网信办、德国杜塞尔多夫媒体考察团等国内外媒体、政府要员、学校机构参观访问80余次，平均每2个工作日就有1次到上游调研考察的人员。

（三）创新产品形态做好新闻宣传

2019年新闻宣传工作大事多、任务重、要求高，在新的采编统筹机制指挥下，都市传媒全体采编队伍迸发出巨大的创新活力，重大主题宣传、重大活动报道佳绩频传。

1. 总书记来渝视察报道浓墨重彩

2019年4月，习近平总书记视察重庆，上游新闻自主策划采写了《总书记和我们在一起》《西部大开发即将进入新时期重庆可从三方面实现支撑作用》《重庆在推进共建“一带一路”中发挥带动作用建议从这四方面入手》《长江经济带绿色发展不仅自己要做好还要供借鉴》等一批有现场、有故事、有体验的报道，制作了《我为你翻山越岭——习近平总书记的重庆足迹》《和煦春风里，给您说说心里话》一批叫好又叫座的新媒体产品，共刊发相关稿件161篇，上游总阅读量达到6000万。

2. 全国全市两会宣传再创佳绩

2019年全国两会期间，上游发稿近千篇，直播33场，新媒体产品57个，阅读量超百万的报道（产品）36个，总阅读量超过7500万，较2018年增涨5倍多，产品得到中宣部大会和中宣部阅评10次表扬。全市两会报道，上游发稿600余篇，上游平台总阅读量4300余万，较2018年增长6倍多。

3. 深入开展“不忘初心牢记使命”主题教育宣传

精心策划和组织“不忘初心、不忘使命”主题教育活动宣传报道，利用多媒体手段，突出故事性、可读性、鲜活性。开设《先锋的力量》《身边的初心使命》等专栏，推出《书信“写”初心》《我是党员》等系列报道，重温革命者故事，受到市委宣传部表扬，也得到用户的认可，阅读量4300万。

4. 高站位做好庆祝中华人民共和国成立70周年宣传

提高政治站位，提升策划思维，创新产品形态，围绕“爱国”长征”“信仰”“奋斗”“复兴”等热词展开庆祝中华人民共和国成立70周年策划，推出《共和国记忆》《前进中国》等10余个特色专题、专栏，发稿1200余篇，全网阅读量上亿。《重庆北站玩快闪众人齐唱<我和我的祖国>》融媒体视频产品，受到网友关注，阅读量1000万；“祖国万岁灯光秀”专题报道，形成全网刷屏效应，总阅读量2100万。短视频《全球中华儿女今天同唱一首歌》，通过重庆官方海外传播平台iChongqing在Twitter和Facebook同步发布，一周全网播放达到6000万次。

（重庆日报报业集团）

重庆广播电视集团

一 | 重庆广播电视集团新媒体工作综述

第1眼移动传播平台，是重庆广播电视集团（总台）在媒体融合发展领域最重要的抓手，核心由第1眼新媒体矩阵和运行后台构成。矩阵以新闻类移动客户端第1眼为主体，涵盖以“第1眼”命名的微博、微信、抖音、今日头条等多平台媒体号，全网粉丝数在2019年已突破2000万；运行后台由重庆广电自主建设，已具备多渠道信息汇聚能力、强大的音视频处理能力、大数据分析能力、多渠道发布能力和新媒体开发运营能力，可支撑融媒体制作单位实现“一次采集、多种生成、全媒传播”，即单次制作分别推送到电视、客户端、公众号等信息发布端口。2019年，平台已经基本打造完成，成为一个电视、广播、新媒体统一出口、可管可控的新闻传播载体。

第1眼移动传播平台依托重庆广电集团强大的外采力量，以本地新闻、视频直播、市民报料等为特色，终端刊载90%以上为原创视频新闻，是目前重庆本土最具影响力的视频新闻平台。平台的重要组成部分第1眼新闻APP于2018年6月18日正式上线，经过一段时间的积累储备，在2019年迎来重大发展。这一年，APP启动了上线以来最大一次改版升级，正式步入2.0时代。这一次改版将重心放在了“立”和“融”上。“立”是指进一步夯实主流媒体权威信息发布地位，从版面设置到内容布局都突出主流声音、主流信息。“融”是指利用重庆广电集团拥有电视、广播、移动客户端、网络等多渠道传播优势，在新媒体终端继续互融、互用。

（一）唱响主流舆论思想的主旋律、最强音

经过改版，第1眼APP在首页的页面设置上，突出了重要信息。例如将每天的最主流声音，不断在提示条中滚动展示；同时将“脱贫攻坚”等核心专题，设置在显眼位置。“全国两会”“学习贯彻习近平总书记视察重庆重要讲话精神”“壮丽70年　奋斗新时代”“脱贫攻

坚”“晒文化晒风景”等国家和地方大型宣传主题活动，也在平台上重点呈现，成为重大主题融合传播的有效阵地。

2019年全国两会，第1眼APP深入领会习总书记对“全媒体”的重要讲话精神，制作了新媒体产品《知否知否？两会常识你该有》《巾帼建功新时代“她”们是美丽的追梦人》，获得中宣部通报表扬。两会期间共发布相关稿件258条，H5共9条、VR产品2条。每天的报道及时传递最新两会消息，各板块内容丰富详尽，版面有规模、有气势、有氛围、有专题、有亮点。

2019年4月15日至17日，习近平总书记到重庆考察。第1眼开设了专题《习近平在重庆考察调研》《把习近平总书记的殷殷嘱托全面落实在重庆大地上》，并在排版上首页首屏重点突出展示。做到了版面重点突出、中心明确、氛围热烈。制作发布了丰富多样的原创新媒体稿件。例如《H5｜习近平总书记重庆考察期间的金句》《习近平总书记来渝考察引发强烈反响》。原创稿件条数35条，点击量达14万。根据第三方新媒体大数据评估和研究平台——清博大数据的统计，习总书记在重庆的3天，重庆地区时事类微信文章阅读量排行榜中，重庆广电第1眼发布的《习近平在重庆考察调研》，阅读量和影响力都位居榜首。

（二）实现多渠道共生融合

2019年改版后的第1眼APP新增了电视和广播板块，重庆卫视、重庆新闻频道、重庆广播，24小时同步在平台独家免费直播，不仅实现了手机与电视同步直播，而且在第1眼APP中拥有全集回看、单条回看功能。让受众一部手机第一时间掌握重庆权威新闻消息，随手看电视，随时听广播。平台将电视、广播、移动互联网三种不同形式的传播介质打通，完成内容的进一步融合。例如电视正在直播的话题，先在移动客户端公布，请网友发表见解“站队”；网友的观点丰富电视端的内容，甚至推动电视话题设置，形成网上网下、大小屏同步的舆论场，真正引领公共舆论走向。

（三）强化视频属性实现跨省市、多部门、多区县资源联动整合发布

作为第1眼移动传播平台的优势竞争力，视频表现形式在2019年被进一步强化。首先是经过改版APP视频新闻在页面版式中不再单一呈现图文解读或点击才能观看详情的方式，而是改变为一键点击直接观看短视频，便于用户快速阅览，符合4G、5G时代的手机端视频阅读习惯。同时视频的画质得到大幅度提升，码率提高到2兆，是改版升级前800K的2.56倍。

“第1眼移动传播平台”在“两江云”技术平台的保障下，吸引各区县融媒体中心以租户模式加入，实现重庆全市各媒体的“资源同享、宣传同步、品牌同建”。平台对各区县融媒体租户既可以进行统一策划、生产，例如《陇上行》《十大博物馆镇馆之宝》，又可以实现个性化定制，例如《丰都庙会非遗文化展演》《武隆羊角古镇开街》。

2019年，第1眼APP与重庆市多个职能部门开展合作，让政务信息的传播更为高效。例如，与重庆市卫生健康委联合开展“你点名我监督”活动，分两个阶段对美容医疗行业和宾馆酒店行业分别开展点名监督活动。活动效果明显，目前已有部分企业的违规行为遭到查处；与重庆交巡警总队达成长期合作伙伴关系，独家联合发布了《小长假重庆热门景区路况》《全市冰雪天气路况预警》《极端天气全市路况》等专题；与重庆市高级人民法院进行深度合作，除了开展“直播：强制执行在行动”以外，还携手挖掘生动案例，制作相关新媒体作品。为进一步宣传好政务信息，第1眼APP采取小编对口负责的形式，对外国驻渝机构、两江新区管委会、重庆市规划自然资源局、重庆市卫生健康委等单位一一对接，通过小编和记者与各单位的深入沟通交流，为每家单位生产新媒体产品，例如《重庆的规划自然资源局到底是管啥的？》《在重庆生娃可以享受哪些福利？》。同时，通过自主策划，针对文件类的时政稿件，梳理出核心干货，制作一图看懂或H5等形式的新媒体产品：《2018重庆交通发展大数据》《一图看懂丨全面推行垃圾分类重庆这样干》《一图看懂丨钱又多了！来看重庆上半年记账本》《一图看懂丨成渝城市群一体化发展》《一图看懂丨上半年重庆外贸成绩单》。

“第1眼移动传播平台”是重庆市文旅委的重点支持媒体品牌。结合重庆地方发展特色，平台针对文旅宣传进行了创新开拓，实现了“媒体+文旅”的新增长点。重庆唯一的文旅电视节目《这里是重庆》，重庆唯一的全天候景观直播《24小时看山城》《城市之巅看两江汇流》《夔门天下雄》，自创新媒体品牌《蓝哥逛山城》，这些平台内的独家内容都成为市民和外地游客了解重庆的重要窗口。架设在渝中半岛、南山、朝天门、夔门等重庆市核心景点摄像头，带来24小时不间断的高清直播，迎来如潮点赞。大家通过手机，就能随时随地看到实时的山城美景，并且把重庆风光在网络端推广到全世界。

2019年6月30日，国家广播电视总局指导的长江之恋联合大直播，在12家长江流域省市媒体同时举行，“第1眼”作为重庆唯一受邀媒体参与进行了全程直播。12家省市媒体接力直播，集中展现万里长江自源头到入海的全景概貌，反映长江流域和长江经济带秉承“创新、协调、绿色、开放、共享”五大发展理念取得的最新成果，立体呈现长江沿线生态显著进步、文化日新月异、群众生活幸福的崭新画卷。网络直播点击量超过12万。

（四）强调新媒体产品属性不断创新突破

2019年第1眼移动传播平台将H5、5G+VR直播、漫画短视频等方式，作为自身发展探索重点。为了做好总书记来渝后重要指示的反响，策划制作了H5《重庆邀你一起拼》，将总书记对重庆的发展定位，用填字的方式，加深印象，让大家把这些金句铭记于心；为了用好红色资源，服务主题教育，全力打造了新媒体产品《周恩来和他的朋友们》为中华人民共和国成立70周年献礼。该H5取材于周恩来抗日战争期间在重庆的统一战线工作，以长幅画卷的形式展示抗日救国的"朋友圈"，将新媒体的交互技术融入其中，做到了宣传性、教育性、历史性、艺术性的完美统一；为了配合宣传大足石刻修缮工作，"第1眼"与大足石刻的文物专家深度沟通后，选取了一批经典石刻造像，用手绘漫画的形式，原创制作了"保护卧佛系列漫画"，并制作出漫画表情包向网友发放。石刻造像数百年保持着一个姿势，"第1眼"还利用视频特技，让经典造像有了表情和动作的变化，并配上重庆方言台词，产出了一批"动起来"的大足石刻系列短视频，在严肃的传播主题下，增加了趣味化元素。这些漫画式表达，拉近了年轻人与传统内容的距离，降低了文化消费的门槛，有效提升了网络传播率。

二 | 重庆广播电视集团新媒体工作案例

"晒文化·晒风景"大型文旅推介活动之《书记晒文旅》

2019年3-8月，重庆市"晒文化·晒风景"大型文旅推介活动举行，《书记晒文旅》是其中最重头项目。

节目中，40个区县的一把手党委书记化身"导游"和"代言人"，拍摄8分钟的视频短片推介当地文旅特色。这些短片以诗意的表达与诠释，充分显示着重庆对"文化"与"风景"的积极追求和对创新的向往。而参与其中的区县党委书记绝大多数是厅级领导干部，也因此被誉为"厅官真人秀"。

《书记晒文旅》节目的一大特点是多样立体、相互连接、开放参与的融合传播体系。首先是立足传统电视大屏阵地，彰显官方权威和公信力。重庆卫视、重庆新闻频道、重庆移动电视、重庆国际频道、机顶盒、IPTV等电视大屏，全方位展播《书记晒文旅》。1100多条次预热新闻造势、40期专题访谈深度解读。其次，新媒体平台同步推介。在第1眼、视界网、IPTV等新媒体平台，设立《书记晒文旅》专题页面同步刊播，并在抖音、头条、微博、微信公众号等平台推广发布，重庆广电报、华龙网、上游新闻、重庆发布和区县媒体，也同步联动推广，形成市县两级联动、报台网端发布、社交媒介链接的全媒体传播格局。

在整个创作过程中，活动制作了大量多样创新的新媒体作品。共制作原创新媒体作品1200多条，短视频拆条、视频海报、图文海报、漫画、新媒体推文、H5等，在新媒体端口密集释放，引爆朋友圈。可以说，《书记晒文旅》受到市民的高度关注和参与，形成了空前的盛况。活动专门建设了互动通道，设置的点赞投票环节吸引1500万人次参与其中，真正实现了全民参与、全民共享、全民传播，激发了市民热爱家乡、奉献家乡的热情，增强了城市的向心力、凝聚力。

《书记晒文旅》节目充分展示了互联网时代传统媒体和产业融合所爆发的巨大力量，大大推动了城市文化和旅游的深度融合发展。节目在电视大屏端的收看人数超过5.3亿人次，在新媒体端的点击量达到25.5亿人次。重庆市内外各级网络媒体刊发转载图文、视频稿件8.2万篇次。人民网、新华网、凤凰网等重庆市外媒体转载作品5000余篇次。抖音、腾讯相关话题阅读量达6亿人次。中宣部“学习强国”学习平台推出40个视频，阅读量5200万余人次。

（重庆广播电视集团）

四川日报社

一 | 四川日报社新媒体工作综述

自2014年中央提出融合发展战略，媒体融合已经进入第五个年头，川报观察也在2019年底迎来自己的第5个生日。作为牵引川报融合转型的“火车头”，川报观察2019年从队伍融合、产品融合、渠道融合加快走向技术融合、平台融合、生态融合。截至2019年12月31日，川报观察客户端用户下载量达到1617万，苹果应用市场2019年应用总榜最高排名131，新闻类最高排名第6；客户端活跃用户170万，远高行业平均值；川报观察微信用户32万，川报观察微信小程序用户35万。进驻第三方新闻内容平台数超过15个，布局各类用户终端，进军新的舆论场。四川日报微博用户突破726万，微信用户34万。与此同时，川报观察积极推进“四川云21183+N”工程建设，全省已有160多个县区和5个省级部门、行业系统集体签约入驻。

（一）内容建设：突出重点，紧扣热点，凸显亮点，制造爆点，牢牢占据传播制高点

2019年，川报观察一手抓内容创新，一手抓平台建设，牢牢抢占移动互联空间舆论阵地，在全面提升舆论引导能力的同时，努力探索党媒独有的融合道路和价值模式。

1. 突出重点，紧扣热点

重点在主题报道、突发事件报道上集中发力，连续打赢多场融媒报道战役。做好五大主题宣传报道。一是“不忘初心、牢记使命”主题教育，二是“壮丽70年 奋斗新时代”主题宣传，三是党的十九届四中全会精神主题宣传，四是“关心关爱农民工”主题宣传，五是脱贫攻坚主题宣传。其中，结合省委全会推出的主题教育融媒图解，赢得党员干部群众欢迎，各地纷纷制作成宣传展板向社会传播。学习贯彻党的十九届四中全会精神方面，精心策划推出“宣讲团来啦”“小徐姐姐说全会”系列趣味解读短视频，单条点击量超过30万。

紧扣增强“四力”推出的庆祝中华人民共和国成立70周年融媒报道推陈出新，先后推出了“援藏纪行”“随老记者再访新闻现场”等大型线上线下策划报道。联合人民日报推出《四川24小时》，一周视频点击量突破1500万并被全国各大媒体、全省户外大屏转载；联合新华社欧洲总分社、iPanda熊猫频道推出重磅策划《“最萌大使”打越洋电话》，获主管部门高度肯定并组织全网推送，曝光量破超过百万；联合机场、公交、铁路部门推出“奋进四川 · 飞奔70年”大型融媒活动，开启“铁公机联动”流动展馆，社会反响强烈。

“关心关爱农民工”主题宣传方面，创新推出线上线下活动和服务产品：春节前夕，川报观察对返乡专列进行连续13小时的视频、图文网络直播；解读农民工服务保障16条政策的“农民工小课堂”动画视频，在高铁车厢内滚动播放；还联合省人社厅、省农劳办开发设计的“四川农民工之家”微信小程序，成为集返乡就业创业政策咨询、外出务工维权、服务帮扶于一体的掌上平台。

脱贫攻坚主题宣传方面，12月31日，全国最后一个建制村阿布洛哈村通路，当天川报观察搭建新闻专题“直击阿布洛哈通车首日”，连推重磅消息、一镜到底手绘长图、200秒对比视频、独家人物特写、蹲点日记H5等内容。其中，短视频报道观看量破百万；手绘长图仅客户端阅读量就突破了20万。

2. 凸显亮点，制造爆点

坚持移动优先、短视频优先，以可视化报道创新制造爆点。春节期间推出视频报道《成都街头千人唱响我和我的祖国》一文，激发核心读者与一般大众的多圈层共鸣，仅川观客户端点击量达350万以上。凉山木里火灾报道中，凌晨第一时间制作的《视频丨一路走好！凉山人民深夜泪别救火英雄》阅读量上百万。视频H5《童话里的英雄》全网视频点击量过400万，并且得到原唱歌手的转发。在长宁6.0级地震报道中，新闻视频《千年葡萄井毁于地震，正宗葡萄井凉糕或绝世》《地震了！婚还是要结的！》在微博等多平台传播，吸引了众多媒体和网友的关注。独家视频《3名毒枭今日在凉山被执行死刑临刑前曾与家人会面》点击量上千万。

稳步发展特色视频，提升原创视频产能。微纪录片表现突出，“凉山战报”融媒佳作不断。《归来吧！凉山少年！》系列暖视频聚焦大凉山贫困地区的孩子，《扶贫路上带着妈妈来驻村》聚焦驻村第一书记的感人事迹，《乐山大佛出关记》回顾乐山大佛出关全过程。

创新视频包装手段，可视化传播推陈出新。《小徐姐姐说两会》以动画+实景人物形式，推出有趣有干货的精彩两会报道。《1分钟穿越，从巴山蜀水到人民大会堂》以视觉效果呈现穿越感，火爆全国两会。总书记来川视察一周年航拍对比视频《总书记一年前来过的大凉山怎么样了？百秒航拍告诉你！》，以左右对比的剪辑方式，将村里新貌进行更加直观的呈现，视频短小精彩，画面极富感染力。原创歌曲MV，《三九大四五六铁公机一加三》原创歌词唱四川，并制作推出乐高定格动画版。用视频呈现图片的新表达，《我们花了54年，为攀枝花拍了14张对比图》等系列市州历史对比视频在当地都引发强烈共鸣。

试水音频品牌栏目，多元化开展媒体融合。联合经济部打造轻科普音频“经济BBKing”栏目，在兼具轻松氛围与权威分析的双重特质下，以“非大型、不严肃、够专业”为宗旨，为大众分享经济知识。与省方志办联动推出“寻味四川”“熊猫传奇”音频栏目，以音频形式展现、推广多元的四川，极具外宣价值。

党媒联动常态化，成为媒体技术应用的区域引领者。云视频直播、虚拟现实应用、媒体视频应用等领域……全国两会期间，联动四川市州党媒制作推出“数瞰四川24小时”视频联动策划，以“航拍美景+大数据”的微视频形式对全省风貌成就进行展示。全网传播量超800万，线上线下传播量累计破亿。并吸引中国邮政主动寻求合作，结合川报观察客户端成熟的AR技术合作推出主题明信片。12月16日，成贵高铁全线通车，联动贵州日报·天眼新闻、云南日报·云报新媒和兴文县融媒体中心推出“飞奔云贵川”大型联动直播，在四川、贵州、云南三省形成刷屏之势。

注重打造品牌专栏，形成一批千万级传播量产品。注重个性深度思考的“慢条思理”，科普医学的爆笑短视频“加油吧我的命”“健康贾老练”等，特色鲜明，质量上乘，吸引读者。截至12月31日，川报观察10万+稿件突破2800条、100万+稿件突破80条，其中亿级传播有10条，千万级传播有14条。四川日报微博亿级话题10个、百万阅读微博25条、千万阅读微博5条。其中，亿级传播10条，分别为“长宁6.0级地震”专题，传播量突破5亿次；“2019年省文旅发展大会”融媒报道（含全国媒体联动大送票活动），传播量突破3亿；“壮丽70年 奋斗新时代”庆祝中华人民共和国成立70周年系列报道，传播量突破2亿；“四川木里森林火灾扑救”“世警会观众撑警队”、汶川“8·20”强降雨特大山洪泥石流灾害、“关注党的十九届四中全会”“飞奔云贵川”成贵高铁开通三省大型联动直播、“关注杉木树煤矿生死大救援”“阿布洛哈村通路”系列融媒报道和产品等传播量破亿。千万级传播有14条，包括《一帧四川·70年大进化》系列3D硬核短视频、《“最萌大使”打越洋电话》《四川24小时》、“四川专场新闻发布会”融媒报道、《凉山战报之“上学路上，一个都不能少”系列微视频及“万盏明灯伴书香”大型新闻公益活动》《四川究竟有多美》等。川报观察2800条10万+稿件中，权威、独家、原创深度报道占了较大比例。

（二）技术开发：小步快跑，精准发力，优化布局，抢占市场，为内容运营提供有力保障

2019年，川报观察客户端共升级6个版本，针对用户、记者、运营各个层面进行功能完善；适应移动新生态发展趋势，针对小程序的互通功能也做了定制开发，用户突破35万；川报观察PC端和WAP端界面持续优化，界面更加精美，年内实现川报观察6.0的重大改版升级，从视觉到

功能到智慧化上都得到质的提升。在架构、设计、内容定位和用户交互手段等方面都进行了全面升级改版。首页推荐内容进行了全新升级。全面化繁为简，内容更精准，阅读更聚焦。精品内容和个性专栏都以信息流形式推荐给用户。新增专栏，视频，热点新闻板块推荐，用户打开首页即可掌握全局。

围绕川报观察客户端，从服务的外延到全流量的入口构建进行了一系列工作。服务外延，即按照集团战略安排，从资讯服务，外延到了四川云的“资讯”“政务”“生活”等全方位服务，和四川省政务服务中心小程序接口打通，提供全省和21市州的在线政务服务能力，用户打开客户端就可以办事，为用户带来了一个更简洁、更聚焦、更个性、更沉浸、更实用的省级党端；全流量入口，从微信小程序开始，构建客户端、微信公众号、微信小程序一体化的用户体系，在5.0中，川报观察的客户端用户、小程序用户、公众号用户通过微信ID可以实现全面统一。

自主研发县级融媒体中心多租户平台，构建了社区通、早晚报、便民服务等多个特色媒体+服务类产品。其中，创造性研发了“社区通”小程序系统，致力于构建一个本地社交传播平台，让老百姓有一个自己的发声平台。充分体现实用性和便捷性，致力于打通基层政府社区治理最后一公里。

（三）运营推广：整合资源，开放合作，细分社群，优化生态，积极扩大党端影响力版图

率先在APP、公众号、个人号、小程序等渠道构建起“四川党端”护城河。APP层面，以社群活动吸引用户，依托“川观供销社”积分商城，联合共享充电、共享出行、餐饮、文娱、旅游等行业，策划社群活动27次，精准覆盖粉丝人群200万人。以主题策划拓展用户，先后策划举办“为枫桥式公安派出所打Call”“资阳市主题教育竞答活动”“川观合伙人”一二季、“市县新媒体2019优秀传播案例征集推选活动”等线上活动，成建制增长目标用户超过80万。个人号和公众号层面，推出“川宝”IP，成为国内首批实验私域流量的省级主流媒体。小程序层面，凭借“两会问吧”“村红短视频大赛”等策划，新增小程序用户35万。

二 | 四川日报新媒体工作案例

全国两会新媒体产品：脱口秀栏目《首席脱口秀×小徐有约》

传统媒体如何快速圈粉？“高冷+乖萌”的打法了解一下

全国两会期间，四川日报两微一端推出的脱口秀栏目《首席脱口秀×小徐有约》，用轻

松、诙谐、接地气的脱口秀方式趣说两会，凭借“小而巧”的视觉表达，从激烈竞争中突出重围，刷了一波存在感，圈粉无数。

（一）传播数据

300万+：栏目总浏览量超过300万；

210万+：在四川日报两微一端上的浏览量超过200万。

（二）产品亮点

1. 接地气！诙谐说两会，专业又有梗

《首席脱口秀》是川报全媒体集群一款常设的王牌栏目，聚焦四川政经民生。《小徐姐姐说两会》是川报全媒体集群于今年四川省两会期间推出的一款现象级产品。2019年全国两会期间，川报全媒体集群将两个栏目大胆组合，混搭推出《首席脱口秀×小徐有约》，“70后”首席记者搭档“90后”年轻记者，趣说两会民生热词，包袱不断，知识点满满。

2. 小而巧！萌系视觉表达，另辟蹊径

与传统视频产品形式相比，川报全媒体集群推出的《首席脱口秀×小徐有约》，形式非常“小巧”。第一个特点“小”。主创团只有10来人，记者6人、编辑4人、美编2人、视频编辑1人，每期节目视频环节的工期只有1天。第二个特点“巧”。话题小巧、形式轻巧、创意讨巧。

作品二维码：

（四川日报社）

封面新闻

一 | 封面新闻新媒体工作综述

2019年，封面新闻和华西都市报的融合发展进入2.0阶段，通过深入实施“数据驱动下的视频传播和社群营销”战略，不仅实现了封面与华西彻底地合二为一，而且在建设一流智媒体和打造互联网科技传媒文化企业等方面取得了新的突破。

（一）新闻宣传亮点频出

1. 创新主题宣传报道

2019年，封面新闻、华西都市报坚持以习近平新时代中国特色社会主义思想为指导，围绕中华人民共和国成立70周年这条主线，创新报道方式，从2019年5月起，围绕“我和祖国共成长”主题，推出“70年·封面中国行”大型系列报道和活动，包括“70年·70人系列专访”“封面航拍”、互动活动以及原创歌曲动漫MV、精剪系列短视频、互动H5、Vlog视频等融媒创意产品，将有意义的报道做得有意思。在“四川省庆祝中华人民共和国70周年成就展”上，由封面新闻精心制作的11部人物短视频微纪录片惊艳亮相，全网传播量超六千万。“70年天路行”报道采用了Vlog和微纪录的方式来呈现人物故事，全网传播量超过一千万。原创歌曲MV《奇迹70年》，结合原创的说唱歌曲，采用当前最流行的定格动画、手绘动漫形式，全网传播量超过五百万。

深度聚焦脱贫攻坚。从1月起推出《新春走基层·凉山新眼神》系列报道，用7条微纪录短视频以及7篇深度文稿，通过聚焦凉山新一代展示过去一年来，特别是习近平总书记视察大凉山一年时间后，凉山脱贫攻坚工程所取得的成绩单，全网总阅读量超1.5亿。其中，凉山新眼神系列视频产品之一《网红篮球哥：我不是凉山科比，我是曲比尔里》获中央网信办高度肯定，全网各平台积极推广，单篇观看量达5000万+。

科技赋能主题报道。两会报道中，封面新闻启用虚拟演播室系统，运用抠像、跟踪、三维建模、渲染技术等科技手段，将汶马高速、白鹤滩水电站、凉山三河村新居等四川重大民生工程进行3D建模，并将其与在演播室中播报新闻的主播结合在一起，制作成虚拟混合现实视频。采用AI虚拟成像技术，生成以封面新闻记者为蓝本的AI虚拟主持人小封，实现了虚拟主持人与四川代表、委员们的直接对话。2019年3月，中宣部新闻局《阅评快报》点赞华西都市报《2019部长发声》板块。

2. 文化报道精彩不断

大力宣传文化强省，“2019首届天府书展”报道共发布157个视频图文产品、7场直播总时长10小时、1场落地大型活动、华西都市报推出14个整版报道，全网阅读量破2亿，在全社会掀起观展热潮。打造文化传播平台，承办“名人大讲堂”公益讲座活动，自主打造“封面开讲了”公益文化讲座，邀请到李敬泽、郦波、阿来等10多位全国知名专家学者、文化名家开讲，吸引上万人现场参与，直播观看量累计超过5000万，刊发报道500多篇（条），累计阅读量超2亿人次。打造传习活动，承办首届青少年“四川历史名人书画传习”活动，面向全国大中小学生开展，共收到全国大、中、小学青少年的5016幅参赛作品。

3. 积极引导社会舆论

木里县火灾报道发布120余篇报道，运用VR技术分析火灾成因，点击量超5000万人次，迅速平息火灾系人为的谣言。在长宁地震报道中，小封机器人全网最快写稿，地震后10秒刊发首条新闻。封面新闻客户端10分钟内搭建专题刊发数条快讯和救灾相关视频，1小时内启动全国媒体震中首场直播，72小时内共刊发各类稿件300余条，图文直播实时发布动态消息60余条，专题阅读量达7158.44万，相关报道全网关注突破2亿。

封面舆情打造了一系列的舆情产品，已为四川省纪委监委、四川省委宣传部等各级政府部门提供舆情监测、舆情报告等多方面的服务，先后与各级政府部门共同参与了成都七中实验学校食品安全事件、长宁地震等重大舆情事件的处理。

封面新闻评论员及时针对国内国际重大事件、社会关切要点进行热评、网评、快评，有效引导舆论走向。今年以来已经两次获得中宣部阅评表扬，《封面评论｜“维也纳酒店”崇洋媚外？道德臆想不能替代法律判断》《封面评论｜“逃避式考研”：刻薄的诛心之论》。网络跟帖评论员通过及时在热门新闻下进行评论，有效引导公众对社会新闻事件的看法。

4. 稳妥做好舆论监督

在四川省纪委监察厅指导下，进一步打造舆论监督栏目“麻辣烫”。4月刊发的《遂宁一份公文4.8公里走了42天》报道，被选为中央纪委一年一度的宣传工作培训学习范文以及四川省2019年选调生面试题目。

开设民生监督栏目《鹰眼》，专注于衣食住行、旅游购物、公共服务等领域的民生监督。

目前已发布相关民生监督类稿件120余篇，其中《网约车反向绕行20公里开成80公里》《楼房还未建好就收到开发商验房通知》等稿件，在全网引起强烈反响，相关部门根据报道迅速介入，有效解决了群众反映的困难问题，促进民生改善。截至12月7日，专题全网阅读量破3亿。

（二）媒体融合成绩突出

1. 平台建设

建强自有平台。封面新闻APP5.0大版本上线，实现了全面视频化和用户轻社交；每天发稿量突破8000条，直播年产1000场，原创短视频年产10000条，UGC视频生产突破80000条；截至11月30日，封面新闻用户（粉丝）规模超过7500万，其中封面新闻客户端用户下载量超过2930万；世界品牌实验室认定的品牌价值达223.56亿元，连续三年上榜亚洲品牌500强，排名第399位。

加强商业平台运用。重构封面新闻流量体系，形成封面新闻微博3000w+粉丝矩阵以及全网媒体号1000w+私域流量矩阵。2019年已运营产出过亿级流量内容48条，诞生首个10亿级传播案例，单条互动量最高86万次，成为西三角地区用户最多、传播力最强的内容平台。不断拓展对内对外传播矩阵，新兴平台抖音、快手粉丝增长迅速，对外探索Facebook、Twitter、Ins，并打通人民日报、央视频等央级媒体资源。

打造社交互动平台。打造青年移动社交平台青蕉社区，以用户生产内容为基础，构建青蕉拍客社群网络，孵化拍客短视频IP——青蕉视频。目前发动态视频近百条，用户停留时长均在1分钟以上，是封面新闻APP上除推荐频道以外用户停留时间最长的频道。平台已累积了上千名专业青蕉拍客，年产独立短视频8000-10000条。已发布的近4000条独立短视频播放达到40亿次。平均每个月上一次微博热搜，拍客视频多次被人民日报、环球时报、央视等转载。《轻生女孩喝下农药后报警哭诉接警员回拨5次电话成功救援》，全网传播数据超2000万，仅微博秒拍数据就超高达1600万，话题阅读超4亿。《法院鉴定出错致错养儿子23年女子向法院索赔295万》视频观看量1800万，话题阅读近3亿。

自媒体平台封面号目前入驻平台的自媒体数量已近十万个，包括四川检察、公安、共青团、文教等多个系统的政务机构。

2. 技术驱动

封面传媒目前已获得9个软件著作权，荣获中国报协表彰的“2019年中国报业技术创新企业”、“中国报业媒体融合、信息化和网络安全项目创新奖”两项大奖，并成为国家新闻出版署（原国家新闻出版广电总局）首批新闻出版业科技与标准重点实验室——“新闻出版大数据用户行为跟踪与分析实验室”共建单位。

产品矩阵完成升级迭代。自主研发了涵盖七大类21个产品的“智能+”产品生态，实现了推荐算法、机器写作、机器生成语音、MGC视频自动生成、人脸识别、图像识别、智能营销多个技术突破。重点产品实现大迭代，封面新闻封面5.0版本上线，实现了全面视频化和用户轻社交，封巢系统大改版上线，突破了视频底层技术，实现移动端视频剪辑。

AI自动化写作取得突破。每月写稿量超10000篇，写稿领域涉及10大类40小类。机器自动化写作系统获得2019年“绽放杯”5G应用大赛智媒技术专题赛三等奖，2019年《互联网周刊》发布的2019中国人工智能分类榜“人工智能写作平台”排行榜前十，是国内唯一一个源自省级主流媒体的机器写作工具。2019年3月，小封机器人开辟了自己的诗歌专栏《小封写诗》，生成一首诗词的时间在一分钟内，并于10月28日发布首部AI著作《小封诗集》。

智媒云平台建设取得突破。基于自研的封巢系统推出的智媒云平台一体化解决方案，实现多租户技术，极大地加速了省级融媒体平台的搭建，在3000多家服务商中脱颖而出，获得了华为云智媒体解决方案出类拔萃奖。

主流媒体推荐算法优化。自主研发的主流媒体推荐算法，更加注重弘扬主流价值观和网络正能量，拥有自我学习敏感词库、分级黑白名单、推荐列表可控等可配置的功能模块，保证算法系统的范围尺度可控。即将在封面、川观、辽报、扬子晚报等主流媒体上使用。

3. 资本运作

2019年7月23日，四川省文化和旅游产业领导小组下发《关于项目化推进全省文化和旅游发展重点任务落实的通知》，其中“封面融资股改并上市”被列为100个省级重点推进项目之一。封面科技公司正在积极筹备组建，已确定落户锦江区，与四川文产基金、中国互联网投资基金等投资方正落实签署投资协议等事宜。

4. 智库建设

成立了封面研究院，下设“舆情、公益、人文、传播、新经济、人工智能”六大研究所，实行内外部联席院长、联席所长运行机制，现有120名研究人员。重点打造封面指数和封面舆情两大拳头产品。封面指数主要依托AI、物联网、大数据等技术，为智能+发展提供指数分析。封面舆情已为省委宣传部、省纪委监委等提供了多种舆情产品。

（三）经营转型成效明显

2019年，全国广告市场面临严峻形势，根据央视CTR数据，中国广告市场前三季度下滑8%，其中传统广告市场下滑11.4%。在这种艰难复杂的环境下，封面传媒的经营总体保持稳定，新媒体同比增长超过50%；封面传媒总体经营中，新媒体占比57%，活动占比12%，报纸占比31%，结构持续优化。

1. 营销载体

在整体广告市场环境不好的情况下，封面新闻的经营能够持续高速增长，主要在于不断开发新的营销产品，拓展新的营销形式，在新媒体的经营中也保持了一个较好的销售结构。在封面新闻的经营中，完全纯广告形式的经营比如开机屏、信息流、专题搭建、软文等影响力变现的广告经营虽然也是高速增长，但只占了46%。新技术内容营销、内容版权营销、线上线下互动营销、分发平台帐号营销、舆情、频道共建等新的营销载体不断涌现，成为新兴经营增长点，占据了另外54%的份额。

2. 技术营销

2019年，封面新闻的技术变现销售迎来一个突破期，在融媒体中心项目的技术输出上取得了突出进展，不仅实现了洪雅、乐至、泸州江阳区、成都锦江区、红原、扬子晚报、辽宁日报等项目的技术输出，还将小封机器人技术售卖给南海网、厦门日报、济源日报等。封面新闻技术能力的变现和厚积薄发，正在成为有力的新兴增长点。

3. 活动营销

活动营销作为加强用户互动、提升线下影响、推动经营招商的重要抓手，持续不断得到创新与加强。2019年，封面新闻在持续做好年度经济影响力人物评选、C21论坛等品牌活动的同时，火力全开，新打造了西三角企业社会责任论坛、西三角品牌大会等重要品牌活动，各行业活动也持续开展，成为拉动经营的重要抓手，全年实现经营量和拉动经营量超过2000万元。

（四）人才队伍转型加快

按照“一支队伍、一个平台、一体运营”的思路，华西都市报原200多名员工今年整体迁移至封面传媒，实现了封面和华西融为一体、合二为一，实现了主力军进入到舆论传播的主阵地。

人员结构持续优化。截至2019年12月，封面传媒总员工数404人，技术人才新增26人，技术条线人力资源占比有继续提升，有效推进了公司技术+人才战略。公司人均年龄33.8岁，“90后”员工168人，总占比41.6%，较2018年12月（138人，总占比35.8%）同比增长30人，年龄结构进一步年轻化。

融媒技能持续提升。为了推动全员视频转型和技术转型，全年视频类培训超过20场，技术类培训超过15场，每个季度举办内容新技术研讨会，每个月举办人工智能沙龙和视频沙龙，并新设了视频调查组、内容新技术创新小组、5G智媒体创新实验室、技术营销工作室等。通过建设学习型组织，封面目前已实现全员视频转型，技术基因植入各个序列工作。

人才体系持续健全。伯乐项目开通技术人才内部推荐渠道，制定并出台《封面传媒技术人才内部推荐制度》。活水项目搭建内部公开、透明、自由的人才市场，促进内部员工的调配和流动。画像项目完善员工任职资格体系，优化双通道职业发展体系，由M（管理）、P（业务）通道升级为M（管理）、P（业务）、T（技术）通道。首次采用360度评估反馈，从上、下、左、右各层面对于中层管理人员从战略执行、队伍建设、沟通协同、团队影响力四个维度进行评估。

二 | 封面新闻新媒体工作案例

“70年·封面行”大型融媒报道，探寻智媒体时代下的内容传播与创新

为庆祝中华人民共和国成立70周年，封面新闻推出了“70年·封面行”大型融媒报道，专题发稿2000余条，重点原创稿件500余条，全网阅读破十亿。通过一系列的爆款产品，讲好四川故事，充分展示四川70年来取得的巨大成就，探寻智媒时代融合报道的新路径。

（一）仪式化线上+线下联动强化受众在场感

封面新闻通过深度报道“四川省庆祝中华人民共和国70周年成就展”，构建传播仪式场域、实现了受众深度参与，成功向各地市民征集到自发捐赠给省博物院的展品100余件。在展会上，封面新闻精心制作的11个人物短视频、微纪录片，作为重要环节亮相。这组微纪录片，选取了11位四川奋斗者、筑梦者与祖国共成长的故事。通过小切口切入，讲述了各领域领军人物拼搏奋斗、努力进取的经历和取得的成就。

除了70周年成就展外，封面新闻还组织了“我和我的祖国·全国诗歌大赛”、“我和我的祖国·首届互联网Vlog比赛”等线上线下活动，为参与者营造了认同感的仪式氛围，产生了正面积极的影响。

（二）可视化70个人物故事短视频致敬时代

封面新闻以人文、生态、教育、科技、民生、经济、脱贫为7大主题，每个主题从全国范围内精选10位新中国发展70年来关键时期、关键事件、关键节点中的关键人物（引领者、亲历者、见证者）进行面对面专访。此组报道以人物故事为切入，短视频为主要表现形式，通过讲故事的形式，从全新的角度展望新时代的发展。

（三）场景化H5等交互式产品突破时空界限

封面新闻利用交互式H5、小程序等新兴的传播技术制作花样繁多的融媒体可视化交互产品，为用户提供更加精准服务。封面新闻和出生在四川的爷爷“建国”一起，创新形式，用微

动漫H5的形式，回忆了“建国”前半生，并把他的生活融入了国家70年不平凡的发展历史进程里，凝缩在这个H5中。其中很多片段，受众都曾亲身经历、感同身受，引发强烈共鸣。

此外，封面新闻通过七组精心制作的70秒短视频，讲述7个开国大典上鲜为人知的细节。包括开国第一旗、带弹受阅、地球上的新地标、天安门上的主席像、开国大典上的骑兵、大典上的群众游行、开国大典记录影像幕后等，回望70年前的那一天，展现一个初生的共和国的艰苦创业，以及珍惜和发扬庆典留下的宝贵精神财富。此组报道，封面新闻联合新浪新闻，进行了强势推广，全网传播量超过三千万。

这些可视化交互产品打破了时空界限，给受众带来时空一体化的情感体验，融入浓浓爱国热忱之中。

（四）柔性化用网络化年轻态语言吸引受众

“70年 · 封面行”主题报道，充分运用柔性化的方式进行传播。即用柔和内敛，用温和、友善、平等的报道态度，通过更加年轻化、故事化的表达方式，取得潜移默化、润物无声的传播效果。

如封面新闻在中华人民共和国成立70周年报道中，推出了“Vlog · 70年天路行”主题策划，记者历时一个月，行经两万公里的天路，记录中国天路美景，挖掘边境守望者的故事，通过Vlog这种网友最容易接受的新兴表达方式，讲述了天路上一个个普通人的故事，反映新中国70年的巨大变革。收获大量关注，全网传播量超过一千万。

封面新闻采编团队原创了歌曲MV《奇迹 · 70年》。结合原创歌曲，设计团队利用当前最流行的定格动画、手绘动漫形式，自制了动画版MV。说唱+定格动画，年轻态的呈现方式备受用户喜爱，全网传播量超过五百万。

（封面新闻）

四川新闻网传媒集团

一｜四川新闻网传媒集团新媒体工作综述

2019年，在推动融合发展的过程中，川网集团采取一些行之有效的做法，扩大主流价值影响力版图，让党的声音传得更开、传得更广、传得更深入。

（一）准确及时发布新闻消息，牢牢掌握舆论场主动权和主导权

在习近平总书记来川视察一周年之际，四川新闻网组织记者深入三河村和火普村采访，通过VR全景报道的模式，推出报道《三河村火普村的这一年》，集文字、图片、音频、视频、航拍、专题于一体，全方位、立体式呈现一年来三河村与火普村的新变化、新风貌，生动展现当地彝族干部群众脱贫攻坚的干劲、决心、信心。

在学习贯彻落实十九届四中全会精神期间，四川新闻网抓住宣讲团“创新吸纳基层宣讲骨干及在校博士生加入”这一特点，选择一名基层宣讲骨干（的莫鸽鸽）及一名在校博士生（吕明阳），以“网红”视频Vlog的形式，推出《基层宣讲骨干首次走进省委宣讲团的莫鸽鸽的“首秀”Vlog来了》《省委宣讲团报告会上电子科大博士拉起了心爱的小提琴》等报道。通过视频，让宣讲的距离感大大降低，易被年轻的网友所接受，使得宣传报道更接地气。

在中华人民共和国成立70周年主题宣传中，集团各媒体通过融媒体产品，增强互动性、可读性，统筹做好主题宣传、重要时间节点宣传，讲好中国故事，讲好中国共产党故事，讲好新时代中国特色社会主义故事，讲好四川故事，小切口体现大主题，立体传播，扩大受众覆盖面，增强传播力、影响力和实效性。推出《壮丽70年　奋斗新时代》等专题10个，开设“壮丽70年 · 治蜀兴川新成就”“我为中国送祝福”“数说七十年”等专栏，“70年70谈”短视频微访谈，#70年看四川#、#70年，我对中国说#、#人民记忆70年70城#等话题，推出“老照片 · 新故事”“筑梦70年，我与祖国共成长——21位共和国同龄人70视频秒讲述70年奋斗圆梦故

事”“四川首创的新中国163项‘全国第一’”“金饭碗2.0养成记”“播放键”“新言职”等系列报道。其中10月1日当天，四川发布微博首发#早安，我对祖国说#主题视频海报，主题海报得到上海发布、北京发布、广东发布等近100家全国政务新媒体同时发声，同时激发了李宇春等来自文艺界的川籍名人的爱国热情，“表白”祖国。话题#早安，我对祖国说#突破2000万阅读，得到全网1.5万条互动点评，登上微博国庆节当日新时代热门榜第二位。

面对重大灾情疫情、重大安全生产事故、重大刑事案件、群体性事件、突发性事件等难点和敏感问题的报道时，集团各媒体把好“关”、把好“度”，坚持团结稳定鼓劲、正面宣传为主的方针，严格执行有关管理规定，着重宣传党和政府的方针政策，及时发布权威信息，及时普及相关科学知识，主动设置议题，注重体现人文关怀，释疑解惑，形成正面舆论氛围。6月17日宜宾长宁地震发生后，川网集团党委高度重视，立即启动重大突发事件应急预案，成立由集团党委书记担任组长的地震救灾应急报道工作领导小组，发挥新媒体矩阵优势，统筹所属媒体快速准确发声，安排11名记者前往一线，四川新闻网抓住震后暖心画面，推出《【震中直击】震后首天大水村一对新人如期举行婚礼》《震中第一夜避险学生操场合唱<我相信>》等原创文章，展现了灾区人民积极乐观心态和战胜自然灾害建设美好新家园的信心。微博开通主持“#四川地震#”微博话题，密切关注报道抢险救灾工作，话题阅读数累计1.1亿。四川发布密切关注省应急管理部及交通、交警、消防等救援一线，累计刊发权威信息318条。四川手机报发现一条以四川手机报名义发出的网络谣言，为减轻谣言的破坏性，第一时间通过其官方微博、微信公众号、短信、今日头条、网易新闻等平台渠道进行了辟谣，覆盖全省6800万用户，有效阻止了谣言的继续传播。同时还运用短信+直播的报道模式，附上带有文字、图片和视频的直播页面，通过短信直达用户，并对宜宾、泸州、自贡多次定点发送，不仅让当地群众了解救援情况，还充分展现灾后宜宾人民自救、互助、积极向上的精神风貌及政府的各项举措，整个直播页面点击量超过2000万次。麻辣社区加强与网民互动，第一时间发布“滚动更新贴文”，实时更新最新官方消息，其中《地震也要娶你！四川长宁新人如期举行婚礼》微博阅读量达42万人次。

（二）深耕核心功能，建设具有强大社会动员功能的新媒体阵地

四川手机报已成为新形势下打造移动传播主阵地、构建舆论引导新格局、增强党的新闻舆论传播力、影响力和针对性的重要工具。《四川手机报》编辑发布平台一直加强核心技术创新升级，研发出了一项更加适应新媒体宣传格局的“手机报可视化指挥系统”。该系统将四川手机报聚合成一个全省手机报用户发送基地，通过地图、图示化等直观展现形式，让指挥人员可以有目的、有范围地“指哪发哪”，实现手机报内容全省联播、各地通播、定点直播。

四川发布积极抢占宣传主阵地，在实现“三微一网多端”的平台布局后，又敏锐抢占短视频风口，开通“四川发布”抖音号、快手号，成为又一重要阵地及传播工具。

（三）探索智能化服务，打造满足人民群众精神与物质需求相结合的新媒体平台

根据市场的发展，四川手机报对用户进行多维度画像，定期更新大数据库，针对不同的用户推送有针对性的内容。四川手机报还和中国移动一起，实现了手机报视窗化，将短视频直接嵌套发送，用户收到短视频手机报后，可以直接播放，不再需要点击链接，不需要下载客户端。在抖音上，短视频要被更多的人看到，也需要平台推送。与抖音不同的是，短视频手机报的推送不必依赖第三方平台。同时，手机报还实现了媒体之间传播的共融互通。比如客户端、网站等平台的内容都可以通过手机报直达用户手机上。

二丨四川新闻网传媒集团新媒体工作案例

川网特别策划《筑梦70年，我与祖国共成长》视频电子书

主题鲜明，手段创新。21位新中国同龄人，以视频电子书的形式与网友零距离“讲述”自己的追梦故事。他们来自不同行业、领域，既有呕心沥血的教育工作者，除了视频故事，还附以时代背景以及其所在领域70年来的发展成就，图、文、视频并茂。

选题角度新颖，呈现形式别具特色。多形式多角度呈现提高阅读趣味，在“读图时代”，视频电子书集视觉、听觉呈现效果于一体，70秒的短视频精炼且具渲染力。该专题内容丰富，时代背景反映全面，视频展现的人物涵盖多个行业领域，

反响强烈，取得良好的传播效果。据不完全统计，四川新闻网PC端的累计点击率达15万，两微一端阅读达80万。四川新闻网集团其他平台、“学习强国”四川平台、各市（州）宣传平台及成都市域各地方图书馆等官方微博相关内容点击率累计达400万，为庆祝中华人民共和国成立70周年营造了良好的舆论氛围。

（四川新闻网传媒集团）

四川发布

一 | 四川发布新媒体工作综述

2019年，政务微博迈入诞生第10年，而随着2018年12月底国务院办公厅印发《关于推进政务新媒体健康有序发展的意见》，首次对政务新媒体开办、建设、考核作出明确要求，2019年又被称为中国政务新媒体“新元年”。四川发布紧紧围绕中央精神和要求，通过“内容、技术、服务、运营、推广”构建起新媒体运维新格局，依托“权威发布、舆论引导、政务服务”等核心功能和创新表达方式，在宣传推广、矩阵建设、政务服务、舆论引导等方面取得优异成效。目前，四川发布“三微一网多端”政务新媒体矩阵粉丝达2300万以上，覆盖上亿人次。

2019年，四川发布在《2019年中国优秀政务平台推荐及综合影响力评估结果通报》中获评2019年度中国优秀政务新媒体；6月21日，四川发布登上《人民日报》整版文章《坚守主流价值汇聚优质内容》，获评“做有温度的政务新媒体”；四川发布微博荣获“全国十大党政新闻发布微博”；“四川发布”百家号荣获2019年度影响力政务新媒体、2019年度传播力政务先锋；在中国网络视听大会上荣获“2019视听新力量”。

（一）抢占“短视频”风口，全面升级集群新阵地

1. 开辟短视频传播新阵地

作为四川省委省政府在移动互联网上的官方政务新媒体，四川发布积极抢占宣传主阵地，从微博、微信到短视频，新媒体平台不断上新。在实现“两微一网多端”的平台布局后，2019年四川发布抢占短视频风口，陆续开通“四川发布”抖音号、快手号，成为又一重要阵地及传播工具，用趣味化、接地气的方式进行政策解读、宣传推广介绍。目前，四川发布政务新媒体集群矩阵，拥有政务微博@四川发布、政务微信“四川发布”、政务客户端“四川发布”、政务微视频（四川发布）、四川发布网、“抖音号”四川发布、“快手号”四川发布和“人民

号”“头条号”等入驻客户端集群以及IPTV电视终端，覆盖人群过亿。通过发布政经信息、提供便民服务和开展互动交流，实现了与网民实时互动，关注民生，引领舆论，其广泛的影响力、传播力得到用户的认可。

2. 矩阵协同发展迈进新阶段

围绕《国务院办公厅关于推进政务新媒体健康有序发展的意见》的相关要求，四川发布发挥全省政务新媒体“领头羊”的作用，升级构建整体协同、响应迅速的政务新媒体矩阵体系，形成了重大信息集中发声、重要舆情协同回应机制。以四川发布政务客户端为龙头，持续优化升级全省政务新媒体矩阵大厅——“发布系”，打造全省政务新媒体大本营，构建起“上下、内外、地域、场景”的四向联动，使全省政务微力量拥有一个阵地、一个口号、一个步伐，奏响了网络正能量最强音。通过一年的孵化，“发布系”聚合全省账号两千多个，发布稿件八十五万条，账号形态覆盖微博、微信，涉及政务资讯、便民信息等不同类型。在应对“宜宾长宁地震”“凉山火灾”和“杉木树煤矿‘12.14’透水事故”等突发事件上，账号响应突破平台，实现一体化运营。

同时，@四川发布微博与全省政务新媒体携手前行，同频共振，在互联互通、“唱响四川好声音”上取得重大成效。在中华人民共和国成立70周年这样的重大日子，四川发布联合新浪微博平台、全国政务新媒体联合发起以“早安，我对祖国说”为话题的线上祝福联动。“15秒庆生短视频”累计播放量超1亿，在当天受到全国网友广泛关注，包括北京发布、上海发布、重庆发布、浙江发布、澳门特区发布等全国近百家政务新媒体和四川省直部门、市州及区县等近百家政务新媒体参与。

（二）迭代传播新方式，探索政务服务新价值

1. 权威发布谋求于“实”

2019年，四川发布紧紧围绕省委省政府中心工作，集“权威发布、温馨便民、应急引导”三位一体，在推进重要会议、重点工作、重大活动等党务政务信息公开中出新出彩，特别是重大主题的宣传报道，强化统筹协调，精心策划布局，注重把握信息传播的“时、效、度”，紧随互联网发展趋势，稳步推进政务新媒体创新表达的探索，唱响四川好声音，为党务政务信息在互联网上广泛传播提供强力支撑。例如，在中华人民共和国成立70周年重大主题宣传中，四川发布深耕时下互联网传播风口，增强新媒体产品特色，创新推出短视频产品，打破联动区域和行业限制，以#早安，我对祖国说#为话题开展全国、省内纵横双向联动，在@上海发布、@河南微博、@新浪政务等的参与下，话题阅读量突破2000万，累计覆盖人群上亿，实现党务政务信息抱团出圈，同时，推动政务新媒体矩阵的声量升级。

立足政务服务，对标国办关于政务新媒体健康有序发展的文件对政务新媒体的功能定位，

四川发布进一步优化和创新政务品牌栏目。2019年，推出“四川发布微访谈”专访栏目，栏目针对群众关心热点民生话题，迅速响应，走进政府“大厅”，对话权威“解题人”，全面推送权威信息进行解读回应，通过网络专题、短视频等新媒体形式让网友政府“面对面”，真正实现听民意、聚民智、解民忧、凝民心。垃圾分类成为去年全国热议话题，背后折射出网友对生态环保的关注度，四川发布第一时间带着网友问题走进四川省住建厅，邀请厅长进行微访谈，推出四川垃圾分类“五字口诀”，在线教网友“扔垃圾”等报道，接地气的互动，鲜活生动的报道形式，深受网友喜爱。除此之外，过去一年“四川发布”围绕5G、地震预警、社保医保等热点民生话题共推出“微访谈”几十期，推送稿件500余篇，全平台总点击量达到5000万，社会效益成效显著。

强化应急引导能力，在面对“6.17长宁地震”“杉木树煤矿透水”“凉山木里森林火灾”等全民关注的事件，第一时间启动应急响应机制，层层细化对接，有序推进信息发布，做到应公开尽公开，让政府工作透明化，使正面评论占领舆论主战场。同时做好热门事件下网民的情绪疏导和知识科普，有效引导网络舆论，遏制谣言滋生，提高政务信息的传播力、引导力、影响力、公信力。

2. 政务服务致力于“效”

2019年，在政务服务方面，四川发布推动技术创新与政务服务的深度融合，在自主开发的“一站通”服务平台基础上，大力实施办事服务功能升级。四川发布客户端、四川发布微信平台全面关联“天府通办”，该平台实现了各类服务清单无缝对接，推动20个部门64个专用业务系统与政务服务融合呈现，集纳各级各部门政务服务功能超过数百项，成为四川政务服务“一网通办”的总窗口，强化公安、民政、人社、医疗卫生等重点民生领域服务功能展示权重，让“进一扇门，办所有事”照进现实，有效提升政府网上履职能力，推动“群众少跑腿，数据多跑路”的落地落实。

3. 互动回应探索于“活”

2019年，四川发布进一步强化联络机制的纵深推进，通过微博、微信等平台的互动回应功能，实现全时倾听群众声音，同时利用渠道优势，打通上下层级壁垒，“点对点”直接对接政府部门，携手回应网友关切，实现政民有效沟通。回应网友问题注重恰当得体接地气的语言表达，在互动时积极、耐心、热情，杜绝“群发式对话”“甩锅式回复”。2019年，四川发布通过微博、微信评论、私信等渠道回应上万余次网友咨询，通过客户端回应网友留言超5000次。

（三）探索“智能化”，培育政务传播新动能

1. 拥抱新技术，打造“智能化”政务客户端

2019年，四川发布积极探索智能化服务路径，着力满足用户不断变化的新需求。启动新型

政务客户端建设，升级四川发布智能小助手“小川”，在前期海量用户行为数据积累基础上，基于新闻、政策、服务和用户开展互动，为用户进行画像，更精准的反馈信息，更便捷地提供服务。目前智能助手“小川”实现了新闻信息、政策文件、办事服务、问政交流、弹窗推送等方面的智能化，用户不但可以通过智能助手“小川”看新闻、找文件、查解读，还可以通过“小川”办事情、问问题。

2. 立足“智能化+大数据”，打造线上监测分析体系

2019年12月6日，以“智融治远”为主题的“微政四川——2019政务新媒体年会”在成都召开，年会上发布了《2019年四川政务新媒体发展观察报告》。这是连续六年以来，四川发布依托四川政务新媒体发展观察报告召开的行业分享交流大会，通过权威大数据扫描全省政务新媒体，探索四川政务新媒体的前行之路。

在省委省政府的指导下，四川发布联合国内知名新媒体研究机构，多年前便建立起覆盖十余个民生领域的政务信息大数据库，拥有贯穿省、市、县多级的数据研究系统，覆盖教育、交通、文旅等数10个职能系统。四川发布立足“智能化+大数据”，打造政务新媒体的监测分析体系，通过“政务数据大智库”全面掌握全省各级各部门政务新媒体运维情况，并以此对新媒体行业发展进行科学分析，形成《全省政务新媒体运行观察报告》，为职能主管部门、运营部门和有关人士提供参考。

2019年，基于四川发布“政务数据大智库”和第三方政务平台掌握的海量政务新媒体数据，四川发布客户端打造了“四川政务新媒体数据平台”，用大数据作为桥梁，用智能化作为手段，在线提供专业垂直领域的数据报告和案例分析，共筹共建起一个“智能化”学习研究平台，实现全省政务新媒体运营情况实时可查。

二 | 四川发布新媒体工作案例

《春风习来　花开巴蜀》融媒体报道

2018年春节前夕，习近平总书记来川视察，2019年春天，距离习近平总书记来川视察过去一年，四川发布重磅推出《春风习来　花开巴蜀》融媒体报道，报道以“春风习来　花开巴蜀”为核心主题，以“一川风月四季福来”为主要线索，通过系列产品带领大家沿着习近平总书记的足迹，感受巴蜀大地一年多来的新变化新风貌。并将习近平总书记在战旗村拿“福”字送新春祝福的环节，和两会期间代表委员们拿起贺卡为四川送祝福的环节巧妙结合，实现线上线下传递“福”的完美过渡。

四川发布践行“脚力”：深入火普村、三河村、映秀镇、战旗村、天府新区，辗转寻找相关人物进行采访；践行“眼力”，在最基层去发现新变化，追寻巴蜀的新生机；践行“笔力”，书写农家新村的发展细账，拍摄大量的照片视频，最终形成有深度有温度的扎实稿件；践行“脑力”，把习总书记的亲切话语、巴蜀大地的蓬勃发展、老百姓生活的点滴气象，融合为3D式的线上线下互动传播。

《春风习来　花开巴蜀》系列相关报道同时在四川发布客户端、微信公众号、微博及网站等平台重磅推出，触发情感共鸣，全国人大代表、政务新媒体、网友等反响强烈。并在四川发布微博创建#春风系列花开巴蜀#话题进行宣传推广，@山西发布、@海口发布、@武汉发布、@四川交通、@南充播报、@遂宁发布等全国及省内多家政务新媒体纷纷参与互动和传播，形成极大的报道声势和影响力。同时，相关系列作品登陆全国两会现场，引来中国女排名将张常宁、江苏戏曲名家王芳等全国人大代表们纷纷点赞四川、为四川代言。截至目前，系列相关报道及微博话题取得了极大的传播和互动效果，在各平台的总阅读量近千万。

（四川发布）

成都市广播电视台

一丨成都市广播电视台新媒体工作综述

（一）垂直细分内容平台，明晰了“神鸟知讯”客户端和“看度”客户端的“差异化”定位与竞争

一是对标“侠客岛”，把“神鸟知讯”打造成高端时政类社交化党媒。依托CDTV–1独有的政务信息资源优势，“神鸟知讯”矩阵主打时政深度特稿、新闻事件直播和评论，着力做强、做优、做精市委中心工作报道。目前矩阵粉丝已达873万，构建了全国城市台新闻联盟，打通了国家部委局采访通道，有效实现了上宣与外宣的立体联动。

二是对标“澎湃”，把“看度”打造成专注新闻直播的5G移动资讯平台。全面完成了“看度”与CDTV–5在平台、渠道、技术、队伍和信息资源等方面的整合，构建起“看度新闻”“看度视频”“看度体育”等多垂类矩阵，矩阵粉丝量已达3000余万，实现全天24小时滚动发布网络视听产品，平均每天5次单场直播，产品日均点击量500余万次。

（二）紧扣“一体化”，重塑内容生产组织架构和机制流程，全面推进采编队伍向新媒体阵地转移

一是实现“台网端微”统筹指挥。全面完成“融媒体大数据生产调度中心”升级改造，构建起全台广播电视和新媒体“叠加融合、台网一体”的传播矩阵；初步建成汇集全台各类信息素材的“新闻信息池”，实现各媒体对信息素材的共享共用，使之成为重大突发事件报道和重大主题宣传的应急指挥调度中心。

二是创新策采编发“扁平化”管理。各频道频率全面构建和推行“议题策划、选题采访、分类制作、多屏分发、精准推送”的融媒体“一体化”生产流程；启动了“策采编发”数字化

多媒体系统改造，全新组建“融媒体编委会”，实现全天24小时线上移动指挥调度；推动内容审核管控模式转型升级，构建起“编采合一、台网合一、导向合一、效果合一”的产品“三审”机制，破除了传统广电“采编播审”壁垒，确保原创稿件“先端后台、移动首发、共享融通”。

三是改革员工绩效考核激励机制。打破了过去以栏（节）目内容生产数量及其收视率作为主要权重的薪酬考核方式，转而提升采编人员在新媒体端发稿的权重价值，以新媒体端的产品质量、阅读率、互动率和点赞率作为系列加分指标，重新设计了稿件考评计分体系，以及采编人员的业务晋级标准，大力鼓励在新媒体端的产品原创、独家和首发，有效促进了采编人员的积极性和创造性，加快提升了媒体融合发展的思维、理念和生产技能水平。

（三）突出“智能化”，积极开发以新技术为引领的智慧应用场景，着力打造新型的“内容提供商”

一是积极探索内容生产“智能化”。电台新媒体“听堂FM”与喜马拉雅公司等国内领先语音技术企业积极开展战略合作，组建业内首个合资公司，瞄准前沿智能语音技术，将其应用到音频内容生产环节，着力打造全国最大的优质音频内容生产基地，目前用户已达2000余万。

二是积极探索产品分发“智能化”。“云上新视听”携手国内头部内容产业服务商“新榜”公司，已建立起MCN多垂类矩阵，充分嫁接其大数据分析、智能标签、智能分发等新技术手段，实现了海量短视频的精准推送和协助选择，其IP矩阵粉丝量已达1539万，产品累计阅读量超过16亿次。

三是积极探索议题设置“智能化”。“看度”客户端依托自主研发的大数据分析系统、新闻智能选稿系统，以及移动采稿APP度客、融媒E管家等智能化技术工具，实现了第一时间全网抓取热点焦点话题，为新闻报道的议题议程设置提供了智能技术支撑。

（四）着眼全国布局，充分发挥我台的技术和资质优势，着力打造全国一流的“融媒服务商”

一是融媒技术运维服务走向全国布局。依托成都市委宣传部直接领导下的“市县媒体垂直融合服务中心”，我台橙视传媒科技公司加速在全国范围抢占整合战略合作资源，积极包装推广自主研发的已成全省“标杆”的“金牛融媒模式”。截至目前，已承接了国内120余家机构涉媒技术运维及智慧城市建设服务。

二是音像审核播控服务走向全国布局。我台“天府TV”音像审核播控平台以成都为总枢纽，为各类网络视听运营商、互联网信息平台及其他内容审核需求方，提供图文和音视频等内容发布前的第三方审核服务。截至目前，已在全国建立18个审核基地、拥有近3000名审核人员，日均文本审核量达25亿字。

三是数字版权综合服务走向全国布局。我台“天府TV”数字版权综合服务平台积极探索应用区块链技术，汇聚国内外数字版权内容及渠道资源，以举办“首届成都国际数字版权交易博览会”为重要载体，创新构建数字版权的登记、评估、交易、维权、投融资等全产业链，着力建成亚洲最全的版权产业生态系统。

（五）紧盯产业转型，规划建设3000亩“凤栖谷网络视听产业小镇”，着力构筑全国文创产业新高地

2019年，我台成功争取国家广电总局授牌成都——“中国网络视听产业基地”。5月，我台与天府新区成都管委会正式签署战略合作协议，共同规划建设3000亩“中国成都.凤栖谷网络视听产业小镇”，并借助正在成都举办的第七届中国网络视听大会平台，紧锣密鼓开展项目招商洽谈，现场与30余家国内知名文创企业达成了引资落户协议。截至目前，已设计完成“小镇”概念方案、产业规划方案和“两图一表”。

二 | 成都市广播电视台新媒体工作案例

云上新视听——成都广电融媒体视听内容产业孵化中心

“云上新视听——成都广电融媒体视听内容产业孵化中心”项目是成都市广播电视台构建“一体两翼”新型主流视听媒体集团的核心业务平台之一，于2018年9月启动运营，依托经济资讯服务频道的团队班底，整合部分台内人才和社会青年视听创意人才，匹配注册了成都云上新视听文化传媒有限公司来实现一体化、市场化运行，是目前台级媒体融合重点项目平台中最年轻的一个。

“云上新视听”在启动建设之初，就选择了一条与“看度”“神鸟知讯”“天府TV”等台内其他媒体融合项目差异化发展的道路，以“内容为王、主业担当”为初心使命，坚持移动优先，运用互联网思维，在全国率先试水“广电MCN孵化器模式”，面向全网多个互联网头部内容平台持续孵化有影响力、有用户规模的新型视听内容IP，矩阵化、批量化生产“正能量、有市场、高品质”的“三好内容”，加速推动传统电视团队向全媒体新型视听内容团队深度转型。

在其运行一年多的时间里，已孵化上线“云上深夜快递”“云上每日财经”“云上星娱

乐”“云上大健康”“云上家生活”等多组由传统电视栏目转型而来的全媒体短视频栏目化IP，同时还依托台内名记者、名主持资源，深挖成都地区各行业KOL知识型达人资源并联合川内11所高校建设“云上新视听高校青年人才培养基地”以及“云上新锐导演库”，积极推动多垂类、多帐号、多平台的社交化青年网红达人IP矩阵不断做大做强。

截至目前，“云上新视听”孵化上线原创视听IP共42组、运营短视频版权分账账号51个，全矩阵总用户数已达到1439万，成立了多个垂类IP工作室，并与今日头条、西瓜视频、抖音、快手、腾讯企鹅号、爱奇艺号、百度百家号、微博、搜狐、网易、B站等10余个国内头部内容平台形成了稳定的战略合作关系。先后获得今日头条、抖音、西瓜视频颁发的“全国媒体MCN优质IP孵化奖”、搜狐新闻评选的“年度传媒最具影响力广电短视频机构”、网易新闻评选的“网易号年度态度风云作者”和成都市互联网文化协会授予的“短视频品牌机构”称号。

2019年度，“云上新视听”团队紧紧围绕中华人民共和国成立70周年、成都城市营销等中心工作创作的多部作品获得国家广电总局、省市各级主管部门的肯定，公司在短视频生产承制、内容版权分成、原生广告植入、电商销售等主营业务中，实现创收700多万元，获得了社会效益和经济效益“双丰收”。

（成都市广播电视台）

贵州日报社

一｜贵州日报社新媒体工作综述

2019年2月27日，贵州日报当代融媒体集团正式组建，确立了建设“西部领先、全国一流”新型主流媒体集团的战略目标。2019年10月1日，贵州日报报刊社、贵州日报当代融媒体集团正式挂牌。依托多年的探索经验，经过8个多月的实战，贵州日报报刊社、贵州日报当代融媒体集团坚持政治建社、新闻立社、融合兴社、人才强社，强力推动媒体融合向纵深发展，逐步确立了“平台融合、流程再造、策划先行、内容为魂”十六字融合发展理念，积极适应5G时代传播环境的新特点，努力开创媒体深度融合转型发展的美好未来。

（一）“平台融合”驱动转型发展

2019年，是贵州日报报刊社、贵州日报当代融媒体集团以崭新面貌出现的元年，更是集团“媒体融合发展决战年”，以平台融合带动思想认识、终端品牌、人才队伍、制度体系的共享融通成为集团的首要任务。第一，采编资源全面融合。党报党刊党网党端采编人员实现100%融合，采访按照行业领域划分，如时政、经济、农业农村等，要求采编人员为报刊网端分类供稿。同时，选拔全媒体业务骨干组建特种作战的“天眼战队”，专攻主题采访、重大活动和会议报道。日常报道中，采访部室与天眼战队、记者站、县级融媒体中心协同作战，深耕垂直领域、扎根报道一线，既要负责联系领域、地区新闻报道的采编工作，也要负责天眼新闻客户端、当代先锋网相关频道的采编运营。旗下各家子报、子刊、出版社等媒体平台采编力量100%迁入融媒体中心，负责各自领域相关网端频道的采编运营。集团文化产业版块各家机构，同样将已有采编力量整合融入融媒体中心，负责网端相关频道的采编和运营。市县融媒体中心采编力量进入网端，运营市县频道，同时开放“天眼号”，融合全省机关企事业单位采编力量。充分发挥考核“指挥棒”作用，全面贯彻“移动优先”策略，在全国党媒中率先实行“以网端传播力发稿费、党报党刊无稿费”的绩效考核新办法。第二，终端品牌全面融合。在原贵州日报报业集团和当代贵州期刊传媒集团媒体融合发展的基础上进行“合并同类项”，实现强强联合、融合创新。今贵州新闻客户端与当代贵州客户端整合，全力打造天眼新闻客户端；当代先锋网整合今贵州网全新改版升级上线；“都市E家”提质升级为“都市新闻”客户端；旗下其他微信、微博、抖音、快手平台坚持特色定位、各美其美，全部迁入融媒体“中央厨房”。经过融合、优化、升级，确立了以“贵州日报”“当代贵州”“天眼新闻”“当代先锋网”为核心品牌，包含4家报纸、14家期刊、2家出版社、4朵“云”平台、7家网站的全媒体矩阵。第三，机构设置全面融合。按照融媒体指挥中心+采访中心、编辑中心、技术中心“1+3”架构进行机构设置：融媒体指挥中心发挥“中枢”作用，负责统筹调度策、采、编、发资源；融媒体采访中心是“神经末梢”，对各终端内容进行融合策划和采集；融媒体编辑中心是“集成处理器”，完成各终端平台内容的编发；融媒体技术中心是“保障系统”，统筹技术研发工作。各中心协同作战，实现新闻采编业务的优质生产、特种作战、云端集成、技术赋能，推动报、刊、音、视、网、端、微、号等8大平台及县级融媒体中心的共享共建。

（二）“流程再造”践行移动优先

党报党刊集团的整体合并、融合发展，不仅是机构重组、人员整合，关键是通过内容生产流程的再造和传播生态的重构，对策、采、编、发四大核心环节进行改革，构建以全程媒体、全息媒体、全员媒体、全效媒体为核心目标的全媒体生态体系。第一，用好“中央厨房”。融媒体中心“中央厨房”是内容生产组织体系重构和流程再造的关键。集团与浙江日报报业集团开展战略合作，引进“天目云”融媒体采编系统，走出了一条东西部传媒协作的新路。通过“天目云”系统，建设共享稿库，打通了集团旗下所有新闻信息生产单位人员、信息、图片、技术、设计资源，迅速完成了集团承担的43个县级融媒体中心建设，并互通数据资源。第二，抓好四大环节。依托“天目云”融媒体采编系统，将原有报、刊、网、端四条“生产线”合而为一，抓好策、采、编、发四大环节，形成了策划先行、一次采集、多种生成、多元传播的新型采编流程。各采访部门与记者站、县级融媒体中心、通信员队伍协同采访，将带着露珠、沾着泥土的新闻采写回来，经过审校后进入共享稿库。融媒体编辑中心精细加工、多种生成，对稿件进行二次设计、创作，生成适合不同媒体终端发布的融媒体产品。融媒体技术中心对产品进行视觉设计、技术赋能、传输升级、多元传播，使报、刊、音、视、网、端、微、号8大平台各有特色。第三，形成响应机制。全面贯彻“移动优先”策略，以传播力建设为导向，实行新闻传播“四步响应工作法”：第一步，“快讯+图片”需在10分钟内响应；第二步，60秒以内短视频需在30分钟内响应；第三步，“完整新闻呈现+信息补充”需在2小时内响应；第四步，修改完善，完成报刊稿件，需在5小时内响应。彻底打破传统媒体工作周期，提高新闻播发时效，在多媒体平台终端实行24小时值班、24小时不间断发稿，实现全程媒体。

（三）“策划先行”保障内容生产

在浩瀚的互联网世界中，用户对程序化、套路化的新闻报道兴趣不再，内容优质、形式创新、交互生动、传播及时的融媒体产品才能吸引他们的关注。强调“策划先行”，旨在围绕中心工作抓原创、围绕社会民生抓爆款，为优质原创内容提供机制体制保障。第一，建立选题策划会制度。建立了年策划、季策划、月策划、周策划、日策划和时策划以及紧急策划7个层面的“选题策划会”制度，对8大平台的重点栏目进行了梳理。选题策划会依托“天目云”系统开展，在记者先期海量报题、系统海量大数据分析的基础上，遴选优秀选题进行头脑风暴，不断补充完善后配置全媒体采编资源执行，推动优秀选题层出不穷，逐步形成了“选题竞争是重头、稿件竞争成常态”的良好氛围。如今，“策划”两字已经成为采编人员的“肌肉记忆”，策划覆盖“365天×24小时”，呈现出“创意泉涌”“作品泉涌”的良好生产态势。第二，围绕中心工作抓原创。围绕中心、服务大局，大力宣传中央和省委的重大决策和工作部署。2019年是贵州脱贫攻坚决战之年，贵州日报报刊社、贵州日报当代融媒体集团班子成员带头践行“四力”，到基层采访，覆盖了贵州省66个贫困县和极贫乡镇、深度贫困村以及19个有脱贫攻坚任务的非贫困县。招收66名驻县记者分赴全省66个贫困县（含已脱贫出列），开展为期两年的驻县工作，扎根基层，深入一线。主力军全部进入主战场，不仅让大批优质原创稿件“泉涌而出”，更推动了天眼新闻客户端用户和日活数均出现“井喷式”增长，社会效益得到极大提升。第三，围绕社会民生抓爆款。坚持传播力导向，在老百姓关注的衣食住行游购娱等领域做文章，抓住用户需求和“眼球”。一方面，加大社会民生领域采编力量的整合，推动社会新闻部和《贵州都市报》深度协作，负责网端社会频道的策划、采编、维护，成立了天眼新闻采访中心，打造成为社会民生、政法军警领域的“轻骑兵”；另一方面，加强社会民生类新闻的策划，按照“短、新、微、快”的要求紧跟社会热点追踪报道，按照“高度、深度、鲜活、融合”的理念继续深入策划专题，在日常选题、突发选题中打造“爆款”。如利用独家影像资源制作的短视频《贵州十二时辰》，短短几小时就获得了“10万+”的点击率；全国首家报道在凉山森林火灾中牺牲的贵州英雄，从简单图文报道，迅速提升为图文、海报、视频、直播为一体的融媒体产品，获得超过百万次的点击率。

（四）“内容为魂”引领传播力建设

5G时代的到来，让媒体生态、媒体格局、传播方式、受众地位都发生了深刻变化，带来媒体融合发展的新风口。然而，无论传播技术如何更迭，无论融合理念如何创新，优质内容永远是媒体的生命线和制胜的法宝，是传播的灵魂。第一，大力实施“优质原创内容泉涌计划”。

促进新闻生产规模化、质量标准化、呈现特色化。把内容创新作为传播方式创新的根本和融合转型的关键一招。一是策划引领、机制激励、能力培育，推进全媒体采编队伍内容生产泉涌；二是扩展队伍、畅通渠道、强化互动，推进全媒体通信员队伍内容生产泉涌；三是驻点深耕、包片保障、技术支撑，推进县级融媒体中心内容生产泉涌；四是明确责任、强化策划、激励引导，推进内参报道内容生产泉涌；五是强化建制、突出融创、形成常态，推进天眼战队内容生产泉涌；六是延展平台、激活入驻、强化把关，推进天眼号内容生产泉涌；七是落实力量、构架栏目、优化算法，推进网摘网搜内容生产泉涌。第二，大力运用新技术手段推进融合传播。贯彻“无视频不新闻、无图片不传播”的理念，增强信息呈现的质量和冲击力，实施“创意泉涌”行动计划；突出倡导创新运用H5、长图、全景VR、AI、动漫、沙画等传播形态，采购一批专业生产团队的创意作品；密切关注5G传输、人工智能、大数据算法、全息投影、物联网、可穿戴智能设备等前沿技术，加快实施一批新技术项目，全面提升融媒体产品的传播力。例如，2019年9月，“壮丽70年 · 飞越新贵州”大型航拍互动节目隆重推出，受到热烈好评。该节目系首次运用无人机，对贵州省88个县（市、区）全部进行航拍，推出了一系列原创互动视频内容。第三，大力发展移动直播和短视频业务。围绕“大扶贫、大数据、大生态”三大战略行动等重大主题，把握短视频“风口”，打造优质原创短视频。如，发起“庆祝中华人民共和国成立70周年多彩贵州有多彩”短视频项目，围绕“小切口、大主题”推出10余期短视频，持续营造良好的网络传播氛围；《贵州七十年改天换地》展现贵州创造了全国脱贫攻坚的“省级样板”，农村面貌改天换地；《大山里的贵州风味》12个短视频，将贵州农村产业革命提出大力发展的12个特色优质农产品幻化为舌尖美味，通过短视频、文字、Gif动图、海报、动漫人物形式展现贵州绿水青山之下创造的“美食财富”；王牌栏目“起跑线”推出第二季《起跑线：贵州十所乡村小学校长访谈录》，历时3个月，共采访贵州10所具有代表性的小学校长，通过“文字+视频”的方式报道了各校的教育理念、办学特色及办学实践，获得了较好社会反响。

2019年7月30日，第四届全国党报网站高峰论坛发布了《2019全国党报融合传播指数报告》，贵州日报当代融媒体集团荣列综合传播力第16名，位居西部第一。同时，荣获中国政府出版奖的《当代贵州》杂志出版质量继续稳步提升，当代先锋网综合传播力首次跨入全球中文网站万名以内，位居6000名左右。天眼新闻客户端月原创稿件突破2万条，传播力指数位居省内媒体首位。

二 | 贵州日报社新媒体工作案例

《这，是一口刀》《一口刀人下山记》全媒体报道

一次偶然机会，记者获取到一条新闻线索：贵州有一个深度贫困村，曾经守着乌江喝不到乌江水，34户人家轮流耕种一丘田，后来通过易地扶贫搬迁后，大多数人搬出穷窝来到城市。

好线索更需要好的报道方式，一支全媒“尖刀班”迅速成立：部门负责人带队，文字、摄影、摄像记者联合出动，编辑、技术、设计人员后期包装。根据不同呈现形式，输出不同产品。

在报纸上，刊发《一口刀人下山记》，用“头版+整版”的大篇幅来体现，将更多笔触和镜头对准贫困群众，从微观叙事中去展现宏观主题，以小见大，反映贵州易地扶贫搬迁创造的“贵州样板”。

在客户端上，播发《这，是一口刀》，用“连环画+视频新闻”的新形式呈现，文、图、音、像全面融合打通，把故事讲真、讲实、讲细，让受众更加深临其境、感同身受。

在网站上，将报纸与客户端上的内容做整合呈现，让受众更易搜索，获取不同层面、不同形态的融媒体报道，提升该作品的传播力度，辐射面更为广泛。

不仅如此，按照“高度、深度、鲜活、融合”的理念，贵州日报报刊社、贵州日报当代融媒体集团不断耕耘，在宣传报道形式上大胆创新，突破传统媒体静态呈现的手段，通过图文声像的运用，全方位打造内容产品，做到有“声”有“摄”。

作品二维码：

《这，是一口刀》

《一口刀人下山记》

（贵州日报社）

多彩贵州网

一 | 多彩贵州网新媒体工作综述

2019年，多彩贵州网以“主流权威新媒体、政民服务新平台”为基本定位、以“移动优先、融合发展”为基本战略、以“记录贵州、传播贵州，做优宣传、做强产业”为根本任务，坚持正面报道，积极引导社会舆论；坚持为民发声，依法科学展开监督；坚持为民服务，开创“新闻+服务”模式；传播优秀文化，多种形式扬声国内外；笃行人文关怀，做有情怀的暖新闻；践行公益活动，文军扶贫讲求实效；推进媒体融合，体制机制创新突破；探索新型传播，技术赋能多彩Style；加强自律他律，全面践行“四力”活动。

多彩贵州网打造了“一网、一报、两微、四端、N号”的全媒体传播体系；构建了多彩贵州宣传文化云、贵州电子政务云、贵州电子商务云“三云并驾”公共平台；实现了大数据政用、民用、商用在多彩贵州网“三用落地”。在2019年全国377家党网党报融合传播指数排位中，多彩贵州网排名第19位。在2019年度贵州省新媒体影响力排行榜上，多彩贵州网网站、微博、微信均排名第一。

2019年，多彩贵州网报送的作品《脱贫攻坚“连环计”》荣获第二十九届中国新闻奖二等奖，实现了中国新闻奖网络新闻类贵州零的突破。《黔哨·全国两会漫评系列》等6件作品获贵州新闻奖一等奖，《“来一场振兴农村经济的深刻产业革命”大型专题》等11件作品获贵州新闻奖二等奖，《贵州农村产业革命的八大“法定”，刚刚被我找到了！都藏在这里……》等5件作品获贵州新闻奖三等奖。《贵州省“黔珍十二品”网络公益扶贫》获2019中国新媒体公益优秀案例提名奖，《贵州省网络扶贫公益广告项目》入围网信中国十大网络扶贫案例。

一年来，多彩贵州网公司在党的建设、宣传事业、产业发展、治理能力等方面着力推进，各项工作取得了新进展，呈现了新气象，各项综合传播指标跻身全国同类新闻网站第一方阵。

（一）以“四力”建设为抓手，着力打造新型主流媒体

公司党委深刻领会“意识形态工作是党的一项极端重要的工作”科学论断，清醒地认识到新媒体在意识形态工作中的特殊重要性，紧紧围绕“举旗帜、聚民心、育新人、兴文化、展形象”的使命任务和“四全媒体”的发展理念做精传播，增强传播力、引导力、影响力、公信力。

一是严格落实意识形态工作责任制。始终恪守“党网姓党”原则，紧紧围绕省委、省政府各项重大决策和工作部署，积极开展网上宣传。制定并落实意识形态工作责任制实施细则和网络意识形态工作责任制制度，明确公司各级各部门抓意识形态工作的具体职责。签订《意识形态工作责任状》，严格执行“三审三校”制度，确保意识形态工作压紧压实、落地落实。全年召开20余次相关会议研究部署意识形态工作，坚持每周召开采编例会，经常分析研判社会上特别是互联网的意识形态走势，注意敏感时间节点的网上舆情，有针对性地作好网上意识形态斗争和舆论引导，牢牢掌握意识形态工作的领导权、管理权、话语权。

二是建强党网，守住守好网络意识形态主阵地。围绕庆祝中华人民共和国成立70周年、庆祝贵州解放70周年、主题教育等重大活动开展宣传报道，不断在宣传报道上出新出彩。抓住内容原创，注重主题策划，全年共推出原创报道5万余篇，“黔哨”时评文章82篇，“爱说”言论文章70篇，“小编看新闻”40期。策划了“TA笑了”“我的封面 · 快看贵州”等220个主题。发现挖掘并推出先进典型文伟红，被省委树为全省优秀共产党员典范。

三是构建全媒体传播格局。构建了包括多彩贵州网站集群、贵州手机报集群、客户端集群（多彩云、学习强国贵州分平台、众望、多彩宝）、微博微信集群、第三方新媒体账号集群在内的“一网、一报、两微、四端、N号”的全媒体传播格局。全平台传播力达5亿人次。其中，主网（PC端）点击率突破1亿人次；两微用户数达到704万人，点击率近2亿人次，同比提升14%；其他新媒体账号累计阅读量达2.9亿人次。

四是不断深化“四力”教育实践。召开增强“脚力、眼力、脑力、笔力”集中教育实践动员会，开展“读原著、学原文、悟原理”主题读书活动，举办增强“四力”知识抢答赛，着力提升全体干部职工理论知识和业务水平。扎实开展“走转改、师带徒、听评说、大比武”等工作，着力打造过硬的宣传思想工作队伍。举办“学习时刻”采编业务分享会11期，先后邀请公司新闻一线采编骨干、微视频制作团队、技术研发团队等作专题讲座。开展“贵州基层治理的市州实践巡礼”主题采访，进一步提升采编队伍“四力”。实施“领导下市州搞调研深入省直部门推合作”调研活动，公司领导班子成员带队分管部门直接走进客户了解需求，听取意见建议，为下步工作提前谋划和布局。

（二）创新表达，创建“多彩贵州网Style”话语体系

一是理论轻量化、传播大众化。多彩贵州网建网以来，就重视用思想影响受众、用观点引导读者，2017年建立理论评论部。经过多年探索实践探索出理论轻量化传播大众化的路子。推出“黔哨”专栏，对重大主题重大事件进行“轻量化”解读，在标题、文笔和篇幅上做足功夫，实现“一秒钟吸引眼球，一分钟通览全文”。目前，“黔哨”成为网络评论界的一支新生力量，在2018年贵州新闻奖评选中，“黔哨·新时代贵州精神系列评论”荣获特等奖，“黔哨”荣获“新闻名专栏”称号。同时，以“金句”的内容形式，微海报的表达样式呈现，开设“学习时刻”“贵在有理”“H5理论秀”等轻量化、大众化传播理论栏目，让“轻量化”理论传播更“接地气”。

二是传播形式多样化、互动化。融媒体时代下，我网不断创新、主动出击，在传播模式和表达形式方面焕发新机。2019年，多彩贵州网紧贴互联网媒体发展前沿，科学研判用户需求，持续加强融媒体技术研发和融媒体报道力度。在常规报道中采用图文+音视频+交互产品的融合形态进行呈现，全年推出融媒体报道2万余篇；在主题报道中不断完善丰富新媒体产品制作与种类，全年创新性融媒体产品600余件，“爆款”频出。

其中，2019年全国“两会”期间推出的《越过山丘》H5小游戏围绕追梦、奋斗主旋律，结合黄大发、余留芬等贵州脱贫攻坚先锋人物故事，网友手指点一点，同贵州一道“千方百计爬坡过坎”“回顾过去一年取得的发展成绩”，形式新颖、意义深远，85万网友参与互动，获中宣部阅评点赞；国庆前夕推出【H5线上互动游戏】“我为祖国升国旗”，网友身着学生服装，佩戴红领巾，自主选择升国旗的地点，上传自己的相片合成为祖国升国旗的纪念照片，并分享到朋友圈，一起庆祝中华人民共和国成立70周年。该手游得到网友大量转发，国庆当天浏览量达105.7万。

三是传播渠道跨界化、一体化。多彩贵州网与新华社、人民网等央媒，字节跳动、腾讯、百度等商业平台及南方网、东方网、红网等全国60余家媒体建立合作，通过互推稿件、共享资源、技术交流等形式，借梯登高，扩大网上影响力。积极筹划津云、长江云、多彩云“三云”战略合作，通过构建内容渠道、网络扶贫、人才交流、文旅宣介“四维一体”的云端深度合作路径，创新推动三地信息传播、脱贫攻坚、平台建设和产业发展新局面。

（三）以技术创新为要，服务民生为先，着力做强大数据应用产业

公司党委紧紧围绕贵州省“大扶贫、大数据、大生态”三大战略行动，抢抓大数据发展机遇，培育发展大数据产业，深入挖掘大数据政用、商用、民用价值，推动大数据产业更好地服务群众。

一是助推“黔货出山”。围绕贵州省农产品产销对接、12个优质特色产业发展、电子商务

进农村综合示范项目等重点工作，倾力打造“黔珍十二品”，推动“黔货出山”。在全省88个县开展电商服务，开设4家子公司、14个县级服务中心、462个村级站点，联动上海、浙江、江苏等地，每年将超过2亿元的特色农产品销售到全国各地。旗下的电商云公司被评为“贵州省民族团结进步模范集体”“贵州文化产业十佳企业”“贵州大数据企业50强”等荣誉称号。

二是全力推进“一个APP，办全省事”。以“一网通办”建设为抓手，接入电子身份证、电子驾照、电子户口本等高频政务民生服务达700余项，并积极开展智慧法院、老干服务系统有关项目建设，构建更加完善的民生服务体系。旗下的多彩宝平台全年下载量已超过1800万，实名活跃用户数超过287万，累计服务2.48亿人次。积极实施走出去战略，承建河南省许昌市政务民生服务平台“i许昌”并成功上线运行，实现贵州省技术和服务模式的对外输出，影响力进一步扩大。旗下的多彩宝公司荣获贵州省文化产业“十佳品牌”、贵州省“五一劳动奖状”“贵州大数据企业50强”等荣誉称号。

三是致力于政务数据“聚通用”。在精心做好省政府门户网站运营保障工作的同时，全力开展全省政府门户网站集约化统一政务公开平台建设工作，2019年已启动全省各级政府部门主站建设139家，整合接入下属机构和部门子站400余个。在2019中国政府网站绩效评估中，贵州位居全国省级政府门户网站第三。

四是推进融媒体平台产业化。以县级融媒体中心建设为抓手，持续做好“多彩云”技术平台和贵州省网络传播信息系统（一期）服务支撑，推进融媒体平台产业化，获得了一项发明专利和18项计算机软件著作权。旗下的耕云科技公司荣获“贵州大数据企业50强”荣誉称号。

五是打造“多彩游”全域智慧旅游服务平台。依托多彩贵州网全媒体矩阵平台优势，发起组建“全国文旅新媒体联盟”，打造“多彩游”全域智慧旅游服务平台，全方位、多角度传播贵州的文化和旅游。承担省文化和旅游厅官方网站与微博、微信运营，组织开展全省旅游暗访工作，推动各景区不断提升旅游服务质量。

六是实施贵州品牌全球传播推介。与新华社开展“黔系列”“贵州100强品牌”民族品牌工程全球传播活动，通过产业推介、主题对话、公益采购等形式，搭建民族品牌企业与贵州省及“黔系列”企业之间的对话平台，推动贵州省品牌走出贵州、走向全国、走向世界。

（四）以“多彩贵州宣传文化云”建设为龙头，蹄疾步稳深化改革，推动事业产业高质量发展

一是强化技术引领，构建全省宣传文化系统云端“中央厨房”。以“多彩贵州宣传文化云”建设为龙头，以提升技术服务支撑水平为主线，顺利完成了“多彩云”客户端、多彩云智媒管控平台和88个县级融媒体中心“多彩云”系列客户端研发，打造了以融合传播、业务集成、数据资源、技术支撑、管控指挥、信息服务“六大平台”为核心的组织架构。汇聚全省宣

传思想文化系统单位和全部县级融媒体中心数据200余万条，实现省市县三级全覆盖。推出全新“众望”新闻客户端，新增报纸、刊物、电视广播、多彩号、县级融媒体中心、电商服务、便民缴费等功能，融合全省9个市州和88个县的数据，打造了集报、刊、台、网、县级融媒体中心、便民服务、电商平台于一体，立足贵州又面向全国、既引导群众又服务群众的现象级新闻与综合服务客户端。成立众望全媒体大数据学院，举办了12期培训班，为贵州省培养融媒体、大数据人才。

二是营造干事创业良好氛围，优化管理体制、推进机构改革。以制定“十四五”规划为抓手，深化公司体制机制深层次改革，进一步完善公司未来发展的总体战略。为扎实推进媒体深度融合发展，公司依托迭代升级的拥有完全自主知识产权的“中央厨房”3.0版本——“数智融媒”智能化融合采编平台，对原有“策、采、编、审、发、监”流程进行再次重塑，实现全程全效管理。并结合全新采编机制，紧扣事业产业发展实际，在2019年7月对公司组织架构进行调整优化，推行扁平化管理，把原有的6大中心调整为以事业部为主要工作单元的团队集群和记者站，管理层级控制在3层以内。成立众望新闻中心、微视频传播中心，强力推动移动优先战略；成立审计法务部、企划发展部、技术研发部，全面加强公司风控管理、战略规划、技术研发等工作。

二 | 多彩贵州网新媒体工作案例

“零”到“一”的突破

11月1日，中国记协公布第二十九届中国新闻奖评选结果，多彩贵州网作品《脱贫攻坚“连环计”》荣获中国新闻奖二等奖。这标志着5岁的多彩贵州网实现了中国新闻奖从“零”到“一”的突破。

回顾《脱贫攻坚“连环计”》的创作过程，主要有三个方面：

一是吃透政策，把党中央的重大方针政策与我省认真贯彻落实的实际相结合。

通过学习，有两句话让我们深受启发：一是习近平总书记多次指出：“立下愚公移山志，打赢脱贫攻坚战，不仅要有情怀，更要有办法，有方法。”二是省委书记孙志刚提出：“‘五步工作法’要一环紧扣一环，缺一不可。”这两句话给我们的最大启迪是，前者突出打赢脱贫攻坚战要有办法、有方法；后者在前者的指导下，创造性地提出了“五步工作法”，要求要一环紧扣一环。由此，我们萌发了创作《脱贫攻坚“连环计”》这一作品的“灵感”。

二是做好策划，突出贵州脱贫攻坚工作特点。

过去的一年，从省领导到一线基层的驻村干部，鼓足干劲带领贫困山区群众脱贫致富奔小康，使出了“十八般武艺”，谱写了贵州脱贫攻坚新篇章。正是这些感人的事迹激励着我们去策划与挖掘。

经过多次研讨和策划，结合全省脱贫攻坚工作实际，确定我们的作品主要聚焦脱贫攻坚中的12个“连环计”，即：“谋而后动”“出奇制胜”“并肩作战”“指点迷津”“对症下药”“走为上”“筑路助富”“连村联创”“以逸待劳”“树上开花”“量体裁衣”“借船出海”。例如，我们在第一计“谋而后动”中动图发布《贵州省2018年脱贫攻坚春风行动令》；在第三计“并肩作战”中，9位“第一书记”的驻村宣言诠释了《不负青春不负村》的报道；在第六计“走为上”中，《一场凝聚智慧与力量的“大迁徙”》讲述了一场200万人规模的“大迁徙”。

三是创新呈现，在形式上我们将文字、动图、短视频、H5等“跨界”融合，最大限度地创新设计出好的呈现方式。

《脱贫攻坚“连环计”》运用了最先进的“交互技术”，以书简水墨风结合场景动画，摒弃传统网页的结构，用“简约的操作方式生动的画面表现”构成了这一特殊网页设计，让人眼前一亮。无论是技术支撑还是表现形式，都属创新突破。

作品融合了音频、MG动画视频、手绘漫画等创新的传播方式。每一计都用“妙计锦囊”“古计今用”和“黔哨”三个主线串联起核心内容，翻动观看计策结合锦囊的场景小动画互动操作，生动直观地把贵州脱贫攻坚以来的发展和巨大变化进行了完美呈现。

（多彩贵州网）

云南日报报业集团

一 | 云南日报报业集团新媒体工作综述

2019年，云南日报报业集团新媒体认真学习宣传贯彻习近平新时代中国特色社会主义思想和党的十九大、十九届四中全会精神，不忘初心、牢记使命，在集团党委和集团编委会的领导下，始终坚持正确的舆论导向，坚持团结稳定鼓劲、正面宣传为主的方针，围绕中心、服务大局，积极推动新媒体内容建设，提升集团立体传播力、打造核心影响力。

（一）围绕中心服务大局，大力创新传播方式

一是在全国两会期间，推出《2019全国两会全媒体报道》专题，制作手机专题页面，运用直播、视频、音频、海报、图解、H5多种形式进行报道。微博开设话题#两会来啦##两会云南声音#，话题总阅读量756万。精心策划制作推出全手绘交互式H5产品《听：来自云南的声音》，该产品获人民日报“2019全国党媒看两会”评委推荐作品奖。

二是在云南省两会期间，推出《2019云南省两会全媒体报道》专题，共发布稿件、新媒体产品340余条。云南日报微博开设话题#两会来啦#、#云南两会#，话题阅读量达668万。策划推出《极简版来了！一分钟速读2019云南省政府工作报告》《@云南人，省长今天说的这20句话太板扎啦！》等一批新媒体报道。推出“两会词云”和高频词解析，利用技术手段，聚焦两会重点、关注代表委员热议话题，探索全新的两会报道形式。

三是开设“开展扫黑除恶建设善美云南”栏目，集纳扫黑除恶有关的稿件，并选取有代表性的在微信和微博联动推送，形成报道声势，累计发布稿件300余篇。

四是围绕“把云南建成世界一流旅游目的地”这一主题，聚焦云南丰富的旅游文化资源，重点关注我省重点文旅品牌、旅游产品以及旅游市场整治，开设专题《聚焦云南旅游转型升级》，累计发布稿件160余篇，并进行二次加工创作，以多种形式在两微一端多个平台呈现，形

成声势。

五是开设《“不忘初心、牢记使命”主题教育》专题。除集纳云南日报刊出的有关报道外，充分利用新媒体平台承载量大的特点，大量发布全省各地尤其是基层一线开展主题教育活动的新闻报道，累计发布稿件700余篇。根据新媒体特点，策划推出一批新产品，如《@云南党员领导干部，如何守初心？省委书记为你划重点》，在省委常委班子“不忘初心、牢记使命”主题教育第一次集中学习读书班期间，制作推出4期读书班学习笔记，在七一前夕推出特别策划《如果你在驻村，这份初心你一定懂！》等，突出了重点，做出了亮点。

六是全力做好脱贫攻坚新媒体宣传报道。持续开设专题“脱贫攻坚进行时”，两微一端全年累计发布与脱贫攻坚主题有关的稿件2000余条。推出全媒体报道“不获全胜，决不收兵！云南向贫困发起总攻”，围绕云南坚决打好脱贫攻坚战这一主题，聚焦深度贫困地区，报道云南各地干部群众打赢脱贫攻坚战的信心、决心和举措。紧扣我省9个直过民族的脱贫攻坚工作，策划“整族脱贫不掉队”融媒体系列报道。推出原创纯手绘H5产品《追忆郭彩廷致敬每一颗坚定的初心》，通过数十幅原创手绘漫画，展现了牺牲在脱贫攻坚一线的好干部郭彩廷的故事，产品表达细腻、感人至深。

七是在中华人民共和国成立70周年省（区、市）系列主题新闻发布会云南专场系列报道中，充分发挥平台优势，以云报党政新闻客户端为主要平台，联动微博、微信等各类社交媒体平台，推送相关稿件和新媒体策划、产品。发布会当天各新媒体平台累计发稿70篇，总阅读量超过30万次。开设《新时代高质量跨越式发展的云南答卷》专题，提前重点策划云报观察系列融媒体深度报道，推出后掀起了报道声势。

八是融合创新做好国庆70周年宣传报道工作。对国庆前的预热报道，国庆当天庆祝大会、阅兵式盛况等报道，以及后续反响报道等提前作了周密细致的安排部署，让策划方案落实到位，在整个报道过程中，既抓住重点又保证时效，既注重统筹策划，又注意灵活调配，堵下了不少政治性差错，最终安全圆满完成了报道任务。国庆70周年报道新媒体部总发稿量为1200余条，其中十一当天发稿348条、原创首发稿件32条。推出《70年看云南》《青春告白祖国》《辉煌云岭70周年成就展》《云岭欢歌》多个融媒体专题，综合运用直播、H5、手绘动画、视频等手段，推出了一系列有高度、有温度、有品质的融媒体精品。微博开设#中国红 · 云南范##70年，看云南##砥砺奋进70年#等多个话题，总阅读量达4000万。

（二）以策划为先内容为王，不断增强新媒体传播力

2019年全国两会期间精心策划、自主开发全手绘交互式H5产品《听，来自云南的声音》，以小见大、以情感人，展现了云南牢记总书记嘱托，在生态文明建设方面做出的努力和取得的成效。该产品从全国各级媒体选送的近千件融媒体产品中脱颖而出，获“2019全国党媒看两

会”评委推荐作品奖，该奖项全国地方媒体共评出10个，具有较高含金量。

10月，由云报客户端、云南日报微信公众号发布的原创稿件《云南一扶贫工作者“骂”贫困户视频曝光，却意外获赞无数》，分析扶贫干部“意外走红”的原因，揭示问题要害所在，稿件被全国各级媒体转载，形成传播热潮。

（三）发挥新媒体优势，积极履行社会责任

云南日报新媒体利用集团资源，积极与各大机关企事业单位和高等院校开展合作，先后与省委统战部、省纪委省监委、省委高校工委、省人社厅、省国税局、云南昆明血液中心等部门和单位合作，开展了一系列丰富多彩的线上和线下活动，取得了良好的社会效益。

云报客户端连续4年举办中华优秀文化大学生知识竞赛在线答题活动，吸引全省近80所高校的参与，2019年共有1015万人次参与，刷新我省网上活动参与人数的纪录。

与省委统战部开展了主题为“同心圆彩云南”的统战宣传报道合作，推出了一系列主题宣传报道和新媒体产品，取得了卓有成效的宣传效果，并探索出了一条主流媒体与统战部门密切协作的路径，推动了主题宣传报道实现传播效果最大化，“同心圆彩云南”成为中央统战部表扬和全国推广的典型案例。

二｜云南日报报业集团新媒体工作案例

《一只有故事的西黑冠长臂猿：“小平安”的回家路》创作介绍

“小平安”是一只栖息在云南境内的国家一级重点保护动物、极度濒危物种——西黑冠长臂猿。

2019年4月中旬，云南日报报业集团“美丽云南·穿越自然保护区”融媒体采访组深入景东彝族自治县境内采访期间，在位于无量山国家级自然保护区边缘的漫湾镇安召村发现了一只落单的西黑冠长臂猿，正在被众人围观，吃村民投喂的食物。

村民称这只长臂猿叫“小平安”。为避免“小平安”受到人为伤害，推动其回归适宜的栖息地，融媒体采访组开始了为期3个多月的关注、报道、呼吁和努力，引起了有关部门的高度重视，终于使经受触电、被狗咬伤等磨难的“小平安”平安回归大自然。这也是全国首例长臂猿科物种放归。

“小平安”救助报道，是一次云报集团媒体融合的生动实践，是一次云南媒体人增强“四

力”的实际行动，是一次党报媒体热心公益的责任担当，也是前后方联动、机制创新、优势融合的成果。

昆明到景东有七八个小时的车程。2019年4月—7月间，我们由文字、摄影、摄像、直播记者组成的采访组3次深入景东县，全程跟踪了“小平安”流落安召村、受伤后运抵昆明救治、康复后回归景东的整个过程，并多次前往昆明救助地看望“小平安”，采集到大量的一手信息、视频和画面。前方，文字记者精心采写文字稿件，摄影记者精心选图，摄像记者精心剪辑制作视频；后方，新媒体编辑对文、图、视频等素材精心整合、精彩呈现。

我们相继推出了《影像故事：祝你平安！“小平安”！》，救助西黑冠长臂猿“小平安”侧记视频《流落在人间的精灵》，文图通信报道《村里闯进一只猿叫“小平安”》，图片故事《人猿情未了》，文图视频报道《全国首例长臂猿科物种放归启动——“小平安”回到了家乡》《视界丨西黑冠长臂猿“小平安”放归现场》，短视频报道《视频丨首次为西黑冠长臂猿安装GPS》《视频丨“小平安”走出过渡笼舍，回到了她的森林》，《视频丨“小平安”的放归地植被类型多样她可以轻松获取食物》等，直观生动地记录呈现了“小平安”救治、放归的整个过程。

云南日报新媒体“两微一端”开设专题专栏，对“小平安”的发现、救治、放归全过程，进行了长达3个月的跟踪报道。融媒体报道微博话题#美丽云南·穿越自然保护区#阅读量达1724.8万人次。云南网、春城晚报·开屏新闻、对外报道平台云桥网等新媒体平台也同频共振，关注报道了“小平安”的救助过程，形成强大的媒体融合宣传声势。

“小平安”的融媒体报道使得社会各界将目光投向西黑冠长臂猿这一濒危物种，聚焦自然保护区和生态文明建设领域，唤醒大众的生态保护意识，在当前生态文明建设主题报道中具有一定的代表性和典型意义，是一次生动而成功的新媒体公益报道实践。

（云南日报报业集团）

西藏日报社

一｜西藏日报社新媒体中心新媒体工作综述

（一）基本概况

西藏日报社新媒体中心作为西藏日报社的内设机构，成立于2014年12月，在西藏自治区党委、政府的高度重视下，在西藏自治区党委宣传部的有力指导下，新媒体中心深入贯彻习近平总书记关于媒体融合发展的重要精神，在媒体融合发展的新时代，努力擦亮“西藏日报”这块金字招牌，积极探索符合西藏区情、具有西藏日报特点的媒体融合发展路子，建成了以西藏日报藏汉双语客户端为主体、以西藏日报微信微博为两翼的新型媒体矩阵，综合覆盖受众60万。

（二）以新技术助推新媒体迅速发展

由西藏日报藏汉双语客户端、全媒体“中央厨房”、藏汉文媒体和新媒体工作平台、多功能音视频演播室四个建设内容组成的西藏日报社媒体融合首期项目投入运行。该项目的实施启动，实现了西藏自治区党政新闻客户端零的突破。

全媒体“中央厨房”彻底改变了报社传统采编流程，实现稿件“一次采集、多种生成、多元传播”，确保数据科学分类、有效管理、互通共享、安全存储。

多功能音视频演播室是以先进技术为支撑，运用最新技术对音视频素材进行采集、编辑、加工制作，总面积近300平方米的演播室，包括一个高端访谈区、配音室、导播间、访谈室和视频剪辑室。该室自建成以来，已成为西藏日报社各媒体尤其“两微一端”音视频稿件生产的重要平台，推出了《读西藏晚安》《对话｜四十年改革开放四十年辉煌西藏》《大时代小故事》《市长来了》等音视频节目，极大丰富了西藏日报社新闻报道形式，也使西藏日报社各媒体平台的影响力、传播力与日俱增。

（三）以内容优势赢得话语和发展优势

为有力促进西藏日报社媒体融合进程，新媒体中心围绕中心，服务大局，努力拼搏，攻坚克难，不断提高新闻宣传工作水平和舆论引导能力。一是围绕党和国家重大决策部署、重大活动和重大热点问题，以及自治区党委政府中心工作，坚持正确舆论导向，弘扬主旋律，传播正能量，积极策划组织实施，不断创新主题宣传报道。在中华人民共和国成立70周年、2019年全国两会、西藏民主改革60年、2019年西藏两会、西藏发展论坛等重大主题宣传上，推出了《壮丽70年　奋斗新时代》《纪念西藏民主改革60周年》《西藏算法》《两会特别栏目｜漫话履职》《聚焦·2019年西藏两会》《2019中国西藏发展论坛》等专题专栏，策划了《超燃！今天的天安门广场，传来西藏政协委员们合唱的这首歌》《3分钟rap｜3·28是什么》《号外！庆祝西藏民主改革60周年大会隆重举行》《两会访谈·市长专员来了》《两会重磅！政府工作报告的藏汉双语“快闪”！》《这是西藏系列访谈》等融媒体产品，打造了“幸福拉萨”微博破亿话题、浏览量达9.6万西藏民主改革60年庆航拍短视频等爆款产品。二是开设《理论纵横》《理论精粹》等理论专栏，集中刊发系列理论文章，全面宣传阐释好党的理论创新成果，做好党中央和区党委重大决策部署、重大路线方针、重要法律法规以及重要会议的宣传报道。三是开设评论频道，《评论员文章》《雪域热评》等专栏，积极推送转载西藏日报、人民日报等媒体系列评论，及时回应网民关切，澄清谬误观点、遏制谣言传播，助力构建和谐网上舆论氛围。四是注重重点栏目的打造。目前新媒体中心正在着力打造的栏目有《创青春》《平凡之路》《西藏人物》《读西藏晚安》等。五是注重线上线下内容的结合。2019年，我们承办了自治区脱贫攻坚网络答题活动、组织了西藏日报社首届读者座谈会、承办了“锦绣中华·大美山川”西藏微视频大赛等活动，赢得了用户的一致好评。

（四）以用户积累打造自主可控平台

2019年，西藏日报微信公众号粉丝由年初14万增加到20万，总阅读量1418万次，推送稿件2149条，其中10万+11条，5万+28条，1万+370多条，西藏日报微信公众号全年排名全区政务微信公众号第2名。

2019年，西藏找工作微信公众号粉丝大幅增加，由4.3万人增加到6万人，该公号主要是宣传自治区就业创业政策，提供就业创业资讯，为自治区公共就业创业服务，用户黏性强，每条推送平均阅读量达4000次以上，头条平均阅读量都在6000次以上。

2019年，西藏日报新浪微博阅读量大幅增加，月平均阅读量50万次以上，新增了早安西藏、晚安西藏话题，并积极参与了#70年70城#新浪微博话题，将有关西藏文化旅游的系列原创精美短视频投放微博，带动了区内外微博用户利用话题纷纷向“冬游西藏”聚集，话题浏览量达一亿+，平台新增粉丝近6000人，话题主推视频单条浏览量达693万次。

2019年是“西藏日报”藏汉双语客户端发力提升的关键年，在原有直播、图集、视频、地市等15个频道基础上，新开设了读西藏音频频道、青稞书屋电子书频道，创立了青稞视频短视频品牌、青稞电台音频品牌，年发稿2万多条，总阅读量5500万次。

（五）以体制机制创新激发生机活力

一是建立了“引进来、走出去”的人才培养模式，即选派业务骨干到内地报业集团学习又在报社开展新媒体采编业务知识的集中培训，将人才培养重心放在自有人员的融媒体技能培训上，努力实现中心甚至报社所有采编人员的全员转型。二是建立全媒体考核体系和激励机制，在坚持按劳分配、多劳多得、效益优先、奖优罚劣原则的前提下，实行以岗位价值和绩效贡献为导向的薪酬分配制度，形成中心对组别、组别对个人、个人对岗位，对内公平、对外有竞争力的利益分配机制。三是加快体制机制改革创新，再造融媒体采编流程，打破惯有的以职能划分的组织架构，建立了新的更加扁平化的以过程划分的组织架构，根据新媒体策划、采集、编辑、发布、研究、反馈的闭环工作机制，成立了策划采访组、内容运营组、传播研究组等组别，初步实现“一次采集、多种生成、多元传播”的全媒体内容生产模式。

二 | 西藏日报社新媒体中心新媒体工作案例

高清大图来了！今天的布达拉宫广场，沸腾了！祖国，扎西德勒！

2019年9月29日，近5000名身着盛装的西藏各族各界干部群众欢聚布达拉宫广场，共同庆祝中华人民共和国成立70周年。

西藏日报社新媒体中心提前策划，注重全媒体联动，前线出动摄像记者4名、摄影记者6名，综合运用相机、手机、无人机等设备从不同角度对活动现场进行了全方位的图片视频报道，前线记者第一时间将新闻素材传回中心，保证了极强的新闻时效性，体现了融媒体时代下主流媒体在主题报道中不可或缺的地位。

该新闻作品包含文字、图片、视频、动图、长图、航拍等多种新闻素材，同步在西藏日报客户端、西藏日报微信、西藏日报微博、中国西藏新闻网等平台推送，全方位立体展现了当天西藏庆祝活动的盛况，表达了高原儿女心向党、心向祖国、心向社会主义的深厚情怀，展现了全区各族人民感党恩、听党话、跟党走的坚定信念。

作品一经推出，反响热烈，读者纷纷到推送下留言，表达对祖国的热爱、对新中国70华诞的祝福，许多不曾来过西藏的人，也被西藏各族儿女的深情和现场热烈的氛围所感动，纷纷留言。稿件被澎湃新闻、腾讯新闻、一点资讯及区内各市地媒体平台广泛转载，西藏日报微信公众号推文阅读量9.3万，点赞数764，留言近百条。

作品二维码：

（西藏日报社）

西藏广播电视台

西藏广播电视台新媒体工作综述

2019年是中华人民共和国成立70周年，是西藏民主改革60周年，也是决胜全面建成小康社会、实现第一个百年奋斗目标的关键之年，更是西藏广播电视台加快融合发展、全面转型升级的改革年、创新年、实干年。西藏广播电视台重大报道出新出彩，精品节目不断涌现，媒体融合步伐加快，安播维稳扎实有力，党的建设深入推进，各项工作呈现新亮点、取得新成效，事业发展迈上新台阶、开辟新局面。

（一）以守正为基、创新为要、实干为重，新闻宣传成效卓著

西藏广播电视台以唱响主旋律、弘扬正能量、打好主动仗为出发点，以增强西藏广播电视传播力、引导力、影响力、公信力为落脚点，扎实开展全年新闻宣传各项工作，为推进西藏经济社会长足发展和长治久安营造了浓厚舆论氛围。

一是日常宣传报道重点明确、形式多样、推进有序、效果良好。一是深入基层、讲好故事，全年各重大节点宣传效果良好。精心策划、扎实开展“新春走基层”活动，深入城市、农村、牧区采访节日期间依然坚守岗位的各行各业人士，推出《全区各族干部群众欢度春节藏历新年》《佳节处处一家亲　除夕涌动民族情》《新年新愿望：追梦不停步　奋斗新时代》等系列报道，营造了全区各族各界干部群众欢度新年的喜庆氛围。此外，围绕全年各重要节庆节点，均派出记者采访，讲好西藏故事，刊播了《爱国情奋斗者——高原劳动者之歌》《浓浓粽香端午情　民族团结一家亲》《我区各地共庆“八一”建军节共话军民鱼水情》等相关报道。二是围绕中心、服务大局，全面做好西藏自治区和全国两会宣传报道。西藏自治区两会期间，开设了《主播跑两会》《两会时光》《记者两会观察》《两会现场》《履职建言》等多个专栏，紧扣议题、紧盯议程，全方位宣传，以鲜活的报道内容、各具特色的媒体手段和丰富多彩的表达形式，圆满完成了自治区两会宣传报道工作和电视直播任务。全国两会期间，播出了

《履职建言》《两会时光》《履职一年间》《市长专员专访》等报道，深度宣传全国两会西藏内容，报道流程平台化、报道内容定制化、报道方式故事化，产生了广泛传播力和影响力，营造了良好舆论氛围。三是集中力量、助力决战，全力做好脱贫攻坚宣传报道。开辟《决战决胜脱贫攻坚奋进美好新时代》等相关专栏，持续深入开展脱贫攻坚新闻宣传，围绕脱贫攻坚大事记，大力宣传我区脱贫成绩单、小康路线图、脱贫英雄谱，累计播出、刊发、转载有关精准扶贫、脱贫稿件近5000条次，在全区营造了良好的舆论氛围。四是突出典型、力求实效，扎实推进"不忘初心、牢记使命"主题教育和"四讲四爱"主题教育实践活动宣传报道。抽调精干力量，组建强力报道团队，开展《壮丽70年　奋斗新时代——治边稳藏成功实践调研行》大型蹲点采访活动，突出典型宣传，突出成就性宣传，大力宣传报道了我区主题教育实时动态、社会反响和经验成效。以"讲党恩爱核心、讲团结爱祖国"为重点，持续宣传我区"四讲四爱"群众教育实践活动动态和先进典型，累计播出相关稿件400余条次，取得了良好宣传效果。

二是主题宣传报道导向正确、重点突出、主题鲜明、丰富多彩。西藏广播电视台坚持"主题主线与中央精神完全一致、宣传内容与上级指示高度契合、节奏进度与中央媒体同频共振"，全员参战，全要素支撑，全平台全时段推送，全景式展现我区庆祝中华人民共和国成立70周年盛况。

从2019年9月20日起，西藏广播电视台所属网站（中国西藏之声网、牦牦TV网）、客户端（中国西藏之声APP、爱特西藏APP）、微信公众号（西藏卫视＋、阳光西藏）和官方抖音号（西藏广播电视台）统一开设《热烈庆祝中华人民共和国成立70周年》专题，发布相关稿件数千条；由台、网、端、号统一策划制作并同步推出三个"七"原创系列，即：7集系列微视频《这里是祖国的边疆——云上西藏》、7个系列短视频公益广告——"我们向祖国表白"、7张一套的"庆祝中华人民共和国成立70周年系列海报"，社会反响好，影响大。从9月20日至10月8日，台所属新媒体平台点击量累计达725万。

西藏民主改革是西藏历史上最广泛、最深刻、最伟大的社会变革，是西藏社会发展和人权进步划时代的重大历史事件。西藏广播电视台把民改60周年宣传报道作为一项重大而光荣的政治任务，按照"下好先手棋、打好主动仗、抢占话语权"的要求，早部署、早安排、早策划，主动设置议题，多侧面、多形式、多角度宣传报道了西藏的时代变迁。

台属网站和客户端充分利用文字、图片、音视频、图像优势，与广播电视传统媒体融合，推出藏、汉、英三语《共产党来了苦变甜——庆祝西藏民主改革60周年》大型网络专题；"西藏卫视＋"和"阳光西藏"发挥微信公众号平台快、新、小、亮的优势，通过快闪形式，高唱《我和我的祖国》，同时以新媒体的表达方式编辑加工记者采集的稿件，第一时间呈现在微信公众平台上。

（二）统筹全局、积极探索，高高举起媒体融合这把"冲锋号"

坚持全台一盘棋的思想，把媒体融合发展作为引领新闻宣传工作的号角，统一谋划、统一部署、统一落实，从两台新闻部门联合制作一条新闻迈出第一步起，到一档节目、一个活动、一场直播的融合联动，再到广播、电视及网、微、端、号的全面融合，西藏广播电视台做了很多有益探索，也取得了突出成绩。

一是统一谋划部署，宣传力度空前。将全台5套广播频率、4套电视频道、中国西藏之声网、牦牦TV网、西藏卫视+、阳光西藏等传统媒体与新媒体平台纳为一体，组成宣传矩阵，对每一项重大形成任务进行统筹安排，充分发挥资源优势，形成全方位、立体式、多角度的宣传态势，实现更好形成效果，取得更大宣传成绩。2019年以来，围绕习近平新时代中国特色社会主义思想、中华人民共和国成立70周年、西藏民主哥哥60周年、脱贫攻坚、“不忘初心、牢记使命”等重大主题，所开专题专栏为历年之最，稿件数量质量均取得突破，吸引了更多受众，获得了更多关注。如，台属新媒体平台全年共开设新闻专题58个，共发布稿件26417条、上载各类专题片纪录片影视剧等视频2000余条，总访问量累计达2.2亿。

二是持续深入融合，实践成效突出。西藏自治区“两会”期间，广播记者首次参与电视新闻节目的采制，实现了合并组建以来的首次人员融合探索；《新闻早世界》与《高原新闻眼》合作推出4期“两会会客厅”节目，并同时在新媒体上发布推出，进一步实现了广播、电视、新媒体在人员、内容、发布上的深度融合。“直播西藏”第一季——“克松的春天”采用户外新闻融媒体直播方式，第一次实现广播、电视、新媒体的全面融合，开辟了电波、大屏、小屏互融互通，全时全媒新闻直播报道新局面。全国扶贫日融媒体户外直播特别节目《向祖国报告》，首次实现了广播直播实时视频连线对讲，形式新颖、传输稳定，受到自治区领导高度肯定。庆祝中华人民共和国成立70周年重大庆典活动宣传报道，更是台属各传播平台的一次大融合、大练兵、大会战，为今后开展融合传播锻炼了队伍、积攒了经验。此外，西藏广播电视台官方抖音号的成功开通，进一步扩展了传播渠道，其短时间内发布的十余个作品，总点击量已超过100万，用户好评不断。

三是融媒直播频繁，融媒效果凸显。今年以来，台属新媒体平台共完成各类新媒体直播活动20场次，其中，宣传活动8场，包括自治区两会、3·28主题晚会以及庆祝中华人民共和国成立70周年央视特别节目《共和国发展成就巡礼·西藏篇》等，点击量累计达20万；各地文化及文体活动12场，总点击量累计达800万次，每场活动平均点击量41万。“藏地之音”第四届广播民歌秀活动成功举办，其颁奖典礼首次采用现场访谈+文艺表演的方式，并通过“现场云直播”进行网络直播、通过藏语三套广播进行并机直播，广播、电视、新媒体深度融合，进一步增强了吸引力、传播力，提升了“藏地之音”品牌感召力和关注度。

四是高度重视、周密实施，牢牢抓紧安全稳定这根“生命线”。西藏广播电视台高度重视、高度担当、高度负责，多次就安全稳定相关工作作出安排部署，采取一系列行之有效的举措，始终牢牢守住安全稳定这根红线、底线、生命线。

（西藏广播电视台）

西 部 网

西部网新媒体工作综述

西部网创办于2006年7月1日，由陕西省委宣传部主管、陕西广播电视台具体管理，是省委、省政府确定的“一报一台一网”（陕西日报、陕西广播电视台、西部网）省级主要新闻媒体。

作为陕西省网络文化建设的中坚力量，西部网承担着网上新闻报道、舆论引导、网络文化建设等重要任务，是我省网络新闻宣传的重要平台，也是陕西新闻信息整合汇聚、具有权威性的新闻门户网站。曾多次荣获“宣传陕西突出贡献媒体”“陕西最具影响力网站”“全国百强新闻网站”“中国地方新闻网站十佳品牌”“陕西文明办网先进单位”等称号。

目前，网站通过“西部网、《陕西头条》客户端、陕西网络广播电视台和双微矩阵”四大平台传播体系的搭建，形成“电脑端、手机端、电视屏”三位一体的媒体矩阵，业务涵盖新闻发布、视频服务、网络问政、数字政务、微信代运营、新技术开发、项目拓展、会展活动等多个领域，实现影响力的全面覆盖。

2019年，西部网10件作品荣获陕西新闻奖，其中3件作品荣获一等奖；西部网、省委教育工委报送的“小举动形成大倡议——陕西大学生共护秦岭主题活动”荣获2018年度全省宣传思想文化工作创新一等奖。《社区民警“郝大姐”的履职故事》荣获第29届中国人大新闻奖三等奖。

“五味什字工作室”和“蓝直播”入选国家广电总局2019年度国家广播电视和网络视听产业发展项目库。作品《穿越千年的小精灵》获2018年度“中国梦”原创网络视听节目非剧情类优秀作品。西部网“民生热线”入选陕西省2018年度信用建设典型案例。

（一）融合创新，加强主题宣传策划，唱响陕西好声音。

一是发挥主流网络媒体作用，加强重大主题报道。作为省级重点新闻网站，西部网加强学习宣传贯彻习近平新时代中国特色社会主义思想的网上宣传阐释，西部网、陕西头条、学习强国陕西分平台将习近平总书记重要讲话、重要活动、重要论述首页、首屏、头条置顶推荐，开设《习近平总书记在陕西》《学习宣传贯彻党的十九届四中全会精神》《不忘初心、牢记使命》等多个专栏，在首页首屏开设专区，第一时间转载发布好中央主要媒体和陕西日报、陕西广播电视台相关稿件，全渠道全平台推荐推送。

同时，西部网还圆满完成了《庆祝中华人民共和国成立70周年》《壮丽70年奋斗新时代》《全国两会》《陕西两会》《公祭轩辕黄帝典礼》《丝博会暨西洽会》《三秦楷模》《陕西扫黑除恶进行时》《杨凌农高会》《2019中国网络诚信大会》等重大主题宣传，唱响新时代主旋律，提振传递正能量。

二是聚焦壮丽70年，“点赞祖国”视角新颖，亮点纷呈。为营造中华人民共和国成立70周年良好舆论氛围，西部网开设“辉煌超越七十年追赶超越再出发”专题和头部专版，先后策划陕西省“点赞祖国”短视频大赛、“这里最陕亮——陕西城市形象宣传片”展播、“我爱你中国”公益快闪、“点赞祖国”大直播等系列策划。由“学习强国”陕西学习平台和西部网组织的陕西省“点赞祖国”短视频大赛征集短视频1135部，包括微剧情、微纪录、微形象、微创意等展播类型，全平台展播优秀作品145部，观看量总计达到4600万人次。“点赞祖国”系列大直播相继开展了“新中国从这里走来”走进延安等30多场直播。

三是创新报道手段，“微传播”形成“大能量”。目前，图解海报、动漫视频、直播、VR、H5等手段，成为我们重大主题宣传的“标配”。例如，陕西“两会”期间，西部网策划推出37件融媒产品，5场“图文+视频”直播，推出《2019老陕这么干》《一分钟精读2018陕亮成绩单》等9个融媒体图解新闻，邀请9位厅局长做客《两会V访谈》，《60秒观两会》聚焦12位基层代表委员，建真言谈体会。2019年8月，由人民日报客户端和西部网“五味什字”工作室联合制作的短视频《陕西24小时》，24小时全网视频浏览量超一千万，成为当天朋友圈“刷屏”作品。同时，“五味什字”工作室还推出《美丽中国·陕西》在央视《新闻联播》播出，《陕西向西，跑起来》等丝博会期间刷屏朋友圈。

四是加强合作，拓展主题宣传对外传播。目前，西部网已搭建起“人民日报英文客户端陕西专区、陕西省政府英文网站、发现陕西英文平台以及老外微信号、订阅号和境外脸谱、推特等社交平台传播矩阵”构成的对外传播矩阵。2019年清明，《人民日报》英文客户端和西部网《发现陕西》全程英文直播公祭轩辕黄帝典礼，10万+用户观看，在Facebook、Twitter、YouTube等平台三天达到103万人次阅读量，此次直播也是公祭黄帝历史上第一次英文全程直播。

（二）强化融合传播构建移动传播新格局

目前，西部网已形成“客户端、手机站、微信微博、抖音号以及订阅号等”移动传播矩阵。

陕西广播电视台、西部网打造的“丝路云”融媒体平台，主要为融媒体中心建设提供更为适合媒体融合、更懂媒体更懂新闻生产的内容生产和应用支撑平台。西部网、陕西头条、陕西网络广播电视台、蓝直播等平台，在“丝路云”融媒体平台上共享资源、内容联通和信息推送。《陕西头条》新闻客户端由陕西广播电视台和西部网融合打造的移动新闻旗舰平台，参与我省所有重大主题、重大活动和重要事件的新闻报道，成为我省新媒体宣传的重要平台和传播新阵地。

（三）策划公共服务活动，践行媒体服务责任

西部网通过整合媒体资源、打造公益服务品牌、开展公益宣传等方式，提供全面及时的公益信息，传播公益正能量。

一是贴近生活，提供有效服务信息。西部网主动承担责任，畅通与群众的沟通渠道，及时发布与群众衣食住行方面紧密相关的实用信息，在元旦、春节、国庆等重要节日刊发出行指南、交通路况、天气变化等信息。

二是暖心报道，帮助群众解决困难。2019年针对网友反映的“大荔一女子身份证被冒用贷款15万”“蓝田县小寨村吃不上自来水”“非全日制大专户籍地人才中心不接受档案”等问题深入调查，引起相关部门重视、回应或解决。同时，推出《我们走在大路上——陕西脱贫攻坚系列公益直播行动》，以全媒体直播的方式，深入报道各地产业扶贫举措和效果，取得了良好的传播效果。

三是策划活动，体现媒体服务责任。一年来，我们还举办《我们的中国梦——讲述中国故事》文艺作品征集、“我心中的黄帝陵”少儿绘画活动、全城寻找高温下的劳动者、健康农产品陕西行、网络文艺进校园·陕西大学生音乐节等活动。12月2日，2019中国网络诚信大会在西安举行，西部网承办“互联网+”模式下的城市信用体系建设分论坛。

（四）关注民生，走好网上群众路线，打造网络公益品牌

“民生热线”作为陕西网络问政的先行者，建立“热线云”，搭建政府和用户顺畅互动桥梁，与全省400多家省市县三级党政部门建立问政渠道，开通10年收到网友留言20万多条，反馈4万余条，把民众呼声传递上来，促进建言献策、释疑解惑、化解矛盾。2019年，民生热线收到网友留言17592条，其中有效留言3731条，编辑转达了3580条，各级党政部门回复了3057条，整体回复率为85.4%，陕西60余个区县回复率100%。

（五）加强策划，创新手段，让传统文化传播“活”起来

2019年，西部网以媒体融合为核心，通过客户端、手机站、微信微博以及订阅号，运用互动直播、图解数读、动漫视频、无人机航拍、全景VR、H5画报、快闪等报道方式，全面展现中华优秀传统文化的魅力。

一是线上线下策划，持续开展传统文化传播活动。黄帝陵是中华文明的精神标识，黄帝陵不仅仅是海内外华夏儿女祭祀的场所，而且是中华民族的精神家园。2019年，西部网承办全国网络媒体现场报道和直播“清明公祭轩辕黄帝典礼”，全国百家网络媒体参加。

二是开设专栏专题，挖掘传统文化故事。西部网《世相》栏目从平凡人的故事为切入点，关注具有陕西特色的传统文化，发布《复原秦始皇“黑科技”的人》《伯坊村里的灯笼匠》等40多篇关于传统文化发展传承方面的报道。

三是创新传播手段，让传统文化“活”起来。西部网“五味什字”视频工作室致力于打造“原创+品质”的本地化精品短视频，共推出“魅力陕西”“西安美食”“西安特色街道”“现象西安”“城中村”“西安老店”“航拍西安”“城市建筑”等11个系列共110多部原创微记录短视频作品。

（西部网）

甘肃广播电视总台

甘肃广播电视总台新媒体工作综述

甘肃网络视听集成播控平台承担总台媒体融合发展的重任，强化首页首屏头条建设，坚持正确政治方向、舆论导向、价值取向，把全面提升新闻舆论引导水平作为工作抓手，踏实做好内容宣传和平台建设，不断探索融合媒体发展之路。

（一）丝路明珠网、视听甘肃客户端

围绕重大主题报道、重要节日，网站、客户端开设专题集纳各类报道，以文稿、短视频、图解、H5、网络直播等互联网产品形态，积极发挥网络媒体平台优势，通过近几年相互入驻、融合形成的融媒体矩阵融合传播，进一步扩大了信息传播力、渗透力、影响力。其中编辑制作的《独家微观｜习近平参加甘肃代表团审议》《H5｜总书记来到甘肃团》新媒体产品不仅被国家广电总局监管日报第45期当做两会宣传好做法进行重点介绍，还被中宣部、国家广电总局在相关会议上点名表扬。在第四届文博会宣传报道中联合甘肃移动首次尝试5G+4K超高清网络直播，并进行同步异地传输取得了视听甘肃客户端网络直播当日达81万次浏览量的良好效果；在《聚焦四川凉山森林大火救援》专题报道中，在今日头条（头条号）、抖音、新浪微博及微信多平台进行推送，其中在抖音平台推送的《岷县好男儿逆火英雄赵耀东》点击量近千万，期间发布的抖音短视频点击量共2500多万次在今日头条发布的稿件累计点击量超过500万次，在百度百家号发布的稿件点击量超过100万次。

据统计2019年丝路明珠网、视听甘肃客户端累计发稿12万多条，网站历史累计浏览量近9000万次。全年共完成网络直播430多场次，累计点击量达到1170多万次。

（二）甘肃IPTV

甘肃IPTV平台全年累计上线近8万小时节目，11个专区，362个专题，全面优质地完成了“庆祝中华人民共和国成立70周年”“歌唱祖国·一首歌一座城”“不忘初心、牢记使命”“聚焦两会”“文博会”等各项重点宣传任务，各平台仅首页专题入口点击率综合占比达18.3%，影视单剧集《外交风云》自上线以来播放量已突破1000万次，IPTV业务发展、运营能力及安全保障能力得到了全面提升，对接合作能力不断加强，积极应用大数据、云计算、高清、超高清技术，创新大小屏联动、跨屏传播等多元传播方式，使得IPTV业务的传播力、影响力进一步扩大。

2019年是甘肃IPTV继续完善规范对接、大力发展用户的一年。公司严格按国家广电总局3.27会议、总局45号文件、省局4号文件以及总局76号文件精神，以及检查组对甘肃IPTV进行的专项治理检查，在规定时间内按要求完成了甘肃IPTV平台三级等保备案、年度安全测评；甘肃IPTV电信平台累计割接用户32万余；甘肃IPTV联通平台完全实现规范对接，累计发展新用户7万余；甘肃IPTV移动平台于2019年9月11日正式上线增值业务，截至年底新增用户22万余；有效增值产品订购用户达6万余，已覆盖全省近400万家庭用户。

（甘肃广播电视总台）

宁夏日报报业集团

宁夏日报报业集团新媒体工作综述

2019年，宁夏日报报业集团紧紧围绕深入学习宣传贯彻习近平新时代中国特色社会主义思想这个首要任务，庆祝中华人民共和国成立70周年这条主线，建设美丽新宁夏、共圆伟大中国梦这个主题，持续用好改革攻坚和转型发展两个抓手，创新推动主流舆论引导和媒体深度融合两大工程，努力打造成为形态多样、手段先进、竞争力强的新型主流全媒体集团，集团改革融合转型取得了阶段性成果，圆满完成各项工作任务。

（一）坚持自我革命、整体重塑，搭建起集团改革融合转型的基本框架

一是在重建组织架构上突破。实施内部机构改革，打破原有的坛坛罐罐，建立符合全媒体时代和媒体深度融合发展需要的组织架构，重置管理部门5个，设立1室2中心7频道，组建全媒体技术部门1个，形成了一体化的组织结构、传播体系和管理体制，分工更加合理、结构更加科学、协作更加顺畅、效率更加高效。

二是在再造策采编发流程上突破。探索建立全媒体编委会机制，依托全媒体智能传播服务平台，发挥全媒体指挥中心作用，横向打通宁夏日报、宁夏新闻网、宁夏日报新闻客户端等新媒体平台和各系列报的共享通道，纵向联通宁报集团五市融媒体中心，实现了报网端微内容策划和生产发布一体化。重构策采编发流程，按照移动优先，端—微—网—报的发布次序，形成了端快、微活、网全、报深的传播矩阵，建立了立体多样、融合发展的现代传播体系，满足了用户多样化、个性化信息需求。

三是在推进内部管理改革上突破。坚持用改革创新的办法破解发展中的难题，破除思维定势、工作惯性和路径依赖，激发内生动力和创造活力。探索建立全媒体考核体系，强化考核引导“指挥棒”作用，加大新媒体产品考核权重和分值，引导策采编发力量由传统纸媒向新媒体

转移。新媒体产品放量增长，新媒体矩阵传播力、影响力不断提升。打破身份界限，创新岗位管理，实施了中层干部聘任工作，提拔使用正处级干部6名、副处级干部15名，10名聘用身份人员走上中层干部岗位，进一步配齐配强事业发展中坚力量，为改革持续发力注入新鲜血液。对85名管理岗位人员重新定级定岗，树立了崇尚实干担当的用人导向。破除专业技术职务固化弊端，实施采编岗位专业职务序列改革，创新首席和“四档八级”采编岗位专业职务序列模式，3名业务骨干被聘为首席，96名采编人员重新晋级定岗，建立了持续发展的晋升通道。破除原有的“双轨制”分配体系，建立了符合全媒体运行的薪酬分配体系，以岗定薪、岗变薪变，优劳优得、优绩优得，员工收入普遍增加，业绩突出的一线采编人员成为高收入群体。打破职称评审瓶颈，突破了职称评审唯资历、唯论文、唯奖项的条条框框，把扎根基层一线、取得重大成果等作为重要评审依据，建立了注重履职能力、注重工作实绩的评价指标，集团93名采编人员晋升了专业技术职称，增强了员工的事业心、归属感和忠诚度。在推动系列报网改革上突破，坚持走差异化发展的路子，优化媒体结构和产业结构。在党媒改革“火车头”的牵引下，宁夏互联网新闻中心、新消息报、宁夏法治报、小龙人学习报的改革工作接续推进。

（二）坚持守正创新、主动作为，以融合改革成效着力提升新闻舆论“四力”

一是坚持正确政治方向，牢牢掌握舆论场主动权主导权。紧紧围绕庆祝中华人民共和国成立70周年这条主线，精心做好主题宣传。紧扣深入学习宣传贯彻习近平新时代中国特色社会主义思想这个首要任务，策划实施了“重访总书记走过的地方”主题报道，掀起了学习贯彻落实习近平总书记来宁视察重要讲话精神的热潮。围绕庆祝中华人民共和国成立70周年这条主线，策划了11个系列报道，刊发稿件1000多篇（幅），推出融媒体原创产品100多个，阅读量累计超过3000万次，营造了浓厚的舆论氛围。围绕建设美丽新宁夏、共圆伟大中国梦这个主题，策划实施了10个专题宣传，刊发了2000余篇（条）全媒体报道，主题宣传有声势、有特色、有影响，为宁夏经济社会发展摇旗呐喊、鼓劲加油。

二是推进深度融合，打造新型主流媒体。强化互联网思维和一体化发展理念，聚焦主业，聚焦时政类报道，实现了重点报道、日常报道统一策划、统一指挥、统一调度、统筹发布，形成了报网端微协调联动、差异互补的全媒体融合传播体系，掌握全媒体时代新闻舆论工作的战略主动权。在庆祝中华人民共和国成立70周年主题宣传中，统筹调度集团各频道和系列报网采编力量，实现了一体策划、一次采集、多种生成、多元传播。传统媒体与新媒体优势互补、此长彼长，形成了多样化、高密度、全覆盖的宣传声势。充分展现了新中国70年的历史变迁和伟大征程，呈现了宁夏经济社会发展取得的辉煌成就，实现了宣传效果的最大化和最优化。争取中央和自治区项目资金1300余万元，完善全媒体智能传播平台，升级集团“中央厨房”，采购更新了全媒体设备。集团五市融媒体中心正式运行，主流舆论阵地在五个地级市“设点布局”实现了全覆盖。加大新媒体产品采制力度，全年生产短视频1300多条、H5产品120多个、动漫140多个、长图170余幅、直播140多次。全国两会新闻报道3次受到中宣部表扬。“不忘初心、牢记使命”主题教育、扫黑除恶专项斗争等主题宣传网络点击量分别超过1000万次。系列报网也在不同方面取得了较好成绩。新消息报实施的元旦健身跑、身边的感动、新年新衣等一系列公益项目取得了良好社会反响。宁夏新闻网在落实中央网信办指令工作中位列全国第二。宁夏法治报征订、经营实现双增长，“法报小厨融媒体工作室”入选2019年度自治区宣传系统创新项目。小龙人学习报荣获全国少儿报刊阅读季活动先进集体。

三是注重传播效果，做大做强主流舆论。坚持移动优先策略，规定重要会议、重大活动的新闻，30分钟内上端、上网，全面提升传播时效。加大短视频、直播、图集、VR、H5等新媒体产品采制力度，用群众喜闻乐见的形式和语言，唱响主流声音、传播主流价值。融合传播强效果，打好全国两会宣传等重大宣传战役，报网端微齐上阵，全媒体齐发力，全国两会期间发布稿件4300多条，视频380余个，新闻图片近1000幅，累计浏览阅读量212万余人次。集团3次受到中宣部的表扬，3款新媒体产品点击量实现“10万+”，取得了良好宣传效果。多样呈现强效果，聚焦扫黑除恶专项斗争重大主题报道，传统媒体累计刊发稿件400余篇，新媒体累计发布文字、图集、手绘、H5、短视频340余条，直播累计观看人数超过270万，宣传报道有声有色，为推动我区扫黑除恶工作营造了浓厚的舆论氛围。讲好故事强效果，结合强“三性”增“四力”教育实践工作，组织开展基层蹲点采访活动，集团党委领导班子成员带领全媒体采访小分队深入一线“摸活鱼”，从群众实践中策划选题，用群众语言讲述故事，以小切口反映时代发展大主题。新闻调查《共产党好黄河水甜——易地扶贫搬迁的红寺堡答卷》被学习强国平台和新华网、人民网等6家中央媒体以及上观、交汇点、澎湃新闻客户端、津云客户端等30多家省级新媒体平台相继转发，把党的脱贫富民政策和宁夏的生动实践迅速传播到千家万户。

四是抓好激励引导，推动“主力军”向“主战场”全面转移。通过探索推进全媒体考核、采编专业职务序列、薪酬分配、新闻职称评审等改革，坚定了改革的决心、提振了发展的信心，举办了宁夏日报创刊70周年座谈会、庆祝第二十个记者节暨磨砺“四力”座谈会，编印出版了《瞭望宁夏70年》系列丛书，极大地激发了广大员工建功新时代、争创新业绩的工作热情。采编人员从“要我转”变为“我要转”，单一的纸媒考核升级为“纸媒+新媒体”的全媒体考核，极大激发了采编人员转型的积极性、主动性和创造性。采编人员收入普遍增加，业绩突出的一线采编人员成为高收入群体。各频道从“推着干”变为“抢着干”，主动到网端微上开设新媒体栏目，开拓发布渠道。理论评论频道发挥党报评论优势，开设了“思想杂谈”“基层声音”等栏目，聚焦热点，启迪人心，引导舆论。经济新闻频道开设了“正经新闻”“理财有道”等栏目，及时提供经济资讯和生活服务。新媒体频道开设了“一句阳光，叫醒耳朵”“夜·听风”“见书见影”等栏目，切实把思想力、策划力转化为生产力、传播力、影响力。员工从“不会干”变为“学着干”，加大全媒型人才培训力度，坚持“送出去”和“请进来”相结合，先后组织600余人次开展媒体融合发展培训，提升全媒体采编技能，实现个体的转型升级。争取中央专项资金1300万元，给党媒采编人员配备了全媒体记者包、视频工作站、手持云台、无人机等设备，为拓展全媒体采编技能提供了工作条件。

（宁夏日报报业集团）

新疆报业传媒集团

一｜新疆报业传媒集团新媒体工作综述

2019年是新疆日报社（新疆报业传媒集团）起始之年，也是推进媒体融合发展工作的重要改革之年。根据自治区党委“一报一刊一网（云）”顶层设计，新疆日报社（新疆报业传媒集团）党委不断探索，深入贯彻落实中央推动媒体融合发展战略部署，巩固和壮大主流思想舆论阵地，做大做强主流舆论，努力为巩固全区各族干部群众团结奋斗思想基础，为谱写实现中华民族伟大复兴中国梦新疆篇章提供强大精神力量和舆论支持。

（一）努力建设新型主流媒体，助力推动媒体融合发展

1. 积极协调各方推动，平台建设实现新突破

2019年，新疆日报社（新疆报业传媒集团）完成了自治区级融媒体技术平台暨县级融媒体中心技术支撑平台一期工程建设。自治区级“石榴云”融媒体技术平台于2019年12月23日建成并上线运行。新疆日报社（新疆报业传媒集团）积极利用石榴云平台，加快构建“新闻+政务+党务+服务+社区”全媒体信息服务体系，打造“1+85”采编服务平台和“1+85”新闻客户端，建成向基层干部群众提供政务服务、生活服务、社交传播、教育培训等业务的融合媒体平台。截至目前，全区已有57家县级融媒体中心接入。“石榴云”平台运用云计算、大数据、人工智能等先进技术，为新疆各级宣传部门、新疆日报社（集团）以及包括县级融媒体中心在内的全疆各级各类媒体，开展宣传管理和内容生产、运营工作，提供了强有力的技术支撑，带动新疆各级各类媒体在内容、渠道、平台、管理、运营等方面深度融合。

2. 优化组织结构，四支队伍平稳过渡

2019年1月，新疆日报社（新疆报业传媒集团）整合原天山网、新疆日报数字传媒中心、新疆经济报新媒体中心、亚心网四支队伍集中办公，在体制机制、流程管理、人才技术等方面

加快融合步伐，将原有机构合为一套班子一个体系，重塑各项规章机制流程，实现工作有效衔接、队伍平稳过渡。

3. 改革用人机制，实施全员绩效考核

以新媒体中心为试点，先行先试，打破人员身份差别，变身份管理为岗位管理，职务职级与聘任职务双轨运行，档案工资与实际薪酬相分离，坚持按照绩效考核体系核发工资，绩效部分逐步提升占比近60%。2019年，评定日奖月奖作品1291件，短视频、H5等新媒体产品占比超50%，有效体现用人机制改革助力激发团队整体生产力与创造力增强了团队活力。

4. 整合平台优势，构建移动传播矩阵

一是融媒生产形成新常态。坚持移动优先策略，将上百个发布端口整合优化成56个，形成了立体化、多层次的传播体系，覆盖读者用户3000万。开创了客户端聚合汇总、精准传播，微信微博及时分享、定时推送，第三方平台广泛覆盖、矩阵共振的新媒体移动传播格局。围绕重大主题，全年各平台累计发布稿件50万篇（条），生产视频15000余条，开展移动直播70余场次。“10万+”“100万+”阅读量成为常态，“1000万+”10个，其中庆祝中华人民共和国成立70周年微博话题“乌鲁木齐亚克西”，阅读量达1.2亿人次。二是优化多语传播阵地。补强多语种新媒体产品的译制审发队伍，打破语种类别界限，实现一体审核一体发布。实施“我和我的祖国”主题宣传精品短视频网上展播工程，推出一批优质民语短视频，广泛传播。积极主动融入中国对外传播大格局，推进天山网英语、俄语、阿拉伯语等语种外宣平台建设，传播中国新疆形象，讲好中国新疆故事。四是建好新疆学习平台。新疆学习平台聚焦新时代党的治疆方略，设置“总书记情系新疆”“聚焦总目标”“天山学堂”等10个栏目，搭建10个地市55个厅局供稿链路，开展“学习十九届四中全会精神学习达人挑战赛”“天山放歌颂祖国”“19+N+1我们在一起”等系列线上线下活动，使党的创新理论传播更接地气，受到中宣部总平台充分肯定。全年累计发布各类稿件8000余条，被全国平台选用700余条。

（二）运用媒体融合报道方式，全力做优重大主题报道

1. 持续做好习近平新时代中国特色社会主义思想传播

两会期间习近平总书记在参加分组审议时，提出加强生态文明建设、做好北疆绿色屏障的要求，新疆日报社（新疆报业传媒集团）迅速策划安排新媒体产品，点面结合、全景呈现新疆贯彻绿水青山就是金山银山的绿色发展理念，唱响“新疆是个好地方”。总书记考察新疆工作五周年之际，推出“砥砺奋进五年间”专题报道，追寻总书记足迹，忆当年事、访当事人，以多种报道形式，充分展示总书记的人格魅力和为民情怀，真切展现新疆各族干部群众对总书记的深情爱戴和奋进动力；第二次中央新疆工作座谈会召开五周年之际，推出互动H5、短视频等新媒体报道，涵盖民族团结、生态保护、兵团改革发展等方面，充分展现我区各族干部群众深

入贯彻落实新时代党中央治疆方略的生动实践。

2. 浓墨重彩做好庆祝中华人民共和国成立70周年系列报道

以大型全媒体专题“壮丽70年·奋斗新时代”为统领，精心策划组织，浓墨重彩推出庆祝庆祝中华人民共和国成立70周年系列报道和互动活动，全面营造普天同庆浓厚氛围。报道初期，以天山南北大调研为主导，多形式报道全面展现新疆70年沧桑巨变。举办“锦绣中华·大美山川·发现新疆’微视频大赛”等系列活动，通过征集、展播、评选等方式，增强与网民互动。国新办新疆专场发布会举办之际，开展图文直播，精心打磨短视频《高能96秒，且看今日之新疆》等产品，获人民日报客户端首屏推荐，打造文图视频融合H5《你好，世界！这就是新疆》，全面展示新疆70年发展成就。国庆临近，策划推出“70年·新疆民生变奏曲”“70年·我家的变迁”“歌声飘过70年”“700公里，有我！有我！”等系列报道，从不同视角体现新疆人民在祖国繁荣发展的70年历程中，不断增强的获得感幸福感安全感。国庆大典报道高潮迭起，综合运用直播、短视频、图集、图解等形式，精心做好庆祝大会、阅兵式、联欢活动报道，多层次、多角度呈现总书记在庆祝大会上重要讲话的反响报道，深挖新疆元素的背后故事，展现新疆人民的奉献感、责任感和荣誉感。多角度呈现新疆彩车风采，展现新疆各族儿女团结奋进，新疆社会稳定和长治久安的良好局面。围绕灯光秀、国庆吃面新民俗、和国旗同框等主题做好外围报道，营造各族群众欢度国庆浓厚氛围，从不同角度、不同侧面描绘了新疆各族人民与祖国的同呼吸共命运，抒发了新疆各族人民对祖国的无限热爱。

3. 聚焦总目标　集中优势力量策划组织重大主题报道

自治区两会、全国两会报道前后方策采编联动，创新媒体融合传播手段，报网端微持续发力，多角度、多语种、立体化呈现两会盛况，先后推出长动图《来看！代表委员的行李箱》、H5《留下绿水青山》《新疆古丽祝福你》、手绘漫画《如克亚木家的“传家宝”》等新媒体作品，内容别致、视角独特、形式新颖，五个自治区同唱《我和我的祖国》、西部十二省区市主流新闻网站联动推出短视频《西望》，形成强大报道声势，多个产品全网点击量破百万，先后七次受到中宣部通报表扬。新年伊始，策划“在希望的田野上”大型主题报道，以播种季、花开季、开工季、瓜果飘香季四个方面展开贯穿全年的主题报道，深入全疆各地，充分展现新疆各地欣欣向荣、和谐稳定的精神面貌和建设成就。为庆祝中华人民共和国成立70周年，直观反映在新时代党的治疆方略、特别是在总目标统领下，新疆稳定红利持续释放成果，助推旅游产业发展，中心特别策划推出大型主题报道“新疆夜宴”，8月22日，以持续5小时的全疆13地联动直播正式拉开报道序幕，直播在线观看超过215万人次，生动呈现天山南北经济蓬勃发展、人民安居乐业、各族群众和谐相处的良好局面。后以视频、直播、文图、海报等形式分地州持续推进，配合推出“新疆夜宴·总有一道适合你”票选活动等增强互动参与，通过精准化聚合，交互式传播，形成强大报道声势，受到广泛好评。中国农民丰收节，联合自治区农业农村厅，组织开展“多彩新疆丰收季共祝祖国亚克西”12地联动大直播，18家平台同步播放，收看人次超过百万，充分展现天山南北五彩斑斓、喜庆热闹的丰收场景，反映新疆各族群众团结和睦、稳定发展大局。

4. 围绕党委中心工作创新实施分众化精准化传播

全年围绕自治区党委“1+3+3+改革开放”中心工作，聚焦不同主题，实施分众化、精准化传播。紧扣“访惠聚”工作，结合“妇女节”之际组织实施“铿锵玫瑰最美女队员”投票活动，115家单位300余名女队员报名参与，投票累计超过120万人次。围绕精准脱贫，聚焦产业发展、挖掘个体故事、宣传先进典型。民族团结一家亲报道全年不断线，《昆仑山里有个全能警官，大事小事帮乡亲》《听着风雪兄弟的故事，他们紧紧团结在一起》等报道，深刻展示了新时代新疆民族团结的积极面貌和丰富内涵。贯彻新发展理念，聚焦生态文明建设，《NASA公布这张照片，全球网友集体谢中国！》《世界环境日，来自新疆艾丁湖的报告》等报道在故事性、可读性下功夫，综合运用新媒体形式提升报道传播力、影响力。形式丰富唱响“新疆是个好地方”，坚持可视化推介新疆美景美食，抖音号全年重点宣传新疆旅游，发布视频超700条，单条播放量最高达1239.7万人次。“五一”劳动节推出《致敬劳动者｜走近城市守夜人》等新媒体报道，受到自治区总工会高度评价。以传承宣扬优秀中华传统文化为目标，还重点策划实施了端午、中秋、重阳等传统节假日报道。

5. 弘扬正能量　聚力讲好新疆故事传播新疆形象

以正能量为总要求抓好日常报道，多条暖新闻成为爆款产品，生动讲好新疆故事、传播新疆形象。《漫长的2秒：伊宁男童从5楼坠落后》报道连续两天成为热点，全网总阅读量超1000万，点赞量352万。《39公里无人区，老阳用双脚巡护这条铁路线》《莎车奶奶护路9年，来往火车鸣笛致意》等报道，以典型故事为载体，强化传播新疆人热情、勇敢、善良、互助的优秀品质，有效传播新疆新形象。

（三）探索媒体经营服务模式，促进媒体融合协调发展

2019年，新疆日报社（新疆报业传媒集团）积极适应媒体环境、市场环境变化，牢牢把握好市场和阵地、导向和效益关系，升级营销思维，提升经营策划、经营活动和经营服务能力和水平。以活动策划执行为抓手，实施各类活动30余场，如“美丽幸福新边疆·新疆是个好地方”网络主题活动，制作网络专题10个，生产发布新媒体产品300余篇（条），全网浏览量达4.7亿次，取得社会效益和经济效益双丰收。“天山优品梅好伽师”公益活动，联系百家网络媒体联盟共同参与，全网营造氛围，传播效果显著，整体覆盖受众达2000万人次。

二 | 新疆报业传媒集团新媒体工作案例

伊宁小伙救坠楼男童传递新疆正能量

5月23日21时30分左右，伊宁市一小区两岁男童从5楼坠楼，开车回家的28岁小伙托尼可·吐尔干别克在孩子坠落瞬间，接住男童，男童获救，托尼可·吐尔干别克当场被砸晕，后经治疗，两人均无大碍。

5月24日，新媒体中心发布的《漫长的2秒：伊宁男童从5楼坠落后》稿件及视频得到广泛传播，并先后被人民日报、人民网、中国日报、环球时报、中国长安网、紫光阁、北京青年报、广州日报等数十家官方机构账号转发进行二次传播，连续两天成为全国网络热点。

新媒体中心紧抓热点，随后又推出《全国网民点赞新疆儿子娃娃》、视频《点赞，你的不犹豫》等后续报道，强化传播新疆人热情、勇敢、善良、互助的优秀品质。截至5月30日，伊宁小伙救坠楼男童事件全网报道阅读量、视频播放量双双突破千万人次，点赞量达352万，在全网传递了满满的新疆正能量。

作品二维码：

《漫长的2秒：伊宁男童从5楼坠落后》

《点赞，你的不犹豫！》

（新疆报业传媒集团）

兵团日报社

一 | 兵团日报社新媒体工作综述

2019年是兵团日报新媒体发展奋进创新之年，新型主流媒体建设迈上新台阶。兵团日报社启动了兵团网、兵团理论网全新改版，继续推进“网端报（手机报）微号”融合发展的新实践。其中，网站、客户端、手机报等自主创新网络媒体为核心矩阵，微博微信、抖音、头条号等社交网络媒体、自媒体账号为辐射矩阵。

（一）加强思想引领、舆论引导，凝聚发展正能量

2019年适逢习近平总书记考察新疆和兵团5周年、中华人民共和国成立70周年、兵团成立65年。这一年，全党开展了“不忘初心、牢记使命”主题教育，全国宣传思想战线开展了增强脚力、眼力、脑力、笔力教育实践工作，兵团日报新媒体紧锣密鼓推出全党全国层面、全疆全兵团层面系列重大主题报道，营造良好舆论氛围，提供强大舆论支持。

（二）增强创新动能、提高媒体产能，新媒体报道精彩纷呈

兵团日报社信息网络中心隆重推出《壮丽70年·奋斗新时代》《新中国新时代——隆重庆祝中华人民共和国成立70周年》《学习贯彻党的十九届四中全会精神》《学习贯彻兵团党委七届五次全会精神》《学习贯彻兵团党委七届六次全会精神》《老英雄张富清》《壮丽兵团这五年》《边疆党旗红》《新时代幸福美丽新边疆》等20余个重大专题专栏和融媒体报道。系列报道有温度、有高度、有品质、接地气，在兵团产生重大影响。

为讲好兵团故事，凝聚改革共识，汇聚强大社会正能量，2019年，围绕重大主题，兵团网主动设置议题，注重打造原创精品，共推出近200件（组）融媒体作品。其中，H5代表作品有《向总书记报告：这五年，我们精彩走过》《晒晒我们的好日子》《瀚海长歌》系列等；图解

代表作品有《从这些话里读懂习近平总书记对新疆的殷殷重托》《习近平总书记5年前考察兵团，这7句话6个互动细节催人奋进》《一图看懂兵团深化改革进程》等。此外，还制作推出兵团网第一件微纪录片《牢记嘱托，不负使命》。

兵团日报新媒体策划采访跟拍兵团十三师红山农场六连共产党员王海玉，历时近两个月，精心创作推出手绘H5《转场之路》，生动讲述不忘初心的感人事迹。据不完全统计，该作品累计传播量逾50万人次，在兵团干部群众微信朋友圈火爆"刷屏"，也刷新了兵团日报融媒体作品传播量、影响力记录。

2019年1月17日，兵团理论网正式上线，在兵团大地深入宣传习近平新时代中国特色社会主义思想，深入宣传新时代党的治疆方略，深入宣传党的理论路线方针政策，深入宣传丝绸之路经济带核心区建设、中巴经济走廊建设、兵团向南发展等理论和实践问题，为兵团各项工作提供强大理论支撑和智力支持，致力把兵团理论网建设成兵团日报社的一块新媒体金字招牌、"兵团网上理论宣传重镇"。

兵团网倾力打造品牌节目"兵团访谈"，2019年全年推出访谈40余期。兵团日报客户端开通兵团号，智能化抓取整合推送兵团辖区新媒体优质内容。兵团手机报全年共编辑发布早晚报、周末节假日版、图片特刊、快讯等700余期，12月1日迎来全新改版，去除"长文风"，扩充信息量。内容有了差异化，更具可读性，形式更加丰富，受到了读者好评；兵团日报、兵团网、兵团人、胡杨副刊、兵纷女声、清风兵团系列微信公众号持续发布优质内容，影响力进一步扩大。

（三）提升科技"含金量"，坚持融合发展，新媒体建设进入发展新阶段

2019年，兵团日报在中央厨房框架下，先后组织建成兵团首个模块化机房私有云、建成汉维双语的一体化全媒体新闻采编系统、建成涵盖多语言和多端口发布的网络内容发布平台，逐步建成完善报社中央厨房系统集中指挥、采编调度、高效协调、信息沟通等各项功能和"四个一"的内容体系，即：一个工作平台、一个技术支撑体系、一个全媒体内容管理系统、一个传播效果监测系统。

2019年以来，兵团网成立"兵团最前线""图解兵团""印迹兵团""学习兵团"等一批融媒体工作室，促进了内容生产团队建设。根据媒体平台类型，划分两个业务组，加强内容审核团队建设。实体团队与虚拟团队相结合，充分激发编采技术人员积极性主动性创造性，从而推出大量有影响力的融媒体报道。

（四）坚持创新体制机制，充分激发队伍活力，加快推动人才队伍转型升级

一是推动人才外出培训机制。2019年，在报社党委的支持下，推荐11名兵团网编辑、分8批

次赴人民网交流，学习借鉴新媒体业务规范流程、实践操作、做法经验等内容，有针对性地提高新媒体采编、设计、制作力量。

二是组织安排人员外出采访增强“四力”。2019年，信息网络中心安排编辑人员不断走出去，数名编辑参与了“新春走基层”“亚洲文明对话大会”“边疆党旗红”“新时代·幸福美丽新边疆”等网络主题采访活动，深入兵团各师团及疆内外各地参与一线采访，并制作推出了相关专题、图文、视频及H5报道，展示出了较强的融媒体报道能力，编辑的脚力、眼力、脑力、笔力得到了极大的锻炼与提高。

二 | 兵团日报社新媒体工作案例

《这里是兵团》系列融媒体报道

2019年8月至10月，兵团网精心策划制作推出《这里是兵团》系列融媒体报道。此次系列融媒体作品，新媒体编辑全员参与采写制作，分别聚焦兵团14个师市和石河子大学、塔里木大学，通过视频、图片、文字等形式，形成多角度、立体式、纵深化的报道格局，突出兵团特色，动情讲述了兵团自成立以来的发展历程和辉煌成就，打造了宣传兵团的16张“新媒体名片”，为中华人民共和国成立70周年及兵团成立65年献礼，也为网友打开了一扇认识兵团、了解兵团的窗口。

报道一经推出，各终端累计阅读量超百万人次，获得线上线下读者的一致好评。累计吸引网友给出4000多个点赞、写下1000多条留言，纷纷向兵团致敬。一位网友为此赋诗一首：“古道西风劲，报国意志坚。戍边铸忠诚，豪气满天山。”这一系列融媒体报道，不仅刷新了兵团网传播量、影响力纪录，而且创造了宣传好兵团、讲好兵团故事的生动范例。

（兵团日报社）

兵团广播电视台

兵团广播电视台新媒体工作综述

2019年，兵团广播电视台新媒体中心全体人员充分利用网站、微信公众平台、新浪微博、抖音等多个新媒体平台，开展了一系列宣传报道工作，做到了报道及时、主题鲜明、亮点突出、形式新颖，圆满完成了各项宣传报道任务，有效地提升了兵团广播电视台新媒体平台宣传工作水平和舆论引导能力。

（一）牢牢把握正确的舆论导向，着力提升新媒体舆论引导力

2019年，兵团广播电视台新媒体中心严格按照兵团广播电视台党委“守正创新”的要求，始终坚持正确的舆论导向，以正面宣传为己任，及时传递发布中央、自治区和兵团党委各项决策部署，担当责任、精作内容、安全管理，较好地完成了各项宣传报道任务。

（二）用好新媒体平台和形式，全力做好主题报道

2019年，兵团广播电视台新媒体各平台着重对主题报道进行策划、包装，让新闻内容通过更通俗易懂的方式传播，同时，新媒体中心大量使用短视频、H5等新媒体手段进行主题报道，讲好兵团故事。

2019年，在中华人民共和国成立70周年、兵团成立65年壮阔背景下，兵团广播电视台新媒体中心创新视角、创新内容，相继推出《庆祝中华人民共和国成立70周年——壮丽70年奋斗新时代》《不忘初心、牢记使命》《打赢脱贫攻坚战》《学习贯彻党的十九届四中全会精神》等大型专题报道。

在做好党的十九届四中全会精神学习宣传方面，兵团在线网和爱新疆APP在首页显著位置设置专题页面，内容包括十九届四中全会精神反响、兵团宣讲团在各师团单位宣讲十九届四中

全会精神、各师团单位学习贯彻十九届四中全会精神的举措等。专题页面专注创新表达、创新形式，在祖国西北边疆掀起党的十九大精神宣传热潮。

党的十九大报告指出，要动员全党全国全社会力量，坚持精准扶贫，精准脱贫。兵团广播电视台贯彻落实十九大精神，根据要求，在兵团在线网和爱新疆APP分时期开设“打赢脱贫攻坚战”“凝心聚力巩固脱贫攻坚成果”等专栏，全方位、多角度报道兵团精准扶贫的先进做法和典型经验。

（三）移动直播常态化

2019年，兵团广播电视台的移动直播技术保障能力不断提高，克服了各种复杂信号环境开展实时直播报道，让移动直播呈现常态化发展态势。直播的选题内容也呈现了多样化，《2019年中国技能大赛——“天富杯”兵团第八届职业技能竞赛》《“不忘初心、牢记使命”我的深情为你守候——熊盛华师生音乐会》《魅力兵团红、万众庆丰收》等等，这一年，兵团广播电视台的移动直播触角已延伸至多个新闻的第一现场。网络直播在兵团在线网、爱新疆APP以及腾讯、今日头条客户端等平台推出后，吸引了广大网友的关注。

（四）短视频成为新媒体平台的主要报道手段

兵团广播电视台深入推进新闻视频化，兵团广播电视台新闻中心组建了短视频制作部，专业从事视频新闻产品的生产，短视频主要在新媒体平台推送。短视频制作部一手抓质，一手抓量，精心剪辑制作出了一批高质量的短视频，现已初步形成特色品牌。短视频《脱贫者说》《我是胡杨河市》《淬火铸荣光》《共和国成就巡礼 · 新疆生产建设兵团》等多个视频获得了2019年度新疆新闻奖、兵团新闻奖。

据不完全统计，2019年，短视频制作部生产出了近300条短视频新闻作品，一经发布即获得了网友的好评。

（五）提升质量、精心策划、原创稿件亮点突出

2019年，新媒体中心以“我们都是追梦人”“最美奋斗者”为主题，在兵团广播电视台其他部门的配合和帮助下，进行了人物微访谈的尝试，对兵团的热门人物和话题进行访谈，展现兵团人的追梦和奋斗故事。策划制作出了《绽放在兵团的梅花——张培培》《记者，记着》《“亿元连”诞生记》等多个网络微访谈节目。

（六）配合央视等主流媒体做好直播，展现美丽兵团

2019年8月22日，中央广播电视总台大型直播节目《壮丽70年·奋斗新时代——共和国发展成就巡礼·新疆生产建设兵团篇》在央视新闻频道播出后，1小时的直播节目展现了兵团从茫茫戈壁到锦绣绿洲，从亘古荒原到现代城市，兵团人始终牢记初心使命，在天山南北创造着一个又一个的奇迹。一小时直播中，大量镜头，尤其是航拍镜头均为兵团广播电视台提供。在直播结束的同时，由兵团在线网、爱新疆APP、新疆兵团卫视微信平台推出了《央视1小时直播带你认识兵团！》，重温了一小时精彩节目的同时，又盘点了直播中兵团的农业的史诗画卷、兵团人在防沙治沙及兵团的城镇化建设和产业发展，展现了兵团新媒体宣传的亮点。

（兵团广播电视台）

（编辑　后新月　郭权宇）

区域进展

北京市推进媒体融合发展工作综述

2019年，北京市属媒体进一步明晰改革顶层制度、创新生产理念、探索盈利模式，全面推进融合转型、优化传播效果、提升服务能力，实现了显著发展。

一 | 推进制度设计和机制升级，整合优质资源，满足媒体融合需求

北京市属媒体在2019年度持续推进制度设计改革创新，进一步明确融合发展目标和时间线，确保媒体融合进程有序进行。北京日报社全力推动报社60多年来最重大的生产关系变革，以打通和融合为关键，对《北京日报》《北京晚报》采编部门进行全面整合，成立北京日报社总编辑办公会，按照全天候融媒体生产流程划分出23个内容生产部门、13个内容发布部门、5个运行保障部门，构建起具有“横向集约、纵向扁平、前端统合、后端分立、融合生产、分态传播”特色的新型组织架构体系；在2个多月的时间内完成部门整合、干部选任、岗位调整等各项工作，实现了无缝衔接、平稳过渡；着力构建与融媒体改革发展相适应的、覆盖全媒体的多维度立体化绩效考评体系。在深入调研、反复测算、多次研讨的基础上，出台《京报集团融媒体绩效考评方案（试行）》，进一步破除体制机制壁垒，推动全员深度转型。

在北京市的整体部署下，新京报社认真贯彻落实市委深改委批准同意的《新京报北京晨报和千龙网整合方案》精神，始终坚持“确保导向正确、确保优势互补、确保平稳有序”要求，积极稳妥地推动了三家机构的整合、市级融媒体建设工作，实现了“稳中求变、变中求进”的目标。2019年8月1日，千龙网全新上线，《新京报》控股千龙网65%。8月1日起，千龙网与新京报社实现“四个一体化”：采编一体化、经营一体化、技术保障一体化、行政系统一体化，最大限度压缩成本、挖掘潜能。目前整体运转顺利、平稳有序。

整体而言，通过变革顶层设计更好地满足媒体融合发展需求，是2019年度北京市属媒体融合转型发展的显著特征。

二 | 强调舆论引导作用，打造立体传播矩阵

为了更好地壮大主流声音，强化党媒引导舆论的能力，北京市委对北京市属媒体融合发展确定了目标和路径。以《北京日报》为例，它以北京日报客户端为龙头，以长安街知事、艺绽为重点，以《北京日报》《北京晚报》微博微信，识政、长安观察、都视频、京直播、光影记忆等新媒体品牌和头条号、百家号等平台号为支撑，初步构建起"全链条生产、全平台发布、全媒体呈现"的立体化传播格局。党报移动传播矩阵全网用户超过8000万，全年矩阵阅读量超过150亿，其中视频直播超过40亿。客户端总下载量突破1100万，月均发稿量从5000多篇提升到10000多篇，各频道、各栏目建设持续加强，北京号2.0版也全新上线，经过多次改版升级，用户体验不断提升，在全国省级党报客户端中处于排头兵地位；长安街知事品牌全网用户达2200万，位居全国时政类新媒体前列；日晚报微博粉丝突破2000万，出现多个"亿级"传播案例；都视频"70秒看北京"系列短视频全网播放量达1.6亿；京直播国庆期间2场原创直播收看超过4600万次；《光影记忆》全网推送66集，播放量超5000万，被2019中国新媒体大会评为"十大创新案例"。

2019年，北京青年报社坚持以"北京头条"为引领，推动媒体深入融合，取得了新进展。"北京头条"主打新闻资讯、青年服务、文化精品直播等，推出"青年大学习""政知""深一度""北青即时""青流视频"、"后台"直播、"青睐"文化直播等具有北青特色的频道、栏目，运用图文、视频、短视频、直播等多种技术传播手段，力争通过高品质内容、差异化服务，不断提高用户黏性，打造以新闻和资讯发布为主、融合多种功能、具有重要影响力的新型融媒体平台。同时，"北京头条"持续进行功能优化、版本迭代、内容输出与活动举办，客户端下载安装量、日活数据与用户使用时长数据等，均在持续增长。截至2019年底，下载量已达到1000万，日活跃用户15万以上。其中，《北京青年报》全力打造的"青流视频"原创作品，包括新闻短视频、专题纪录片、直播、动画产品等各类新媒体视觉产品，2019年度已发布11000余条，包括直播600余条，有众多质量高、点击量高的作品。除"北京头条"外，也在全网视频平台发布，总点击量已超过12亿，其中单条超过千万点击量的爆款视频20余条，不少弘扬正能量的作品被央视、新华社、人民日报等"大V"转载，收到了广大网友的热情点赞。

三 | 全面联系和服务群众，优化定位，整体布局区级融媒体

北京市区级融媒体中心建设2019年度进一步全面铺开，加大投入，全面提升了基层媒体平台的舆论引导能力。

北京市已完成16个区的融媒体中心建设，在区级媒体融合进程方面位于全国前列。其中，

海淀区融媒体心、昌平区融媒体中心已成为全国区县融媒体中心建设的示范案例。北京市各区融媒体中心将区级报纸、广电和新媒体部门进行整合，统一划归融媒体中心进行部门再造，功能定位为“新闻+政务+服务”，在提供本地新闻的同时也提供区县范围内的政务信息和教育、生活等相关服务，以地理接近性提升受众黏度，不断增强区级媒体影响力，更好地联系和服务本区域群众。

2019年4月11日，朝阳区融媒体中心正式揭牌，逐步实现了平台、信源、产品、渠道、技术、人才等八方面的深度融合，并通过统一指挥调度、统一宣传发动，实现了区域政务媒体平台的“全管理”和“全覆盖”，紧紧把握新闻舆论工作主动权，努力将朝阳区融媒体中心建设成为朝阳区新闻信息发布的平台、百姓反映诉求的平台、集成政务与生活服务平台、新时代文明实践中心的网上平台。目前，朝阳区融媒体中心有《朝阳报》、朝阳有线电视台、朝阳新闻网、“北京朝阳”政务微博、“北京朝阳”APP、“北京朝阳”政务微信平台、“朝阳群众”抖音号、“朝阳群众”快手号8个融媒体平台。此外，朝阳区融媒体中心已建成54家朝阳区融媒体分中心，实现全区43个街乡全管理、全覆盖，形成“1+43+N”的多层次多点布局，打通了新闻宣传“最后一公里”。

2019年5月，“北京东城”APP全面上线。“北京东城”APP以东城区居民、驻区单位、关心东城发展的社会各界人士为服务对象，目前已初步实现“新闻+政务”“新闻+服务”“新闻+监督”功能。上线至今，发布图文信息共计2056条，视频258部，头版故事16条，已上线“2020东城两会进行时”“不忘初心、牢记使命”“首都功能核心区控规草案今起公示”“垃圾分类从我做起”“接诉即办”“壮丽70年　奋斗新时代”“优化营商环境　东城在行动”等13个专题，不断更新新闻资讯。

2019年6月，顺义区投资317.86万元打造“北京顺义”APP，按照“新闻+政务+服务”的理念，整合全区的新闻发布渠道、政务网上办事渠道、民生服务渠道，所有融媒产品均在“北京顺义”APP及时发布，并随时与北京日报客户端实现对接。

（北京市新闻工作者协会）

天津市推进媒体融合发展工作综述

2019年，天津市不断加大媒体融合力度，着力推动市、区两级媒体融合发展，推动深化天津海河传媒中心二次改革、全市16个区全部建成区级融媒体中心，相加阶段迈向相融阶段的步伐不断扩大，新型主流媒体和传播载体初步形成，主流媒体传播力、引导力、影响力、公信力得到进一步巩固。

一丨天津推进市级媒体融合的工作举措

2019年，海河传媒中心有效整合媒介资源、生产要素，实现信息内容、技术应用、平台终端、人才队伍的共享融通，积极抢占互联网舆论新阵地。

一是加强顶层设计、拓展融合边界，推进媒体融合向纵深发展。从完善组织架构、加强新媒体建设、推进市场化改革、抢占技术高地、优化薪酬分配体系等方面内容，制定完成《天津海河传媒中心第二阶段改革方案》。

二是强化技术引领、支持技术创新，强力激发融合新动能。坚持技术融合、管理融合、制度融合，强化与新媒体的互联互通，资源共享，促进生产流程功能在“津云”中央厨房的应用。组建网台直播技术平台的搭建，使台、网、端共融。坚持技术创新、技术先行，实现“5G+4K”技术应用，细化ENG（电子新闻采集）制作方案，推进加装C波段滤波器，应用LQ设备通过IP方式实现高质量的语音信号传输，使用5GHz图传设备实现邮政大楼高点机位的信号传输，应用4K背包，将公共信号通过5G网络回传，新技术投入保障了历次大型宣传工作的圆满完成。强化技术自主创新，成为全国第一家将厂商驻台运维服务改为自维服务。

三是整合内部资源、加强融合步伐，深度整合采编力量。2019年初，通过考核面试，完成日报、晚报、广电体育部门采编人员和体育报道资源整合，成立海河传媒体育中心。在技术中心配合下，自主完成了残运会开幕式、闭幕式的ENG制作，参加军运会、二青会公共信号制作任务，彰显了中心技术实力，开辟了新的服务市场。为实现《天津日报》与《今晚报》的错位发展，《今晚报》在整体改版的基础上，于2019年7月实现晚报早出，全新面市，同时为两报采编、照排、发行和印刷实现资源共享、协调发展打下坚实基础。定位都市报特点，采用企业化运作模式，坚持效益优先，通过定岗定编、全员竞聘、选优任能的体制机制，完成《每日新报》《城市快报》的整合工作。通过《天津广播电视报》股权收购，完成《中老年时报》《天津广播电视报》的两媒体整合。完成广电网络公司搬迁工作，通过找准系统最佳结合点和系统整体流程再造，与电视台、IPTV融为一体，实现降耗增效，提高了系统安全播出的可靠性。

四是媒体合力联动、内容推陈出新，品牌效应愈加凸显。海河传媒中心坚持技术变革，在短视频成为舆论宣传、传播正能量的主阵地、主战场的背景下，打造新型传播平台，推出“津抖云”短视频平台。乘融合之势发力，打造精品活动，成功举办2019第七届天津融媒体粉丝狂欢节、2019京津冀协同发展论坛、第九届“榜样天津”等一批有影响力的行业活动。年终岁末分别推出特别策划“供热第一天，温暖千万家”“向群众汇报——2019年委办局长年终访谈”，通过所属《天津日报》《今晚报》、天津广播、天津电视和津云客户端等，畅通有关部门与市民百姓之间的沟通渠道，请群众阅卷打分，在加强和创新社会治理中的起到了重要作用。

二丨天津市推进区级融媒体中心建设举措

2019年3月，全市16个区级融媒体中心全部挂牌成立。2019年12月至2020年1月，对照区级融媒体中心建设验收指标，对全市16个区级融媒体中心建设情况进行了全面、细致检查验收。

一是紧密型领导体制。整合本区报纸、内部资料性出版物、广播电视台及所办新媒体等单位，撤销原来各单位法人建制，只保留区级融媒体中心一个机构、一个法人、一块牌子，统一明确区级融媒体中心为区委直属公益二类事业单位；打破媒体界限，按照策划、采访、编辑、公共服务、技术支持等功能科学设置内设机构，建立统一的新闻采编中心，重构策采编发流程，重大题材、重点新闻、突发事件等统一策划，采编指挥统一调度，采访稿源共享共通。

二是统一技术平台。按照中宣部“一个平台”的要求，依托“津云”中央厨房的技术优势和运营经验，遵循统一标准、统一软件、数据共享互通的原则，采用云服务的部署模式，为各区提供软硬件系统集成、移动终端开发建设、数据分析管理服务，建设统一技术平台，实现市区两级媒体联动、资源共享，逐步形成全市“一朵云”的媒体融合新格局。

三是细化验收细则。组织相关专家学者深入各区实地察看、座谈交流，结合各区融媒体实际情况，按照经济实用、不贪大求全的原则，在中宣部验收指导指标基础上，制定《天津市区级融媒体中心建设验收细则》，围绕机构、内容、平台、队伍、服务等方面，细化验收指标，量化评分标准，指导推动建设。

四是推动优质资源聚集。打破原有媒体、科室壁垒，以建立融媒体工作室为切入点，推动优秀人才、优质资源向新媒体聚集。由市委宣传部牵头，组织各区融媒体中心成立了29家融媒体工作室，专注本区新闻，优先向市区两级新媒体供稿，与市级媒体、全市高校的融媒体工作室同台竞技、交流切磋，有效促进人才、资源的跨媒体流动，倒逼区级媒体把主力军投入主阵地。

三 | 媒体融合的阶段性成效

一是正面宣传数量质量爆发式增长。媒体新开专题专栏数量、社论评论数量、优秀节目稿件数量、向央媒供稿线索数，较改革前均大幅提升，有力服务市委中心工作。圆满完成一系列重大会议、活动宣传战役，2019年4月外交部推介天津宣传片，成功吸引全球15.5亿人聚焦我市"高光时刻"，阅读量位居全国第二；全国网络安全周阅读量超过15亿次，创历届网络安全周之最；残运会、旅博会的有关新闻阅读量均突破1亿；世界智能大会宣传规模、声势、效果一届好过一届，大会举办期间连续数日居网络热搜榜前列；2019年全国两会期间，本市媒体报道数量同比大幅增加，特别是新媒体报道数量同比增长3倍。2019年10月1日，派出8名骨干记者赴北京报道，第一时间发回大量现场照片、第一时间发回连续报道，第一时间采访大会中的天津元素，实现当天回传、当日播发。

二是爆款融媒体产品不断涌现。2019年8月，向时代楷模致敬的短视频《向梦想出发》在央视多个频道播出，得到中央主要领导同志的充分肯定，称赞"这是媒体融合的方向"，线上传播量突破4亿次。9月推出的MV《没有共产党就没有新中国》迅速形成爆炸式传播态势，总浏览量达2.5亿人次。年末，《臊子书记》获2019年中国新闻奖媒体融合短视频一等奖，"脱贫攻坚经常瞬间"网络微视频一类优秀作品等重要奖项。近一年单篇传播千万量级以上的作品达到37篇，在全国产生重大影响。

三是新闻生产协同机制初步形成。在庆祝中华人民共和国成立70周年、全国"两会"、世界智能大会、外交部全球推介天津、国新办天津专场新闻发布会、残运会等重大宣传战役中，实行采访、编辑、技术"全媒体联动、全天候响应"，信息内容、技术应用、平台终端、管理手段等全要素打通，开展立体化、全方位、矩阵式报道，媒体融合优势充分显现，为下一步常态化开展"融为一体、合而为一"的全媒体生产传播打下基础。

（天津市新闻工作者协会）

河北省推进媒体融合发展工作综述

2019年，河北省新闻战线坚持守正创新，突出移动优先，大胆运用新技术、新机制、新模式，加快媒体融合发展步伐，把握时度效，唱响主旋律，打好主动仗，为新时代全面建设经济强省、美丽河北提供了有力舆论支持。

一丨构建全媒体发展格局，媒体融合发展迈上新台阶

截至2019年底，河北省共有重点新闻网站13家，省直新闻网站18家，中央新闻网站及商业网站河北频道9家，各市备案新闻网站32家，县级融媒体中心151家。全省新闻单位开设有新闻资质的官方微信132个、微博50个、应用程序81个。新媒体从业人员14898人。

（一）省内主要媒体深度融合取得新进展

河北日报报业集团完善“一支队伍、两个平台”一体化运行机制，整合河北日报、河北新闻网部分编辑力量，成立河北日报客户端工作室，大力提升客户端运营水平和传播力。年初，对《河北日报》版面进行优化调整，报纸突出深度新闻以及评论，将与互联网平台发布内容重复率高的非时政类资讯内容疏解到客户端发布；对河北日报官方微博实施改版，定位上突出党微特点；努力补齐视频生产短板，全年采制视频800多部，在重大主题报道和战役性报道中基本实现了视频报道全覆盖。人民网7月30日公布的377家党报“2019全国党报融合传播力”排行榜上，河北日报官方微信在省级党报中继续保持领先，河北日报官方微博、河北日报客户端、河北日报入驻APP，在省级党报中分列第4位、第11位和第4位。

河北广播电视台新媒体中心拥有河北网络广播电视台（PC网站）、冀时客户端、即听客户端等全平台数字媒体。网站及客户端用户量超过300万；河北广播电视台官方微博粉丝达到413万，头条号粉丝量达到271.5万，位列西瓜视频联合新榜发布的“媒体影响力榜——广电综合TOP10”；IPTV用户规模突破1600万户，继续保持全国第二。

长城新媒体集团努力推进“四全媒体”建设，着力培育“长城全直播”品牌，将VR直播、全景航拍、智能播报等技术应用到融媒体产品生产中；高标准推进冀云·融媒体平台和“学习强国”河北学习平台建设；从“做内容”向“做平台”转变，向打造全员媒体方向进军；着力将云技术和大数据介入新闻传播，实现从“以采编为中心”向“以用户为中心”的转变，走进打造全效媒体的创新之路。

《共产党员》杂志社以河北共产党员网建设为基础，多层次、多角度打造新媒体矩阵。在人民号、头条号、冀云号等平台入驻，并开设多个品牌栏目，总粉丝人数18万。“河北共产党员杂志”微信服务号定期推送杂志新刊电子版速览，为实现可读、可听、可观看、可互动、可即时分享的“五可”功能提供新入口、新渠道。《共产党员》杂志融媒体期刊获“全国党刊十佳融合创新案例奖”。

（二）县级融媒体中心建设取得新成效

截至2019年11月底，全省168个县（市、区），已有151家县级融媒体中心挂牌，超额完成中宣部121个县（市、区）和我省147个县（市、区）的建设任务。在建设过程中形成了这些特色：一是将县级融媒体中心建设纳入意识形态专项巡视，作为评价和考核各地党委的重要内容；二是建立了专项工作督导群和定期通报制度，通过“台账管控+跟踪督导+定时通报”的形式，有效加快了县级融媒体中心建设进度；三是中央和省共下拨支持资金2.31亿元，全力保障县级融媒体中心建设，支持力度位列全国第三；四是10月9日，冀云·融媒体平台上线，积极与各地县级融媒体中心就技术服务和县域专属客户端建设等事宜进行对接，切实为县级融媒体中心建设提供技术支撑和运营维护。

（三）“学习强国”河北学习平台建设成效明显

2019年3月2日“学习强国”河北学习平台实现PC端、APP端同步上线。一年来，“学习强国”河北学习平台的建设取得明显成效。一是注重扩大覆盖面。河北省“学习强国”用户总数达551万多人，其中加入学习组织架构的用户达435万多人，居全国第4位。二是注重内容建设。上线以来共刊发稿件10000余篇，“聚焦京津冀”“雄安时间”“走进冬奥”等河北特色频道、“深入学习宣传贯彻党的十九届四中全会精神”“不忘初心、牢记使命”等主题专栏为广大党员干部群众提供了权威准确、丰富新颖的学习内容；原创内容“家乡好货我来代言”系列微视频帮老乡扩大了产品销路，助力了脱贫攻坚。三是注重对上供稿。一年来，总平台刊发河北省稿件1500余篇，月浏览量达到9813万人次，浏览量在全国分平台中排名第三名。中宣部简报3次向全国推介河北省经验。中共中央政治局委员、中宣部部长黄坤明在河北调研期间，对河北学习平台给予充分肯定。

（四）市级媒体深度融合迈出新步伐

河北省各设区市高度重视市级媒体融合改革工作，结合实际，推动媒体融合发展、提升主流媒体竞争力。9月30日，张家口市新闻中心（张家口新闻传媒集团）正式揭牌，张家口日报社、张家口广播电视台原有报纸刊号、频率频道全部纳入市新闻中心。按照“事业单位冻结、现代企业管理、多元产业经营”的思路，组建新闻传媒集团，推进网微端一体化。

二｜加速改革创新，新媒体内容建设展现新成效

（一）主题宣传出新出彩

河北省主要媒体推出“新时代新作为新篇章”“不忘初心、牢记使命”“三深化、三提升”等重大主题报道，充分展示了全省牢记总书记嘱托、奋力走好新时代赶考路的生动实践，被中央领导同志和省委主要领导肯定、表扬50多次。《河北日报》在“壮丽70年　奋斗新时代”专栏策划推出“河北24小时”“重访河北造”“牢记嘱托看变化”等15组系列报道，报网端微各平台共发布各类稿件6700多篇。河北广播电视台推出《“一带一路”看河北》《红色的追寻》《飞阅河北 · 第二季》等大型融媒体系列报道。长城新媒体集团推出《太行山上的河北答卷》《数读河北》《同心筑梦》等系列原创新媒体作品，发布原创作品32114篇（个），被中央主要新闻网站（客户端）转发2237篇（次），打造传播力过千万的爆款产品（话题）12个，获中宣部点名表扬8次。

（二）重要节点报道创新创优

河北省各新闻媒体努力打赢全国“两会”、省“两会”、省委全会、“5 · 18”经洽会等一系列宣传战役，推出系列专版专题和重头新闻作品。《河北日报》策划制作河北地方戏联唱《我和我的祖国》MV，该作品以“河北地方戏曲+歌曲”的形式全新演绎《我和我的祖国》，戏曲名家倾情献唱，尽显河北地方戏曲的魅力，展示了70年来燕赵大地的发展变化、河北人民的幸福生活和壮丽秀美的自然风光，推出当日即入选国家广电总局“精彩短视频礼赞新中国”主题宣传月优秀作品展播，全平台总播放量达2341.2万。展现不同行业普通人奋斗追梦的《河北十二时辰》、独家剪辑制作的《女兵方队是这样炼成的》等短视频，总阅读量近2000万。

长城新媒体集团重点培育打造移动直播品牌“长城全直播”，在各类重要时间节点、大型会议活动，以及突发事件、社会热点报道中抢占媒体传播新高地，系列主题直播活动引发广泛好评。自主研发“长城直播眼镜”“钢铁侠”融媒体全平台移动直播设备以及虚拟主播“冀小

蓝”，在2019年全国“两会”首次亮相即受到海内外多家媒体关注。

（三）典型宣传深入人心

省直主要媒体对扶贫干部楷模郑贵章、“最美退役军人”范振喜、“时代楷模”河钢塞尔维亚钢厂管理团队等全国重大典型先进事迹进行集中宣传。各级媒体分别对我省入选的全国“时代楷模”“共和国勋章”“感动中国”十大人物等典型人物和群体进行了全方位的宣传报道，在全国产生重大影响。

（四）融媒精品助力脱贫攻坚

“学习强国”河北学习平台推出助农公益视频专题《家乡好货，我来代言——驻村第一书记为河北青龙椁椤滩村代言》被“学习强国”总平台转载后，24小时内收到北京、四川、福建等10多个省市区的购货订单，销售量达2305斤，总价值26053元。视频发布一周后，酵素苹果销售2万多斤，酵素小米销售一空。内丘县融媒体中心按照“媒体+政务+服务+互动”的思路，从单纯新闻宣传向公共服务领域拓展，从单向传播向多元化互动传播延伸，实现了服务群众零距离。短视频作品《依托380名“百姓代言人”联通党服务群众“最后一公里”》充分运用融媒体新技术，在移动互联网搭建“党心连民心”平台，通过招募选拔380名“百姓代言人”，把信息传递和搜集的触角延伸到县域内的每个村庄和社区。该作品入选“2019中国新媒体社会责任十大优秀案例”提名奖，是全国唯一获此奖项的县级媒体作品。

三丨注重培训，强化引领，努力打造全媒体新闻队伍

媒体融合发展的关键是建设一支政治素质硬、业务水平强的人才队伍，我省新闻战线着眼于让广大新闻工作者掌握新知识、熟悉新领域、开拓新视野，不断推动采编播队伍向全媒体转型。

（一）强化理论武装，引领新媒体队伍听党话、跟党走

河北省各新闻单位以开展“不忘初心、牢记使命”主题教育和加强马克思主义新闻观学习教育为抓手，通过开展专题讲座、在线授课、微视频等形式，用好“学习强国”“党建云”等学习平台，全力推动习近平新时代中国特色社会主义思想在河北新闻界落地生根。一年来，全省各媒体共组织党的创新理论专题教育培训220余期，培训人数达37000人次。

（二）深化业务培训，努力培养“全媒体”新闻人才

河北记协举办了全省媒体融合精品创作培训班，全省各级媒体130余名新闻工作者参加了培训。邀请了1名中国新闻奖媒体融合奖审核委员、4名中国新闻奖一等奖得主，围绕中国新闻奖媒体融合奖项作品特点分析、寻找全媒体报道的突破口、新媒体创意互动、短视频新闻精品打造等内容，进行专题辅导。此外，通过开展“河北省新闻舆论工作千人培训计划”，组织专家到各市巡回授课，参训新媒体从业人员1000多人。

（三）活化激励机制，激发新媒体人才内生动力

河北日报报业集团成立全媒体编辑中心，修订《河北日报全员全媒体绩效考核办法》，增加新媒体平台工作量在整个考核结果中的权重，以考核倒逼采编人员全员转型，培养更多“提笔能写、对话筒能讲、举相机能拍”的全媒体记者。

河北广播电视台打通人才晋升“双通道”，选聘了一批首席、资深和特聘人才，拓宽了专业人员发展路径。奖励标准上进一步向媒体融合产品倾斜，增加原创稿件考核权重，引导发布时序上先端后报、先网后报。

长城新媒体集团全部实行以目标管理和贡献率为导向的绩效考核制度，领导班子成员和集团员工一同按月进行业绩考核；加大人才引进力度，组织3次人才招聘，新聘新媒体人才72人，为集团快速发展提供有力支撑。

（河北省新闻工作者协会）

山西省推进媒体融合发展工作综述

2019年，山西省积极探索媒体深度融合发展的“山西路径”，全力推动山西媒体融合从“相加”迈向“相融”。

一 | 以改革推动融合，省级主流媒体发力，县融中心分步推进

《山西日报》主动对标《人民日报》，坚持一体化发展，不断优化全媒体生产平台，完善策采编审发评流程，努力实现报网端微同频共振、合力发声；坚持内容为王，提升策划水平，推行栏目负责制和融媒体工作室制度，推进内容生产供给侧结构性改革；坚持移动优先策略，优先做强山西日报客户端，加快构建移动传播矩阵，实现与省级“中央厨房”技术共享，创新传播手段占领新的舆论场；强化制度管理，培养全媒体人才，有效激发内生动力与活力；关停了《发展导报》《三晋都市报》《青少年日记》等“两报一刊”；初步建成省委权威信息在互联网发布的首要平台、区域内最具公信力和影响力的主流舆论阵地。

山西广播电视台组建“视听融媒体中心”，改版山西网络广播电视台，上线“黄河+客户端”，打造互联网传播新平台，实现策采编审发评一体化调度指挥，全面推动媒体融合向纵深发展；做强《山西新闻联播》等新闻节目，多层次多方位讲好山西故事；做强山西卫视，打造宣传山西新名片；对电视频道和广播频率功能定位受众进行全方位梳理，做强播出平台，推动资源要素整合；做强策划环节，推行项目化生产，初步建成具有较强引领力、传播力、影响力的区域性音视频生产与集成新型主流媒体。

在推进媒体深度融合发展过程中，山西以山西广播电视台、山西日报社共建的省级“中央厨房”——山西媒体智慧云平台为切入点，完善技术系统、及时升级改造、探索建立可持续发展机制，着力建好山西媒体智慧云平台；建立互通互用工作机制、动态评估机制、编委会制度等，着力用好山西媒体智慧云平台，探索了“广电+报业”共同投资下的集中化、“中央厨房”升级下系统协同的集成化、业务实践上的集约化的媒体深度融合发展的山西实践。

2019年1月，山西媒体智慧云平台在2018年底一期基础上，对标中央规范要求，调整二期规划，编写了《山西县级融媒体中心省级技术平台建设项目可行性研究报告》，并通过专家论证，成为全国第一个完成规划、论证的县级融媒体中心省级技术平台。4月，山西媒体智慧云平台被省委明确为支撑山西省县级融媒体中心建设的省级技术平台。该平台坚持系统开放性、兼容性原则，严格对标中央“五个规范”要求，按照“安全、解耦、开放、自主、标准”的建设思路，基本功能涵盖“宣传管理服务与媒体协作类”等七大类系统70多个功能模块，全部实现互联网汇聚、移动采编、指挥调度、融合发布等22个功能，通过开设账号的方式可完全赋能给《山西日报》、山西广播电视台、县级融媒体中心等媒体机构。截至2019年底，该平台与省内56个县（市、区）融媒体中心互联互通，助力县融中心打造“四屏两声”（电脑屏、手机屏、电视屏、车载电视，室外大喇叭、室内小喇叭）传播平台；该平台累计服务包括《山西日报》、山西广播电视台在内的106家媒体机构，免费服务支撑各媒体机构生产制作发布融媒体产品8万条，有效降低了各媒体机构融合发展的投入，有序提升了各媒体机构融合发展的速度。2019年，山西媒体智慧云平台荣获《电视指南》《传媒内参》评选的“2019‘指尖融媒榜’最具影响力广电融媒云平台”称号。

目前，山西首批40个县级融媒体中心基本建成，其余65个县级融媒体中心全部启动建设。

二 | 以融媒体工作室为突破，扩大主流价值影响力

在传统媒体、新媒体齐头并进、合唱发声的同时，山西省委宣传部牵头，在全省媒体推广融媒体工作室机制，鼓励《山西日报》、山西广播电视台、山西媒体智慧云平台采编人员，跨单位跨岗位跨部门组建融媒体工作室，先后组建并运行了“迎泽369”“图新鲜”“山西话”“漫动作”等融媒体工作室，通过人的横向融合促进了跨媒介融合。

《山西日报》整合山西日报新媒体部、山西新闻网、山西媒体智慧云平台的采编、平面设计、视频采制等力量，报网端微合力发声，在省“两会”、全国“两会”、外交部“蓝厅”山西推介、“改革创新、奋发有为”大讨论、“不忘初心、牢记使命”主题教育等十余项重大主题宣传活动中，共制作图解298个、动漫36个、快闪12个、H5作品24个、手绘17个、短视频141个。其中，外交部山西全球推介活动中，山西日报新浪微博开设主话题并申请为主持人，5日内阅读总量突破1亿人次；国新办山西专场发布会，《山西日报》开设#70年点赞山西#微博话题，阅读量达到6591.5万人次，参与讨论11.4万人次。山西日报客户端《好好学习》专题至2014年12月开设以来，刊发了习近平新时代中国特色社会主义思想原著、文献及权威媒体解读、评论共2000余篇，在2019年全国网信办主任会议上，受到了中央网信办的通报表扬。截至2019年底，山西日报报业集团开办网站8个、客户端3个，开通微博账号9个、总用户逾1500万（其中山西日

报559万、山西晚报741万），集团两微一端覆盖超过200万人次。

山西广播电视台围绕新闻节目制作，统一指挥调度，整合采编资源，一次采集、多种生成、多元传播。“二青会”期间，山西广播电视台各类融媒体报道的总阅读量1亿人次；外交部山西全球推介活动，以电视的极致手法和移动首发优势相融，视频资源挖掘和热点平台应用的相融，把电视端播出的长视频精编成16条短视频，3小时内播放量“500万+”；2019年山西沁源林火扑救全媒体报道中，策划的“大炮灭火”系列图文刷爆移动端和朋友圈，累计传播量3846万人次。截至2019年底，山西广播电视台开办音视频网站两个、移动客户端3个，官方微信认证账号31个、用户约1000万（其中“山西新闻联播”公众号，订阅数342万），微博认证账号20个、用户约400万；此外，抖音和快手注册账号76个，用户总数约1400万；其他平台注册账号31个，总订阅数约650万。

山西媒体智慧云平台致力于打造区别于传统媒体的融媒体生产“特种部队”，围绕中心工作，就重大主题、重要活动、重点宣传报道任务进行选题策划、报道安排、舆情监控，全年生产制作融媒体产品逾千条。其中，原创MV《山西范儿》，成为网络“爆款”，全网传播量达1亿次，获得中宣部表扬；充分运用“VR+8K”技术，720°全景式独家打造VR掌上文博会，把第四届山西文博会打造成了“永不落幕的文博会”；国庆节期间，开展了《幸福照相馆》线下活动，8天时间近3万人次参观体验，成为太原“网红打卡地”。

三 | 综合服务能力提升，融合效益显现

推进媒体融合发展，山西省坚持“引导群众、服务群众”，凸显服务属性与服务功能，将服务作为运营的重要内容，打通线上线下，夯实生存、发展基础，努力实现从只做媒体向既做媒体又做服务的转变，呈现良好的发展态势。

《山西日报》始终“坚持把社会效益放在首位，实现社会效益和经济效益相统一”的双效提升目标。2019年度，综合网络覆盖人群超过2000万人次，同时细分用户市场，聚焦政务、服务、金融、文旅四大行业，依托山西日报党政资源，打造权威政务发布平台，为山西各市县提供综合信息发布渠道。截至2019年底，5市12县3区先后入驻，并取得良好宣传效果；与中行等金融企业、京东等IT企业、融创等地产企业建立良好合作关系；承办了“邮政杯”全民朗读《山西日报》活动，6个月内5万余名读者参与。

山西广播电视台融媒体指挥调度中心实现了节目业务的统一指挥调度管理、统一的媒体资源库应用、融合媒体的节目分发等功能；建设了600平方米新闻高清制播中心，可实现采、编、播、存、管全流程一体化，能有效满足山西广播电视台新闻中心媒资存储和高清化网络制播、融合生产、外延办公等业务发展等需求；全面整合了渠道资源，打造广电媒体、网络电视台、

IPTV、两微一端等多种传播形态组成的全媒体矩阵，实现了新闻服务、生活服务、商业服务、娱乐服务信息的有机整合；布局传媒品牌集群，把山西网络广播电视台升级打造为新闻门户网站，与频道频率两微应用形成联动，矩阵影响力逐步扩大。“山西新闻联播”“人说山西好风光”两个微信号用户规模均在百万以上，其中“山西新闻联播”微信公众号跻身年度全国五百强（清博指数、新榜），位列省级卫视新闻节目微信传播指数第一名。山西卫视微信平台在权威榜单“融媒体影响力排行榜之中国各省卫视20强”中位列前十。

山西媒体智慧云平台在充分实现社会效益的同时，开展政务新媒体代维业务，为山西发布、太原市晋源区等党政机关提供内容服务；与山西省财政厅等围绕内容生产制作、网络直播、活动策划等广泛开展合作；全力打造山西省人社厅政务融媒体中心，搭载网上办事模块，建设纵向政务新媒体。同时充分发挥内容生产团队优势，围绕“二青会”开闭幕式、文博会网上展馆等进行了CDN加速服务、融媒体产品制作等。

经过持续推进融合发展，省市县三级主流媒体服务群众、引导群众能力大幅提高，传播力、引导力、影响力、公信力大幅提升。山西晚报新闻客户端在2019年实现了全面升级，成为包括新闻采编、新媒体运营等16个模块的新闻平台，扩展了新闻直播、智能媒资、效果评估等功能，实现了山西晚报全媒体覆盖。在长治，以“i长治”微信公众号为核心的新媒体传播平台影响力日益增加，关注用户数从15万增长到16万，WCI活跃度指标稳居长治第一。通过微信的互动，有效引导本地网络舆情，确立了长治日报全媒体在本地话题引领者的地位；阳泉广播电视台在重要节点、重大事件的报道中，充分发挥新媒体优势，采用H5、短视频、云直播等形式进行新闻报道，受到了网友的喜爱。仅网络直播一项，全年共进行了148场，内容涉及经济转型、民生保障、体育运动、脱贫攻坚、环境保护和教育发展等各个方面，最高单场浏览人数“44万+”，累计浏览量近244万人次，传播力、影响力大幅提升；在大同，已形成了以“看大同”APP为核心的“两微一端一网一抖”多平台全媒体传播矩阵，圆满完成了大同电视春晚、大同“两会”以及“二青会”圣火采集仪式和成龙电影周系列活动、大张高铁开通直播等活动，推出的自采自制作品《大美大同》《2019，愿你拥有打败一切的力量》等新媒体作品，受到用户广泛欢迎。山西唯一承担新时代文明实践中心建设和县级融媒体建设综合试点任务的长治市上党区，统筹推进“两个中心”建设，长治市上党区融媒体中心客户端成为上党新时代文明实践中心的线上平台，成功从新闻宣传领域向公共服务领域拓展。

（山西省新闻工作者协会）

陕西省推进媒体融合发展工作综述

2019年，陕西按照“平台统一、覆盖广泛、功能多元、服务高效”原则，建设覆盖全省、互联互通的“秦岭云”省级技术平台，为加快推进县级融媒体中心建设提供有力支撑。这一做法被中宣部推荐为全国省级技术平台建设六种经验模式之一。目前，陕西省融媒体省级技术平台、县级融媒体中心平台系统、全省107个县区融媒体中心平台已全部上线运营，陕西日报社、陕西广播电视台省级融媒体中心，延安市、汉中市市级融媒体中心建成上线，初步形成“1+107+N”的新型立体传播格局。全省传播平台按照“一张网”“一盘棋”的运行思路，通过“中央厨房”云化系统部署，为各级融媒体中心提供基础设施、媒资存储、平台资源以及新闻采编和媒资管理能力等支撑保障，推动“省级融媒体中心+省级媒体中央厨房+多个市县级厨房”优质内容聚合共享，实现了“省市县三级通联协作、三屏一声同频共振”的立体式传播效果。

一 | 搭建“三级架构”，实现平台运行联动化

“秦岭云”由陕西广电网络公司建立并提供技术支撑和运营维护，省、市、县三级接入，包含“中央厨房”云化、全媒体矩阵发布、“爱”系列移动客户端、“秦岭云”高清互动电视、智能应急广播、新时代文明实践中心网端等“六大系统”，一地一端联通当地智慧党建、政务发布、平安治理、社会服务等综合信息网，做到全省“一张网”“一盘棋”。以“秦岭云”为依托，各类资源统一使用、重要信息统一发布、功能拓展统一规划。同时，县级融媒体中心与新时代文明实践中心借助平台互联互通互促、共建共享共用，既有效解决了重复投入、资源浪费的问题，节约了建设成本，又大大延伸了宣传思想工作半径，在三级联动中达到赋能增效目的。

二 | 用好“三屏一声”，实现终端覆盖最大化

用好电视屏，即针对电视设备视听兼备、传播发声权威、纪实性和现场感强、观众不受文化程度限制等特点，推出“秦岭云”高清互动电视系统，迅速巩固和发展电视用户；用好电脑屏，即发挥上网计算机信息承载量大、登录各级党政门户网站方便快捷的优势，设置主题网页、官方网站进行传播和宣传，牢牢抓住互联网阵地用户；用好手机屏，即统筹地理社区与网络社区，开发“爱”系列移动客户端APP，把县级融媒体中心建成信息交换枢纽，广泛吸纳移动用户群体；用好农村大喇叭，即利用已配发的12000多个大喇叭和在建应急广播系统，开展群众性宣传，已对46个县区、1400多个行政村全面覆盖。县级融媒体中心通过“三屏一声”的互为补充和协同发力，传播范围不断扩大，及时把党的声音传到了千家万户。

三 | 打通“三项功能”，实现综合服务集成化

平台引入人工智能、大数据分析、VR等多种新技术，设置“融合号”“百姓问政”等系列栏目，打造县域全媒体传播矩阵，打通“新闻+政务+服务”功能，更好引导群众、服务群众。平台通过技术手段可实时抓取热点信息、动态跟踪热点新闻，一次信息采集、分类生产审核、多个终端发布；移动端APP可部署省、市两级政务服务网入口导流并进行二次开发，方便用户随时随地进行户籍办理、社保查询、车辆年检、税费缴纳、法律咨询等各类政务服务的在线办理；“问政红黑榜”网络板块每月定期发布百姓问政处理情况，在线征求意见建议、接受群众监督；县级融媒体中心在党建、教育、医疗、民生、就业、养老、公益志愿服务等各个领域加快信息聚合、提供本土服务，为城乡群众享受良好公共服务开辟新渠道。

（陕西省新闻工作者协会）

内蒙古自治区推进媒体融合发展工作综述

内蒙古自治区党委、政府高度重视旗县级融媒体中心建设，将旗县级融媒体中心建设列为自治区深化文化体制改革重点，紧扣目标任务，加强统筹协调，积极有序推进。

一｜高位推动，聚焦理顺关键问题

内蒙古自治区党委政府将旗县级融媒体中心建设列为全区深化文化体制改革重点，明确为各个旗县（区市）委书记“一把手”工程，从理顺体制、资金支持两个着力点推进建设。目前已完成全区103个旗县（区市）级融媒体中心挂牌运行。

二｜强化统筹，推进全区基层宣传工作“一盘棋”

统筹推进融媒体中心和新时代文明实践中心、农牧民素质提升工程。各盟市委宣传部统一协调编制部门解决旗县级融媒体机构编制；内蒙古日报社牵头统一建设自治区级平台“草原云”，统一建设模式、统一联动流程。目前，“草原云”平台已上线运行，构建了自治区平台与各旗县中心紧密联通、协同联动的“大融”框架，各旗县（区市）媒体正在陆续入驻，年底完成全部入驻。

三｜创新理念，总结边疆民族地区媒体融合原则

边疆民族地区媒体深度融合的路子应该怎么走？2019年内蒙古自治区党委宣传部领导提出我区媒体融合12条原则：全班套，一体化；三服务，要到位；先移动，后全媒；改文风，接地气；随人走，扩人气；两手抓，一样管；重岗位，轻身份；优薪酬，激活力；抓引进，靠当地；大培训，提质量；多语种，同传播；抓导向，守底线。这些原则从媒体融合的组织架构、

内容生产、传播渠道、呈现方式、传播覆盖、规范管理、人员体制、人才培养、分配制度、实践路径、少数民族地区传播和舆论导向、价值取向方面，为在全程媒体、全息媒体、全员媒体、全效媒体舆论生态和媒体格局下的基层媒体融合提出精准要求和建设理念，从而推动媒体融合向纵深发展。

四 | 精准发力，强化旗县融媒体中心内容建设

一是“充分合”——按照“能合尽合”的原则，整合各类媒体资源，变“分散”为“集中”，着力优化资源配置。一是整合新闻机构。如中宣部重点联系点包头市达茂旗将旗广播电视台、“英雄达茂”微信公众号、“游牧达茂”新浪微博、“云上达茂”APP及人民号、抖音、快手等媒体平台连同人员、资产、编制全部整合划归旗融媒体中心，内设六部一室，一次性调整到位。二是聚合传播平台。如鄂尔多斯市东胜区、准格尔旗融媒体中心集中力量打造新媒体平台，“东胜发布”“准格尔发布”粉丝人数均超20万，占区县人口的三分之二左右。

二是“深度融”——按照“打造区域性主流媒体”的目标定位，在整合的基础上不断推进深度融合，努力从“相加”阶段迈向“相融”阶段。一是实施移动优先战略。锡林郭勒盟西乌珠穆沁旗、赤峰市红山区等旗县（区市）实行“移动优先、电视跟进、纸媒深度”工作机制，第一时间在新闻客户端、微信公众号推出重点报道。按照“多语种，同传播”要求，实行蒙汉文信息同发布机制。二是再造采编发流程。目前，103个旗县（区市）融媒体中心创新媒体内部体制机制，制定融媒体中心管理及考核办法，重构采编流程，制定策、采、编、审、发、评流程，基本上已形成新闻信息“一次采集、多种产品、多媒体传播”。

三是“新闻+”——按照“更好引导群众服务群众”要求，在做精做强新闻主业基础上，积极拓展服务领域，着力打造实用能用管用的信息服务平台。一是打造政务服务首先平台。中宣部重点联系点鄂尔多斯市东胜区融媒体中心把融媒体中心与智慧城市、新时代文明实践中心、农牧民素质提升工程等统筹推进，对接党政部门技术平台，为群众提供一站式政务服务，“东胜发布”已成为当地受众爱用的平台。二是建设便民服务综合平台。目前，已有90个旗县（区市）融媒体中心接入快递查询、天气预报、婚姻登记、社会保障、医疗卫生、办事指南、公积金查询、充值缴费、违章查询、预约挂号等生活信息服务。

五 | 注重示范，以培训和实践带动建设质量提升

自治区党委宣传部重点联系推动39个旗县（区市）融媒体中心建设，各盟市打造1至3个建设样板。建立贫困旗县帮扶机制，自治区主要新闻单位帮扶建设9个贫困旗县融媒体中心。东胜

区、达茂旗、红山区、西乌珠穆沁旗、察右中旗、科右中旗等首批试点旗县融媒体中心已成为区域性主流媒体。“东胜发布”“活力玉泉”“准格尔发布”粉丝数均超20万，占区县人口的三分之二。

我区103个旗县（区市）融媒体中心2354名采编人员全部受训一次。旗县级融媒体中心记者参与了自治区举办的马博会、中蒙博览会、十四冬等大型活动采访报道，开展全区旗县级融媒体视频大赛，东胜区融媒体中心微电影《老任与海》、红山区融媒体中心短视频《赤峰，绿色大市早迎春》，点击量均过500万。

（内蒙古自治区新闻工作者协会）

辽宁省推进媒体融合发展工作综述

深入推进媒体融合发展，是以习近平同志为核心的党中央做出的全局性的重大决策。在贯彻落实这一决策的过程中，2019年辽宁省也迈出了坚实的步伐。

一｜省直主要新闻单位新媒体硬件设施建设稳步推进

《辽宁日报》中央厨房一期工程于2019年3月末结束，二期工程建设目前已完成演播间、办公区、机房改造建设项目的需求论证和初始设计方案。辽报新客户端“北国视界”升级改造工程与相对应的新媒体考核机制调整工作正在进行。由省委宣传部与辽报集团合作共建的“学习强国”辽宁学习平台和平台中的“@雷锋”频道在2019年2月先后上线。

辽宁广播电视台一是打造了“一云多屏全链”战略布局。累计投资近亿元建设的“北斗云”融媒体播控平台，具有“多内容生产、多渠道分发、多终端覆盖、多元化运营”的全向技术能力，可传输标清频道150路、高清频道40路，媒资存储30万小时以上，可实现直播、点播、时移、回看等功能，能够满足电视、手机、PC、PAD、车载、可穿戴设备、楼宇、地铁等多类型、多样态屏幕收看。二是完成融媒体中心一、二期工程。2016年底，启动融媒体新闻中心工程，2018年底投入使用，成为新闻中心新闻策采编发的调度指挥中心。2016年启动融媒体高清演播室建设，2019年底已基本具备启用条件。三是“北斗新闻”客户端上线。2019年2月将原有的“北斗TV”APP、北斗直播和“辽宁号”APP合而为一，打造“北斗新闻”客户端，创新创优内容，完善强化技术支撑，目标是将其建成辽宁广电媒体融合旗舰，成为新闻宣传主战场。

二｜融媒体产品产量增加，质量提升

《辽宁日报》融媒体编辑部两部新闻作品获中国新闻奖二等奖。2019年，“辽宁日报”客户端下载量从38万增加到60万。《辽宁日报》推出了《雷锋地图》融媒体报道，并通过移动地图、短视频、H5、长图解、文创设计、表情包等表达形式，将《雷锋地图》融媒体项目打造成为聚合型融媒体产品项目，被国内33家雷锋主题展陈场所收藏展示，阅读量逾百万次；《辽沈晚报》与喜马拉雅音频平台达成战略合作，其中“辽沈先声”专辑的收听量达8816万，位居喜马拉雅巅峰榜新品榜第一名；《半岛晨报》新媒体指标继续保持全国领先水平，新媒体粉丝较年初净增100万，粉丝总量突破1000万，居东北媒体前列。截至2019年底，在32个省级地方平台中，辽宁学习平台活跃用户排名第9，日活排名第11，全年浏览量排名第9，全年发稿总量排名第10，全年主平台选用量排名第13，各项重要指标跻身全国省级地方平台第一方阵。辽宁日报“两微一端”发表各类原创产品200余条，转载辽报及其他媒体稿件20000余条。围绕国庆辽宁彩车制作的《独家三维呈现彩车全元素》宣传片成为2019年10月1日网上爆款。《辽宁日报》9月底开始依托抖音、快手等短视频平台开展报道，争夺新媒体话语权。2019年，辽宁广播电视集团（台）拥有“两微一端”等各类新媒体120个，粉丝数超过2130万。其中，辽宁卫视、新北方、新闻正前方微信公众号的粉丝数分别超百万；辽宁卫视、辽视第一时间、辽视说天下、新北方、东北新闻网博粉丝数均超百万。新媒体运营表现较好的都市频道，在2019年10月《新北方》开播15年之际，微信公众号开展了“点亮锦鲤拿大奖”活动，辽沈地区共计近20万人参与互动、300万人参与好友助力。大连新闻集团通过夏季达沃斯、大连马拉松、徒步大会等重大活动实战，全媒一体新闻生产流程基本形成，运营效率全面提高。集团微信、微博、抖音平台内容产品原创率分别达到95%、70%、40%，“最美消防员”“硬核大爷”“烟花晚会”等爆款产品不断生成，新媒体影响力不断 强。“大连发布”登上澎湃政务指数排行榜30强，新闻大连、发现大连抖音号进入全国50强。

（辽宁省自治区新闻工作者协会）

吉林省推进媒体融合发展工作综述

吉林省将2019年作为县级融媒体中心基础建设年，全面进行基础平台建设。在媒体融合方面通过平台建设加快融合步伐，有效打通新闻舆论工作到达群众“最后一公里”。目前，全省43个县市已经全部完成县级融媒体中心组建工作。

一｜抓基础架构，全面完成县级融媒体融合建设任务

在2018年“先试点后铺开”、全国总结介绍经验的基础上，吉林省启动实施了第二批、第三批40个县市建设，并制定下发《关于加强我省县级融媒体中心建设的意见》，明晰目标任务和实施路径。2019年7月，召开全省县级融媒体中心建设推进会议，进一步统一思想、加力推进；2019年9月，结合“不忘初心、牢记使命”主题教育开展了深入调研，重点查找存在的突出问题和短板，服务、指导基层有效推进县级融媒体中心建设；2019年10月，开展了全省县级融媒体中心建设专项工作督导，全面梳理、掌握建设情况，进一步加强指导、统筹调度，确保按时完成建设任务。同时，始终坚持周调度、月总结，通过召开调度会、统计报送相关数据指标等方式统筹推进、督促落实。截至目前，全省43个县市全部完成融媒体中心建设任务并挂牌运行，各自开发建设了新闻客户端并全部正式上线运营，且分别初步形成了涵盖“两微一端”的新媒体传播矩阵，初步构建起了省市县三级联通互动的融媒体集群运行架构，实现了“融到底、传到底、管到底”的“三个到底”建设目标和“你看全省、全省看你、走到你那里就会看到你、走到哪里都能看到自己”的全新传播形态。

二｜抓内容建设，以试点带全面实现重点提升

吉林省选择第一批已经完成基础架构的试点县市和建设进度较快的地区进行重点打造和提升。在新闻生产环节上，要求抢抓本地新闻首发率，倡导积极运用H5、网络直播等新媒体形式

进行原创报道，增强互动性、提升吸引力。在引导、服务群众功能上，加强便民化的功能服务设计和了解群众需求的互动渠道，力争“应接尽接县域现有在线政务服务”，有效增强用户黏性。并有针对地组织各县市常委宣传部长、各地融媒体中心业务骨干先后20余批次进行实地考察学习和4期集中性的业务、技术培训。截至目前，全省43个县市新闻客户端本地重大新闻首发率平均达98%以上，整合域内各委办局微博、微信公众号总计600多个，总计下载量46万多次，平均粉丝量7千多人次，融媒体集群宣传效果得以初步显现，在庆祝中华人民共和国成立70周年、“不忘初心、牢记使命”主题教育等重大主题宣传报道中发挥了重要作用。各地自主策划推出的系列报道和网络作品，被大量点赞转载，形成长时间刷屏效应。

三丨抓创新实践，推动县级融媒体中心建设不断向纵深发展

吉林省指导、鼓励各县市勇于创新，大胆尝试。比如农安县利用飞鸽系统将信息员与文明实践中心统筹管理、梅河口市积极探索开展经营活动增强自我造血功能、前郭县谋划推动将融媒体中心与全县数字化建设结合起来。各地有关工作先后受到了中宣部的关注与肯定。2019年8月，中宣部在北京举办全国第20期新任县委宣传部部长培训班时，确定将我省延吉市融媒体中心作为全国唯一一家县级融媒体中心代表，在培训班上进行经验交流。2019年10月，中宣部部长黄坤明在全国新时代文明实践中心总结会上提到：“吉林农安等地把新时代文明实践中心和融媒体中心相互打通，推动实践活动与群众需求无缝对接”，对我省农安县融媒体中心建设工作给予了肯定。

（吉林省新闻工作者协会）

黑龙江省推进媒体融合发展工作综述

2019年，黑龙江省以完善“中央厨房”为核心，优化人力资源，打破部门藩篱，创新体制机制，再造生产流程，科学构建全省媒体矩阵，加速媒体融合进程。

一 | 聚焦理念创新，明晰融媒转型新方向

这一年，黑龙江省主流媒体以顶层设计为引领，冲破体制机制障碍，重构生产流程，大力推进理念、管理、内容产品、人才、技术、产业、平台等多方面的全方位升级转型，加速重构融媒新生态，主要表现在：

（一）全省主流媒体深融“升维”，坚持移动优先

《黑龙江日报》借助集团现有“中央厨房”，打造“小而美”的全媒体运行机制。“厨房”虽小，“五脏俱全”。《黑龙江日报》所有部门均配备了“全媒体”职能，负责各黑龙江日报客户端相关频道内容的编辑发布，通过“中央厨房”协调机制，形成一个全媒体报道的有机整体，“统一策划、一次采集、多元生成，全维传播”的运行机制已经形成。

（二）各类融媒产品亮点频现，呈现全新形态

2019年黑龙江广播电视台全网粉丝规模突破4100万，其中，微信粉丝近千万，微博粉丝836万。黑龙江卫视官方微信公众号粉丝326万，为黑龙江官博粉丝第一位；新闻夜航公众号粉丝达200万，在全国2200万个公众号中排名第9位，在所有省级地方媒体中综合排名第一；政务头部大号“龙视新闻联播”粉丝规模近60万，成为黑龙江省政务信息发布第一平台。

《哈尔滨日报》官方微信年涨粉25.4%，《哈尔滨日报》澎湃号获评“澎湃新闻2019媒体传播奖——最佳区域媒体”，《哈尔滨日报》人民号进入人民日报客户端的“人民号2019年度影响力榜单TOP50”。《家报》为市妇联代运营“冰城女性”微信公众号，2019年3次排名全国

第一。

（三）实施融媒人才战略，抓实全媒体人才建设

全媒体记者队伍建设初见成效。尤其是哈尔滨新闻广播，要求记者全面采集文字、音频、图片、小视频信息，通过在公众平台、“在哈尔滨”APP和“今日头条”APP平台形成多分发融媒体报道，这使得传统的广播媒体一跃而成多要素呈现的全新样态，在新媒体的信息场、舆论场掌握了主动权。2019年，哈尔滨新闻广播微信公众号推送文章1484篇，总浏览量96万次，评论量1.2万次，转发量2.2万次。全年视频直播78次，总观看量130万次。全年共申请抖音号、微视号58个，全年总浏览量480万次。

二 | 聚焦组织创新，打造融媒传播新矩阵

（一）省主流媒体中心矩阵布局完备

2019年，黑龙江广播电视台打破过去长期存在的“壁垒”“孤岛”和“围墙”，构建中心矩阵，再造媒体平台，所有中心矩阵都设置了融媒部门。借鉴各省“新闻+政务+服务”的融媒布局，呼应我省县级融媒体中心建设，集合全台优质民生、新闻、问政资源，组建统筹全台媒体融合工作的中枢机构。将《党风政风热线》《直通998》《访谈》《沟通》《帮办》等省内极具影响力的IP节目和工作室，植根这个统一的平台上，释放新闻力量、品牌张力和市场活力，实现一举多赢。

（二）市主流媒体融合进程稳步提升

2019年，在市委的正确领导下，原齐齐哈尔日报社、原齐齐哈尔市广播电视台、原齐齐哈尔广播电视报社三家传统媒体整合组建齐齐哈尔市新闻传媒中心。传媒中心自2019年5月10日正式挂牌以来，各项改革顺利推进，完成主力军上主战场、主阵地的部署，在新媒体与传统媒体深度融合进程中，战斗力稳步提升。

（三）县级融媒体中心全部挂牌完成

2019年，黑龙江省委多次召开专项会议研究部署，全力打好媒体融合和县级融媒体中心建设攻坚战。3月初，组建了省融媒体中心改革专班推进媒体融合工作，全面推进县级融媒体中心建设。截至目前，全省63家县级融媒体中心全部挂牌完成。

三 | 聚焦机制创新，构建内容生产新格局

（一）重塑采编流程，强化内容深耕

哈报集团创设融媒指挥中心，实现“一支队伍、多个平台”的机制和流程再造，将原《哈尔滨日报》《新晚报》、哈尔滨新闻网记者整合成一支哈报集团全媒体记者队伍，实行新闻资源统一布局、一支队伍统一指挥、资源一体化管理，初步实现了“融为一体、合而为一”。采编流程的重塑，大大提升了集团反应能力和团队协同能力，充分释放内容生产力，让有价值产品和优质资源实现更高效生产和变现。

统筹调度指挥下的“记者尖兵作战+团队支持+UGC协同”模式，初步实现了内容生产集群效应。经过合理布局的多平台梯次分发、全品类集束表达，形成了传播长尾效应。

哈报集团探索移动优先、视频优先的考评机制，试行《哈报集团融媒编辑部薪酬考评实施办法》，带动内容生产融合之变。以实时数据分析为基础的内容生产多维度评估，为融媒决策提供参考。

（二）再造体制机制，调整考核“指挥棒”

黑龙江日报报业集团在体制上，以“打通、理顺”为核心，重点解决端、报、网“三张皮”问题，着力打通平台、人员、资源共享的瓶颈。在组织架构上，以做大做强移动端为轴心，以提升内容生产力为导向，对集团现有各采编部门、子报、子网进行相应调整，进行组织再造。在运行机制上，以绩效考核为牵引，以端、报、网真正融合为目标，引导全员向全媒体化转型，构建全新的互联网文化，塑造全新的全媒体“策、采、编、发、评”队伍。

四 | 聚焦产品创新，构筑资源整合新平台

（一）打造融媒创新中心，全面拓展发力

2019年7月16日，黑龙江广播电视台融媒创新中心正式成立，成为全国媒体行业创新媒体发展的“第一人”。该中心重点在台级优质IP资源的全网孵化、开展龙广电与其他媒体业态的跨领域合作、与优质内容创作媒体集团合作，打造属地化集群项目等方面拓展发力。

（二）“一体化融媒”格局初步形成

黑龙江日报报业集团通过流程优化、平台再造，实现各种媒介资源、生产要素有效整合，

按照“做强党端不动摇、做优党报不动摇、做活党网不动摇”的基本理念，全力打造“一端一报一网”互为支撑、互为补充、资源共享，“你就是我，我就是你”的融媒一体化格局。

（黑龙江省新闻工作者协会）

上海市推进媒体融合发展工作综述

2019年，上海加强整体布局、推动改革创新、聚焦主攻方向、全力抓好落实，不断深化深度融合整体转型战略，推进媒体融合向纵深发展。截至2019年底，上海主流新媒体拥有35个移动客户端，累计下载量近36亿7455万，其中累计下载量达亿级的平台3个（趣头条、澎湃新闻、东方头条）；千万级平台9个（阿基米德、界面新闻、米读、唔哩、百视通、财联社、第一财经、上观新闻、看看新闻）；百万级平台12个（文汇、新民、周到上海、翱翔、东方体育、上海日报SHINE、东方购物、第一财经杂志、第一财经有看投、蓝鲸财经、东方新闻、观察者网），结合微信、微博、抖音、头条、快手等社交分发平台，每日可覆盖10亿人次。2019年，上海主流新媒体原创内容数量、总传播力、总影响力分别同比增长175.46%、82.15%、85.61%，上海媒体在全国新媒体原创内容数量、总传播力和总影响力前十名排行榜上占据半壁江山。

一｜主流媒体加快深度融合，推进整体转型

（一）守牢内容建设，进一步提升传播力影响力竞争力

上海市委准确把握新闻传播规律和互联网发展规律，按照媒体融合发展需要，提出“深度融合、整体转型，脱胎换骨、腾飞发展”十六字方针。市委宣传部围绕“转型、提升、壮大”三个关键词，确定各主流媒体融合发展的工作布局和战略目标。

上海坚持一体化发展方向，加快建设新型主流媒体集团，“两微一端”每日覆盖用户增至6.2亿，覆盖2035万个境外账号。与2018年数据比较来看，2019年上海主要媒体原创内容的传播力、影响力有明显提升，融合发展成效逐步凸显。2019年，上海15家主要媒体共刊载各类原创内容778653篇，同比增长64.4%；总传播力同比增长81.4%，总影响力同比增长84.6%。从2019年上、下半年比较来看，下半年在原创力、总传播力、总影响力三项指标上稳中有升、表现更优，融合发展持续深化。

2019年5月28日，《解放日报》打造的政务新闻聚合平台“上观号”正式上线。截至目前，

已经有103家政务新媒体成功入驻，包括16个区县、29个委办局及58个重要机构。平均每天发布新闻300篇左右，1200多万“上观新闻”用户可通过该平台一站式全方位了解上海。顺应融合发展趋势，《新民晚报》推出全媒体工作室的改革新举措。截至2019年5月25日，已组建九个全媒体工作室。工作室推出以来，报社整体稿件数量同比提高25%，10W+稿件同比增量40%，100W+稿件同比增量300%，有效阅读超过5亿次，尤其是围绕进博会、中美贸易摩擦等重大时政事件，涌现了诸多爆款级产品。

上海市围绕落实习近平总书记交给上海的三项新的重大任务，开展系列网上宣传。“践行嘱托一年间”阅读量近1亿。针对上海自贸试验区新片区揭牌，设立微话题“上海再出发”“上海深圳一起来”，阅读量超过1.8亿。“可爱的中国　奋进的上海”主题宣传直接覆盖网民5亿人次，唱响了“礼赞新中国、奋进新时代”的昂扬旋律。“进博的热度　上海的温度”主题宣传的推荐量、阅读量、播放量近10亿，第二届进口博览会的影响力和关注度得到有力提升。

（二）强化技术引领，加快提升移动端平台建设水平。

2019年，上海报业集团聚焦自媒体聚合平台、内容有声化、内容视频化、智能金融数据平台、机器翻译、内容标签系统及智能审核六大核心智媒体单元，初步规划了八大重点项目，构建“智媒体”战略布局。《解放日报》全面深化上观新闻客户端建设，全力打造“上观号”——政务新闻聚合平台；《文汇报》坚持人文特色定位，加紧进行文汇“智媒体”编发系统的研发和推进；《新民晚报》打造“新民”品牌，重点推进新民媒资库和云桌面项目；澎湃新闻布局Pai视频，打造全球资讯影音采集、加工、审核、分发及版权交易一体化平台；界面·财联社发力星矿智能数据平台建设——星矿平台，通过大数据、人工智能等技术赋能金融信息服务；唔哩基于内容审核系统的全新升级，打造内容云审核系统，加强新兴技术的融合应用。上海广播电视台加快推进5G、人工智能、物联网技术的全新应用，继续重点打造四个新媒体产品：看看新闻Knews、阿基米德APP、第一财经新媒体和BesTV平台，突出新闻、财经、娱乐等特色内容，持续推进融合发展。东方网面向5G时代、人工智能发展，于2019年12月26日推出智媒体移动资讯分发平台——东方新闻APP，进一步体现主流价值对算法推荐技术的有效引领，为网友提供更多“新闻+信息+百科+政务服务+商务服务”等有价值的内容。

（三）坚持采编为宝，进一步加快人才培养和队伍建设

上海主流媒体坚持导向为先，注重内容为王，突出受众为本，强化采编为宝，鼓励决策者积极作为，吸引集聚骨干人才，使优秀采编人员享有较好待遇、专心采编业务。比如上海报业集团实施采编专业职务序列改革以来，采取年薪制，特聘首席编辑记者年薪相当于或超过报社负责人，专业首席编辑记者相当于或超过中心、部门负责人。给予他们自主策划选题，开设专

版专栏和“首席”署名，配备助理或组建临时团队等支撑。截至2019年8月，解放、文汇、新民三大报在聘首席人员共47人，合计有600多名采编人员聘至10级岗位序列，有效助推一线采编人员，尤其是中青年采编人员的业务成长和职业发展。

二 | 区级融媒体建设取得阶段性成果

（一）对照标准，按时保质完成区级融媒体中心挂牌任务

建设县级融媒体中心，是巩固拓展基层宣传文化阵地、夯实党的意识形态工作根基的重大举措，也是在新形势下做好群众工作的一项基础性、战略性工程。根据中央要求和中宣部部署，上海积极落实、扎实推进县级融媒体中心建设，2019年6月28日，首批10个区的融媒体中心正式挂牌，10个区级融媒体客户端以及全市统一技术平台正式上线。9月16日，第二批6个区级融媒体中心成立，6个区级融媒体客户端上线运营。至此，上海16个区级融媒体中心全部建成并挂牌，同时，各区融媒体客户端集体入驻人民号、上观号，进一步壮大主流舆论声音。

（二）抓住重点，借助市级平台重构采编发流程

按照中央和市委要求，上海市委宣传部牵头建设市级统一技术平台，帮助各区解决在网络技术、网络安全等方面的问题，同时避免重复建设造成的浪费。经专家论证、公示和评审，确定由东方网作为市级统一技术平台服务的供应商。建成市级统一技术平台。2019年，市级统一技术平台已初步建成，并实现针对各区融媒体中心日常生产业务的策划、采访、编辑、发稿、评论等全流程的功能闭环，支持16个区级融媒体中心生成各具特色的融媒体客户端产品。市级统一技术平台严格遵循“移动优先”的理念进行设计，使用这个平台，有助于推动各区完成相应的采编流程再造，更好地实现深度融合。目前，市级技术平台不断迭代升级，已成功实现与微博、微信开放平台数据对接，并与人民号、上观号等媒体平台数据贯通。

（三）逐步完善相关资质，加快推进机构、人事、财政、薪酬改革

各区围绕媒体机构整合、建设采编中心、实施移动优先等重点任务，深化机构、人事、财政、薪酬等配套改革，推动新闻信息与政务、服务有机结合，着力提升区级融媒体中心引导群众、服务群众的功能。

逐步完善相关资质。上海市委网信办通过互联网新闻信息服务许可审核，提升区级融媒体中心提供互联网新闻信息服务的能力和水平。在融媒体中心通过市委宣传部验收后，将按照“成熟一个，审批一个”的原则，依法合规、稳步推进区级融媒体中心许可审批工作。

机构整合体现改革力度。2019年，在各区委区政府积极谋划、市区两级编办大力支持、区委宣传部全力推进下，各区融媒体中心在较短时间内基本完成机构整合或事业单位变更手续，部分区在机构定级和定编等方面也有所突破。

（上海市新闻工作者协会）

浙江省推进媒体融合发展工作综述

2019年是浙江省新闻工作者协会成立70周年，也是浙江省记协新媒体专业委员会团结引领广大新闻工作者加快进军互联网主阵地的一年。作为中国记协建立省级新媒体专业委员会的第一批试点省份，省记协在中国记协和浙江省委宣传部的具体指导下，进一步深化记协自身改革，加强新媒体专业委员会建设，积极发挥省级新媒体专业委员会的平台作用，主动延伸服务手臂，拓展服务链条，促进浙江媒体深度融合，引领广大新闻工作者投身融合发展，做引领媒体改革创新的弄潮儿。

一｜全省媒体融合建设全面加速

（一）两大省级媒体集团融合发展走向纵深

浙江日报报业集团全力打造三大移动客户端，把更多主力军投入到主战场。浙江新闻客户端2019年内完成6.0版、6.1版两次上线升级，优化整体视觉设计和交互设计，优化产品功能，使用内容生产更智能、用户体验更友好，其党政新媒体聚合平台“起航号”，年底共吸引80余家省级单位正式入驻，整体入驻量达750家。举全集团之力打造的天目新闻客户端于2019年10月19日正式亮相，并在第六届世界互联网大会完成精彩首秀，精彩呈现国内、长三角热点新闻，涉及长三角的新闻占比已经达到40%，成为浙江在线向移动端全面转型的产品和一个全国化视频化市场化的新闻客户端；2019年9月17日，钱江晚报“小时新闻”客户端正式上线并完成全新改版，深化以城市为目标的“大生活”移动端建设，并推出了系列垂直领域线上代表产品。

浙江广播电视集团坚持内外兼修，加快主力军挺进主战场。对内重点打造“中国蓝新闻”、“中国蓝TV”和音频“喜欢听”三大客户端。强化融媒体中心主枢纽主平台作用，做实“三中心两频道”组成的融合核心圈；设立200万元年度融媒体报道奖励资金，促进实现时政新闻、重点报道和主题宣传等在新媒体首发、快发、优发；全新上线推出“中国蓝新闻客户端·蓝媒视频”频道，全面整合集团内各宣传单位、全省各地市县蓝媒号、“蓝媒号+政务号”

等短视频制作和发布机构，聚合自媒体、个人短视频创作者，搭建“矩阵号”系统，全力打造短视频内容聚合平台。对外加速推动全省融媒联盟“蓝媒号”扩容，“蓝媒号”增至89家市县传媒机构加盟入驻；“蓝媒号+”政务号聚合平台全省178个政务号入驻，并与省大数据管理局对接，获得“浙里办”APP支持。

（二）绍兴、湖州两市媒体融合改革先试先行

绍兴、湖州两市媒体融合改革在全省11个地级市中率先行动。

2019年8月14日，绍兴市新闻传媒中心、绍兴传媒集团正式挂牌，“越牛新闻”客户端正式上线，成为浙江全省首家报业和广电融合改革完成的市级媒体。此前在4月23日，绍兴市委决定整合绍兴日报社、绍兴广播电视总台，组建绍兴市新闻传媒中心。市新闻传媒中心为市委直属正县处级事业单位。同时，整合绍兴报业传媒集团、绍兴广播电视传媒集团，组建绍兴市传媒集团有限公司，负责运营市新闻传媒中心所有经营性资产，性质为市政府直属国有文化企业。“两块牌子、一套班子”，全面实行企业化管理、考核、监督。

2019年6月上旬，湖州市正式启动市新闻传媒中心和市传媒集团的组建工作，对湖州日报报业集团（湖州日报社）、湖州广播电视传媒集团（湖州广播电视总台）两家单位进行整合。2019年12月9日，湖州市新闻传媒中心、湖州市传媒集团有限公司正式挂牌，标志着湖州推进市级媒体融合发展和媒体产业提质增效进入实质性阶段。

（三）县级融媒体中心建设提前实现全覆盖

至2019年底，浙江全省90个县（市、区）已全部挂牌成立融媒体中心。各地县级党委宣传部牵头归并本地报纸、广电台、网站、新媒体及县级党委报道组、新闻中心等单位，组建融媒体中心；政府部门、乡镇街道所办政务信息网站、“两微一端”等逐步整合加入；全省16家省市党报集团所属县级报回归地方管办。整合后一县一家新闻单位，县级融媒体中心建设比全国目标提前一年实现全覆盖。县级融媒体中心90家全部入驻省级技术平台的客户端；90家中，65家的技术平台由省级媒体集团承建，86家建有新闻客户端，4家建有多项服务应用移动端产品；51家通过审核获颁互联网新闻信息服务许可。

县级融媒体中心获省财政2亿元专门补助资金，并得到政府性公共资源优先配置、编制管理、干部配备、人才培养、大数据应用等倾斜性政策激励。如安吉县支持融媒体中心与大数据局组建“两山”转化数据研究院，统筹全县智慧项目建设，研发和运营区域大数据产品；仙居县把市民卡公司交由融媒体中心管理，把县属户外大屏、楼宇电视等划归融媒体中心经营，把大型文化活动交给融媒体中心承办。各县级融媒体中心在做精做强新闻主业的同时，积极向公共服务领域拓展。各县级融媒体中心普遍在客户端开设“便民服务平台”，为群众提供网上办

事、缴费、购物、教学等服务，着力推进“新闻+服务”；积极推进“新闻+政务”，如长兴县“掌心长兴”APP已链入各类政务应用1200多项；创新推进“新闻+文创”，如青田县融媒体中心策划开展各类活动，让侨乡文化联通海内外。

二 | 省记协新媒体专委会履职强力推进

（一）加强新媒体队伍的政治引领和价值观教育

深入开展增强“四力”教育实践工作，强化马克思主义新闻观教育培训，在记协日常培训和各类教育活动中增加新媒体从业人员比例，拓展教育培训深度广度，加大对不具备培训条件的行业类媒体和县级媒体的培训支持力度，还编印《学习习近平论新闻宣传工作》“口袋书”学习资料，全年共举办各种形式的培训班、研讨班、学习会20多场，新媒体从业人员直接参训者达1600多人次；推出贯穿全年“壮丽70年　奋斗新时代——我和我的祖国”重大主题系列采风活动，组织全省上百家媒体深入闽西赣南红色根据地、粤港澳大湾区、甘肃陇东、西柏坡、雄安新区等地，全省400人次参与，逾千件作品通过新闻网站、手机客户端、新闻APP和媒体官微等刊发；组织“增强‘四力’百名记者走基层暨浙江省首届新媒体创意技能大赛”“乡村振兴网络先行”全媒体助农浙江行活动、“践行‘四力’共享丰收”快闪活动，推动新媒体队伍“四力”建设。

（二）加强调查研究聚焦问题助力媒体融合发展

着眼于全省各地融媒体发展现状特别是县域融媒体发展，就“新媒体发展与新闻队伍建设”“县级融媒体中心建设”等课题开展专项调研，认真梳理总结基层最困惑、最关注、最期盼的问题，形成《着力探索发展重点推动县级媒体深度融合——浙江省县级融媒体中心建设情况调研报告》；组织调研小组，深入一线实地对基层记协和市县媒体调研，分期先后走访浙江广电集团，三分之二以上的地市记协和媒体，十多家区县级融媒体中心，了解媒体融合进展、创新举措，征询对记协新媒体工作的意见建议；积极面向一线从业人员，通过小规模问卷调查，采集完成对浙江省新媒体工作者的基本信息、工作状况、生活身心状态、职业诉求、精神需求等的调研分析。

针对新媒体实际，选择三家进行浙江省新媒体社会责任报告的试点，推动新媒体单位在探索与实践的发展中切实落实社会责任与担当；着力打造新媒体基础性信息服务平台，浙江网上新媒体的验真系统“浙江省新媒体地图”研发并于2019年底投入试运行，通过此平台浙江省各地各媒体单位新媒体的归属、分类、名录、简介、二维码等在浙江记协网上实时清晰呈现，推动了浙江新媒体成果展示，助力全省新媒体知识产权保护和公众对新媒体社会责任落实监督以及新媒体单位间的交流和互评。

（三）加强培训面向基层助推一线业者技能提升

针对新媒体工作者特别是传统媒体记者编辑在转型过程中面临的本领恐慌和焦虑，省记协在加强新媒体工作者马克思主义新闻观教育，坚定政治方向的同时，举办新媒体实务操作论坛、新媒体技能大赛，强化技术赋能，着力解决专业“痛点”。4月，在金华举办了浙江省首届新媒体创意技能大赛，来自全省各地的近百名新媒体新闻工作者，通过短视频（MV、动画、沙画、快闪等）、H5以及微信等多种新媒体作品，通过金华样本集合浙江经验，以小见大生动展现“我和我的祖国”新时代新发展新变化。5月，与阿里巴巴网络技术有限公司合作，举办“黑科技体验实战应用”为主题的新媒体骨干培训班，围绕“互联网+”发展背景下数字技术应用等，开阔新媒体新闻工作者的视野，拓展跨平台技术合作的路径。11月，启动“‘治理创新看浙江’——长三角首届融媒技能大赛”，邀请江浙沪皖四地新媒体记者，分别在杭州余杭，绍兴诸暨和台州三门温岭，分两个阶段进行同台竞技，宣传各地创新社会治理，营造共建共治共享治理格局的新成效新经验。此外，还专门举办了面向基层一线的全省新媒体实务操作论坛、全省新媒体管理干部高级研修班、全省网络媒体总编辑培训班。

（浙江省新闻工作者协会）

江苏省推进媒体融合发展工作综述

2019年11月，江苏省记协新媒体专业委员会成立后，团结引导全省新媒体及其从业人员深入贯彻落实中央关于推动传统媒体和新兴媒体融合发展的战略部署，推动全省主要媒体在新媒体平台建设、渠道建设、内容建设和机制建设上持续突破，形成了全媒体策划、全渠道传播、全终端呈现的新闻宣传态势，主流媒体的传播力、引导力、影响力、公信力得到了进一步提升。

一 | 顺应媒体融合发展，成立新媒体专业委员会

经过一年时间的筹备，江苏省新媒体专业委员会于2019年11月正式成立。新媒体专业委员会是江苏省记协专属二级机构，在省委宣传部和省记协指导下开展工作，由省市新闻宣传管理部门、省市记协、省市主要新闻单位、重点网站及中央驻苏主要单位、新闻院校等代表担任委员。

2019年中国记协召开常务理事会，专门请江苏记协专题介绍了深化改革转换职能，积极筹办新媒体专业委员会的情况，这受到了各省市记协的关注。

二 | 守正创新，用创意讲好时代故事和中国故事

2019年是中华人民共和国成立70周年，江苏各媒体充分发挥融合优势，结合线上线下平台，推出了一系列融媒体产品和活动，其中多部作品流量超亿次。

《新华日报》围绕中华人民共和国成立70周年这一主线，各项全媒体宣传策划贯穿全年、高潮迭起。“重走渡江路”“壮丽70年 · 奋斗新时代”“追寻共和国精神 · 江苏谱系”“我们的五星红旗”“祖国我想对你说”“微纪录片‘红色丰碑’”等系列大型全媒体报道出新出彩。其中，“我们的五星红旗”大型融媒体行动入选全国十大创新案例，中宣部《每日要情》

刊文肯定，系列产品获全网推送。

《现代快报》在2019年共策划、导演、拍摄了20场快闪活动，形成了亿万网民歌唱祖国的声势，为中华人民共和国成立70周年营造了良好的舆论氛围，也探索了都市类媒体如何以创意和创新为优势，做好国家形象传播的新路径。

三丨强化平台支撑，不断聚力深度融合

新华报业传媒集团全媒体指挥中心正式投入使用，形成内容生产“策、采、编、发、传、控、馈”完整闭环。“交汇云”正式上线，实现“阿里云”和本地化的混合部署，起到互为备份作用。与江苏移动携手打造江苏首个5G融媒体实验室，积极筹建“AI智能媒体实验室”，加快对人工智能、大数据等新技术调研，推动集团媒体融合发展站上5G新风口。他们与江苏省产业技术研究院达成战略合作，围绕国家级融媒体产业孵化器开展合作。《江苏经济报》“VR新闻编辑系统”实现对外销售，形成从拍摄培训、设备销售、新闻编辑系统到新闻内容分发完整产业链条。

江苏广电总台为支撑媒体融合向纵深发展，持续升级荔枝云技术平台功能，2019年，江苏广电总台基本完成了荔枝云技术平台的云化建设，云化的技术平台支撑了台内所有电视频道的高清化制播，支撑了以“移动优先”为特征的融媒体新闻采编、节目生产、多平台分发和内容运营，内容生产效率和技术质量大幅提高。同时，作为全省唯一的县级融媒体中心技术支撑平台，“荔枝云平台”助力县级融媒体中心建设，截至2019年底，总台完成了44家县级融媒体中心的技术平台建设任务，通过“荔枝云平台”，总台向各市县台提供丰富权威的融媒体精品内容，把全省市县广电媒体整合成一支力量，一个节奏、一个步调，统分结合，让权威声音直达基层一线，在重大主题报道和舆论宣传中发挥了重大作用，为提升主流媒体影响力、推进媒体深度融合提供了有力支撑。

《现代快报》把5G技术作为媒体融合的助推剂，在江苏打造首个“5G媒体实验室”，并成功试水“5G大运河沉浸式体验馆”，以5G技术打造了一个线上线下融通的IP产品。2019年11月21日至24日，在“第二届长三角国际文化产业博览会”上，《现代快报》策划制作的“5G大运河沉浸式体验馆”，成为本届文博会一大亮点，成为媒体和观众公认的“网红”和“爆款”：在文博会展厅，《现代快报》搭建了一个超过600平方米的“5G大运河沉浸式体验馆”，又在江苏沿运河8市，选取了8个具有代表性的运河景观，安装4K超清摄像头，并开通5G专属网络通道。展览期间，运河美景几乎零时延地实时传输到展厅，让观众能够实时看到大运河的美景。这是第一次把世界级、国家级的文化内容与5G技术进行大规模融合。同时，也是第一次实现空地立体式的多城市多场景数字孪生传输技术。用5G高科技手段，赋予世界遗产——中国大运河

全新的生命力，这是传承和利用大运河文化的一次非常有意义的尝试。

四｜强化人员培养，锻造过硬全媒体记者队伍

推动媒体融合发展关键在人，2019年，江苏各主要媒体把“四力”教育实践融入媒体融合全过程，着力打造一支素质过硬、战斗力强的全媒体记者队伍，推动媒体融合向纵深发展。

以江苏广电台为例，该台主要负责人亲自指导制定“四力”教育实践工作方案，要求将“四力”教育实践融入媒体融合全过程，运用移动传播技术，创新移动传播形式，充分利用H5、VR、短视频等多种形式创新打造融合产品，使移动端的用户规模不断扩大、用户黏性不断增强，让党的创新理论通过互联网“飞入寻常百姓家”。总台领导以上率下，带队采访并在移动端首发署名报道，全年超过1000人次编辑记者、播音员主持人和媒体新人深入基层一线，采制融合报道1300余条，有效提升了全媒体记者的能力素养。

同时，为适应新型传播格局，2019年江苏广电总台组织开展了30余场互联网思维意识、全媒体传播技能培训以及新闻实践分享，不断提升全媒体记者的理论素养和业务水平。业务部门也常态化召开内部分享会，采访部门、摄像部门基本做到每周举行一场分享会，积极为员工向全媒体记者转型创造条件。

（江苏省新闻工作者协会）

安徽省推进媒体融合发展工作综述

2019年，安徽省记协强化政治引领、广泛联系服务、创新工作手段，着力在思想观念、体制机制、平台建设、人才培养等面求突破、促实效，助推媒体融合向纵深发展。目前，安徽日报报业集团、安徽广播电视台、安徽新媒体集团等省直主要新闻媒体，拥有门户网站10个、融媒体工作室108个；市级全媒体中心3个，县（市）级融媒体中心61个，市辖区融媒体中心25个。

一｜助力“一把手”工程，凝聚媒体融合发展共识

省记协以服务媒体融合为己任，参与制定《关于在省直主要新闻单位组建融媒体工作室的通知》等促进媒体融合发展的有力举措，着力提升省直主要新闻媒体政治站位、强化阵地意识和改革思维。省直主要新闻媒体既守土有责，更守土尽责，将融合发展作为“一把手工程”，实施社长工程、台长工程、总编辑工程，大力推进深度融合发展，并作为自我革命、“二次创业”的重大机遇，同心协力、深谋实干，探索形成以“六大传播”（权威传播、快速传播、移动传播、全媒传播、分众传播、互动传播）为主要内容的融合发展路子。

二｜坚持“一盘棋”谋划，促进媒体融合协同创新

省记协按照全面转型、全员转型、全媒转型要求，对照新型主流媒体发展需要，强化行业指导和服务的顶层设计，主动配合省委宣传部做好全省媒体融合规划，并深度参与组织实施，推动省、市、县三级媒体协同创新、同向发力、同步发展。

（一）建设省级技术平台

省记协积极调研，参与省级技术平台建设论证，着眼建设覆盖全省、互联互通的技术平

台，提出意见建议，经过专家评审和多方考量，确定在海豚云传媒科技有限公司基础上，组建皖云传媒科技股份有限公司，集中优势力量打造县级融媒体中心省级技术平台，61个县（市）融媒体中心已全部入驻（或接入）平台，逐步实现数据共享、内容互补，既节省建设成本，又实现多方共赢。

（二）完善省直主要媒体自有平台建设

省记协坚持从省级层面强化行业指导，推动省直主要媒体在原有网站、平台的基础上，加强技术革新，重塑平台架构，完善服务功能，推动转型升级。安徽日报报业集团建设“党媒云”，实现报刊端、PC端、移动端“三端俱全”全媒发布；安徽广播电视台开发了“海豚视界”“海豚听听”“海豚TV”等客户端，“安徽卫视”客户端也即将上线；安徽新媒体集团建设“安徽云”平台，中安在线网站、中安新闻客户端改版初步完成，构建网站、新闻客户端、微博微信、专业工作室等12位一体传播矩阵，保证了关键时刻声音能传得出去。

（三）推动市县级媒体借力融合

省记协指导市记协和有关新闻单位，在巩固传统媒体业务的同时，大力建设新媒体平台、打造新媒体产品、发展新媒体业务，依托中央和省直主要媒体平台开设地方频道、官方账号，借梯登高、借船出海、借台唱戏。市县级融媒体中心普遍开通了一批法人微博账号和微信公众号，有的还入驻了“一头（条）一抖（音）”，账号和公众号粉丝量有的还比较大，进一步拓宽了新闻宣传途径，提高媒体影响力和覆盖面。合肥报业传媒集团与国内领先的聚合类新闻客户端ZAKER平台合作，深度定制“ZAKER合肥”新闻客户端，衍生推出“合晚直播”“合晚视频”等新媒体专栏，建立集报纸、网站、微博、微信等于一体的全媒体采编发平台，本地累计下载用户200万、日活用户50万，传播力和影响力长期处于省内媒体前列，探索了传统媒体融合发展路径。

三 | 坚持“一体化”发展，推动媒体融合转型升级

（一）打通策采编发环节壁垒

按照新的业务流程，破除新媒体部门和传统采编部门的壁垒，打通采编部门间的策采编发环节壁垒，逐步改变以传统媒体为中心的运行机制，按照新的业务流程，实现信息内容、技术应用、平台终端等资源共享。安徽广播电视台着力推进全台媒体融合发展，上线运行“海豚云”融媒平台，打通广播电视节目策采编发全流程，实现全台频道频率资讯内容互联互通、共建共享。

（二）完善“中央厨房”工作机制

把握新闻传播规律和互联网发展规律，按照媒体融合发展需要，重构采编业务流程和运行机制，发挥“中央厨房”在采编指挥调度、重大选题策划、采访力量和稿件资源统筹等方面作用，实现一次性采集、多媒体呈现、多渠道发布。

（三）推进融媒体工作室建设

支持鼓励省直主要新闻单位打破部门分割、编制束缚，采取跨领域协作，兴趣化组合等方式，组建了108个融媒体工作室，以融媒产品开发为中心，下大力气推进内容生产的供给侧改革，多推现象级融媒体产品，做到把接天线与接地气融合起来，打通信息沟通“最后一公里”，更好适应本地化、分众化、精准化传播需要。

四｜出台“一揽子”措施，完善媒体融合激励机制

适应媒体融合发展趋势，省记协积极参与和出台配套政策措施，完善安徽新闻奖评选、媒体融合人才培养和人才激励机制，确保媒体融合“形”“神”兼备、量质齐升。

（一）新设立媒体融合类参评项目

省记协在组织安徽新闻奖评选工作中，将媒体融合类新闻作品纳入参评项目，鼓励媒体在融合类新闻作品中创新内容表达、报道形式和技术运用，2019年共评选短视频新闻、移动视频专题、移动直播、新媒体创意互动、新媒体报道界面、融合创新等6个评选项目31件获奖作品，充分发挥导向作用和示范功能。

（二）加大人才培养力度

省记协创新组织部分县（市）级融媒体中心记者，参与“习近平总书记视察安徽四周年”大型主题采访活动，深入六安、滁州、合肥等地开展融媒体采访实践，在一线采访中锻炼提高工作能力。创新开展“八百里皖江全景录”“春游江淮请您来”等具有安徽特色的全媒体采访活动，拓展延伸“走转改”活动实践载体，提升编辑记者专业素养。

（三）助力媒体完善用人体制

指导省直主要新闻媒体探索建立人员编制总量管理，完善绩效考核和薪酬激励体系，着力解决从业人员身份双轨制，实现同岗同责同权同待遇，让各类人才凝心聚力、共同创业。安徽

日报报业集团研究制订《安徽日报新媒体绩效考核办法》，推动人才、技术、资源向移动端转移；安徽广播电视台推动全台频道频率资讯内容互联、互通、互动；安徽新媒体集团出台《总编辑责任制度》《内容管理人员资格准入制度》等制度，探索了新形势下吸引使用人才、评价激励人才、培养管理人才的有效举措，为推进媒体融合发展提供了坚实有力的人才支撑。

（安徽省新闻工作者协会）

福建省推进媒体融合发展工作综述

2019年，福建省宣传思想战线提高政治站位，以时不我待的紧迫感、责任感，顺应媒体融合发展的发展趋势，加大投入、整合资源，进行流程再造、改革体制机制，精心采制产品、探索产业支撑，媒体融合发展取得积极进展。

一 | 抓住机遇，进一步整合资源

全省各地各新闻单位坚持移动优先，坚持一体发展，流程再造，积极进驻各类新兴媒体平台，主流阵地进一步巩固拓展。

2019年初福建日报社正式成立新福建编辑部，全面承担福建日报移动端新媒体平台的内容更新和审核管理；《福建日报》初步建立包括福建日报客户端、微博、微信、抖音、今日头条在内的“四微一端”新媒体矩阵，做到策采编发全流程协调，记者原创稿件九成实现在移动端首发；福建日报客户端《新福建》累计下载量达790万次。福建省广播影视集团出台建设方案，组建融媒体资讯中心，进行融媒体技术改造升级，坚持先网后台、移动优先战略，打造台网联动、网络分发的新体制，各类新媒体账号达168个，海博TV下载量超过300万；东南卫视《海峡新干线》今日头条号粉丝超1000万，东南卫视拓展与境外传播机构合作，《中国正在说》节目被翻译成英语、西班牙语，通过国际在线对外传播，覆盖国家和地区达160个。福州日报社新媒体总用户数突破1400万人，福州日报微信号被评为“全国党媒微信20强”。厦门日报社将第一代APP升级为第四代“潮前智媒”APP。据人民网研究院发布报告，厦门日报社新媒体整体影响力进入全国前40名，在全国城市党报里排名第二。闽南日报社《龙江夜读》打造“有声版党报”，“童声童谣”栏目传播闽南童谣这一国家“非遗”，深受欢迎。湄洲日报社紧盯媒体发展前沿和发展趋势，立足自身实际，实行跟上趟、分步走战略。宁德市不断丰富《新宁德》“融媒体+智慧城市”综合服务平台，探索推进市县两级平台融通。

二｜明晰定位，积极主动服务工作大局

在全国、全省“两会”、外交部福建全球推介活动、习近平总书记来闽考察5周年纪念、省委省政府工作检查等重点时政报道中，各媒体发布内容丰富、体裁多样的融媒体产品，有力有效地服务了全省工作大局。在全国“两会”报道中，福建日报社的《谁是福建真正的网红》《总书记和他的第二故乡》因贴近受众、创意十足，得到中宣部表扬。福建省广播影视集团首次将人工智能应用到两会报道中，推出AI记者“小闽”，将集团60多个两微账号纳入报道矩阵，实现时政新闻短视频在新媒体上的重要突破；在报道第二届数字中国建设峰会上，实现“5G+4K+VR”直播。在外交部福建全球推介期间，福建省广播影视集团制作的宣传片《生态福建丝路扬帆》当年全网播放量达30亿次。

各媒体积极拓展服务职能，政务服务不断精细化。三明市融媒体中心打造的“e三明”APP实现向城市生活智能移动平台的延伸，垂直应用各类便民服务。湄洲日报社联合市教育局，在“莆田新闻”微信公众号上推出中考成绩、志愿查询服务，举办高考志愿填报咨询，推送中高考录取等服务类信息，阅读量屡创新高，成为报社一大品牌。龙岩市网上公共服务平台“e龙岩”，让市民“一窗”快捷获取各类权威资讯、便民服务，成为打造阳光型、服务型政府的重要抓手，开办的名师课堂、图库图书、文艺交流等板块为网民喜闻乐见。

三｜突出重点，扎实推进县级融媒体中心建设

省委宣传部两次召开现场推进会，联合多部门制定下发加强县级融媒体中心建设实施意见，规划好县级融媒体中心建设的路线图、时间表，多方争取财政资金支持，加大经费保障。在具体推进进程中，实行一县一策，因地制宜，细化方案，务求实效。致力打造全省统一的省级技术平台，依托福建省广电网络集团承建省级技术平台，福建日报社、福建省广播影视集团从宣传内容、技术衔接和资源共享等方面予以支持，已建成以媒体内容生产“中央厨房”、舆情分析、全媒体矩阵发布三大系统为核心的融媒体大数据平台。各县融媒体中心整合报纸、广播电视台、报道组、新闻网站、侨刊乡讯、新媒体等，做到集中办公、集中管理、挂牌运营，移动端首发率达到100%，地方县域重大事件县级融媒体中心首报率超过80%。

四｜成效明显，打造多款爆款产品

《福建日报》加强对融媒体内容产品和形式创新的探索，通过改造文本语言和表达元素，尝试可视化生动呈现，让融媒体产品更适合移动端传播。融媒体报道《省委书记于伟国：欢迎

来“全福游”，享“有全福”》《刚刚！福建向全球自我介绍！》等点击量均超过10万。在国新办福建主题新闻发布会报道中，福建省广播影视集团第一时间推出10多条现场“金句”短视频，点击量达1000万次；海峡卫视70集《早餐中国》节目在腾讯视频播放量超过5亿次、系列短视频《人间有味》在央视网播放量达800万次。闽北日报社以视觉中心建设为基础，加快航拍、VR、H5等新技术运用，创作了一批优秀新媒体作品。平潭综合实验区融媒体中心打造全媒体问政节目《问政平潭》，邀请有关部门一把手现场回答提问，回应暗访视频，辣味十足，促进问题解决，影响力不断扩大。

（福建省新闻工作者协会）

江西省推进媒体融合发展工作综述

江西省记协在省委宣传部的领导下，深入贯彻落实习近平新时代中国特色社会主义思想和党的十九大精神，结合自身实际，蹄疾步稳地推进媒体融合，着力打造形态多样、手段先进、具有竞争力的新型主流媒体。2019年以来，江西日报社启动媒体深度融合改革，在寻求5G时代如何做大做强主流舆论上做了一些有益的探索与实践；中国江西网继续深化实施移动优先和视频优化战略，加大全媒体矩阵建设力度，网站融媒体矩阵平台日益壮大，融媒体矩阵粉丝（用户）突破5000万；江西广播电视台与新浪微博、微信公众号、腾讯兴趣部落、百家号、腾讯视频、爱奇艺、哔哩哔哩、抖音等25个网络平台开展合作，开设了250多个新媒体账号，为描绘好新时代江西改革发展新画卷提供了有力的新闻舆论支持。

一 | 主力军真正进入“主战场”

2019年1月1日，江西日报社全新打造了省委移动新闻客户端——江西新闻客户端。一是撤销江西日报社原摄影部和新媒体部，新组建江西新闻客户端新闻中心和视觉中心，将党报政治素养高、业务能力强的采编人员全员转型全媒体记者编辑；二是更新使用“全媒体采编系统”，要求先“端”后“报”、移动优先，并强化新媒体“三审三校”；三是新建了全媒体采编系统、指挥报道中心、全媒体采编资源库，大数据、移动采编等功能也陆续投入使用。

江西广播电视台有18家单位共申报33个融媒体工作室，涵盖多个垂直领域。“赣云”用户总数达到2500多万，与42个市县区开展融媒体合作。目前，江西广播电视台新媒体网络传播力排名全国广电第9，粉丝数100万以上的新媒体平台已增至16个。“都市现场”微信公众号2019年度全国总排名全国第十二、江西第一；“经典传奇”今日头条号吸纳了506万粉丝（2020年5月15日数据），排名江西第一，霸屏全国。

二 | 构建共融互通的现代传播体系

江西日报社整合现有的“报、网、端、微、云”等媒体资源，构建传统媒体、新兴媒体共融互通的现代传播体系。目前，已形成报刊、网站、移动客户端、微博、微信、手机报、手机网、地铁户外传媒等8种媒介形态，建成了大数据中心，新媒体端口载体达159个，覆盖总用户超过6000万。运营一年来，江西新闻客户端加快推动媒体融合发展走深走实，与江西日报官方微博、江西日报微信、“赣鄱云”等平台形成了移动媒体新矩阵。其中，“两微一端”用户总数超过1000万；江西新闻客户端用户数达到750万，覆盖用户包括全省80%县处级以上领导干部、300多万公职人员、50余万大学生、100多万普通群众及赣商群体，已成为江西省最大的移动互联网舆论阵地。

分宜县融媒体中心依托江西省委宣传部主导的省级云平台，采取独站点模式，建成上线了分宜县融媒体“中央厨房”平台和“画屏分宜”客户端，实现所属客户端、WAP手机网、PC网站、微博、微信等媒体的集中管控和一键分发，从内容、用户、技术、终端四个维度上实现“打通”“共享”“融创”。同时在“中央厨房”平台上，建成了一个移动采编系统，实现了移动指挥调度、现场采访发稿和移动审核功能，构建系统化融媒体中心；集纳了一个舆情监控系统，实现了互联网上涉分宜信息以及网络热点新闻实时采集，指导服务新闻生产。

三 | 实现省市县三级融媒体中心打通共享

经过3年多的发展，江西日报社自主研发、具有独立知识产权的聚合型媒体融合平台“赣鄱云”已实现省、市、县三级在用户、技术、数据、传播平台纵向打通共享，全省各地融媒体横向联成“一张网”的舆论格局，为推进江西市县级媒体融合发展发挥了积极作用。目前，“赣鄱云”用户总数已超过5000万，建成2个设区市融媒体中心、70个县级融媒体中心，并与江西广播电视台的融媒体平台“赣云”一道组成省级融媒体中心。此外，还成功跨出省门，援建了新疆“克州云”中央厨房，成为江西最大的“媒体云”。在2019年2月的中宣部媒体深度融合工作推进会上，依据“赣鄱云”承建的分宜县融媒体中心两次在会上做书面交流，受到中央政治局委员、中宣部部长黄坤明的高度肯定。

中国江西网顺应媒体革命潮流，启动全员视频工程，“视频优先”理念得到进一步深化。短视频、视频直播等正在成为网站各平台的头部内容产品。江西广播电视台从三个维度做好融合：一是全台内部的融合。全台把采编播等节目生产环节逐节打通，一步步实现素材、渠道、人员的全面共享。二是与市县区融合。江西广播电视台目前已与江西省内43个市、县（市区）融媒体中心达成共建合作，形成了“新闻+政务+服务”发展模式，近60个机构账号入驻。三是与央媒融合。江西广播电视台通过“赣云”平台，先后打通《人民日报》党媒信息公共服务平台、新华社现场云、央视新闻移动网等央媒新媒体平台，在重要宣传节点上联动策划、联合推送。

四 | 新媒体传播力继续领先全国省级媒体

2019年，江西日报社所属的中国江西网，有40余篇原创报道和H5策划被中央网信办全网推送，130余篇被省网信办推送；制作专题200多个，H5融媒体作品100余个，创下该网历年数量之最，也遥遥领先大多数省级新闻网站。江西日报社与省高院以及18家银行联手打造江西“法媒银失信被执行人曝光台”，开创全国先河，对“老赖”产生了巨大的震慑力，该经验被全国推广。江西省“五型”政府建设领导小组办公室将省“五型”政府建设扩大社会参与、加强社会监督网络问政平台放在江西日报社，开启了“政府+媒体”合作，提升政府服务效能、解决群众诉求的新模式。平台自2019年1月9日上线至今，实现了每条帖文从审核、分发、督办、回应全流程有专人负责，平台日均收到有效贴文100条，各级“五型”办、职能部门及时回复率高达80%。

江西广播电视台先后建设了电视全媒体演播室、广播融媒体直播室，与江西联通合作创建“5G+VR”联合实验室。2019年全国两会期间，在全国率先构建“央媒+省媒+市、县融媒体中心”四级联动的报道模式，先后被国家广电总局作为案例在《广电时评》《中国广播影视杂志》《国家广电智库》上推介，现在被省级融媒体中心广泛采用。

五 | 创新新闻产品和传播方式

江西日报社抓住全媒体时代移动化、视频化、直播化这一趋势，主攻短视频和“无视频不传播”。2019年3月拍摄制作短视频《麋鹿重返鄱阳湖》，4月策划拍摄制作短视频《刘桂军：一根筷子“点”出诗和希望》，其中《麋鹿重返鄱阳湖》达200万以上的点击量；2019年11月17日，在“中国共产党的故事——习近平新时代中国特色社会主义思想在江西的实践”专题宣介会上，江西日报抖音发布宣介会新闻发布会专题短视频“中联部愿意为江西代言：江西会成为世界级的‘网红’”，播放量约3万人次，点赞数约1000人次。据不完全统计，2019年江西日报每天更新短视频近20个，推出“10万+”短视频50余个。

在探索媒体融合发展的道路上，江西日报社以5G、VR技术运用为契机，创新新闻产品和传播方式，不断增强主流媒体的黏性和吸引力：实现了全省首次全程“5G+VR”直播。在2019江西文化发展巡礼展开幕当日，江西日报社联合江西电信和华为公司，实现了全省首次全程

5G+VR直播。在5G高速率、低时延能力支持下，现场用户可实时观看360度全景直播，享受“身临其境”的视听体验；打造了国内首张AR直播报纸。在南昌举行的2019世界VR产业大会上，《江西日报》基于增强现实技术（AR）制作的全国首张AR直播报纸将在大会期间精彩亮相。读者只要点开江西新闻客户端“扫AR报纸”功能，并对准这张报纸上的大会主会场照片，这张奇妙的照片就会幻化为江报直播团队从现场传回的大会实时动态画面，从而做到“打开报纸看直播”。这张报纸的推出，以AR为手段，打破了新媒体与纸媒之间的受众界线，是《江西日报》深入推进媒体融合的一项重要成果。

（江西省新闻工作者协会）

山东省推进媒体融合发展工作综述

2019年，山东新闻战线实施移动优先发展战略，通过再造采编发流程、做大做强主流声音、加快县级融媒体中心建设、加强新闻队伍建设等一系列创举措，全力打造渠道丰富、覆盖广泛、传播有效、可管可控的传播矩阵。

一 | 构建丰富多维的新媒体矩阵

各主要媒体打破人员、组织、业务、考核的局限，建立融媒体一体化运行平台，构建起策采编发一体、多端一体的全媒体传播新格局，从“相加”迈向“相融”。大众报业集团强化“党端”定位，组建全媒体编辑中心，聚合生产传播，融合传播力在全国省级党报集团位居第二，《大众日报》全年广告创收增幅30%，创历史新高，网媒集团营收突破4亿元，齐鲁报系新媒体和活动创收占广告经营收入60%，超过报纸创收，实现收入、利润双增长；山东广播电视台“闪电新闻”用户装机量突破2300万，融媒全平台覆盖用户超3.5亿，直播超过8100场，已具有每年8万条以上的短视频生产能力，全年流量达“45亿+”，单条点击量最高突破1.5亿人次。

各媒体还结合自身条件，不断丰富功能、优化用户体验，平台逐步接入掌上政务、学习强国、实时路况、生活缴费等功能，并积极开拓宣传新窗口，加强深化与新华社、央视、《人民日报》等权威央媒平台的合作，借助新华社现场云、“央视+”客户端、央视频、《人民日报》公共党媒平台、人民视频等，提升传播力影响力；各媒体入驻今日头条、一点资讯、百度百家等平台，开通头条号、一点号、百家号、企鹅号等第三方平台账号以及抖音、西瓜视频等短视频平台，新闻报道实现众多平台同时分发，全方位打造网友喜闻乐见的融媒作品。2019年11月，山东广播电视台推出新产品“闪电智库”分为政务智库、城市智库、品牌智库、行业智库四大产品体系，可根据客户需求提供融媒传播、舆情参考、决策咨询、会议论坛、视频表达、品牌项目、创新产品、社群生态互动八大服务模块，将与国研智库打造“山东高质量发展高层论坛”，围绕我省八大战略、十强产业以及每个市不同的定位，策划发起主题论坛，布局文化节庆、大型赛事、策展布展、少儿演艺等品牌项目，在资源整合、项目导入方面积极探索，打造四通八达的传播体系。

二｜紧扣主题主线，做大做强网上正面宣传，融媒产品异彩纷呈

各媒体强化“让新闻报道居于中心工作之中”理念，聚焦中华人民共和国成立70周年主线，打造多层次、立体式传播矩阵，统筹“报声屏网端微视”做好宣传报道，主流舆论声音更加强劲。围绕中华人民共和国成立70周年、围绕全面建成小康社会、乡村振兴、脱贫攻坚、“不忘初心、牢记使命”主题教育、大气污染防治、优化营商环境等主题，全省媒体紧扣中央和省、市委重大决策部署，统筹做好政策方针、重大成就、先进典型、会议活动、重要时间节点宣传，弘扬主旋律、凝聚正能量，讲好山东故事，传播山东好声音。大众报业集团新媒体产品总阅读量近8亿，“日出山东”“夜色山东”系列报道获中宣部表扬，“总书记参加全国‘两会’山东代表团审议一周年融媒”专题报道累计覆盖8.19亿人次，“海右春风又一年”系列融媒报道总阅读量突破5亿；大众网精心办好“学习强国”山东平台，注册用户突破1200万人，日发稿量500余篇，均居全国省级平台首位。山东广电融媒体中心不断掀起重大主题宣传热潮，《山东一分钟》等短视频成全网爆款，《山东24小时》发布1小时内浏览量突破“10万+”，《现在的我们》原创推广曲MV《你好青春》秒拍播放量超过1000万次；微博主话题互动参与量超过2.1亿次，《传家宝里的新中国》微博话题“交接仪式是他请英军下岗”单条短视频播放量超过1500万次；“与粉身碎骨只差一毫米”短视频抖音播放量超过1800万次，得到“共青团中央”等多个权威媒体、机构点赞。日照市网络拉歌赛、济宁市《帮企业解难题促企业快发展》融媒体专题、《威海24小时》《人民记忆：70年70城——记住威海》短视频、“寿光：抗击台风利奇马全市人民在行动”专题、“中华人民共和国成立70周年·点亮沂蒙精神地标”全国大型采访等优秀作品，积极面向社会、面向网民，关注经济热点，发现城市之美，开展正面宣传，营造了浓厚舆论氛围。中国山东网充分发挥多语种优势、图片资源优势、外宣内容资源优势，在海外社交平台站稳脚跟，拓展海外移动传播平台。2019年，中国山东网在Facebook、Twitter等海外社交平台开设山东外宣账号，根据外国网友的浏览习惯和阅读喜好，打造新媒体平台内容，与国外网友直接互动。他们与众多国内边境外宣期刊和境外媒体建立了紧密的联系和合作，与美国、俄罗斯、日本、越南、韩国、塔吉克斯坦等20多家境外通信社、媒体互转新闻内容、开展活动互动合作，2019年举办的“乡村振兴齐鲁行——‘开放的山东’全媒体采访活动”邀请国内外宣媒体、边境外宣期刊和境外媒体参加，并在相关媒体重要版面发布关于山东乡村振兴发展成就的宣传报道。

三｜发挥组织引领作用，把控发展大局

多地建立互联网行业组织，统筹推进互联网党建工作。青岛、泰安、威海等市成立互联网协会、自媒体联盟、网络文化协会等社会组织，建章立制，以传播社会正能量、弘扬时代主旋律、发现真善美、鞭挞假恶丑为己任，吸收关心新媒体发展的企事业单位、个人参加，开展联谊活动和新媒体调研、规范、咨询服务，定期组织交流媒体融合运营经验，促进优质资源共享、优秀内容联动推送和自媒体定期评先选优活动，服务社会经济发展，讲好山东省故事。11月，省新闻工作者协会、省新闻学会（以下简称“省新闻‘两会’”）主办组织召开山东省新闻工作者协会新媒体工作委员会成立大会暨新媒体负责人培训班，新媒体工作委员会旨在为全省新媒体发展搭建交流经验、深化研究、开拓创新的平台，发挥政治引领、交流培训、自律维权、服务联络等职能作用，团结我省广大新媒体新闻工作者努力提升“四力”，坚持“四向四做”，提高新闻舆论工作能力水平，为山东新闻事业及媒体融合事业发展做出新贡献。12月，山东省新闻工作者协会县级媒体工作委员会举办全省县级融媒体中心主任（台长）培训班，学习党的十九届四中全会精神，落实“不忘初心、牢记使命”主题教育，推进马克思主义新闻观教育，加强县级融媒体中心建设经验交流，推进我省县级媒体融合深入发展。

四｜加强监管，奖优汰劣，推动新媒体建设上水平

各级各市加大《网络安全法》《网络信息内容生态治理规定》等法规的宣传力度，规范新媒体信息传播制度，抓好对网络恶意营销账号的整治。针对自媒体曲解政策、散布虚假信息、挑战公序良俗等行为，网信部门敢于亮剑，绝不姑息，依法对“IT之家”“奋斗在韩国”等违规网站和自媒体负责人进行约谈，开展批评教育，督促整改落实；对多次发布违法和不良信息、不听劝诫的，给予从重处罚，关停“西海岸新区舆情”等刊载违法信息网站和自媒体账号。“山东辟谣”微博自2019年9月开通到年底，共发布1200多条，总阅读量220万次，发布重要原创辟谣报道约40篇，为构建晴朗网络空间贡献智慧力量。

建立完善长效培养激励机制。一是常态化开展从业培训。各媒体将从业人员纳入年度培训计划，增强从业人员政治意识、大局意识和责任观念，有效提升了新媒体从业人员的政治素质和业务水平。二是充分发挥典型示范带动作用，以评优表彰推动媒体融合建设上水平。各市普遍开展优秀网站、优秀政务新媒体、优秀宣传作品评选，鼓励优质内容创作，激励自媒体行业健康规范发展。为了提高作品的传播力，各媒体积极采用短视频、直播、H5、VR、5G、Vlog等新型传播方式，通过“网、端、微+N平台”综合推送发力，媒体融合创作更趋多元化，在舆

论宣传工作中逐渐占据主导地位。4月底，由省新闻“两会”主办的2018年度山东新闻奖评选结果在济南揭晓，其中设媒体融合奖项30个，分短视频新闻、移动直播、新媒体创意互动、新媒体品牌栏目、新媒体报道界面、融合创新等6大类，评选出一批彰显新媒体时代记者职业精神和职业素养的新闻报道、一批代表媒体融合新进展新水平的创新创意成果。《决不放弃！》《这是沂蒙红嫂张淑贞生前最后一段影像》《“深海探秘纵横大洋”》《儒商大会之齐风鲁韵图》《父母在不野游》《弘扬传统文化小舜娃朗诵园》《跨越40年，2019的车开过来了》《大众融媒讲述山东故事》等获奖作品，围绕中心、服务大局，与新闻舆论工作重点同频共振，同社会民生息息相关，充分运用融媒体传播技术，在采编手段、内容、形式上都有所创新和突破，体现了媒体融合发展的方向。10月份揭晓的第29届中国新闻奖评选中，胶东在线网络新闻专题《风从海上来·改革进行时》、闪电新闻客户端新媒体报道界面作品《跨越40年，2019年的车开过来了》荣获三等奖。

五 | 县级融媒体中心建设扎实推进

2019年，《中共山东省委宣传部等关于加强县级融媒体中心建设的实施意见》明确，委托山东广播电视台利用现有基础，按照中宣部等制定的统一技术标准、建设标准，建设覆盖全省、自主可控、互联互通的全省融媒体传播技术平台。省台成立了媒体融合省平台工作小组，按照“媒体+政务+服务”的建设思路，投入精兵强将，对全省各县区宣传部、广播电视机构开展摸底调研、平台设计及现场施工等工作，积极推进县级融媒体中心建设。同时搞好人才培训，先后在济南、宁津、昌乐、西海岸等地举办了集中式人才培训，为县级融媒体中心长远发展打下基础。截至12月6日，全省137个区县中有102家区县已完成和基本完成平台建设；108家实现与省平台三级联动部署；118家区县完成招标流程。

（山东省新闻工作者协会）

河南省推进媒体融合发展工作综述

2019年，河南省新闻工作者协会推进全省各新闻媒体加快向主阵地挺进，坚定不移推动媒体融合向纵深发展，不断提升主流媒体传播力、引导力、影响力、公信力。实践证明，河南省媒体融合发展在全国处于第一方阵，县级融媒体中心建设走在全国前列。

一｜推进纵深发展，巩固壮大主流

河南日报报业集团以平台技术为支撑创新报道形态和传播手段，在一体化全媒体的理念下，努力构建“两微一端”为主体的新媒体集群，打造主体多样、融合发展的现代传播体系。积极打造以传统媒体为龙头，号、端、网为补充的全媒体传播矩阵。河南日报报业集团拥有河南日报客户端、大河客户端、河南手机报、大河报微博4个千万级用户平台，覆盖用户总数超过2亿。河南日报报业集团以平台技术为支撑，创新报道形态和传播手段，在一体化、全媒体的理念下，努力构建“两微一端”为主体的新媒体集群，打造立体多样、融合发展的现代传播体系。

河南广播电视台持续推进媒体融合走向纵深方向，在关键节点上抢先谋划和行动，用“有为”赢得“有位”；大象新闻客户端是由河南广播电视台主办的省级新闻综合客户端平台，是河南广电主力军挺进互联网主战场的全新平台。建设全省一平台，实现各县级融体中心的互联互通，积极加强河南县级融媒体中心建设：作为河南省县级融媒体中心技术支撑平台承建方的河南广播电视台，统筹资源、聚合力量，大力推进技术平台建设，以内容合作为核心，以实施重点项目为抓手，攻坚克难、狠抓落实、积极探索，在构建媒体融合发展新模式、新机制的道路上稳步迈进。实现省市县三级媒体的良性互动，由过去的区域化的运营方式转变为生态化的发展模式。依托“云上河南”移动新媒体平台，打造“指尖上的信息服务综合体”，服务地方经济社会发展，充分利用平台优势，构建立体式、全覆盖、零距离的宣传网络体系。2019年7月，河南省县级融媒体中心省级技术平台通过了国家广电总局专家组的实地验收，成为国内首家通过国家标准验收的省级技术平台。

郑州报业集团着力打造郑报融媒“中央厨房 · 新闻超市”品牌，将集团旗下的党报、都市报、网络、地铁报、社区报、手机报，“两微一端”新媒体矩阵和移动视听媒介全部打通，主要采访人员全部进入郑报融媒全媒体采访中心，所写稿件全部进入“新闻超市”由各平台根据各自属性按需取稿。以郑报融媒“中央厨房 · 新闻超市”为平台，强化内容采集和技术支撑，实现整个采编发队伍的扁平化管理和采编发流程的智能化、高效化推进。

按照深度融合的发展要求，省直媒体进行优化调整和结构改革，河南日报报业集团以大河报、大河网、大河客户端“三大”融合为重点，积极打造全新视频化、移动化的时政新闻客户端，力争再造张智能传播时代的“大河报”。河南广播电视合正打散频道制，突破新闻业务的条块分割现状，加快整合电视、广播的采编力量，组建广电全媒体新闻中心，实现统一指挥调度。

二 | 创新体制机制，激发融媒活力

河南日报报业集团发挥大河网络传媒集团的重要作用，各媒体在第三方平台发力，开办了200多个内容产品的分发平台，形成媒体传播矩阵。仅以大河网为例，目前维护的平台就有大河网、大河网客户端、大河网微博、大河网微信、眼遇客户端、大河网头条号、大河网百家号、大河网抖音号、大河网、西瓜视频、大河网企鹅号、大河网快手号、大河网抖音号等等。据不完全统计，全集团每天原创新闻生产总量938篇，在本单位媒体平台上生产和发布的来自外部专业媒体机构（PGC）和非专业媒体机构（UGC）的新闻及事实内容日均总量3800多条。河南广播电视台整合旗下4家传统媒体单位和8个媒体公司，组建河南大象融媒体集团，拥有14类主流媒体业态和38个媒体传播平台。

全面推进县级融媒体中心建设。构建省级负总责、市级抓推进、县级抓落实的工作格局，组建工作专班，建立分片指导督导机制，实行挂图作战，各项工作有序有力。截至目前，全省104个县（市）中，67个县（市）融媒体中心挂牌，62个县（市）建成采编中心，28个县（市）开始实行“媒体+政务十服务”模式；省级技术平台已建成并投入运行，完成了76个县级融媒体中心的对接入驻、70个县级客户端建设，按照“全省一张网”规划，将2019年12月底完成全省所有县（市）与省级平台之间互联互通。

在平台建设上，各媒体坚持移动优先，构建了涵盖报、刊、台、网、微、端等多种形态的全媒体矩阵，同时，积极打破采编部门的机制壁垒，加速采编流程优化和采编平台建设，建立以新媒体生产和传播为核心的一体化运行机制。在内容生产上，各媒体主动顺应分众化、差异化、互动化的传播趋势，积极推进内容供给侧结构性改革，不断提升媒体转型发展的核心优势。

三丨努力提升新闻舆论工作水平

河南省各新媒体平台都能围绕中心、服务大局，守正创新，主动提升议题设置能力，宣传报道高潮迭起、亮点纷呈，主旋律、正能量更加高昂，呈现“总、重、深、实”的特点。

一是牢牢把握习近平总书记的总要求。把最重要的版面、最突出的位置全部用在习近平新时代中国特色社会主义思想和总书记重大活动的宣传报道上，确保总书记的报道天天有、天天见、天天新。特别是总书记视察河南前后，河南的新媒体浓墨重彩地展现了大国领袖、大党领袖、人民领袖的气度、风范、魅力，其中《河南日报》“总书记和我们在一起”图片专版、“牢记嘱托奋勇争先谱写新时代中原更加出彩的绚丽篇章”等特刊在社会上引起热烈反响，让总书记的重要指示精神在中原大地落地生根、开花结果，推动学习宣传不断往实里走、往深里走、往心里走。

二是扛起重大主题宣传的职责使命。围绕中华人民共和国成立70周年，河南省新媒体先后推出“壮丽70年 · 奋斗新时代”专栏、“我和我的祖国”征文活动、多个全彩国庆专版以及各类多媒体产品，全方位、多角度、全景式呈现庆祝大会、国庆阅兵和联欢活动的盛大场景，营造共庆祖国华诞氛围。

大河网围绕“不忘初心、牢记使命”主题教育、黄河生态保护和高质量发展战略、乡村振兴战略等，加强策划统筹运作，以“壮丽70年，奋斗新时代”为主轴，讲好“红”（红色故事）、“黄”（黄河故事）、“绿”（生态文明、乡村振兴）故事，谱写了新时代中原更加出彩的绚丽篇章。围绕习近平总书记参加河南代表团审议时明确就实施乡村振兴战略、做好“三农”工作提出的要求，大河网策划了“乡村振兴看河南”大型系列报道，采访了我省干群牢记总书记嘱托，助力美丽乡村建设的一批典型。围绕着习近平总书记考察调研河南的重要指示精神：“要讲好党的故事、革命的故事、根据地的故事、英雄和烈士的故事”，大河网策划了“‘守初心，奔小康’大别山为什么这样红”系列报道。

围绕“不忘初心、牢记使命”主题教育，河南新媒体深挖身边稿源，以多种形式报道先进典型，点亮精神坐标；推出“探访中原‘红色地图’”全媒体报道，探寻初心源头，重温激情岁月；集中刊发省级领导同志学习体会文章，为全省党员干部提供“随身书”“营养剂”。围绕全国少数民族传统体育运动会，推出“迎民族盛会庆七十华诞”“像石榴籽一样紧紧抱在一起”等专栏，重磅述评和现场特写相得益彰，为民族运动会营造了良好舆论氛围，传递出浓浓的民族情谊。

为培养引导新闻从业人员爱岗敬业，河南省新闻工作者协会在河南新闻奖评选中，评奖数量向融媒体倾斜，扩大获奖面，为更好地树标杆、提质量、稳队伍做出不懈的努力。

（河南省新闻工作者协会）

湖北省推进媒体融合发展工作综述

2019年，湖北省新闻单位积极探索媒体融合发展路径，努力构建全媒体传播格局，推动媒体融合向纵深发展。

一 | 坚持合而为一，构建全媒体传播平台

湖北日报传媒集团组建湖北日报融媒体中心，集线索收集、指挥调度、内容生产、传播分析于一体，报纸、网站、移动客户端、微信微博等内容“一键发布”；更新考核办法，将新媒体作品数量、质量、平台传播效果等全面纳入采编部门及人员绩效考核；构建具有多样传播形态、多元传播渠道、多种终端载体的“党媒传播生态圈”，陆续入驻抖音、快手等短视频平台，开设企鹅号、头条号、人民号等媒体号，初步形成“多渠道、多终端”立体传播体系。

湖北广播电视台成立长江云平台编委会、长江云平台技委会，全面提质长江云平台技术运营。完成“长江云”APP改版及长江号开发上线；立项8740万元资金，完成省级融媒体平台9大主体模块、34项功能的建设；与湖北省政务服务平台“鄂汇办”双向打通，将652项政务民生服务接入全省120个云上系列移动政务客户端；深度开展政务舆情服务，与省直各单位开展政务服务合作。

长江日报报业集团形成媒体业务“1+6”组织架构，集团公共媒体平台“长江融媒”和6大事业部板块突破时空尺度，打造天天在用的“中央厨房”，实现随时随地传播。

二 | 坚持内容为王，生产全媒体优秀产品

省记协改革湖北新闻奖评奖办法，增加融媒体好新闻数量，并通过培训、研讨，推动各媒体创新做好正能量全媒体传播。省直主要新闻单位建立融合报道机制，用好新媒体手段，对新闻策采编发进行全链条再造，形成大屏小屏共振、传统媒体与新媒体一体化联动、上接天线，

下接地气的节目样态，多次获得中宣部和国家广电总局肯定。

围绕2019年“两会”、“牢记使命不忘初心”主题教育、庆祝中华人民共和国成立70周年、军运会等重大主题，湖北日报网利用视频、图片、手绘、数据等形式，策划推出《壮丽70年·光影湖北、记忆湖北、星耀湖北、数读湖北》系列原创精品；推出红色家书、时代楷模张富清、军运会《以最美致世界》、2019湖北赏花地图等大型专题，《武汉有多红？岳飞来看军运会》等10W+微信刷屏朋友圈，连续产生了8个亿级传播量的爆款作品，湖北代表团团组开放日报道通过长江云平台联动的全网点击量就达3.1808亿人次。《楚天都市报》重点加强短视频生产能力，全年原创拍摄、剪辑编排新闻类短视频2200余条，制作抖音和快手小视频1500余条，策划制作人物故事、专题活动等精品视频240余条。

长江云先后推出《壮丽70年·奋斗新时代》《爱国者奋斗者》《记者再走长征路》专题专栏，对庆祝中华人民共和国成立70周年湖北专场新闻发布会进行全平台全覆盖式传播，总阅读量达1.79亿人次。军运会期间，长江云联动中央、省、市、县、海外五级传播矩阵，推出“一云多端”专题《军运在此——创军人荣耀筑世界和平》，制作特色军运系列专题9个，发布图文、视频稿件共计1007篇，总阅读量2.2亿，微博话题阅读量840.4万。

《长江日报》官方微信全年出产“10万+”作品83个，其中《看军运会开幕式后，憋了一晚上的疑问，这下全揭秘了！》阅读量达到210万。官方微博粉丝数从2019年初的140万增长至213万，全年运营亿级话题4个，其中#妈妈给高三儿子代练游戏#阅读量达到3亿。

三 | 坚持人才优先，建设全媒体人才队伍

全省新闻战线以开展增强“脚力、眼力、脑力、笔力”教育实践工作为契机，开展全媒体人才培养。

一是“请进来”集中培训。省委宣传部、省记协邀请武汉大学、抖音、今日头条等机构的专家，以互联网思维、融媒体技能等作为授课内容，举办4期马克思主义新闻观培训，培训500余人次，在鄂高校媒体与短视频融合发展研讨会，有在鄂高校党委宣传部负责人、校报总编辑121人参加；湖北日报传媒集团邀请中国传媒大学、澎湃新闻的专家，以短视频采编、无人机拍摄、全媒体新闻采写、内容分发和运营等实操为主题，对集团一线骨干采编人员进行多轮培训。长江云在内部开展常态化业务交流培训，围绕新闻采写、图片拍摄、视频剪辑、H5策划等开展主题交流，让编辑记者迅速成长为采、写、编、评样样都行的多面手。

二是“走出去”实战练兵。湖北日报网实施“青年人才强企计划”，提供机会让编辑记者走出去，由管理层带队，骨干编辑分批去百度、澎湃新闻、浙江在线、华龙网、红网等商业平台、兄弟网站沟通交流、学习取经。

三是改革挖潜选人才。各县级融媒体中心坚持把人才队伍建设放在推进媒体融合发展的突

出位置，重建一整套贯彻一体化思路、适应网络媒体特点、满足融合传播需要、体现移动优先导向的综合考评体系。如赤壁、房县、大冶等地重点改革选拔任用机制、激励分配机制，拿出真金白银、真情实意吸引人才、激励人才、留住人才。

四｜坚持夯实基层，建设县级融媒体中心

结合中宣部第一批县级融媒体中心建设试点部署，我省加快建设县级融媒体中心，夯实基层宣传思想阵地。

一是强化省级平台支撑。以省带县、“借梯上楼”，对长江云省级平台建设进行持续迭代升级，对功能设置、技术标准、入驻衔接、品牌建设等作出具体安排，根据不同需求实现个性化定制、差异化发展。继续用好“1+N”模式引导各地县级融媒体中心顺利接入长江云平台，助推县级媒体“跨地组合、区域联动、成片开发”，使组织再造、流程重组、机制创新的根基更加牢固。目前，长江云已实现省市县三级全覆盖，全省17个市州及所辖县（市）120个以“云上”系列命名的官方客户端全部建成上线。

二是优化重构资源配置。按照融媒体新闻生产和传播规律，引导各地采取“大中心制”办法，规划设立统一的指挥调度中心、采编制作中心、运营维护中心、保障服务中心等，实现策划、采编、发布、经营、管理一体化。赤壁市融媒体中心除了自有的8平台外，还负责管理维护31个市直部门和17个乡镇（办、场）政务信息网站。秭归县融媒体中心2019年各平台发稿量从之前日均10.2条增长到87条，实现了显著的“倍数效应”。

三是做精媒体移动端口。各地狠抓新闻生产创新，精心制作接地气、有温度、便于传播的融媒新闻产品，实现内容产品从可读到可视、从静态到动态、从一维到多维的升级转化。综合运用多个终端，打通多个平台，构建分众传播、分类覆盖的格局。高度重视到达率、接受度，持续关注推动下载量、日活率稳步提升，定期组织对各地移动客户端下载、月活等指标的普查、抽查，倒逼“移动优先”。鹤峰融媒体中心2019年组织大型直播40余场，累计收看人数突破1000万。秭归县融媒体中心形成了“线索汇聚—责编例会—选题策划—生产调度—内容采编—三级审核—多屏推送—互动引导—二次传播”九步工作法，“云上秭归”客户端上线4个月即突破3.5万用户数。

四是丰富服务功能应用。按照“媒体+政务+服务”的定位，积极做精做优政务服务、生活服务。鹤峰县融媒体中心将县经信局、电子政务办、网管办的部分职能划转，在“智慧鹤峰”建设中发挥了突出作用，同时探索“媒体+电商”模式，助力提升本地农特产品附加值，提高市场竞争力。赤壁市融媒体中心开通“云上赤壁”问政平台，市民“下单”、平台“派单”、部门“接单”、市监委“督单”，全市90多家单位部门入驻，回复率100%，处理办结率98%，做实了问政服务。

（湖北省新闻工作者协会）

湖南省推进媒体融合发展工作综述

2019年，湖南记协在中国记协坚强领导下，将联系服务新媒体领域从业人员摆在更加重要位置，积极推动媒体融合发展，成功举办了2019中国新媒体大会，大会聚焦5G时代新媒体变革趋势和发展未来，展示了媒体融合发展取得的重要成效，得到了中宣部、中央网信办、国家广电总局的充分肯定和广大与会嘉宾的普遍称赞，在全国新媒体领域产生重大影响。全省主流媒体结合自身实际，以提升传播力、引导力、影响力、公信力为目标，在“内容、渠道、平台、经营、管理”等方面进行融合创新，努力在推动媒体融合发展事业中走在前列，方向更加明确、举措更加有力、成效更加明显。

一｜以创新为先，优化要素配置，推进媒体深度融合

2019年，全省主流媒体紧紧抓住“一体化发展”这个总要求，更新理念、创新方式，积极整合要素资源，推动媒体深入融合。湖南广播电视台继续实施“一云多屏、两翼齐飞”融合传播战略，芒果TV与湖南卫视及各地面频道在新闻采编、节目策划、文艺创作、影视剧采购、定制，以及生产方式与流程方面，实现了双平台打通，实现经营规模逆势上扬。湖南卫视日均到达率近8%，推及观众1亿人次，以省级卫视收视第一的成绩领跑全国；芒果TV手机APP下载安装激活量超8.83亿，全平台日活量突破1亿，有效会员数突破2400万，互联网电视终端激活用户数达1.73亿，运营商业务全国覆盖用户数达1.48亿，成为行业唯一连续三年盈利的企业，会员收入上涨104%。湖南日报社结束了“两岸五地”分散办公局面，以集中“新湖南大厦”办公为契机，开创报社融合发展的新局面，报社通过“中央厨房”统一发布指令、调取素材、进行全媒体新闻采集与发布的融媒体报道模式，借助融媒体编委会平台进入实战；在2019中国新媒体大会“看见马栏山”分享盛典上，湖南日报社与中国移动通信集团湖南有限公司、华为技术有限公司签署战略合作协议，将在“专有云”及融媒体数据中心建设、5G技术应用等方面通力合作，打造国内领先的云端协同全媒体云制播平台，为引领和推动湖南现代传媒发展提供强大支撑。

《潇湘晨报》实现ZAKER潇湘首发，微博、微信、抖音号、潇湘晨报网、分发平台多点扩散，报纸有效联动，成功构建一个以原创、高效、安全、视频为亮点的现代化传媒企业，全媒体平台每天发稿近200条，月平均制作新闻短视频、直播超300多条（场），全平台日均流量超千万。截至年底，ZAKER潇湘湖南地区下载量超600万，日活用户超80万，日均PV超640万，直播单场最高339万人在线观看。

二｜以守正为本，加强内容建设，做大做强主流舆论

2019年，全省各主流媒体紧紧围绕中华人民共和国成立70周年等重大主题，打造新闻精品，以一系列优秀的新闻作品讲述湖南故事、传播湖南声音，讴歌伟大时代、凝聚磅礴力量。在第29届中国新闻奖评选中，湖南有3件作品获一等奖，2件为媒体融合类作品。全国“两会”期间，湖南日报社派出70名记者一线采集，《湖南日报》、新湖南客户端、华声在线、《三湘都市报》、湘伴、湖南微政务等旗下媒体全程参与，从前单一的“笔杆子”，蝶变为全能的“新闻战士”，一批“主流网红”诞生：“敏坚会客室”“小苏带你看两会”“柳小Q脱口秀”“小恒说‘厅’”。“中央厨房”统筹策划的多档网络视频节目，收获500多万次点击。庆祝中华人民共和国成立70周年，湖南日报社还在新媒体平台打造了一系列精品力作，“红色热土·精彩湖南”大型融媒体专题，全网各平台累计点击达3147.3万次；《奋斗七十载史忆新湖南》系列报道以编年史的方式，全景呈现新中国成立70年来湖南波澜壮阔的奋斗历程和壮美画卷，全网平台点击量逾5千万次；融媒视频《七十韶华》入选中国记协“庆祝中华人民共和国成立70周年融合报道地方媒体十大创新案例”。湖南广播电视台始终将主旋律和正能量作为新闻创作的底色，升级台网融合，聚焦重要时间节点和重大主题，调动全方位的积极元素，构建起强大平台内容矩阵，策划推出《长江黄河如此奔腾》《东方欲晓》《可爱的中国》《时光的旋律》《连线红土地》等一批现象级主旋律节目，反响热烈。湖南红网新媒体集团继续集中优势力量全力打造头部IP“观潮的螃蟹”，全年共刊发深度解读文章近600篇，文章同步在学习强国、《人民日报》、新华网、百家号、企鹅号等新媒体平台推送，全网转载共13200余条，总点击超2亿次，“北侠客，南螃蟹”的网民评价正在逐步成为现实；此外，《湘·疆20年》《赤子的礼物》《在湖南爱上中国》等头部视频作品，《红色故事》《红色青春》等短视频作品着力讲好湖南红色故事，网上反响热烈；《汉字寻根》《田里有槽》《“奥”游澳门》等小视频受网民热捧。

三 | 以基层为重，扩大覆盖范围，提升传播社会影响

2019年，全省各主流媒体充分发挥自身特长，围绕构建全方位传播体系积极推进融合创新；各县市区扎实推进县级融媒体中心建设，在向基层拓展、向楼宇延伸、向群众靠近上下功夫。截至年底，新湖南客户端累计下载量已突破2200万，在当年7月发布的《全国党报融合传播指数报告》榜中，《湖南日报》位列地方党报融合传播力第五，新湖南客户端位列党报自有APP渠道传播力第七；报社强化以融合思维办政务类网站，以“互动性”提升“关注度”，全年省政府门户网发布信息3万多条，访问总量达2.11亿人次，比上年同期增长近60%，在国务院发布的全国省级门户网站及政务新媒体检查评比中名列第三。湖南红网新媒体集团面向街道打造的“社区云”平台，为街道社区提供资讯、便民等各项服务，参与的街道已超过40余家，红网分站体系由省、市、县三级逐步向乡镇（街道）四级延伸；截至年底，红网平台已开发12个系统功能，为各地县级融媒体中心提供内容生产、全媒体发布、平台运营的全流程服务。《长沙晚报》下属《星沙时报》着力于打造基层群众依赖的互联网入口，打通长沙县党建O2O数据接口，实现群众“线上”点菜下单，党员干部“线下”接单服务，打造的长龙融媒体工作室是全省首个镇街融媒体工作室。截至年底，全省122个县市区已挂牌成立融媒体中心，实现了县级融媒体全覆盖，其中91个县级融媒体中心为省级技术平台。长沙、衡阳、湘潭、常德、怀化、郴州、邵阳、岳阳等市加大支持力度，积极打造融媒体中心特色品牌。浏阳市、桃源县被列为中宣部重点联系推动县市，浏阳市在全国媒体深度融合工作推进会上作经验交流，其打造融媒“爆款”作品的成功做法在中宣部《新闻工作专报》上刊发。县级融媒体中心在引导群众、服务群众，打通基层宣传思想工作最后“一公里”方面发挥着越来越重要的作用。

四 | 以人才为基，加强队伍建设，夯实融合力量支撑

湖南记协将新媒体队伍建设作为重点工作，鼓励引导新媒体从业人员参加“好记者讲好故事”“记者在扶贫一线”等主题活动，引导新媒体从业人员在实践锻炼中增强“四力”；把马克思主义新闻观培训搬进2019中国新媒体大会，举办了“增强‘四力’推动融合发展”培训班，邀请全国知名专家学者授课，取得良好效果。全省各主流媒体着力培养具有媒介融合思维，集采、写、摄、录、编、播于一体的全媒体专业人才，加快媒体与专业人才融合的步伐，夯实媒体融合发展根基。湖南日报社从面向社会公开招聘人才中，择优编入新媒体中心，定期组织新媒体采编人员开展业务培训、对外交流；建立报社各部门、各分社与新媒体中心的轮岗学习、跟班培训等机制，促进优秀人才向新媒体中心流动，培养了大批具有全媒体实战经验的“青年后备军”；此外，新媒体中心还承担着全省县级融媒体中心业务骨干人员培训，为县

级融媒体中心建设输送大批实战人才。湖南广播电视台打通导向管理、顶层设计和人才培养各环节，推行全媒体人才的齿轮型配置，实现了媒体融合环境下，以“电视湘军”为核心的人才团队，陆续迭代为具有全媒体基因的新型全媒体人才队伍，五千多名一线内容制作人员、两千多名技术工程师，实现了集体向融合发展的更新。湖南红网新媒体集团实施“红课堂”学习培训，着眼于媒体融合发展，定期邀请新媒体行业顶尖专家授课，开展全员视频化转型等针对性强的集中培训；将分站新媒体从业人员到总部的跟班学习和总站到分站的挂职锻炼的做法常态化、制度化；与中南大学、湖南大学、湖南师范大学等合作，建立实习基地，推动“产、学、研”相结合。潇湘晨报社开设“晨报会讲堂”，由总编辑每月一次通报媒体融合类新闻作品差错情况、分析差错原因、提出改进措施和意见，“面对面”分析探讨，“手把手”传授经验。这些举措有效地提升了新媒体采编人员业务技能，激发了新媒体从业热情，推动了全媒体人才队伍建设。

（湖南省新闻工作者协会）

广东省推进媒体融合发展工作综述

2019年，广东省汇聚优势资源，加快推进媒体深度融合、整体转型的步伐，媒体融合发展取得新进展新成效。

一｜坚持一体化发展理念，全力探索媒体深度融合可持续发展模式

南方报业传媒集团大力实施“移动优先、数据优先、用户优先”战略，充分运用新技术、新应用提升党媒宣传、立体传播、数据服务三大平台功能，完善报刊网端内容一体化生产、技术一体化支撑、经营一体化统筹运行模式，创新媒体内容生产和传播方式，构建全媒体传播格局。羊城晚报报业集团大力实施“一手抓报纸改革，一手抓新媒体创新”的双轮驱动发展战略，以“全媒体指挥中心”为龙头，重组再造全媒体采编中心、全媒体发布中心和全媒体运营中心，实现内设机构全媒体一体化运作，不断完善“报网端微”一体化融媒体矩阵。广东广播电视台全面推进传播体系一体化和组织机构一体化，努力打造“大屏+小屏”融合互动的全媒体传播平台矩阵，包括以IPTV、OTT为代表的大屏和以微博、微信公众号、移动客户端为代表的小屏，形成全台“一盘棋”。南方财经全媒体集团以“21财经”APP为龙头，多方位推动集团新媒体矩阵建设，多渠道拓展传播途径，多层级扩大传播效果。

二｜坚持移动优先策略，打造特色鲜明、差异化发展的全媒体传播体系

南方报业传媒集团以“南方+”为重点，推动形成“资源集约、结构合理、差异发展、协同高效”的全媒体传播体系，实现线上统筹报、刊、网、端、微、屏等多种传播渠道，线下拓展会展、讲座、论坛、评测等多种形态的体验式传播，不断提升综合资讯和政务服务水平。羊城晚报报业集团“羊城派”聚焦打造文化资讯、文化评论等领域的特色品牌，现已逐步成为地域

特色突出的全省性的新闻客户端。目前，“羊城派”下载量已突破6000万。广东广播电视台重点建设“触电新闻”和“粤听”APP两个新媒体标杆项目。触电新闻APP旨在建设成为视频资讯聚合分发平台，累计下载量已突破7535万，月活跃用户705万。粤听APP致力于打造全球最大的粤语节目平台，累计下载量近890万，注册会员数超过60万。南方财经全媒体集团努力打造官方新闻客户端21财经APP，充分发挥“新闻形式多样化、内容专业易懂、贴合大众生活、用户体验更优”的专业财经资讯类APP特点，目前下载量已经突破7000万，总用户数接近500万，稳居同类财经客户端前列。

三｜重视新技术的驱动引擎作用，努力增强新媒体平台的竞争力

建立“南粤全媒体智慧云平台”，助力全省各级电视台、报社共同搭建融媒体中心技术服务平台。南方报业传媒集团实施“提升技术能力，服务融合转型”工程，以技术赋能引领媒体深度融合。集团重点建设中央数据库、智能化管理系统、基础架构云平台和总体网络安全防护体系“四大工程”，新技术对融合转型的引领作用不断增强。羊城晚报报业集团充分利用自身在舆论导向把关、优质内容制作等方面的优势，以金羊网、羊城派、两微平台为首发端口，借力第三方流量平台，联合制作发布融媒体产品，探索深度融合发展之路。目前，集团已与ZAKER、酷狗音乐、荔枝FM等公司签订战略合作协议，与腾讯、新浪、头条、UC等第三方头部平台开展深度合作。广东广播电视台加快推进4K技术运用及内容产业发展，现已基本构架起4K电视节目的采编播全工艺生产流程，并初步具备全网络平台播出4K节目的技术能力。台研发的国内首个省级4K电视播出系统，荣获广播影视科技创新奖一等奖。南方财经全媒体集团坚持技术驱动，提升人工智能运用能力。21财经APP本年度完成8次版本更新，不断升级系统，调整频道设置，优化用户体验。

四｜加强产品创意赋能，精心打造“内容+技术+美学+灵感”于一体的融媒精品

南方报业传媒集团建立报网端全媒体策划会制度，逐步打造较为完善的报网端新闻采编指挥体系，集团的融媒体内容生产能力不断增强，内容品质不断提升。2019年，“南方+”已涌现出55个“百万+”、142个“50万+”、831个“10万+”的融媒体报道作品。“粤港澳大湾区发展规划纲要”“抗癌斗士”等主题融媒体作品均获“百万+”端内流量，“高考放榜”系列报道获得千万级流量。

羊城晚报报业集团呈现出融媒体产品数量增长、产品形态多元、爆款流量近亿等新态势。

在庆祝中华人民共和国成立70周年主题报道中，集团全媒体平台采用图文、直播、航拍视频、H5等读者喜爱的形式多维度推送48个系列，报道3750篇，融媒产品超100个，相关直播11场。年底重磅推出“广州好”特别策划，阅读点击量超过5000万。广东广播电视台围绕重大主题宣传，推进触电新闻等新媒体平台与全台节目部门联动，先后发布《有你，广东更好》《赤子来歌》等数十个具有较强影响力的融媒产品。全年生产推送原创短视频达2万余条，阅读量累计达10亿，推出政务类直播7612场，直播总观看量超过4.38亿。

五 加快推进县级融媒体中心建设，不断提升县级媒体传播力、引导力、影响力

2019年，全省57个县（市）融媒体中心已挂牌运作，省级技术平台初步建成。各县级融媒体中心按照“新闻+政务”“新闻+服务”的建设要求，积极推进与县域政府部门的密切联系，逐步开展政务信息发布和提供综合服务、组织群众活动等工作。全省县级融媒体中心技术平台逐步向各县级融媒体中心提供云端服务、技术支撑、内容支持等。举办覆盖全省57个县的县级融媒体中心专题培训班，对建设理念、内容生产、技术运维、经营管理等多个方面开展教育培训。

组织57个县级融媒体中心的业务骨干赴省直新闻单位跟班学习。发挥部校共建优势，组织暨南大学、广东外语外贸大学师生，分赴全省各县级融媒体中心实地开展业务指导。组织县级融媒体中心参与重大主题宣传报道工作。2019年以来，在庆祝中华人民共和国成立70周年、“记者再走长征路”“老区苏区行”等重大主题采访活动中，组织相关县市融媒体中心与中央、省市主流媒体一同采访报道，引导县级融媒体中心在主题宣传实战中学习借鉴中央、省市媒体的有益经验。

（广东省新闻工作者协会）

广西壮族自治区推进媒体融合发展工作综述

2019年，广西各级媒体深入学习贯彻习近平总书记关于加快媒体融合向纵深发展的指示精神，积极适应全媒体时代发展大势，整合自身资源，开拓创新，形成极具广西特色的媒体融合发展之路。

一 坚持正确舆论导向，壮大主流声音，充分发挥新媒体平台的正面宣传作用

广西主流媒体按照中央和自治区党委有关决策部署精神，围绕自治区党委、政府的中心工作，策划推出了一系列有深度、有力度的专题报道，加大正能量宣传，营造了积极向上、喜庆热烈的网络舆论氛围，有效巩固了主流媒体的宣传阵地，提升了新媒体平台的影响力。

（一）重大报道有深度

2019年，广西日报社新媒体平台用户数3678万，总阅读量达到84亿次，点击上亿次的融媒体作品有6款，点击千万次以上的达74款。平均每天刊发、推送原创新闻产品约2200条次，年刊发推送约80万条次。期间精品佳作频出，如《总书记题词照耀八桂，新思想春风吹拂壮乡》《初心满八桂，壮美在人间》《人间四月春风来，壮乡满目繁花开》《在前进征程上加快建设壮美广西》等好评如潮。在第一批“不忘初心、牢记使命”主题教育期间，广西日报社新媒体率先发力、持续着力、全媒合力，大力报道“第一书记”黄文秀同志先进事迹。黄文秀生前最后时刻拍下的视频，由广西云客户端通过直播形式在全网首发，广西云客户端还建立了黄文秀悼念专题，为全国媒体中收集黄文秀事迹最全面、内容最翔实的专题。广西日报社新媒体平台密集刊发黄文秀先进事迹原创报道，打造多形态、多样式的融媒作品，不断推动正面宣传升温。据统计，刊发相关报道1000多篇，新媒体平台总阅读量达6000多万次，在全国引起强烈反响。同时，广西日报社新媒体结合“不忘初心、牢记使命”主题教育、践行“担当为要、实干

为本、发展为重、奋斗为荣”理念、增强“四力”教育实践，组织了“寻红根，看变化，话发展——左右江革命老区行”等重磅策划报道，派出多路记者下基层讲好广西故事，传播好广西声音，采写推出沾泥土、冒热气、带露珠的作品。

在宣传先进典型黄文秀同志先进事迹时，当代广西网既做好新闻报道，又通过发布文学作品《你的笑容里有一种速度（朗诵诗）——悼阳光女孩黄文秀》《蝴蝶美丽天空——致黄文秀》《致文秀——悼念党的好儿女优秀扶贫干部黄文秀》等6篇原创诗歌，讴歌榜样人物新时代新担当新作为，通过“新闻+文学”创新宣传报道形式，增强宣传报道的感染力，提高新闻舆论的传播力、引导力、影响力和公信力。

河池日报社围绕纪念百色起义90周年这一主题，通过专题、专栏、直播等形式，在全媒体平台策划推出《红色民谣里的记忆》《纪念百色起义》等一批主旋律作品；此外，紧紧抓住脱贫攻坚、十大百万扶贫产业、“不忘初心、牢记使命”主题教育等中心，在全媒体平台先后开设《决胜脱贫攻坚全面建成小康》《“六大行动”攻坚年》《十大百万扶贫产业》等专题专栏，撰写《35年做一道“减法题”》《水上东山千年旱除》等重点稿件400多篇，实现纸端、网端、指端宣传全覆盖多样化，实现脱贫宣传多次覆盖式传播，进一步提升脱贫攻坚宣传效果。

（二）国庆报道有声势

广西日报社新媒体紧紧围绕庆祝中华人民共和国成立70周年这条主线，全方位、多角度、立体式做好年度重大主题宣传，唱响建设壮美广西的昂扬旋律。开设“壮丽70年，奋进新时代”“我和我的祖国”等专题专栏，推出《以英雄模范激荡新时代的爱国主义情怀》等重头理论文章。据不完全统计，广西日报社新媒体平台中华人民共和国成立70周年宣传报道累计阅读数达4.15亿次。

当代广西杂志社在中华人民共和国成立70周年前夕，出版了《共和国70年 · 广西70个发展印记》专刊。当代广西新媒体通过重新包装产品形态，将专刊内容设计制作成“深情暖壮乡”“南疆谱新篇”“经济新跨越”等7张长图，于国庆期间在当代广西微信公众号相继推出，让读者在移动端上即可一图了解广西政治、经济、文化、社会、生态等方面70年来的成就。

南宁广播电视台用足用好重要版面、位置、形式，浓墨重彩报道中华人民共和国成立70周年取得的辉煌成就，策划制作了“庆祝中华人民共和国成立70周年”氛围海报，开设了《庆祝中华人民共和国成立70周年》《壮丽70年 · 奋斗新时代》等专题。

二 创新体制机制，推进重点项目，探索极具地方特色的媒体融合发展之路

“融入一朵云、共建一个端、织就一张网、形成一盘棋”是自治区党委、政府提出的融媒体融合战略布局目标。近年来，广西全力推进传统媒体与新兴媒体融合发展，高度重视舆论阵地建设，加强媒体传播手段建设和创新，集中优势资源、技术、力量，重点打造“广西云”“广西视听”等移动客户端，优化完善客户端各项功能，扩大品牌传播力影响力。

（一）构建新格局，提升自治区级媒体综合影响力

2019年，广西日报社不断做大、做强、做优广西云融媒体生态系统，推进中心圈、紧密圈、协同圈、共建圈“四圈深融”，同时构建网上网下一体、内宣外宣联动的主流舆论格局，建立以内容建设为根本、先进技术为支撑、创新管理为保障的全媒体传播体系。广西云拥有5报3刊4网站5客户端以及各媒体品牌衍生的近百个新媒体平台，是广西“全媒体母舰”。

广西广播电视台通过完善融媒体调度指挥中心建设，打造集广播、电视、网站、“广西视听”移动客户端、微博微信等六大平台传播矩阵。打破以往传统媒体与新兴媒体板块分割的运作方式，建立全新的融合“采、编、发”联动工作模式，实现电视业务的“一次性采集、集中性生产、多媒体呈现、多渠道发布”。全力打造“中国—东盟云”项目，目前已建成全媒体广播、多语种全媒体采编系统、融媒体指挥调度中心等核心子系统，研发了多语种移动采访APP、全媒体导播系统等媒体融合产品，开发了适用于大型活动、应急事件报道的微视频多路直播系统和融合节目互动的微信矩阵应用系统。

（二）市级媒体平台建设初显成效

随着互联网的快速发展，市级媒体积极探索传统媒体和新兴媒体融合发展之路，不断拓宽市级媒体在管理、平台、内容、技术等方面的融合范围和力度。

2019年3月4日，南宁日报社南宁云全媒体中心上线运营，与南宁日报客户端、南宁宝共同形成南宁日报社报、网、端、微（抖音）的传播格局。网站官方微信粉丝“25万+”，多篇文章突破“10万+”，微信传播力保持同类媒体前列；头条号粉丝“6万+”，总阅读量突破5000万次。通过了抖音平台的认证，用户数猛增为10万人，点赞数达700万次，视频播放数达到4亿次。

右江日报社因势而谋，应势而动，发展新兴媒体，创建了百色新闻网、《右江日报》数字报、《百色手机报》、百色新闻网微博及微信公众号、《右江日报》（原名《百色在线》）新闻客户端，在网易、今日头条、抖音等用户量大的商业平台开通账号分发内容，在新华社现场

云、右江日报客户端开通了网络直播，形成了“报纸+网站+客户端+社交媒体+商业平台”的新媒体传播布局。

贺州日报社积极推进媒体融合工作，实现了贺州日报、贺州传媒网、贺州日报微信公众号、贺州日报官方微博、贺州客户端、贺州日报社抖音号的“一报一网两微一端一抖”的“六位一体”的融媒矩阵，在“一次采集、多种生成、多元传播”的“中央厨房”式新闻生产模式的框架下，全媒体矩阵不断叠加。

防城港市广播电视台融媒体中心目前投入使用的融媒体云平台，集中对新媒体、传统媒体以及指挥调度、数据监测、实时热点等一系列系统进行集中化的监测与管理。涵盖了内容发布管理系统、业务数据可视化系统、指挥调度系统、线索汇聚系统、资源共享系统、快报道系统、灵动直播系统、虚实融合在线包装系统等八大系统。是一个集网络电视、网络广播、新闻资讯、党建政务、社区服务、商业活动等内容为一体的运营和多端发布平台。

来宾日报社提出第三次创业理念，重头戏是实现媒体融合发展，要求全体员工迅速转型适应融媒体时代发展。通过近一年的努力，实现了媒体全面融合，全面转型，在全区市级率先建立起了融媒体中心，率先成立“视觉部”，旗帜鲜明地发展视媒。报社坚持移动优先，打造全新融媒体矩阵，在之前的“一报两刊一网一微一端”基础上，拓展平台建设，形成了集“一报两刊一网一抖两云两端五微”于一体的现代传播体系，实现了一次采集、N次加工、多元分发、全媒体覆盖。全资讯发布、全天候推送、全范围覆盖，来宾日报立体传播格局初步形成，主流媒体传播力和影响力正不断提升。目前，“微观来宾”已成为来宾最有影响力的综合性微信公众号，来宾日报官方抖音号粉丝数量从1.8万猛增到32.7万，总阅读量突破4.5亿，打造了单条抖音播放量6359.2万，点赞59.4万的好成绩。

（三）县级融媒体中心建设力度加大

《广西加强县级融媒体中心建设的实施方案》明确了我区县级融媒体中心建设的近期及远期目标。2019年，全区71个县（市）已全部建成运行县级融媒体中心，提前一年完成中宣部下达的目标。

（广西壮族自治区新闻工作者协会）

海南省推进媒体融合发展工作综述

2019年，海南新媒体行业迎来了生产力释放，行业技术与内容发展深度勾连，内容生产方式变革，传播模式不断创新，形式不断丰富。此外，技术创新依旧为新媒体带来了新机遇，新媒体行业正在加快探索与5G、人工智能等创新技术深度融合的模式。

海南日报报业集团启动集团全媒体指挥中心，传播格局进一步放大，加快创新转型发展迎来全新起点。其中《海南日报》微信公众号在全国省级党报中名列第一，“两微一端”影响力牢牢地占据了本省新媒体领头雁的位置；海南广播电视总台切实推进媒体深度融合，成立了国际传播融媒体中心，建设成为美丽中国海南篇章的重要展示平台、具有国际传播影响力的环南海区域主流媒体和中外文化的重要交流平台；海口日报报社加快以移动优先的媒体融合工作方案，制定了《海口日报新媒体考核办法（试行）》，不断提高新媒体产品的制作水平；海口广播电视台加快推动融合媒体的升级转型，创新体制机制改革，强化海广网品牌，打造一个以融合内容管理为核心的“闭环”融合生产平台；三亚日报报社深化媒体融合发展，构建全媒体新闻宣传矩阵，主动策划，大力开展线上线下活动；三亚广播电视台确立新媒体方面移动优先策略，发挥新媒体“轻骑兵”作用，大小屏协同融合，形成多元跨屏传播合力。

一 | 平台影响力持续攀升，“两微一端”阵地不断拓展

2019年，海南日报“两微一端”阵地不断拓展，《海南日报》微信公众号跻身新榜公布的2018年度中国微信500强；连续跻身清博大数据每月公布的中国微信公众号月度1000强榜单；2019年7月，在人民网研究院公布的党报融合传播指数报告中，在包括与《人民日报》《中国青年报》等全国党报新媒体PK中，《海南日报》微信公众号位列全国380多家地市级以上党报微信公众号第八，在省级党报中排名第一；《海南日报》新浪官方微博粉丝量跻身前十名。

2019年“海南日报”客户端下载用户超过70万人次，《海南日报》微信公众号关注人数超过82万人次，均比2018年各上涨约20万人次，《海南日报》微信公众号“10万+”阅读量文章接

近50篇，比2018年有了大幅攀升。《海南日报》新浪官方微博用户保持平稳。

海南广播电视总台新媒体矩阵拥有微信公众号23个，205万用户；新浪微博16个，711万用户；头条、抖音号15个，509万用户；自主APP共3个，106万用户，一年来用户量爆增至矩阵微信公众号总用户的两倍以上。

海南网络广播电视台（视听海南）持续响应移动优先战略，利用技术优势，将5G技术、VR、AR、MR、MG动画制作等运用到网络传播中，推出的多场直播、短视频、VR新闻等都在省内首屈一指，多篇报道得到国家广电总局的点名表扬。

《直播海南》微信公众号年发送推文2000多篇，阅读量9139.5万次，月点击量达“700万+”，“10万+”点击量推送已成常态，单月最高近20篇“10万+”推送。同时《直播海南》微信公众号已累计29个月闯入全国公众号500强名单，现排名保持在140名左右。

手机客户端方面，海直播APP全年共发起直播971场，涉及交通、司法、食品药品安全监管、活动等多个领域，题材主要以执法直播为主。海直播率先推出的执法直播品牌《依凡在直播》已经初具影响力，从单场直播341万在线观看量，到全国媒体直播周榜、月榜冠军，还作为今日头条媒体直播优秀案例被推广。

二 | 打造精品融媒体工作室，全年奉献多个“爆款”产品

《海南日报》新媒体部2019年发力短视频制作，打造“镜工坊”融媒体工作室，成立“镜工坊”之后，该虚拟团队迅速与原有“创意工坊”融媒工作室形成组合拳，积极探索，加大了对短视频的实践尝试，进一步提升新媒体产品的可视化、悦读化。

“镜工坊”以创新为基础，追求“有价值且有创意、有意义且有意思”的“四有”原创视觉产品，将产品往精品化、系列化、品牌化方向发展，打造了一系列爆款新媒体产品：2019年省“两会”期间，精心策划推出了《一封从海南寄往美国的家书》，以别出心裁的方式解读政府工作报告；“4·13”总书记重要讲话一周年时，推出“剪纸＋动画”作品《纸上谈变》；“五一”劳动节推出创意短视频《劳动节里的“对手”戏》；“五四”青年运动百年时推出创意短视频《脊梁》；“六一”儿童节推出创意短视频《每个孩子都是哲学家》；“七一”建党纪念日推出短视频《追梦人》，受到网友好评。

在庆祝中华人民共和国70周年报道中，新媒体部精心策划，推出了一系列创意新媒体产品，包括纪实微电影《老旗手》、国庆创意水果海报《假如水果会表白》、原创歌曲MV《梦圆》、创意H5《如果爱你有形状》等，这些作品大多获得了刷屏级传播。

三 | 抓住新闻脉搏，热点事件新颖表达

全国“两会”期间，海南广播电视总台推出“追梦新时代”海南广电融媒体大型报道，播发各类稿件4300多条（期）。其中，PC端、客户端、“两微”发稿总计3100多条，真正成为“两会”报道的主力军和排头兵。网台借助虚拟在线包装、“移动换景”等技术手段，推出《一分钟看两会》等短视频专栏，让“两会”报道更生动易懂，传播效果更突出。在“两会”报道上，海南广播电视总台首次运用了Vlog短视频和VR新技术，制作推出了《两会Vlog：全国两会新闻中心首场记者会》等21个融媒体产品，得到广电总局的充分肯定。

在庆祝中华人民共和国70周年报道中，由海南广播电视总台和《人民日报》新媒体联合出品的《海南24小时》微视频立体化全景式展现海南魅力，网友热烈反响，截至目前全网播放量已经超过1500万。三沙卫视联合央视新闻新媒体中心开展的“我和国旗同框”三沙站活动在永兴岛举行，三沙卫视新媒体在央视新闻微博、央视新闻客户端和央视新闻移动网对该活动进行了网络直播，直播观看人数超过110万，直播的央视新闻官方微博阅读量超过512万次。

博鳌亚洲论坛年会期间，海南广播电视总台还推出了“脉动博鳌”融媒体报道，PC端、客户端发稿2600多条，获得总局《监管日报》专题点评。网台推出原创文稿及视频内容共计131篇，总点击量530万人次。推出新媒体直播7场，其中三沙卫视在央视移动网络直播《5G到博鳌记者带你感受5G时代的便捷生活》，全网观看量超过65万人次；融媒体直播节目《博鳌时间·第一缕阳光》，在全国首次运用了“8KVR+5G+4K”技术，获得总局特别点赞；微电影《海的那边是世界》被“学习强国”学习平台收录并首页推荐，被新华社客户端、今日头条等20多家媒体相继转发，点击量“200万+”；H5产品《VR全景看博鳌一起为博鳌打Call》及《寻找全球海南人，汇聚成光点亮海南》一上线便刷爆海南人民朋友圈，获省委统战部及侨联等多部门合作推广；4篇特别策划《博鳌走过19年》借助先进的虚拟技术，再现论坛成立19年来给海南带来的巨大变化，中央网信办向全国网络媒体推送转发。

（海南省新闻工作者协会）

重庆市推进媒体融合发展工作综述

2019年，重庆市记协着眼新闻队伍建设，注重政治引领、推动改革创新、加强培训交流，促进广大新闻工作者不断提高做好新时期新闻舆论工作的能力水平，持续为推动媒体融合发展助力加油。

一｜注重政治引领，确保媒体融合发展的正确方向

一年来，重庆市记协组织全市新闻单位采编骨干培训、深入开展“走转改”活动、精心策划“好记者讲好故事”、严格标准评选重庆新闻奖、高度负责推荐参评中国新闻奖作品等，为把广大新闻工作者更好地凝聚在党的旗帜下作出了应有贡献。《重庆日报》、重庆卫视《重庆新闻联播》已融合为导向的改版，受到中宣部新闻阅评充分肯定。2019年3月，习近平总书记参加重庆代表团审议一周年之际，《重庆日报》推出8个整版特刊《牢记嘱托奋力前行》，重庆卫视《重庆新闻联播》和“全国两会特别报道”播发《沉心谋发展整装再出发》等深度报道被人民日报客户端转载，全网阅读量逾1亿人次。2019年全国“两会”期间，重庆市属媒体播发原创融媒体报道6600余条，17次受中宣部表扬，充分发挥了引导主流舆论的“定海神针”作用。

二｜推动改革创新，探索媒体深度融合发展新路径

市委宣传部（市政府新闻办）与人民网联合打造的官方微信号“重庆发布”，第一时间发布我市权威信息，解读重大政策，展示城市形象和区县工作，提供便民服务，是“渝快办”微信端重要入口，是重庆城市形象宣传片下载平台，是新冠疫情防控期间“渝康码”小程序开发使用平台。截至目前，“重庆发布”各平台（微信号、微博号、头条号、抖音号）粉丝总量超过500万。

重庆日报报业集团与紫光集团有限公司签署战略合作协议，以“云计算、大数据、大互

联、大安全、人工智能、智能安防、IT咨询服务”等技术为依托，结合双方产业优势和发展需求，加大人才、技术和资源投入力度，利用技术、机制、模式的创新，助力重庆日报报业集团全面深入推进融合发展。

重庆广电集团（总台）大力实施集群化战略，先后整合所有新闻资源成立融媒体新闻中心，整合所有广播资源成立现代广播集群，自主研发集IPTV、电脑、手机和便携式4G／5G盒子于一体的全媒体传播体系和文明实践志愿服务网上工作平台、学习强国重庆平台，中宣部予以充分肯定。

上游新闻着力打造“未来编辑室”，包括线索选题研判、记者调度、谣言识别、编辑辅助、审核把关、传播路径追踪、用户互动等环节，通过智能技术和大数据应用，提高效率和准确率，从“资讯内容提供者”主动向“城市信息服务者”转变。截至目前，上游新闻进入全国省级新闻客户端前10强，下载量超过2300万，日均活跃用户达到170万，日均访问量达到2200万，日均发稿量达到1500条（原创率达到20%），荣获“2019年网络安全管理优秀团队奖”。

华龙网集团充分利用直辖市行政体制扁平化特点，重点打造“1+41”客户端集群联盟，由1个市级华龙网新重庆客户端和41个区县客户端组成，实现上下通联、资源共享、互为补充。截至目前，客户端集群联盟下载量达1980万，日活跃用户171万，其中区县用户超60%，各区县APP平均下载量达到当地常住人口30%，成为全国首个跨地域、跨层级、跨部门、跨业务的市、区县两级大数据客户端集群。2019年7月9日，华龙网集团联合国家计算机网络应急技术处理协调中心重庆分中心共同打造的舆情研究智库机构——智融网络舆情研究院正式揭牌成立。舆情研究院将为党政机关、企事业单位提供符合本土实际的网络舆情一体化解决方案以及声誉风险管理、公关形象传播等大数据应用解决方案。

重庆国际传播中心iChongqing海外传播平台成为重庆重大事件海外传播的主阵地。截至目前，iChongqing网站用户107.1万，脸书（Facebook）粉丝81.8万，发布内容海外网络曝光量超过1.4亿，iChongqing媒体矩阵互动量突破517.5万。

区县媒体融合发展方面，根据中宣部统一部署和重庆市委宣传部工作安排，重庆市记协参与拟定《重庆市加强区县融媒体中心建设实施方案》，全程参与区县媒体深度融合、改革发展。截至2019年底，全市41个区县中25个区县融媒体中心已挂正式挂牌运营，区县媒体融合发展工作迈出坚实步伐、推进有力有序。

坚持守正创新、锐意进取的重庆媒体，积极适应时代发展变化，重构策采编审发流程，内容生产的质量效率明显提升。在习近平总书记视察重庆、全国“两会”、中华人民共和国成立70周年、智博会、“晒文化·晒风景”、成渝地区双城经济圈建设等重大主题宣传中，发挥了中流砥柱作用，媒体融合效应逐步凸显。2019年，市委宣传部精心策划实施的“晒风景·晒文化”大型文旅推介活动，相关短视频全网阅读量达24.5亿次，被誉为“城市品牌提升与传播的经典创意”。国庆期间，市属媒体推出的灯光秀短视频，刷屏微信朋友圈。2019年抖音平台关于重庆的城市形象短视频播放量达113.6亿次，是全国唯一一个短视频播放量过百亿的城市。

三丨加强培训交流，为媒体融合发展提供智力支撑

重庆市记协专门设立培训部，坚持实施“走出去、请进来”战略，对内不断加大培训力度练好“内功”，对外持续增进交流互鉴开阔视野，统筹谋划全市新闻媒体人才培训工作，为媒体融合发展持续提供智力支撑。

2018年11月至2019年6月，先后举办3期全市区县新闻单位采编骨干融媒体培训班，培训深入贯彻落实全国宣传思想工作会议和全市宣传思想工作会议精神，邀请国内媒体融合知名专家、中央媒体和市属媒体资深记者编辑，精心设计集中授课、实地考察、微课分享、分组讨论、作品展评等多种教学方式，培训各级媒体采编骨干750人。2019年8月，联合《重庆日报》、重庆市新闻摄影学会共同举办媒体融合发展专项培训班，来自全市各区县融媒体中心、报社、广播电视台以及其他25家新闻单位近百人参加培训，为重庆市区县融媒体中心建设培养了一大批骨干力量。

（重庆市新闻工作者协会）

四川省推进媒体融合发展工作综述

2019年以来，四川省牢牢把握媒体革新和互联网传播态势，研究制定加强县级融媒体中心建设的政策措施，全面完成185个县级融媒体中心建设任务；川报观察、封面新闻、四川观察等新型主流媒体建设不断加快，主流思想舆论的感召力进一步彰显。

一丨全力推进县级媒体中心建设

新闻宣传方面，各地以融媒体中心为基本平台，大力宣传党中央大政方针、省委决策部署和本地工作举措，推出了一些“带露珠、冒热气”的新闻产品。南充市顺庆区客户端下载量超过30万，每日刊发原创稿件20余篇，2019年上半年原创作品阅读量突破6000万人次，同比增加175%。

民生服务方面，主动接入申报审批、注册办证、办理社保、投诉受理等政务服务项目，积极整合生活缴费、环境监测、旅游购物等便民服务，努力构建综合信息服务平台。眉山市仁寿县积极推动把能在网上呈现的政府服务事项全部入驻融媒体中心平台，打造一站式“网上综合体”。

社会治理方面，积极打造本地网民交流平台（舆情聚合平台），跟踪办理群众反映问题，提升负面舆情发现、分析、管控、引导能力。广元市苍溪县开通建言献策、投诉曝光等问政板块，每天收集处理网民意见建议，成为汇聚、消纳当地舆情的主要平台。

二丨成都：强化具有成都特色的互联网表达

成都市推动市级新媒体真刀实枪“融”内容和技术、“合”机构和人员，“改”机制和流程，打造了时政、政务、财经、生活服务等新媒体集群，建立了涵盖网站、客户端、微博、微信、电子阅报栏、手机报等产品形态的传播矩阵，汇聚了海内外用户的广泛关注，拓展了立体多维的网络宣传格局，强化了具有成都特色的互联网表达，提升了城市美誉度显示度。

一是构建媒体融合发展矩阵。以“成都发布”“锦观”“看度”构建权威性政务新媒体矩阵，建成全国领先的权威政务发布平台。以GoChengdu双语网站、每日经济新闻英文网、红星新闻APP“一带一路”国际频道及系列境外社交平台账号，形成差异化分众化传播，构建立体式国际传播媒体矩阵。以红星新闻、神鸟知讯为重点，打造品牌栏目，提升生产聚合能力，构建现象级时政新媒体传播矩阵。以每日经济新闻为主，开拓网站、微博、微信、视频平台，构建专业性财经类新媒体矩阵。以微成都、YOU成都、谈资、天府文化微信公众号为代表，用户总量超2400万，构建体系化天府文化传播矩阵。

二是打造现代传媒生产流程。积极探索构建“集中采集加工、多端分发、多种生成、多元传播”的全媒体生产机制，通过流程优化、平台再造实现共融共通一体化发展。整合《成都商报》《成都晚报》、成都全搜索新闻网生产资源，构建新时代政务信息发布、精品报道和精品栏目“一山连两翼”内容建设路径。红星新闻探索建设“红星移动云”融媒体工作流效率平台，初步建立了“人工价值判断+移动传播效果”融媒体内容生产考核体系。

三是积极探索新技术新应用。天府TV运用区块链分布式记账、多节点共识、非对称加密和智能合约等多种技术手段打造“版权综合服务平台”（斑马B-MARK），建立系统化的图文音像作品版权认证确权、数据共享、可信交易机制。现已正式上线商用，作为国家版权局重点项目，研究广电领域应用标准。

三 | 四川日报报业集团：着力构建全媒一体化格局

一是推进一体化运营。按照“移动端优先、全媒化生产、一体化运行”的要求，完善重大报道统筹机制、全媒内容协同机制、技术开放共享机制。改生产流程，完善策采编审发推评流程，基本完成集团融媒体中心的物理空间和技术体系建设。

二是强化平台产品创新。川报全媒体集群以原创思想内容为核心竞争力，着力办好党报党端和区域媒体生态平台，“一网两端三微”覆盖用户超7000万。川报观察客户端下载量1580万，日活超10%。封面新闻加快推进“智能+智慧+智库”智媒体建设，覆盖用户超7500万，客户端下载量突破3000万，日活超过196万，发稿量突破8000条／天，直播年产1000场，原创短视频年产10000条，UGC视频生产突破80000条，世界品牌实验室认定的品牌价值达223.56亿元，连续三年上榜亚洲品牌500强，排名第399位。着重构建封面新闻流量体系，形成封面新闻微博“3000w+”粉丝矩阵以及全网媒体号“1000w+”私域流量矩阵。2019年运营产出过亿级流量内容48条，诞生首个10亿级传播案例，单条互动量最高86万次。

三是不断深化技术驱动。新闻客户端系统、智媒体采编系统、天眼可视化系统、辅助采编场景应用系统等自主研发和升级迭代加速。封面新闻5.0版本上线，实现了全面视频化和用户轻社交，封巢系统大改版上线，突破了视频底层技术，实现移动端视频剪辑。“小封机器人”跻身中国十大人工智能写作平台，开辟了自己的诗歌专栏《小封写诗》，并于10月28日发布首部AI著作《小封诗集》。封面传媒被国家新闻出版署批准为“新闻出版大数据用户行为跟踪与分析实验室”共建单位。

四 | 四川广播电视台：着力构建新媒体集群

四川广播电视台通过创新理念、内容、形式、方法和手段等，在内容生产、平台渠道、机制人才等方面推进深度融合，构建以四川IPTV集成播控平台和台融媒体运行平台为基础，以四川观察、熊猫视频、熊猫听听、香巴拉资讯等客户端为移动端传播平台，以四川IPTV为电视端传播平台，以川台官网为PC端传播平台，以“四川新闻频道”“四川交通广播”等微信公众号为社交媒体传播平台的新媒体集群。

一是全力打造四川观察客户端。充分发挥视频和直播优势，借力“直播四川联盟”平台，调动市州参与，联动IPTV、央视新闻、微博、头条等平台构建传播矩阵，有效覆盖用户超过2200万人。省“两会”期间，在全国率先引入5G网络并使用360度VR全景拍摄。春运期间，开启长达12小时的伴随式5G大直播，吸引超过1500万用户在线观看。

二是打造融媒体省级支撑平台。成功取得省级技术平台建设运营权，负责承建的威远县融媒体中心受到省委全面深化改革委员会办公室高度肯定。与四川电信、华为共同签署“熊猫云——县级融媒体中心省级技术平台”建设战略合作协议。以移动互联网技术、云计算及大数据为支撑，以“云”端统一供给中央厨房、传播平台、管理平台、服务平台为保障，逐步贯通省、市（州）、县（市）三级，形成全媒体传播体系。

三是打造《熊猫听听》等广播新媒体。2019年广播新媒体积极打造广播融媒体云平台的相关功能应用模块，已经更新实现22个主流功能应用，加入粉丝中心、融媒发布、微信运营平台、微博编辑器等实用性强的功能，满足广播频率及新媒体编辑人员的集成使用。新闻频率下属新媒体账号共计9个，打通了四川观察APP、熊猫听听APP、蜻蜓FM、喜马拉雅FM、阿基米德FM等合作渠道。

四是打造涉藏外宣新媒体平台。依托康巴卫视藏文化视频和图文资源，开设康巴卫视英文网站，大力拓展对外宣传。康巴卫视外宣内容在境外Facebook脸书平台覆盖人数超过800万，有28个节目视频片段的覆盖人数均超过“10万+”，吸引了来自45个国家的超过20万粉丝关注。

五 四川新闻网传媒（集团）股份有限公司：构建具有强大社会动员功能的新媒体阵地

川网集团着力打通PC传统媒体与移动新兴媒体融合渠道，遵从“一次采集，多元生成，多渠道传播，议题常态设置”的平台流程创新，推动媒体融合向纵深发展。

一是依托《四川手机报》打造移动传播主阵地。加强核心技术创新升级，研发出适应新媒体宣传格局的“手机报可视化指挥系统”，通过地图、图示化等直观展现形式，让指挥人员可以有目的、有范围的精准发送信息，实现手机报内容全省联播、各地通播、定点直播。

二是以“四川发布”打造政务新媒体矩阵大厅。以四川发布政务客户端为龙头，推出全省政务新媒体矩阵大厅“发布系”，打造全省政务新媒体大本营。通过一年的孵化，“发布系”聚合全省账号2000多个，发布稿件85万条，账号形态覆盖微博、微信，涉及政务资讯、便民信息等不同类型。利用渠道优势，“点对点”对接政府部门，携手回应关切，实现政民有效沟通。升级四川发布智能机器人“小川”，在前期海量用户行为数据积累基础上，基于新闻、政策、服务和用户开展互动，为用户进行画像，更精准地反馈信息，更便捷地提供服务。

（四川省新闻工作者协会）

贵州省推进媒体融合发展工作综述

一 | “6个100%”倒逼融合释放强大系统优势

推动媒体融合发展是一项复杂的系统工程和整体谋划，需要全面考量、协调推进。我省创造性地提出“6个100%”，即全省各级主要新闻媒体采访力量迁入融媒体中心率100%，中央厨房建设率100%，移动端首发率100%，复合型、全媒体新闻采编人员占比100%，全省宣传思想文化单位接入多彩贵州宣传文化云、新闻资源共建共享率100%，县级融媒体中心建成率100%。目前来看“6个100%”展示了强大的系统优势，取得了明显的系统成效。一是省、市、县三级媒体融合发展全部实现6个100%，在一定程度上解决了一些基层阵地容易“水土流失”、县级媒体发展基础薄弱、新媒体平台规模不大等非平衡发展问题，推进媒体融合发展系统走向动态平衡。二是主流媒体传播阵地有拓展。全媒采编平台、新闻客户端、数据中心等重点项目取得进展，实施移动优先战略，基本形成载体多样、渠道丰富、覆盖广泛的移动传播矩阵，覆盖用户大大增加。三是融合新闻生产能力有提高。主流媒体发挥“中央厨房”枢纽作用，推动内容生产从传统线性模式向融媒体全终端生产模式转变，加强融媒体内容创作，融媒体产品生产的数量和质量不断得到提升，一批全媒人才得到培养锻炼。四是融合传播技术应用有突破。大数据、云计算等技术运用到全媒采编平台构建之中，移动直播、H5应用、无人机采集、虚拟现实等技术在采编制作环节得到较好采用。

二 | “抓两头带中间”以重要领域突破带动全局

我省采用“抓两头带中间”超常规推动媒体融合发展。抓上头即推动省级党报集团和党刊集团整体合并融合发展、现象级新型主流媒体打造、全国省级层面首个覆盖整个宣传文化系统的云平台“多彩贵州宣传文化云”（简称“多彩云”）建设等工作，抓下头即推动县级融媒体中心建设，带中间即市级媒体融合形成了严密的有机整体，取得了显著的实际效果。

（一）“多彩云”平台基本完成既定工作目标

“多彩云”既是全国首个覆盖全省各级宣传文化系统的跨地域、跨层级、跨部门、跨业务的大数据平台项目，也是全国首个自主研发的省级宣传思想文化系统“中央厨房”。“多彩云”项目的建设是贵州省宣传文化系统积极参与全国首个大数据综合试验区建设的具体举措，是全省宣传文化系统深入贯彻落实省委大数据战略行动，坚定不移将大数据战略行动向纵深推进，实现大数据发展质的飞跃的生动实践。2018年3月，在贵州省委宣传部的统一部署下，多彩贵州网整合全网技术力量推进“多彩云”建设。2018年5月一期正式上线运行，2019年4月二期建设完成，2019年5月“多彩云”在全国第二届数峰会上成功亮相。2019年8月26日，贵州省县级融媒体中心省级技术平台和“多彩云”事业发展中心揭牌。

一年多来，我省快速稳步推进“多彩云”平台，以数据“聚合、融通、应用”为主线，在整合全省宣传思想文化系统数据平台和数据资源的基础上，建设覆盖全省，统一平台、统一架构、统一资源、统一接入、统筹利用的宣传思想文化数据共享、管理大平台。目前，多彩云基本实现了数据落地、人才落地、技术落地。建成了贵州宣传思想文化系统最大的“中央厨房”，实现了省、市（州）、县三级宣传思想文化系统数据“聚通用”目标，“两创新、两率先”的阶段性成果明显：一是创新自主研发大数据云平台，把核心技术、核心数据、核心团队都留在贵州；二是创新探索，建立大数据的应用平台，建成版权服务平台，已具备登记确权交易多项功能）。在“聚”方面：截至2019年10月30日，汇聚了195.7万条数据。其中：实现12家省直宣传文化单位100%接入，汇聚数据74.2万条；实现市（州）融媒体中心接入，汇聚数据70.9万条；实现全省88个县级融媒体中心100%接入，汇聚数据50万余条。在“通”方面：建成了数据汇集中心、数据治理中心、数据融合分析中心等支撑系统。在“用”方面：完成“融合传播、业务集成、数据资源、技术支撑、指挥管控、信息服务”等“六大平台”核心架构研发，实现资源汇聚、数据大脑、版权服务、指挥管控、传播感知、服务群众等“六大功能”模块上线应用，具备省市县三级宣传思想文化系统数据资源直接汇聚、共享、管理和发布的能力，形成超强聚合、超强指挥、超强传播，打造一批现象级新型主流媒体。2019年8月26日，贵州省县级融媒体中心省级技术平台和多彩云事业发展中心揭牌仪式在贵阳举行，标志着贵州省县级融媒体中心省级技术平台和多彩云建设应用工作又取得了新的阶段性进展。

（二）省级党报集团和党刊集团整体合并融合发展实现“五个到位”

2019年1月7日，贵州省委全面深化改革委员会第一次会议决定：推动贵州日报报业集团、当代贵州期刊传媒集团整体合并及融合发展。2019年2月底，贵州日报当代融媒体集团成立，标志着贵州新闻宣传事业进入新的发展阶段。2019年国庆节期间，贵州日报报刊社、贵州日报当代融媒体集团正式挂牌，组建总体工作蹄急步稳、紧凑有序，实现“五个到位”，即机构设置到位、领导班子配备到位、运行机制重构到位、部门职能界定到位、“三定”方案落实到位，报刊社（融媒体集团）的内容生产、渠道建设、新闻传播效能大大提升。

经过一段时间运行，贵州日报报刊社融媒体“中央厨房”的枢纽作用不断显现，初步构建了“5报4云5端7网11刊”现代传播体系。2019年1月至10月，融媒体集团净利润同比增长43.39%，国有资产保值增值率109.79%。2019年9月12日，全国首个省级5G融媒体中心“贵州都市报·都市新闻5G融媒体中心”在贵州日报当代融媒体集团正式启用。2019年7月30日，第四届全国党报网站高峰论坛发布了《2019全国党报融合传播指数报告》，贵州日报当代融媒体集团荣列综合传播力西部第一。同时，荣获中国政府出版奖的《当代贵州》杂志出版质量继续稳步提升。总体上看，报刊社（融媒体集团）主心骨越来越硬，主阵地越筑越牢，主旋律越唱越响，传播力、引导力、影响力、公信力不断增强。这些进展为打造“西部一流、全国领先”新型主流媒体奠定了坚实基础。

（三）现象级新型主流媒体打造稳步推进

“今贵州”客户端与“当代贵州”客户端融合升级打造“天眼新闻”客户端，获国家版权局原创版权证书，同步建成“天眼大学”，不断提升区域性影响力。2019年3月上线以来，“天眼新闻”客户端下载量超过150万次，日活跃用户量达到20万，为县级融媒体中心及相关行业领域开设频道122个。在2019年全国两会期间，“天眼新闻”一炮打响，《要喝没有污染的茶就到贵州来》《确认过眼神，大数据就是贵州要找的“人”》等爆款作品首发并频频刷屏。2019年8月20日，天眼北京运营中心挂牌仪式在北京举行，天眼新闻的传播覆盖迈上新台阶。贵州广播电视台打造媒体深度融合创新示范基地、动静学院，“动静”APP下载量超过180万次，日活跃用户量达到60万。在抖音平台发布的2019年3月媒体抖音号月榜中，“动静贵州”以突破4.4亿播放量的骄人成绩，位列全国媒体抖音总榜的第七名。“动静贵州”专访贵州知名民营企业“老干妈”的短视频《中国就是这么霸气的老干妈》推出仅仅30个小时，5条短视频累计播放量突破1亿、点赞量超过300万、评论数超过9万，其中一条视频单条播放量超过5200万；《多彩贵州dou起来茶源于中国源于贵州》累计视频播放量超过500万次，点赞量达1.4万；《多彩贵州dou起来@贵州人！你们可以骄傲了！》单条播放量超过50万，点赞量达2.7万余次。2019年5月，快手账号“动静视频”在一个月内便涨粉至85万。“众望”APP的用户下载量也达到了90万次。2019年，多彩贵州网“脱贫攻坚连环计”荣获第二十九届中国新闻奖二等奖。

（四）县级融媒体中心建设走在全国第一方阵

2019年3月底，贵州88个县市区融媒体中心全部建成挂牌，经过两个月的调试完善，于5月底全面检查验收合格并投入实际运行。中央政治局委员、中央书记处书记、中宣部部长黄坤明同志2019年7月到贵州调研媒体融合发展工作时指出："贵州省88个县同时开展县级融媒体中心建设，走在了全国第一方阵。"同时勉励桐梓县融媒体中心要不断总结经验、开拓创新，建设成为全国县级融媒体中心的引领和示范。中宣部《每日要情》《内部通信》，中央网信办《网信动态》等刊物先后8次刊发贵州媒体融合经验做法。今年2月，中宣部召开媒体融合工作推进会，贵州是西部省（市）级中唯一在会上作经验交流发言的省份。

在全媒体矩阵建设方面，全省88个县市区融媒体中心已全部建立新媒体矩阵，其中建成微信、微博、网站、客户端、头条号、抖音号等6个以上新媒体传播平台的县级融媒体中心达60%以上。在受众覆盖方面，桐梓县融媒体中心移动传播矩阵用户覆盖40万人，"娄山关"微信创下全国广电百强榜周榜第9位的好成绩，全媒体矩阵点击率同比增长近40%；盘州市融媒体中心微信公众号"盘州发布"粉丝12万人，在2019年4月份全国县级电视台微信百强榜中排名第17位；红花岗区"今日红花岗"APP累计下载量88万多人次，为该县总人口65万人的135%。在传播能力提升方面，石阡县融媒体中心推出《贵州石阡：甘溪乡干群同唱"我和我的祖国"》快闪点击量达60万以上人次。2019年"五一"期间，荔波县融媒体中心抖音号"抖"出了2.4亿次的播放量，50万人前往荔波打卡。红花岗区融媒体中心《一个人的升旗礼》被5000余家网站转载，累计点击量超过2000万人次。在功能建设完善方面，桐梓县融媒体中心开通39项便民服务，可申请办理147项行政业务；福泉市融媒体中心客户端提供网上缴纳水电煤气费、买房租房、交通违章处理等33项便民服务。赤水市融媒体中心广泛开展网上网下文明实践活动，开通"一号服务热线"。总体上看，贵州县级融媒体中心建设走在全国第一方阵，必须继续瞄准一流、奋勇争先，推动县级融媒体中心建设各项工作工程化、项目化、具体化、系统化。

（五）市级媒体融合发展下好"先手棋"

坚持合力抓整体提升，对市州融媒体中心建设提标杆、定标尺，做大全省融媒体增量。贵阳市投入1200万元建设市级融媒体中心，建立"省市县三级融媒体中心协作体系"，积极推动传统媒体平台和新兴媒体平台在内容、渠道、平台、经营、管理等方面深度融合。其中，贵阳市融媒体中心建设从2018年10月16日启动，到2018年12月28日完成，仅用了40多天的时间，成为省内第一家建成投用的市级融媒体中心。2019年3月26日，贵阳市12家县级融媒体中心和贵阳市教育融媒体中心完成建设并集中挂牌投入运行，全市一张网的"市县两级融媒体中心协作体系"形成。2019年4月22日，全国首个融媒体数据安全实验室在贵阳揭牌成立。在2019年贵阳市"两会"报道中，贵阳市融媒体中心5天时间收获网络传播量超过5100万，其中微博话题阅读超过西南地区周边省会城市总和；2019数博会期间，贵阳市融媒体中心发挥媒体融合优势，整合《贵阳日报》、《贵阳晚报》、贵阳网、贵阳头条APP、ZAKER贵阳APP以及微信、微博、入驻号矩阵等渠道资源，特别联合腾讯新闻、百度新闻、今日头条、抖音等网络平台，构建跨平台、跨介质的融合传播格局，全渠道网络推荐曝光量逾2亿。遵义市、黔东南州以深化机构改革为契机，将市级媒体合并组建融媒体中心。在中宣部抓紧研究推动市级媒体融合发展的重要阶段，我省部分市州先行探索、先行推动，先发优势相对明显。

当前，贵州媒体融合发展的形势很好，也发现存在不同程度的问题，融媒体现象级作品生产传播等还有薄弱环节，新兴技术应用等还有短板，数据资源共享、融媒体人才培养引进等推进力度还不够大。以下三个方面的挑战依然存在：一是“覆盖多影响小”“有爆款无用户”两大瓶颈亟待突破；二是“数据闭环”“技术恐慌”两大难题亟待解决；三是融媒体人才、融合资金两大支撑依然不足。

（贵州省新闻工作者协会）

云南省推进媒体融合发展工作综述

2019年，云南省主流媒体唱响网上主旋律，弘扬网上正能量，为云南省决战脱贫攻坚、决胜全面小康，推动经济社会等全面建设，实现高质量跨越式发展凝心聚力。

一 | 网媒融合联动做好中华人民共和国成立70周年主题宣传

2019年，云南省委网信办联动中央、省级和州市网络媒体做好“‘壮丽70年·奋斗新时代’云南篇章成就展”系列集体采访和专访活动。从7月16日至8月15日，组织省直10个委办厅局单位和16个州市主要领导接受网络媒体记者的集中采访和新华网的视频专访。新华网、中新网、中国网、云南网、云视网、昆明信息港、乐云网、云南法治网、春城壹网等媒体共计发稿316篇。新华网以海报配以二维码“扫码看文章”的形式，每天1期进行连续播发，并在新华网云南频道首页焦点图位置进行展示，稿件以图片、文字、视频相结合的形式，突出融合报道。8月5日至9月9日，26期访谈稿件页面浏览总量超2000多万人次，日均浏览量达50多万人次，并同步开通手机版专题集纳26期视频访谈内容。9月18日，专题推送至新华网总网“新华聚焦”栏目进行展示，9月19日移至新华网总网《壮丽70年　奋斗新时代》专题内进行重点展示。26场访谈报道和大型融媒体专题发挥了网上宣传主力军的作用，52篇原创稿件在新华网多个终端发布传播，多个访谈被录入“学习强国”学习平台转播，16州市访谈页面被各地电视台、报纸、微信公众号转发，形成强大宣传影响力。

在庆祝中华人民共和国成立70周年的主题报道中，云南网通过PC端、两微、手机报、论坛、抖音号、头条号等全面联动，强化全矩阵融媒体报道，以专题、专栏、图文、视频、H5、微直播等全媒体报道形式，搭建了“壮丽70年·奋斗新时代”大型网络专题，制作了《看新时代·云南一分钟》州市系列宣传片，上线具有较高技术水准的“壮丽70年·奋斗新时代——云南篇章成就展”VR网上虚拟展馆，开展了中央庆祝中华人民共和国成立70周年庆祝大会等7场重要活动及“爱国情·奋斗者”、记者再走长征路、“新时代高质量跨越式发展的云南答卷”主题云南专场新闻发布会等主题报道，发布云南省庆祝70周年重要活动、主题展、文艺活动相关报道，全面展现出隆重庆祝中华人民共和国成立70周年的盛大景象。

云视网充分发挥网络短视频和全媒体直播优势，以新闻网站“云视网”、外宣重点网站“吉祥网”、移动客户端“云南手机台”、官方社交媒体矩阵（云南广播电视台官方微博、微信、抖音等）以及全网分发矩阵（今日头条、百度、腾讯、网易、新浪、搜狐、凤凰等）等共同开展中华人民共和国成立70周年网上重大主题宣传，制作推出《中国24小时·云南篇》《可爱的中国·云南篇》等短视频，在全省报纸、电视、IPTV／OTT、网站及县级融媒体中心全媒体平台进行刊播。精心采制的中华人民共和国成立70周年主题作品通过机场公交频道、电影院线、地铁、电梯广告、LED大屏等多渠道全面覆盖。

二 | 以短视频“爆款”助推全网融合发展

云南网从2019年8月下旬开始制作推出了《看新时代·云南一分钟》州市系列宣传片。作为云南省围绕同一主题拍摄制作的全面展示16州市新中国成立70年发展历程的系列短视频宣传片，该片以独特的视角、独具匠心的编排，用网民喜闻乐见、言简意赅的文字和极具视觉冲击力的镜头，通过历史沿革、自然生态、人文景观、百姓生活、经济社会发展等方面，全面地展示了新中国成立70年来以来，云南发生的翻天覆地的巨大变化和取得的辉煌成就，特别是党的十八大以来，省委、省政府团结带领云岭各族儿女，以习近平新时代中国特色社会主义思想为指引，撸起袖子加油干，为实现云南高质量跨越式发展砥砺奋进的精神风貌。据不完全统计，《看新时代·云南一分钟》州市系列宣传片总计传播量近1.6亿次，宣传片联合人民日报客户端、学习强国、云南发布、云南电视台、云南日报、昆明日报、云视网、昆明信息港、乐云网、春城壹网等多家主流平台进行展播，展播渠道涵盖了网站、移动端、电视、报纸、户外等全媒体平台。同时，借助全媒体立体化矩阵传播优势和主流媒体的权威性，云南省政府网站、各州（市）政府网站及新闻网站、各州（市）广播电视台，人民日报海外网、新浪、腾讯、网易、凤凰、澎湃等门户网站，爱奇艺、抖音、快手等视频网站主动对视频进行转载。

为践行习近平总书记关于向国家综合性消防援救队伍授旗并致训词的重要指示精神，云南网联合云南省消防救援总队联合策划并拍摄制作了《消防一分钟》短视频。人民日报客户端、人民号对视频进行了重点推荐；云南网联合“学习强国”云南学习平台、云南发布、云南日报客户端、抖音、快手等多个主流平台共同推荐，获得网友一致好评点赞；另经云南消防救援总队协调，国家应急管理部微信微博、云南消防抖音及微信号都同步推送，各州市消防支队也协调当地电视台、新闻网站等媒体转发播放。据不完全统计，《消防一分钟》线上累计可统计的观看量超过741.7万次，各平台点赞及转发量超过100万次。

云视网和人民日报新媒体中心联合制作《中国24小时·云南篇》短视频。短视频在人民日报客户端、人民网、中国日报网等平台进行推送，云南主要报纸、电视台、网站及时转发，公交、地铁、机场、影院、楼宇、IPTV、OTT等全平台跟进，点击量过亿。《中国24小时·云南篇》汇集了海量云南优质素材，包括自然风光、民族人文、城市建设、工业、科技、经济、旅游、对外开放等元素的数千组素材，同时专门制定拍摄计划进行实际拍摄。制作过程中，不断就画面、剪辑、调色、文案等进行细化分析，最终以170个优质画面反映大美云南，以2分45秒时长呈现云南16州市24小时奋进步伐。精美视频引发良好宣传效果，云南省级及州市媒体进行转发，云南广播电视台吉祥网将视频用缅甸语、越南语两个语种的字幕版在网站和海外Facebook账号推送，搜狐网、优酷网、爱奇艺、土豆网等商业网站进行了宣传推广，上线当天百度搜索关键词就达到了737万个。机场、公交、地铁、电影院线、楼宇电梯、IPTV、OTT等渠道进行多渠道全屏展播，老挝国家电视台和柬埔寨CDTV-TVK电视台每天播出8次，连续播出14天，覆盖澜湄区域数百万受众。

三｜以新技术新应用探索媒体融合发展

云南网加快构建全媒体平台，为构建传播新格局提供技术保障。建成全媒体指挥报道平台和中央厨房视频直播连线平台，进一步加强集团融合各部门、各报刊网站形成更强大的全媒体采编策划指挥和调度运行的能力；实施云南网内容发布系统升级改造工作，建设适应融媒体时代发展，满足可快速运行、可定制、可弹性扩展等要求，集高性能、安全为一体的融媒体信息发布系统基础平台，为云南网进一步推进媒体融合打下平台基础；通过开放协作，引入外部创新技术，同现有平台、数据进行集成，形成符合特定应用场景的产品或创新服务；提升所有技术支撑系统的整体安全性，提高风险防范能力。制作推出“壮丽70年　奋斗新时代——云南篇章”VR虚拟展馆，利用全景拍摄、虚拟现实等技术，采用VR传播形式，给用户提供运动式、无缝衔接式的漫游体验。

2019年，云南广播电视台依托“七彩云”平台的先进技术，整合全省新闻资源，实现新闻节目的一次采集、多种生成、多元传播。在台内已实现运用云平台技术，将所有承担内容制作业务的部门、频率、频道的新闻资源汇集到“七彩云”中央厨房。2019年1月24日基于“七彩云”开发的互联网拳头产品“七彩云端”APP在各大应用市场上线试运行。加之垂直类的“云南手机台”精彩视听APP、行风政风监督“金色热线”APP、多民族语言的“孔雀屏”APP等移动端产品，结合各频率频道特色的微博、微信、抖音、快手等账号，形成云南广播电视台移动端宣传矩阵。与华为、腾讯、字节跳动等高科技互联网企业合作，共同为“七彩云”平台赋能。与云南移动、云南联通等通信运营商深度合作，创新研发“5G+VR”“5G+4K”“5G+人工智能”应用。与电信运营商合作开展的IPTV业务，已经拥有省内最大规模的家庭大屏用户。

昆明信息港充分认识到数字技术的重要性和技术引领的重大意义，于2017年提出了技术驱动的新型信息服务公司的战略定位，并于同年6月推出云南第一个写稿机器人“小明”。2019年以来，提出了智慧化转型要求，以发展智能化媒体为重点，升级改造城市门户新闻网，推进媒体与大数据、云计算、人工智能的深度融合，提升传播服务的精准度和抵达率，有力推动“新闻+”战略再上新台阶。以升级写稿机器人“小明”为契机，积极推进新技术的应用。升级后的“小明”除了实现采写新闻标题、大数据分析运算、数据绘图等功能外，还扩大了写稿的范围，目前小明数据源已覆盖至全省60%的公共数据源，日产量达300余篇。同时还深入到内容生产发布流程，“小明”采集信息后，通过自动化数据采集、清洗、分析、合成、分类、分发等步骤，自动进入昆明信息港内容发布系统待审核，有效提升了媒体运行效率。

四｜积极推进县级融媒中心建设

在“一张网、一盘棋、一体化”建设理念的引导下，全省各类新闻宣传资源充分整合，为县级融媒体中心赋能。云南网结合实际深入谋划，承担云南省玉溪、红河、文山、德宏、保山5个州市33个县（市、区）融媒体中心的建设工作，在县级融媒体中心建设机构融合、资源融合和渠道融合方面做出了创新，为各县“量身定制”一县一端，并在平台技术输出、运营管理、人才智力、内容策划、制作推送、传播分发等方面全力以赴提供支持。

云南广播电视台以“七彩云”为省级核心平台，支持曲靖、楚雄、大理、丽江、迪庆、临沧、普洱7个州市建设县级融媒体中心。主推“七彩云端”APP为各县融媒体中心抓手，并根据各县需求打造以七彩云平台为基础的定制化APP产品。

春城壹网负责推进实施云南省19个县级融媒体中心建设工作，截至2020年5月，19个县级融媒体中心的软件平台已经搭建，届时将形成集新闻采编、视频直播、公共服务、大数据分析、网上商城等功能于一体的融媒中心。

五｜跨境融合传播，服务云南省南亚东南亚辐射中心建设

云南广播电视台依托在泰国、缅甸设立记者站，下属企业云数传媒在老挝、柬埔寨运营数字电视、开办本土化电视频道，云南国际频道升级为云南澜湄卫视，在缅甸开办“缅甸吉祥网”等系列对外合作优势，加强在南亚东南亚国家办台、办网、外宣的力度。发挥云南广播电视台视、音频优势，加大译制力度，不断扩大外宣影响力。加强与周边国家媒体机构的合作，通过与相关国家媒体机构的节目合作、新闻资源共享等逐步探索向东南亚南亚进行辐射。依托

国内成熟技术平台和业务模式，分国内、国外两个市场进行拓展，在柬埔寨、老挝、缅甸等国拓展OTT互联网电视业务，助力云南打造南亚、东南亚辐射中心。

昆明报业传媒集团在强化英文站“InKunming”、缅文站“彩云桥”、英文微信公众号“云南关注”等外宣平台宣传报道的同时，《昆明日报》、昆明信息港借船出海，在国际社交媒体推特、脸书、Ins开设账号，积极宣传云南、宣传昆明，较好地向外界宣传了云南昆明的良好形象。《昆明日报》还创办了云南首本面向南亚东南亚的中英双语外宣杂志《看昆明》，并推出微信公众号。

（云南省新闻工作者协会）

甘肃省推进媒体融合发展工作综述

2019年，甘肃省积极推动媒体融合发展，成立了甘肃新媒体集团，并在全国率先打造了省级唯一技术平台——“新甘肃云”，实现了“平台统一、技术统一、数据统一、资源共享”的核心目标，使“全省一张网，全省一盘棋”的建设理念逐步变成现实，形成了较具特色的县级融媒体中心建设“甘肃经验”。经过上下协同努力，2019年12月30日，全省69个县级融媒体中心全部入驻“新甘肃云”，提前一年完成县级融媒体中心基本建设任务，标志着甘肃省县级融媒体中心建设取得阶段性成果。

一｜多管齐下抓得实

2018年12月18日和2019年5月14日，甘肃省两次召开全省县级融媒体中心建设推进会。省委宣传部还通过部务会、全省新闻通气会、推进会、集中培训等多种形式，学习领会中宣部、省委的要求，总结经验、交流做法，安排部署重点任务。同时加大联系督导力度，制定印发了《省委宣传部领导分片抓点推进县级融媒体中心建设任务分工方案》，部领导和直属单位负责同志对13个市（州）、25个重点建设县实行分片抓点，准确掌握工作进度，及时协调解决工作推进中遇到的困难和问题，参加揭牌，并推进其他县（市）落实各项建设目标。

二｜因地制宜推进快

甘肃省各县（市、区）融媒体中心紧扣《甘肃省加强县级融媒体中心建设工作方案》确定的时间节点和目标任务，结合县级机构改革和工作需要，因地制宜整合现有平台资源，调整了内部机构设置、人员配备，组建县级融媒体中心。积极向中宣部汇报争取，并协调省级财政给予支持，先后向省级技术平台和全省69个县（市）下达专项补贴1.35亿元（中央8900万元、省级4600万元），为全省县级融媒体中心建设提供有力保障。建设过程中，严格按照中央和省委关于县级融媒体中心建设的有关文件，结合甘肃省经济欠发达的实际情况，统一建设，集约化发展，降低费用，防止了重复建设造成的浪费，以最“经济适用”的方案路径实现“全省一张网”。

三｜要素齐全亮点多

甘肃省县级融媒体中心建设的特点可以概括为：全省一平台，全省一张网，全省一盘棋，平台统一、技术统一、数据统一、资源共享。

一是严格执行有关规范标准，推进省级技术平台建设。结合工作实际，我省对标中宣部和国家广播电视总局下发的《县级融媒体中心省级技术平台规范要求》《县级融媒体中心建设规范》等标准规范，研究制定了《甘肃省县级融媒体中心省级技术平台技术方案》和《甘肃省县级融媒体中心省级技术平台建设方案》，明确了我省县级融媒体中心省级技术平台的技术标准和建设路径，全面启动了省级技术平台建设工作。

二是按照《甘肃省加强县级融媒体中心建设工作方案》时间要求提前一年完成了建设任务。2019年3月底，全省69个县级融媒体中心全部挂牌成立；12月30日，全省69个县级融媒体中心全部入驻“新甘肃云”，提前一年完成县级融媒体中心基本建设任务。

三是省级技术平台的投入运行为各县（市）提供平台、技术、培训等服务支持，完成了预期目标。省级技术平台的建设，以实现平台统一、技术统一、数据统一、资源共享为目标，在技术投入上发挥集约化作用，用统一建设的方式节约了建设成本。省新媒体集团统一为各县（市）部署平台资源，提供人员培训、技术指导等，大大加快了建设速度。

四｜有“融”乃大见实效

以县级融媒体中心建设为抓手，整合县级媒体资源，推动全省媒体融合向纵深发展，巩固壮大了地方主流思想舆论，极大地提升了新闻宣传的传播力、引导力、影响力、公信力。

一是扩大了传播效果。全省各县（市、区）县级融媒体中心，可以通过省级技术平台“新甘肃云”推送新闻稿件，经过审核后可直接在甘肃新媒体集团旗下报、网、端、微等多平台集中发布；重要新闻将推送至各类第三方新媒体平台，最大程度地提升我省新闻宣传的传播力、影响力。

二是实现了协同作战。打破原有省、市、县三级媒体的边界、层级限制，在重大报道中，通过省级技术平台，联合全省所有县级融媒体中心，统一策、采、编、发，改以往单兵作战为联合协同作战。省级平台成为一个覆盖全省、开放式的全媒体指挥中心，全省各地可以同时行动、同时发声，实现同频共振，壮大主流舆论影响力，让党的声音传得更开、更广、更深入。

三是做到了可管可控。按照“统一建设、分级运营、融合联动、分头输出”的原则，由省委宣传部牵头，以省级技术平台“新甘肃云”为依托，逐步统筹全省各县（市）融媒体中心，实现了用户、技术、数据、传播平台的互联互通，有序推进建设全省“一个平台一张网”。通过省级平台可做到重要信息一键发布，有关要求一键传达，违规内容一键删除，实现全平台发布内容的可管可控，确保县级融媒体中心导向正确。

（甘肃省新闻工作者协会）

宁夏回族自治区推动媒体融合发展工作综述

2019年，宁夏媒体融合继续全方位、多维度发力，加快传统媒体和新兴媒体融合发展，全面提升新闻宣传和舆论引导工作水平，打造拥有强大影响力、竞争力的新型主流媒体。

一｜推进媒体融合的总体情况

宁夏现有报社18家，广播电视播出机构22家，期刊社37家，全区共开设认证各类政务新媒体903个，其中政务微博327个，政务微信账号533个，移动客户端11个，其他32个。自治区和五个地级市均有一报（日报）一台（广播电视台）一网（新闻网），22个县（区）中，有14个县级电视台，14个县级融媒体中心全部完成挂牌，现已建成6个县级融媒体中心，剩余8个县（区）融媒体中心建设正在有序推进。

二｜区级主流媒体融合发展树立“新标杆”

（一）宁夏日报报业集团：注重传播效果，做大做强主流舆论

坚持移动优先策略，规定重要会议、重大活动的新闻30分钟内上端、上网，全面提升传播时效。加大短视频、直播、图集、VR、H5等新媒体产品采制力度，用群众喜闻乐见的形式和语言，唱响主流声音、传播主流价值。融合传播强效果：打好全国“两会”宣传等重大宣传战役，报网端微齐上阵，全媒体齐发力，全国“两会”期间发布稿件4300多条，视频380余个，新闻图片近1000幅，累计浏览阅读量212万余人次。宁报集团3次受到中宣部的表扬，3款新媒体产品点击量实现“10万+”，取得了良好宣传效果。围绕庆祝中华人民共和国成立70周年这条主线，策划了11个系列报道，推出融媒体原创产品100多个，阅读量累计超过3000万次，营造了浓厚的舆论氛围。围绕建设美丽新宁夏、共圆伟大中国梦这个主题，策划实施了10个专题宣传，刊发了2000余篇（条）全媒体报道，主题宣传有声势、有特色、有影响，为宁夏经济社会发展

摇旗呐喊、鼓劲加油。多样呈现强效果：聚焦扫黑除恶专项斗争重大主题报道，传统媒体累计刊发稿件400余篇，新媒体累计发布文字、图集、手绘、H5、短视频340余条，直播累计观看人数超过270万，宣传报道有声有色，为推动我区扫黑除恶工作营造了浓厚的舆论氛围。讲好故事强效果：结合强“三性”增“四力”教育实践工作，组织开展基层蹲点采访活动，集团党委领导班子成员带领全媒体采访小分队深入一线“摸活鱼”，从群众实践中策划选题，用群众语言讲述故事，以小切口反映时代发展大主题。新闻调查《共产党好黄河水甜——易地扶贫搬迁的红寺堡答卷》被学习强国平台和新华网、人民网等6家中央媒体以及上观、交汇点、澎湃新闻客户端、津云客户端等30多家省级新媒体平台相继转发，把党的脱贫富民政策和宁夏的生动实践迅速传播到千家万户。

（二）宁夏广播电视台：流程再造，抢占用户资源和话语权

一是融合传播格局基本形成。宁夏广播电视台以新闻移动网为新媒体传播主力平台，通过红枸杞客户端、宁夏网络广播电视台网站、宁夏IPTV、官方微博微信等，实现了所有节目特别是新闻节目的移动化传播，新闻报道从电视端到PC端再到移动客户端的内容汇聚和融合生产，一次采集、多渠道分发、多平台传播的融媒体传播格局已然形成，一批“现象级”融媒体产品令人耳目一新。

二是融媒体新闻产品亮点纷呈。宁夏广播电视台坚持移动优先，利用红枸杞手机客户端、网络台、各频道频率微信及“都市阳光”APP，突出“微视频”“微直播”，综合运用图文、图表、动漫、H5等多种形式，持续打造“移动看的电视和看得见的广播”，把时政新闻这个规定动作做强做精，让社会热点和民生关注点这些自选动作出新出彩，实现内容产品从可读到可视，实现移动端的一站式到达、一揽子访问和内容产品的分众传输、多屏覆盖。2019年全国两会期间，先后推出《圆梦路上——我们和总书记在一起》《两会现场》《两会面对面》《两会这一刻》《建言新时代》等融媒体栏目及《带您看两会｜定格动画说环保》《摘“金桔”做两会达人》《“两会这一刻”——“三八”节代表驻地歌声飞扬》等新媒体产品。系列短视频《两会微观察》以主持人融入智能机器人的巧妙组合，为观众解读热点民生话题，形象地呈现了《政府工作报告》中的民生举措、数字，让观众轻松了解国家将实施的民生“红包”。相关节目在红枸杞新闻客户端点击量超百万次。

三是网络电视主动拥抱互联网。宁夏网络广播电视台网站共开设新闻、视频等50多个栏目，截至2019年底，总点击量达900多万次。红枸杞客户端开设新闻等16个栏目，2019年发布新闻16000余条，总点击量超过1000万。经济频道《都市阳光》微信平台订阅用户已超过24万人，周最高阅读量达60万人次，微信影响力移居全区前三位。宁夏交通广播微信、微博粉丝量60多万，全年微信共推文1700余篇，累计阅读量达1500多万。

三 | 全面推进县级融媒体中心建设

（一）高标准建设，提高新闻舆论传播力引导力

宁夏县级融媒体中心在谋划启动伊始，就坚持管建同步、管建并举，坚持正确政治方向、舆论导向、价值取向，坚守社会责任，把社会效益放在首位。针对全区县级电视台数量较少、发展情况基本相近的实际，按照中宣部等八部委《关于加强县级融媒体中心建设的意见》和《县级融媒体中心建设规范》，立足于“引导群众、服务群众”的功能定位，整合县级广播、电视、网站、内部资料出版物、微信、微博、客户端等所有县域公共资源，通过入驻自治区级融媒体平台，开展宣传服务、党建服务、政务服务、公共服务、增值服务等业务，实现采集汇聚、策划指挥、数据分析、内容生产、综合服务、内容审核和融合发布等功能，把县级融媒体中心建成县域主流舆论宣传阵地、综合服务平台和社区信息枢纽。

（二）高质量发展，坚持资源整合利用

2019年，宁夏回族自治区党委宣传部协调自治区编办和各县（区）党委，结合编制体制调整，整合县域媒体机构，组建了14个县级融媒体中心，全部为县（区）党委直属正科级事业单位，归口党委宣传部领导，并在2019年12月底前全部挂牌。贺兰县、青铜峡市、中宁县、平罗县、彭阳县、永宁县6个县级融媒体中心已基本建成，其余8个将于2020年10月底前全部建成。金凤、兴庆、西夏、原州4个市辖区融媒体中心初步建成。

（三）高效率推进，不断延伸服务触角

各县（区）融媒体中心在当地政府机关、便民服务中心、文化艺术中心、人民医院等处安装了融媒体高清电子新闻大屏，全面强化宣传辐射面，多平台多点发布，全天候滚动播出优质节目，真正让高质量信息资源触手可得。各县融媒体中心精准把握媒体融合规律，坚持“线上+线下”双向宣传，全方位多角度传递正能量。发挥电视台、县域发布、融媒体中心微信公众号等阵地作用，第一时间发布权威信息、回应公众关切，让正能量始终充盈网络空间。

（宁夏回族自治区新闻工作者协会）

青海省推进媒体融合发展工作综述

2019年，青海省新闻工作者协会延伸服务手臂，拓展服务范围，团结引领新媒体发展及新媒体从业人员，深入推进全省媒体融合，取得了新进展新成效。

一｜落实具体工作原则，把握整体工作方向

一是加强组织领导。调整新媒体专业委员会委员，主任委员由省记协专职副主席担任，适当扩大委员范围，充分发挥新媒体专业委员会行业组织的独特优势，推进传统媒体和新兴媒体深度融合，引领、促进和推动全省互联网和新媒体传播事业的健康发展。

二是建立完善工作制度。制定《青海记协新媒体专业委员会规则》《青海记协新媒体专业委员会制度》，明确新媒体委员会宗旨、职责、组织、工作机制和经费，在政治引领、交流培训、自律维权、服务联络等方面充分发挥职能作用，为青海新媒体事业发展提供更好的交流经验、分享媒体融合体会的平台。

三是积极争取上级部门支持。在省委宣传部支持下，设立31个相关奖项，其中一等奖1个、二等奖10个、三等奖14个，评选经费由省委宣传部列支。

四是精心组织开展评审工作。评选工作在注意质量的前提下，做到了统筹兼顾，充分考虑照顾基层，把坚持正确政治导向和公平公正原则贯穿评选全过程，选出体现青海特色、时代重大主题的好作品。2019年，青海广播电视台选送的移动直播《通天河畔千年古村落的另类狂欢》参评中国新闻奖获三等奖，实现青海媒体融合作品获全国奖项“零的突破”。

二｜各主要新闻单位重视媒体融合发展，采取措施积极推进

青海日报社认真贯彻落实2019年4月青海省委办公厅印发的《青海日报社深化媒体深度融合改革发展先行先试总体方案》，将本单位深化媒体融合改革发展先行先试上升为省委战略。报

社按照“1+5+N”构架顶层设计，即在一个《总体方案》牵引下，制订了采编发流程再造、人事制度改革等五个单行方案、配套实施的N个子方案，从机制和制度上为媒体融合发展提供了保障。2019年，青海日报新媒体紧紧围绕省委省政府中心工作，认真做好中华人民共和国成立70周年、青海解放70周年系列庆祝活动，外交部青海全球推介活动等重大活动的宣传报道，扎实推进内容融合、技术融合、管理融合进程，实现了文字、图片、视频“标配化”，平台、渠道展示“多元化”，云端、掌上、网站直播“专业化”。同时，推出许多具有标志性、引领性的融产品。在全国“两会”、全省“两会”、省党代会、“青洽会”等重大宣传战役中，快速作出反应，不断推出更新的集成产品、更深的数据新闻、更炫的可视化动新闻。尤其在重大报道、热点聚焦、舆论引导上，通过“原创采访准确发声、整合新闻全面跟进、音视频宣传片多元展示、可视化融产品互动增彩”方式，尽显党报新媒体的权威性和丰富性。

青海广播电视台所属青海网络广播电视台是该台融媒体作品生产创作的“中枢”机构，2019年1月1日起，正式启用“青海长云网络”新呼号、新标识，是依托全台资源及省内36家地方广播电视台、7家报社优质新闻资源，延伸整合创建融通全省的综合性网络媒体视听平台。2019年，长云网利用央视新闻移动网、三江源APP两个平台，发起了43场“探秘青海”大型系列网络直播活动，包括《壮丽70年·奋进新时代——共和国发展成就巡礼·青海篇》《千座山一片湖是我们爱你的理由》《青海有个地方你没来过人们都叫它“天神的花园”》等作品，直播观看人数累计突破千万人次。通过直播这种形式为观众呈现了一个个不同视角的“大美青海”，获得了千万网友的评论、转发及点赞，对青海省外宣推介工作起到了积极作用。2019年，青海广播电视台藏语网络平台祥云网进行了全新改版，新增设“六州视频新闻”发布平台，将焦点放在“区域”上，发挥青海六州广播电视台的“基层”优势，改进内容呈现方式，发挥网络快速传播特点，增强社会服务功能，以满足广大网民的多元化需求。作为藏语新闻网站，祥云网汇集了海南、海北、黄南、海西、玉树、果洛台及10余家县级台优质藏语新闻资源。目前，每天发布藏语音视频节目时长达33小时，覆盖169个国家和地区，网站日点击量最高达50万人次。

西宁广播电视台于2019年正式启动西宁传媒中心项目，协调落实项目专项资金，成立了项目建设工作领导小组，有序推进改建工程和技术集成项目。以项目建设为契机，强化内容建设和平台建设，不断推进传统媒体与新媒体在内容、渠道、平台、管理等方面深度融合，把传媒中心建设成为整体实力和传播力、公信力、影响力显著增强的新型主流传媒。开通抖音、网易号、人民号、百家号等20余个自媒体官方号，实现了一条内容，一键发布，全网推送，形成载体多样、渠道丰富、覆盖广泛的移动传播矩阵。全网阅读量突破10万的内容大幅增加，融媒体矩阵总数达23个，订阅总用户达140万人，比2018年增加24.6万人；总阅读量2662万次，比2018年增加798万次，实现了媒体深度融合的跨越式发展。《西宁记》《我爱阅读》等短视频节目在腾讯视频、今日头条、秒拍等自媒体平台播出，总播放量超过千万。打造《看西宁》新闻短视频品牌，用记者一次性采集的新闻素材编辑成电视节目、新闻短视频两种形式，真正做到了一次采集、多元生产、多平台发布。

青海油田新闻中心紧跟高原油田发展步伐，认真贯彻上级有关部门媒体融合发展的新要求，坚定推进“强化一体两翼，建设四高四强，持续打造行业领先、西部一流的企业电视、报刊、网络、微平台、外宣五位一体融媒体新闻文化传媒中心”的发展战略。冷湖科幻文学《十二个冷湖》系列活动走进油田，新闻中心“全媒体+”发展思路与地方政府力推项目相融相加，持续扩大了青海油田媒体矩阵影响力，相互联动、优势互补，转型发展、升级融合，汇聚了新闻舆论宣传新合力。

（青海省新闻工作者协会）

新疆维吾尔自治区推进媒体融合发展工作综述

2019年，新疆新闻战线紧紧围绕中央和自治区党委、政府重大决策部署，深入贯彻落实中央推动媒体融合发展战略部署，巩固和壮大主流思想舆论阵地，做大做强主流舆论，努力为巩固全区各族干部群众团结奋斗思想基础，为谱写实现团结和谐、繁荣富裕、文明进步、安居乐业的中国特色社会主义新疆提供有力舆论支持。

一｜全力推动媒体融合发展，做大做强主流媒体

新疆高度重视新媒体建设，全力推动媒体融合发展，做大做强新疆日报社、新疆广播电视台等主流媒体，不断提升其传播力、引导力、影响力和公信力。

2019年，新疆日报社认真落实自治区党委“一报一刊一网（云）”顶层设计，坚持移动优先、一体化发展方向，扎实推进资源整合、结构调整，创新体制机制、再造流程平台等工作，推动媒体融合发展，建设新型主流媒体，完成了自治区级融媒体技术平台暨县级融媒体中心技术支撑平台一期工程建设。同时借力自治区级“石榴云”融媒体技术平台，加快构建“新闻+政务+党务+服务+社区”全媒体信息服务体系，打造“1+85”采编服务平台和“1+85”新闻客户端，建成向基层干部群众提供政务服务、生活服务、社交传播、教育培训等业务的融合媒体平台。截至目前，全区已有57家县级融媒体中心接入。“石榴云”平台运用云计算、大数据、人工智能等先进技术，为新疆各级宣传部门、新疆日报社以及包括县级融媒体中心在内的全疆各级各类媒体，开展宣传管理和内容生产、运营工作，提供了强有力的技术支撑，带动新疆各级各类媒体在内容、渠道、平台、管理、运营等方面深度融合。

2018年底新疆广播电视台挂牌后便立足自身实际，组建台属融合发展中心，逐步推动自身移动传播平台的系统建设，形成载体多样、渠道丰富、覆盖广泛的移动传播矩阵。2019年，新疆新闻在线网、虎鱼网，直播新疆微博、微信、丝路视听APP开设的专题、专栏，发稿数量、质量双提升，全年发稿26万篇以上，阅读量达到8000多万人次。

乌鲁木齐广电融媒体中心于2019年5月正式挂牌成立。乌鲁木齐电视台、乌鲁木齐人民广播电台、红山网成立了融媒体联合编委会机构，整合两台一网相关资源、力量，在融媒体平台同步推进网络视频直播、微视频等产品生产落地，整合两台一网10个微信公众号成立微信矩阵，实现大小屏互动和各类新闻在移动端的实时发布。目前已形成以红山眼APP为龙头，乌鲁木齐零距离、大事小事、在路上微信公众号为辅助，覆盖抖音、头条、微博、西瓜视频等多个商业平台的传媒矩阵，并因此形成包含网络直播、名主持人、名记者工作室、主播带货等全新宣传平台和产业发展新模式。

二｜充分运用新媒体，认真做好重大主题宣传报道

一是持续做好习近平新时代中国特色社会主义思想传播。2019年2月底，自治区各媒体开设“向总书记报告”专栏，选派精兵强将，深入天山南北最基层，紧紧围绕总书记作出的指示、提出的要求、强调的内容、关注的工作、牵挂的事、关心的人，进行细致采访。《新疆日报》、新疆广播电视台连续刊播《柯坪县盖孜力克镇帕松村——咸水变甜乡村美安居乐业生活新》等报道40余篇，同步推出相关报道短视频，全面反映了自治区贯彻落实习近平总书记参加新疆代表团审议时重要讲话精神的显著成效。

全国“两会”期间，《新疆日报》推出的两会特刊“融两会”专版让传统媒体有了视、听、声、色的体验。读者用手机在“融”专版上扫码就能看到微视频、H5等新媒体产品，将报纸立体化、动态化呈现，感受两会现场鲜活生动的场景。同时在“两微一端”、手机报、抖音等新媒体平台同步传播两会新闻，提升了新闻报道的到达率、影响力和覆盖面。

新疆广播电视台在全国“两会”报道中精心运用全媒体、新技术手段，多手段、多语种、多平台发力，使用虚拟演播空间与现实演播空间相结合和超高分辨率大屏幕显示包装系统、机器人摇臂、虚拟现实图文包装系统、三维信息可视化在线包装技术、VR直播技术、全纯虚拟演播室绿箱技术等大量最新的融合传播技术手段，不断突破传统媒体发展边界，拓展传统媒体和新兴媒体融合视域，实现个性化生产、可视化呈现、互动化传播，面向用户开展全媒体表达，推出一大批有内涵、有“颜值”的新闻报道，提供易于接受、传播、扩散的新媒体产品。电视节目《旅游：速度+活力》通过三维建模制作了虚拟场景——喀纳斯月亮湾和喀什高台民居，在北京演播室逼真地展示了新疆两大知名景点，让观众通过3D场景身临其境地体验到了新疆旅游资源的丰富和人文底蕴的厚重，实现了较好的传播效果。

总书记考察新疆工作五周年之际，《新疆日报》推出“砥砺奋进五年间”专题报道，追寻总书记足迹，忆当年事、访当事人，以多种报道形式，充分展示总书记的人格魅力和为民情怀，真切展现新疆各族干部群众对总书记的深情爱戴和奋进动力；第二次中央新疆工作座谈会

召开五周年之际，推出互动H5、短视频等新媒体报道，涵盖民族团结、生态保护、兵团改革发展等方面，充分展现我区各族干部群众深入贯彻落实新时代党中央治疆方略的生动实践。

二是认真做好庆祝中华人民共和国成立70周年报道工作。《新疆日报》以大型全媒体专题“壮丽70年 · 奋斗新时代”为统领，精心策划组织，浓墨重彩推出庆祝庆祝中华人民共和国成立70周年系列报道和互动活动。国新办新疆专场发布会举办之际，开展图文直播，精心打磨短视频《高能96秒，且看今日之新疆》等产品，获人民日报客户端首屏推荐，打造文图视频融合H5《你好，世界！这就是新疆》全面展示新疆70年发展成就。国庆临近，策划推出“70年 · 新疆民生变奏曲”“70年 · 我家的变迁”“歌声飘过70年”“700公里，有我！有我！”等系列报道，从不同视角体现新疆人民在祖国繁荣发展的70年历程中不断增强的获得感幸福感安全感。国庆大典报道高潮迭起，综合运用直播、短视频、图集、图解等形式，精心做好庆祝大会、阅兵式、联欢活动报道，多层次、多角度呈现总书记在庆祝大会上重要讲话的反响报道，深挖新疆元素的背后故事，展现新疆人民的奉献感、责任感和荣誉感。

新疆广播电视台融合发展中心网站及“丝路视听”客户端以庆祝“中华人民共和国成立70周年”为主线，重点推出了“壮丽70年　奋斗新时代”“我和我的祖国”“和祖国在一起”“70年70人”“我爱你，中国”等网络专题专栏。制定庆祝中华人民共和国成立70周年专题文艺晚会《祖国颂》的融媒体宣传方案，开设《祖国颂》报道界面，涵盖第一时间碎片化高清呈现的晚会视频，VR看晚会，明星送祝福，主播探班，导演心声等相关视频合计60余个，其中原创微视频20多个，报道界面总点击量“10W+”；在抖音、快手、微视、今日头条等互动短视频平台全面推送预告片为晚会预热；丝路视听APP集纳《祖国颂》VR视频18个。

三是认真策划组织重大主题报道活动。自治区“两会”、全国“两会”报道前后方策采编联动，创新媒体融合传播手段，各端微持续发力，多角度、多语种、立体化呈现两会盛况。

《新疆日报》先后推出长动图《来看！代表委员的行李箱》、H5《留下绿水青山》《新疆古丽祝福你》、手绘漫画《如克亚木家的“传家宝”》等新媒体作品，内容别致、视角独特、形式新颖，五个自治区同唱《我和我的祖国》、西部十二省区市主流新闻网站联动推出短视频《西望》，形成强大报道声势，多个产品全网点击量破百万，先后七次受到中宣部通报表扬。为庆祝中华人民共和国成立70周年，直观反映在新时代党的治疆方略、特别是在总目标统领下，新疆稳定红利持续释放成果，助推旅游产业发展，中心特别策划推出大型主题报道“新疆夜宴”，以持续5小时的全疆13地联动直播正式拉开报道序幕，直播在线观看超过215万人次，生动呈现天山南北经济蓬勃发展、人民安居乐业、各族群众和谐相处的良好局面。后以视频、直播、文图、海报等形式分地州持续推进，配合推出“新疆夜宴 · 总有一道适合你”票选活动等增强互动参与，通过精准化聚合，交互式传播，形成强大报道声势，受到广泛好评。中国农民丰收节期间，联合自治区农业农村厅组织开展“多彩新疆丰收季共祝祖国亚克西”12地联动大直播，18家平台同步播放，收看人次超过百万，充分展现天山南北五彩斑斓、喜庆热闹的丰收场景，反映新疆各族群众团结和睦、稳定发展大局。

新疆广播电视台所属新疆新闻在线网、虎鱼网一同设计制作“在习近平新时代中国特色社会主义思想指引下——新时代新作为新篇章”“不忘初心、牢记使命”“壮丽70年　奋斗新时代”“学习宣传贯彻党的十九届四中全会精神”“全国两会”“自治区两会”“民族团结一家亲”“新疆是个好地方”“访惠聚”“坚决打赢脱贫攻坚战”“诚信建设万里行”“网络中国节”“爱国情·奋斗者”等重大主题宣传专题近百个。其中，“壮丽70年　奋斗新时代”专题发稿3000余篇，“在习近平新时代中国特色社会主义思想指引下——新时代新作为新篇章”专题发布稿件2000余篇；“不忘初心、牢记使命”宣传，发布稿件1000多篇。为做好“不忘初心、牢记使命”“新疆是个好地方”“我奋斗我幸福”等主题宣传，积极运用新媒体传播手段制作系列H5，全年共制作H5作品100多个。

三｜注重人才队伍培养建设

一是改革用人机制，实施全员绩效考核。新疆日报社以新媒体中心为试点，先行先试，打破人员身份差别，变身份管理为岗位管理，职务职级与聘任职务双轨运行，档案工资与实际薪酬相分离，坚持按照绩效考核体系核发工资，绩效部分逐步提升占比近60%。2019年，评定日奖月奖作品1291件，短视频、H5等新媒体产品占比超50%，有效体现用人机制改革助力激发团队整体生产力与创造力。

二是善借外力突破技术瓶颈。媒体融合需要以先进技术为支撑，地州新闻单位打破传统思维，主动和《新疆日报》、北京北大方正电子有限公司、杭州凡闻科技有限公司等合作，依托可视化数据模块安装、全媒体采编软件升级、大数据人工智能服务部署等关键环节，安排媒体专业技术人员及时跟进学习，全程参与项目实施，既保证了项目建设质量，又为专业技术人员素质提升提供了平台。

三是多措并举突破人才瓶颈。地州新闻单位打破在编、编制外等身份界定，修订完善新闻业务考核办法，坚持同工同岗同酬，以发稿量、点击量、点赞量为指标，通过“以岗定标、按绩奖励”的方式，建立与岗位职责、工作业绩、实际贡献紧密挂钩的业务考核奖励体系。

（新疆维吾尔自治区新闻工作者协会）

新疆生产建设兵团推进媒体融合发展工作综述

2019年，新疆生产建设兵团各主要新闻媒体和14家师市党报、13家广播电视台不断改革创新管理机制，配套落实政策措施，积极投身媒体融合发展，奋力书写媒体融合发展的“兵团答卷”。

一 | 完善全媒体传播体系

2019年，兵团各级新闻单位主动适应变革，以自我革命的勇毅担当深入推进媒体融合发展。1月17日，兵团日报社建成兵团理论网，这是兵团首个网上理论宣传平台，旨在深入宣传贯彻习近平新时代中国特色社会主义思想。以兵团理论网创办为标志，兵团日报形成以兵团网、兵团理论网、兵团日报客户端、兵团手机报等自主创新平台为核心板块，以微博微信和头条号、抖音短视频、企鹅号等社交媒体、自媒体账号为辐射板块，两个板块共同发力，“网端报（手机报）微号”同频共振的全媒体传播格局。2019年，兵团广播电视台积极争取项目资金支持，搭建“昆仑云”省级技术平台，实现广播、电视和新媒体在内容、渠道、平台、管理等方面融合。目前省级技术平台一期建设工作已完成，为兵团11个师市提供了报纸、广播、电视及新媒体的融合生产工具，实现报纸、广播电视、新媒体等多种形态的传播布局。截至12月，兵团省级技术平台已为三师、四师、五师、六师、九师、十师、十一师、十二师、十三师设计、打包了“云上兵团”系列客户端并投入试运行，同时针对以确定APP名称的“云上北屯”“云上图木舒克”“云上可克达拉”等正在积极办理软件著作权证书用于软件上架应用市场。兵团各师市融媒体中心在机构、内容、渠道、平台、经营、管理等方面深度融合，促进基层宣传工作更好服务党委和政府中心工作、更好服务群众生产生活，逐步建成了宣传党中央决策部署、宣传党的创新理论和社会主义核心价值观、宣传兵团党委和兵团中心工作，传播师市政经咨询的主流舆论阵地，进一步提高了师市媒体的传播力、引导力、影响力。

二｜丰富融媒体报道形态

2019年，兵团网全年策划制作推出近200件（组）融媒体作品，既有高度，又有温度，既讲品质，又接地气。在全国“两会”、习近平总书记考察兵团5周年、“不忘初心、牢记使命”主题教育、庆祝中华人民共和国成立70周年、兵团成立65年等重大主题宣传中，推出大型融媒体报道专题，策划制作推出“不负总书记殷殷重托”等系列融媒体报道以及微纪录片《牢记使命，不负重托》，系列融媒体报道取得全新突破。其中，《这里是兵团》融媒体报道在疆内外引起热烈反响，网民留言1000多条、点赞4000多次，刷新了兵团日报融媒体作品传播量、影响力记录。《兵团日报》新媒体策划制作推出手绘H5作品《转场之路》，用图文、音视频、手绘、动漫等多媒体形式，生动讲述基层共产党员王海玉不忘初心的感人事迹，引起强烈共鸣。2019年，兵团广播电视台在巩固提升广播电视传播力、影响力的同时，打造了以微视频、抖音为重点的新媒体集群。6月成立了微视频制作部，每天利用“学习强国”“抖音”“今日头条”等平台，以创新手段推出“微视频”内容产品，扩大宣传和社会影响力。同时，广播电视节目通过内容入驻“学习强国”“兵团在线”、手机APP客户端等平台，将本地的新闻资讯信息实现快速分布，实现本地新闻传播最大化。全年在兵团卫视微信公众号、手机APP客户端、“学习强国”等平台推送短视频200余条，产生了良好反响。在庆祝中华人民共和国成立70周年宣传报道中，在“壮丽70年·奋斗新时代”专栏下设“瞰春光”“兵团巡礼·成就篇”“兵团巡礼·师市篇”等子栏目，全面生动展现兵团成立65年来在改革发展稳定事业取得的辉煌成就。与中央广播电视总台合作推出大型广播和电视直播节目《壮丽70年·奋斗新时代——共和国发展成就巡礼·新疆生产建设兵团篇》在央广中国之声、央视新闻频道、央视新闻客户端、央视新闻移动网播出，并同步推出融媒体产品，新媒体平台播出日点击量“300万+”人次，引起了全社会特别是兵团广大干部群众的热烈反响。

三｜锻造融合发展新引擎

2019年推荐参与各种评奖的新媒体作品中，10件作品获得新疆新闻奖、兵团新闻奖，微场景H5作品《我们合家团圆他们为国守边，元宵节为生命界碑点赞》获得第二十九中国新闻奖新媒体报道界面三等奖，成为兵团第一件获得中国新闻奖的新媒体作品。2019年，兵团广播电视台组织编辑人员积极参与“新春走基层”“亚洲文明对话大会”“边疆党旗红”“新时代·幸福美丽新边疆”等重大采访活动，安排管理人员参加中宣部出版局数字复合出版系统工程研发成果培训班和中国记协新媒体专业委员会新媒体内容建设负责人培训班，参加2019中国网络媒体论坛等重要行业论坛，有效增强脚力、眼力、脑力、笔力和全媒体管理运营能力。在机制建设方面，充分发挥现有资源和平台优势，将原新闻中心分为采访中心和电视中心，另设广播中心和新媒体中心，成立全媒体中心，通过每日报题会制度，统筹电视、广播、新媒体每日采编播内容，实现一次采访，多次分发的融媒体发展格局。2019年，兵团广播电视台采取“请进来、走出去”方式，组织人员参加总局举办的各类培训班，开展航拍培训等，推动采编队伍全员向融媒记者、融媒编辑、融媒管理人才转型。

（新疆生产建设兵团新闻工作者协会）

（编辑　胡梦迪）

人才教育

中国传媒大学新媒体人才培养工作概况

中国传媒大学以“双一流”建设为引领，强化信息传播领域“小综合”的学科特色，走新工科、新文科融合发展之路，构建以新闻传播学、戏剧与影视学、艺术学理论、信息与通信工程为龙头，设计学、音乐与舞蹈学、美术学、中国语言文学、外国语言文学、电子科学与技术、计算机科学与技术、管理科学与工程等为支撑，互联网信息、文化产业、艺术与科学等交叉学科为重点的多学科融合渗透、特色鲜明的学科体系。

一｜新闻学院新媒体人才培养情况

作为学校最早成立的三个系之一，新闻学院同时也是新中国成立以来最早开创新闻传播专业人才培养工作的教学单位。截至目前，已有4000余名优秀毕业生在传媒行业发挥重要作用。特别是近年来随着信息技术的快速发展，业界生态发生巨变，新闻传播教育和行业因此转型升级。新闻学院重视新媒体人才培养和发展，通过不断探索新的培养模式，更好地适应时代变化。

（一）专业方向建设

2019年，新闻学院本科专业设有新闻学、新闻学（数据新闻报道方向）、传播学、传播学（媒体市场调查与分析方向）、网络与新媒体（媒体创意方向）5个。硕士研究生专业设有新闻学、传播学、广播电视学、舆论学、新闻与传播（专硕）5个并设12个方向。博士研究生专业设有新闻学、传播学、广播电视学3个专业，当年新闻学1个博士研究生专业对外招生。

2019年，新闻学院在专业建设和学生培养方面进行改革，制定完成了2019版本科生培养方案，涉及5个专业（方向），修改涉及课程达到82门次，同时也对部分课程进行了课程间调整和课程群重组。积极推进招生与教学改革，修订涉及本科生文件11个，涉及研究生文件21个，共计32个，涉及招生、考试、教学、导师评聘等各方面。开展系部调整设置工作，经过调研论证，学院由原来的十个教研室设置调整为三个系和一个中心，即新闻系、传播系、计算传播系三个系和新闻传播实践教学中心。

（二）融媒体教学实践

顺应媒体融合的发展趋势，新闻学院的专业教学秉承“宽口径、厚基础、强能力”原则，努力培养能够适应现代媒体发展现状和趋势的新闻采编专业人才。

2019年，新闻学院推出“新闻传播经典文献选读”和“报刊编辑实务课程”两门实验性课程，突破年级授课限制，采取大一到大四学生多年级叠加修课模式。

继续组织“两会报道团”，在中央网信办、共青团中央、中国青年网重大报道策划中心的指导下，新闻学院师生团队共15人在新建成的融媒体新闻实验室集中创作融媒体新闻报道作品。师生团队围绕“青年”和“学习”两个关键词，持续产出动图、短视频、H5等多种报道元素，助力“两会”新闻报道。《中国人的故事 · 人大代表张宝艳：温暖守护宝贝们的回家路》等十余部作品相继发表，并在全网推送，登上各大门户媒体的首页、头条。部分作品登上“学习强国”学习平台，得到中宣部领导的表扬。

引入外部资源，在“数据实践项目”这门课中引入数可视公司，以工作坊形式开展授课。夏季实验实践教学周开设5个专业前沿工作坊，并参加学校举办的夏季学期实践教学成果的集中展示和评选活动。

（三）实验室建设

2019年，新闻学院筹建5G智能媒体新闻传播实验室和新型数字新闻实验室，6月纳入学校“双一流”申报项目。预期2020—2021年建成后将对新闻学、传播学等专业从本科到博士研究生各层次教学科研起到重要的支撑作用，并将推动新闻传播教育向智能化、融合化、一体化方向发展。5G智能媒体新闻传播实验室主要功能包括智能新闻采集、智能新闻编辑、AI编辑室、大数据新闻制作、新闻知识图谱、机器写作、传感器新闻、智能语音、智能新闻文本、质化分析、智能新闻案例库及VR／AR／MR多媒体综合呈现。新型的数字新闻实验室建成后可用于数字新闻摄影、数字新闻图片编辑、数字多媒体新闻编辑、数据新闻可视化、数据新闻报道与写作、调查与统计、传播效果分析与数字媒体制作等方面的教学、实践、科研应用，满足“新闻摄影”“图片新闻报道”“视频摄像”“数据新闻报道”“可视化新闻报道”“全媒体新闻业务实践”“音视频基础”等课程的教学和实验实践。

此外，新闻学院融媒体新闻实验室配齐了单反相机、摄像机、灯光、背景等新闻摄影、摄像所需的各项设备，供新闻学院学生日常预约使用。实验室积极引入业界资源，与哈苏、布朗等国际一线品牌合作，基本建立起本硕博学生团队，为学生组织专题讲座与实践活动，已累计服务师生近千人次，开展活动40余次。实验室支持多个科研项目，多个融媒体新闻人才培养项目在此落地。如融媒体新闻实验室现承载“融媒体新闻报道人才培养与实践”等多个科研课题，产生了良好的社会效应与经济效益，实现人才培养的良性循环。

（四）国际交流

2019年3月19日，新闻学院分别邀请美国南加州大学安纳伯格传播与新闻学院G.Thomas Goodnight教授和西班牙布朗卡纳·拉蒙优伊大学传播与国际关系学院院长Josep Maria Carbonell进行专题学术交流和暑期项目宣讲，开启2019年春季学期“新院国际前沿”系列活动。

5月9日，英国卡迪夫大学新闻媒体与文化研究学院院长Stuart Allan教授和Cynthia Carter教授来访新闻学院。双方在2017年11月签署的院际合作协议基础上，就联合学术研究、教师访学、学生交换等议题进行了交流。Stuart Allan教授为师生带来了题为“战争与和平图片新闻研究”的讲座。

6月18日，“新院国际前沿·学术分享”邀请美国休斯敦大学佛兰堤传播学院倪岚副教授主讲“跨文化公共关系和跨文化能力”“英文论文写作与发表”。

10月28日至29日，“新院国际前沿·海外学者工作坊”邀请香港浸会大学传理学院副院长Cherian George教授开展“新加坡的媒介体制”“新宣传”主题工作坊。

（五）新媒体人才培养成果

2019年“第四届全国数据新闻大赛”上，新闻学院学生作品获得一等奖2项，二等奖2项，以及最佳数据新闻单项奖。

在人民网“共享新时代，我和我的‘小确幸’”大学生融媒体作品征集活动中，新闻学院共有3部作品入围获奖，是各院校获奖最多单位。

在“人民网优秀论文”评选中，新闻学院学生共有19篇论文获得“人民网优秀论文奖”，其中一等奖3篇，二等奖2篇，三等奖14篇，是各院校中获奖最多的单位。

以新闻学院本科生孙明源（第一作者）署名的学术论文在新闻传播学界顶级刊物《新闻与传播研究》2018年最后一期刊物上发表，为该刊物首次刊登第一作者为本科生的论文。

二 | 电视学院新媒体人才培养情况

2019年，中国传媒大学电视学院新媒体传播教学及科研工作在多个方面都取得了显著成绩。

（一）专业教学成果

网络与新媒体专业汇集院系的力量，打造一批校级精品课程，并积极申请北京市或国家精品课程，力争使教学课程成为同类专业中的前沿课程。此外，院系还将根据网络与新媒体领域对人才培养的需要，优化新媒体实务培养模式，使学生在新媒体内容生产、新媒体运营、新媒体策划等方面得到更多的专业训练和实务指导。

1. 全面完成教学任务，积极推进教学改革

落实“四个一批”建设方案规划；专业共有3项教改项目获批；新建慕课2门。完成总计1242位本科生、研究生、高职等学生的教学任务。

2. 鼓励学生专业创新，成果丰富影响面广

由学院师生团队和杰出校友代表担任主创的影片《小巷管家》正式登陆全国院线，受到北京市委组织部、宣传部高度认可。配合教育部学生司和研究生司完成学生司年度工作汇报片和研究生教育大会纪录片《中国研究生教育70年》的创作任务，受到教育部领导高度评价。VR作品 *Bright* 获第三届全球虚拟现实产业创新者峰会最佳纪录片奖。在第五届中国“互联网+”大学生创新创业大赛中，《“光明影院”无障碍电影制作与传播项目》获全国总决赛“青年红色筑梦之旅赛道”金奖、北京赛区一等奖。学生文创作品诠释对传统文化、主旋律文化的理解，设计获专利20余项。

3. 推动实践实验教学，社会文化效益显著

智能融媒体实验室的实践实验教学注重将新闻传播学传统专业实践与大数据、脑科学、网络信息安全、人工智能等新兴媒体技术紧密结合，推动新闻传播学科走上文工交叉、艺工兼修、多学科融合的新文科发展道路。通过一年多建设，该室在实践实验教学、科学研究、服务社会、对外交流与合作等方面发挥了积极作用，实践实验教学思路和育人理念得到新闻传播学界与高等教育专业领域的高度肯定。教育部、北京市教委等领导曾先后到校莅临指导，实践实验平台接待国内外兄弟院校和相关行业单位的参观交30余次。

“项目创新策划+智能编创+融媒体技术应用+传播创新推广”的复合型智能融媒体人才培养实践实验教学模式，对业界实践具有一定的现实指导性，对学界的研究和高校相关专业人才的培养具有很强的示范性价值。实践实验教学成果获得五个一工程奖、中国新闻奖、全国编辑出版大赛等多专业领域最重要的专业评价。2019年以来依托平台的实验教学成果在国内外重要专业竞赛中获得近20余项重要奖项，并获得国家软件著作权4项、国家外观专利37项。

新媒体专业依托媒体融合与传播国家重点实验室，立足国家战略，以文旅深度融合创新为突破，创新传统文化与红色文化传播形态。团队引导学生主动承担传承中华传统文化及红色革命精神的历史使命。2018年团队组织学生编创全国爱国主义教育基地系列短视频，为北京、海南、福建等地的爱国主义教育基地、革命老区制作“文化地图”视听新媒体作品及融媒体文创

产品，得到社会广泛认可。在此基础上，2019年团队指导学生编创智能融媒体微导览作品，与业界机构合作，在古田会议旧址、王府井老字号等地段设置数字微导览，推动红色文化传统与传统文化基因的创新传播。

（二）专业科研成果

新媒体专业服务学校双一流学科建设，努力构建网络新媒体专业特色科研体系，建设完善科研人才队伍，推进教材建设和科研成果产出，举办高质量学术研讨，推动教学—研究工作相互促进。

1. 服务学术活动，搭建科研平台

专业通过承办学术会议与组织讲座积极服务学术交流活动。承办了第六届主编责编论坛、中国网络媒体论坛·内容分论坛、网络传播专业委员会成立大会、教育部高等学校新闻传播学类专业教学指导委员会第二次全体会议等学术会议、活动，积极服务学术交流活动。组织了36次学术讲座，成功申办第6届世界新闻教育大会，邀请9名外籍专家来校、教授来学院进行国际项目的系列讲座共25场。多名教师参加了国际学术会议、海外研修、授课实践等活动。2名研究生论文入选2019年全美传播学会（NCA）年会并在会议上宣读。同时还出版CSSCI集刊《新闻传播研究》6期。

2. 学术成果多元，服务行业发展

新媒体专业共申报13项纵向课题项目，出版5本专著，其中一本为英文专著。学院教师团队发表的学术论文《媒介研究的实践范式：框架、路径与启示》获新闻传播学会奖第五届优秀学术三等奖，《以“国家宝藏”为例看新媒体技术在综艺节目中的应用》获2019年度广播影视科技优秀论文奖三等奖。专业内四篇研究报告被企事业单位所采纳，包括《2019中国网络视听发展研究报告》《北京市网络视听节目服务机构名录》《湖北广播电视台（集团）媒体融合优化实施方案》《湖北广播电视台（集团）媒体融合战略决策优化报告》。专业多名教师和同学参与完成北京市委宣传部委托项目《北京国际电影节蓝皮书》、中国记协委托项目《新媒体研究报告2019》、中央广播电视总台、三沙卫视及海口市委宣传部等单位的委托项目。

（三）社会服务成果

网络与新媒体专业强化组织领导，积极落实学校党委关于“四个意识”“两个维护”“不忘初心、牢记使命”主题教育的要求，贯彻课程思政，落实立德树人，服务国家战略，传播中国形象，通过课程建设和科研项目搭建服务国家战略、服务社会的实践科研平台。

1. 创新公益形式，优化人才素养

“光明影院”是由中国传媒大学与北京歌华有线电视网络股份有限公司、东方嘉影电视

院线传媒股份公司联合推出的无障碍电影公益项目，旨在将口述影像与视听传播有机结合，优化口述影像服务模式，提升无障碍电影作品质量，打造一条更具专业性和服务性的“文化盲道”，让更多视障人士走近五彩斑斓的电影世界。中国传媒大学借助“光明影院”平台，将公益服务与教学实践相结合，让“立德树人”贯穿活动始终，将育人和育才相统一，摸索出一套“课程思政”新模式。将价值塑造、知识传授和能力培养有机融合，在培养学生专业能力的同时，加强对公益精神和家国情怀的培育，构建“全员全程全方位育人”大格局。为我国无障碍事业发展培养“知行合一”的专业人才。服务国家战略，力行社会担当。

团队不断拓展“光明影院”无障碍电影项目对视障人士的服务力度。自2017年底创立至今，“光明影院”已经制作完成了208部无障碍电影，并将持续每年制作104部。这意味着，一年52周，每周视障人士能够欣赏两部无障碍电影，达到甚至超过视力无障碍人士的观影频次。2019年底，“光明影院”项目团队推出“70年 · 70部”特别计划，精心挑选了70部新中国成立70年以来不同时期、不同题材的经典电影，制作成无障碍版本，让视障朋友从电影中感知新中国的发展变化，为中华人民共和国成立70周年献礼。当前，“光明影院”已经形成一套独具特色的传播模式：以各省级盲协为纽带，走进影院、盲校、图书馆、社区以及千千万万个家庭，简称“五进”模式。实现了无障碍电影在全国30个省、市、自治区的公益放映和推广，将无障碍电影的覆盖面从北上广深等一线城市拓展到新疆、西藏、青海、宁夏等欠发达地区。截至2019年底，“光明影院”在全国范围内举行了170余次放映，累计两万余人次参与观影。

在新媒体实践方面，“光明影院”利用多样媒介形式形成活动的传播矩阵，向社会发出关爱残障人士的倡议。项目的新媒体内容生产和多媒体互动设计均由学生在教师指导下自主完成。通过运营官方微信公众号、企鹅号，制作新媒体手册、H5、宣传片等，让学生在公益活动中提升融媒体创新实践能力。2019年5月19日第29个全国助残日当天，由中央广播电视总台与中国传媒大学联合摄制的公益广告《爱是一道光》在央视首播。不仅让大众了解了“光明影院”项目，更让全社会关注到视障群体，洞察到我国无障碍电影公益事业的发展。该广告入选“庆祝中华人民共和国成立70周年优秀广播电视公益广告作品名单（电视类）”，得到社会各界的广泛认可。

2019年10月，该项目荣获第五届中国“互联网+”大学生创新创业大赛全国总决赛“青年红色筑梦之旅”赛道金奖，指导教师团队获得“创新创业优秀导师奖”。基于“光明影院”项目，学生作品《光明博物馆》荣获国家新闻出版署举办的第七届韬奋杯全国图书编校暨高校编辑出版能力大赛（学生组）一等奖。

2. 结合学科优势，献礼国庆盛典

2019年建国70周年国庆期间，网络新媒体专业参与制作了快闪短视频《我和我的祖国——百万大学生齐颂中华》。该视频首先上线新华网一小时阅读量过50万、两小时过70万，随后登

陆人民网、新华网、学习强国、腾讯网等几乎所有重要新兴主流媒体平台，仅“学习强国”平台10月4日一天阅读量超220万，截至10月9日作品总曝光1.1亿次，视频总播放1045万次。此外，2018级网络新媒体专业学生还作为骨干参加了70周年国庆阅兵群众方阵。为亚洲文明对话大会、世园会等多项大型活动提供志愿服务。

3. 利用专业技能，优化党建工作

专业积极完善网络新媒体教研室支部建制，团队积极发展党员，加强理论学习，发挥基层党组织战斗堡垒作用；强化组织领导，积极落实学校党委关于“四个意识”“两个维护”“不忘初心，牢记使命”主题教育的要求；配合学校纪委制作了多期《廉洁知乎》。作为意识形态重要阵地，网络新媒体专业共有3名专业教师参与新闻传播学部官微工作，带领学生在2019年共发推文323篇，涉及学院资讯、学术分享、专题策划等十余个栏目。推出“我和我的祖国”系列策划，讲述老教授对新闻传播事业的拓荒、传承、奉献故事；推出“不忘初心、牢记使命”专栏，报道师生党建动态，传播正能量。

4. 举办交流项目，推动国际合作

受中联部、中宣部、中国记协等单位委托，协助学院举办了一系列国际交流项目，以更好地推动中国与世界的相互了解和互学互鉴。专业参与的项目涵盖第29届万寿论坛、“一带一路”记者组织论坛、海外雇员及智库专家访学班等，吸引了近50个国家和地区600余名国际专家和雇员参加。承办第六届“好记者讲好故事”巡讲活动。与联合国教科文组织驻华代表处签署战略合作协议。

三 | 新媒体研究院新媒体人才培养情况

（一）学院概况

新媒体研究院（New Media Institute， CUC）是专注于数字化、信息化和全球化背景下的新媒体综合发展研究的专业性教学、科研机构，致力于新媒体产业研究、新媒体内容研究、新媒体技术研究，以“媒体融合”“大数据”“新媒体与一带一路”“国际互联网传播”“移动媒体”“数字电视”及“新媒体人才培养”等为核心，持续开展深入的新媒体理论研究、行业应用研究和产品创新研发工作，通过联合国内外专家和高级研究人才团队，以严谨的科学研究为根基，努力实现并不断开拓新媒体研究的最大价值。

新媒体研究院已建立起一支以国内外知名学科领军人物和学科带头人为核心，年龄、知识结构合理，学术专长互补的新媒体科研队伍。目前的科研团队包括教授、副教授，以及硕／博士研究生共计70余名。新媒体研究院同多家国际新媒体教育、科研机构建立了合作研究机制和

人才交流机制。

新媒体研究院的学科设置分为三个层面：博士、硕士（工学、文学）及艺术硕士MFA；其中，新设立的新媒体专业，属于新闻传播学科和信息与通信工程学科的交叉学科，培养既懂新媒体产业又具备较好技术、技能的复合型人才，满足社会对复合型人才的迫切需求，具有鲜明突出的交叉融合特点；此外还开设有广播电视专业，培养移动媒体视频节目创作方向艺术硕士。

新媒体研究院设有多个重要实验室暨教学实训和科研实践基地——北京市媒体融合发展重点实验室、中国传媒大学新媒体研究院北京联通5G联合创新实验室、中国传媒大学5G新媒体平台、会展实验室、文旅创新实验室、中图国际出版实验室。实验室是新媒体研究院建立的创新新媒体应用环境，成为重要的教学实训、科研实践平台。

中国传媒大学新媒体研究院切实面向行业实践与产业运营，开展与国内外研究机构、企业紧密合作，合作伙伴有：中央电视台、新华社、人民日报、中国移动、中国联通、北京歌华有线、北京电视台、北广传媒等，合作建立了短视频生产研发平台、图片创新生产研发平台、音频创新生产研发平台。

中国传媒大学新媒体研究院的科学研究得到了政府部门的大力支持。近年学院承担了中央文化产业发展专项资金项目媒体融合传播效果评估；承担了中宣部关于委托进行推动深度融合发展打造新型主流媒体调研、媒体融合发展中技术运用于导向管理调研、媒体融合评估专项研究等工作；承担了国家互联网信息办公室协助编撰全国重点新闻网站“十三五”发展规划研究、媒体融合背景下新闻网站发展定位及发展理念研究、重点新闻网站发展目标研究、重点新闻网站运营管理现状及优化升级研究等工作，为国家相关政策的制定和战略规划提供了理论指导和智力支持。

（二）人才培养

新媒体研究院已经建立了常态化的学生管理工作体系。2019年学生管理工作进一步耦合，效率和效能都得到了不错的提升。

第一，导师队伍多元化，与国内外知名学者共建良好学术氛围。研究院根据学生的特点实行导师小组制，采用校内导师与校外专业导师的协同培养方式指导学生，聘请业界有影响力的专家来校参与研究生的教学培养工作。

第二，打通校园与社会信息高墙，邀请业界专家打造团队课程体系。从业界请一线人员和专家参与到课程授课中来，为不同流程环节配备不同老师。2018年，新媒体研究院与淘宝正式达成了战略合作伙伴关系；2019年，新媒体研究院与新浪微博达成合作。2019年春季学期与阿里共建硕士研究生课程“中传 · 淘宝电商内容创新平台特色课程”；2019年秋季学期与新浪共建硕士研究生特色课程“新浪微博传媒理论与应用”。特色课程共开设16周，讲师团队全部来自淘宝内容生态及新浪微博一线，通过优质课程赋能专业思维，既创新了面向未来的新媒体人才培养机制，又体现了新媒体研究院在课程设置和专业升级方面的不断探索。

（三）科研工作亮点

2019年新媒体研究院围绕媒体融合、5G传媒政策管理与创新应用、智能媒体方向开展研究，多次受中宣部、网信办、广电总局等中央部委委托开展相关工作，同时也为人民日报、新华社、中央广播电视总台等中央宣传单位及地方政府部门持续开展服务工作，研究成果均到各部委、央媒及各企事业单位等高度认可。

1. 媒体融合方向

受新华社委托由新媒体研究院编写的《中国新兴媒体融合发展报告（2018—2019）》在第七届中国新兴媒体产业融合发展大会发布，该报告盘点了2018—2019年中央、省、县级媒体融合的优秀案例，梳理了5G技术创新在网络、终端、内容、业务、平台和场景上与媒体融合的最新探索，归纳了人工智能在传统媒体、新兴媒体和其他行业的智能应用，总结了短视频、小程序、知识付费、内容电商等新媒体业态的发展情况。新媒体研究院围绕北京市媒体融合发展重点实验室开展了一系列媒体融合项目研究工作，并参与中宣部新闻局项目“新技术条件下新闻传播业务流程发展趋势研究”；成都新闻实业有限责任公司委托项目“成都传媒集团融媒体中心建设方案”；三亚市委宣传部委托项目“2019年三亚市对俄语地区国际传播规划项目”；北京市社会科学基金研究基地项目“5G时代背景下首都传媒行业发展战略及趋势研究”等。

2. 5G新媒体平台创新

2019年4月18日上午，“5G与传播”研讨会暨“5G新媒体平台”成立仪式在中国传媒大学国际交流中心举办。中国传媒大学“5G新媒体平台”将针对5G新媒体政策与管理、传统媒体5G应用、5G新媒体业务创新以及5G新媒体商业模式展开研究，进行智力输出与人才培养。积极参与和建设5G新媒体生态，通过一系列的科研工作与开放合作，为业界搭建起一个5G新媒体的沟通平台、技术应用平台和创新实践平台。

5月30日，主题为“5新联通，G智未来”的北京联通5G生态合作大会在国际会议中心成功举办。中国传媒大学协同创新中心新媒体研究院作为北京联通5G联合创新实验室的合作伙伴，将会进一步与各行业的合作伙伴深入交流、建立合作，更好地推进5G背景下的新媒体研究，把握5G时代信息传播的发展机遇，引领5G新媒体行业的发展。

3. 智能媒体方向

2019年度新媒体研究院开展了多项前瞻性理论及应用型研究，同时和智能媒体业界领先企业开展了多项深度交流合作，主要成果包括：人民网组织编写的《2019，内容科技（ConTech）

元年》白皮书正式发布，中国传媒大学赵子忠教授团队参与白皮书撰写。中国传媒大学新媒体研究院、新浪AI媒体研究院联合发布《中国智能媒体发展报告（2019—2020）》，对全球智能媒体产业的生态图景进行了深入洞察：立足于人工智能时代的政策红利、经济增益和技术前景，报告聚焦全球媒体智能化发展的细分赛道，全面展现国内外知名媒体与互联网公司扎根于“算据+算法+算力+网络”的基础底座，不断加速人工智能技术在媒体全链路、全环节融合应用的成熟探索。

四｜传播研究院新媒体人才培养情况

2019年传播研究院新媒体传播教学及科研工作在多个方面都取得了显著成绩。

（一）开设“智能传播”全日制学术型硕士专业

传播研究院2019年在国内率先开设了智能传播学术型硕士专业，智能传播方向的培养目标是培养既熟悉传播学发展史论，又具有前沿视野及眼光；既有深厚理论积淀，又熟悉智能传播发展前沿；既有人文基础，又具有一定逻辑思维及应用能力的综合性人才。重点培养学生的交叉学科思维、创新应用能力，鼓励学生积极参与智能传播实践，并围绕智能传播发展热点问题开展学术研究及创新应用，具有良好的思想品德和社会责任感等。

（二）“融媒体实训实验室”投入使用

为培养新媒体的制播人才，传播研究院已经建成包括演播录制播放实训室，配音实训室和后期编辑教学实训室在内的融媒体实训实验室。演播录制播放实训室是一个三机位真实虚拟结合演播室，教学过程中可以实现一键切换。配音实训室可以提供音乐节目制作编辑、语言配音、声乐演唱录制、朗诵小品录音制作及资料拷贝等功能。后期编辑教学实训室可以同步为录制好的视音频资源进行非线性编辑，同时满足讲解、授课、培训及交流等需求。融媒体实训实验室的建立，主要提供两点重大功能：

1. 提升“新闻传播学”学科教学效果，转变教学模式

传播研究院融媒体实训实验室在有限的空间环境中，建设成为一个充分实践互动的开放式国际研究生培养基地。国际研究生可以通过实际操作专业视频采集、录制、编辑配套软硬件设备，学习和制作新闻媒体产品，并通过互动讨论的方式进行学术交流与分享。实验室增加小组互动学习座位，配合可移动触控一体机等一系列互动讨论辅助设备，实现小组协作互动式的探究性研究学习，提高国际研究生的实践能力与协作能力。

2. 服务国家战略，做好教育界的“国际传播”

利用目前的融媒体实训室的基础硬件设备，支持鼓励国际研究生挖掘中国文化与跨文化选题，将“国际传播实践”与“中国经验”相结合，让国际学生在实践中深入理解中国社会与文化，通过跨文化视角叙述、描绘中国发展。

（三）新媒体学术研究水平不断提升

2019年，我院发表了14篇新媒体相关的学术论文，其中6篇C刊，不断提升我院新媒体领域的科学研究水平。

（四）提高社会服务质量，鼓励教师积极参与新媒体相关会议与实践

研究院鼓励青年教师直接参与学界、业界的一线业务交流，于2019年6月29日至30日，承办第五届媒介素养教育国际学术会议。9月24日至26日，学院两位教师赴瑞典参加联合国教科文组织在瑞典哥德堡举办的“2019年全球媒介与信息素养（MIL）周”专题会议和青年议程论坛。研究院连续2年推荐青年教师参加刺猬公社举办的暑期高校研学营、北京市哲学社会科学教学科研骨干研修班、双一流学科青年教师国际媒体创新研修班等活动，促进研究院教师了解学界业界关于新媒体的最新研究动态，直接与前沿实践研究相对接。

（五）学院国际生积极参与新媒体传播活动，获得社会广泛关注与高度赞誉

2019年学院“国际学子看朝阳”暨“国际文化交流论坛”主题活动，获得了人民网、中国日报、千龙网、北京时间、网易、朝阳有线、朝阳报、朝闻道、“北京朝阳”APP等国内媒体对活动进行了报道，尼泊尔两家媒体Ghatanarabichar和News24分别对活动进行了报道。多名国际生获得外文局主办的中非短视频大赛二、三等奖。五位国际博士生的参会论文被收录在“红色文化与中国话语”国际论坛论文集。尼泊尔籍博士留学生KritiBhuju在中国日报网发表题为《习主席访问尼泊尔：两国关系升至新高度》（*Xi's visit to Nepal：Taking bilateral ties to new heights*）的评论文章。

（中国传媒大学）

清华大学新闻与传播学院新媒体人才培养工作概况

2002年建院之初，清华大学新闻与传播学院便建立了以新媒体、影视传播、国际新闻、媒介经营与管理等几个特色学科方向为主导的教学科研平台。其后，随着信息传播技术的快速发展和国内外传播环境的不断变化，学院始终坚持“素质为本、实践为用、面向主流、培养高手”的办学理念，坚持把新媒体方向的教学、科研、实践、社会服务与技术进步、社会发展结合起来。充分利用清华大学独特的多学科综合背景和丰富的人力资源优势，注重学科、课程、生源和师资的交叉，与清华大学自然科学、人文社会科学的相关学科融合发展，形成“宽基础、重实践、强理论”的新媒体方向发展格局。

2019年清华大学新闻与传播学院新媒体传播教学及科研工作，在多个方面都取得了显著成绩。

一｜适应大类分流，加强课程建设，构建层次化教学体系

清华大学自2017年开始全面实行本科大类招生，将原有49个本科生专业整合成16个大类，所有新入学的本科学生都将进入这16个大类中学习。入学后前1—2年打通培养，统一学习公共基础课程，大二或大三年级时再按照一定程序和标准具体选择专业、分流培养。

本科新闻学专业划分在人文与社会大类中。人文与社会大类涉及清华大学人文学院（含外国语言文学系）、社会科学学院和新闻与传播学院，涵盖汉语言文学、历史学、哲学、英语、日语、社会学、经济学、心理学、国际政治（含国际事务与全球治理方向）、新闻学等招生方向。同学们经过一年的学习后，在第二学期结束前自主确认专业分流方向。经过两年的大类培养实践，截至2019年春季学期末，有90%的同学都顺利转入第一志愿分流专业，首选新闻学专业的同学也都得到了非常满意的专业确认结果。

为了适应本科大类分流以及学科的快速发展，新闻学院自2017年起开始调整本科课程安排，两年来逐步形成层次化教学方案。具体方案中，将专业基础课程《数字媒体技术基础》

《镜头中的国家与社会》设置为大类必修课，将《新媒体与社会》《影视制作》等课程设为专业必修课；并在专业选修课中纳入《文科数学》，设置“融媒体传播”方向专业选修课组，包括《媒介编程》《数字媒体实务》《新媒体新闻实务》《社会化媒体应用》《数据新闻》等新媒体相关课程；设置《人文清华融媒体工作坊》《清新时报工作坊》《清新视界工作坊》《新媒体工作坊》《清影工作坊》等实践教学工作坊。这一系列改革，大力强化了新媒体相关课程在本科教学体系中的份量，保证了本科人才“熟练掌握专业技能，具有跨媒体应用能力并有专长”的培养目标。

此外，在传统新闻学相关课程中，也加强了对新媒体表现形式和方法的应用，更多引导同学们用新媒体手段呈现作品和成果。如《清新时报工作坊》和《人文清华工作坊》均建立了自媒体矩阵，《新闻采写》《新闻史》课程成果在多个热门网络平台上得到展示。

研究生的课程培养方案，也在原有课程的基础上，进一步探讨了专业核心课程中《新媒体研究》《数字媒体设计》《媒体数据挖掘》等几门课程的内容建设，并分类设计了学术型硕士、专业型硕士课程教学方案；同时进一步明确了全球财经新闻（GBJ）、国际新闻传播等硕士项目中新媒体相关课程的教学计划，如《财经新闻数据挖掘与分析》《新闻写作与多媒体报道》《社会化媒体运营》等等。博士课程《新媒体传播专题》则会有针对性地将新媒体研究的热点问题与理论思考相结合，形成学术上的碰撞与思想火花。

教学与实践的互动表明，新媒体相关的技术应用与理论探讨，已经潜移默化地成为新闻传播学科所有课程的技能与认知基础，无论是实践课上的动手环节培养，还是理论课中的思维体系建设，都可以看到新媒体相关的案例与思考，这样的分层次课程体系建设，不但可以在新闻传播领域，也可以为相关学科（如政治学、社会学、心理学等）提供非常好的系统支撑。

二 | 重视实践环节，强调内容生产，打造全媒体传播链条

清华大学新闻与传播学院新媒体传播方向紧紧围绕“素质为本、实践为用”的办学理念，结合各类课程建设，坚持优质内容生产，2019年已形成以“人文清华”为代表的多个全媒体传播链条。

“人文清华”讲坛（简称讲坛）是由清华大学发起的大型思想传播活动，邀请当代人文、社科大家阐述经典学说、独特思考和重大发现，以公众演讲为核心，辅以深度访谈、各种人文社科类内容，形成综合性的内容生产与新媒体运营平台。

讲坛自2016年1月10日开始举行，已成功举办大型演讲活动二十五场。2019年共举办了6场演讲，常沙娜、陈国青、钱易、尚刚、张明楷、景军6位清华学者在讲坛与听众分享了真知灼见，近300万人通过网络直播观看。全年共发布4372条视频，各自媒体平台用户粉丝增长105万，短视

频可统计点击量1.8亿人次。

“人文清华”讲坛通过央视频、网易新闻、凤凰新闻、搜狐教育、今日头条、抖音、腾讯新闻、腾讯视频、中国青年报、中青在线、中教之声、未来网、CIBN等13家平台进行直播，截至2019年12月31日，到场聆听演讲者近2.8万人次，在线观看总计943万次。

2019年3月“人文清华”入驻抖音平台，粉丝数78.8万，共获点赞量178.7万；2019年8月“人文清华”入驻学习强国平台，建立“人文清华”讲坛专题并在推荐页隆重推出，已发布11期讲坛精剪版视频，共获点赞量3.61万次；2019年11月入驻央视频平台，并通过央视频平台直播景军专场演讲，获央视频教育类账号TOP10。

新媒体时代，“人文清华”讲坛以全媒体、全品类、全流程为传播策略，确立了完整的运营传播流程。除直播平台外，“人文清华”讲坛系列短视频也在学习强国、央视频、今日头条、抖音、一点资讯、腾讯企鹅、网易号、大风号、腾讯视频、爱奇艺视频、QQ公众平台、秒拍、YouTube、喜马拉雅FM等14个平台发布，累计覆盖人群（指推送触达）近35.8亿人次，可统计的自主传播总播放量达3.8亿次。

目前，“人文清华”讲坛粉丝总计155.71万人，其中今日头条、抖音等音视频平台共计130.1万人，微博4.9万人，微信8.3万人，其他11个平台共12.4万人。讲坛的海外账号，已覆盖美国、日本、加拿大等36个国家和地区。此外，“人文清华”还将嘉宾的深度访谈和演讲实录整理出版，推出了《守望与思索：人文清华讲坛实录》系列图书。

三｜直面技术伦理，重视国际合作，形成科研教学新局面

新媒体的快速发展，特别是人工智能技术的不断引入，给信息的内容生产与传播方式带来了巨大的变革，同时也引发了更多关于社会信息价值观的隐忧。2019年1月6日，国家社会科学基金重大项目“智能时代的信息价值观引领研究”开题会在清华举行，来自全国多所院校新闻传播、哲学、计算机、心理学等领域的四十多位学者参加了会议。课题将从智能信息技术带给人类的诸多价值观挑战入手，通过信息哲学、技术哲学、社会心理学、传播学、计算机和智能科学等跨学科的交叉中，从智能时代的信息价值观的个体、社会和传媒三个维度进行深入研究，探讨适应智能时代要求的信息价值观引领策略，构建一套智能时代信息价值观的理论体系和实践原则。

为了适应全球化、信息化和传播技术迅猛发展与日益普及的时代需求，经过长时间的酝酿与协商，2019年5月22日，清华大学-美国南加州大学“数据传播”（Data Sciencesin Communication）双硕士学位项目正式启动。该项目聚焦于数据科学、信息技术、新闻与传播领域，旨在培养兼具数据科学知识和媒体运营能力的国际化人才，以适应当前新闻传播行业发展

的新趋势。

“数据传播”双硕士项目具有非常明显的社科与理工交融的跨学科特征，在近年的教学与研究中，清华大学新闻与传播学院始终积极回应来自学术界、教育界、传播产业界的需求，力求贯彻落实“价值塑造、能力培养、知识传授”三位一体的理念。“数据传播”双硕士学位项目的设立将进一步拓宽学生的国际视野，提升其专业实践能力和职业胜任能力。媒体思维和技术观念相互赋能，将能够创造更多可能性。

项目由清华大学新闻与传播学院与美国南加利福尼亚大学（University of Southern California，USC，简称南加大）安纳伯格传播与新闻学院（the Annenberg School for Communication and Journalism）及维特比工程学院（the Viterbi School of Engineering）共同设立，录取学生在完成相应课程要求后，将获得两校的两个硕士学位。该项目于2019年10月发布了第一期招生简章，将在2020年迎来第一批学生。

2019年，清华大学新闻与传播学院在新媒体传播领域，还取得了以下成绩：

一是实验室硬件提升，“新闻传播学实验教学中心”获批“认知传播实验项目”，该项目将在2020年获得资金支持并完成建设；

二是继续开办“智媒EE（Executive Education）”高级管理工作坊第三期和第四期，来自中央及地方主流媒体的80多位高级管理人员参加了工作坊；

三是2019年5月，与今日头条未来传播研究中心合作，清华大学新媒体传播研究中心主任彭兰教授发布《智媒时代的新生产力——2019新媒体发展趋势报告》；

四是2019年9月，清华大学沈阳教授课题组和人民网联合发布的《20195G产业发展报告》首次向社会公开，深度解析5G产业发展现状和未来趋势；

五是2019年11月，中国新闻史学会网络传播史研究委员会换届，清华大学吕宇翔副教授当选副会长。

（清华大学新闻与传播学院）

武汉大学新闻与传播学院新媒体人才培养工作概况

一 | 基本情况

学院现设新闻学、广播电视、广告学、网络传播4个系，5个本科专业（新闻学、传播学、广播电视学、广告学、播音与主持艺术）。学院拥有新闻传播学一级学科博士学位授予权，5个二级学科博士学位授予权（新闻学、传播学、跨文化传播学、广告与媒介经济、数字传媒），5个硕士学位授权点（新闻学、传播学、数字传媒、广播电视艺术理论、新闻与传播硕士专业学位），一个新闻传播学博士后科研流动站，一个省级一级学科重点学科（新闻传播学）。

新媒体学科建设包括主要研究方向、学术队伍建设、科学研究、学术交流和教学科研基础条件建设等几个部分。

（一）主要研究方向

目前新媒体学科主要的研究方向是网络传播理论与实务研究、数字媒介技术与应用。其他的研究领域包括风险传播、组织传播、健康传播、新闻传播教育、跨文化传播、传播政治经济学、媒介社会学、政治传播、媒介文化、公共记忆与文化、西方修辞理论与分析、发展传播学等研究方向。

（二）学术队伍建设

根据新媒体学科建设需要，学院在学术队伍建设方面采用了“引进+培养”的模式。一方面通过引起国内外学界业界的学者专家，丰富新媒体学科研究队伍。另一方面，通过组织中青年学者通过学院制订的“双一计划”，赴境外学习1年和去业界挂职锻炼一年，以满足人才培养的需要。

（三）科学研究

近年来，团队主持的课题项目包括国家级、省部级及校级科研项目，总数超过40多项。学术成果包括论文和著作。发表论文120多篇，涉及的研究领域包括健康传播、风险传播、舆情研究等，论文发表在国内外权威学术期刊上。在中国社会科学出版社、社会科学文献出版社和红旗出版社等出版了《新媒体跨文化传播的中国实践研究》《跨文化虚拟共同体：连接、信任与认同》《文化冲突与跨文化传播》《新时代中国媒体汇流与融合传播》《“互联网+”时代：传播融合的嵌入性反思》《新世纪中国媒体汇流》等著作，并有《新媒体技术》《网络传播技术基础》等教材出版。《中国数字营销二十年研究》一书于2019年12月由科学出版社出版，是国内第一本运用第一手资料写成的中国数字营销发展的研究专著。

（四）教学科研基础条件建设

新媒体学科建设坚持教学科研同步推进的原则，在不断加强科学研究能力的同时，持续完备教学科研基础条件建设，包括教材建设、教学成果奖申报、实验和实践教学平台建设、教学改革项目申报及教学竞赛等方面。

教材建设方面，新媒体学科依托部校共建本科项目，推出了一系列本学科相关教材，部分教材已经正式出版。包括《网络传播技术基础》《传播学内容分析研究与应用》《话语研究：多学科导论》《新媒体技术》《新媒体内容生产与编辑》《Web技术原理与应用》和《电子媒介发展史》等。这些教材的出版为学科建设教学方面奠定了基础。

实验和实践教学平台建设方面。学院先后建设了传播学专业媒介技术类课程教学平台“传播学专业媒介技术类课程教学平台建设”和新闻与传播学院云教学平台“基于云技术的混合式教学研究”。新闻与传播学院拥有全国首个新闻传播学实验教学示范中心，新媒体实验和实践教学平台的建设推进了整个学科建设的进程。

教学改革项目方面。新媒体学科建设坚持教学改革思路，持续完善课程教学体系，申报了湖北省和武汉大学的多个教学改革项目，持续推动课程建设。包括湖北省教学改革建设项目2项“新闻传播学拟态实践实习平台的构建与实践研究”“荆楚卓越新闻人才协同育人计划”，武汉大学教学改革建设项目1项“传播学专业媒介技术类课程教学平台建设”，武汉大学信息化类教学研究项目2项“基于云技术的混合式教学研究”“基于游戏化思维的媒介技术类课程混合式教学设计研究”。

二 | 人才培养

学院现有全日制学生1500多人，其中本科生700多人，硕士、博士研究生700多人。

（一）本科生培养

新闻与传播学院按照新闻传播学类招生。旨在培养“有思想的传播人、负责任的传媒人”，培养适应信息传播变革和社会发展需求的高端、专业、融合、创新型新闻传播人才。

传播学专业在人才培养方面既注重传播学理论学习，也注重数字媒介产品策划、设计、开发和运营。其中比较有代表性的有新媒体产品“狐说”和数字媒介工程实践课程中学生们的文化创意产品。“狐说”新媒体产品是传播学专业师生共同创建的网络新媒体专业学习互动平台，以必修课程网络传播概论为基础，联合海外新媒体评析、网络社会学等专业课程共同打造兼具深度和趣味的网络文化知识社区，聚焦海内外新媒体前沿动态，在微信、微博、知乎等各端推送学生原创专业作品。截至2019年11月，微信公众号已推送1376篇作品。在数字媒介工程综合实践课程中，学生完成的在线作品类型包括网站、微信小程序、移动APP等。

（二）博士及研究生培养

新媒体学科目前拥有传播学（新媒介发展研究）、数字传媒两个博士学位授予点，拥有传播学（网络传播）、数字传媒两个学术型硕士学位授予点，新闻与传播（网络传播）专业型硕士学位授予点。

目前，该学科拥有2位博士生导师，8位硕士生导师。

（武汉大学新闻与传播学院）

暨南大学新闻与传播学院新媒体人才培养概况

学院的新媒体工作紧紧围绕着“质量是生命、创新是灵魂”的办学理念，坚持“面向海外、面向港澳台”的办学方针，弘扬“忠信笃敬、知行合一、自强不息、和而不同”的暨南精神，与时俱进，开拓创新，做好教学、科研和社会服务工作。其中暨南大学网络与新媒体专业作为传统优势学科中孵化出的前沿专业，具有良好的资源基础、办学实力和雄厚的创新实力。

2019年暨南大学新闻与传播学院新媒体传播教学及科研工作在多个方面都取得了显著成绩。

一 | 新媒体人才培养

（一）线上教学与线下教学协同：高起点建设网络与新媒体专业在线课程群

网络与新媒体专业人才培养的目标是培养适应媒体深度融合和行业创新发展，具有学科交叉背景的全媒型、创新型、复合型、专家型人才。围绕国家标准课程体系，以一流课程为建设目标，搭建起网络与新媒体专业课程体系，共计开设新课28门，其中技术类课程超过1／3，总体实践教学超过1692学时。

以教育部推进现代信息技术与教育教学深度融合，推动实施一流课程建设“双万计划”为契机，以金课两性一度为建设标准，围绕网络与新媒体核心课程体系，逐步建立起建一批具有开创性的、能够带动和辐射全国的网络与新媒体专业在线开放课程群，并探索线上线下混合式教学模式。其中已建成在线开放课程三门《数字营销：走进智慧的品牌》《融合新闻：通往未来的新闻之路》《新媒体文化十二讲》，在建在线开放课程两门，其中一门国际双语在线开放课程。此外，在建的还有虚拟仿真教学项目。

MOOC（大型开放在线课程）《数字营销：走进智慧的品牌》将通过数百个国内外金奖案例全方位展现数字营销当前应用的8大领域：交互展示、游戏玩乐、移动定位、搜索应答、社交情感、电子商务、内容共生、协同创新。以SPOC课程的方式在暨南大学校本部、珠海校区、南校区，面向全校学生开设同名公共选修课，探索基于大规模在线开放课程的多校区协同教学、线上线下混合教学新模式。从课程考核体系、教学内容和教学资源三方面进行改革创新。课程考核体系方面，在线开放课程管理平台的考核与校内教学处学分课的考核相结合，以MOOC成绩管理平台、SPOC成绩管理平台和教务处成绩录入系统分别作为面向社会公众、全校公选课学生以及本院专业课程学生的成绩管理平台，以低至高建立不同层次要求的考核标准。在教学内容的改革中，采取基础知识通过在线课程自学，应用能力通过在线论坛互动讨论提升，对热点焦点问题的探讨通过见面课的多校区辩论深入解决的模式。在教学资源方面，通过微信公众号、豆瓣论坛、优酷案例视频库、网站等一系列网络技术手段，打造在线开放课程与学生互动交流的多维平台

2019年9月和11月，《新媒体文化十二讲》和《融合新闻：通往未来的新闻之路》相继在中国大学MOOC平台上线，被爱课程网首页推荐，选课人数超过5万，在全国新闻传播类在线课程中排名前列，被评为广东省精品在线开放课程。MOOC《融合新闻：通往未来新闻之路》立足200个国内外经典案例，广东省融合新闻教学团队全景式呈现融合新闻——网页新闻、数据新闻、短视频新闻、H5新闻、VR新闻、动画新闻、算法新闻、新闻游戏、移动直播等的策划理念、叙事语言和制作方法。

（二）校内学习与校外实践协同：项目驱动的协同育人模式

以融合新闻传播项目为驱动，搭建学校、媒体、企业三方联动共赢的实践教学平台，推动协同育人模式真正落到实处。围绕跨学科、应用型、复合型、创新型融合新闻传播人才培养的目标，以“项目驱动、成果导向、协同育人、知行合一”为建设思路，在继续深化与原来南方报业传媒集团、羊城晚报传媒集团等传统主流媒体合作关系的基础上，大力开拓包括“南方＋”新闻客户端、“触电新闻”客户端、央广网、新华网、腾讯媒体研究院、网易新闻、今日头条、微信等在内的新媒体机构、互联网新闻平台作为协同育人战略合作伙伴，探索以项目为驱动、以作品为考核、以社会影响力为导向的融合新闻传播人才互培新模式。

为了实现社会资源与校内教学的对接，还进行了一系列机制模式的改革：以“系列专业工作坊”开展持续的、分阶段的、分方向的校内实习；以“开放实验课”开展基于专题和专项任务的孵化以及竞赛辅导；以“专项特训营”开展针对专项基础技能应用的特训；以“暑期社会实践”开展基于重大选题的系列专题作品生产；以“校外实践平台和校外实习基地”开展毕业综合实习；以“毕业设计及答辩会演”对学生综合业务能力和实践水平进行全方位检验，逐步形成了以“专业工作坊—开放实验课—专项特训营—暑期社会实践—实践基地实习—综合毕业设计”六大环节为一体的实践教学创新体系。

网络与新媒体专业率先在本科二年级学生中针对未来发展方向分流，形成“融合新闻”“数字产品”和“公共传播”三个专业工作坊，并分别与网易新闻、网易游戏、触电新闻、南方+、微信、宝洁、企鹅新媒体学院、大粤网、荔枝APP、广东省公安厅、广东省消防总队等合作单位，围绕数据新闻、产品用户增长、政务新媒体等项目展开实践教学。

“移动新媒体实战专训营”系列活动，围绕电子杂志编辑、H5等新媒体内容制作与作品创作，联合南方都市报、方正集团、蜂巢科技有限公司等合作机构，指导学生参加由一级学会——中国编辑学会主办的中国大学生新媒体创意大赛。2014年大赛举办至今，共有27位同学的作品荣获全国一等奖、二等奖、三等奖、最具商业价值奖、最具人气奖等多项大奖。

（三）技能训练与综合创作协同：毕业设计综合能力的体现

模块化的知识讲授和技能训练，要通过综合实践才能内化为专业素养和能力。高阶人才培养目标必定要回应我国当前媒体融合及未来现代传播体系中对于全媒型、创新型、复合型、专家型人才的需求。

2019年5月，网络与新媒体专业首届本科学生毕业设计作品围绕医患矛盾、病情隐瞒、生育医院、女性职业平等、志愿信用系统、博物馆传播等社会公共议题，创作出包括数据新闻、H5、小程序、交互游戏、长条漫画、Vlog短视频等多种融媒体表现形式在内的融合新闻传播作品。作品发布后，产生了巨大的社会反响和影响力，大部分作品得到澎湃新闻、“南方+”新闻客户端、“触电新闻”客户端的转载和推荐，得到了包括广东省博物馆、广东省人民医院、共青团省委志愿者服务平台等委托合作机构的认可和采纳。微博、微信、短视频平台、新闻客户端等全网综合传播力超过1000万。

二 | 成立暨南大学新闻与传播学院网络社会治理研究中心

2019年，为响应党的十八届三中全会提出的“推进国家治理体系和治理能力现代化”战略目标，暨南大学新闻与传播学院在校级研究机构“新媒体与传播生态研究中心”的基础上成立网络社会治理研究中心。研究中心成立一年来，致力于全面提升科研质量、社会服务贡献度和学科专业影响力，取得了一系列比较显著的成绩。

（一）打造“五个一”建设工程

“五个一”建设工程，包括一蓝皮书（《中国网络社会治理研究报告》及其发布会）、一智库（网络社会治理研究中心）、一论坛（网络社会治理研究论坛）、一数据库（全球互联网治理数据库）、一微信公众号（互联网治理蓝皮书）。

研究中心组建了一支来自海内外、跨学科、政企学组成的智库团队。智库团队已在社科文献出版社连续三年出版《中国网络社会治理研究报告》（互联网治理蓝皮书）；每年通过新华网、人民网、央视网、中青报等中央级媒体向海内外读者发布最新重要研究成果；连续多年开展网络社会治理研究论坛，就蓝皮书中的重要热点议题以及未来潜在的网络社会风险治理议题进行讨论。智库团队还定期更新“互联网治理蓝皮书”微信公众号和全球互联网治理数据库，为网络社会治理研究提供最新研究资讯和国内外最新法律政策进展。

（二）取得重大科研项目和重要成果

研究中心2019年度获批国家社科基金重大招标项目《媒体深度融合发展与新时代社会治理创新模式研究》。此前，研究中心骨干成员已相继获批国家社科基金重大招标项目《互联网群体传播的特点、机制与理论研究》，国家社科基金重大招标项目《人工智能时代的新闻伦理与法规》，国家社科基金重点项目《十八大以来新闻舆论在治国理政中的作用机制研究》，国家社科基金重点项目《全球互联网治理的竞争格局与中国进路研究》。

（三）积极参与社会服务，提供智力支撑

研究中心充分发挥智库团队的优势，积极服务于地方经济社会发展的需求。2017年，研究中心与广州市互联网信息办公室共建广州市网络社会治理研究基地，提供决策咨询报告和专业指导意见。2019年，与南风窗、广州电视台等媒体合作开展多项专题调研，撰写调研报告，为地方治理提供决策参考。已连续三年承办广东省网信办主办的“广东省一网一品牌建设与评估”活动。2019年，研究中心骨干人员为省内外宣传部门、网信部门、新闻媒体单位和企事业单位提供有关网络社会治理的培训讲座多达50场以上，将研究成果、研究观点充分运用到实际工作中。暨南大学网络社会治理研究成果在省内乃至全国已经具有了一定的知名度和影响力。

三｜再接再厉：计算新闻传播研究中心2019年再创佳绩

暨南大学计算新闻传播研究中心是从事舆论学、计算传播学等新闻传播交叉研究的专业研究机构。中心核心团队组建于2012年，2018年新闻与传播学院专门成立计算新闻传播研究中心，重点推进以数据分析为核心的新闻传播学相关研究。中心对接国家和省市发展战略，针对一些重大思想、理论和现实问题，提出了具有辐射力和影响力的原创研究。2019年，中心再次取得喜人成绩，汇总如下：

（一）定位高端智库，直面重大现实挑战，回应重大社会关切

中心对接国家和省市发展战略，针对一些重大思想、理论和现实问题，提出了具有辐射力和影响力的原创研究。2019年共向中宣部报送信息108篇，获得采纳35篇，荣获中宣部2018年度舆情信息工作优秀单位，部分稿件荣获中宣部2018年度舆情信息优秀稿件。中心舆情工作突出，已连续四年荣获中宣部年度“舆情信息工作优秀单位”称号。除了中宣部信息直报渠道之外，本研究基地还跟共青团中央、广东省委宣传部、广东省公安厅、国安厅、广州市网信办、广州市公安局等众多部门有固定服务关系，有效拓展了舆情报告的影响。

（二）举办高水平论坛，深层次学术交流不断拓展

中心在2019年度举办“广州新观察”系列论坛的第35期至第42期，每期选取决策热点作为讨论主题，遍邀名家，大大提升了研究中心的影响力和辐射力。“广州新观察”圆桌会议由广州市科学界联合会于2015年7月发起，联合广州市舆情大数据研究中心和南方日报社共同举办，每月一期，旨在引导社会科学专家学者更多地关注中国改革开放和现代化建设中的理论前沿和现实问题，及时地为广州市的城市建设和深化改革献计献策，积极地发挥思想库和智囊团的作用。

此外，中心在2019年成立粤港澳大湾区企业声誉研究中心，中心成立后举办粤港澳大湾区企业声誉研究中心主题研讨会，并组织粤港澳地区企业、学界、政府代表，参访腾讯、广汽、南方电网等单位，以期解决企业声誉研究和管理中的理论难题与现实挑战。

（三）发力传播大数据实验室建设，科研条件进一步提升

数据方面，截至2019年12月底，实验室平台存储了过100亿条数据，融合了多种数据来源，包括国内外主流社交媒体（微信、微博、Facebook、Twitter、知乎等平台的用户信息及用户产生的内容），国内外传统主流媒体（Factiva数据库）。实验室拥有的境外媒体数据平台覆盖国际200多个国家和地区、超过20种语言的媒体，同时可覆盖Twitter和Facebook两大国际社交主流平台，另外可提供针对特定网站的数据挖掘与分析服务。

硬件方面，实验室已建成由50余台高性能服务器组成的大数据处理分析集群，拥有顶级CPU物理核心数1200个，内存12T，存储超过2PB，内部万兆光纤互联的大数据传输、存储和运算能力。购置的全球首款单机箱人工智能超级计算机NVIDIADGX-1将在图像识别、视频分析、语音识别及自然语言处理等领域进行创新探索与成果应用。通过部署Hadoop、Pivotal Bigdata Suite等基础构架和Elastic Stack、Tableau Server等大数据智能分析应用，已可实现目前积累并预处理的过百亿条多元异构数据的实时在线可视化分析。中心的科研条件得到大幅度提升。

（四）聚焦重大理论难题，重大重点项目不断突破，科研成果质量齐升

2019年，本基地研究员先后承担了国家社科基金项目5项，中共中央宣传部项目1项，教育部新闻传播学类项目4项，共青团中央项目2项，广东省人文社科项目3项，承接国家税务总局、广东省委宣传部等单位横向项目7项，到位经费240余万元；中心研究员在CSSCI等核心期刊共发表论文60余篇；出版专著、编著3部；获广东省哲学社科成果奖4项。在舆情传播、公共危机传播与管理、大数据与舆情监测、国际传播等方面取得了大量有影响力的成果。

（暨南大学新闻与传播学院）

华东师范大学新闻与传播学院新媒体人才培养工作概况

1992年华东师范大学兴办广播电视编导专业，2002年传播学系成立，2004年传播学院成立。传播学院下设广播电视学系、新闻学系、广告学系、出版与文化系4个系；拥有广播电视编导、播音与主持艺术、新闻学、广告学、编辑出版学5个本科专业；拥有戏剧与影视学、新闻学、传播学3个学术硕士点，新闻与传播硕士、艺术硕士（广播电视）、出版硕士3个专业硕士点；拥有新闻传播学、戏剧与影视学2个一级学科硕士点、新闻传播学一级学科博士点。

近年传播学院学科发展积极对标《教育部中共中央宣传部关于提高高校新闻传播人才培养能力实施卓越新闻传播人才教育培养计划2.0的意见》，聚焦学校幸福之花“5+”（教育+、健康+、生态+、国际+、智能+）行动计划，以智能传播、融合出版、创意传播和视听艺术传播为四大特色增长点，探索新文科建设，以评促建，推动双一流建设。

2019年，华东师范大学传播学院新媒体传播教学及科研工作在多个方面都取得了显著成绩。

一 | 先进融媒体中心建设

为满足融媒体发展的人才培养需求及融媒体教学的实践需要，学院以融媒体实验中心建设为契机，于2019年4月开始进行规划建设、资金筹措、施工建设，建设之初通过调研、研讨等方式不断对融合媒体平台的建设模式和未来发展方向进行多方位的思考和讨论，深化实验课程体系改革，拓展实验教学内容，对学院的实验条件、实验设备进行提档升级，将融媒体中心打造成智慧实验教学中心、融媒体教学实训平台、全校新闻宣传的“中央厨房”、科学研究的基地。

作为整个学校融媒体的基础平台，融媒体中心提供前端内容汇聚、制作、发布、音视频演播室的实训教学、数字内容创意、广告设计、虚拟仿真教学、非编制作、直播点播等应用。以云平台为中心，打造特色实验室、特色实训平台，展示特色教学应用，以此为基础，改革实验教学体系，强化学生的专业技能培养。融媒体实验中心通过观念重塑、流程再造、平台建构，整合学院音、视频及图片素材、作品资源，实现传统媒体和新媒体有机融合，形成校内“报、网、端、微、屏”为主体的融媒体矩阵，实现了“一次采集、多元生成、多渠道传播”的工作路径。完全再现了当前媒体运营的真实环境，让学生在实践中学习媒体运营的管理经验。通过该平台将学院的所有媒体实践项目整合到了统一的平台进行管理、运营、展示。

融媒体平台是大数据、云计算和人工智能在新闻传播业的最新应用，具有先进的体系机构、领先的行业理念、强大的传播功能，是新闻传播的利器。学院以此平台的硬件条件和运行数据为基础，组织教师开展融媒体传播模式研究、媒体传播业态研究、媒体内容制作和传播研究，形成融媒体研究基地。

（一）系统介绍

学院以融媒体中心的建设经验、运行经验和科技优势相结合，向各新闻单位推广融媒体建设、运营和管理的“华师模式”。以融媒体平台为基础，发挥学科优势，大力培训县级融媒体新闻传播人才、运营人才，为县级融媒体的发展做出自己的贡献，承担高等院校服务地方的社会责任。

（二）学院师生对融媒体实验中心使用

1. 选题策划后的稿件发布与学院舆情监控

利用云端大数据分析平台，通过关键词设置、信息源设置、自定义监测时间范围等定向条件，进行全网信息全天候监测，并将相关信息投射至指挥中心综合大屏。当出现热点信息或敏感信息时，一键将线索升级为选题，并通过采编联动平台调度记者和编辑，利用云工具实践平台集成插件，一次采集，生成文稿、图解、H5、视频等多种形态报道，并在网站、APP、新媒体、学生作品平台等多个渠道完成发布。发布后利用全媒体运营系统和传播效果分析系统，实时掌握一篇稿件的传播情况，更可以准确判断受众用户画像，不断提升稿件质量，加强学院影响力。

2. 学院活动现场直播

通过融媒体平台的使用，可以在学院活动开始前迅速预热，精细化运营活动宣传渠道，最大化提升受众感知度和活动营销力。

活动开始后，通过智能管理平台完成设备的申领和架设，使用流媒体管理完成活动直播的相关设置，推流开始后，导播台将通过移动采编系统采集的视频流进行在线切换制作，实现毫秒级精剪与合并。通过虚拟演播室可以完成与活动现场的实时互动。全程将活动画面投放至指挥中心综合大屏，方便实时指挥调度。

活动结束后，通过融媒体平台完成视音频的创作及二次传播，提升活动影响力及学院师生向心力。

3. 教学实操案例

节目策划组可根据大数据分析的结果确定热点，实时调整侧重点。指挥中心则根据GIS地理信息系统及时调派人员去现场，抢新闻。前方记者通过拍照手机或无人机拍摄现场画面4G回传融媒体中心，更加注重新闻报道的及时性。对于大型活动，通过外拍多机位+便携式导播台+4G发射背包，实现EFP现场制作后回传融媒体中心。融媒体中心的视频调度中心根据需求，可以选择把外场发回的视频（直播视频、与演播室现场互动连线）录制在云服务器上，方便后续云制作。录制在云服务器上的视频，制作组可以随时随地联网编辑，可以是深夜在家里通过笔记本电脑连上融媒体中心的制作服务器的虚拟桌面，实时编辑。内容可以在PC端网站、移动端网站、微信、微博等全媒体平台上发布，完成整个媒体运营和管理流程。

二 | 举办数字媒体时代的劳动问题与传媒变革国际研讨会

近年来，随着数字媒体的兴起和习总书记对劳动与劳动者的强调，数字媒体时代的劳动问题与传媒变革引起学术界的广泛讨论。在此背景下，2019年10月25日至27日，由华东师范大学传播学院主办的“第二届大夏传播国际论坛暨批判传播学年会”以“什么是数字时代的劳动？——数字媒体时代的劳动问题与传媒变革”为主题，国内外专家学者针对“数字劳动到底是什么？”“数字劳动是否意味着工作与休闲相融合？”“生产与消费之间的分割线是否模糊、崩塌或是重叠？”“数字劳动对新闻业正在产生或已经产生了什么样的影响？”等诸多问题进行观点发表与意见讨论。

三 | 举办首届全国大学生创意融媒体作品大赛决赛

2019年11月30日，首届全国大学生创意融媒体作品大赛决赛及颁奖典礼在华东师范大学闵行校区举行。大赛以“最‘IN’新青年，最炫新时代”为主题，分设H5新闻组、数据新闻组、视频新闻组、图文报道组四个组别，受到全国各地高校的关注，吸引1200人次参与，收到了400余件参赛作品。来自23所高校的47件参赛作品脱颖而出，获得了四个组别的一等奖、二等奖、三等奖和创意奖。此外，来自东北师范大学、上海师范大学、上观新闻等高校、媒体的老师获优秀指导教师奖。

（华东师范大学传播学院）

南京大学新闻传播学院新媒体人才培养工作概况

一｜人才培养工作基本情况

2019年，学院新闻学专业获批国家级一流本科专业建设，广告学专业入选南京大学一流专业建设项目。共完成4个因公团组出访计划，包括UBC（加拿大英属哥伦比亚大学）全球报道项目、香港文创交流营及书展采访实践项目、广告专业海外访学夏令营以及2017级传媒实验班海外访学项目。

二｜人才培养工作主要成效

（一）2019年学生获奖情况

2019年，学院的教学成果获得丰收，在国际与国内大赛中斩获三十余项荣誉。其中，杨昕达和张智尧同学分别入围纽约广告节学生组，雒少龙同学获得2019 APEC Women Connect青年大会暨2019 MODEL APEC大会一等奖1项，丁安一等同学获得第十六届“挑战杯”全国大学生课外学术科技作品竞赛全国二等奖和江苏省一等奖。

（二）开设“双创”课程

2019年，学院新立项创新创业课程1门：无人机视觉传播。邀请业内知名专家开办创新创业讲座6次：“非虚构战争故事采编”“节目创意与声音设计”“采访的技巧”“新闻调查与明察暗访”“三维实时图形视频创作”及“腾讯机器人写作DreamWriter：编辑的助手还是对手？”学院还举办了首届中国数据可视化创作大赛暨中国数据新闻大赛，该大赛由中国新闻史学会计算传播学研究委员会指导，数可视教育公益基金主办，南京大学新闻传播学院承办。此外，学院共计开办学生创业孵化项目15项。

（三）实验室建设

2019年，学院先后成立了新闻创新实验室和数字营销实验室。新闻创新实验室在短时间内便产出了较好成果，成功举办了“2019 · 新闻创新圆桌论坛”，团队成员王辰瑶教授在《新闻与传播研究》发表了以新闻创新为主题的论文1篇，团队目前正积极参与学院新媒体教学体系改革。

（南京大学新闻传播学院）

南京师范大学新闻与传播学院新媒体人才培养工作概况

南京师范大学新闻与传播学院于1995年正式立院，目前已成为江苏高校同类院系中办学历史悠久、学科层次完整、专业设置齐全、培养规模最大、教学条件优良的学院，整体办学水平进入全国新闻传播院系前列。学院注重科研的差异化和独特性，在媒介与农村社会发展、媒介法规与伦理、民国新闻史、新媒体与社会治理等领域形成了自身特色。

一｜新媒体教学与科研概述

2019年学院新媒体传播教学及科研工作在多个方面都取得了显著成绩。

（一）全媒体创新工场建成使用

学院以学生为主体，以媒体融合为指向，突破传统的媒介形态，打造出以数字技术为支撑的全媒体创新工场。

全媒体创新工场主要由两个平台（虚拟仿真教学实践平台、实践成果转化平台）与两个基地（创新创业实践教学基地、新媒体人才培训中心）组成。两大系统形成相互协调、相互促进的良性互动关系。“虚拟仿真教学实践平台”将增强现实、虚拟现实等技术融入实践教学，利用人机交互、感知识别等多种技术手段，构建基于场景化传媒训练的软硬件一体化实践教学平台，促进学生系统、战略性地选择工具与技能来完成对新闻事实的表达。“实践成果转化平台”深入对接政府部门、企事业单位内容输出平台，对接各级各类创新创业实践竞赛项目，孵化优秀毕业论文（设计）等。“创新创业实践教学基地”已建成包括腾讯新闻、新华网、江苏网络电视台等在内的10余个校外共建基地。“新媒体人才培训中心”利用部校共建机制，与江苏省委宣传部、江苏省政府办公厅等政府机构合作，打造“校内外专家互通，业学界资源共享”的融合模式，搭建学生全媒体实践教学的外部训练方阵，全面培养学生的综合技能。

围绕创新工场展开的新媒体人才培养模式获第三届（2019）全国高校网络教育优秀作品推

选展示活动二等奖。

（二）开展新媒体传播相关研究

学院围绕舆情与社会治理、数据挖掘与计算传播、新媒体与政治传播、媒体融合与产业转型、媒介法规与伦理等领域开展多学科综合性研究，积极推动新媒体传播理论体系的创新与发展。

2019年，“媒介法规与伦理”团队获批国家社科重点项目“人工智能时代的公民隐私保护研究”，发表CSSCI期刊论文8篇。其中《大数据时代中国公民的隐私困境》《人工智能时代传媒业的面向与进路》被《新华文摘》转载。“数据挖掘与计算传播”团队获批国家社科青年项目“融合多源异构数据的图书精准画像构建研究”，发表CSSCI期刊论文5篇，SSCI期刊论文2篇，SCI期刊论文1篇。“新媒体与政治传播”团队获批教育部人文社科青年项目“新时代新社会阶层的政治认同与媒介素养研究”、江苏省社科重点项目“网络人士思想政治引领与提升网络主流意识形态话语权研究”及江苏省社科项目“媒介融合转型与主流媒体的新闻权威重塑研究”，发表CSSCI期刊论文6篇，SSCI期刊论文2篇。

2019年学院围绕新媒体传播专题，出版《社交媒体上跨学科用户发现及其知识传播》《移动传播学》《新时代新媒体新社会阶层：中国新媒体从业者的理论研究与实证调查》《媒介融合下的创意与策划》《裂变与重合：公共事件里的舆论场》《社交媒体平台隐私自我管理研究》等6部著作。

（三）成功举办江苏省第六届传媒学科研究生论坛

自2014年以来，“江苏省传媒学科研究生论坛”已经成功举办五届。历届论坛紧随新闻传播研究热点，分别以“互动·融合·冲突：传播变迁与社会发展”“创新与颠覆：传媒发展新常态”“互联网+与大数据：新技术孕育新生态”“信息传播技术与社会记忆建构”“人工智能时代新闻传播的机遇和挑战”为主题展开精彩的学术分享与探讨。

2019年，论坛以“新闻的想象：新闻传播的社会互动与理念创新”为主题。来自香港城市大学、台湾世新大学、中国人民大学、复旦大学、清华大学等高校的近百名博士、硕士研究生、青年教师及专家学者围绕会议主题展开探讨，以求推动新媒体时代具有范式转化意义的实践探索与理论创新。

（四）在服务经济社会发展中彰显教育使命

学院积极推动舆情监测、危机管理、信息发布和形象建构等相关研究成果的产业转化，为全国特别是江苏地区的政府与企事业单位提供社会服务，推进了社会治理与文化建设。

2019年，学院联合东南大学网络空间安全学院、法学院申报成为中央网信办、教育部“网络空间国际治理研究基地”。

学院还承办了江苏省委网信办“2019年全省互联网新闻信息服务单位从业人员培训”、省教育厅“2019年本科院校专业课青年教师教学能力提升（新媒体素养类）培训”等活动，对全省各重点新闻网站的相关从业人员、各大高校的青年骨干教师等进行培训。

（南京师范大学新闻与传播学院）

浙江大学传媒与国际文化学院新媒体人才培养工作概况

浙江大学传媒与国际文化学院将“全球传播”作为重点建设的优势特色学科方向，也是新闻传播学一级学科下的一个特色学科方向。该学科方向主要围绕国际传播能力研究、媒体融合发展研究、影视文化产业研究这三个重点方向。2019年度建设情况如下：

一｜凝练一流方向

（一）媒体融合发展研究方向

2019年度依托“部校共建”平台，与浙江省委宣传部合作开展县级融媒体中心建设研究和新媒体传播力研究，完成《关于浙江省创新县级融媒体中心建设，推动媒体融合向纵深发展的建议》《积极拓展县级融媒体中心在应对突发自然灾害中的功能作用》《关于配合基层减负，加快县级融媒体中心建设的三条建议》《省级主流媒体客户端的发展态势与改革建议——基于对“浙江新闻”“小时新闻”“中国蓝新闻”“中国蓝TV”四个客户端的监看分析》等智库成果报告，获得校领导批示。与中宣部、国家网信办、新华社等加强智库合作，对接国家重大战略需求，定期输出智库研究成果。与浙江大学党委宣传部共建教育融媒体中心，入选教育部首批教育融媒体建设试点单位，成为全国11所入选单位之一，服务学校新闻宣传和人才培养，力争建成国家级融媒体实验教学示范中心。在前期研究成果的基础上，推出国内首门《媒体融合》慕课，已成功上线中国大学MOOC平台。2019年，浙江大学传媒与国际文化学院与浙江日报合作的融媒体作品《“同走新闻路”大型融媒体报道》成功入选“庆祝中华人民共和国成立70周年融合报道十大创新案例”。

2016年开始，浙江大学与腾讯集团联合创办中国全媒体高峰论坛，广邀学界、业界精英就媒体发展过程中的新技术、新产品、新平台和新问题，开展高质量、建设性的探讨。目前，该论坛已成功举办四届，成为国内具有较大影响力的媒体论坛。2019年9月20日，以“人工智能时代的新型主流媒体建设”为主题的2019中国全媒体高峰论坛在宁波象山举行。70余位国内顶尖媒体行业精英与知名学者出席，围绕“人工智能时代的新型主流媒体建设”这一主题，切磋砥砺、深入碰撞，为中国传媒行业成功迈向智媒时代提供智识支持。

（二）国际传播能力研究方向

以浙江大学“大数据＋网络舆情”团队为支撑，2019年度主要研究进展包括两个方面。一是开展城市国际传播影响力研究，建构了由网络传播、媒体报道、社交媒体、搜索引擎和国际访客五个维度组成的指标体系。通过对专业新闻数据库、国际社交媒体、国际搜索引擎以及国际旅行网站的数据进行挖掘和分析，呈现相关城市的国际传播影响力状况，并发布《中国省会城市国际传播影响力指数（2018）报告》，被人民网、腾讯网、新浪网、搜狐网、东方网、浙江在线、杭州网等数十家媒体转载，引起较大反响。二是开展领导人国际形象舆情分析。基于浙江大学“大数据＋网络舆情”创新团队“全网大数据”监测，对2016年至2019年上半年世界主要国家主流媒体有关习近平主席与国外政要互动的新闻与评论共2268篇进行分析，概述近三年来境外媒体对习近平主席外交活动的报道现状、特征和传播效果，并从加强文化互动、讲好领袖故事、内宣接轨外宣、加强媒体互动四个方面提出对策建议。研究报告已提交中央有关部门。

（三）影视文化产业研究方向

以影视与文化产业大数据研究团队和浙江大学国际影视发展研究院为支撑，2019年度主要在以下两个方面取得进展。一是影视与文化产业大数据研究，通过整合学院影视、文化产业和新闻传播三大学科方向，对中国影视文化产业的剧本创作、项目风险评估和用户追踪等三个方面进行全面考察，使知识图谱转化为信息共享平台，通过大数据来为剧本分析、项目风险管理和目标受众画像提供数据支持，进而孵化出中国影视年度报告等相关课题研究，打造国家影视文化产业的高端智库。二是国际影视发展战略研究，与北京大学影视戏剧研究中心合作推出《中国电影蓝皮书》《中国电视剧蓝皮书》，至今已步入第三届，成为广受学界、业界好评的口碑书系，并获中国高等院校影视学会第十二届“学会奖”一等奖。承办由浙江省电影局主办、杭州市富阳区政府、浙江省文化产业促进会协办的浙江国际青年电影周“三十而立”编剧创投活动。1项作品获2019年中国高校影视学会作品类二等奖。浙江大学国际影视发展研究院入选2019年度浙江省新型高校智库。

学院下一步将继续凝练优势特色学科方向，制定优势特色学科2.0计划。在“全球传播”的基础上，强调“数字全球沟通”，进一步突出本优势特色学科的跨学科特色。从原来的三个研究方向，升级为以下四个研究方向：（1）全球沟通，与计算机科学、外国语言文学、国际政治交叉。（2）智能媒体，与计算机科学、控制科学、脑科学交叉。（3）数字文创，与计算机科学、艺术学、美学交叉。（4）数字健康，与计算机科学、医学、公共卫生交叉。围绕上述方向，对接国家地方战略需求，大胆探索学术“无人区”，孵化引领学术思想、增进美好生活、推动文明进步的重大创新成果。

二｜产出一流成果

（一）建设重大教研平台

2019年5月20日，浙江大学融媒体研究中心成立，中心顺应媒体深度融合的国家战略需求，围绕媒体融合发展、网络舆论引导及国际传播能力三个方向，探索新型传播平台，助力新型主流媒体，为提升主流媒体传播力、引导力、影响力、公信力提供智库支持。积极申报重大时政新闻智能生产虚拟仿真实验教学项目，获得省级重点项目立项，并被推荐参加国家级评选。

（二）产出重大科研项目

《媒介体制与社会信任研究》课题入选2019年度国家社科基金重大项目立项名单。本项目主要探讨媒介体制在社会信任提升过程中的重要作用，试图揭示媒介体制影响社会信任的过程和机制，从而为全球媒介体制创新和社会信任提升提供中国方案。

三｜建设一流队伍

引育一流人才。2019年新引进文科百人计划研究员5人，分别从事网络传播、网络心理与行为、新媒体与传播、数字文化等研究，引进创作实践类百人计划研究员1人，新增国家百千万人才工程入选者1人，新增浙江省突出贡献中青年专家1人。

打造一流创新团队。瞄准国家重大战略需求和基础理论重大突破，整合各相关学科资源，重点打造“全球传播研究”“新轴心时代的价值传播”“影视与文化产业大数据研究”“当代马克思主义美学研究”“大数据+网络舆情”等5个一流创新团队，培育各领域学术骨干，建设集理论研究、应用研究、政策研究于一体的一流团队，已有团队获批国家社科基金重大项目1项。

（浙江大学传媒与国际文化学院）

厦门大学新闻传播学院新媒体人才培养工作概况

厦门大学新闻传播学院经过建院多年全院教职员工的努力，已形成以广告学和国际新闻实验班为本科教学特色，以广播电视学和传播学为新生长点，以台湾与东南亚华文新闻传播史为学术研究特色的发展格局。

学院新媒体教育的目标是：为主流媒体和新时代中国特色社会主义传播事业培养更能适应新时代的具有家国情怀、国际视野，掌握融媒体影像表达和网络传播技能，具备数据技术素养，善于对外讲好中国故事的全媒化复合型专家型新闻传播专门人才。

一丨新媒体教学工作成绩

学院的新媒体教学工作在课程建设、在线多媒体课程、学生实习实训、虚拟仿真实验教学等方面取得了显著成绩。

（一）新媒体课程建设

1. 本科新媒体课程方面

学院除了在以前原有的《网络与新媒体概论》《网络新闻编辑》《数字媒体技术》等课程基础上，将广播电视学的相关课程进行打包，形成融媒体课程包，包括《广播电视概论》《广播电视采访》《电视摄像》《新闻摄影》《电视编辑》《广播电视评论》《出版与数字出版概论》《融合新闻学》《电子商务》等课程。同时在此基础上开设《融合新闻作品创作》《广播电视节目策划与创作》《图文摄影创作》等实训课程。

2019年，邀请新华社亚太分社专家进行《网络媒体国际新闻编译实践》第二轮授课，指导学生编译作品，并与亚洲时报中文网进行合作，共有100余篇学生作品发表于《亚洲时报》。

学院还邀请美国佐治亚大学的Cheryl Ann Hollifield教授开设《数字时代的媒介管理》、美国弗吉尼亚联邦大学（Virginia Commonwealth University）的Jeff South副教授开设《数据新闻》、荷兰阿姆斯特丹大学的Mark Boukes助理教授开设《新闻、新闻娱乐化及其社会中的角色》以及美国斯蒂芬理工学院的Alexander Magoun副教授开设《广播电视史》等全英文课程。

2019年秋季学期开始实施新版本科培养方案，除了按照教育部《普通高等学校本科专业类教学质量国家标准》推进课程建设之外，新闻传播学院还与厦门大学人文学院、艺术学院、信息学院等院系进行跨专业合作，拓展学生的综合素质和面对智能媒体多种显示终端进行叙事表达的能力。

2. 研究生新媒体课程方面

根据现有研究生培养方案，必修课《数据分析方法》设有多个平行班，其中一个平行班主要聚焦在网络数据分析方法。学院在研究生课程体系里设置了新闻学、广告学、传媒经济学三个不同方向的融媒体综合实务课程。另外还有《新媒体传播研究》《社会网络的传播问题研究》《手机媒体文化研究》《社交媒体营销研究》《新媒体用户研究》等新媒体选修课程。

（二）学生实习实训

1. 新闻传播学院与人民网合作在澳大利亚悉尼设立“中国国际新闻传播澳大利亚实习实训基地”

2019年，厦门大学新闻传播学院继续加强国际新闻传播实习基地建设。2019年11月10日至14日，佘绍敏老师和李展老师赴澳大利亚走访人民网澳洲分部、西悉尼大学和南海传媒公司，了解赴澳学生实习情况，并与人民网澳洲分部讨论未来进一步加强合作的路径。

厦门大学新闻传播学院共派送了三批，总计16名学生前往人民网澳大利亚公司进行实习实训，双方合作项目不断走向成熟，为学生创造了良好的实践平台，而学生们也表现优异，收获成长。2018年至2019年10名实习生在悉尼实习期间在中央媒体发稿98篇，得到人民网澳大利亚公司领导的肯定。在三次实习项目开展过程中，学生参与报道了澳大利亚干旱、山火、新冠肺炎疫情、海外春节、高校校长及科学家专访等各类大型国际新闻专题，在第一线进行全方位锻炼。据统计，一年半的时间里，厦门大学新闻学子在人民网澳新频道及英文频道累计发稿151篇，稿件种类涵盖编译、活动报道、图片类新闻、人物专访、视频新闻、英文稿件等。

2. 学生深度参与“考拉遇见熊猫”中澳友好青年短视频大赛

2019年，接待中国驻布里斯班总领馆主办、人民网澳大利亚公司承办的2019“当考拉遇见熊猫——中澳青年友好短视频大赛”中的澳大利亚参赛学生，其中一件学生作品获得中澳青年友好“最佳体验”奖。2018年和2019年，新闻学专业累计有20名学生参与此项中澳友好青年短视频大赛，与澳洲学生合作创作了15部短视频作品和2部纪录片，所有作品都在人民视频或人民网澳新频道上发表，其中2018年5部作品获得了“考拉遇见熊猫”优秀作品奖。

3. 大学生创新创业新媒体项目进展顺利

2019年立项和结项的有关新媒体的国家级大学生创新项目共有六项。2019年立项的有：《基于微博大数据的美国在华机构行为分析》《自媒体时代微博大V的心理特征与传播功能研究》《基于交互理论的家装类游戏创意概念设计》。于2019年结项的有：《粉丝效应对IP影视剧商业价值的影响研究》《大数据时代广告的标签与数据库建设研究》《中国各地政府部门在社交平台上的表现——以新浪微博为例》。

（三）虚拟仿真实验教学建设

为了配合厦门大学新闻传播虚拟仿真实验教学中心的建设，广播电视学专业将《虚拟影视布光照明》等七门虚拟仿真实验教学项目列入建设行列，探索并逐步完善虚拟仿真实验课程教学的执行管理办法。其中“影视创作与融媒体虚拟仿真教学”于2019年获得校级虚拟仿真实验教学项目立项。

（四）人工智能与短视频教学领域建设

2016年开始，与厦大信息科学学院及软件学院共同承担“新浪VR联合实验室”的建设，成立院际学生工作组，在“VR与AR制作”及“人工智能在媒体领域运用”两个领域取得了长足进步。

2019年与华夏记录（北京）有限公司签订合作协议，成立厦门大学新闻传播学院影像史学中心，以此为平台进行短视频影像词典方面的课程建设和实习实践合作。

（五）研究生教学领域新媒体研究成果

福建省学位委员会公布了“2019年福建省研究生优秀学位论文”评选结果，学院由苏俊斌指导的2016级新闻与传播硕士张梦的毕业论文《打开新闻推荐算法的“黑箱”：把关决策与伦理议题》（*Opening the Black-Box of News Recommendation Algorithm：Gatekeeping and Its Ethics Concerns*），被评为“2019年福建省优秀专业硕士学位论文”。据了解，该论文是2019年福建省新闻传播学科唯一的一篇“研究生优秀学位论文”。

二｜2019年新媒体科研工作成绩

2019年，厦门大学新闻传播学院师生积极投身新媒体的研究，在课题立项和论文发表方面做了一些工作。

（一）新媒体相关议题、课题

2019年，余清楚主持的《人类命运共同体视阈下中国国家形象在西方主流媒体的百年传播研究》获得国家社科重大项目立项；苏俊斌主持的《新闻推荐算法的把关机制、伦理问题及其对策研究》得国家社科基金立项；熊慧主持的《积极老龄化视角下流动老人数字融入路径与效果研究》获得国家社科基金立项。殷琦主持的《面向融合的信息传媒产业平台化发展战略研究》获得省科技计划软科学项目立项；孙慧英主持的《国内移动短视频新闻发展模式研究》获得福建省社科基金立项。

（二）重要期刊新媒体相关论文

宫贺《对话何以成为可能：社交媒体情境下中国健康传播研究的路径与挑战》、乐媛等论文《社会运动中的社交媒体动员与媒介间议程设置效应：以台湾地区“反服贸学运”为例》发表于2019年第41期《国际新闻界》上；2019年第23期《新闻战线》发表苏俊斌等论文《新时代·新媒体·新丝路——2019中国新媒体传播学年会综述》；2019年《中华文化与传播研究》第2期发表谢清果《新媒体时代的传统文化传播》；2019年《传媒观察》第7期发表孙慧英等论文《我国老年人媒介形象的新媒体呈现》。

三｜新媒体实验室建设

学院新闻传播实验中心经过三十余载的建设，实验中心现已拥有超过1500万元的设备资产。目前下属实验室有：演播厅、导播室，录音棚、摄影棚、混音棚、数字电影调色室，非编机房、广告心理实验室、舆情研究实验、广告设计实验室等。

2019年成立新闻传播学院新媒体大数据实验中心。为学院四个专业开设了三十多门实验课程，并承担学生课外技能训练任务。实验室实行开放式管理，学生可在其中充分利用实验设备资源，建立自己的工作小组，开展自主、互助式学习。目前新闻传播实验室为省级实验教学示范中心。

四｜社会服务与对外交流

（一）2019中国新媒体传播学年会

厦门大学新闻传播学院于2019年11月23日至24日成功举办了“2019中国新媒体传播学年会”。这次年会由中国新闻史学会网络传播史研究委员会主办，厦门大学新闻传播学院承办，人民视听科技有限公司合办。来自中国、美国、澳大利亚、荷兰、巴基斯坦、保加利亚、马来西亚等国家的171位专家学者、业界精英、青年学子齐聚厦门，围绕“新时代·新媒体·新丝路”这一主题，进行深入探讨。年会收到中英文投稿245篇，其中87篇论文入选会议论文集。会议期间，共举办新媒体高峰论坛1场、学术论坛12场、论文工作坊2场、学术讲座4场。

（二）“新时代全媒体建设与新闻传播教育发展”学术论坛

2019年12月7日，由中国新闻史学会台湾与东南亚华文新闻传播史研究委员会和西昌学院共同主办的、厦门大学新闻传播学院和西昌学院文化传播学院承办“新时代全媒体建设与新闻传播教育发展”学术论坛在四川西昌召开。来自西昌学院、厦门大学、复旦大学、西安交通大学、云南大学、云南民族大学、兰州大学、华侨大学、重庆工商大学、台湾铭传大学、《海峡导报》、《新闻与写作》杂志社等高校和媒体的专家参加了本次会议。大会针对国际传播话语转向、海外华文媒体的中国故事话语体系建构、对台传播融媒体实践、少数民族地区融媒体传播等议题进行了深入的剖析与探讨。

（三）2019年厦门大学“新闻学茶座”的新媒体讨论

2019年10月14日，第35期新闻学茶座的主题为“正能量、主旋律的声音如何唱响网络”。茶座就网上谣言、低俗淫秽色情、网络诈骗、暴力恐怖、毒品犯罪等各类不良有害信息带来的问题进行讨论，警示高校学生要洁身自好，提升媒介素养。3月23日，第32期“厦大新闻学茶座”以“新闻算法伦理权衡的两个尺度”为主题，在场三十多名师生展开了交流讨论。7月14日，厦门大学新闻研究所的第34期茶座主题为“人工智能与新闻业的未来：从媒介史的视角探讨信息技术在新闻业变迁中的角色”，邀请了厦门大学信息学院及新闻传播学院的教授，以对话的方式与现场师生就该主题进行了讨论互动。

（四）参与国际新媒体研究交流活动

在对外交流方面，厦门大学新闻传播学院在2019年积极参与各项国际高端论坛，取得了显著成绩。7月24日，学院院长余清楚、新闻学系副主任苏俊斌应邀出席在雅加达举行的“中国—东盟媒体高峰论坛”。

（厦门大学新闻传播学院）

四川大学新闻学院新媒体人才培养工作概况

四川大学新闻学院本着“着眼长远、开放共享、科学谋划”的原则，培养坚持马克思主义新闻观、掌握多种新媒体技术、熟悉新媒体产品运营、具备国际前沿媒体传播视野与能力、具有西部高校特色的新型新闻传播人才，着力构建“国际一流、国内领先”的新媒体人才培养基地。

一 | 课程设置与主题研讨结合，夯实马克思主义新闻观教育

按照四川大学新闻学院本科培养计划，包括网络与新媒体专业在内的所有新闻与传播大类学生均必修《国情教育》和《马克思主义新闻观理论与实践》，这两门课程内容与时俱进，聚焦移动互联网时代的价值传播、主流新媒体的使命与担当、县级融媒体建设等前沿热门议题，让学生从当前媒介实践出发，深刻理解马克思主义新闻观的当代意义。

2019年适逢范长江诞辰110周年，四川大学新闻学院充分发挥范长江研究的地缘优势和学缘传统，与中国新闻史学会共同主办“纪念范长江诞辰110周年暨首届长江新闻论坛”。本次论坛以“发扬范长江精神，探索融媒体创新”为主题，下设“范长江研究”“中国新闻奖评奖、创优圆桌论坛”“融媒体发展研究”三个主题分论坛，在学界、业界的经验探讨与对话交流中取得了丰硕成果。

二 | 教学模式联动业界，丰富新媒体人才培养空间

新闻学院坚持“以人为本”的素质人才培养策略，不断对本科生、硕士研究生、博士研究生的课程教学理念与方式进行适时改革，破除传统媒介划分的壁垒，打造全新的新媒体人才培养战略。

本科生教育作为四川大学新闻学院办学实践的基础，教学规划注重学界与业界的跨界合

作，综合提升本科生用户分析、技术运用、视觉审美、传播理论、产品运营的全方位素养，旨在培养思维逻辑与实践能力俱佳的高素质人才。在四川省互联网信息办公室的指导支持下，学院依托与腾讯合作的“四川企鹅新媒体学院”，由四川大学新闻与传播学科带头人蒋晓丽教授领衔开设了将学习与实践融为一体的创新课程《网络新闻与文化传播》。该课程的建设探索历时14年，从早期的适应网络传播时代到与融媒体接轨，课程本身也随媒介环境变革不断迭代更新，形成了实践性、互动性、多元性、前沿性特色，并因其“课程设置优、师资力量强、实际效果好”而受到学生的普遍欢迎和用人单位的肯定。

三｜积极参与县级融媒体实务研究，创新新媒体案例库建设

学院的新媒体学科建设与人才培养服务于融媒体发展实践，又以实践参与和社会服务带动教学，践行学界与业界的互学互鉴，通过双方新媒体案例库建设，拓展教学实践交流平台，共享研究成果。

2019年，四川大学再次联合四川日报·川报观察征集县级融媒体优秀传播案例，这是全国第一家高校和党媒新媒体合作评选和评析县级融媒体案例的活动。该活动总结归纳了四川媒体近年来不断壮大主流思想舆论的制胜之道，学习融合改革发展的先进经验，打通县级媒体融合的“最后一公里”。活动共征集到案例500余个，历经一个多月的征集筛选、网络展播、专家评审和综合评定，最终评出“十佳优秀传播案例”“网络人气奖”“原创视频奖”“新闻专题奖”“融合创新奖”“创意互动奖”“城市营销奖”“感动四川奖”八类奖项共73个优秀案例。案例类别涵盖重大主题宣传、突发事件应对、社会治理创新、城市形象推广、政务民生服务等方面，题材广泛、内容丰富，充分运用H5、直播、短视频、图解等可视化传播形式，创意十足，令人耳目一新。

（四川大学新闻学院）

安徽大学新闻传播学院新媒体人才培养工作概况

安徽大学新闻传播学院是改革开放后国内最早开展新闻教育的院系之一，是教育部和中宣部组织的“全国新闻人才教育培养试点基地”。2019年新闻学入选国家一流本科专业建设点。学院坚持“以人为本、质量为基、开放办学、协调发展”的办学理念。

近年来，学院在新闻传播史论特色基础之上，将网络与新媒体方向作为新的学科增长点。紧扣国家和地方重大战略，聚焦安徽新兴产业，围绕大数据、虚拟增强现实、智能媒体三大领域，与科大讯飞、时代出版、安徽新媒体集团共建“大数据与智能媒体发展研究中心”。助力产学研高效联动，探索了一条具有安徽大学特色的学科转型发展和新媒体人才培养之路。

一 | 强化马克思主义新闻观统领作用

聚焦新时代中国特色社会主义思想和马克思主义新闻观教育，成立马克思主义新闻观研究中心，打造核心精品课程，推进马克思主义新闻观教学研究和教材编写，建设学界和业界共同参与的双师型教学团队，推动实现党的新闻理论进教材、进课堂、进头脑。

二 | 创新新媒体人才分类培养体系

学院结合自身办学定位和学科优势，从人才培养目标制定、课程体系优化、实践平台建设、师资队伍建设等环节不断探索人才培养机制创新。依托安徽大学综合性大学多学科优势，注重学科、课程、师资、实践平台的交叉综合，与校内法学、外国语、艺术学、社会学、经济学、政治学、计算机科学、物理学等学科融合交叉，培养网络与新媒体方向学生宽厚的人文底蕴和扎实的技术创新能力。

网络与新媒体人才培养模式坚持实行前期按大类培养，后期进行宽口径专业教育的新模式，为学生专业学习奠定坚实的基础。结合新闻传播学院日臻完善的“1.5+2.5”的人才培养模式，进行分类培养，实行“通识教育+专业教育+（技能教育+实践部门联合培养）”的培养模式。在进入专业教育的分类培养阶段，设立网络新媒体编辑、无人机航拍、短视频生产、数据分析、财经新闻等多个特色方向，根据学生个人兴趣和发展需要自主选择。并健全“实验—实训—实习”三位一体的实践教学体系，2019年与省内外十余家媒体单位和企业签署协议，共建学生实习实践基地。

三｜依托“部校共建”机制，搭建高水平教学科研平台

为学习贯彻习近平总书记在中央政治局第十二次集体学习时的重要讲话精神，落实“部校共建”任务，学院于2019年4月12日举办“携手拥抱全媒时代”兼职教授聘任暨座谈会。通过“部校共建”系列活动的开展，建立学校与宣传部门、新闻单位联合培养机制。共同制定人才培养质量标准，联合制定培养目标，建设实践基地，组织教学团队，共同设计课程体系，开发优质教材，为学生全程配备双导师，培养适应全媒体时代发展需要的新闻传播人才。2019年，“部校共建框架下新闻传播人才培养体系创新”获安徽省教学成果奖一等奖。

四｜深耕安徽、面向全国，增强服务社会能力

学院立足自身优势，紧扣国家和地方经济社会发展需求，不断强化服务国家与社会的能力。

（一）智库服务——助力社会治理创新

学院建有安徽省高校人文社科重点研究基地——安徽大学舆情与区域形象研究中心，中心重点聚焦四大领域：网络舆情监测与引导、社会民意调查分析与研究、重大决策效果测量与评估、区域形象建构与评判，迄今已发布研究报告60余份，多份报告被相关部门采纳或获得省厅级领导批示。2019年成为安徽省委宣传部舆情基地。

（二）培训服务——打造省内传媒人才培训基地

安徽大学新闻传播国家级实验教学示范中心与北大方正电子共建的“媒体融合实验室”，业已成为安徽省内新媒体人才培养基地。先后为全省新入职记者、新东方电子集团、国网安徽公司、安徽省地震局等单位在岗人员提供专业培训支持。

（三）无人机航拍特色实践

2013年，安徽大学新闻传播学院开始尝试无人机航拍实验教学，成为国内最早一批开展无人机航拍实验教学的单位。学生以练促学，积极参加包括《航拍中国》《大黄山》在内的各项航拍活动，取得了良好效果。2019年，《无人机航拍虚拟仿真》项目获批安徽省级质量工程，并面向全省所有高校开放。

（安徽大学新闻传播学院）

兰州大学新闻与传播学院新媒体人才培养工作概况

一 | "数字媒体技术"新工科专业

兰州大学新闻与传播学院继2018年开设"数字媒体技术"的新工科专业之后，于2019年持续第二届招生。并于当年完成对专业培养方案的修订，修订后的培养方案以数字媒体技术应用、数字媒体开发与新媒体运营为核心指向，培养学生良好的人文素质、艺术修养和审美能力，力图使学生掌握计算机科学技术、数字媒体制作处理的基本概念、理论和方法，能在相关领域进行技术应用、开发、制作、传播、运营或管理。让学生熟悉计算机和数字媒体专业的前沿和发展趋势，培养既具有扎实的相关理论功底和实践能力，又具有一定的媒介素养的学习型、复合型数字媒体技术专业人才。

二 | 兰州大学数字媒体实验平台

继2018年学院斥资150万元启动"兰州大学数字媒体实验平台"的建设之后，2019年兰州大学新闻与传播学院获得兰州大学"双一流"建设引导专项资金310万元，用于拔尖创新人才培养条件的建设。学院汇集学校专项资金和部校共建资金，历时一年投入共计467.6万元，完成虚拟全景演播室及演播室外场直播系统、融合媒体实验室、录音与配音实验室、广告摄影与创意实验室4间专业实验室，以及校园媒资管理系统、实验平台网站、网络安全防护系统、实验区监控系统4项后台配套系统的建设。以上建设目标的达成，搭建起满足新闻传播类专业人才培养的实验平台框架，各实验室功能模块既有侧重，又相互依托配合为一个整体，同时具备功能的延展性，是一个数字化内容和创意生产的"中央厨房"，具备全媒体文创和发布的能力。

初见成效的"兰州大学数字媒体实验平台"不仅能有效承载新闻学院5个专业（新闻学、广播电视新闻学、广告学、网络与新媒体、数字媒体技术）的实验教学和人才培养任务，同时还能服务于兰州大学其他人文社科及相关专业的人才培养。该平台的建设直接助力了新闻与传播学院的学科建设，有效促进了我院增列一级学科博士点的发展成效。

（兰州大学新闻与传播学院）

郑州大学新闻与传播学院新媒体人才培养工作概况

近年来，学院共承担国家社科基金项目31项，其中重大项目2项、重点项目3项；承担教育部人文社科研究项目、河南省社科规划重大项目、河南省软科学项目等省部级项目60余项。学院现有4个开放式研究机构：新华通信社—郑州大学穆青研究中心（河南省高校人文社科重点研究基地）、中原传媒研究院、郑州大学文化产业研究中心和新媒体研究中心。学院现开设新闻学、广告学、广播电视学、网络与新媒体4个本科专业，开办了穆青新闻实验班，设置新闻学系、广告学系、广播电视学系、网络与新媒体系。学院是河南省普通高等学校新闻传播学类本科专业教学指导委员会主任委员和秘书长单位。2019年，学院获全国博士后管理委员会批准设立新闻传播学博士后流动站，并与香港浸会大学、香港城市大学等高校开展了联合培养双硕士项目，接收本科生、硕士生、博士生等层次的留学生在学院学习。

一 | 开设新媒体相关课程

当前，我院为研究生开设的相关课程有《新媒体前沿研究》《数字媒体艺术与设计研究》《视频编辑与制作》《网站设计建构》《网络舆情监测与分析》等。为本科生开设的课程有《网络与新媒体概论》《新媒体研究》《电子商务基础与应用》《新媒体数据分析与应用》等。

二 | 探索新媒体人才培养模式

学院在推进研究生新媒体方向的教学改革和学科建设方面进行了探索。以“新媒体和公共传播”为主题连续两年组织国际学术研讨会并以之为主题组织郑州大学“研究生创新论坛”新闻与传播学院分论坛活动；推进研究生课程改革，增加和调整了新媒体、公共传播相关课程的比例；协助建设郑州大学新闻与传播学院建设教学示范试验中心等。在研究和摸索中，郑州大学新闻与传播学院总结出了“目标倒逼+过程引导”的人才培养模式。一是确立目标：培养“全媒体型高级新闻传播应用人才”。二是规范过程，用目标实现“两个倒逼”：目标倒逼过程，通过过程引导和规范管理来促进目标的达成，如设立作品加论文的毕业考评机制、不通过率“硬指标”的开题机制、毕业论文全员盲审机制、末位淘汰的选课机制、导师绩效考评机制等；学生倒逼老师，学生的课业任务和压力传导给老师，促进师生间的良性互动并协同完成学习目标。

三｜科研、教学一体化的多平台支撑

（一）郑州大学新媒体研究中心

郑州大学新媒体研究中心围绕新媒体语境下的各种公共传播议题展开研究，试图在“新媒体公共传播”及相关的政治传播、文化传播、发展传播、国际传播等方向和领域整合力量，形成特色。中心自成立以来，以新媒体和公共传播为两个特色研究领域，致力于学术研究和学科建设，取得了数量可观的研究成果。

（二）郑州大学全媒体实验教学示范中心

郑州大学全媒体实验教学示范中心建筑面积2443平方米，现有设备约1040件，固定资产约1687万元，面向全院以及全校师生共设有电视制播中心、电台等媒体以及舆情发布、无人机航拍、视频演播、新闻摄影、传媒综合等实验室，满足新闻学、广告学、广播电视学以及网络与新媒体等不同专业实验需求，覆盖纸媒、广电、网络、移动等不同媒体终端，能够同时传播视、听、图、文等多种媒体形态，功能齐全，体系完备，较好满足了全媒体时代人才培养、科学研究与社会服务的需要。学院还与人民日报社河南分社、新华社河南分社、河南日报报业集团、河南人民广播电台、河南电视台、河南大象融媒体集团等多家媒体单位签订了校外培养基地合作协议。

（三）《新媒体公共传播》集刊

《新媒体公共传播》是郑州大学新闻与传播学院创办的集刊，由郑州大学新闻与传播学院与社会科学文献出版社合作出版。2019年，第一本集刊问世。《新媒体公共传播》内容定位于新媒体语境下的公共传播研究前沿，选题时新，理论和实践兼具，具有较强的现实意义，并提供大量一手调查数据和文献资料，具有较强的学术原创性和前沿特色。《新媒体公共传播》集刊的问世，标志着郑州大学新闻与传播学院新媒体和公共传播领域的研究步入一个新的台阶，加速了新媒体公共传播这一新兴学科门类的科研“正规化”进程。

（郑州大学新闻与传播学院）

湖南大学新闻传播与影视艺术学院新媒体人才培养工作概况

新闻传播与影视艺术学院是湖南省委宣传部与湖南大学共建学院、中国新闻奖参评作品试点报送单位、教育部首批教育融媒体建设试点单位、湖南省新闻传播学会会长单位。

学院设有新闻学、广告学、广播电视编导、播音与主持艺术4个本科专业。新闻学专业为国家级特色专业、国家级一流本科专业；广播电视编导为湖南省特色专业。建有文化传播二级学科博士点、新闻传播学一级学科硕士点、新闻与传播专业学位硕士点（MJC）。在校学生1200多人，其中本科生800余人，硕士研究生450余人，博士研究生21人。拥有国家大学生文化素质教育基地、新闻传播学类国家大学生校外实践教育基地、湖南省普通高等学校实践教学示范中心等国家和省级实践教学平台；建有国家视频公开课、慕课、海外知名教授讲学课程等6门；拥有湖南省人文社会科学重点研究基地——湖南省文化产业研究基地和马克思主义新闻观研究中心、传播学研究所、舆情研究所等8个校级科研机构以及中国轨道交通文化研究院、湖南红网网络传播研究中心2个产学研一体化科研平台。

2019年，学院的新媒体工作主要体现在以下几个方面。

一 | 教学课程设置

（一）组织修订本科培养方案，大幅增加新媒体类相关课程

2019年，结合媒体深度融合和行业创新发展的现实需求，参照《普通高等学校人文社科类本科专业认证标准》和本科专业《教学质量国家标准》，学院对新闻学、广告学、广播电视编导、播音与主持等4个本科专业的培养方案进行全面修订，确定将“高素质全媒化复合型专家型卓越新闻人才”作为新闻学专业人才培养目标，强调学生毕业需“熟练掌握现代传播技术和专业技能，具备全媒体内容生产传播能力和实践创新能力”。

在通识教育课程中增加了“计算机与人工智能概论”，核心课程中增加了“数字媒体技术”，专业核心课程中增加了“融合新闻报道”与“数据新闻与可视化”。个性培养课程设置

了“全媒体报道”“国际新闻报道”“舆情分析”“新媒体制作”“媒介市场调查”“新媒体运营”“学术拓展”7个个性化课程模块。专业实训课程中设置“新闻阅评工作坊”“全媒体新闻报道工作坊”“融媒体产品制作工作坊”“国际新闻报道工作坊”“短视频制作工作坊”“纪录片创作工作坊”“用户调查工作坊”“微信公众号运营工作坊”“舆情分析工作坊”“小程序运营工作坊”，为新媒体人才培养提供了课程保障。

（二）积极引进海外高水平新媒体课程

与密苏里大学新闻学院合作开展新媒体课程教学周活动，聘请史蒂夫·赖斯教授为2016级大三本科生开设“媒体融合背景下移动工具新闻报道的艺术和技术”40学时的课程，讲授如何利用移动设备进行新闻报道与发布，并组织了课程作品展示与评选，为开展国际化新媒体课程建设积累了经验。

二 | 着力推进融媒体实验室建设

与湖南日报合作开展融媒体实验室建设，已完成融媒体实验室方案设计和前期项目（非编机房）的建设任务。与湖南大学党委宣传部（新闻办）联合开展湖南大学融媒体中心建设，并成功入选教育部首批教育融媒体建设试点单位。

三 | 持续推进全媒体工作坊建设

“红枫全媒体工作坊”是学院打造的全媒体实践教学平台，成立于2018年，包括学院官方网站、“湖大新影”（学院官微）、“青枫新语”（新闻专业实践平台）、“青声遇见”（大学生思政平台）、“悦播悦好”（播音主持专业实践平台）等四个公众号以及一个视频工作室。工作坊设“总编调度中心”和“采编联动中心”。运营采用“中央厨房”模式，建立了值班制与项目制并行机制，实现了“一次采集，多平台发布”。

2019年，工作坊在内容建设上取得了良好成效，提升了学生的新媒体专业水平和业务技能。一是原创内容比例高。“湖大新影”“青枫新语”及“青声遇见”公众号的内容全部来自原创。二是深度内容比例大幅增加。各类人物专访、新闻调查、对热点现象的分析评论等长篇内容占了一半以上，“湖大新影”和“青枫新语”近30篇年度优质稿件全部来自于深度内容，这些稿件的阅读量也名列前茅。三是内容形式不断创新，除传统的图文内容外，还增加了音频、视频、互动视频、H5、游戏、手绘漫画等多种形式，融媒体的特质进一步显现。

（湖南大学新闻传播与影视艺术学院）

湖南师范大学新闻与传播学院
新媒体人才培养工作概况

湖南师范大学新闻与传播学院成立于2001年3月，是湖南省首家成立的新闻与传播学院，现为湖南省委宣传部与湖南师范大学共建学院。学院现设新闻、编辑出版、广播电视、广告、网络与新媒体五个系，有新闻学、编辑出版学、播音与主持艺术、广播电视学、广告学、广播电视编导、网络与新媒体7个本科专业。新闻传播学科在全国第四轮学科评估中位居全国同类学科18名左右，并增列为一级学科博士学位点，填补了湖南省空白，新闻传播学科列为国内一流培育学科。2019年新闻传播学科被批准增设博士后科研流动站。学院拥有新闻传播学一级学科硕士点，新闻与传播、出版、广播电视领域艺术硕士三个专业学位点。学院形成了从本科到硕士、博士的多层次人才培养体系，现有全日制在校生1800多人。学院是“湖南省新闻人才培训中心”“湖南省出版人才培训基地”“湖南省研究生培养创新基地”“湖南省现代传媒大学生创新创业教育中心”。

学院现有在岗在编教职工78人，其中教授及其他正高级职称21人（二级教授3人、博士生导师13人），副教授及其他副高级职称21人，博士47人；拥有湖南师范大学“潇湘学者”讲座教授6人；在省内外宣传部门、新闻出版广播电视影视界聘请了30多位专家、学者担任兼职教授。

网络与新媒体专业于2012年设立，是教育部批准第一批开设的新媒体本科专业之一，也是湖南省普通高等学校开办的第一个新媒体本科专业。本专业所属学科在全省办学历史最长，学科门类最全，是全省唯一新闻传播学省级重点学科，全省唯一新闻传播学一级学科博士点。2019年，网络与新媒体专业评为“湖南省一流本科专业”（该专业全省唯一）。本专业在县级融媒体建设、网络传播、新媒体经营与管理、媒介融合、网络舆情等研究领域形成了优势明显的教学及科研特色。

（湖南师范大学新闻与传播学院）

广西大学新闻与传播学院新媒体人才培养工作概况

广西大学是国内最早招收新闻学本科生的四所院校之一。学院现设有新闻学、广播电视新闻学、广告学、播音与主持艺术4个本科专业；有新闻传播学一级学科硕士学位授予权，新闻学、传播学、传媒经济学、广告学4个二级学科；有新闻与传播硕士专业学位硕士点。学院是国内最重要的新闻教育组织——中国新闻教育学会13位常务理事单位之一。新闻学专业是第一批“国家特色专业”。

学院的传媒实验教学中心是自治区级传媒实验教学示范中心，仪器设备价值超过3000万元。中心下设有12个基础教学实验室和实习实训中心，即全媒体交互式演播中心、融媒体中心、摄影摄像实验教学中心、报刊全媒体实验室、舆情研究实验室、视听观摩室、录音室、形体训练室、广播电视编辑实验室、广告实训室、网络信息化智能管理实验室和航拍教学实训中心。

2019年广西大学新闻与传播学院新媒体传播教学及科研工作在多个方面都取得了显著成绩。

一｜实验实践教学平台完善升级

2019年学院根据传媒行业的发展趋势及传媒人才的市场需求，加大与新媒体技术相关的实验室建设，多个实验室正式投入使用，较好地满足了目前的教学需求并增加了学生的实践创新机会。

（一）大学生文创工作室投入使用

新媒体业务技能与文化创意产业息息相关，新媒体发展已经成为整个传媒产业最重要的增长点。

学院在2018年开始筹措资金建设“大学生文创工作室”，2019年工作室投入使用。该工作室

60余平方米，建设经费40余万元，配置16套高性能的编辑电脑和工作站，另外还购置了投影仪、打印机、手机云台、数位板等设备，能够满足学生团队在老师指导下完成写稿、编辑、图文制作、音视频剪辑、动画制作等工作。2019年，广西大学新闻与传播学院的师生团队，借助文创工作室的实践平台，为广西生态环保厅制作了“桂小环普法讲堂”系列环境普法宣传新媒体作品。该新媒体系列作品由6个短视频、5个MG动画和4个H5组成，经广西生态环保厅在厅官方微博、微信、官网上播出后，取得了较好的社会反响。

（二）航拍教学实训中心投入使用

随着摄影摄像技术的发展，掌握航拍技术的人才在传媒行业中越来越受到青睐，为了应对这个需求，学院自近年来开始筹建航拍教学实训中心，该中心主要针对专业中对航拍感兴趣的学生进行航拍教学和实训。2019年航拍实验室正式投入使用。自投入使用后，学院的航拍教学实训中心团队为广西大学的大型活动、学校宣传片、广西大学扶贫帮扶点拍摄了大量的航拍视频，较好地服务了学校的宣传工作和助力广西的扶贫攻坚任务。

（三）报刊全媒体实验室进一步完善

报刊全媒体实验室面积达350平方米，共有85个学生机位，可供新闻与传播学院各专业的学生开展相关的全媒体采编，特别是报刊全媒体采编的实验教学使用。

2019年，学院对该实验室采编系统进行进一步的升级完善，完善内容包括九大系统模块：即全媒体新闻生产系统、全媒体资源库存储系统、互联网内容抓取分析系统、移动采编系统、RIP4.0打样系统、翔宇CMS网站内容管理系统、数字报刊制作系统、掌媒阅读发布系统、大屏发布系统。

二 | “校媒合作”新媒体平台拓展

“广西新媒体实验室”是广西大学新闻与传播学院与人民网合作、广西首个“校”“媒”共建新媒体实验室。该实验室2016年开始挂牌运营，运行的机制主要为由学院提供场地和基本硬件设施，人民网负责新媒体实验技术、平台支持和新媒体应用开发。由人民网员工与学院教师共同指导，学生负责人民网“中央厨房”、舆情监测、“两微一端”、微电商4个产品项目的日常运营。2019年开启“内容自生产”方向，创建微信公众平台“NewM研究所”，鼓励学生在平台上创作紧扣时代前沿的新媒体作品。

舆情监测与研究是该实验室的核心工作内容，舆情监测的学生团队的成员均为在读硕士研究生，2019年，该实验室共提交了舆情月报共12份，简报2份，其他相关舆情内容11份。在舆情监测工作开展的同时也协助人民网广西频道对新媒体矩阵进行运营维护。2019年，该实验室新媒体组的师生主要协助运营“桂人桂气”这一政务类公众号，制作推文、图片以及运营，每月稳定发布25—30篇相关内容。同时负责广西壮族自治区社会科学界联合会微信平台的日常运营与维护。

在做好舆情监测、新媒体运营与新闻采编工作的同时，从2019年10月开始，该实验室中的师生团队创建微信公众号“NewM研究所”，以“我们尝试，并永远心怀热忱”为口号，在公众号上设立了“数说”“读懂新媒体”“独立人格”“他说”“有趣的大学生”“遇见众生相”等图文、视频和新媒体栏目。

三｜利用融媒体中心平台开展新媒体传播活动

学院的融媒体中心占地约800平方米，实际投入资金870多万，是可以实现演、录、编、播为一体的实习基地，并可以进行各类节目的直播、录播。融媒体中心功能定位为“资源通融、内容兼融”的新型媒体实训平台。

2019年，学院利用融媒体中心开展了首届中国－东盟传媒与新闻传播教育国际研讨会暨中国-东盟新闻与传播学院院长（系主任）论坛、第三期高校新闻院系骨干教师马克思主义新闻观主题培训、第七届国家传播战略高峰论坛、黄文秀同志先进事迹宣传报道教学公开课、广西大学新闻与传播学院读书晚会等科研与教学活动。

四｜广西舆情研究中心助力教学科研与地方服务

广西舆情研究中心是区党委宣传部和广西大学共建内容之一，也是中宣部舆情直报点。该中心于2015年开始筹建，2017年开始正常运作。该中心工作场地占地300平方米，现有服务器5台，数据采集工作站7台，数据库1座。在人员配置上，现有舆情研判专家团队7人，均为学校老师兼任，另外招募学院硕士研究生组建了舆情监测团队（12人）和舆情分析团队（9人）。

近两年广西舆情研究中心与人民网舆情实验室、新浪舆情通、清博大数据、博约科技等领先科技公司进行了紧密的数据资源合作，拥有稳定的数据采集渠道和充足的数据资源。2019年，广西舆情研究中心团队与广西壮族自治区网信办合作，承担了“第16届中国—东盟博览会、中国—东盟商务与投资峰会东盟舆情研究”“东盟国家涉中华人民共和国成立70周年网络舆情研究”等重要课题。同时，该研究中心还为“《网络舆情分析》实践教学与创新研究”等省级教改课题提供教学平台和研究保障。实现了学科建设与创新人才培养、服务地方及区域发展相结合。

（广西大学新闻与传播学院）

山东大学新闻传播学院新媒体人才培养工作概况

目前，山东大学新闻传播学院拥有新闻传播学一级学科博士点（含新闻学、传播学两个二级学科博士点）、新闻传播学一级学科硕士点（含新闻学、传播学两个二级学科硕士点）、新闻与传播专业学位硕士点等新闻传播类研究生学位点，以及一个新闻学本科专业。其中新闻传播学为2013年中宣部、教育部首批认定的“部校共建”重点建设专业。教师队伍学历层次较高、年龄结构合理、具有国际视野，充满发展活力。

一 | 一个核心方向——“媒介科学”

（一）“媒介科学”简介

山东大学“媒介科学”一流学科建设，最初于2016年9月新闻传播学院独立建院后开始规划论证，2016年12月形成“媒介科学”学科建设和发展规划报告。2017年经山东大学学科规划发展办公室评审和校长办公会讨论通过，“媒介科学”方向正式列入山东大学一流学科激励计划。在学校确定的6个“学科激励计划”中，是唯一的文科建设方向。

媒介科学的建设定位主要是发挥山东大学综合性大学优势，打破新闻传播学科传统的研究边界，强化学科交叉、融合发展、实验支撑；从本体论、价值论、认识论三个维度，倡导媒介研究的新思维；着眼国内首创、领先，使山东大学成为媒介科学研究的策源地，创新建设媒介科学体系，培育形成媒介科学的“山大学派”；依托媒介科学研究，建设国际对话平台，培育形成国际影响力；依托媒介科学研究，对接国家相关战略，实现学术成果、智库成果、应用成果的三位一体的呈现。主要从媒介知识体系、媒介技术体系、媒介实验体系三个方面进行建设规划。从知识发现、知识生产、知识传播、知识消费四个环节，拓展媒介知识体系。逐步建构自然媒介知识体系（涉及物理学、信息科学等学科）、大众（社会）媒介知识体系（涉及新闻学、传播学、舆论学和社会学等学科）、心灵媒介知识体系（涉及生物学、心理学、认知与神经科学和医学等学科），并推出相应的创新学术成果。媒介技术体系方面，以媒介与人、媒介与社会、媒介与媒介三个基本关系为纽带，以互联网、物联网、智联网的演进为脉络，涉及媒介技术思想史、技术文化、技术伦理、技术哲学等领域。而在媒介实验体系的创新建设上，基于发现而不是验证的实验将成为媒介发展的关键。以此为背景，将实验方法作为媒介研究的基础方法，与物理实验，医学实验，生物实验，心理实验等相结合，建立适用于媒介研究的独立的媒介实验体系。

（二）“媒介科学”一流学科建设情况

1. “媒介科学”系列学术交流活动

2018—2019年期间学院开办了“媒介科学”系列学术沙龙，主题分别为“媒介科学：定位与创新”“媒体与社会变革：传播实践与理论想象”“传播的公共性：多元议题与理论反思”。通过新闻传播大讲堂、老师专业培训等方式，邀请国内外专家举行媒介科学前沿学术报告。

2. “媒介科学”专项课题研究

2018年，学院启动“媒介科学”专项课题研究。经过申报，校外5名匿名评审专家分别独立评分，学院教授委员会审核，立项了12项2018年山东大学一流学科激励计划项目“媒介科学”课题。主要包括：“‘媒介科学’知识体系建构的三重维度”“跨学科视角下的社交媒体——自拍行为及影响因素研究”“传播中的身体——媒介交互性研究”“场景时代的报道形态创新研究”等。

3. “媒介科学”系列学术工坊活动

2019年6月举行首期“VR人机互动设计与用户体验主题工坊”，由山东大学新闻传播学院、上海交通大学媒体与传播学院、深圳大学传播学院三所学院共同举办。该工坊为国内高校的首个VR／HCI／UX工作坊，尝试运用VR用户体验、交互设计专业的研究、实践方法与传播科学的相关知识结合，探索新时代年轻群体偏好的创新性文化遗产传播方法。2019年10月至12月，举办第二届新闻传播学院硕士研究生“媒介科学工坊”。

二　两个重点平台——“媒介科学与工程创新实验中心”和基于大数据平台的高端“舆论智库”

（一）山东大学“媒介科学与工程创新实验中心”

中心是媒介科学一流学科建设的一个综合性支撑平台，按国家级创新平台的目标进行整体设计与规划。在建设中一方面整合学院原有的实验室资源，一方面按一流学科建设需要增量新的实验内容。根据规划，目前已建成的教学和科研实验室包括："媒介政策与公共传播"实验室、"媒介技术与文化传播"实验室、"大数据与智能媒体"实验室、"无人机与移动媒体"实验室、"融媒体与全息传播"实验室、"媒体创意与视觉传播"实验室。目前，学院以现有实验室为基础，整合各类实验资源，正在推进"山东大学智慧全媒体中心"建设。主要板块包括元数据管理系统、融媒体管理平台、全媒体网站群、素材管理系统、音视频内容生产播出系统、传播力绩效考核系统、舆情监测系统、协同系统，以及生产中心和实践基地。

（二）基于大数据平台的高端"舆论智库"建设

基于大数据平台和复杂性理论，以服务于国家治理现代化宏观战略为价值诉求，以舆论与舆论治理学术研究、舆论传播及舆论引导智库成果、舆论与舆情研究人才培养、舆论研究的国际交流、舆情管理的社会服务等为主要方面，推进高端舆论智库建设，是媒介科学一流学科建设服务国家重大战略需求的一个重要着力点。围绕这一目标，近两年主要工作包括：

1. 整合原有资源，建构基础平台

以2019年9月成立的山东大学舆论研究中心为依托，整合包括中宣部高校和社科单位类舆情信息直报点（2015）、山东省委宣传部舆情研究基地（2016）在内的现有舆论研究资源，与媒介科学与工程创新实验中心基础数据平台相对接，并通过购置与自我研发相结合的方式，初步建构起一个能够满足新媒体传播环境下舆论传播与舆论治理研究的大数据支撑平台。

2. 开展学术研究，促进人才培养

围绕国家治理现代化进程中的舆论治理，组成文理工学科交叉的研究团队，探索大数据、融媒体、人工智能在媒体实践领域的应用，以及对舆论治理工作带来的新的变化与挑战，丰富舆论研究的理论和实践领域。

3. 建设重点智库，服务国家战略

整合校内外、国内外相关专家学者资源，以理论研究和应用研究相结合的方式，推进舆论研究新范式的建构，打造具有时代特色的舆论智库。建立多层次、全方位、全天候的网络舆情信息监测、采集、研判和报告体系，全方位为社会提供舆情监测、处置及社会治理方面的专业服务。通过服务山东、服务全国舆论工作的方式，服务于国家治理体系现代化的宏观战略。

（山东大学新闻传播学院）

黑龙江大学新闻传播学院新媒体人才培养概况

2019年，黑龙江大学新闻传播学院从如下几个方面着手，全面深化面向融合媒体的教学改革。

一 | 马克思主义新闻观课程实现了专业全覆盖开设

新时代的新闻人才必须要具有坚定的中国特色社会主义理想和专业性的新闻职业道德。2019年上半年，继新闻学专业开设《马克思主义新闻观》课程之后，学院再次拓展开课覆盖面，面向广播电视编导、传播学和广告学专业开设此课，做到了马新观教育全覆盖。马克思主义新闻观课程，全年开课2次，修读学生127人。

二 | 开展融合媒体教育转型

2019年11月，学院启动新一轮培养方案修订工作。当月，面向全体学生进行了学业调研，确定了本次修订工作要坚持全面提升新媒体课程的占比，加强培养体系中媒介新技术、新媒体类的教学内容，加强学生在新媒体业务上的核心竞争力培养等修订原则，最终形成专业认证版的人才培养方案，逐步完成培养体系面向“融合模式”的转型。

学院教师张宝龙主讲的《新媒体视频极速客》慕课课程已经采用中国大学MOOC、优课联盟和黑龙江大学自主学习平台实施了线上+线下结合的教学模式。在线教学设计采用“快速+新颖+心智”模型相结合的模式。“课赛一体化”的教学内容以及“商业项目实战化”的教学体系，以课程教学为基础，课外竞赛为补充。线上综合使用精简视频+教学PPT+节点式提问+课堂讨论+课后作业+辅助资料等教学资源。线下通过翻转课堂的方式，通过教师答疑、案例分析、头脑风暴、综合制作等互动式教学方式，促进学生对线上知识的融汇拓展，强化学生自学的理念方法，实现对课程的改造升级。课程融合了视觉原理、电影理论、色彩知识、大量的计算机应用和相关的物理学等知识点，为学生打造文科、工科和艺术科学相结合的综合性跨学科学习体验。该课程视频总时长358.9分，教学资源总数88个，题库题目总数87个。在不到1年的时间内，共有全国各地近15000余名学生进行修读，累计选用本课程的院校共计26所。获评2019年黑龙江省精品在线开放课程和2019年省高校优质课程联盟精品线上线下混合课程，并获得腾讯企鹅新媒体学院“双百云课程”称号。

学院加强新媒体实验平台建设，2019年，学校投入专项资金120余万，全部更新了非线性编辑实验室设备，建设了全新的视频创作与编辑实验室。投入部校共建资金，完成了数据传播实验室基础改造，使实验室运行更加稳定。

三｜为地方融媒体建设提供智力支持

2019年3月，黑龙江省委宣传部成立融媒体中心建设专班，统筹开展省各地县域媒融体中心建设。学院教师参与专班工作，深入开展实地调研，阐述了龙江媒体融合发展工作的优势、潜力与不足，并参与文件组稿，提供了意见建议。

2019年，学院在研国家及教育部课题3项。分别是国家社会科学基金青年项目：东北地区革命文化传播史研究（1905—1949）；国家社会科学基金一般项目：“一带一路”视域下提升中国对俄罗斯东部地区文化传播力研究；教育部人文社会科学基金青年项目：人工智能驱动下的新闻生产研究。

（黑龙江大学新闻传播学院）

（编辑　彭溪梦）

发展综述

概述、专论

一 | 2019年中国新媒体行业发展报告

宋建武　陈璐颖　王泱

（一）综述

2019年，我国各级各类主流媒体遵循习近平总书记对于媒体融合工作的战略指导和中央的具体部署，推动媒体融合向纵深发展、向基层延伸，从中央级媒体平台构建到县级融媒体中心建设，从引导群众到服务人民，全媒体传播体系的基本框架搭建和功能开发已初见端倪。

1．媒体融合指导思想进一步明确和深化

习近平总书记一直高度重视媒体融合发展。2019年1月25日，中共中央政治局在人民日报社就全媒体时代和媒体融合发展举行第十二次集体学习，习近平总书记发表了题为《加快推动媒体融合构建全媒体传播格局》的重要讲话（以下简称"1.25讲话"）。他强调，"全媒体不断发展，出现了全程媒体、全息媒体、全员媒体、全效媒体，信息无处不在、无所不及、无人不用，导致舆论生态、媒体格局、传播方式发生深刻变化，新闻舆论工作面临新的挑战"，宣传思想工作要"因势而谋、应势而动、顺势而为"，要"运用信息革命成果，构建融为一体、合而为一的全媒体传播格局。"[①]这是基于互联网、大数据及人工智能技术的发展趋势，对现代传播环境和媒体未来发展所作出的分析和判断。当前主流媒体正着力构建的现代传播体系也正是以"全媒体"为内涵的。与通常的认识不同，这里的"全媒体"主要不是指媒体业态的"全"，而是强调当前人类信息交互的"全程、全息、全员、全效"等特性。这样的"全媒体"只能依托互联网技术而产生和存在。"构建全媒体传播格局"由此成为媒体深度融合的战

---

① 习近平.加快推动媒体融合发展 构建全媒体传播格局[J].求是，2019（6）：4—8.

略目标。

习近平总书记在这个讲话中还指出，“要统筹处理好传统媒体和新兴媒体、中央媒体和地方媒体、主流媒体和商业平台、大众化媒体和专业性媒体的关系”，“形成资源集约、结构合理、差异发展、协同高效的全媒体传播体系”①。这四大关系抓住了媒体融合发展的主要矛盾和关键环节，是给媒体融合的实践者和研究者提出的重大课题。在实践中，各级各类主流媒体积极探索如何把握这四大关系的本质及其相互作用方式，尝试正确处理这四大关系，以加速建设资源集约、结构合理、差异发展、协同高效的全媒体传播体系。

针对媒体融合发展实践中存在的资源不足问题，习近平总书记还强调，“媒体融合发展不仅仅是新闻单位的事，要把我们掌握的社会思想文化公共资源、社会治理大数据、政策制定权的制度优势转化为巩固壮大主流思想舆论的综合优势”②。这个论断揭示出媒体融合发展的重要价值不止存在于在新闻传播领域，因此要整合党和政府所掌握的各方面的优势资源，将主流媒体建设的自主可控平台发展成为基于互联网的治国理政新平台，从而推进现代传播体系与社会治理体系的一体化建设。

全面学习和理解习近平总书记对于媒体融合发展的系统论述，我们发现，“1.25讲话”对媒体融合发展的目标、路径、价值取向、方式、手段和立足点等方面进行了系统全面地论述，其中体现着高度的政治站位，贯穿着实事求是、讲求实效的精神，也充满了互联网思维。

2. 媒体融合发展的具体部署更加全面

2019年，党和国家各相关领导和管理部门也围绕着“全媒体传播体系”建设，作出了全面部署。相关行业主管部门针对媒体融合发展过程中存在的问题，通过制定相关法律法规和规范性文件，提供政策支持和保障。围绕县级融媒体中心建设，相关中央主管部门和部分省市发布了多项指导性文件；为规范移动互联网时代的网络舆论空间，为主流媒体发挥舆论引导作用，相关部门出台了多个规范性文件。

2019年10月，十九届四中全会发布《中共中央关于坚持和完善中国特色社会主义制度推进国家治理体系和治理能力现代化若干重大问题的决定》，强调“构建网上网下一体、内宣外宣联动的主流舆论格局，建立以内容建设为根本、先进技术为支撑、创新管理为保障的全媒体传播体系”③，成为新时代的媒体融合发展的纲领性文件。

为强化科技的支撑作用，2019年11月，科技部发布《关于批准建设媒体融合与传播等4个国家重点实验室的通知》，决定在中国传媒大学、中央广播电视总台、人民日报社人民网、新华

---

① 习近平. 加快推动媒体融合发展 构建全媒体传播格局[J]. 求是，2019（6）：4—8

② 习近平. 加快推动媒体融合发展 构建全媒体传播格局[J]. 求是，2019（6）：4—8.

③ 中共中央关于坚持和完善中国特色社会主义制度，推进国家治理体系和治理能力现代化若干重大问题的决定[EB／OL]. http://www.gov.cn/zhengce/2019-11/05/content_5449023.htm，2019年11月5日。

社新媒体中心等单位建设4个国家重点实验室，这也是科技部首次在新闻传播领域布局国家重点实验室。

3. 主流媒体融合实践向纵深推进

2019年，中央级主要媒体继续扮演媒体融合发展领头羊的角色。它们积极应用5G、人工智能技术，探索媒体智能化转型；同时通过上线短视频客户端等方式，加大力度建设自主可控平台。

省市级主流媒体的媒体融合实践更加丰富多彩。一些省市级媒体机构努力运用人工智能和大数据等新技术进行内容产品创新，还有一批省级媒体集团通过建设区域性媒体平台，强化平台自身的技术能力，为县级融媒体中心的建设与运营提供解决方案。

县级融媒体中心建设依然是基层媒体融合工作的重点和亮点。2019年，县级融媒体中心建设全面铺开，全国2200多个县区中，已有1800多个挂牌成立的融媒体中心。通过基础能力建设，主流媒体在基层的数字内容生产能力和互联网传播能力普遍加强，其中一些发展较快的县级融媒体中心，还初步具备了提供各种服务功能的能力。这在2020年初开始的抗击疫情的过程中得到了充分体现。

2019年，我国的互联网商业平台持续拓展各类新业务，致力于打造更完善的生态闭环；短视频平台用户规模和活跃度持续大幅度提升，它们积极发力本土O2O服务，发展直播电商，带动我国互联网行业保持了高速增长的势头。与此同时，互联网信息内容治理也进一步强化，相关监管部门出台了多部新规定，并通过专项执法行动加强执法力度；互联网行业组织出台了多部内容监管相关的规定，在强化行业自律方面发挥日益重要的作用；互联网平台也通过技术研发，升级内容管控手段，不断加强对虚假信息、低俗信息等不良内容的打击力度，共同维护互联网内容生态环境。

（二）年度重大发展

1. 5G、人工智能技术应用推动媒体转型升级

现代信息技术是媒体融合发展的基本动力。

2019年，我国各级各类主流媒体积极运用5G、人工智能、大数据和云计算等新技术、新应用，实现技术迭代，推动媒体转型升级。

（1）人工智能初试牛刀

习近平总书记在中央政治局第十二次集体学习时强调，“要探索将人工智能运用在新闻采集、生产、分发、接收、反馈中，全面提高舆论引导能力”[①]。人工智能技术在媒体中的应用，

---

① 习近平. 加快推动媒体融合发展 构建全媒体传播格局[J]. 求是，2019（6）：4—8.

正在带来新闻生产全流程的智能化。

中央广播电视总台以央视网、央广网、国际在线为基础平台，通过与多个互联网商业平台和AI技术机构的合作，启动了人工智能编辑部的建设，初步建成了集智能创作、加工、运营、推荐、审核于一体的人工智能集成服务平台。2019年5月21日，央视网与科大讯飞宣布开展战略合作，共同打造融媒体智能终端产品；7月17日，央视网宣布与百度智能云合作，将“云+AI”能力应用至央视网各场景，并拟共建人工智能媒体研发中心。12月25日，人工智能编辑部正式上线，推出“AI帮你找”“领袖素材数据库”等智能产品和智能编辑工具，“I学习”“智晓”“融媒智控云矩阵”三大产品同时发布。央视网还与阿里云共建大数据中台，形成“记者头条”等多款大数据产品。

2019年9月19日，人民日报智慧媒体研究院成立，《人民日报》与百度联合设立的人工智能媒体实验室，融媒体创新产品研发与孵化项目、全媒体智慧云项目也同时启动。12月7日，人民日报社传播内容认知国家重点实验室正式启动。实验室以人工智能研究为核心，着力推动该技术在我国媒体融合中的应用。

新华社也针对人工智能应用，积极布局。2019年8月26日，新华智云对外发布其自主研发的25款媒体机器人，这些机器人具备自主文字识别、自动字幕生成、实时直播剪辑等多种功能；11月26日，该机构发布“媒体大脑3.0融媒中心智能化解决方案”，该方案以区块链技术和AI审核为显著特征，是我国首个面向融媒中心的智能化解决方案。12月12日，新华社首个智能化编辑部正式建成并投入使用，此编辑部可通过一次采集、N次加工、多元分发的方式实现在线新闻生产方式的全新变革。

四川日报社旗下的封面传媒坚持以技术驱动融合转型，秉承“智能+智慧+智库”的智媒体建设理念，致力于“人工智能+媒体”领域的实践探索。发展至今，其主要产品“封面新闻”实现了AI“视、听、读、聊”全沉浸式体验。目前，封面智媒体的虚拟演播室系统已经正式建成启用，植入了主流价值观的算法推荐技术更加成熟，机器写作技术取得了长足进展，语音转换技术得到充分运用，每条稿件都有一段自动语音合成，MGC（机器合成内容）成为基础配置，人脸识别、图像识别技术也得到应用，智能化技术应用范围不断拓宽。

（2）5G商用：推动媒体内容生产与传输技术的升级

2019年是全球5G商用提速的关键一年，媒体融合领域也将利用这次契机，搭载5G技术，持续向智能化推进。

5G为媒体行业带来的根本变革是，借助“广接入”，采集数据的传感器大大增多，极大拓展了数据采集方式和能力，将会促使人类更加全面、深入、真切地理解外部世界。未来的媒体将从信息总汇变为数据总汇，谁掌握了这些数据，谁就掌握了关于人类生存状态的各种真相。

当前我国对5G基础设施的建设，行动迅速，全球领先。截至2019年年底，北京已建立5G基站17357个，全国范围内已经建成超过16万个5G基站，遍布于50多个城市。

2019年，以5G商用为契机，全国各地广电网络公司与电信运营商的合作更加频繁。双方共享共建5G网络，能避免重复建设造成的浪费，有效降低总投资规模，加快建设速度。

华为公司与陕西广电、山东广电、四川广电、河南广电、云南广电等全国超20家广电网络进行了签约合作，在5G、云计算、大数据等方面展开深度合作；华数传媒也加快向智慧广电运营产业转型，并与华为、阿里云、当虹科技等签署5G、4K、VR直播战略协议，通过布局超高清产业链增强行业竞争力。

在基础设施建设迅速开展的同时，一批具有前瞻眼光的媒体看到了5G在超高清内容、VR内容传播方面的优势，开始积极探索。

内容呈现方面，2019年的国庆节，适逢中华人民共和国70华诞，成为5G超高清内容的演兵场。央视新闻采用“5G+4K”超高清全景直播打造“多视角全景看盛典”专题，并通过PC端、移动客户端等6个平台实现全媒体矩阵同步直播；湖南卫视、浙江卫视、江苏卫视等纷纷推出专题、报道、互动产品。11月4日，上海进博会新闻中心第一次向媒体提供基于5G网络技术进行信号传输的服务。11月20日，我国研发的全球首台“5G+8K”超高清视频全业务转播车在首届世界5G大会上亮相。12月31日，湖南卫视携手中国移动举办全球首场5G跨年演唱会，推出5G互动直播间，打造沉浸式的全场景互动体验。在充分准备的基础上，2020年春晚，中央广播电视总台采用“5G＋8K”技术实现多机位移动拍摄，并联合快手与观众进行互动，打造出立体化融合视听盛宴。

平台建设方面，2019年11月20日，中央广播电视总台借助5G、4K／8K等新兴技术，遵循“移动优先”战略，推出我国首个5G新媒体平台“央视频”。“央视频”在多个方面实现了创新和突破，在技术架构上，“央视频”采用先进的“大中台+小前台”设计，第一个通过云服务打通了传统媒体与新媒体的内容生产环节，并实现了物理空间的一体化，从技术上、流程上全面实现了不同形态的媒体从内容数据到用户数据的共享分享、互联互通。

（3）大数据、云计算的应用

各级各类主流媒体在过去的一年里，按照建立现代传播体系的需要，发挥互联网提供云服务的技术优势，通过建设一系列用于互联网传播的基础平台，积极探索大数据、云计算等新技术的新应用，为媒体融合发展注入新动能。

在中央媒体层面，人民日报社通过“全国党媒信息公共平台”建设，聚合了全国各级媒体、党政机关、企业事业单位宣传部门的各种优质信息资源，通过为入驻机构提供内容生产、渠道运营、盈利模式等方面的数据与技术支持，以开放有序的平台机制充分释放了优质内容的巨大社会生产力；新华社“现场云”从内容汇聚平台升级为数据整合平台，聚合各类原创优质内容数据、各级党政机关政务数据，为新华社旗下产品的用户提供更优质的内容服务和更方便的政务服务，为主流媒体集团的各类业务提供有力技术支撑，致力于实现新闻生产流程的全面智能化，这个平台目前已有2900多家媒体和党政机构用户。

在各地区，一批面向县级融媒体中心提供技术和运营支撑的省级云平台的建设，为入驻其中的县级融媒体中心建设及其端口运营提供了先进的技术条件，同时也节省了各地县级财政的成本投入。湖北广播电视总台长江云、江苏广播电视总台荔枝云、浙江广播电视总台中国蓝云等平台，能够将其先进经验及人才优势复制到各地的县级融媒体中心，从而推动了所在区域各地方媒体的整体进步，同时也达到了推动媒体资源整合、加强创新协作、节约建设和运营成本的目标。

2. 全媒体传播体系建设持续推进

2019年，各级主流媒体积极探索媒体深度融合的方向和路径，全媒体传播体系的建设目标的提出，对推进媒体融合向纵深发展提供了更科学、实际和具体的指导。

在全媒体传播体系中，各级媒体因自身资源禀赋和能力的差异，承担的使命和面临的任务也各不相同。从结构上来看，全媒体传播体系的主体是由全国性媒体平台、区域性媒体平台和基层融媒体中心相互有机连接而形成的，各级主流媒体因自身的资源和能力优势不同，在构建全媒体传播体系中具有不同的作用，在过去一年里，也进行了各有特色的实践探索。

（1）中央级媒体基于短视频应用探索建设自主可控平台

近年来，短视频用户规模快速增长，5G技术的应用，将加速这一趋势。各大互联网平台和内容生产机构纷纷向短视频布局，短视频成为互联网发展的新风口。

2019年，各中央级媒体平台纷纷基于短视频应用，进行自主可控平台建设的有益探索和实践。中央级媒体的优势体现在资源整合能力、人才吸引力和资金储备等方面，具备快速形成建设互联网平台所需的技术能力和运营能力。

2019年5月30日，中央广播电视总台成立央视频融媒体发展有限公司，11月20日，总台基于“5G+4K／8K+AI”等新技术全新打造的综合性视听新媒体旗舰“央视频”5G新媒体平台正式上线。“央视频”以“泛文体、泛咨询、泛知识”为主要定位，主推“视频账号森林”“掌上电视”及“移动直播”三大功能。在“视频账号森林”这一功能上，平台推出了服务于创作者的“央视频号”，除台内号之外，其他媒体机构、党政机关、企事业单位和各领域的“达人”等作为内容创作主体，都可以在平台注册账号，从而成为“央视频”平台重要的内容创作者，共同参与“视频账号森林”和“内容生态系统”的建设。

2019年9月19日，“人民日报+”短视频客户端正式上线。该客户端是一个主流短视频PUGC聚合平台，内容来源主要包括PGC、UGC、自制三个方面。“人民日报+”通过人工精选的推送方式，坚持短视频传播的主流价值导向，积极引领短视频行业生态发展；以焦点图、信息流、话题等展现形式为用户提供海量、优质的视频和直播内容，让用户能够及时获取重要、权威的视频资讯。客户端中的特色板块“人民问政”支持用户上传短视频反映民生问题，引导媒体调查、核实和跟进，敦促相关责任机构回应和解决问题，真正做到“让你看”，也“帮你办”。

主流媒体平台化发展的本质是：聚合海量用户、提供多元服务、支持多边资源的价值交换，从而增强用户黏性，建立与群众的普遍连接，围绕媒体核心功能建成全国性或区域性生态级互联网媒体平台。在这方面，中宣部直接领导的学习强国平台是一个范例。

2019年1月1日，“学习强国”移动客户端正式上线。该平台定位为多媒体呈现、多资源聚合、多技术应用，2019年12月实现用户超亿，成为现象级的融媒体平台。它既是看新闻、学理论的新闻平台，也是知识汇聚的学习资源平台。从产品、交互等角度看，“学习强国”符合移动互联网追求的“流畅、高效、情怀、创意”的特点，通过突出短视频内容，吸引受众；从内容来源看，平台推出“学习强国号”，涵盖了行政机关、事业单位、高校、新闻出版、国企等各类主体类型，目前开通的“强国号”已超百个，为平台贡献了丰富且精致的内容。

（2）区域性技术平台逐渐形成

在全媒体传播体系建设过程中，一批区域性技术平台为基层融媒体中心建设提供了技术支持。

区域性媒体是指在一定区域内能够广泛聚合用户并具备一定影响力的主流媒体平台，区域性媒体虽然不及全国性媒体平台覆盖范围广泛，但在打通区域内政务服务、城市公共服务资源方面具有较强的号召力和协调能力，适合建立辐射一定范围的综合服务平台。

在建设区域性媒体平台的过程中，各地主流媒体机构积极探索新技术在平台建设中的重要作用，发力区域性技术平台的建设，目标是既能为基层融媒体中心建设提供支持，又能打通区域平台和基层融媒体中心的数据资源，做到内容共享、用户数据联通，尽可能实现数据价值的最大化。

浙江日报集团是国内较早开始以建设平台型媒体为目标进行媒体融合改革的媒体集团。2019年，浙报集团开发的由“中央厨房”经“媒体云”升级成为“天目云”，是智能化的新型内容生产与传播服务平台。作为服务于媒体同行融合发展的商业化产品，“天目云”以开放式云架构和微服务形式，从内容产前决策、内容生产流程、内容分发管理，以及产品运营管理和产品建设等全链路展开方案的研究和落地，涵盖基础数据服务、大数据分析服务、内容生产服务、数据交易服务等八大类，建立支撑媒体内容生产的大数据基础平台及服务体系，让大数据服务与业务紧密结合。

（3）县级融媒体中心建设全面铺开

县级媒体是最接近基层人民群众的通道之一。县域用户是当前移动应用最大的增量群体。通过县级融媒体中心建设，实现渠道下沉和资源整合，聚集起海量用户并建立用户黏性，构建起新型媒体平台，形成现代传播体系，具有较强的可行性。

2018年8月，习近平总书记在全国宣传思想工作会议上提出“要扎实抓好县级融媒体中心建设，更好引导群众、服务群众”，拉开了县级融媒体中心建设序幕；2019年，推进县级融媒体中心建设成为媒体融合工作的重点，在全国范围内如火如荼地展开。2019年1月15日，国家广电总局等部门出台文件对县级融媒体中心平台建设作出规范；4月11日，针对建设中存在的网络安全、运行维护、监测监管等问题，广电总局又出台多项政策并开始实施。2019年，财政部将地方公共文化体系建设专项资金预算增加至147.1亿元，同比增长14.0%，为经济发展相对落后的县级融媒体中心提供了资金支持。

在国家政策和资金的保驾护航下，2019年，我国北京、上海、福建、甘肃、天津、贵州、江西等至少九个省（直辖市）县级融媒体中心已全部建成并挂牌成立；全国2200多个县中已有1800多个县级融媒体中心挂牌成立。

各地县级融媒体中心不仅积极探索融合背景下“主流舆论阵地”建设，还因地制宜，根据本地资源能力的实际情况和民众的切实需求，探索具有本土特色的“综合服务平台”和“社区信息枢纽”的建设模式。

值得关注的是，中央级媒体也纷纷加入县级融媒体中心建设和发展进程之中。2019年2月19日，中央广播电视总台推出“全国县级融媒体智慧平台”；9月10日，新华社成立县级融媒体专线，有力推动了县级融媒体中心的建设。

3. 商业平台多向拓展布局

2019年，各大互联网商业平台依然竞争激烈，生态级平台纷纷拓展业务范围，布局更广阔的互联网消费市场。

（1）直播电商发展迅速

2019年被业界称为“直播电商元年”，各大互联网平台纷纷入局。“直播电商”也称“直播带货”，是指网络主播通过视频直播的形式推荐商品并最终成交的电商形式，这一形式同时具备了社交电商和内容电商的属性。直播电商以互动性强的视频直播形式展示商品，再以较为优惠的价格、较强竞争性的“抢购”方式，促使用户快速下单，完成购买行为。直播电商以网络主播的个人特质，为消费者做出购买决策提供参考，一方面解决了人们面对琳琅满目的货品难以选择的窘境；另一方面也刺激了消费者潜在的购买需求。

全力拓展“直播电商”业务的既有阿里巴巴、拼多多、京东等电商平台，也有抖音、快手、斗鱼等原先专注于内容聚合的短视频或直播平台。对于电商平台来说，直播电商一方面提供了一种全新的、直观的产品展示形态；另一方面也能通过直播提高电商平台的流量，提升用户消费行为的互动性和趣味性，增强用户黏性。对于短视频或直播平台来说，直播电商为平台和主播均提供了全新的流量变现途径，有利于产业的良性发展。直播电商的核心仍是电商，是促成交易。相比之下，电商平台本就拥有完整的电商生态，直播只是为其提供了新的产品展示方式或营销方式；而短视频和直播平台则需要建立电商平台，或与其他电商平台进行合作，打通视频直播之后的商品销售环节。

直播电商也促进了MCN机构的快速发展，MCN机构在产业链中发挥承上启下的作用，是连接品牌商与主播的桥梁，通过签约、孵化优质主播，帮助主播选品、对接品牌商，由此获得主播带货的分成。一些广电媒体也积极布局MCN，基于自身优质的主持人队伍，与短视频或直播平台合作，探索直播电商业务，寻求媒体商业模式创新。湖南广电、黑龙江广电、山东广电、北京广电等省级广电机构纷纷布局MCN，以其丰富的主持人资源进军短视频、直播电商。广电MCN机构通过整合台内外优质内容生产资源，实现内容生产与聚合，再利用短视频或直播平台的精准传播能力和整合营销能力，实现内容分发与内容变现。

（2）短视频平台强化O2O服务

短视频平台除了拓展直播电商业务之外，还积极探索本地O2O服务。2019年2月27日，快手科技与牡丹江市政府联合举行新闻发布会，宣布达成战略合作，双方将围绕城市形象、融媒体建设、文化旅游、乡村发展等进行全面合作，快手由此进入了同城服务市场。牡丹江地区的用户在快手APP的“同城”模块可以看到同城服务的入口，为当地用户提供求职、卖车、房产、二手物品交易等同城服务。快手在东北地区的高渗透率为其提供了开启同城服务的用户基础，在牡丹江地区上线快手同城服务功能时，快手上来自牡丹江的注册用户达142万，超过了这座城市常住人口的50%。此外，快手营造的社区文化也为其培育了高黏度和高信任度的用户群体，这也为其同城O2O服务的使用率提供了保证。

2月28日，抖音推出了“抖店”功能，为本地商户类客户提供本地化营销服务，旨在通过为客户提供“同城banner”“同城推荐”等本地资源位、“本地流量加热”“店铺活动运营”“数据后台”等服务，助力品牌或商户打造区域影响力。当用户浏览相关视频时，能够一键进入品牌或商户的专属页面，了解到品牌或商户名称、定位、商品等更多信息，这一功能的引入一方面能够汇集线上用户在同一地点产生的流量，另一方面更能将线上流量转移到线下，实现在线视频向线下门店的消费转化。

快手的同城服务类似于“58同城”平台提供的本地O2O服务；而抖音“抖店”功能则类似于“大众点评”的商户推荐功能。本地生活服务有利于提高用户活跃度和用户黏性，而这正是内容平台的短板。快手和抖音几乎同时发力本地服务，尽管二者提供的具体服务类型因其平台定位的不同而存在明显差异，但都体现了短视频平台拓展本地O2O服务、丰富平台生态的发展趋势。

（3）生态级平台拓展业务范围

头部互联网商业平台依然不断拓展业务范围，通过投资并购等方式，致力于打造更完善的生态闭环。

阿里巴巴集团进一步布局大文娱产业，2019年2月14日，阿里巴巴宣布通过全资子公司淘宝中国入股B站（哔哩哔哩）约2400万股，持股比例占B站总股本约8%。B站不只是一个视频分享网站，更是当下中国二次元文化的聚集地和领导者，聚集了大量中国互联网年轻用户，且其良好的社交与互动属性，使其具备极高的用户黏性，阿里巴巴对B站的投资使其有机会挖掘B站年轻用户可能带来的巨大市场空间。

后起之秀字节跳动公司在打造了“今日头条”“抖音”“西瓜视频”等内容聚合应用后，开始突破内容聚合与分发领域，尝试基于已有用户基础，布局社交、搜索等领域。2019年1月21日，字节跳动基于其“抖音”APP推出了视频社交产品“多闪”，其产品定位于满足抖音用户将视频分享给好友的需求，通过抖音导流，“多闪”在发布24小时内就积累了100万用户。8月10日，字节跳动推出搜索引擎产品“头条搜索”。信息搜索与“今日头条”的算法推荐方式是两种完全不同的信息分发方式，搜索引擎需要用户主动输入“关键词”，然后平台基于其排序逻辑将相关信息的标题及链接陈列在用户屏幕上，然后再由用户自主筛选自己需要的信息；而算法推荐则是由机器根据用户的行为数据对用户进行标签化，再基于平台的推荐算法，自动为用户推荐他们可能感兴趣的内容。两者的相同点在于，无论是搜索引擎的信息排序还是推荐算法，都对用户获取信息的过程产生不同程度的影响；从这个方面说，“头条系”内容产品聚合的海量内容是其打造“搜索引擎”的基础，而“头条搜索”也能为其内容平台带来更多流量，有利于其进一步提升平台内容的商业价值。

4. 互联网信息内容治理进一步规范和强化

（1）政府：多部新规出台，执法力度增强

2019年，互联网信息内容治理领域出台了多部新规定。11月6日，国家新闻出版署发布了《关于防止未成年人沉迷网络游戏的通知》，从制定账号实名注册制度、严格控制游戏时段和时长、规范向未成年人提供付费服务、加强行业监管、实施适龄提示制度、积极引导家长和学校等社会各界力量履行未成年人监护守护责任等六个方面，对防止未成年人沉迷网络游戏提出了具体的要求。11月18日，国家网信办、文化和旅游部、国家广播电视总局联合印发了《网络音视频信息服务管理规定》，明确了网络音视频信息服务提供者的资质要求，同时要求网络音视频信息服务提供者承担内容安全管理主体责任，建立健全用户注册、信息发布审核、信息安全管理等制度。12月20日，国家网信办发布《网络信息内容生态治理规定》，明确了网络信息内容生产者、网络信息内容服务平台、网络信息内容服务使用者、网络行业组织等不同主体在网络信息内容生态建设中的责任与义务。12月30日，国家网信办、工信部、公安部、国家市场监督管理总局联合印发《APP违法违规收集使用个人信息行为认定方法》，对六大类共31种违规收集个人信息的使用场景和行为进行严格、清晰的界定，为相关监管部门打击APP违法违规收集个人信息提供了具体的政策依据。

在执法层面，行政监管部门组织了多个专项治理行动，以维护互联网内容生态环境。2019年1月，国家网信办启动了为期6个月网络生态治理专项行动，对标题党、谩骂恶搞等12类有害信息进行治理。针对网络音频存在的乱象，国家网信办开展网络音频专项治理行动，“soul”“语玩”等音频平台因传播低俗信息和历史虚无主义信息被给予关停、下架等处罚。1月25日，国家网信办秘书局、工信部办公厅、公安部办公厅、国家市场监督总局办公厅等四部门联合发布《关于开展APP违法违规收集使用个人信息专项治理的公告》；1月—12月，四部门联合在全国范围组织开展了APP违规收集使用个人信息专项治理，针对部分APP存在的数据泄露风险、用户隐私协议不规范等问题，对相关负责人进行约谈，要求组织开展自查整改。1月—4月，国家网信办会同教育部、全国扫黄打非办等部门对教育类APP进行专项整治，查实“作业狗”“口袋老师”“初中知识点大全”等20余款APP传播淫秽色情等违法违规信息，存在过度商业营销和娱乐化等不良行为；国家网信办清理下架并关停了违规行为严重的APP，并约谈部分程序运营方，督促删除内容低俗及与学习无关的文章5.5万余篇，要求APP运营企业落实主体责任。

此外，监管部门进一步规范网络版权市场，图片版权成为2019年度的关注焦点。4月11日，视觉中国网站因“黑洞”照片的版权问题引发“视觉中国版权门”事件，次日该网站两次发布致歉信并关闭网站进行整改。12月10日，多次整改后重新上线的“视觉中国”网站和ICphoto图片网站因违规从事互联网新闻信息服务、违规与境外企业开展涉及互联网新闻信息服务业务合作等问题再次被约谈，两家图片网站暂停服务并全面整改。

（2）行业协会：出台行业规定，倡导行业自律

2019年，互联网行业协会积极出台行业规定，强化自身在互联网信息内容治理中的行业自律作用。1月4日，中国网络视听节目服务协会发布《网络短视频平台管理规范》《网络短视频内容审核标准细则》，为短视频平台内容审核提供了具体的参照标准。1月28日，湖北省标准化学会、武汉市软件协会和武汉斗鱼网络科技有限公司联合发布了《网络直播平台管理规范》和《网络直播主播管理规范》，明确规定了直播平台的主播监控、账号监管、平台巡查等多个方面内容，并对主播着装要求、准入标准、直播内容等进行了全面规范。行业规定是对法律法规的补充和细化，是行业协会为促进行业自律而发布的监督指导规则，近年来，互联网行业相关行业协会持续出台互联网内容治理相关行业规定，为各互联网平台内容治理规则的设立提供了标准，互联网行业协会的自主性及其在内容治理中发挥的作用不断增强。

（3）互联网平台：承担主体责任

互联网平台作为互联网信息内容治理主体之一，掌握着重要的技术治理手段，在互联网内容治理中发挥着日益重要的作用。

在网络信息内容管理方面，互联网平台不断加强对虚假信息、低俗信息等不良内容的打击

力度，通过技术研发升级内容管控手段，同时鼓励平台中广大用户积极参与内容监督。2019年4月1日，阿里巴巴发布了一项旨在粉碎网络谣言和假新闻的AI技术——“AI谣言粉碎机”，依靠深度学习和神经网络技术，通过对信息的多维度和多角度分析，该技术团队设计了一整套包含发布信息、社交画像、回复者立场、回复内容、传播路径在内的综合判定系统，通过将谣言识别与社交用户观点识别打通，并进行交叉分析，能够在1秒内判定新闻的真实性。9月11日，快手启动了恶意炒作专项治理，官方账号“快手小管家”发布《关于禁封“恶意炒作”账号的处罚公告》，公布了一批因涉嫌恶意炒作、低俗八卦、刻意炫富等扰乱社区秩序、有违社会公序良俗等不良行为而被封禁的账号名单；同时鼓励快手用户对不良内容进行积极举报，营造清朗网络社区。

在未成年人保护方面，互联网平台通过产品功能和内容优化，为青少年用户净化网络环境。5月30日，抖音上线首个家长管理系统“亲子平台”，协助家长对未成年子女的抖音账号进行健康使用管理；同时成立“护童联盟”，邀请各界青少年保护及教育专家，共同创作优质内容。

（三）趋势观察

2019年，媒体融合依照国家战略部署持续推进，新媒体行业不断发展进步，然而，其中也存在需要调整和进一步优化的空间。

1. 县级融媒体中心：从“建好”到“用好”

2019年，县级融媒体中心建设全面铺开，全国已有1800多个县挂牌成立融媒体中心。《县级融媒体中心建设规范》《县级融媒体中心网络规范要求》《县级融媒体中心网络安全规范》相继出台，为县级融媒体中心建设提出了具体的标准和要求。然而，县级融媒体中心建设不能仅停留在将基层媒体从物理层面捏合在一起，而是要考虑如何基于互联网真正发挥联系群众、服务群众、引导群众的功能与作用。

按照党中央的部署，县级融媒体中心是现代传播体系的基础，应当实现主流舆论阵地、综合服务平台、社区信息枢纽三大功能。因此，县级融媒体中心应当着眼于如何与基层人民群众建立广泛连接和密切联系，目前，我国大多数县级融媒体的工作重心仍是强化自身多渠道信息传播能力，对服务功能建设的重视程度不足，而只有服务群众，了解并满足群众需求，才能真正建立与群众之间的联系，才能将基层群众吸引到主流媒体平台中。

未来，县级融媒体中心应实现从“建好”到“用好”的转变，将工作重心从满足传统宣传工作需要的内容生产，转向服务群众、吸引人民群众广泛参与，在服务群众中引导群众。一方面建设满足人们日常生产生活需求的综合服务平台，另一方面为群众提供社区信息交互空间，满足群众本地信息交互的需要；在此基础上，强化主流舆论阵地建设，实现引导群众功能。现行的各类县级融媒体中心建设标准也有必要进一步修订完善，指导县级融媒体中心强化自身服务功能的建设。

基于服务群众、引导群众的目标，县级融媒体中心应强化与地方政府合作，共同建设为本地居民提供多元服务的自主客户端，在服务功能、用户数据方面实现共享共通，形成县级融媒体中心与基层社会治理体系的一体化，进而提升党和政府在互联网空间服务群众、引导群众的能力。

2. 主流媒体自主可控平台：从“创作”到“运营”

主流媒体持续探索自主可控平台建设，《人民日报》、中央广播电视总台以短视频应用为切入口，尝试建设新的内容聚合平台；“人民日报+”客户端还支持用户上传短视频反映民生问题，引导媒体调查核实后敦促相关部门解决问题，真正做到帮助群众解决生活困难。

广电MCN的涌现体现了主流媒体积极适应新媒体业态发展做出改变。广电媒体拓展MCN业务在短期内能够为其带来一定的收入，但MCN仍是有组织的内容生产商，仍属于内容生产层面的创新尝试，长期来看，并不能解决主流媒体缺乏互联网平台、缺乏内容分发能力及缺乏对平台整体控制力的问题，而媒体融合的目的恰恰是解决这些问题，且唯有建设自主可控平台，基于互联网建立与人民群众的联系才能真正解决这些问题。

未来，主流媒体应转向既要创作精品内容，又要全面建设与运营聚合海量用户、汇聚内容与服务提供商的互联网平台。通过构建县级融媒体中心、区域性媒体平台、全国性媒体平台一体化发展的现代传播体系，提升新型主流媒体平台的技术和运营水平，与各级政府合作，将地方政务服务和本地化综合服务接入媒体平台，打通社会治理大数据，实现主流媒体平台由舆论阵地向治国理政平台的升级。

3. 5G+人工智能+物联网：从“精美呈现”到“精准分发”

主流媒体紧跟新兴技术发展潮流，积极应用5G、人工智能、大数据、云计算等技术，推动媒体智能化转型。目前，主流媒体在5G技术应用方面所做的探索，主要围绕5G“高速率”“低时延”的特征展开，集中于内容生产创新和渠道拓展领域，致力于探索通过5G技术呈现、传输更清晰、更精美的内容作品。事实上，由5G“大容量”特征带来的智能设备“广接入”，将带领人们进入万物皆媒的物联网时代，各类型联网设备都有可能成为内容的载体，同时也可能成为用户交互的工具，不同设备回传的多维度用户数据也将帮助平台运营主体构建更清晰、更立体的用户画像，进而提供更精准的用户服务。因此，5G在传媒领域的应用不仅限于内容的“精美呈现”，还将在与物联网和人工智能技术结合的基础上，在不同场景下，通过不同设备为用户推送他们需要的信息或服务。主流媒体应积极把握这一机遇，在5G尚处于基础建设的阶段，完善自主平台的内容数据库、用户数据库建设，同时构建能够对接5G时代物联网数据采集与分析的用户数据体系，为内容的场景化、个人化精准分发做好准备。

2019年，习近平总书记“加快推动媒体融合构建全媒体传播格局”的重要讲话明确了媒体深度融合发展的目标与方向。5G、人工智能、大数据、云计算等新兴技术的应用持续推动媒体智能化转型；在中央级媒体和区域性媒体平台的支持下，县级融媒体中心建设全面铺开，全媒体传播体系框架基本成形；互联网商业平台继续拓展业务范围，不断完善自身的生态闭环；多元主体参与的合作治理模式开始在互联网信息内容治理中发挥重要作用。

未来，主流媒体建设自主可控平台，完善全媒体传播体系的任务依然艰巨。提高主流媒体服务群众的意识，聚合各类社会资源、运用新兴技术开发主流媒体平台的服务功能，将新型主流媒体建成党和国家治国理政的新平台，将成为媒体深度融合发展的大势所趋。

（作者：宋建武，中国人民大学新闻与社会发展研究中心研究员、国家发展与战略研究院研究员、中国人民大学新闻学院教授、博士生导师，中国记协新媒体专业委员会顾问。陈璐颖，中国人民大学新闻学院博士后。王泱，中国人民大学新闻学院博士研究生）

二 | 2019年中国媒体融合发展报告

黄楚新

2019年，我国媒体融合进一步向纵深发展，媒体行业呈现出新气象和新业态，5G技术推动媒体行业发生重大革新，全媒体格局重塑行业生态系统。县级媒体积极探索融媒体中心建设并取得显著成效，短视频依托庞大的用户规模和流量基础不断完善商业模式，主流媒体积极打造新型融媒体矩阵并丰富重大主题报道实践，广电媒体打造“广电＋报业”模式加速转型升级。然而，纸媒面临更加严峻的生存状况，县级融媒体中心体制机制僵化等问题突出，行业内容乱象挑战媒介伦理和社会公德底线，制约了媒体融合的效果和进程，媒体行业急需正确认识融合过程中存在的问题并寻找对策和出路。

市场下沉、智能媒体、跨界合作成为2019年媒体融合发展新趋势。党和国家积极部署新媒体发展格局，制定并出台相关法律法规、方针政策，为新媒体发展提供政策支持和保障。2019年，互联网用户规模增速逐步放缓，媒体行业在用户红利和流量红利推动积极开拓下沉市场，并持续从内容生产、内容分发等方面加强内容建设和技术革新，粉丝经济异军突起，成为行业流量变现新途径。传统媒体面对严峻的生存危机积极求生，通过跨界合作、融合转型实现优化升级。媒体行业严管严控愈发常态化，网络空间综合治理体系逐步健全，社会各界应协力探索媒体融合的对策和出路，并在实践中强化融合的深度和广度。

（一）媒体融合发展现状与热点议题

2019年，县级融媒体中心建设进入爆发期，5G的商用和民用进程迅速展开，移动智能化设备逐渐问世，短视频依托庞大的用户规模和流量基础成为发展风口，主流媒体通过积极打造新型融媒体矩阵，丰富重大主题报道和融媒体作品的融合实践，媒体融合现状持续向上向好。

1．打通媒体融合“最后一公里”，县级融媒全面系统展开

2019年县级融媒体中心建设在全国范围内如火如荼地展开，并成为年度媒体融合议题重中之重。作为媒体融合的“最后一公里”，县级媒体不仅向群众传递党的方针和政策，还向党反映群众的所求所需，承担着情感枢纽和沟通桥梁的双重作用，在此现实基础上，县级融媒是媒体融合的方式和途径，媒体融合也是县级融媒的最终目的和意义。为促进县级融媒体中心建设，党和国家出台多项政策文件并加大财政支持力度，2020年将基本实现全国县级融媒体中心全覆盖。2019年，相关部门发布多项、密集政策文件指导融媒体中心建设；1月15日，广电总局等部门出台文件对县级融媒体中心平台建设作出规范，4月11日，针对建设中存在的网络安全、运行维护、监测监管等问题出台多项政策并开始实施。不仅如此，2019年，财政部增加地方公共文化体系建设专项资金预算至147.1亿元，同比增长14.0%，[①]该政策将为经济发展相对落后的县级媒体提供融合转型的资金支持。

在国家政策和资金保驾护航下，2019年县级媒体在借鉴“长兴模式”“邳州模式”等融合经验的基础上，结合经济、文化、资源等实际情况系统展开融媒体中心建设的探索，从而对当地群众提供本土化综合服务，福建、甘肃、天津、贵州、江西等九个省（直辖市）县级融媒体中心已全部建成并挂牌成立。

表1：部分省（市）县级融媒体中心建设现状

省／市	时间	县级融媒体中心建设现状
北京	2018年8月	16个区级融媒体中心建成并挂牌。
福建	2018年12月17日	84个县（市、区）融媒体中心全部建成并挂牌。
天津	2019年3月	16个区级融媒体中心全部建成并挂牌。
甘肃	2019年4月	10个市辖区、69个县（市）融媒体中心全部建成并挂牌。
贵州	2019年5月	88个县（市、区）融媒体中心全部建成并挂牌。
江西	2019年6月	100个县（市、区）融媒体中心全部建成并挂牌。
新疆	2019年7月	全区85个县级融媒体中心全部建成并挂牌。
上海	2019年9月	16个区级融媒体中心全部建成并挂牌。
黑龙江	2019年9月	63家县级融媒体中心全部建成并挂牌。

① 财政部：《财政部关于下达2019年中央补助地方公共文化服务体系建设专项资金预算的通知》，http://whs.mof.gov.cn/zxzyzf/ggwh/201905/t20190505_3245237.html，2019年4月12日。

通过搭建平台实现资源共享成为县级媒体融合中心建设的重要途径。央媒充分利用资源优势搭建融合平台，为县级媒体中心建设提供技术、平台和人才等援助和指导，2019年2月19日，总台推出“全国县级融媒体智慧平台”，9月10日，新华社成立县级融媒体专线。不仅如此，省级、市级媒体建立融媒体云平台，实现各级媒体联合运作、资源共享，有力推动县级媒体的融合进程。浙报集团在“媒立方”的基础上打造融媒体智能传播云平台“天目云”，助力磐安、仙居、浦江、常山等地县级融媒体中心顺利挂牌，同时整合多方资源成立互联网数据平台“富春云”；湖北广电通过“长江云”打造一体化新型全媒体传播体系，推动省市县三级联动和同频共振；四川广电、电信、索贝和华为联合打造省级技术云平台“熊猫云”，运用云计算、AI、5G等技术实现全省一盘棋；江西媒体融合智慧平台“赣鄱云”打造全省一张网，助力60个县市媒体挂牌成立融媒体中心。

各大县级媒体在国家战略部署、财政支持和省市级搭建平台的支持下攻坚克难，努力突破人才、技术等方面的局限，不仅整合报刊、广电等多种形态媒体资源，建设统一管理、调度、指挥的“中央厨房”，还打通媒体内部机制体制并改革人才薪酬机制，提高融媒体业务管理和运营的效率，并因地制宜探索立足本土的融媒模式。江苏邳州打造“银杏传媒”品牌，遵循移动先行战略推出客户端“邳州银杏甲天下”，浙江长兴打造融合平台“融媒眼”并推出服务本土的移动客户端“掌上长兴”。除此之外，县级媒体还通过广泛开展跨界合作，探索“融媒＋”“新闻＋”“媒体＋”等模式以增强创收能力。2018年，长兴传媒营收2.32亿元，浏阳融媒体总收入达1.86亿元，县级媒体逐渐通过延长产业链反哺主业，告别单一盈利模式带来的局限，从而提高服务本地群众的能力。

2. 5G技术迅速落地，技术革新领跑新媒体行业

随着第五代移动通信技术（5G）逐步落地，国家出台相关政策文件为5G发展保驾护航。2019年5月8日，工信部提出开展提速降费的专项行动从而增强网络供应和消费水平；2019年政府工作报告提出要进一步推进提速降费的工作展开，从而拉动消费者和企业信息消费，进而带动国民经济增长和升级；[①]10月22日，工信部提出扩大宽带开放试点范围，以鼓励和支持民营企业进入电信运营行业，促进电信行业向主体多元的方向发展，[②]并于2020年1月向中国广电颁发5G使用许可，同意其在北京等16个城市部署5G网络，各地积极推进5G基础设施建设，截至2019年底，北京已建立5G基站17357个。

在政策支持下，5G提速降费进程逐步加快，5G移动智能化设备逐渐问世，其商用将推动新

---

① 政府工作报告，http://www.gov.cn/premier/2019-03/16/content_5374314.htm，2019年3月16日。

② 凤凰网：《工信部：进一步扩大宽带接入网业务开放试点范围》，http://finance.ifeng.com/c/7qyb5U9fxKN，2019年10月22日。

媒体行业发生深刻变革。5G具有大容量、高速率、低时延、多连接等特征，不仅助力VR、AR产业提升用户体验，还进一步推动工业互联网等产业优化升级，并通过医疗、金融、教育、电商物流等产业持续赋能“智能＋”，推动提速降费进程从而持续惠民。

5G为媒体行业发展提供技术支持，从内容生产、传播渠道等方面推动行业革新，并加快广播电视媒体优化升级，加速台网融合和智慧广电建设。2019年1月31日，中宣部提出“发展广电5G”的重点工作目标；6月6日，工信部向中国广电等四家运营商发放了5G牌照，我国广电网络将进入“有线＋无线”时代；12月18日，广电总局提出积极推进、培育和研发5G高新视频模式及产品，从而深度赋能广电5G。2019年上半年，贵州作为首批5G广电建设试点与63个市县签订协议开展“雪亮工程”；1月29日，山东广电与华为建立“5G联合创新应用实验室”；2月27日，四川广电与华为签署5G、超高清产业等领域战略合作协议；5月17日，河南广电与华为联合建立“5G＋4K”全媒体生态格局；11月19日，安徽整合有线电视网络，逐步布局超高清视频产业和信息产业；11月20日，中央广播电视总台借助5G、4K／8K等新兴技术，遵循移动优先的战略并推出我国首个5G新媒体平台“央视频”，进而发挥总台作为国家级主流媒体的优势，推动主流价值观的传递。华数传媒也加快向智慧广电运营产业转型，并与华为、阿里云、当虹科技等签署5G、4K、VR直播战略协议，通过布局超高清产业链增强行业竞争力。

3. 短视频成为发展风口，MCN助力行业革新

短视频赶超搜索引擎和网络新闻，成为仅次于即时通信的互联网应用，截至2019年6月，我国短视频用户规模达6.48亿，用户使用率为75.8%。①当前，我国短视频行业呈现出两超多强的格局，抖音、快手并驾齐驱，火山、西瓜等紧随其后，各大短视频平台不断垂直细分影视、综艺、游戏、动漫等内容领域，深耕内容生产和运营，并通过大数据、云计算、人工智能等技术了解用户偏好并进行个性化推送，从而深度赋能内容生产、运营以及推动等各个环节，如优酷研发人工智能平台“鱼脑”，为内容策划、生产、分发等提供技术支持。

作为2019年新媒体行业发展风口，短视频吸引新增网民的效果十分显著，根据《2019年中国网络视听发展研究报告》数据，短视频新网民短视频使用率为53.2%，②其中搞笑幽默、生活技能、娱乐明星、时尚美妆等类型更容易吸引用户注意力。为提高差异化竞争力，短视频行业不断探索与电商、文旅、电竞、教育等行业展开跨界合作，以文化旅游为例，抖音等短视频平台与各大城市合作推出网红景点、城市和美食，催生了“打卡经济”，并通过文化旅游业带动当地经济发展，根据抖音发布的2019年度数据，截至2020年1月5日，抖音DAU规模超过4亿，其

---

① 中国互联网络信息中心：《第44次中国互联网络发展状况统计报告》，http://www.cnnic.net.cn/hlwfzyj/hlwxzbg/hlwtjbg/201908/t20190830_70800.htm，2019年8月30日。

② 腾讯网：《2019年中国网络视听发展研究报告》，https://new.qq.com/omn/20190719/20190719A034RT00.html，2019年7月19日。

中"大唐不夜城不倒翁"以23亿播放量位列播放量网红景点第一。[①]2019年视频日志（Vlog）成为最热门短视频传播方式。具有生活化、真实化、个性化特征的Vlog一方面引领新型社交传播方式，打破了短视频内容同质化的局限，另一方面，5G技术高速度、低延迟等优势赋能短视频内容生产，降低了拍摄、剪辑的难度和创作者门槛，同时流畅的速度和高清的画质也极大提升用户体验。

根据艾媒关于短视频行业调研数据，短视频市场规模在爆发期后增速逐步放缓，但整体规模仍然可观，预计2020年将突破300亿元。庞大的用户规模和营销潜力推动短视频不断拓展市场规模并完善商业模式，在内容生产方面，UGC具有创作门槛低、贴近生活、内容多元化等优势，PGC制作更精良和专业，质量相对更高，两者优势互补衍生的PUGC模式兼具多元化和专业化，将成为未来短视频行业提升内容建设的出路；在运营方面，MCN内容进一步场景化、垂直化，营销模式进一步多元化、专业化，数据平台、管理体系和交易平台进一步规范化、立体化，2020年将出现超过5000家MCN机构，从而推动短视频内容生产及推广运营成熟化，形成盈利闭环。[②]不仅如此，短视频还加快布局海外市场，今日头条收购Musical.ly并将其纳入抖音海外版TikTok，YY推出的短视频产品Likee在东南亚大受欢迎，快手海外版Kwai多次位列巴西应用排行榜首，阿里向印度短视频平台Vmate投资过亿，这意味着短视频行业竞争逐渐呈现出白热化趋势。

4. 新型主流媒体转型升级，融媒体作品叫好叫座

打造智能化媒体平台逐渐成为传媒业新趋势。2019年9月，为打造一流新型主流媒体，广电总台在上海建立并启用首个区域总部和"5G＋4K＋AI"媒体应用实验室；9月19日，人民日报社联合百度成立人工智能媒体实验室，通过人工智能构建媒体新生态；11月20日，总台推出综合移动客户端"央视频"；11月26日，新华社联合蚂蚁区块链发布"媒体大脑3.0融媒中心智能化解决方案"，赋能策采编发多个新闻生产流程。2020年1月14日，全国第一家广播电视媒体融合发展创新中心落户湖北，该中心聚焦融合模式、技术革新、理论应用等维度，是我国广电媒体积极探索媒体融合创新的重要实践。

近年来，主流媒体纷纷借助新兴技术实现转型升级，并打造优质融媒体作品，从而提升传播力和影响力。2019年新中国70年华诞成为媒体融合的练兵场，央视新闻采用5G、4K超高清全景直播打造"多视角全景看盛典"专题，推出《全景中国》《共和国70周年发展成就巡礼》《日出东方》等栏目和专题，并通过PC端、移动客户端等6个平台实现全媒体矩阵同步直播；

---

① 199IT：《2019年抖音数据报告》，http://www.199it.com/archives/993771.html，2020年1月7日。

② 艾媒网：《艾媒报告｜2019中国短视频创新趋势专题研究报告》，https://www.iimedia.cn/c400/66047.html，2019年9月11日。

湖南卫视推出《美好新时代中国新篇章》《为了新中国》等融媒专题，浙江卫视打造《一起翱翔》《中国共产党为什么能》等融媒报道，江苏卫视推出《时代最强音》《追梦七十载》等融媒体作品，浙江卫视策划互动融媒产品《70年，70城，70秒》……主流媒体不仅展开跨平台融合，还深入探索跨区域联动合作。2020年春晚，总台采用“5G＋8K”技术实现多机位移动拍摄，并联合快手与观众进行互动，打造立体化融合视听盛宴。“长三角”省市级媒体围绕国庆70周年、长三角旅游等主题开展一体化联动专题报道，上海广电还与11家省级卫视联合制作新闻纪录片《长江之恋》。

当下，新媒体平台越来越成为主流媒体舆论宣传阵地，特别是短视频平台，既能吸引流量，又能转变传统新闻严肃的叙事风格。2019年，央视先后入驻快手、抖音、Bilibili、喜马拉雅等多个音视频平台，7月29日推出短视频节目《主播说联播》，通过轻松的风格和热门的方式受到观众的喜爱和称赞；11月9日，央视新闻发布短视频“康辉的第一支Vlog”，播放量高达4112万次，随后更新的“大国外交最前线”等系列Vlog同样受到观众喜爱；疫情期间，“央视频”直播雷神山、火神山医院24小时现场施工。不仅如此，省市级主流媒体也纷纷入驻抖音，如山东广电“闪电新闻”、上海广电“看看新闻”、黑龙江“龙视新闻”、青岛台“蓝睛”以及苏州广电“新闻夜班车”等。

5. 跨界合作推动深度融合，“广电＋报业”加快转型升级

中宣部等出台相关政策推进全国有线电视网络整合的进程，并计划2020年基本实现整合的工作目标。2020年1月3日至4日，全国广电工作会议提出要逐步加快广电事业创新发展进程，建设“智慧广电”工程，构建智慧广电发展体系，从而推动广电媒体深度融合发展。①2019年作为整合的关键节点，全国广电集团加快“全国一网”的进程，积极提升5G等新兴技术的运用水平，打通并整合多种媒体资源，建设立体化全媒体融合矩阵，探索行业融合新模式，加快行业转型和优化升级。

2019年12月19日，江西新闻、长江云、河南日报等19家媒体成立全国首个省级主流融媒体共同频道“省际联播”，实现省级融媒体互利共赢、信息共享和联动传播②，覆盖用户超过1亿。12月18日，山东广电一方面加强与短视频平台合作，打造MCN机构LightningTV，入驻并与抖音展开战略合作，推出“光芒计划”为内容生产者提供流量、资金、技术、运营等支持，发起的抖音话题“这就是山东”总播放量达10.6亿；另一方面积极打造移动传播矩阵，推出“闪电新闻”客户端打通内容生产、分发等传播流程，自主研发“中央厨房”并推出媒体融合管理

① 国家广播电视总局：《加快广播电视高质量创新性发展 2020年全国广播电视工作会议召开》，http://www.nrta.gov.cn/art/2020/1/4/art_2079_49384.html，2020年1月4日。

② 新华网：《省级主流融媒体共同频道“省际联播”上线》，http://www.jx.xinhuanet.com/2019-12/21/c_1125371900.htm，2019年12月21日。

平台“畅媒”，同时加强优质内容建设，推出新闻栏目《山东新闻联播》、问政节目《问政山东》等，并通过客户端、电视实现大屏和小屏联动，为广电媒体融合转型提供借鉴意义。2019年4月28日，浙江广电与联通等电信运营商举办“5G+”联合行动；5月17日，芒果TV与电信展开“5G+4K+VR”视频产业合作；6月13日，东方明珠通过持有东方有线51%股权完成上海广电台网一体化整合，这意味着广电集团将在推广和应用5G技术的过程中逐步实现自身转型升级。

2004年，牡丹江广电和报业实现跨媒体整合，随后佛山、芜湖、大连等媒体也开始探索广电媒体整合；2016年，银川日报和银川广电整合为银川新闻传媒集团，率先实现全国省会级城市跨媒体整合运营。随后，超过20家地市级媒体完成“广电+报业”跨媒体整合。2018年6月16日，北京延庆融媒体中心成立国内第一家“广电+报业”模式的融媒体平台；2019年4月28日，珠海整合广电、报业等媒体资源挂牌成立国内首家全媒体国有传媒企业；8月14日，浙江绍兴挂牌成立首家“广电+报业”模式市级媒体；10月9日，《淮北日报》和淮北广电整合为淮北传媒中心；[①]12月9日，《湖州日报》和湖州广电整合成立湖州市传媒集团。“广电+报业”的整合不仅有利于主流媒体做好舆论工作，还利于推进媒体内部体制机制改革，从而推动传统媒体在深度融合的过程中实现转型升级。

然而，传统媒体改革创新的道路并非一帆风顺，而是摸着石头过河的探索过程，2019年，黑龙江大庆日报社、大庆广电在整合9年后再度分离。这意味着“融合”并非形式上的“整合”，“报业+广电”并非传统媒体整合的唯一出路，要打通媒体内部体制机制，并因地制宜、因时而动，从而实现深度融合。

（二）媒体融合存在的问题

当下，媒体融合虽然取得了一定成效，但依然存在诸多问题和弊端，制约了融合的效率和进程。2019年，又有多家报刊宣布停刊休刊，传统媒体转型升级成为求生的必然之路。县级融媒体中心建设进入爆发期，然而体制僵化、内容同质化、人才短缺等问题严重影响了县级融媒的传播效果。媒体行业内容乱象频频出现，挑战媒介伦理和社会公德底线。

1.诸多纸媒停刊休刊，求生之路任重道远

在媒体融合的浪潮中，多家报纸停刊、休刊，其中不乏历史悠久的纸媒，仅2019年元旦，就有《新商报》《黑龙江晨报》《新知讯报》等十余家报纸宣布休刊，一时间“纸媒消亡论”再次甚嚣尘上，随着媒体深度融合进程加快，纸媒生存现状将会更加严峻，在这种背景下，融

① 腾讯新闻：《“广电+报业”合并大势所趋！至少20家媒体掀起改革潮》，https://new.qq.com/omn/20191210/20191210A0RBAB00.html，2019年12月10日。

合转型、优化升级成为媒体求生的必然之路。

由于转型延误、经营不善等多种原因，《三晋都市报》《发展导报》等纸媒选择停刊休刊，彻底告别历史舞台。然而，部分纸媒通过停刊休刊寻找其他发展道路，面对新媒体的冲击实现绝地求生。青年报社旗下《生活周刊》内容并入《青年报》，《郴州新报》转型为《文明周刊》，《本溪晚报》与《本溪日报》融合，天津海河传媒旗下《城市快报》在休刊后与《每日新报》合并，采用免费发行和订阅两种途径，实际上，天津海河传媒自成立后就加大"关停并转"的步伐，先后关停《渤海早报》等报刊、网站和客户端，整合各类媒体资源并采用企业化运作模式和全岗竞聘用人机制。《赣州晚报》《安阳晚报》《成都晚报》等报刊在休刊后并入融媒体或新媒体矩阵，青年报社旗下《法制晚报》打通媒体资源，推出"北京头条"融媒体客户端；大连《新商报》停刊后依托资源、人才及媒体公信力，针对市场"痛点"推出《老友时代》，发挥服务群众的职能功能并向深耕老龄化产业转型。

为了深化供给侧结构性改革，诸多传统媒体纷纷加速加快转型升级的进程。《浙江日报》出台新三年发展规划，全面改版《浙江日报》，升级浙江新闻客户端，挖掘新闻深度并创新推出"同走新闻路"等融媒体报道，《钱江晚报》从体制机制、薪酬绩效等多方面着手进行改革，抓住短视频风口推动浙江在线市场化视频化转型，采用智能化技术赋能内容生产、分发和传播等流程，在产业经营上以效益为导向激发生产活力，推进管理体系和薪酬绩效管理体系改革，[①]提高资源配置效率。

《南方都市报》逐步从媒体机构向智库型数据公司转变，着力打造数据中台、内容运营平台和用户运营平台，以"流量＋用户"替代传统的计件式考核机制，重建并推动内容生态转型。[②]《重庆日报》重新布局产业结构，拓宽并发力印刷、物流、电商、文旅等业务以增加创收，并与阿里集团签订协议拓宽电商扶贫渠道，打造"两会""中华人民共和国成立70周年"等重大主题报道专版，既承担了相应的社会责任，又收获了商业利益，2019年，重庆日报报业集团营收19.5亿元，同比增长6%。[③]因此，停刊休刊不是传统媒体使命的终结，而是时代发展和体制机制改革带来的阵痛，在未来，传统媒体应做到因时而动、顺势而为，主动转型升级，与时俱进，加快融合创新进程。

---

① 凤凰网：《浙报集团"三年规划"实施一年：浙江日报全面改版，反腐败导刊抖音粉丝破200万》，https://finance.ifeng.com/c/7sfid44iyni，2019年12月24日。

② 中国新闻出版广电网：《南都在"智媒赋能治理"高峰论坛上表示，将对内容生产进行重新定义——从媒体机构向数据公司转型》，https://www.chinaxwcb.com/info/558299，2019年12月10日。

③ 凤凰网：《重庆报业集团2019年总营收19.5亿元，文旅融合成创新经营新支撑》，http://finance.ifeng.com/c/7siN9nEOWTJ，2019年12月26日。

表2：2019—2020部分宣布休刊的纸媒

休刊／停刊时间	刊物名称	所属报社／单位	备　注
2019年1月1日	《新商报》	大连报业集团	转型《老友时代报》
2019年1月1日	《法制晚报》	北京青年报社	转向打造“北京头条”客户端
2019年1月1日	《生活周刊》	青年报社	内容并入《青年报》周日版
2019年1月1日	《哈密广播电视报》	哈密日报社	打造新媒体平台
2019年1月1日	《春城地铁报》	昆明报业集团	云南首份地铁纸媒
2019年1月1日	《黑龙江晨报》	黑龙江日报报业集团	新中国第一张晨报
2019年1月1日	《新知讯报》	宁夏日报社	前身《宁夏科技报》
2019年1月1日	《赣州晚报》	赣南日报社	并入赣南报业融媒体矩阵
2019年1月1日	《今晨6点》	烟台日报传媒集团	山东省内唯一跨地发行的地市级都市报
2019年1月1日	《重庆时报》	重庆时报社	前身为《现代工人报》
2019年1月1日	《亳州新报》	亳州报业集团	
2019年1月1日	《华商晨报》	华商传媒集团	更名《华商新报》
2019年3月30日	《成都晚报》	四川日报报业集团	向互联网新媒体转型
2019年7月5日	《绍兴广电·生活周报》	绍兴广播电视报社	绍兴本地生活类周报
2019年7月27日	《三晋都市报》	山西日报报业集团	山西省第一张省级综合性都市类报纸
2019年7月27日	《发展导报》	山西日报报业集团	综合性经济类报纸
2019年12月31日	《生活日报》	大众报业集团	山东省第一张都市生活类晨报
2019年12月31日	《七都晚刊》	文山日报社	文山州委机关报《文山日报》的子报
2020年1月1日	《本溪晚报》	本溪日报社	内容与《本溪日报》融合
2020年1月1日	《拉萨晚报》	拉萨晚报社	曾担任拉萨市委机关报
2020年1月1日	《浙中新报》	金华日报社	被称为“义务晚报”
2020年1月1日	《百色早报》	右江日报社	融入《右江日报》及百色新闻网
2020年1月1日	《上海金融报》	上海金融报社	全国唯一都市金融报
2020年1月1日	《城市快报》	天津海河传媒	并入《每日新报》
2020年1月1日	《北方时报》	黑龙江日报报业集团	黑龙江省委主办省级报纸
2020年1月1日	《自贡晚报》	今日晚报社	前身为《今日晚报》
2020年1月1日	《天府早报》	四川日报报业集团	整合为《华西社区报》
2020年1月1日	《吉安晚报》	井冈山报社	都市类民生报
2020年1月1日	《退休生活》	黑龙江省委老干部局	全国第一家老年期刊
2020年1月1日	《mina》中文版	主妇之友出版社	日本知名少女时尚杂志

2. 体制僵化且理念落后，县级融媒同质化严重

虽然县级融媒体中心建设取得很大进展，然而融合的进程中显露出诸多问题和不足，严重影响县级融媒体中心建设的速度和效果。首先，县级媒体属于事业单位，长期依靠广告“二次售卖”营收或是通过国家财政拨款维持运转，事业编制造成经营理念落后，县级机构各自为政、难以协调统筹，缺乏统一的领导班子和正式的机构来部署工作，另外，人才引进机制和薪酬绩效机制不完善，人才短缺和技术落后限制了融合的进程，新媒体的发展对广电、报纸等传统媒体造成巨大的冲击，并挤占了县级媒体的市场份额，不仅如此，传统媒体新闻生产周期长，难以适应新媒体时代信息更迭的速度，单一的“二次售卖”限制了县级媒体良好运转和发展。

其次，一些县级媒体的融合仅限于传统媒体建立“两微一端”等平台，普遍存在多而不精、良莠不齐、徒有其表等问题，仅仅是媒介形式上的“整合”而不是“融合”，并未进行深入的融合化运作，未实现从相加到相融的实质性转变；部分县级媒体一味追求融合的速度，并未制定完善的战略计划指导融合转型，为之后融媒体中心管理带来诸多隐患。另外，许多县级融媒体内容同质化现象严重，缺乏原创优质内容和节目，沦为“搬运工”和“僵尸号”，难以凭借自身优势与实力雄厚的新平台竞争，随着拼多多等新平台逐渐抢占下沉市场，县级媒体将面临内容匮乏、用户流失和行业竞争等多重压力。中央深改委第五次会议强调，县级融媒体中心要做到建设和管理同步，并承担相应的社会责任①，县级媒体要确保融媒体中心建设的质量，明确其目的和意义，才能更好地服务本地群众。除此之外，作为媒体融合的“最后一公里”，县级媒体的战略作用之一就是发挥政治导向的作用，坚守基层舆论阵地，维护主流意识形态，同时利用媒体资源推进基层舆论工作的展开，这也是县级媒体今后需要重视的发展方向。

最后，县级媒体融合既没有固定模板，也没有标准答案，更不能照搬照抄其他县级媒体的发展模式。②欲速则不达，县级要实现真正相“融”，就应当扎根本土，因地制宜，结合当地强化服务群众的能力，打造微信公众号、移动客户端等平台提供综合服务，依托媒体拓宽党建、养老、政务等业务，为群众提供多元化、本土化服务。河南项城结合实际情况，打造“一中心八平台”融媒体矩阵并实现统一指挥调度，通过“移动先行”战略打造移动客户端“项城云”，借助媒体资源与房产、农业等实体行业展开合作，延长“媒体＋”产业链并增加盈利，进而为升级转型提供资金支持，并为其他县级媒体初步建设和优化升级提供借鉴。

---

① 中国经协网：《习近平主持召开中央全面深化改革委员会第五次会议》，http://www.xinhuanet.com/zgjx/2018-11/15/c_137607377.htm，2018年11月15日。

② 黄楚新：《县级媒体融合的意义和路径》，《传媒》2019年第2期。

3. 行业乱象层出不穷，挑战媒介伦理底线

在媒体融合的背景下，由于把关不足，部分媒体为了吸引流量和注意力无视媒体伦理道德，行业乱象出不穷，严重扰乱行业秩序，对社会公德和主流价值观造成严重损害。2018年，抖音平台出现侮辱英烈邱少云的内容，随后网信办等部门责令其严肃整改并清除违法违规内容，此前，“暴走漫画”“斗鱼”某主播也因侮辱英烈并发表不当言论被平台封禁。2019年1月29日，“咪蒙”旗下公众号发布文章《一个出身寒门的状元之死》，以“毒鸡汤”的形式宣扬煽情主义、传递焦虑情绪和极端价值观，此前其屡次因发布不良内容及不当言论被禁言，2月初，微博、微信、知乎、头条等多家平台相继对“咪蒙”系账号进行查处和封禁。9月，爆红一时的人工智能换脸软件“ZAO”因侵犯用户隐私、内容版权、霸王条款等问题被工信部约谈并下令整改。近年来，网络游戏不断进入用户的视野并占据用户越来越多的时间和精力，其中不乏低俗、暴力、恶搞、歪曲历史甚至违规违法的内容，并存在实名制认证漏洞和支付安全漏洞，吸引甚至诱导未成年用户沉迷其中并投入大量金钱，对青少年身心健康造成不良的影响。

因此，加强互联网内容建设、营造清朗的网络空间刻不容缓。2019年9月16日，习近平在主持国家网络安全宣传周强调，既要坚持安全可控，又要注重开放创新，[①]不断加强内容质量并传递正能量。为营造良好网络空间，维护网络内容生态，保障网民的合法权益，网信办出台《网络信息内容生态治理规定》并于2020年3月1日正式实施。同时，媒体在追求流量和商业价值时，应当遵循行业标准、社会规范和伦理道德的底线，加强内容审核和自查自纠，谨防“咪蒙”“暴走漫画”等类型自媒体卷土重来。其次，网信办、工信部等部门针对内容乱象、侵权等问题，接连发布“剑网2019”“护苗2019”等专项行动，不仅整治并规范了网络版权秩序，还强化了对违法违规内容及平台的查处和整改。

不仅如此，有关部门和媒体行业应加强对未成年用户的监管和保护。2019年，抖音、快手等53家平台在网信办的指导下先后推出“青少年防沉迷系统”，针对青少年平台使用问题形成统一的行业规范。11月，国家新闻出版署针对未成年人沉迷网络游戏的现状发布相关文件，引导游戏行业承担相应的社会责任并规范游戏行业秩序。腾讯推出“成长守护平台”限制未成年游戏用户的使用。6月26日，人民网等游戏运营商发起《游戏适龄提示倡议》，对游戏内容、类型、年龄、付费模式等进行分级和限制。7月，根据《未成年人网络保护条例》，斗鱼关停未成年直播间，从而加强对未成年用户的监督和保护。

---

① 新华网：《习近平对国家网络安全宣传周作重要指示》，http://www.xinhuanet.com/mrdx/2019-09/17/c_138397761.htm，2019年9月17日。

（三）媒体融合发展趋势及未来展望

随着互联网用户规模逐步放缓，媒体行业积极开拓下沉市场，并着力探索“直播+”模式，构建多元内容生态。粉丝经济将生产和消费融为一体，成为流量变现新途径。各界合力加强行业监管和治理，建立健全网络空间综合治理体系，从而推动媒体融合向纵深发展，构建现代化立体传播生态系统。

1.用户红利逐渐消退，行业争夺下沉市场

用户下沉成为2019年新媒体行业发展新趋势。根据CNNIC发布的第44次互联网报告数据，截至2019年6月，我国网民规模达8.54亿，互联网普及率达61.2%，增幅降低至1.6%，[①]这意味着互联网从增量时代步入存量时代，人口红利逐渐减退，用户规模增速逐渐变缓，媒体行业马太效应越发凸显，争夺存量市场的博弈更加激烈，今日头条、美团点评、滴滴成为新一代互联网巨头。为了在激烈的行业竞争中求生，媒体行业逐渐开拓新的市场，将目光投向三线以下城镇。

首先，互联网持续向高龄和低龄两端群体渗透，50岁以上互联网用户占比13.6%，老年群体规模和消费能力逐渐增长，其商业潜力可能成为未来互联网红利最大份额。其次，三线以下城镇市场前景十分广阔，尚未被行业巨头瓜分，据国家统计局数据显示，五线城市及农村占全国人口比例50.9%，虽然城乡二元化结构导致二者收入和消费存在较大差距，但农村居民人均收入和消费增幅逐渐超过城镇，因此下沉市场将成为行业增量的“金矿”；随着新农村建设和城乡一体化进程加快，五线以下城镇及乡村基础设施、商业配套日益完善，有望成为新媒体行业未来蓝海，其中电商、短视频、阅读、游戏等行业增幅较大。不仅如此，初中及以下学历群体规模庞大，其中手机网民约3.78亿，由于时间自主性更大、非职场社交和信息需求更高，其娱乐、消费甚至认知深受互联网影响，[②]为开拓下沉市场奠定现实基础和用户基础。年轻群体依然是互联网主力军，Z时代（出生于1995—2005年）出生人口达2.6亿，根据Quest Mobile《2019小镇青年消费洞察报告》数据，截至2019年11月，三线及以下城市“90后”用户超2亿，同比增长10.1%，[③]其中社交、视频和小说成为其沉浸度最高的三类应用。

在未来，拼多多、趣头条等新媒体平台纷纷布局下沉市场，与互联网头部企业逐渐展开角逐，阿里通过“天天工厂”降低成本，加大对下沉市场供给，拼多多通过社交裂变、低价、拼

---

① 中国互联网络信息中心：《第44次中国互联网络发展状况统计报告》，http://www.cnnic.net.cn/hlwfzyj/hlwxzbg/hlwtjbg/201908/t20190830_70800.htm，2019年8月30日。

② 腾讯科技：《企鹅智库｜2019中国互联网趋势报告》，https://tech.qq.com/a/20190301/009080.htm#p=3，2019年3月1日。

③ QUEST MOBILE：《Quest Mobile｜2019小镇青年消费洞察报告：2亿青年每月128小时都在干嘛？》，http://www.questmobile.com.cn/research/report-new/80，2020年2月12日。

团等多项战略继续发力下沉市场，趣头条基于社交关系主打娱乐内容，从而获取并维系用户忠诚度。为了抢占流量高地并站稳脚跟，新媒体行业应该采用互联网思维和“用户为王”思维，通过垂直细分内容领域经营用户，借助大数据、人工智能等技术进行个性化推送从而满足用户多元化需求。

2. 平台探索“直播＋”模式，构建多元内容生态系统

截至2019年6月，网络直播用户规模达4.33亿，用户增长在遇冷后继续稳定增长，中国直播电商行业的总规模达到4338亿元，①直播行业在爆红后重新洗牌，努力构建多元化、差极化竞争格局，并与短视频、社交、电商、综艺、政企、教育、文旅等平台展开合作，逐渐形成“直播＋”商业模式。2019年，熊猫直播关闭，虎牙直播募资5.5亿拓展内容生态和电竞业务，YY深耕二次元等内容领域，花椒直播与六间房合并，打造“直播＋社交”泛娱乐平台，并推出《巅峰之战》等综艺栏目；平台加速布局海外市场，斗鱼在美国上市，触手、YY、虎牙等纷纷推出海外直播平台。

随着新媒体的发展，传统电商市场已经达到饱和，“直播＋电商”凭借实时性、互动性等优势极大增强了用户体验，KOL带货模式更是提升了商业转化率，为行业带来巨大的商业红利，成为直播行业增长新动力，2019年双十一期间，淘宝直播交易额达200亿元。②不仅如此，三线以下城市用户规模大，用户可支配时间更多，变现潜力更大，成为直播行业未来挖掘的下沉市场。除此之外，许多乡镇通过电商直播促进当地农产品外销，推动扶贫工作展开。

短视频、社交平台也纷纷通过与直播平台跨界合作或推出直播服务进军直播，随着5G等技术革新，直播行业将迎来发展机遇和残酷竞争的双重挑战。Bilibili以“视频＋直播”模式主打泛二次元文化社区，继2020跨年晚会后推出LiveStar年度盛典，买下《英雄联盟》直播版权并签约知名主播。淘宝凭借平台巨大的流量基础，通过“短视频＋直播”的方式加强与用户的互动和交流，2019年双十一期间，淘宝开设直播会场，知名主播李佳琦和薇娅等通过直播间进行带货，其中李佳琦直播观看人数高达3682万，最终交易额达到2684亿。10月10日，知乎拓展“知识＋直播”模式，以直播的方式推进知识付费。音视频行业也开始探索直播服务，快手推出游戏直播客户端电喵，荔枝、喜马拉雅等平台也相继推出直播业务，通过与用户互动增强黏性，拓宽自身业务范围，从而吸引流量增长并实现变现。

3. 粉丝经济异军突起，拓宽流量变现新途径

在智能媒体时代，粉丝不仅是媒体的内容消费者，还深度参与到互联网经济中，将生产和

---

① 艾媒网：《艾媒报告｜2020—2021年中国直播电商行业运行大数据分析及趋势研究报告》，https://www.iimedia.cn/c400/68945.html，2020年2月12日。

② 艾媒网：《艾媒报告｜2019—2020年中国在线直播行业研究报告》，https://www.iimedia.cn/c400/69017.html，2020年2月20日。

消费融为一体，成为生产型消费者。粉丝经济是互联网时代的产物，一方面，在我国全面深化改革的关键时期，媒体融合成为发展潮流，媒体供给侧结构性改革成为必然趋势，消费水平逐渐升级，用户需求呈现多元化趋势，宽松稳定的社会环境为粉丝经济发展提供现实土壤并增添活力，另一方面，新媒体的发展和智能设备的普及为用户提供硬件和平台支撑，用户规模增长则为粉丝经济发展提供流量基础，而流量红利则为新媒体行业商业变现奠定现实根基，在此基础上，粉丝直接参与内容生产、运营、分发等诸多环节，[①]提高媒体资源商业转化率，推动内容产品多元化和用户体验人性化。

2020年1月6日，AdMaster联合微博发布《粉丝经济4.0时代白皮书》，提出随着粉丝主体、消费力和创造力的更迭，“粉丝消费”将升级为“粉推经济”。粉丝经济依托移动技术实现赋能，在Web1.0时代，粉丝基于门户网站和搜索引擎，通过个人喜好对“偶像”和品牌呈现出单向、自发、个体的追捧；Web2.0时代，粉丝通过社交网络实现与偶像互动；Web3.0时代，移动设备和新兴技术开启个性化服务和智能推送，粉丝不再置身事外，而是通过追随式参与带动消费；在粉丝经济4.0时代，智能化媒体发展并逐渐普及，粉丝的参与程度和话语权愈发凸显，不仅成为明星、品牌及IP的追随者和推动者，还通过策划、应援及运营推广实现深度参与，甚至左右着企业的经济利益和未来发展，成为营销闭环重要组成部分，催生了《创造101》《偶像练习生》《青春有你》等偶像养成节目。数据显示，73%的粉丝会通过购买产品、支持作品和购买推荐产品的途径付费支持偶像，粉丝群体年龄呈现降低的趋势，助推经济的能力却逐渐增长。[②]媒体行业逐渐推动平台、产品和内容转型升级，如海尔推出C2B反向定制模式，鼓励粉丝参与产品研发设计，网易严选借助粉丝经济探索跨品牌社群运营的商业模式，OPPO通过与粉丝互动强化口碑营销和运营，从而打造适应粉丝经济的产业链，通过运营和消费维系用户忠诚度，并推动商业模式走向成熟。

4. 媒体行业严管严控常态化，加强网络空间综合治理

2020年1月19日，中央政法工作会议提出要将防控新型网络安全风险作为重中之重，从遏制网络犯罪、构筑大数据安全等方面提升网络社会综合治理能力，不断健全网络社会综合防控体系。[③]在未来，网络空间严管严控将越来越常态化，建立健全的网络空间综合治理体系势在必行。

首先，网信办等网络监管部门打出组合拳，出台一系列法律法规、政策文件，并加大对网

---

① 黄楚新、郭海威：《新媒体环境下的粉丝经济》，《新闻论坛》2019年第4期。

② 199IT：《AdMaster&微博：粉丝经济4.0时代白皮书》，http://www.199it.com/archives/982550.html，2020年1月6日。

③ 中共中央网络安全和信息化委员会办公室：《2020年防控新型网络安全风险将成为重中之重》，http://www.cac.gov.cn/2020-01/19/c_1580973813671081.htm，2020年1月19日。

络空间的监管及治理力度，从而营造清朗的网络空间，建设良好的网络生态，整治和规范行业传播秩序。为维护平台用户信息安全等权益，促进网络音视频信息服务健康有序发展，2019年10月至11月，网信办、工信部等部门联合印发《网络音视频信息服务管理规定》，①从而加强对平台的监督、查处和规范。

其次，媒体行业要制定规范准则进行自律和他律，从而加强自身监管和治理力度。2019年1月9日，中国网络视听节目服务协会针对短视频平台管理和内容审核发布相关规范，除此之外，新媒体平台从多方面加强自身监管，抖音响应号召与网警部门推出“网警一键举报”机制，12月发布《抖音对违规使用商品分享功能账号的处罚通告》，对短视频平台电商购物违规作出整改；2020年3月，抖音制定直播内容审核机制，针对违规直播账号和内容进行专项整治并出台《抖音直播行为规范》，查处、封禁并下架大量违规直播。

最后，网络综合治理不仅需要政府部门出台相关法律文件，加大监管力度，还需要行业加强自律，承担相应的社会责任，网民也应该提高自身媒介素养，同时社会给予监督，只有多元主体共同参与，才能建立健全的网络空间综合治理体系。

传统媒体和新兴媒体不是非此即彼、你强我弱的关系，而是你中有我、我中有你的关系。媒体融合并非一蹴而就的过程，而是一个由量变到质变的累积过程，要在实践中认识并把握媒体融合的本质及规律，从而催化融合质变，放大一体效能。②在未来，党和国家将加强战略布局，为媒体融合提供政策支持和规范，媒体行业将持续推动内容建设和技术革新。社会各界应协力制定科学的媒体融合综合评估体系，从内容生产、传播分发、传播效果等诸多方面进行科学考量，发现融合实践过程中存在的问题，寻找出路和对策，实现媒体融合实践可持续发展，从而推动媒体融合从相加到相融再到纵深发展，构建智能化、现代化、立体化传播体系。

媒体行业要始终坚持正确政治方向，体现鲜明的政治立场、价值立场，坚持主流意识形态，坚持反映党的主张和人民的心声，坚守社会公德和主流价值观，③传递正能量，做有深度、有温度，有党性、有人性的媒体。

（作者：黄楚新，中国社会科学院新媒体研究中心副主任兼秘书长，中国社会科学院新闻与传播研究所新闻学研究室主任，传媒发展研究中心主任，研究员，博士生导师。）

---

① 中华人民共和国工业和信息化部：《工业和信息化部关于开展APP侵害用户权益专项整治工作的通知》，http://www.miit.gov.cn/n1146295/n1652858/n1652930/n3757020/c7506353/content.html，2019年10月31日。

② 人民网：《人民日报新知新觉：不断探索媒体融合新路径》，http://opinion.people.com.cn/n1/2020/0121/c1003-31557611.html，2020年1月21日。

③ 人民网：《坚定不移推动媒体融合向纵深发展》，http://paper.people.com.cn/rmrb/html/2020-01/21/nw.D110000renmrb_20200121_1-09.htm，2020年1月21日。

三 从“信息高速公路”到“未来媒体”的认知跃迁——中国新媒体25周年

胡泳　陈秋心

2019年是互联网进入中国25周年。以互联网为基础的新媒体传播，随着网络技术的不断发展，逐渐成为当代社会主要的传播路径和方式。“新媒体”是一个具有相对性的伞形概念，在过去的25年间，它被用于概括层出不穷的传播技术和应用，尤其被用来强调互联网开启的颠覆“旧媒体”的范式革命。

在信息通信领域，当代中国人亲历过不止一次的范式转移，而第一个真正“翻页”的时间节点毫无疑问会落在1994年——这一年中国正式全面接入互联网，宣告了大众传播时代的落幕。但互联网是一个完完全全的西方产物，无论将其历史上溯到20世纪50年代计算机的发明（60余年），还是上溯到埃达·拜伦的计算机理念（150余年），所有的思想积累、软硬件开发、基础设施建设都与中国没有任何关联。所以1994年的中国几乎是迎面撞上了一个陌生的、全新的事物，全体国人共同进入到一个未知的领域，并将目睹它翻天覆地地改变自己的生活。

普通人对“新媒体”的认知，一般围绕着本体（工具应用）、使用（行为）引发的现象和相应的管理规范展开，而认知的来源则是人们对技术设施、内容、产品（包括应用和服务）的具体感知或者抽象的想象——但复杂的认知过程，包括对新事物的调适、接纳或拒绝，不会被记录下来，只会浓缩为一个阶段性的称呼。于是从“信息高速公路”“第四媒体”开始，“新媒体”在中国的25年发展中衍生出一系列子概念。通过简要还原它们的语境，本文意在呈现中国人对信息技术认知演进的整个过程，以揭示技术和观念的变迁。

（一）“信息高速公路”：互联网认知的入口

中国刚接入互联网时，“信息高速公路”的概念正火遍全球：1993年美国确立相关计划，成立了以副总统戈尔为首的信息基础设施特别小组，预计投入4000—5000亿美元，在20年内建成信息高速公路。随后日、英、法、加、韩、新加坡等国家纷纷订立类似的发展计划。

所谓“信息高速公路”是指以计算机网络通信技术为基础，以光导纤维为骨干的高速通道和以电缆、无线传输系统等中低速通道组成的数字化双向大容量信息网络。[①]而对于刚刚进场的中国而言，这个隐喻般的称呼是关于互联网的第一个符号。1995年中关村南大街上竖起了一块广告牌——“中国人离信息高速公路还有多远？向北一千五百米。”被认为是中国人互联网意

① 居延安.谈谈信息革命[J].新闻大学，1984（2）.

识启蒙的第一个象征，而树立这个广告牌的网络代理商“瀛海威”公司的名称即从“Information Highway”音译而来。

“信息高速公路”是一个基于基础设施的称谓，它更容易将人们引向物理形态的想象：当时人们所理解的“网”主要是通信意义上的，仅仅是将终端连接起来的光纤介质而已。新技术革命无非是让线路的传播速度更快、连接范围更广、计算机的处理能力更强，是一场生产力的革命[①]，而引起社会生活变革的，是信息时代技术升级导致的传播提速和内容爆炸，而非网络本身的传播特性。

上述观点事后观之显然失之简单，但新媒介技术的来临的确需要依托基础设施。彼时已经落后半拍的中国加快了信息基础设施建设：1995年1月，邮电部电信总局开始在北京、上海向社会提供互联网接入服务。1995年5月，中国电信开始筹建中国公用计算机互联网（CHINA NET）全国骨干网。1996年1月，该网建成并正式开通，全国范围的公用计算机互联网络开始提供服务，此时互联网才算是全面进入中国。接下来，不同的行动主体开始进入这个崭新的世界进行尝试和探索，人们的注意力很快从日常生活中难以切身感受到的物理设施转向了丰富多彩的网络内容，对于互联网也逐渐生发了新的理解。

（二）从“第四媒体”到“网络媒体”

中国接入互联网后，一场全方位的启蒙开始了。除了政策、文化[②]等方面的影响，瀛海威这样的早期互联网服务提供商（ISP）也开始积极宣传，并在服务和价格方面展开竞争，刺激了互联网的应用。到1996年，全国的网络用户已达10万之多。

早期用户上网除了收发邮件之外并没有太多事情可以做——但这种“无聊”并没有持续很久。很快，第一批内容生产者就入场了，其中新闻媒体和商业网站是两股主要力量：从1996至1998年，包括人民日报、央视在内的媒体机构大面积“触网”。1998年，全国已有1／7的报纸办起了自己的网络版。[③]而商业网站一边，新浪、网易、搜狐、腾讯“四大门户”很快统一天下，它们与媒体网站既竞争也合作——门户网站虽然模仿美国的商业模式，依靠全球金融资本来扩大业务，但主要产品仍然是资讯、观点，这一点跟大众媒体时代并没有很大的改变，上网看新闻、看评论仍是普通网民的主要活动。因此，为了获得竞争优势，门户网站每天都需要实时更新大量内容——与具有天然的内容生产优势的媒体及媒体人合作，甚至“挖角”，都是不

---

① 陈刚. 新媒体时代营销传播的有关问题探析[J]. 国际新闻界，2007（9）.

② 跟随互联网一同进入中国的还有大批思想译作，比如尼古拉·尼葛洛庞帝（Nicholas Negroponte）的《数字化生存》和曼纽尔·卡斯特（Manuel Castells）“信息时代三部曲”等。这些著作对国人的互联网认知产生了不可磨灭的影响。

③ 彭兰. 中国网络媒体的第一个十年[M]. 北京:清华大学出版社，2005:64.

可避免的选择。

这样的发展态势，使人们顺理成章地将对互联网的理解与既往经验接合起来——此时网络被称为报纸、广播、电视之后的第四种大众传播媒体，简称“第四媒体”，人们开始目睹“第四媒体”和前三者融合、合作或竞争——这一切都不像“信息高速公路”那样抽象，而是切实发生在眼前、在身边。

然而这一阶段的发展并非“媒体内容上网”那么简单——第四媒体与前三者并不具有本质上的相似性。即便主要提供的仍是资讯和观点，它也有着自己的生产逻辑。仍将媒体网站理解为“电子报”的人很快发现，把报刊内容原样搬到网上意义十分有限，大众媒体从经营模式、财力和效率上都无法和门户网站竞争，“第四媒体“带来的威胁其实远大于希望。

早已有人看到了深植的矛盾。社会学家曼纽尔·卡斯特（Manuel Castells）于1990年代末出版了《信息时代：经济、社会与文化》三部曲，他指出，网络建构了新的社会形态，造成了权力关系的剧烈重组，原有的社会控制与政治再现都因此而改变——将被改变的，绝不仅仅是大众媒体机构。

但中国此时正身处一场信息技术产业的“大跃进”而无暇他顾——即便2000年美国互联网泡沫破灭、全球信息通信领域渐入寒冬，中国网络产业也没有停下高歌猛进的步伐。除了越来越多的媒体“上网”外，新浪、搜狐、网易在同一年先后在纳斯达克上市，两年后又先后宣布赢利或停止亏损，使人们看到网络经济的曙光。2003年这三大门户的股价涨幅都在几十倍以上，人们才逐渐意识到，互联网或许并不能简单地列在报纸、广播、电视之后——“第四媒体”的称呼逐渐消失，“网络媒体”取而代之。此时大量学术著作问世，开始集中探讨互联网对大众媒体的冲击，后者究竟该如何“转型”，以及“网络媒体”的概念边界该如何确定。

越来越多的人认识到，仅从狭义的“媒体”概念出发无法把握互联网的本质。一些看法不惜矫枉过正：互联网是一种“反媒体”，如陈刚指出，“新媒体不是媒体”“互联网本质上超越了媒体”“网络是媒介发展的更高阶段，在这个阶段，网络作为媒介（在这里陈刚将媒介和媒体等同）的根本特性是反媒介，即媒介自身的淡化”；①而一种看法认为互联网是一种高维媒介，如喻国明指出，互联网比传统媒体多出一个维度，由此生长出一个新的社会空间、运作空间、价值空间。②但不管如何理解，这样的反思都预示了未来互联网与大众媒体的脱钩。

（三）Web2.0：与“媒体”脱钩

有了一定的基础设施建设和内容市场，2003年至2005年，变革的迹象在应用服务领域出现

---

① 陈刚. 新媒体时代营销传播的有关问题探析[J]. 国际新闻界，2007（9）.

② 喻国明. 互联网是一种高维媒介[J]. 南方电视学刊，2015（1）.

了：论坛、博客、RSS等应用普及，手机终端也开始出现变革，诸如短信、手机报等新媒介形式带来新的想象，它们的影响力在一次次诸如孙志刚案、SARS大型社会突发事件中得以发挥，执行了大众传播时代前所未有的舆论功能，也启发了更多中国网民使用互联网的意识。

2005年，诞生于数年前的博客，终于迎来了大面积普及，“博客中国”获得千万美元风险投资改版为博客网，新浪、腾讯、搜狐等门户网站也纷纷全力打造博客业务。博客成为继门户网站、BBS之后的第三大网络媒体形态。一部分非常活跃的互联网使用者从BBS扩散到博客（以新浪博客为主），成为第一批网络意见领袖（俗称“大V”）；大量网络事件开始引发关注，网络动员层出不穷，预示着中国互联网开始进入一个新的时代。

2008年，中国网民规模跃居世界第一位。[①]与此同时，终端技术也在飞速跃进，“手机媒体”——短信、彩信、手机电视、WAP门户等风靡全国，一度被称为报纸、广播、电视、网络之外的“第五媒体”。虽然在今天看来这并不是一个生命力长久的概念，但这个称谓保留了身处变革潮流之中的人们目击新技术一项项涌现时的目眩与激动。2008年，这些新的信息通信技术得到了前所未有的应用：在汶川地震等一系列重大事件中网络被广泛运用于信息传递和社会动员，随后和手机媒体都被纳入奥运转播体系。网络新闻在网络应用中跃居第二位，网络视频迅猛发展，“互联网已经成为新闻传播领域中影响巨大的、最具发展潜力的主流媒体”。[②]2008年6月，时任中共中央总书记的胡锦涛视察人民网，在通过强国论坛与网民在线交流时指出：“互联网已成为思想文化信息的集散地和社会舆论的放大器”。

尽管此时的人们仍在努力将新事物嫁接于过往经验以便于理解，但事实上互联网已经开始与传统意义上的媒体“脱钩”——它并不是一个独立的“媒体”，而是一系列技术与实践的组合；它所具有的重构秩序的力量，消解了精英的权威和集中控制的结构，让草根也成为对话者与内容创造者——“Web2.0”的概念正是在这一背景下应运而生。

在内容方面，研究者认为Web2.0用户所生产的任何数据都可以被称作“微内容”[③]，它日益呈现出其作为互联网核心竞争力的价值潜力[④]。一种更深刻的理解认为，Web2.0所强调的其实不是人与内容的关系，而是人与人的关系。它为个体提供了一种新的社会界面、社会纽带。它是个体吸纳与整合社会能量的接收器，同时也是个体能量放大为社会能量的转换器。另一方面，Web2.0能够在一定程度上促进网络结构的分权，但它并不会带来权力的完全平等。从整体

---

① 中国互联网络信息中心. 第22次中国互联网络发展状况统计报告[EB／OL]. 北京:中国互联网络信息中心，20080719[20191221]. http://www.cnnic.net.cn/hlwfzyj/hlwxzbg/200906/P020120709345337342613.doc.

② 中国互联网络信息中心. 第22次中国互联网络发展状况统计报告[EB／OL]. 北京:中国互联网络信息中心，20080719[20191221]. http://www.cnnic.net.cn/hlwfzyj/hlwxzbg/200906/P020120709345337342613.doc.

③ 喻国明. 微内容的聚合与开发：网络媒体内容生产的技术关键[J]. 网络传播，2006（10）.

④ 汤雪梅. 微内容对互联网的价值重构[J]. 国际新闻界，2006（10）.

看，Web2.0指向一个既继承了传统社会生态又具有自己特质的社会生态系统——它是建立在内容之上的社会网络以及文化网络①。

在系统特性上，互联网的自组织能力已经得到若干研究的证实，而Web2.0模式具有更明显的自组织特征。研究者指出，Web2.0是一个开放的复杂适应系统，在简单的规则约束下，用户广泛参与，信息的生产、传播和利用在多元化、多样化、个性化、去中心化模式下实现了自组织和有序化；从博客知识交流社区的形成，到维基百科的协同组织编辑以及社会化书签产生的分众分类等，无不体现了Web2.0的信息自组织功能和序化机制②。

为什么Web2.0能够产生如此巨大的变革作用？关键在于此时出现了一个极为庞大、技巧娴熟的网络用户群体，愿意和能够贡献并消化读写网的内容。总体而言，Web2.0是互联网的一次理念和体系的升级换代，由原来的自上而下的由少数资源控制者集中控制主导的体系转变为自下而上的由广大用户集体智能和资源主导的体系③。

（四）移动互联网：靠近互联网的本质

Web2.0概念的精髓，很快由移动互联网承续下来——以至于如今很多人直接将两者等同为一体。2009年1月，工业和信息化部为中国移动、中国电信和中国联通发放3张第三代移动通信（3G）牌照，标志着中国正式进入3G时代。一同来临的是硬件终端的突破式革新——智能手机诞生了。二者结合之下，手机上网带宽的瓶颈被打破，智能终端的应用软件模式绕过电信运营商的垄断，集纳了各式各样的开发者，他们提供的丰富应用（Apps）使得上网的娱乐性得到大幅提升，用户的参与面和共享面也进一步扩大。

作为现代通信技术和互联网技术相结合而形成的产物，移动互联网包括3个要素：移动终端、移动网络和应用服务④，它突破了固定互联网的时空限制，不啻为第二次范式革命。有学者认为，手机作为上网终端的革命性在于确立了一种自主的尺度，在任意的时间和地点对内容进行自主阅看，打破了时间和空间的线性结构，从而确立了一种新的人与媒介的互动关系，APP所建立的特定的互动关系和内容获取方式，将以前出现的各种媒体形态纳入了一种统一的标准或者说“进入界面”⑤。而新技术时代的众多媒介成为APP的内容，微博、微信、播客、博客等媒介在与APP的相互作用中，实现了彼此更大的价值⑥。

---

① 彭兰. Web 2.0在中国的发展及其社会意义[J]，国际新闻界，2007（10）.

② 李鹏. Web 2.0环境中用户生成内容的自组织[J]. 图书情报工作，2012（16）.

③ 胡泳. 共有媒体初探[J]. 现代传播，2007（5）.

④ 吴吉义、李文娟、黄剑平. 移动互联网研究综述[J]. 中国科学:信息科学，2015（1）.

⑤ 王建磊. App:认识新媒体的一个崭新视角[J]. 新闻记者，2011（11）.

⑥ 邓逸钰. App的媒介使命演变[J]. 现代传播，2014（3）.

此外，与PC时代的互联网传播相比，移动时代“场景”被置于前所未有的核心地位。彭兰认为移动传播的本质是基于场景的服务，即对场景（情境）的感知及信息（服务）适配。而此时的移动媒体早已不仅是内容媒体，更是关系媒体、服务媒体，它的主要任务就是完成信息流、关系流与服务流的形成与组织①。

正是基于移动互联网，自2009年起，微博、微信相继崛起，与中国国情相结合，产生了前所未有的巨大影响，成为主导性的“国民级应用”。2012年8月23日微信推出“公众平台”，使传统上上载于网络的图文内容获得了新的传播模式——从这时起，“自媒体”的称呼日渐风靡。

1.自媒体

2005年至2006年，中国进入博客发展的高峰，但很少有人高谈阔论“自媒体”。博客造成了一种“全民写作”的现象，随着微博的到来，“全民写作”又变成“全民传播”。草根和精英都欢迎微博，导致微博的风头一时无两。可即便这时还是没有人谈论所谓“自媒体”。

“自媒体”在中国成为关注热点，归功于移动互联网催生的两个因素：一是新的内容生产和传播方式，以微信为集大成者——通过微信公众平台，个人和机构都可以打造一个公众号，群发文字、图片、语音三个类别的内容（后来又增加了视频）。二是UGC为主导的内容生态——随着移动互联网信息传播速度的加快，信息源的多样化，以前门户网站的内容生产模式已经远远落后于众声喧哗、丰富多元的个人媒体平台，相形之下门户网站感叹自己已成为“旧媒体”。出于竞争，各大网站都开始广揽个体内容生产者入怀，催生了中国内容创业的热潮。

自媒体又称个人媒体，其概念可以追溯到英文的“We Media”，早期更多与公民新闻相关联，但在内容创业大潮中商业主义的主导，导致这一概念发生变异，其内在的参与性、公共性元素越来越淡化。②人们曾一度对自媒体寄予厚望，例如认为它最大限度地突显了平民的力量、个体的力量，促成传播的个人主义革命，实践着话语民主与传播平等；或是认为自媒体革命能够有效克服传播失灵，降低集体行动的成本，促成政治沟通的改善与政治治理模式的转变③。然而也有研究者指出，自媒体存在两大风险：一是被商业买通的风险，二是被权力取缔的风险。这两大风险导致自媒体无法创造乐观主义者设想的基于个人主义的交互式公共领域④——微信公众平台的发展轨迹充分证明了这种预测。

---

① 彭兰.移动化、智能化技术趋势下新闻生产的再定义[J].新闻记者，2015（1）.

② 於红梅.从“We Media”到“自媒体”——对一个概念的知识考古[J].新闻记者，2017（12）.

③ 潘祥辉.对自媒体革命的媒介社会学解读[J].当代传播，2011（6）.

④ 胡泳.自媒体的探索与冒险[J].南方传媒研究，2014（47）.

2. 社交媒体

“社交媒体”又称“社会化媒体”，是另一个风靡于移动互联网时代的词汇，但与自媒体的个人化内容生产相比，它倾向于描述人与人的广泛连接和各种规模关系网的建立。

2008年以来，人们对社交媒体的认识经历了多个阶段：从关注用户贡献内容到凸显Web2.0与“互动性”，再到发现“关系网络”的重要性，现在则进入新阶段——社交媒体已经从“应用”转向“平台”[①]。在这个意义上，社交媒体虽然带有“媒体”二字，但已远远超出了传统意义上“媒体”的含义，更成为网络社会的一种组织方式。它以互动为基础，以UGC为内容主体，实现了以个人为中心、以关系网络为结构的信息聚合。

令人瞩目的是，社交媒体借助网络媒体和手机媒体的融合，把个体传播的社会参与推向了高潮，形成了一个彼此互动的即时的立体传播网络。社会化的媒体和私人媒体的整合，使得局部的信息可能被无限放大，从而在社会动员与力量组织方面产生了巨大的集体效应[②]。这种集体效应，被时为《南方周末》评论员的笑蜀总结为两句话：关注就是力量，围观改变中国。

“一个公共舆论场早已经在中国着陆，汇聚着巨量的民间意见，整合着巨量的民间智力资源，实际上是一个可以让亿万人同时围观，让亿万人同时参与，让亿万人默默做出判断和选择的空间。”[③]

社交媒体时代赋予围观新的存在方式和存在意义——“围观即参与，分享即表态”。博客转帖、推特转推、短信转发，乃至SNS上的文章、照片与视频分享，形式有别，功能各异，但网民每一次简单地按下按钮，都等于一次理性的民主投票。一个两个人一次两次地按键并不起眼，但聚沙成塔、集腋成裘，舆论的力量却可以经由“网聚”而产生[④]。

但另一方面，社会化媒体也带来很多忧虑。有人认为在传播技术和传播方式两方面，以微博为代表的社交媒体具备建构公共空间的优势条件。然而，网络商业主义、集体无意识和注意力承载力这三方面因素的困扰，严重影响了微博等社交媒体对舆论公共空间的积极建构[⑤]。也有人指出，Web2.0时代的社交媒体的兴起，并没有按照很多人预期的那样提高公众的政治参与度，而是让人们的政治参与度下降了。因为社交媒体“熟人圈”的人际传播特点，在于引发传播的各方保持相互关注或保持友好关系，而非破坏这种关系。人们担心打破与熟人圈或准熟人

---

① 田丽、胡璇.社会化媒体概念的起源与发展[J].新闻与写作，2013（9）.

② 任孟山、朱振明.试论伊朗“Twitter革命”中社会媒体的政治传播功能.国际新闻界，2009（9）.

③ 《南方周末》2010年1月13日。

④ 胡泳.围观与见证的政治[J].文化纵横，2013（4）.

⑤ 袁靖华.微博的理想与现实——兼论社交媒体建构公共空间的三大困扰因素[J].浙江师范大学学报（社会科学版），2010（6）.

圈的平衡和友好关系而保持沉默，甚至向相反观点妥协[①]。

（五）未来媒体：智媒时代的来临

基于移动互联网时代的范式革命，一些学者对互联网分期有了新认识：以互联网信息技术的发展为基本特征，观察互联网信息技术的社会应用，会发现一个技术革命与社会革命交叠发生的演进线路图：Web1.0时代为“内容传播-信息搜索”；Web2.0时代为“个体创造-群体协作”；而接下来一定会有Web3.0时代，即“万物感知-智慧控制”[②]。

2010年以后，在人工智能、虚拟现实、5G、云计算、区块链等新技术推动下，信息通信领域出现了智能化趋势，揭开了“智媒时代”的序幕。媒体智能化的主要表现为万物皆媒、人机共生[③]——很明显，在这样一个称谓中，“媒体”早已脱离了大众传播时代的定义，转向更宽泛、更丰富的“媒介”意涵，在某种程度上说，未来“媒介”的边界甚至超越了信息通信的范畴。

狭义上说，媒介指起中介作用的空间或中介物，可以是材料、工具、支持等很具体的东西，宽泛地讲媒介甚至可以包括某种社会实践[④]。而人本身既可以是实践的主体，也可以变为一种实践的媒介；甚至人的身体和意识甚至在未来可能分离，分别独立承担“媒介”的功能。

一种共识是，智能化将成为未来传播模式创新的核心逻辑。“智媒”时代，需要崭新的媒介产品，专为多设备、多屏幕世界而设。例如，VR技术的“3I”核心特征，即沉浸（Immersion）、交互（Interaction）和想象（Imagination），带领使用者以第一视角近乎真实地感知事件发生时的现场，构成一种全新的讲故事方式[⑤]。

从具体形态上看，物联网与可穿戴设备是未来的传播媒介的代表，它们本质上是一种感知情境的计算，永远跟一个人身处的情境相关，所以，这种计算混合了对位置的感知、对身份的管理。目前这种感知与管理同手机的信息采集和用户的社交网络联系等要素还没有充分融合。如果将来所有这些要素都充分互联，并且可以互操作，那么就可以基于用户的需要、用户做过的事情、用户所在的地方乃至用户正在做的事情产生更有趣的服务[⑥]。

亲证了二十多年来信息通信技术的惊人变革，人们已经不惧怕对即将到来的新媒发挥最

---

① 陈力丹、谭思宇、宋佳益. 社交媒体减弱政治参与——“沉默螺旋”假说的再研究[J]. 编辑之友，2015（5）.

② 高钢. 物联网和Web 3.0：技术革命与社会变革的交叠演进[J]. 国际新闻界，2010（2）.

③ 彭兰. 智媒化：未来媒体浪潮——新媒体发展趋势报告（2016）[J]. 国际新闻界，2016（11）.

④ 胡泳. 理解麦克卢汉[J]. 国际新闻界，2019（01）.

⑤ 喻国明、谌椿、王佳宁. VR（虚拟现实）作为新媒介的新闻样态考察[J]. 新疆师范大学学报（哲学社会科学版），2017（3）.

⑥ 胡泳. 未来的传播媒介：物联网与可穿戴设备[J]. 新闻与写作，2016（11）.

丰富的想象——不管是人工智能、区块链还是沉浸式媒体，通通被归入“未来媒体”的概念之下，由此进一步思考新闻生产方式、劳动分工、家庭结构、亲密关系乃至人的存在本身将会收获哪些益处、又将经历何种挑战。总体而言，未来媒体并不是“媒体”，或者说并不是简单的介质，而是脱离当下现实的依凭，直接想象未来彼岸的一切可能性——“未来媒体不是向大家展现未来的媒体应该是什么样的，而是对传统传播思维方式的颠覆和变革。”①

（六）讨论与反思

从“信息高速公路”到“未来媒体”，回望来路，短短二十余年里，信息通信技术和人们对技术的理解和想象都经历了多次跃迁——尽管理解总是滞后于技术一步，它们却记录了中国面临新事物时震惊、好奇、理解、调适的过程，期间还有互联网与大众媒体之间的博弈。今天，整个国家终于得以站在时代前沿畅想未来。

人在试图理解新事物时总是先借助已拥有的东西和过去的经验——国人一开始将新的信息技术等同于一个独立的、与大众媒体机构并列的存在，所以总要在报纸、广播、电视之后继续编号，才有“第四媒体”“第五媒体”的说法。但飞速变化的技术现实很快反驳了这种简单的理解——首先互联网和手机都不是能大众媒体相同性质的存在，它们很快演化为现代人生存的基本场所与工具，成为“遍在”的、一切活动的底层逻辑。其次，互联网和手机早已合二为一，近乎演变为现代人须臾不可脱离的“外部器官”。第三，人们对互联网的认识本身就有局限，最初将其理解为基础设施，后来将其理解为内容网，21世纪之后才发现它是关系网、资源网、渠道网……而当互联网转变为移动互联网之后，其影响力几乎完全重构了现代社会生活秩序。

好在人总是能通过不断的反思来把握进化的逻辑。经历了“第四媒体”的想象力挫败之后，国人在展望未来时调整了思维，释放了想象，急切盼望着开启再一次的范式革命，进入“互联网的下半场”。而在这个过程中，“媒体”的内涵也急剧扩大。90年代的“媒体”仅指大众传媒，但这个狭义的理解已是明日黄花，今天人们面临的是“万物皆媒”的处境，甚至要提前忧虑未来媒介技术对人的异化和取代——中国当下已经进入了一个对技术非常敏感的时期，思考媒介技术和我们未来生活的走向不再是精英的专利，而是成为每个普通人的日常。

要特别指出的是，本文在回溯过程中并没有使用“新媒体”一词，原因正在于其含义的不固定——只是一个从自我出发、归纳自身所处时代技术的笼统总称。

有关新媒体的定义，国内外研究大致可分为两类：其一聚焦于新媒体的媒体形态和技术特性，另一类则认为对新媒体的理解要超越对媒体技术形态的关注，研究媒体技术与人类行为及

① 李彪.未来媒体视域下媒体融合空间转向与产业重构[J].编辑之友，2018（3）.

社会结构的交互影响①。但不管采用哪种进路，只要有人试图赋予“新媒体”一词确定的含义，通常会掉入时间的陷阱——若干年后回望，那个定义很有可能已经充满了陈旧的年代感，无法准确地概括当下丰茂的、鲜活的技术现实。正如潘忠党所批评的那样，不加辨析地使用“新媒体”一词，背后包含着谬误：

“不同的生命体验通常对应着不同的历史时间点，也对应了不同的媒介技术形态，从这个角度来看，从自己的生命体验出发提出研究问题，同时也意味着一种潜在的危险：这样的思维和逻辑本身包含了一种潜在的认知谬误（cognitive fallacy），即‘历史从我们这一代人开始’的局限性。”②

而作为解决方案，潘忠党本人试图以特性来定义边界——这种做法并不鲜见。数字化（digital）和网络（network）这两项最为基本的特征就经常被用于区分当下的“新”“旧”媒体③④，但问题在于这两个标准因太过基础而显得大而无当，只能用于区分不同范式。当然，也有人使用超文本、多媒体、互动性描述“新媒体”⑤，但仍不够全面。而潘忠党通过亲身观察和博采众长，提出了三类十三项媒介可供性（如表1）来区分媒介本体的新与旧——在各个方向可供性越高的媒体，往往就是越“新”的媒体。本文十分赞许这种提高抽象性的努力，但认为在讨论具体问题时需要就事论事——明确自己的讨论对象，使用它特有的名称，例如使用“社交媒体”“智慧媒体”或“自媒体”，而不要总试图使用全称、概括普遍规律，效果可能会更好。

表1：媒介可供性的构成

	生产可供性	社交可供性	移动可供性
1	可编辑（Edit-ability）	可致意（Greet-ability）	可携带（Portability）
2	可审阅（Review-ability）	可传播（Emotion-ability）	可获取（Availability）
3	可复制（Replicablity）	可协调（Coordinate-ability）	可定位（Locatability）
4	可伸缩（Scalability）	可连接（Connect-ability）	可兼容（Multimediality）
5	可关联（Associability）		

① 毕晓梅. 国外新媒体研究溯源[J]. 国外社会科学，2011（3）.

② 潘忠党、刘于思. 以何为“新”？“新媒体”话语中的权力陷阱与研究者的理论自省——潘忠党教授访谈录[J]. 新闻与传播评论，2017:19.

③ Manovich，L. The language of new media[M]. MIT Press，2001.

④ Jensen，K. B. Media convergence: the three degrees of network，mass，and interpersonal communication[M]. London: Routledge，2010.

⑤ 胡泳. 众声喧哗：网络时代的个人表达与公共讨论[M]. 广西师范大学出版社，2008.

出于同样的考虑，本文也避免使用“传统媒体”一词，因为这显然是跟“新媒体”相对的一个概念，带有同样的不确定性——“传统”是谁的传统？对于现存世代而言，大众媒体是上一个技术范式遗留的“传统”（英文中将“传统媒体”称为legacy media，更带有“濒临灭绝”的意味），但若干年后，论坛、门户网站、博客甚至微博微信都可能成为下一代人的“传统”。

而至于“新”“旧”媒体之间的关系而言，可能并不存在人们惯常以为的“媒介替代”，即便是“传统媒体”也并不一定就意味着衰亡与落后。在现实个案中，很少看到大众媒体被完全替代的例子，绝大多数情况下，不同媒介形态之间要么合作，要么竞争，要么融合。新旧媒体因此不是壁垒森严的两个系统，而是同属一个“扩展了的媒介生态体系”（enlarged media ecology）①。

（七）总结

总而言之，近年来通信领域的技术发展波澜壮阔，无论是积累、改良型创新还是突破、革命性创新，都与社会力量交织演化，共同构造了我们当下的生存环境。与此同时，一代代人对于通信技术的认知也在不断进化——本文认为对于这种认知变迁的审视是必要的，因为其中能够折射技术的演进路径，也能反映社会变迁。

历经25年，当我们发现互联网终于由工具的层面、实践的层面抵达了制度形式的层面，最重要的是回到原点，思考一个核心的问题：什么是互联网？但在这个核心问题背后还有无数问题：我们该如何审视日常世界中这个无处不在和熟稔无比的事物？互联网能做什么，在它能做的事情当中，哪些是崭新的？它又引发了什么新的伦理、社会和政治能力？它使得什么东西过时，或成为问题，甚至变得不可能？随着我们周围的世界不断重组，我们称之为互联网的那个“社会—技术”组合，挑战了许多构成我们当下时空的熟悉假设以及想象。

作为网络传播研究者，我们反对把“互联网”视为一个单一的实体，也尽量避免将其笼统称为“新媒体”，而是将其看作一种时有不同的技术、平台、行为和话语的集合，它们与社会互相激荡，共同演变。至于对未来媒介技术的想象，我们可能既需要新的价值论（伦理学与政治哲学），也需要新的认识论（关于知识和科学的理论）。

最终，所有的思考一定会达到一个层面：在充分联网的环境下，到底还有什么东西能够构成人的定义？什么叫作人？什么叫作人性？这其实是互联网文明的可能性问题，最终的含义是人的可能性问题。

（作者：胡泳，北京大学新闻与传播学院教授、博士生导师。陈秋心，北京大学新闻与传播学院博士候选人。）

---

① 邱林川、陈韬文.迈向新媒体事件研究[J].传播与社会学刊，2009（09）.

四 错失恐惧、加速感知与永久在线——移动互联网时代大学生APP使用的实证研究

周葆华

新传播环境下，APP（手机应用）成为炙手可热的数字平台。根据ComScore（2018）的数据，移动设备在全球上网花费总时长排序中一骑绝尘；在中美两国的比例中均超过了71%。APP占据全球14个市场（含中国）的80%以上的移动使用时间。APP生发出一系列新的生活方式，值得传播研究的高度关注。本文认为，在新媒体时代下，可以从两个影响因素来理解永久在线背景下的APP使用——即错失恐惧（FOMO）与加速感知，研究将检验二者与永久在线、微信、O2O（online-to-offline）生活服务类APP使用之间的关系。选择这两类APP是基于，微信已成为中国最流行的即时通信与社交网络APP，微信朋友圈的使用在全国网民中的普及率高达87.3%（CNNIC，2019）；O2O应用在用户日常生活中甚为流行：49.0%的移动互联网用户使用订餐应用，40.2%的用户使用打车应用，28.6%的用户使用共享单车应用（CNNIC，2019）。本研究将以一项上海大学生的调查数据（N=687）对研究假设进行实证检验。

（一）超越功能主义：在永久在线视角下理解移动APP的使用

长期以来，手机APP使用的相关研究往往在功能主义理论框架下展开，如使用与满足理论（如，Katz，Blumler，&Gurevitch，1974；Ruggiero，2000；Ho&Syu，2010）、计划行为理论（TPB）（如，Ajzen，1985；1991；Yang，2012）、技术接纳模型（TAM）（如，Davis，1989；Venkatesh&Davis，2000；Aboelmaged&Gebba，2013）、技术接纳与使用的整合理论（UTAUT）（如，Venkatesh，Morris，Davis，&Davis，2003；Zhou，Lu，&Wang，2010）等。实际上，这类取向存在一大预设——媒介使用是基于用户的动机、目标计划、理性判断与评估之上的。本文则提出从另一个新的概念视角出发加以审视，即“永久在线”（being permanently online）（如Vorderer&Kohring，2013）。

永久在线概念的提出，反映了移动互联网时代，随时随地交流这一新的传播形态。这在传统的媒体环境中难以想象。多数情况下，传统媒体的使用是在有限的时空内进行的，并且受众对于何时开始、何时结束使用往往是有意识的（例如收音机或电视机的打开与关闭）。现今的媒体使用大有不同，移动设备常常总是处于开机状态。即便在某些情况下，传统媒体也可能被整天使用，但这些行为并不能反映平均使用情况。根据一项具有全国代表性的调查数据，受众每天平均收听广播55分钟，观看电视191分钟（Zhou&Lu，2017）。这也构成媒体效果研究的基

石——后者常常聚焦使用者在接触媒介信息前后认知、态度与行为上的差异（Bryant&Oliver，2009；Nabi&Oliver，2009）。

传播技术的发展，尤其是无所不在的移动设备与移动互联网，引发了媒体使用形态的巨大改变。首先，在种种社会场景中，如起床、吃饭、在路上、学习、工作、社交、约会等，都可以利用各类移动设备访问互联网。由于互联网可以随时随地接入，移动互联网的使用越来越无休止地嵌入到日常生活中。实证研究表明（如Struckmann&Karnowski，2016），一天之中，人们可能在不同的地点使用移动设备，它们鲜少受到时间地点因素的影响。“使用”与“不使用”媒体之间的界限，从此变得模糊，因为用户总是在线，并且感到利用移动设备可以轻便地在网络空间来往移动。比如，用户可以登录共享单车APP、访问在线服务，随后立即骑上自行车，同时又和好友微信畅聊，这样的转换非常迅速方便。此外，在线状态不仅指的是明确的信息检索行为，如搜索信息、阅读新闻、评论、聊天、发送消息等，而且还包含在线状态，以及在线上空间中与其他人待在一起。换言之，许多用户上网并不是为了接收特定的信息（内容），而是因为他们喜欢“在那儿”的感觉（连接）。

传播学者已经阐明了永久在线的概念，以试图理解新媒体的使用形式。他们认为，这种新的现实挑战了对受众和媒体效果的传统研究（Vorderer&Kohring，2013）。Vorderer等（2018）认为，“永久在线”一词并不关注移动互联网时代在线使用时间总量的增长，而是关切媒体使用行为与心理的新特征。这些特征包括：（a）不同于只在特定的时间点和时间段内使用媒体，很多用户已经养成了保持在线的习惯，几乎永久地、在所有情形下与其他人保持连接；（b）许多用户习惯于同时进行多项线上活动，无论他们肉身在场与否还是在完成其他任务，这被称为“媒体多任务”（media multi-tasking），尽管反过来，多任务并不确保存在永久在线的行为（Vander Schuur等，2015）；（c）因为很多用户并不清楚他们何时开始和结束使用互联网，他们有一种“永远在线的心态”（always-onmentality）（Hefner&Vorderer，2018），这有助于线上线下的无缝衔接（Vorderer，Kromer，&Schneider，2016；Vorderer，Hefner，Reinecke，&Klimmt，2018）。

永久在线，不仅是基于智能手机等移动媒体得以长时间使用媒体的外显的行为模式，也是新媒体环境下永久沟通警觉的心理状态。在这项研究中，我们关注行为维度。永久在线是移动媒体用户的一种新的交流方式，影响着个体层面的微观过程，如网瘾和问题行为（如vanKoningsbruggen，Hartmann，&Du，2018）、对社会现实的感知、认同、健康行为和主观幸福等。它也被证实能够影响宏观层面的社会进程，例如永久在线会加剧政治和道德观念的极化或分化（Vorderer等，2018）。

在本研究中，我们主张突破功能主义研究传统，解释永久在线环境下移动APP的使用。换句话说，APP的使用不仅与理性的态度、预期的满足感、感知的媒体特征有关，还与永久在线行为的状态有关。首先，特定的移动APP使用可能会受到永久在线行为的影响，因为它创造了一种存在于移动互联网时代的状态。根据Vorderer等（2018）的观点，永久在线与移动媒体使用高度相关，因为是“智能手机及其传播形态给予了永久连接的可能”（p.3）。

其次，永久在线提供了大量触发用户冲动使用移动设备的线索。媒体使用可以被理解为一种由无意识的、冲动的决定和过程驱动的行为，而不是一种理性的思考过程（Hofmann，Friese，&Wiers，2008；van Koningsbruggen等，2018）。在无意识、冲动过程中，行为是由一连串的外部刺激、个体对这些刺激的情感反应以及与刺激相关的行为倾向共同激活。按照这个逻辑，特定手机APP的概念可能会与用户频繁、反复使用APP的体验、行为（如点击智能手机上的应用图标）、以及所产生的积极的情感反应联系起来，然后在个体的长期记忆中建立起一个与APP相关的群集，并很容易被触发条件（如看到APP图标）重新激活。

有学者（如Hofmann，Reinecke，&Meier，2017；van Koningsbruggen等，2018）指出，一个"永久在线"的媒体丰富的环境，不断地提醒用户所有可用的媒体选项，会成为用户使用媒体冲动的强烈诱因，因为它提供了许多线索（例如，APP的标识、即时信息和推送通知）供用户评估。用户持续在线的时间越长，他们收到的提示（如APP图标、即时消息和推送通知）就越多，这就触发了他们对移动APP的使用。基于此，本研究提出第一个假设：

H1：永久在线与APP的使用频率呈正相关，包括微信（H1a）和O2O应用（H1b）。

（二）错失恐惧、加速感知与永久在线

用户为什么偏好永久在线？学者们已从理论上建议两个重要的社会心理影响因素：错失恐惧（FOMO）和加速感知（Vorderer&Kohring，2013）。错失恐惧概念指的是：一个人害怕正错过信息和事件，或者在不在场的情况下被排除在社群之外，比如不能和朋友呆在一起，或者不知道发生了什么的感觉。因此，它强调个人倾向与外部世界联系，并立即跟随其他人的活动，以避免被排除于社会世界之外的危险或不舒服的感觉。Przybylski等人（2013）的调查研究首次实现了对错失恐惧概念的操作化，并通过一组量表来衡量被朋友和社区排斥的恐惧程度。他们的研究还显示，对能力、自主性和联系性等基本心理需求的满足度较低的个体报告了更高的错失恐惧程度，错失恐惧程度则与一般情绪和整体生活满意度呈负相关。

学者们已经开始基于错失恐惧概念来解释社交媒体的使用行为。研究指出在人们的基本心理需求与社交媒体使用之间存在直接与间接两种关系（Przybylski等，2013）：基本需求满足感和社交媒体参与之间的关系可以由错失恐惧为中介，需求满足匮乏可能会导致人们对错失恐惧的敏感，进而成为社交媒体参与的动力。Przybylski等（2013）的研究发现，错失恐惧正向预测了个人的社交媒体参与，并在基本心理需求和社交媒体参与之间起到了中介作用。Alt（2015）的研究发现外部因素和学习动机对社交媒体参与的影响由错失恐惧中介。

关于错失恐惧与移动媒体使用之间的关系，Elhai等（2016）发现，除了焦虑需求等其他变量外，错失恐惧与有问题的智能手机使用最为相关。Hefner等（2018）发现，错失恐惧是手机社交频繁使用和过度卷入的重要预测因素。Upreti和Musalay（2018）还发现，在大学生中，错失恐惧、手机依赖和欺骗（entrapment）之间显著相关。虽然错失恐惧对社交媒体使用的影响已经得到了实证检验，但很少有实证研究探索它与永久在线的潜在关联。此外，虽然有几项实证研究调查了错失恐惧和手机使用之间的关系，但大多数研究都集中在一般的手机使用上，而不是特定的移动APP。因此，本研究将在控制其他变量情况下，检验错失恐惧是否与永久在线和两种移动APP的使用正相关。因此，我们提出以下两个假设：

H2：错失恐惧与永久在线的程度呈正相关。

H3：错失恐惧与手机应用使用频率呈正相关，包括微信（H3a）和O2O应用（H3b）。

第二个因素是社会加速。在对现代性的讨论中，日常生活的“加速”具有漫长的历史画卷。Koselleck（2004）论证了自18世纪中叶以来，伴随着社会现代化而来的日常生活总体加速。Gleick（1999）评论说，当代美国社会是一切的加速。加速的概念也在诸如David Harvey（1989）和Anthony Giddens（1990）等社会学家关于“时空压缩”的讨论中得到呼应。

Rosa（2013）进一步认为，社会加速是社会发展的元过程，现代社会可以被定义为“加速社会”，并将“社会加速”概念化为三个主要维度：（a）技术加速，指高速的现代交通、通信、商品与服务生产，这是各种社会加速过程的物质基础；（b）社会变革的加速，指文化知识、社会共识、社会组织、社会关系和社会语言等方面的变化速度不断加快；（c）生活节奏的加快，指时间紧张、生活节奏加速的感觉。以上三个维度也有着内在的关联，共同产生Rosa（2013，p.151）所谓的“加速圈”。

社会加速与媒体技术的发展密切相关。根据Rosa（2013）的观点，除了20世纪初的数字革命外，第一次显著的社会加速浪潮发生在1880年至1920年之间。社会加速发展的第二波浪潮的开端是互联网和移动技术的出现。社会加速是世俗化（secularization）的结果，因为失去“永恒时间”的文化体验，制造了“世界时间与个体生命跨度间难以弥合的鸿沟”（Rosa&Scheuerman，2010，p.9）。个体寿命是有限的，但是社会加速导致持续信息增量和无穷选择。因此，传播技术的出现和发展可以看作是社会加速发展的结果，满足了时代的传播需求。

社会理论家在社会的层面讨论社会加速问题。但是，我们可以从个体层面来研究这个概念——聚焦“加速感知”，这反映了社会加速的第三个维度：生活节奏的加速。Vorderer和Khoring（2013）认为，在社会加速的背景下，人们倾向于成为“流浪者”（drifters）以俘获日新月异的社会环境。不仅如此，移动设备被视为可以处理多个任务、有效地管理时间的平台。另外，现代生产逻辑和工作系统促成了加速感知与移动媒体使用间的关系。为了满足工作的需要，用户保持手机开机状态，一些社交媒体（如微信）甚至在下班后也随时待命。现代企业还利用技术平台建立员工监控系统和信息协调机制，以提高业务效率和加速生产过程（McGovern，Hill，Mills，&White，2007）。由此可以推论，如果用户体验到生活节奏的加快，他们会采取永久在线的策略。用户越是觉得时间有限，就越倾向于保持在线和使用APP，反之亦然。

H4：加速感知与永久在线的程度呈正相关。

H5：加速感知知与手机APP使用频率呈正相关，包括微信（H5a）和O2O应用（H5b）。

（三）研究方法

1. 问卷调查

本研究分析的数据来源于2017年3月开展的对上海大学生的调查。研究采用分层多阶段抽样，选取了16所高校作为调查地点[①]。在每所选定高校内，由于难以获得完整的抽样框架（如完整的学生名单或进入学生宿舍），因而选择食堂作为替代性的实地调查地点。在每个食堂，都采用基于空间的系统性抽样方法在午餐和晚餐时选择受访者，以减少调查人员现场武断决策的可能性[②]。研究助理要求学生自行填写调查问卷，随后将填答完毕的问卷收回。如果一位被选中的同学拒绝接受采访，研究助理就会去找坐在同一张桌子旁边的另一个学生作为替补。最终得到有效应答687个，应答率为81.9%。所有受访者都被告知并保证答案会被匿名处理。

虽然抽样程序不是完全随机的，但我们的抽样方法与以往类似的大学生调查研究相比有很大的优势——包括了来自不同类型的大学和学院的本科生和研究生。根据上海市统计局（2017）的数据，27.83%的上海大学生是研究生。而在我们的调查中，被抽样的学生中有24.65%是研究生——这与官方统计数据非常接近。由此可以佐证，本研究使用的抽样程序获得了一个具有代表性的样本。

2. 变量测量

永久在线：为了测量永久在线的频率，我们参照前人研究（如Vorderer等，2016），请受访者在14个典型的社交场景中报告他们的上网频率，包括上课/听讲座、在家里、乘坐公共交通、在等候时、与朋友聚会时等场景，均采用从0（从不）到5（非常频繁）的六级量表测量。对所有的14项的答案求取均值，生成永久在线的变量（M=2.35，SD=0.67，α=.807）。

---

① 首先，将高校分为五种类型，即“985”高校、“211”高校、普通一本、普通二本和大专；其次，按照概率与规模成比例方法（PPS），从每个层次中分别选择2所“985”高校、2所“211”高校、4所一本高校、4所二本高校和4所大专。根据这样的抽样方式，相比于现有针对中国大学生的调查通常只包括少数几所精英大学，本研究样本纳入了普通高校和大专，从而保证对总体更好的代表性。

② 具体而言，访员首先随机选择一个座位作为起始点，然后根据抽样间隔选择其他采访者，抽样间隔是按照计划的样本量除以当时食堂的学生总数来计算。

错失恐惧：包括一组采用五级量表（1=非常不同意，5=非常同意）来测量的六个问题（Przybylski等，2013），例如“理解朋友们的‘笑点’很重要”“当我的朋友们在谈论一些我不了解的话题时，我会感到困扰”“如果一段时间不了解朋友们的动态，我就感到不安”。总体而言，量表展示出了良好的内部一致性（α=.810），因此由全部6个项目的平均值计算构成代表错失恐惧的变量（M=3.25，SD=0.81）。

加速感知：这一变量的测量采用了前人研究中效度良好的三个采用五级量表（1=完全不同意，5=完全同意）测量的题目（DeVoe&Pfeffer，2011；Kleiner，2014）：“我感觉时间越来越不够用”、“我感觉自己的生活节奏很快”、以及“我没什么闲暇时间”（α=.722）。每个被访者的得分通过对所有三个问题的答案取平均值构成（M=3.38，SD=0.86）。

微信的使用：本研究采用11个问题询问受访者使用微信进行各种社交行为的频率（0=从不，5=非常频繁），基于因子分析，这些问题分为三个维度：微信朋友圈使用，包括浏览朋友圈、点赞朋友圈、评论朋友圈朋友发布的内容、以及回复自己的朋友圈评论等四项内容（α=.887，M=2.70，SD=1.22）；微信群的使用，由阅读群消息、在群里发信息、阅读转发微信公众号的频率这三项的平均值构成（α=.709，M=2.62，SD=1.08）；微信人际交往，包括一对一聊天的频率、语音聊天、视频聊天、一对一发送视频等四个题项（α=.760，M=2.44，SD=1.08）。

O2OAPP使用：调查用四个问题询问受访者使用O2O生活服务应用的频率（0=从不，5=非常频繁），包括订餐、生鲜、共享单车、打车等。每个参与者的得分是通过四个项目的平均分来计算的（α=.651，M=2.40，SD=1.13）。

控制变量：控制变量包括被调查者的年龄（M=21.14，SD=2.30）、性别（男性=51.8%）、年级（中位数类别=“二年级大学生”）、家庭月收入（中位数类别=“6001-8000元”）和个人月支出（中位数类别=“1500元”）。

（四）研究发现

首先，本文进行了OLS回归，分析永久在线与APP使用之间的关系（表1）。结果表明，个人背景对APP的使用有一定的影响。主要影响因素为三个变量：年龄、年级和个人月支出。当控制所有人口统计学变量时，永久在线状态仍然是影响手机APP使用量的主要因素（β在0.17～0.30之间，并在0.001水平上显著），且解释了总体方差的2.61%～8.64%之间。该结果表明，永久在线状态与微信、O2O生活服务类APP的具体使用情况存在正相关。因此，研究假设H1a和H1b得到支持。

表1：OLS回归：永久在线和移动APP的使用

	微信使用			O2O APP使用
	朋友圈	微信群	人际聊天	
人口背景				
性别（女性=1）	.04	－.03	.17***	－.02
年龄	.01***	.03	.31***	.23***
年级	－.05	.11#	-.20***	－.11
收入	.01	－.02	.02	.12*
支出	.10*	.07	.09*	.15**
R^2	5.49***	2.33***	8.71***	9.56***
永久在线	.30***	.17***	.30***	.21***
增加的R^2（%）	8.64***	2.61***	8.37***	4.06***
总解释的R^2（%）	14.13	4.94	17.08	13.62
N	681	680	685	564

注：本表系数为来自最终方程的标准化回归系数。缺失值通过列表删除处理。
#p<.10；*p<.05；**p<.01；***p<.001.

值得注意的是，不同形式的微信使用在解释方差上存在差异：微信朋友圈为8.64%，人际聊天为8.37%，而微信群聊只有2.61%。这种差异可以从这三个微信服务的不同特性来解释。人际聊天和朋友圈使用都与社会关系的维护密切相关，因为用户通常需要与关系密切的好友交流。相比之下，微信群聊与亲密关系的保持关联性不大，因为用户也可能会被邀请加入含有不熟、陌生成员的微信群。因此，永久在线和微信之间的相关性在朋友圈使用和人际聊天方面更显著。

在此基础上，我们进行另一个OLS回归分析来检验两个关键变量（错失恐惧和加速感知）对永久在线和移动APP使用的影响（表2）。在控制所有其他人口统计学变量后，本研究发现错失恐惧与永久在线呈正相关（β=.21，p<.001）。然而，加速感知与永久在线的关系并不显著。因此，本研究的实证结果支持H2，但不支持H4。

表2：OLS回归：预测永久在线和移动APP

	永久在线	微信使用			O2O APP使用
		朋友圈	微信群	人际聊天	
人口背景					
性别（女=1）	.06	.05	－.02	.18***	－.01
年龄	－.02	.21***	.03	.30***	.22***

年级	.03	－.07	.10	－.21***	-.12#
收入	.11**	.01	－.03	.01	.11*
支出	.13**	.10*	.06	.08*	.14**
R^2（%）	4.48***	5.49***	2.33***	8.71***	9.56***
错失恐惧	.21***	.15***	.15***	.11**	.13**
增加的R^2（%）	4.33***	4.23***	3.46***	2.94***	3.22***
加速感知	－.01	.00	.08*	.08*	.12**
增加的R^2（%）	0.0***	0.00***	0.40***	0.48***	1.26***
永久在线	－	.27***	.14**	.27***	.18***
增加的R^2（%）		6.40***	1.53***	6.70***	2.78***
总解释的R^2（%）	8.81	16.12	7.72	18.83	16.82
N	650	681	680	685	564

注：本表系数为来自最终方程的标准化回归系数。缺失值通过列表删除处理。

*p<.05；**p<.01；***p<.001.

在控制变量的情况下，错失恐惧与微信使用的三种形式（β 范围在.11~.15之间；均在.01或.001水平上显著）和O2O的APP使用（β =.13，p<.01）之间均存在显著的正相关。错失恐惧解释的方差从2.94%（人际聊天）到4.23%（朋友圈使用）不等。因此，研究假设H3a与H3b均获得支持。

虽然加速感知并没有显著影响使用微信朋友圈的使用，但它与微信群的使用（β =.08，p<.05，占总方差的0.40%）和人际交往聊天（β =.08，p<.05，占总方差的0.48%）均呈正相关。因此，研究假设H5a得到部分支持。加速感知也与O2O类APP的使用呈现正相关（β =.12，p<.01，占总方差的1.26%）。因此，研究假设H5b获得支持。最后，在控制变量的情况下，永久在线与全部四个维度的移动APP使用相关（β 范围在.14～.27之间；均在.01或.001的水平上显著）。因此，H1成立。

（五）结论与讨论

本文提出，我们可以在永久在线的视角下理解APP的使用。本文不仅从理论上阐释这一视角，而且运用实证研究分析了错失恐惧、加速感知、永久在线与APP使用频率之间的关系。基于上海地区大学生的问卷调查数据（N=687），实证研究结果显示，在控制其他变量的情况下，错失恐惧、加速感知和永久在线都与移动应用的使用程度显著相关。

本文超越传统的功能主义理论视角，从永久在线的角度理解手机APP的使用。尽管人们对冲动、无意识的媒体使用越来越感兴趣（如van Koningsbruggen等，2018），但早前传播学和媒体心理学中的研究与理论都强调了个体有意决定使用媒体的反思性决定因素和过程（例如，理性态度、行为意图和预期满足）。这方面的例子包括使用与满足理论，以及将理性行为理论应用于媒介选择的研究，如技术接纳模型（Donner，2008；Zheng等，2016）。然而，伴随着数字媒体的出现，尤其是移动互联网的出现而发生的变化，要求传播学领域的学者用新的思维来理解新媒体使用行为（Vorderer&Kohring，2013）。在本研究中，我们认为，永久在线是理解当今媒介环境下媒介使用行为的一种新的理论努力。作为在该理论视角下早期的研究尝试之一，本文不仅从这个新的视角对手机APP使用进行理论上的阐释，而且在中国语境下对其进行首次实证研究。永久在线视角并不意味着功能主义基于理性思考的视角已经过时或无用，但它提供了新的理论解释，为我们理解移动APP使用提供了新的启示。同时，本文首次对错失恐惧、加速感知和永久在线之间的关系进行了实证研究，在此之前，这方面的文献鲜有证据。在这项研究中，我们发现错失恐惧与永久在线、以及所有四种类型的移动APP的使用情况均呈正相关。与此同时，加速感知与永久在线并没有发现有显著的关联。仔细解读实证结果，可能会得出如下可能的解释：一方面，尽管有人认为加速感知促使用户在线，以更新事件、更有效地利用时间，但它也可能有另一种影响——在时间紧张的情况下，用户可能会选择减少上网时间，以避免信息超载或是上瘾。因此，加速感知和永久在线之间的关系可能是双面的；另一方面，加速感知和永久在线之间的关系可能是由错失恐惧中介的，这意味着只有当人们有错失恐惧时，加速感知对永久在线的影响才会被激活。此外，加速感知与APP使用的大部分维度呈正相关。在以往的媒体研究中，加速感知很少被考量，仅仅在宏观的社会层面上得以讨论。本文关于加速感知的研究工作是一个基于理论和经验的新尝试。本文所开启的对于个人层面加速感知概念的重视与测量，以及它与永久在线、错失恐惧和移动APP使用的关系，非常值得在未来的研究中进行进一步的理论和实证分析。

本研究的局限性也需要指出，以为未来的研究开辟道路。首先，由于本研究使用的数据是通过横断面调查收集的，因此无法评估关键变量之间的因果关系。第二，本研究的样本集中于大学生群体，尽管该群体是永久在线与移动APP使用的典型代表，未来研究可以从更广泛群体中进行随机取样，以检验本文所发展的理论关系和实证模型。第三，本文对永久在线的概念测量聚焦于行为层面，未来研究可以引入心理层面加以丰富。

（作者：周葆华，复旦大学新闻学院教授、博士生导师，副院长，复旦大学信息与传播研究中心研究员，武汉大学媒体发展研究中心研究员。）

五 | 技术革命主导下未来传播与学科重构

喻国明

（一）回归实践前沿、基于复杂性范式：前者是新闻学与传播学学科重构的逻辑起点，后者则是认识和把握未来传播机制与规律的关键

马克思在一百多年以前就曾经深刻地思考过理论与实践的关系问题，他指出：“历史的逻辑从哪里开始，理论的逻辑就应该从哪里开始。”[①]这句话非常重要，它告诉我们，历史（实践）逻辑是理论逻辑最为重要的对标物，社会科学的一切学术都应以实践的检验作为最高标准，而不是理论“卡拉OK”自说自话的产物——即使它看上去形式严整、逻辑自洽。以新闻学与传播学的学科体系的现状而言，目前的困境多是由于我们过多地受制于以往的某些成果的积累，却常常可能忘记了这个学科是从哪里来的，要到哪里去。

众所周知，大众传播的实践，曾经是传播学诞生的起点，因此某种意义上说，现今我们研究和讨论很多新闻学与传播学的概念，多是基于大众传媒的实践及发展的。然而，从长远的整个人类传播的历史看，大众传播的由来只是其中并不很长的历史发展阶段，更非其主流。在漫长的人类传播史上，大众传播只是借由新崛起的传媒技术而与特定社会发展需要相匹配而诞生的一种特殊存在，近些年随着互联网技术的崛起，基于“万物互联、全时在线”所构建起来的“微粒化”社会的传播现实，学术与实践领域不断“干扰”、证伪及超越大众传播理论、机制与模式的，其实在相当程度上是传播边界、传播主体、传播形态和渠道搭载进阶版技术的一种全新回归。

如同《经济学人》全球副主编汤姆·斯丹迪奇（Tom Standage）在总结2000年社交媒体史的著作《从莎草纸到互联网》中所说，罗马人传递信息与今天我们传递信息的逻辑有什么联系与不同：莎草纸卷和以Facebook与twitter为代表的社交媒体相比较，其传播速度不可同日而语，但本质却相同。社交媒体的这种双向互动早在罗马时代的莎草纸传播中就已经十分广泛，信息由此沿着个人与个人之间的横向关系网不断游走，并非由“非人中心来源”垄断发布和信息的源头，做由上自下的纵向的传播，我们现在所谓的“大众媒体”就是借由这个非人心中信源所创造的特殊时代。“大众传播技术能够以空前的速度和效率把信息直接供应给大批受众，但它们的高昂费用意味着对信息流的控制集中到了少数人手中。信息的传递于是采取了一种单向、集中、广播的方式，压倒了过去双向交流、社会化的传递的传统”。[②]

哈佛大学伯克曼互联网与社会中心资深研究员戴维·温伯格（David Weinberger）最新提出

---

① 《马克思恩格斯选集》第二卷，北京：人民出版社，1995年，第43页。

② 〔英〕汤姆·斯丹迪奇：《从莎草纸到互联网——社交媒体2000年》，中信出版社，2015年。

了理解互联网时代信息与知识重组的“三阶秩序”：第一层是实体秩序，是约定俗成的秩序，对事物本身的排列。第二层是理性秩序，是根据预先设计好的秩序或分类体系，将有关事物的信息，分配到相对应的、固定的位置；第三层是数字秩序，是混沌和无序的，因为它没有预定的秩序，也超越了分类体系的限制，是在利用信息时根据需要重新排列组合，是一种特定的，满足个性需求的新秩序。[①]而当下的社会我们正处在第三层秩序全面取代第二层秩序的阶段，因此，社会和传播领域新的“需求”“主体”“渠道”等诸多要素的变革系统地重构着新信息生产与消费。而上述三个维度的变迁正是我们理解互联网时代传播和内容生产格局的理论逻辑的前提和基础。

我们今天由于数字化技术革命带来的改变，技术所连接的对象已经从物理连接达到生理连接和心理连接的复杂系统的境地，这就决定了对于媒介的界定和理解必须有一个非常大的、革命性的改变，需要我们重新定位我们的基础，重新划定我们学科的边界、要素、结构和相应的作用机制，这可能是我们今天所面对的新闻学与传播学学科建设中特别关键的事情。

而面对实践的学科构建，需要我们用复杂性范式去分析、思考和建构新闻学与传播学的学科体系。一个显而易见的事实是，建立在技术发展基础上的互联网所链接的因素越来越多，这必然导致整个传播领域重心的改变、规则的改变。新技术环境下数字化媒介由于链接了更多重的物理因素、社会因素、生理因素、心理因素，一定是一个更为复杂的系统，这就要求我们用复杂性的观念、复杂性的逻辑、复杂性的范式去把握新传播领域的现象本质。著名系统思维的创造者德内拉·梅多斯关于如何建立研究复杂性的“系统思维”时告诉我们：①不要被表象所迷惑；②在非线性的世界里不要用线性的思维模式；③恰当地划定系统的边界；④考虑多重限制因素以及相对强弱；⑤理解无处不在的时间延迟；⑥清晰地意识到“有限理性”。[②]这对于我们如何看待当下从传播主体到渠道，再到传播互动关系面临全新改写的传播系统具有重要的启发意义。

（二）技术逻辑主导下传播要素的全面迭代：泛众化加智能化传播时代的到来；未来的终极媒介是算法媒介；传播内容正经历着三大维度上的价值扩容

由于技术革命所带来的“百年未遇之大变故”，整个社会和传媒领域都在发生深刻的改变。面对这一系列革命性的甚至是颠覆性的改变，我们进行学科建设的基本逻辑就是要再次回到原点。为什么要回到原点？是因为我们最基础性的东西都发生了改变。一直以来，无论新闻

① 〔美〕戴维·温伯格：《万物皆无序》，山西人民出版社，2017年。

② 〔美〕德内拉·梅多斯：《系统之美：决策者的系统思考》，邱昭良译，杭州：浙江大学出版社，2012年，第9页。

学与传播学如何变迁，始终离不开“传播者”“媒介”与“内容”这三个基本要素，而技术革命正在传播实践和学术研究领域深刻地改变着这三大要素的内涵和外延：

1. 传播者：内容生产供给侧的传播主体正在经历着从专业化到精英化，再到泛众化加智能化的改变

大众传播时代，社会传播的直接掌控是极少数专业人士的事情。随着工业革命的技术加持，新闻与传播领域的专业主义在19世纪末开始形成，强调传媒作为一个独立的社会子系统的收集、整理、传播信息的功能和责任。在此基础上，它还包括一套关于传播媒介的社会功能的信念，一系列规范专业传播工作的职业伦理，以及一种服务公众的自觉态度。这些专业人士掌控着社会的传播渠道，把持着传播内容的采集、加工、制作与出口把关，社会则以专业主义的标准鉴别、衡量和选择他们的传播服务，所谓传播领域的优胜劣汰大体上是围绕专业主义的谱系展开的竞争与淘汰。实际上，谁掌控和影响了这些专业人士，就在相当大的程度上掌控和影响了社会的绝大部分传播。

随着互联网技术的崛起，特别是社交网络的普及，非专业的社会精英登堂入室，加入到传播主体的队伍中来。这就造成了传播主体的多元化冲击。新闻传播的专业主义被更加多元、丰富的标准与机制所解构，社会传播的“去中心化”进程就此拉开了帷幕，传播内容、传播渠道与传播市场也开始变得“碎片化”了。必须指出，这一时期，虽然理论上“人人都是传播者”，但由于书写文字仍然是社会传播的主流方式，而这一主流的书写文字的传播是包含着强烈的精英主义逻辑的。因此，在这一阶段上并不是所有的书写者都能够成为社会传播的有效担当者的——有研究表明，在社交平台上传播的内容中95%的内容文本是由3%—5%的传播精英所书写和提供的，95%以上的网民不过是这些内容的阅读者、点赞者、转发者和简单的点评者。

随着4G技术的普及，特别是5G时代的到来，视频作为一种社会表达的手段越来越成为超越和在相当程度上取代书写文字而成为一种主流的社会传播方式。而视频传播具有较之文字传播更高的“带宽”，可以承载的社会表达的多样性维度更加丰富与多元，这就冲破的大众传播时代以来一直由少数精英把控社会传播的格局，极大降低了人们进入社会传播的“赋能”门槛，导致了人类文明史以来最为多元、最大规模的传播主体队伍的海量“扩容”——“泛众化”传播的时代来临。

接下来，由于“万物互联”和“全时在线”所产生的海量数据，在人工智能的算法技术的加持下，机器成为内容生产的最新“主体”——虽然“写作机器人”“社交机器人”“虚拟主播”仍然是作为“人的延伸”体现着人的价值逻辑的深刻影响，但其具有真人操作所不能的种种全新的特性：7×24小时不知疲倦地工作、海量数据的高效采集与处理、迭代升级的频率极快、特别是对于利基市场、长尾需求的精确匹配与有效满足，是整个内容传播的供给侧呈现出全新的格局——它成功地把数据、算法可以达成的内容生产尽揽于自己手中，将真人传播主体

的角色、功能推送到数据和算法所不能作为或很难作为的内容生产的位置，实现了传播内容供给侧的全新的结构性分工革命。

2. 媒介：传播媒介正在经历着从物理介质到关系介质，再到算法介质的改变

以往的主流传播学把媒介看作是可在经验上感知的对象——一种传递信息和发挥社会功能的技术工具和社会角色，比如报纸、杂志、广播和电视等等。它是一种显现的实存，是机器也是渠道和技术，所以可以描述和感知，可以展开经验层面的研究；可以发挥特定的社会功能，可以应用于常规的社会管理。

但是，在传播生态大变革的当下，传统的将媒介当作是一种信息传递工具的认识范式遭遇到了严重危机：大众媒介时代，作为外部客体的媒介可以被清楚地感知，随着打开或者关闭广播电视，人们在媒介的世界里穿梭，媒介与人之间的界限是非常清晰的；而在如今的社交媒介的信息流之中，人们实际上很难区分出什么是媒介内、什么又是媒介外，媒介正在日益去客体化，隐匿主体性，渗透进日常生活的一切。显然，面对媒介的“消失不见”，对于媒介的理解，需要一种新认识范式。

实际上，传播媒介的“传递观”只看到了内容信息，忽略了姿态、情感等关系信息。而传播的本质寓于传播关系的建构和传播主体的互动之中，传播是社会关系的整合，并且关系总是按照自身的意志来裁剪传播内容，传播是通过一种被传播的内容来反映或说明一种关系，关系高于内容，关系影响内容，关系决定内容。[①]换言之，媒介是社会关系的隐喻，媒介即关系，一切的人的意义和价值都是从关系的建构中被揭示。

现实中，社交网络恰恰是一种基于关系的媒介。它虽然也需要通过数据信号进行连接，但它对于介质的物理形态已经“出离”，真正使人们连接在一起的不是物理渠道，而是基于彼此“关注”基础上的“关系”连接。按照人们之间关系的远近亲疏进行分类，人和人之间的连接分为“强连接”和“弱连接”——强连接形成功能、产生价值；弱连接建立认知和交流。当然，强弱连接之间是可以互相转化的，这种转化能力也正是人们在社交传播时代获得不同的社会赋能、赋权的关键所在。换言之，谁能够连接和把控更多的关系资源，并且善于将其激活和整合到特定的社会功能和价值的构建中，谁就是社交传播时代的领导者。

而在智能时代，建立在大数据基础之上的人工智能——算法——则能够极大地强化人了解人的社会关系的属性、状态及连接、激活和整合它的渠道、场景及方式，是在社会关系领域服务于特定主体并获得赋能赋权的“利器”。因此，即使在社交网络中，越来越多的人（或机构）正通过算法连接、激活和整合社会关系资源，成为社交网络中“呼风唤雨”的媒介主

① 陈先红.论新媒介即关系[J].现代传播（中国传媒大学学报），2006（3），第54-56页.

体——社交网络上热点的形成、传播的活跃、流量的撬动，其背后都能看到算法的力量。

另一方面，新一轮技术浪潮在进一步推动“万物皆媒”成为现实的同时，也在加速媒介逻辑的转向：互联网技术通过联结人与计算机，实现不同物理空间之间的人与人的互动；在物联网、人工智能、云技术等新技术的推动下，智能化物体可以成为信息的直接采集者，“物—人”间的直接信息交互也逐渐变成常态；5G时代的万物互联在各种物的资源之外加入了人的因素，更进一步升级了物联网——作为用户的生理数据采集与记录者的传感器，将用户洞察从过去的意见、行为、态度等层面，深化到生理与心理层面的反馈，人体本身也将成为一种完全意义上的终端，人的状态、行为、需求和所处的环境被全方位感知与数据化。在万物互联的状态下，个体成为“链接的自我”并将“永久在线”，网络基于各种关系节点的联结和互动而构建起打破多种边界的中介化场域，传播无处不在，媒介无物不是。而能够全面承担起这种连接作用的媒介，物理媒介是做不到的、关系媒介也只是一种客观存在，而无法成为这种连接全方位且主动作为的能动性媒介。只有基于人工智能的“算法”才能真正成为重构世界的结构性力量，网络社会中的联结不仅是人与介质的联结，还包括通过介质与日常生活的一切事物的勾连。此时，媒介逻辑已经从传统的以时间面向为主导、以传播效果为目标的单向技术逻辑转向个人化、自由化、注重联结的网络化逻辑，它的连接诉求不再止于获得受众，而是帮助用户实现空间意义上关系的并置和联结，以及用户被网罗其中的主动需求。这只有算法才能承担。

概言之，在5G技术革新带来的万物互联、万物皆媒新传播图景下，将媒介看作是信息传递工具的认知范式已丧失解释力；媒介天然是一种居间性的概念，这种关系联结属性随着技术发展逐渐成为最关键的媒介逻辑。构成智能时代“基础设施”的算法便是一种更高意义上的媒介，它通过一系列判断架构连接、匹配与调适价值关系，形塑认知、建构关系、整合社会。把算法理解为一种媒介，不仅为解读算法的社会性提供了有益视角，更高度概括了新传播图景下媒介运作核心逻辑在于价值关系联结，对未来传播主流媒介的建设路径具有启示意义。

3. 内容：内容生产正在经历着从作为资讯传播的内容到作为关系表达的内容，再到作为媒介价值的内容价值扩容

提到内容，我们一般总是偏向于把它理解为是一组资讯信息：如一篇故事、一则新闻、一个道理等等。我们一般所说的内容生产和组织，大体上指的就是关于资讯内容的生产和组织。

但是，内容除了作为一种资讯的表达之外，还有没有其他的价值维度呢？换言之，如果一个内容，理性、逻辑性的资讯含量几乎为零，那它还有没有价值？如果有价值，它的价值又是哪个意义上的价值呢？这是一个好问题。我们对此的回答是肯定的。在我看来，内容，除了作为资讯的内容外，还存在着两大内容的价值维度——作为关系表达的内容和作为媒体功能的内容。

（1）作为一种关系表达的内容

以“连接与再连接”为主要赋能方式的互联网的发展激活了个人的表达、增强了社会关系的互动，这就更加凸显了“关系”在信息传播中的关键地位。研究表明，传播的本质是寓于传播关系的建构和传播主体的互动之中的，传播是社会关系的整合，并且关系总是按照自身的意志来裁剪传播内容的，传播是通过一种被传播的内容来反映或说明一种关系的。也就是说，传播即关系，而关系决定内容，内容又体现着关系。

正如内敛含蓄的中国人通常不会直言“我爱你”，而是用重复的叮嘱、严厉的教导、关切的眼神来表达对父母、对子女、对爱人的情感，所以，有时啰唆是疼爱的表示，而严苛是关爱的外衣——这些内容就其资讯含量而言是少之又少的表达，但其实质是对于关系触达和保持的一种强化。不论是语言或文字表达的方式，还是非语言行动表达的形式，作为关系表达的内容，虽然作为关系表达的内容本身具有非理性的、非逻辑性的特点，但却有着关系认同、节点交互、情感共振、消弭“鸿沟”的价值属性，其效果相关内容可以经由这一关系表达的路径而“入耳、入脑和入心”的，这就是作为关系表达的内容——关系型内容。

而即将到来的5G时代则为上述内容的关系表达提供了极为有利的技术基础。视频语言与书写文字语言的最大不同是，书写文字作为“信道容量比较窄”的语言，比较偏向于理性和逻辑性的“窄播”，而视频语言作为“信道容量比较宽”的语言，则承载着较为丰富的关于关系表达的非理性非逻辑的内容成分。视频语言主流化时代的一个突出特点就是传播中的关系认同、情感共振在整个传播沟通和共识建构中的作用和地位的凸显：谁擅长于这种关于关系的内容表达，谁就会成为社会沟通、社会共识达成领域的引领者和长袖善舞的“意见领袖”。因此，认识和把握这种作为关系表达的内容范式是占有未来传播高地的关键性构建之一。

（2）作为媒体功能的内容

媒介是内容的承载体，但反过来，内容是不是可以成为一种连接人与人、人与内容、人与物的媒介呢？这就要看它是否可以起到连接人与人、人与物、人与内容之间的介质或平台的作用。麦克卢汉在《理解媒介》一书中指出，任何媒介的“内容”其实都是另一种媒介，由它引入人类事务的尺度变化、速度变化和模式变化，从而起到人的世界的特定的“连接——中介”作用。人人都在说互联网时代，整个世界都“碎片化”——市场“碎片化”、用户“碎片化”、内容“碎片化”以及终端也“碎片化”了。那么“碎片化”了的世界该如何连接、沟通和协同呢？这一过程中，既需要传统意义上的媒体和平台的承载与作用，同时也需要形形色色内容作为“场景”构建下的媒介聚合的协同与整合——当然人工智能下的数据驱动是必不可少的技术条件。

我们知道，互联网是基于趣缘聚集到一起的个体，由于圈子本身是由“趣味相投”“志同道合”的一群人组合在一起的，因此在传播内容的选择上，人们聚合在一起的内在驱动力是内容作为整个圈子的价值观（趣缘）的承载者。基于这种共同价值观的信息传递和观点表达，很容易引发情感上的共鸣和关系上的认同，这个时候，内容作为构筑“圈子”的场景作用就显得非常突出和重要了，这便是内容所内涵的第三个价值维度——起到连接作用和作为媒介的内容。

基于血缘、地缘、业缘和趣缘组成的圈层都拥有它们各自的独特文化，以粉丝文化为例，不同粉丝基于共同主体形成一个圈子。粉丝是如何与媒介内容发生互动的呢？费斯克在其《理解大众文化》一书中曾将其分为闲聊和文本创造两个方面。而闲聊正是个体之间关系性内容的一种呈现方式，其本质就是粉丝之间的沟通与互动。这种互动不仅代表着粉丝间的情感交流，同时也意味着一种对于媒介元文本的再理解和再阐释。互联网之前，这种闲聊总是存在着重重阻碍，因此使圈层的形成构成了很大障碍。而随着互联网的诞生和普及，粉丝之间打破了时空的限制，使得大量隐匿于现实世界的粉丝在网络的虚拟空间里得以连接并且活跃起来，由此创造了丰富多样的圈层文化和媒介关系。

（三）未来传播的实践走向与学科重建

崔健曾经这样唱道：“过去我不知什么是宽阔胸怀，过去我不知世界有很多奇怪，过去我幻想的未来可不是现在，现在才似乎清楚什么是未来。噢……不是我不明白，这世界变化快。”这恰切地道出了我们面对今天及未来传播的某种尴尬。

然而，不管我们喜欢不喜欢或者愿意不愿意，传播领域的版图、架构、要素、机制及规律早已不是传统的传播实践经验以及大众传播学所总结和描述的那个样子了。仅就上述传播要素改变的分析中，就足以使我们体会到今天乃至未来传播的全新样貌：

1. “微粒化”社会的到来：微资源、微价值成为未来社会最为重要的价值资源

互联网的巨大连接能力为每一个个人赋能赋权，使人们拥有了过去人类所从未有过的调动和整合社会资源（资讯、知识、人际资源、物联能力等）的巨大可能，是整个社会从传统社会以机构为社会运作的基本单位裂解到以个人为社会运作的基本单位。于是，我们正迎来一个全新的“微粒化”社会。这个微粒化社会看似一切都“碎片化”了——市场碎片化、需求碎片化、传播渠道碎片化……其实，这种微化是一种社会能量的巨大释放：一是激活了过去无法为传统模式所激活和利用的微资源、微价值、微能量；二是提供了传统社会根本无法提供的丰富多彩的社会资源的结构方式。因此，激活和利用这些微资源、微价值和微能量，给它们以全新的价值与功能的组合，是互联网时代最为主要的价值资源。以传播领域为例，互联网激活了“人人都是传播者”的巨大内容生产能力，智能技术激活了机器写作的巨大写作能力，谁能够善于利用这些由互联网所激发出来的巨大的传播生产力，谁就是未来传播领域的创新者和引领者。

2. “分布式”的社会信息传播结构：横向沟通与整合能力成为今天传播治理的重中之重

互联网对于社会信息与通信结构的最大改变是从传统社会的金字塔结构社会的“串联式”信息传播的结构改变为“人人都是传播者”的去中心化的“并联式”信息通信的构造，也即分布式信息通信的社会。过去我们所熟悉的“自上而下”的传播方式逐渐要进入历史的博物馆，而横向沟通及激活联结的动力机制如何构造、资源与手段如何调动、新机制与新模型如何把握，是我们必须学习、研究的社会治理的重要课题。譬如，我们过去的传播价值多是建立在精英逻辑（也即“深度价值”）的基础上，而在未来的社会治理中，谁能够将看似“一地鸡毛”的草根文化、“扮丑现象”中汲取其社会横向连接的“宽度价值”，谁就将成为未来社会的“最大公约数”，建立社会共识的舆论领袖。

3. 直接的内容生产将不再是专业传播媒体和媒体工作者的“主业”：它将转型为新传播形态的开拓者、社会信息与意见传播的总体平衡者以及掌握“数据霸权”的专家

在社交媒介崛起之后，大众传播时代专业媒体和媒体工作者独占传播内容生产（PGC）的主体地位已经受到了用户生产内容（UGC）和机构生产内容（OGC）的严重挑战，从规模上讲，后两者在内容生产的总量方面已经远远超过了前者，专业媒介工作者生产传播内容的份额比例越来越低。而MGC（机器生产内容）即将开始的海量涌现，必然使这一状况进一步加剧。那么，作为一个总体上只能生产社会内容总量千分之一、万分之一甚至更小比例的专业媒体和媒体人，它在传播领域所承担的社会角色还会是直接的内容生产者吗？这是一个值得严重思考的问题。

当然，在UGC或OGC专业能力不足的内容生产领域，在MGC缺乏数据支撑或无法用算法来解析的内容生产领域，仍然是PGC内容生产的专属领地。但是同样明显的事实是，随着UGC或OGC专业能力的提升，随着MGC在人工智能的强大技术支撑下丰富内容的涌现，专业媒体和传播工作者的内容生产所占有的那一点点“领地”（虽然很重要），但也很难成为安放专业传播工作者功能和价值的立足点了。

因此，专业媒体和传播工作者在未来传播中的主要价值角色的担当主要不是进行直接的内容生产，而是为UGC、OGC和MGC的内容生产创制模板、创新模式、开拓新的领域和新的功能、平衡社会表达中的信息与意见失衡、建设传播领域的文化生态等等。

4. 媒体形态的“由实转虚”：算法将成为无所不在、无处不有的“万物皆媒”发展阶段上的基础媒体

未来传播的渠道必然循着物理介质到关系介质，再到算法介质的深刻转型。在基于社交媒体的传播中，看起来是关系渠道中自然发生的，但是从社会层面的角度看，何者被赋能、转发

与推荐，其实都是数据以及数据的智能化处理（即算法）来推动的，算法将在未来的“万物皆媒”传播中成为一种“标准配置”，无时无处没有算法的存在于作用，算法介质成为一种未来传播中的基础媒体。

这种由实转虚的媒介形态是万物皆媒的未来传播中的必然趋势。当构成媒介与渠道的形式以物理、生理和心理的丰富多彩的形态呈现出来的时候，任何一种传统的物理介质、社交关系介质都做不到令它们“无缝连接”，只有基于数据的算法能够承担起这一连接者的角色。

另一方面，未来传播中全新的内容生态也需要算法的连接与整合。一方面，在未来传播中，作为资讯传播的内容会有两个重要的变化：一个是由外而内的深化——它不仅描述客观环境，而且也将通过传感器、可穿戴设备表达人的生理心理状况；另一个是由实而虚的内容拓展——如VR（虚拟现实）将带领入门从现实世界进入到丰富多彩的虚拟世界，并以“第一人称”的视角感受和认识这个世界。在VR所构造的世界中，以往传播者通过“选择性”呈现影响人们意见的作用机制不复存在，唯有基于数据传感器的算法才能把握人们认知过程中的重点与心理感受，进而通过场景化的设计施加某种影响。另一方面，作为资讯传播的内容与周围关系表达的内容，及作为场景构建的中介的内容构造出一个内容是生态系统，三种价值维度上的内容彼此关联而又各具自己的功能与价值，只有借助于算法，才能将其多层次多维度的内容要素有机地联系在一起并实现系统协调，有效匹配和高效率地运作。

回顾历史，媒介技术无疑成为整个新闻传播学科成长的关键因素之一：印刷技术的发展促使廉价报纸的诞生，大众传播由此起步；无线电技术的发展促进广播电视的诞生，声音与影像的传播被插上了翅膀；互联网的崛起打破了线性传播的“惯例”；社交媒介的崛起打破了高技术、重装备筑起的高墙，使“人人都是传播者”成为可能；而随着5G技术的社会应用，势必将个人、社会、组织、治理与社会实践的生态置于更为纷繁庞杂、迭代生的信息系统之中，信息流、资讯源、对话者及信任关系、赋权形态都将不复从前——传播学的学科基础从过去的社会政治治理、经济规律、伦理规则的交互，到今天技术逻辑对上述种种传统因素的基础性叠加与化合，再加上诸种新因素、新机制的进入，将主导传播实践和学科建设的重大改写。概言之，新闻学与传播学的学科体系从来没有像今天一样面临着扩容、重构的革命性改变。我们必须认识到技术逻辑对于新闻学与传播学学科体系构建的基础性结构作用。

与此同时，在新闻学与传播学学科仍然要立足以自己“以人为本”、以社会关系的连接、互动与影响为体的站位。毫无疑问，信息传播的“机器逻辑”与“人的逻辑”的不同导向，或许可以成为新闻学与传播学与其他学科尤其是信息技术学科的学科分野的关键，这也正是传播学科在迷失于巨大信息系统研究中的回溯原点。信息科学、计算机科学依托技术的发展带来的信息系统的无限扩容和增值，是新闻传播学科边界得以扩展的重要支撑，但与其他学科相区别的是，人的介入，依托于人对信息的认知、使用、创造、治理等心理与行为，是区分信息与新闻、比特与符号、场景与意义、价值的关键要素，也是新闻学与传播学的学科立命之本。

（作者：喻国明，教育部长江学者特聘教授、北京师范大学新闻传播学院执行院长、教授、中国新闻史学会传媒经济与管理专业委员会会长。）

六 新媒体语境下新闻反转、舆论生成机制和治理路径探究——基于2014—2019年典型反转新闻事件的定性比较分析（QCA）研究

曾祥敏 戴锦镕

移动社交平台语境下的舆论场众声喧哗，传统媒体的把关人角色被“去中心化”的互联网信息场逐步消解，代表各种利益、各种诉求的传播主体入场，群体化的情绪传播入局，态度、情绪、行为成为传播的重要内容。个体作为社交传播的节点迅速放大和扩散信息，甚至短时间使某些信息成为惊爆点。微信的“强关系”促成了情绪的圈层极化。正是在这样复杂的社交传播语境中，传统结论式的新闻报道被改变，新闻信息呈现的过程被不断放大，呈现的角度逐渐多元，“竞争性真相”①被有意识或无意识地选择和聚焦。在此过程中，不断出现新闻信息反转，并进而引起舆论高潮甚至极化以及舆论的强势反转。从2013年新华网发布《新华网盘点2013十大反转新闻：有图未必有真相》②开始，新闻反转事件出现的频率越来越高，不仅带来舆论的热议，同时也在一次次反转中消磨了新闻媒体的公信力和权威性。为此，本文试图运用定性比较分析法（QCA）探讨新闻反转以及舆论生成的复杂影响要素有哪些，其生成机制为何，如何以此为依据有针对性地减少新闻反转，弱化舆情焦点，助推风清气朗的网络空间。

（一）新闻反转界定及研究溯源

1．新闻反转的概念界定

新闻反转既包括新闻事实的反转，也包括事实反转后舆论的反转。黄楚新（2015）认为，逆转新闻，也可谓反转新闻，指的是针对同一新闻事实，媒体后期的报道内容与前期报道内容显现出较大差异，随着报道内容不断深入与完善，新闻报道内容向相反的方向改变，受众立场随报道内容极速两极化的新闻传播现象③。有研究从新闻反转事件形成的原因和特点进行界定，

① 〔英〕赫克托．麦克唐纳，刘清山译，《后真相时代》，民主与建设出版社，2018年版。

② 新华网盘点2013十大逆转新闻：有图未必有真相．2013年12月13日．新华网 http://www.hb.xinhuanet.com/2013-12/13/c_118549906.htm．

③ 黄楚新、王丹．逆转新闻的成因及应对策略——从媒介素养的视角分析[J].新闻与写作，2015（10）:25—28.

刘峰（2014）提出新闻反转就是那些紧跟社会热点、标注新闻热词继而引发广泛关注，但随后被证实与事实主体或全貌不符，甚至与事实截然相反的新闻现象[①]。也有研究关注新闻事件与新闻报道与事实之间出现偏差以及受众的反应变化。其中，王立等（2016）对“新闻反转”的定义较有代表性，她认为“新闻报道反转”是指媒体最初报道的新闻向相反方向转变，随着报道不断深入，事件真相被更加客观全面地呈现，受众的立场急剧逆转，舆论表现出与之前截然相反的新闻现象。它阶段性地呈现部分真实，是新闻报道逐渐接近真相的过程，其本质是一种新闻失实[②]。

本文认为，新闻反转事件主要指针对某一新闻事实，信息呈现与传播不全面，或与事实不符甚至截然相反，随着事件的进展，信息呈现逐渐多元全面，报道出现逆转，从而引发舆论态度立场的转变。因此，新闻反转应当包括两个层次，一个是新闻事件信息的反转，一个是舆论的逆转。有的事件和舆论，甚至出现两到三次的反转，如“重庆公交车坠江”和“男子开房就被抓，到底谁是影帝？”等事件经过两次反转才还原事实真相。

2. 新闻反转事件的产生原因

对于新闻反转事件产生的原因，多数研究的分析都是从媒体、新闻传播模式以及受众角度入手的。王景巍等（2016）认为，刻板印象，媒体把关不严，受众缺乏媒介素养，易受“意见领袖”左右是反转新闻产生的主要原因[③]。黄楚新等（2016）从专业人员专业技能素养缺失，媒体人职业道德素养缺失的角度探讨了逆转新闻的成因及对策[④]。钱文霞（2016）认为新闻媒体受到固有认知模式的影响，片面化和自由化传播造成了反转新闻，违反了新闻自由的初衷[⑤]。王传礼（2016）认为反转新闻违背了新闻真实性原则，媒体逐渐走向商业化和娱乐化，以公众为中心影响了媒体的社会责任是反转新闻背后的深层次原因[⑥]。

3. 舆论反转现象研究

后真相时代的舆论反转现象也是学者们研究的重点，多数学者认为后真相时代的舆情反转与议程设置、大众观念以及少数意见领袖等相关。韩运荣（2019）认为舆论反转具有新闻反转的成分，是公众意见的对立、胶着和裂变，舆论反转的原因在于，潜在利益相关者的情感纠缠和观念之争[⑦]。王志立（2018）认为网络舆论场域中的新闻反转现象，实际上是在新媒体传播环

① 刘峰.新闻反转剧背后的媒体课题[J].新闻与写作，2014（05）:74—76.

② 王立、杨丽萍.新媒体环境下的新闻报道反转现象——从人民网所评2015年十大反转新闻说起[J].新闻世界，2016（10）:75—78.

③ 王景巍、周文韬.从新闻专业主义视角看新媒体时代新闻反转现象[J].记者摇篮，2016（12）:10—12.

④ 黄楚新、王丹.逆转新闻的成因及应对策略——从媒介素养的视角分析[J].新闻与写作，2015（10）:25—28.

⑤ 钱文霞.从反转新闻看媒体公信力危机[J].新闻战线，2016（18）:15—16.

⑥ 王传礼.“反转新闻”与媒体社会责任的构建[J].新闻战线，2016（22）:15—16.

⑦ 韩运荣.舆论反转的成因及治理——通过新闻反转的对比分析[J].人民论坛，2019（30）:116—118.

境下新闻真实的再现过程，是新闻真实不断被纠正的过程。而在这个过程中体现了传播权利的结构变迁、群体参与的话语转向和再现新闻真实的机制变迁①。李静（2018）认为一些网络“中坚分子”的分析引起受众的反向思维，使得原来处于“劣势”或“少数”的意见被更多的网民接受，甚至变为“优势”或“多数”意见，使舆论反转现象发生②。王国华，闵晨，钟声扬等（2015）认为，网络媒体的无意识议程设置（议题驱动、媒体自净）、有意识议程设置（话语竞争、框架预设、媒介共鸣）及网民议程设置（舆论领袖、网络暴力）等是引发网民舆论反转的关键因素③。

由此可见，舆论反转一方面是随着新闻事件信息的反转而出现的舆论逆转，另一方面也是舆论不断博弈、发展的结果。

4. 媒介素养反思

多数文献的落脚点都与媒介素养反思相关，陆学莉（2016）认为，新闻真实的重构常陷于两难境地，网民素养与集体认同感培养和提升，监督和司法之间平衡和制约等问题，仍需要更深层的探究④。吴桐（2019）认为为降低反转新闻带来的不利影响，需要主流媒体及时承担起自己的职责，在新闻传播的初期对信息来源进行合理把关、从源头上杜绝反转新闻发生⑤。刘峰（2014）提出，遏制新闻反转剧愈演愈烈的态势，最好的办法还是回归新闻人本位，恪守新闻真实的底线⑥。可以看出，多位学者都认为媒体素养对反转新闻的形成以及规避方法都有重要影响。

通过研究溯源发现，关于新闻反转事件产生的原因进行探讨的文章居多，且多为质化分析，而关于新闻反转事件的形成及其舆论生成和反转机制的系统性研究很少，因此本文试图从新闻反转事件生成的机理着手，研究其产生要素及对舆论的影响，总结出具体并有针对性的应对方法。

（二）研究方法

鉴于本项研究围绕新闻反转事件的生成机理、产生路径和具体影响因素，即新闻传播过程或事件发展过程中的哪些因素会让舆论迅速爆发、哪些条件会让舆情偃旗息鼓等，笔者采用

---

① 王志立.网络舆论场域中新闻反转现象的传播学反思[J].新闻爱好者，2018（02）:45—48.

② 李静.新媒体时代舆论反转现象的传播学思考[J].新媒体与社会，2018（04）:181—193.

③ 王国华、闵晨、钟声扬、王雅蕾，王戈.议程设置理论视域下热点事件网民舆论“反转”现象研究——基于“成都女司机变道遭殴打”事件的内容分析[J].情报杂志，2015，34（09）:111—117.

④ 陆学莉.反转新闻的叙事框架和传播影响[J].新闻记者，2016（10）:41—49.

⑤ 吴桐.全媒体时代下主流媒体在反转新闻中的担当[J].西部广播电视，2019（14）:86—87.

⑥ 刘峰.新闻反转剧背后的媒体课题[J].新闻与写作，2014（05）:74—76.

量化研究，侧重于分析各要素间的关联程度。为了使研究能控制在相对可以操作、实用的范围内，采用基于小样本案例的定性比较分析法（QCA），这一方法由查尔斯·拉金（Charles C. Ragin）在1987年提出，是一种以中小案例研究为导向的理论集合研究方法①，它基于布尔代数的基本原理，借助集合论的思想考察复杂社会现象的原因组合路径和影响方式，整合了传统定量研究和定性研究的各自优势，力图开辟一种混合取向的方法路径。

在案例样本规模上，QCA进行了限制，样本规模最好在10到60个之间。虽然小样本数据意味着有相当一部分解释变量无法观察到，但正如拉金指出，有限的变异（Limiteddiversity）是社会科学研究中的常规现象，即使在大样本数据中也经常遇到②。面对新闻反转事件中复杂的因果关系，引入QCA有助于进一步厘清传播研究的因果链条，对多元原因条件组合情况进行分析，在原因分析和解释上得出新的结论。本项研究的样本量控制在10-60之间，采用定性比较分析法（QCA）。

本项研究通过梳理近年来新闻反转事件，分析典型案例，结合媒体发展中的新现象、新技术如社交媒体的广泛应用，总结新媒体语境下新闻反转事件的生成机理、传播机制以及它们如何影响舆论，并试图探讨其应对措施。

（三）研究设计

由于2014年中国社交媒体用户呈现爆发式增长，新媒体进入迅速发展时期，我国主流媒体也开始了媒体融合战略。由此选取2014年—2019年底新闻反转事件进行研究，对新媒体环境下新闻反转事件的生成机制探讨比较有代表性。本文采用立意抽样法③，基于新华社、人民网等各大媒体对于年度新闻反转事件的总结、各个事件的讨论范围即都在全国范围内引起讨论、报道规模即地方和中央级媒体进行了报道等方面，整理出34起较为典型的新闻反转事件，覆盖医患关系、官民关系、公序良俗等多种社会议题。

---

① 毛湛文.定性比较分析（QCA）与新闻传播学研究[J].国际新闻界，2016，38（04）:6—25.

② Bennett. A.& Elman，C.（2006）.Qualitative Research:Recent Developments In Case Study Methods.Annual Review of Political Science，9（1），455—476.

③ 立意抽样，又译依意抽样、定标抽样、判断抽样，是指研究人员依其自己对所要选择的回答者的判断，选择那些最适于该项研究目的的案例.

表1：2014—2019年典型新闻反转事件

事件序号	事 件	事件序号	事 件
1	河南周口婴儿丢失案	18	“上海女逃离江西农村”事件
2	快递员下跪事件	19	哈尔滨天价鱼事件
3	成都七中实验学校食品安全问题	20	北京学区房每平米46万?
4	王风雅事件	21	中国游客泰国铲虾事件
5	高考答题卡被调包	22	大妈“碰瓷“玩具车事件
6	德阳女医生自杀	23	雷洋“嫖娼”案
7	重庆公交坠江事件	24	“肾丢失？肾萎缩？”事件
8	快递小哥雨中暴哭	25	山东产妇腹中遗留纱布事件
9	堂姐顶替上大学	26	“罗一笑事件”
10	乐清儿童“失联”	27	“80后”白发书记
11	南锣书店朴道草堂上演苦情戏	28	抹香香事件
12	深圳四胞胎事件	29	女大学生扶摔倒老人，到底撞了没有?
13	大学生怒踹熊孩子?	30	女子被恶犬咬伤是为救女童?
14	12岁女生被两名老师强奸	31	男子开房就被抓，到底谁是影帝?
15	“格斗孤儿”事件	32	黑龙江庆安火车站暴力袭警事件
16	榆林孕妇坠楼事件	33	成都男子暴打女司机，到底谁先惹了谁?
17	14岁神童签约麻省理工?	34	医生手术室自拍

1. 变量选择说明

基于本文研究的目的，通过综合以往学者的相关研究以及对新闻反转事件特殊性的分析，笔者发现不同事件的舆论高潮发生时间不同，通过爆发时差，即事件被首次报道或爆料后到达舆论高峰的时间差作为结果变量①，能够较好地将新闻反转事件和其他新闻事件区别开来，也能体现出反转对于舆论的影响，通过不同事件的舆论高峰时间差评估出新闻反转事件中舆论的生成机理。由于新闻反转事件的特殊性，首次报道后还要经过澄清报道，因此将爆发时差分为反转前和反转后。通过考察舆论在反转前还是反转后到达最高峰，能够判断出新闻反转事件中使舆论高涨的主要因素，并且能推断出哪些条件能够使舆论尽快平复。

通过对2014—2019年的案例梳理以及对文献资料的整理借鉴，结合新闻传播五要素即传播者、传播内容、传播渠道、受传者、传播效果，对新闻反转事件进行归纳总结，提取出与爆发时差有关的九个解释变量②：首发媒体、事件指向、公众诉求、反转因素、反转次数、反转时

① 结果变量，又叫被解释变量，多见于回归分析中，相当于实验研究中的因变量。

② 解释变量，相当于实验研究中的的自变量，按照一定规律对因变量作出解释。

间、新闻源形式、公众人物参与和回应媒体。

（1）首发媒体

整理发现，新闻反转事件最初的传播来源包括：

①当事人或网友通过微博、微信等网络平台爆料，这类事件占比最多，达到45.7%。如“快递小哥雨中暴哭”事件首先就是由网友在微博爆料，并自行推断快递员是因快递丢失才在雨中大哭的，短时间内带来网友的广泛讨论。

②网络媒体发布文章或视频报道也是新闻反转事件的一大传播源，有34.2%的事件是通过网络媒体发布的，如“王凤雅事件”等都是由网络媒体首先发文引起大量关注转发，

③传统媒体作为新闻源的事件占比为20%，如“抹香香事件”都是由地方电视台首先进行报道的。

新闻反转事件最初的传播者大致分为以上三类，即网友爆料、网络媒体和传统媒体，不同的首发媒体可能对事件的舆论产生影响，因此将其作为解释变量之一进行验证。

（2）事件指向

新闻反转事件在事件指向上往往具有一定的特殊性，这可能是其能够产生较大舆论影响的原因，因此将事件指向也作为一个解释变量。其指向包括政府／部门，企业／机构以及个人／群体。指向政府／部门的事件占比25.7%，如“南锣书店朴道草堂上演苦情戏”指向政府有关部门，“雷洋嫖娼案”指向公安机关，这些事件与官民关系相关，也指向社会热点和痛点。“肾丢失？肾萎缩？”事件以及“山东产妇腹中遗留纱布”事件都属于指向企业／机构即医院类，反映出社会中医患关系的紧张。有51.8%的事件指向更为具体，即个人或群体，如“大学生怒踹熊孩子”“12岁女生被两名老师强奸”等，这类事件常涉及公序良俗。

（3）公众诉求

有反转的新闻事件通常表达了较具有代表性的诉求，西方早期社会运动研究大多从情感视角出发，认为心理因素如怨恨等是促成社会抗争行为的重要解释变量。类似的诉求也许可以成为影响舆论走向的因素，因此本文也将其作为解释变量之一。新闻反转事件背后的公众诉求大致分为经济利益，情感诉求以及人身安全。涉及情感诉求的案例居多，占比达45.7%，“女大学生扶摔倒老人，到底撞了没有？”表现出大众对于见义勇为，惩恶扬善的诉求；“高考答题卡被调包”所引发的关注体现了人们对于教育公平的情感诉求。40%的案例所表现出的是公众对于人身安全的诉求，如“河南周口婴儿丢失案”带来的大量讨论代表了公众对于儿童人身安全的关注。案例中体现出经济利益诉求的比例为14.2%，相对于前两个案例占比较低，但像“哈尔滨天价鱼”等事件也在一次次反转中牵动着大众的神经。

（4）反转因素

最初导致新闻反转事件进行反转的因素可以归纳为：

①网友质疑，即经过报道后，网友对事件真实性及其原委提出质疑，并提出证据，揭露事件的本来面目。这类事件占比最多，达到48.5%。如“上海女逃离江西农村”事件在最初的网友讨论中，就有人发现其中的漏洞，促进真相的揭示。

②媒体跟进报道，部分反转在新闻事件引发热议后，首先由媒体对事件进行追踪报道，抽丝剥茧，还原真相。在“北京学区房每平方米46万”事件中，网络媒体爆料引发关注后，央视财经频道《经济半小时》对其进行了调查性报道，记者经过实地走访澄清了事件真相，舆论逐渐回落。

③有关部门调查，这一原因带来的事件反转多数的事件指向为政府／部门或企业／机构，在事件被报道后涉事部门展开调查还原事实成为这类事件反转的主要原因，如“‘80后’白发书记”等。

通过舆情分析，发现不同的反转原因会带来舆论热度的变化，因此将反转原因作为解释变量之一。

（5）反转次数

和普通的新闻事件不同，新闻反转事件的始末至少需要两次报道，即事件发生时的报道以及澄清报道，而有些事件更为错综复杂，反转次数大于一次，这类事件的舆情热度往往更高，持续时间更长，因而反转次数也可以作为影响舆论爆发时差的解释变量之一。案例中的新闻反转事件反转次数分为一次和两次。

（6）反转时间

反转时间即事件首次进入公众视野到事件澄清间的时间差，不同事件的反转时间从首次报道后24小时内到14天不等，综合考虑比例、平均值和中位数，选取三天作为标准，三天内就反转的事件占比达45.7%，三天后反转的占比为54.2%。反转时间的长短能够对舆论讨论的持续度产生影响，将其也作为探究舆论爆发时差的解释变量之一。

（7）新闻源形式

不同的新闻源形式会对转发量，讨论度等产生影响，为研究其与舆论爆发时差是否有关，将新闻源形式作为解释变量之一，新闻反转事件的新闻源形式分为图文和视频两类。

（8）公众人物参与

以往的研究中有学者提出微博意见领袖能助推网络舆情走向高潮①。知名人物的参与往往被认为对舆论有导向作用，因此此次研究将事件讨论中是否有公众人物参与作为舆论爆发时差的解释变量之一。71.4%的事件没有公众人物参与，28.5%的事件有公众人物参与，如“河南周口婴儿丢失案”事件中明星梁咏琪等在事件发生后转发寻找丢失儿童的消息，扩大信息传播范

① 李波.网络舆情中微博意见领袖的培养和引导[J].新闻大学，2015（01）:145—149.

围。

（9）回应媒体

新闻反转事件澄清后的媒体报道不但让事件真相公之于众，也能够对舆论平息产生影响，因而回应媒体的选择也作为解释变量之一。回应媒体主要分为中央媒体和地方媒体。77.1%的事件由中央级媒体首先回应，有更广泛的受众和更大的影响力。

2. 总结QCA变量赋值表

梳理出研究中的解释变量后，采用QCA研究法对变量进行赋值。在“二分归属原则”①的指导下，将变量作两分处理，即解释变量和结果变量都有两种，变量取值为1代表某条件发生或存在，用大写字母表示；变量取值为0表示某条件不发生或不存在，用“～”表示②。

比如，A*B→Y表示A和B同时存在将导致Y的发生。根据该方法的分析逻辑，因果关系是多重并发的、非线性的，具有可替代性。这意味着同一个结果的产生可能有多种原因组合。条件A和条件B同时出现导致Y（即A*B→Y），C和D也可以导致Y（即A*B+C*D→Y）；在一种社会情景B下，条件A出现导致Y，而在另一个社会情景C下，条件A不出现导致Y，即A*B+～A*C→Y。这些都是可能的条件组合。最后根据布尔代数对条件组合进行简化，如果两个不同组合（A*B和A*~B）同时导致一个结果（Y），并且这两个组合中有且只有一个条件的取值不同，则该条件是冗余的。即，如果A*B+A*b→Y，根据布尔算术可以得到A→Y。由此，得出导致被解释变量发生或者不发生的必要条件是A③。

根据QCA分析方法的理论基础，多重条件并发原因的数量随解释变量的增加呈对数级增长（2n），也就是说本研究中的九个解释变量，将存在29即512种组合可能，由于一次性引入九个解释变量得出的结果过于复杂，因此将九个解释变量分为与事件本身相关的事件属性和与传播相关的传播属性。每个案例所对应的解释变量和结果变量及其赋值为表（2）

---

① 苏宏元、黄晓曦.突发事件中网络谣言的传播机制——基于清晰集定性比较分析［J］.当代传播，2018（1）.

② ［比利时］伯努瓦·里豪克斯、［美］查尔斯·C.拉金.QCA设计原理与应用：超越定性与定量研究的新方法［M］.机械工业出版社，2017年7月，p38—40。

③ Bennett.A.& Elman，C.（2006）.Qualitative Research:Recent Developments In Case Study Methods.Annual Review of Political Science，9（1），455—476.

表2：案例说明

	解释变量（传播属性）				解释变量（事件属性）					结果变量
事件序号	首发媒体	公众人物参与	回应媒体	新闻源形式	事件指向	反转次数	反转时间	反转因素	公众诉求	爆发时差
1	网友爆料（0）	有（0）	地方（0）	图文（1）	个人／群体（1）	1次（1）	三天后（1）	网友质疑（0）	人身安全（1）	反转后（0）
2	网友爆料（0）	无（1）	中央（1）	视频（0）	个人／群体（1）	1次（1）	三天内（0）	媒体跟进报道（1）	经济利益（1）	反转后（0）
3	网友爆料（0）	无（1）	中央（1）	图文（1）	企业／机构（0）	1次（1）	三天后（1）	有关部门调查（1）	人身安全（1）	反转前（1）
4	网络媒体（1）	有（0）	中央（1）	图文（1）	个人／群体（1）	2次（0）	三天内（0）	网友质疑（0）	情感诉求（0）	反转前（1）
5	网络媒体（1）	无（1）	中央（1）	图文（1）	政府／部门（0）	1次（1）	三天后（1）	有关部门调查（1）	情感诉求（0）	反转后（0）
6	网友爆料（0）	有（0）	中央（1）	视频（0）	企业／机构（0）	1次（1）	三天内（0）	网友质疑（0）	人身安全（1）	反转后（0）
7	网络媒体（1）	有（0）	中央（1）	视频（0）	个人／群体（1）	2次（0）	三天后（1）	有关部门调查（1）	人身安全（1）	反转后（0）
8	网友爆料（0）	无（1）	中央（1）	视频（0）	个人／群体（1）	1次（1）	三天内（0）	有关部门调查（1）	经济利益（1）	反转前（1）
9	传统媒体（1）	无（1）	地方（0）	视频（0）	个人／群体（1）	1次（1）	三天后（1）	媒体跟进报道（1）	情感诉求（0）	反转后（0）
10	网友爆料（0）	有（0）	中央（1）	图文（1）	个人／群体（1）	1次（1）	三天后（1）	有关部门调查（1）	人身安全（1）	反转前（1）
11	网络媒体（1）	有（0）	中央（1）	图文（1）	政府／部门（0）	2次（0）	三天内（0）	网友质疑（0）	情感诉求（0）	反转前（1）
12	网络媒体（1）	无（1）	中央（1）	视频（0）	个人／群体（1）	1次（1）	三天后（1）	网友质疑（0）	情感诉求（0）	反转后（0）
13	网友爆料（0）	无（1）	地方（0）	视频（0）	个人／群体（1）	1次（1）	三天内（0）	网友质疑（0）	人身安全（1）	反转后（0）
14	网友爆料（0）	无（1）	中央（1）	图文（1）	个人／群体（1）	1次（1）	三天内（0）	有关部门调查（1）	人身安全（1）	反转前（1）
15	网络媒体（1）	有（0）	地方（0）	视频（0）	企业／机构（0）	2次（0）	三天后（1）	网友质疑（0）	人身安全（1）	反转后（0）
16	网友爆料（0）	有（0）	中央（1）	视频（0）	企业／机构（0）	1次（1）	三天后（1）	媒体跟进报道（1）	人身安全（1）	反转后（0）
17	传统媒体（1）	无（1）	中央（1）	视频（0）	企业／机构（0）	1次（1）	三天后（1）	网友质疑（0）	情感诉求（0）	反转前（1）
18	网友爆料（0）	无（1）	地方（0）	图文（1）	个人／群体（1）	2次（0）	三天后（1）	网友质疑（0）	经济利益（1）	反转前（1）

事件序号	解释变量（传播属性）				解释变量（事件属性）					结果变量
	首发媒体	公众人物参与	回应媒体	新闻源形式	事件指向	反转次数	反转时间	反转因素	公众诉求	爆发时差
19	网友爆料（0）	无（1）	中央（1）	图文（1）	政府／部门（0）	2次（0）	三天后（1）	网友质疑（0）	经济利益（1）	反转前（1）
20	网络媒体（1）	无（1）	中央（1）	图文（1）	政府／部门（0）	1次（1）	三天后（1）	媒体跟进报道（1）	经济利益（1）	反转前（1）
21	网络媒体（1）	无（1）	地方（0）	视频（0）	个人／群体（1）	1次（1）	三天内（0）	媒体跟进报道（1）	情感诉求（0）	反转前（1）
22	网友爆料（0）	无（1）	中央（1）	视频（0）	个人／群体（1）	1次（1）	三天内（0）	媒体跟进报道（1）	情感诉求（0）	反转前（1）
23	网友爆料（0）	无（1）	中央（1）	图文（1）	政府／部门（0）	2次（0）	三天后（1）	有关部门调查（1）	情感诉求（0）	反转前（1）
24	传统媒体（1）	无（1）	中央（1）	图文（1）	企业／机构（0）	2次（0）	三天内（0）	网友质疑（0）	人身安全（1）	反转前（1）
25	传统媒体（1）	有（0）	中央（1）	视频（0）	企业／机构（0）	2次（0）	三天后（1）	网友质疑（0）	人身安全（1）	反转前（1）
26	网络媒体（1）	有（0）	中央（1）	图文（1）	个人／群体（1）	1次（1）	三天后（1）	网友质疑（0）	情感诉求（0）	反转后（0）
27	网络媒体（1）	无（1）	中央（1）	图文（1）	政府／部门（0）	1次（1）	三天内（0）	网友质疑（0）	情感诉求（0）	反转前（1）
28	传统媒体（1）	无（1）	中央（1）	视频（0）	政府／部门（0）	1次（1）	三天后（1）	媒体跟进报道（1）	情感诉求（0）	反转前（1）
29	网友爆料（0）	无（1）	中央（1）	图文（1）	个人／群体（1）	2次（0）	三天后（1）	网友质疑（0）	情感诉求（0）	反转前（1）
30	传统媒体（1）	无（1）	中央（1）	图文（1）	个人／群体（1）	1次（1）	三天内（0）	有关部门调查（1）	情感诉求（0）	反转前（1）
31	传统媒体（1）	无（1）	地方（0）	视频（0）	政府／部门（0）	2次（0）	三天内（0）	媒体跟进报道（1）	情感诉求（0）	反转后（0）
32	网络媒体（1）	有（0）	中央（1）	视频（0）	政府／部门（0）	1次（1）	三天后（1）	网友质疑（0）	人身安全（1）	反转前（1）
33	网友爆料（0）	无（1）	地方（0）	视频（0）	个人／群体（1）	1次（1）	三天内（0）	网友质疑（0）	人身安全（1）	反转后（0）
34	网友爆料（0）	无（1）	中央（1）	图文（1）	企业／机构（0）	1次（1）	三天内（0）	媒体跟进报道（1）	情感诉求（0）	反转后（0）

根据研究目标确定案例和解释变量后，研究者以个案为单位对数据进行汇总，得到解释变量、结果变量的所有组合，总结出QCA变量赋值表。

表3：QCA变量赋值表

变　量	解释变量	数据统计	数据权重	赋　值	说　明
传播属性	首发媒体	传统媒体	20.00%	1	
		网络媒体	34.20%	1	解释变量
		网友爆料	45.70%	0	
	公众人物参与	无	71.40%	1	
		有	28.50%	0	解释变量
	回应媒体	中央级媒体	77.10%	1	
		地方级媒体	22.80%	0	
	新闻源形式	图文	51.40%	1	解释变量
		视频	48.50%	0	
事件属性	事件指向	个人／群体	51.40%	1	
		政府／部门	25.70%	0	解释变量
		企业／机构	22.80%	0	
	反转次数	1次	68.50%	1	
		2次	31.40%	0	解释变量
	反转时间	三天后	54.20%	1	
		三天内	45.70%	0	
	反转因素	网友质疑	48.50%	0	解释变量
		媒体跟进报道	28.50%	1	
		有关部门调查	22.80%	1	
	公众诉求	情感诉求	47.00%	0	解释变量
		人身安全	38.20%	1	
		经济利益	14.70%	1	解释变量
爆发时差	——	反转前	60.00%	1	结果变量
		反转后	40.00%	0	

3. 构造真值表并分析研究结果

（1）传播属性分析

传播属性主要包括事件发生后传播者，传播渠道，参与者以及新闻源形式等有关的因素变化，即首发媒体（initial media），回应媒体（response media），公众人物参与（celebrity），新闻源形式（form）。对传播属性进行科学性编码，得到真值表A，观察引发结果变量的不同条件组合。

表4：真值表A（传播属性）

回应媒体	公众人物参与	首发媒体	新闻源形式	爆发结果	案例数量
0	0	0	1	0	1
1	1	0	0	0	1
1	1	0	1	1	5
1	0	1	1	1	2
1	1	1	1	0	1
1	1	1	0	0	1
1	0	0	0	0	2
1	0	1	0	0	1
1	1	0	0	1	2
0	1	1	0	0	2
1	0	0	1	1	1
0	1	0	0	0	2
0	0	1	0	0	1
1	1	1	0	1	3
0	1	0	1	1	1
1	1	1	1	1	5
0	1	1	0	1	1
1	0	1	0	1	1

首先对单个变量进行必要性分析，判断是否有单一条件变量能够成为解释结果变量的必要条件[①]。

①传播属性单变量必要性分析

真值表构建后，在fs／QCA3.0软件中运行，通过对研究案例的一致性指标（Consistency）进行研判，是否有单一的条件变量和结果变量存在充分或者必要的关系，一致性指标的运算公式如下所示：

Consistency（Xi≤Yi）＝Σ ［min（Xi，Yi）］ ΣXi

运算中，如有大于0.8的一致性指标出现，即认为该单一条件变量（X）的出现，为结果变量（Y）的充分条件，该条件变量的出现可以引发所研究的结果；指标大于0.9时，则认定该Y的

① 如果没有事物情况A，则必然没有事物情况B，也就是说如果有事物情况B则一定有事物情况A，那么A就是B的必要条件。

出现是唯一的X导致的[①]。

进行一致性指标测定之后，覆盖率指标（Coverage）运算则是该研究的核心，该指标是用来解释什么样的条件变量组合对研究的结果存在较高的释义力，以0.80的覆盖率为例，证明此条件变量组合可以对所发生的结果中的80%的案例进行解释。

图1：单变量必要性分析

```
************************
*TRUTH TABLE ANALYSIS*
************************

File:  /Users/dorothea/Desktop/事件表A(传播属性).csv
Model: ~action = f(responsemedia, celebrity, initialmedia, form)
Algorithm: Quine-McCluskey

--- PARSIMONIOUS SOLUTION ---
frequency cutoff: 1
consistency cutoff: 1

Analysis of Necessary Conditions

Outcome variable: action

Conditions tested:
                Consistency    Coverage
responsemedia   0.777778       0.500000
celebrity       0.666667       0.500000
initialmedia    0.555556       0.454545
form            0.555556       0.555556
~responsemedia  0.222222       0.333333
~celebrity      0.333333       0.375000
~initialmedia   0.444444       0.444444
~form           0.444444       0.363636
```

如上表所示，在四个条件变量中没有指标一致性超过0.9，即没有指标可以成为新闻反转事件较快平息的必要条件，同时，所有解释变量的一致性和覆盖率均低于0.8，说明没有单一变量可单独使新闻反转事件较快平息，即其传播和平复是多重因素、多个变量通力交叠促成的，而非单个原因所能影响，因而下一步进行多个变量的影响分析。

②传播属性QCA数据统计

根据事实表A（传播属性）进行QCA数据统计，得出以下分析结果，*表示“和”，+表示“或”，→或者=表示“导致”[②]。

图2

```
************************
*TRUTH TABLE ANALYSIS*
************************

File:  /Users/dorothea/Desktop/事件表A(传播属性).csv
Model: action = f(responsemedia, celebrity, initialmedia, form)
Algorithm: Quine-McCluskey

--- INTERMEDIATE SOLUTION ---
frequency cutoff: 1
consistency cutoff: 1
Assumptions:
                                                raw        unique
                                              coverage    coverage    consistency
                                             ----------  ----------  ----------
responsemedia*~celebrity*~initialmedia*form  0.111111    0.111111    1
~responsemedia*celebrity*~initialmedia*form  0.111111    0.111111    1
solution coverage: 0.222222
solution consistency: 1
```

① 黄扬、李伟权、郭雄腾等.事件属性、注意力与网络时代的政策议程设置——基于40 起网络焦点事件的定性比较分析（QCA）[J].情报杂志，2019（2）.

② 〔比利时〕伯努瓦·里豪克斯、〔美〕查尔斯·C.拉金.QCA设计原理与应用：超越定性与定量研究的新方法[M].机械工业出版社，2017年7月，p38—40。

该图中显示的组合路径为表5

表5：提取中间方案最优组合路径

原因组合	原覆盖率	净覆盖率	一 致
网友爆料*有公众人物参与*图文*中央媒体回应	0.11	0.11	1
网友爆料*无公众人物参与*图文*地方媒体回应	0.11	0.11	1

如表5显示，传播属性中反转前舆论达到高峰有两条路径：

路径一：网友爆料*有公众人物参与*图文形式*中央媒体回应

路径二：网友爆料*无公众人物参与*图文形式*地方媒体回应

即反转前舆论达到高峰=网友爆料*图文形式（中央媒体回应*有公众人物参与+地方媒体回应*无公众人物参与），如图3所示：

图3

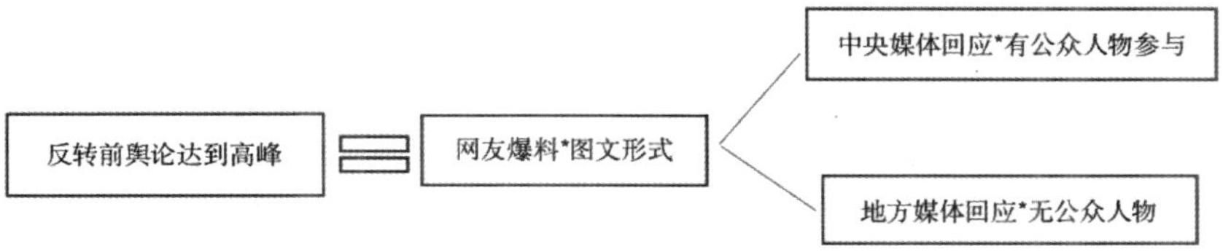

反转前舆论达到高峰	=	网友爆料*图文形式	中央媒体回应*有公众人物参与
			地方媒体回应*无公众人物

③传播属性结果分析——“网友爆料”和“图文形式”促成舆论在反转前爆发

表达式显示，在传播属性的四个解释变量中，新闻来源为“网友爆料”和“新闻源形式为图文”是新闻反转事件舆论迅速爆发的必要条件，只要这两个条件存在，是否有公众人物参与以及中央还是地方媒体回应并不会像前两者一样对爆发时差起到如此大的作用。

新闻源为网友爆料使舆论更容易在反转前爆发，这一结论体现出在“人人都有麦克风”的时代，网民个人的话语权和表达自由凸显，普通网友在网络上进行的爆料、发帖都可能让舆论高涨，其作用甚至超过了传统媒体和网络媒体的报道。同时也可以发现，网友爆料内容未经过专业媒体机制的审核，更容易触动大众神经，引发舆论爆点出现。如“大学生怒踹熊孩子”便是先由网友将经过剪辑的视频发布在社交平台上，在引起舆论关注后，有关部门介入调查，还原完整视频才澄清了事件真相。

图文形式的新闻相比于视频缺乏真实性，造假成本和技术要求更低，未澄清事实真相的图文新闻更易发布，短时间内吸引大众眼球。如“12岁女生被两名老师强奸”事件最初的报道中只有当地派出所和女童手举纸牌的照片以及几段文字，利用大众对儿童身心安全的关注，引起热议。

总体来说，传播属性解释变量的解的覆盖度（Solution Coverage）[①]仅为0.22222，即传播属

① 所有项覆盖这些案例的比例。

性解释变量只能解释22.2%的事件，仅仅用传播属性的解释变量，难以较全面地覆盖和分析新闻反转事件的舆论变化，引入其他变量，才能更有效地解释问题。

（2）事件属性分析

事件属性即与事件发展本身相关的因素，包括事件指向（direction）反转次数（frequency）反转时间（time）反转因素（reason）公众诉求（goal）。对事件属性进行科学性编码，得到真值表B，观察引发结果变量的不同条件组合。

表6：真值表B

反转次数	反转时间	反转因素	事件指向	公众诉求	爆发时差	案例数量
1	1	0	1	1	0	1
1	0	1	1	1	0	1
1	1	1	0	1	1	2
0	0	0	1	0	1	1
1	1	1	0	0	0	1
1	0	0	0	1	0	1
0	1	1	1	1	0	1
1	0	1	1	1	1	3
1	1	1	1	0	0	1
1	1	1	1	1	1	1
0	0	0	0	0	1	1
1	1	0	1	0	0	2
1	0	0	1	1	0	2
0	1	0	0	1	0	1
1	1	1	0	1	0	1
1	1	0	0	0	1	1
0	1	0	1	1	1	1
0	1	0	0	1	1	2
1	0	1	1	0	1	3
0	1	1	0	0	1	1
0	0	0	0	1	1	1
1	0	0	0	0	1	1
1	1	1	0	0	1	1
0	1	0	1	0	1	1
0	0	1	0	0	0	1
1	1	0	0	1	1	1
1	0	1	0	0	0	1

①事件属性单变量必要性分析

真值表构建后，在fs／QCA3.0软件中运行，用以操作单变量必要性分析，即通过对研究案例的一致性指标进行研判，是否有单一的条件变量和结果变量存在充分或者必要的关系。

图4

```
Analysis of Necessary Conditions

Outcome variable: action

Conditions tested:
               Consistency     Coverage
frequency      0.533333        0.470588
~frequency     0.466667        0.700000
~time          0.400000        0.545455
time           0.600000        0.562500
reason         0.400000        0.461538
~reason        0.600000        0.642857
direction      0.400000        0.500000
~direction     0.600000        0.600000
goal           0.466667        0.500000
~goal          0.533333        0.615385
```

如上表所示，在五个条件变量中没有指标一致性超过0.9，所有解释变量的一致性和覆盖率均低于0.8，说明没有事件属性的单一变量可单独使新闻反转事件较快平息，下一步进行多个变量的影响分析。

②事件属性QCA数据统计

根据事实表4进行QCA数据统计，得出以下分析结果：

图5

```
***********************
*TRUTH TABLE ANALYSIS*
***********************

File:  /Users/dorothea/Desktop/真值表B(事件属性).csv
Model: action = f(frequency, time, reason, direction, goal)
Algorithm: Quine-McCluskey

--- INTERMEDIATE SOLUTION ---
frequency cutoff: 1
consistency cutoff: 1
Assumptions:
                                              raw         unique
                                            coverage     coverage    consistency
                                           ----------   ----------   ----------
~frequency*~time*~reason*~direction         0.133333     0.0666667    1
frequency*time*~reason*~direction           0.133333     0.133333     1
~frequency*time*~reason*direction           0.133333     0.133333     1
~frequency*time*reason*~direction*~goal     0.0666667    0.0666667    1
frequency*~time*reason*direction*~goal      0.0666667    0.0666667    1
frequency*time*reason*direction*goal        0.0666667    0.0666667    1
~time*~reason*~direction*~goal              0.133333     0.0666667    1
~frequency*~time*~reason*~goal              0.133333     0.0666667    1
solution coverage: 0.733333
solution consistency: 1
```

表7：提取中间方案（intermediatesolution）最优组合路径

原因组合	原覆盖率	净覆盖率	一致
两次反转*三天内*网友质疑*政府／部门或企业／机构	0.13	0.07	1
一次反转*三天后*网友质疑*政府／部门或企业／机构	0.13	0.13	1
两次反转*三天后*网友质疑*个人／群体	0.13	0.13	1
两次反转*三天后*媒体或部门跟进*政府／部门或企业／机构*情感诉求	0.07	0.07	1
一次反转*三天内*媒体／部门跟进*个人／群体*情感诉求	0.07	0.07	1
一次反转*三天后*媒体或部门跟进*个人／群体*人身安全或经济利益	0.07	0.07	1
三天内*网友质疑*政府／部门或企业／机构*情感诉求	0.13	0.07	1
两次反转*三天内*网友质疑*情感诉求	0.13	0.07	1

③事件属性结果分析

使结果变量反转前舆论达到高峰的路径共有八条，其中原覆盖率①较高的事件组合有五组：

路径一：两次反转*三天内*网友质疑*政府／部门或企业／机构

路径二：一次反转*三天后*网友质疑*政府／部门或企业／机构

路径三：两次反转*三天后*网友质疑*个人／群体

路径四：三天内*网友质疑*政府／部门或企业／机构*情感诉求

路径五：两次反转*三天内*网友质疑*情感诉求

如图6所示

图6

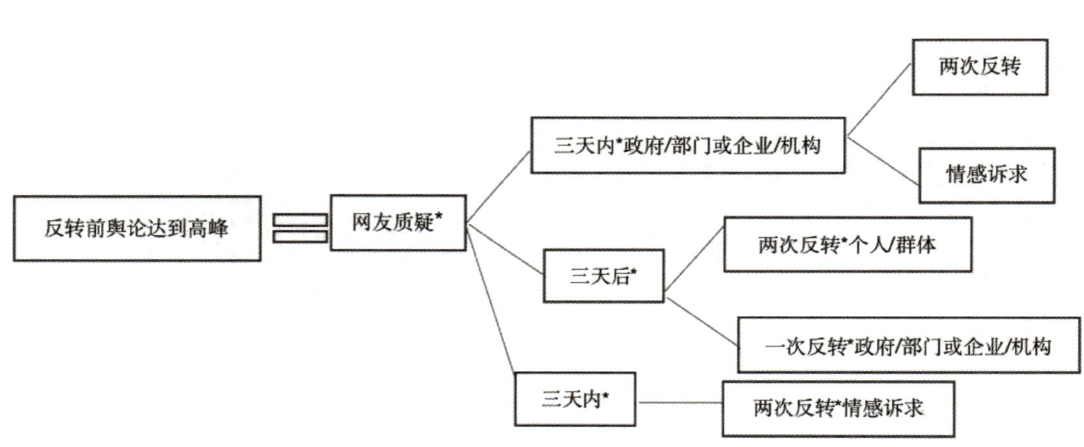

① 原覆盖率表示该条件组合能够解释的案例占总案例的比重。

五条路径共有的条件是反转因素为“网友质疑”。这也表明“网友质疑”为舆论在事件反转前达到高潮的关键因素。网友质疑引起话题并迅速扩散，通过网友质疑逐渐揭示事件真相的新闻反转事件更容易在反转前就引发舆论狂欢，相比于由媒体跟进报道和有关部门调查还原真相的事件，网民对事件的质疑能够集聚更多关注者，社交平台的用户不但在微博等社交平台中发表观点，表达疑惑，还会发布更多爆料，促进有关部门的跟进调查和媒体的追踪报道，使得事件真相较快呈现，扩大事件传播范围的同时也让舆论短时间内达到高峰。

但这样的讨论是一把双刃剑，一方面能够促进当事人出于压力澄清真相，另一方面网络中的讨论角度不一，表达方式多样，事件的广泛传播也容易使部分舆论在没有正确的舆论导向时转变为网络暴力，对当事人的生活工作甚至人身安全造成影响。如“德阳女医生自杀”事件在真相未完全还原时，当事人不堪舆论压力自杀，而在事实澄清后，舆论便又调转方向，使社会舆论环境出现较大波动。

“公众的情感诉求”是新闻反转事件舆论在反转前爆发的关键条件，虽然不是必要条件，但几乎有涉及这一因素的条件组合都取了负值，这表明能够反映情感诉求的事件更能够较快引起热议，推动事件舆论迅速到达高峰“女大学生扶摔倒老人”“男子开房就被抓，到底谁是影帝？”等事件与公序良俗、社会道德、警民关系、弱势群体等敏感话题有关，这类事件与普通人的日常生活息息相关，相比经济利益和人身安全，网友对于情感诉求有更高的关注度。

事件指向为“政府／部门或企业／机构”和“三天内回应”这两个条件促成了反转前的舆论爆发和反转后的舆情平息，如“成都七中实验学校食品安全问题事件”指向学校，“德阳女医生自杀事件”指向医院，“抹香香事件”指向政府，“男子开房就被抓”“黑龙江庆安火车站暴力袭警事件”等均与警民关系有关，这些事件在反转前就达到舆论高潮，而由于政府或机构往往在事件引起舆论热度后能够尽快回应，且比个人或群体具有较高的权威性和公信力，舆论也能够较快偃旗息鼓。

五种路径中包含反转次数的多数为两次反转，有两次反转的事件相较于一次反转在反转前更容易达到舆论高峰。舆论的焦点跟随新闻热点不断变化，反转次数越多的事件一般较为复杂，涉及主体多，持续时间长，如“王风雅事件”等在最初被报道时能够吸引更多关注，而在两次反转后，事件发酵时间长，海量的碎片化信息让舆论热点转移，即便真相澄清也难以达到最初的热度。

总的来说，事实表B（事件属性）的Solution Coverage为0.733，即能够解释73.3%的事件，大大超过了传播属性的相关数值（22.2%）。这意味着事件属性比传播属性更能有效地解释新闻反转事件对舆论的影响，新闻反转事件中促进事件反转的因素，事件本身的指向性以及公众诉求，对于舆论迅速高潮爆发以及平息的作用要大于传播过程中的媒体类型等因素的作用，表明新闻反转事件不仅是新闻传播学领域的议题，与社会学，心理学等学科也有相关性，同时新闻反转事件的生成以及舆论高峰也不仅仅与媒体有关，政府有关部门、相关机构以及普通受众也对新闻反转事件有着重要影响。

（四）因素分析及治理路径

新闻反转的形成因素错综复杂，通过具体的比较分析，厘清多元复杂因素中的核心症结，抓住主要矛盾，从而进行针对性的治理。

1. 加强新闻源的把关审核

（1）对网络信息源的核实与求证

依据上文分析，相较媒体报道，“网络爆料”成为引发舆论在反转前达到高潮的必要条件。网络爆料来源广泛，任何互联网用户发布的信息都有可能成为大众关注的对象，一些个人或团队利用互联网的匿名性，模糊事件真相甚至为获得利益策划出假新闻来吸引眼球，如“女子被恶犬咬伤是为救女童？”和“上海女逃离江西农村”事件经调查后发现都是当事人主动策划出的虚假新闻，抓住贫富差距等社会痛点大做文章，消耗公众匡扶正义，惩恶扬善的道德观，对社会环境造成冲击。而部分事件当事人只发布对自己有利的内容，如“大学生怒踹熊孩子”事件中，最初发布的视频是经过选择和剪辑过的，其话题中的“大学生”“熊孩子”等字眼也将孩子完全描述为受害一方，引起热议，对于女大学生的生活和名誉造成不良影响。这种无视事件真实情况的新闻信息，缺乏公正客观性。

因此，面对多元的网络信息源，一方面，行业监管与追惩继续加强，最新的《网络信息内容生态治理规定》对网络信息生产者“鼓励”和“不得”都做出了明确规定[①]；另一方面，平台方需建立起有效的审核、证实和辟谣机制；再者，媒体也需建立起具有快反意识的求证、核实团队，研究确立易于引起舆情的“网络爆料”警戒指标，迅速应对有可能引起舆论爆点的“网络爆料”。

（2）媒体坚守准确、平衡的报道原则

主流媒体更要把握报道内容的准确、客观，注重报道的平衡性，遵守道德伦理规范。比如，“山东产妇腹中遗留纱布”电视报道中记者缺乏职业素养，不先核实真实情况，只报道产妇一方的言论，引发公众关于医患关系的热议，很多观众直接将矛头对准了潍坊妇保院，称该医院医生“无良”，对医院和医生形象造成不良影响，加剧医患矛盾。之后潍坊妇保院发布声明从医院角度说明情况。一周后，央视《东方时空》对此进行报道，还原了“纱布门”的始末，指出患者及家属知道余留纱布的事实。舆论发生转向，开始纷纷指责产妇一家。

而“抹香香”事件中，记者选择了领导漫不经心抹护肤膏的画面，没有播出领导帮助协调

① 《网络信息内容生态治理规定》，中国网信网，2019年12月20日。

的画面。同时拍摄对象当时并不知道这些片段也正在被拍摄并且会被播放。节目中的片段经过记者二次加工极具诱导性。一经播出，公众的矛头便指向了报道中的领导。记者在了解真实的事件经过后，依然进行片面的选择性报道，对人物进行了“标签化”与“非人格化”，只注重抓住社会痛点，先入为主，没有对事件进行完整呈现。

（3）公众媒介素养的提升

中国互联网发展几十年，公众的媒介素养也应得到历练和提升。信息发布者不论个人还是企业，应当提高媒介素养，注重内容的真实性和其社会效益，自身加强对新闻源的真伪考证，不能为了博眼球，求关注，深陷争流量争关注度的怪圈，用不实信息误导公众。

（4）高度警戒图文形式的信息发布

从具体信息呈现而言，尽管在媒体融合发展时代，信息呈现融合多元，但其中图片结合文字的形式既简洁高效又能直观可视地呈现信息，成为公众最乐于接受的形式。因此，信息发布平台对于以图文形式发布的信息的把关审核有待加强，尤其是图片的视觉鉴别需提升专业性和多方求证的能力。

2. 网络媒体必须把握信息核实和话语表达

虽然网络媒体作为新闻源，对于新闻反转事件的舆论高潮没有明显的影响作用，但网络媒体的转发报道始终是舆论到达高潮的有力推动。引起舆论爆发的新闻反转事件开始时，一些网络媒体仅靠着流出的图文或视频引导不知真相的网友在网络上“站队”，对看似有错的一方进行抨击，甚至对当事人进行人肉搜索和人身攻击。而在事实澄清后，一些媒体便删除开始时的言论文章，调转方向，开始进行新一轮对事件当事人的“口诛笔伐”，引起舆论又一轮的高涨。

如“抹香香”事件报道后，众多媒体账号发表如《啥事不清楚，只会“抹香香”》《“抹香香”抹黑了谁》这类文章，标题就表明了整个舆论场对此事的态度。报道抓住社会“痛点”和公众“泪点”，围绕“教书34年总工资不过万”“官员‘抹香香’”等几个对比意味明显的关键词展开，使得舆论矛头对准涉事官员。但当真相大白，公众对正义的热情受到冲击，也给网络舆论环境带来负面影响。网络媒体不仅要注重内容的真实可靠，还应该注重发布内容的话语表达方式，避免在未还原事件真相前发布带有明显倾向性的评论，将舆论方向带偏。

3. 有关部门和机构迅速发声

与政府部门和企业机构有关，并且在三天内回应的新闻反转事件更容易在较短时间内平息舆论，缩短舆论波动的时间。如乐清儿童“失联”案，警方在找到儿童后24小时内通报最新进展，并表示案件细节正在调查中，让互联网上焦急等待消息的网友吃下一颗定心丸，舆情也有所回落，而在查清事件是儿童家长自导自演后，警方又进行了通报。

对于扑朔迷离的新闻反转事件，官方权威回应更具有可信性，在统计出的反转新闻事件中，45.7%的新闻都在报道三天内及时澄清，54.2%的事件是在报道三天后才有官方回应，这样的速度远远落后于今天网络时代的信息传播，热点早已被新的新闻覆盖，滞后的报道和澄清也难以挽回对当事人造成的伤害。

4. 社交媒体的推动力量

新闻反转事件在最初报道后推动舆论热度逐步高涨的是网友的不断质疑，推动真相的不断揭示。新媒体平台使用户识别、揭露反转新闻的可能性越来越大、能力也越来越强。网友能够提供更多信息，舆论高涨也会督促相关部门尽快核实，引起主流媒体的注意，使得事件尽快平复。“大妈碰瓷玩具车”“深圳四胞胎”事件都是在首次报道后，网友提供了更多信息并提出质疑，促进媒体积极跟进事件报道，得以还原事件原貌。当事人也可能迫于压力出面澄清事实，使事件的转折点出现。要给普通网友对新闻事件提出质疑的空间，促使其表达看法，但要注意话语的合理表达，理性判断，面对真相并未完全还原的事件不要轻易发表较为偏激的看法。

5. 意见领袖作用有限

研究也发现，在有官方媒体进行回应的新闻反转事件中，是否知名意见领袖参与新闻话题讨论已经不是舆论爆发的主要因素。比如，在乐清儿童“失联”案等事件中，虽然有公众人物参与话题转发和讨论，但舆论的主要爆发因素还是在事件本身对于儿童安全的关注以及反转上，在人人都有麦克风的时代，“大V”和名人效应虽然有影响力，但当权威信源及时回应的时候，舆论不再受意见领袖的操纵，会有更多的自由度和讨论空间。

（五）结论

在错综多变的网络舆论环境中，新闻反转事件的产生、传播以及影响都变得异常复杂。通过对典型案例的定性比较分析可得知，新闻反转事件的生成，不仅和新闻源，新闻形式，媒体关注度等因素有关，更和反转因素，事件本身的指向性和诉求等紧密联系。其中，事件本身的属性对于舆论热议有更为显著的影响。新闻反转事件的生成也与政府、机构、个人等息息相关而并非只与媒体有关。随着媒介化社会的加剧，新闻反转事件和舆论反转似乎成为网络传播尤其是网络爆料的常态，如何变常态为非常态，减少类似事件的发生，这需要相关部门、媒体、公众的共同努力，制度、人、技术、信息工作协作，形成合力，营造清朗的网络空间和健康的舆论环境。

（作者：曾祥敏，中国传媒大学电视学院教授、博士生导师。戴锦镕，中国传媒大学电视学院2018级研究生）

（编辑　胡梦迪）

国家重点实验室简介

一 | 人民日报社人民网传播内容认知国家重点实验室简介

传播内容认知国家重点实验室（以下简称“实验室”）是在中宣部指导下、科技部批准建设的媒体融合领域国家重点实验室，由人民日报社主管，依托人民网建设，主要面向内容传播领域开展应用基础研究。2019年12月7日，人民日报社传播内容认知国家重点实验室在北京举行学术委员会首次会议，实验室正式启动运行。

（一）成立背景

党的十九届四中全会提出，构建网上网下一体、内宣外宣联动的主流舆论格局，建立以内容建设为根本、先进技术为支撑、创新管理为保障的全媒体传播体系。全面提高网络治理能力，营造清朗的网络空间。这为人民日报融合发展以及传播内容认知国家重点实验室建设进一步指明方向。

信息化社会媒介技术和内容的深度融合，深刻改变了媒体传播格局、舆论生态。传播主体的多样性、主体思想的多元化、传播渠道的多维化、传播场域的差异化使得内容传播领域纷繁复杂，国家意识形态安全面临极大挑战。因此，充分利用新一代信息技术，开展内容传播领域的研究是我国加快媒体融合发展、构建全媒体传播格局面临的一项紧迫课题。

1. 成立目标

促进并实现我国媒体融合研究和应用水平的跨越式发展，为媒体融合纵深发展提供技术支撑、理论依据、发展指引和决策参考。

2. 研究方向

传播内容认知国家重点实验室将以人工智能研究为核心、多学科交叉为基础，围绕主流价值观精准传播理论科学与计算、内容智能审核和风控评级、基于内容传播领域的国家网络空间治理三个重点方向开展传播内容认知的应用基础研究工作。通过实验室建设，助推媒体融合向纵深发展，强化科技支撑，为其他媒体开放赋能，引领网络内容生态领域健康有序发展，维护国家政治安全和文化安全。

（二）发展规划

实验室坚持开放合作模式，勤修内力与苦练外功相结合。实验室成员多次前往人工智能领域领军高校、科研机构沟通交流、召开专题研讨会，了解相关领域科研进展，学习先进经验。同时，按照“开放、流动、联合、竞争”的建设原则，实验室邀请高校、科研机构参与平台建设、科学研究、人才培养、成果转化、学术交流等。实验室将进一步深入调研论证，做好科研规划、加强科研梯队建设、链接产学研各界，积极参与国家科研计划，广泛开展学术交流，全面推进实验室各项建设工作。

二 新华社新媒体中心媒体融合生产技术与系统国家重点实验室简介

2019年11月，科技部批准新华社建设媒体融合生产技术与系统国家重点实验室，12月11日实验室正式揭牌运行，目前已取得初步成效。

（一）工作成果

1．搭建完成实验室组织架构。成立由社领导、相关部门负责人组成的理事会，对实验室进行整体领导。成立学术委员会作为实验室指导及咨询机构，聘任中国工程院院士潘云鹤为学术委员会主任，聘任来自中科院、清华大学、北京大学等单位的14名专家为学术委员会委员。聘任朱年勇为实验室主任，成立科研管理中心开展实验室日常管理。

2．做好实验室建章立制。设计“1+1+N”规章制度体系，即一份学术委员会章程、一套实验室运行管理办法及系列专项制度。目前，实验室资金管理、科研管理、人员管理、仪器设备管理等10多项规章制度已起草完成。

3．稳步推进科研工作。制订实验室2020年度科研计划，对各研究单元提交的28个课题完成内部评审。定制化智能语音交互实现模式、基于深度融合模型的新闻生产领域文本自动生成及评估技术、媒体环境下的情绪识别与新闻生产技术、跨媒体信息转换技术、视频内容理解技术与图像视频描述文本生成技术等多个课题进入研究实施阶段。相关课题已获得7项软件著作权，申报两项专利，编写首个新闻领域的内容标注的行业规范草案，向国际顶级会议期刊投递6篇论文。推出《疫情防控中：中国“热起来”》卫星新闻数据融媒体产品等多项总浏览量过亿次的报道应用成果。

4．落实场地空间建设。智能化编辑部已装修完毕并启动运行，智能化演播厅、全息感知智能交互系统、短视频智能生产平台系统、情绪流新闻车媒体系统等功能区正在进一步升级。

5．积极开展对外合作。与中科院计算机所、清华大学计算机系智能技术与系统国家重点实验室、武汉大学测绘遥感信息工程国家重点实验室等单位对接开展相关合作研究，并取得初步成果。

（二）发展规划

媒体融合生产技术与系统国家重点实验室正在密切关注5G等前沿技术的发展和应用，以传输变革为牵引，向数据存储、计算及应用创新延展，着力在空间数据媒体应用、物联网新闻数据计算模型等领域实现突破。

三｜中央广播电视总台超高清视音频制播呈现国家重点实验室简介

“超高清视音频制播呈现国家重点实验室”是由科技部批准建设的我国首个超高清视音频领域国家重点实验室。实验室聚焦超高清电视制播、融合媒体传播分发、视音频服务安全等前沿媒体科技开展基础研究、应用示范和应用实践，打造具有国际先进水平的超高清技术创新链。

（一）启动建设

2019年12月6日，中央广播电视总台在上海国际传媒港举行了实验室建设启动仪式。中宣部副部长、中央广播电视总台台长慎海雄，时任上海市委副书记、市长应勇等领导出席了启动仪式。启动仪式上实验室分别与上海交通大学、广播电视规划院、华为公司，以及国家新一代人工智能开放创新平台——明略科技、商汤科技签订了合作协议。

12月7日，实验室在上海交通大学组织了第一次高水平学术活动——“5G+4K／8K+AI媒体发展高峰论坛”。中国工程院沈昌祥院士、中国科学院毛军发院士等著名专家出席了论坛，并分别发表了网络安全、人工智能前沿发展的专题学术报告。

（二）工作成果

一是实验室积极开展“5G+4K／8K+AI”研究创新，参加春晚5G+4K传输试验、国庆70周年超高清转播、5G新媒体平台等先进媒体科技实践，所研发的4K超高清测试序列已被纳入国际电联ITU国际标准，5G背包应用于国庆70周年等重大转播活动。

二是广泛参与国家重大科技研究课题，先后承担2019年度科技部国家重点研究计划“科技冬奥”“宽带通信和新型网络”等重点专项任务。在“科技冬奥”重点专项中，实验室牵头承担“冬奥超高清8K数字转播技术与系统”研究项目，为2022年北京冬奥会研发8K超高清转播技术；“宽带通信和新型网络”重点专项中牵头承担“4K超高清电视制播系统研制”项目，研发面向未来的IP化超高清制播、存储及智能制作技术。

三是实验室积极参与2020年度科技部“现代服务业共性关键技术研发及应用示范”重点专项、发改委“5G创新应用提升工程”等重大科技工程。

四 | 中国传媒大学媒体融合与传播国家重点实验室简介

媒体融合与传播国家重点实验室是科技部于2019年11月6日批准建设的国家重点实验室，由教育部主管，依托中国传媒大学进行建设。

（一）成立目标

1．创建媒体融合与传播理论及服务模式——建设具有中国特色的媒体融合传播理论体系，探索融合媒体服务社会发展的传播模式及未来形态范式。

2．引领媒体融合与传播领域的科研创新——完成媒体融合与传播领域学术平台建设，实现交叉学科科研创新能力全面提升，完成“国家权威智库”平台总体架构搭建，成为媒体融合与传播领域权威智库及科研高地。

3．搭建面向媒体融合与传播领域发展趋向的先导实验环境，建设一系列具有前瞻性和示范性的媒体融合与传播研究基地。

4．培养媒体融合与传播领域的高端专业人才——引进和培养高层次人才，孵化媒体融合与传播专业领域具有学科交叉特点的创新科研团队，着力培养媒体融合与传播专业领域的中青年骨干科研人员及博士、硕士研究生。

5．服务中国特色的媒体融合纵深发展——提升媒体融合与传播领域相关科研成果对学术同行的引导力、对国家和政府决策的影响力。

（二）重点任务

聚焦媒体融合领域重大科学前沿问题和国家社会发展的重点需求，开展可能引发媒体传播格局重大变革的基础研究和应用基础研究，推进中国特色媒体融合传播理论体系建设，探索媒体融合专业高精尖人才培养模式。

实验室重心以结构与行动者互动关系为框架，基于复杂系统科学、网络科学、社会学、传播学、管理学、认知心理学等基础理论和媒体信息智能处理、大数据分析等关键技术，着重探索媒体融合传播系统的结构变化，进而建构基于中国实践和传播经典研究的理论模型，解决新型主流媒体与全媒体传播体系构建的国家重大现实需求。

（三）发展规划

围绕总体目标和重点任务，媒体融合与传播国家重点实验室近期将主要从媒体融合传播与未来形态、媒体融合的服务模式、媒体信息智能处理等三个方向展开深入研究。

（编辑　方楚楚）

年 度 盘 点

一月

◎ 1月1日，“学习强国”学习平台上线仪式在京举行。“学习强国”是以学习宣传习近平新时代中国特色社会主义思想为主要内容和核心内容的互联网平台。PC端设有“学习新思想”“学习文化”“环球视野”等17个板块180多个一级栏目；手机端设有“学习”“视频学习”两大板块38个频道，聚合了大量可免费使用的期刊、古籍、公开课、歌曲、戏曲、电影、图书等资料。

◎ 1月10日，国家互联网信息办公室发布《区块链信息服务管理规定》，2019年2月15日起施行，为区块链信息服务的提供、使用、管理等提供有效的法律依据。

◎ 1月15日，中宣部和国家广播电视总局联合发布《县级融媒体中心建设规范》，国家广播电视总局发布《县级融媒体中心省级技术平台规范要求》。《县级融媒体中心建设规范》基于县级融媒体中心的业务类型，规定了其总体架构、功能要求、基础设施配套要求、关键技术指标及验收要求等内容。《县级融媒体中心省级技术平台规范要求》适用于支撑县级融媒体中心的省级技术平台的设计、建设和运行维护。

◎ 1月16日，中国记协向全国新闻工作者发出倡议，号召广大新闻工作者牢记习近平总书记提出的增强“脚力、眼力、脑力、笔力”要求，锻造过硬素质、过硬本领、过硬作风，书写新时代的精彩答卷。

◎ 1月18日，光明日报社与中国信息通信研究院共同建设的“互联网+”智媒技术创新中心在京成立，为我国“互联网+”战略升级、5G行业及智媒技术创新发展提供技术支撑与智力保障。

◎ 1月20日，一年一度的春运拉开大幕，中宣部在中国铁路总公司举行2019年“新春走基层”大型主题采访活动暨春运宣传启动仪式，对2019年“新春走基层”活动和春运宣传进行动员部署。全国广大新闻记者把此次大型主题采访作为实践“四力”要求的一次集中行动，在贴近中反映群众心声，从细微处讲好奋斗故事。

◎ 1月22日，以“网聚正能量　追梦新时代”为主题的第四届“五个一百”网络正能量精品评选活动在北京正式启动。本届活动由国家互联网信息办公室指导，中国网络社会组织联合会、中国互联网发展基金会主办，人民网、中国青年网、光明网、中国新闻网、环球网承办。

◎ 1月25日，中共中央政治局在人民日报社就全媒体时代和媒体融合发展举行第十二次集体学习。中共中央总书记习近平在主持学习时强调，推动媒体融合发展、建设全媒体成为我们面临的一项紧迫课题。要运用信息革命成果，推动媒体融合向纵深发展，做大做强主流舆论，巩固全党全国人民团结奋斗的共同思想基础，为实现“两个一百年”奋斗目标、实现中华民族伟大复兴的中国梦提供强大精神力量和舆论支持。

◎ 1月25日，以“网聚正能量　河南更出彩”为主题的2019年河南省政务新媒体峰会在郑州召开。峰会当天还举行了河南网信网新版上线仪式，发布了《2018年度河南政务微博白皮书》《2018年度河南政务微信影响力报告》《河南政务头条号大数据报告》。

二月

◎ 2月12日，中国记协发布《中国新闻奖评选办法》和《关于第二十九届中国新闻奖报送工作的通知》，启动中国新闻奖评选工作，并发布2019年中国新闻奖评选文件，提供参评表格下载。

◎ 2月12日，中共中央政治局委员、中宣部部长黄坤明出席宣传思想战线开展增强“脚力、眼力、脑力、笔力”教育实践工作电视电话会议并讲话，强调要认真学习贯彻习近平总书记关于加强宣传思想战线队伍建设的重要论述，扎实开展增强“四力”教育实践，以提高政治能力为根本，以增强专业本领为关键，以锐意创新创造为紧要，以培养优良作风为基础，推动队伍整体素质实现大提升。

◎ 2月14日至16日，中共中央政治局委员、中宣部部长黄坤明在湖北调研时强调，推动媒体融合发展，是党中央着眼做大做强主流舆论、形成网上网下同心圆作出的重大决策。要认真学习贯彻习近平总书记在中央政治局第十二次集体学习时的重要讲话精神，把媒体融合发展作为紧迫的事业抓紧抓好，打造内容优势，用好信息革命成果，加快构建从中央到省市县的全媒体传播矩阵。

◎ 2月19日，新华社联合搜狗公司在京发布全新升级的站立式AI合成主播并推出全球首个AI合成女主播。这是人工智能与新闻采编深度融合的最新突破性成果，为媒体融合向纵深发展开辟了新空间。

◎ 2月19日，新华社客户端V6.0版正式发布上线，该版本旨在让用户用最少的时间、最低的交互成本获取更多有价值、感兴趣的内容。这是该客户端经历门户化、现场化、智能化和平台化之后又一次重要升级。

◎ 2月19日，中央广播电视总台“全国县级融媒体智慧平台”暨央视网新版全终端上线启动仪式在京举行。目前，已有100家县级融媒体中心矩阵号入驻平台，并在19日当天与央视共同启动联合报道计划，重点打造“庆祝中华人民共和国成立70周年之盛锦中华”“新时代达人 · 72

小时打卡最美乡村”等多个系列报道项目。

◎ 2月19日，光明日报举行“2019年媒体融合项目发布会”，从平台、技术、品牌、产品四个层面发布包括“光明的故事”系列短视频在内的15个媒体融合项目，在新型主流媒体建设上落子布局，积极拥抱“智媒时代”。

◎ 2月20日，由北京市新闻工作者协会、社会科学文献出版社和暨南大学新闻与传播学院共同主办的《中国媒体发展报告2019》发布会在北京举行。北京市新闻工作者协会及社科文献出版社在会上共同发布了《媒体融合蓝皮书：中国媒体融合发展报告（2019）》。蓝皮书指出，2017年至2018年，是中国媒体融合进程中极其重要的关键节点。

◎ 2月21日下午，第二届山东政务新媒体年会暨“海报”政务号上线仪式在大众传媒大厦举行，在全省100余家政务新媒体负责人的见证下，山东政务新媒体的新平台——“海报”政务号正式上线。年会还发布了2018年度山东政务微信影响力年度排行榜。

◎ 2月25日，媒体深度融合工作推进会在京召开。中共中央政治局委员、中宣部部长黄坤明出席会议并讲话，强调要深入学习贯彻习近平总书记关于推动媒体融合发展、做大做强主流舆论的重要论述，积极适应全媒体时代发展大势，坚持正能量是总要求、管得住是硬道理、用得好是真本事，推进媒体融合向纵深发展，牢牢掌握新闻舆论工作的战略主动，不断巩固全党全国人民团结奋斗的共同思想基础。

◎ 2月25日，“侠客岛、学习小组创办五周年座谈会”在京举行。侠客岛、学习小组自2014年2月创办以来，全网用户已逾千万，舆论影响力超过99.96%的新媒体账号。创办至今，侠客岛、学习小组共发布4100余篇原创稿件，在党政机关领导干部、企事业单位员工以及广大青年读者中拥有良好口碑和积极影响。其大量文章被西方主流媒体转载、转引，成为世界观察中国的一扇独特窗口。

◎ 2月26日，新华网和中国信息通信研究院签署战略合作协议，双方将发挥各自资源优势，联合共建5G新媒体实验室，共同探索5G时代通信行业与媒体行业跨界合作的全新模式，推动5G、物联网、大数据、人工智能等新兴技术与传媒领域的深度融合。

◎ 2月26日，中共中央政治局委员、中宣部部长黄坤明到中央广播电视总台考察5G新媒体实验平台。黄坤明强调，5G新媒体实验平台前景广阔，平台建设要坚持安全高效，反复测试、确保平稳，充分发挥高速率、高清晰度的优势，创新提升节目形态，更好满足人民群众对优质电视节目和良好视觉体验的新需求。

◎ 2月26日，2018海峡两岸新媒体创业大赛总决赛在福建省平潭县落幕，经过新内容、新营销、新应用三项主题赛事的比拼以及网络投票，11个入围项目进入决赛路演环节。大赛由福建省委宣传部指导，平潭综合实验区管委会等主办。当日还举办了海峡两岸新媒体发展趋势主题论坛。

◎ 2月28日，中国互联网络信息中心（CNNIC）发布第43次《中国互联网络发展状况统计报告》。报告显示，截至2018年12月，我国网民规模达8.29亿，普及率达59.6%，比2017年底提升3.8个百分点，全年新增网民5653万。我国手机网民规模达8.17亿，网民通过手机接入互联网的比例高达98.6%。

◎ 2月28日，中央广播电视总台5G新媒体平台成功实现4K超高清视频集成制作。遍布多地的16路4K超高清视频信号，通过5G网络实时回传至总台5G媒体应用实验室，并通过华为5G折叠手机实现4K节目投屏播出。这标志着中央广播电视总台5G新媒体平台已可以满足集成多路4K超高清信号和多类型节目制作形态的条件，具备了多点、多地，全流程、全功能4K超高清节目集成制作和发布能力。

◎ 2月，全国“扫黄打非”办公室作出专门部署，于3月至11月大力组织开展“净网2019”“护苗2019”“秋风2019”等专项行动，持续净化社会文化环境。“净网2019”专项行动将聚焦整治网络色情和低俗问题；“护苗2019”专项行动着重强化网上网下两项整治，坚决查办涉未成年人的“黄”“非”案件；“秋风2019”专项行动重点打击假媒体假记者站假记者及新闻敲诈行为。

三月

◎ 3月3日，全国两会拉开帷幕。中央和地方媒体守正创新、锐意进取，运用全媒体、新技术手段，推出一大批有内涵、有“颜值”的新闻报道，向海内外受众传播新时代的中国声音，展现大会新气象。多家媒体探索创新，以全媒化、立体化的传播格局，让海内外受众身临其境感受两会。

◎ 3月16日，2019年第6期《求是》杂志发表了中共中央总书记、国家主席、中央军委主席习近平的重要文章《加快推动媒体融合发展　构建全媒体传播格局》。文章强调，推动媒体融合发展、建设全媒体成为我们面临的一项紧迫课题。要运用信息革命成果，推动媒体融合发展，做大做强主流舆论，巩固全党全国人民团结奋斗的共同思想基础，为实现“两个一百年”奋斗目标、实现中华民族伟大复兴的中国梦提供强大精神力量和舆论支持。

◎ 3月20日，由国家广播电视总局广播电视规划院主办的“中国广播电视行业年度十大科技关键词评选活动”结果在京揭晓。十大科技关键词分别为：4K超高清频道、5G／无线交互广播电视、县级融媒体中心、收视综合评价大数据系统、人工智能（AI）、广播电视媒体融合、智慧广电、全国有线电视网络整合、应急广播标准规范、中国数字音频广播（CDR）。

◎ 3月26日，人民网研究院发布2018中国媒体融合传播指数报告。报告建构了媒体融合传播指数指标体系，对我国284份报纸、298个广播频率、34个电视台的融合传播力进行评估。报告显示，主流媒体通过建立传播矩阵扩大了主流价值影响力版图，中央级媒体继续领跑，粤浙沪苏实力基本稳定，各类媒体还需继续做大做强自有平台，利用好第三方平台，努力构建全媒体传播格局。

◎ 3月26日，中国记协、全国三教办在中国教育报刊社举办第84期“记者大讲堂”暨首都新闻媒体融合发展现场会，展示传统国家部委机关报向一流新型主流教育传媒集团转型的经验。中央主要新闻单位新媒体负责人、全国性行业类媒体主要负责人及北京市新闻媒体记者150多人参加。

◎ 3月27日，中国记协新闻道德委员会对中央广播电视总台中央电视台、经济日报、中国青年报、人民网、新华网、光明网、中国新闻网等7家中央媒体和重点新闻网站2018年度履行社会责任情况进行评议。重点围绕正确引导、提供服务、人文关怀、繁荣发展文化、安全刊播、遵守职业规范、保障新闻从业人员权益、合法经营以及在履行社会责任方面存在的不足和今后努力方向等10个方面开展评议。

◎ 3月28日，中宣部在河北西柏坡举行“壮丽70年·奋斗新时代”大型主题采访活动启动仪式，全面启动庆祝中华人民共和国成立70周年新闻宣传。中共中央政治局委员、中宣部部长黄坤明出席活动并讲话，强调要坚持以习近平新时代中国特色社会主义思想为指导，用心讴歌光辉历程，用情展现人民奋斗，用功书写精品力作。要把主题采访活动与增强“四力”结合起来，积极运用全媒体手段，创新宣传内容、形式、载体，增强吸引力感染力影响力。

四月

◎ 4月6日，新媒体学科融合与卓越新闻人才培养高峰论坛在西安交通大学举办。本次高峰论坛由西安交通大学新闻与新媒体学院主办。来自国内外学界、业界的30余位知名专家学者和来自国内高校的200余位学者参会，就新媒体跨学科融合、新媒体专业发展与学科建设、智媒时代新闻传播人才培养、融媒体人才培养跨界合作以及新媒体教育教学中的人才定位与课程体系建设等问题展开了交流和讨论。

◎ 4月17日，四川省记协新媒体专业委员会在成都成立。成立大会上审议了《四川省记协新媒体专业委员会规则》（审议稿）。会议推选产生了省记协新媒体专业委员会主任委员、副主任委员及秘书长。

◎ 4月18日，由四川省委网信办、成都市委网信办指导，成都市互联网文化协会主办的2019成都市政务新媒体峰会在成都召开。峰会由政务新媒体专题讲座、政务新媒体颁奖典礼两部分组成。

◎ 4月22日，中共中央政治局委员、中宣部部长黄坤明在北京会见参加“一带一路”5G+4K

传播创新国际论坛的与会嘉宾。本次论坛由中央广播电视总台、丝绸之路电视国际合作共同体联合主办。来自全球25个国家和地区50多家媒体机构的150多位代表出席论坛。论坛期间，还举办了“一带一路”5G+4K传播创新国际论坛媒体应用技术展。

◎ 4月22日至26日，由上海东方网、浙江日报报业集团、新华报业传媒集团、安徽新媒体集团联合主办的“重走解放路奋进新时代”——庆祝中华人民共和国成立70周年长三角主流新媒体大型采访活动在南京启动。

◎ 4月23日，“一带一路”新闻合作联盟首届理事会议在北京开幕。国家主席习近平向会议致贺信。开幕式上，“一带一路”新闻合作联盟网站和新闻信息移动端聚合分发平台正式上线。联盟网站（http：//www.brnn.com/）由人民网承建，为联盟成员提供沟通交流、稿件上传与下载、内容互换、版权交易等服务，已上线中文、英语、法语、俄语、阿拉伯语与西班牙语6种语言版本。聚合分发平台依托人民日报英文客户端，包括“一带一路”新闻资讯和资源库等内容板块。

◎ 4月24日至27日，位于北京国家会议中心的第二届“一带一路”国际合作高峰论坛新闻中心运行。本次“一带一路”国际合作高峰论坛注册记者4100余人，其中境外媒体记者1600余人。5G网络、互动式体验成为新闻中心内的最大亮点。

◎ 4月26日，在2019中国网络版权保护与发展大会上，国家版权局、国家互联网信息办公室、工业和信息化部、公安部四部门联合启动打击网络侵权盗版“剑网2019”专项行动。此次专项行动自4月底开始到10月底结束，将开展5项重点整治：一是深化媒体融合发展版权专题保护；二是开展院线电影网络版权专项整治；三是加强流媒体软硬件版权重点监管；四是规范图片市场版权保护运营秩序；五是巩固网络重点领域版权治理成果。

◎ 4月27日，“2019浙江县市区新媒体发展论坛”在台州玉环举办。来自全省县市区新媒体板块负责人齐聚台州玉环，就新闻工作者如何切实增强“脚力、眼力、脑力、笔力”，媒体如何提升新闻舆论传播力、引导力、影响力、公信力，如何建设全程、全息、全员、全效媒体等方面，展开经验分享、学习交流。

◎ 4月，图片版权交易问题备受社会各界关注。为推动媒体融合向纵深发展，更好整合媒体图片资源，保护创作者合法权益，人民网倡议主流媒体在净化版权市场一事上主动担当，并向全国党报、党刊、党台、党网发出四点倡议。

五月

◎ 5月6日至8日，第二届数字中国建设峰会在福州海峡国际会展中心举行。本届峰会主题为“以信息化培育新动能，用新动能推动新发展，以新发展创造新辉煌”。主论坛上，国家网信办发布《数字中国建设发展报告（2018年）》。

◎ 5月7日，在福州市举行的第二届数字中国建设峰会上，新华网正式发布睿思·数媒智慧分析平台，该平台将为媒体的内容生产和智慧传播提供大数据分析，打造智慧媒体。新华网还发布了5G新媒体应用创新大赛计划。

◎ 5月19日，首届粤港澳大湾区媒体峰会在广州举行。中共中央政治局委员、中宣部部长黄坤明出席开幕式并讲话，强调新闻媒体要关注大湾区、报道大湾区，勇于担当、加强合作，着力凝心聚力、增进共识，为建设国际一流湾区营造良好舆论环境。峰会以“一流湾区媒体担当”为主题，来自媒体和有关方面的300多名嘉宾代表参加。峰会发布了《首届粤港澳大湾区媒体峰会倡议书》。

◎ 5月25日，2019中国国际大数据产业博览会“大数据领航·打造媒体融合发展新业态”高端对话在贵州省贵阳市举行。论坛上，人民日报数字传播公司和科大讯飞共同打造的AI虚拟主播果果正式亮相。

◎ 5月27日，中国网络视听节目服务协会发布《2019中国网络视听发展研究报告》。该报告自2015年首次发布后，已连续发布四年。《报告》完整呈现了2018年网络视听行业的发展状况、特点与趋势，并对2018年最热门的短视频领域进行重点剖析，对网络视听内容发展趋势进行专家预判。

◎ 5月28日，以“守正创新，激发视听新活力”为主题的第七届中国网络视听大会在四川成都开幕。网络视听全产业链2000余家机构的6300余位嘉宾参会。会上，国家广播电视总局与四川省人民政府签署了《推进超高清视频产业发展合作备忘录》，举办了网络视听庆祝中华人民共和国成立70周年宣传活动——“我和祖国共成长”节目征集活动启动仪式等。

◎ 5月28日，“新时代·新媒体·新青年”2019青年新媒体北方峰会暨吉林省青年新媒体人才训练营启动仪式在长春隆重举行，峰会以“助力青年成长和网上正能量传播”为主题展开讨论，共话新媒体产业发展，共商新媒体人才培养，共享新媒体发展经验。

◎ 5月29日，2018年度媒体社会责任报告正式对外发布。这是中国记协自2014年开展媒体社会责任报告制度工作以来，第六次发布有关报告。2018年度媒体社会责任报告单位增至46家，涉及7家中央主要新闻媒体、2家全国性行业类媒体，以及全国29个省（区、市）的37家地方媒体。其中，5家新媒体和1家行业类媒体为新增报告单位。报告中媒体融合的成果成效进一步显现，以融媒体手段履行社会责任成为突出特点。

六月

◎ 6月6日，工信部正式向中国电信、中国移动、中国联通、中国广电发放5G商用牌照。我国正式进入5G商用元年。中国广电成为除三大基础电信运营商外，又一个获得5G商用牌照的企业。

◎ 6月12日，人民网举办首届政企新媒体发展论坛，论坛发布了《人民网政企新媒体传播力报告》。该报告共采集了国务院机构、群团组织、中央企业等200多家单位在“两微一端”及海外新媒体平台发布的信息，涵盖了从2018年4月至2019年5月的240多万篇文章、730多万条数据，从宣传力、服务力、认同度、风险控制力、创造力等维度进行全面扫描，通过大数据挖掘、专家评估等方式综合评选出政企新媒体传播力排行榜，共4个榜单。

◎ 6月14日，“70有我更青春”网络主题活动启动仪式在浙江大学举行。由17家高校共同组成的浙江高校新媒体联盟正式成立，旨在共同推进网络内容建设，构建向上向善的网络文化，传播高校青春正能量。

◎ 6月16日，以“新媒体·新青年·新应用·新发展”为主题的第六届海峡两岸青少年新媒体高峰论坛在厦门举行，来自两岸的新媒体领域青少年代表齐聚一堂，交流互鉴，互通互融，共享新媒体发展机遇。

◎ 6月20日，中国记协网全新改版，新建英文版。此次改版，是中国记协顺应媒体融合发展新趋势的必然选择，是更好引领和服务全国新闻界的切实举措，是不断扩大国际新闻界“朋友圈”的有效途径。改版后的中国记协网，适配电脑、iPad、手机等各种终端，增加短视频、图解、动画等多种形式，新设微博、微信二维码及一键分享功能。

◎ 6月24日，移动互联网蓝皮书《中国移动互联网发展报告（2019）》发布会在人民日报社举行。报告从5个方面梳理了2018年中国移动互联网发展概况，总结了2018年中国移动互联网发展的4大特点。移动互联网蓝皮书由人民网研究院组织编写，社科文献出版社出版发行，至今已连续出版8年。

◎ 6月25日，中国社会科学院新闻与传播研究所、社会科学文献出版社在京共同发布的《新媒体蓝皮书：中国新媒体发展报告No.10（2019）》，预测了中国新媒体发展的10大趋势及中国新媒体产业发展呈现的5大趋势。

◎ 6月，由中央“不忘初心、牢记使命”主题教育领导小组办公室主办，人民网·中国共产党新闻网承办的“不忘初心、牢记使命”主题教育官网（http：//chuxin.people.cn）正式上线，官方微信公众号“学习大国”也同步推出。

七月

◎ 7月9日，以“大变局：让华媒声音更响亮”为主题的第四届海外华文新媒体高峰论坛在云南丽江举行。来自全球43个国家和地区的100余家海外华文媒体代表和专家学者等近200位嘉宾齐聚一堂，探讨海外华文媒体如何加快融合与变革，讲述好中国故事，传播好中国声音。海外华文新媒体高峰论坛是贯彻落实习近平总书记重要指示精神搭建的全球华媒高端对话平台，已先后在北京、成都、杭州举办3届。

◎ 7月15日，人民日报社与中国联通在京签署5G媒体应用战略合作协议。根据战略合作协议，双方将以建设5G新媒体平台为目标，充分运用5G、4K超高清视频，虚拟现实（VR），人工智能（AI）等新技术，创新媒体传播方式，积极探索媒体融合发展新业态、新模式，进一步提升新闻生产力，壮大主流舆论阵地。

◎ 7月18日，创新驱动智慧赋能——海豚新媒体与科大讯飞、新华三战略合作签约发布会暨联合实验室成立揭牌仪式在合肥举行。发布会上，海豚新媒体与科大讯飞共同组建了智慧家庭融媒体联合实验室，与新华三则共同组建了广电信息安全创新实验室，吹响了广电媒体联合行业领军企业加强技术研发和技术应用的号角。

◎ 7月19日，5G元年与融合传播——2019甘肃媒体融合创新与发展论坛暨县级融媒体中心省级平台“新甘肃云”入驻仪式在兰州举行。甘肃省首批25个县级融媒体中心共同“组团”入驻“新甘肃云”。

◎ 7月29日，以“融合与变革：中国网络媒体发展新跨越”为主题的2019中国网络媒体论坛在天津开幕。来自主管部门、国家部委、中央和地方新闻单位、各地网信办、主要商业网站、互联网企业的嘉宾以及业界专家、网络社会组织代表等800余人，围绕新时代网络媒体发展趋势和加强网上内容建设等话题展开研讨。

◎ 7月30日，2019第四届全国党报网站高峰论坛在广州召开。人民网研究院发布了《2019全国党报融合传播指数报告》。人民网、人民日报媒体技术公司、广州日报报业集团签订了合作框架协议。人民网发起的党媒版权联盟正式成立。

八月

◎ 8月10日，由国家广电总局《电视指南》杂志、《传媒内参》联合举办的“2019广电融媒发展大会暨媒体融合调研报告成果发布会”在北京举行，此次大会以“有融乃大，守正创新”为主题，会上发布了“指尖融媒榜”系列榜单。

◎ 8月20日，国家广播电视总局在京举办“庆祝中华人民共和国成立70周年精品网络视听节目上线仪式”，同时启动“庆祝中华人民共和国成立70周年精品网络视听节目展播季”及“精彩短视频，礼赞新中国”主题宣传月活动。

◎ 8月23日，国家互联网信息办公室发布《儿童个人信息网络保护规定》。规定自2019年10月1日起施行，并明确任何组织和个人不得制作、发布、传播侵害儿童个人信息安全的信息。

◎ 8月26日，目前国内最大的媒体机器人生产商和服务商新华智云正式对外发布了其自主研发的25款媒体机器人。25款媒体机器人中，助力新闻人“采集”新闻资源的媒体机器人有8款，助力新闻人“处理”新闻资源的媒体机器人有17款。

◎ 8月30日，中国互联网络信息中心（CNNIC）在京发布第44次《中国互联网络发展状况统计报告》。截至2019年6月，我国网民规模达8.54亿，较2018年底增长2598万，互联网普及率达61.2%，较2018年底提升1.6个百分点；我国手机网民规模达8.47亿，较2018年底增长2984万，网民使用手机上网的比例达99.1%，较2018年底提升0.5个百分点。《报告》指出，2019年上半年，中国互联网发展呈现出六个特点：一是IPv6地址数量全球第一，“.CN”域名数量持续增长。二是互联网普及率超过六成，移动互联网使用持续深化。三是下沉市场释放消费动能，跨境电商等领域持续发展。四是网络视频运营更加专业，娱乐内容生态逐步构建。五是在线教育应用稳中有进，弥补乡村教育短板。六是在线政务普及率近六成，服务水平持续向好。

◎ 8月，梨视频与“学习强国”学习平台签署正能量内容传播战略合作协议，这是“学习强国”首次引入市场化互联网平台的短视频内容。据双方签订的协议，用户每天都可以在“学习强国”学习平台浏览到由梨视频提供的全国各地感人故事。梨视频与“学习强国”的合作，意味着将国内正能量短视频生产的基础设施，导入国内正能量内容分发传播的最强平台。

九月

◎ 9月1日，中央广播电视总台粤港澳大湾区之声正式开播。这是我国首个专门面向粤港澳大湾区播出的国家级电台频率。大湾区之声新媒体平台同步启用。粤港澳大湾区之声覆盖粤港澳大湾区域内的广东省广州市、深圳市、珠海市、佛山市、惠州市、东莞市、中山市、江门市、肇庆市和香港特别行政区、澳门特别行政区。大湾区之声是中央广播电视总台粤港澳大湾区中心开设的节目之一。成立于2019年9月的中央广播电视总台粤港澳大湾区中心，是总台进一步加大媒体融合传播力度的举措。央视新闻客户端、央视频等新媒体制作发布平台也同步入驻，形成广播、电视、新媒体的集合优势，承担大湾区之声广播、电视新闻采集、新媒体平台、亚太中心站后方制作基地等任务。

◎ 9月5日至7日，中国晚报工作者协会第34届年会在上海举行。全国各地117家晚报社长、总编辑参加会议，会议主题为“媒体融合 · 新挑战新机遇”。

◎ 9月11日至12日，第十四届中国传媒年会在重庆铜梁举行。本届年会主题聚焦“建设全媒体，推动媒体融合向纵深发展”。会上发布《中国视听产业发展报告（2019）》《5G发展前沿报告》《中国传媒创新报告（2019）》等传媒行业前沿性研究成果。

◎ 9月20日起，中国记协在中国记协网、新华网和《中国新闻出版广电报》上公示第二十九届中国新闻奖评选结果。本届中国新闻奖共评选出349件拟获奖作品，其中特别奖5件，一等奖62件，二等奖106件，三等奖176件。同时公示的还有本届《评选细则》和评委名单。

◎ 9月23日，设在北京梅地亚宾馆的庆祝中华人民共和国成立70周年活动新闻中心正式启动对外接待服务。为方便中外记者通过更多渠道了解新闻中心各项服务内容和相关信息，新闻中心首次开设了新浪微博账号、今日头条号以及微信公众号。新闻中心实现了5G网络全覆盖，首次在一楼设立融媒体体验室，为记者提供高品质、强互动、智能化的融媒体体验服务。

◎ 9月26日，在习近平总书记向中央电视台建台暨新中国电视事业诞生60周年致贺信一周年之际，中央广播电视总台全面启动高质量发展改版工作。此次全面改版涉及总台19个电视频道、17套对内广播频率、44种语言对外广播和主要新媒体平台、3个中央重点新闻网站以及央视新闻客户端等新媒体。改版突出“台网并重、先网后台、移动优先”理念，努力在“5G+4K／8K+AI”全新战略布局下推进内容供给侧结构性改革，实现高质量发展。

◎ 9月28日，由中国记协主办的2019“一带一路”记者组织论坛在北京举行。来自50多个国家和地区的60余名记者组织负责人出席了本届论坛。论坛通过了《“一带一路”记者组织合作平台章程》，产生了首届平台主席团和秘书处。与会嘉宾表示，加强新媒体技术应用、人才培养交流等领域合作，书写“一带一路”媒体交流合作新篇章。

◎ 9月29日，“伟大历程辉煌成就——庆祝中华人民共和国成立70周年大型成就展”网上展馆（guoqing70.cctv.com）在央视网全面发布上线，通过网络手段，全要素呈现展览内容，全景式还原现场体验，打造足不出户、永不落幕的主题展览。

十月

◎ 10月9日，冀云 · 融媒体平台上线仪式在长城新媒体集团举行。冀云 · 融媒体平台由融媒生产、融媒客户端、大数据（包括舆情监测）、智能媒资、共享联动、宣传指挥调度等六大系统组成，构成了一个完整的融媒体内容生产和传播的应用体系。省市县三级融媒体中心登录省平台即可使用云上的所有应用功能，实现“策、采、编、发、评”的融媒生产和发布。

◎ 10月14日，《县级融媒体中心管理与服务规范》湖州市地方标准新闻发布会在浙江省湖州市召开。该地方标准由湖州市委宣传部指导，长兴县委宣传部负责，长兴传媒集团制定。

2011年组建的长兴传媒集团，是全国第一家县域全媒体传媒机构。《规范》分基本要求、运行管理、服务内容、服务流程、服务保障、评价与改进等多方面内容。

◎ 10月18日，江西日报社基于AR技术制作的全国首张AR直播报纸正式出版，并于10月19日在江西南昌开幕的2019世界VR产业大会上精彩亮相。为进一步提升体验效果，此次AR直播还植入《江西日报》虚拟主播“江小端”，引导读者更好地使用这张神奇的报纸。

◎ 10月19日，旨在服务长三角一体化发展国家战略的天目新闻客户端在浙江乌镇正式上线，这是浙江日报报业集团推动媒体融合向纵深发展的新型平台，是浙江在线倾力打造的新闻视频客户端。作为一站式服务平台，天目新闻客户端实现掌上看新闻、指尖办事情，目前已接入“浙里办”优质服务和浙报集团优势服务资源，可提供几十项民生服务。

◎ 10月20日至22日，第六届世界互联网大会在浙江乌镇举行。国家主席习近平致贺信。习近平指出，今年是互联网诞生50周年。当前，新一轮科技革命和产业变革加速演进，人工智能、大数据、物联网等新技术新应用新业态方兴未艾，互联网迎来了更加强劲的发展动能和更加广阔的发展空间。发展好、运用好、治理好互联网，让互联网更好造福人类，是国际社会的共同责任。各国应顺应时代潮流，勇担发展责任，共迎风险挑战，共同推进网络空间全球治理，努力推动构建网络空间命运共同体。本届大会以“智能互联开放合作——携手共建网络空间命运共同体”为主题，80多个国家和地区约1500名嘉宾参会。

◎ 10月21日，第六届世界互联网大会媒体融合论坛在浙江乌镇举行。论坛由人民日报社主办，主题为“融合 · 守正 · 创新”。多个国家政府部门和主流媒体负责人、互联网企业界高层、业内知名专家学者近300人，围绕全媒体时代媒体融合与发展趋势等话题，深入研讨交流，共商媒体未来。

◎ 10月26日，以“人工智能时代：新兴媒介、产业与社会”为主题的2019新媒体国际论坛在上海交通大学开幕。该论坛由上海交通大学媒体与传播学院与国际传播学会（ICA）共同主办。论坛上，海内外专家学者500余人、近40位新闻与传播学院院长分享了AI时代各种新兴媒介、智能传播产业及其社会影响，以及智能新闻传播教育等前沿成果。

◎ 10月29日，由人民日报社和深圳市委市政府联合主办的2019媒体融合发展论坛在深圳举行，论坛的主题为“全媒体时代：挑战与机遇”。来自政府部门、高等院校、新闻媒体的近600位代表出席。论坛发布《中国媒体融合发展年度报告（2018—2019）》。

十一月

◎ 11月1日，中华全国新闻工作者协会主办的第二十九届中国新闻奖评选结果揭晓。来自全国各级各类媒体的346件作品获中国新闻奖，其中，特别奖5件，一等奖60件（含10件新闻名专栏），二等奖108件，三等奖173件。

◎ 11月6日，江苏省举行庆祝第20个记者节暨省记协新媒体专业委员会成立大会，江苏省委常委、宣传部部长王燕文和中国记协党组成员、书记处书记吴兢共同为江苏省记协新媒体专业委员会揭牌。

◎ 11月6日，为推动媒体融合向纵深发展，科技部批准建设“传播内容认知国家重点实验室”“媒体融合生产技术与系统国家重点实验室”“超高清视音频制播呈现国家重点实验室”“媒体融合与传播国家重点实验室”等4个实验室。4个国家重点实验室依托单位分别为：人民日报社人民网、新华通信社新媒体中心、中央广播电视总台、中国传媒大学。

◎ 11月8日，在新中国第20个记者节来临之际，第二十九届中国新闻奖颁奖报告会在京举行。中共中央政治局委员、中宣部部长黄坤明出席会议并讲话，强调新闻战线要认真学习贯彻习近平新时代中国特色社会主义思想，大力宣传党的十九届四中全会精神，始终坚持正确政治方向、舆论导向、新闻志向、工作取向，坚守初心使命，满怀激情记录新时代、讴歌新奋斗。黄坤明强调，各级记协组织要更加密切与新闻单位的联系，与广大新闻工作者交朋友，多做让人暖心、给人鼓劲的好事实事，真正成为团结温馨的“记者之家”。

◎ 11月9日，中国新闻史学会新闻传播教育史研究委员会2019年学术年会在兰州大学召开，《中国新闻传播教育年鉴（2019）》正式发布。这是以新闻传播教育为主题的年鉴系列的第四部。该年鉴由中国新闻史学会新闻传播教育史研究委员会主持编撰。

◎ 11月12日，第29届中国人大新闻奖揭晓，来自报纸、通信社、电台、电视台、新闻网站和人大报刊的265件作品获奖。其中，特别奖4件，一等奖55件，二等奖89件，三等奖117件。

◎ 11月12日，由人民日报社和解放日报社联合主办的第四届全国党报评论融合发展论坛在上海举行。围绕“让评论与时代共生长——重大主题宣传的评论革新”这一主题，来自中央媒体、全国各省级党报、相关新媒体平台的代表共聚一堂，分享经验、激荡智慧、共谋良策。

◎ 11月16日，全国网络编辑年会暨2019年数字出版与新媒体传播研讨会在闽江学院开幕，来自全国各地的160多名学界、业界专家学者共聚福州，围绕数字出版与新媒体传播开展学术交流和业务研讨。此次全国网络编辑年会主题为：数字出版与新媒体传播。

◎ 11月20日，我国首个国家级5G新媒体平台——中央广播电视总台“央视频”5G新媒体平台正式上线。这是中央广播电视总台基于“5G+4K／8K+AI”等新技术全新打造的综合性视听新媒体旗舰。它的建成是落实习近平总书记“守正创新，把新媒体新平台建设好运用好”指示精神的重要战略举措，标志着中央广播电视总台媒体融合迈出了关键性步伐。

◎ 11月21日，山东省新闻工作者协会新媒体工作委员会成立大会在济南举行。山东省新闻工作者协会新媒体工作委员会是山东省新闻工作者协会下设的专门工作机构，旨在为山东省新媒体事业提供更好的交流经验、分享媒体融合体会和开拓新媒体事业的平台，在政治引领、交流培训、自律维权、服务联络等方面充分发挥职能作用。

◎ 11月26日，第七届中国新兴媒体产业融合发展大会在济南举行。本次大会以“5G时代，万物为媒”为主题，聚焦人工智能、大数据、5G产业与技术等新科技，通过“会”“展”“演”搭建集产业盛会、前沿展示、交流研讨、智能体验于一体的交流合作平台。会上，《中国新兴媒体融合发展报告（2018—2019）》正式发布，大会由新华社和济南市人民政府联合主办。

◎ 11月29日至30日，以“有容乃大 深融致远”为主题的2019中国新媒体大会在长沙举行，由中国记协和湖南省委宣传部联合主办。来自新闻宣传主管部门、新闻媒体、新闻行业组织、新闻教研机构的1000余名代表就传播内容创新创优、新媒体社会责任等热点话题开展深入研讨。本次大会除开幕式暨主论坛，还设置了“融合发展中的内容创新创优”“5G时代的新媒体变革”等分论坛，举办了县级融媒体中心建设与发展研讨、“看见马栏山”分享盛典、中国新媒体社会责任研讨等活动。会上发布了《中国新媒体研究报告2019》《中国新媒体年鉴 2018》《全国视频文创产业发展指标评估体系（马栏山指数）》等研究成果。在“新媒体社会责任”研讨会上，中国记协新媒体专业委员会发出《中国新媒体社会责任倡议》（又称“马栏山倡议”）。

十二月

◎ 12月2日，2019中国网络诚信大会在陕西西安举行。其间，“2019中国网络诚信十大新闻”的征集、评选结果对外发布。会上，中国网络社会组织联合会还与阿里巴巴、腾讯、360等31家互联网企业启动平台经济领域信用建设合作机制；中央网信办违法和不良信息举报中心组织人民网、新华网、光明网等16家网站、平台签署《共同抵制网络谣言承诺书》，共同营造风清气正的网络生态。

◎ 12月4日，以“媒体与科技”为主题的CGTN第三届全球媒体峰会暨第九届全球视频媒体论坛在北京举行，CGTN智库成立。目前，CGTN智库已经与世界上50家著名智库和机构建立了合作关系。CGTN已入驻亚马逊流媒体平台FireTV，还与微软新闻签署了合作协议。

◎ 12月4日，2019海峡两岸新媒体创业大赛在福州启动。大赛首场“新应用”分赛事同步举行，10个项目参加现场路演。本届大赛共有近百个海峡两岸创业项目报名参赛，涵盖“新应用”“新内容”“新营销”三场分赛事。

◎ 12月7日，第31届中国经济新闻奖正式揭晓。164件作品分别获得事件报道奖、深度报道奖、新闻评论奖、监督报道奖、融合报道奖。

◎ 12月12日，新华社首个智能化编辑部正式建成并投入使用。智能化编辑部以人工智能技术为基础，以人机协作为特征，对新闻生产进行全环节、全流程、全系统再造，旨在大幅提高新媒体产品创意创新能力和生产传播效率。

◎ 12月12日，2019中国融媒体发展论坛在昆明举行。来自全国近百家传媒研究机构、信息技术企业的专家学者、主流媒体负责人和一线记者共聚春城，纵论5G技术发展趋势，分享智媒体发展经验。会上揭晓了“2019年度中国融媒体创新产品”名单。

◎ 12月12日至21日，由中宣部、中国记协组织的第六届“好记者讲好故事”优秀演讲人分赴北京、河北、山西、江苏、山东、江西、河南等地开展巡讲活动，介绍他们的一线采访经历，交流增强“四力”的深刻感悟。

◎ 12月15日，人民日报社研究部和新闻战线杂志社共同主办的“构建全媒体传播的舆论引导工作机制”研讨会在京举行。与会者表示，完善坚持正确导向的舆论引导工作机制，是坚持和完善繁荣发展社会主义先进文化的制度、巩固全体人民团结奋斗的共同思想基础的重要一环。

◎ 12月19日至23日，由人民日报社主办，中央厨房融媒学院承办的“2019东盟国家‘新媒体、新技术’培训班”在北京顺利举办。来自柬埔寨、老挝、缅甸、泰国和越南等东南亚国家的17名学员参与了本次培训。

◎ 12月30日，南京大学紫金传媒研究院（北京）与社会科学文献出版社联合发布网络评论蓝皮书《中国网络评论发展报告（2019）》。报告全面、系统地分析网络评论传播规律，深入解读网络评论的研究前沿、传播路径、传播议题、传播渠道、传播效果等。

◎ 12月30日，第七届中国企业新媒体年会在首批“国家数字经济创新发展试验区”和5G商用城市——河北雄安新区举行。12家中央部委和政府机构代表、27家媒体和互联网平台、116家企业代表、高校学者共聚一堂，展开意见对话和资源对接，共同探讨5G时代的全媒体传播。

◎ 12月，国家互联网信息办公室发布《网络信息内容生态治理规定》。规定自2020年3月1日起施行。根据规定，网络信息内容服务使用者和生产者、平台不得开展网络暴力、人肉搜索、深度伪造、流量造假、操纵账号等违法活动。

（编辑　骆香茹）

附　录

制度文件简目

一 | 2015年

《互联网用户账号名称管理规定》

二 | 2016年

1. 《网络出版服务管理规定》
2. 《关于加强国家网络安全标准化工作的若干意见》
3. 《互联网信息搜索服务管理规定》
4. 《移动互联网应用程序信息服务管理规定》
5. 《互联网直播服务管理规定》
6. 《中华人民共和国网络安全法》

三 | 2017年

1. 《互联网新闻信息服务管理规定》
2. 《互联网信息内容管理行政执法程序规定》
3. 《互联网新闻信息服务许可管理实施细则》
4. 《互联网域名管理办法》
5. 《互联网跟帖评论服务管理规定》
6. 《互联网论坛社区服务管理规定》
7. 《互联网用户公众账号信息服务管理规定》

8. 《互联网群组信息服务管理规定》
9. 《互联网新闻信息服务单位内容管理从业人员管理办法》
10. 《互联网新闻信息服务新技术新应用安全评估管理规定》

四 | 2018年

1. 《微博客信息服务管理规定》
2. 《新闻出版广播影视企业版权资产管理工作指引（试行）》
3. 《网络安全等级保护条例（征求意见稿）》
4. 《国务院办公厅关于加强政府网站域名管理的通知》
5. 《公安机关互联网安全监督检查规定》
6. 《关于进一步加强广播电视和网络视听文艺节目管理的通知》

五 | 2019年

1. 《网络短视频平台管理规范》
2. 《网络短视频内容审核标准细则》
3. 《区块链信息服务管理规定》
4. 《县级融媒体中心建设规范》
5. 《县级融媒体中心运行维护规范》
6. 《县级融媒体中心监测监管规范》
7. 《县级融媒体中心网络安全规范》
8. 《云计算服务安全评估办法》
9. 《关于推动广播电视和网络视听产业高质量发展的意见》
10. 《App违法违规收集使用个人信息行为认定方法》
11. 《网络音视频信息服务管理规定?
12. 《网络信息内容生态治理规定》

（编辑　方楚楚）

书籍简目

1．《中国新媒体研究报告2019》
中国记协新媒体专业委员会　编
主编：曾祥敏
人民日报出版社

2．《中国新媒体年鉴 2018》
中国记协新媒体专业委员会　编
主编：隋岩　方毅华
时代文艺出版社

3．《新媒体蓝皮书：中国新媒体发展报告No.10（2019）》
作者：唐绪军等
社会科学文献出版社

4．《媒体融合发展——学习读本》
作者：任仲文
人民日报出版社

5．《新媒体传播伦理研究》
作者：牛静
社会科学文献出版社

6．《新媒体广告》

作者：黄河　江凡　王芳菲

中国人民大学出版社

7．《新媒体运营》

作者：邓丽

重庆大学出版社

8．《新媒体时代的传播媒介与产业发展》

作者：王嘉

水利水电出版社

9．《视听新媒体概论》

作者：宿志刚　谢辛

人民邮电出版社

10．《智能时代新媒体概论》

作者：程栋

清华大学出版社

11．《再造与重构：互联网、传媒与社会》

作者：刘昊

中国传媒大学出版社

12．《网络与新媒体财经报道》

作者：叶青青

复旦大学出版社

13．《新媒体营销》

作者：潘巧兰

中国人民大学出版社

14．《深度融合——中国媒体融合发展年度报告（2017—2018）》
人民日报社　编
人民日报出版社

15．《网络与新媒体编辑运营实务》
作者：詹新惠
中国传媒大学出版社

16．《网络与新媒体概论（第二版）》
作者：李良荣
高等教育出版社

17．《流众传播：数字传播主体的崛起、困境与前景》
作者：葛自发
中国国际广播出版社

18．《王者融归——媒体深度融合56个实战案例》
作者：胡怀福　周劲
人民日报出版社

19．《突发公共事件：媒体传播、政策过程与社会运动》
作者：刘伟伟
复旦大学出版社

20．《中国传媒融合创新研究报告（2018—2019）》
作者：黄晓新
中国书籍出版社

21．中国传媒社会责任研究报告（2018—2019）》
作者：黄晓新
中国书籍出版社

22.《新媒体环境下传统媒体的转型战略研究》
作者：郭全中等
中山大学出版社

23.《新媒体文案写作与编辑》
作者：陈倩倩
中国人民大学出版社

24.《新媒体环境下观看范式的重构》
作者：陈琰
中国传媒大学出版社

25.《网络与新媒体创新：个案与模式》
作者：马锋等
科学出版社

26.《中国新闻传播研究：智慧新媒体》
作者：高晓虹　刘宏　赵淑萍　曾祥敏
中国传媒大学出版社

27.《传媒价值与运营》
作者：王树柏
清华大学出版社

28.《中国新媒体产业国际竞争力研究》
作者：鞠立新
人民出版社

29.《中国传媒产业生态系统健康评价研究》
作者：陶喜红
中国社会科学出版社

30．《传媒蓝皮书：中国传媒产业发展报告（2019）》
作者：崔保国　徐立军　丁迈
社会科学文献出版社

31．《传媒经济蓝皮书：中国传媒经济发展报告（2019）》
作者：卜彦芳　漆亚林　司思
社会科学文献出版社

32．《新媒体视听节目制作（第二版）》
作者：周建青
北京大学出版社

33．《新媒体概论（第三版）》
作者：匡文波
中国人民大学出版社

34．《新媒体的自画像》
作者：周笑
复旦大学出版社

35．《社交媒体使用与信息自我表露：方法与案例》
作者：张振维等
复旦大学出版社

36．《上海蓝皮书：上海传媒发展报告（2019）》
作者：强荧　焦雨虹
社会科学文献出版社

37．《中国传媒风云2017—2018》
作者：范以锦　辜晓进
深圳报业集团出版社

38．《中国媒体产业20年：创新与融合》
作者：朱春阳
复旦大学出版社

39．《媒体融合的芒果实践报告》
作者：吕焕斌
中信出版社

40．《智媒体——新物种在生长》
作者：李鹏
东方出版社

41．《中国媒体关注度报告2018》
国家语言资源监测与研究有声媒体中心组　编
中国传媒大学出版社

42．《媒体化时代——当代传播思想的反思与重构》
作者：王维佳
人民出版社

43．《新媒体产业》
作者：曾静平　王欢芳　郑湘明
人民出版社

44．《新闻·传播·媒介：跨世纪的审思》
作者：丁松虎
上海人民出版社

45．《玩转新媒体——数字内容产品策划》
作者：宛楠　张新华　杨传卫
清华大学出版社

46．《新媒体4.0》
作者：[澳]特里·弗卢（Terry Flew） 译者：叶明睿
人民日报出版社

47．《社交媒体简史：从莎草纸到互联网》
作者：[英]汤姆·斯丹迪奇 译者：林华
中信出版社

48．《流媒体时代：新媒体与娱乐行业的未来》
作者：[美]迈克尔·D. 史密斯 [印度]拉胡尔·特朗 译者：鲁东旭
中信出版社

（编辑 郭权宇）